Charles de Gaulle

Julian Jackson

Charles de Gaulle
Uma biografia

Tradução:
Berilo Vargas

1ª reimpressão

Copyright © 2018 by Julian Jackson

Grafia atualizada segundo o Acordo Ortográfico da Língua Portuguesa de 1990, que entrou em vigor no Brasil em 2009.

Título original
A Certain Idea of France: The Life of Charles de Gaulle

Capa
Violaine Cadinot

Foto de capa
Tallandier/ Bridgeman Images/ Fotoarena

Preparação
Diogo Henriques
Angela Ramalho Vianna
Rachel Botelho
Bárbara Reis

Índice remissivo
Gabriella Russano

Revisão
Eduardo Monteiro
Édio Pullig

Dados Internacionais de Catalogação na Publicação (CIP)
(Câmara Brasileira do Livro, SP, Brasil)

Jackson, Julian
    Charles de Gaulle : uma biografia / Julian Jackson ; tradução Berilo Vargas. – 1ª ed. – Rio de Janeiro : Zahar, 2020.

    Título original: A Certain Idea of France (The Life of Charles de Gaulle)
    Bibliografia
    ISBN 978-85-378-1885-5

    1. França – Política e governo – Século 20 2. Gaulle, Charles de, 1890-1970 3. Generais – França – Biografia 4. Presidentes – França – Biografia I. Vargas, Berilo. II. Título.

20-35813   CDD-944.0836924

Índice para catálogo sistemático:
1. França : Presidentes : Biografia 944.0836924
Maria Alice Ferreira – Bibliotecária – CRB-8/7964

[2020]
Todos os direitos desta edição reservados à
EDITORA SCHWARCZ S.A.
Praça Floriano, 19, sala 3001 — Cinelândia
20031-050 — Rio de Janeiro — RJ
Telefone: (21) 3993-7510
www.companhiadasletras.com.br
www.blogdacompanhia.com.br
facebook.com/editorazahar
instagram.com/editorazahar
twitter.com/editorazahar

Sumário

Lista de imagens   9
Mapas   14

Introdução   27

PARTE UM **De Gaulle antes de "De Gaulle", 1890-1940**

1. Primórdios, 1890-1908   43

2. "Um remorso que nunca me abandonará", 1908-18   72

3. Reconstruir uma carreira, 1919-32   95

4. Deixar uma marca, 1932-39   124

5. A Batalha da França, setembro de 1939-junho de 1940   156

PARTE DOIS **Exílio, 1940-44**

6. Rebelião, 1940   189

7. Sobrevivência, 1941   231

8. A invenção do gaullismo   262

9. No palco mundial, setembro de 1941-junho de 1942   280

10. Em luta contra a França, julho-outubro de 1942   308

11. Lutas pelo poder, novembro de 1942-novembro de 1943   331

12. A construção de um Estado no exílio, julho de 1943-maio de 1944   372

13. Libertação, junho-agosto de 1944   409

PARTE TRÊS **Passagens pelo poder, 1944-58**

14. No poder, agosto de 1944-maio de 1945   437

15. De libertador a salvador, maio de 1945-dezembro de 1946   475

16. O novo messias, 1947-55   505

17. No "deserto", 1955-58   546

18. O 18 Brumário de Charles de Gaulle, fevereiro-junho de 1958   576

19. Président du Conseil, junho-dezembro de 1958   604

PARTE QUATRO **Monarca republicano, 1959-65**

20. "Esta questão que nos absorve e paralisa", 1959-62   641

21. Momento decisivo, 1962   685

22. A busca da grandeza, 1959-63   706

23. Tornar-se global, 1963-64   746

24. Monarca modernizador, 1959-64   769

25. Intervalo para descanso, 1965   803

PARTE CINCO Perto do fim, junho de 1968-novembro de 1970

26. Sacudir o tabuleiro, 1966-67   833

27. Rendimentos decrescentes   860

28. Revolução, 1968   878

29. O fim, junho de 1968-novembro de 1970   912

30. Mito, legado e realizações   941

Nota bibliográfica   959
Biografias   971
Notas   1005
Agradecimentos   1057
Índice remissivo   1059
Sobre o autor   1079

Lista de imagens

Itens nos Archives de Gaulle, Paris, são reproduzidos com autorização da família De Gaulle.

Lista de lâminas

1. Henri de Gaulle, 1886. *Archives de Gaulle, Paris/Bridgeman Images*
2. Jeanne Maillot, segurando uma foto dos quatro filhos, c.1920. *Archives de Gaulle, Paris/Bridgeman Images*
3. Charles de Gaulle com os irmãos, Lille, c.1889-1900. *Archives de Gaulle, Paris/Bridgeman Images*
4. Charles de Gaulle e o pai na aula de retórica no Collège de l'Immaculée-Conception, rue Vaugirard, 1904-05. *Archives de Gaulle, Paris/Bridgeman Images*
5. De Gaulle como estudante do Lycée Stanislas, 1909. *Archives de Gaulle, Paris/Bridgeman Images*
6. Capa do *Journal des Voyages* com ilustração para o conto de De Gaulle *La Fille de l'Agha*, 6 de fevereiro de 1910
7. Monumento em Le Bourget, 1911, cartão-postal. *Coleção particular*
8. Capitão De Gaulle em convalescença, depois de janeiro de 1915. *Archives de Gaulle, Paris/Bridgeman Images*
9. Mapa feito por De Gaulle de sua primeira fuga de Rosenberg, 1917. *Archives de Gaulle, Paris/Bridgeman Images*
10. Casamento de Charles de Gaulle com Yvonne Vendroux, Calais, 6 de abril de 1921. *Archives de Gaulle, Paris/Bridgeman Images*
11. Capitão De Gaulle lecionando em Saint-Cyr, caricatura de *Triomphe*, 1921. *Archives de Gaulle, Paris/Bridgeman Images*
12. De Gaulle com Anne na praia em Bénodet, c.1933. *Archives de Gaulle, Paris/Bridgeman Images*

13. Anne de Gaulle com a governanta Marguerite Potel, na Villa "Les Oliviers", Argel, 1943. *Archives de Gaulle, Paris/Bridgeman*
14. Capa de *Vers l'Armée de Metier*, primeira edição francesa, 1934. *Coleção particular*
15. Coronel Emile Mayer, 1935. *Acervo familiar.*
16. De Gaulle com o presidente Albert Lebrun, 1939. *Photo12/Alamy*
17. O gabinete de Paul Reynaud, maio de 1940. *Roger-Viollet Collection/Getty Images*
18. De Gaulle na BBC, 1940. *Musée Nicéphore Niépce, Ville de Chalon-sur-Saône/adoc-photos*
19. Cartaz pela França Livre, Londres, julho de 1940. *Roger-Viollet Collection/TopFoto*
20. De Gaulle em Carlton Gardens, Londres, 1941. *Photo12/Alamy*
21. De Gaulle jantando com o major-general sir Edward Spears, Londres, verão de 1940. *Hulton Archive/Getty Images*
22. De Gaulle inspecionando tropas francesas em Whitehall, Londres, 14 de julho de 1940. *Topical Press/Getty Images*
23. De Gaulle e Yvonne em sua biblioteca em Rodinghead House, Little Gaddesden, perto de Berkhamsted, 1941. *Bettmann/Getty Images*
24. Pose para a imprensa no jardim em Rodinghead, 1941. *Pictorial Press/Alamy*
25. Falsos documentos de identidade de Jean Moulin na sua chegada a Londres, 1941. *© Mémorial Leclerc-Musée Jean Moulin/Roger-Viollet/TopFoto*
26. Legionários das Forças Francesas Livres atacam as linhas alemãs em Bir Hakeim, Líbia, junho. *Museu Imperial de Guerra, Londres. © IWM* (E 13313)
27. De Gaulle com líderes aliados em Anfa, Marrocos, 25 de janeiro de 1943. *FDR Presidential Library & Museum* (61-465/22)
28. O Comitê Nacional Francês, Carlton Gardens, Londres, maio de 1943. *Apic/Getty Images*
29. De Gaulle parte para Bayeux, 14 de junho de 1944. *adoc-photos/Getty Images*
30. De Gaulle cumprimenta civis em Bayeux, 14 de junho de 1944. *Museu Imperial de Guerra, Londres. © IWM (B 5482)*
31. Discurso de De Gaulle em Bayeux, 14 de junho de 1944. *Lt. S J Beadell IWM/Getty Images*
32. Desfile na Champs-Elysées comemorando a Libertação de Paris, 26 de agosto de 1944. *Robert Doisneau/Gamma-Rapho/Getty Images*
33. De Gaulle com a multidão na Champs-Elysées, 26 de agosto de 1944. *© Robert Capa © International Center of Photography/Magnum Photos*
34. De Gaulle com o primeiro-ministro Winston Churchill e o ministro das Relações Exteriores britânico Anthony Eden, Paris, 11 de novembro de 1944. *AP Photo/Rex Shutterstock*

Lista de imagens

35. De Gaulle e Churchill, 11 de novembro de 1944. *Camera Press, Londres*
36. De Gaulle chega à estação em Moscou, dezembro de 1944. *Roger-Viollet/TopFoto*
37. Molotov assina o Tratado Franco-Soviético, 11 de dezembro de 1944. *Apic/Getty Images*
38. De Gaulle, Antibes, janeiro de 1946. *The LIFE Images Collection/Getty Images*
39. De Gaulle fala num comício do RPF, Vincennes, 1947. *Gamma/Keystone-France/Getty Images*
40. De Gaulle em visita a Lille, 1949. *Maurice Zalewski/adoc photos*
41. Madame de Gaulle vai às compras em Morgat, Finistère, junho de 1949. *Rex Shutterstock*
42. Vista aérea de Colombey-les-deux-Eglises, 1956. *Ullsteinbild/Getty Images*
43. Primeiro rascunho das *Memórias de guerra*, na caligrafia de De Gaulle. *Text © Plon, 1954, reproduzido com autorização da família De Gaulle. Bibliothèque Nationale de France, Paris.*
44. Primeira página do *L'Echo d'Oran*, 5 de junho de 1956. *Centre de documentation Historique sur l'Algérie, Maroc et Tunisie, Aix-en-Provence*
45. Os quatro generais golpistas, Argel, 29 de abril de 1961. *Hulton Archive/Getty Images*
46. Transmissão televisiva de De Gaulle condenando o golpe na Argélia, 23 de abril de 1961. *Hulton Archive/Getty Images*
47. Michel Debré, 1959. *Maurice Zalewski/adoc-photos*
48. Georges Pompidou, 1958. *AFP/Getty Images*
49. Maurice Couve de Murville com De Gaulle na Polônia, 1967. *© Bruno Barbey/Magnum Photos*
50. André Malraux com De Gaulle numa exposição de arte mexicana, Paris, 1962. *Paris Match Archive/Getty Images*
51. Presidente Ahmadou Ahidjo, dos Camarões, deixa o Palácio do Eliseu, com Jacques Foccart ao fundo, 1967. *AFP/Getty Images*
52. De Gaulle no monumento à França Livre, Mont-Valérian, 18 de junho de 1964. *Gamma-Rapho/Getty Images*
53. A *"panthéonization"* de Jean Moulin, Paris, dezembro de 1964. *RogerViollet/TopFoto*
54. De Gaulle com multidão embevecida, Millau, Midi-Pyrénées, 1961. *© Henri Cartier-Bresson/Magnum Photos*
55. Na campanha eleitoral, Seine-et-Oise, 1965. *Gamma-Rapho/Getty Images*

56. De Gaulle saúda Konrad Adenauer em sua chegada a Colombey, setembro de 1958. *Ullsteinbild/TopFoto*
57. Os De Gaulles em visita aos Macmillans em Birch Grove, East Sussex, novembro de 1961. *Georges Menager/Paris Match Archive/Getty Images*
58. Discurso de De Gaulle vetando pedido de entrada da Grã-Bretanha na Comunidade Europeia, 14 de janeiro de 1963. *adoc-photos*
59. Visita oficial ao México, março de 1964. *Paul Slade/Paris Match Archive/Getty Images*
60. Visita oficial a Moscou, 1966. *Rex Shutterstock*
61. Desfile militar no Estádio Olímpico, Phnom Penh, Camboja, agosto de 1966. *Georges Menager/Paris Match Archive/Getty Images*
62. Visita oficial a Quebec, Canadá, julho de 1967. *Alain Nogues/Sygma/Getty Images*
63. Barricadas de rua, Paris, maio de 1968. *Bettmann/Getty Images*
64. "*Salários leves, tanques pesados*", cartaz mostrando De Gaulle como Hitler, Paris, maio de 1968. *Gamma-Rapho/Getty Images*
65. "*Procurado! Charly Grandão*", "mandado" expedido pela Universidade de Caen, maio de 1968. *akg-images*
66. De Gaulle retorna à França proveniente de Baden-Baden, Alemanha, 29 de maio de 1968. *Henri Bureau/Sygma/Getty Images*
67. Manifestação de apoio a De Gaulle, praça do Trocadéro, Paris, 30 de maio de 1968. © *Bruno Barbey/Magnum Photos*
68. Os De Gaulles na praia de Kerrynane, condado de Kerry, Irlanda, 14 de maio de 1969. Kennelly Archive, Irlanda (www.kennellyarchive.com)
70. *France Soir* anuncia a morte de De Gaulle, 10 de novembro de 1970. *Ullsteinbild*

Ilustrações de texto

p.42. De Gaulle, 1927. *Archives de Gaulle, Paris/Bridgeman Images*
p.188. De Gaulle, 1942. *Rex Shutterstock*
p.212. Charles de Gaulle, *The Army of the Future*, edição inglesa, 1941. *Coleção particular*
p.229. *Avec ce De Gaulle là, vous ne prendrez rien*, cartaz publicado pela Liga Antibritânica Francesa, 1940. *Bibliothèque Nationale, Paris/Bridgeman Images*
p.229. *Le vrai visage de la France libre: Le général Micro, fourrier des juifs!*, cartaz, 1941. *Rex Shutterstock*

p.431. 'Mon grand!', charge de autoria de Jean Effel (François Lejeune) no *France Soir*, 30 de dezembro de 1944. *Collection Jonas/Kharbine-Tapabor, Paris.* © *ADAGP, Paris and DACS, Londres, 2018*

p.436. De Gaulle, 1956. *Ullsteinbild/Getty Images*

p.521. Cartaz do discurso de De Gaulle em Estrasburgo, 7 de abril de 1947, publicado pelo RPF. *Alamy*

p.530. "*Abaixo o fascismo. Viva a República*". Cartaz antigaullista de autoria de Fougeron lançado pelo Partido Comunista Francês, 1951. *Rex Shutterstock*

p.640. De Gaulle, 1959. *Jean-Marie Marcel/Getty Images*

p.772. "*On engage au Palais*", charge de Roland Moisan em *Le Canard enchaîné*, 28 de fevereiro. *Collection Jonas/Kharbine Tapabor, Paris.* © *ADAGP, Paris and DACS, Londres, 2018*

p.779. "*Conférence de presse*", charge de Roland Moisan em *Le Canard enchaîné*, 1968. *Collection Jonas/Kharbine-Tapabor, Paris.* © *ADAGP, Paris and DACS, Londres 2018*

p.781. "'Il me semble avoir entendu, au fond de la salle...'", charge de Jacques Faizant, 16 de maio de 1961. © *Espólio de Jacques Faizant*

p.832. De Gaulle, 1969. *Henri Bureau/Corbis/Getty Images*

p.942. Desenho sem título da Marianne e uma árvore tombada, de autoria de Jacques Faizant, 10 de novembro de 1970. © *Espólio de Jacques Faizant*

p.944. Desenho sem título da Cruz de Lorena, de autoria de Jacques Faizant, 12 de novembro de 1970. © *Espólio de Jacques Faizant*

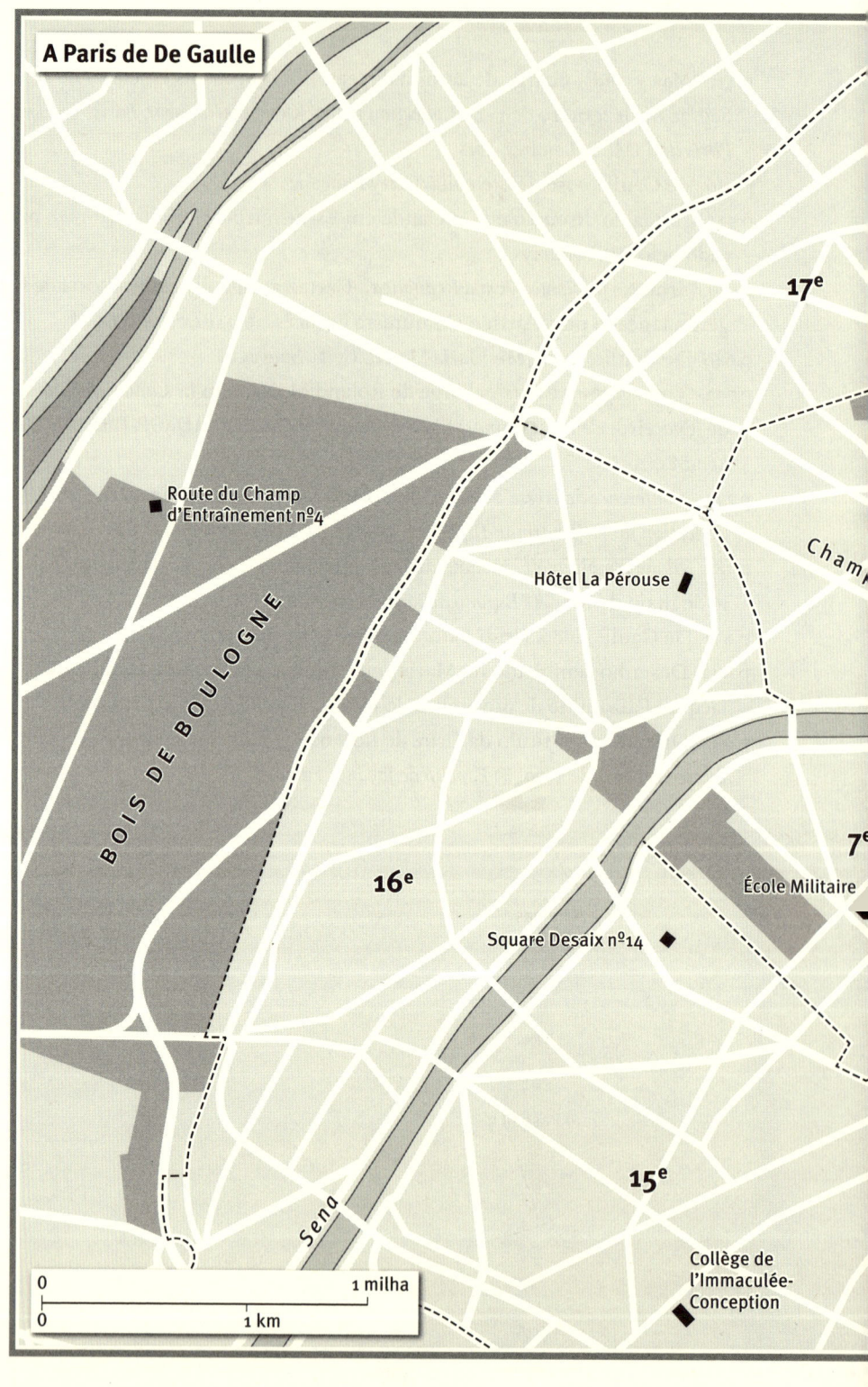

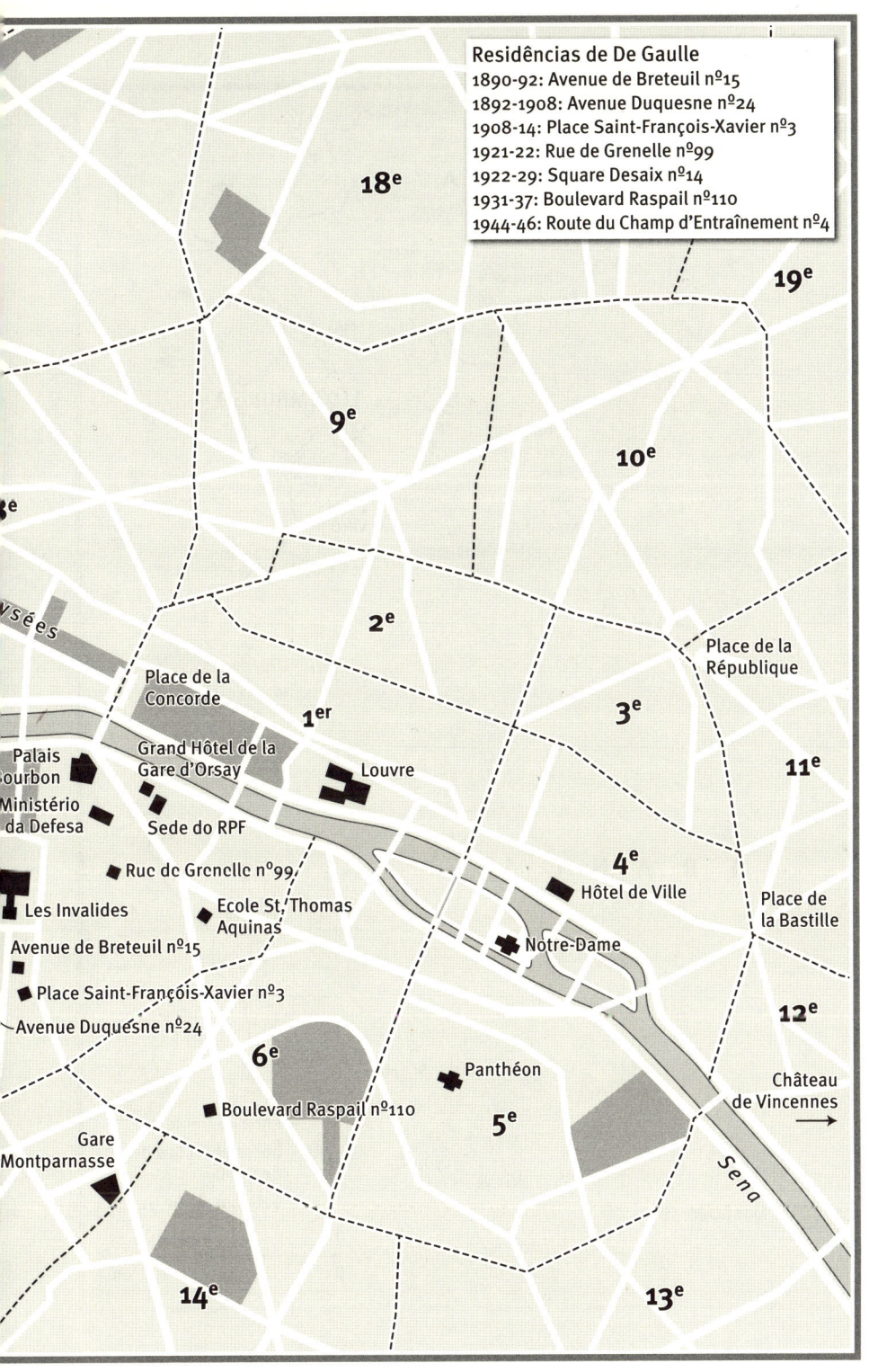

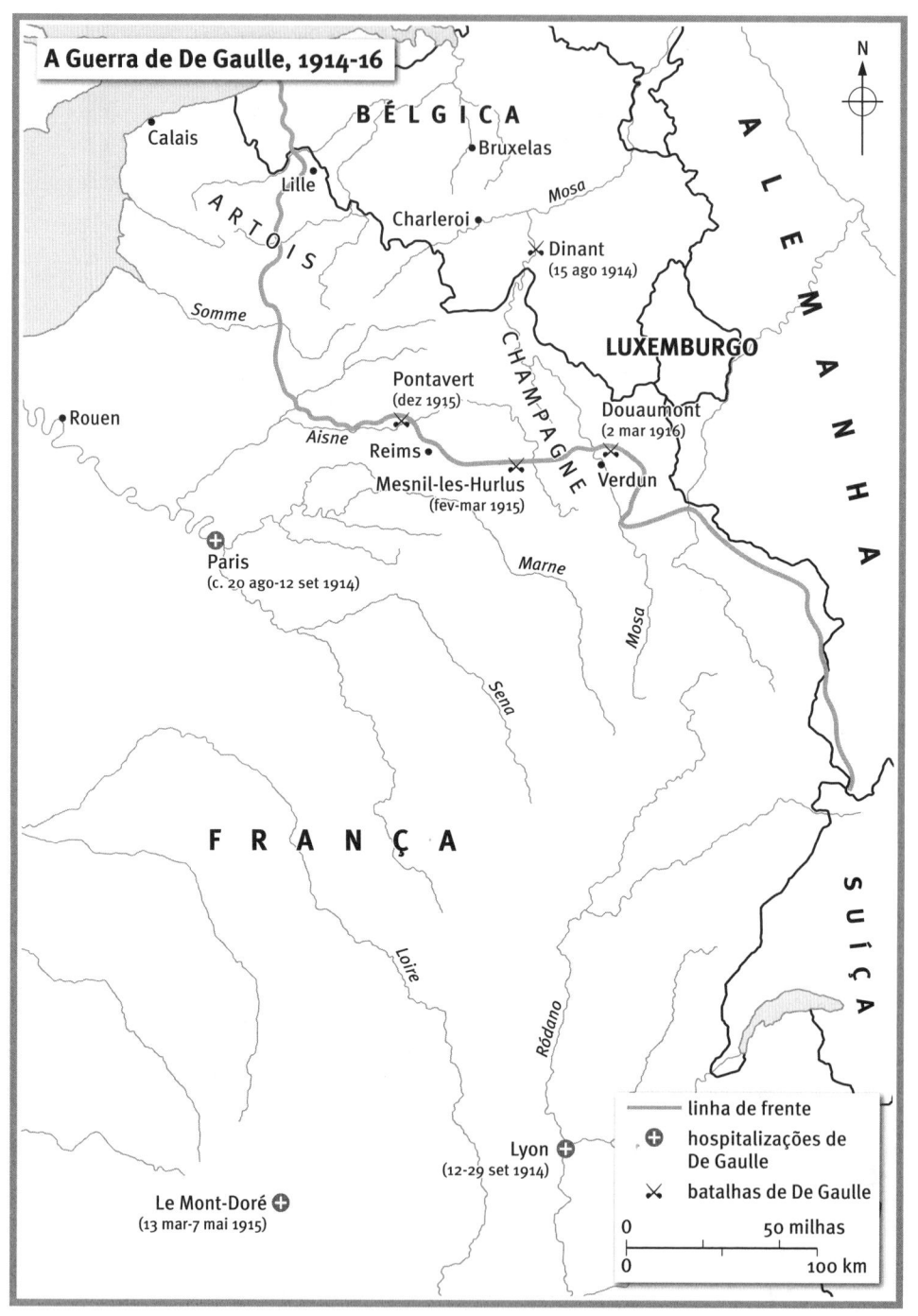

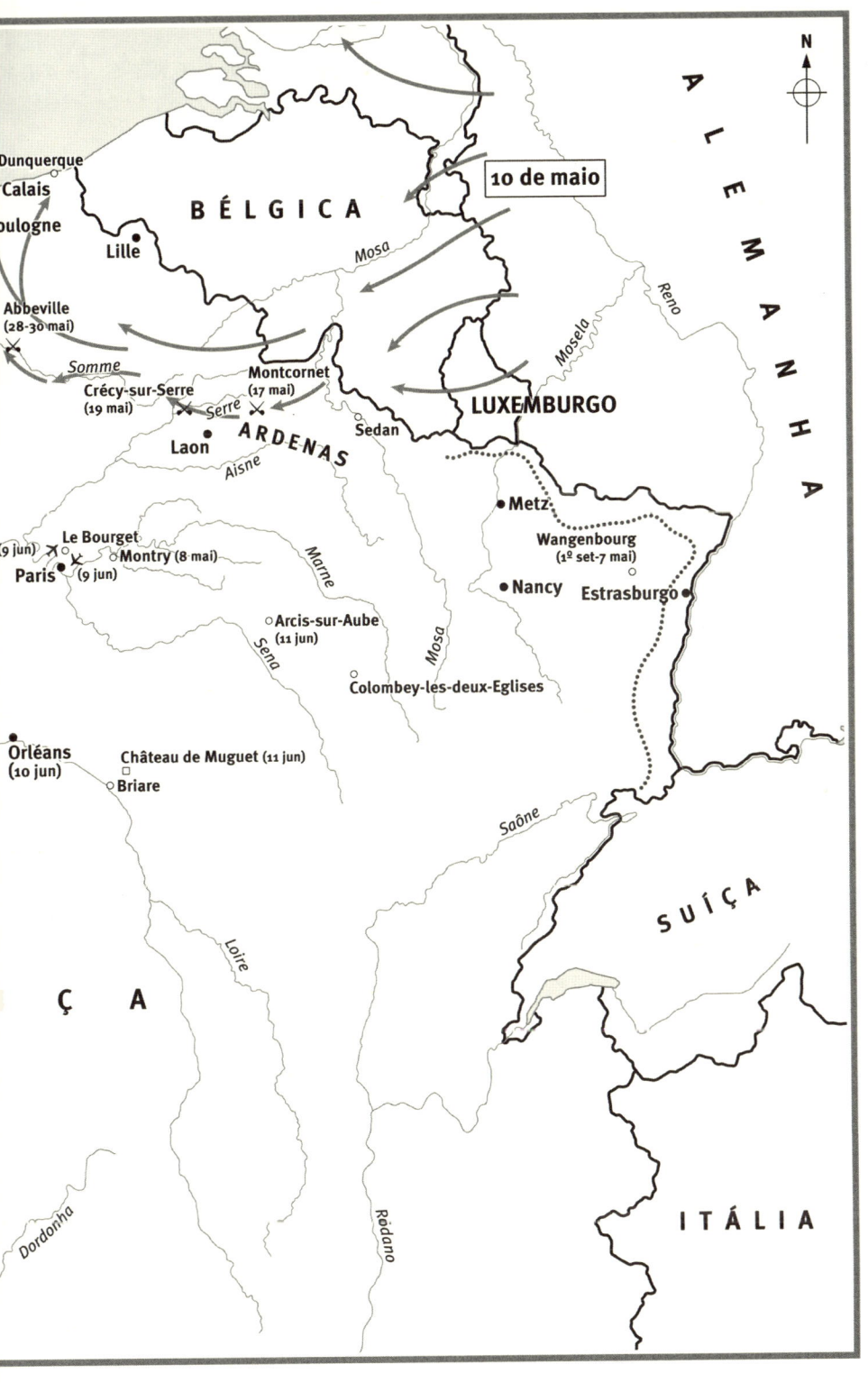

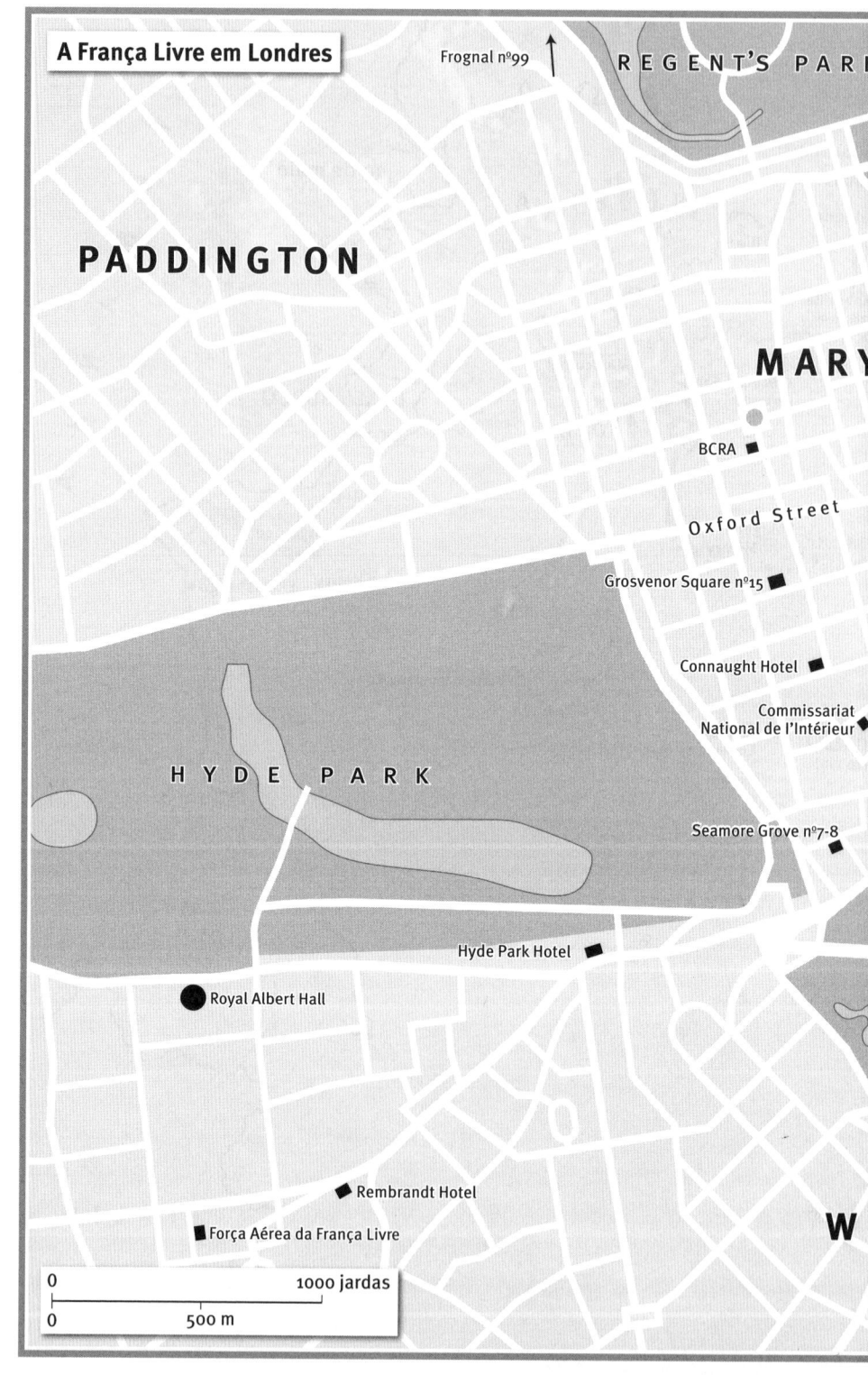

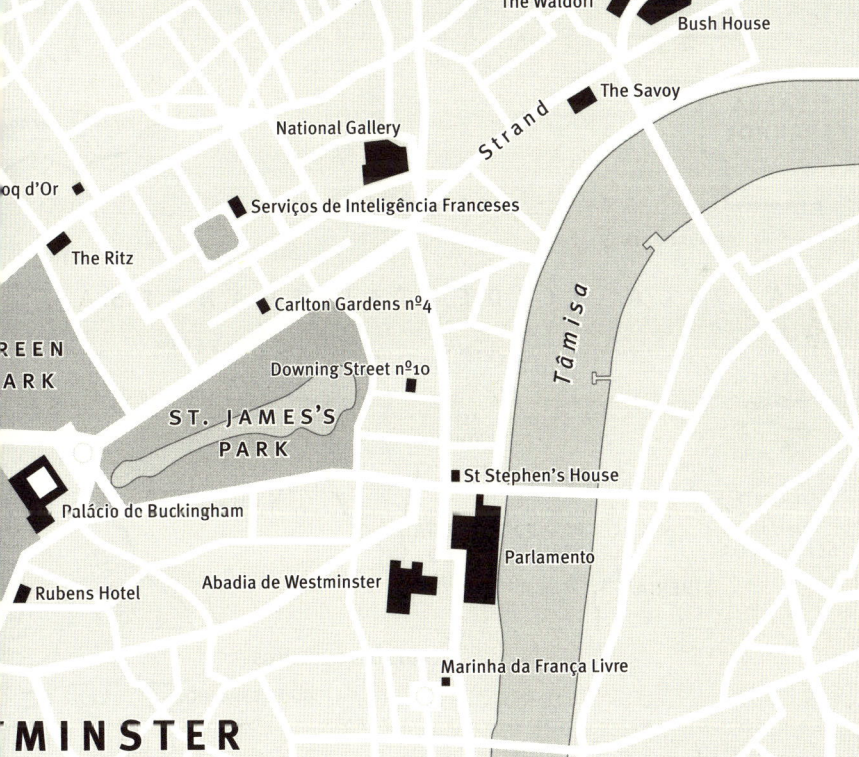

A Libertação da França, junho-novembro de 1944

Introdução

De Gaulle está em toda parte

Na França, hoje, Charles de Gaulle está em toda parte: em lembranças, em nomes de ruas, em monumentos, em livrarias. No cômputo mais recente, mais de 3600 localidades tinham um espaço público – rua, avenida, praça, rotatória – batizado em sua homenagem. Isso põe De Gaulle à frente de Pasteur, que ocupa o segundo lugar (3001), e de Victor Hugo, o terceiro (2258).[1] O espaço mais grandioso de Paris, onde fica o Arco do Triunfo de Napoleão, foi rebatizado como place de l'Etoile-Charles de Gaulle imediatamente após a morte do general. Saindo dali a pé pela Champs-Elysées logo se chega a uma estátua de De Gaulle andando resolutamente na mesma direção. Dobrando então à direita, atravessa-se o Sena para o Hôtel des Invalides, o museu do Exército da França, que abriga um museu à parte dedicado exclusivamente a De Gaulle. Entrar nesse Historial Charles de Gaulle é como cruzar a soleira de um espaço sagrado gaullista.

Quando uma pesquisa de opinião em 2010 pediu que os franceses classificassem as figuras mais importantes de sua história, 44% puseram De Gaulle no topo (acumulando 70% das escolhas), bem à frente de Napoleão, que ficou em segundo lugar com 14% (38%).[2] Todos os políticos, de esquerda ou de direita, invocam o nome de De Gaulle. Nas eleições presidenciais de 2012, ele foi citado como exemplo tanto pelo socialista François Hollande como por seu adversário de direita Nicolas Sarkozy (supostamente gaullista) – e por praticamente todos os demais. Até mesmo o Front National, de extrema direita, cujo fundador Jean-Marie Le Pen foi um visceral antigaullista, agora exalta o legado de De Gaulle. Mas nenhum outro político francês contemporâneo buscou inspiração em De Gaulle de maneira mais consciente do que Emmanuel Macron, que em sua fotografia oficial como presidente aparece diante de uma mesa com um livro aberto em cima: a edição da Pléiade das *Memórias de guerra* de De Gaulle.

De Gaulle aos poucos se livra das amarras da história da qual foi protagonista. Livros recentes incluem uma divertida sátira sobre um encontro na Irlanda entre ele e Jean-Paul Sartre (os dois nunca se encontraram); uma fábula em que se imagina De Gaulle voltando do mundo dos mortos para salvar a tradicional maionese francesa e defender os direitos dos gays; uma tirinha de humor sobre ele na praia; um *"Dicionário de um amante de De Gaulle"*, cujo autor visita lugares gaullistas como se refizesse os passos de um santo.[3]

Ninguém poderia prever essa extraordinária unanimidade na França quando De Gaulle deixou o poder, em 1969. Ela obscurece o fato de que, ao longo de sua carreira, ele foi uma figura brutalmente desagregadora. Durante seus trinta anos de vida política, De Gaulle foi o personagem mais reverenciado da história francesa moderna – e o mais odiado. Em igual medida, foi vilipendiado e idealizado, desprezado e adorado. Outros políticos franceses do século XX foram odiados, mas não com tamanha intensidade. Para alguns, odiá-lo dava sentido à vida; outros ficavam loucos de fúria. Esta foi a sina do político conservador Henri de Kérillis, que começou como seguidor entusiástico de De Gaulle, rompeu com ele em 1942 e passou seus anos de declínio nos Estados Unidos, uma figura arruinada e patética, convencido de que agentes gaullistas o espreitavam em cada esquina, prontos para atacá-lo. O estranho caráter da patologia antigaullista fica evidente já nos títulos de livros publicados de 1964 a 1970 por um ex-membro da Resistência gaullista, André Figueras, que depois se voltou contra o antigo herói: *Charles le dérisoire* (Charles, o irrisório), *Le Géneral mourra* (O general vai morrer), *Les Gaullistes vont en enfer* (Os gaullistas vão para o inferno), *De Gaulle impuissant* (De Gaulle, o impotente). Há muito mais nessa veia no catálogo de Figueras. Quando De Gaulle renunciou, em 1969, um jornal de extrema direita publicou a seguinte manchete: "A fera está morta, mas o veneno ainda vive."

O ódio ia além das palavras. De Gaulle foi alvo de cerca de trinta sérias tentativas de assassinato, duas das quais – em setembro de 1961 e agosto de 1962 – quase foram bem-sucedidas. Para alguns antigaullistas, a fixação em De Gaulle incorporava-se de tal maneira à personalidade que os motivos originais para desejar matá-lo eram eclipsados pelo ódio que ele inspirava. Isso ocorreu, por exemplo, com André Rossfelder, que planejou a última tentativa séria de assassiná-lo, em 1964. Como muitos fanáticos antigaullistas, ele o odiava por ter aceitado a independência argelina em 1962. Mas, mesmo depois de perdida essa batalha, Rossfelder continuou conspirando para eliminar De Gaulle. Quando lhe perguntaram por quê, ele respondeu: "Porque ele ainda está aí; simplesmente para que eu não tenha mais que pensar no tirano."[4] No outro extremo estavam aqueles cuja reverência por De Gaulle se situava entre a lealdade a um senhor feudal e a fé num líder religioso. Sobre o romancista André Malraux, um gaullista escreveu: "Como todos nós, ele entrou no projeto gaullista como se entra numa religião."[5]

Se a vida dos franceses esteve tão apaixonadamente enredada em suas relações com De Gaulle, isso aconteceu porque ele foi o principal ator em duas guerras civis no país no século XX. A primeira delas resultou da derrota da França para a Alemanha em 1940, quando o governo do marechal Pétain assinou um armistício com Hitler. Recusando-se a aceitar tal decisão, De Gaulle partiu para Londres a fim de continuar a batalha. Esse ato de desafio fez dele um rebelde contra o governo legal chefiado pela figura mais reverenciada da França: os primeiros tiros disparados pelos soldados que apoiaram De Gaulle tiveram como alvo outros soldados franceses, não os alemães. Nos quatro anos seguintes, De Gaulle afirmava de Londres que ele, e não Pétain, representava a "verdadeira" França. Ele retornou ao país em 1944, aclamado como herói nacional, e chefiou um governo provisório até renunciar ao poder em janeiro de 1946.

Outro conflito explodiu em novembro de 1954, quando nacionalistas argelinos lançaram sua campanha para se tornarem independentes da França. A Guerra da Argélia, que durou oito anos, levou De Gaulle de volta ao poder em 1958 e culminou na independência argelina quatro anos depois. Embora tenha sido manifestamente uma guerra de descolonização, o conflito teve as características de uma guerra civil. Em termos administrativos, a Argélia era parte da França, sendo "francesa" desde 1830, por mais tempo do que a cidade de Nice (francesa desde 1860). Os que desejavam reter a região africana gabavam-se de que o Mediterrâneo atravessava a França como o Sena atravessava Paris. Muitos dos europeus da Argélia, que somavam mais de 1 milhão de pessoas, viviam no local havia gerações. A Argélia era genuinamente a sua casa, e para eles sua perda foi ainda mais traumática do que a derrota da França para a Alemanha em 1940.

Além do papel central que desempenhou nesses dois conflitos, De Gaulle contestava a forma tradicional de os franceses pensarem sua história e sua política. Após retornar ao poder em 1958, ele transformou radicalmente as instituições políticas da França, rompendo com palavras de ordem da tradição republicana herdada da Revolução de 1789. Sua visão do lugar da França no mundo, encapsulada no esquivo conceito de "grandeza", era admirada por alguns e vista por outros como pose nacionalista. Por fim, em maio de 1968, no crepúsculo de sua carreira, De Gaulle foi alvo da mais espetacular agitação revolucionária da história francesa do século XX.

Alguns dos que o reverenciaram entre 1940 e 1944 se opuseram a ele na questão da Argélia; outros se opuseram nos dois conflitos; outros, ainda, o apoiaram em ambos; e, por fim, houve os que a ele se opuseram entre 1940 e 1944 e apoiaram sua volta ao poder em 1958, antes de novamente se voltarem contra ele. O antiamericanismo de sua política externa de grandeza atraía gente de esquerda que ao mesmo tempo se opunha ao seu estilo autoritário de governar. Há certa verdade no dito espirituoso de De Gaulle segundo o qual "todo mundo é, foi ou será 'gaullista'".[6] Mas também há verdade no comentário de um observador na véspera da eleição presidencial de 1965: "À exceção dos ultrafiéis, todo mundo foi, é ou será antigaullista. O pior é que todos somos gaullistas e antigaullistas ao mesmo tempo, e que a divisão atravessa a consciência de cada um de nós."[7]

Os admiradores de De Gaulle incluem tanto Henry Kissinger como Osama bin Laden. Ele tem sido comparado por admiradores e detratores a figuras francesas tão diferentes como Carlos Magno, Joana d'Arc, Richelieu, Henrique IV, Luís XIV, Danton, Saint-Just, Napoleão I, Chateaubriand, Napoleão III, o general Boulanger, Léon Gambetta e Georges Clemenceau; e a figuras não francesas tão diversas como Bismarck, Franco, Kerensky, Mussolini, Salazar, Mao, Bolívar, Fidel Castro e Jesus Cristo. A amplitude dessas comparações reflete as extraordinárias contradições de De Gaulle: um soldado que passou a maior parte da carreira às turras com o Exército; um conservador que costumava falar como um revolucionário; um homem de paixão que achava quase impossível expressar emoções.

"No princípio era o verbo?"

Tanto o ódio inspirado por De Gaulle como a adulação atual criam dificuldades para o biógrafo. Há uma "lenda negra" que deixou suas marcas: meias verdades e calúnias agarram-se à sua memória como cracas. Mas escapar da hagiografia dos dias atuais não é menos difícil. A "desmistificação" sistemática perderia muita coisa, porque, como escreveu Alain Peyrefitte, o ministro da Informação de De Gaulle durante os anos 1960, "a verdade do general está em sua lenda".[8] Com isso ele quis dizer que uma das maiores conquistas de De Gaulle foi o mito que construiu em torno de si (o que também é verdade sobre Napoleão). Isso está dito de forma mais poética pelo historiador Pierre Nora, que observou que aqueles que escrevem sobre De Gaulle não conseguem escapar facilmente do contexto de referências que o próprio De Gaulle impôs àqueles que o esquadrinham – "como um quadro de Vermeer, onde a luz que parece iluminar a pintura na verdade vem da própria pintura".[9]

No caso de De Gaulle, a "luz" vem de suas palavras. Na epígrafe de um livro que publicou em 1932, ele cita o *Fausto* de Goethe: "No princípio era o verbo? Não, no princípio era o ato." Com De Gaulle, "verbo" e "ato" são inseparáveis. O "ato" que o lançou em 1940 foi um discurso – um discurso que a rigor quase ninguém ouviu. Mas discursos subsequentes tiveram melhor sorte, e para milhões de franceses entre 1940 e 1944 "De Gaulle" existia como uma voz ouvida no rádio. Nos anos 1950, o general construiu sua lenda nas *Memórias de guerra*. Nos anos 1960, quando era presidente da França, costumava-se dizer que ele governava pela magia da retórica e pelo domínio que tinha da televisão.

Qualquer biógrafo de De Gaulle se arrisca a ser apanhado como uma mosca na teia de suas palavras. Falando com jornalistas em 1966, ele comentou:

> As coisas que eu quero que sejam conhecidas, que considero importantes, eu penso nelas durante muito tempo. Anoto-as. Decoro-as ... Isso me custa um esforço terrível ... São as únicas coisas que a meu ver importam. E existem outras coisas que eu digo, que deixo escapar sem planejamento, sem realmente ter pensado nelas, sem tê-las aprendido, que falo para ninguém em particular ... Nada disso tem importância ou valor algum para mim. Mas vocês, jornalistas, também noticiam esses comentários.[10]

De Gaulle policiava atentamente esse registro oficial de "coisas que importam". Além dos quatro volumes de suas *Memórias* (três volumes de memórias de guerra publicados nos anos 1950 e um volume cobrindo os anos 1958-62 publicado em 1970), ele autorizou a publicação de cinco volumes de discursos selecionados nos quais corrigia obsessivamente a colocação de cada vírgula. Mas essa coleção de discursos deve ser tratada com espírito crítico – o que se pode fazer examinando apenas as seis primeiras páginas. Ela começa com o discurso mais famoso de todos: o de 18 de junho de 1940. O que lemos é certamente o discurso que De Gaulle *queria* fazer; mas, por pressão britânica, as duas primeiras sentenças do discurso que ele de fato proferiu são diferentes. O discurso seguinte na coleção traz a data de 19 de junho de 1940. A verdade, porém, é que De Gaulle não fez discurso *nenhum* em 19 de junho de 1940 – porque os britânicos não permitiram. E o suposto discurso de 19 de junho ali publicado contém referências a acontecimentos posteriores a essa data. Portanto, deve ter sido escrito depois, e nunca proferido. A coleção, em seguida, nos dá dois discursos que De Gaulle pronunciou em 22 de junho e 24 de junho, mas deixa de fora outro, breve, de 23 de junho, que retrospectivamente De Gaulle preferiu omitir, porque anunciava a formação de um comitê sob sua liderança que jamais viu a luz do dia, em virtude da oposição britânica. Dessa maneira, nas seis primeiras páginas dos discursos oficialmente coligidos de De Gaulle, temos um discurso que *foi* proferido, mas não na forma em que nos é apresentado; um discurso que *nunca* foi proferido (nem mesmo escrito no dia em que supostamente foi feito); e a ausência de um discurso de fato proferido.

Após a morte de De Gaulle, seu filho começou a publicar em ordem cronológica dez volumes de cartas, cadernos e memorandos dos seus arquivos oficiais e documentos de família. Essa coleção é uma fonte essencial para o estudo de De Gaulle, e supostamente se enquadraria na categoria de documentos "escritos" aceitos pelo próprio general por terem "valor para mim". Mas esses volumes também têm problemas. Por exemplo, contêm um famoso discurso feito por De Gaulle em 6 de junho de 1958, mas no qual faltam as palavras finais *"Vive l'Algérie française"*. Tenha ou não escrito essas palavras, ninguém nega que ele as pronunciou.

Além da massa de textos escritos já publicados, há uma imensa coleção de conversas registradas. Durante a vida inteira, De Gaulle deu entrevistas não destinadas à publicação para jornalistas de quem gostava. Uma das primeiras fontes usadas para estudá-lo (ainda hoje útil) foi uma série de livros produzidos quando ele ainda era vivo pelo bem-informado jornalista Jean-Raymond Tournoux, frequente beneficiário das confidências e *bons mots* de De Gaulle. Philippe, filho do general, diria depois que Tournoux era um homem que escutava conversas pelo buraco da fechadura, mas a verdade é que nesse caso não era preciso, porque a porta tinha sido escancarada pelo próprio De Gaulle, que achava esses encontros extraoficiais vantajosos para os seus objetivos.[11] Foi Tournoux quem divulgou pela primeira vez a famosa *boutade* de De Gaulle "Como governar um país que tem 258 tipos de queijo?". Esses comentários tendem a ganhar vida própria, existindo numa espécie de éter, onde nunca se sabe direito o que foi dito ou mesmo se foi dito (o número exato de tipos de queijo, por exemplo, varia imensamente, em diferentes versões do comentário). Isso é mais importante no caso da Argélia, sobre o qual De Gaulle fez tantos comentários sentenciosos privados para visitantes tão diferentes nos anos 1950 que fica difícil decifrar o que ele de fato pensava.

Após a morte de De Gaulle, a maioria desses comentários de autoria desconhecida acabou se revelando "autêntica" por aparecer em outras importantes fontes "gaullianas": a torrente de livros de memórias e diários de pessoas que trabalharam próximas a ele. Desses, os mais vastos são as 2 mil páginas de conversas – monólogos, mais precisamente – publicadas por Alain Peyrefitte e as 1500 páginas de conversas publicadas por Jacques Foccart, conselheiro de De Gaulle para assuntos africanos, que o viu quase todos os dias ao longo dos anos 1960. Que importância deve ser atribuída a esse material? Ele não oferece, necessariamente, uma "verdade" maior do que as declarações escritas oficiais ou os comentários extraoficiais para jornalistas. A conversa de De Gaulle era quase sempre uma performance; "ele tocava suas escalas", como disse um assessor. Mas seria um erro ir para o outro extremo e desprezar esse material só porque De Gaulle não o "escreveu" literalmente. Todas essas fontes nos permitem escutar os diferentes registros de sua voz.

No livro sobre liderança que publicou em 1932, De Gaulle escreveu que grandes líderes precisam exibir mistério, manha e hipocrisia. Por outro lado, Stálin – usando-se aqui, é verdade, um padrão de desonestidade difícil de alcançar – comentou com Churchill que De Gaulle era um homem direto. De Gaulle elevou o mistério a uma arte de governar, mas costumava ser mais transparente do que pretendia, ou desejava, ser. É notável a frequência com que, apesar de sua reputação de dissimulado, há uma coerência entre as declarações públicas e privadas de De Gaulle – mesmo quando o tom é diferente. Nos últimos anos, historiadores tiveram acesso pela primeira vez aos arquivos do general. Mas isso não altera, fundamentalmente, o nosso conhecimento dele. Seu filho já tinha prestado um bom serviço ao selecionar para publicação os documentos mais importantes. O que ainda nos falta é a correspondência privada de De Gaulle com a família. Parte dela já veio à luz, mas provavelmente há muito mais coisas que talvez ajudem a elucidar esse fenômeno opaco: De Gaulle, o homem privado. Mas, para compreender a carreira política de De Gaulle, não devemos esperar revelações extraordinárias que venham a surgir. Nosso desafio é interpretar o material já disponível.

De Gaulle e seus biógrafos

Como os biógrafos de De Gaulle têm lidado com essas questões? A literatura sobre De Gaulle atingiu proporções colossais. Já se escreveu mais sobre ele do que sobre qualquer outra figura da história francesa moderna, exceto Napoleão. Existe uma instituição, a Fondation Charles de Gaulle, inteiramente dedicada a estudá-lo. Criada logo depois da sua morte, até 2011 a Fondation tinha publicado as atas de mais de quarenta conferências a ele dedicadas. Algumas dessas conferências examinam momentos particulares de sua carreira; outras tratam de temas como "De Gaulle e a medicina", "De Gaulle e a ciência", "De Gaulle e a mídia", "De Gaulle e o direito", "De Gaulle e a religião", "De Gaulle e os jovens", e assim por diante. De Gaulle, homem, lenda, símbolo, é agora também uma indústria acadêmica.

Entre as inúmeras biografias, três se destacam. Em primeiro lugar, os três monumentais volumes publicados por Jean Lacouture entre 1985 e 1988. Ao longo de três décadas, Lacouture foi um brilhante jornalista de esquerda que passou grande parte da carreira cobrindo o Terceiro Mundo como um leal partidário da descolonização. Em 1965, durante a presidência de De Gaulle, ele produziu uma curta biografia na qual seu "respeito" pelo De Gaulle de 1940, que rejeitara a derrota, e pelo De Gaulle de 1962, que aceitara a independência da Argélia, era contrabalançado pela hostilidade à "jactância nacionalista" do De Gaulle "reacionário" de meados da década de 1960. Três anos depois, numa segunda edição, Lacouture intensificou a crítica, descrevendo De Gaulle como "uma personalidade prisioneira de xenofobia alucinatória". Embora o secretariado de De Gaulle achasse o livro "desagradável" demais para ser mostrado ao chefe, o general era feito de material mais duro. Ao ler o livro, ele fez um comentário inestimável: "O autor certamente não compreendeu toda a dimensão da personalidade."[12]

Essa crítica não se aplicaria às 3 mil páginas que Lacouture dedicou a De Gaulle ao voltar ao assunto vinte anos depois – uma expiação de sua irreverência anterior. Àquela altura ele se tornara um biógrafo prolífico, que começara por Nasser e Ho Chi Minh e depois abordara ícones da esquerda francesa como Léon Blum e Pierre Mendès France. Essa escolha de objetos dá uma ideia do panteão esquerdista onde o autor agora tentava enfiar De Gaulle. Lacouture não costumava manifestar constrangimento algum sobre a necessidade de admirar seus biografados, mas, como De Gaulle não era uma escolha inteiramente natural, o livro soa como um diálogo prolongado entre o autor e o objeto. Todo biógrafo de De Gaulle precisa explicar até que ponto ele foi influenciado, quando jovem, pelas ideias do escritor de extrema direita Charles Maurras, cujo jornal *L'Action française* tinha como missão opor-se à República parlamentar da França. Fosse qual fosse a opinião de De Gaulle sobre Maurras, uma pergunta que precisa ser feita é quando ele se tornou "republicano", e que tipo de republicano se tornou. Lacouture passa por cima dessas dificuldades. Por exemplo, ao discutir a atitude de De Gaulle em relação à Alemanha de Hitler nos anos 1930, ele nos diz que "no grande debate entre ditadura e democracia, De Gaulle não hesitava sobre a decisão a ser tomada"; era um "adversário decidido do fascismo". Na verdade, De Gaulle, apesar de certamente nunca ter sido "fascista", não estava, nesse período, especialmente preocupado com o fascismo – ou interessado na democracia. Era, antes e acima de tudo, adversário da Alemanha.[13]

Quando rotulado de gaullista, Lacouture respondia com irritação que não era "nem um gaullista irredutível, nem um gaullista flexível ... mas um firme a-gaullista". Seu jeito de resumir o assunto era dizer: "Montaigne admirava os romanos – mas de longe, e certamente sem pretender apresentar Catão como modelo para seus concidadãos."[14] "A-gaullista" ou não, não há como ocultar a imensurável admiração e o "entendimento" intuitivo de Lacouture por seu objeto de estudo. Mas essa admiração com frequência tende a criar mitos –

como em sua descrição do encontro crucial entre De Gaulle e Churchill no número 10 de Downing Street, em 17 de junho de 1940:

> O grande olho de predador de Churchill tinha reconhecido o "homem do destino" e o governador da França naquele gigante até então taciturno. Já em Briare [quando se encontraram poucos dias antes] ele examinara atentamente aquela face que parecia saída de uma saga plantageneta, cingira-a com um elmo ... e a admitira na távola redonda onde os descendentes dos Malboroughs acolhiam um grupo seleto de cavaleiros.[15]

É esplêndida prosa de efeito; não é história. Não sabemos se Churchill teve essas alucinações, uma vez que ele nem sequer se dignou a mencionar o encontro com De Gaulle em suas memórias. O mais provável é que o britânico, feliz por receber qualquer francês disposto a continuar lutando, tenha distraidamente feito a De Gaulle uma promessa, sem compromisso, de lhe dar permissão para falar pelo rádio e o despachado o mais depressa possível, para cuidar de assuntos mais importantes.

Ou vejamos agora o relato de Lacouture sobre o discurso feito por De Gaulle em 25 de agosto de 1944, dia em que Paris foi libertada:

> Essa figura, elevando-se sobre faces voltadas para cima como numa *Ascensão* de El Greco, os braços em forma de lira, a face de gigante jogada para trás como para uma consagração ... Ali De Gaulle falava de fato para a nação; era o eco dos grandes oradores cristãos e dos membros da Convenção convocando um levante das massas.[16]

O discurso é de fato comovente, mas foi cuidadosamente calculado, e muitos ouvintes então tiveram uma amarga decepção, e é certo que não acharam que De Gaulle estivesse falando para eles ou para a nação. No fim, apesar de toda a verve, há mitificação demais em Lacouture para que seu relato de De Gaulle seja satisfatório.

A segunda grande biografia de De Gaulle é de autoria do jornalista-historiador Paul-Marie de la Gorce. Diferentemente de Lacouture, De La Gorce orgulhava-se de ser gaullista, mas de uma estranha subespécie conhecida como "gaullistas de esquerda".[17] Ele escreveu uma primeira biografia em

1965, quando De Gaulle ainda era presidente. De Gaulle leu as provas e fez sugestões e comentários. Em 1999, trinta anos depois da morte do general, De La Gorce apresentou uma nova versão do texto, com quase 1500 páginas.[18] Enquanto Lacouture vive às turras com o seu biografado, De La Gorce sabe muito bem por que reverencia De Gaulle: "Na obra realizada pelo general De Gaulle, a descolonização permanecerá, sem dúvida, como a marca mais indelével deixada por ele na história do século."[19] O autor com frequência confunde o mágico poder da retórica de De Gaulle com a realidade de suas políticas. Para o homem que quase declarou guerra contra a Grã-Bretanha em 1945 porque queria defender o Império francês na Síria; cujo governo presidiu um massacre de nacionalistas argelinos em Sétif em 1945; que depois arrastou os franceses para uma guerra impossível de vencer a fim de salvar a Indochina Francesa em 1946; e que, depois que a França abandonou seu Império africano, imaginou novas e criativas maneiras de preservar a influência na África, a imagem de descolonizador exige sérias ressalvas.

A terceira biografia de De Gaulle – e a mais recente (2007) – não poderia ser mais diferente, salvo no tamanho (mil páginas). O autor, Eric Roussel, adquiriu sua reputação com uma biografia de Jean Monnet, famoso como arquiteto da Comunidade Europeia, partidário do supranacionalismo europeu e atlanticista convicto – ideias às quais De Gaulle tinha aversão. Roussel escreveu ainda uma biografia laudatória do segundo primeiro-ministro e sucessor de De Gaulle, o pragmático conservador Georges Pompidou. Mas, no fim da vida de De Gaulle, Pompidou afastara-se tanto de seu antecessor que alguns gaullistas o chamavam de o "anti-De Gaulle".[20] Assim, as escolhas biográficas anteriores de Roussel dão uma ideia de suas afinidades e divergências: as de um liberal conservador, federalista europeu e atlanticista. A contribuição trazida por seu livro está no amplo uso que faz de arquivos americanos, britânicos e canadenses e de novos arquivos franceses. Sua visão de De Gaulle é menos francocêntrica do que as de Lacouture e De La Gorce. Das biografias de De Gaulle, é a que conta com a pesquisa mais rigorosa, e está plenamente ciente da "dimensão" da personalidade. Mas, através do acúmulo de pequenas pinceladas, Roussel pinta um retrato sutilmente negativo. Vejamos como ele trata a renúncia de De Gaulle em janeiro de 1946. Conjectura-se muito sobre por que De Gaulle renunciou e como esperava voltar ao poder. O que Roussel nos sugere sobre esse episódio são duas páginas de comentários caracteristicamente insanos feitos pelo ardoroso gaullista André Malraux ao embaixador britânico. Malraux previa sangue nas ruas e declarou que De Gaulle voltaria como ditador para salvar o Ocidente. Como esse é o único comentário da época sobre a renúncia que Roussel fornece, o leitor é levado a acreditar que isso reflete o pensamento de De Gaulle: "É de duvidar que Malraux se expressasse dessa maneira ... sem a concordância, pelo menos tácita, do general."[21] Ou, para citar outro exemplo, quando De Gaulle foi promovido a general em junho de 1940, Roussel cita grandes trechos de um artigo elogioso em *L'Action française* – culpa por associação? – e sugere que o tom ditirâmbico do artigo dá fundamento ao boato de que De Gaulle tinha sido, sob pseudônimo, correspondente militar desse jornal monarquista. Não há provas dessa afirmação improvável.[22] Com insinuações sutis desse tipo, Roussel constrói subliminarmente o retrato de De Gaulle como um anacrônico nacionalista de direita. Portanto, a melhor biografia do general é também insidiosamente hostil ao biografado.

O campo de batalha De Gaulle

Todo biógrafo deve resistir à tentação de impor uma coerência excessiva ao biografado.[23] A tentação é maior ainda no caso de De Gaulle, porque parece haver uma consistência granítica em sua personalidade e em suas crenças. A frase mais famosa que ele escreveu é a que abre suas *Memórias de guerra*: "*Minha vida inteira* [os itálicos são meus] tive certa ideia da França." Um historiador apresentou uma interpretação interessante, que vê na Constituição de 1958 a encarnação das ideias católicas liberais que De Gaulle herdou da família no fim dos anos 1890 – na suposição de que as ideias políticas de De Gaulle jamais mudaram.[24] Mas a base probatória dessa teoria intrigante é tênue. Nos anos 1960, diplomatas estrangeiros e políticos franceses, num esforço desesperado para compreender as imprevisíveis políticas de De Gaulle, costumavam buscar pistas no pequeno livro sobre liderança que ele tinha publicado quarenta anos antes. Mas esse livro não traz nenhuma doutrina, nenhuma opinião explícita sobre política. É o retrato do que deveria *ser* um líder, e pode ser lido como um autorretrato antecipado – mas não nos diz nada de específico sobre o que um líder deveria *fazer*. A rigor, uma de suas principais mensagens é a importância do fato inesperado na política. Isso levou um astuto (e embevecido) comentarista de De Gaulle a falar do "vazio ideológico do gaullismo: uma postura e não uma doutrina; uma atitude e não um conjunto coerente de dogmas; um estilo sem muita substância".[25]

As ambiguidades de De Gaulle não só deixavam as pessoas inseguras sobre como responder a ele em diferentes estágios de sua carreira, como também provocavam muitas conjecturas em torno do que ele acreditava. Foi assim, por exemplo, com um grupo de socialistas franceses que estavam em Londres durante a guerra. Como De Gaulle, eles também se opunham ao marechal Pétain, mas muitos desconfiavam também do general, apesar de perceberem que, gostassem ou não, ele aos poucos se tornava um poderoso símbolo de resistência na França. Os debates sobre a atitude que deveriam ter em relação a ele eram intermináveis. Um dos que decidiram, não sem muita hesitação, lhe dar apoio explicou suas razões durante uma dessas angustiadas discussões: "Mesmo desconfiando de De Gaulle, precisamos lutar para transformar algo que realmente existe [ou seja, De Gaulle], e que representa, goste-se ou não, a realidade da Resistência do povo da França."[26] De Gaulle, claro, não era uma folha em branco, e os que se julgavam capazes de "transformá-lo" geralmente sofriam grande decepção, mas às vezes provavam estar certos. De Gaulle pode ter tido certa ideia da França "a vida inteira", mas nem sempre foi a mesma ideia.

Quando De Gaulle voltou ao poder em 1958, ninguém sabia quais eram suas intenções sobre a Argélia, e comentaristas derramaram rios de tinta tentando descobrir o que ele "realmente" pensava. Historiadores e biógrafos faziam o mesmo. A verdade é que, embora tivesse alguma ideia do que não queria fazer na Argélia, De Gaulle era muito receptivo quanto ao resto. Como em 1940, ele podia ser transformado pelo contexto. Durante o tenso mês de maio de 1958, quando o Exército francês na Argélia se rebelava contra o governo de Paris e parecia possível que paraquedistas aterrissassem a qualquer momento na França, Jean Lacouture, na época jornalista do *Le Monde*, ligou para Jean-Marie Domenach, amigo jornalista que editava a revista *Esprit*. Domenach estava preocupado com o que De Gaulle faria se assumisse o poder com o apoio dos militares. Seria necessário entrar numa nova Resistência – dessa vez contra De Gaulle? Lacouture foi tranquilizador: "De Gaulle não é um general, é um campo de batalha."[27] Ele queria dizer que o resultado seria determinado não só pelas decisões tomadas por De Gaulle, mas pelas forças políticas sobre as quais ele tinha controle limitado.

Tendo De Gaulle assumido o poder, e a Argélia se tornado independente, o novo estilo de gaullismo que surgiu durante os anos 1960 foi resultado não apenas das escolhas feitas pelo próprio presidente, mas daquelas impostas por economistas, outros especialistas e funcionários públicos, muitos dos quais tinham feito oposição ao seu retorno, mas agora achavam que podiam transformá-lo em alguma coisa. Como disse um deles: "De que serve a boa sorte de ter De Gaulle aqui, se essa oportunidade não for aproveitada para resolver ... [certos] problemas?"[28] Ao longo de sua carreira política, De Gaulle desempenhou com brio o papel de líder carismático, cujo retrato ele mesmo traçara nos anos 1920, e abraçou certas ideias fixas sobre o mundo que carregou consigo a vida toda. Mas era também uma figura por intermédio da qual os franceses disputavam sua história e sua política, e eles o influenciaram tanto quanto ele os influenciou.[29]

PARTE UM

De Gaulle antes de "De Gaulle", 1890-1940

Não houve um momento sequer em minha vida no qual eu não tivesse certeza de que um dia estaria chefiando a França... Mas as coisas ocorreram de um jeito que eu não tinha previsto. Sempre achei que seria ministro da Guerra, e que tudo o mais viria disso...

DE GAULLE, maio de 1946, em Claude Mauriac, *Un autre De Gaulle*, p.99

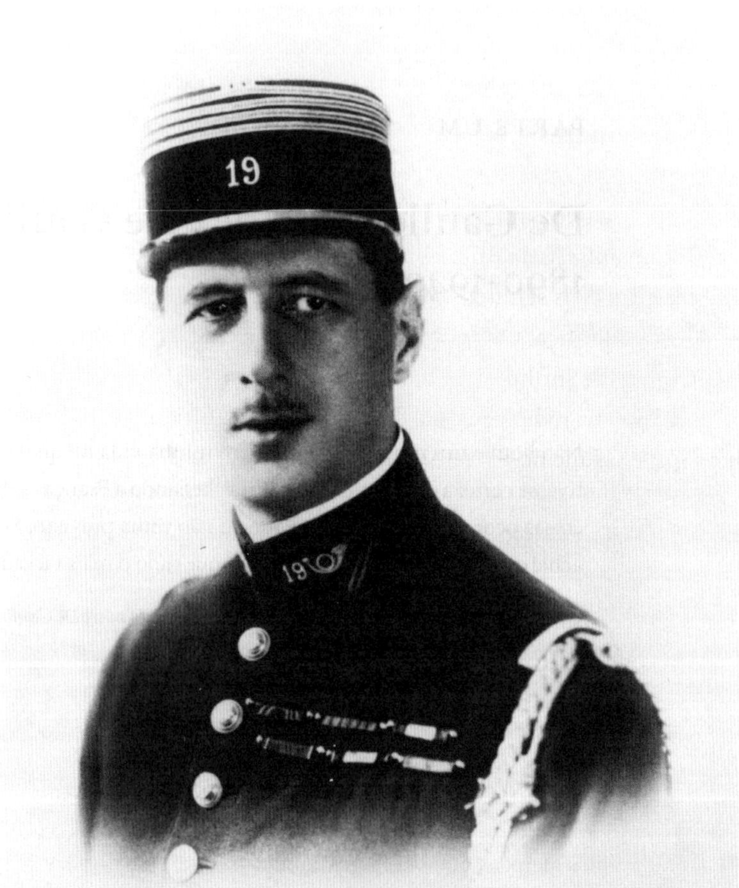

1. Primórdios, 1890-1908

Uma voz de Londres

De Gaulle foi uma voz antes de ser um rosto. Entrou na história através de uma curta transmissão da BBC, a partir de Londres, no começo da noite de 18 de junho de 1940. Seis semanas antes, o Exército alemão tinha lançado o seu ataque contra a França. Os franceses foram destruídos com extraordinária rapidez, e em 17 de junho o chefe do governo francês, o marechal Philippe Pétain, anunciou na rádio nacional que ia pedir um armistício à Alemanha. O discurso de De Gaulle no dia seguinte foi um desafio ao derrotismo de Pétain:

> Os líderes que há muitos anos estão à frente dos exércitos franceses formaram um governo.
> Esse governo, alegando que nossos exércitos estão derrotados, entrou em contato com o inimigo para cessar o combate.
> Certamente fomos derrotados pelas forças mecanizadas do inimigo, em terra e no ar.
> Infinitamente mais do que seu número, foram os tanques, os aeroplanos, as táticas dos alemães que nos obrigaram a recuar. Foram os tanques, os aeroplanos, as táticas dos alemães que pegaram nossos líderes de surpresa, a ponto de reduzi-los ao que são hoje.
> Mas a última palavra foi dita? Deve a esperança desaparecer? É definitiva a derrota? Não!
> Acreditem em mim, sou alguém que lhes fala com pleno conhecimento dos fatos, e eu lhes digo que nada está perdido para a França. Os mesmos meios que nos conquistaram podem um dia nos trazer a vitória.
> Pois a França não está só! Ela não está só! Não está só! Há um vasto Império atrás dela. Ela pode associar-se ao Império britânico, que controla os mares e

continua a lutar. Pode, como a Inglaterra, usar ilimitadamente a imensa indústria dos Estados Unidos.

Esta guerra não está confinada ao infeliz território do nosso país. Esta guerra não é decidida pela Batalha da França. Esta guerra é uma guerra mundial. Apesar dos nossos erros, dos nossos atrasos, de todo o nosso sofrimento, há no mundo todos os meios necessários para um dia vencermos nossos inimigos. Derrotados hoje pela força mecanizada, conseguiremos vencer no futuro com uma força mecanizada superior. Está em jogo o destino do mundo.

Eu, general De Gaulle, atualmente em Londres, convido os oficiais e os soldados franceses que se acham em território britânico, ou que possam se achar no futuro, com ou sem suas armas; convido os engenheiros e os operários especiais das indústrias de armamento que se acham em território britânico, ou que possam se achar no futuro, a entrar em contato comigo.

Aconteça o que acontecer, a chama da Resistência francesa não pode se extinguir, e não se extinguirá.

Amanhã, como hoje, falarei pela Rádio Londres.[1]

Poucas pessoas ouviram a transmissão radiofônica de De Gaulle. Nem podemos ouvi-la hoje, porque a BBC não a julgou importante o suficiente para guardar a gravação. De Gaulle falou muitas outras vezes nas semanas seguintes, e um número cada vez maior de ouvintes começou a sintonizar em seus discursos. Mais tarde, eles não saberiam dizer com certeza se tinham de fato ouvido sua primeira fala, apesar de muitos gostarem de pensar que sim. Um futuro gaullista, apenas um menino em 1940, escreve em suas memórias: "Na noite de 18 de junho, num beco ladeado por casas de veraneio cercadas de jardins, *acho que me lembro* [os itálicos são meus] de ter ouvido o discurso de 18 de junho. As janelas da *villa* estavam abertas e um rádio transmitia um discurso que aos meus ouvidos pareceu inesperado."[2] Uma pessoa que tinha certeza de *não* tê-lo ouvido era o escritor Léon Werth, que passou toda a Ocupação enfiado na zona rural francesa. Seu diário registra o crescente entusiasmo por De Gaulle, mas ele só ficou sabendo o que o general tinha dito naquela primeira transmissão quatro anos depois, quando o discurso foi lido novamente na BBC (não por De Gaulle) depois do Dia D. Se Werth não ouviu o primeiro discurso de De Gaulle foi porque, naquele dia, como milhões de franceses, ele fugia para o sul por causa do avanço alemão: "Eu estava perto do rio Loire. Ouvi apenas rumores colhidos na estrada e fragmentos incoerentes de informações falsas, transmitidas por um mísero aparelho de rádio ligado à bateria de um carro. Portanto, naquele 18 de junho não ouvi De Gaulle."[3] Quarenta anos depois, o presidente francês Valéry Giscard d'Estaing apresentou uma lembrança bem diferente:

> Eu era um menino de catorze anos e lembro-me de ter ouvido em nossa casa em Auvergne a voz do general De Gaulle. Numa tarde, 18 de junho, meu tio veio nos buscar: "Venham! Vai acontecer uma coisa importante. Estão anunciando uma declaração do general De Gaulle." Sentamo-nos em semicírculo em volta do rádio ... Tivemos o pressentimento de que o rumo dos acontecimentos havia mudado. Para cada um de nós, a faixa preta que vinha cobrindo a imagem da França foi tirada naquele dia.[4]

Giscard não era gaullista, e, como essa "lembrança" coincidia com o momento em que ele buscava desesperadamente o apoio de políticos gaullistas, ela não deve ser levada ao pé da letra.

Poucos contemporâneos que escreveram diários se referem ao discurso de 18 de junho. Um dos que o fizeram foi o chefe de polícia de Paris, Roger Langeron, que escreveu em seu diário naquela data: "Hoje é um grande dia. Uma voz nos chega de Londres." Mas as famosas palavras de De Gaulle que ele cita – "A França perdeu a batalha, não a guerra" – não constavam do discurso de 18 de junho, apesar de transmitirem a sua essência. Elas aparecem numa proclamação produzida na forma de cartaz pela França Livre em Londres no mês de julho. Provavelmente Langeron retocou seu diário antes de publicá-lo logo depois da guerra, para dar a impressão de que tinha ouvido a transmissão radiofônica.[5] Uma rara menção autêntica à fala de 18 de junho em diários é da historiadora da arte Agnès Humbert, que viria a participar da Resistência e que na época, como Léon Werth, foi arrastada pela leva de refugiados que deixaram Paris. Em 18 de junho ela se achava num vilarejo ao sul de Paris. No desespero de obter notícias, e com mais sorte do que Werth, ela encontrou um rádio: "Está sintonizado em Londres. Por puro acaso ouço uma transmissão em francês. Anunciaram o discurso de um general francês. Não entendo seu nome. Sua fala, abrupta e peremptória, não funciona bem no rádio. Ele convoca os franceses a se aliarem a ele e continuarem a luta. Sinto que revivi. Um sentimento que achei que estivesse definitivamente morto volta a agitar-se: a esperança."⁶ Mesmo quando lhe disseram quem era o "general francês", o nome para ela não significava nada. Poucos meses depois, já integrando um dos primeiros grupos da Resistência da França, Humbert distribuía folhetos em apoio a De Gaulle, mas ainda sem saber direito quem era:

> Como tudo isso é estranho! Aqui estamos, a maioria de nós com mais de quarenta, correndo como estudantes tomados de paixão e fervor atrás de um líder sobre o qual não sabemos absolutamente nada, do qual nenhum de nós viu sequer uma foto. Ao longo da história humana terá havido alguma coisa parecida? Milhares e milhares de pessoas, animadas por uma fé cega, seguindo uma figura desconhecida. Talvez esse estranho anonimato seja até uma vantagem: o mistério do desconhecido!⁷

De Gaulle era, de fato, desconhecido para a grande maioria dos franceses. De onde vinha? Em que acreditava? Que aparência tinha? Poucos faziam ideia. Em outubro de 1942, Léon Werth, que se tornara ouvinte regular das transmissões de De Gaulle, ainda tentava imaginá-lo: "Estou tentando achar De Gaulle em sua voz. Ela me soa um pouco tensa. Se eu o odiasse, talvez dissesse que era uma voz que usa monóculo."⁸ Quando De Gaulle finalmente voltou para a França depois da Libertação, em 1944, as pessoas muitas vezes corriam para cumprimentar um dos generais de mais alta patente que o acompanhavam. Supunham erroneamente que De Gaulle devia ser um general de cinco estrelas.⁹

Quando o misterioso nome "De Gaulle" começou a circular mais amplamente pela França ocupada, muita gente achou que fosse um pseudônimo. Parecia bom demais para ser verdade o fato de um general que se proclamava o salvador da França ter um nome derivado de Gaule [Gália], antiga denominação da França.¹⁰ Essa era a visão do romancista Romain Gary, a se acreditar em sua fantasiosa autobiografia. Nascido Roman Kacew, Gary tinha chegado ainda menino à França em 1928, proveniente de Vilna. Como sua ambição era ser um escritor "francês", resolveu adotar um nome de sonoridade mais francesa, preenchendo resmas de papel com diferentes pseudônimos. Nenhum parecia servir: "Quando em 1940 ouvi pela primeira vez no rádio o nome do general De Gaulle, minha primeira reação foi de raiva por não ter inventado esse esplêndido nome ... A vida é repleta de oportunidades perdidas."[11] Gary perdoou De Gaulle por ter chegado primeiro, foi para Londres e tornou-se piloto da França Livre. Nos primeiros meses da Ocupação, não é incomum encontrar o nome de De Gaulle escrito de maneiras diferentes: "Degaule", "Dugail", ou simplesmente "Gaul".[12] Nem mesmo o bem-sucedido advogado parisiense Maurice Garçon, que conhecia todo mundo que valia a pena conhecer na elite francesa, tinha uma pista da identidade do general. Em 29 de junho de 1940, ele anotou em seu diário que tinha ouvido um discurso de "De Gaule (não vi seu nome escrito; é assim que se escreve?)".[13]

Origens familiares

O nome "De Gaulle" – e o mistério em torno do que estava por trás dele – conferia à voz sem corpo de Londres uma aura de lenda. Na verdade, o nome era 100% autêntico, embora a etimologia nada tenha a ver com Gaule. Ele provavelmente vem de uma velha palavra flamenga que significa "o muro" (*de walle*). Se isso é verdade, o "de" – que neste caso significa "o" – não é, em sua origem, uma partícula aristocrática.

De Gaulles (geralmente com a grafia "de Gaule") podem ser encontrados na Normandia do século XIII. Certo Jean de Gaulle lutou contra os ingleses em Agincourt em 1415, e a tradição familiar de Charles de Gaulle o reivindicava como antepassado.[14] Na verdade, não se pode traçar nenhuma linha genealógica direta anterior ao enobrecimento de certo François de Gaulle na Borgonha, em 1604. No século XVIII, a família mudou-se da Borgonha para Paris, onde serviu à Monarquia do *ancien régime* na qualidade de advogados e administradores do Estado. Isso lhes deu o status de pequenos *nobles de robe* – ou seja, nobres por serviço, mas não por nascimento. O bisavô de De Gaulle foi preso durante a Revolução e só escapou da guilhotina graças à queda de Robespierre, em 1794. Preservou a cabeça, mas a família perdeu posição e riqueza.[15]

O avô de Charles de Gaulle, Julien de Gaulle, nasceu em Paris em 1801, e ali morreu em 1883, sete anos antes do nascimento do neto ilustre. Depois de lecionar na cidade nortista de Lille, onde casou em 1835, Julien voltou a Paris e fez carreira como antiquário e acadêmico. Escreveu obras eruditas celebrando a história católica e monarquista da França pré-revolucionária, entre as quais uma biografia do rei medieval francês são Luís e uma história de Paris em cinco volumes. A mulher de Julien de Gaulle, Joséphine Maillot (1806-86), foi uma autora ainda mais prolífica do que o marido, produzindo mais de oitenta livros, entre biografias, histórias e romances inspiradores, muitos deles com numerosas edições. Essa mulher assustadoramente cheia de energia também editava um jornal católico, *Le Correspondant des Familles*.

Escrever não trouxe fortuna ao casal. Sua vida era precária e há registro de que moraram em 27 endereços diferentes em Paris. Dois de seus três filhos deram seguimento ao antiquariato e à erudição ligeiramente excêntrica de Julien de Gaulle: um especializou-se em poesia celta (ficou conhecido na Bretanha como *Barz Bro C'hall*, o "bardo da França"), o outro era entomologista (especializado em abelhas). Nenhum deles teve filhos, de modo que coube ao terceiro irmão, Henri – pai de Charles de Gaulle –, preservar o nome da família. Henri de Gaulle (1848-1932) teve uma carreira mais convencional do que os irmãos ou o pai. Passou nos exames para a prestigiosa Ecole Polytechnique, mas não ocupou a vaga. Seu irmão mais velho, Charles, o poeta bretão, tinha contraído uma doença que o deixou cada vez mais enfermo e incapaz de sustentar-se financeiramente. O pai estava velho e não dispunha de recursos para sustentá-lo. Henri de Gaulle, portanto, foi obrigado a interromper os estudos e arranjar um emprego para prover a família. Depois de alguns anos como administrador no Ministério do Interior, tornou-se professor de latim, filosofia e literatura numa escola jesuíta altamente conceituada de Paris, o Collège de l'Immaculée-Conception, e depois numa escola católica particular que ele mesmo fundou.

Foi Henri de Gaulle que estabeleceu a genealogia da família esboçada acima.[16] Seu filho Charles conhecia cada detalhe, e, já famoso, respondia escrupulosamente a seus correspondentes para corrigir dados factuais.[17] De Gaulle tinha um forte senso dos valores que achava que seus antepassados lhe haviam legado. Um funcionário do Foreign Office britânico, deparando com um De Gaulle inusitadamente expansivo durante um jantar em julho de 1942, relatou uma conversa que tiveram:

[De Gaulle disse] que havia dois tipos de direita na França: a *petite noblesse de campagne* [a pequena nobreza do campo] e as classes endinheiradas. A primeira dessas classes ("*Et j'en suis*" [e venho dela]) foi inspirada com as mais altas formas de patriotismo e estava disposta a qualquer sacrifício pela glória da França ou pelo bem do país; muita gente do clero pertencia a esse grupo. A outra, formada pelos muito ricos, era bem mais egoísta ... Ele também achava que os aristocratas parisienses, a turma das corridas de cavalo, aquelas senhoras com títulos de nobreza que oferecem recepções a seus amados conquistadores, estavam no mesmo nível dos industriais ricos: carcomidos pela riqueza.[18]

De Gaulle retornava com frequência a essa ideia quando, em seus últimos anos, recordava a Ocupação. "Para os que tiveram de escolher entre seus bens materiais e a alma da França", comentou em 1962, "os bens materiais escolheram por eles. Os que têm posses são possuídos pelo que possuem."[19]

Apesar das origens provincianas a que De Gaulle se referia em suas conversas durante a guerra, a família do lado paterno era parisiense havia mais de um século. Em outros momentos de reminiscência, De Gaulle gostava de estender-se sobre esse aspecto da sua herança. Lembrava então que o avô tinha nascido em Paris durante a Revolução:

> Podem acreditar no que diz um velho parisiense: não há exemplos de família de Paris que consiga sobreviver a três gerações sem "sucumbir" ... à ronda infernal da vida parisiense: algumas ficam loucas e outras arruinadas. É claro que se essa família se alia a uma família das províncias, as coisas podem durar mais: o sangue provinciano traz aos parisienses estabilidade e dinheiro.[20]

De Gaulle talvez tivesse em mente os antepassados do lado materno, os Maillots, próspera dinastia burguesa do norte da França cuja riqueza veio do comércio e da fabricação de tecidos. A avó materna de De Gaulle, Julie Marie Maillot (1835-1912), tinha ascendência irlandesa. Sua mãe (*née* MacCartan) descendia de uma daquelas famílias irlandesas – "gansos selvagens" – que serviram à causa jacobita no combate ao protestantismo inglês nos exércitos de Luís XIV, antes de se estabelecerem em Valenciennes (o avô de Julie, Andronic MacCartan, foi médico de Luís XVIII). Outro ramo dos Maillots tinha vínculos alemães, pela via do casamento, no começo do século XIX, com uma outra família de industriais, os Kolbs de Baden, que chegaram à França nos anos 1760. Os destinos dos Maillots (de Lille) e dos De Gaulles (de Paris) estavam entrelaçados havia duas gerações. Como vimos, o avô paterno de De Gaulle (Julien) se casara com Joséphine Maillot; e o pai de De Gaulle, Henri, se casara com uma prima, Jeanne Maillot, cujo pai era fabricante de tecidos. Charles de Gaulle era, portanto, duplamente Maillot.

Se pelo lado do pai De Gaulle vinha da *noblesse de robe* parisiense com dificuldades financeiras, e pelo materno da rica burguesia de província, as duas vertentes da família adotavam os mesmos valores conservadores, católicos e patrióticos. No ultimíssimo dia de sua vida, 9 de novembro de 1970, De Gaulle escreveu agradecendo a um amigo da família que lhe mandou a genealogia da família Maillot: "É bom ver em todos eles – mortos e vivos – esses abismos de coragem ... e fidelidade à religião e à pátria."[21] Industriais como os Maillots estavam imbuídos das tradições do paternalismo católico particularmente fortes no norte da França. Os patrões consideravam sua obrigação cuidar do bem-estar moral e material dos empregados. Eram esses os valores que impregnavam os volumosos escritos da avó de De Gaulle, Joséphine de Gaulle, *née* Maillot. Em um de seus romances, um industrial é ridicularizado por ser um "gordo e rico explorador, um egoísta que trata os operários como bestas de carga"; em outro, a Bourse de Paris é descrita como um centro de "especulação imoral". Apesar de católica devota e conservadora, ela também escreveu biografias solidárias do socialista francês (pré-marxista) Proudhon, do revolucionário francês Jules Vallès e do líder nacionalista irlandês Daniel O'Connell.[22]

As pessoas nesse ambiente acreditavam que a riqueza implicava responsabilidades sociais. O mais distinto membro da família do lado materno de De Gaulle era seu bisavô Charles Kolb-Bernard, fabricante de açúcar e importante figura da burguesia católica de Lille. Apegado na mesma medida ao pretendente legitimista e à religião católica, Kolb-Bernard tinha estabelecido em Lille uma filial da Société de Saint-Vincent-de-Paul, organização voluntária católica fundada em 1833 para prestar socorro e infundir moralidade aos pobres das cidades. Ele ajudou também a financiar a construção da igreja de Notre-Dame-de-la-Treille (hoje a catedral de Lille). O avô materno de De Gaulle, Jules-Emile Maillot (1819-91), não foi tão bem-sucedido nos negócios, mas sua família não era menos beata. A mãe de De Gaulle, Jeanne, foi criada numa casa de rigorosa e sorumbática fé católica. Tinha duas irmãs freiras.

Valores de família

Foi na casa dos avós em Lille, como era costume das classes médias francesas naquela época, que Charles de Gaulle nasceu, em 22 de novembro de 1890. Foi o terceiro de cinco filhos, quatro meninos e uma menina. A casa, no número 9 da rue Princesse, que ainda hoje está de pé, era a residência sem ostentação de uma família burguesa de vida confortável. Havia duas estátuas da Virgem em nichos virados para a rua. Uma ala da casa era habitada pelos avós de De Gaulle, Julie e Jules Maillot; a outra era habitada pela tia de De Gaulle, Noémie, casada com Gustave de Corbie, professor da faculdade católica de direito de Lille. A propriedade ao lado abrigava a oficina têxtil da família Maillot. Era um mundo de sobriedade, religião e trabalho. Três meses depois, os pais levaram o bebê de volta para Paris, mas os vínculos de De Gaulle com o norte da França continuaram importantes durante toda a sua infância. Seus avós paternos parisienses já não eram vivos, e ele não tinha primos De Gaulle, uma vez que seus dois tios não haviam tido filhos. Por outro lado, havia um clã de primos nortistas morando em Lille e nos arredores da cidade. O Natal era comemorado, segundo o costume do norte, em 6 de dezembro, a *fête* de São Nicolau. Os feriados da família eram normalmente passados na região, às vezes numa *villa* alugada na estação balneária de Wimereux, não muito longe de Calais. Apesar de seu avô materno, Jules-Emile, ter morrido quando De Gaulle tinha apenas um ano de idade, sua avó Maillot, uma assustadora matriarca católica, continuou a presidir a casa de Lille. Quando Charles, com dezoito anos, escreveu a um primo de Lille dizendo que tinha ouvido *Carmen* na Opéra Comique, o primo o advertiu de que "nem é preciso dizer que nada disso deve chegar ao conhecimento de vovó".[23]

O filho de De Gaulle observaria que essas raízes de Lille representavam "não apenas um lugar de nascimento, mas também uma ética, uma educação, um jeito de ver o mundo": austero, tradicionalista, avesso à ostentação.[24] O desprezo posterior de De Gaulle pelos políticos como raça tem qualquer coisa do desprezo do nortista pelos sulistas tagarelas e gesticuladores, que passavam o dia sentados em cafés bebendo *pastis* – uma caricatura comum da classe política em seus anos de formação. Quando se recuperava de um ferimento de guerra em 1914 num hospital em Cognac, no sudoeste da França, De Gaulle observou, olhando através de suas empertigadas lentes nortistas, que "diferentemente da maioria das cidades do sudoeste [Cognac] é opulenta e limpa".[25] O único toque "sulista" da infância de De Gaulle foi uma modesta casa em La Ligerie, na Dordonha, comprada pelos pais em 1900. Depois que Charles completou dez anos, parte das férias de verão era passada ali.[26] Isso representava certo alívio à invasiva tribo de primos nortistas, mas De Gaulle diria mais tarde que suas lembranças da casa eram aborrecidas (*maussade*), ao contrário das recordações das férias em Wimereux, onde ele apreciava a "imensidão" do mar.[27] A casa acabou se revelando um sorvedouro das finanças dos pais, e foi vendida em 1924.

Mas era em Paris que os pais de De Gaulle moravam. Em suas memórias, ele faz uma descrição sucinta de si mesmo como um *"petit Lillois de Paris"* – um menininho de Lille parisiense. Na época do seu nascimento, a família morava na avenue de Breteuil, no sétimo *arrondissement*.[28] Depois disso, mudaram várias vezes de endereço, mas sempre na mesma parte da cidade. A localização era conveniente por causa da escola católica onde Henri de Gaulle lecionava, mas era também um *quartier* de Paris que refletia os valores e sensibilidades da família. Ele abrigava dois magníficos edifícios do *ancien régime*: o hospital militar dos Invalides, construído por Luís XIV, e a Ecole Militaire, a academia militar construída por Luís XV. O *quartier* ficava no limite do outrora elegante, mas um tanto dilapidado, faubourg Saint-Germain, onde escolas católicas, instituições religiosas, embaixadas e ministérios ocupavam as instalações de antigos *hôtels* aristocráticos. Havia pouca animação – nenhum teatro, raros restaurantes ou cafés. De Gaulle era um "velho parisiense", mas, em espírito, sua Paris estava a mundos de distância da Paris revolucionária do distrito da Bastilha, da Paris boêmia de Montmartre, da Paris plutocrática do sexto *arrondissement*, da Paris universitária do Quartier Latin. Num tributo que escreveu em 1920 para o marechal Foch, líder da França na Primeira Guerra Mundial, De Gaulle enunciou o que sentia por esse *quartier* histórico, nobre, mas um tanto inexpressivo:

> Grande parte da existência laboriosa de Foch decorreu no contexto de um *quartier* de Paris cuja grandeza majestosa não pode ter deixado de exercer influência sobre sua alma. O *quartier* dos Invalides e da Ecole Militaire; monumentos cuja arquitetura, cujas proporções e cuja fachada são símbolos de ordem, simplicidade e melancolia militares ... Um *quartier* que contém mil provas comoventes

de nossos triunfos e de nossas lágrimas, onde museus famosos alimentaram os sonhos do recruta, as reflexões do cidadão e as lembranças do veterano, onde, sob a abóbada sagrada, repousam as bandeiras que capturamos, onde jazem os corpos de Turenne e de Napoleão ... Um *quartier* onde Paris conserva as grandes lembranças militares do passado e fomenta as glórias do futuro.[29]

Em duas frases cuidadosas de suas *Memórias de guerra*, De Gaulle escreveu sobre o pai: "Meu pai, homem de pensamento, cultura, tradição, era imbuído de um senso da dignidade da França. Ele me fez descobrir sua história."[30] Já no fim da vida, quando lhe pediam para citar a pessoa que mais o influenciara, ele sempre mencionava o pai, sem hesitar. Henri de Gaulle era lembrado por seus muitos alunos como a charmosa *vieille* França, amável sobrevivente de outra era: distinto e formal, pouco expansivo e erudito. Nessa família, como De Gaulle se lembraria, "só o trabalho intelectual tinha importância".[31] Henri transmitiu ao filho a reverência por escritores e pela vida da mente. Em Londres, durante a guerra, um dia De Gaulle meditou sobre outra existência possível:

> O emprego mais maravilhoso do mundo seria o de bibliotecário ... numa cidadezinha de província, talvez numa biblioteca municipal na Bretanha ... Que calma! Que vida maravilhosa! ... De repente, ao fazer sessenta anos, a gente começa a escrever uma monografia de oitenta páginas intitulada "Madame de Sévigné terá algum dia visitado Pontivy?" ... A gente vai ficando frenético, escrevendo cartas mordazes ao diácono que escarnece de uma data.[32]

A personalidade hiperativa de De Gaulle jamais se contentaria com essa vida, mas dá para imaginar que ela conviria bem ao pai, aos tios livrescamente excêntricos ou ao avô que ele não chegou a conhecer.

Sobre a mãe, De Gaulle escreveu que "tinha uma paixão pela pátria igual à sua devoção religiosa". A esposa de De Gaulle (supostamente falando por amarga experiência própria) toca no assunto com um pouco menos de tato, comentando que foi da mãe que De Gaulle herdou o "lado agressivo" de sua personalidade: "Era uma mulher dominadora, e fazia julgamentos sobre os quais o mínimo que se pode dizer é que eram categóricos e apaixonados."[33]

Vivendo na atmosfera de "melancolia militar" – uma expressão favorita de De Gaulle – do sétimo *arrondissement*, a família De Gaulle estava fora de sintonia com os valores políticos predominantes na época. Em 1871, depois da Guerra Franco-Prussiana e da queda do Segundo Império de Napoleão III, por um momento parecia possível, apesar de improvável, que a França voltasse a ser uma Monarquia pela primeira vez desde 1848. Essa possibilidade desapareceu quando o legítimo pretendente Bourbon, o comte du Chambord, se recusou a aceitar o trono se isso significasse aceitar também a bandeira tricolor da Revolução. Desse momento em diante o monarquismo foi uma causa perdida na França. Para os monarquistas, Chambord tornou-se para sempre o símbolo melancólico de um mundo que haviam perdido. Em 1876, a produtiva avó de De Gaulle dedicou sua história dos santuários marianos à comtesse de Chambord, mulher do conde. Sobre a renúncia de Chambord, De Gaulle escreveu numa carta poucos meses antes de morrer, em 1970, que foi um "acontecimento fundamental e triste da nossa história. Fundamental porque pôs fim a tudo que o nosso país tinha em termos de instituições. Triste, como tudo que significa aquilo que foi e nunca mais será".[34]

Os monarquistas mais moderados resignaram-se à perda de sua causa. Em 1875, a França tornou-se oficialmente uma República pela terceira vez. Escaldados com a brevidade das duas repúblicas anteriores (1792-99, 1848-51), os líderes da Terceira República puseram-se a instilar no povo francês a ideia de que a identidade do país era inseparável do republicanismo. Em 1879, o hino revolucionário "La Marseillaise" tornou-se o hino nacional do país; em 1881, o aniversário da tomada da Bastilha, 14 de julho, tornou-se feriado nacional: estátuas de "Marianne", a encarnação feminina da República, foram erguidas em todo o país. Em Paris, uma imensa estátua de Marianne foi instalada na place de la République em 1880, dez anos antes de De Gaulle nascer; e outra na place de la Nation nove anos depois. Essas duas praças ficavam na Paris esquerdista do nordeste, do outro lado do Sena, a um mundo de distância da dilapidada magnificência do sétimo *arrondissement*. O que De Gaulle não mencionou em sua evocação do *quartier* da família foi a presença da Torre Eiffel, construída em 1889 por uma República triunfante para comemorar o centenário da Revolução Francesa. Não eram esses os símbolos nos quais famílias tradicionalistas como os De Gaulles reconheciam a *sua* França. Embora não estivessem entre os monarquistas que tramaram ativamente contra a República, nesta os De Gaulles eram exilados internos.

Nos anos 1900, o monarquismo francês recebeu uma nova injeção de ânimo da recém-fundada organização Action Française (que publicava o jornal do mesmo nome). Encabeçada por Charles Maurras, jovem e brilhante polemista da Provença, a Action Française tentava ancorar o monarquismo a uma doutrina, em vez de apelar para a nostalgia sentimental de uma dinastia. A teoria de Maurras do "nacionalismo integral" deduzia a necessidade da Monarquia de princípios básicos. Ele afirmava que a sobrevivência da França como grande país em face dos inimigos externos – Alemanha, Grã-Bretanha – exigia o abandono da democracia republicana, e repelia o que chamava de forças desagregadoras do romantismo do século XIX em favor de um retorno à ordem clássica do *ancien régime*. Outra parte da doutrina de Maurras era a defesa da Igreja católica como pilar de estabilidade (embora ele próprio não fosse um seguidor) e a exclusão de judeus e protestantes de todos os cargos de influência.

Para muitos conservadores, Maurras oferecia um estimulante revigoramento a uma tradição moribunda. Era esse o caso da família De Gaulle? A questão de há muito ocupa os biógrafos do general. Desde que se tornou figura pública, De Gaulle foi perseguido por insistentes insinuações de que o nacionalismo reacionário de Maurras havia deixado nele sua marca. Um dos problemas quando se analisa a validade dessa afirmação é estabelecer o que quer dizer "maurrasiano". Era possível aceitar a visão pessimista de Maurras das relações internacionais – de que a França estava condenada a uma luta existencial com a Grã-Bretanha e a Alemanha, seus inimigos hereditários – sem endossar sua crença de que a única resposta adequada a esse desafio seria a restauração monárquica; era possível concordar com o argumento de Maurras em defesa de uma restauração monárquica sem aceitar o seu violento antissemitismo. Henri de Gaulle lia *L'Action française*, como aliás a maioria dos conservadores inteligentes de seu tempo. Quanto a De Gaulle, embora não haja referências a Maurras em seus escritos e cartas, sua irmã confidenciou em 1945 que "Charles era monarquista, defendia Maurras contra o irmão Pierre tão ferozmente que numa dessas conversas vieram-lhe lágrimas aos olhos".[35] Infelizmente não sabemos a que período da vida de De Gaulle ela se referia.

A tendência recente entre os historiadores tem sido reduzir a importância desse aspecto da herança de De Gaulle e sustentar que a casa da família era mais influenciada pelo jornal *Le Correspondant*. Este representava uma tradição monarquista diferente daquela expressada por *L'Action française*, mirando nostalgicamente o período de 1789-91, quando a França experimentara uma Monarquia constitucional que conciliava os princípios da Revolução e do rei. Já Maurras via 1789 como a raiz de todos os problemas da França.[36] É bem possível que o monarquismo liberal do *Correspondant* estivesse mais afinado com os valores da família De Gaulle do que o monarquismo inflexível e reacionário de Maurras, mas as provas diretas são vagas e circunstanciais.

Muitos historiadores notaram também a importância do catolicismo social na herança intelectual de De Gaulle. Os católicos sociais pretendiam superar a luta de classes buscando um meio-termo entre capitalismo e socialismo. Essa tradição era forte entre os industriais católicos do norte da França, como os antepassados de De Gaulle pelo lado materno. Veremos adiante que, depois de 1944, De Gaulle viveu intermitentemente obcecado com a ideia de que sua missão era promover uma "associação" entre a classe operária e seus patrões. Uma das inspirações por trás dessa ideia fixa, que exasperava e confundia muitos seguidores, era a doutrina do catolicismo social. Essa era outra tradição política desprezada por Maurras, que acreditava na primazia da *política* – o retorno da Monarquia absoluta – sobre utopias de reconciliação social. Por outro lado, muitos católicos sociais *eram* ultraconservadores cuja visão política divergia bastante da tradição liberal do *Correspondant*: seu paternalismo social costumava andar de mãos dadas com o legitimismo monárquico.[37]

Em resumo, não há uma "explicação" simples para De Gaulle – seja o nacionalismo maurrasiano, o catolicismo liberal, o monarquismo constitucional ou o catolicismo social. De Gaulle foi exposto a todas essas influências através da família. Embora não saibamos muita coisa sobre as opiniões políticas de Henri de Gaulle, o certo é que, para famílias como os De Gaulles, o monarquismo era mais uma sensibilidade e uma cultura do que um compromisso político: representava lealdade a uma tradição de família, repulsa à violência da Revolução, oposição à perseguição religiosa. Os De Gaulles eram pacíficos sobreviventes de outra era, que carregavam dentro da cabeça uma longa história da França que remontava a um tempo bem anterior a 1789. Mas, durante o Caso Dreyfus, o conflito político mais violento dos anos de formação de Charles de Gaulle, há algumas indicações de que o pai, Henri, tinha opiniões inesperadas para alguém do seu meio político.

Alfred Dreyfus foi um oficial de Exército judeu injustamente acusado de traição em 1894. Partidários de Dreyfus julgavam-no vítima inocente de uma conspiração fomentada pela Igreja, o Exército e antissemitas para enfraquecer a República; adversários de Dreyfus achavam que ele era um traidor, e que judeus, republicanos e socialistas estavam inventando um erro judiciário para subverter as instituições que uniam a sociedade. Foi o Caso Dreyfus que deu fama a Maurras, quando ele escreveu um artigo em 1898 defendendo um oficial de Exército que havia forjado documentos para condenar Dreyfus. Enquanto Maurras aplaudia a falsificação como um ato de patriotismo, o romancista Émile Zola redigiu um violento e feroz ataque ao Exército que começava com as palavras *"J'accuse"*.

Tornou-se artigo de fé entre biógrafos de De Gaulle que Henri estava convencido da inocência de Dreyfus, afirmação que resgata De Gaulle da insinuação de que seus antecedentes familiares eram "maurrasianos". Ao longo dos anos, de um biógrafo para outro, a fé dreyfusard de Henri de Gaulle foi se ampliando de tal maneira que só faltou transformá-lo numa espécie de Émile Zola de direita. Um autor alega que Henri de Gaulle acreditava na inocência de Dreyfus desde o dia da sua condenação – o que é implausível, pois não se aplica nem mesmo aos mais ardorosos futuros dreyfusards. Outro sugere que as crenças de Henri o fizeram perder o emprego de professor – o que também não é verdade.[38] Admitindo-se que Henri de Gaulle fosse dreyfusard, era no mínimo um dreyfusard muito discreto. Seu nome não aparece entre os que apoiavam um comitê fundado pelo católico liberal Paul Viollet (conhecido de Henri de Gaulle), que se esforçava para diminuir a diferença abissal entre o antissemitismo dos antidreyfusards e o anticlericalismo dos dreyfusards. As provas da crença de Henri de Gaulle em Dreyfus baseiam-se mais em boatos do que em fatos, mas correspondem ao que se pode deduzir do seu caráter não dogmático e afável.[39]

O próprio Charles de Gaulle referiu-se apenas duas vezes ao Caso Dreyfus em seus escritos. Na história do Exército da França que publicou em 1938, ele lamenta que, na esteira do caso, "sob pressão de ilusões pacifistas e de falta de confiança nos militares", o Exército tinha "perdido sua coesão e sua força". Sobre o Caso Dreyfus escreveu o seguinte:

> Nesse julgamento lamentável nada faltou que pudesse envenenar as paixões: a probabilidade de um erro judiciário, sugerida por falsificações, inconsistências e abusos cometidos pela promotoria, mas rejeitada com horror por aqueles que,

por fé ou razões de Estado, estavam decididos a defender a infalibilidade de uma hierarquia dedicada ao serviço da pátria; uma obscuridade exasperante na qual mil confusos incidentes, intrigas, confissões, retratações, duelos, suicídios, julgamentos enfureceram e fizeram duas matilhas rivais perderem a pista; polêmicas caluniosas infladas por todas as vozes da imprensa, por panfletos e por discursos.[40]

Em suas *Memórias de guerra*, De Gaulle menciona o Caso Dreyfus de passagem, como um dos muitos conflitos que o "entristeciam", porque enfraqueciam a França. Esses juízos em cima do muro – "duas matilhas rivais" – sugerem que o que atormentava De Gaulle era menos a injustiça do que suas consequências desagregadoras. Talvez essa fosse também a opinião do pai.

Seria um erro tornar os antecedentes familiares de De Gaulle mais liberais e tolerantes do que eram. Numa nota biográfica sobre sua família, Henri escreveu que, "como a Reforma Protestante, a Revolução foi, nas palavras de De Maistre, satânica em sua essência. Gostar dela é afastar-se de Deus ... Espero que esses sentimentos sejam perpetuados por meus descendentes".[41] Uma carta que Jacques, irmão mais novo de De Gaulle, escreveu do front para o pai em 1917 reflete sentimentos parecidos. Dando voz ao seu "senso de estupefação" com a queda do czar e a entrada dos Estados Unidos na guerra em nome da liberdade, Jacques afirmou: "É verdade então que esta guerra não é apenas uma luta de apetites, mas uma luta da democracia contra tronos [reais] ... a última e terrível convulsão social que vem completar a obra da Revolução Francesa? Quer dizer que sou um soldado nesta guerra pela chamada liberdade dos povos que considero uma futilidade monstruosa?"[42] Jacques não era Charles, claro, mas suas palavras nos permitem vislumbrar os valores dessa família bastante unida.

Os De Gaulles com certeza teriam se oposto, de maneira inflexível, à guerra da República contra a Igreja católica. A inimizade entre católicos e republicanos era um dos temas da história da França do século XIX, e a família De Gaulle viveu essa experiência de uma forma direta e pessoal. Henri tinha sido educado num colégio jesuíta, onde viria a lecionar. Um dos professores por quem tinha especial apego, o padre Olivaint, foi morto a tiros na revolucionária Comuna de Paris em 1871. E foi depois do decreto que expulsou os jesuítas da França em 1880 que Henri resolveu ser professor laico numa escola católica. Seria inconcebível para Henri de Gaulle educar os filhos nas escolas estatais da República secular e anticlerical. A educação primária de De Gaulle entre 1896 e 1900 ocorreu na Ecole Saint-Thomas-d'Aquin, dirigida pelos Irmãos Cristãos. Dali ele seguiu para o colégio jesuíta, onde o pai lecionava. Depois de outro ataque republicano contra professores jesuítas, na esteira do Caso Dreyfus, De Gaulle passou um ano no exílio em outra escola jesuíta, em Antoing, na Bélgica.

De acordo com as lembranças de sua irmã mais velha, De Gaulle "não foi um menino fácil" – hiperativo e indisciplinado – nem um estudante aplicado como o brilhante irmão mais novo, Jacques. Já adulto, gostava de lembrar-se da sua imensa coleção de soldados de brinquedo (como Churchill) – e dizia que, nas brincadeiras com os irmãos, sempre assumia o papel da França.[43] Passava menos tempo estudando do que lendo – e escrevendo – poesia, trocando poemas com um dos seus primos de Lille, Jean de Corbie. O que lia o jovem De Gaulle? Ele estava, claro, profundamente imbuído da literatura clássica francesa do século XVII, mas também devorava os poetas simbolistas do fim do século XIX, sobretudo Verlaine, além de figuras menos conhecidas como Albert Samain (também de Lille, como De Gaulle) e o poeta belga Emile Verhaeren. Estes dois últimos nomes acrescentaram mais um toque "nortista" à sua sensibilidade. Das imensas leituras de De Gaulle pode-se (um tanto arbitrariamente) selecionar dois escritores muito importantes para ele. Um foi Edmond Rostand (1868-1918), cujo drama poético *Cyrano de Bergerac* ele sabia recitar quase todo. Aos dez anos, De Gaulle foi levado ao teatro para ver a última peça de Rostand, *L'aiglon* (O filhote de águia), que conta a história da vida tragicamente curta do filho do imperador Napoleão e da arquiduquesa austríaca Maria Luísa. O drama é ambientado na corte austríaca, onde o menino doente está exilado e, na verdade, cativo desde a queda de Napoleão. Apesar da frívola mãe austríaca e dos esforços do intrigante Metternich, o jovem Napoleão continua a sonhar com a França e com a lenda do pai até morrer de tuberculose aos 21 anos. A vida inteira De Gaulle teve sentimentos complexos em relação a Napoleão, e as tradições monárquicas da família não a tornavam simpática à tradição bonapartista. Mas ele foi tão sensível à grandeza romântica da epopeia napoleônica quanto qualquer adolescente francês do século XIX.

Numa veia completamente diferente do sonoro romantismo de Rostand, a imaginação literária de De Gaulle foi profundamente marcada pela imersão de juventude nas obras de Pierre Corneille, dramaturgo francês do século XVII. As peças de Corneille são dramas morais sobre o conflito entre felicidade pessoal e dever heroico. Durante toda a vida, De Gaulle era capaz de citar de cor longos trechos até mesmo das peças mais obscuras do autor, apesar de citá-lo apenas duas vezes em seus escritos e discursos. A primeira, num discurso em Londres em 1942, no qual lamentou "a vergonha de morrer sem ter lutado [*honte de mourir sans avoir combattu*]", citação da peça mais famosa de Corneille, *O Cid*. A segunda, no último volume de suas *Memórias*, referindo-se à hostilidade que constantemente enfrentava da parte de políticos e jornalistas, e citando *Cina*: "O quê? Queres ser poupado, mas não poupaste nada! [*Quoi! Tu veux qu'on t'épargne et n'as rien épargné!*]." Esses versos vêm do célebre solilóquio do imperador Augusto, declamado no momento em que ele fica sabendo da existência de um complô para matá-lo encabeçado por Cina, homem em quem havia confiado. A fala é uma longa meditação sobre a melancólica solidão a que está destinado o líder poderoso: "Ó céus! A quem posso confiar/ Os segredos de minha alma e as preocupações de minha vida?/ Pegue de volta o poder que me destes/ Se me dando súditos ele me tira os amigos" (*Ciel! À qui voulez-vous désormais que je fie/ Les secrets de mon âme et le soin de ma vie?/ Reprenez le pouvoir que vous m'avez commis/ Si donnant des sujets il ôte les amis*). Embora não seja diretamente citado, o ascético estoicismo do Augusto de Corneille impregna o célebre retrato do "líder" pintado por De Gaulle em seu livro dos anos 1920, *O fio da espada*, no qual seu ideal de liderança heroica é quintessencialmente corneilliano:

> O líder se priva da doçura que vem do repouso, da familiaridade e da amizade. Dedica-se a essa solidão que é a triste sina dos seres superiores ... Aquele estado de satisfação, de paz interior, de alegria calculada que as pessoas concordam em chamar de felicidade, é incompatível com a liderança.[44]

Como De Gaulle certa vez comentou com Emmanuel d'Astier de la Vigerie, líder de um dos principais movimentos da Resistência da França: "Quer dizer que você acredita na felicidade?"[45]

O adolescente rebelde que deixava de lado os estudos escolares em favor da literatura já não é visível numa longa carta que o De Gaulle de dezessete anos escreveu da escola em Antoing para o pai, na qual se diz envergonhado por não ter se saído melhor nos exames de álgebra e fala de seus esforços para remediar esse *"grand malheur"*.⁴⁶ O que mudou quando ele fez quinze anos foi a decisão de seguir a carreira militar. Não haveria a menor chance de sucesso se não passasse nos disputados exames de admissão à academia militar de Saint-Cyr. Pela primeira vez De Gaulle se dedicou seriamente aos estudos – não só de história e literatura, nos quais brilhava, mas também nos de matemática e ciências.

A geração de 1905

Apesar de não haver tradição militar anterior na família De Gaulle, muitos alunos conservadores das escolas católicas viam o Exército como uma maneira de servir à França sem se comprometer com a detestada República. Nesse sentido, a escolha de De Gaulle foi perfeitamente natural, embora talvez influenciada também pelo contexto internacional.

Em março de 1905, o 15º ano de De Gaulle – e aparentemente o ano em que decidiu seguir a carreira militar –, o cáiser Guilherme II desembarcou em Tânger para reclamar a posse alemã do Marrocos. Essa provocação calculada inaugurou uma nova era de tensão internacional, e deflagrou uma crise política na França que culminou, três meses depois, na renúncia de Théophile Delcassé, ministro do Exterior e arquiteto da Entente Cordiale com a Grã-Bretanha. Delcassé preferiu renunciar a fazer concessões à Alemanha. O impacto desse acontecimento na França pode ser avaliado pela reação do escritor Charles Péguy: "Eu soube às 11h30 da manhã que, no intervalo dessas duas horas, um novo período começou na história da minha vida, na história deste país e, seguramente, na história do mundo. No período de uma manhã todo mundo soube ... que a França vivia no temor constante de uma invasão alemã."⁴⁷ Para Péguy, foi uma revelação. Cinco anos antes, como socialista apaixonadamente convicto, ele fora um dos mais fervorosos defensores de Dreyfus; o choque de 1905 o converteu ao patriotismo e, posteriormente, ao catolicismo.

O primeiro escrito de Charles de Gaulle de que dispomos também data de 1905: o ensaio de um jovem estudante imaginando que em 1930 "a Europa declarou guerra à França". "Europa", nesse caso, significa Alemanha. No artigo de De Gaulle, a França é defendida pelo general de Boisdeffre (curiosa escolha de herói para alguém proveniente de um meio supostamente anti-Dreyfus, uma vez que o verdadeiro general de Boisdeffre tinha sido antidreyfusard) e o "general De Gaulle". Os detalhes da campanha são exaustivamente descritos. No fim, o "general De Gaulle" salva a situação: "Numa explosão final de entusiasmo, nossos destemidos soldadinhos avançam com suas baionetas caladas. Ah! Que bela investida! Como seus corações pulavam de orgulho dentro do peito!"[48]

Nada sabemos das circunstâncias dessa produção juvenil. De Gaulle certamente não tivera nenhuma revelação ao estilo Péguy. A paixão pela França era o substrato dos valores herdados de sua família. A derrota de 1870-71 tinha gerado na França uma cultura de luto em torno das "províncias perdidas" da Alsácia-Lorena. Gerações de estudantes foram criadas com os versos patrióticos do poeta Paul Déroulède, que mantinham acesa a ideia de vingança. Na place de la Concorde, em Paris, as estátuas representando as cidades de Metz e Estrasburgo estavam cobertas de crepe preto. Embora com o tempo a crueza da derrota tenha perdido um pouco da intensidade, isso não se aplicava à família De Gaulle. Os meninos De Gaulle costumavam ser levados pelos pais para ver o memorial de guerra construído em Le Bourget, onde o pai de De Gaulle tinha lutado na campanha de 1870-71. O baixo-relevo traz a imagem de uma estátua partida, com a inscrição: "A espada da França, partida em valentes mãos francesas, será novamente forjada por seus descendentes [*L'épée de la France, brisée dans leurs vaillantes mains, sera forgée à nouveau par leurs descendants*]." Essa frase perseguia De Gaulle. Em 13 de julho de 1940 ele proclamou na BBC: "Aqueles cujo dever era brandir a espada da França deixaram-na cair de suas mãos, partida. Recolhi os pedaços da espada."

A sensibilidade do patriotismo de De Gaulle, se foi moldada pelos pais, também foi marcada pela sombra de 1905, pela experiência de sua geração. Os valores da "geração de 1905" foram analisados num livro que deu muito o que falar, *Les jeunes gens d'aujourd'hui* [Os jovens de hoje], publicado em 1913 por dois jornalistas (Henri Massis e Alfred de Tarde) que escreveram sob o pseudônimo de "Agathon". O livro afirmava que a geração jovem tratava com desprezo a mórbida introspecção do *fin de siècle* e o antimilitarismo dos dreyfusards. A nova geração, segundo Agathon, exibia um "gosto pela ação" que girava em torno da "fé patriótica" e de um retorno aos valores religiosos.

O livro era um manifesto, mais do que uma pesquisa sociológica; descrevia o que os autores queriam que os jovens fossem.[49] Mas outros livros e artigos que surgiram sobre o mesmo tema sugeriam a existência de qualquer coisa no ar entre os jovens intelectuais. No mesmo ano do manifesto de Agathon, o romancista Roger Martin du Gard publicou *Jean Barois*; o herói do romance é um ex-ativista dreyfusard que perde a simpatia de uma geração mais jovem, que retornou ao catolicismo e ao nacionalismo.

Uma figura emblemática desse *Zeitgeist*, ou espírito da época, foi o romancista Ernest Psichari (1883-1914), ainda que ele fosse um pouco mais velho do que a geração de 1905. Através do avô anticlerical Ernest Renan, Psichari era aparentado com uma das mais célebres dinastias da França. Dreyfusard convicto, ele passou por uma crise existencial e decidiu ingressar na artilharia colonial. Seu romance autobiográfico *L'appel aux armes* [O chamado às armas] contava a história de um jovem que repudia o pacifismo e ingressa no Exército. Em 1913, Psichari converteu-se ao catolicismo e pensou em entrar na Ordem Dominicana. Morto no campo de batalha em agosto de 1914, tornou-se objeto de um grande culto patriótico. Em 1916, De Gaulle escreveu a um correspondente descrevendo Psichari como a "barragem espiritual e moral contra as convulsões da nossa época"; quando esteve no front em fevereiro de 1940, pediu que lhe mandassem dois livros dele.[50]

Charles Péguy foi um representante ainda mais famoso da evolução intelectual descrita por Agathon. Ele dedicou um de seus livros a Psichari, e sua reação aos acontecimentos de 1905 já foi aqui citada. Péguy merece atenção especial por ter sido um autor imensamente importante para De Gaulle, que nos anos 1960 disse a um de seus ministros: "Nenhum escritor me influenciou mais do que Péguy. Nos anos anteriores à guerra li tudo o que ele escreveu, durante minha adolescência, depois em Saint-Cyr e na condição de jovem oficial ... Eu me sentia muito próximo dele ... Ele sentia as coisas exatamente como eu."[51] É muito simples descrever Péguy como alguém que passou da esquerda para a direita. Mesmo depois de abraçar o patriotismo e o catolicismo, ele não renunciou ao socialismo e ao republicanismo, nem à oposição ao antissemitismo. A prosa estranhamente fascinante e repetitiva de Péguy, que não se parece com nada em língua francesa, aspira à síntese de todas as tradições francesas – como exemplificado em sua inesquecível máxima "A República, Una e Indivisível, é o nosso Reino da França".[52] Seu nacionalismo não poderia ser mais diferente do de Maurras, a quem desprezava – e que o desprezava. A *ouvre* de Maurras foi construída em torno de exclusões e repúdios – um expurgo das impurezas que enfraqueceram a França desde 1789 –, e a de Péguy em torno de acumulações e adições. Péguy voltou-se com violência contra aqueles com quem tinha trabalhado durante o Caso Dreyfus, mas fez isso por achar que haviam traído a nobreza da causa em troca de um partidarismo vil. Daí seu axioma mais famoso: "Tudo começa em *mística* e termina em *política*." Pelo ano de 1914, Péguy tinha desenvolvido uma repulsa quase física à política parlamentar – outro aspecto dos seus escritos que deixou traços em De Gaulle. Assim como deixou traços o culto de Péguy a Joana d'Arc, sobre quem escreveu duas longas peças. Não houve momento na história da França que seu nacionalismo ecumênico não abraçasse: "Valmy e Jemappes [duas famosas batalhas da Revolução]", escreveu ele, "descendem diretamente de Patay [uma das vitórias de Joana d'Arc contra os ingleses]! ... São da mesma raça, da mesma família espiritual."[53] O que vinculava o Péguy socialista e republicano do início ao Péguy nacionalista e católico posterior era um senso de que ao longo da história a França tinha tido a vocação mística de trazer o Iluminismo para a humanidade. As famosas frases iniciais das *Memórias de guerra* de De Gaulle comparando a França à "princesa de um conto de fadas ou a uma Madona num afresco em parede, predeterminada a um destino eminente e excepcional", fazem eco à declaração de Péguy de que via a França como "uma rainha das nações; uma rainha no velho sentido francês da palavra, meio séria, meio misteriosa, meio heráldica, meio conto de fadas".[54]

No livro *A França e seu Exército*, publicado em 1938, De Gaulle faz referência aos mentores intelectuais de sua geração numa frase densa e compacta: "Figuras como Boutroux e Bergson, que deram nova vida ao lado espiritual do pensamento francês, a influência secreta de Péguy ... em literatura a influência de um Barrès."[55] Cada um desses três "bês" – Barrès, Boutroux, Bergson – exerceu influência em De Gaulle, mas nenhum teve um efeito emocional mais forte do que Maurice Barrès (1862-1923). Embora seu estilo tenha se tornado obsoleto, Barrès foi o ídolo de aspirantes a escritor por várias gerações de franceses. Nenhum autor foi mencionado mais vezes no estudo de Agathon, no qual ele paira como figura tutelar sobre a geração de 1905. Barrès despontou para a fama com a publicação de uma trilogia de romances em 1888-91 sob o título geral *Le culte de moi* (O culto do eu), encorajando os leitores a se livrarem das amarras da convenção e a afirmarem o princípio da personalidade individual. Mas, à medida que se tornou obcecado com o declínio da França, sua atenção se voltou do individual para o nacional. Sua trilogia seguinte trazia o título *Le roman de l'énergie nationale* (O romance da energia nacional). Nela, o autor narra os altos e baixos de um grupo de seis jovens da Lorena cuja tragédia é ter perdido contato com as tradições de sua região natal, porque os professores inculcaram neles os valores abstratos do republicanismo. Mudando-se para Paris, a fim de realizar suas ambições – outro passo em sua jornada de desenraizamento (um romance da trilogia era intitulado *Les déracinés* (Os desarraigados) – todos seguem caminhos diferentes e desagradáveis, até que um deles é salvo pela redescoberta da importância das ligações regionais – o que Barrès chamava de culto "da terra e dos mortos". Barrès, que era da Lorena, também praticava o culto dos territórios perdidos para a Alemanha em 1871. A síntese que De Gaulle faz de Barrès em *A França e seu Exército* é de que ele "devolveu à elite uma consciência da eternidade nacional, revelando os vínculos que a prendiam aos seus ancestrais".[56]

Embora Barrès fosse, como Maurras, antidreyfusard e antissemita fervoroso, seu nacionalismo era diferente da dogmática interpretação maurrasiana do passado da França. O que Barrès pretendia não era fazer o relógio andar para trás, de volta à Monarquia, mas revigorar a República com valores vitalistas. Sua sensibilidade era romântica, em contraste com o classicismo de Maurras. Isso levou alguns a interpretarem o nacionalismo de Barrès como uma espécie de protofascismo, mas seus escritos foram reverenciados por indivíduos que fizeram diferentes trajetórias políticas. Em sua época, ele foi um escritor tão influente quanto André Gide e Jean-Paul Sartre em seu próprio tempo. André Malraux e François Mauriac (que viriam a ser gaullistas ferrenhos) foram profundamente marcados por Barrès, bem como o romancista e poeta comunista Louis Aragon e o romancista fascista Pierre Drieu la Rochelle. A música da prosa de Barrès e a sensibilidade do seu patriotismo é que talvez tenham deixado a maior marca em De Gaulle. Seus cadernos estão repletos de citações de Barrès. Até mesmo a famosa frase inicial das *Memórias de guerra* – "Minha vida inteira tive certa ideia da França" – talvez seja um eco inconsciente de Barrès: "dar uma certa ideia da França é permitir-nos desempenhar certa função".[57] Escrevendo em 1954 para agradecer a um autor que lhe enviara um livro sobre Barrès, De Gaulle comentou que "ele nunca deixou de me encantar", e disse que respondia à "alma torturada [de Barrès] ... ao que se poderia chamar de seu senso de desespero", ainda que isso estivesse escondido sob uma "magnífica indiferença".[58] O comentário de De Gaulle na primeira página das suas *Memórias de guerra*, de que, quando jovem, nutria um "orgulho apreensivo" pela França, tem um timbre quintessencialmente barresiano.

Os outros dois "bês" da lista de De Gaulle – Émile Boutroux (1845-1921) e Henri Bergson (1859-1941) – foram filósofos amplamente lidos que atacaram a visão positivista do mundo de meados do século XIX, segundo a qual todos os fenômenos podem ser explicados pelo determinismo científico e pelo racionalismo. Boutroux ressaltava a importância da contingência e da indeterminação, indo contra os que acreditavam em sistemas abstratos, fechados e no raciocínio *a priori*.[59] Não se sabe até que ponto De Gaulle estava diretamente familiarizado com seus escritos, mas estes certamente faziam parte do *Zeitgeist* nos seus anos de formação, e o caderno que ele manteve quando era prisioneiro de guerra contém uma longa citação de Boutroux sobre a questão da contingência. No mesmo caderno ele resumiu uma das obras do autor da seguinte maneira: "Ele é adversário do pensamento mecanicista. Não aceita que leis científicas estejam em toda parte e que todos os fenômenos estejam necessariamente sujeitos a elas. Reivindica um papel para aquilo que Pascal chamava de julgamento, ou seja, a importância do coração e da alma quando se reflete sobre o mundo."[60] Essa abordagem seria fundamental para a filosofia da ação de De Gaulle, tal como foi desenvolvida nos anos 1920.

A reputação de Boutroux foi eclipsada pela de Henri Bergson, que se tornou o filósofo mais célebre de sua época. Bergson é lembrado especialmente por seu argumento de que a inteligência racional é incapaz de exprimir o modo como a consciência apreende o passar do tempo – uma influência importante em Marcel Proust. Mas isso era apenas uma parte da exploração filosófica de Bergson para determinar a preponderância da intuição sobre a inteligência analítica, do elã vital sobre a doutrina rígida. De Gaulle citava Bergson com frequência, e, como veremos, o pensamento de Bergson influenciou profundamente o seu conceito de liderança. Nos anos 1960, De Gaulle explicou a importância de Bergson em conversa com um jornalista americano:

> Fui muito influenciado por Bergson, particularmente porque ele me fez compreender a filosofia da ação. Bergson explica o papel da inteligência e da análise.

Ele via que era necessário analisar questões na busca da verdade, mas que o intelecto sozinho não pode agir. O homem inteligente não se torna automaticamente homem de ação. O instinto também é importante. Instinto mais impulso; mas o impulso sozinho também é insuficiente como base para a ação. Os dois, intelecto e impulso, precisam andar juntos ... Grandes homens têm intelecto e impulso. O cérebro serve de freio para o puro impulso emocional. O cérebro suplanta o impulso; mas é preciso também haver impulso e capacidade de ação, para que não se fique paralisado pelo freio do cérebro. Lembro-me desse aspecto de Bergson que me guiou a vida inteira até aqui.[61]

Deus e pátria

No verão de 1907, com dezesseis anos, De Gaulle apresentou-se como voluntário para servir como padioleiro em Lourdes. De lá escreveu para a mãe: "Ontem à tarde, vi uma moça italiana, paralítica e doente de tuberculose, curada durante a procissão."[62] No ano que passou no colégio jesuíta de Antoing, na Bélgica, entre 1907 e 1908, ele foi um católico fervorosamente devoto, parte de uma minoria de alunos que aderiu a um grupo religioso conhecido como Congregação da Virgem Santa, que se dedicava a orações e à meditação religiosa. Em maio de 1908, acompanhou o irmão Jacques a um retiro religioso dos jesuítas. Ainda naquele verão, durante uma temporada que passou na Alemanha para aperfeiçoar seu conhecimento do idioma, fez ao pai um relato pormenorizado de suas obrigações religiosas: "Geralmente assisto à missa do cura às sete horas. Domingo, missa solene às 8h30; vésperas às 13h30; bênção às oito da noite."[63]

Nessa carta, o rapaz de dezoito anos possivelmente tentava tranquilizar os pais, mas durante toda a vida ele foi muito meticuloso em suas práticas religiosas.[64] Quando se tornou presidente da França, em 1958, reinstalou uma capela no Palácio do Eliseu, para poder assistir à missa privadamente, se estivesse em Paris no fim de semana. Mas a vistosa devoção adolescente que De Gaulle demonstrou em Antoing não era característica do De Gaulle adulto. Além do respeito externo aos rituais do catolicismo, suas relações com a religião eram misteriosas. Quem o observava durante a missa impressionava-se com sua aparente dispersão, espiando em volta para ver quem estava presente, olhando para fora pelas janelas, claramente entediado se a cerimônia se arrastasse muito.⁶⁵ O romancista André Malraux comentou: "Ele costuma falar sobre a França, jamais sobre Deus." Às vezes seus assessores discutiam se ele era de fato devoto, e que tipo de devoto seria.⁶⁶ Alguns achavam que ele era mais "católico" do que "cristão", querendo dizer com isso que, como o agnóstico Charles Maurras, ele acreditava na Igreja católica como a instituição que personificava a França e sua história. De Gaulle deu algum crédito a essa ideia no dia em que fez o seguinte comentário para um sobrinho: "Sou cristão e católico por história e por geografia." Mas outros, em sua presença, sentiam uma profunda, apesar de discreta, fé cristã.⁶⁷ Durante toda a vida ele demonstrou notável confiança teológica. Sua sobrinha, Geneviève, lembrou-se do dia em que o arcebispo de Rouen manifestou desgosto por ter partido a hóstia durante a comunhão, e De Gaulle respondeu que Cristo estava presente em todos os fragmentos da hóstia.⁶⁸ Certa ocasião, voltando a pé da missa em dezembro de 1946, ele se pôs a monologar diante de seu ajudante de campo sobre a importância do sacrifício de Cristo para o significado do cristianismo: "Ele ampliou os horizontes da religião além do coração dos homens, para vastas regiões, dando um lugar para o sofrimento humano, para a angústia humana e para a dignidade humana."⁶⁹ Essa expressão de aberta meditação religiosa da parte de De Gaulle é notável por ser única. Ele talvez também pensasse em si mesmo quando escreveu a respeito do marechal Foch no artigo já citado: "Era profundamente *croyant*. Sem jamais misturar a religião com suas atividades profissionais, ela continuava sendo um elemento vital de sua vida interior ... Sua personalidade estava impregnada dela."⁷⁰

Se algum dia De Gaulle teve dúvidas religiosas, não há registro disso – embora ele às vezes expressasse sentimentos de um pessimismo quase niilista. Gostava de repetir um comentário que Stálin lhe fizera em 1944: "No fim só a morte vence." Também gostava de citar um aforismo de Nietzsche: "Nada vale nada, nada acontece e, no entanto, tudo acontece, mas isso é irrelevante." Um vago nietzschianismo esteve em voga entre os intelectuais franceses durante a juventude de De Gaulle, mas a tentativa de um escritor de rotular De Gaulle como "cristão nietzschiano" (o que quer que isso signifique) não é nem um pouco convincente.⁷¹

O certo é que o catolicismo de De Gaulle era inseparável do seu patriotismo e da sua consciência da França. Ele costumava referir-se aos "1500 anos" da história da França.⁷² Quando um biógrafo lhe perguntou o que significava esse número, ele respondeu:

> Para mim a história da França começa com Clóvis, escolhido rei da França pela tribo dos francos que deram nome à França. Antes de Clóvis, temos os galo-romanos e a história gaulesa. O elemento decisivo para mim é o fato de Clóvis ter sido o primeiro rei a ser batizado cristão. O meu país é um país cristão, e conto a história da França a partir da ascensão de um rei cristão que levava o nome dos francos.⁷³

No século XIX, datar as "origens" da França era uma questão intensamente política: os conservadores remontavam ao batismo de Clóvis em 496 (1500 anos), os republicanos tomavam como referência Vercingetórix, que encabeçou a revolta gaulesa contra os romanos em 52 a.C. (2 mil anos). De Gaulle às vezes usava este último cálculo⁷⁴ – especialmente durante a guerra, quando a luta dos gauleses oferecia um paralelo com a Resistência –, mas com menos frequência do que se referia aos "1500 anos" da França.⁷⁵ Na história do país, o período pelo qual De Gaulle tinha menos simpatia era o Iluminismo antirreligioso e não dogmático, quando, como escreveu nos anos 1930, "ceticismo e corrupção ... dissolveram a lealdade e paralisaram a autoridade".⁷⁶ Voltaire era um autor cuja ironia corrosiva ele lamentava particularmente, citando com frequência seus versos como prova de que "os intelectuais franceses sempre traíram a França".⁷⁷ Dos escritores franceses do século XIX, nenhum era mais reverenciado por De Gaulle do que o romântico René de Chateaubriand, cujo *O gênio do cristianismo* desempenhou um papel importante no retorno ao catolicismo da burguesia francesa – incluindo famílias como a dele mesmo – depois da Revolução.

De vez em quando os discursos de De Gaulle faziam referências explícitas às raízes católicas da França. Num comício do RPF, o movimento político que fundou em 1947, ele proclamou: "Juntem-se a nós! Vocês são animados pela chama do cristianismo, essa que projeta a luz do amor e da fraternidade sobre o vale do sofrimento humano, essa que acende os valores espirituais e morais que inspiraram a França ao longo dos séculos."⁷⁸ Quando voltou ao poder em 1958, como presidente de um Estado formalmente laico, ele evitava essa linguagem francamente ligada à religião. Apesar disso, seu nacionalismo quase místico estava saturado de sensibilidade religiosa. Para ele, religião e patriotismo, serviço à pátria e Deus eram idênticos. Como vimos, a primeira página das suas *Memórias de guerra* compara a França a um afresco da Madona. Seus discursos de guerra – a que se refere nessas *Memórias* como "uma espécie de dever sacerdotal" – geralmente invocavam "Nossa Senhora da França":

> Nada nos importa e nada nos preocupa mais do que servi-la. Nosso dever para com ela é simples e elementar como o dever de um filho para com a mãe oprimida ... Não temos nada a lhe pedir a não ser, talvez, que no dia da vitória nos abra maternalmente os braços, para podermos chorar de alegria, e que no dia em que a morte vier nos buscar ela nos envolva suavemente em sua boa e santa terra.[79]

Em suas *Memórias de guerra*, De Gaulle, escrevendo sobre a morte da mãe em julho de 1940, disse que ela tinha "oferecido a Deus seu sofrimento pela salvação da pátria e pela missão do seu filho".[80]

Nos anos 1900, a imaginação adolescente de De Gaulle suspirava pela ideia de sacrifício em nome da França e de Deus, como exemplificado no famoso poema "Ève", de Péguy, escrito em 1913 no período preparatório para a guerra: "Felizes aqueles que morreram pela terra carnal/ Desde que tenha sido numa guerra justa .../ Felizes aqueles que morreram em grandes batalhas/ Deitados no chão, a face voltada para Deus .../ Felizes o grão maduro e a safra colhida."

Quando tinha dezoito anos, De Gaulle compôs um poema na mesma veia – e o reescreveu de memória (com dois erros) em seu último caderno, quando tinha 77. Ele começa assim:

> *Quand je devais mourir, j'aimerais que ce soit*
> *Sur un champ de bataille; alors qu'on porte en soi*
> *L'âme encor tout enveloppée*
> *Du tumulte enivrant que souffle le combat,*
> *Du rude frisson que donne à qui se bat*
> *Le choc mâle et clair de l'épée ...*

> Quando eu tiver que morrer gostaria que fosse
> No campo de batalha; enquanto

A alma ainda está envolta
Pelo tumulto inebriante do combate,
Do rude estremecimento dado aos que combatem
Pelo choque viril e claro da espada ...

E termina assim:

J'aimerais que ce soit, pour mourir sans regret,
Un soir où je verrais la Gloire à mon chevet
Me montrer la Patrie en fête
Un soir où je pourrais, écrasé sous l'effort,
Sentir passer avec le frisson de la Mort
Son baiser brûlant sur ma tête.

Para morrer sem arrependimento, eu gostaria que fosse
Uma noite em que visse a Glória à minha cabeceira
Mostrando-me a pátria em festa,
Uma noite em que eu pudesse, esmagado por meus esforços,
Sentir passar com o estremecimento da Morte
Seu beijo queimando minha testa.[81]

2. "Um remorso que nunca me abandonará", 1908-18

O jovem gigante

Antes do seu último ano preparatório para Saint-Cyr, De Gaulle passou as férias de verão de 1908 numa aldeia em Baden para melhorar seus conhecimentos do idioma do "inimigo". É comum biógrafos observarem que ele foi a vida inteira fascinado pela Alemanha. O alemão era com certeza a língua estrangeira que conhecia melhor; ele tinha alguma familiaridade com a literatura alemã; costumava citar autores alemães, especialmente Goethe.[1] Mas nenhum "fascínio" pela Alemanha é evidente em suas cartas para casa durante essa visita. Ele parecia bastante indiferente ao que o cercava – ao campo, à arquitetura, à cultura. O único fascínio era pela guerra: a última guerra, a próxima guerra. Numa carta, ele informou que os jornais eram muito antifranceses: "Está claro que alguma coisa mudou na Europa nos últimos três anos [note-se mais uma vez a importância de 1905], e, vendo isto, penso no mal-estar que precede as grandes guerras, notavelmente a de 1870. Espero que desta vez os papéis se invertam." Particularmente intrigado com quaisquer sinais da guerra de 1870-71, ele observou que todo vilarejo tinha uma placa lembrando os nomes de soldados mortos naquele conflito. O carregador que levava sua bagagem para o vilarejo relembrou o cerco de Estrasburgo em 1870: "Ele falou do bombardeio de Estrasburgo com entusiasmo fanático. Mas é verdade que no dia em que conversamos ele tinha bebido *schnapps* demais." De Gaulle tinha esperança de conversar também com um velho soldado bávaro do vilarejo, que, segundo se dizia, servira nas guerras de 1866 – contra a Áustria – e 1870 – contra a França.[2]

De Gaulle passou no exame de admissão para Saint-Cyr em setembro de 1909. Foi apenas o 119º colocado entre os 221 aprovados, o que não deixava porém de ser louvável, pois era rara a admissão em primeira tentativa. Como resultado do Caso Dreyfus, futuros oficiais tinham de servir um ano como soldados rasos antes de iniciarem os estudos em Saint-Cyr: a intenção era impedir que ficassem separados da vida dos soldados comuns. De Gaulle optou por servir no 33º Regimento de Infantaria (33RI). Essa unidade tinha uma história prestigiosa, mas a escolha provavelmente foi inspirada pelo fato de estar estacionada em Arras, no nordeste da França, região que ele conhecia bem. O fato de o comandante do regimento ser o coronel Philippe Pétain não deve ter sido um fator na escolha de De Gaulle. Pétain não era muito conhecido na época. Sua carreira tinha empacado porque ele se opunha à ortodoxia reinante, que priorizava a guerra ofensiva em detrimento da defensiva.

De Gaulle formou-se em Saint-Cyr no verão de 1912, em 13º lugar. Essa melhora na classificação sugere que ele foi um excelente aluno. Fora isso, não temos prova de que se destacasse em qualquer sentido – a não ser pela altura. Com 1,93 metro, ainda hoje seria considerado alto, mas, numa época em que a estatura média na França era de 1,63 metro, parecia um gigante. Sua aparência física tinha muitas outras características estranhas – a cabeça pequena, os olhos semiencobertos por pálpebras espessas, o pescoço comprido e a falta de queixo –, mas a altura era o que todos notavam primeiro. Quando o jovem diplomata François Coulet, ao ingressar na França Livre em 1940, tentou descobrir como era De Gaulle, a única resposta que lhe davam era "muito alto".[3] Apesar de não gostar muito de revelações íntimas, De Gaulle fez uns poucos comentários ocasionais – ainda que indiretos – indicando que a gélida reserva que projetava tinha origem em certo desconforto com a própria aparência. Em 1943, ele comentou com um ajudante (também alto): "Nós gigantes nunca ficamos muito à vontade com os outros ... As poltronas são sempre pequenas, as mesas, baixas, a impressão que causamos é muito forte."[4] Num trecho de suas *Memórias de guerra*, descrevendo o desfile pela Champs Elysées depois da Libertação de Paris em 26 de agosto de 1944, ele faz uma observação curiosa: "Eu não tinha um físico que agradasse."[5] Nos jornais cinematográficos daquele evento, ele sem dúvida parece se movimentar de maneira estranha, como se não soubesse direito o que fazer com os braços longos. Um jornalista escreveu: "Lembra um títere de madeira ... intimidado e intimidante. Parecia que o titereiro tinha embaralhado os cordéis, porque o general só mexia os antebraços, como se, ao saudar a multidão, que de qualquer forma já estava em pé, ele dissesse: 'Levantem-se, meus filhos.'"[6] Com o tempo, De Gaulle aprendeu a explorar seu físico desgracioso. A rigidez ficou menos evidente, e ele erguia os braços acima da cabeça para simbolizar um gigantesco V de vitória. Na juventude, porém, o estranho corpo ainda não tinha sido domado.

As boas notas nas provas finais em Saint-Cyr lhe deram a oportunidade de servir em qualquer das armas do Exército que desejasse. Ele preferiu reingressar na infantaria. Os biógrafos costumavam comentar que isso já era um sinal da independência de espírito de De Gaulle, uma vez que a infantaria não tinha o glamour da cavalaria. Mas o formando que tirou as melhores notas naquele ano, Alphonse Juin, também foi para a infantaria – no caso dele, os zuavos estacionados nas colônias.[7] Se alguma coisa pode ser deduzida da escolha de De Gaulle é que, num Exército onde carreiras tendiam a ser "coloniais" ou "metropolitanas", ele se incluía firmemente no primeiro grupo. Preferiu voltar para o 33RI em que já tinha servido.

De Gaulle escreveria em suas *Memórias*: "Quando entrei para o Exército, ele era uma das melhores coisas do mundo. Sob as críticas e os insultos que lhe assacavam, ele aguardava com serenidade, e até com muda esperança, os dias em que tudo dependeria dele."[8] Isso talvez fosse verdade na imaginação de De Gaulle, mas a realidade era diferente – e ele sabia. No início dos anos 1920, rabiscou em seu caderno:

> Por trinta anos depois de 1870, a profissão de soldado exerceu um fascínio sobre a jovem burguesia. Oficiais sonhavam com vingança e glória. Como resultado disso, a mediocridade de sua existência não os incomodava. E eles eram tratados com respeito. Mas, depois do Caso Dreyfus, houve um enfraquecimento do ideal militar. O chamado ideal social o substituiu. Os efeitos nocivos do pacifismo se fizeram sentir.[9]

Era verdade que a reputação do Exército ainda estava manchada pelo Caso Dreyfus. O número de candidatos ao Saint-Cyr caíra de 2 mil em 1900 para oitocentos no ano em que De Gaulle ingressou. O "renascimento nacionalista" detectado por Agathon afetava apenas a elite intelectual, e o sentimento antimilitarista continuava forte na população. A principal questão nas eleições parlamentares de 1913 tinha sido se o serviço militar deveria ser aumentado de dois para três anos. Os defensores do serviço de três anos prevaleceram, mas as paixões atiçadas pelo debate deixaram os líderes da França tão preocupados com a confiabilidade dos recrutas que planos de contingência foram traçados para prender manifestantes pacifistas em caso de guerra. É nesse contexto que se deve ler a fala de De Gaulle para seus homens em 1913, na qual citou Paul Déroulède, o poeta da revanche pós-1870: "Quem não ama a mãe mais do que as outras mães, e a pátria mais do que as outras pátrias, não ama nem a mãe nem a pátria." De Gaulle pregou:

> É impossível negar, caros camaradas, que se sentimentos realmente desinteressados e generosos existem no mundo o principal deles é o patriotismo. Não acho que qualquer amor humano jamais inspirou devoção maior e mais pura ... E se existe uma obrigação absolutamente necessária, cuja negação leva também à negação do patriotismo, é o serviço militar ... Certamente a guerra é um mal, sou o primeiro a admitir, mas é um mal necessário ... Nada desperta mais virtudes viris e nobre entusiasmo nas pessoas do que o senso de que a pátria corre perigo ... Ao ver que sua pátria está ameaçada por inimigos ambiciosos, o cidadão compreende a necessidade de permanecer viril para melhor a defender. Enquanto a paz prolongada provoca o amor do lucro e o apetite do vício ... a guerra desenvolve no coração dos homens muita coisa boa; a paz permite que o que é mau floresça.[10]

"O entusiasmo com que sonhei"

Após um mês de tensa crise diplomática, a guerra entre a França e a Alemanha começou, em 2 de agosto de 1914. De Gaulle escreveria em suas *Memórias*: "Em minha juventude eu imaginava, sem horror e enaltecida antecipadamente, essa aventura desconhecida."[11] Ele se pôs imediatamente a registrar suas impressões num diário. Para estar à altura da ocasião, adotou um tom de afetada solenidade: "Adeus, apartamento, livros, objetos familiares. Como a vida parece mais intensa, como as menores coisas adquirem significado, quando pode ser que tudo não tarde a acabar." Sua observação de que "os oficiais agora servem para alguma coisa na cidade" trai a sinistra satisfação de que os políticos da desprezada República agora talvez percebam quanto precisam de seus soldados.[12]

A expectativa geral de que a declaração de guerra provocaria deserções em toda parte estava errada. De Gaulle escreveu: "Não há tanta gente assim para se despedir de nós. Mas as pessoas estão decididas e seguram as lágrimas ... Esse realmente é o elã unânime, o tipo de entusiasmo contido com que sonhei."[13] Os historiadores já não acreditam que o povo francês foi à guerra em 1914 num espírito de delirante animação, mas a expressão de De Gaulle, "entusiasmo contido", parece aproximar-se da verdade. Durante a vida toda, obcecado com as divisões políticas da França, ele foi perseguido pela lembrança desse frágil momento de unanimidade nacional.

Como comandante de pelotão (*section*), o tenente De Gaulle tinha cerca de cinquenta homens sob suas ordens.[14] Parte do Quinto Exército, cuja missão era bloquear a ala esquerda das forças alemãs que avançavam pela Bélgica, o 33RI foi despachado para a pequena cidade belga de Dinant, ponto crucial de travessia do rio Mosa. Em 1914, a maior parte da cidade ficava do lado leste do rio, à sombra de um íngreme penhasco encimado por uma fortaleza. Depois de uma exaustiva marcha noturna, o regimento de De Gaulle chegou a Dinant nas primeiras horas de 15 de agosto. Sua companhia assumiu posição numa trincheira junto a uma passagem de nível na margem ocidental do Mosa. Os soldados mal conseguiram dormir algumas horas antes do ataque alemão. Poucas semanas depois, recuperando-se de ferimentos num hospital, De Gaulle anotou algumas impressões daquela primeira manhã, enquanto ainda estavam frescas na memória:

> Às seis da manhã – bum, bum, bum; a dança começa, os inimigos atacam Dinant furiosamente: os primeiros disparos da campanha. Que impressão isso me causou? Por que não admitir? Dois segundos de emoção física; um nó na garganta. E foi tudo. Posso até dizer que um sentimento de satisfação tomou conta de mim: "Finalmente vamos pegá-los" ... Sentei-me num banco na rua onde ficava a passagem de nível e lá permaneci, por bravata. Na verdade não houve mérito nisso, porque não senti emoção alguma. A cada quarto de hora eu ia pilheriar com meus soldados, que estavam a salvo na trincheira.[15]

Enquanto a companhia de De Gaulle ficou na reserva, duas outras foram despachadas para atravessar a ponte, sem saber que os alemães já tinham tomado posse da fortaleza. Apanhados de surpresa, os franceses foram alvejados por fogo inimigo e recuaram para a ponte em grande desordem. A artilharia francesa parecia não estar respondendo:

Não era o medo que tomava conta de nós, mas a raiva. Deus me livre de ficar novamente na reserva tão perto da linha de fogo. Foi horrível! A gente sofre todas as misérias do combate sem poder fazer nada. Fica imóvel, enquanto os camaradas morrem. Só nos restava assistir à triste procissão de feridos!

Enquanto os franceses se esforçavam para recuar pela ponte, a companhia de De Gaulle recebeu ordem para avançar e impedir que os alemães atravessassem o rio:

Gritei "Primeira *section*! Avante, comigo", e corri para a frente, percebendo que nossa única chance de sucesso era nos movimentarmos com grande rapidez antes que o inimigo, agora recuando, tivesse tempo de dar meia-volta e atacar de novo. Tive a impressão naquele momento de que me dividira em dois [*dédoubler*], com uma parte de mim correndo para a frente como um autômato, enquanto era observada com apreensão pela outra parte. Eu mal acabara de percorrer os vinte metros que levavam até a entrada da ponte, quando senti uma espécie de chicotada no joelho, que me fez tropeçar. Os outros quatro homens que iam comigo também foram derrubados no ato. Caí, e o sargento Debout caiu por cima de mim, já morto! Pelo próximo meio minuto houve uma terrível chuva de balas à minha volta. Eu escutava os estalos nas pedras do pavimento e no parapeito da ponte ... Escutava-os também enquanto as balas entravam, com um baque surdo, nos corpos dos mortos e feridos espalhados pelo chão ... Com a perna completamente adormecida e paralisada, desembaracei-me dos corpos ao redor e rastejei pela rua debaixo da mesma incessante chuva de balas, arrastando a espada ainda presa ao pulso pela alça. Como é que não fui crivado como uma peneira será para sempre uma das grandes indagações da minha vida.

De Gaulle conseguiu se arrastar de volta para uma casa onde se abrigou. Ali se viu em companhia de um oficial mais velho, que tinha sido ferido na cabeça e estava em pânico: "Ele dizia aos berros: 'Comecem a rezar, meus amigos! Comecem a rezar...' Era um suplício ouvi-lo gritar daquele jeito, e eu lhe disse, sem muita cerimônia, que ficasse quieto. Nada produz efeito pior nos soldados do que ouvir seus líderes dizerem que eles vão morrer."

Para surpresa dos defensores franceses, os alemães não invadiram a ponte de imediato, talvez por não terem se dado conta da pífia resistência que teriam encontrado. Finalmente a artilharia francesa, silenciosa até aquele momento, entrou em ação. Outro regimento de infantaria foi levado para a ponte. No fim do dia, os franceses tinham conseguido atravessar o Mosa e retomar a fortaleza provisoriamente. De Gaulle não testemunhou nenhum desses acontecimentos. Juntamente com outros soldados feridos, tinha sido levado para Bouvignes, ao norte de Dinant, onde a mulher do prefeito havia convertido parte do seu castelo num hospital provisório. Na manhã seguinte ele foi levado de carro pelo chefe da Cruz Vermelha local para Charleroi, onde viu rapidamente a irmã, Marie-Agnès, que morava na cidade, e em seguida foi posto num trem com destino a Paris. Por pouco não foi feito prisioneiro, uma vez que os alemães ocuparam Charleroi em 20 de agosto. Teve mais sorte do que dois de seus heróis literários, Ernest Psichari e Charles Péguy: Pischari morreu sete dias depois do batismo de fogo de De Gaulle, na Batalha de Rossignol, e Péguy na Batalha do Marne, em 5 de setembro.

De Gaulle foi operado em Paris. Enquanto convalescia num hospital, produziu um conto sobre um oficial cujo nome "Langel" era quase um anagrama do seu. O texto continha elementos da sua própria experiência e lhe permitiu fantasiar sobre uma batalha que ele não havia vivido: "Como sonhara com essa guerra! Primeiro na imaginação da meninice, depois na ambição aventurosa da juventude e por fim na impaciência do soldado profissional." Agachado no mato à espera do ataque, Langel vê a "outra raça" pela primeira vez e sente "agitar-se no sangue a fúria hereditária dos seus antepassados". Terminada a batalha, rompe com a amante por respeito ao marido, que tinha sido morto. Enquanto Langel renuncia ao amor, fica sabendo que o país foi salvo: a solidariedade entre os soldados prevalece sobre o amor, o heroísmo masculino sobre a fraqueza sentimental. Foi assim que De Gaulle travou novamente a batalha em sua imaginação, ainda que a realidade tivesse sido mais prosaica.[16]

Em seus vinte segundos de combate, De Gaulle fez duas descobertas: uma sobre si mesmo, a outra sobre a guerra moderna. A primeira foi que ele era indiferente ao perigo físico. Durante a vida inteira se comportaria com a mesma bravata demonstrada na passagem de nível em Dinant – para desespero dos encarregados da sua segurança. O segundo ensinamento foi resumido numa frase do livro sobre o Exército francês que ele publicou em 1938: "Num piscar de olhos, ficou claro que toda a virtude do mundo é impotente contra o poder de fogo."¹⁷ Foi uma lição de sobriedade para o jovem oficial que em 1913 tinha pregado para seus soldados: "É preciso ter espírito ofensivo ... qual é o nosso objetivo em combate? Obrigar os alemães a fugir. Só há um jeito de conseguir isto, que é marchar para cima deles com destemor."¹⁸ Na prática não foi assim tão simples.

"Não era assim que sonhávamos a guerra"

De Gaulle juntou-se novamente ao seu regimento em 17 de outubro. Estava tão desesperado para participar do combate que saiu do hospital antes de os ferimentos estarem completamente curados.¹⁹ Ele descobriu que a guerra já estava assumindo um caráter muito diferente da sua experiência na ponte de Dinant.

O combate em Dinant tinha sido apenas uma peça minúscula no grande quebra-cabeça de desastrosos erros de cálculo táticos e estratégicos cometidos pelo alto-comando francês no começo da guerra. O erro tático foi acreditar que o elã ofensivo da infantaria francesa suplantaria todos os obstáculos. Isso levou o alto-comando a prestar menos atenção do que deveria à importância do apoio de artilharia. De Gaulle fez um claro diagnóstico da situação em cartas que enviou do hospital para a mãe. O erro de cálculo estratégico foi a incapacidade de prever que o principal ataque alemão viria através da Bélgica. Ninguém acreditava que os alemães teriam soldados suficientes para lançar essa operação enquanto aparavam, simultaneamente, uma ofensiva francesa mais ao sul, na Alsácia. Os alemães só conseguiram essa façanha porque usaram suas reservas na batalha inicial para desferir um golpe destruidor antes que os franceses pudessem se recuperar da surpresa.

A jogada alemã por pouco não deu certo. Nos primeiros dias de setembro, forças alemãs estavam quase alcançando Paris. A situação foi salva no último momento por um contra-ataque francês no rio Marne, a leste de Paris. Os alemães foram forçados a recuar para o norte com os franceses no seu encalço, cada lado tentando flanquear o outro. Pelo fim do ano, os dois exércitos tinham alcançado o canal da Mancha e não havia para onde ir. Eles só podiam se entrincheirar um contra o outro, logo formando duas linhas de trincheiras que se estendiam do canal à fronteira suíça.

Foi essa a situação encontrada por De Gaulle quando voltou a se juntar a seu regimento. Seu setor do front estava relativamente calmo, enquanto intensos combates ocorriam mais ao norte. Seu diário expressava a frustração com aquela "guerra de cerco", como a apelidou: "A guerra de trincheira tem a grande desvantagem de exagerar para todos um sentimento ao qual é difícil resistir numa guerra. Se eu deixar o inimigo em paz, ele fará o mesmo comigo. É lamentável."[20] Em dezembro de 1914, ele previu para a mãe com lucidez clínica, e aparente falta de remorso: "O que é esta guerra senão uma guerra de extermínio? O perdedor será aquele que exaurir primeiro todos os seus recursos morais e materiais."[21]

Para o Exército francês, 1915 foi o ano mais desolador da guerra. Hoje, esse ano é ofuscado na memória popular pela inocente animação das ofensivas de 1914 e pelo sombrio heroísmo da defesa de Verdun em 1916. No entanto, mais soldados franceses morreram em 1915 do que em qualquer outro ano. O alto-comando francês estava obcecado com a necessidade de romper a imobilidade da guerra de trincheira e penetrar nas linhas alemãs. Esse esquivo rompimento foi perseguido numa série de ofensivas mortíferas na região de Champagne a leste e na região de Artois mais ao norte. A dificuldade era que uma ofensiva bem-sucedida teria de ser preparada por intenso bombardeio de artilharia, com a desvantagem de sacrificar o elemento surpresa. Como resultado, qualquer avanço rapidamente perdia gás, porque os defensores haviam preparado uma segunda linha de defesa. Nunca foi possível conquistar mais do que alguns metros de terra – e sempre a um custo terrível em vidas. O imperturbável comandante em chefe, general Joseph Joffre, batizou a estratégia de *grignotage*, "mordiscar" o inimigo, levando o historiador militar britânico Basil Liddell Hart a compará-la sombriamente a "mordiscar" arame farpado com os dentes.

Se as ofensivas de Artois e Champagne em 1915 deixaram poucos vestígios na memória francesa, ninguém se lembra mais da aldeia de Mesnil-lès-Hurlus, de nome marcante, um dos sítios da primeira ofensiva em Champagne, entre dezembro de 1914 e março de 1915. Inteiramente destruída nos combates, a aldeia já não existe. Foi apagada do mapa, e seu nome posteriormente incorporado ao da aldeia vizinha. Foi para Mesnil-lès-Hurlus que De Gaulle foi mandado em janeiro de 1915, a fim de tomar parte na ofensiva iminente. Ele fora nomeado ajudante de campo do coronel do regimento, o que significava que, em vez de ver os acontecimentos da perspectiva de um comandante de companhia comum, ele agora desfrutava de uma visão mais geral dos preparativos para a batalha, ao mesmo tempo que suas chances de sobrevivência haviam melhorado um pouco. Esse acréscimo de responsabilidades mostra que De Gaulle tinha rapidamente chamado a atenção dos superiores, e também reflete o desespero com que o alto-comando, diante do crescente número de mortes, procurava jovens oficiais capazes. De Gaulle escreveu para casa no fim de 1914: "O regimento ficou com poucos oficiais, porque, além dos que perdemos em combate, há cada vez mais homens adoecendo, o que os torna incapazes de tolerar esta existência, que é duríssima, tanto física como moralmente." Pelo mesmo motivo ele tinha quase certeza de que logo seria promovido a capitão: "Se continuar vivo, a guerra exigirá, necessariamente, a promoção daqueles que ainda são jovens, pois aqui os velhos não aguentam."[22] A promoção veio em fevereiro do ano seguinte.

A primeira ofensiva em Champagne foi lançada em 9 de janeiro de 1915. Em dois dias, o 33RI sofreu tantas baixas que foi retirado da linha de frente para se recuperar, enquanto outra ofensiva era preparada. Então foi lançado novamente em combate, em 16 de fevereiro. Mais uma vez as baixas foram terríveis, mas agora as ordens eram para continuar "a qualquer custo". Depois de três semanas de ferozes ataques e contra-ataques, a ofensiva foi abandonada. O front praticamente não se movera, e o regimento de De Gaulle tinha sofrido setecentas baixas (com 127 mortos e 220 desaparecidos em combate) – cifra espantosamente alta para uma unidade de cerca de 1550 homens.[23] De Gaulle, claro, não estava em posição de manifestar qualquer dúvida sobre uma estratégia que era seu dever pôr em prática. Quatro dias depois de iniciada a segunda ofensiva, ele baixou uma ordem que não admitia oposição:

> Os consideráveis esforços exigidos do 33RI ... destinam-se a atrair a atenção do inimigo, seja qual for o custo, e obrigá-lo a usar suas reservas para conter o elã dos nossos ataques, e, consequentemente, permitir que camaradas de outros regimentos tomem posse de importantes posições alemãs. Todos devem compreender que nossos grandes e gloriosos sacrifícios não são de forma alguma desnecessários.[24]

Isso era o que o jovem oficial dizia em público. Seus sentimentos íntimos sobre as ofensivas que havia testemunhado foram revelados no que escreveu dezoito meses mais tarde, após ter sido feito prisioneiro:

> Os soldados de infantaria que tomaram parte e sobreviveram se lembram com amargura e tristeza daqueles horríveis ataques, nos quais a cada dia novos corpos se amontoavam na lama imunda; daquelas ordens para investir, dadas pelo telefone por um distante alto-comando, depois de uma preparação de artilharia irrisória e mal regulada; daqueles ataques sem esperança executados contra redes de profundos e intactos arames farpados, nos quais os melhores oficiais e os melhores soldados eram despachados para morrer como moscas numa teia de aranha.[25]

Em 10 de março, dia em que seu regimento foi retirado do front, De Gaulle foi ferido na mão por uma bala. O ferimento infeccionou e ele teve de ser hospitalizado uma segunda vez. (Esse ferimento teve consequências permanentes: mais tarde, já casado, ele usava a aliança na mão direita.) Quando De Gaulle juntou-se à sua unidade em junho, ela tinha ido para o rio Aisne. Ele voltou a ser um comandante de companhia normal, à exceção de outro período de dois meses como ajudante de campo, no outono. Embora sua unidade estivesse na linha de frente, seu setor dessa vez combateu pouco. Em muitos dias, tudo que ele anotava no diário era: "Nada a informar." Os inimigos eram o tédio, a depressão e o mau tempo. Com a aproximação do inverno, o Aisne transbordou e submergiu as trincheiras. No fim daquele ano, De Gaulle informou que seus soldados estavam "vivendo na água como rãs" e esperando o nível da água baixar "com o tranquilo estoicismo das pessoas que estão no front há dezessete meses".[26] Fossem quais fossem as suas opiniões sobre a maneira como a guerra era conduzida, nada abalava a sua crença na vitória. Em dezembro de 1914, ele tinha escrito: "*Precisamos vencer. Vitorioso é aquele que deseja a vitória com mais energia.*"[27] Um ano depois, continuava achando que os franceses não podiam aceitar nada menos do que "a vitória absoluta e definitiva das nossas forças; a paz deve ser ditada por nós; precisamos endurecer o coração e concentrar nossas energias para repelir as múltiplas tentações que um inimigo ardiloso começa a nos oferecer".[28]

Durante todo o ano de 1915, que começou com ofensivas fúteis e terminou em desmoralizante passividade, as cartas de De Gaulle, como as de muitos outros soldados, explodem de furiosa indignação. Era a indignação de um soldado de direita contra a incompetência dos parlamentares civis: "O Parlamento torna-se cada vez mais odioso e estúpido ... Seremos vitoriosos quando tivermos varrido essa ralé [*racaille*]."²⁹ Era a indignação do leitor de Barrès, obcecado com "nossa fronteira natural no Reno", esbravejando contra operações para desviar a atenção em Salonica, na Grécia, e no estreito de Dardanelos, na Turquia, para romper o impasse a oeste.³⁰ Quando não havia mais dúvida de que a operação nos Dardanelos fracassara, De Gaulle continuou a esbravejar contra "a absurda ... lamentável expedição do governo" a Salonica.³¹

> Hoje, para não admitir que são uns asnos, eles deixam em Salonica 20 mil excelentes soldados e milhões de projéteis que continuo achando que não servem para nada e não vão matar um único alemão ... Como não pode haver qualquer razão estratégica válida para jogar tantos homens e tantos projéteis pelo ralo, eles tentam se consolar dizendo que pelo menos hão de causar alguns problemas para o inimigo!!! Não acredito numa palavra disso.

Finalmente, era a indignação do católico fervoroso chocado com a recusa do papa a tomar partido no conflito, apesar da aliança da Alemanha contra os turcos otomanos:

> Como é que o papa pode ser a favor dos infiéis em detrimento dos cruzados, ou sequer hesitar entre eles? Não tenho dificuldade para admitir que os motivos que despacharam nossas tropas para Constantinopla não têm quase nada de cristãos; mas não há dúvida de que nosso êxito será acima de tudo um êxito cristão, e que a destruição do Império turco será um terrível golpe para o Islã ... As repercussões serão imensas ... principalmente na África, onde a doutrina de Maomé se espalha com assustadora rapidez, impedindo o sucesso dos nossos missionários ... e também o progresso da nossa civilização.³²

Em 14 de fevereiro de 1916, De Gaulle informou à mãe que sua unidade tinha recebido ordens para descansar alguns dias – um alívio muito necessário, porque seus soldados estavam "um pouco atordoados [*un peu abrutis*] devido a um período muito prolongado nas trincheiras".[33] A folga durou pouco. Uma semana depois os exércitos alemães desencadearam sua ofensiva em Verdun, e De Gaulle estava de volta ao front pela última vez.

A cidade de Verdun formava uma saliência potencialmente vulnerável, projetando-se rumo às linhas alemãs. Situada no rio Mosa, cercada por um complexo sistema de fortes, Verdun desempenhava havia tempos um papel estratégico defensivo crucial na fronteira leste da França. O comandante alemão Erich von Falkenhayn diria depois que, forçando os franceses a defender esse lugar de importante simbolismo, sua intenção era sangrar à exaustão o Exército inimigo. Como não há provas contemporâneas dessa alegação, é provável que se trate de um argumento *post hoc*. Embora a defesa de Verdun tenha de fato testado os exércitos franceses quase a ponto de ruptura, seu custo para os alemães não foi nem um pouco menos terrível.

Em 21 de fevereiro, a artilharia alemã desencadeou contra Verdun o mais intenso bombardeio da história da guerra até aquele momento. Dois dias depois, a infantaria alemã atacou, e ao fim de três dias tomou o forte de Douaumont, de importância crucial. Os franceses entraram em pânico. Pétain, antigo comandante do regimento de De Gaulle e agora general, foi convocado às pressas para salvar a situação. Em 25 de fevereiro, o regimento de De Gaulle chegou ao setor de Verdun. Em 1º de março, foi despachado para substituir outro regimento estacionado na aldeia de Douaumont, a oeste do forte, e ainda em poder dos franceses. Devido à intensidade apocalíptica dos bombardeios de artilharia, as unidades não podiam ser mantidas na linha de frente por mais que alguns poucos dias. De Gaulle saiu para fazer o reconhecimento da posição para onde seu regimento estava sendo despachado. Identificou uma brecha vulnerável entre a posição reservada para o seu regimento e o regimento à direita. Apesar dessa advertência, o 33RI recebeu ordem para avançar na noite de 1º de março.

Ao amanhecer, quando o 33RI se instalava nas trincheiras, os alemães atacaram a partir do forte de Douaumont. Na frente da companhia de De Gaulle havia uma encosta íngreme que tornava difícil enxergar o inimigo. Mas os alemães também apareciam do lado, explorando a brecha identificada por De Gaulle. Pelo fim do dia, sua companhia tinha sido quase inteiramente varrida. Ele foi dado como morto, e Pétain assinou uma declaração de mérito, elogiando-o por bravura em campo. Poucos dias depois veio a informação de que ele tinha sido feito prisioneiro. Depois do retorno do cativeiro em 1918, De Gaulle escreveu uma minuciosa carta para o coronel do seu regimento, explicando o que tinha acontecido. Sua carta era ao mesmo tempo sóbria e ligeiramente defensiva.

O dia começara com um intenso bombardeio:

> Não preciso descrever para o senhor, coronel, os efeitos morais e materiais desse bombardeio que o senhor sofreu tanto quanto eu. Na verdade, as perdas que ele nos causou foram bem menores do que supúnhamos quando estávamos no meio do furacão. Mas cada pessoa, incapaz de se mexer ou obter qualquer informação, tem o mesmo sentimento: "Não é possível que ninguém mais tenha sobrevivido, a não ser eu."

Logo que esse bombardeio amainou, seguiu-se um assalto por tropas alemãs de granadeiros, algumas delas surgindo da brecha à direita: "Houve um combate confuso e rápido, na própria trincheira, entre os boches [alemães] vindos dos três lados e nossos soldados, aturdidos pelo bombardeio, pelos atacantes que os cercavam e pelo fato de que era comum seus fuzis não funcionarem, emperrados pela terra."

Temendo que sua companhia fosse inteiramente aniquilada, De Gaulle resolveu seguir pela trincheira com os poucos sobreviventes para buscar contato com outra companhia à sua direita:

> Saí rastejando pela trincheira com meu ordenança [*fourrier*] e mais dois ou três soldados. Mal tinha percorrido dez metros quando, numa trincheira perpendicular à minha, avistei alguns boches agachados para escapar das balas. Eles me avistaram no mesmo instante. Um deles deu uma estocada de baioneta que atravessou o meu estojo de mapas e me feriu na coxa. Outro matou meu *fourrier* à queima-roupa. Segundos depois uma granada explodiu literalmente debaixo do meu nariz, e perdi a consciência.[34]

Era raro receber um golpe de baioneta: De Gaulle certamente se envolveu num confronto físico antes de sucumbir.[35] É espantoso também que tenha sobrevivido à explosão. Em 6 de março, depois de menos de uma semana no inferno de Verdun, o 33RI foi substituído. Mil homens estavam fora de combate, 336 deles mortos ou desaparecidos. O forte de Douaumont foi finalmente retomado pelos franceses em outubro. Nessa altura, De Gaulle estava apodrecendo num campo de prisioneiros de guerra havia seis meses. Sua guerra ativa tinha acabado.

Como muitos ex-combatentes, De Gaulle raramente falava de sua experiência no front. Em certa ocasião, em 1945, fez confidências à sobrinha Geneviève de Gaulle, depois que ela lhe descreveu sua vida no campo de concentração de Ravensbrück. Ele ouviu com atenção o que ela lhe contou, e comentou a própria experiência: "Esmagou [laminé] a alma."[36] Um ano depois de ser capturado, ele meditou sobre a diferença entre a guerra com que sonhara e a guerra em que se viu combatendo: "Não era assim que eu imaginava a batalha, e os exércitos agora se transformaram em um mecanismo monstruoso tão esmagador que muitos se recusam a conferir à guerra a sombria beleza que costumávamos lhe conferir."[37] Nenhum pacifista teria sido capaz de recriminar as ofensivas de 1915 mais do que De Gaulle, quando ele teve tempo de refletir, como prisioneiro, sobre a experiência que vivera dezoito meses antes. "Imagine-se o que passava pela cabeça dos batalhões quando partiam para esse patíbulo, vendo, antes de saírem das trincheiras, seus camaradas estirados no chão diante do intacto arame farpado do inimigo."[38]

Frases como "não era assim que eu imaginava" se repetem em muitos outros depoimentos.[39] Certa visão inocente do heroísmo tinha morrido na lama e no sangue das batalhas de 1915. A experiência não fez de De Gaulle um pacifista, claro. Mas muito do que ele escreveu no entreguerras é sobre como descobrir um jeito de dotar novamente a vocação de soldado de "sombria beleza" num mundo no qual a guerra industrializada parecia ter eliminado qualquer lugar para o heroísmo e a individualidade.

Prisioneiro de guerra

Durante seus 32 meses como prisioneiro de guerra, De Gaulle ficou encarcerado em seis campos diferentes.[40] Mas a maior parte do tempo ele passou numa fortaleza perto de Ingolstadt, na Baviera. Tratava-se do Forte IX, uma prisão de alta segurança para fugitivos reincidentes. De Gaulle ficou confinado ali de setembro de 1916 a julho de 1917, e, uma segunda vez, de dezembro de 1917 a maio de 1918. Por concentrar num único ponto os mais decididos a fugir, o Forte IX ficou notório como uma espécie de "academia da fuga". Um prisioneiro britânico escreveu um livro sobre o campo intitulado *The Escaping Club* (O clube da fuga). Por essa razão, os alemães acabariam fechando o lugar, e De Gaulle passou os últimos seis meses como prisioneiro no campo bávaro de Wülzburg.

O maior desafio para os que queriam fugir não era tanto descobrir um jeito de escapulir do campo, mas não ser descoberto antes de alcançar a segurança da fronteira. A primeira tentativa de fuga de De Gaulle foi em novembro de 1916, logo depois que chegou ao Forte IX. Depois de tomar ácido pícrico, que provocava sintomas semelhantes aos da hepatite aguda, ele conseguiu ser transferido para a enfermaria, menos segura do que a prisão principal. Depois de escapulir, ele percorreu 125 quilômetros antes de ser apreendido. Ainda estava na metade do caminho para a fronteira suíça. De Gaulle fugiu mais quatro vezes, mas nunca conseguiu permanecer livre por mais de dez dias. Para ele, não era fácil passar despercebido.

As tentativas de fuga eram punidas severamente, com um período de confinamento solitário. Fora isso, as condições materiais dos oficiais presos não eram ruins. Eles viviam em quartos compartilhados por seis; recebiam pacotes de comida de casa; e podiam fazer exercícios e praticar esportes. As cartas de De Gaulle para a família trazem poucas informações detalhadas sobre sua rotina diária, como se alongar-se nessas questões fosse o primeiro passo para aceitar o seu destino. De Gaulle escreveu em março de 1917: "Mais uma vez eu lhes digo para não se preocuparem com a minha saúde, que é muito boa. De qualquer forma, meu estado atual não tem o menor interesse, porque não faço nada."[41] Um mês depois, sua exasperação é palpável: "Vocês nunca param de pedir notícias. De uma vez por todas, digo que as notícias são excelentes."[42]

De vez em quando De Gaulle cedia às pressões da mãe: "Você me pergunta com frequência se posso dar uma caminhada. Sim, duas horas por dia pelo menos, dentro do forte. O maior conforto em nossa situação é a excelente camaradagem que impera entre nós e nos impede de nos sentirmos moralmente sozinhos."[43] Esse comentário caridosamente ameno não revela muita coisa. Na verdade, quase todos os colegas de prisão de De Gaulle se lembraram dele como um homem distante e formal. Os oficiais costumavam tratar uns aos outros pelo informal pronome *"tu"*, exceto De Gaulle. No campo de Wülzburg, onde as condições eram muito básicas, um colega de cativeiro lembrou-se do seguinte: "Acabei conhecendo a anatomia de todos os companheiros, desde os de mais alta patente ... até o capelão, o abade Michel. Todos, menos um: De Gaulle. A que horas ele preferia lavar-se sozinho? Nunca pensei nisso, mas a verdade é esta: nunca vi De Gaulle nu."[44] Isso talvez se devesse à escrupulosa reserva de um jovem fisicamente desajeitado e tímido; mas também podia ser uma espécie de autodisciplina da vontade. Nos cadernos que manteve na prisão, De Gaulle traçou o que parece ao mesmo tempo um autorretrato e o retrato do líder que ele gostaria de ser:

> É preciso ser um homem de caráter. A melhor maneira de ter êxito na ação é saber dominar-se perpetuamente ... Dominar-se deve ser uma espécie de hábito, um reflexo moral adquirido pela constante ginástica da vontade, especialmente nas menores coisas: no modo de se vestir, na conversa, no jeito de pensar. É preciso falar pouco ... A vantagem de ser um conversador brilhante não vale nada em comparação com a capacidade de recolher-se em si mesmo ... Para um homem de valor, a reflexão precisa ser concentrada ... Em ação não se deve dizer nada. O líder é aquele que não fala.[45]

São palavras estranhas para um homem de 26 anos. Na verdade, muitos prisioneiros se lembravam de De Gaulle não calado, mas falando o tempo todo – conjecturando sobre o curso da guerra, analisando a situação internacional, ruminando sobre a história. Mas era nas cartas para a mãe que ele confiava seus sentimentos mais íntimos, mesmo ignorando as perguntas maternas sobre os detalhes de sua existência. Ele voltava interminavelmente ao assunto da "tristeza inexprimível" causada pela humilhação de ser prisioneiro.[46] Após a terceira tentativa frustrada de fuga, ele escreveu: "Neste momento sou prisioneiro de uma dor tão amarga e tão profunda que acho que nunca mais sentirei nada parecido, e ela só terminará quando minha vida terminar."[47] Ele tentava driblar os prementes pedidos da mãe para lhe enviar uma fotografia, pois não queria que ninguém o visse como prisioneiro. A mãe, cujo patriotismo não era menos veemente que o do filho, compreendia esses sentimentos:

Aqui a casa está vazia, a lareira abandonada ... Penso em você dia e noite; de todos os meus filhos você é o que ocupa mais espaço em minhas orações, porque é o que mais sofre. Quando virá o abençoado momento de nos reencontrarmos! Que seja logo. Mas os desígnios de Deus são impenetráveis. É verdade que para Ele, que tudo vê de toda a sua eternidade, os poucos anos que um homem passa nesta terra têm pouca importância.⁴⁸

O "odioso exílio" de De Gaulle lhe deixava muito tempo livre. A vida nos campos podia não ser dura, mas era monótona. Ele passava horas debruçado sobre jornais alemães, lápis na mão, tentando adivinhar através da névoa da propaganda o que de fato acontecia na guerra. Produzia seus próprios comunicados, resumindo acontecimentos recentes da maneira que os interpretava, e pregando-os na parede.⁴⁹ Além disso, passava horas lendo tudo que encontrasse na biblioteca da prisão, basicamente história e romances. Num dia podia ser visto lendo um artigo sobre Wagner, no outro um artigo sobre Rodin (o que o levou a rabiscar algumas reflexões sobre como a filosofia de Bergson pode ajudar a entender avanços na história da arte). Copiava aforismos de filósofos e moralistas (Heráclito, Chamfort, Tocqueville etc.) e fazia anotações sobre a história da Grécia Antiga. Suas notas mais extensas estão no livro *Deutschland und der Nächste Krieg* [A Alemanha e a próxima guerra], publicado pelo escritor alemão de assuntos militares Friedrich von Bernhardi em 1911.

O De Gaulle que nos chega dessa época é um jovem sério e lido, mas também convencional e pretensioso. A respeito do romance *Pot-Bouille*, de Zola, ele comenta, sentenciosamente: "esse homem realmente era o gênio da imundície [*le génie de l'ordure*]" (o Zola herói do Caso Dreyfus não estimulava sua imaginação). Escrevendo sobre *O vermelho e o negro*, de Stendhal, diz o seguinte: "Jovem seminarista com idade entre dezessete e 22 anos passa o tempo todo se analisando." Sobre *A educação sentimental*, de Flaubert, diz que o livro nos mostra os republicanos de 1848 como "fracassados desgostosos de todos os tipos". Quanto a suas ideias sobre a Alemanha, De Gaulle disse à mãe que tinha conhecido alguns alemães no campo "que têm a audácia de vir falar conosco, de vez em quando, sobre uma aliança entre a raça deles e a nossa depois da guerra!!! Não há resposta para isso que não seja um dar de ombros".⁵⁰ Mas o lazer forçado da prisão certamente lhe deu tempo para pensar, e há sinais de uma personalidade mais complacente começando a emergir. É o que se pode deduzir de uma série de palestras que ele fez para seus colegas oficiais provavelmente no início de 1917.

Organizar palestras e passatempos era uma das principais distrações que os oficiais arranjavam nos campos. As palestras de De Gaulle eram uma espécie de história instantânea da guerra, tirada de sua própria experiência e de quaisquer jornais alemães que lhe caíssem nas mãos. Foi numa dessas palestras que ele apresentou seu fulminante veredicto sobre os erros do alto-comando francês já mencionados. Para ele, a raiz do problema estava na incapacidade de levar em conta os fatos inesperados e de escapar de suposições *a priori* sobre a natureza da guerra. Essa ideia estava muito ligada às suas próprias experiências sobre as consequências mortíferas das ofensivas de 1915 e também às leituras de Bergson e Boutroux. Em seus cadernos da prisão há uma citação de Boutroux: "Contingência é a característica do que poderia não ter sido ou poderia ter sido diferente."[51] Isso levou o jovem palestrante a refletir sobre as qualidades exigidas dos líderes militares de sucesso: "Mentes capazes de sintetizar – ou seja, a faculdade de generalizar –, capazes de distinguir o essencial do que é acessório." De Gaulle se incluía nessa categoria, comentando em carta para a mãe sua própria "mania de generalização".[52]

A qualidade de generalização ficou evidente quando De Gaulle se afastou de questões puramente militares para desenvolver uma análise mais holística da guerra, discutindo planejamento econômico, diplomacia e política. Ele dividiu a história da guerra até aquela altura em três períodos. No primeiro, de agosto de 1914 a meados de 1915, o governo parlamentar tinha sido suspenso e na prática o general Joffre exercera uma espécie de ditadura. De Gaulle afirmava que essa situação, aceitável nos primeiros estágios do que de início se esperava que fosse uma guerra curta, rapidamente revelou suas deficiências. Era um obstáculo à coordenação efetiva entre os Aliados e à organização racional de uma economia de guerra. No segundo período, que se estendia de meados de 1915 a meados de 1916, o Parlamento tinha começado a reafirmar sua autoridade e a exercer uma dose "extremamente salutar" de vigilância e controle que "impediu uma série de erros". No terceiro período, a partir de meados de 1916, a interferência do Parlamento começou a ser contraproducente, pois ministros da Guerra eram obrigados a perder tempo defendendo-se perante comissões parlamentares. Mas De Gaulle não duvidava de que o Parlamento tinha uma função a desempenhar: "Suprimir a vida parlamentar é impossível para uma guerra de tão longa duração, que afeta tão profundamente o presente e o futuro do país. Não se pode permitir que nenhum governo se ocupe do futuro do seu povo sem ser autorizado e monitorado." Esse julgamento comedido contrasta com suas explosões de fúria anteriores contra a "ralé" dos políticos.

Em suas palestras, De Gaulle oferecia uma análise dos períodos da história francesa em que, na sua opinião, as relações entre governo e Exército haviam funcionado bem. Ele reservava um elogio especial para a organização dos exércitos revolucionários em 1793 por Lazare Carnot e o Comitê de Salvação Pública; e elogiava os esforços dos líderes republicanos oitocentistas Léon Gambetta e Charles de Freycinet, que tinham tentado recuperar a situação da França após a derrota de 1870. Essas personalidades provavelmente não eram muito admiradas por sua família, mas De Gaulle parece, nesse caso, ter se distanciado de algumas das atitudes herdadas em sua educação. Quando prisioneiro, ele leu as memórias de Freycinet e comentou: "Escritas por um homem com muitas ideias que não endosso, mas com uma distinção intelectual e um senso político incontestáveis."[53] Da mesma forma, quando resolveu discutir as ofensivas em Salonica e no front oriental, De Gaulle, tão contundente em 1915 a respeito de qualquer distração do front ocidental, estava preparado para adotar uma visão mais ampla: "Pode-se aprovar ou reprovar essas medidas mesmo reconhecendo que o governo tentou agir e estava agindo." Escolher o teatro de operações era exatamente o que governos, com pleno conhecimento de todos os fatores em jogo, deveriam fazer mesmo que "sem conhecer os segredos dos deuses se imagine a hostilidade mais ou menos declarada do nosso estado-maior contra a dispersão de esforços".[54] A única exceção histórica à regra de De Gaulle sobre a necessidade de equilíbrio entre a autoridade civil e a autoridade militar era Napoleão, que em si reunira as duas. Mas, para De Gaulle, Napoleão era a exceção que confirmava a regra:

> Os resultados que obteve deviam-se ao gênio pessoal e não à organização que ele sintetizava: gênios da sua estatura só aparecem uma vez em dez séculos. E, de qualquer maneira, pode-se ter tanta certeza de que, justamente porque Napoleão fazia tudo ele próprio, no geral a França não saiu perdendo? A França que ele deixou era menor do que a França que tinha encontrado.[55]

De Gaulle passou boa parte da vida meditando sobre o exemplo de Napoleão, e sua admiração era sempre restringida por ressalvas desse tipo.

As ideias que De Gaulle esboçou nessas palestras – a natureza da liderança, a importância do fato inesperado na guerra e na política, as relações entre poder civil e militar – seriam mais bem desenvolvidas nos quatro livros que ele escreveu no entreguerras. Nesse sentido, o período de De Gaulle na prisão foi extraordinariamente importante para a sua formação intelectual. Mas nada lhe atenuou a obsessão com o imperativo de escapar, para que pudesse retornar ao combate. Ele fugiu pela última vez em julho de 1918, escondendo-se num cesto de lavanderia. Depois de apenas três dias foi apanhado pela polícia. Na primavera de 1918, uma nova possibilidade de liberdade apareceu quando os governos alemão e francês assinaram, por intermédio do governo suíço, um acordo de permuta de prisioneiros de guerra. Mas ele só valia para soldados que prometessem não voltar ao campo de batalha. De Gaulle não aceitaria essa condição, porque tinha certeza de que a guerra ainda se prolongaria por muitos anos: "A perspectiva de permanecer na Suíça, impotente, enquanto meus irmãos e camaradas lutam pela vitória, é-me odiosa, se não houver possibilidade de voltar ao front. E a de retornar à França para ficar escondido em algum serviço de escritório me repugna totalmente."[56] Para ele, era melhor continuar mais tempo como prisioneiro, na esperança de um dia conseguir fugir.

Mas a confiança de De Gaulle, em agosto de 1918, de que a guerra se prolongaria por "muitos mais anos, literalmente",[57] mostrou-se infundada. No começo de outubro, os comandantes em chefe alemães Hindenburg e Ludendorff informaram a seu governo que um armistício era inevitável. Enquanto era transportado de volta para Wülzburg, de uma prisão para onde tinha sido mandado como castigo por insultar um oficial alemão depois de sua mais recente tentativa de fuga, De Gaulle viu cenas que lhe mostraram que o moral alemão estava desmoronando. Ele escreveu para a mãe: "Apesar das circunstâncias que provocaram esta viagem, não acho ruim tê-la feito. Viajar permite ao prisioneiro ver e julgar as coisas."[58] Ele daria alguma ideia do que tinha vislumbrado num livrinho sobre a derrota alemã que escreveu depois da guerra:

> Em muitos lugares, a população está impedindo soldados de partirem para o front. Desertores percorriam as ruas de grandes cidades, sem tentar se esconder

e zombando impunemente das autoridades ... Prisioneiros de guerra, não mais vigiados, perambulavam em grande número pelo campo, tentando a sorte, ou até mesmo indo para as cidades, onde contribuíam para aumentar a confusão.[59]

Não se sabe exatamente quais foram os movimentos de De Gaulle desde que foi libertado do campo e voltou para a França no começo de dezembro.[60] O que se sabe é que em 28 de novembro ele estava em Romanshorn, na Suíça, onde foi colocado num vagão de terceira classe com destino a Genebra. Achando que aquilo estava abaixo da dignidade de um oficial, ele tomou dinheiro emprestado de um companheiro de viagem, um certo tenente Digier, para viajar na segunda classe. Em 1º de dezembro, um cartão foi despachado para Digier: "Do solo da França, como lembrança e com gratidão." De Gaulle estava em casa.[61]

Dois dias depois ele estava com a família na Dordonha. Três de seus primos haviam morrido na guerra, entre eles Henri de Corbie, com quem, quando adolescente, ele trocara poemas, mas surpreendentemente os quatro irmãos de De Gaulle sobreviveram. Numa foto dos irmãos com os pais em dezembro de 1918, De Gaulle aparece um pouco atrás, como se seus dois anos e meio de cativeiro o fizessem relutar em ficar na frente.[62] Essa reação era comum. Muitos prisioneiros de guerra foram recebidos com desconfiança quando voltaram, e precisaram lutar para ter o mesmo reconhecimento conferido a outros veteranos. Só em 1922 os que morreram em campos de prisioneiros receberam o título de "mortos pela França". Em 1927, o governo concordou relutantemente em criar uma medalha para premiar os prisioneiros que tinham cumprido o seu dever tentando fugir. Para candidatar-se a essa medalha era preciso apresentar extensa documentação, e ela foi outorgada a apenas 16 mil homens, de um total de 500 mil prisioneiros de guerra. De Gaulle foi um dos agraciados.[63] Sabemos de todos os detalhes de suas tentativas de fuga (subsequentemente confirmados pelos arquivos alemães) porque ele teve de preparar um relatório minucioso, acompanhado de esboços e declarações de testemunhas.[64]

De Gaulle manteve contato com alguns antigos colegas de cativeiro. Um deles, Rémy Roure, jornalista e futuro combatente da Resistência, escreveu uma resenha do primeiro livro de De Gaulle em 1924; outro ex-prisioneiro, o futuro general Catroux, se juntaria a De Gaulle em Londres em 1940. De modo geral, no entanto, a experiência de De Gaulle na prisão não era assunto que ele gostasse de recordar. Depois da derrota da França em 1940, imensos contingentes de prisioneiros foram levados pelos alemães. Seu heroico sofrimento foi um tema muito explorado pelo regime de Vichy. Alguns prisioneiros fugidos formaram seu próprio movimento de resistência, merecendo de De Gaulle o seguinte comentário depreciativo: "Um movimento de resistência de prisioneiros? Por que não um movimento de resistência de cabeleireiros?" Essa cáustica *boutade* era típica do seu humor, mas nada poderia estar mais longe dele do que reivindicar a experiência de ter sido prisioneiro de guerra como distintivo de identidade. Para ele, portanto, novembro de 1918 foi um momento agridoce. Como escreveu ao coronel do seu regimento ao voltar para a França:

> A grande alegria que partilho com você é mista para mim, mais amarga do que nunca, com o indescritível remorso de não ter desempenhado um papel maior. Acho que pelo resto da vida – seja ela longa ou curta – esse remorso nunca me abandonará. Que pelo menos sirva de estímulo para eu pensar e agir melhor, e tentar, com muitas horas de obscuro serviço, compensar as horas decisivas e triunfantes que não terei vivido.[65]

3. Reconstruir uma carreira, 1919-32

Recuperar a confiança

Quando De Gaulle ficou famoso, seus auxiliares desesperavam-se com o que chamavam de seu temperamento "ciclotímico": suas erráticas e imprevisíveis mudanças de humor, suas quedas bruscas no mais sombrio pessimismo. Como acontecera com o mau humor de Churchill, esses momentos de desespero foram incorporados ao mito: o homem de destino vencendo a tentação de desistir, recuperando-se de um golpe de adversidade para salvar o país.

O "ciclotímico" De Gaulle já estava em evidência no fim da guerra. Em setembro de 1918, ele escreveu à mãe:

> Sou um dos mortos-vivos. Lendo outro dia num jornal o termo "fantasmas" aplicado a prisioneiros que voltaram para a França, achei a descrição terrivelmente adequada. Você se oferece para me mandar livros! ... Trabalhar para quê? Para trabalhar é preciso ter um objetivo. Que objetivo posso ter? Minha carreira? Mas se não posso voltar para lutar antes do fim da guerra, vou ficar no Exército? E que futuro medíocre me estaria reservado? ... Para oficiais da minha idade com alguma ambição de fazer carreira, a primeira, indispensável condição, é ter estado em campanha ... Do ponto de vista militar, não tenho ilusões, eu também sou um fantasma.[1]

Quatro meses depois de perpetrar essa carta desesperada, De Gaulle estava de volta à França na escola de infantaria de Saint-Maxient, num curso de atualização para oficiais saídos do cativeiro. Rapidamente seu estado de espírito melhorou – "do ponto de vista do moral, renasci" –, e ele foi incentivado a descobrir que estava menos defasado do que temia.[2] Tinha pouca estima por seus colegas oficiais em Saint-Maxient, que pareciam satisfeitos de poderem se adaptar à rotina da vida em tempos de paz. De Gaulle estava louco por ação, para compensar os anos desperdiçados. A melhor perspectiva parecia ser a missão militar francesa que dava consultoria ao recém-independente Estado polonês. Logo De Gaulle estava novamente mergulhado no desespero, fulminando contra o "oceano de estupidez, preguiça e insolência administrativas" que bloqueava seus esforços para ser enviado à Polônia.[3] Finalmente partiu da França em abril de 1919, como um dos quatrocentos oficiais selecionados para instruir o corpo de oficiais do novo Exército polonês. Viajando para leste através de uma Europa assolada, ele informou à mãe com óbvia satisfação que "os boches – especialmente na Prússia – nos olhavam com expressões impregnadas de fúria e ódio, mas tinham o cuidado de não dizer nada, tão profundos eram os sentimentos de derrota e de medo em que estavam afundados".[4] Por baixo de seu "sorrateiro servilismo" ele detectou "a resolução oculta de um dia buscar vingança".[5]

Em Varsóvia, De Gaulle logo voltou a entrar em depressão, porque houve atrasos antes que pudesse começar a lecionar. Seus alojamentos deixavam muito a desejar: "Tudo está muito dilapidado, e não há móveis, depois da passagem dos russos, dos boches e dos judeus antes de nós."[6] Ele estava pessimista também quanto a suas possibilidades de receber a Legião de Honra em reconhecimento por ter servido em Verdun. O departamento encarregado de conceder condecorações tinha perguntado se seus ferimentos eram equivalentes à perda de um membro – e ele foi obrigado a responder que não. Nem a assinatura do Tratado de Versalhes, em maio de 1919, melhorou seu humor. Embora a França tivesse recuperado os territórios da Alsácia-Lorena, perdidos em 1871, as exigências mais ambiciosas dos conservadores franceses, como desanexar a Renânia da Alemanha e criar um Estado-tampão na fronteira leste da França, não foram atendidas. Tudo que a França conseguiu foi a desmilitarização da Renânia e sua ocupação por tropas aliadas durante quinze anos. Depois da assinatura do tratado, De Gaulle escreveu à mãe: "Com o passar dos anos, a Alemanha, uma vez recuperada, vai ficar mais arrogante, e no fim não pagará muito do que nos deve. É de temer também que nossos aliados logo, logo se tornem nossos rivais, indiferentes ao nosso destino. A margem esquerda do Reno tem de permanecer conosco."[7] Enquanto aguardava em Varsóvia, até poder voltar a lecionar, De Gaulle encontrou-se com representantes de países que tinham sido aliados da França na guerra e não gostou nada do que viu:

Enquanto 1500 oficiais franceses se preparam para lutar ao lado das tropas polonesas, americanos, britânicos e italianos vêm correndo a Varsóvia exibir sua insolência e inutilidade. Participam de vagas comissões, cujas tarefas, apesar de não admitirem, é fazer todo tipo de transação comercial ... Como a maioria dos meus compatriotas, cheguei ao fim da guerra transbordando de um sentimento geral de xenofobia.[8]

Dois meses depois, o humor de De Gaulle melhorou de novo. Ele tinha começado a trabalhar e além disso ficara sabendo que, apesar do seu pessimismo, fora agraciado com a Legião de Honra. Depois de lecionar durante algumas semanas na escola de oficiais em Rembertów, perto de Varsóvia, ele escreveu para casa: "Finalmente volto aos poucos a ser a pessoa que sinto ter sido antes do abominável cativeiro. Recuperei a confiança em mim e no meu futuro."[9] De Gaulle se dedicou claramente às palestras, como havia feito no campo de prisioneiros de guerra. Seu intérprete polonês falou anos depois sobre o impacto de uma das conferências de De Gaulle, intitulada "Derrota: uma questão de moral". A única de suas palestras que sobreviveu ao tempo é a resenha de seis séculos da história da Polônia que ele fez para seus colegas oficiais na missão militar francesa. Foi um triunfo de síntese histórica, bem como um alerta sobre a importância da aliança polonesa para a França: "A Polônia pereceu no século XVIII pela falta de aliados necessários e pela falta de uma clara visão, por parte da França, da extrema importância de uma Polônia forte para equilibrar em suas fronteiras orientais o germanismo que ameaça através das eras a velha terra dos gauleses."[10]

Pouco mais se sabe sobre o tempo que De Gaulle passou na Polônia. Seu intérprete recordaria mais tarde que ele se mantinha distante dos outros oficiais franceses e não participava de suas programações sociais: "Eles tinham dificuldade em entender por que [De Gaulle] jamais se juntava a eles na hora do rancho, jamais contava piadas, falando sempre pouco e ruminando sabe-se lá que pensamentos."[11] Pelo fim do ano, ele estava pronto para voltar para a França. Como disse numa carta à mãe: "[A Polônia] fez o que eu queria que fizesse: permitiu que eu me recuperasse militarmente ... Depois disso vou começar a trabalhar por minha conta."[12] Dessa vez, ele buscava uma ocupação menos exigente na França, que lhe permitisse preparar-se para os exames de admissão à Ecole de Guerre, a academia de formação de oficiais superiores.

Quaisquer dúvidas que tivesse a respeito de prosseguir na carreira militar tinham sido superadas.

De volta à França, De Gaulle arranjou um emprego burocrático provisório que achou chato demais para seu temperamento irrequieto. Um mês depois, retornou à Polônia, onde havia um clima mais agitado. O país agora travava uma guerra em grande escala com a Rússia. O conflito entre os dois países vinha fermentando havia dezoito meses, com o governo da recém-independente Polônia aproveitando-se do tumulto pós-revolucionário na Rússia para ampliar suas fronteiras mais para leste. Em abril de 1920, o general polonês Józef Piłsudski lançou uma bem-sucedida ofensiva na Ucrânia, tomando Kiev. Mas, tendo esmagado os oponentes internos da Revolução, o Exército Vermelho lançou uma contraofensiva em julho. Enquanto os soviéticos avançavam inexoravelmente para Varsóvia, os governos britânico e francês enviavam missões para conversar com os dois lados.

Por serem as missões aliadas tecnicamente neutras, De Gaulle ficou reduzido à condição de espectador impotente: "Acompanhamos os acontecimentos decisivos com apaixonado interesse, o coração dilacerado pelo fato de não podermos assumir um papel direto ... Não consigo parar de pensar naqueles bravos oficiais que tinham assistido às nossas palestras na Escola de Infantaria de Rembertów, muitos dos quais já morreram."[13] Em 15 de julho, quando a situação dos exércitos poloneses ia ficando desesperadora, o governo francês, mais pró-Polônia do que os britânicos, autorizou seus representantes militares a assumir um papel mais ativo e a oferecer consultoria técnica ao Exército polonês. De Gaulle foi agregado ao estado-maior do Exército polonês do sul. Testemunhou em primeira mão a extraordinária reversão de acontecimentos – o chamado Milagre do Vístula – quando uma audaciosa contraofensiva polonesa deteve o ataque soviético. Esse plano foi concebido por Piłsudski inicialmente contrariando o conselho do general Maxime Weygand, chefe da missão francesa (que depois recebeu crédito pelo plano). No fim de agosto, o Exército Vermelho já se retirava para o leste, com a mesma rapidez com que tinha avançado para oeste poucos meses antes. Varsóvia foi salva, e a guerra terminou no ano seguinte.

Pela época em que deixou definitivamente a Polônia, no fim de 1920, De Gaulle tinha servido ali por um período quase tão longo quanto o que passara lutando no front ocidental. O que aprendera com a experiência polonesa?

Ao partir, num relatório sobre o Exército polonês para seus superiores, ele foi impiedoso a respeito da sua falta de organização, da sua recusa em dar mais ouvido aos franceses e das perturbações causadas pela intervenção de Piłsudski em operações militares.[14] Ele estava entre aqueles que acreditavam no mito de que Weygand salvara a situação.[15] Privadamente, demonstrava ainda mais desprezo pelos poloneses do que no relatório: "A Polônia é um país muito mal governado, impropriamente administrado, sem gosto pelo trabalho ... Será difícil tirarmos alguma coisa disso."[16] Ali, ele havia assistido a uma batalha de movimentos rápidos, bem diferente do atoleiro do front ocidental. Alguns escritores conjecturaram que essa experiência foi a semente do pensamento subsequente de De Gaulle sobre o uso de tanques para reintroduzir o movimento na arte da guerra. Seu relatório final continha duas frases no sentido de que os tanques deveriam ser agrupados, e "não dispersados", mas dizia ainda que eles tinham de "apoiar a infantaria, e nada mais" – posição inteiramente ortodoxa. Nas poucas ocasiões em que voltou a se referir à sua experiência na Polônia, De Gaulle nunca sugeriu que ela tivesse influenciado sua maneira de pensar sobre tanques. Quarenta e sete anos depois, ele relembraria o conflito russo-polonês como uma estranha batalha, da qual não se poderia tirar lição alguma:

> Havia bandos vagando de um lado para outro, como se não tivessem recebido ordens ... Não havia um front real. Aqueles de nós que estávamos acostumados a ordens rigorosamente transmitidas e executadas eram incapazes de se habituar. Também não conseguimos ensinar método e organização a oficiais que iam entrar em combate. Eles não sabiam rigorosamente nada. Para a sorte deles, os bolcheviques também não.[17]

O que mais impressionou De Gaulle durante sua segunda temporada na Polônia foi a importância do moral e da autoconfiança para travar uma guerra, confirmando opiniões que ele já formara sobre o colapso da Alemanha. Ao voltar para a Polônia em julho de 1920, quando tudo parecia perdido, ele notou: "O mais preocupante não é tanto a retirada das tropas polonesas, mas o caos da opinião pública. Os políticos, em vez de chegarem a um acordo para apoiar um governo, qualquer governo, até o fim da crise, só aumentaram suas divisões e intrigas."[18] A seu ver, a inversão da situação um mês depois teve menos a ver com a capacidade militar de Piłsudski do que com uma explosão de entusiasmo patriótico. A lição que ele tirou da vitória da Polônia foi que um país só é derrotado quando perde a vontade de lutar – lição que influenciaria sua opinião sobre os apuros da França em 1940.

Sossegando

De Gaulle estava ansioso para voltar à França no fim de 1920, não apenas para se preparar para o exame de admissão à Ecole de Guerre, mas porque acabara de ficar noivo. O casamento é um tema que sempre aparece em sua correspondência com a mãe durante sua primeira temporada na Polônia. Seu irmão mais velho, Xavier, tinha se casado em setembro de 1919, e a mãe de De Gaulle pressionava-o a fazer o mesmo. Ele não precisava que ninguém o convencesse: "Quando tiver terminado o ano que prometi passar na Polônia ... não há nada que eu mais deseje."[19]

Temos um raro e fascinante vislumbre da vida social do jovem oficial austeramente intelectual antes da guerra. Em janeiro de 1947, quando recebeu em sua casa em Colombey a visita de duas grandes damas – a baronne d'Astier de la Vigerie e a vicomtesse Salignac-Fénelon (*née* Viellard) –, ele gracejou depois com seu ajudante Claude Guy, dizendo que o coração lhe batera mais forte porque "eu as encontrei muitas vezes em bailes na minha juventude. Vendo-as novamente, pensei comigo: 'aí estão minhas *danseuses*'".[20] Mas não há evidências de sua vida emocional antes do casamento, ou de quaisquer aventuras sexuais normais para um jovem de sua classe e geração. Rabiscado em um dos seus cadernos de prisão encontramos um aforismo: "Como achamos que no fundo o amor é mais amargo do que doce, não devemos jamais fazer dele o principal objeto de nossas preocupações, apenas um tempero da vida."[21] Será que essas palavras se baseavam na experiência ou era apenas uma postura cínica de cansaço da vida? No conto que escreveu quando se recuperava do ferimento na ponte de Dinant, De Gaulle diz que seu herói Langel tinha "saboreado todas as delícias sensuais e intelectuais do amor". Teriam essas delícias sido saboreadas também pelo alter ego de Langel, Charles de Gaulle? Não sabemos. A um biógrafo que lhe perguntou se a diferença hierárquica entre um tenente e um coronel significava que ele mal tivera contato com

Pétain ao servir sob suas ordens em 1913, De Gaulle respondeu: "De jeito nenhum! Naquela época, eu gostava muito de mulheres, e Pétain também: isso nos aproximou!"²² Em outra ocasião, fez o seguinte comentário:

> Pétain gostava de mulheres como se gosta de mulheres quando se está na casa dos cinquenta, e eu as desprezava como a gente as despreza quando tem vinte anos. Isso quer dizer que falávamos de mulheres o tempo todo. Toda semana íamos a Paris e viajávamos juntos de trem. Resumindo, em Paris, de vez em quando "esbarrávamos um no outro".²³

Houve rumores de um caso de De Gaulle com uma condessa na Polônia, mas, como ele raramente participava da vida social de Varsóvia, isso parece implausível. Mais intrigante é uma carta que ele escreveu em Londres, em 1942, a um francês que lhe pedira para protestar contra o bombardeio britânico da França. De Gaulle compadeceu-se, mas disse que aquilo teria de ser aceito no interesse maior de libertar a França, como na guerra anterior: "Posso até lhe dizer, em confiança, que essa foi a causa de uma das maiores tristezas pessoais da minha vida, porque uma moça, quase minha noiva, foi morta dessa maneira por uma bomba britânica em 1917."²⁴ Seria essa "noiva" a "M-L" a quem ele se refere num curto texto de cartão-postal para a mãe, em 1917, contendo as misteriosas palavras "três anos não bastam para tranquilizá-la?" – supostamente uma referência a algum tipo de romance?²⁵

Isso é tudo que podemos deduzir sobre a vida emocional e sexual de De Gaulle antes do casamento. Era normal em seu meio social que a família se imiscuísse rigorosamente nos casamentos – ou até os arranjasse. Nos casos de oficiais profissionais, havia uma restrição adicional: a esposa precisava ser aprovada pelo Exército depois de uma investigação formal que confirmasse sua aptidão moral.²⁶ A mãe de De Gaulle primeiro propôs uma prima de Lille, Thérèse Kolb. A resposta de De Gaulle foi evasiva: "Tempos atrás ela me causou forte impressão. Mas eu não a vejo há anos, e não acredito que tenha da minha modesta pessoa algo que não seja a mais vaga impressão."²⁷ A mãe lhe escreveu para dizer que havia tido outra ideia, e De Gaulle garantiu que por ora não tinha nenhuma outra pessoa em mente. Quando voltasse de licença, estaria pronto "para ver e ser visto, julgar e ser julgado. Até lá não faço objeção, em princípio, a nada nem a ninguém".²⁸

Os acontecimentos se aceleraram. Com De Gaulle de volta a Paris de licença, um encontro foi arranjado com a candidata que a mãe tinha em mente, uma jovem conhecida de amigos da família De Gaulle. Tratava-se de Yvonne Vendroux, de uma família de prósperos industriais de Calais. O pai de Yvonne era dono de uma fábrica de biscoitos e figura conceituada na cidade, onde presidia a Câmara de Comércio. Os Vendroux não tinham o mesmo idealismo austero e intelectual dos De Gaulles. Seus filhos haviam sido criados numa atmosfera menos estrita, mais opulenta. Mas as duas famílias partilhavam valores católicos e conservadores semelhantes. Yvonne tinha recebido a educação que se esperava de uma menina burguesa católica bem criada: sem excesso de instrução mas com conhecimentos suficientes para tomar conta de uma casa e ser um enfeite social para o marido. Philippe de Gaulle, o filho mais velho do casal, escreveria o seguinte a respeito da mãe: "Tocava piano, aptidão absolutamente necessária, de forma mecânica ... mas sem melodia. Sabia avaliar um móvel ou um quadro e ... jamais seria apanhada cometendo uma ofensa ao bom gosto."[29] De Gaulle, que não se interessava por pintura, logo se deu conta disso. A conversa no primeiro encontro tinha girado em torno de um quadro muito comentado no Salon d'Automne, de autoria de Van Dongen, o pintor da moda. Ficou combinado que o casal voltaria a se encontrar para ir ver o quadro, sob a supervisão, claro, dos pais de Yvonne. Poucos dias depois, De Gaulle convidou Yvonne e o irmão para o baile de Saint-Cyr, e o convite foi aceito. Foi um namoro absolutamente convencional – exceto pela rapidez. De Gaulle tinha voltado da licença em 20 de outubro de 1920; em 11 de novembro os dois ficaram noivos.

A precipitação era porque De Gaulle teria de voltar à Polônia no fim do mês. Ele retornou de vez para a França em fevereiro do ano seguinte, e se casou com Yvonne dois meses depois. O casamento civil realizou-se em Calais, em 6 de abril de 1921, mas em seu meio social profundamente católico o que contou mesmo foi a cerimônia religiosa, no dia seguinte, na Igreja de Notre-Dame. O banquete foi encerrado com um discurso interminável do prefeito de Calais – sinal da estima em que a família Vendroux era tida na cidade. Em seguida, o casal partiu para a lua de mel nos lagos italianos. De volta a Paris, mudou-se para um apartamento na rue de Grenelle, no sétimo *arrondissement*. Era uma morada modesta, com apenas três quartos e um quarto de empregada. Dava para ouvir o barulho do *métro aérien* a poucos metros da janela, e os passageiros podiam ver o pequeno estúdio onde De Gaulle costumava trabalhar à noite. Mas ele finalmente estava morando no bairro "nobre" de Paris, onde se sentia em casa.[30]

Embora viesse a adquirir fama de sisuda, tímida e puritana, Yvonne de Gaulle era, nessa fase da vida, uma moça cheia de vida e extrovertida.[31] Ela e o marido aos poucos desenvolveram estreitos vínculos de amor e companheirismo. Desde o início eram unidos pela compatibilidade social e pela certeza de que um compreendia o mundo do outro. As famílias tinham círculos de conhecidos que se sobrepunham, na burguesia católica do norte da França. Yvonne adorou poder contar ao irmão: "Você acredita que ele passou muitas férias com a família em Wimereux ... e, feliz coincidência, ia frequentemente ao castelo de Fouquetone, onde conheceu os Legrands, amigos da nossa família!"[32] Ao entrar pelo casamento numa família de industriais católicos do nordeste da França, De Gaulle repetiu o exemplo do pai. Os Vendroux eram mais ricos do que os distintamente empobrecidos De Gaulles. Consta que De Gaulle teria dito a um amigo: "Estou casado com os biscoitos Vendroux." Além da grande casa da família em Calais, eles eram donos ainda do imponente Château de Septfontaines, nas Ardenas. Mas De Gaulle também era, à sua maneira, um bom e promissor partido. Apesar dos dois anos de cativeiro que o haviam impedido de avançar, suas perspectivas eram excelentes. Tinha sido condecorado por bravura em Verdun e esperava-se que entrasse em breve na Ecole de Guerre, onde a França formava sua elite de oficiais.

Construir uma reputação

Em fevereiro de 1921, De Gaulle assegurou o emprego de palestrante de história militar em Saint-Cyr enquanto se preparava para os exames da Ecole de Guerre. Com uma vida doméstica sossegada, começou a construir sua reputação como escritor e pensador militar. O primeiro fruto desse esforço foi o livro *La discorde chez l'ennemi* [A discórdia na casa do inimigo], publicado em março de 1924.[33] Dos quatro livros que De Gaulle escreveu no entreguerras, esse é o menos conhecido, mas está longe de ser o menos interessante. Uma das originalidades da obra foi o tema escolhido. Muitos estudos históricos sobre as origens da guerra estavam aparecendo naquela época. Dependendo das inclinações políticas do autor, os livros eram escritos para atribuir a responsabilidade pela eclosão da guerra aos franceses ou aos alemães. O de De Gaulle tratava de outro assunto: não era sobre *quem* provocara a guerra, mas *por que* a Alemanha havia perdido. As farpas antigermânicas que apimentavam sua correspondência foram substituídas por um respeito ao "valente inimigo". O prefácio contrasta o espírito nietzchiano dos alemães – "a paixão por ampliar o poder pessoal a qualquer custo ... o desprezo pelos limites demarcados pela experiência humana, pelo senso comum e pelo direito" – com o "senso [francês] do equilíbrio, do que é possível e da moderação [*mesure*], o único que torna os labores da energia duráveis e fecundos". Isso levou De Gaulle a uma celebração da "nobre melancolia" e da "magnífica harmonia" do jardim francês clássico, "onde nenhuma árvore tenta sufocar as outras lançando sobre elas a sua sombra, e onde as plantas admitem ser simetricamente arranjadas".[34]

Os cinco capítulos do livro foram organizados em torno de uma análise de cinco pontos decisivos na história da guerra. A principal fonte de De Gaulle foi o estudo intensivo de todas as memórias até então publicadas pelos líderes militares alemães. Abstendo-se de incidentes supérfluos, ele usa cada episódio para ilustrar princípios gerais sobre liderança, política e arte da guerra. A "mania de generalização", que certa vez mencionara à mãe, é evidente do começo ao fim. Três temas essenciais impregnam o livro. O primeiro é que a Alemanha perdeu a guerra porque não alcançou o equilíbrio correto entre poder civil e militar. Segundo De Gaulle, o declínio começou quando o governo alemão, cedendo a pressões do almirante Tirpitz, decidiu travar uma guerra submarina irrestrita. Para De Gaulle, esse foi um momento decisivo, porque acabou levando os americanos a entrar no confronto. A abdicação da autoridade civil culminou em 1917, quando os generais Ludendorff e Hindenburg tomaram do chanceler civil Bethmann-Hollweg, efetivamente, o controle total da condução da guerra: "Beneficiando-se da fraqueza do soberano, e abusando do próprio prestígio, os líderes militares tinham tirado a autoridade e a credibilidade do governo. A Alemanha descobriu, horrorizada, que o equilíbrio lógico e necessário do Estado tinha sido destruído."[35]

O segundo argumento de De Gaulle também é conhecido das palestras que fez durante a guerra: "Na guerra – salvo por alguns princípios essenciais – não há sistema universal, apenas circunstância e personalidades."[36] Isso é ilustrado num capítulo sobre as razões do fracasso da ofensiva alemã em

1914. O Exército alemão obedeceu com êxito em 1866 e 1870 ao princípio de conceder grande autonomia aos comandantes subordinados. O mesmo princípio geral revelou-se fatal em setembro de 1914, quando o general Von Kluck desobedeceu às ordens recebidas. Levando seu Exército para o sul através do Marne, ele expôs o flanco direito das forças alemãs, possibilitando a bem-sucedida defesa francesa do Marne.

O terceiro argumento de De Gaulle, ilustrado por um capítulo sobre o súbito colapso da resistência alemã em 1918, girava em torno da importância da autoconfiança e do moral na guerra. Fascinava-o o fato de que, embora os alemães ainda dispusessem de colossais recursos militares, sua vontade de lutar tivesse subitamente desaparecido: "De uma vez, como por efeito do golpe fatal de uma vara de condão, uma espécie de estupor moral destruiu as qualidades guerreiras do povo alemão."[37] Ou, como escreveu em separado num artigo inédito sobre o moral na guerra: "As tropas alemãs ainda estavam em território inimigo. As fábricas [da Alemanha] continuavam intactas e seus campos, férteis. Apesar disso, ela se entregou ... Recusou-se a fazer mais sacrifícios, na esperança de pôr fim ao sofrimento."[38]

Quando o livro de De Gaulle foi publicado, ele já era aluno da Ecole de Guerre. Foi um ano infeliz, o primeiro revés em sua estratégia de reconstruir a carreira. Não devia ser fácil lecionar para os colegas de De Gaulle, pois todos tinham sua própria experiência de guerra para comparar com as convicções dos professores. Um desses colegas, Georges Loustaunau-Lacau, de quem De Gaulle foi amigo até suas trajetórias políticas divergirem nos anos 1930, escreveu em suas memórias que os alunos queriam vexar os professores: "E a terceira dimensão? E a surpresa? E a velocidade? ... Eles nos apresentavam as vitórias como se fossem um bolo preparado atrás das linhas ... Ouvindo-os, tinha-se a impressão de que a arte da guerra congelara para sempre."[39] A insatisfação de Loustaunau-Lacau não o impediu de terminar entre os primeiros naquele ano. O que distinguia De Gaulle era menos o desprezo que sentia pelos professores do que sua recusa a disfarçar esse desprezo. Sua *bête noire* particular (e o sentimento era recíproco) era o coronel Moyrand, encarregado de táticas gerais. Em seu relatório de período letivo sobre De Gaulle, Moyrand comentou que ele era "inteligente, culto e sério; brilhante e capaz", mas "arruína virtudes incontestáveis com sua excessiva autoconfiança, sua severidade em relação às opiniões alheias e sua atitude de rei no exílio". Outro professor escreveu que "ele alcançaria excelentes resultados se se permitisse, com mais boa vontade, aceitar a discussão". Todos os demais comentários eram nesse estilo.⁴⁰ O quanto as relações de De Gaulle com seus superiores devem ter sido ruins é revelado numa carta que escreveu para um colega no fim do ano. Ele pedia desculpas a seu correspondente caso ele tivesse tido problemas por estar "associado demais a mim durante o notório episódio das táticas gerais, no qual um jeito de ver as coisas entrou em choque com outro jeito de ver as coisas, uma solução entrou em choque com outra solução, e, quem sabe, talvez o destino de um entrou em choque com o destino de outro".⁴¹ Essa notável autoconfiança do capitão de 34 anos mostra por que os superiores de De Gaulle achavam sua atitude insuportável. No fim, ele não entrou na classificação superior de *"très bien"*, mas na categoria imediatamente abaixo, dos que levaram um *"bien"* (o 52º colocado entre 129).

Depois da formatura, De Gaulle foi lotado no estado-maior do Exército do Reno em Mainz. Vingou-se da École publicando em março de 1925, numa revista militar, um artigo em que refutava sistematicamente o dogmatismo – que ele chamava de doutrina *"a priori"* – do ensino oficial. Esse artigo foi uma das raras ocasiões em que elogiou Napoleão sem restrições: "Nunca houve uma coleção de escritos doutrinários no Exército do Primeiro Império. Aproveitar as circunstâncias, adaptar-se a elas, explorá-las, essa era a base da conduta de Napoleão." Mas no século XIX, especialmente depois de 1870, o pensamento militar francês, prosseguia De Gaulle, "marchou de abstração em abstração", elevando o princípio da ofensiva a qualquer custo a "princípio metafísico" – com desastrosas consequências em 1914. Moral da história: "Em todas as formas de ação, militar, política e industrial ... o papel essencial do líder é avaliar a natureza da situação em cada caso particular. A ação deve ser construída com base na contingência." Em 1914-18, a situação da França tinha sido salva por "cabeças especialmente dotadas de senso das realidades". Era uma referência a Pétain, que quase arruinara a carreira antes de 1914 com seu ceticismo sobre a doutrina ofensiva. O artigo de De Gaulle, portanto, alcançou belamente o objetivo duplo de expressar suas próprias ideias e prestar homenagem a Pétain. Não foi por coincidência que em julho de 1925, cinco meses depois da publicação do artigo, De Gaulle foi resgatado de sua existência rotineira em Mainz e transferido temporariamente para o *cabinet* (escritório particular) de Pétain.⁴²

Protegido de Pétain

Mais tarde, ao ruminar sobre a carreira de Pétain, De Gaulle invariavelmente comentava que o marechal era um grande homem que tinha "morrido" em 1925. O que torna essa observação curiosa é que 1925 foi justamente o ano em que De Gaulle começou a trabalhar diretamente para ele. Os dois continuaram a manter estreito contato até o fim da década. Para um "morto", Pétain demonstrou ser um protetor eficaz quando De Gaulle precisou, após seu desencanto na Ecole de Guerre. Seu comentário sobre Pétain referia-se a um episódio específico. Em 1925, o governo tinha mandado o marechal ao protetorado do Marrocos, onde os franceses combatiam há anos um levante tribal contra o seu domínio. A designação de Pétain foi vista como uma ofensa ao governador francês, o lendário marechal Lyautey, que renunciou em protesto. De Gaulle achava, como muitos outros, que ao se deixar usar por políticos numa vendeta contra Lyautey, Pétain, que tinha pouca experiência do norte da África, não se comportara de maneira honrada. Viu naquilo um sinal de que Pétain estava se tornando prisioneiro da própria lenda.

Havia duas lendas militares na França dos anos 1920: Pétain e Foch. Cada um representava um jeito diferente de abordar a guerra. Ferdinand Foch era o arquiexpoente da ofensiva, e acreditava na importância da vontade como uma chave para a vitória; Pétain era conhecido pela ênfase na necessidade de preparação meticulosa. Ele havia se tornado um ícone nacional por sua defesa tenaz de Verdun em 1916 e pelo papel desempenhado no controle dos motins que explodiram no Exército em 1917. Para alguns, sua cautela beirava o derrotismo, e em 1917 Foch é que foi designado comandante interaliado e dirigiu as bem-sucedidas ofensivas do verão de 1918. Depois disso, os dois homens, que tinham desprezo um pelo outro, passaram a comandar sistemas rivais de apadrinhamento. Para avançar na carreira, era bom estar na *maison* Foch ou na *maison* Pétain. O temperamento voluntarioso de De Gaulle talvez sugira uma afinidade mais óbvia com Foch, a quem de fato admirava. Mas, tendo vivido as consequências das temerárias ofensivas de 1914-15, ele tinha consciência também da salutar influência de Pétain em 1916-17. Era de opinião que as virtudes dos dois homens se complementavam: Pétain, o tático cauteloso; Foch, o ousado estrategista.

Se o artigo de De Gaulle atacando a doutrina *a priori* destinava-se particularmente a atrair a atenção de Pétain – o marechal foi o único comandante da Primeira Guerra elogiado por ele –, também trazia a advertência implícita de que as lições de Pétain da guerra anterior não deveriam se tornar regra geral para a guerra seguinte. Ao que parece, Pétain reagiu melhor aos cumprimentos do que à advertência. Como coronel no comando do 33RI, ele tinha conhecido De Gaulle em 1913. Mas, se decidiu levá-lo para o seu *cabinet* em 1925, isso se deveu, acima de tudo, ao fato de o jovem ter se revelado um escritor de estilo. De olho na Académie Française, Pétain planejava escrever uma história do Exército francês. Como não tinha talento literário, De Gaulle era um candidato ideal para *ghost-writer*. Além disso, é possível que a escolha de De Gaulle tenha sido uma alfinetada na Ecole de Guerre, cujos ensinamentos antes de 1914 tinham sido diametralmente opostos às suas opiniões. De fato, parece que, sem a intervenção de Pétain, as notas de De Gaulle ao se formar teriam sido ainda piores. Pétain também assegurou um convite para que De Gaulle desse três palestras na Ecole em 1927, evento que ele transformou numa ocasião importante, assistindo pessoalmente à primeira conferência. Este é um momento clássico em quase todas as biografias de De Gaulle: o jovem dissidente na tribuna do principal auditório da Ecole vingando-se da instituição que o esnobara. Na verdade, é pouco provável que muitos dos alunos presentes tivessem algum conhecimento dessa história, e vários ex-professores de De Gaulle já tinham deixado a escola. Só na forma mais codificada e oblíqua seria possível considerar qualquer das três palestras de De Gaulle sobre liderança um ataque aos ensinamentos da Ecole. Seja qual for a verdade, era assim, certamente, que De Gaulle queria interpretar os acontecimentos. Em carta ao pai, ele escreveu: "Meus partidários estavam exultantes, os que eram neutros limitaram-se a sorrir, e os tubarões que nadavam em volta do navio esperando que eu caísse na água guardaram boa distância."[43]

Não se deve exagerar a estreiteza das relações entre De Gaulle e Pétain. A história de que o filho mais velho de De Gaulle se chamava Philippe em homenagem a Pétain é um mito: o nome Philippe era uma referência a um antepassado da família, Jean-Baptiste Philippe de Gaulle. Também é um mito que Pétain fosse padrinho de Philippe de Gaulle. O padrinho de Philippe era seu tio Xavier. De vez em quando, os De Gaulles eram convidados por Pétain para jantar no Grande Café, na place de l'Opéra, em companhia da mulher de Pétain, uma divorciada com quem ele finalmente se casou em 1920. Esse divórcio por si só já teria bastado para impedir que Pétain fosse padrinho de Philippe. As objeções de Yvonne de Gaulle à irregular vida privada de Pétain não facilitavam nem um pouco as relações entre os dois casais. A mulher de Pétain, a *maréchale*, fez o seguinte comentário maldoso sobre Yvonne de Gaulle: "Ela relutava tanto em vir como eu em recebê-la. Não tínhamos nada a dizer uma à outra. A conversa não fluía. Era uma mulher excelente, despretensiosa e discreta. Gostava de fazer geleia."⁴⁴

Enquanto trabalhava para Pétain, De Gaulle também começou a frequentar o círculo do coronel Emile Mayer, quarenta anos mais velho que ele.⁴⁵ Mayer era um pensador inconformista, cuja promissora carreira militar terminara em 1898, quando ele passou a ser alvo de ataques da direita por publicar artigos em defesa de Dreyfus. Obrigado a sair do Exército, tornou-se um prolífico autor de livros sobre questões militares, apresentando ideias heterodoxas, originais (e frequentemente proféticas), sobre a natureza da próxima guerra. Ele ajudara o líder socialista Jean Jaurès a desenvolver seu pensamento militar nos anos 1900. Por intermédio do genro, que era amigo do político socialista Léon Blum, Mayer ligou-se ao meio social de intelectuais e políticos republicanos de esquerda. Todas as manhãs de domingo, em seu apartamento em Paris, ele promovia uma reunião com a presença de uma eclética variedade de figuras dos mundos jornalístico, literário, editorial e político. Mayer tinha notado o artigo de De Gaulle sobre a "doutrina *a priori*", e escreveu ao autor para lhe dar os parabéns. De Gaulle aos poucos se tornou frequentador dos encontros dominicais, e começou a mostrar seus artigos a Mayer antes de publicá-los. Eles não concordavam em tudo, mas o salão de Mayer, onde ideias eram debatidas livre e abertamente, devia proporcionar um contraste estimulante com a silenciosa reverência do *cabinet* de Pétain. A atmosfera do círculo de Mayer é muito bem descrita pelo advogado e jornalista Jean Auburtin, que comparecia regularmente às reuniões: "Não era bem um círculo político, nem literário ... [Mayer] reunia todos os domingos, num salão oval impregnado de fumaça de cigarro, um grupo leal onde estudantes ... se misturavam com personalidades francesas e estrangeiras, e com ministros ... numa atmosfera de fraterna animação."⁴⁶ Os que conheceram De Gaulle depois de 1945 notaram que Mayer era uma das poucas pessoas de sua vida pré-guerra sobre a qual falava com emoção e respeito. As reuniões de Mayer lhe abriram novos horizontes intelectuais, apresentaram De Gaulle a um mundo fora do Exército e ampliaram seus contatos, que passaram a incluir jornalistas e intelectuais como o distinto autor Daniel Halévy, a cujas reuniões ele compareceu pelo menos uma vez.[47] Mas os dois indivíduos dos círculos de Mayer de quem ele mais se aproximou foram Auburtin, que tinha bons contatos políticos, e Lucien Nachin, editor de uma série de clássicos militares para a editora Berger-Levrault. Eles faziam parte de um minúsculo círculo de admiradores que começou a se formar em torno do próprio De Gaulle.

Em 1927, a transferência temporária de De Gaulle para o *cabinet* de Pétain chegou ao fim. Suas relações com Pétain começaram a azedar. Tendo trabalhado por dois anos na história do Exército para o marechal, ele começava a se perguntar, preocupado, se Pétain perdera interesse pela publicação, ou se de alguma forma sua contribuição seria reconhecida. Suas cartas para Mayer nessa época se referem a Pétain, irreverentemente, como "o grande personagem" e "o Imperador". Então veio uma surpresa desagradável da parte de outro membro do *cabinet* de Pétain, o coronel Audet, que escreveu para lhe informar que Pétain lhe pedira que redigisse as partes do livro relativas à Grande Guerra. A resposta indignada de De Gaulle demonstra um grau notável de autoconfiança:

> Um livro é um homem ... Esse homem, até agora, era eu. Se alguém mais – seja Montesquieu, seja o senhor, coronel – se envolve com ele, só pode haver dois resultados: ou escreverá outro livro ou demolirá o meu ... Se o marechal deseja que o senhor escreva outro livro, não faço nenhuma objeção. Simplesmente pego o meu livro de volta. Mas se é uma questão de desfigurar minha filosofia e meu estilo, sou contra ... Mesmo que estivesse lidando com Paul Bourget ou André Gide, eu usaria os mesmos termos.[48]

Poucos dias depois, De Gaulle agravou sua insolência escrevendo para o próprio Pétain num tom extraordinário para um mero capitão dirigindo-se à figura militar mais venerada da França. Com "respeitosa insistência", "advertia" Pétain contra qualquer mudança no acordo: ele não poderia permitir que outras pessoas fossem envolvidas na redação do livro. Manifestava a esperança de que Pétain ainda tivesse planos de publicá-lo, e pedia a inclusão de um prefácio reconhecendo sua contribuição. Sabendo da "repugnância" do marechal por escrever, as pessoas perceberiam que ele não poderia ter escrito o livro sozinho.[49] O fato de alguém se dirigir a Pétain daquele jeito escandalizou Audet: "Enquanto estivermos servindo a um grande líder, nosso único valor vem por ele ou por intermédio dele." O próprio Pétain, no entanto, recebeu a "respeitosa" insolência de De Gaulle com mais calma. Assegurou-lhe que ninguém mais estaria envolvido e que, quando o livro fosse publicado, a contribuição de De Gaulle seria reconhecida.[50] Isso pôs fim à disputa, pelo menos naquele momento – mas, aparentemente, também ao livro.

De Gaulle atribuiu o problema à influência do entourage bajulador de Pétain, enciumado com a distinção que lhe era concedida. Mas talvez o problema fosse também o livro que De Gaulle tinha escrito. Como o que Pétain entendia por "estilo" consistia em eliminar todos os adjetivos – seu lema era que uma frase precisava apenas de sujeito, verbo e predicado –, ele deve ter percebido tardiamente que a prosa altamente elaborada de De Gaulle jamais passaria como sendo dele. De vez em quando, De Gaulle tentava, sem sucesso, reavivar o interesse de Pétain pela publicação do livro. Não queria de forma alguma romper totalmente com o marechal, e mesmo de longe ainda tentava ser útil. Em 1929, o *cabinet* de Pétain estava totalmente absorvido na preparação de um discurso que o marechal pronunciaria em sua recepção na Académie Française (para a qual acabava de ser eleito). Pétain era obrigado a fazer o elogio de praxe ao ocupante anterior da cadeira para a qual fora eleito – que não era outro senão seu inimigo Foch, que morrera no começo do ano. De Gaulle redigiu um discurso, mas comentou com Nachin que a tarefa era delicada, porque "um não suportava o outro, e isso era recíproco".[51] Nenhuma das sugestões de De Gaulle foi incorporada ao discurso laudatório que Pétain acabou por proferir em 1931. Eram insuficientemente severas com Foch para serem tidas como aceitáveis.

A graça de Deus

Havia regras rigorosas sobre quanto tempo um oficial podia permanecer numa função de estado-maior, e em 1927 De Gaulle voltou aos seus deveres regimentais comandando um batalhão estacionado em Trier como parte da força de ocupação francesa na Renânia. Seus subordinados achavam-no tão desconcertante quanto exigente. O elevado tom intelectual de suas palestras não era o que os oficiais subalternos estavam acostumados a ouvir. Depois de uma palestra na qual citou Ibsen, De Gaulle foi ridicularizado por rechear suas conferências de "ibsenidades". O texto dessa palestra não sobreviveu, mas uma frase de outra, na qual De Gaulle, citando um tanto imprecisamente Shakespeare, declarou que, "como Hamlet, seremos grandes se travarmos em silêncio nossa grande contenda", dá uma ideia do que causava perplexidade aos seus ouvintes.[52] De Trier, De Gaulle escreveu para Mayer nostalgicamente: "De vez em quando lamento a falta das interessantes discussões e dos métodos socráticos que o senhor pratica com tanta habilidade. Aqui no Exército do Reno, a inteligência anda em falta. Talvez seja melhor assim, pois o que se pode 'fazer' com a inteligência ... Marte era belo, bravo e forte, mas não um grande intelecto."[53]

Mais sério do que suas "ibsenidades" foi um incidente que explodiu quando um soldado se queixou da forma como era tratado por De Gaulle. Na opinião de De Gaulle, servir no Exército do Reno era uma honra, mas muitos soldados recrutados não gostavam de estar longe da França e viviam tentando conseguir um trabalho na pátria. De maneira arrogante, De Gaulle decretou que qualquer soldado que apresentasse um pedido desse tipo seria preso, e cumpriu a ameaça quando um soldado conseguiu transferência graças à intervenção de seu *député* (deputado). Depois disso, foi ameaçado com sanções pelo Ministério da Guerra, mas Pétain interveio a seu favor e o assunto morreu.[54]

O verdadeiro drama desse período ocorreu na vida pessoal de De Gaulle. Os primeiros anos do seu casamento não poderiam ter sido mais suaves. Um primeiro filho, Philippe, nasceu em dezembro de 1922. A família mudou-se para um apartamento maior na square Desaix, perto da Ecole de Guerre, e ali morou durante cinco anos, um longo tempo para a nômade existência militar de De Gaulle. Uma segunda criança, Elisabeth, nasceu em 1924. O casal De Gaulle jantava quase todas as noites de domingo com os pais de Yvonne em seu apartamento no boulevard Victor, no 15º *arrondissement*. Em agosto, as duas famílias alugavam *villas* próximas um do outro na praia de Wissant, na costa setentrional. Geralmente passavam parte do mês na propriedade dos Vendroux em Septfontaines.

De Gaulle, que nunca tinha caçado, de vez em quando se juntava à família para as caçadas anuais de outono em Septfontaines, muito embora, segundo o cunhado, andasse geralmente distraído demais com seus próprios pensamentos para apanhar muita caça.⁵⁵ Às vezes também era possível convencê-lo a jogar *bridge* com a família – um jogo no qual a extraordinária memória visual fazia dele um adversário perigoso. Os Vendroux adotavam um estilo de vida bem mais luxuoso do que os De Gaulles, que não eram ricos. Seu novo apartamento em Paris não tinha *chambre de bonne*, e Yvonne de Gaulle parecia incapaz de manter uma empregada por muito tempo. O serviço no exterior trouxe um salário suplementar, e, enquanto estavam em Trier, De Gaulle comprou seu primeiro carro, um Citroën B14, vendido quando voltaram para a França. Em todos os sentidos, Yvonne e Charles levavam a vida perfeitamente regulada de uma família burguesa francesa daquele período.⁵⁶ As únicas nuvens foram dois momentos de tristeza familiar: em 1925, Xavier, irmão de De Gaulle, perdeu a mulher no parto, e no ano seguinte seu irmão mais novo, Jacques, foi acometido de uma encefalite que aos poucos o deixou paralisado.

No verão de 1927, toda a família De Gaulle – os pais e os cinco filhos – partiu em peregrinação a Lourdes, para cumprir uma promessa que a mãe dele tinha feito para o caso de os quatro filhos voltarem vivos da guerra. Yvonne de Gaulle não foi junto, porque estava grávida. O terceiro filho do casal nasceu no primeiro dia de 1928. De Gaulle escreveu a Lucien Nachin para anunciar o nascimento:

> Vamos chamá-la de Anne. Talvez ela veja o ano 2000 e o grande temor que será desencadeado no mundo nesse ano. Ela verá os novos-ricos ficarem pobres e os que foram ricos reencontrarem suas fortunas, como resultado de convulsões políticas. Verá os socialistas tranquilamente se tornarem reacionários. Verá a França, mais uma vez vitoriosa, perder a oportunidade de tomar a margem esquerda do Reno.⁵⁷

Sabendo-se o que veio depois, o tom despreocupado do jovem pai ganha uma coloração trágica. Anne não viveu o suficiente para ver nada disso. Em questão de meses, ficou claro que havia qualquer coisa de errado. Quando a bebê tinha um ano, Yvonne de Gaulle escreveu para uma amiga: "Daríamos tudo, ambição, fortuna etc., se isso ajudasse a melhorar a saúde da nossa pequena Anne."⁵⁸ A verdade é que Anne nasceu com síndrome de Down, ou, como se dizia comumente na época, mongolismo. Hoje sabemos que essa deficiência é causada por uma aberração cromossômica, mas nos anos 1920 tratava-se de um mistério envolto em tétricas fantasias sobre degeneração, defeitos herdados na linha de parentesco ou até mesmo a moralidade da mãe. O casal De Gaulle lamentava a deficiência da filha, mas também tentava desesperadamente entender suas causas, temendo que pudessem ter sido responsáveis. Yvonne de Gaulle achava que o problema podia ter sido causado pelo choque de testemunhar uma briga de rua em Trier entre alguns soldados sob o comando do marido e um grupo de veteranos de guerra alemães quando estava grávida.

Crianças com deficiências mentais irreversíveis costumavam ser mandadas para clínicas psiquiátricas ou hospitais. Mas Yvonne e Charles decidiram manter a menininha com a família. Ela esteve o tempo todo com eles até sua morte prematura, em 1948. Nada sabemos sobre a conversa entre a mãe e o pai que os levou a tomar uma decisão ao que tudo indica enraizada em sua profunda fé católica. De Gaulle raramente falava, fora da família, sobre "a pobre Anninha", como a chamava. Em 1940, ele desabafou com o capelão do seu regimento: "O nascimento dela foi uma provação para minha mulher e para mim. Mas acredite no que lhe digo, Anne é minha alegria e minha força. É a graça de Deus na minha vida ... Ela me manteve na segurança da obediência à vontade soberana de Deus."[59] Depois da morte prematura de Anne, ele escreveu à irmã mais velha: "A alma dela foi libertada."[60]

Só dois anos depois é que o problema da menina ficou óbvio para as pessoas de fora. Aos três anos, ela ainda não conseguia andar nem se alimentar sozinha e tinha incontroláveis ataques de ansiedade. As deficiências de Anne levaram o casal, que já era reservado, a se fechar ainda mais. No verão de 1928, em vez de se juntarem aos Vendroux em Wissant, os De Gaulles alugaram uma *villa* na Bretanha onde, segundo seu filho Philippe, desejavam recapturar "um pouquinho de autonomia familiar".[61] As dificuldades da "pobre Anninha" podem ser vislumbradas em cartas de vez em quando – por exemplo, Yvonne aceitando um convite do irmão "desde que esteja tudo bem com Anne daqui até lá".[62] Anne jamais conseguiu emitir mais do que uns poucos sons inarticulados; enxergava mal, mas não havia como fazê-la usar óculos. Só aos dez anos ela foi capaz de dar os primeiros e incertos passos. Na época, De Gaulle estava servindo em Metz. O diretor do jardim botânico local abria os portões para ele no fim do dia, para que pai e filha pudessem andar de mãos dadas pelos caminhos desertos.[63] A ternura da relação entre De Gaulle e a filha – talvez a única pessoa que não o visse com temor reverencial – brilha numa foto de De Gaulle de paletó escuro formal, sentado numa espreguiçadeira numa praia da Bretanha com a menina na perna, os dedos dela entrelaçados aos seus. Esse homem estranhamente austero, que achava tão difícil manifestar afeição, passava horas brincando com a filha, cantarolando canções, contando histórias que ela era incapaz de entender, incentivando-a a brincar com seus brinquedinhos ou a bater palmas – quase como se, nas palavras do filho Philippe, estivesse "obstinadamente tentando negar a realidade da tragédia que o torturava".[64]

O nascimento de Anne também explica por que o casal De Gaulle não teve mais filhos. No mundo deles, criar filhos era um dever patriótico e religioso. Ao saber que a irmã tinha dado à luz, De Gaulle escreveu para a mãe em 1916 dizendo que "belos bebezinhos franceses serão necessários para substituir aqueles que morreram pela pátria".[65] Quando Paul Deschanel, político um tanto apagado, foi eleito presidente da República em lugar do herói de guerra Georges Clemenceau, De Gaulle escreveu à mãe dizendo-se surpreso, mas não muito desgostoso: "Acho que ele tem as aptidões necessárias para o cargo. E, acima de tudo, é casado e tem filhos."[66] Pierre e Xavier, os irmãos de De Gaulle, tiveram cinco filhos cada um, e a irmã, Marie-Agnès, teve sete. Mas Charles e Yvonne não tiveram mais nenhum depois de Anne – outra fonte de tristeza privada.

O nascimento de Anne testou e aprofundou os laços do casal. Dois anos depois do nascimento da menina, De Gaulle foi enviado para Beirute. Toda a família se mudou com ele. Logo depois da chegada, De Gaulle foi despachado para uma missão fora da cidade. Enquanto estava ausente, esse homem pouco expansivo escreveu para a mulher: "Amo você de coração. Todos aqui me perguntam: 'E madame de Gaulle, está achando a mudança muito difícil?' Respondo a verdade, que é dizer 'não', mas penso comigo mesmo que talvez ela ache, mas é tão valente e corajosa que finge estar feliz."[67]

Interlúdio imperial

Os dois anos de De Gaulle no Levante foram o único momento "imperial" de sua carreira antes da guerra.⁶⁸ O Levante tinha entrado na órbita colonial da França depois do colapso do Império otomano em 1918, quando os Aliados, vitoriosos, dividiram o Oriente Médio, com os britânicos tomando o Iraque e a Palestina e os franceses ficando com a Síria e o Líbano. Todos esses territórios eram mantidos "sob mandato", enquanto eram supostamente preparados para a independência. O general Georges Catroux, que foi colega de De Gaulle como prisioneiro de guerra e serviu como governador do Levante por quatro anos, tinha demonstrado grande habilidade diplomática no trato com diferentes comunidades étnicas e religiosas que os franceses jogavam umas contra as outras. Os franceses tinham sufocado várias revoltas nos anos 1920. Quando De Gaulle chegou a situação era pacífica, e não houve nenhuma grande operação militar durante seus dois anos na região.

Como grande parte da futura carreira de De Gaulle estaria ligada à descolonização, biógrafos costumam buscar pistas de suas políticas futuras nesses dezoito meses que ele passou em Beirute. Naqueles anos, o Império exercia grande poder sobre a imaginação popular francesa. Na literatura e nos filmes, ele servia de pano de fundo para aventuras em que os heróis sucumbiam às tentações decadentes do exótico, ou provavam a masculinidade com heroicos sacrifícios. Quando adolescente, De Gaulle tinha escrito dois contos nessa veia. Um deles, ambientado na Nova Caledônia, conta a história de um oficial atraído pela "selvagem beleza" de uma moça polinésia. Ela tenta matar os dois com um buquê de flores envenenadas, para que possam se unir eternamente na morte. O segundo conto, que o De Gaulle de quinze anos (usando o pseudônimo Lugal) conseguira publicar numa revista, é sobre um oficial do Exército na Argélia que se apaixona pela filha de um chefe tribal. Ela o mata para vingar o pai.

Afora essas fantasias orientalistas adolescentes, até então De Gaulle não tinha demonstrado muito interesse pelo Império. Logo depois de chegar a Beirute, ele escreveu para Mayer: "Como não acreditar no Exército quando o vemos completar o Império? É bom tornar-se um Império? Essa é outra história."⁶⁹ Não se sabe ao certo por que De Gaulle escolheu o Levante em 1929. A maioria dos oficiais servia um período no Império, e talvez ele achasse que se tratava de um compulsório rito de passagem. Ele escreveu para a sogra: "É um esforço que precisa ser feito uma vez, e feito agora ou nunca."[70] O biógrafo de Yvonne de Gaulle sugere que a escolha talvez estivesse relacionada ao recente nascimento de Anne. Mas seria de esperar exatamente o contrário, ou seja, que De Gaulle pensasse duas vezes antes de levar a família para milhares de quilômetros de distância com uma menina severamente deficiente. A decisão parece ter sido repentina, e ele de início não planejava ficar muito tempo, pois dois meses depois de chegar já estava em contato com Pétain para discutir a possibilidade de arranjar uma vaga de professor na Ecole de Guerre. É legítimo supor que, para De Gaulle, o Levante fosse um interlúdio antes de voltar para o centro dos acontecimentos em Paris.

A família chegou a Beirute em dezembro de 1929. A cidade ainda não era a metrópole elegante que se tornaria nos anos 1930. As primeiras impressões de De Gaulle foram negativas. Suas cartas para casa mostram que o exotismo oriental tinha pouco apelo para esse homem do norte chuvoso:

> Ao chegar aqui a primeira impressão é de desorientação [*dépaysement*] para pessoas como nós, que sempre viveram em países limpos e organizados. Nas ruas, nas casas, nas lojas há um inacreditável formigueiro humano ... Sua única preocupação é esgaravatar, o mais rápido possível, de qualquer jeito, os poucos tostões necessários para comprar uma *galette*, algumas azeitonas e uma xícara de café. Depois disso não há mais nada para fazer além de refestelar-se até o dia seguinte ... No fim, vejo aqui, com clareza especial, que em nenhum lugar se está em melhor condição do que na França.[71]

Um ano depois, a opinião não melhorou:

> O Levante ainda é calmo, se é que se pode usar essa palavra, dada a perpétua agitação da mente oriental ... Há populações aqui que nunca estão satisfeitas com nada nem com ninguém, mas que se submetem à lei do mais forte se ela estiver pronta para se manifestar, e a um controle absoluto que ainda não descobriu realmente como exercer seu controle absoluto.[72]

Nada nesse posto estimulava a imaginação de De Gaulle, salvo o fato de ser a terra das cruzadas. Uma expedição o levou ao rio Tigre, e ele escreveu ao pai dizendo que "não foi sem emoção que mergulhamos a mão nesse rio" – os primeiros soldados franceses a fazê-lo desde a época das cruzadas.[73]

Os De Gaulles moravam num moderno e confortável bloco de apartamentos no recém-construído bairro residencial da cidade. De Gaulle escreveu para a sogra: "Acho que é possível viver aqui de maneira suficientemente agradável e confortável, contanto que não seja por muito tempo."[74] Os dois filhos mais velhos do casal estudavam nas melhores escolas católicas, enquanto madame De Gaulle tomava conta de Anne. Ela só costumava ser vista nas missas de domingo com o marido. De Gaulle trabalhava nos Deuxième e Troisième Bureaux do Exército, responsáveis, respectivamente, por inteligência e operações. O Deuxième Bureau analisava os relatórios de mais ou menos sessenta agentes de inteligência espalhados pela região. Esses relatórios tratavam de uma multiplicidade de problemas: a situação das minorias cristãs, as atividades dos curdos, as agitações do nacionalismo árabe, as políticas britânicas na região. Nas horas de folga, De Gaulle nunca era visto nas corridas de cavalos, nos clubes ou nas partidas de *bridge* que formavam a rotina diária da comunidade francesa. Passava seu tempo livre lendo, escrevendo e pensando.

Um sinal de como é pouco o que se pode respigar da época que De Gaulle passou no Líbano é que o episódio que mais animou seus biógrafos seja o discurso que ele proferiu numa cerimônia de distribuição de prêmios na Universidade São José de Beirute. Em sua fala, De Gaulle convidou os jovens libaneses a se prepararem para construir o futuro do seu país. Era uma peça de retórica inspiradora, perfeita para uma cerimônia de concessão de prêmios escolares, e pronunciada com o brilho que De Gaulle já demonstrara como palestrante. Mas interpretá-la como uma visão profética de um Líbano independente – como fizeram alguns autores – é abusar da credulidade. Quase nada sabemos do que De Gaulle finalmente concluiu sobre o futuro do mandato. Suas reflexões mais longas estão contidas numa carta para Mayer:

> O Levante é uma encruzilhada por onde tudo passa ... embora nada mude. Estamos aqui há dez anos. Minha impressão é que mal começamos a penetrar e que o povo é tão estrangeiro para nós, e nós para ele, como sempre foi. É verdade que adotamos o pior sistema para um país como este, o que equivale a dizer que convidamos a população a se levantar e a fazer alguma coisa por si própria com o nosso incentivo, embora na verdade nada jamais tenha sido construído aqui,

nem os canais do Nilo, nem o aqueduto de Palmira, nem sequer um olival, que não tenha sido sob coação. Em minha opinião, nosso destino será fazer isto ou ir embora. Os cínicos acrescentariam uma terceira solução: continuar nossa prática atual de apalpar o caminho no escuro, uma vez que aqui o tempo não conta e os sistemas que existem, como as pontes e as casas, de alguma forma continuarão de pé do seu jeito vacilante. O único homem que compreendeu direito a Síria e sabia o que fazer foi o general Catroux. Por isso ele foi embora.[75]

Essa carta pode ser lida como argumento em defesa de uma política imperial mais ativa e como argumento para ir embora. Se a experiência libanesa deixou alguma marca em De Gaulle, foi possivelmente aguçar a suspeita sobre a Grã-Bretanha, que nunca esteve muito abaixo da superfície entre os franceses da sua geração. Embora tivessem assinado uma entente em 1904, e travado a guerra de 1914-18 como aliados, britânicos e franceses foram com mais frequência inimigos do que amigos. No fim do século XIX, entraram em choque enquanto construíam seus respectivos impérios na África. Um famoso incidente ocorreu em Fashoda, no Alto Nilo, em 1898, quando uma pequena força militar despachada pelo governo francês para garantir o controle do Sudão foi obrigada a recuar por uma força britânica sob o comando do general Kitchener. Isso causou indignação na França. Nas primeiras páginas de suas *Memórias de guerra*, De Gaulle relembra Fashoda como um dos momentos de humilhação nacional que formaram o pano de fundo da sua infância.

No período do entreguerras, o Levante foi a única região onde a rivalidade imperial anglo-francesa continuou aguda, com as duas potências brigando para manter sua influência sobre os espólios do Império otomano. Esse foi o tema de um dos romances mais vendidos na época, *Mal de amor: a castelã do Líbano*, de Pierre Benoit, publicado em 1924, cinco anos antes de De Gaulle partir para Beirute. O livro apresenta os britânicos como uma presença malévola manobrando para expulsar os franceses da região e tornar realidade o sonho de T.E. Lawrence de um reino árabe unido sob a proteção britânica. Seu herói é um oficial da inteligência francesa que se apaixona fatalmente por uma misteriosa condessa de origem russa. Vendo-se como a reencarnação da aventureira britânica oitocentista Hester Stanhope, a condessa tem muitos amantes, incluindo um ardiloso oficial da inteligência britânica que é o homólogo do herói francês do romance. De Gaulle não sucumbiu aos encantos de nenhuma condessa, mas seu trabalho para o Deuxième Bureau deve tê-lo alertado para as atividades de oficiais da inteligência britânica do tipo descrito no livro. As sementes dos violentos embates que ele teria com os britânicos por causa do Levante em 1940 foram semeadas naqueles anos. Por trás de cada oficial britânico na região ele estava programado para imaginar a sombra perniciosa de Lawrence.

"Melancolia militar"

Os dois anos de De Gaulle no Líbano lhe deram tempo de folga para transformar em livro as palestras que tinha feito na Ecole de Guerre em 1927. A obra foi publicada em 1932 sob o título *O fio da espada*. Concebidos num alto nível de abstração, os cinco capítulos densamente fundamentados do livro permitem a De Gaulle ostentar sua erudição. Nesse breve texto ele consegue citar uma notável variedade de escritores, incluindo Goethe, Bergson, Francis Bacon, Flaubert, Sócrates, Tolstói, Anatole France, Jarry, Shakespeare, Cícero, Villiers de l'Isle Adam, Barrès, Maeterlinck, Heine, Musset. Essa lista está longe de ser exaustiva, embora, curiosamente, dois escritores que o livro traz sempre à mente – Thomas Carlyle e Maquiavel – não sejam mencionados.

Em essência, o livro é um tratado sobre liderança. De Gaulle volta à sua obsessão com os perigos do pensamento *a priori*. Em sua opinião, o líder de sucesso deve combinar, para usar a frase bergsoniana de De Gaulle, uma "fagulha criativa" com a capacidade de abstração e a inteligência crítica. O líder também precisa cultivar mistério e manter distância enquanto exerce "uma grande dose de egoísmo, de orgulho, de dureza e de manha". A liderança é um exercício solitário da vontade, uma vocação semiascética: "Uma luta íntima, mais ou menos intensa, dependendo do indivíduo, mas que a cada momento lhe lacera a alma como o sílex rasga os pés do pecador penitente."[76]

O fio da espada não era apenas uma meditação intemporal sobre liderança. Também tinha um objetivo contemporâneo, enunciando a desilusão de De Gaulle com a tendência da política e da diplomacia francesas desde meados dos anos 1920. Na primeira metade da década, o governo francês tinha feito o possível para cobrar as indenizações que lhe eram devidas nos termos do Tratado de Versalhes. Em 1923, o primeiro-ministro Raymond Poincaré chegara a enviar tropas ao Ruhr para forçar a obediência alemã. Mas essa política naufragou, porque os britânicos começaram a adotar a opinião de que a Alemanha tinha sido tratada com severidade excessiva em Versalhes. Como resultado, os governos franceses tiveram de encurtar suas ambições. Durante a segunda metade da década, a França embarcou numa política de reconciliação com a Alemanha cujo arquiteto foi Aristide Briand, o quase inamovível ministro do Exterior. O pano de fundo dessa política era uma inclinação pública para o pacifismo refletida em filmes e romances. Em 1928, a duração do serviço militar foi reduzida de dezoito meses para um ano.

De Gaulle, como muitos conservadores, estava horrorizado com todos esses acontecimentos. No navio para o Levante, em 1929, ele tinha ouvido a notícia de que o governo caíra. Não chegava a ser novidade na Terceira República, mas o novo primeiro-ministro era André Tardieu, que fora muito chegado a Georges Clemenceau. De Gaulle dessa vez via motivo para otimismo: "Deixem-no experimentar ... Deixem-no inverter por dentro e por fora as políticas que Briand e seus covardes admiradores tão vergonhosamente desnacionalizaram."[77] Se De Gaulle não tinha qualquer simpatia pelo "briandismo" era porque o via como uma fantasia contrária às leis da história. Como dissera certa vez, em uma de suas palestras no campo de prisioneiros em 1917:

> Esta guerra não é a última. Quaisquer que tenham sido os horrores, os sacrifícios, a dor e as lágrimas que ela trouxe em sua esteira, os homens não mudaram por causa dela. Por alguns anos haverá um senso de vergonha e de medo; então o cheiro de sangue desaparecerá; e todos cantarão suas glórias; os ódios centenários serão revividos de forma mais extrema e um dia as pessoas irão se atirar novamente umas contra as outras, decididas a destruir umas às outras, mas jurando perante Deus e a humanidade que foram atacadas primeiro.[78]

Noutra palestra que fez em 1918, ele não foi menos pessimista: "Os povos da velha Europa acabarão por assinar uma paz que seus estadistas chamarão de paz de reconciliação! Mas todo mundo sabe que na realidade será uma paz de exaustão. Todo mundo sabe que essa paz será apenas para disfarçar ambições insatisfeitas, ódios cada vez mais intensos."[79] Essa era sua opinião em 1916 e em 1918, e continuava sendo sua opinião dez anos depois. Escrevendo em 1928 para agradecer a Mayer por ter lhe mandado seu último livro, ele comentou: "Discordamos se haverá guerra de novo; o Exército do Reno não é para muito mais tempo; o *Anschluss* está perto, e então a Alemanha vai querer de volta o que perdeu da Polônia e em seguida a Alsácia ... Para mim é como se isso estivesse escrito nas estrelas."[80]

Em *O fio da espada*, De Gaulle estava escrevendo contra a corrente, contra um mundo que recusava com desprezo os valores militares em troca de valores pacifistas, o patriotismo em troca do internacionalismo; contra políticos que só queriam ressaltar os horrores da última guerra e não o que havia, nas palavras de De Gaulle, de "efetivo e grandioso" na guerra. Seu filho Philippe lembrou que em 1928, quando pequeno, foi levado pelo pai para ver o filme *Verdun, visions d'histoire* [Verdun, visões da história], que usava uma mistura de jornais cinematográficos e reconstrução dramática (com veteranos de verdade nos papéis principais). Depois de vinte minutos, De Gaulle saiu furioso do cinema, revoltado com a mensagem pacifista do filme.[81] *O fio da espada* foi escrito para lembrar aos franceses que a guerra sempre foi o motor da história – "Como pode alguém conceber a vida sem a força?" –, que era parte tão integrante da existência humana quanto o nascimento e a morte, e fase do ciclo interminável de declínio e renovação. De Gaulle via isso não como uma glorificação da guerra, mas como uma declaração de fato: "Como pode alguém conceber a Grécia sem Salamina, Roma sem suas legiões, o cristianismo sem a espada, o Islã sem a cimitarra, a Revolução sem Valmy?"[82]

Nesse estado de espírito, De Gaulle escreveu para o amigo Nachin em 1929 uma carta que tem sido muito citada: "Ah, que amargura há hoje em dia em se usar o arnês! Mas não temos escolha. Em poucos anos eles estarão agarrados às abas do nosso casaco para salvarmos a pátria ... e ainda por cima a ralé [*canaille*]."[83] A letra de De Gaulle é por vezes difícil de decifrar, e o "nosso" da carta costumava ser lido como "meu" – sintoma de uma ambição pessoal. Na verdade, era a amargura de um homem que escolhera ser soldado numa sociedade que não valorizava o seu Exército. *O fio da espada* está impregnado do que De Gaulle chamava de seu senso da "melancolia do *corps militaire*", de uma espécie de deleite melancólico com o destino do soldado – indesejado, não reconhecido, sacrificando a felicidade pessoal pelo dever patriótico.

Ao senso de "melancolia militar" de De Gaulle veio somar-se uma tristeza mais pessoal, quando o seu querido pai morreu, em maio de 1932. Duas semanas depois, ele escreveu uma carta inusitadamente comovida para o irmão Xavier:

Encontrei ontem por acaso, enquanto separava papéis, uma carta do nosso pai. A alegria de me deparar novamente com suas palavras não foi nem um pouco prejudicada por esta tristeza que não me abandona há duas semanas. Sim, meu irmão, uso a palavra alegria. A palavra não me assusta e não tenho vergonha de usá-la. Alegria de ter podido partilhar com você a felicidade de ter sido criado por um homem como ele. Essa é a razão da minha alegria. Como é estranho que, no momento em que sepulto meu pai, estando eu mesmo com mais de quarenta anos, minha infância me inunde a memória e a nostalgia de tempos felizes me permita avaliar a perda da pessoa a quem nós cinco, com temor e afeto, chamávamos "papai" ... Que homem, que pai, que figura em nossas vidas. Não sei o que me trará o futuro, mas se o destino me reserva qualquer tipo de honra, que seja viver à imagem de Henri de Gaulle, meu pai.[84]

4. Deixar uma marca, 1932-39

Burocrata militar

Em dezembro de 1927, De Gaulle escreveu para Mayer, que o cumprimentara por uma recente promoção a comandante de batalhão: "É de fato agradável 'progredir nas fileiras', mas a verdadeira questão é 'deixar uma marca'"[1] – ambição nada fácil para soldados alcançarem em tempo de paz.

As expectativas de De Gaulle antes de partir para Beirute tinham sido retornar ao *cabinet* de Pétain ou garantir uma cátedra como professor na Ecole de Guerre.[2] Nenhuma das duas opções se materializou. Pétain não queria mais De Gaulle em seu *cabinet*, mas prometeu intervir por ele na Ecole. Talvez porque continuasse *persona non grata* na instituição desde as palestras que ali proferiu em 1927, talvez porque Pétain estivesse menos disposto a desgastar-se em favor de seu rebelde protegido, o fato é que nenhum cargo na École apareceu. Pétain sugeriu que De Gaulle se candidatasse a um cargo na secretaria do Conseil Supérieur de la Défense National (CSDN).[3] Acabou sendo um bom conselho. Por mais que De Gaulle zombasse dele pelas costas, Pétain ainda era um patrono útil.

O CSDN era a interface entre os militares e o governo, o fórum onde o planejamento de defesa era discutido no mais alto nível. A função da sua secretaria, da qual De Gaulle passou a fazer parte, era preparar documentos políticos para discussão em sessões plenas do Conselho. Boa parte do serviço era altamente técnico. Por exemplo, cabia a De Gaulle redigir as minutas do comitê que preparava as instruções do governo para a delegação francesa na conferência para o desarmamento em Genebra – um tipo de trabalho que provavelmente não lhe agradava.[4] Apesar da natureza árida de suas tarefas, o novo cargo de De Gaulle lhe garantia uma boa posição para observar as relações tensas, com frequência emperradas, entre as autoridades civis e militares numa época em que dificuldades orçamentárias obrigavam o governo a impor cortes nos gastos militares. O cargo também lhe permitia entender um pouco melhor a esotérica burocracia do planejamento de defesa, e as dificuldades para desenvolver uma política de defesa coerente em meio à alta rotatividade dos governos. Mais tarde ele escreveria, sem exagero: "De 1932 a 1937, sob catorze ministros, me envolvi ... em todas as atividades políticas, técnicas e administrativas referentes à defesa do país."[5]

Uma das grandes responsabilidades de De Gaulle foi preparar a lei sobre a "Organização do País para a Guerra". A interminável reformulação dessa "teia de Penélope" (como dizia De Gaulle) se estendera por uma década antes que a lei enfim entrasse em vigor, em 1938. Ela cobria cada aspecto do planejamento militar, desde a mobilização dos exércitos até a organização de uma economia de guerra.[6] Os rascunhos de De Gaulle para esse documento lhe permitiram refinar suas ideias sobre as relações entre autoridades civis e militares em tempo de guerra:

> Estamos preocupados não com a função legislativa das duas casas do Parlamento, que é regulada pela Constituição, mas com o exercício do seu direito de controlar. A última guerra mostrou que esse controle tendia a se tornar cada vez mais rigoroso com o andamento da guerra. Mostrou também que as investigações e as pressões do Parlamento não deixavam de ter valor, apesar da sua natureza frequentemente confusa e apaixonada. Portanto parece desejável ... pegar o touro pelos chifres e determinar precisamente no *projet de loi* as condições e os limites do controle parlamentar em tempo de guerra.[7]

Como o trabalho de De Gaulle no CSDN fazia parte de um esforço coletivo, não é fácil identificar suas contribuições específicas. Mas temos uma anotação reveladora, em sua própria letra, sobre um documento interno resistindo à criação de um único estado-maior para as três armas. Esse documento tem sugerido que as estruturas já existentes eram adequadas para atender a requisitos militares e políticos. Isso levou a uma sarcástica explosão de De Gaulle na margem do papel: "Ah, política! Quer dizer que precisamos do Ministério do Exterior e do Ministério do Interior, mas será que a economia também não importa? E a situação financeira? Etc. etc., em suma, o governo inteiro e não apenas três blocos erráticos."[8]

Cruzado militar

A experiência de De Gaulle como burocrata militar ampliou seus horizontes e aprofundou seu conhecimento da política de defesa, mas não o ajudaria a "deixar uma marca". A estratégia que ele adotara para isso nos anos 1920 tinha sido através de seus escritos, mas a publicação destes, até aquela altura, só lhe tinha trazido um *succès d'estime* em seu minúsculo grupo de admiradores. Foi com a publicação em 1934 do seu terceiro livro, *Por um Exército profissional*, escrito enquanto trabalhava no CSDN, que De Gaulle finalmente conquistou um público mais amplo. Ele vinha trabalhando no livro desde o fim de 1932,[9] e pouco antes da publicação o descreveu para um correspondente como seu "livro de proclamação".[10] Em vez das esotéricas indagações intelectuais sobre liderança, ele agora apresentava um manifesto pela defesa da modernização do Exército francês.

O livro tinha dois argumentos centrais.[11] O primeiro era que a mecanização, especialmente a invenção dos tanques, tinha revolucionado a arte da guerra e tornado obsoleta a lição principal que o alto-comando francês tirara da experiência de 1914-18: a de que o poder de fogo dava supremacia ao defensor sobre o agressor. Nessa visão oficial, o papel dos tanques era acompanhar e apoiar a infantaria. Mas De Gaulle afirmava que, se os tanques fossem empregados com autonomia, sua combinação de velocidade e poder de fogo tornaria possível travar uma guerra ofensiva sem os riscos dos terríveis massacres de 1914-17. Para tanto propunha o estabelecimento de seis divisões de tanques pesados, agrupadas num único corpo de Exército. O segundo argumento do livro era que operar esses tanques estava além da capacidade dos recrutas – especialmente após a redução do serviço militar no Exército para um ano em 1928 – e exigia soldados altamente treinados e especializados. A solução de De Gaulle era a criação de um Exército profissional de 100 mil homens, operando ao lado do Exército de jovens alistados. Esses soldados profissionais não só teriam expertise técnica, como também estariam imbuídos de senso de propósito, *esprit de corps* e orgulho. Essa era a solução de De Gaulle para a "melancolia militar" dos anos 1920. Nesse sentido, o livro pode ser visto como a continuação – ou a segunda parte – de *O fio da espada*. No livro anterior, ele tinha analisado as qualidades necessárias para ser líder; nesse, descrevia a natureza do Exército que o líder comandaria. O espírito do novo Exército seria "análogo ao da nossa velha cavalaria"; seus soldados ofereceriam "lastro espiritual e moral" para uma sociedade que perdera o rumo.[12] Essas duas linhas argumentativas dão ao livro de De Gaulle um tom curiosamente híbrido. Recomendações técnicas sobre a organização de divisões de tanque acompanham elevadas reflexões sobre a nobreza da vocação militar. Na verdade, não fica totalmente claro qual foi o ponto de partida de De Gaulle. Quando ele anunciou pela primeira vez as ideias do seu livro num artigo em maio de 1933, os tanques mal foram mencionados.[13] No livro propriamente dito, cujo título afinal de contas era *Por um Exército profissional*, os tanques só são mencionados 29 vezes em 211 páginas. De Gaulle supostamente estava defendendo a criação de um Exército "moderno", mas ao mesmo tempo propunha uma maneira de recriar virtudes heroicas tidas em outros tempos como a essência da vocação militar.

Essa tensão nos argumentos do livro acabou prejudicando a conquista de adeptos. Mas a combinação do estilo literário de De Gaulle – ele apimentava seu texto com vistosas epígrafes de autores que iam de Hegel a Epicteto, La Rochefoucauld e Maeterlinck – com uma campanha publicitária eficaz garantiu que o livro recebesse bastante atenção. De Gaulle mobilizou todos os contatos na imprensa que tinha feito ao longo dos anos, e no ano anterior ao lançamento publicou quatro artigos para popularizar suas ideias em revistas não especializadas.[14] O livro vendeu cerca de 1500 exemplares e dentro de um ano estava traduzido para o russo e para o alemão. Quando De Gaulle chegou a Londres após a derrota da França em 1940, o livro foi traduzido às pressas para o inglês com o título de *The Army of the Future* [O Exército do futuro]. A capa trazia as seguintes palavras: "Uma profecia de 1934! A França a ignorou! A Alemanha a levou a sério." A primeira biografia de De Gaulle, de 1942 (escrita pelo filho do seu grande herói literário Barrès), retratava-o como um profeta que tinha previsto a natureza da guerra moderna, mas que tivera a má sorte de ver os alemães, e não os franceses, adotarem suas ideias. Um exemplar da edição alemã com anotações aprovadoras de autoria do próprio Hitler foi encontrada por tropas francesas em Berchtesgaden em 1945. Embora não se deva exagerar a influência do livro no pensamento militar na Alemanha, ele certamente foi lido pelo general alemão Guderian, que publicou seu próprio manifesto em defesa da guerra de tanques em 1937.[15]

Historiadores têm demolido as afirmações mais extravagantes feitas pelo livro de De Gaulle. Assinalam que ele não foi nenhum profeta no que diz respeito ao papel crucial do poderio aéreo na guerra moderna (o que ficou evidente quando uma reimpressão do livro, em 1943, interpolou uma nova frase sobre poderio aéreo que não constava do original); que a maioria de suas ideias sobre o emprego de tanques tinha sido adiantada por outros escritores; que ele é decepcionantemente vago sobre detalhes técnicos. Todas essas críticas são válidas, mas elas julgam o livro pelo que ele não pretendia ser. No período do entreguerras houve uma extensa literatura técnica de autoria de especialistas militares em muitos países, conjecturando sobre como os avanços na tecnologia militar afetariam o futuro da guerra. Entre os títulos publicados mais ou menos na mesma época do livro de De Gaulle, vale a pena mencionar duas publicações britânicas – *The Future of Infantry* [O futuro da infantaria], de Basil Liddell Hart (1933), e *On Future Warfare* [Sobre a guerra do futuro], de J.F.C. Fuller (1933) –; a tradução francesa do polonês *Przyszła wojna* [A guerra moderna], de Władysław Sikorski (1935); e *Motorisation et armées de demain* [Motorização e o Exército de amanhã], do teórico francês Émile Alléhaut (1929). Embora o livro de De Gaulle fosse tido como importante o suficiente para que o adido militar americano em Paris mandasse um exemplar para Washington, comentando que tinha "atraído considerável atenção na França", De Gaulle nunca foi considerado uma autoridade em guerra de tanques comparável a figuras como Liddell Hart e Fuller.[16]

De Gaulle baseou-se nessa literatura especializada – e escreveu para Alléhaut reconhecendo sua influência[17] –, mas o objetivo do livro era outro. Em vez de oferecer um estudo técnico pensando em outros especialistas militares, ele tentou vincular o tema da modernização do Exército a questões geográficas, políticas e diplomáticas mais amplas. Seu ponto de partida foi a vulnerabilidade geográfica da fronteira nordeste da França com a Bélgica e Luxemburgo: "Assim como um retrato sugere ao observador a impressão de um destino, o mapa da França revela nossa sina." A "fraqueza secular" das fronteiras da França agravou-se com a velocidade da guerra moderna: Paris ficava a apenas uma hora de voo da fronteira. Planejadores militares franceses estavam, claro, bem conscientes disso. Em 1928, governos franceses tinham começado a construção do que seria chamado de Linha Maginot, uma rede defensiva de fortificações cobrindo a fronteira leste da França até Luxemburgo. Por uma variedade de razões técnicas e financeiras, a Linha Maginot parava na fronteira belga, mas sua existência liberava forças para a proteção da parte da fronteira que permanecia exposta. O próprio De Gaulle tinha publicado em 1925 um pequeno artigo sobre a importância das fortificações na história francesa.[18] Em nenhum sentido ele se opunha à Linha Maginot, embora achasse presunçoso supor que ela garantiria a segurança da França: "As fortalezas têm seu valor, mas não são uma panaceia."[19]

Mas De Gaulle não tratava apenas da vulnerabilidade militar da França. O objetivo do livro era afirmar que, sem a capacidade de ação ofensiva, a França teria de reduzir suas ambições internacionais. Era este o subtexto do livro: argumentar não só a favor dos tanques, mas de certa ideia do papel que a França deveria aspirar a desempenhar no mundo. Embora não destacasse nenhuma tarefa em particular para o recém-organizado Exército, ele dava a entender que este poderia ser empregado de muitas maneiras: para proteger o Império, para dar eficácia às ambições coletivas da Liga das Nações, para intervir preventivamente contra a Alemanha. Outra possibilidade era ajustar as capacidades militares da França às suas obrigações diplomáticas. Para compensar o desaparecimento do antigo aliado czarista, governos franceses tinham formado numerosas alianças preventivas com os Estados sucessores que surgiram em 1919 (Tchecoslováquia, Polônia, Iugoslávia). Sem um Exército capaz de intervir rapidamente em defesa desses Estados contra a Alemanha, a França teria de abandonar qualquer esperança de conter o expansionismo alemão.

O que os superiores de De Gaulle achavam especialmente irritante em seu livro era a insinuação de que ninguém mais na França estava ciente da necessidade de modernizar o Exército. Na verdade, a modernização era tema de intenso debate sobre o curso a seguir; nenhum planejador militar achava que a Linha Maginot tinha resolvido todos os problemas do país. O novo chefe do estado-maior geral em 1930, general Weygand, pusera em prática um programa para modernizar a cavalaria equipando-a com tanques. Como resultado, em 1933, a França estava de posse de sua primeira divisão blindada empregando tanques ligeiros. Mas unidades desse tipo não eram apropriadas para o tipo de operação defendido pelos proponentes de um pesado corpo blindado capaz de agir com autonomia. Adversários dessa solução insistiam nas dificuldades técnicas de produzir tanques com o equilíbrio ideal de velocidade, poder de fogo e proteção blindada. De Gaulle pairava acima dessas minúcias.

O livro de De Gaulle apareceu justamente quando a situação internacional poderia conquistar para ele novos adeptos. Hitler tinha chegado ao poder em janeiro de 1933. Em outubro, a Alemanha abandonou a Conferência de Desarmamento Mundial que iniciara seus trabalhos em Genebra no ano anterior. Em resposta, em 17 de abril de 1934, o ministro do Exterior francês anunciou que a França tomaria as providências necessárias para garantir sua segurança: rearmamento e uma tentativa de revigorar o sistema de alianças do país no leste da Europa. O livro de De Gaulle foi publicado exatamente nesse momento. Mas o que causava problemas para seus superiores era o argumento de que a criação de divisões de tanques exigia um Exército profissional. O compromisso com a ideia de uma "nação em armas" era sagrado para a França como forma de vincular a nação ao seu Exército. Apesar de De Gaulle não defender a abolição do alistamento, a criação de um Exército profissional ao lado de um Exército de recrutas envolveria uma reorganização colossal. A rigor, os chefes do Exército não se opunham ao profissionalismo como complemento necessário à diminuição do tempo de serviço militar. Mas não estava claro se seria possível recrutar soldados profissionais em número suficiente para os corpos de Exército profissionais e para as demais tarefas que precisavam ser executadas. Todos esses pontos foram ressaltados pelos adversários de De Gaulle no Exército. Algumas das figuras militares mais distintas da França – o marechal Pétain (anonimamente), os generais Weygand e Gamelin – publicaram artigos atacando as ideias de De Gaulle em revistas não especializadas amplamente lidas. "Não aos dois exércitos" era um dos temas dessa oposição. O livro de De Gaulle pode tê-lo ajudado a deixar sua marca, mas não promoveu no Exército a causa daqueles que compartilhavam suas ideias sobre a necessidade de divisões de tanques.

Como De Gaulle tinha dirigido seu livro para o público em geral, a oposição da hierarquia militar talvez não tivesse tido importância se suas ideias fossem calibradas para atrair os políticos da França. Embora o conceito de Exército profissional despertasse todos os demônios da esquerda francesa sobre aventureiros militares, esta não se opunha por completo, ideologicamente, à ideia da profissionalização, sobretudo se possibilitasse um serviço militar mais curto para os recrutas. Mas essa ideia precisava ser vendida com mais eficácia do que por De Gaulle com sua provocadora celebração do *esprit militaire*. Quando escreveu que "um soldado bem-sucedido é o que está acostumado a viver fora da sociedade", ou que era preciso "romper os laços que prendiam os soldados a uma sociedade pacífica e criar em sua alma reflexos de disciplina, coesão e coragem", ele não usava uma linguagem capaz de conquistar muitos adeptos dentro da esquerda.[20] Léon Blum, o líder do Partido Socialista, dedicou uma longa série de artigos no jornal socialista à refutação do livro de De Gaulle. Portanto, embora De Gaulle tivesse adquirido relativa notoriedade, esta não era do tipo que ajudasse a propagar suas ideias. Ao ler as páginas finais do seu livro, percebe-se por que alguns políticos devem ter ficado amedrontados:

> Se o Exército profissional vier mesmo a surgir no futuro com os novos recursos e com o novo espírito de que precisa para ser mais do que apenas uma vaga esperança, então é preciso que apareça um chefe ... Um homem suficientemente forte para se impor, habilidoso para seduzir, grande para executar coisas grandiosas ... Não há grupo, não há partido, não há figura política que não fale de recuperação, de uma nova ordem, de autoridade [essas frases inflamadas não estão na tradução britânica de 1940] ... Se a reconstrução do país tiver de começar pelo Exército, isso estará inteiramente de acordo com a ordem natural das coisas. Os militares são a expressão mais completa do espírito de uma sociedade. Na tarefa de reconstruir a França, o novo Exército será ao mesmo tempo solução essencial e fermento de transformação.[21]

Em qualquer época essas palavras fariam soar o alarme; na tensa crise política dos anos 1930, elas soavam quase insurrecionais.

De Gaulle e a crise política dos anos 1930

Na carreira de De Gaulle, o ano de 1934 foi importante pela publicação de *Por um Exército profissional*; na história francesa, foi importante como o ano em que a política explodiu. A causa imediata dessa explosão foi uma manifestação em Paris em 6 de fevereiro. Associações de veteranos de guerra e organizações antiparlamentares de direita tinham se reunido na place de la Concorde para protestar contra o governo de centro-esquerda de Edouard Daladier. O pretexto foi um caso de corrupção financeira envolvendo um vigarista, Alexandre Stavisky, que supostamente contava com a proteção de políticos desonestos. Mas a causa mais profunda de insatisfação pública era a incapacidade dos governos de lidar com a depressão econômica. A França tinha sido atingida pela crise econômica mundial em 1931, um pouco mais tarde do que o resto do mundo. A queda da receita tributária e o aumento de gastos com seguro-desemprego provocaram severas dificuldades orçamentárias. Entre os anos de 1932 e 1934, nada menos do que nove governos tinham entrado e saído com diferentes planos para eliminar o déficit orçamentário com novos cortes de despesas, mas o único resultado tinha sido mergulhar a economia ainda mais fundo na depressão. Um perigoso sentimento antiparlamentar desenvolveu-se na população, numa época em que a democracia liberal parecia em crise em toda a Europa.

A manifestação de 6 de fevereiro de 1934 degenerou em violência. Quando parecia que os manifestantes iam atravessar a ponte que separava a place de la Concorde do prédio do Parlamento, do outro lado do Sena, tropas que protegiam a ponte abriram fogo. Quinze manifestantes foram mortos. A esquerda achou que as forças da ordem tinham sufocado um conluio fascista para tomar conta do Parlamento; a direita acreditou que patriotas honestos tinham sido abatidos a tiros em defesa de políticos corruptos. O governo de centro-esquerda renunciou e o político conservador Gaston Doumerge saiu de sua aposentadoria para formar um governo de "união nacional" que era, na realidade, um governo de direita. Isso não resolveu a crise de confiança nas instituições francesas. Conservadores falavam da necessidade de reformar o Estado e fortalecer o Executivo. Um deles era o brilhante político de direita André Tardieu, que renunciou ao governo e lançou uma cruzada para reformar a República, fortalecer os poderes da Presidência e enfraquecer o poder do Parlamento. As ideias de Tardieu eram moderadas em comparação com as das "ligas" antiparlamentares de direita, que ganharam impulso com os acontecimentos de 6 de fevereiro. Uma dessas ligas era a monarquista Action Française, que existia desde o começo do século, mas havia outras mais novas, como a Croix de Feu, cujas manifestações de estilo militar macaqueavam os movimentos fascistas surgidos na Europa nos anos 1920.

Hitler tinha tomado o poder em janeiro de 1933, e é compreensível que a esquerda francesa achasse que havia um perigo fascista na França também.

Os até então desunidos partidos de esquerda, dos comunistas na extrema esquerda aos radicais na centro-esquerda, passando pelos socialistas no centro, reagiram formando uma aliança chamada Frente Popular. Nas eleições de junho de 1936, a Frente Popular triunfou. Os comunistas, que anteriormente contavam apenas com um punhado de *députés*, agora eram os protagonistas da política francesa. O líder socialista Léon Blum tornou-se primeiro-ministro do primeiro governo comandado por socialistas na história francesa. Logo depois, na Espanha, onde um governo da Frente Popular também tinha sido eleito, houve uma revolta militar, prelúdio de uma guerra civil de três anos de duração. Isso tudo serviu para radicalizar os conservadores franceses. A política na França atingiu níveis sem precedentes de violência verbal e física. Embora o Exército francês tradicionalmente permanecesse fora da política, alguns oficiais tinham tanto temor do comunismo que formaram redes clandestinas prontas para intervir na política em caso de revolução. Membros do entourage de Pétain estavam envolvidos nessas conspirações.

Qual foi a atitude de De Gaulle diante dessa crise? Apesar de acreditar que a sociedade francesa precisava valorizar seus soldados, a ideia de que o Exército deveria intervir na política era um horror para sua convicção de que ele existia para servir ao poder civil. Quando a crise política na França se tornou mais aguda, ele admitiu para um correspondente em caráter privado que um Exército profissional talvez fosse mais confiável do que recrutas ou tropas coloniais para manter a ordem pública – mas, significativamente, imaginava que o inimigo da ordem viria da extrema esquerda ou das ligas da extrema direita.[22] "A Espanha e não a França", escreveu ele para outro correspondente, "é a terra dos *pronunciamentos*." Mas, reveladoramente, acrescentou: "O dia em que a opinião geral tornar-se a favor de uma subversão da ordem estabelecida, a forma existente de organização militar não poderá impedir sua queda ... Os regimes caem em razão de suas próprias deficiências, e de forma alguma através dos seus soldados."[23] Será que ele achava que o momento do colapso estava chegando à França?

Uma maneira de abordar as crenças políticas de De Gaulle naquela época é através de um diálogo com o pai, que antes de morrer estava lendo o manuscrito da história do Exército francês que De Gaulle escrevia para Pétain. Em certo ponto do texto, De Gaulle tinha feito comentários positivos sobre Hoche, um dos generais mais brilhantes da Revolução Francesa, que perpetrara massacres de monarquistas durante a revolta da Vendeia, em 1793. Isso levou o pai de De Gaulle a observar: "Hoche não me parecer merecer esse elogio incondicional." Ele lamentou que o filho mostrasse "tanta simpatia por aqueles que guardaram as portas dos matadouros enquanto as vítimas tinham a garganta cortada". Em outro ponto, De Gaulle mencionava Dumouriez, um general que ajudara os exércitos republicanos a vencer a Batalha de Jemmapes em 1792, antes de passar para o lado dos contrarrevolucionários. De Gaulle escreveu a respeito da "traição" do general; o pai corrigiu para "deserção" (o que De Gaulle aceitou) – dando a entender que tinha alguma simpatia pelo ato de Dumouriez. Pode parecer um fundamento inconsistente demais para se erigir uma interpretação da política de De Gaulle, mas na França o jeito de as pessoas verem o passado era essencial para sua identidade política. A censura de Henri de Gaulle, de que ele estava sendo excessivamente tolerante com a Revolução, é outro sinal do distanciamento de De Gaulle do conservadorismo dos pais.[24]

Levando em conta a admiração de De Gaulle por Péguy, sua visão abrangente do passado da França, tão diferente da posição mais doutrinária de Maurras, não chega a surpreender. De outro lado, isso não impediu De Gaulle de mandar seu primeiro livro para Maurras, dedicado com "respeitosa homenagem". Ele enviou também para Maurras um exemplar de *Por um Exército profissional*, seguido, poucas semanas depois, de uma carta para o correspondente militar de *L'Action française*, manifestando a esperança de que "M. Maurras trará seu poderoso apoio ao Exército profissional. Na verdade, ele o vem fazendo já há muito tempo, pelo menos por meio do seu corpo doutrinário".[25] Ao mesmo tempo, porém, De Gaulle fazia parte do círculo não dogmático de Mayer, presidido por alguém que, como judeu e ex-dreyfusard, representava tudo aquilo que era execrado pela Action Française.

No círculo de Mayer, De Gaulle tinha encontrado alguns dos jovens intelectuais, na maioria nascidos em torno de 1905, aos quais os historiadores apelidaram, na falta de melhor rótulo, de os "não conformistas" dos anos 1930.[26] Eles eram um grupo eclético com pouca coisa em comum além da convicção de que os rótulos políticos existentes não encontravam nenhum suporte nos problemas contemporâneos. Eram unidos por uma obsessão, um senso de desencanto com a política contemporânea, uma difusa *Inquiétude*, para citar o título de um livro de 1926 de autoria de um deles, o intelectual católico

Daniel-Rops (Henri Petiot), que De Gaulle conheceu no círculo de Mayer. Ali ele conheceu também o jovem intelectual Robert Aron, com quem seu amigo Arnaud Dandieu fundara uma pequena revista chamada *Ordre nouveau* (Nova ordem), cujo tema principal era que a política, fosse de direita, fosse de esquerda, tinha caído na mesma arapuca do materialismo: o capitalismo liberal e o socialismo marxista eram simplesmente imagens espelhadas um do outro.[27] Isso fazia a *Ordre nouveau* aproximar-se das ideias do filósofo católico "personalista" Emmanuel Mounier, cuja solução para a crise de civilização era defender formas comunitárias de organização social, e com isso escapar do beco sem saída do individualismo liberal. Um dos lemas de Mounier era que a democracia liberal, pelo menos como praticada na França, era uma espécie de "desordem institucionalizada". A aspiração à "ordem" – embora não necessariamente num sentido autoritário – estava muito em voga naqueles círculos. Com o tempo, as trajetórias futuras dos chamados não conformistas os levariam em direções políticas acentuadamente diferentes, mas todos eles partilhavam a percepção, como escreveu De Gaulle para um correspondente em 1935, de que "o mundo treme nas bases que até hoje conhecemos".[28]

Se De Gaulle estava, através dos pais, ligado à geração dos anos 1870, e por nascimento à geração de 1905, a geração dos anos 1930 também deixou marca duradoura em seu pensamento. Veremos isso com relação às suas ideias sociais sobre descobrir um caminho intermediário – uma terceira via – entre o capitalismo e o socialismo. Mas, como os não conformistas tiveram trajetórias políticas futuras muito variadas, não avançamos muito nas respostas concretas a perguntas sobre as crenças políticas de De Gaulle em meados dos anos 1930. Qual era sua opinião sobre Mussolini, a Frente Popular, as ligas "fascistas" francesas, a Guerra Civil Espanhola? Suas cartas nada dizem sobre esses tópicos. Até certo ponto, esse silêncio é por si só revelador. Suas cartas não contêm nenhuma das obsessões da extrema direita – de que havia uma conspiração judaica para enfraquecer a França (ele jamais menciona judeus), de que a Frente Popular estava levando a França à revolução, de que os republicanos na Espanha estupravam freiras –, mas também não trazem qualquer condenação das ligas ou manifestam preocupação com a ameaça à democracia representada pelos tumultos de 6 de fevereiro de 1934. Na verdade, a resposta de De Gaulle àqueles distúrbios parece ter sido inteiramente positiva:

Hoje o terreno sob nossos pés está cedendo. Desde fevereiro, quando o vulcão entrou em atividade, tudo é convulsão. Na verdade, isto é nada menos do que o começo de uma revolução. Para onde nos levará? Em minha humilde opinião, para um reforço, ou ainda melhor, uma restauração da ordem, mas não sem muitos transtornos. De qualquer maneira, a velha República de comitês, eleições e favores pessoais está agonizante. Cede a vez a ideias totalmente diferentes. Estamos entrando numa espécie de 1848 ao contrário. A meu ver, a questão é a seguinte: se a mudança ocorre sem que haja vítimas em demasia e sem levar a uma invasão.[29]

Essa linguagem nervosa coloca De Gaulle totalmente do lado dos direitistas, que viam os acontecimentos de 6 de fevereiro como um desafio salutar à democracia parlamentar – mas não deixa claro que alternativa positiva ele preferia.

Se tentarmos situar a visão política de De Gaulle numa perspectiva mais ampla, dois temas se destacam. O primeiro era a preocupação com uma organização "racional" – a palavra aparece com frequência em seus escritos – da sociedade. A necessidade de um Estado mais racionalmente organizado era uma ideia amplamente compartilhada em todo o espectro político, nos anos do pré-guerra, pelos insatisfeitos com as inadequações do funcionamento da República parlamentar. Era essa a crítica implícita no texto clássico de Robert de Jouvenel, *La république des camarades* [A república dos camaradas], ou nos escritos do teórico político de centro-direita Charles Benoist. Esses dois autores são citados nos cadernos de De Gaulle.[30] O livro de Jouvenel, publicado em 1914, desancava os políticos da República parlamentar, apresentados como uma casta isolada, sem contato com as realidades do país: sua observação mais famosa era a de que dois *députés* de partidos diferentes sempre tinham mais em comum entre si do que com seus eleitores. Benoist era um republicano conservador cuja desilusão com a democracia o levara a aproximar-se gradativamente da Action Française.

Durante a guerra, uma nova vertente foi acrescentada a essa preocupação com a organização racional. Era a ideia de que a organização do Estado poderia ser melhorada adotando-se os métodos da indústria moderna. Dois nomes que costumavam ser citados a esse respeito eram os de Henri Fayol e do americano F.W. Taylor, que popularizaram a teoria da administração científica.³¹ Mayer era um grande admirador de Fayol, e embora não haja menção direta a ele nos escritos de De Gaulle, este demonstra um fascínio pelo que apelidava de "taylorização" da sociedade – produção em massa, espetáculos esportivos para as massas, publicidade moderna –, tanto por causa da ameaça que representava como pelas lições que oferecia. "A recreação e os nossos desejos são assombrados por máquinas", escreveu em *Por um Exército profissional*:

> A distância entre as expectativas da sociedade e a esclerose do sistema social tornou-se tão flagrante que logo terá de ser superada. Nossa geração, tão obcecada com eficiência: com cavalos-vapor, recordes, séries (produção em massa), especialistas, preços de custo; nossa época, tão ansiosa por clareza: por chamas descobertas, linhas puras, higiene, mulheres com roupa de banho; nosso século, que acredita tanto em demonstrações de força: competição, cartéis, elites, propaganda, nacionalismo – não vão mais tolerar a lentidão, a confusão e a fraqueza que períodos anteriores estavam dispostos a aceitar.³²

Uma figura histórica que exemplificava o ideal de organizador racional para De Gaulle era o ministro da Guerra de Luís XIV, o marquês de Louvois, responsável pela modernização do Exército do *ancien régime*. Em 1919, De Gaulle escreveu à mãe: "Temos grande necessidade de um Louvois ou de um Richelieu."³³ Vale a pena citar o retrato de Louvois traçado por De Gaulle na história do Exército francês que vinha escrevendo para Pétain:

> Desdenhando teorias, ele tinha o cuidado de não provocar confusão nem destruir; mas, como realista que era, nunca interrompia seus esforços para reformar e aperfeiçoar. Apesar de obstinado na busca dos seus fins, sabia ser flexível. Planejador entusiástico, sabia também esperar a hora certa. Livre de escrúpulos, usava quaisquer meios que parecessem mais simples e convenientes. Era severo em seu julgamento dos homens, embora não os desprezasse. Perspicaz sem ceticismo, desprovido de ilusões, embora não lhe faltasse fé, era implacável com a incompetência ... Distante, mas apesar disso acessível, pronto a ler relatórios, embora no fim fosse capaz de fazer seu próprio juízo, aceitando conselhos mas reservando zelosamente para si a decisão final. Tinha inimigos e aliados, mas não amigos.³⁴

Louvois operava na sociedade estruturada e hierárquica do *ancien régime* que se perdeu para sempre – salvo na cabeça de um Maurras. Mas embora a visão de De Gaulle da organização da sociedade fosse, como a de Maurras, abertamente elitista – palavras como liberdade e democracia não figuram em seus escritos dessa época –, ele tinha consciência de estar vivendo num mundo em que a "antiquada deferência" à autoridade já não existia.

Uma segunda vertente do pensamento de De Gaulle era a necessidade de liderança numa sociedade de política de massa, uma sociedade moldada pela industrialização e pela padronização, e desconfiada da individualidade – a "civilização do cupinzeiro", como a chamava.[35] De Gaulle também foi influenciado pelos escritos do teórico social Gustave Le Bon (1841-1931), cuja análise da psicologia das multidões influenciou figuras tão diferentes como Theodore Roosevelt, Mussolini, Sigmund Freud e Hitler.[36] Para Le Bon, as multidões na sociedade urbana moderna eram irracionais e maleáveis; suas emoções precisavam ser subjugadas e manipuladas por líderes que sabiam explorar sua irracionalidade. De Gaulle citou Le Bon em seus cadernos, e em 1916, depois de ler um artigo dele sobre a Revolução, escreveu: "[Le Bon] refuta a lenda do povo divino, sempre sacrossanto em suas loucuras, seus crimes, e nota que o povo durante a Revolução foi efetiva e continuamente 'liderado'."[37] Os pensamentos de De Gaulle sobre "prestígio" (que poderíamos traduzir como "liderança carismática") em *O fio da espada* soam como citações diretas de Le Bon (com uma dose de Bergson): "Não se consegue agitar as multidões a não ser com sentimentos elementares, imagens violentas, invocações brutais"; "Os homens não podem viver sem serem liderados, mais do que sem comer, beber e dormir"; os líderes tinham de ser capazes de despertar a imaginação e estimular a "fé latente das massas"; a autoridade do líder não é suscetível de análise racional, mais do que "o amor que só é explicável como a ação de um feitiço inexprimível". Em suma, o líder era "um senhor para quem a fé e os sonhos do povo são dirigidos".[38]

Numa nota que redigiu em 1927 sobre as memórias do estadista francês Raymond Poincaré, De Gaulle esboçou suas impressões do que um líder político não deveria ser. Poincaré, conservador moderado e trabalhador que tinha servido como presidente da França durante a guerra, fora ofuscado a partir de 1917 pelo mais carismático Georges Clemenceau, que havia sido seu primeiro-ministro. Sobre as memórias de Poincaré, De Gaulle escreveu:[39]

Um ótimo exercício de um estadista que não está tão seguro de si, confundindo história com política ... Há inteligência e *savoir-faire*, mas o que se busca é a grandeza, a elevação, os ápices de coragem que Clemenceau várias vezes alcançou ... Poincaré é um homem de textos, uma inteligência mecanicamente organizada ... Não se vê em parte alguma do seu livro que ele tenha qualquer percepção intuitiva da França de 1914 [tudo isso é puro Bergson]. Ele só nos fala em ministros, diplomatas, Senado e Câmara, quando essas insignificantes entidades desempenharam apenas papel coadjuvante. Ele acredita em telegramas, mensagens, proclamações ... quando houve apenas uma feroz lei da espécie, uma fatalidade implacável que levou o mundo à guerra. Ele passa por cima do essencial, que é dizer o que qualquer camponês sentia claramente a partir de 20 de julho e mesmo antes. Na verdade, ele não teve – e diz isso francamente – contato com o povo ... Poincaré era um funcionário do primeiro time. Tivesse havido um grande francês para utilizar seus talentos, pensem no que poderia render sob Luís XIV! Mas agindo por conta própria era apenas meio grande, meio honesto, meio compreensivo. Em resumo, um estadista adaptado aos requisitos da República.

Se juntarmos todas essas peças, o ideal político de De Gaulle em meados dos anos 1930 parece combinar autoritarismo elitista e gerencial com liderança carismática. Em termos práticos, isso poderia tê-lo levado em direções que pouco tinham em comum com a democracia parlamentar. Mas o rumo que ele tomou foi determinado por dois outros fatores: sua descoberta de um novo protetor que era também um dos protagonistas essenciais no sistema existente e sua aversão à postura assumida por muitos conservadores em face de uma Alemanha que renascia.

Um novo protetor

Em dezembro de 1934, Jean Auburtin arranjou um encontro entre De Gaulle e Paul Reynaud, destacado líder político de centro-direita. Reynaud, que tinha exercido cargos ministeriais importantes, era um dos políticos mais hábeis de sua geração, mas na época do encontro com De Gaulle sua carreira tinha empacado. Em 1934, ele rompera com o establishment político por insistir que a França só se recuperaria da depressão se desvalorizasse o franco. Depois que o dólar e a libra esterlina foram obrigados a abandonar o padrão-ouro em 1931 e 1933, as exportações da França estavam se tornando incapazes de competir comercialmente nos mercados mundiais. Mas o franco forte era visto pela maioria dos políticos daquele período como um símbolo de orgulho nacional e a desvalorização como uma imoralidade. Ao desafiar esse consenso, Reynaud caiu em desgraça política, embora apostasse que seu momento chegaria. Ele nem sempre ajudava a própria causa com sua insuportável presunção, e jamais disfarçava a justificada convicção de que era mais inteligente do que quase todo mundo à sua volta.

Sobre o primeiro encontro com Reynaud, De Gaulle comentou o seguinte em suas *Memórias*: "Eu o vi, eu o convenci, e, a partir daquele momento, trabalhei com ele."[40] Se foi ou não foi assim tão simples, Reynaud não tinha nada a perder aceitando outro desafio às ortodoxias predominantes. Era, de longe, o político mais importante a demonstrar um interesse sério pelas ideias de De Gaulle sobre reforma do Exército. Nesse ponto, fossem quais fossem seus pensamentos íntimos sobre o funcionamento da República parlamentar, o fato é que De Gaulle, por intermédio de Reynaud, passou a achar que a melhor maneira de ter suas ideias aceitas era lidar com o sistema de dentro para fora. Loustaunau-Lacau, de quem De Gaulle fora íntimo nos anos 1920, recordaria posteriormente uma conversa que teve com ele nessa época. De Gaulle lhe disse que "não se pode refazer o Estado atual. Ele é o que é."[41] Loustaunau-Lacau fez uma opção diferente, envolvendo-se em tramas clandestinas contra a República, e acabou por apoiar o regime de Vichy.

A primeira intervenção pública de Reynaud a favor das propostas de De Gaulle ocorreu durante um debate parlamentar em março de 1935 em torno de um projeto de lei governamental que ampliava o serviço militar para dois anos. Reynaud fez um discurso explicando a necessidade de um Exército profissional, e apresentou formalmente um projeto que De Gaulle havia redigido. De Gaulle estava nas galerias, para ouvir o discurso, cujo principal argumento era que a organização do Exército francês naquele momento o impedia de adotar ações ofensivas. Reynaud não falou muito sobre tanques.[42] Embora não se referisse a De Gaulle no discurso, seu nome foi mencionado explicitamente duas vezes no debate subsequente por dois parlamentares de esquerda contrários ao projeto de Reynaud: Léon Blum e o líder comunista

Maurice Thorez. Eles lamentavam qualquer volta às teorias de ofensiva que haviam custado tão caro em 1914: "só faltam mesmo as calças vermelhas", declarou Thorez, referindo-se às calças vermelhas usadas por soldados franceses em sua marcha para a morte em 1914.⁴³ De Gaulle, que se apresentava como modernizador do Exército, foi retratado como um retorno ao passado.

Embora o projeto de lei tenha sido derrotado, De Gaulle agora se agarrara firmemente à estrela de Reynaud. Escreveu-lhe dois meses depois do debate declarando que Reynaud tinha "uma grande tarefa nacional a executar" e que estava "pronto para ser 'a pessoa de quem você precisa' nessa eventualidade".⁴⁴ Carta após carta, De Gaulle lisonjeou descaradamente seu novo protetor – "no vazio atual em que vivemos você é o estadista que tem ideias, um programa e coragem"⁴⁵ –, mas ele acreditava, genuinamente, como disse a Mayer, que Reynaud era um "verdadeiro estadista".⁴⁶ Pelo visto, as perspectivas de Reynaud diminuíram depois da vitória da esquerdista Frente Popular nas eleições de maio de 1936. O novo ministro da Defesa Nacional era Édouard Daladier, do Partido Radical, de centro-esquerda, seguidor leal do chefe do estado-maior do Exército, general Gamelin. Ambos se opunham com veemência ao Exército profissional. Mas De Gaulle obviamente acreditava que a nova coligação política não duraria muito. Disse a Reynaud que "talvez logo" houvesse "um reagrupamento nacional", quando os políticos despertassem para a ameaça da Alemanha.⁴⁷ Tão confiante o De Gaulle soldado se tornara em suas relações com Reynaud o político que começou a dar ao patrono conselhos táticos em questões políticas. Em 1935, ele chamou a atenção de Reynaud para outros políticos que começavam a adotar as posições defendidas por eles. Depois das eleições de 1936, ele arranjou um encontro com o político Camille Chautemps, do Partido Radical. Embora Chautemps fosse um dos mais notórios maquinadores da política francesa, De Gaulle disse a Reynaud que ele poderia vir a ser um aliado, por ser conhecido como rival de Daladier.⁴⁸ Para alguém que professava desprezar o sórdido mundo da política da Terceira República, De Gaulle estava notavelmente afinado com os usos que poderia fazer desse mundo. Essa relação de amor e ódio com a política persistiu ao longo de toda a sua carreira.

Se De Gaulle continuava otimista quanto às chances de Reynaud era porque as condições que tinham levado a Frente Popular à vitória em maio de 1935 mudaram rapidamente depois da eleição. A esquerda ganhou graças à crise econômica e ao temor popular de que as Ligas antiparlamentares representassem uma ameaça à democracia. A política externa mal tinha figurado na eleição. Admitindo-se que a Frente Popular tivesse qualquer preocupação com assuntos externos, sua posição era uma mistura de internacionalismo esperançoso com pacifismo idealista. Durante a campanha eleitoral de 1936, as crenças convencionais que serviam de base a essa política já tinham sido contestadas, quando em março Hitler mandou tropas para a Renânia. A ameaça alemã não poderia ser ignorada, e na esquerda houve políticos que embarcaram numa angustiada reavaliação de sua posição internacionalista e pacifista nas relações exteriores.

Enquanto a esquerda tinha de repente acordado para a ameaça do nazismo, De Gaulle o enxergava apenas como uma nova versão do eterno combate entre a França e a Alemanha. Ele não via nada de especialmente significativo no nazismo, que jamais é mencionado em *Por um Exército profissional*. "Hitler", disse De Gaulle a um correspondente em 1938, "não é Napoleão. Jamais venceu uma batalha. Sua força vem acima de tudo da covardia de outros."[49] Para De Gaulle, a chegada de Hitler foi em certo sentido um acontecimento positivo, que serviu para dissipar ilusões, que ele nunca compartilhara, sobre a Alemanha.

Quando o governo consultou Gamelin em março de 1936 sobre as respostas que a França poderia dar à reocupação da Renânia, ele não teve nada para oferecer além de uma desajeitada e incômoda mobilização geral. A ousada ação de Hitler ao ocupar a Renânia tinha sido um blefe, pois ele ainda não estava preparado para lutar, mas um blefe que o governo francês foi incapaz de desmascarar, porque do jeito que estava organizado seu Exército não tinha como empreender uma rápida ação ofensiva. Tudo isso fazia os argumentos de De Gaulle parecerem menos implausíveis do que em 1934. A lição não passou despercebida por Léon Blum, que se opusera vigorosamente às ideias de De Gaulle dois anos antes. Em outubro de 1936, Blum concedeu uma audiência a De Gaulle. O relato que este fez do encontro (não temos o de Blum) foi escrito muitos anos depois, para fazer uma declaração importante sobre o funcionamento do governo parlamentar – mas soa verdadeiro:

> Durante nossa conversa, o telefone tocou dez vezes, desviando a atenção de Léon Blum para assuntos parlamentares e administrativos menos importantes. Quando eu me preparava para sair, e o telefone voltou a tocar, ele fez um gesto

de cansaço: "Veja você se é fácil para um chefe de governo concentrar-se no plano que você esboçou, quando ele não consegue pensar nem cinco minutos sobre a mesma ideia."⁵⁰

Embora nada tivesse resultado desse encontro, o novo governo de Blum, eleito para realizar reformas sociais, anunciou em setembro de 1936 um ambicioso programa de rearmamento, incluindo a produção de tanques. Ao mesmo tempo, o governo decidiu-se pela criação de duas divisões blindadas (DCRs) do tipo que De Gaulle propunha. Tudo isso era estimulante para ele, ainda que ele se preocupasse com o fato de a Alemanha estar andando mais rápido: "É verdade que se houvesse uma competição internacional para organizar fortalezas defensivas nós certamente venceríamos."⁵¹ De Gaulle continuava a bombardear Reynaud com informações para seus discursos e intervenções públicas.

O fato de socialistas como Blum se converterem à ideia da necessidade de rearmamento sugere que De Gaulle estava certo quando previu para Reynaud que haveria um reagrupamento na política francesa diante da ameaça alemã. Esse reagrupamento de fato estava prestes a ocorrer, mas não da maneira que De Gaulle esperava. Parte da esquerda agora parecia pronta a abandonar o pacifismo e o internacionalismo, o que poderia criar um terreno comum com os nacionalistas conservadores (como De Gaulle), que acreditavam que a segurança da França ficaria mais garantida com o rearmamento e o fortalecimento de suas alianças. Foi nesse espírito que em 1934 o governo conservador de Doumergue iniciou o processo de formar vínculos com os aliados orientais da França, incluindo a União Soviética, o que resultou, um ano depois, na assinatura de um pacto de segurança com Moscou. Mas quando o pacto seguiu para ratificação no Parlamento, em fevereiro de 1936, cerca de 150 *députés* conservadores votaram contra, por estarem preocupados com a crescente influência do comunismo na França. Era um sinal dos novos alinhamentos políticos que viriam.

Depois da eleição da Frente Popular, com a histeria anticomunista se intensificando na França, alguns conservadores passaram a ver a Alemanha de Hitler como o mal menor. Se Hitler quisesse expandir-se para leste, rumo à União Soviética, por que a França haveria de se preocupar? Para De Gaulle, esse tipo de apaziguamento era uma abominação. Em dezembro de 1936, ele escreveu para a mãe:

A senhora me pergunta, querida *maman*, o que acho do "pacto franco-russo". Minha resposta é muito simples. Estamos marchando rapidamente para a guerra com a Alemanha, e, se as coisas ficarem ruins para nós, a Itália não deixará de tirar proveito disso e de chutar-nos quando estivermos no chão. Tudo que importa é sobreviver. O resto são só palavras. Por isso eu lhe pergunto: com quem contamos para nos ajudar militarmente? A Polônia não é nada, e de qualquer maneira está jogando um jogo duplo. A Inglaterra tem a sua frota, mas nenhum Exército, e sua força aérea está muito atrasada. Não temos como recusar a ajuda dos russos, por maior que seja o nosso horror ao seu regime. É a mesma história de Francisco I aliando-se aos muçulmanos contra Carlos V. Sei que a propaganda implacável e muito astuta de Hitler conseguiu levar muita gente honesta na França a acreditar que ele não tem nada contra nós e que, para comprarmos a paz, basta permitirmos que ele conquiste a Europa Central e a Ucrânia. Mas pessoalmente estou convencido de que isso é hipocrisia e seu principal objetivo é esmagar a França depois de isolá-la.[52]

Onde outros viam a "União Soviética", De Gaulle via a "Rússia", onde outros interpretavam o mundo pelas lentes da ideologia, De Gaulle o interpretava pelas lentes da geografia. Como já tinha escrito em 1919: "O bolchevismo não vai durar para sempre na Rússia. Inevitavelmente chegará o dia em que a ordem será restabelecida, e a Rússia, reconstituindo suas forças, começará a olhar em volta de novo."[53]

Nos dois anos seguintes, os piores temores de De Gaulle sobre o expansionismo alemão foram confirmados, primeiro pelo *Anschluss* da Áustria em março de 1938, e depois em setembro do mesmo ano, quando a exigência de Hitler de assumir o controle das partes germanófonas da Tchecoslováquia – a região dos Sudetos – levou a França e a Grã-Bretanha à beira da guerra com a Alemanha. O conflito foi evitado no último minuto pelo Acordo de Munique, que dava a Hitler quase tudo que ele queria. De Gaulle teve uma crise de desespero e indignação:

Os franceses, como galinhas assustadas, gritam de alegria enquanto tropas alemãs entram triunfalmente no território de um Estado que nós ajudamos a construir, cujas fronteiras garantimos e que foi nosso aliado. Passo a passo aceitamos o hábito da humilhação e do recuo, a ponto de torná-lo uma segunda natureza. Estamos bebendo da taça da amargura.[54]

De Gaulle ficou especialmente chocado com o que chamava de "o colapso aterrador" de Munique, querendo dizer que "a França deixou de ser uma grande potência",[55] com o "desvio de conduta de uma parte da opinião francesa – a que geralmente é a melhor parte". Esse comentário tinha como alvo a direita conservadora que era o seu lar natural. Enquanto à esquerda do espectro político Léon Blum confessava sentir o que descreveu como "alívio covarde" pelo fato de a guerra ter sido evitada, muitos conservadores acolheram o Acordo de Munique de braços abertos, sem sequer um adjetivo restritivo, entre eles a Action Française. Nas questões em que De Gaulle tinha coincidido em parte com Maurras – sua visão desoladoramente pessimista das relações internacionais e sua germanofobia –, foi o momento de ruptura. Mas pode-se dizer que nesse caso Maurras é que deixou de ser maurrasiano, e não De Gaulle. Para Maurras, inimigos internos como o socialista judeu Blum tinham substituído a inimiga externa Alemanha como a maior ameaça à França. As prioridades de De Gaulle eram o oposto disso. Embora não tivesse conseguido convencer Blum de suas ideias, suas cartas revelam um frustrado respeito por ele, que não teria sido compartilhado por muitas figuras de sua classe social. "Como é possível que um homem da estatura de Blum", ele escreveu para Mayer, "não veja que uma das principais causas dos nossos reveses é a impotência militar a que fomos relegados por uma absurda organização militar?"[56] De Gaulle fez uma observação interessante ao seu cunhado nos anos 1950 durante uma conversa sobre Maurras, cuja degeneração em colaboracionista depois de 1940 o colocara de vez fora dos limites da política respeitável. "É verdade que eu gostava do fato de ele estar ligado à defesa da ordem na vida e no Estado, e ao classicismo na arte", comentou De Gaulle, mas acrescentou que não podia aceitar "certos exageros em suas opiniões políticas", que o levaram em 1940 à "sórdida exaltação" de regimes ditatoriais: "Ele criou para si um mundo no qual sua surdez o havia aprisionado. Talvez isso explique as aberrações finais desse indivíduo solitário, que foi desconectado do mundo e por isso ficou louco."[57] Isso se parece com um suposto comentário apócrifo de De Gaulle: "Maurras estava tão certo que isso o enlouqueceu."

Maurras sempre fora tão anglófobo quanto germanófobo. E os raros comentários que De Gaulle tinha feito anteriormente sobre a Grã-Bretanha também costumavam ser negativos. No Levante, ele tinha sentido a Grã-Bretanha como o inimigo hereditário. Agora a ameaça da Alemanha o fazia revisar suas opiniões. Ele disse a Reynaud que preparar a França para a guerra vindoura exigiria não apenas uma reorganização do Exército francês, mas também uma coordenação real com os britânicos – uma "entente das democracias", em suas palavras.[58] Em 1938, De Gaulle tornou-se assinante do recém-fundado jornal democrata-cristão *Temps Présent*. A democracia cristã, que desde o século XIX buscava reconciliar os valores da democracia e do catolicismo, não era parte de sua herança ideológica – diferentemente das tradições sociais católicas do norte. O que supostamente o atraía nos democrata-cristãos nessa época era o seu antinazismo, que os levava a se oporem ao apaziguamento da Alemanha. Para De Gaulle, essa era *a* questão do momento, conduzindo-o, potencialmente, a novas direções políticas.

A história da França segundo De Gaulle

Na época do Acordo de Munique, De Gaulle já não trabalhava no CSDN. Em setembro de 1937, tinha sido removido para Metz, a fim de comandar um regimento de tanques, após sua promoção a coronel. A audácia com que ele defendia publicamente suas ideias não prejudicou seu avanço na carreira. Ele havia diligentemente cultivado protetores políticos que lhe pudessem ser úteis. Em 1925, quando trabalhava para Pétain, fez contato com o político centrista Joseph Paul-Boncour, que mostrara interesse num dos seus primeiros artigos.[59] Dez anos depois, buscou a influência de Paul-Boncour e de Reynaud para ser promovido a coronel.[60] Nesse caso, foi malsucedido, mas um ano depois, usando de astúcia, disse a Reynaud que estava sendo boicotado por causa das suas opiniões heterodoxas: "Alguns achariam muito atraente sufocar as ideias estrangulando seu defensor."[61]

Na verdade, De Gaulle não estava sendo "estrangulado" de forma alguma. O alto-comando do Exército era excepcionalmente tolerante com esse subordinado rebelde. De Gaulle não avançou menos rápido na carreira do que seus dois distintos quase contemporâneos Alphonse Juin e Jean de Lattre de Tassigny, que nada tinham de iconoclastas. Juin e De Lattre chegaram a capitão com 28 anos (De Gaulle com 25), a major com 38 (De Gaulle com 37), a tenente-coronel com 44 (De Gaulle com 43) e a coronel com 47 (exatamente a mesma idade de De Gaulle). Levando em conta a desvantagem de ter passado metade da Primeira Guerra como prisioneiro, De Gaulle conseguiu administrar sua carreira extraordinariamente bem.[62]

A promoção era importante não só por razões financeiras, mas por questão de status. Os soldos tinham perdido valor real depois da guerra. Embora De Gaulle não vivesse luxuosamente, esperava-se de um oficial casado que mantivesse certo estilo de vida. Além disso, os De Gaulles arcavam com a sobrecarga financeira de cuidar de Anne. Em 1932, contrataram uma cuidadora em tempo integral, Mile Potel, que permaneceria com eles continuamente pelos doze anos seguintes, como se fosse um membro da família. Isso os obrigou a mudar-se para um apartamento maior no boulevard Raspail depois que voltaram do Líbano. As dificuldades financeiras de De Gaulle são sugeridas por uma carta que escreveu ao cunhado Alfred Caillau após a morte de Henri de Gaulle: "Aquele anúncio nos jornais custou 950 francos (!), despesa que paguei e da qual lhe mando o recibo. Como você concordou em coordenar esses tristes gastos, e como me acho um tanto sob pressão com despesas de todos os tipos, estou agora lhe mandando esses números."[63]

O pai de Yvonne de Gaulle morreu em 1932 e a mãe em 1933. A pequena herança que ela recebeu, como uma de quatro irmãos, somada à pequena herança que De Gaulle tinha recebido por ocasião da morte do pai, lhes permitiu pensar na possibilidade de comprar uma casa de campo. Depois de dois anos de pesquisas, eles foram pousar em La Boisserie, propriedade que ficava numa remota parte do leste da França, no minúsculo vilarejo de Colombey-les-Deux-Eglises (320 moradores) na região de Champagne. Por não ser uma região da moda para quem estava atrás de uma segunda residência, diferentemente da Bretanha e da Normandia, as casas eram acessíveis. O preço que pagaram, 45 mil francos, era mais ou menos o equivalente ao salário anual de um tenente-coronel (51 mil). A vendedora era uma viúva que vinha tendo dificuldades para encontrar comprador. Dessa maneira, os De Gaulles conseguiram comprar a propriedade no sistema *"viager"*: uma entrada de 17 mil francos no ato da compra e então 6 mil francos anuais durante a vida do vendedor. Acabou sendo um bom negócio, porque a mulher morreu afogada na banheira dois anos depois. Outra vantagem da casa era que ficava equidistante de Paris e das fronteiras orientais da França, onde havia guarnições militares. Como os De Gaulles já não podiam se dar ao luxo de ter um carro, faziam as cinco horas de viagem de trem, de Paris até a estação mais próxima, em Bar-le-Duc.

De lá eram conduzidos de carro pelo *garagiste* de Colombey, a única pessoa da aldeia que tinha um veículo motorizado.

Era uma casa modesta, quase sem conforto: não havia água corrente nos dois primeiros anos, nem aquecimento central, e a eletricidade se limitava a alguns cômodos. Havia dois hectares de jardim, onde Anne podia fazer passeios longe da vista de estranhos. Os De Gaulles a adquiriram em julho de 1934, mas de início a casa só era habitável no verão. De Gaulle escreveu a Mayer em agosto de 1936, antes das férias: "Espero que vocês tenham aí um tempo melhor do que o que por ora me mantém confinado em minha cabana [*bicoque*] no Alto Marne, frente a frente com o último (e mais difícil) capítulo do meu próximo livro."[64]

O livro a que ele se refere tinha sido encomendado por Daniel-Rops, a quem De Gaulle fora apresentado por Mayer. Sem tempo para iniciar nada de novo, ele resolvera ressuscitar a história do Exército francês que juntava poeira desde que Pétain decidira engavetá-la uma década antes. O "mais difícil capítulo" que ele precisava escrever era sobre a Grande Guerra, o que envolvia tratar do delicado assunto das relações entre Foch e Pétain.

Quando as provas do livro ficaram prontas, em agosto de 1938, De Gaulle informou a Pétain que ia publicá-lo. Perguntou-lhe se poderia incluir um prefácio para informar aos leitores que Pétain tinha originalmente inspirado o livro. Surpreso, como seria de esperar, pela desconsideração de De Gaulle com um manuscrito que ele considerava seu, Pétain o proibiu de publicá-lo. Isso produziu uma longa resposta de De Gaulle, justificando-se e garantindo a Pétain que tinha eliminado todas as correções do marechal – "não sem que o livro ficasse pior", acrescentou, com lisonjeira insinceridade –, o que significava que o texto nada continha que não se pudesse dizer "com absoluta certeza que é de De Gaulle". E prosseguiu:

> Eu tinha 37 anos; agora tenho 48. Moralmente, sofri golpes – até mesmo do senhor, M. le Maréchal –, perdi ilusões, desisti de ambições. Na época, meu estilo e minhas ideias não eram conhecidos, como começam a ser. Em resumo, não tenho mais a plasticidade e o "incógnito" que tornariam necessário para mim atribuir a outros o crédito por qualquer talento que eu tenha nos campos das letras e da história.[65]

Pétain concordou em discutir o assunto pessoalmente. Os dois se encontraram, numa tarde de domingo de agosto, no apartamento do marechal em Paris. O encontro correu mal, embora haja versões diferentes da conversa. Muitos anos depois, De Gaulle disse a um jornalista que Pétain tinha exigido, com raiva, que as provas lhe fossem entregues, e De Gaulle se recusara a atendê-lo com as seguintes palavras: "O senhor pode me dar ordens em assuntos militares, mas não em assuntos literários." De Gaulle era perfeitamente capaz dessa impertinência. No fim das contas, como não tinha como impedir a publicação, Pétain concordou em redigir uma dedicatória para si mesmo, a ser inserida na folha de rosto. A provocação final de De Gaulle foi substituir o prosaico rascunho de Pétain – "Para M. le Maréchal, que de boa vontade me ajudou com seus conselhos" – por um texto de sua própria autoria: "Para M. le Maréchal, que desejou que este livro fosse escrito." Pétain ficou ofendido, com razão, lembrando a De Gaulle, numa carta furiosa, que *não* havia desejado que o livro fosse escrito. Quando os editores se assustaram, De Gaulle lhes disse que respondessem "lisonjeiramente na forma, mas evasivamente no conteúdo".[66]

De Gaulle não teve escrúpulos em queimar suas pontes com Pétain, porque encontrara em Reynaud um novo e poderoso protetor, entusiasmado com suas ideias. A questiúncula literária entre ele e Pétain tinha significado à luz de acontecimentos posteriores. De Gaulle estava quase sozinho, em 1940, em não compartilhar a reverência da maior parte da classe política francesa por Pétain. Se é verdade ou não que o marechal estava "morto" para ele em 1925, como afirmaria posteriormente, sem dúvida ele estava "morto" em 1939. Isso era libertador, do ponto de vista intelectual. Já o livro, publicado em setembro de 1938, vendeu relativamente bem – mais de 6 mil exemplares até o fim do ano –, mas as esperanças de De Gaulle sobre um sucesso de crítica mais amplo foram arruinadas pelo fato de que o general Weygand publicou a sua própria história do Exército francês quase ao mesmo tempo. O livro de De Gaulle era mais bem acabado do ponto de vista literário, mas Weygand, sendo um dos generais mais importantes, recebeu toda a publicidade.

O estilo de *A França e seu Exército* é tão inegavelmente característico de De Gaulle que se entende por que, no fim dos anos 1920, Pétain resolveu abandonar o projeto de publicá-lo em seu nome. O livro é uma destilação dos temas de todos os escritos de De Gaulle no entreguerras – sobre liderança, sobre as relações entre o Estado e o Exército, sobre as armadilhas de um pensamento doutrinário (*a priori*) e assim por diante –, como ilustrado na história da França desde os guerreiros gauleses Breno e Vercingetórix até os heróis da Grande Guerra, Pétain e Foch. Ele começa assim: "A França foi feita pela espada. Nossos pais entraram para a história com a espada de dois gumes de Breno." Essa obra densamente escrita não é construída como uma narrativa contínua. Cada um dos sete capítulos arranjados cronologicamente destaca uma época da história francesa para daí extrair lições. Dessa forma, sobre a Guerra dos Cem Anos, De Gaulle escreve: "Em Crécy, depois em Poitiers, e mais tarde em Agincourt, podemos ver o começo de uma era na qual nem o ardor nem os números contavam mais, sem a arte da guerra ... Dessa forma, por não ter adaptado seu Exército às novas exigências da época, a França mergulhou na pior crise de sua história." O livro de De Gaulle não é história militar, mas um estudo de como em diferentes períodos os governos eram – ou não – capazes de forjar um Exército à altura do papel que a França estava destinada a desempenhar no mundo. Com sua ênfase na importância do Estado para conter e disciplinar as tendências do povo francês à fragmentação e ao individualismo, De Gaulle escreve no espírito da escola histórica monarquista da Action Française, especialmente da história francesa escrita pelo popular historiador Jacques Bainville, best-seller no período do entreguerras. Também no espírito da Action Française é a observação de De Gaulle de que a lógica da história francesa "sempre traz os teutões para uma luta contra os gauleses". Mas onde De Gaulle se afastava da visão Action Française do mundo era em sua prontidão para julgar diferentes períodos da história francesa de maneira pragmática, e não ideológica. Ele estava pronto a descobrir virtudes em qualquer regime ou pessoa que tivesse defendido com sucesso a grandeza da França. Por essa razão, escreve calorosamente sobre Lazare Carnot, o líder revolucionário e membro do notório Comitê de Salvação Pública que reorganizou os exércitos franceses em 1793-94. Graças a Carnot, escreve De Gaulle, a República revolucionária, "renunciando às ilusões que em duas oportunidades quase a jogaram no abismo, compreendeu que ordem e disciplina são as condições necessárias da força". De Gaulle também tinha palavras carinhosas para o republicano Léon Gambetta, que tentou em vão organizar o Exército francês em 1870-71 e inverter as derrotas na Guerra Franco-Prussiana.

Mas o regime pelo qual De Gaulle manifesta a mais instintiva simpatia é o *ancien régime* dos séculos XVII e XVIII. Seu capítulo sobre esse período começa da seguinte maneira: "A política do *ancien régime* era de circunstâncias, evitando abstrações, mas se prendendo a realidades, preferindo o útil ao sublime, o oportuno ao estrondoso [*retentissant*], buscando para cada problema particular não a solução ideal, mas a solução prática, demonstrando poucos escrúpulos quanto aos meios de alcançá-la, mas mostrando grandeza em seu cuidadoso equilíbrio entre os objetivos buscados e as forças disponíveis do Estado." Esse é o contexto do retrato altamente positivo que De Gaulle traça de Louvois, já citado. Por essas razões, ele não podia admirar irrestritamente Napoleão, a quem dedica um capítulo inteiro: "Na presença de uma carreira tão prodigiosa, nosso juízo se divide entre a censura e a admiração." A seu ver a admiração era apropriada até 1807, quando "sua política, por mais ambiciosa e exigente que fosse, foi marcada por relativa moderação", mas depois desse ponto Napoleão começou "a ignorar todos os limites [*mesure*]". Sobre o fim do imperador, ele escreve: "Sua queda foi gigantesca, proporcional à sua glória ... Foi a vingança trágica da moderação, a justa fúria da razão ... mas o prestígio sobre-humano do gênio e a maravilhosa *vertu* do combate." Esse "mas" é importante. Apesar de toda a sua admiração pelo realismo e pela ordem, De Gaulle não acreditava menos na importância do sentimento nacional e do elã. A palavra "ardor" só aparece no livro um pouco menos que "ordem". Dessa maneira, o cartesianismo de De Gaulle era sempre compensado pelo bergsonismo, o classicismo pelo romantismo. Em sua análise, organização, método e ordem são impotentes se não estiverem atrelados à energia nacional; mas a energia nacional e o elã sem a ordem só podem levar ao caos.[67] Portanto, embora o livro de De Gaulle destaque uns poucos heróis individuais (Louvois, Carnot, Napoleão), a maioria dos capítulos é construída em torno de pares de indivíduos cujas virtudes se complementam, uma vez que o equilíbrio perfeito raramente se encontra na mesma pessoa: Turenne e Condé no *ancien régime*, Dumouriez e Hoche na Revolução, Poincaré e Clemenceau durante a guerra. "Poincaré encarnava a razão da França; Clemenceau, a fúria." Finalmente, o livro termina com a combinação de Pétain, que tinha um senso da "arte do real e do possível", com Foch, que encarnava a energia e o ardor – "é difícil ver o que os planos de Foch e seu elã teriam alcançado sem o instrumento modelado por Pétain".[68]

"Com tanques até o pescoço"

De Gaulle assumiu sua nova função em setembro de 1937, no comando do 507º Regimento de Tanques em Metz.[69] O outro candidato ao cargo era o tenente-coronel Jean-Paul Perré, três anos mais jovem e tido como um dos especialistas em tanques do Exército. Ele havia publicado mais sobre o assunto do que De Gaulle, mas defendia o papel tradicional dos tanques, como acompanhamento da infantaria. O fato de o posto ter sido concedido a De Gaulle é outro sinal de que ele não tinha prejudicado a carreira defendendo publicamente suas ideias, e também que o debate agora pendia para o seu lado. Ainda assim, os avanços eram lentos. Apesar de Gamelin ter ordenado em 1936 a criação de duas divisões de tanques pesados, elas só deveriam estar prontas para entrar em operação em setembro de 1939, na melhor hipótese. O novo regimento de De Gaulle era um dos onze regimentos de tanque da infantaria equipados com tanques ligeiros e médios. Não era isso que De Gaulle vinha defendendo nos últimos três anos, mas pelo menos ele agora tinha a chance de aprender como os tanques funcionavam na prática, em vez de limitar-se a escrever sobre eles em tese. Antes de assumir o posto, ele foi enviado para fazer um breve curso de treinamento. As observações dos seus superiores seguiam o padrão familiar: "Dons naturais de rara qualidade e especialmente um grande talento para a exposição ... mas isso com frequência se esconde por trás de uma atitude fria e altiva, que parece uma camuflagem. Demonstra muita desconfiança, raramente apresenta ideias e não se abre com frequência."[70]

De Gaulle se atirou completamente ao novo cargo. Pela primeira vez desde 1919, não lhe sobrava tempo para escrever ou mesmo para o convívio com a família. Embora fosse geralmente cuidadoso com suas obrigações familiares, poucas semanas depois da chegada dos De Gaulles a Metz Yvonne precisou escrever ao irmão pedindo desculpas porque o marido não poderia participar das caçadas anuais em Septfontaines: "Charles está tão ocupado que me pediu para responder ao seu convite ... Charles dorme em pé, acaba de chegar de exercícios de treinamento e amanhã sai de novo às 4h30."[71] De Gaulle estava, como escreveu para o amigo Nachin, "com tanques até o pescoço".[72] Apesar de "infinitamente triste" com a notícia da morte de Emile Mayer em novembro de 1938, não pôde ir ao enterro. Pediu desculpas à mulher por passar tão pouco tempo em Colombey no verão; ao amigo Auburtin, por ter tido tão poucas oportunidades de ir a Paris.⁷³

O entusiasmo de De Gaulle com seu novo posto é palpável numa carta que escreveu para Reynaud seis semanas depois de chegar a Metz:

> Vendo as coisas por dentro, já posso tirar uma conclusão: o tanque moderno é um fato imenso. *Seja a pé, a cavalo ou em veículos é preciso vê-lo em movimento, fazendo disparos, esmagando tudo no caminho, para compreender que seu aparecimento é uma revolução na forma e na arte da guerra.* Todas as táticas, toda estratégia, todas as armas de agora em diante giram em torno dele.

Suas próprias observações "de dentro" confirmavam o que vinha escrevendo nos últimos três anos, exceto que ele agora enfatizava com menos insistência a ideia de que divisões de tanques exigiam um Exército profissional. Era preciso haver "um sólido e substancial suporte de especialistas profissionais", mas fora isso a ideia de usar recrutas não estava descartada.⁷⁴ De Gaulle talvez tivesse ajudado sua causa se tivesse chegado a essa conclusão mais cedo.

Dois meses após chegar a Metz, De Gaulle organizou para o Dia do Armistício um desfile espetacular de mais de sessenta tanques pelas ruas da cidade. Duas semanas depois, repetiu a operação no ensaio de uma visita de Daladier, o ministro da Defesa. Com um senso inato para organizar espetáculos, De Gaulle usou essas ocasiões para divulgar os tanques e contestar o consenso em vigor que celebrava interminavelmente as qualidades defensivas da Linha Maginot. Tanques precisavam ser "vendidos" para a população e para políticos visitantes – e até para seus próprios superiores. Durante os dois anos que passou em Metz, De Gaulle entrou em choque em numerosas ocasiões com seu superior, o general Henri Giraud, comandante da região militar onde Metz estava situada. Durante um exercício sobre como responder a uma possível ruptura da Linha Maginot, De Gaulle planejou chegar à cidade de Pont-à-Mousson em um dia. Giraud respondeu: "Enquanto eu estiver no comando da região, seus tanques se movimentarão à velocidade da infantaria." Houve vários incidentes desse tipo. De Gaulle não deixava de ter seus aliados, porém, e entendia-se bem com o general Charles Delestraint, comandante da 3ª Brigada de Tanques. Tanto Giraud como Delestraint cruzariam os passos de De Gaulle novamente durante a guerra – o último como aliado, o primeiro como inimigo. De Gaulle dava munição aos críticos, trabalhando tão implacavelmente com seus tanques que em duas ocasiões houve queixas sobre a taxa de deterioração do equipamento, numa época em que a indústria francesa funcionava a todo o vapor para aumentar a produção de tanques e o suprimento de peças de reposição não estava dando conta.[75]

Mesmo que não pudesse visitar Paris tanto quanto gostaria, De Gaulle se mantinha em contato regular com Reynaud. Não queria ser esquecido justamente quando a vez de Reynaud parecia prestes a finalmente chegar. Em abril de 1938, a Frente Popular enfim desmoronara. Um governo de "união nacional" foi formado sob a liderança de Daladier. Reynaud voltou ao gabinete pela primeira vez desde 1932 – embora na pasta de ministro da Defesa, e depois de ministro das Finanças, não tivesse qualquer influência sobre a política de defesa. Como De Gaulle, Reynaud lamentava o Acordo de Munique, mas decidiu não renunciar ao governo com base no argumento de que isso deixaria os apaziguadores livres para agir. Aos olhos de muita gente – incluindo os dele –, Reynaud era uma estrela em ascensão.

De Gaulle agora tinha ido além das ideias expressas em *Por um Exército profissional*. Ou melhor, passara a acreditar – em parte graças à própria experiência com a burocracia militar francesa – que seus planos para a administração do Exército exigiam soluções políticas totais. Tinha dito a Reynaud logo após se encontrarem: "Não espere que a estrutura militar – tanto quanto qualquer outra – se transforme por conta própria. Os técnicos estão ocupados demais com as tarefas em curso e absortos em suas próprias teorias, atividades e rivalidades, o que é inevitável."[76] Dois anos depois, sua solução para o problema foi redigir, para Reynaud, um projeto para o estabelecimento de um Ministério da Defesa reorganizado que se integrasse adequadamente com as três armas. Ele sabia claramente quem deveria chefiá-lo.[77]

Tinha havido dois De Gaulles nos anos 1930: o cruzado público e o anônimo burocrata militar; o De Gaulle que celebrava em termos místicos a nobreza da vocação de soldado e o De Gaulle que se debatia com questões técnicas da organização militar; o De Gaulle que meditava sobre liderança carismática e o De Gaulle que aspirava a uma racionalização da maquinaria do Estado. No fim da década, essas vertentes iam convergindo à medida que suas ideias sobre o próprio futuro tomavam forma em sua cabeça. "Quem dará um Louvois à República?", perguntou a Mayer em 1927.[78] Agora tinha uma resposta. Essa seria a missão de Reynaud quando se tornasse chefe do governo; e o Louvois de Reynaud seria, claro, De Gaulle. Ele escreveu para Reynaud depois de Munique: "Seu destino como estadista é restituir a França ao seu lugar em todas as áreas. As dificuldades são proporcionais à grandeza da tarefa. Aconteça o que acontecer, por favor não se esqueça de que continuo inteiramente ao seu dispor."[79]

5. A Batalha da França, setembro de 1939-junho de 1940

Aguardando a chamada

Quando o Acordo de Munique foi assinado, em setembro de 1938, De Gaulle escreveu para a mulher:

> Como de hábito, capitulamos sem lutar diante das demandas insolentes dos alemães e entregamos nossos aliados tchecos ao inimigo comum. Dinheiro alemão e dinheiro italiano inundaram a chamada imprensa "nacional" ... A série de humilhações prosseguirá. E prosseguirá com o abandono das nossas colônias, então com o da Alsácia etc., a não ser que uma recuperação súbita da honra desperte a nação ... A capitulação de hoje nos dará um breve alívio, como a idosa madame du Barry no patíbulo revolucionário suplicando *"Encore, un petit moment, M. le bourreau* [Só mais um instantinho, sr. Carrasco]".[1]

O alívio não durou muito. Em março de 1939, Hitler enviou tropas a Praga, quebrando as promessas que tinha feito em Munique. Para mostrar que não estavam dispostos a fazer mais nenhuma concessão, os governos britânico e francês concordaram em garantir, juntos, a segurança da Polônia, da Grécia e da Romênia. Durante o verão, para dar eficácia a esses compromissos, os dois governos pela primeira vez começaram a explorar a sério a possibilidade de uma aliança plena com a União Soviética, e ir além do limitado Pacto Franco-Soviético de 1936. Mas, como a Rússia não tinha fronteira comum com a Alemanha, qualquer assistência militar à França implicaria atravessar a Polônia. Os poloneses, tão desconfiados dos russos quanto dos alemães, provavelmente se recusariam; resolver essa dificuldade provavelmente teria sido impossível. Enquanto isso, Stálin era secretamente sondado pelo governo alemão sobre a assinatura de um acordo entre eles. Em 23 de agosto, enquanto representantes franceses e britânicos ainda negociavam em Moscou, os governos alemão e soviético anunciaram, para espanto quase universal, a conclusão de um pacto de não agressão. Embora o anúncio tenha sido um choque terrível para o Ocidente, se o alto-comando francês fosse obrigado a escolher entre a União Soviética e a Polônia muito provavelmente teria preferido a Polônia. A confiança no Exército Vermelho tinha sido abalada pelos expurgos de Stálin, ao passo que o Exército polonês, o quarto maior da Europa, inspirava uma confiança surpreendente. Esses preconceitos eram reforçados pela desconfiança política acerca do comunismo.

Não se sabe qual foi a reação de De Gaulle ao Pacto Germano-Soviético. Como ele tinha apoiado vigorosamente o Pacto Franco-Soviético em 1936, e como não ficara nem um pouco impressionado com o Exército polonês nos anos 1920, é de supor que alimentasse poucas ilusões sobre a capacidade de resistência dos poloneses. E não perdeu oportunidade de assinalar para seus correspondentes que, se lhe tivessem dado ouvidos, a França não estaria prestes a entrar na guerra em condições tão pouco promissoras. Teria sido possível desmascarar o blefe de Hitler quando de sua reocupação da Renânia em março de 1936.[2] Mas para De Gaulle o fato mais importante era que os Aliados tinham abandonado quaisquer ilusões sobre Hitler. A seu ver, a França só continuaria existindo como grande potência se impedisse a expansão da Alemanha para o leste da Europa ou para os Bálcãs.

Em 1º de setembro, tropas alemãs invadiram a Polônia; dois dias depois, a França e a Grã-Bretanha declararam guerra à Alemanha. Os Aliados faziam planos para uma guerra prolongada. Sua estratégia era impor um bloqueio, para asfixiar a economia alemã, atiçar uma revolta interna contra Hitler e permitir que assumissem o poder forças mais moderadas dispostas a fazer a paz. Se isso não funcionasse, os Aliados pelo menos ganhariam o tempo necessário para explorar seus recursos econômicos superiores e se preparar para uma vitória militar dentro de três anos. Quem estava sob pressão era a Alemanha, para ganhar uma guerra curta, antes que os Aliados estivessem prontos para vencer uma guerra longa. Nisso a Polônia se revelou um grande desapontamento. Gamelin calculava que os poloneses resistiriam por cerca de seis meses, mas em uma semana estava claro que essa esperança era absurdamente otimista.

Os franceses não tinham condição de oferecer à Polônia qualquer ajuda imediata. Em 7 de setembro, forças francesas avançaram em território alemão, até alguns quilômetros além da Linha Maginot, "tomando" algumas aldeias abandonadas. Mas foi só uma demonstração simbólica, não o prelúdio de uma ofensiva geral. Em 4 de outubro, depois da derrota da Polônia, os franceses recuaram para trás da Linha Maginot. Embora a essência do plano aliado fosse permanecer firmemente no lugar e continuar se rearmando, isso não excluía a possibilidade de operações militares nas periferias, evitando-se, no entanto, qualquer ataque frontal à Alemanha. Discutiu-se muito uma operação para cortar o suprimento alemão de minério de ferro da Escandinávia. Mas, não havendo acordo sobre os detalhes desse plano, nada foi feito de imediato.

Ninguém achava essa guerra de mentira – ou *drôle de guerre*, como passou a ser chamada na França – mais frustrante do que De Gaulle. No início do confronto ele tinha sido promovido ao comando de tanques do Quinto Exército estacionado na Alsácia. Como se tratava apenas de tanques ligeiros, dispersos em cinco batalhões, aquilo estava muito longe das divisões blindadas que ele vinha defendendo desde 1934.[3]

Numa carta profética para Reynaud seis semanas depois do início da guerra, De Gaulle determinou com precisão os perigos latentes da estratégia protelatória dos Aliados:

> Nosso sistema militar foi construído exclusivamente para defesa. Se o inimigo nos atacar amanhã, tenho certeza de que resistiremos. Mas, se não atacar, ficaremos reduzidos à quase total impotência. Em minha opinião, o inimigo ficará um longo tempo sem atacar. Seu interesse é nos fazer sofrer de raiva e desapontamento com nossas próprias ações ... Então, quando ele achar que estamos cansados de esperar, desorientados e infelizes com nossa própria inércia, lançará uma ofensiva com cartas bem melhores do que as que tem hoje, do ponto de vista psicológico e material ... Em minha humilde opinião, nada é mais urgente e necessário do que reanimar o povo francês em vez de confortá-lo com absurdas ilusões de segurança defensiva.[4]

Enquanto esperava uma mudança de estratégia, De Gaulle tinha pouca coisa com que se distrair em seu posto de comando na aldeia de Wangenbourg, além de receber dignitários em visita ao seu setor do front: o presidente da República, Albert Lebrun, em 23 de outubro, o duque de Windsor uma semana depois, Paul Reynaud em 3 de janeiro de 1940, Gamelin e o general britânico Ironside em 9 de janeiro. Ele teve tempo suficiente para escrever a um amigo pedindo que lhe mandasse exemplares de dois livros de Ernest Psichari e vários livros de Guy de Pourtalès sobre a vida de compositores ("Wagner? Beethoven? Mozart? Schubert? Etc.").[5] Enquanto isso, preocupava-se com a mulher, isolada em Colombey, e com a filhinha dos dois. Pediu à irmã que escrevesse para ela com frequência: "Está muito sozinha, cheia de preocupações, mais ainda porque, como você sabe, não demonstra seus sentimentos."[6]

Impaciente com a inatividade compulsória, De Gaulle passou aqueles meses meditando sobre o que se poderia aprender com a derrota da Polônia. Redigiu várias notas para seus superiores afirmando que a rápida derrota da Polônia confirmava suas opiniões sobre as divisões de tanques.[7] Uma novidade era que ele agora ressaltava o papel da aviação mais do que de hábito: "As qualidades de força e velocidade das divisões alemãs foram multiplicadas pela cooperação com a força aérea, que dispunha de esmagadora superioridade numérica e beneficiou-se de extraordinárias condições atmosféricas."[8] Um dos textos de De Gaulle foi discutido pelo estado-maior geral um mês depois e a resposta não foi inteiramente negativa. Alguns, como o general Duffieux, rejeitaram a ideia de que as condições na Polônia fossem comparáveis às da França; outros, como o general Billotte, apoiaram a linha de raciocínio de De Gaulle. As duas primeiras divisões blindadas pesadas estavam em vias de entrar em serviço, e ficou decidido que mais duas deveriam ser formadas nos meses seguintes.[9] Os proponentes de um corpo de Exército blindado ganhavam terreno, mas apenas gradualmente. Por essa razão, De Gaulle tomou a ousada decisão, em janeiro de 1940, de mandar um longo "memorando" explicando suas ideias para oitenta importantes figuras políticas e militares:

> Tantas guerras têm sido no início uma surpresa para pelo menos um dos beligerantes ... Os notáveis sucessos que o inimigo alcançou na Polônia graças à guerra motorizada só o estimularão a persistir nesse caminho ... Para quebrar essa força mecânica, só a força mecânica será com certeza eficaz ... Ainda que restrinjamos nossa ação militar ao interior de nossas fronteiras, a criação de um instrumento de choque, manobra e velocidade é absolutamente imperativa ...

O conflito que começou há pouco pode muito bem ser o mais generalizado, mais complexo e mais violento que já houve ... A crise política, social e moral que lhe deu origem é tão profunda e difundida que levará inevitavelmente a uma completa sublevação de povos e Estados. A misteriosa harmonia que governa os grandes acontecimentos produziu no Exército mecanizado um instrumento militar na proporção exata desta revolução colossal. Já é hora de os franceses tirarem as necessárias conclusões.[10]

Ao distribuir esse documento, De Gaulle fazia um apelo direto aos chefes militares, passando por cima da classe política. Como no passado, essa medida extraordinária não o levou a parte alguma.

A chance real de De Gaulle influenciar a política militar estava em suas relações com Reynaud. Em janeiro, ele esteve em Paris por dois dias e jantou com Reynaud em companhia de Léon Blum. Não era segredo para ninguém que os dias de Daladier no governo estavam contados. Como Neville Chamberlain na Grã-Bretanha, Daladier era visto como um homem de Munique, a quem faltavam as qualidades de um líder guerreiro. Assim sendo, a ele se opunham tanto os que defendiam uma abordagem mais vigorosa da guerra – os *bellicistes*, para os quais ele não atuava com suficiente energia – como antigos apaziguadores que ainda esperavam que a guerra pudesse ser evitada. Reynaud, aguardando sua vez, era o candidato dos *bellicistes*. Sentindo que o momento de Reynaud estava chegando, De Gaulle enviou-lhe outro plano para o estabelecimento de um gabinete de guerra, tendo ele próprio na direção da secretaria. "Na guerra total, uma estratégia nacional passa para o domínio da política",[11] escreveu ele. Um mês depois, insistiu:

Pode-se dizer que a guerra está perdida. Mas ainda há tempo de vencer outra. Essa outra guerra pode desfazer o que o inimigo conquistou na primeira. A condição necessária para tanto é, mediante um esforço colossal, substituir ... por uma política ativa ... nossa política de passividade. Se não fizermos isso, o mundo, a começar pelo nosso país, se acostumará aos poucos à nova ordem que Hitler está no processo de impor à maior parte da Europa.[12]

Encontrando-se nessa época com Daniel-Rops, De Gaulle lhe disse: "Precisamos nos preparar para a vitória em 1945."[13]

Em 21 de março, o governo de Daladier caiu. O presidente da República, Albert Lebrun, convocou Reynaud para o suceder. De Gaulle correu a Paris, onde ajudou Reynaud a redigir seu discurso de posse no Parlamento. Ele esteve nas galerias para assistir ao "lamentável" debate, como o descreveu em suas *Memórias*. Pacifistas de esquerda e anticomunistas e pró-alemães de direita juntaram-se contra Reynaud, cujo governo passou raspando, com a mais pífia das maiorias. A chegada de Reynaud ao poder foi frustrante para De Gaulle, que vinha apostando nele havia cinco anos. No governo, ele se mostrou menos resoluto do que na oposição. Estorvado por sua fraca posição parlamentar, Reynaud foi obrigado a dar cargos para inimigos políticos. Daladier, que se opunha às ideias de De Gaulle sobre tanques, continuou como ministro da Defesa. Reynaud de fato montou o gabinete que De Gaulle tinha proposto poucos meses antes, mas como secretário nomeou um banqueiro, Paul Baudouin, que não demonstrava grande entusiasmo pela guerra. Como principal conselheiro militar, Reynaud escolheu o coronel Paul de Villelume, que desempenhara a mesma função para Daladier. Villelume defendia a estratégia protelatória de asfixiar a economia alemã, mas, como Baudouin, não estava convencido de que era possível ganhar a guerra. Essas escolhas foram compensadas por outras figuras, como o *directeur de cabinet* de Reynaud, o diplomata Roland de Margerie, que tinha sido contra o apaziguamento nos anos 1930. Mas De Gaulle era uma figura desagregadora demais para assumir uma grande responsabilidade, e Reynaud não conseguiu formar uma equipe unida empenhada na guerra. Nesse clima, De Gaulle, antes de voltar ao seu posto, fez uma visita ao general Gamelin em seu quartel-general em Vincennes.

Frustrado em suas esperanças, De Gaulle voltou para o front. Escreveu à mãe dizendo que a atmosfera em Paris era "ruim demais", e as relações entre Reynaud e Daladier tensas demais, para que ele pudesse ser de alguma serventia. Mas como Reynaud prometera chamá-lo de volta em breve, "estou esperando sem impaciência" – afirmação improvável vinda desse homem extraordinariamente impaciente.[14] Ao amigo Nachin, disse: "Estou provisoriamente de volta ao meu posto; de acordo com P[aul] R[eynaud], até que a situação política seja resolvida, sua posição seja mais forte e ele possa governar. Isso ficará claro esta semana. Se ele prevalecer, devo trabalhar na *présidence du conseil*."[15] Mas esse momento não chegou. De Gaulle esteve dois dias em Paris no fim de abril, e de novo nada aconteceu.[16] Voltando aos seus tanques, ele fez mais um apelo a Reynaud: "Na França a grande figura desta guerra será um Carnot, ou não será ninguém." Insistiu com Reynaud para aproveitar a oportunidade de tirar o controle da política de defesa das mãos de Daladier, e voltou a oferecer seus serviços.[17]

Apesar de não ser bem o líder guerreiro resoluto que alguns esperavam, o estilo de governo de Reynaud era mais ativista do que o de Daladier. Uma de suas primeiras decisões foi ir a Londres e assinar um acordo com o governo britânico em 29 de março prometendo, como símbolo do compromisso da França com a guerra, que os franceses não assinariam um tratado de paz sem o consentimento britânico. Fora isso, Reynaud deu continuidade à estratégia do seu antecessor, embora com um pouco mais de vigor. O governo Daladier tinha passado três meses discutindo uma operação escandinava para cortar as importações alemãs de minério de ferro. Mas isso não levou a nada, porque o governo estava dividido nessa questão. Houve hesitações parecidas em Londres, onde Churchill, que entrara no governo como primeiro lorde do almirantado, era o proponente mais entusiástico da ideia. No começo de abril, Reynaud convenceu os britânicos a aceitar o plano de minar as águas ao largo do porto norueguês de Narvik. Mas em 9 de abril, cinco dias depois de iniciada a colocação de minas, forças alemãs surpreenderam todo mundo invadindo a Noruega e a Dinamarca. Franceses e britânicos responderam despachando tropas às pressas para Narvik e outro porto norueguês, Trondheim. Embora Reynaud anunciasse bombasticamente ao Parlamento em 12 de abril que os suprimentos da Alemanha tinham sido "prematuramente cortados", a operação aliada, basicamente de responsabilidade dos britânicos, foi mal planejada e executada de maneira desastrosa.

Não está claro se De Gaulle tinha de fato, naquele momento, uma alternativa realista. A ação ofensiva que tanto desejava era impossível sem uma reorganização militar que não poderia ser feita da noite para o dia. A divisão de tanques pesados (DCRs) só muito lentamente entrava em operação. A primeira menção a De Gaulle nos arquivos britânicos aparece em 4 de abril de 1940, feita por um oficial de ligação britânico (cujas informações vinham de Margerie), relatando que De Gaulle era "um defensor decidido do *attaque*. Nos primeiros dias da guerra estava muito disposto a atacar a Linha Siegfried [as fortificações construídas pelos alemães para proteger sua fronteira ocidental]".[18] Mas em sua visita a Paris em abril, De Gaulle ajudou Reynaud a redigir uma vigorosa carta a Daladier sobre a necessidade de tornar a operação escandinava mais eficaz.[19] A verdade era que, embora uma operação contra a Alemanha no oeste talvez fosse possível – embora arriscada – em 1939, não era viável em 1940 sem a força de ataque que De Gaulle vinha defendendo. Não havia uma alternativa imediata à estratégia que o governo estava adotando.

Apesar de desiludido com a chegada de Reynaud ao poder, De Gaulle teve um consolo. Com três DCRs prestes a entrar em operação, o alto-comando já preparava uma quarta. De Gaulle foi informado, extraoficialmente, no começo de maio, que seria o comandante, e escreveu para a mulher em 8 de maio:

> Estou vivendo o que acho que serão os últimos dias em meu posto atual ... Espero passar por Colombey em 13 de maio. O resultado do negócio norueguês vai, sem dúvida, causar alguns problemas para Paul Reynaud, embora não por culpa dele, muito pelo contrário. Contávamos com a frota britânica, que no fim não fez muita coisa, porque os velhos de Londres (como Chamberlain) impediram Churchill de assumir riscos. Acho, porém, que Reynaud sobreviverá.[20]

É a primeira menção a Churchill saída da pena de De Gaulle. Seu otimismo acerca de Reynaud justificou-se, e Chamberlain foi quem, na verdade, sofreu as consequências do fiasco da Noruega. Em 9 de maio ele foi substituído como primeiro-ministro por Churchill. O plano de De Gaulle de visitar Colombey nunca se materializou. Ao amanhecer de 10 de maio, exatamente quando recebia a confirmação oficial do seu novo cargo, forças alemãs invadiram a Bélgica, a Holanda e Luxemburgo. A guerra no Ocidente tinha começado.

Missão impossível

O general Gamelin já esperava esse ataque pela Bélgica e pela Holanda. Tropas francesas, acompanhadas por dez divisões da Força Expedicionária Britânica, foram despachadas para a Bélgica. Apesar de cauteloso, Gamelin tinha tanta certeza de que sabia qual era a intenção dos alemães que também enviou suas melhores tropas de reserva, o Sétimo Exército, sob o comando do general Giraud, para o outro lado da fronteira belga e para o interior da Holanda, a fim de que se juntassem às forças holandesas. Foi uma decisão desastrosa. O que Gamelin não percebeu foi que o principal ataque da ofensiva alemã viria mais pelo sul, através das Ardenas. O alto-comando francês acreditava que o terreno montanhoso da floresta das Ardenas, somado à barreira natural do rio Mosa, impossibilitaria qualquer rápido avanço de tanques. Por essa razão, a área estava guardada apenas por reservistas, que ficaram traumatizados quando dez divisões Panzer alemãs atravessaram as Ardenas arrasando tudo entre 10 e 13 de maio, com apoio de intenso bombardeio aéreo. Quando Gamelin se deu conta do que estava acontecendo, os primeiros tanques alemães já tinham atravessado o Mosa. Com boa parte da reserva francesa enredada na Bélgica, a resposta do alto-comando foi formar um novo Sexto Exército com tropas da Linha Maginot e interceptar o avanço alemão para oeste.

Em 14 de maio, De Gaulle foi convocado ao quartel-general de Gamelin para receber ordens. Sua divisão de tanques, a 4ª DCR, ficou com a tarefa de atacar o flanco dos Panzer alemães para retardar seu avanço e propiciar uma pausa para que o Sexto Exército ocupasse o seu lugar.[21] De Gaulle escreveu para a mulher em 15 de maio: "Convocado ontem com extrema urgência para formar uma divisão ... Deram-me tudo que podiam dar. Vejamos como vai ser. Os acontecimentos são muito *graves*." Embora insistisse em afirmar que Colombey não corria perigo imediato, ele a aconselhou a "providenciar *muito discretamente* um meio de transporte. Mas eu lhe garanto, *em sã consciência*, que não acho que as coisas cheguem a esse ponto."[22] Sua carta está dividida entre o desejo de não assustar a mulher indevidamente e alertá-la sobre o perigo da situação.

Originariamente, planejava-se montar a DCR de De Gaulle ao longo de semanas, mas o repentino ataque alemão perturbou esse calendário. Ao assumir o comando em 15 de maio, De Gaulle escreveu para um de seus antigos oficiais: "Levando em conta que esta grande divisão está sendo formada às pressas, espero não ter que empenhá-la por uns poucos dias. Mas nunca se sabe."[23] No fim das contas, mesmo "uns poucos dias" teriam sido tarde demais. Sobre a primeira visão que teve do caos das forças francesas se retirando do Mosa, De Gaulle escreveria o seguinte em suas *Memórias*: "O espetáculo daquela população frenética e daquele desastre militar, as histórias que eu ouvia sobre a desdenhosa insolência do nosso inimigo me encheram de uma fúria sem tamanho. É muito estúpido [*Ah! C'est trop bête*] ... Tudo que alcancei depois, o que quer que tenha sido, foi ali que tomei minha resolução."[24]

Às 4h15 do dia 17 de maio a divisão de De Gaulle entrou em combate com força total na aldeia de Montcornet, vinte quilômetros a oeste de Laon. Os primeiros tanques da primeira divisão Panzer tinham chegado ali durante a noite.[25] Os alemães foram apanhados de surpresa pelo contra-ataque francês, inicialmente bem-sucedido. Mas ele logo perdeu impulso, devido às deficiências técnicas dos tanques pesados franceses. Eles não tinham sido concebidos para uma guerra naquela velocidade, e precisavam ser reabastecidos a cada vinte quilômetros; além disso, faltava-lhes equipamento de rádio adequado (problema identificado por De Gaulle durante a guerra de mentira). Outro problema era que, como a divisão não contava com a totalidade da sua infantaria, De Gaulle não dispunha das tropas terrestres para manter as posições que tomara. Bombardeiros Stuka atacaram, e os soldados de De Gaulle foram obrigados a recuar. As baixas alemãs foram altas – cerca de duzentos homens mortos ou capturados – e as francesas, menos numerosas, mas os franceses perderam um terço dos seus 85 tanques. Dois dias depois (19 de maio), na aldeia de Crécy-sur-Serre, trinta quilômetros a oeste de Montcornet, a divisão de De Gaulle voltou a atacar. Os alemães estavam agora com força maior, e os reforços de infantaria de De Gaulle ainda não haviam chegado, de modo que seu ataque foi repelido com mais facilidade do que o primeiro. Depois dessas duas batalhas, De Gaulle escreveu para a mulher:

> Escrevo-lhe depois de uma longa e dura batalha que foi *muito bem* para mim. Minha divisão vai se desenvolvendo a cada combate e não me negam o que preciso porque, se a atmosfera geral é ruim, para seu marido é excelente. Não sei para onde estes acontecimentos nos estão levando. Mas tenho uma impressão ligeiramente melhor do nosso alto-comando, que começa a recuperar-se. Mas esteja preparada para partir se necessário.[26]

A divisão de De Gaulle estava agora fora de combate até recuperar a capacidade total de efetivos. Na época em que voltou a escrever para a mulher, 14 de maio, num humor surpreendentemente otimista, é quase certo que ela já teria deixado Colombey: "Tenho a impressão de que a surpresa foi superada e estamos nos restabelecendo. Mas perdemos muitas penas, e vamos perder muito mais."[27] Não se sabe ao certo o que motivou essa rajada de otimismo de De Gaulle, a não ser que ele tenha sido informado, no dia anterior, de sua promoção a general-brigadeiro – o general mais jovem do Exército francês. Em 27 de maio, ele escreveu à mulher em tom menos otimista: "Acho que no momento é melhor você não ficar em La Boisserie. Mas tente levar a prataria, porque casas desabitadas – vejo isso aqui – correm o risco de ser saqueadas, nem tanto por soldados, mas por refugiados."[28]

Depois de uma semana de trégua, a divisão de De Gaulle voltou ao combate na cidade de Abbeville, na foz do rio Somme.[29] Apesar dos temores de Gamelin, os alemães não tinham seguido em direção a Paris depois de cruzarem o Mosa. Em vez disso, viraram para nordeste, rumo a Channel, alcançando Abbeville em 20 de maio e estabelecendo uma cabeça de ponte ao sul do Somme. A etapa seguinte do plano alemão era avançar para o norte e isolar e destruir as tropas britânicas e francesas que se retiravam da Bélgica. Expulsar os alemães de Abbeville antes que pudessem seguir para o sul novamente era um importante objetivo estratégico do alto-comando aliado. Um ataque britânico em Abbeville em 27 de maio tinha sido rechaçado. No dia seguinte, a divisão de De Gaulle recebeu ordem para combater. Em 28 e 29 de maio, seus tanques forçaram os alemães a recuar, ocupando metade da cabeça de ponte de Abbeville e infligindo severas baixas ao inimigo. Devido à precariedade dos contatos pelo rádio com seus tanques, De Gaulle não percebeu que poderia ter tido êxito se insistisse mais um pouco, explorando a vantagem adquirida. Mas na tarde de 29 de maio o ataque perdeu gás, por causa da fadiga das tropas, da perda de cerca de cem tanques e – mais uma vez – da falta da infantaria necessária.

Em 30 de maio os defensores alemães em Abbeville tinham se recuperado, e no começo da noite De Gaulle recebeu ordem para suspender o ataque. Embora não tivesse tido êxito, a operação em Abbeville foi aclamada pelo alto-comando quando praticamente não havia nenhuma outra boa notícia a ser informada. Ele escreveu para a mulher que a batalha tinha sido "um grande sucesso ... Você precisava ver o *communiqué* a respeito dela (quatrocentos prisioneiros, muito material tomado)". Mas não ofereceu nenhum consolo sobre o futuro. Yvonne, como ele sugerira, tinha abandonado Colombey, e agora estava com a irmã no Loiret, 260 quilômetros a oeste da aldeia. De Gaulle aconselhou-a a ir mais para o sul ou oeste, para a Dordonha ou a Bretanha.[30] Já o próprio De Gaulle foi convocado a Paris, e suas três semanas como comandante de tanque na ativa estavam chegando ao fim.

Não se deve exagerar a importância dos três ataques empreendidos pela divisão de De Gaulle. Afinal de contas, ele sofreu três derrotas. Mas os ataques mostraram o que um comandante de mentalidade tão ofensiva como ele poderia ter conseguido se dispusesse de uma divisão de tanques com a capacidade total de efetivos e equipada com veículos mais adequados a uma guerra móvel. Todos os testemunhos são unânimes no que diz respeito à sua inventividade, energia e total indiferença ao perigo físico. De Gaulle escreveu para a mulher em 2 de junho dizendo que desde 15 de maio só tinha dormido três noites. O capelão da divisão anotou em seu diário logo depois de um encontro com ele:

> Será que ele arranja tempo para comer? Ninguém sabe, a não ser o chefe do seu estado-maior, o major Chaumel, que compartilha suas refeições apressadas e raras. Será que dorme? Os tocos de cigarro que se acumulam em seu quarto de manhã nos permitem calcular o intervalo extremamente curto entre o último e o primeiro cigarros. O refeitório, o descanso ... isso tem pouca importância para De Gaulle. Um mapa, um mapa adequadamente instalado e iluminado, um mapa constante e precisamente atualizado ... esta é a essência do seu posto de comando.[31]

Os únicos sinais da tensão sob a máscara de imperturbabilidade eram os cigarros sem fim. Ele dava o máximo de si e esperava o mesmo dos seus soldados. Prosseguiu o capelão:

> De Gaulle quase sempre está sozinho, sozinho quando come, sozinho quando toma café, sozinho quando dá uma caminhada pelo posto de comando, sozinho quando visita o front. Ele deixa o carro e o motorista protegidos por uma sebe ou um bosque e segue em frente, muito visível, visível demais, mas com a mais absoluta indiferença a qualquer perigo, até um terreno um pouco mais elevado, para estudar com o binóculo as posições do inimigo e as possibilidades de uma ofensiva. Eu pergunto: "Por que o senhor está sempre sozinho, coronel? Tem gente que gostaria de estar com o senhor e conversar com o senhor." A resposta vem imediatamente e elimina qualquer desejo de fazer outras perguntas. "Para dizer o quê, M. l'Aumonier?" Então, para atenuar a grosseria da resposta por trás da qual se percebe que ele quer dizer "Poderia me deixar em paz?" ... De Gaulle acrescenta, com certa deferência à minha condição eclesiástica e certa

benevolência comigo: "Não se fala quando se está no teatro de operações ou pilotando um navio ... O que tenho a dizer, como líder, levando meus soldados e meus tanques para a batalha, exige calma e reflexão. Como o senhor sabe melhor que eu, o que seria a palavra de Deus ... sem solidão, silêncio e reflexão? Todos aqueles que fizeram qualquer coisa de valiosa e duradoura o fizeram sozinhos e em silêncio."[32]

Um integrante do seu estado-maior, o capitão (que chegaria a general) Paul Huard, escreveu uma história minuciosa das duas batalhas em torno de Laon. Suas impressões de De Gaulle como comandante coincidem com as do capelão:

Ele exercia um comando que era independente, exclusivo, autoritário e egocêntrico, com base na convicção de que seu julgamento era, em todas as situações, o melhor de todos ... Insistindo, em todas as circunstâncias, nos sinais de respeito que o regulamento exige, mantinha seus oficiais a seis passos de distância, criando em redor um vazio onde ele se destacava no centro, a não ser que preferisse ficar visível ao longe, em pé num outeiro, até mesmo aguardando em cima de um monte de pedras por um oficial menos alto a quem quisesse impressionar; recebia um relatório sem dizer palavra; desconcertava as pessoas com suas tiradas irônicas ... Nos diálogos brevíssimos, nos quais nenhuma contestação era permitida, praticava a intimidação, levantando a voz lenta que de repente se tornava peremptória, enquanto os olhos castanhos sem brilho pareciam olhar através do interlocutor, ou para além dele.

Huard parecia incerto em sua opinião sobre como os soldados comandados por De Gaulle reagiam a esse tratamento: "O autoritarismo do coronel De Gaulle era sistemático e desnecessário com comandantes de corpo que tinham uma alta concepção de seus deveres." No lado positivo, sua constante presença no campo de batalha entre os soldados "criava e propagava um sentimento de confiança que era o principal motivo da rápida coesão dessas forças no campo de batalha, improvisadas com vários elementos reunidos".[33]

Costuma-se observar que nenhum dos soldados sob o comando de De Gaulle se juntaria a ele em Londres. Isso parece não significar muita coisa, levando em conta que era difícil para qualquer pessoa fugir da França, a menos que dispusesse da mais extraordinária criatividade. Mesmo assim, as três semanas de De Gaulle no comando da divisão não sugerem que ele tivesse todas as qualidades humanas necessárias para ser um chefe militar inspirador no campo de batalha. Jamais saberemos ao certo, porque agora a política passaria a absorvê-lo pelo resto da vida.

"À beira do abismo"

De Gaulle chegou a Paris em 1º de junho, quando a situação era dramaticamente diferente da última vez que estivera com Reynaud, seis semanas antes. Depois dos reveses franceses iniciais, Reynaud tinha feito grandes mudanças no governo e no alto-comando. Duas decisões foram especialmente fatídicas. Em 16 de maio, ele substituiu o comandante em chefe Gamelin pelo general Maxime Weygand, de 72 anos, que rapidamente tomou o avião de volta de Beirute, onde servia como encarregado das forças francesas no Oriente Médio. A despeito da idade, Weygand era cheio de energia, com o prestígio de ter sido chefe do estado-maior de Foch na guerra anterior, mas não tardou a perceber que lhe haviam pedido para remediar uma situação impossível. Apesar de seus melhores esforços para salvar a honra do Exército, ele rapidamente chegou à conclusão de que um armistício seria inevitável. Havia uma intenção oculta por trás dessa convicção. Weygand era um homem de opiniões reacionárias, que culpava os políticos por terem arrastado a França para uma guerra que ela não tinha como ganhar. Ele queria, depois de uma batalha final, forçar os políticos a assumir a responsabilidade pela derrocada (como o general Ludendorff tinha feito na Alemanha em 1918). Uma vez que a Batalha da França já estava perdida, a questão era essencialmente política: o governo assinaria um armistício cessando as hostilidades ou deixaria o solo francês para continuar a luta a partir do norte da África ou de outro lugar?

A segunda decisão fatídica de Reynaud foi oferecer um cargo honorário em seu governo ao venerável marechal Pétain. Ele esperava que sua presença levantasse o moral, mas o inato pessimismo de Pétain o conduziu, como Weygand, à opinião de que um armistício era inevitável. Ele e Weygand responsabilizavam os britânicos por não terem feito o suficiente para ajudar a França. Uma das constantes lamúrias de Weygand era que os britânicos haviam se recusado a lançar toda a sua força aérea na batalha. Os britânicos, compreensivelmente, queriam guardar aviões para a defesa da Grã-Bretanha, caso a situação chegasse a esse ponto. Mas como era preciso encontrar um bode expiatório para a catástrofe da França, o veneno da anglofobia espalhou-se entre os líderes franceses. Em nada contribuiu para melhorar a situação a presença do general Louis Spears, o homem que Churchill tinha despachado como oficial de ligação com o governo francês. À primeira vista, Spears, que desempenharia um papel crucial na carreira de De Gaulle, poderia ser a escolha ideal para atuar como intermediário entre a Grã-Bretanha e a França. Embora filho de pais britânicos, ele tinha sido criado em Paris e era perfeitamente bilíngue. Atuara como oficial de ligação entre os exércitos francês e britânico na Primeira Guerra. Depois disso, renunciara à patente e entrara na política. Era dedicado a Churchill e, como ele, se opusera ao apaziguamento nos anos 1930. Na Grã-Bretanha, Spears era visto como francófilo – chamavam-no, de brincadeira, o "membro do Parlamento que representava Paris" –, mas muitos franceses o viam com desconfiança, como uma espécie de francófilo que só amava a França por suas aristocráticas casas de campo e pelo *foie gras*. Em 1940, Spears se viu na difícil situação de rebater as acusações de Weygand e defender os britânicos, impedindo, ao mesmo tempo, uma ruptura entre os Aliados. Como Spears tinha o pavio tão curto quanto o de Weygand, não era o candidato ideal para a delicada tarefa, apesar do seu francês fluente.

Reynaud era um anglófilo instintivo e genuinamente desejava continuar lutando e permanecer na guerra. Mas, além do erro que cometera nomeando Weygand e Pétain, estorvava-o a contínua incapacidade de formar um governo unido e empenhado em travar a guerra – se necessário, do exterior. É possível que de início houvesse uma lógica política nisso – partindo do princípio de que era melhor ter derrotistas no governo do que do lado de fora, fazendo críticas. Mas isso significava que muitos membros de seu entourage, como Villelume e Baudouin, aproveitavam-se da proximidade dele para minar sua vontade de continuar lutando. E eles encontraram uma aliada na amante de Reynaud, madame De Portes, que estava apaixonadamente convencida da necessidade de propor um armistício. Madame De Portes aparece ao fundo de quase todas as memórias de 1940. É uma presença perniciosa e ubíqua na narrativa de Spears. Mesmo que se exagerasse sua influência, ela certamente ajudou a abalar a resolução de Reynaud.[34] Foi esse o ninho de cobras que De Gaulle encontrou ao chegar a Paris em 1º de junho.

Ele passou primeiro por seu alfaiate e apareceu quinze minutos depois equipado como general-brigadeiro, a patente para a qual fora promovido dez dias antes. Embora tivesse sido convocado a Paris por Weygand, as prioridades de De Gaulle estavam claras pelo fato de sua primeira visita ter sido a Reynaud. Depois disso, ele foi ver Weygand. Os dois não se conheciam muito bem. De Gaulle tinha admirado o papel de Weygand na Polônia em 1920, e também sua tentativa, como comandante em chefe no começo dos anos 1930, de defender o Exército de cortes orçamentários. Weygand discordara dos escritos de De Gaulle sobre tanques nos anos 1930, mas não tinha sido o único. O desprezo que um sentiria pelo outro ainda era coisa do futuro. Weygand concedera a De Gaulle uma generosa declaração de mérito por sua ação em Abbeville, e agora pedia seu conselho sobre a futura mobilização de tanques. Apesar de já estar pensando num armistício, não disse uma palavra a respeito a seu subordinado.

Ao voltar ao seu quartel-general, De Gaulle mandou um bilhete para Weygand propondo que o que restava das divisões de tanques pesados da França fosse reagrupado num único corpo de tanques: "Isso servirá como o martelo na próxima grande batalha defensiva ou ofensiva. Sem modéstia, mas com a percepção de ser capaz disso, sugiro que eu mesmo comande esse corpo."[35] De Gaulle redigiu um bilhete para Reynaud na mesma linha. Mas suas ambições reais agora eram outras. Na melhor hipótese, um novo corpo de tanques serviria apenas para retardar a derrota inevitável. O verdadeiro problema era como o governo administraria as consequências dessa derrota – uma questão política e não militar. De Gaulle e Reynaud tinham, evidentemente, conversado sobre uma nova reforma de gabinete e uma possível entrada de De Gaulle no mesmo. Era o que De Gaulle queria – mas em seus próprios termos. Depois do encontro, ele escreveu para Reynaud em 3 de junho num tom que nunca tinha usado. Não mais um soldado impaciente, se bem que respeitoso, ele estabelecia com firmeza suas condições:

> Estamos na beira do abismo e o senhor carrega a França nos ombros. Peço-lhe que medite sobre isto:

1. Nossa derrota inicial vem da aplicação, pelo inimigo, de ideias que são minhas e da recusa de nossos comandantes a aplicar os mesmos conceitos.

2. Depois dessa terrível lição, o senhor, que foi o único a me apoiar, está no comando em certa medida porque me apoiava e as pessoas sabiam disso.

3. Mas, tendo alcançado o poder, o senhor nos abandonou aos homens do passado. Não nego a glória passada deles, nem os méritos que tiveram em outros tempos. Mas lhe digo que os homens do passado – se os deixarmos agir – perderão esta nova guerra.

4. Esses homens me temem porque sabem que tenho o dinamismo necessário para forçar-lhes a mão. Farão, portanto, tudo que estiver ao seu alcance, hoje como ontem – e talvez de boa-fé –, para impedir que eu chegue ao cargo em que possa trabalhar com o senhor.

5. O país sente a necessidade de renovação como uma questão urgente. Saudaria com esperança o aparecimento de um novo homem, o homem da nova guerra.

6. Livre-se do conformismo, de posições estabelecidas, das influências de interesses constituídos. Seja Carnot ou pereceremos. Carnot criou Hoche, Marceau, Moreau.

7. Juntar-me ao senhor sem ter responsabilidade real como *chef de cabinet* ou conselheiro político? Não! Quero agir com o senhor, mas agir apropriadamente. Do contrário, não faz sentido! E prefiro voltar ao meu comando.[36]

Enquanto aguardava para saber qual seria o seu destino, ele escreveu para a mulher em 5 de junho: "Um novo esforço do inimigo é iminente. Embora eu alimente a esperança de que este seja menos infeliz (para a França) do que o primeiro, pode-se prever que as coisas vão sair mal novamente." Aconselhou-a a procurar um lugar para ficar na Bretanha "durante o verão" – o que sugere que nem mesmo ele se dera conta de quanto a situação se tornara desastrosa.[37]

O ultimato de De Gaulle a Reynaud funcionou. Em 5 de junho, ele foi nomeado subsecretário de Estado da Defesa. Nos onze dias que se seguiram, até a renúncia de Reynaud, em 16 de junho, De Gaulle esteve mais perto do centro do poder do que nunca – e, apesar disso, também à margem. Como ministro subalterno, não tinha direito a participar das reuniões gerais de gabinete, e em vários momentos críticos esteve ausente em uma série de missões a Londres, à Bretanha e a outros lugares. Em suas memórias, Spears descreve um dia em que tentou "achar o esquivo De Gaulle, que tinha uma notável aptidão para desaparecer sem deixar rastro, apesar do tamanho".[38] Dessa maneira, De Gaulle foi mais uma testemunha horrorizada do que um ator central nos últimos estágios da derrota francesa. Mas aqueles dias foram fundamentais para o seu futuro. Em três ocasiões encontrou-se com Churchill. Consequentemente, não era de todo desconhecido dos britânicos quando decidiu partir da França para Londres. Isso quer dizer também que chegou a Londres não simplesmente como um recém-promovido general francês, mas como alguém que tinha sido membro – ainda que subalterno – do último governo regularmente constituído da Terceira República.

Embora outros aspectos da reforma de gabinete de Reynaud, como a demissão de Daladier, atraíssem mais atenção do que a nomeação de De Gaulle, a imprensa registrou. O *Times* comentou que ele era "bem agressivamente 'de direita', intensamente teórico, um apóstolo quase fanático do emprego em massa de veículos blindados, e além disso um homem de ação racional, lúcido, mas também um homem de sonhos e ideias abstratas". Suas ideias e "o jeito de expressá-las" pareciam, para alguns, incompatíveis com a democracia. No jornal socialista *Le Populaire*, Blum mostrou-se favorável e descreveu a nomeação de De Gaulle como um ato "quase revolucionário". Também favorável foi *L'Action française*, que recordou que Henri de Gaulle tinha sido um "homem muito notável e altamente culto".[39]

Em 6 de junho, De Gaulle instalou-se no Ministério da Guerra, na rue Saint-Dominique, onde Reynaud tinha sua base. Encontrar um escritório sobrando não foi fácil, mas De Gaulle não estava preparado para trabalhar em nenhuma outra parte. A proximidade de Reynaud era sua única esperança de exercer qualquer influência. Villelume, que viu a nomeação como uma "catástrofe", escreveu em seu diário: "De Gaulle vem ao meu escritório. Suas primeiras palavras são para dizer como está feliz por me ter sob as suas ordens. Respondo, vigorosamente, que não dependo dele de forma alguma."[40] Villelume e Baudouin redigiram um decreto tentando limitar a autoridade de De Gaulle, mas Reynaud foi menos receptivo do que eles gostariam. Pétain disse a Baudouin que De Gaulle era "vaidoso, ingrato e amargurado", e não deveria ser convidado a participar das reuniões matinais em que figuras mais graduadas discutissem política.[41] Um dos poucos aliados de De Gaulle era Roland de Margerie, que lamentava a influência dos derrotistas em volta de Reynaud. Um que tinha opiniões parecidas era o jovem diplomata Geoffroy de Courcel, que foi recrutado para o *cabinet* de De Gaulle. Ele se tornaria um dos assessores mais próximos de De Gaulle durante os anos seguintes.

Na época em que De Gaulle entrou no governo, a Batalha da França estava nos estágios finais. Nas duas semanas anteriores, os Aliados tinham evitado o desastre total evacuando tropas sitiadas na Bélgica e no nordeste da França. Entre 26 de maio e 4 de junho aproximadamente 330 mil soldados foram despachados para a Grã-Bretanha a partir do porto francês de Dunquerque. Esse grande êxito também provocou animosidade, porque o alto-comando francês suspeitava que os britânicos tivessem preferido evacuar suas tropas antes das francesas. Na verdade, mais de 100 mil soldados franceses escaparam de captura.

Agora os alemães estavam prontos para seguir novamente em direção ao sul. Weygand tinha organizado o que pretendia que fosse uma última e desesperada defesa francesa nos rios Somme e Aisne. Nesse derradeiro estágio da batalha, forças francesas resistiram com muito mais tenacidade do que se esperava, mas os números agora lhes eram desfavoráveis. Em 6 de junho, os alemães avançaram em Abbeville, onde De Gaulle tinha lutado uma semana antes. Em questão de dias a linha do Somme-Aisne cedeu inteiramente, deixando o caminho aberto para o Sena e para Paris.

Em seu primeiro dia de trabalho De Gaulle tinha redigido, imediatamente, um bilhete para Reynaud sobre o que fazer quando os alemães atravessassem o Sena. Ele identificava numerosas zonas de defesa das quais o governo e o Exército poderiam se retirar para continuar lutando fora do país. Uma delas era a Bretanha.[42] A ideia de um "reduto bretão" vinha circulando no ar nos últimos dias e não foi invenção de De Gaulle. Mais tarde ele minimizaria o apoio que lhe dera, em oposição a ir para o norte da África, mas na época era sua opção preferida. Quando a ideia foi discutida em 8 de junho, Villelume, falando diretamente com Reynaud porque se recusava a reconhecer a presença de De Gaulle, tratou-a com desdém, por julgá-la impraticável – o que provavelmente era.[43]

Ainda naquele dia, De Gaulle fez uma visita a Weygand em seu quartel-general em Montry, cerca de 45 quilômetros a leste de Paris. O encontro foi um desastre. Weygand agora queria um armistício de imediato, apesar de ainda não ter proposto a ideia formalmente a Reynaud. Não só a ideia que tinha do futuro era diametralmente oposta à de De Gaulle, como devia ser penoso para ele ter que se explicar para aquele jovem general arrogantemente confiante, que apenas três dias antes fora seu subordinado. De Gaulle voltou a Paris convencido de que Weygand precisava ser substituído, mas Reynaud preferiu não tomar medida tão drástica.

Na manhã do dia seguinte (9 de junho), acompanhado por Margerie e Courcel, De Gaulle voou para Londres. Depois de reunir-se com funcionários franceses e britânicos, foi ver Churchill em Downing Street. O principal objetivo da visita era tranquilizar os britânicos sobre a perseverança do governo francês. Boa parte da discussão girou em torno da força aérea. Churchill reiterou que não poderia destacar todos os aviões britânicos para a França. De Gaulle defendeu a política oficial francesa de que eles deveriam ser todos utilizados na Batalha da França, mas os registros britânicos informam que, "falando em seu próprio nome", De Gaulle admitiu que "concordava com a nossa política".[44] Curiosamente, nada parece ter sido dito sobre arranjar transporte de tropas para o norte da África – mais uma prova de que naquela etapa essa não era uma grande preocupação de De Gaulle. Embora a reunião não resolvesse nada, De Gaulle causou excelente impressão em Churchill, que tinha perfeita consciência do derrotismo que afetava muitos líderes da França. Ele descreveu De Gaulle para o seu gabinete como um "jovem e dinâmico general", que lhe causara uma "impressão mais favorável do moral e da determinação franceses". Num telegrama para Roosevelt, referiu-se a ele como "jovem general De Gaulle, cheio de vigor".[45]

Na volta para a França no começo da noite, o avião de De Gaulle aterrissou com dificuldade no aeroporto de Le Bourget, que fora bombardeado. Em Paris, De Gaulle foi acordado de madrugada com a notícia de que os alemães tinham atravessado o Sena e logo chegariam à capital. A maior parte do dia (10 de junho) foi dedicada a debates sobre qual seria a melhor resposta. De Gaulle sustentava que, embora o governo tivesse de deixar Paris para preservar sua liberdade de ação, a cidade deveria ser defendida. Reynaud aceitou a opinião de Weygand de que, para salvar vidas e edifícios, Paris deveria ser declarada cidade aberta. Weygand e De Gaulle tiveram outro confronto acirrado. Quando De Gaulle tentou rebater o pessimismo de Weygand dizendo que havia alternativas para o armistício, Weygand perguntou qual era a sua proposta. De Gaulle respondeu, ríspido: "O governo não propõe, dá ordens."[46] Reynaud aceitou que De Gaulle sondasse o general Huntziger para substituir

Weygand. A prioridade número um, no entanto, era evacuar Paris antes da chegada dos alemães.

De Gaulle deixou Paris aquela noite no mesmo carro de Reynaud. Seu avanço para o sul foi lento, porque colunas de refugiados civis atravancavam as estradas. À uma e meia da madrugada, chegaram a Orléans, onde o prefeito foi acordado e lhes providenciou dois quartos para passarem a noite. Nos quatro dias seguintes, o caos intensificou-se à medida que ministros e funcionários eram distribuídos por castelos espalhados na região do Loire. Reynaud ficou no Château de Chissay, perto de Tours, De Gaulle no Château de Beuvais, a poucos quilômetros de distância. Em muitas dessas residências não havia telefone, e viajar de uma para outra era uma operação lenta porque as estradas estavam entupidas de refugiados.

De manhã (11 de junho), De Gaulle foi ver o general Huntziger em Arcis-sur-Aube, cerca de 160 quilômetros a leste. A escolha de Huntziger para substituir Weygand foi curiosa, porque ele era tudo, menos dinâmico. Comandara o Segundo Exército, cujo desempenho em maio de 1940 fora particularmente desastroso. Mais tarde, seria um leal servidor do regime de Vichy. Mas De Gaulle estava convencido de que qualquer um seria melhor do que Weygand, e talvez a grande vantagem de Huntziger era que ele pelo menos obedeceria às ordens e não desafiaria o governo. Segundo o relato do encontro deixado por De Gaulle, Huntziger afirmou que estaria disposto a assumir o comando dos exércitos no entendimento de que deveria continuar a luta a partir do norte da África. Huntziger alegaria depois que De Gaulle fizera menção apenas à ideia de resistir na Bretanha, e que ele lhe havia dito que a ideia era absurda. Como De Gaulle confidenciou a Courcel que Huntziger não era "o homem que eu esperava", talvez a versão de Huntziger esteja mais próxima da verdade.[47] No fim, a questão era irrelevante, porque Reynaud ainda não conseguira criar coragem para demitir Weygand.

Enquanto De Gaulle cumpria sua missão junto a Huntziger, Reynaud tinha convocado Churchill urgentemente à França, para colocá-lo a par da situação. A comunicação foi difícil. Uma chamada que Churchill tentou fazer de Downing Street para Reynaud acabou sendo recebida por um estalajadeiro local, cujo telefone foi imediatamente confiscado pelas autoridades. De Gaulle voltou a tempo de participar da reunião com Churchill, realizada no Château de Muguet, perto de Briare. Nesse encontro, Weygand fez um relato catastrófico da difícil situação dos exércitos, pontuado por ocasionais grunhidos de assentimento de Pétain. Reynaud não foi muito mais animador. De Gaulle comportou-se como um observador mudo e horrorizado. Escreve Spears:

> Um homem de aparência estranha, imensamente alto; sentado à mesa ele dominava todo mundo com sua altura, como havia feito ao entrar na sala. Sem queixo, um nariz elefantino longo e caído sobre um bigode bem aparado, uma mancha sobre a boca pequena, cujos lábios grossos tendiam a projetar-se em beicinho antes de falar, uma testa alta recuada e uma cabeça pontuda encimada por cabelos ralos penteados para trás e partidos ao meio. Os olhos semiencobertos por pálpebras espessas eram muito astutos. Quando ia falar balançava a cabeça de leve, como um pêndulo, enquanto buscava as palavras ... eu tinha reparado que ele fumava incessantemente, acendendo um cigarro no outro, os lábios franzidos e redondos num movimento característico que eu já notara. Nenhum músculo da face se mexera. Nada do que foi dito alterou sua expressão.[48]

De Gaulle só interveio uma vez, com uma sugestão prática – a única que seria feita por qualquer pessoa nessa reunião – para amalgamar as divisões de tanques britânicas e francesas. Churchill acolheu a ideia dizendo que deveria ser "examinada de imediato", mas Weygand zombou de qualquer noção de formar novas posições defensivas.[49] No jantar que veio em seguida, De Gaulle não fez o menor esforço para disfarçar seu desprezo por Weygand. Anthony Eden, o secretário de Estado para a Guerra, informa que quando essa "figura alta e um tanto angular passou pelo meu lado da mesa ... Weygand o convidou, simpaticamente, a sentar-se à sua esquerda. De Gaulle respondeu, a meu ver rudemente, que tinha instruções para se sentar ao lado do primeiro-ministro britânico. Weygand ficou vermelho de raiva, mas não fez qualquer comentário, e assim o jantar começou".[50] Foi o segundo encontro de De Gaulle com Churchill.

Na manhã seguinte (12 de junho), as discussões foram retomadas, cobrindo os mesmos tópicos da noite anterior. Churchill e seu grupo partiram ao meio-dia, seguros de que os franceses estavam quase desistindo. O único resultado substantivo dessa conferência de dois dias foi a decisão de que Churchill passaria um telegrama a Roosevelt pedindo ajuda. Era uma medida de desespero e uma tática protelatória. De Gaulle não tinha participado da reunião da manhã, porque fora conduzido de carro à Bretanha para investigar com o general Altmayer a possibilidade de preparar o reduto bretão. Como não menciona esse encontro em suas *Memórias*, contando, em vez disso, que passou o dia trabalhando no Château de Beauvais sobre o transporte de tropas para o norte da África, é de supor que ele se sentisse, retrospectivamente, um tanto constrangido por seu apoio ao quimérico plano bretão.

Depois que o grupo britânico foi embora, Reynaud convocou uma reunião do governo francês no Château de Cangé em Saint-Avertin, onde o presidente da República estava alojado. Nessa reunião, na ausência de De Gaulle, Weygand pela primeira vez informou formalmente ao governo que queria um armistício. Pétain o apoiou. Isso não foi uma surpresa para Reynaud, mas outros membros do governo, que não sabiam da gravidade da situação, ficaram horrorizados. Eles combinaram que nenhuma decisão seria tomada sem consultar Churchill. Voltando de carro para Chissay com Reynaud, Baudouin tentou convencê-lo a desistir da ideia de continuar resistindo. De Gaulle chegou a Chissay tarde da noite para ser informado dos acontecimentos do dia. Assim Baudoin descreve a cena: "Na grande sala de jantar abobadada do Château de Chissay, nós dois [ele e Reynaud] jantamos sob o olhar angustiado de madame De Portes, enquanto De Gaulle andava de um lado para outro, em grandes passadas, defendendo sua concepção de defesa na Bretanha."[51]

Na manhã seguinte (13 de junho), De Gaulle voltou a Chissay. Convenceu Reynaud a redigir uma carta firme a Weygand ordenando-lhe que resistisse o máximo possível na Bretanha e no Maciço Central enquanto o governo preparava a mudança para o norte da África. Madame De Portes constantemente interrompia as conversas entre De Gaulle e Reynaud. A certa altura, De Gaulle perdeu as estribeiras, esbravejando com Reynaud que era impossível trabalhar num galinheiro – embora ele não tenha incluído esse sarcasmo em suas *Memórias*.[52] Madame De Portes conseguiu retardar o envio da carta a Weygand. Reynaud passou o resto da manhã trancado com os presidentes das duas assembleias parlamentares. De vez em quando, De Gaulle era chamado a entrar. O presidente do Senado, Jules Jeanneney, vendo De Gaulle pela primeira vez, observou: "Pálido com respostas curtas que não poupavam ninguém, um homem de paixões frias que sem dúvida se controla diante de civis."[53] Oliver Harvey, diplomata britânico, descreveu os acontecimentos em termos parecidos: "De G[aulle], o único soldado calmo e inteligente que restou ... Cena no Château completamente caótica. Todo mundo ... falando e telefonando na mesma sala. Margerie ditando um telegrama para Roosevelt num canto; o embaixador [britânico], Spears e eu falando em outro; madame De Portes correndo para lá e para cá com o cabelo desalinhado."[54]

Naquela tarde, tendo retornado a seus alojamentos em Beauvais, De Gaulle soube de repente por Margerie que Reynaud convidara Churchill, que fora embora na manhã anterior, para outra reunião em Tours, a poucos quilômetros de distância. De Gaulle achou que Reynaud deixara de informá-lo sobre esse encontro de propósito.[55] Isso pode ser verdade, mas Reynaud, por razões misteriosas, não informara nenhum dos seus ministros – para irritação deles, quando souberam. Do lado britânico, houve oito participantes no encontro; do lado francês, só Baudouin e Reynaud. Reynaud perguntou como os britânicos reagiriam se os franceses fossem obrigados a propor uma paz em separado. O grupo britânico pediu uma pausa para examinar sua posição. De Gaulle chegou quando a reunião estava sendo retomada, passando a ser o terceiro francês presente. Na sala apertada, ele se sentou na poltrona que sir Alexander Cadogan, subsecretário permanente do Ministério das Relações Exteriores, ocupara antes da pausa. Cadogan empoleirou-se no braço de outra cadeira. A resposta de Churchill foi que não poderia aprovar uma paz em separado, e ele insistiu para que Reynaud não tomasse nenhuma providência antes de um apelo final a Roosevelt.[56] Mas Baudouin, torcendo o sentido das palavras usadas por Churchill, *"je comprends"* – no sentido de "entendo o que querem dizer", e não no de "concordo com o que estão dizendo" –, saiu espalhando, imediatamente depois da reunião, que Churchill tinha dito que "entenderia" se a França firmasse uma paz em separado.

Os acontecimentos em Tours em 13 de junho cristalizaram a convicção de De Gaulle de que não adiantava nada para ele permanecer no governo. Ainda naquela noite, ele redigiu uma carta de demissão.[57] Um membro do *cabinet* de De Gaulle transmitiu a notícia ao ministro do Interior, Georges Mandel, que mandou chamar De Gaulle. Mandel tinha sido o braço direito de Clemenceau na guerra anterior; no governo de Reynaud, era o ministro que se opunha com mais firmeza ao armistício. Segundo o relato de De Gaulle, Mandel, como se lhe passasse o bastão da história, exortou De Gaulle a não desistir, dizendo-lhe que como alguém ainda "intacto" ele tinha importantes obrigações a cumprir. A carta de renúncia nunca foi mandada.

Na manhã de 14 de junho, quando as tropas alemãs chegaram ao Loire, ministros franceses pegaram a estrada de novo, rumo a Bordeaux. Ao chegar, De Gaulle foi à residência de Reynaud, e encontrou o volúvel primeiro-ministro num estado de espírito mais determinado, disposto a transferir o governo para o norte da África. De Gaulle ofereceu-se para ir a Londres novamente discutir o transporte das tropas francesas pelo Mediterrâneo. Não havendo aviões disponíveis, De Gaulle resolveu dirigir durante a noite para a Bretanha a fim de tomar um barco no canal da Mancha. Antes de partir, jantou rapidamente no Hôtel Splendide, onde Pétain estava sentado a outra mesa: "Fui lá em silêncio cumprimentá-lo. Ele me apertou a mão sem dizer uma palavra. Eu nunca mais voltaria a vê-lo."[58] Antes de chegar a Brest, De Gaulle fez um curto desvio para visitar a mulher e os filhos, que tinham deixado Colombey três meses antes e se juntado a outros membros da família na aldeia de Carantec, no noroeste da Bretanha. Ele avisou que a Bretanha talvez em breve se tornasse zona de combates e os aconselhou a ir mais para o sul.[59]

Atravessando para Plymouth de madrugada, De Gaulle chegou a Londres ao amanhecer de 16 de junho. Enquanto se instalava no Hotel Hyde Park, dois franceses se apresentaram: Charles Corbin, o embaixador francês, e Jean Monnet. Monnet, cuja carreira se cruzaria com a de De Gaulle em muitas ocasiões no decorrer dos trinta anos seguintes, era um funcionário internacional e financista com muitos contatos na Grã-Bretanha. Em 1939, foi nomeado chefe do Comitê Francês de Aquisições em Londres, cuja função era coordenar a organização das economias de guerra francesa e britânica. Monnet e Corbin chegaram ao hotel de De Gaulle com más notícias. Durante a longa viagem de De Gaulle para Londres, Reynaud, cedendo a pressões de Pétain e Weygand, tinham perguntado formalmente como o governo britânico reagiria se a França procurasse a Alemanha para assinar um armistício. O governo britânico estava se reunindo aquela manhã para preparar uma resposta. Monnet temia que os britânicos respondessem positivamente, em troca de garantias de que a frota da França não seria entregue aos alemães. Achava que um gesto dramático era necessário para convencer Reynaud a permanecer em guerra.

Nos últimos dias, alguns funcionários britânicos e franceses vinham testando a ideia de uma união completa entre as duas nações para consolidar a aliança. Monnet adotou essa ideia como uma forma de fortalecer a determinação de Reynaud. De Gaulle, sempre cético, deixou-se convencer de que a proposta poderia oferecer a Reynaud a munição de que precisava para resistir à facção pró-armistício. Em consultas com De Gaulle e Monnet, funcionários britânicos prepararam um rascunho. Quando se reuniram com Churchill na hora do almoço, De Gaulle, Monnet e Corbin ficaram sabendo que os britânicos tinham, como temia Monnet, passado um telegrama liberando os franceses do compromisso de não assinarem uma paz em separado, desde que a frota francesa fosse despachada para águas britânicas. Os três franceses defenderam a união como última tentativa de manter a França na guerra. Churchill, de início tão cético quanto De Gaulle, admitiu que não havia nada a perder, e o embaixador britânico na França foi instruído a segurar o telegrama para permitir que os franceses buscassem um armistício. De Gaulle telefonou a Reynaud para lhe dar a notícia. Reynaud respondeu que precisava de uma proposta concreta rapidamente, porque o governo voltaria a reunir-se dentro de poucas horas. Não havia tempo a perder.

O Gabinete de Guerra britânico começou a discutir a união às três horas da tarde, enquanto De Gaulle e Corbin aguardavam do lado de fora. Um rascunho final foi entregue para De Gaulle ler, de acordo com Churchill, "com um ar de invulgar entusiasmo".[60] A frase mais importante ficou assim: "Neste momento fatídico na história do mundo moderno, os governos do Reino Unido e da República Francesa desejam fazer uma declaração de união indissolúvel." Churchill voltou à sala do gabinete com De Gaulle. Jock Colville, secretário particular do primeiro-ministro britânico, registrou a cena, de modo ligeiramente implausível, em seu diário. "Todo mundo dava tapinhas nas costas de De Gaulle e lhe dizia que ele seria comandante em chefe ... Seria ele um novo Napoleão? ... Ele trata Reynaud (a quem chama *ce poisson gelé*) como lixo e discorre com familiaridade sobre o que ele vai fazer na França."[61] De Gaulle ligou novamente para Reynaud e leu o texto. Ficou combinado que Churchill iria à França no dia seguinte, para se encontrar com Reynaud na Bretanha. Churchill providenciou um avião para levar De Gaulle de volta a Bordeaux.

O planejado encontro de Reynaud e Churchill jamais ocorreu. Enquanto De Gaulle voava de volta para Bordeaux, o governo francês rejeitou a ideia da união, tendo Pétain comentado que isso seria como a "fusão com um cadáver". Reynaud renunciou e o presidente da República, Albert Lebrun, convocou

Pétain para formar um governo. Às nove da noite do dia 16 de junho, De Gaulle desembarcou no aeroporto onde membros do seu *cabinet* o esperavam para lhe dar a notícia. Ele correu para ver Reynaud, que lhe pareceu um homem "aliviado de um fardo intolerável", mas também alguém que havia "abandonado qualquer esperança". Spears descreve o estado de espírito de Reynaud naquela noite em termos parecidos.[62] De Gaulle em seguida foi ver o embaixador britânico, Ronald Campbell, e lhe disse que tencionava voltar para Londres no avião britânico em que acabara de chegar. Um membro do *cabinet* de De Gaulle, Jean Laurent, ofereceu-lhe as chaves do seu *pied-à-terre* em Londres. Na manhã seguinte, antes de partir, De Gaulle visitou Reynaud novamente e recebeu 100 mil francos de fundos governamentais. Às nove da manhã o pequeno avião decolou com De Gaulle, Courcel e Spears a bordo.

De Gaulle comenta em suas *Memórias*: "A partida ocorreu sem romantismo e sem dificuldade."[63] Ele insistia nisso porque as memórias de Spears (publicadas antes das de De Gaulle) apresentavam uma versão mais pitoresca dos acontecimentos. Spears recorda que, ao ir ver Reynaud na noite da renúncia, esbarrou em De Gaulle escondido nas sombras atrás de uma coluna, "muito branco" e "tenso", sussurrando que Weygand queria mandar prendê-lo. Ele perguntou a Spears se poderia voltar para a Inglaterra no avião que estava (segundo Spears) à disposição deste. Eles imaginaram um subterfúgio pelo qual De Gaulle fingiria ter ido despedir-se de Spears, e no último minuto Spears o puxaria para bordo.[64] Como Spears tinha brigado irreparavelmente com De Gaulle quando escreveu esse relato, é preciso tratá-lo com cautela. O diário inédito de Spears, que serviu de base para suas memórias, contém poucos desses detalhes pitorescos e parece aceitar que o avião não era "seu", mas de De Gaulle (emprestado por Churchill). Assim, não era bem Spears levando De Gaulle para Londres, mas De Gaulle levando Spears. O retrato de De Gaulle "branco" e "tenso" não soa verdadeiro. Mas mesmo o diário não adulterado de Spears relata que De Gaulle "estava com muito medo de ser preso ou mandado para bem longe por Weygand".[65] Levando em conta que Mandel, o outro resoluto adversário do armistício, tinha sido preso (apesar de rapidamente solto) quando da formação do governo de Pétain, os temores de De Gaulle não eram desarrazoados.

De acordo com Spears, quando ele e De Gaulle foram de carro para o aeroporto de manhã, pararam em dois lugares, para que De Gaulle marcasse encontros aquela tarde a fim de despistar as pessoas. O chofer foi instruído a manter o motor funcionando "para cair fora rapidamente, se necessário".[66] Courcel, a outra testemunha desses acontecimentos, lembrou-se de que, no aeroporto, encontraram dois oficiais que não pareceram nem um pouco surpresos com o fato de De Gaulle estar embarcando num avião. Segundo Courcel, o maior problema da partida foi que o aeroporto era tão caótico que de início não conseguiram localizar a aeronave. E esta era tão pequena que precisaram arranjar uma corda para amarrar as quatro malas – duas de Courcel e duas de De Gaulle – do lado de fora, o que se mostrou "excruciante para De Gaulle, que temia ser detido a qualquer momento", segundo Spears.[67] A verdade sobre a partida provavelmente está num meio-termo entre o relato rocambolesco de Spears e o mais prosaico de De Gaulle e Courcel. Pode-se, no entanto, conceder a Spears a última palavra a respeito de outro detalhe da viagem, quando o avião baixou em Jersey para reabastecer:

> Perguntei se De Gaulle queria alguma coisa, e ele disse que gostaria de um café. Entreguei-lhe a xícara, ele bebeu um gole e disse, numa voz que indicava, sem implicar uma crítica, que ele precisava, apesar disso, proclamar a verdade, pois aquilo era chá e ele tinha pedido café. Foi sua apresentação ao líquido morno que, na Inglaterra, passa tanto por uma coisa como pela outra. Seu martírio tinha começado.[68]

Se non è vero...

A decisão

Nas *Memórias de guerra*, De Gaulle escreve o seguinte a respeito deste momento da sua vida:

> Eu parecia, aos meus próprios olhos, sozinho e privado de tudo, um homem à beira de um oceano que pretendia atravessar a nado ... Senti que uma vida estava chegando ao fim, uma vida vivida no contexto de uma França sólida e de um Exército indivisível. Aos 49 anos, eu me lançava numa aventura.[69]

De fato, seria difícil exagerar a natureza extraordinária do passo dado por De Gaulle. Equipado com duas malas e um pequeno estoque de francos, ele ia para um país no qual pusera os pés pela primeira vez dez dias antes, cuja língua falava mal e onde não conhecia praticamente ninguém. Estava indo para o exílio.

Desde a Revolução Francesa, o exílio só tem tido conotações negativas na cultura política francesa. No caderno que manteve como prisioneiro de guerra, De Gaulle se referiu a uma frase de Tocqueville: "A doença do exílio que não nos ensina nada e imobiliza a inteligência."[70] Como proclamou o líder revolucionário francês Georges Danton em março de 1794: "Ninguém carrega a pátria na sola dos sapatos." O filósofo Raymond Aron, que passou a guerra em Londres, comentou: "A ideia de defender a França de fora continuava abstrata, porque não havia memória, não havia tradição para lhe dar suporte." O exílio na memória francesa está associado aos aristocratas emigrados que se isolaram da comunidade nacional fugindo para a Alemanha ou a Grã-Bretanha. Na demonologia republicana francesa, o termo *"émigrés* [emigrados] de Koblenz" evoca uma imagem de exilados briguentos, isolados da pátria. A tradição monárquica da família De Gaulle não via o exílio de forma tão negativa. O próprio De Gaulle tinha passado um ano no "exílio", quando fora mandado para Antoing, na Bélgica, a fim de completar seus estudos. Essa experiência oferecia um modelo de exílio não como traição, mas como fidelidade à própria consciência. No entanto, isso divergia da tradição francesa predominante. Um dos membros mais importantes da França Livre em Londres começou assim suas memórias: "Nunca fomos *émigrés*. Para nós, Londres nunca foi uma espécie de Koblenz, mesmo uma Koblenz republicana ... Certamente havia *émigrés* em Londres ... mas não estavam conosco: suas intrigas, suas conspirações nos grandes hotéis, nunca nos afetaram."[71]

A essência do apelo de Pétain ao povo francês em 1940 foi sua decisão de permanecer em *solo* francês para defender seus compatriotas, para defender vidas francesas, enquanto De Gaulle deixou a França para defender o que ele viria a chamar de sua *"ideia da França"*. O conflito entre essas concepções de dever patriótico foi prognosticado, notavelmente, nos anos 1920, numa disputa entre os dois homens sobre a redação de um trecho do manuscrito do livro que viria a ser *A França e seu Exército*. De Gaulle tinha escrito que a Revolução transformara os generais da França em vítimas de reviravoltas políticas que "os privaram do prestígio, frequentemente da vida, às vezes da honra". Pétain emendou para "os privaram do prestígio, às vezes da honra, frequentemente da vida". De Gaulle fez o seguinte reparo à correção de Pétain: "É uma hierarquia ascendente: prestígio, vida, honra." "Honra" ou "vida" – proteger uma "ideia" da França ou proteger (ou julgar que se está protegendo) os franceses –, era esse o ponto crucial do conflito entre Pétain e De Gaulle em 1940.[72]

Quando foi que De Gaulle tomou a decisão de deixar a França para "salvar" a França? Em 1942, ele disse a um diplomata britânico que fora em 13 de junho – a noite em que escreveu sua carta de demissão – que "tinha sentido a traição no ar pela primeira vez e, em consequência disso, tomara sua decisão".[73] Mas quando partiu para a Inglaterra em 15 de junho, o destino final que De Gaulle tinha em mente era a porção francesa do norte da África, e não Londres. O objetivo da viagem a Londres era preparar a transferência do governo de Reynaud para o norte da África. Num rápido encontro com a mulher antes de partir, De Gaulle não falou em mudar-se para Londres.[74] A decisão de ir para a capital britânica surgiu após a queda do governo de Reynaud.

A decisão de De Gaulle foi uma mistura de reflexão e instinto, parecida com o que ele tinha analisado (em conformidade com Bergson) em *O fio da espada*. É costume lhe atribuir profética lucidez ao prever que a Batalha da França era apenas o primeiro estágio da guerra mundial que os Aliados poderiam ganhar. Mas essa análise também tinha servido de base à tentativa de Reynaud de opor-se ao armistício. O que há de notável em De Gaulle em 1940 não é tanto sua análise intelectual do futuro da guerra, mas sua prontidão para agir. De Gaulle sempre se sentiu dividido em seu julgamento de Reynaud, e o defendia de detratores: "Jamais, naqueles dias trágicos, Reynaud deixou de ser dono de si mesmo ... Era um espetáculo trágico ver esse homem de grande valor injustamente massacrado por acontecimentos excepcionais ... Tudo tinha sido devastado ... Nessas condições, a inteligência de monsieur Reynaud, sua coragem, a autoridade do seu cargo operavam numa espécie de vácuo."[75] Deve-se ler esse julgamento junto com o diagnóstico da liderança que fez em *O fio da espada*:

> A intervenção da vontade humana na cadeia de acontecimentos tem qualquer coisa de irreversível ... É tão grande o peso da responsabilidade que poucos homens são capazes de aguentá-lo sozinhos. É por isso que as maiores virtudes

de inteligência não bastam. Não há dúvida de que a inteligência ajuda e o instinto serve de impulso, mas em última instância uma decisão tem um elemento moral.⁷⁶

De Gaulle, que passara boa parte do entreguerras refletindo sobre a natureza da liderança, tinha escrito o roteiro. Agora estava pronto para encená-lo, ainda que isso significasse desobedecer ao mais reverenciado líder militar da França. Em *O fio da espada* ele tinha citado também um juízo do primeiro lorde do almirantado sobre o almirante britânico lorde Jellicoe depois da Batalha da Jutlândia: "Ele tem todas as qualidades de Nelson, menos uma: não sabe desobedecer!"⁷⁷

Aquele era o momento que De Gaulle vivera em sua imaginação durante anos. Como escreveu nos anos 1920: "Quando os acontecimentos se agravam, sob pressão do perigo ... uma espécie de maremoto empurra homens de caráter para a primeira fila."⁷⁸ Ou, para citar uma de suas palestras como prisioneiro de guerra em 1917:

> Sem a Guerra do Peloponeso, Demóstenes teria continuado um político obscuro; sem a invasão inglesa, Joana d'Arc teria morrido em paz em Domrémy; sem a Revolução, Carnot e Napoleão teriam acabado seus dias no baixo escalão; sem a guerra atual, o general Pétain teria terminado a carreira como chefe de brigada.⁷⁹

Sem a Queda da França, De Gaulle teria sem dúvida sido um dos generais mais importantes do Exército francês, provavelmente ministro da Defesa, talvez até chefe de governo – mas não teria se tornado "De Gaulle".

PARTE DOIS

Exílio, 1940-44

Eles me fazem rir com seu Apelo de 18 de junho... O que todos parecem ignorar é a incrível mistura de paciência ... de obstinada criatividade ... da estonteante sucessão de cálculos, negociações, conflitos ... que tivemos de empreender para realizar nosso negócio.

Claude Guy, *En écoutant De Gaulle*, p.85-6

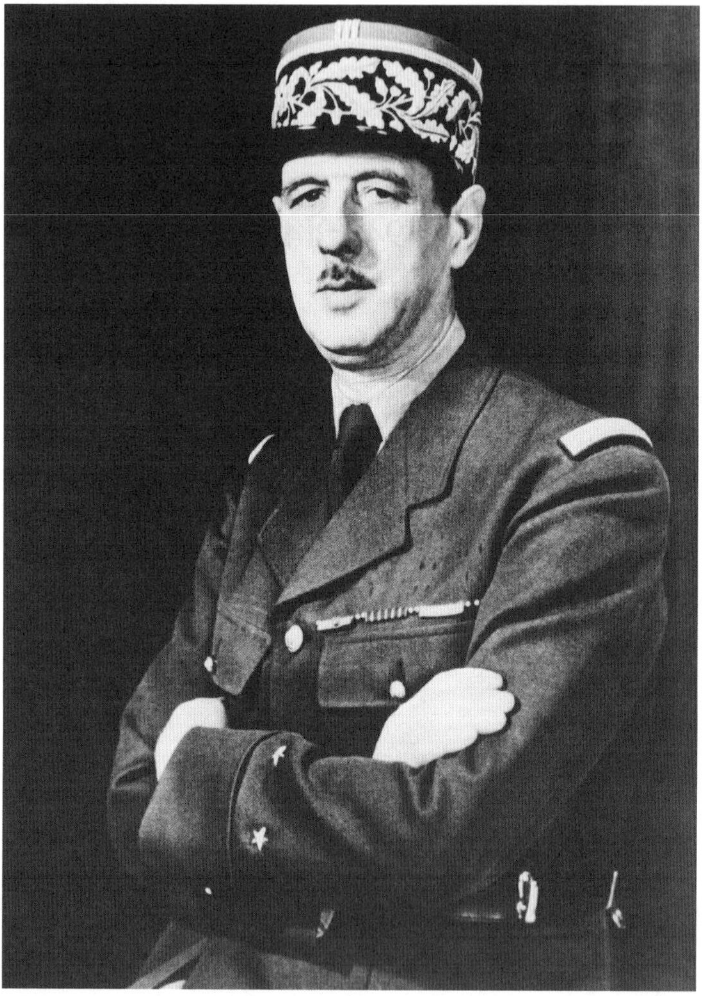

6. Rebelião, 1940

Dois dias de junho: o discurso

De Gaulle e Spears chegaram a Londres no começo da tarde de 17 de junho. De Gaulle guardou seus objetos num pequeno apartamento em Seamore Grove (hoje Curzon Place) com vista para o Hyde Park, cujas chaves lhe haviam sido emprestadas, almoçou no RAC Club com Spears e foi com ele a Downing Street, número 10. De Gaulle registra o encontro laconicamente em suas *Memórias*:

> Churchill imediatamente me deu seu apoio e, para começar, pôs a BBC à minha disposição. Combinamos que eu a usaria depois que o governo francês propusesse um armistício. Naquela noite, veio a notícia de que isso tinha acontecido. No dia seguinte, às seis da tarde, li ao microfone aquele discurso que todos conhecem.[1]

Esse relato passa por cima de muitos detalhes. De Gaulle sabia que nenhuma daquelas quatro sentenças era inteiramente verdadeira. Mas nem ele estava ciente de todas as idas e vindas das 24 horas transcorridas antes que os britânicos lhe permitissem, sem grande entusiasmo, fazer a transmissão.

A primeira inexatidão no relato de De Gaulle diz respeito à hora em que Pétain anunciou que ia propor um armistício. O discurso tinha sido transmitido às onze da manhã, hora da Grã-Bretanha, enquanto Spears e De Gaulle ainda estavam voando para a Inglaterra.[2] Quando De Gaulle foi ver Churchill, ambos deviam saber que o discurso já tinha sido feito. Se Churchill pediu a De Gaulle que esperasse antes de fazer a transmissão, ou estava convencendo-o a aguardar até que a situação se esclarecesse, ou ganhando tempo para consultar seu gabinete. Não podemos ter certeza, porque Churchill jamais mencionou o encontro com De Gaulle em suas memórias – e até errou a data da transmissão de De Gaulle, como se tivesse ocorrido naquele dia. A outra testemunha do encontro foi Spears, cujas relações com De Gaulle viriam a deteriorar-se de tal maneira que não se pode confiar em nada que ele diz. Numa versão ele recordava que Churchill tinha recebido De Gaulle calorosamente; em outra Churchill lhe dera "uma recepção polida, feliz por ver alguém se juntar a nós, mas dispensou De Gaulle depois de algumas frases de cortesia... Era óbvio, por seus modos, que estava descontente".[3] Como Churchill ficara com uma boa impressão de De Gaulle nos três encontros anteriores, não tinha razão alguma para estar descontente, mas pode ser que consentisse um tanto distraidamente no pedido de De Gaulle para falar pelo rádio, não tendo muita noção do que ele pretendia dizer.

Qualquer que tenha sido a promessa de Churchill a De Gaulle, o governo britânico esperava trabalhar por intermédio do, e não contra o, governo Pétain. Para ele o pior que poderia acontecer era a frota da França cair em poder dos alemães. Telegramas saíam de Londres para Bordeaux quase a cada hora, insistindo que o governo francês mandasse navios franceses para portos britânicos antes de assinar qualquer armistício. De Gaulle também evitou romper abertamente com o governo francês. Em 17 de junho, escreveu para o Ministério da Guerra francês dizendo que estava em Londres para dar continuidade à missão interrompida dois dias antes. E perguntava: "Devo continuar as negociações? Coloco-me às suas ordens."[4] Era um comportamento estranho da parte de alguém que planejava desafiar o governo francês pelo rádio. A explicação mais provável é que estava se protegendo. Se de fato alimentava ilusões sobre o governo francês, não deu sinais disso quando jantou aquela noite com Jean Monnet. Este, que não acompanhara de perto os acontecimentos na França, ficou espantado com a violência da animosidade de De Gaulle contra Pétain. Quando De Gaulle disse aos berros que o marechal estava "no caminho da traição", Monnet tentou acalmar os ânimos, aconselhando-o a abaixar a voz, porque o garçom era um veterano de Verdun. E quando a mulher de Monnet perguntou a De Gaulle qual era a natureza de sua missão, ele respondeu irritado: "Não estou aqui numa missão, estou aqui para salvar a honra da França."[5] No fim da noite Monnet estava convencido de que De Gaulle era um lunático ou um aventureiro ambicioso. Isso teria grande peso nas futuras relações entre os dois homens.

De Gaulle passou a manhã seguinte (18 de junho) finalizando seu discurso. Uma vez pronto, foi datilografado por Elisabeth de Miribel, uma conhecida de Courcel que trabalhava para a missão econômica francesa em Londres. Nesse meio-tempo, Churchill tinha decidido enviar duas missões separadas a Bordeaux. Uma, chefiada por A.V. Alexander, primeiro lorde do almirantado, e Dudley Pound, primeiro lorde do mar, ia fazer um apelo ao chefe da frota francesa, almirante François Darlan; a outra, chefiada por Monnet, ia sondar importantes políticos franceses e oferecer-lhes transporte para sair da França. Como não fazia sentido provocar o governo francês e ao mesmo tempo tentar ganhar sua adesão, isso punha um ponto de interrogação na ideia de permitir que De Gaulle falasse pelo rádio. O Gabinete de Guerra britânico reuniu-se às 12h30. Presidido por Neville Chamberlain, porque Churchill estava preparando um discurso a ser proferido na Câmara dos Comuns aquela tarde, o gabinete entendeu "não ser desejável que De Gaulle, *persona non grata* na França", fizesse qualquer discurso enquanto se pudesse esperar alguma coisa do governo de Bordeaux.

Spears almoçou com De Gaulle às duas da tarde, mas ao que tudo indica não o informou desse revés. De Gaulle voltou ao seu apartamento para os últimos retoques no discurso. Enquanto isso, Spears decidiu tentar reverter a decisão do gabinete. Retornando a Downing Street às cinco da tarde, encontrou Churchill fazendo a sesta depois do discurso na Câmara dos Comuns. Insistiu no caso de De Gaulle, e Churchill concordou em deixá-lo falar, desde que o resto do gabinete concordasse. "Com ar perturbado e miserável", de acordo com Colville, "Spears partiu em sua rodada de conversões."[6] Conseguiu convencer um número suficiente de membros do gabinete, mas nesse meio-tempo outro empecilho interferiu nos planos de De Gaulle. O assessor especial de Churchill, Desmond Morton, e Robert Vansittart, ex-chefe do Ministério das Relações Exteriores, que ainda tinha influência em Whitehall porque agora exercia uma função oficial como principal assessor diplomático do governo, chegou ao Número 10 para convencer Churchill a mandar mais um enviado a Bordeaux, lorde Lloyd, secretário de Estado para as Colônias. Agora eram três missões despachadas para Bordeaux! Vansittart argumentou que isso tornava necessário reverter a decisão original do gabinete de manter

De Gaulle longe do rádio. No fim das contas, com o inesperado apoio do cauteloso secretário das Relações Exteriores, lorde Halifax, Churchill concordou que De Gaulle deveria ter permissão para falar. Halifax era de opinião que "devemos mexer todos os pauzinhos ao mesmo tempo: eles podem ficar zangados, por exemplo, lorde Lloyd pode ser friamente recebido se De G[aulle] falar; mas já existe uma tal confusão na França que um pouco mais praticamente não faria mal".⁷ Quando De Gaulle apareceu na BBC às seis da tarde para gravar o discurso, felizmente não sabia nada sobre essas negociações de bastidores. Tendo gravado sua transmissão de quatro minutos, jantou no Hotel Langham, em frente à BBC. Só duas horas depois a BBC recebeu autorização para transmitir o discurso. Ele foi ao ar às dez da noite (oito na França) e reprisado quatro vezes no dia seguinte.⁸

Não só era incerto se De Gaulle teria permissão para falar, como o discurso que ele fez foi diferente do texto que chegou até nós – como sabemos porque suas palavras foram ouvidas pelos serviços de escuta dos governos suíço e francês. A versão impressa "oficial" começa assim: "Os líderes que há muitos anos estão à frente dos exércitos franceses formaram um governo. Esse governo, alegando que nossos exércitos estão derrotados, entrou em contato com o inimigo para cessar o combate." O que De Gaulle de fato disse foi: "O governo francês perguntou ao inimigo em que condições os combates cessariam. Declarou que, se essas condições forem desonrosas, a luta deverá continuar." Como a versão falada era ligeiramente menos afrontosa ao governo de Pétain, é de supor que De Gaulle atenuou um pouco sua versão em deferência ao – ou sob pressão do – governo britânico.⁹

Apesar dessa variação, a estocada essencial do discurso não tinha sido alterada. Ele oferecia um diagnóstico, uma previsão, um apelo e uma mensagem. O diagnóstico: a derrota era uma questão puramente militar, causada pela superioridade dos armamentos e das táticas dos alemães. A previsão: a derrota das forças francesas não era definitiva, uma vez que a França ainda tinha um Império, tinha um aliado na forma da Grã-Bretanha, e por trás dos dois estavam os Estados Unidos. Em suma, tratava-se de uma "guerra mundial" que não seria "decidida só pela Batalha da França". O apelo: "Eu, general De Gaulle, atualmente em Londres, convido os oficiais e os soldados franceses que se acham em território britânico, ou que possam se achar no futuro, com suas armas ou sem suas armas; convido os engenheiros e os operários especiais das indústrias de armamento que se acham em território britânico, ou que possam se achar no futuro, a entrar em contato comigo." A mensagem: "A chama da Resistência francesa não pode se extinguir e não se extinguirá."

É comum falar-se no "mito" de 18 de junho, porque poucas pessoas ouviram o discurso, e menos ainda as que agiram por causa dele. Mas o discurso não é um mito, e o que importa é que foi feito. Todas as ações futuras de De Gaulle – o que ele mais tarde chamaria de sua "legitimidade" – tiveram origem nesse momento. A sua foi a primeira voz pública que se opôs à ideia de um armistício na França, e ele ofereceu não apenas apelo moral, mas um argumento explicando por que nem tudo estava perdido.

No limbo

De Gaulle tinha terminado o discurso dizendo que voltaria a falar pelo rádio no dia seguinte. A coletânea dos seus discursos contém o que ele supostamente pronunciou. Na realidade, ele não falou, porque os britânicos não lhe permitiram.[10] Quando o discurso que queria fazer foi enviado ao Ministério das Relações Exteriores, o subsecretário permanente Alexander Cadogan cercou Halifax numa conversa: "[Eu] lhe disse que isto não pode continuar. O Número 10 está parecendo os bastidores de um circo onde tudo quanto é maluco deste mundo agarra o P[rimeiro]-M[inistro] e toma decisões impensadas. Isso tem que acabar."[11] A mudança de ideia foi explicada pelo funcionário do Ministério das Relações Exteriores William Strang, que escreveu: "Parece-me que precisamos tomar cuidado para não montarmos em dois cavalos ao mesmo tempo. Enquanto estivermos espicaçando o governo francês atual, e com algum êxito, seria desastroso parecer que estamos ao mesmo tempo flertando com um possível sucessor em Londres."[12]

Os resultados de "espicaçar o governo francês" por intermédio das três missões a Bordeaux foram insatisfatórios, mas não inteiramente negativos. Monnet foi incapaz de convencer qualquer político a voltar para Londres com ele; Pound trouxe a garantia de Darlan de que em circunstância alguma a frota seria entregue; Lloyd voltou com a impressão de que o governo de Pétain talvez ainda se mudasse para o norte da África, se os termos do armistício fossem inaceitáveis. Como De Gaulle não parecia ter prejudicado as tentativas do governo britânico de conquistar a boa vontade do governo francês, por enquanto a estratégia britânica era aguardar o desfecho das negociações do armistício – e evitar novas provocações ao governo francês. Um comitê de Whitehall, presidido por Vansittart, que tinha sido instalado para formular a política com a França, resolveu em sua reunião de 22 de junho que "nenhuma nova manifestação do general De Gaulle será permitida", apesar do lobby de Spears a favor de De Gaulle.[13]

Chegavam a Londres boatos encorajadores de que vários pró-cônsules imperiais franceses estavam inclinados a rejeitar o armistício. O mais importante deles era o general Charles Noguès, na porção francesa do norte da África. Em 19 de junho, De Gaulle enviou um telegrama a Noguès oferecendo-se para servir sob suas ordens se ele se manifestasse contra o armistício. No dia seguinte, De Gaulle esteve com Cadogan, que, em suas próprias palavras, "expliquei a De Gaulle por que ele deveria ficar calado até que a situação se esclareça. Ele concordou e disse que, se estivesse convencido de que Weygand organizava a Resistência no ultramar, seria o primeiro a oferecer seus serviços".[14] Pela opinião particular que tinha de Weygand, De Gaulle não deve ter levado essa possibilidade muito a sério. Apesar disso, no mesmo dia ele escreveu para Weygand e para o adido militar francês em Londres assegurando-lhes que estava pronto para obedecer às ordens de retornar à França.[15] Parece inconcebível que De Gaulle de fato pensasse em voltar para Bordeaux. É de supor que ainda estivesse protegendo a própria retaguarda, para não ser acusado de franca dissidência antes da assinatura de um armistício – e enquanto não tivesse um status oficial perante os britânicos.

Naqueles dias, enquanto todos aguardavam a divulgação dos termos do armistício alemão, franceses em Londres que tinham ouvido o discurso de De Gaulle em 18 de junho responderam ao seu apelo e foram lhe oferecer seus serviços. A embaixada da França não facilitava, recusando-se a dar qualquer informação sobre o paradeiro de De Gaulle, mas alguns conseguiram localizá-lo no apartamento de Seamore Grove. Os que chegavam à noite eram recebidos por De Gaulle em seu quarto de dormir, do tamanho de uma cabana, com papéis espalhados por todas as superfícies porque as janelas da sala de estar, que davam para o Hyde Park, eram grandes demais para serem cobertas e escurecidas. De Gaulle não tinha nada para oferecer aos visitantes. Um deles, que apareceu em 19 de junho, foi um advogado de esquerda, André

Weil-Curiel, que insistiu com De Gaulle para reagrupar a comunidade francesa em Londres. De Gaulle trouxe-o de volta ao chão:

> Os ingleses não têm pressa alguma em se comprometerem. Estão aguardando os políticos franceses que, aparentemente, deixaram Bordeaux ... Por ora, não tenho sequer um lugar onde possa colocar minha mesa de trabalho. Não tenho dinheiro nem pessoal. Não sei por onde anda minha família. Estamos começando do zero. Para começar, você pode ficar tomando conta. Assim, Courcel e eu podemos sair para almoçar, e pelo menos haverá alguém para atender ao telefone ou abrir a porta, durante a nossa ausência.[16]

Naqueles dias de incerteza, entre o discurso de 18 de junho e a assinatura do armistício em 22 de junho, a única boa notícia foi a chegada inesperada da família de De Gaulle, que ele tinha visto pela última vez rapidamente em Carantec, na Bretanha, no dia 15. Desde então a família não tinha notícia do seu paradeiro – não sabendo se estava em Londres, Bordeaux ou no norte da África. Churchill despachara um avião no dia 18 para buscá-los antes que caíssem em mãos inimigas, mas o avião sofreu um desastre, matando todos os tripulantes. Yvonne de Gaulle, sem saber de nada disso, decidira, por conta própria, fazer a travessia para a Inglaterra. Com pouco mais do que a roupa do corpo, conseguiu, com os três filhos e a babá de Anne, pegar um barco entupido de refugiados franceses em Brest. Em Plymouth, hospedaram-se no primeiro hotel disponível. Com roupas amarrotadas, sem bagagem, e uma criança severamente deficiente, não inspiraram confiança e foram obrigados a pagar adiantado pelo quarto. Num jornal que comprou, Philippe viu um minúsculo artigo numa página interna sobre "certo general De Gaulle" em Londres. Apesar do seu quase inexistente inglês, ele convenceu um policial de que era filho daquele "De Gaulle", embora, diante do ceticismo inicial, se perguntasse se o policial tinha ficado com a impressão de que De Gaulle era um nome tão comum quanto Smith. Na noite de 20 de junho, a família chegou ao Hotel Rubens, perto do Palácio de Buckingham, onde De Gaulle dormia. Philippe lembrava-se do reencontro dos pais como "uma das raríssimas vezes em que os dois se beijaram na presença de qualquer outra pessoa".[17]

Em 21 de junho, o governo francês recebeu os termos do armistício. Para maximizar a humilhação francesa, Hitler tinha escolhido como local das negociações a floresta de Compiègne, onde o armistício de 1918 pondo fim à Primeira Guerra tinha sido firmado. A rigor, não houve negociação alguma, porque foram apresentados à delegação francesa, chefiada pelo general Huntziger – a quem poucas semanas antes De Gaulle concebera como substituto de Weygand –, termos que ela só poderia aceitar ou rejeitar. Embora as condições fossem duras, havia incentivos suficientes para os franceses assinarem: Paris seria ocupada, mas metade do território francês permaneceria "livre", e não havia sanções contra o Império francês. Uma cláusula em especial preocupava os britânicos: todos os navios de guerra franceses ficariam "desarmados sob controle alemão" enquanto permanecessem em águas francesas. O governo francês assinou o armistício na noite de 22 de junho. Naquela noite, Churchill fez uma transmissão radiofônica para a França. Atacou ferozmente o governo de Pétain e condenou o armistício que colocava a França em estado de servidão. Spears vinha pressionando-o nos últimos dias para permitir que De Gaulle voltasse a falar.[18] Não havia mais razões de recusa. O texto proposto por De Gaulle foi submetido ao gabinete e ele finalmente teve autorização para falar aquela noite. Esse segundo discurso – depois de quatro dias em Londres – foi o primeiro de De Gaulle a ser preservado pela BBC. Sua estocada era idêntica à do discurso de 18 de junho, mas a forma era mais elaborada. De Gaulle afirmava que o armistício era contrário ao "bom senso, à honra e aos mais altos interesses da Pátria". Weygand imediatamente respondeu, revogando a promoção de De Gaulle a general. Depois daquele dia, ele passou a ser identificado na França como "o ex-general De Gaulle". Não havia como voltar atrás.

    De Gaulle aproveitou a fúria de Churchill contra o armistício para aumentar sua vantagem. Escreveu-lhe em 23 de junho para dizer que, levando em conta que "meu nome tem certa notoriedade ... [e] que fui membro do último governo francês independente", estava formando "com algumas personalidades francesas notáveis um Comitê Nacional para levar a guerra adiante em comum com os Aliados". De Gaulle pediu ao governo britânico que reconhecesse o comitê como "qualificado para representar a nação francesa".[19] Numa reunião aquela manhã, o Gabinete de Guerra, surpreendentemente, decidiu apoiar a ideia. Depois da reunião do gabinete, De Gaulle esteve com Churchill – pela segunda vez desde sua chegada a Londres – e lhe assegurou que contava com o respaldo de figuras como o famoso romancista André

Maurois, que estava em Londres, e o embaixador francês Corbin. De Gaulle hesitou sobre a melhor forma de apresentar seus argumentos. Sugeriu que a tarefa de organizar esse comitê "pudesse ser explicitamente associada ao meu próprio nome", mas disse que "não tinha intenção de querer aparecer". A melhor solução seria encontrar uma figura política para "aparecer à frente dele".[20] Ficou combinado que ele usaria o rádio aquela noite para fazer o anúncio.

Ao tomar conhecimento dessa iniciativa, três destacadas personalidades francesas em Londres começaram a fazer lobby com os britânicos, na esperança de revogar a decisão. Eram elas Monnet, Corbin e Alexei Leger, antigo chefe do Ministério das Relações Exteriores que tinha chegado poucos dias antes. A objeção que faziam era que De Gaulle era uma personalidade desconhecida, sem credibilidade. As negociações estenderam-se pelo dia todo. Cadogan observou:

> Spears e De G[aulle] chegaram pelas 7:00, quando H[alifax] tinha ido ver o Rei. Depois de uma luta, conseguiu que De G[aulle] alterasse sua declaração, tirando nomes, *em particular o dele*. H[alifax] voltou às 8:00 e conseguiu que ele concordasse com declarações lá pelas 8:30 ... Monnet ligou insistindo que a ideia de De G[aulle] era toda errada. 9:15 Van[sittart] ligou ... para dizer que Corbin e Leger estavam com ele e que "De G[aulle] precisava mudar a transmissão!" ... Eu disse [para Halifax] que não podíamos mudar de ideia a cada cinco minutos. Havia apenas duas alternativas: negar a BBC a De G[aulle] ou deixá-lo soltar o verbo. Ele era a favor desta última opção.[21]

De Gaulle fez a transmissão radiofônica aquela noite. Sua fala foi seguida de um comunicado do governo britânico declarando que "não poderia mais considerar o governo de Bordeaux como o governo de um país independente". Os britânicos reconheceriam o "Comitê Nacional Provisório ... desde que o comitê continue a representar todos os elementos franceses dispostos a combater o inimigo".[22]

Churchill e De Gaulle tinham ideias diferentes sobre o que exatamente os britânicos estavam se comprometendo a fazer. De Gaulle tentava ser reconhecido com uma espécie de contragoverno; Churchill via o comitê apenas como uma espécie de "ferrovia subterrânea, como nos tempos antigos da escravidão ... Uma organização Pimpinela Escarlate".[23] No dia seguinte, o governo voltou atrás quando ficou claro que o "comitê" de De Gaulle não tinha nenhum nome francês importante – nada de Maurois, nada de Corbin, nada de Monnet, nada de Leger –, e Halifax, que estava pronto para deixar De Gaulle "soltar o verbo", agora instruiu a imprensa a não publicar o comunicado do governo britânico.[24] Ao não verificar se havia alguém disposto a juntar-se a ele, De Gaulle julgara sua posição mais forte do que de fato era e o assunto do comitê morreu. Mas esse fracasso causou considerável prejuízo a De Gaulle. Mostrou o tamanho de suas ambições – queria chefiar um governo dissidente – e provocou as suspeitas dos franceses cansados de soldados envolvidos na política.

O governo britânico agora explorava duas outras possibilidades. A primeira era entrar em contato com certo número de parlamentares franceses importantes, incluindo Mandel e Daladier, que tinham partido de navio – o *Massilia* – de Bordeaux para o norte da África antes dos termos do armistício serem recebidos. O governo de Pétain tinha concordado com isso para garantir que algumas figuras essenciais da política ficassem fora do alcance dos alemães, se os termos do armistício fossem inaceitáveis. Mas pela época da chegada do *Massilia* a Casablanca, o armistício tinha sido assinado, e os passageiros passaram a ser descritos pelo governo francês como "desertores", quando, na verdade, eram os mais empenhados em continuar a luta contra a Alemanha. Os britânicos esperavam que nessas condições pudessem concordar em formar um governo francês dissidente no norte da África. O ministro da Informação britânico, Duff Cooper, foi mandado a Casablanca para contactá-los. Ao mesmo tempo, funcionários britânicos nas colônias mantinham-se em contato com governadores franceses das colônias no Oriente Médio e no norte da África, que pudessem estar dispostos a rejeitar o armistício. Ainda havia grandes esperanças com relação ao general Noguès, que tinha à sua disposição forças muito superiores a qualquer coisa que De Gaulle pudesse oferecer. O próprio De Gaulle escreveu para Noguès novamente em 24 de junho. Houve uma sutil mudança em sua posição. No telegrama que passou para Noguès em 19 de junho, De Gaulle se oferecera para servi-lo; seu telegrama de 24 de junho convidava Noguès a ingressar no comitê – que a rigor já não existia.[25]

Os britânicos já não sabiam o que fazer com De Gaulle. O irascível Cadogan registrou o seguinte em 25 de junho:

Tendo lavado as mãos com relação a De G[aulle] – depois que Van[sittart] se meteu e eu lhe entreguei De Gaulle –, descobri que Van está tendo dificuldades com ele e quer que eu o aceite de volta. Nem morto! É bem dele querer se livrar de uma coisa quando fica difícil! E ele vive mudando de posição – um dia a favor de De G, no dia seguinte contra. Não quero mais saber disso.[26]

Mas De Gaulle foi autorizado a continuar com as radiodifusões. O que se seguiu foi um extraordinário duelo de oratória nas ondas sonoras entre ele e Pétain. Em 23 de junho, Pétain tinha falado pelo rádio, respondendo ostensivamente à condenação do armistício por Churchill no dia anterior. Mas seu discurso foi também uma resposta a De Gaulle (sem lhe mencionar o nome) e afirmou que o armistício não era contrário à "honra" da França. Em 24 de junho, De Gaulle falou de novo para manifestar sua "vergonha ... e repugnância" pelo armistício, e declarou que havia "poderosas forças de Resistência levantando-se para salvar a honra da França". No dia seguinte (25 de junho) Pétain, ainda sem mencionar De Gaulle, reiterou as razões de a guerra ter terminado para a França e de ele se recusar a "verter o sangue dos franceses para prolongar o sonho de alguns franceses mal informados sobre as condições da luta". Iria compartilhar as provações dos franceses e "não colocar minhas esperanças e minha pessoa fora do solo da França". Finalmente, convidou os franceses a trabalhar junto com ele por uma "recuperação moral e intelectual". De Gaulle preparou sua resposta. Gladwyn Jebb, que viria a ser embaixador britânico em Paris, e na época era um diplomata iniciante no Ministério das Relações Exteriores, ficou com a incumbência desagradável de lhe comunicar a opinião britânica de que seu rascunho era hostil demais a Pétain para ser transmitido pelo rádio:

> Corri ao Hotel Rubens onde De Gaulle ainda jantava: ele apareceu, claramente de mau humor, e me olhando de cima para baixo disse: *"Qui êtes vous?"* Expliquei que era apenas um subordinado; que sir Alec Cadogan estava ansioso para discutir com o general o texto da transmissão, mas como o rascunho chegou tarde coube a mim propor algumas "ligeiras modificações". Ele deu uma olhada. Pausa horrível, *"je les trouve ridicules, parfaitement ridicules"*.[27]

Não temos a versão original, mas a definitiva, com as emendas "ridículas", já era suficientemente feroz. Começava assim: "M. le Maréchal, do outro lado das ondas sonoras por cima do mar, um soldado francês vai lhe dirigir a palavra... Nestas horas de vergonha e raiva pela *Patrie*, uma voz precisa lhe responder. Esta noite a voz será minha." Repetindo que a derrota da França foi causada não por deficiências morais, mas militares, ele perguntava, acusadoramente: "De quem é a culpa, M. le Maréchal?" Reiterando que o armistício reduziria a França a um estado de servidão, ele enfiou a faca com força: "Para aceitar esse ato de escravização não precisávamos do senhor, M. le Maréchal, não precisávamos da vitória de Verdun. Qualquer outra pessoa serviria." Foi a primeira vez que De Gaulle falou diretamente com Pétain. O mais jovem general – ex-general – do Exército francês falar de igual para igual com o mais venerado soldado da França era blasfêmia. Foi o *adieu* público de De Gaulle a Pétain – mas não a maneira certa de obter o apoio daqueles pró-cônsules imperiais imbuídos de reverência pelo vencedor de Verdun.

De Gaulle já não esperava que eles viessem em seu apoio. Preparava-se para assumir, ele mesmo, o papel de salvador. Sua oportunidade surgiu porque todas as tentativas britânicas de encontrar outra solução tinham falhado. Em 27 de junho, Noguès recusou-se até a receber Duff Cooper em Casablanca, ou a permitir que ele se encontrasse com passageiros no *Massilia*, que tinham caído numa armadilha. No dia anterior, De Gaulle redigiu um memorando para os britânicos propondo que, embora tivesse sido incapaz de formar um "Comitê Nacional", ele deveria pelo menos ter a oportunidade de formar um "Comitê Francês" para organizar uma "força de voluntários".[28] Complementou com uma carta para Churchill no dia seguinte sugerindo, em vez disso, uma "Legião Francesa". Como assinalou amargamente: "O tempo passa e o tempo é precioso."[29] Dessa vez conseguiu. Noguès, no norte da África, tinha declarado sua lealdade a Pétain; nenhum político chegou da França; ninguém mais se apresentara. Churchill disse a De Gaulle, em particular: "Você está só – pois bem, vou reconhecê-lo sozinho."[30] Em 28 de junho, ele concordou oficialmente em reconhecer o "general De Gaulle como líder de toda a França Livre, onde quer que ela esteja".

No dia seguinte, De Gaulle anunciou que à luz dessa providência "do mais profundo significado" ele estava "assumindo, sob minha autoridade, todos os franceses em solo britânico". Era uma interpretação um tanto tendenciosa do que Churchill achava que tinha sido combinado. Imediatamente Corbin recebeu garantias de que os franceses na Grã-Bretanha tinham toda a liberdade de não se juntarem a De Gaulle. Ele era apenas o organizador de um movimento militar contra a Alemanha e isso não afetava o desejo da Grã-Bretanha de manter relações regulares com o governo francês.[31] Os britânicos não tinham desistido completamente de Pétain. Em 27 de junho, De Gaulle foi convocado pelo governo francês em Bordeaux a aparecer perante um tribunal militar por se recusar a cumprir ordens.

Naqueles dez dias, De Gaulle tinha conseguido menos do que esperava inicialmente. Autorizado *in extremis* a falar pelo rádio em 18 de junho, ele precisara aguardar uma oportunidade favorável entre 19 e 22 de junho; ganhara terreno entre 22 e 24 de junho, antes de ser forçado a recuar novamente entre 25 e 27 de junho. Suas ambições tinham sido gradualmente reduzidas de um "Comitê Nacional" para um "Comitê Francês" e, em seguida, para uma "Legião Francesa". Aqueles dez dias foram uma condensação do que viriam a ser as relações de De Gaulle com os britânicos nos dois anos seguintes: apostar nele ou no governo francês legítimo. Os britânicos continuavam sem saber ao certo, na metáfora de Strang, em que cavalo montar. A força de De Gaulle durante aqueles dez dias vinha do fato de ser ele a única figura política em Londres que sabia exatamente o que queria.

Restava traduzir o reconhecimento de De Gaulle por Churchill numa relação formal. Isso foi ratificado numa troca de cartas em 7 de agosto, depois de duras negociações. Do lado britânico, as cartas foram descritas como um "memorando" que havia sido submetido ao francês; De Gaulle preferia descrevê-las como um "acordo" entre ele e os britânicos. O governo britânico concordava em arcar com os custos de equipar os seguidores de De Gaulle em troca da promessa de reembolso futuro. Eles preservariam, "até onde fosse possível, o caráter de uma força francesa" comandada por De Gaulle, que aceitaria as "diretrizes gerais do alto comando britânico". Finalmente, foi estipulado que a força de De Gaulle jamais "usaria armas contra a França" – para evitar possíveis acusações de que as Forças Francesas Livres eram mercenários britânicos. De Gaulle também obteve permissão para estabelecer um "organismo civil compreendendo os serviços administrativos necessários para a organização de sua força" – cláusula aparentemente anódina que De Gaulle interpretaria com liberalidade. Numa carta anexa, Churchill comprometeu-se depois da guerra à "completa restauração da grandeza [*grandeur*] da França". Mas outra carta deixava claro que essa frase não tinha "qualquer relação precisa com fronteiras territoriais", embora, "claro, devamos fazer o maior esforço possível". De Gaulle respondeu que esperava que "um dia as circunstâncias permitam ao governo britânico considerar estas questões com menos reserva".[32] Em conjunto, foi um resultado muito bom, como comenta um dos biógrafos de De Gaulle, para um "brigadeiro sem um tostão exilado numa terra cuja língua não sabia falar".[33] Mas o eternamente vigilante De Gaulle ficou preocupado com a ressalva de Churchill sobre fronteiras. Como poderiam os franceses, escreveu ele em suas *Memórias de guerra*, ter certeza de que "de um lado, os azares da guerra não possam levar a Grã-Bretanha a uma paz com concessões; de que, de outro lado, ela não possa ser tentada a pegar uma das nossas possessões ultramarinas"?[34]

Recrutamento

Nas seis semanas decorridas entre o reconhecimento de De Gaulle por Churchill, em 28 de junho, e a assinatura do Memorando, em 7 de agosto, os acontecimentos na França se sucederam com rapidez. Bordeaux, como Paris, caiu na zona ocupada pelos alemães. Por essa razão, o governo de Pétain mudou-se para a cidadezinha de Vichy, na "zona livre". Em 9-10 de julho, membros do Parlamento francês se reuniram no cassino de Vichy para conceder a Pétain plenos poderes para redigir uma nova Constituição. As circunstâncias da votação foram duvidosas, uma vez que muitos membros do Parlamento não puderam participar da reunião – incluindo os que estavam no *Massilia* e certamente teriam votado "não". No fim, apenas oitenta votaram contra: o Parlamento da República havia cometido suicídio. No dia seguinte, Pétain usou seus novos poderes para prorrogar o Parlamento indefinidamente, outorgar-se plenos poderes executivos e proclamar-se chefe de Estado. Para primeiro-ministro, indicou o político espertalhão da Terceira República Pierre Laval.

Muitos dos que votaram em Pétain apenas expressavam a veneração que sentiam pelo mais distinto líder militar da França. Ele não era conhecido como alguém de opiniões acentuadamente de direita, e o voto não foi necessariamente de aprovação ao que ficaria conhecido como o "regime de Vichy". Mas a natureza autoritária, repressiva e antissemita do novo governo logo se tornou evidente. Pétain anunciou que estava realizando uma "Revolução

Nacional" para regenerar a França e expurgar os inimigos internos. De início, a atitude do novo regime para com a Alemanha não era clara. Algumas figuras-chave, como Weygand, eram hostis à Alemanha, ainda que considerassem o armistício inevitável. Weygand defendia o rigoroso cumprimento do armistício, ao mesmo tempo guardando certa distância da Alemanha. Mas outros integrantes, como Laval, não faziam segredo da sua opinião de que o futuro da França estava em buscar boas relações com a Alemanha – o que mais tarde seria chamado de "colaboração". Ninguém sabia realmente o que o próprio Pétain achava.

Em tese, Vichy era neutro, mas Laval também não fazia segredo de sua anglofobia. As relações com a Grã-Bretanha quase degeneraram em guerra quando em 4 de julho os britânicos, ainda apavorados com a possibilidade de a Marinha da França cair em mãos alemãs, bombardearam parte da frota francesa em Mers-el-Kébir, no norte da África, depois de lhe oferecerem a opção de navegar para as Índias Ocidentais com escolta britânica. Mil e trezentos soldados franceses foram mortos em Mers-el-Kébir. O governo de Vichy retaliou bombardeando Gibraltar, mas não chegou a declarar guerra. A partir de então não houve mais vínculos diplomáticos oficiais entre os governos francês e britânico; o contato era feito por intermédio de mensageiros informais. Os britânicos impuseram um bloqueio econômico contra a França.

Era nesse contexto que os franceses da Grã-Bretanha tinham que decidir sobre como responder a De Gaulle. De 23 de junho em diante, ele passou a dispor de instalações na St. Stephen's House, um edifício em mau estado de conservação no Aterro Victoria pertencente à Scotland Yard. Seus cômodos modestos, no quarto andar, eram um pequeno avanço em relação ao pequeno apartamento de Seamore Grove, mas estavam longe de ser um lugar atraente, capaz de impressionar quem viesse juntar-se a ele. Um mês depois, De Gaulle mudou-se para instalações mais imponentes, em Carlton Gardens, número 4, uma magnífica residência perto do Mall. Isso permitia à França Livre usar cerca de setenta escritórios em sete andares (aluguel de 850 libras por mês). À medida que os números da França Livre iam crescendo, ao longo dos anos, anexos eram acrescentados em outros endereços (Hill Street, Duke Street), mas Carlton Gardens, onde De Gaulle tinha seus escritórios, continuava a ser o centro de operações.

Os esforços de De Gaulle para conseguir recrutas entre milhares de militares franceses que tinham ido parar na Grã-Bretanha depois da Queda da

França foram em grande parte infrutíferos. Esses soldados estavam distribuídos em acampamentos improvisados por todo o país: o hipódromo de Aintree, nos arredores de Liverpool, Trentham Park, nos arredores de Newcastle, o estádio de White City, em Londres, e assim por diante. Trentham Park abrigava cerca de 7 mil soldados da Força Expedicionária Francesa em Narvik, Noruega, que tinham sido evacuados para a Inglaterra. Seu comandante, o general Antoine Béthouart, foi contemporâneo de De Gaulle em Saint-Cyr. Béthouart disse a De Gaulle que compreendia seu desejo de continuar lutando, mas achava que sua responsabilidade era para com seus soldados. Deixou-os escolher entre se juntarem a De Gaulle ou serem repatriados para a França. De Gaulle esteve em Trentham Park em 30 de junho, mas a maioria dos soldados preferiu a repatriação – junto com Béthouart. A visita de De Gaulle a White City foi igualmente decepcionante. Dos cerca de 1600 soldados que passaram pelo estádio nos dois meses seguintes, apenas 152 se alistaram com De Gaulle.[35]

Naturalmente, o ataque a Mers-el-Kébir não ajudou em nada a causa de De Gaulle. Os militares franceses não tinham boa vontade com um país que tinha matado mais de mil camaradas seus. Naquela noite, De Gaulle confidenciou a Spears que estava pensando se não seria melhor mudar-se para o Canadá, como cidadão comum. Só dependia de o governo francês declarar guerra à Grã-Bretanha. Isso não ocorreu, e depois de quatro dias de constrangido silêncio De Gaulle falou pelo rádio para a França em 8 de julho, dando sua resposta ao ataque. Sua linha de raciocínio era que, embora a ação britânica fosse "detestável e lamentável", era preferível a correr o risco de os navios franceses caírem em mãos alemãs. Spears (de hábito um comentarista pouco generoso) escreveu depois: "Essa decisão ultrapassou o heroísmo, foi a de um homem preparado para enfrentar o martírio por amor ao seu país."[36] De Gaulle não tinha muita escolha, mas aquele deve ter sido um dos discursos mais difíceis da sua vida. Muitos anos depois declarou em particular que compreendia perfeitamente por que os britânicos tinham agido daquela maneira.[37] Alimentava muitos rancores contra os britânicos – alguns remontando a centenas de anos –, mas Mers-el-Kébir não era um deles.

Simultaneamente à operação em Mers-el-Kébir, militares da Marinha francesa nos portos britânicos eram tirados à força dos seus navios e internados. A maioria acabou indo para Aintree. Spears, que visitou o acampamento para ajudar nos esforços de De Gaulle, encontrou uma folha de papel de propaganda a favor de De Gaulle onde a partícula "ex" tinha sido inserida antes de cada menção ao "general" de Gaulle, e as palavras "comprado pela Inglaterra" rabiscadas depois do nome dele. Onde o bloqueio contra a França era mencionado, o adulterador do documento escreveu: "É assim que os ingleses tratam suas mulheres e seus filhos na França. A verdade é que M. De Gaulle não arrisca nada, pois sua família está sã e salva na Inglaterra."[38]

Até o fim de agosto De Gaulle recrutou apenas 7 mil soldados no total. Quase tudo contribuía para o insucesso, mas sua personalidade não melhorava a situação. Spears faz a seguinte observação sobre a visita de De Gaulle a um acampamento: "Ele se revelou totalmente incapaz de estabelecer contato com a plateia. Seu discurso foi recebido em frio silêncio. Também foi incapaz de dar um toque humano ao passar as tropas em revista."[39] Embora suspeito, o testemunho de Spears corresponde ao que um jovem recruta de vinte anos, Daniel Cordier, escreveu em seu diário quando De Gaulle – o primeiro general "de verdade" que ele tinha visto – visitou seu acampamento:

> Sob a calça as pernas excessivamente longas parecem frágeis demais para suportar um corpo tão imenso. Ele me faz pensar numa garça ... Sua estranha aparência é acentuada pela estranha entonação de voz: "Não os cumprimento por terem vindo; os senhores cumpriram o seu dever." Sua visita não deve ter durado uns poucos minutos ... Fico no meu canto, estupefato. Quer dizer que este aí é o meu líder: esse indivíduo frio, distante, impenetrável, bastante antipático?[40]

Cordier ficou bem mais impressionado quando ouviu De Gaulle falar no rádio em 8 de julho. Parecia mais atraente pela voz do que em carne e osso.

De Gaulle não se saía muito melhor quando tentava conquistar indivíduos, em vez de grupos. Um deles escreveu para Churchill contando sua experiência em Carlton Gardens: "Muitos franceses que ofereciam seus serviços ao general eram recebidos e entrevistados de tal maneira que saíam de lá com a confiança em frangalhos."[41] Bem típica foi a experiência do jovem capitão André Dewavrin, evacuado da Noruega, que ofereceu seus serviços a De Gaulle.

> Ele me mandou repetir meu nome ... depois fez uma série de perguntas curtas, de forma áspera, incisiva, quase brutal ...

Depois disso, De Gaulle perguntou: "Outras qualificações? Fala inglês?"
"Sou formado em direito e falo inglês fluentemente."
"Onde esteve durante a guerra?"
"No corpo expedicionário norueguês."
"Então conhece Tissier [outro recruta da força de Narvik]? Você é mais graduado do que ele?"
"Não, *mon général*."
"Tudo bem. Você será o chefe do 2º e do 3º Bureaux [serviços de inteligência] do meu estado-maior. Até logo. Nos vemos em breve."

A conversa tinha terminado. Bati continência e saí. Sua recepção tinha sido glacial ... Talvez houvesse uma dose de orgulho ou desprezo, ou talvez, quem sabe, uma espécie de timidez.[42]

De Gaulle não tentava seduzir. Para ele, o dever patriótico era indiscutível. Às vezes, num estado de espírito mais comunicativo, tratava os visitantes com uma longa dissertação geopolítica, explicando por que a guerra seria ganha. Em seu primeiro encontro com De Gaulle, em junho, o jornalista Maurice Schumann ouviu uma palestra sobre por que o Pacto Nazi-Soviético não duraria muito e por que os russos ficariam do lado dos Aliados.[43] Outro jornalista, o socialista Georges Boris, um dos primeiros a visitar Seamore Grove, em 19 de junho, recordava-se desta cena: "Pela janela saliente sob o implacável céu azul de junho de 1940 via-se o verde de Hyde Park até Kensington. O barulho da rua chegava abafado. Eu escutava aquela voz lenta, com suas suaves inflexões, dando-me essa aula clara, composta de lógica, sangue-frio, firmeza e honra."[44] Em casos como esse, De Gaulle não estava tanto persuadindo mas ruminando em voz alta – quase como se o interlocutor não estivesse ali.

Dois outros jornalistas que trabalhavam em Londres, Robert Mengin e o amigo Pierre Maillaud, foram ver De Gaulle no mesmo dia em que lá esteve Boris, e saíram menos impressionados. Mengin assim recordava o encontro:

Enquanto ele falava com Pierre Maillaud, eu só conseguia ver três quartos dele, de lado. Via apenas um olho. Veio-me a ideia de que era como olho de elefante ... A ausência de queixo, que me fez pensar se ele não teria tido um ferimento de guerra, me dava a impressão não de suavidade, mas de presunção, assim como os lábios encimados por um bigode minúsculo ... Na rua, Maillaud quis saber que impressão me ficara ... Eu lhe disse que o general parecia muito cheio de si.[45]

Mengin se tornaria um implacável antigaullista. Maillaud, que relatou essa conversa, também tinha dúvidas sobre De Gaulle. Mas traçou um retrato mais matizado:

> Seu aperto de mão um pouco reticente que parecia reter alguma coisa, a extraordinária reserva ... aquele olhar que conseguia ser ao mesmo tempo desprovido de curiosidade e friamente inquisitorial, com um toque de ironia, tudo isso dava à distante e irredutível determinação dos olhos alguma coisa a mais do que, como disse Mengin, apenas um soldado "cheio de si" ... Vi um homem de outra era. Muito alto, trajando uniforme e perneiras de couro, ele se mantinha rigidamente ereto ... Mas era no jeito de conduzir a cabeça, indefinivelmente distante, e na expressão da face que se via a severidade. Seus traços lembravam, à primeira vista, um desenho medieval. Podia-se imaginá-los acondicionados num elmo e numa cota de malha ... O que caracterizava os olhos era que pareciam não registrar o mundo exterior; sua expressão não parecia variar de acordo com o que estava na sua frente ... Era como se fossem, em certo sentido, predeterminados ... Pensei na falta de jeito de um erudito na presença de contato humano ... Era absolutamente impossível detectar não apenas uma emoção que não fossem as emoções vindas de dentro, mas qualquer reação ao interlocutor ... Havia naqueles olhos uma espécie de fogo abstrato, capaz de repentinamente se acender, porém mais expressar uma ideia do que comunicar ... Havia qualquer coisa de pedagogo e de cruzado.[46]

Durante todo aquele verão, os franceses em Londres debateram o que fazer. A decisão deles era motivada não apenas por impressões pessoais sobre De Gaulle, depois de conhecê-lo, mas também pelo que pensavam sobre o seu plano de ação. Apesar de De Gaulle ter sido obrigado a desistir da ideia de um comitê, que seria o embrião de um governo no exílio, era óbvio que sua ambição não se limitava a formar uma "Legião Francesa". Ele testemunhara em primeira mão o comportamento da facção pró-armistício no governo de Reynaud, conhecia bem Pétain e não tinha ilusões sobre ele. Essa lucidez o impedia de aceitar o consenso predominante de que Pétain era um patriota honesto, sem ambições políticas. Spears recebeu um relatório de alguém que estivera com soldados franceses em hospitais militares britânicos. Esses soldados se recusavam a acreditar que Pétain fosse traidor, tudo que queriam era voltar para o convívio da família, e viam De Gaulle com "profunda desconfiança": "A principal razão dessa desconfiança é a suposta existência ao lado dele de um comitê político formado por homens pelos quais têm o mesmo sentimento que temos pela turma do Chamberlain ... Sei que De Gaulle conseguiria milhares de recrutas se declarasse que era puramente um líder militar, com uma tarefa puramente militar, sem ligação alguma com políticos de qualquer coloração."[47] Como disse Maillaud em seu diário: "Se eu continuar a guerra, não será contra o nosso próprio governo, mas contra a Alemanha no Exército britânico."[48] Ele acabaria se juntando a uma equipe de jornalistas franceses que trabalhavam na BBC, mas sempre mantendo distância de De Gaulle.

É difícil generalizar sobre os primeiros recrutas da França Livre, a não ser que eram na maioria jovens e tinham menos a perder do que indivíduos com carreiras estabelecidas ou obrigações de família.[49] A força de Narvik tinha incluído uma meia brigada da Legião Estrangeira, que incluía muitos republicanos espanhóis e alguns refugiados judeus da Europa Central. Como era de esperar, eles basicamente decidiram ficar, mas isso tinha menos a ver com De Gaulle do que com a provável recepção que teriam na França de Pétain. Forasteiros de outra espécie eram os surpreendentemente numerosos indivíduos de origem aristocrática. Um dos primeiros a se apresentarem foi Claude Hettier de Boislambert (nascido em 1906), de uma família de classe alta da Normandia. Convocado em 1940, ele acabou combatendo na 4ª Divisão Blindada, sob o comando de De Gaulle. Mas quando conseguiu fugir de barco para Londres, em 18 de junho, não fazia ideia de que De Gaulle estava lá. Informado, ao chegar, do discurso de De Gaulle, foi à embaixada francesa para saber como entrar em contato com ele. Os funcionários da embaixada se recusaram a dar qualquer pista, mas o recepcionista o chamou de lado e informou, cochichando, sobre o paradeiro desse general dissidente.[50] Um que chegou pouco depois foi Philippe de Hauteclocque (nascido em 1902), de uma família aristocrática da Picardia, que noutros tempos tinha sido aluno do pai de De Gaulle, Henri. Oficial de carreira feito prisioneiro na Batalha da França, Hauteclocque tinha escapado e conseguido chegar a Londres passando pela

Espanha. Com a cabeça ainda enfaixada devido a um ferimento em combate poucas semanas antes, foi recebido por De Gaulle em meados de julho. Outro recruta pitoresco dessa primeira fase foi Georges Thierry d'Argenlieu (nascido em 1889), ex-oficial da Marinha que tinha largado a farda depois da Primeira Guerra para ingressar numa ordem religiosa, mas voltou à ativa em 1940. De origem social totalmente diferente desses três – mas também à sua maneira forasteiros – eram os 130 pescadores da minúscula Ile de Sein, ao largo da costa da Bretanha, que tendo ouvido De Gaulle falar pelo rádio em 24 de junho partiram para a Inglaterra em cinco barcos.

Entre os que se juntaram a De Gaulle logo no começo não havia, entretanto, diplomatas graduados, chefes de departamento administrativo ou altos funcionários civis, escritores ou intelectuais conhecidos, apenas dois parlamentares obscuros. Quase todo o pessoal da embaixada francesa preferiu voltar para casa. Entre os diplomatas, uma decepção para De Gaulle foi Roland de Margerie, com quem tinha trabalhado em estreita colaboração no governo de Reynaud. Margerie, cuja reputação nos anos 1930 tinha sido a de antiapaziguador, foi cooptado pelo governo de Pétain, que o nomeou cônsul francês em Xangai. Ao passar por Londres em julho, antes de assumir o cargo, ele esteve com De Gaulle, e hesitou por duas semanas sobre o que fazer. No fim, decidiu aceitar a remoção. Depois apresentaria muitas razões para explicar uma decisão cujas consequências o perseguiram pelo resto da vida. Essas razões incluíam um senso de dever ("Eu achava que, tendo servido à França no exterior por vinte anos enquanto ela foi vitoriosa, poderosa e invejada, seria indecente desistir de servi-la em sua desgraça, depois da derrota") e sua repugnância pela guerra civil ("a guerra civil sempre me horrorizou; na derrota parecia ainda mais abominável").[51]

Menos surpreendente foi a decisão de Jean Monnet. Apesar de ter trabalhado com De Gaulle na proposta da União Franco-Britânica de 16 de junho, ele logo se deu conta das ambições políticas de De Gaulle e fez o possível para sabotar seu comitê. Afirmou, numa longa carta para De Gaulle, que "não é de Londres que este esforço de ressurreição" pode vir: um movimento baseado em Londres pareceria "protegido pela Inglaterra, inspirado por seus interesses". Era um comentário irônico partindo do internacionalista Monnet e em vista das tempestuosas relações de De Gaulle com os britânicos nos anos subsequentes.[52] Monnet preferiu oferecer seus serviços ao governo americano.

O assessor mais ligado a Monnet, René Pleven, hesitou sobre o caminho a seguir. Pleven, de 39 anos, era diretor da filial europeia de uma empresa americana de eletricidade, até Monnet o recrutar para o comitê de aquisições em Londres. Esteve envolvido com a proposta da União Franco-Britânica, traduzindo para o francês as emendas feitas pelo Gabinete de Guerra britânico em 16 de junho. Em razão dos seus amplos contatos nos Estados Unidos e da amizade com Monnet, faria todo sentido se ele fosse com Monnet para os Estados Unidos. Pode-se rastrear sua hesitação nas cartas que escreveu para a mulher, que já se encontrava lá:

> 1º de julho de 1940: Hoje redigi a carta de renúncia de Monnet [do comitê de aquisições] para Churchill ... Denis [outro estreito colaborador de Monnet] ingressou na organização de De Gaulle. Motivo: precisamos nos unir, não cometer o erro francês de sempre dispersar nossos esforços. Monnet continua muito contrário, e eu oscilo.
>
> 3 de julho: Ainda me pergunto o que fazer. De Gaulle me pediu para ir vê-lo ontem. Sua pequena falange está reduzida a alguns milhares de pessoas, jovens e entusiásticas. Não se fala mais em Comitê Nacional ou outras fantasmagorias, mas ele quer que eu assuma as relações com o Ministério das Relações Exteriores e o Império ... Admito que me sinto tentado, mas Monnet está me pressionando para não aceitar.
>
> 8 de julho: Ainda não tomei uma decisão. Todo mundo mais ou menos ligado à embaixada tenta me impedir de juntar-me a De Gaulle, que no entanto me parece ser o único ponto em torno do qual a gente pode se reunir, apesar dos seus erros iniciais.
>
> 9 de julho: A notícia da supressão da Constituição, a chegada de Laval ao poder me convencem. Vou me juntar a De Gaulle.
>
> 28 de julho: Fico triste porque você desaprova minha decisão de juntar-me a De Gaulle. Mas eu lhe garanto que ao ver todos esses que *have run away* [fugiram] a gente sente orgulho de enfrentar o perigo.[53]

Maurice Schumann e René Pleven, que se juntaram a De Gaulle, e Pierre Maillaud e Jean Monnet, que não o fizeram, eram bons amigos; todos se opunham ao armistício, todos compartilhavam amplamente valores parecidos. O fato de terem feito escolhas diferentes em 1940 mostra que a decisão de seguir

De Gaulle era mais instinto do que cálculo. Raramente era baseada – como se vê pelos dez dias de hesitação de Pleven – num imediato *coup de foudre* [amor à primeira vista] por esse indivíduo desconcertante, estranho, tímido e antipático.

Diante da escassez de recrutas, De Gaulle tentou distribuir tarefas da melhor maneira possível. René Cassin, distinto professor de direito, que com seus 53 anos era um dos recrutas mais velhos, chegou no momento exato para ajudar De Gaulle na negociação das minúcias jurídicas do seu acordo de 7 de agosto com os britânicos.[54] O jornalista Maurice Schumann, que De Gaulle tinha ouvido falar uma noite pelo rádio, ficou com a responsabilidade de cuidar das transmissões radiofônicas da França Livre. O capitão Dewavrin, cuja gélida recepção por De Gaulle já foi mencionada aqui, foi encarregado de estabelecer um serviço de inteligência. Não tinha experiência nessa área – assim como nenhum dos outros que se apresentaram a De Gaulle. Jules Antoine, antes da guerra gerente de uma empresa francesa de eletricidade, foi incumbido da administração civil de Carlton Gardens. Algumas escolhas acabaram sendo menos inspiradas do que outras, como veremos, mas De Gaulle não tinha tanto material humano assim para escolher.

Os poucos navios franceses que se juntaram a De Gaulle foram postos sob o comando do almirante Emile Muselier, que chegara a Londres no fim de junho. Muselier, o mais alto oficial a oferecer seus serviços, tinha uma reputação duvidosa no almirantado francês, porque não fazia segredo de suas inclinações esquerdistas. Forçado a aposentar-se no fim de 1939, era um caráter explosivo e instável – além de viciado em ópio – que mais parecia um pirata do que um almirante. Quase de imediato os britânicos acharam impossível lidar com ele. De Gaulle foi avisado de que precisava impedir o almirante de ameaçar matar como desertor qualquer marinheiro francês que quisesse servir na Marinha britânica. No fim, entretanto, os britânicos concordaram, com relutância, que não tinham alternativa senão trabalhar com ele, porque, como disse um funcionário desconsolado, "era o único almirante disponível" – assim como De Gaulle era o único general.[55]

Como De Gaulle era figura quase desconhecida, os britânicos precisaram vendê-lo para o público. Em junho Cadogan comentou, em tom depreciativo: "Não sei lhes dizer nada sobre De Gaulle, a não ser que tem uma cabeça que lembra uma banana e quadris parecidos com os de mulher."[56] Para a propaganda, Spears produziu uma curta nota sobre De Gaulle com alguns detalhes relativos à sua carreira. Declarava que ele era "extremamente reticente" sobre sua vida privada, tinha três filhos e "gosta de esportes, especialmente de andar a cavalo, jogar tênis e é um astuto jogador de *bridge*". Não se sabe bem de onde veio essa mistura de verdade e fantasia.[57] Um jornalista britânico, Richmond Temple, foi contratado para escrever um livro sobre De Gaulle intitulado *De Gaulle's France and the Key to the Coming Invasion of Germany* [A França de De Gaulle e a chave para a iminente invasão da Alemanha]. Apresentava De Gaulle como um soldado visionário, que tinha previsto o caráter da guerra futura. Foi publicado em setembro, acompanhado de artigos exageradamente laudatórios na imprensa.[58]

Campanha para vender De Gaulle ao público britânico.
Esta tradução de 1941 do livro de De Gaulle *Vers l'armée de métier* (1934) apresentava-o como um visionário militar.

De Gaulle teve uma oportunidade de apresentar-se ao público britânico em 17 de julho, quando Denis Saurat, o diretor do Instituto Francês em Londres, organizou uma reunião no Queen's Hall com essa finalidade. Mas o convidado de honra não quis falar, embora a plateia gritasse seu nome. No dia seguinte o *Evening Standard* deu à notícia o título de "O general calado". De Gaulle provavelmente se sentia em desvantagem por não falar inglês. Ele contou a Saurat que estava lendo o livro *The Spirit of France* [O espírito da França], mas não conseguia avançar muito por causa do seu parco inglês (uma rara admissão de fraqueza da parte de De Gaulle). Saurat e De Gaulle se encontravam quase todos os dias no primeiro verão do general em Londres – Saurat foi um dos poucos membros da comunidade francesa em Londres a se apresentarem a De Gaulle – e o Instituto Francês foi nos primeiros meses uma espécie de segundo lar da França Livre. Além de dirigir o Instituto Francês, Saurat era professor de francês no King's College, com vastos interesses intelectuais, que iam de Milton ao ocultismo. Era figura conhecida em Londres, membro do Athenaeum e com boas relações na classe governante britânica. Isso tornava seu apoio especialmente valioso, mas De Gaulle, que apreciava a companhia de intelectuais, talvez também gostasse das conversas que tinha com ele. Algumas dessas conversas, registradas por Saurat em seu diário, tinham qualquer coisa de fantástico. Em uma ocasião, ele conta que De Gaulle lhe disse o seguinte: "Não é cedo demais para prepararmos uma filosofia nossa; faça isso para mim. Qual é o nome da pessoa que fez isso para Hitler?" Também podia ser uma maneira de De Gaulle inventar uma ocupação para esse sujeito intrometido e um tanto presunçoso, sem na verdade lhe passar nada de grande responsabilidade. As relações entre eles não tardaram a deteriorar-se, quando Saurat se deu conta disso. Mas naqueles primeiros dias De Gaulle ia atrás de apoiadores onde os pudesse encontrar.[59]

O apelo à África

Um argumento central do discurso de De Gaulle em 18 de junho foi que o Império francês garantia à França os recursos necessários para a continuação da guerra. Em face da lealdade de Noguès a Pétain, a esperança de De Gaulle de conquistar a adesão do norte da África tinha sido frustrada, mas ainda havia muita coisa para tentar ganhar em outras partes do Império. As primeiras possessões francesas a aderir foram as pequenas ilhas das Novas Hébridas, no Pacífico, minúsculos territórios literalmente do outro lado do mundo, cujo governador, Henri Sautot, declarou-se a favor de De Gaulle em 22 de julho. Além disso, havia sinais animadores na África Equatorial, uma vasta faixa territorial que se estendia da costa atlântica, passando pelo Saara, à fronteira meridional da Líbia. Compreendia os territórios do Chade, do Congo Francês e do Gabão, além dos Camarões, antiga colônia alemã sobre a qual os franceses tinham mandato desde 1919. O governador do Chade, Félix Eboué, tinha estado em contato com as autoridades britânicas na Nigéria para se juntar a eles. Era imprescindível agir antes que o governo de Vichy o substituísse por um legalista confiável. De Gaulle despachou três mensageiros para aproveitar a oportunidade: Philippe de Hauteclocque (que assumiu o nome de Leclerc para proteger a família na França), Claude Hettier de Boislambert e René Pleven. Só Boislambert tinha algum conhecimento da África, pois fora um apaixonado por caça graúda no período entre as duas guerras. Com os codinomes de "Sullivan", "Douglas" e "Charles", os três homens partiram de avião para Lagos em 8 de agosto. Ali entraram em contato com o coronel de Larminat, que fora chefe do estado-maior do alto-comando francês no Oriente Médio, em seu trajeto para se juntar a De Gaulle em Londres, depois de ver fracassarem suas tentativas de convencer as autoridades militares francesas em Damasco a romper com Vichy. Os quatro conspiradores passaram a dividir suas tarefas.

Em 26 de agosto, Pleven tomou o avião para Fort-Lamy, a capital do Chade, onde Eboué o recebeu com grande alívio. O apoio do Chade a De Gaulle foi formalmente anunciado no dia seguinte. Era o sinal para que Boislambert e Leclerc, acompanhados de 22 soldados, atravessassem aquela noite, em três canoas motorizadas, dos Camarões Britânicos para o porto francês de Duala, nos Camarões Franceses. Chegando a Duala de manhã cedo, entraram em contato com um grupo de simpatizantes locais, seguiram para os principais prédios administrativos e anunciaram, em 27 de agosto, que haviam tomado posse da colônia em nome do general De Gaulle. O capitão Leclerc arrancou um galão da manga do uniforme e o prendeu na outra, promovendo-se instantaneamente a coronel. Enquanto isso, Larminat enviava folhetos com propaganda pró-De Gaulle de Léopoldville, no Congo Belga, para Brazzaville, no Congo Francês, do outro lado do rio. Com o Chade e os Camarões garantidos, em 28 de agosto Larminat atravessou para Brazzaville, e com a cumplicidade de alguns funcionários coloniais prendeu o governador e declarou que o Congo estava nas mãos de De Gaulle. Em três dias, os Camarões e a maior parte da África Equatorial tinham passado para o lado de De Gaulle sem que se disparasse um tiro.

Essa notícia, espetacularmente animadora, chegou no momento exato em que De Gaulle partia, pessoalmente, numa flotilha anglo-francesa, para buscar a adesão das colônias francesas da África Ocidental. Os britânicos e a França Livre vinham conversando sobre uma expedição a Dakar, a capital do Senegal Francês, desde o início de julho. Como o porto mais ocidental da África, Dakar era estrategicamente importante: em mãos alemãs representaria uma ameaça real aos navios britânicos no Atlântico. Para a França Livre, conquistar Dakar seria a chave para controlar o Império francês na África Ocidental e dispor de uma base para futuras operações no norte da África. Depois do fracasso da operação Dakar, todo mundo tentava pôr a culpa em todo mundo. De Gaulle afirmou em suas *Memórias* que a ideia tinha sido de Churchill.[60] Na verdade, os dois estimularam um no outro um entusiasmo que ignorava as opiniões mais cautelosas de planejadores militares britânicos. Não se levou muito em conta o elaborado sistema de defesas do porto de Dakar, porque a expedição partia do princípio de que uma demonstração de força convenceria as autoridades francesas a passar pacificamente para o lado de De Gaulle, como tinha ocorrido na África Equatorial. Em 19 de agosto, De Gaulle escreveu para o almirante britânico Andrew Cunningham, que foi posto no comando da operação: "A situação na cidade é confusa. É fora de dúvida que muita gente continua rejeitando o armistício e considera os ingleses aliados."[61] Isso é, certamente, o que De Gaulle gostaria de acreditar. Os indícios sobre para onde pendiam as opiniões em Dakar eram fragmentários, mas não desanimadores.[62] As notícias da África Equatorial só podiam ter reforçado o otimismo de De Gaulle.

O comboio anglo-francês partiu de Liverpool em 31 de agosto.[63] O destino era ultrassecreto. Quando foi preciso encontrar bodes expiatórios para o fracasso da operação, alegou-se que informações tinham vazado, ainda que De Gaulle, tendo comprado trajes tropicais na Simpsons, anunciasse que estava indo à África Ocidental. Nada poderia ser menos plausível, levando-se em conta a mania de De Gaulle por sigilo. Mas é verdade que quando os navios estavam sendo carregados em Liverpool, um engradado quebrou, espalhando por todo o porto folhetos destinados à população de Dakar. Nada disso teve a menor influência no fracasso da expedição. O governo de Vichy só ficou sabendo a respeito no último minuto. O mais importante nisso tudo era que Vichy nomeara Pierre Boisson o novo governador ultraleal, que não ia se entregar sem luta, diferentemente dos colegas seus na África Equatorial.

É claro que não se sabia de nada disso quando a flotilha partiu de Liverpool. Como a França Livre não dispunha de navios em número suficiente, De Gaulle subiu a bordo do navio holandês *Westernland*, com 2400 soldados franceses. As forças britânicas eram comandadas pelo almirante Cunningham e pelo general Irwin no encouraçado *Barham*. Acompanhavam De Gaulle Courcel e o inevitável Spears. Durante a viagem, chegaram outras boas notícias. No começo de setembro, os governadores do Taiti e das cinco minúsculas possessões francesas na Índia (Pondichéry, Chandenagore, Karaike, Mahé, Yaman) anunciaram sua lealdade a De Gaulle. O diário que Spears manteve sobre a viagem, ainda não contaminado por sua animosidade contra De Gaulle, oferece um comentário em tempo real sobre o estado de espírito do general. Depois da tensão nervosa dos últimos três meses, aqueles foram os primeiros dias de repouso de De Gaulle. Spears achava-o "despreocupado" e os dois passavam horas conversando: "Quando lhe contam uma boa história, ele ergue a cabeça, vira-a de lado, ri e invariavelmente levanta uma das mãos e bate na outra". De Gaulle rindo não é coisa que muitos outros memorialistas descrevam. Mas Spears também detectava sinais de que De Gaulle se ofenderia se suspeitasse que alguém queria usurpar sua independência. Uma noite estavam sentados no convés, depois do jantar, "conversando sobre todos os assuntos imagináveis, como fazíamos horas seguidas", e Spears sugeriu que De Gaulle deveria falar com os soldados:

> Ele disse alguma coisa mais ou menos nesta linha: "Não me diga o que devo fazer; isto é assunto meu." Fiquei surpreso, e disse: "Ou seja, você não aceita sugestões." Ao que ele respondeu: "Não, nesses assuntos pessoais gosto de agir do meu jeito." Isso é estranho, porque eu tinha dado muitas sugestões que ele aceitou.[64]

Em 13 de setembro, cerca de 480 quilômetros a noroeste de Dakar, eles receberam a notícia de que uma força de seis encouraçados de Vichy tinha partido de Toulon e navegado pelo estreito de Gibraltar, sem ser confrontada pelo comandante britânico local, que não recebera qualquer ordem em contrário. Os navios tinham sido despachados para recuperar a África Equatorial mas, alertados da presença de uma frota britânica nas redondezas, mudaram de rumo seguindo para Dakar. Era um golpe terrível. Spears, De Gaulle, Irwin e Cunningham realizaram um conselho de guerra, como recordava Spears, "naquela cabine escura, horrivelmente quente e abafada, onde os participantes, de rosto lustroso, rajado, amarelo, seguravam compridos copos de uísque quente enquanto discutiam a situação, os ingleses fazendo um grande esforço para terem certeza de que De Gaulle entendia tudo que diziam".[65]

Chegando ao porto britânico de Freetown, na Serra Leoa, em 17 de setembro, foram informados de que o Gabinete de Guerra tinha decidido suspender a operação. Spears não ficou menos horrorizado do que De Gaulle: "Assustador, e o pior exemplo de pusilanimidade até agora. Golpe terrível para De Gaulle ... que se recolheu imediatamente em sua concha." Spears protestou vigorosamente com Londres: "A presença de De Gaulle aqui é, inevitavelmente, conhecida, e está claro que se ele não puder aproveitar a oportunidade, tão obviamente ao seu alcance, de conquistar a adesão da África Ocidental ... seu poder de agrupar qualquer outra parte do Império estará perdida para sempre."[66] Cunningham, que de início não acreditava na operação, apoiou essa posição. Churchill quis cancelá-la, mas foi convencido a deixar prosseguir. Eden, o secretário da Guerra, era de opinião que, se não prosseguisse, De Gaulle "não teria futuro político".[67] De Gaulle recebeu luz verde para continuar.

Quando a força franco-britânica apareceu diante do porto de Dakar em 23 de setembro, nada saiu como planejado. Esperava-se que a população de Dakar visse ao despertar a imponente flotilha à luz do sol do outro lado da baía. Em vez disso, os moradores acordaram sob densa cerração (pouco comum nessa época do ano) que não lhes permitia ver coisa alguma. Ouviam apenas a voz de De Gaulle a ressoar misteriosamente o dia inteiro, convocando-os a se juntarem a ele. Dois mensageiros de De Gaulle, tentando desembarcar no porto de Dakar com uma carta para o governador Boisson, foram recebidos a tiros. Um deles, Thierry d'Argenlieu, foi gravemente ferido. Um grupo de soldados franceses desembarcou no fim do dia, protegido pelo nevoeiro, no porto de Rusfique, oito quilômetros a sudeste de Dakar. Eles também foram recebidos a tiros e tiveram de recuar. Pela primeira vez desde que De Gaulle chegara a Londres, franceses atiraram contra franceses. As hostilidades recomeçaram no dia seguinte, com a cerração só um pouco melhor. Os navios britânicos dispararam contra o porto. Naquela tarde, De Gaulle e Spears subiram a bordo do navio de Cunningham para decidir o que fazer. A opinião de De Gaulle, apoiada por Spears, era de que, por mais desastrosas que fossem as consequências, era preferível suspender a operação a correr o risco de deflagrar uma batalha total entre os franceses.[68] Irwin e Cunningham pareciam estar de acordo, mas de Londres veio uma ordem contrária. Na manhã seguinte, quando o nevoeiro finalmente se desfez, eles retomaram a operação. O encouraçado britânico *Resolution* foi atingido por um torpedo, e Cunningham decidiu parar.

De Gaulle tentou parecer impassível. No dia seguinte, reuniu à sua volta os oficiais franceses e os instruiu sobre o que deveriam dizer aos soldados. Um dos oficiais anotou suas palavras:

> "Tínhamos razão para esperar que nossos amigos em Dakar pudessem nos ajudar nesta operação. Infelizmente, Vichy chegou antes de nós ... Essas coisas acontecem numa guerra ... O destino nem sempre pode nos ser favorável ... E eu não desejava uma batalha entre franceses." Evidentemente, esta explicação não transforma magicamente nosso ressentimento em entusiasmo ... Mas haveria alguma coisa "melhor" a ser dita? A sobriedade na expressão, a calma do tom funcionou conosco.[69]

A calma de De Gaulle também foi notada por Irwin, que comentou que sua atitude era "notável pela brava aceitação de um grande desapontamento e pela facilidade imediata de apresentar propostas construtivas".[70]

Por baixo dessa calma superfície, que tranquilizava seus seguidores, De Gaulle estava muito abalado. Confinado em sua cabine sufocante, enquanto o navio atracava novamente em Freetown, ele começou a ler os telegramas que traziam manchetes do mundo inteiro noticiando o "Fiasco de Dakar". Não havia como duvidar da magnitude daquele revés, e do golpe possivelmente fatal contra o seu prestígio. De Gaulle mais tarde sugeriu, em uma ou duas ocasiões, que chegou a pensar em suicídio. Falando com um dos ministros nos anos 1960 sobre Pierre Corneille, ele de repente fez um comentário surpreendente: "Sabem de uma coisa, uma vez, em Dakar, sentado numa cadeira no convés, o céu era azul, o mar era azul, o calor era insuportável, refletido pelo toldo sobre a ponte, e tudo estava perdido. Eu lhes digo que naquele momento pensei em suicídio."[71] Como católico, para quem o suicídio é pecado mortal, mencionar a ideia já era, possivelmente, um jeito de De Gaulle comunicar a profundidade do seu desespero. D'Argenlieu (outro católico profundamente devoto), ainda se recuperando dos seus ferimentos, lembrava-se da visita que lhe fez De Gaulle em sua cabine: "Em meu beliche, por cima dos milhares de ruídos do motor do navio, ouvi este grito lastimoso: 'Se soubesse, major, como me senti sozinho.'"[72]

Spears ficou aflito com o estado mental de De Gaulle: "Ele está consideravelmente abalado, e isso me preocupa... É bravo, mas como se viu é mais um jogador resoluto do que um homem resoluto. Por ora não consegue achar o caminho." Traumatizado pelo fato de que franceses tinham disparado contra franceses, De Gaulle falava "interminavelmente" com Spears sobre ir para o Egito com alguns dos seus soldados. Ali seria possível combater os italianos no leste da África e mostrar ao mundo que seu inimigo era o Eixo e não os franceses. Spears achava que, pelo contrário, De Gaulle deveria consolidar sua posição naquela parte do Império que lhe dera apoio: "O problema é que [no Egito] ele não vai conseguir mais recrutas... Aqui pode facilmente aumentar e consolidar sua posição... ameaçando a posição de Vichy no Senegal. Ir para o Egito significa que ele é como Boulanger, jogando a toalha."[73] A comparação com o aventureiro francês do século XIX general Boulanger, que nunca foi ao Egito mas de fato "jogou a toalha" cometendo suicídio no túmulo da amante em Bruxelas, parece um tanto estranha. Mas Spears dá uma ideia da intensidade da depressão de De Gaulle depois de Dakar.

Por mais intenso que fosse, o desespero de De Gaulle durou pouco. A carta que escreveu para a mulher em 28 de setembro não é a de um homem prestes a desistir: "Por ora o teto caiu na minha cabeça. Mas os leais continuam leais, e tenho esperança na próxima etapa... Como pensei em você, e como penso sempre em você e nos *babies* [em inglês] durante os bombardeios." Logo depois que ele partiu, os alemães começaram sua intensa campanha de bombardeio em Londres. De Gaulle também garantiu à mulher que os alemães tinham perdido a Batalha da Grã-Bretanha, que as potências do Eixo agora voltariam sua atenção para a África e que os americanos logo entrariam na guerra. "É o maior drama da história e seu pobre marido foi jogado na fila da frente, enfrentando todos os inevitáveis assaltos contra aqueles que estão no palco. Aguentemos com firmeza. Nenhuma tempestade dura indefinidamente."[74] Ao mesmo tempo, passou um telegrama para o seu pessoal em Londres anunciando que, apesar do fiasco de Dakar, tinha "tomado a decisão de continuar" – o que sugere que pelo menos chegou a pensar em desistir. Sua intenção era "estabelecer-se" na África Equatorial e formar uma organização central que interligasse todas as colônias.[75]

Rompimento

O humor de De Gaulle melhorou quando ele saiu de Freetown e tomou um hidroavião para Lagos, na Nigéria. Ali foi recebido pelo governador e instalado na Residência do Governador. Depois dos dias solitários meditando na cabine, ele começou a recuperar a confiança diante dos sinais de que os britânicos ainda o tratavam como alguém de futuro. Mas, apesar da decisão de prosseguir, devia estar apreensivo sobre a recepção que o aguardava na África Equatorial Francesa tão pouco tempo depois da derrocada de Dakar. Sabia perfeitamente bem que os territórios só o haviam apoiado por causa de uma série de revoluções palacianas resultantes do atrevimento de Leclerc e seus colegas conspiradores. Não tinha havido movimento popular a favor de De Gaulle. Os colonos do Chade eram motivados menos pelo patriotismo, ou pela lealdade a um homem sobre o qual nada sabiam, do que pelo fato de poderem exportar seus produtos para o Império britânico através da Nigéria. Assim também as minúsculas possessões francesas na Índia e no Pacífico, que se haviam "reagrupado" por causa da dependência econômica da Grã-Bretanha – e não por causa de De Gaulle.[76]

Para a chegada de De Gaulle de barco aos Camarões em 7 de outubro, Leclerc tinha organizado uma guarda de honra no cais. Houve um desfile espetacular. Multidões aplaudiam, bandeiras eram desfraldadas e ouviam-se gritos de *"Vive la France, Vive De Gaulle"*. De Gaulle informou a Londres que 12 milhões de habitantes do Império se uniram em seu apoio; dois dias depois, num telegrama para Churchill, subiu o número para 14 milhões.[77] As duas cifras eram inteiramente fictícias. Uma nota da França Livre meses depois sugeria que a população desses territórios estava mais perto dos 6 milhões.[78] A verdade era que a África Equatorial Francesa (AEF) sempre tinha sido vista como os parentes pobres do Império francês na África. Um membro da França Livre recordava-se de Fort-Lamy, capital do Chade, como "uma coleção de choças e barracos cobertos com telha ondulada de ferro, estradas de terra, um cheiro de latrina brigando com o de carne podre ... um lugarzinho miserável com cerca de 20 mil moradores e sem eletricidade".[79] Havia pontos positivos também. A África Equatorial se revelaria inesperadamente útil para o esforço aliado, permitindo aos britânicos transportarem aviões e equipamento na África por via aérea, em vez de usarem a rota mais longa do Cabo. Dava a De Gaulle territórios que se estendiam do norte, através do Saara, até a fronteira sul da Líbia, oferecendo com isso a oportunidade de entrar na guerra contra a Itália. Além disso era uma fonte de recursos humanos: a maioria das tropas da França Livre nessa época era de soldados negros recrutados naqueles territórios. Mas a verdadeira importância da AEF, como comenta Jean Lacouture, era que *"Charles sans terre"* – até então apenas um posseiro nas margens do Tâmisa – agora controlava, nominalmente, uma imensa faixa de território imperial francês.[80] A primeira rua do mundo a ser batizada com o nome de De Gaulle foi em Iaundé, nos Camarões, em agosto de 1940 – embora o autor da placa tenha engolido um "l", que precisou ser inserido desajeitadamente. Brazzaville, a capital do Congo Francês, com uma população de cerca de 40 mil (1500 europeus), tornou-se também a capital da França Livre. Abrigava um transmissor de rádio, que acabou dando a De Gaulle certa independência da BBC, embora até o fim de 1942 fosse fraco demais para ser ouvido na maior parte da França.

Antes de chegar à sua nova capital, Brazzaville, em 24 de outubro, o régio progresso de De Gaulle a partir de Duala o levou a Fort-Lamy. Ali, em 18 de outubro, foi recebido no aeroporto pelo general Catroux, que tinha chegado no dia anterior. Foi outro estímulo, depois da entusiástica recepção em Duala. Catroux, que tinha feito notável carreira colonial, era bem mais velho do que De Gaulle. Embora os dois tivessem dividido um quarto como prisioneiros de guerra em Ingolstadt, pouco sabemos sobre suas relações naquela época. Enquanto De Gaulle meditava sobre liderança e dava palestras, Catroux traduzia o *Fausto* de Goethe, para manter a agilidade intelectual. De Gaulle admirava muito o trabalho de Catroux à frente dos mandatos franceses no Líbano e na Síria. Como governador-geral da Indochina em 1940, tinha sido demitido por Vichy e foi parar em Londres em 17 de setembro. De Gaulle já partira para a África, mas deixou uma carta convidando Catroux a assumir a responsabilidade de reagrupar o norte da África, que era o objetivo seguinte, depois de Dakar.[81] A chegada de Catroux a Londres foi um grande acontecimento. Churchill imediatamente lhe concedeu uma entrevista. "O maior 'nome' de que De Gaulle dispõe", notou Colville. Cadogan também teve boa impressão: "Longa conversa com Catroux ... recém-chegado. Impressiona muito mais do que De Gaulle, e parece muito agradável."[82] Homem arrumado, com um toque de dândi, ligeiramente afetado e com uma voz curiosamente aguda, o "muito agradável" Catroux não poderia ser mais diferente do irritadiço e austero De Gaulle. Adorando as mordomias inerentes ao cargo de procônsul imperial – com uma mulher intimidante, que as adorava ainda mais, e era notoriamente ambiciosa com relação à carreira do marido –, Catroux apareceu em Londres com infinitos baús na bagagem e uma comitiva de criados indochineses. Apesar dessa *faiblesse* pela vida em grande estilo, Catroux era charmoso, cortês e despreocupado – tudo aquilo que os britânicos gostariam que De Gaulle fosse. Catroux afirma em suas memórias que no primeiro encontro Churchill propôs que ele assumisse a liderança da França Livre. Se isso é ou não rigorosamente verdadeiro, o fato é que as intenções de Catroux certamente preocuparam a França Livre em Londres num momento em que o moral era baixo. Catroux não ficou nem um pouco impressionado com o amadorismo das instalações em Carlton Gardens.[83] De Gaulle, instintivamente de pé atrás contra qualquer um, escreveu para Catroux alertando-o contra Muselier ("tem sido criticado, tem suas faltas, mas também suas qualidades"), mas ao mesmo tempo escreveu para Muselier sondando-o sobre Catroux ("Qual é a atitude de Catroux em Londres?").[84] De Gaulle, a caminho de Dakar, ficou assustado ao saber que Churchill decidira por conta própria mandar Catroux numa missão ao Cairo. Reclamou rispidamente com o primeiro-ministro contra essa quebra de etiqueta – embora Spears o tenha convencido a abrandar o tom do telegrama –, ao mesmo tempo que garantia a Catroux que a reação "nada tem a ver com sua pessoa, na qual tenho absoluta confiança".[85]

Isso tudo significava que, antes do encontro em Fort-Lamy, De Gaulle tinha razão para estar desconfiado.[86] Quando De Gaulle desceu do avião,

Catroux o saudou declarando-se "às suas ordens, general". Quando rumavam para o carro, De Gaulle fez um gesto para que Catroux fosse na frente; Catroux parou, apontando para as estrelas nas suas mangas e fazendo sinal para que De Gaulle fosse antes – gesto que todos os presentes notaram. Essa lealdade de um general de cinco estrelas a um general-brigadeiro de duas estrelas era de incalculável importância simbólica – e tornou-se um dos mitos fundamentais da França Livre. Catroux daria a seguinte explicação: "Ele era meu líder, porque era a França, e eu estava a serviço da França." De Gaulle faz um comentário de valor inestimável em suas *Memórias de guerra*: "Ninguém deixou de perceber a importância desse exemplo ... Senti que ele foi embora maior do que chegou."[87] A verdade é que Catroux provavelmente percebeu que não tinha a personalidade para o tipo de empreendimento no qual De Gaulle embarcara. Mas suas relações nos três anos seguintes foram por vezes tensas, pois a propensão de De Gaulle a comprar uma briga estava completamente em desacordo com a propensão de Catroux à conciliação e à diplomacia. Outro fator era o antigaullismo de madame Catroux – descrita por um funcionário britânico como uma espécie de lady Astor francesa –, cujas ambições para a carreira do marido foram tema constante dos relatos britânicos ao longo dos próximos quatro anos: "Para nós, Catroux seria de muito mais utilidade se prouvesse ao bom Deus deixar madame Catroux sem fala", comentou um dos conselheiros de Churchill no início de 1941.[88] Catroux às vezes devia se perguntar se agira corretamente ao curvar-se diante da autoridade de De Gaulle.

De Gaulle quase não recebeu outras boas notícias. A conclusão que o Ministério das Relações Exteriores tirou do fiasco de Dakar foi que talvez fosse necessário explorar a possibilidade de um *modus vivendi* com Vichy, mas sem romper com De Gaulle. Isso não foi feito pelas costas de De Gaulle, mas mesmo assim o deixou assustado.[89] Para os britânicos, os sinais emitidos por Vichy continuavam confusos. Em 22 de outubro, um acadêmico francês, Louis Rougier, chegou a Londres dizendo-se mensageiro extraoficial de Pétain. Esse sinal, aparentemente encorajador, foi desmentido pelo fato de que, na mesma semana, Hitler e Pétain se encontraram na cidadezinha de Montoire, na França central, quando Hitler voltava de uma visita ao general Franco. Pétain complementou esse encontro com um discurso anunciando que estava pronto para "entrar no caminho da colaboração" com a Alemanha.

Em certo sentido, o encontro de Montoire pode ter servido aos propósitos de De Gaulle, sugerindo que nada se poderia esperar de Vichy. Mas levantou a possibilidade de elementos antigermânicos no governo de Vichy romperem com Pétain. As esperanças se concentravam no general Weygand, recém-nomeado representante de Vichy no norte da África. Se Weygand fosse levado a romper com Vichy, levando consigo o norte da África, poderia oferecer muito mais aos britânicos do que De Gaulle.

Para se prevenir contra isso, De Gaulle passou um telegrama para Churchill avisando que, se Weygand fizesse qualquer proposta, os britânicos deveriam dizer que ele precisava aderir à França Livre. Ofereceu-se, generosamente, para receber figuras como Weygand em seu movimento "sem rancor ou recriminação".[90] Os britânicos, sabendo da "intensa antipatia pessoal de Weygand por De Gaulle", perceberam que ele dificilmente se submeteria a quaisquer condições impostas por De Gaulle.[91] Cadogan fez pouco do "ridículo telegrama de Brazzaville, mostrando que o asno De Gaulle está pensando em 'convocar' Weygand a declarar-se. Exatamente o que De Gaulle não deveria fazer no momento".[92] De Gaulle seria apenas um "asno" se seu objetivo fosse atrair líderes de Vichy para o lado britânico, mas não se estivesse tentando garantir que ele – e ninguém mais – fosse reconhecido como o líder dos franceses que desejavam continuar a luta. Se Weygand aderisse, os Aliados ganhariam; De Gaulle perderia.

De Gaulle foi um pouco mais longe em 27 de outubro divulgando um manifesto de Brazzaville, pelo qual anunciava que não "havia mais nenhum governo francês legítimo" porque o "organismo situado em Vichy" era "inconstitucional e sujeito ao controle do inimigo". Consequentemente, era seu "dever sagrado" assumir o controle do esforço de guerra francês. Para tanto, anunciou a formação de um Conselho de Defesa do Império (CDE, Conseil de Défense de l'Empire), exercendo seus poderes "em nome da França". Comprometeu-se a "prestar contas dos seus atos aos representantes do povo francês" logo que esse povo pudesse escolhê-los livremente. Poucos dias depois, anunciou ainda que criaria uma nova condecoração, a Ordem da Libertação, para aqueles que servissem à causa do patriotismo francês. Na ausência do poder real, essa era a maneira de a França Livre assumir simbolicamente uma das prerrogativas de um Estado. Detentores da Ordem seriam designados "Companheiros da Libertação" e a condecoração consistia de um escudo de bronze com uma cruz de duas barras. Essa cruz, historicamente associada à Lorena, tinha sido adotada como um símbolo apropriado da França Livre, porque a Lorena tinha sido, afinal, a terra de nascimento desse símbolo universal de patriotismo francês, Joana d'Arc.[93]

Os britânicos, interpretando as ações de De Gaulle naquelas semanas como uma declaração de guerra contra Vichy, instruíram a imprensa a não publicar o manifesto de Brazzaville.[94] Mas De Gaulle passou a assinar seus telegramas em nome do CDE. Advertiu que qualquer tentativa de fazer acordos com elementos antigermânicos em Vichy provocaria "graves divisões".[95] De Gaulle agora parecia impossível de controlar. O Ministério das Relações Exteriores, que sempre fizera restrições à decisão impulsiva de Churchill de apoiá-lo, esperava que aquela fosse uma oportunidade de reavaliar a política britânica. Churchill de fato disse a Eden: "Não há dúvida de que homens como Weygand e Noguès, quando fazem um exame de consciência sobre os próprios delitos, tornam-se mais hostis conosco, insistindo na insubordinação de De Gaulle." Mas sua fé em De Gaulle permanecia intacta. Na esperança de que fosse "mais fácil tocar nesses assuntos com ele quando está perto do que quando é um potentado distante", Churchill "convidou" De Gaulle, em tom de urgência, a retornar a Londres.[96] De Gaulle hesitou. A tentação de continuar em solo "francês" era forte, mas Londres era o centro de tudo. Concordou em voltar para esclarecer alguns pontos, mas planejando voltar para a África.

Havia um último assunto pendente para resolver no Gabão, o único território da África Equatorial que não dera seu apoio a De Gaulle. Uma operação militar foi lançada contra o Gabão no fim de outubro. O comandante das forças de Vichy rendeu-se a Leclerc em 10 de novembro e cometeu suicídio quatro dias depois. As perdas foram pequenas – cerca de 35 mortos do lado de Vichy e oito do lado da França Livre –, mas era exatamente esse tipo de combate fratricida entre Vichy e a França Livre que De Gaulle tentara evitar em Dakar. De Gaulle pediu que a BBC noticiasse o episódio como uma pequena "operação policial", mas quando chegou a Libreville, capital do Gabão, três semanas depois, a recepção foi discreta. Não se repetiu a apoteose de Duala.

Nasce "De Gaulle"

As seis semanas que De Gaulle passou na África foram uma epifania. Anos depois, ele recordaria o impacto da multidão delirante que o saudara em Duala:

> Havia milhares de pessoas e elas puseram-se a gritar "De Gaulle, De Gaulle". Fiquei estupefato. Até então, em Londres, meus contatos tinham sido todos pessoais e individuais, com ministros, soldados e assim por diante. Mas ali estava o povo, a voz das multidões. E de repente percebi, pela primeira vez, como era pesado o fardo que eu carregava, a responsabilidade que eu tinha para com todas aquelas pessoas que contavam com um homem chamado De Gaulle para as libertar ... Percebi então que o general De Gaulle se tornara uma lenda viva, que elas formavam certa imagem dele. Havia uma pessoa chamada De Gaulle que existia na mente de outras pessoas e era, de fato, uma personalidade distinta de mim mesmo. A partir daquele dia, eu teria de lidar com esse homem, esse general De Gaulle ... Tornei-me quase seu prisioneiro.[97]

Não se trata aqui apenas de uma reconstrução retrospectiva dos seus sentimentos. Uma carta que escreveu para a mulher nessa época expressa a mesma ideia numa linguagem que lembra Le Bon: "Minha tarefa é material e moralmente pesada. É preciso aceitar – e eu aceito – todas as consequências deste drama cujos acontecimentos fizeram de mim um dos atores principais. A pessoa com mais força, de vontade é que finalmente prevalecerá, não apenas de fato, mas na mente das multidões submissas."[98] É a partir desse momento em suas *Memórias de guerra* que De Gaulle passa a falar sobre si mesmo na terceira pessoa. "De Gaulle" aparece como uma figura que o narrador – "eu" – das *Memórias* observa.

O que De Gaulle não disse era que outro "De Gaulle" estava surgindo ao mesmo tempo na França metropolitana. Em sua primeira fala pelo rádio, De Gaulle dirigiu-se basicamente aos franceses já em solo britânico, e não exatamente à população da França. Um discurso de 23 de julho convocou o povo francês a "resistir passivamente, de todas as maneiras possíveis"; e da África ele passou um telegrama para Londres ressaltando a necessidade de "injetar mais dinamismo" nas transmissões da BBC e incentivar os franceses a resistir.[99] Não chegava a ser uma instrução específica, e De Gaulle não tinha noção do que "a Resistência" se tornaria nos três anos seguintes. Nem ele nem ninguém. O objetivo de De Gaulle era desenvolver fora da França uma força capaz de desempenhar sua função ao lado dos Aliados. Mas o notável é a rapidez com que o nome dele começou a circular *dentro* da França.

Em meados de julho a BBC começou a transmitir um programa noturno de meia hora chamado *Les français parlent aux Français*. Era produzido por um grupo de jornalistas franceses trabalhando diretamente para os britânicos. Seu objetivo era combater a propaganda de Vichy, mais do que apoiar especificamente De Gaulle. Alguns deles (como Pierre Maillaud) desconfiavam de De Gaulle. Além de *Les français parlent aux Français*, um tempo de cinco minutos foi reservado para a França Livre. De início, ninguém em Londres fazia ideia se alguém na França estava ouvindo. Aquelas transmissões eram uma garrafa jogada desesperadamente no mar. Mas aos poucos começaram a chegar a Londres cartas da França endereçadas, por vezes, apenas à "BBC Londres".[100] Essas cartas, contrabandeadas pela fronteira espanhola ou suíça, eram em geral anônimas, às vezes escritas em letra de forma para disfarçar a identidade do autor. Uma delas, datada de 4 de agosto, dizia: "Às 8:15 toda a família se cala e bebe a voz da rádio inglesa, da nossa França Livre ... Um fio invisível nos prende a vocês."[101]

Poucos ouvintes seriam capazes de distinguir as nuances entre as duas equipes de locutores. O misterioso nome "De Gaulle" era o único que a maioria dos ouvintes conhecia. Por essa razão, De Gaulle tornou-se o nome ao qual os primeiros combatentes da Resistência se apegavam, quando redigiam seus folhetos contra os ocupantes. O primeiro ato de aberto desafio aos alemães em Paris ocorreu em 11 de novembro, quando cerca de 3 mil estudantes fizeram um protesto no Arco do Triunfo. Houve gritos de *"Vive De Gaulle"* e *"Vive la France"*, alguns dos manifestantes carregavam duas varas de pescar (*deux gaules*).[102] Um folheto de ampla circulação em dezembro oferecia uma versão do pai-nosso que começava assim: "De Gaulle nosso que estais no céu... Seja feita a vossa vontade."

De Gaulle não era um orador nato, mas a estranheza da sua maneira e da sua dicção conferia aos discursos qualquer coisa a mais. Sua voz aumentava e diminuía inesperadamente, cortando as frases de modo curioso.[103] O advogado parisiense Maurice Garçon, apesar de ferozmente anti-Pétain, criticava os discursos em seu diário, que, segundo ele, eram uma demonstração de como não falar, de acordo com as regras normais da retórica: "O pobre homem tem uma voz lamentável. Sempre consegue acentuar a sílaba errada."[104] A eficácia dos discursos vinha, acima de tudo, da clareza intelectual da mensagem e da força emocional da retórica, mais do que do jeito como eram proferidos.

De Gaulle não era o orador mais frequente no tempo reservado para a França Livre. Esse título coube a Maurice Schumann, que falou mais de mil vezes ao longo da guerra. De Gaulle falou apenas 67 vezes pelo rádio, sendo que a maior concentração de transmissões ocorreu nos vinte discursos feitos antes da sua partida para a África. Quando voltou a Londres, em novembro, ele falou mais cinco vezes antes do fim do ano. Portanto, nos seis meses entre junho e dezembro de 1940, falou 25 vezes. Depois disso, seus discursos rarearam, sendo reservados às grandes ocasiões. De Gaulle falou quinze vezes em 1941, dezoito em 1942. Mas uma vez que seu nome se estabeleceu, a relativa raridade de suas intervenções lhe dava um peso extra. Foi no período anterior ao surgimento de qualquer Resistência organizada na França que De Gaulle se impôs como a única voz pública que, aparentemente, oferecia uma visão do futuro diferente da de Pétain. Se quase ninguém ouviu o discurso de 18 de junho, em pouco tempo não havia quase ninguém que não tivesse *ouvido falar* nele.

A propaganda de Vichy e a imprensa colaboracionista em Paris também ajudavam a construir o mito de De Gaulle.[105] Em agosto de 1940, De Gaulle foi condenado à morte por deserção; em dezembro, foi destituído de sua nacionalidade. Em outros sentidos, Vichy não sabia direito como lidar com ele. Para não lhe dar corda, Pétain jamais mencionou seu nome num discurso, mas todo mundo sabia o que o general queria dizer quando se referia a "dissidentes". A polícia de Vichy começou a chamar os presos por atividade subversiva de "gaullistas". Nesse sentido, "gaullismo" foi em parte criação dos inimigos de De Gaulle. Os mais extremos ultracolaboradores franceses em Paris, que achavam Vichy muito moderado em suas atitudes para com a Alemanha, eram menos contidos do que Vichy no seu jeito de tratar De Gaulle. Atacavam-no com xingamentos diretos. Segundo a linha geral dessa propaganda, De Gaulle era um mercenário britânico empenhado em destruir o Império francês. Um cartaz mostrava um marinheiro francês em Dakar abrindo fogo contra um pequeno barco a remo no qual Churchill, com uma sinistra figura judaica olhando por cima do seu ombro, está pescando com De Gaulle pendurado na ponta do caniço de pesca como isca.

Em cartazes de propaganda, o rosto de De Gaulle era geralmente ocultado por um microfone de rádio – um apelido comum era "general Microfone" – e para os cartunistas isso resolvia o problema de desenhar alguém cujos traços eram desconhecidos. Alguns cartunistas o desenhavam alto, outros, baixo; alguns lhe atribuíam um nariz enorme, outros, um nariz pequeno; alguns lhe concediam as três estrelas de um general de divisão (o que era promovê-lo), outros, as duas estrelas de um general-brigadeiro (o que estava certo). Uma das características dessa propaganda antigaullista era inventar imagens inteiramente fantasiosas de De Gaulle, retratando-o como um precioso e antiquado oficial de cavalaria, de monóculo e espada na cinta, sugerindo com isso uma figura reacionária e pomposa, desligada das verdadeiras preocupações do povo francês. Como ouvi-lo pela BBC era alto delito sujeito a punição na França, sintonizar De Gaulle tinha que ser feito em segredo. Isso dava uma intensidade mais profunda, quase religiosa, às relações que De Gaulle formou com a população francesa pelas ondas de rádio.

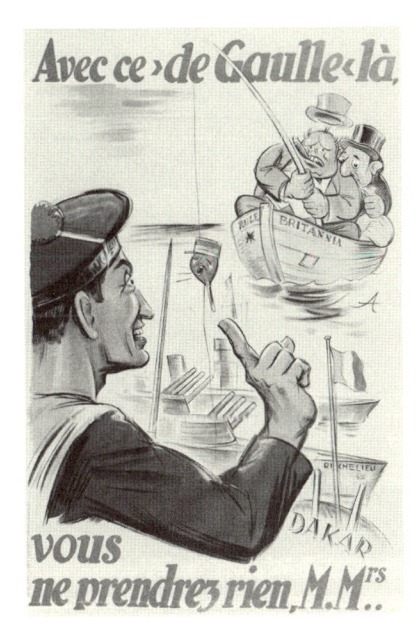

Churchill pescando. Diz o texto: "Com esse "Gaulle" aí vocês não vão a lugar nenhum, *Messieurs*. *Gaule* é a palavra francesa para caniço de pesca.

De Gaulle apresentado aqui pela propaganda de Vichy como o General Microfone cercado de judeus sinistros.

Voltando para Londres em dezembro, De Gaulle decidiu testar sua reputação na França recomendando à população que ficasse em casa por uma hora no ano-novo entre as duas e as três da tarde. Foi seu primeiro apelo formal pedindo ação ao povo francês. É difícil julgar o êxito dessa iniciativa. Como 1º de janeiro era feriado – e um dia frio –, não dá para saber por que as pessoas ficaram, se ficaram.[106] Mas De Gaulle tinha intuitivamente compreendido que um mito se desenvolvia em torno do seu nome na França – e que poderia tirar partido disso.

Pelo fim de 1940, os êxitos de De Gaulle eram desiguais. Tinha adquirido uma base colonial francesa, mas a maior parte do Império continuava leal a Vichy; tinha conseguido o respaldo do governo britânico, mas não o convencera a romper totalmente com Vichy; tinha reunido um grupo de seguidores, mas menos do que esperava. O surgimento na França de um mítico "De Gaulle" é que se revelaria sua arma mais potente. Os britânicos não tardariam a descobrir, como Frankenstein, que haviam criado um monstro impossível de controlar.

7. Sobrevivência, 1941

Inverno londrino

Em 17 de novembro de 1940, De Gaulle voltou para passar seu primeiro inverno em Londres – experiência desanimadora depois de ter sido aclamado como herói na África. Ele chegara a pensar seriamente em ficar de vez em Brazzaville, para desespero dos britânicos, que o queriam onde pudesse ser vigiado. A possibilidade também preocupava sua equipe em Londres, que não via a hora de ele retornar. Em Carlton Gardens dizia-se de brincadeira que De Gaulle já começava a comportar-se como um potentado africano, especialmente quando de Brazzaville veio a notícia de que a Ordem da Libertação tinha sido instituída.[1] Na ausência de De Gaulle, a organização embriônica da França Livre em Londres estava uma bagunça. Desconfiado de contestações à sua autoridade, De Gaulle tinha delegado a administração da França Livre a um triunvirato informal formado por Antoine, Muselier e Passy. No papel, Antoine parecia ter a experiência administrativa necessária, mas acabou se revelando áspero, sem diplomacia, a pavonear-se, sem constrangimento, de suas opiniões de extrema direita. Tinha brigas feias com o não menos áspero André Labarthe, a quem De Gaulle incumbira de arranjar armas. Como Labarthe tinha uma formação científica e atuara como assessor técnico da Frente Popular em assuntos de rearmamento, parecia uma escolha natural. Mas Labarthe, um conversador brilhantemente astuto e irreverente, era também um fantasista – não estava claro se de fato tinha todas as qualificações científicas que dizia ter – e provavelmente um espião soviético. Era inevitável que vivesse brigando com Antoine. Assim como Muselier, que se ressentia do fato de que, como o primeiro oficial superior a juntar-se a De Gaulle, não fosse o único encarregado. Dewavrin (que tinha adotado o pseudônimo de Passy, pelo qual ficaria futuramente conhecido) tentou mediar as diferenças entre os dois homens, mas, por ser um capitão de apenas trinta anos, faltava-lhe autoridade. Depois do fracasso da expedição a Dakar, Muselier passou a abusar ainda mais do peso de sua posição. De Gaulle recebeu cartas de Antoine queixando-se de Muselier, de Muselier queixando-se de Antoine e de Passy queixando-se dos dois.[2] De Gaulle repreendeu Muselier duramente: "Seu comportamento me causa considerável insatisfação ... Ordeno-lhe que cuide apenas de questões militares."[3]

Essas disputas alimentavam as dúvidas de pessoas que no Ministério das Relações Exteriores se perguntavam se apoiar De Gaulle não teria sido um erro. Informava-se que o "quartel-general de De Gaulle é um horror" e que pegaria mal para Churchill se não houvesse uma arrumação lá.[4] Isso era munição para os resmungos antigaullistas dos muitos franceses em Londres que mantinham distância de De Gaulle. Um desses era o ex-embaixador francês Cambon, quase uma instituição em Londres, e muito respeitado pelos britânicos. O apartamento de Cambon tornou-se ponto de encontro dos exilados franceses em Londres que destilavam veneno antigaullista nos ouvidos dos britânicos.

Duas importantes publicações francesas foram fundadas em Londres nos meses seguintes à derrota: um jornal diário intitulado *France* e uma revista intitulada *La France libre*. O editor de *France*, o jornalista Charles Gombault, saiu do seu primeiro encontro com De Gaulle achando que tinha acabado de conhecer uma nova encarnação do general Boulanger. Apesar de o primeiro número de *France*, de agosto de 1940, ter publicado uma mensagem de De Gaulle, o jornal manteve distância dele, embora nunca o atacasse abertamente. *La France libre*, lançada em novembro de 1940, era uma revista mensal, com artigos de peso de grande seriedade intelectual. Foi fundada por André Labarthe, que cessara qualquer colaboração formal com De Gaulle, mas sem romper com ele. Um dos colaboradores regulares era o jovem filósofo Raymond Aron, que depois da guerra viria a ser um dos intelectuais públicos mais distintos da França. Apesar do nome, *La France libre* não tinha vínculos oficiais com a França Livre e guardava certa distância de De Gaulle. Só os iniciados conseguiriam perceber as sutis diferenças entre essas publicações e a França Livre – assim como só os iniciados perceberiam as nuances que distinguiam as duas equipes francesas da BBC –, mas os franceses recém-chegados a Londres eram sugados por esse amargo ambiente *émigré* de suspeitas mútuas e fofocas maldosas.

Essa atmosfera tinha causado impressão desfavorável em Catroux, quando chegou em setembro. Teve efeito parecido em Gaston Palewski, que apareceu em Londres na mesma época. Palewski era um raro exemplo de alguém que já conhecia e estimava De Gaulle, desde antes da guerra em sua função de assessor político de Paul Reynaud. Esteve presente ao primeiro encontro de Reynaud com De Gaulle, em 1934. Depois da derrota, Palewski conseguiu chegar a Londres para se colocar a serviço de De Gaulle. Diferentemente da maioria dos recrutas de De Gaulle, já conhecia a Inglaterra, tendo passado um ano estudando em Oxford. Essa experiência lhe rendeu muitos contatos britânicos e um gosto pelo estilo de vida das classes altas britânicas. Palewski era comunicativo, esnobe, charmoso e, apesar da aparência pouco atraente, com marcas de varíola, um mulherengo irresistivelmente bem-sucedido. Mas era também de um patriotismo feroz. Como De Gaulle, desiludira-se com seu protetor Reynaud em 1940 e também sofrera nas mãos de madame De Portes. Só por seus contatos britânicos, ele já era o tipo de recruta de que De Gaulle precisava. Mas ficou horrorizado com "a falta de organização e o ambiente traiçoeiro" em Carlton Gardens, perguntando-se se não teria feito a escolha errada. Enquanto aguardava o retorno do general, e mantinha distância de Carlton Gardens, Palewski reatou seus contatos. Orme Sargent, do Ministério das Relações Exteriores, ficou aliviado por finalmente encontrar "alguém que conhece De Gaulle".[5] A outro funcionário britânico, Palewski confidenciou sua opinião de que o CDE de De Gaulle era "ridículo" e que ele deveria "abandonar a ideia de um reino negro e reparar seu prestígio militar comprometido".[6] Quando De Gaulle voltou, Palewski deixou as dúvidas de lado e tornou-se um seguidor ferozmente leal. Mas o fato de que alguém tão favoravelmente predisposto a apoiar De Gaulle hesitasse antes de se comprometer lança uma luz reveladora sobre a reputação da França Livre em Londres naqueles primeiros meses.[7] Nada disso ajudava De Gaulle a conquistar a confiança dos britânicos, que o achavam muito diferente dos franceses mais maleáveis que tinham conhecido no passado. Em setembro de 1941, um funcionário público francês, Hervé Alphand, chegou de Washington para se juntar a De Gaulle. Foi imediatamente alertado por um preocupado funcionário do Tesouro de que "De Gaulle não era 'sage' e era preciso que alguém o decifrasse para os britânicos".[8] A rigor, ele precisava também ser "decifrado" para os franceses.

Parte do problema de De Gaulle era contar com poucas pessoas experientes. Uma frase que usava com frequência sobre os primeiros dias da França Livre era "Tive de construir tudo com palitos de fósforo".⁹ Uma pessoa em quem confiava totalmente era Pleven, e retornando a Londres o convocou de volta da África. Nos tempos iniciais da França Livre, sempre que aparecia um problema, o refrão era "Vá falar com Pleven".¹⁰ Mas Pleven não podia estar em todos os lugares ao mesmo tempo.

O próprio De Gaulle jamais se interessava por detalhes de organização. Lidar com isso não era função do líder, tal como ele concebera em *O fio da espada*: "Mirar alto, ver o panorama geral ... Personificar o desprezo por eventualidades, enquanto as massas cuidam dos detalhes."¹¹ Hettier de Boislambert comentou sobre trabalhar para De Gaulle que ele era essencialmente uma *"machine à penser* ... Uma vez que suas ordens eram dadas, ele assumia que tinham sido executadas". Outro conselheiro notou no mesmo período que "questões administrativas o chateiam mortalmente". Seu reflexo condicionado, quando lhe falavam de uma disputa em sua equipe, era dizer "eles que se entendam [*qu'ils s'entendent*]".¹² Passy, que era um organizador fantástico, mas não um intelectual, observou, melancolicamente, em suas memórias que De Gaulle gostava especialmente de gente com "capacidade de jogar com ideias gerais, elegantemente". Isso explica por que foi surpreendentemente tão tolerante com Labarthe por tanto tempo.¹³

No entanto, por mais que De Gaulle possa ter desejado voar para a estratosfera intelectual, não havia como evitar as mesquinhas contingências dos choques de personalidade e dos pormenores organizacionais. Isso tornava ainda mais impossível trabalhar com ele do que normalmente. Foi essa a experiência de Jacques Bingen, jovem engenheiro que tinha trabalhado no setor de transportes marítimos antes da guerra.¹⁴ Os antecedentes de Bingen faziam dele a escolha óbvia para mediar as relações entre o governo britânico e aquela parte da Marinha Mercante francesa que se achava na Grã-Bretanha na época do armistício. Adido ao Ministério dos Transportes britânico, ele decidiu não se alistar formalmente na França Livre. E era improvável que sua experiência com De Gaulle o levasse a mudar de ideia: "Estou completamente desiludido com nosso grande líder (uma grande dose de psicanálise lhe faria bem), e ele age como um ditador, mas um ditador muito incompetente ... Uma genuína colaboração com ele me parece impossível."¹⁵ Passy também ficou decepcionado com o tempo que De Gaulle levou para impor ordem em Carlton Gardens: "Nenhuma decisão sensata sobre a administração da organização. Por enquanto impossível falar com ele." Todo mundo, incluindo Passy, era tratado como "cretino" e "idiota".¹⁶

Não era só em Londres que o estilo de liderança de De Gaulle causava problemas, e não apenas com quem não estava habituado ao estilo militar de comando. Larminat escreveu da África para se queixar: "Sua autoridade não está em questão, o que nós discutimos é o seu jeito de exercê-la."¹⁷ Catroux ficou tão exasperado com a prepotência de De Gaulle que pediu demissão em fevereiro de 1941. Isso preocupou os britânicos, que viam a perda de Catroux como "desastrosa", mas eles não ousaram intervir.¹⁸ De Gaulle conseguiu convencer Catroux a voltar atrás, mas sem na verdade lhe pedir desculpas: "Se insistir em recusar seus serviços à França Livre, será uma desistência ... Sua grandeza está justamente em oferecer assistência sem condições ou suscetibilidades."¹⁹

Em nada contribuía para melhorar o humor de De Gaulle o fato de ele estar completamente só nessa época, longe da mulher. Nos primeiros meses em Londres, antes de De Gaulle partir para a África, o casal tinha alugado uma propriedade em Petts Wood, no sudeste da cidade (distrito de Bromley). Essa *villa* bastante feia, imitando o estilo Tudor – De Gaulle era totalmente indiferente ao ambiente físico que o rodeava –, tinha a vantagem de ser relativamente barata, mobiliada e de acesso não muito difícil. De Gaulle ia todos os dias para Carlton Gardens de trem ou num carro posto à sua disposição por Alfred-Etienne Bellanger, o diretor da Cartier em Londres e (juntamente com Saurat) um dos raros seguidores de De Gaulle na comunidade francesa na capital britânica. Mas como Petts Wood ficava perto de um entroncamento ferroviário, uma vez iniciada a *Blitz* a área passou a ser alvo de bombardeios regulares, além de estar no corredor aéreo dos aviões alemães que voavam para o norte. Os constantes alarmes aéreos e explosões aterrorizavam Anne de Gaulle. Quando o marido estava na África, Yvonne de Gaulle conseguiu encontrar uma casa longe das bombas, em Ellesmere, Shropshire, convenientemente localizada perto da escola do convento em Shrewsbury, onde a outra filha de De Gaulle, Elizabeth, estudava. A desvantagem do novo endereço era ficar tão longe de Londres que De Gaulle só podia visitá-lo uma vez por mês, e nessa época ele morava num apartamento em Grosvenor Square.

Para Yvonne de Gaulle, foram meses de isolamento, dificuldades materiais e solidão, longe de qualquer conhecido e mantendo contato apenas intermitente com o marido. Um comentário feito por essa mulher tão reservada ao almirante Muselier (logo ele) sugere quanto aquele período foi penoso para ela: "A falta de cartas é dolorosa, mas eu não gostaria que meu marido estivesse desocupado."[20] De Gaulle jamais faria uma confidência desse tipo para ninguém – e certamente não para Muselier –, mas a ausência da mulher devia afetá-lo muito.

De Gaulle estava numa de suas viagens irregulares a Ellesmere no ano-novo quando lhe telefonaram para dar a espantosa notícia de que Muselier tinha sido preso pelos britânicos. Os serviços de inteligência britânicos haviam recebido documentos afirmando que Muselier era um traidor, que alertara Vichy sobre o ataque a Dakar. Toda essa história acabou se revelando uma farsa, preparada por alguns cafajestes que trabalhavam para o serviço de inteligência francês. Nada de comprometedor foi encontrado em poder de Muselier, salvo algumas drogas.[21] De volta a Londres, De Gaulle lançou uma apaixonada defesa do almirante, apesar das restrições que lhe fazia em particular. Os britânicos, extremamente constrangidos, soltaram Muselier. A principal reclamação de De Gaulle foi que os britânicos se meteram em assuntos franceses sem o consultar.

A minicrise em torno de Muselier foi rapidamente resolvida e não deixou traços, salvo aguçar a suspeita de De Gaulle sobre os serviços secretos britânicos. Houve muitas outras causas de atrito. No início de 1941, o Ministério do Interior tinha estabelecido uma Escola Patriótica onde estrangeiros que chegavam de território inimigo eram interrogados. De Gaulle supunha, corretamente, que os britânicos estavam aproveitando a oportunidade para conquistar recrutas franceses. Em julho de 1940, Churchill tinha criado a Executiva de Operações Especiais (SOE), para realizar ações de sabotagem contra os alemães na Europa ocupada. Sua Seção F incumbia-se de operações na França. Em março de 1941, a SOE também criou a Seção RF para trabalhar com a França Livre. Passy, que não tinha outra maneira de infiltrar agentes na França, precisava cultivar boas relações com a SOE. De Gaulle estava convencido de que Passy confiava demais nos britânicos. E tinha razões para desconfiar. Em dezembro de 1940, uma diretriz interna da SOE declarava que a Seção F deveria inteirar-se de tudo que a França Livre estivesse fazendo, mas a França Livre não deveria saber nada a respeito das operações da SOE na França. Como observou o chefe da SOE, major-general Gubbins, dois meses depois: "Se os britânicos deram os violinos, deveriam também escolher a música."[22] Passy acabaria concordando com o ponto de vista de De Gaulle, mas mesmo assim estava obrigado a trabalhar com os britânicos.

Essas tensões com a inteligência britânica ainda não foram suficientes para turvar as harmoniosas relações de De Gaulle com Churchill. Mas era arriscado depender dos caprichos de um homem – ainda que fosse primeiro-ministro –, e De Gaulle tentou cultivar seus próprios contatos com outros legisladores. Começou até a ter aulas de inglês. A pouco invejável tarefa de ensinar inglês a De Gaulle coube a M. de Valence, mauriciano que trabalhava na BBC.[23] Na verdade, naquela época quase todo mundo na elite britânica falava bem o francês, e De Gaulle não precisava praticar seu precário inglês com muita frequência. (De Gaulle gostava de citar de vez em quando o que segundo ele Carlos V disse sobre a questão do inglês: "Fala-se francês com homens, italiano com mulheres, alemão com cavalos, espanhol com Deus, mas quem já teve notícia de alguém que falasse inglês?")[24]

Apesar de raramente frequentar restaurantes – o Escargot, o Ecu de France, Prunier, Le Coq d'Or, Chez Rose, Le Petit Club Français em St. James's Place, Chez Rose e o York Minster no Soho (hoje French House) –, onde a França Livre se juntava para recriar uma versão em miniatura do mundo que ficara para trás na França, De Gaulle almoçava regularmente com políticos, funcionários públicos e jornalistas britânicos nos grandes hotéis e restaurantes onde a elite britânica gostava de fazer negócios durante a guerra: o Hyde Park Hotel, o Savoy, o Ritz, o Waldorf, o Connaught. Para De Gaulle não se tratava de encontros sociais – ele resistia a convites do bem-relacionado Boislambert para ir com ele passar os fins de semana no campo em companhia dos seus distintos amigos ingleses[25] –, mas de oportunidades de promover a causa da França Livre cultivando seguidores em Westminster, Whitehall e na imprensa. No mesmo espírito, em janeiro de 1941, ele disse algumas palavras num almoço literário no Foyle's. Apesar de seus colegas de almoço costumarem achá-lo "rígido", De Gaulle podia ser, quando à vontade, um gracioso companheiro de almoço ou jantar.[26]

Leo Amery, o secretário de Estado para a Índia, que jantou com ele em 16 de janeiro, escreveu: "É bem inexpressivo à primeira vista, muito grande, com uma cabeça pequena e aparência bem jovem, mas parece equilibrado e astuto em seus julgamentos." Três semanas depois voltaram a se encontrar: "Noite agradável. Cada vez mais impressionado com a modéstia e o bom senso de De Gaulle."²⁷ Não muita gente falava sobre a modéstia de De Gaulle. Certa vez, o diretor da Galeria Nacional, Kenneth Clark, foi convidado para almoçar. De Gaulle (sempre atento a qualquer coisa que tenha a ver com interesses franceses) tinha escrito queixando-se de não ter sido convidado para uma exposição de pintores franceses organizada pela Galeria Nacional. Para sua agradável surpresa, Clark se viu na presença de um intelectual mais inclinado a falar sobre Bergson do que sobre política.²⁸ O político trabalhista Hugh Dalton, ministro da Economia de Guerra, almoçou várias vezes com De Gaulle. Na primeira, em julho de 1940, achou-o "não uma figura inspiradora ou romântica, muito rígido e mais oficial de estado-maior do que comandante em chefe"; no almoço seguinte, quatro meses depois, De Gaulle (que muito provavelmente calibrava seus comentários para o interlocutor) disse "coisas de esquerda" e parecia "bastante sensível e sujeito a boas influências"; o terceiro almoço, no Connaught, foi "um tanto rígido ... De Gaulle querendo, imagino eu, parecer bem inglês, tinha pedido uma carne muito seca cozida à maneira inglesa".²⁹

Harold Nicolson, que trabalhou no Ministério da Informação, também oscilava em suas opiniões:

> 20 de janeiro de 1941: Almoço com De Gaulle. Primeiro encontro. Acusa meu ministério de ser pétainista. Digo que estamos trabalhando por *"la France entière"*. *"La France entière"*, berra ele, *"c'est la France libre, c'est moi"* [A França inteira é a França Livre, sou eu]. Uma expressão cansada e não de todo benevolente em seus olhos. Não gosto dele.
>
> 27 de fevereiro de 1941: Participo de almoço para De Gaulle e Muselier. Muita conversa com De Gaulle. Antipatizo menos com ele ... Tem olhos cansados, contemplativos, mas não indelicados. Mãos curiosamente afeminadas: não femininas, mas sem artérias ou músculo.³⁰

Nicolson não foi a única pessoa a fazer comentários sobre as mãos de De Gaulle.

De Gaulle raramente tinha oportunidade de ver Churchill pessoalmente, mas suas relações com ele nessa fase eram harmoniosas e foi hóspede dele por um fim de semana em Chequers no começo de março. Tinha dois interlocutores regulares do lado britânico. Um era o assessor especial de Churchill, coronel Desmond Morton. Nos anos 1930, quando trabalhava para o Serviço Secreto de Inteligência, Morton tinha vazado informações de inteligência sobre a Alemanha para Churchill (morava muito perto da casa de Churchill em Chartwell), e ao tornar-se primeiro-ministro Churchill o levou para seu escritório particular. Suas responsabilidades incluíam cuidar das relações com governos no exílio e com a França Livre. Morton tinha sido um dos primeiros a se encontrar com De Gaulle, porque estivera envolvido na elaboração do plano de União Franco-Britânica. Naquela ocasião, ele o descrevera, curiosamente, como um "magnífico trapaceiro ... outro Max Beaverbrook" – o que parece que era para ser um elogio. Os vínculos pessoais de Morton com Churchill causavam irritação em Whitehall, e sua influência diminuiu quando procedimentos burocráticos mais convencionais suplantaram a predileção de Churchill por trabalhar com o seu próprio pessoal. Isso teve impacto na opinião de Morton sobre De Gaulle. Quando a confiança de Churchill em De Gaulle começou a cair, Morton parece ter sentido que a melhor maneira de marcar ponto com Churchill era alimentar sua desconfiança de De Gaulle.[31]

Outro interlocutor habitual de De Gaulle era Spears, na ocasião ainda chefe da missão oficial junto à França Livre, a chamada Missão Spears. Mas as relações de Spears com De Gaulle começaram a desgastar-se depois de Dakar. Era inevitável, pois Spears se via como o homem que tinha inventado De Gaulle, o que logo ofenderia até mesmo uma pessoa menos suscetível e orgulhosa do que De Gaulle – que se ofendera rapidamente com pretensões semelhantes da parte de Denis Saurat, diretor do Instituto Francês. Logo que voltou para Londres, De Gaulle escreveu para Churchill dizendo que como a França Livre não era mais "simplesmente" um "movimento", mas também "uma unidade territorial, militar e econômica", seria desejável ter relações diretas com relevantes ministérios britânicos, em vez de tratar dos assuntos através da Missão Spears.[32] Apesar dos compreensíveis esforços para se emancipar da tutela de Spears, este ainda era o mais firme seguidor de De Gaulle em Whitehall. Spears escreveu num memorando em janeiro de 1941 que os britânicos estavam errados em "vacilar" em relação a De Gaulle:

A obscura personalidade de junho passado, que tantos achavam uma figura que não valia a pena apoiar, porque era pouco conhecida, hoje é uma figura mundial. Não teria alcançado essa posição sem apoio britânico, mas a alcançou em primeiro lugar por esforço próprio. Cometeu seus erros e eu fui um que os lamentou, mas é, apesar de tudo, um grande homem.[33]

Spears denunciava qualquer tentativa de trabalhar através de Vichy como equivalente "a alimentar com alface um coelho que está sendo caçado por um furão – um desperdício de alface, na melhor hipótese, uma vez que, se o coelho fosse agradecido, o que é improvável, continuaria à mercê do furão".[34] Esse apoio a De Gaulle não era inteiramente desinteressado. Spears era um dissidente em Whitehall, cuja influência vinha de sua amizade com Churchill. A França Livre era sua *raison d'être*. De Gaulle, que tinha um fino senso de onde estava o poder, pode ter percebido que o apoio de Spears era uma vantagem duvidosa.

Se o governo britânico "vacilava" era porque De Gaulle lhe trouxera muito pouco. Os britânicos continuavam a ter esperança de que Weygand, ou outra personalidade do regime de Vichy, mudasse de lado. Na hipótese de isso acontecer, em janeiro de 1941 De Gaulle fez uma consulta aos membros do Conselho de Defesa do Império. Como estavam espalhados, o debate precisou ser feito por telegrama. Três perguntas foram formuladas: que atitude deveria a França Livre adotar para com Pétain se (1) seu governo mantivesse o curso atual de neutralidade técnica; (2) se mudasse para o norte da África mas continuasse neutro; (3) decidisse juntar-se aos Aliados?

Sobre a primeira pergunta, houve unanimidade: contatos extraoficiais tinham de ser evitados a qualquer custo (Catroux foi o mais conciliatório, Eboué e Leclerc os mais intransigentes), mas não poderia haver recuo quanto ao princípio de que o armistício tornara Vichy ilegítimo. As respostas à segunda pergunta foram parecidas: nenhuma concessão, a não ser que Vichy entrasse novamente na guerra. A terceira pergunta foi a mais difícil: todos concordaram que nessa hipótese seria necessário juntar-se a Vichy, mas também que De Gaulle deveria ficar com uma função que fosse de "importante" (Muselier) a "predominante" (Leclerc) ou, para falar sem rodeios, a de chefe de Estado (Eboué).[35] Eram mais ou menos as respostas que De Gaulle queria ouvir. Mas se a terceira hipótese viesse a acontecer, ele não teria condição de ditar os termos. Sua convicção íntima, conhecendo Pétain tão bem como conhecia, e tendo observado atentamente Weygand em 1940, era que nenhum líder importante de Vichy se juntaria – "Weygand nunca teve o gosto de assumir riscos", escreveu ele –, mas seu próprio futuro dependia de isso estar certo.[36] Para mostrar aos britânicos que não deixara de explorar nenhuma possibilidade, permitiu que Catroux sondasse informalmente Weygand e Noguès. Essas sondagens produziram de Weygand a resposta satisfatória (do ponto de vista de De Gaulle) de que se De Gaulle caísse em suas mãos ele o mandaria fuzilar.[37] O próprio De Gaulle escreveu com rude brevidade a Weygand em 24 de fevereiro pela última vez lhe propondo que se unissem para levar o Império para a guerra. Concluiu: "Se sua resposta for sim, garanto-lhes os meus respeitos." Esse laconismo quase insultuoso com certeza produziria uma resposta negativa, ou ficaria sem resposta. Os britânicos lamentaram que ele não tivesse achado possível ser "um pouquinho mais amistoso e cordial".[38] Cordialidade não era uma atitude natural em De Gaulle, mas nesse caso a cordialidade não teria servido aos seus propósitos.

Se De Gaulle se deu ao trabalho de consultar o CDE não foi porque quisesse ouvir suas opiniões, mas porque precisava dele para respaldar sua legitimidade. Fora isso, os membros do CDE eram dispersos demais – Leclerc no deserto da Líbia, Eboué no Chade, Catroux no Cairo – para desempenhar qualquer função no dia a dia administrativo da França Livre. Para evitar uma recaída no caos do outono, De Gaulle fez Carlton Gardens passar por uma reorganização. Passy continuava incumbido da inteligência e Muselier encarregado da Marinha. Os chefes desses diferentes serviços se reuniam duas vezes por semana, sob a presidência de De Gaulle. Quando De Gaulle deixou Londres novamente, esse papel de coordenador foi confiado a Pleven ou Cassin. Essa estrutura embrionária fornecia o que Cassin viria a chamar de "aprendizado de governo".[39] Mas os números eram exíguos. A equipe inteira que trabalhava em Carlton Gardens em fevereiro de 1941 não passava de noventa pessoas.[40] A França Livre ainda era basicamente um show de um homem só. De Gaulle sempre tinha alguém atuando como um misto de chefe de gabinete, ajudante de ordens e pau para toda obra. De início, esse alguém era Courcel, até que ele saiu para se juntar às Forças Francesas Livres que combatiam na África. A posição foi ocupada então por um jovem diplomata,

Claude Bouchinet-Serreulles, cuja admiração por De Gaulle era matizada pelo desapontamento com as asperezas da personalidade de De Gaulle.

Um aspecto da organização civil de Carlton Gardens que não funcionava bem era o Departamento de Assuntos Políticos, que De Gaulle confiou a Palewski. A intenção de De Gaulle era criar uma espécie de organização clandestina da França Livre na França, fazendo contatos secretos com personalidades francesas influentes.[41] O plano era, em última análise, estabelecer comitês secretos da França Livre em todas as localidades da França. Isso teria sido absurdamente ambicioso em qualquer circunstância, mas foi impossível devido à maneira como De Gaulle concebia as relações entre o departamento de Palewski e o serviço de inteligência de Passy, que a essa altura passara a chamar-se Agência Central de Inteligência e Ação Militar na França [Bureau Central de Renseignements et d'Action Militaire – BCRAM]. Seguindo a tradição do Deuxième Bureau do Exército, De Gaulle imaginava para a função de Passy a coleta de inteligência militar, tarefa distinta dos objetivos políticos atribuídos a Palewski. Pelo fim de 1940, Passy tinha conseguido mandar seus primeiros agentes para a França com a ajuda dos britânicos. A missão desses agentes era mal definida. Coletavam inteligência "militar", mas também buscavam identificar sinais de oposição a Vichy e aos alemães. Isso significava que as linhas entre os objetivos "políticos" e "militares" ficaram indistintas, mas De Gaulle queria mantê-las distintas.

Passy tentou convencer De Gaulle em fevereiro de 1941 que seria mais lógico canalizar todas as atividades na França por intermédio dele. Isso tornaria mais fácil coordenar com os britânicos, em vez de apresentar-lhes duas organizações inteiramente separadas que precisavam mandar gente para a França. De Gaulle resistiu. Passy achava que De Gaulle estava "dividindo para governar". Talvez houvesse alguma verdade nisso, mas De Gaulle – em tantos sentidos um rebelde – nesse caso respeitava a divisão tradicional entre a atividade política e a atividade militar, ainda que fizesse pouco sentido naquelas circunstâncias inéditas. O resultado foi que Palewski tinha uma missão política, mas sem agentes para a executar; e Passy tinha alguns agentes que eram proibidos de enveredar pelo que De Gaulle considerava política. Palewski, frustrado com essa situação impossível, não demorou a pedir para ser mandado ao exterior, a fim de servir com as tropas das Forças Francesas Livres. Seu sucessor foi o diplomata Maurice Dejean, que tinha chegado a

Londres em janeiro de 1941. Dejean não teve mais sucesso do que Palewski, exatamente pela mesma razão.[42]

A teimosia de De Gaulle nessa questão também refletia o fato de que ele não estava totalmente convencido da importância da ação na França – fora a parte da propaganda ou da busca de inteligência. Isso era uma fonte de considerável frustração para Passy, que se mudou de Carlton Gardens para instalações em St. James's Square e depois em Duke Street. Bouchinet-Serreulles tentou fazer De Gaulle se interessar pelas atividades de Passy, mas sem muito êxito: "Ele me recebia por meia hora de tempos em tempos ... ou simplesmente dizia qualquer coisa na linha de 'ótimo, ótimo, continuem o bom trabalho'."[43] A longo prazo, isso foi benéfico para Passy. Entregue a si mesmo, ele transformou a BCRAM no sustentáculo da França Livre – um miniestado dentro do miniestado que a França Libre viria a ser. A BCRAM se tornaria a ligação entre a França Livre em Londres e a Resistência na França. Mas De Gaulle, apesar de toda a sua imaginação, demorou a perceber a importância disso. A salvação da França, a seus olhos, ocorreria no palco mundial – através das forças militares que ele formaria e dos territórios que arrastaria para a guerra.

"Em nossa posição, quem não se mexe fica para trás"

Pouco antes de partir para a África em novembro, De Gaulle tinha deixado com Larminat toda uma série de ambiciosas diretrizes militares que incluíam atacar a África Oriental em poder de Vichy e seguir para o norte rumo ao deserto da Líbia. Ele concluía com estas palavras: "Nem pensar em discutir. Temos que seguir em frente." Como esses planos eram na grande maioria impraticáveis sem a ajuda britânica, Larminat os ignorou. Mas para De Gaulle os detalhes eram menos importantes do que o princípio que os inspirava: "Em nossa posição quem não se mexe fica para trás."[44] Isso estava de acordo com o temperamento irrequieto de De Gaulle – e com sua visão bergsoniana do mundo –, mas ele tinha razão ao dizer que se a França Livre quisesse sobreviver eles precisavam mostrar que "existiam" para além das brigas de Carlton Gardens. Não era fácil, devido às parcas forças de que dispunham. Desde a conquista do Gabão, em novembro, as Forças Francesas Livres tinham causado pouco impacto militar.

Um batalhão das Forças Francesas Livres foi despachado para se juntar aos britânicos que combatiam os italianos na África Oriental. Em fevereiro de 1941, tomou o forte de Kub-Kub, na Eritreia, ao custo de dezesseis mortos e 39 feridos. Foi a primeira vez que as Forças Francesas Livres lutaram contra as potências do Eixo – em contraste com a luta contra os franceses em Dakar e no Gabão. Leclerc tinha levado uma coluna de cerca de quatrocentos homens através de cerca de 2 mil quilômetros de deserto no Chade, com mínimo transporte motorizado, até o sul da Líbia – um dos objetivos que De Gaulle tinha deixado com Larminat três meses antes. O resultado da operação de Leclerc foi a captura em 1º de março da cidade de Kufra, que ficava num oásis. Esse acontecimento recebeu mais publicidade do que a captura de Kub-Kub, porque envolvera apenas as Forças Francesas Livres. Uma das lendas de fundação da França Livre era o "juramento" feito por Leclerc em Kufra em 3 de março de 1941, de que só deporia as armas quando Estrasburgo fosse tomada dos alemães. Larminat, que começara a entender como funcionava a cabeça do seu líder, aconselhou De Gaulle a não criar dificuldades com os britânicos sobre guarnições em Kufra. Não passava de "um monte de seixos sem interesse", a não ser como "símbolo da nossa vontade de lutar".[45]

De Gaulle era agudamente sensível à importância dos símbolos, mas quando partiu de Londres novamente, em 14 de março, para os seus territórios africanos, mais uma vez acompanhado por Spears, seus olhos miravam mais alto do que simples montes de seixos. Tinha dois objetivos. O primeiro era o porto da França de Djibouti, na África Oriental, cuja posição à entrada do mar Vermelho lhe conferia grande importância estratégica. Ele propunha que os britânicos bloqueassem o porto, forçassem o governador francês a se entregar e permitisse que a França Livre tomasse posse. O general Wavell, comandante das forças britânicas no Oriente Médio, preferiu entrar em entendimento com o governador de Vichy, concordando em deixá-lo em paz desde que permanecesse neutro. De Gaulle ficou irritado com o que lhe pareceu um ato de apaziguamento. Telegrafou ameaçadoramente para Catroux no Cairo declarando que Djibouti serviria como um teste sobre a atitude britânica para com Vichy: "Tiraremos nossas conclusões de um jeito ou de outro."[46] Na verdade, Djibouti permaneceu em poder de Vichy até o fim de 1942.

Troféus ainda mais importantes potencialmente eram os mandatos franceses da Síria e do Líbano.[47] A missão original de Catroux no Cairo tinha sido conquistar o general Dentz, o comandante de Vichy no Oriente Médio. Quando ficou claro que isso não ocorreria, outra ideia foi incubada em Carlton Gardens. A França Livre fomentaria uma revolta interna contra os franceses prometendo a independência à população. Uma vez debilitada a autoridade de Dentz, uma pequena operação anglo-francesa o derrubaria e traria a Síria e o Líbano para o lado dos Aliados.[48] Cautroux jogou um balde de água fria nisso. Ele entendia que os britânicos não se importavam nem um pouco com o fato de Vichy preservar seus territórios no Oriente Médio, desde que esses territórios não viessem a cair na órbita de influência alemã. Fora isso, os britânicos prefeririam que tudo ficasse como estava. Concluía ele: "A França Livre deve curvar-se a essa política. Tomar de volta o Levante para a França Livre nos criaria obstáculos que no momento não temos condições de superar."[49] Seria difícil imaginar uma linha de ação – ou de inação – menos atraente para De Gaulle.

Como no caso de Djibouti, o homem que De Gaulle precisava convencer era Wavell. Responsável por uma vasta área de território que se estendia do Egito à Palestina e ao Iraque, em volta do Golfo Pérsico até o Sudão, Wavell estava colossalmente sobrecarregado. Tinha tido algum êxito contra forças italianas na Líbia, mas em abril de 1941 Hitler mandara duas divisões ao norte da África para ajudar Mussolini. Além disso, Wavell combatia os italianos na África Oriental, e em maio recebeu ordem de Londres para enviar tropas à Grécia, onde se esperava um ataque iminente dos alemães. Nessas circunstâncias, a última coisa que ele poderia querer era abrir outro front no Oriente Médio.

Chegando ao Cairo proveniente de Fort-Lamy em 1º de abril, De Gaulle foi ver Wavell imediatamente, "irrompendo", como disse, "inconveniente e insistente ... em seu pequeno e abafado escritório".[50] Seu objetivo era convencer os britânicos dos riscos de permitir que a Síria e o Líbano permanecessem nas mãos de Vichy. Wavell não quis saber. Ajudava-o o fato de que a própria França Livre estava dividida sobre qual seria a melhor maneira de seguir em frente. A preferência de De Gaulle era por uma operação das Forças Francesas Livres com mínimo apoio britânico. Catroux, que relutantemente admitira a necessidade de agir na Síria, achava que qualquer operação exigiria considerável apoio britânico.[51] Isso preocupava Spears e De Gaulle, que era de opinião de que insistir na participação britânica era a melhor maneira de garantir que nada jamais aconteceria. Mas será que os franceses tinham forças suficientes para agir sozinhos? Num encontro decisivo com Wavell, o embaixador britânico no Cairo, Miles Lampson, observou "como De Gaulle se ressente de qualquer sugestão de que a França Livre está sendo administrada com assistência britânica".[52] O argumento mais convincente de De Gaulle era a ameaça aos interesses britânicos se a Alemanha conseguisse um ponto de apoio no Oriente Médio. Embora Vichy fosse supostamente neutro, havia o perigo de que o governo de Pétain cedesse à pressão alemã. Mas, sobrecarregado como estava, Wavell preferia correr esse risco.

Incapaz de fazer Wavell ceder, De Gaulle partiu para Brazzaville com Spears em 16 de abril, deixando Catroux incumbido de insistir na necessidade de ação. De Brazzaville De Gaulle escreveu ameaçadoramente para Catroux que, se os britânicos não estivessem dispostos a ajudar, a França Livre morreria: "Se eles morrerem, a nação francesa não perdoará a Inglaterra e por raiva e desespero se entregará à colaboração com a Alemanha."[53] De Gaulle vergastou os britânicos, anunciando que não permitiria que aeronaves britânicas aterrissassem em Fot-Lamy, no Chade, cujo pequeno aeroporto era uma escala conveniente para os aviões britânicos que voavam da Nigéria para o Sudão, evitando, com isso, uma longa volta pelo Cabo. Spears forçou De Gaulle a desistir desse ato de vingança gratuita, mas foi outro daqueles momentos de revelação que acabariam criando um total distanciamento entre os dois homens.[54] Em Brazzaville o cônsul-geral britânico, Robert Parr, achou De Gaulle "extremamente cansado ... e tremendamente deprimido". Como os britânicos pareciam atribuir tão "pouco valor ao lado moral do seu movimento", ele já não sabia onde estava sua obrigação: "Disse que era um homem sozinho sobre o qual recaía a responsabilidade e que o fardo estava se tornando maior do que poderia suportar." Apesar do "profundo desânimo", não queria voltar para Londres, onde seria "envolvido numa teia de problemas".[55] Toda a vida De Gaulle, que crescia no movimento e na ação, esteve sujeito a esses ataques de desespero.

"Oriente complicado"

De Gaulle foi resgatado desse impasse pelos acontecimentos em Vichy. Quando insistia na ação na Síria, era do interesse de De Gaulle, claro, atribuir a Vichy as piores intenções possíveis. Mas era difícil para o governo britânico decidir se ele tinha ou não tinha razão, porque o regime de Vichy era indecifrável. Os piores temores dos britânicos, de que o encontro de Montoire entre Hitler e Pétain em outubro de 1940 fosse o prelúdio de uma intensificação da colaboração franco-alemã, tinham se revelado infundados. Não que Vichy não quisesse a colaboração; os alemães é que não estavam dispostos a fazer suficientes concessões para que valesse a pena. Em dezembro de 1940, Laval foi bruscamente demitido por Pétain. De início não se entendeu direito se isso queria dizer que Pétain estava se distanciando da colaboração ou se a mudança foi provocada apenas por rivalidades internas. Depois de um breve interlúdio durante o qual Pétain escolheu para primeiro-ministro o conservador político francês Pierre-Etienne Flandin, o sucessor de Laval como figura dominante em Vichy pelos dezoito meses seguintes foi o almirante François Darlan.

Enquanto Laval nunca fez segredo das suas inclinações pró-germânicas, Darlan era mais difícil de interpretar. Como a maioria dos oficiais de Marinha franceses, ele era instintivamente antibritânico, mas não fora, inicialmente, um dos mais fervorosos proponentes de um armistício em junho de 1940. A verdade é que Darlan era acima de tudo um oportunista. Convencido de que a Alemanha venceria a guerra, seu objetivo era garantir, mediante colaboração, o melhor negócio possível para a França numa Europa dominada pelos alemães. Sua oportunidade de relançar a colaboração ocorreu quando irrompeu um levante nacionalista antibritânico no Iraque, controlado pelos britânicos no fim de abril. Os alemães, vendo aí uma oportunidade de enfraquecer os britânicos no Oriente Médio, propuseram fornecer aeronaves aos rebeldes iraquianos, para apoiar suas forças terrestres. Num encontro com Hitler em Berchtesgaden em 15 de maio, Darlan concordou em permitir que tropas alemãs usassem os aeródromos franceses na Síria, em troca de concessões alemãs na aplicação do armistício na França ocupada. Os britânicos logo ouviram falar que aviões alemães estavam pousando na Síria. Isso confirmava os alertas de De Gaulle de que não se poderia dar crédito à "neutralidade" de Vichy. Wavell, ainda não convencido, dessa vez teve sua opinião rejeitada por Churchill. De Gaulle tomou a iniciativa de passar um telegrama para Churchill em inglês, coisa que nunca tinha feito e jamais voltaria a fazer – "Obrigado... Você vai ganhar a guerra"[56] –, e partiu novamente para o Cairo.

Churchill tinha mudado de ideia sobre uma operação na Síria porque partiu do princípio de que, diante da aberta colaboração de Darlan com a Alemanha, era improvável que Dentz resistisse à França Livre. Isso era o que Catroux e De Gaulle vinham repisando aos britânicos para convencê-los a participar da operação: uma "incursão política armada" pelas Forças Francesas Livres exigindo mínimo apoio britânico haveria de trazer a Síria e o Líbano para o lado dos Aliados. Mas os contatos secretos de Catroux com as forças de Dentz logo lhe mostraram que isso era otimista. A reaproximação de Darlan com Hitler não tinha, nas palavras de Catroux, "provocado nas fileiras do Exército do Levante as reações de honra que se poderia desejar".[57] Dessa maneira, Wavell – como temia – foi obrigado a preparar planos para uma operação militar em grande escala pelas Forças Francesas Livres em conjunto com forças britânicas. De Gaulle tinha conseguido arrastar os britânicos para uma coisa muito maior do que eles pretendiam. Viu-se também que a operação era desnecessária para os interesses estratégicos britânicos, porque a ajuda alemã tinha chegado tarde demais para impedir que o levante antibritânico no Iraque fosse devidamente esmagado. Mas era tarde demais para os britânicos ou para os franceses voltarem atrás.

Uma vez combinada a operação síria, ainda faltava decidir como seria apresentada. No fim, a França Livre manteve a ideia original de oferecer às populações da Síria e do Líbano a promessa de independência. Como o próprio Dentz tinha feito algumas declarações nesse sentido, Catroux avisou a De Gaulle que seria "lamentável ser suplantado" nisso por Vichy.[58] Os britânicos, em combinação com Catroux, propuseram uma proclamação conjunta garantindo independência, pois queriam demonstrar à opinião pública árabe que não tinham planos com relação ao Império francês. De Gaulle imediatamente suspeitou o pior, pois em sua opinião não cabia aos britânicos fazerem promessas ao povo de uma possessão colonial francesa. Como escreveu em suas *Memórias*: "Mal a decisão foi tomada, os britânicos deixaram suas intenções à vista."[59]

Em 8 de junho a operação conjunta foi lançada. Tropas australianas e britânicas marcharam para o Líbano, e 5400 soldados das Forças Francesas Livres comandados pelo general Legentilhomme entraram na Síria. As forças de Vichy resistiram firmemente e ao que tudo indica com mais vigor contra as tropas gaullistas do que contra as britânicas. Legentilhomme foi ferido, e as

Forças Francesas Livres sofreram mais de seiscentas baixas. De Gaulle escreve em suas *Memórias* a respeito de sua profunda tristeza pelo "horrível desperdício" daquele conflito fratricida – muito embora tivesse escrito anteriormente para Catroux em referência a Djibouti que era impossível "fazer a omelete da Libertação sem quebrar alguns ovos".[60] Mas a violência do comportamento de De Gaulle nos meses seguintes foi motivado em parte pela obsessão de rebater as acusações de Vichy de que ele tinha apoiado o esforço britânico para desmembrar o Império francês.

Em 21 de junho De Gaulle chegou a Damasco, onde instalou Catroux como seu "alto-comissário no Levante" – título que deixou os britânicos preocupados, se perguntando o que era feito da promessa de futura independência. Os comandantes das forças britânicas que combatiam Dentz tinham ficado constrangidos ao serem saudados pela população local como libertadores do jugo francês. Um deles, o general Slim, não conseguiu criar coragem para revelar a um sírio que "nos recebeu como libertadores ... e tinha esperança de que os franceses nunca mais voltariam" que achava que o "general De Gaulle talvez tivesse opiniões diferentes".[61] É claro que ele estava certo, e a questão da independência só piorou nos três anos seguintes. Mas a disputa imediata entre De Gaulle e os britânicos era sobre os termos do armistício a ser oferecido às forças que defendiam Vichy. De Gaulle tinha previsto que Dentz tentaria obter dos britânicos permissão para repatriar suas forças para a França, e que os britânicos, ansiosos para levar Dentz à mesa de negociações quanto antes, seriam tentados a concordar. Já De Gaulle não via a hora de buscar recrutas para as Forças Francesas Livres entre as tropas de Dentz após sua rendição. Depois de algumas altercações, o governo britânico tinha concordado com isso. De Gaulle, portanto, ficou compreensivelmente irritado ao saber que a primeira resposta britânica quando Dentz pediu um armistício tinha omitido qualquer referência à França Livre.

O ato seguinte de De Gaulle foi muito estranho. Pouco antes do começo das negociações do armistício, ele repentinamente tomou um avião de volta para Brazzaville, deixando Catroux como encarregado, mas com poucas instruções. Talvez não tivesse percebido o que ia acontecer em seguida; talvez soubesse perfeitamente bem e quisesse evitar a responsabilidade de um armistício que, esperava, fosse inaceitável; talvez estivesse tentando criar uma situação de máxima dramaticidade. Talvez a verdade esteja em suas *Memórias*:

"Não tive outro jeito de limitar o dano que não fosse manter distância, subir até uma nuvem e despencar lá de cima contra um acordo que não me incluía, e que eu rasgaria até onde fosse possível. Essa nuvem era Brazzaville."[62]

O general britânico encarregado das negociações do armistício, Henry Maitland Wilson, não tinha experiência nessas questões políticas. Com pressa para que o armistício fosse assinado, e sentindo mais afinidade com os soldados franceses regulares de Dentz do que com os soldados rebeldes das Forças Francesas Livres, assinou um documento que não fazia qualquer menção à França Livre. Como as forças subjugadas de Vichy se recusavam a reconhecer a França Livre como tendo qualquer status oficial, Wilson só incluiu Catroux em sua delegação como observador. Os negociadores de Dentz não quiseram sequer reconhecer sua presença, salvo para saudá-lo superficialmente enquanto proclamavam com estardalhaço sua lealdade a Pétain.[63] Além disso, Wilson assinou um protocolo secreto (não visto por Catroux) que não permitia qualquer contato da França Livre com as tropas vencidas. Como a França Livre tinha sido inteiramente excluída de todas as fases das discussões, De Gaulle não estava dramatizando quando escreveu em suas *Memórias* que aquele acordo representava "uma transmissão pura e simples da Síria e do Líbano para os britânicos".[64]

O armistício foi assinado em Acre em 14 de julho. O relato feito por Catroux em suas memórias é bem diferente. "Na falta de instruções" e "mais perto das realidades da situação do que o general De Gaulle", ele achou que sua única alternativa seria deixar a sala, declarar o armistício inaceitável e arriscar-se a romper publicamente com os Aliados na presença de representantes de Vichy: "O bom senso exigia mais prudência" –, qualidade que não fazia parte do repertório de De Gaulle.[65] Os termos do armistício também preocupavam as autoridades britânicas no Cairo, que temiam o pior de De Gaulle, com razão. Anthony Eden, que substituíra Halifax com secretário do Exterior, reconheceu que "divergia, em importantes aspectos", do que tinha sido combinado e "receio que seja um choque".[66] Isso era um eufemismo.

Com requintada má-fé, De Gaulle escreveu a Catroux dizendo que imaginava que ele não tinha assinado aquele armistício, "contra minhas intenções e minhas instruções".[67] Em seguida viajou para o Cairo. Nesse meio-tempo, Carlton Gardens produziu uma bem-argumentada refutação para o Ministério das Relações Exteriores, perguntando, educadamente, "até que ponto seria possível aliviar as modalidades da aplicação do armistício".⁶⁸ Os métodos pessoais de De Gaulle foram mais brutais. Chegou ao Cairo em 20 de julho e na manhã seguinte entrou furioso no escritório de Oliver Lyttelton, ministro de Estado britânico para o Oriente Médio. Lyttelton estava apreensivo, como disse Spears, "com a possibilidade de enfrentar De Gaulle em situação tão desvantajosa".⁶⁹ Mas nada o preparou para o que veio em seguida. Na descrição do encontro que consta de suas *Memórias*, De Gaulle afirma: "Tentei evitar uma explosão ... envolvendo-me em gelo"; informou ao seu pessoal em Londres que tinha sido "bastante calmo no tom, muito categórico na substância".⁷⁰ Lyttelton teve outra impressão do encontro. Relatou que De Gaulle apareceu em seu escritório "branco de paixão reprimida" e proferiu um "discurso veemente e violento" que durou mais de duas horas. Ao terminar, entregou-lhe um documento retirando formalmente do comando britânico todas as tropas das Forças Francesas Livres na Líbia dentro de três dias. Spears, que conhecia muitos lados de De Gaulle, nunca tinha visto nada parecido: "No pior humor em que eu jamais o tinha visto. Tinha um aspecto terrível ... como se não dormisse há uma semana. Foi extremamente intransigente e muito grosseiro."⁷¹ Lyttelton recusou-se a aceitar o documento de De Gaulle alegando que ele só poderia "ser lido como o rompimento da aliança". Propôs retomar o encontro depois do almoço e da sesta.

Longe de tirar um cochilo, Lyttelton e Spears prepararam sua resposta. Estavam tão apavorados que chegaram a pensar em pôr De Gaulle na cadeia e substituí-lo por Catroux. Na reunião da tarde, porém, De Gaulle parecia ter se acalmado e estava, disse Spears, "comparativamente falando, receptivo". A reação do embaixador britânico no Cairo, Miles Lampson, revelava tanto o constrangimento como o dilema dos britânicos: "De Gaulle evidentemente se comporta muito mal, na verdade até parece um tanto amalucado; e me arrisco a dizer que, pensando bem, seria um alívio se ele pudesse desaparecer do cenário local, mas suspeito que se saísse zangado isso poderia prejudicar coisas mais importantes."⁷²

As negociações para corrigir o armistício começaram. Lyttelton informou a Londres: "Nem de longe saímos da fase crítica ... Depois da nossa primeira conversa ontem, tanto Spears como eu sentimos que uma ruptura total era inevitável, e que nossos requisitos militares mínimos não poderiam ser salvaguardados enquanto o general De Gaulle continuasse sendo líder da

França Livre."⁷³ As negociações finalmente resultaram nos chamados Acordos Lyttelton-De Gaulle, que ofereciam uma "interpretação" do armistício – na verdade uma rejeição a ele. Seria dada à França Livre plena oportunidade de recrutar elementos entre as tropas de Dentz. Como informou De Gaulle a Londres, a nova versão dava ensejo a "séria satisfação" e reconhecia "nossa total soberania sobre os Estados do Levante".⁷⁴

Os problemas ainda não tinham terminado. Chegando a Beirute, De Gaulle viu que funcionários britânicos estavam fazendo tudo que podiam para impedir a implementação do novo acordo. Quando o general De Verdilhac, de Vichy, partiu de Beirute para a França, foi tratado com todas as honras militares; e a banda de soldados australianos que poucas semanas antes ele combatia tocou a "Marselhesa". Spears, vendo De Gaulle em Beirute, informou a Lyttelton que "o tom da conversa assumiu o tom do seu primeiro encontro com o general. Ele deu todos os sinais de ter perdido o controle".⁷⁵ No fim, apenas cerca de 5500 soldados aderiram à França Livre e 30 mil preferiram voltar para a França. A maioria dos soldados de Dentz via os gaullistas como rebeldes.

A disputa sobre a Síria foi a primeira grande reviravolta nas relações entre De Gaulle e os britânicos. De Gaulle abriu um capítulo de suas *Memórias* sobre essa crise com a famosa frase: "Para o complicado Oriente parti com ideias simples" (em francês é um alexandrino perfeito). Sua intenção não era fazer uma autocrítica. Na realidade, tendo servido no Levante de 1929 a 1931, estava perfeitamente ciente das complexidades da política local. Mas no que dizia respeito aos britânicos, suas opiniões certamente ostentavam todas as simplicidades de um personagem de *La Châtelaine du Liban*. Ele sintetizou suas opiniões sobre os britânicos numa frase: "Uma equipe à qual faltavam escrúpulos mas não recursos ... apoiada pelo primeiro-ministro ... visando instalar uma liderança britânica. Assim a política inglesa buscava, às vezes traiçoeiramente, às vezes brutalmente, substituir a França em Damasco e Beirute." Catroux, devido "ao seu desejo de seduzir e seu gosto pela conciliação", fora incapaz de "perceber toda a profundidade da malevolência do plano britânico".⁷⁶

A verdade era mais complicada. Para começo de conversa, De Gaulle é que tinha intimidado e induzido os relutantes britânicos a participar da operação. O armistício de Acre tinha sido um desastre para a França Livre, mas isso era mais atribuível à ingenuidade de Wilson do que a qualquer conspiração antigaullista. Havia, sem dúvida, oficiais do Exército britânico na região que antipatizavam com a França Livre e também alguns arabistas britânicos loucos para ver o fim do mandato francês. Mas essa não era a política oficial do governo britânico. A política do próprio Churchill era uma resposta improvisada, e um tanto incoerente, ao atoleiro para o qual De Gaulle o arrastara. De um lado, ele disse a Lyttelton que, no tocante ao futuro do mandato, "os árabes avultam muito mais em nossa mente do que a França Livre, e não se pode pensar em qualquer atraso na negociação de tratados que os satisfaça e convença de que não estavam apenas trocando um grupo de franceses por outro"; de outro lado, ele declarou que não havia "desejo de suplantar a França em sua posição privilegiada e apoiada na Síria".[77] Havia uma tensão, talvez até uma contradição, nesses dois objetivos.

De modo geral, De Gaulle ficou satisfeito com os resultados de sua intervenção. Informou ao seu pessoal em Londres que a crise tinha sido "salutar", pois os britânicos, apesar de sua "irritação", deviam ter aprendido que "para contar conosco precisam nos levar em conta".[78] A lição que tirou de Legentilhome foi que "com os ingleses é preciso dar murro na mesa, eles ficam humildes diante de você".[79] Imprudentemente, foi mais ou menos o que disse a Spears, que informou a Londres que duvidava do equilíbrio mental de De Gaulle. Não está claro até que ponto a conduta de De Gaulle com Lyttelton foi representada, mas se foi um show estava inteiramente de acordo com seu caráter. Diego Brosset, oficial das Forças Francesas Livres que assistiu de perto ao episódio, escreveu que, "arriscando alto", De Gaulle demonstrava aquela "semente de temeridade, seja ela loucura, seja gênio, sem a qual não se realizam grandes coisas".[80] Certamente Catroux não tinha essa "semente de temeridade". Um dos integrantes da equipe de Spears tinha feito o seguinte comentário sobre ele poucas semanas antes:

> Catroux é prudente, mas fraco ... Geralmente gostam dele, porque é dócil e diplomático. Nunca tenta impor um assunto. Uma vida tranquila é só o que importa ... Faz um grande esforço para ser leal a De Gaulle ... mas é fundamentalmente contra ele, o que é compreensível talvez, levando em conta a forma como tem sido tratado... Quanto a madame Catroux, seu antigaullismo equivale a uma fobia ... Catroux seria um ótimo embaixador aqui em tempos de paz ... Mas a causa da França Livre jamais avançará e prosperará sob sua direção.[81]

A reversão do armistício por De Gaulle foi sem dúvida um sucesso, mas seu método teve altos custos. A questão levou à ruptura completa com Spears, que relata uma coisa que De Gaulle lhe disse nessa época como uma espécie de revelação: "Acho que nunca vou me entender bem com *les Anglais*. Vocês são todos iguais, exclusivamente concentrados nos próprios interesses e assuntos ... Acha que estou interessado em ver a Inglaterra ganhar a guerra? Não estou. Só me interessa a vitória da França." Quando Spears comentou que era a mesma coisa, De Gaulle retrucou: "De jeito nenhum."[82] Nas negociações sobre o armistício de Acre, Spears, segundo Lampson, estava "mais violentamente predisposto" contra De Gaulle do que qualquer outra pessoa.[83] Ele, que foi um dos principais apoiadores de De Gaulle, tornara-se seu inimigo mais resoluto quase da noite para o dia – mais amargo ainda porque estava ciente de quanto De Gaulle lhe devia.

Como Spears sempre estivera na periferia do poder em Londres, perder seu apoio não era assim tão sério. Mais prejudicial foi o efeito da crise em Churchill, que ficou horrorizado com os relatos sobre o comportamento de De Gaulle. Sua decisão inicial de apoiar De Gaulle em junho tinha sido uma jogada ligeiramente impulsiva, que não compensou cem por cento, uma vez que De Gaulle não conseguiu atrair tantos seguidores como cada um deles esperava. Mas Churchill tinha permanecido leal a ele porque o lado romântico e sentimental de sua natureza foi seduzido pela quixotesca nobreza da luta solitária do general. E jamais poderia imaginar que, numa posição de completa dependência, De Gaulle viesse a causar-lhe algum problema sério. O que ele não entendia, assim como Spears, era que a ambição de De Gaulle era muito maior do que simplesmente levar um grupo de franceses a lutar pelos interesses da causa aliada. Devido ao que considerava traição do governo de Vichy, De Gaulle achava que sua missão era personificar e representar os interesses da nação francesa. Significava estar vigilante sempre que os interesses da França parecessem ameaçados – mesmo pelos Aliados. E para mostrar que a França ainda tinha eficácia, estava pronto a morder a mão que o alimentava. A atitude de Churchill para com De Gaulle nunca se recuperou plenamente do choque causado pelo comportamento do general no verão de 1941 – com maiores consequências para a vida da França Livre do que a "vitória" de De Gaulle a curto prazo em derrubar o armistício de Acre. Era essa seguramente a opinião da equipe da França Livre em Londres, alarmada com o tom dos telegramas de De Gaulle para Churchill. Por duas vezes lhe escreveram para lembrar a "importância essencial" da aliança britânica.[84] Impenitente, De Gaulle confirmou sua opinião de que não se poderia confiar a nenhuma outra pessoa os interesses da França: "Sugiro-lhes que sejam mais firmes e não deem a impressão de que os que me representam não seguem exatamente minhas políticas. Nossa força e nossa grandeza estão apenas em nossa intransigência com relação aos interesses da França."[85] De Gaulle transformara sua personalidade numa filosofia de ação.

De Gaulle voltou de Beirute para Brazzaville num frenesi antibritânico. Os britânicos receberam um relato da conversa que ele tinha tido com um franco-canadense no avião: "No fundo os ingleses não gostam mais dos franceses do que os franceses dos ingleses. Na verdade, não há povos que gostem de outros povos. Seu caráter e seus hábitos são muito diferentes."[86] Uma coisa era fazer esse tipo de comentário em particular, mas outra bem diferente fazê-lo em público – como De Gaulle fez. Numa entrevista com um jornalista americano, que saiu em 25 de agosto no *Chicago Daily News*, ele conjecturou que a Grã-Bretanha tinha feito uma espécie de acordo implícito com Hitler sobre Vichy: Vichy serviria a Hitler mantendo os franceses submissos, mas também serviria à Grã-Bretanha mantendo a frota francesa neutra. A análise não deixava de conter alguma verdade, mas era tolice atacar em público o governo que o financiava e apoiava. Ou por ter se empolgado ou não se dado conta de que suas palavras seriam publicadas, o fato é que De Gaulle viu imediatamente que tinha ido longe demais. Mas era tarde para suspender a publicação da entrevista.

"Pode ser que a gente acabe descobrindo que De Gaulle é maluco"

A entrevista causou consternação em Londres, tanto na equipe do próprio De Gaulle como entre os britânicos. Um integrante da Missão Spears escreveu que esperava que Spears reatasse com De Gaulle, porque "as pessoas não querem ver o leão solto sem seu *dompteur* [domador]".[87] O comentário estava desatualizado: a fera tinha escapado do *dompteur*. Carlton Gardens também aguardava o retorno de De Gaulle com apreensão. Bingen escreveu em seu diário: *"Le Grand Charles* está quase chegando. Que novo vendaval de loucura está prestes a açoitar a Casa ... Ele vai causar estragos em toda parte. Todos vão lhe apresentar seus planos e ele não dará ouvidos a ninguém."[88] Foi de fato o que aconteceu. Bouchinet-Serreulles o encontrou no "humor mais abominável ... reprovando todo mundo e especialmente os ingleses. Não recebe quase ninguém e há uma espécie de vácuo ao redor dele. Passa dias inteiros reclamando dos ingleses em geral e de Spears em particular. Para o seu entourage é muito difícil aguentar essa situação."[89]

De Gaulle escreveu para Churchill em 3 de setembro, porém mais num tom de quem se justifica do que de quem pede desculpas. Por ora as instruções de Churchill eram para que De Gaulle "sofra as consequências de suas próprias ações" e não falasse pelo rádio. Até Eden, mais tolerante com De Gaulle do que seu antecessor Halifax, escreveu para Churchill: "Pode ser que a gente acabe descobrindo que De Gaulle é maluco; se for, terá que ser tratado de acordo."[90] De Brazzaville, o cônsul-geral britânico, também tolerante com De Gaulle, informou: "Eu me inclino a pensar que De Gaulle está à beira de um colapso nervoso."[91] O único funcionário britânico autorizado a ver De Gaulle naquele tempo era Morton. Ele relatou a Cadogan:

> Em minha opinião, De Gaulle é um homem muito inteligente ... Não é um diplomata, mas há um cérebro calculista por trás da curiosa fisionomia e, apesar de absolutamente sincero e honesto, é sem dúvida influenciado por profundos preconceitos. É também um sentimental ... Não acho que esteja arrependido ... Não é maluco. Se num momento delira como um lunático e no momento seguinte tenta seduzir com tranquila sensatez, é porque acha que essa atitude é a que tem maior probabilidade de ajudá-lo a conseguir o que deseja da pessoa em questão.[92]

A única boa notícia para De Gaulle durante os tensos dias que passou "sofrendo as consequências das próprias ações" e aguardando permissão para falar com Churchill foi a chegada a Londres, em 10 de setembro, de 185 prisioneiros de guerra franceses fugidos. Cada um tinha fugido individualmente do cativeiro alemão e seguido em direção leste para a União Soviética – para acabar de novo na prisão, porque a Rússia e a Alemanha tinham assinado um pacto de não agressão. Só quando Hitler invadiu a União Soviética, em junho de 1941, eles foram soltos e autorizados a se juntarem a De Gaulle em Londres. Um deles, o capitão Pierre Billotte, era filho de um general morto na

Queda da França, e rapidamente lhe arranjaram um lugar no gabinete militar de De Gaulle. A maioria era jovem e desconhecida, mas a chegada de tantos recrutas em um só dia foi um golpe publicitário num momento em que De Gaulle precisava desesperadamente de boas notícias.[93]

Mais capaz, talvez, de impressionar os britânicos foi a chegada, durante o verão, de dois altos funcionários civis franceses, ambos *inspecteurs des finances*: Hervé Alphand, que tinha desertado da embaixada francesa em Washington, e André Diethelm, ex-chefe de gabinete de Mandel. Alphand ficou espantado com a hostilidade contra De Gaulle demonstrada por todos os funcionários britânicos que encontrava e também por muitos franceses que viviam em Londres. Seu próprio primeiro encontro com De Gaulle não foi um sucesso: "Acho que não estabelecemos um 'contato' ... O homem parece animado por um único objetivo, o de sua missão de levar a França de volta para a guerra. Não demonstra sinal de qualquer desejo de agradar nem preocupação com sutilezas, ou espírito de negociação."[94]

Essa prova da crescente reputação de De Gaulle significava que os britânicos precisavam pensar com cuidado nas consequências de um rompimento com ele. Eden tinha continuado a conjectura que fez para Churchill sobre se De Gaulle estaria louco dizendo que se o general desse sinais de arrependimento deveria ser perdoado, porque "se tem pouca importância fora da França, hoje tem considerável importância dentro, como ponto de concentração contra Vichy". Um integrante da Missão Spears estava igualmente dividido: "Nenhum QG neste país é mais desarrumado. Nenhuma palavra de reconhecimento por brilhantes serviços jamais escapa de seus lábios." Mas era preciso admitir também que se tratava de "um gênio da radiodifusão" e seu desaparecimento seria "desastroso".[95]

De Gaulle finalmente encontrou-se com Churchill em 12 de setembro. Fez poucas concessões, dizendo que se "entre duas rápidas viagens de avião" tinha feito comentários desagradáveis, estava disposto a pedir desculpas. Mas sua defesa era que se a França Livre não fosse exigente quanto aos interesses do seu país, eles não seriam quem eram. Apesar de alguns possíveis enfeites, o relato de Colville dá uma ideia das relações estranhamente intensas que se desenvolveram entre os dois homens. Churchill normalmente gostava de aproveitar todas as oportunidades para testar seu francês quase exato, mas nessa ocasião pediu a Colville que servisse de intérprete:

Pontualmente às quinze horas o general chegou. Churchill levantou-se da cadeira no meio da comprida mesa do gabinete, inclinou a cabeça de leve e apontou para a cadeira escolhida na frente dele. De Gaulle parecia imperturbável. Caminhou até sua cadeira, sentou-se, olhou para o primeiro-ministro e não disse nada. "General De Gaulle, pedi que você viesse aqui esta tarde" – Churchill parou e me olhou com ar sério. *"Mon général"*, eu disse, *"je vous ai invité de venir cet après-midi..."* "Eu não disse *'Mon général'*", interrompeu o primeiro-ministro, "e eu não disse que o *convidei.*"

Depois de tropeçar mais um pouco, Colville foi expulso da sala e outro intérprete foi convocado. Rapidamente ele "apareceu, o rosto vermelho, e protestando que eles deviam estar loucos". Os dois homens se trancaram sozinhos:

Uma hora passou e comecei a temer uma violência. Tentei escutar ... mas não consegui ouvir nada. Fui até o corredor e experimentei o quepe do general De Gaulle, notando com surpresa como sua cabeça era pequena. Tentei me concentrar nos papéis que tinha na mesa. Decidi que era meu dever entrar, talvez com uma mensagem fictícia, caso algum ato terrível fosse cometido. Será que um tinha estrangulado o outro? Nesse momento a campainha tocou e entrei, encontrando os dois sentados lado a lado, com uma expressão amiga no rosto. De Gaulle, sem dúvida por razões táticas, fumava um dos charutos do primeiro-ministro. Conversavam em francês, exercício a que Churchill nunca resistia.[96]

Embora o encontro tenha terminado amigavelmente na superfície, os dois lados não conseguiram sequer chegar a um acordo para produzir uma ata conjunta. De Gaulle comentou, referindo-se à ata britânica, que era "tendenciosa e inexata", e Morton, referindo-se à francesa, disse que "não tinha a menor semelhança com o que de fato foi dito", pelo menos de acordo com o que Churchill lhe havia informado.[97] Houve interpretações extremamente divergentes do único acordo substantivo resultante do encontro. Churchill tinha proposto (diziam as anotações britânicas) que De Gaulle examinasse a possibilidade de constituir um comitê formal que teria "voz efetiva na elaboração da política do Movimento"; De Gaulle aceitou a ideia com entusiasmo, como sinal (diziam as anotações francesas) de que o governo britânico atribuía tal importância à França Livre que "desejava apoiar seu desenvolvimento a ponto de considerar a França Livre a própria França". O que Churchill propôs como um jeito de controlar De Gaulle, De Gaulle aceitou como um jeito de fortalecer a própria legitimidade. As duas semanas seguintes mostrariam qual das duas interpretações estava valendo.

A ideia de um comitê surgiu quando os britânicos ouviram falar da ansiedade em Carlton Gardens sobre o comportamento errático de De Gaulle na questão da Síria. O crítico mais franco era Muselier, que tinha dado um jeito de não participar do grupo de boas-vindas para receber De Gaulle em seu retorno a Londres. Mas indivíduos ainda menos instáveis, como o ex-diplomata Maurice Dejean, estavam prontos a partilhar suas dúvidas sobre De Gaulle com os britânicos. Na opinião de Dejean, "residência em Brazzaville, cercado apenas de negros e de um punhado de funcionários franceses de um tipo medíocre, cujos pontos de vista eram coloridos pelo mau clima e por doses de uísque, sempre tem um efeito lamentável no general". Por essa razão, Dejean achava melhor que ele ficasse em Londres, onde sua "falta de senso político deveria ser suplementada por um comitê que reduzisse a importância do general como único repositório da alma perdida da França e, por assim dizer, colocasse essa árdua responsabilidade em comissão".[98] O plano britânico de colocar De Gaulle "em comissão" (frase de Churchill) significava diluir o seu poder dividindo-o entre os membros de um comitê.

Muselier viu nisso uma oportunidade de atacar. Uma semana depois de De Gaulle ter conversado com Churchill, o almirante apresentou a De Gaulle sua própria seleção de nomes para um Comitê Executivo. A lista incluía André Labarthe, que àquela altura estava totalmente rompido com De Gaulle e se juntara a Muselier para lhe fazer oposição. Muselier se candidatou a presidente desse comitê, relegando De Gaulle a uma posição basicamente honorária. De Gaulle ignorava o jantar de Muselier no Savoy (tomando muito conhaque) com Morton e lorde Bessborough (chefe de um departamento do Ministério das Relações Exteriores encarregado de ajudar refugiados franceses), que incentivaram e apoiaram sua iniciativa. A ideia de formar um comitê se transformara numa conspiração anti De Gaulle. Nesse ponto Muselier pecou por excesso de confiança, ameaçando deixar a França Livre e levar a Marinha com ele. A intenção dos britânicos não era criar uma cisma dentro da França Livre, e era esse o presente que Muselier lhes estava dando. Mesmo desconfiando de De Gaulle, até Morton, que estivera envolvido na trama, disse a Churchill que Muselier era um aventureiro em quem não se podia confiar totalmente.[99]

Churchill convocou De Gaulle para uma conversa em 23 de setembro. De Gaulle logo percebeu que ele não apoiaria a secessão de Muselier e isso o encorajou a manter-se firme.[100] Escreveu para Muselier no mesmo dia aceitando alguns nomes por ele sugeridos para o comitê, mas não todos, rejeitou a ideia de que qualquer outra pessoa, a não ser ele, o presidisse e ameaçou denunciar Muselier publicamente se não aceitasse as condições oferecidas. No mesmo dia, deu uma entrevista coletiva anunciando a formação de um Conselho Nacional.[101] Em 24 de setembro Muselier e De Gaulle estavam ambos no Ministério das Relações Exteriores. Como Muselier se recusava a falar diretamente com De Gaulle, os dois foram levados para salas separadas, enquanto funcionários corriam entre um e outro tentando chegar a um acordo.[102] De Gaulle concordou em permitir a participação de Muselier no Comitê, como responsável pela Marinha, mas o próprio De Gaulle seria o presidente, com poderes para escolher os outros integrantes. Muselier cedeu.

À exceção de Muselier, os oito membros do comitê estavam decididamente com De Gaulle: Pleven ficou encarregado de questões econômicas e das colônias, Cassin, da justiça e da educação, Dejean, das relações exteriores, o recém-chegado Diethelm, do interior e de informação, e assim por diante. Apesar de os membros serem chamados de comissários e não de ministros, o comitê foi, sem a menor dúvida, um passo a mais na formação de um governo no exílio, com De Gaulle à frente. O historiador François Kersaudy faz o seguinte comentário: "Era preciso ter muita imaginação para ver a criação do comitê como um jeito de diminuir o poder de De Gaulle."[103] Não era esse o resultado que os britânicos buscavam. Bessborough, que tinha apoiado Muselier, disse a Churchill que era um comitê "de puxa-sacos com De Gaulle na Presidência... simplesmente uma ditadura com disfarce democrático". Churchill concordou que era "muito desagradável" e que "nossa influência no futuro imediato deve ser exercida com mais força contra De Gaulle do que eu imaginei que seria necessário". Eden foi mais otimista. Reconheceu que a França Livre não era fácil "e eles correm de um lado para outro levando suas disputas a qualquer um que lhes dê atenção", mas achava que os britânicos "não conseguiriam, com o material disponível neste país, ter melhorado materialmente o conselho, ainda que tivéssemos escolhido pessoalmente cada integrante". A retaliação de Churchill foi uma instrução para que De Gaulle não saísse do país sem permissão. Mas o embargo às transmissões radiofônicas foi suspenso. De Gaulle já tinha sido autorizado a voltar às ondas de rádio em 18 de setembro, e falou mais nove vezes até o fim do ano. Cada vez que o fazia, ficava um pouco mais difícil para os britânicos removê-lo.

8. A invenção do gaullismo

General apolítico

Enquanto De Gaulle causava estragos no Oriente Médio, Desmond Morton, esse amigo nem um pouco consistente da França Livre, escreveu para René Cassin:

> Você não deve ter deixado de perceber que muita gente importante ... acusa o general De Gaulle de ser um general "político" ... Mas, quando se examina a afirmação de que o general De Gaulle é um "general político", eu duvido que a acusação cole. Você e uns poucos companheiros chegados ao general – até mesmo eu – podem achar que tivemos alguns indícios das opiniões políticas dele em caráter privado. Será mesmo? De qualquer maneira, quando foi que ele fez qualquer discurso político ou declaração política no sentido geralmente aceito do termo? Certamente uma estratégia política requer um programa completo, e no caso do Movimento França Livre isso implicaria uma declaração de como o Movimento propõe que a França e o Império francês sejam governados ... Também não consigo ver o general De Gaulle sendo acusado com justiça de ser um político porque condena Vichy de ponta a ponta. Ele e seu movimento estão empenhados em combater os alemães. Vichy está empenhado em colaborar com eles. Isso não é política, mas senso comum. Continuando a indagar o que me parece lógico, pergunto se não seria desejável que o Movimento França Livre ou adotasse uma forte linha de contrapropaganda, recusando-se a aceitar a implicação de ser um movimento "político", ou declarasse publicamente seus objetivos políticos, admitindo que é um movimento político.[1]

Exatamente no mesmo momento, a mesma pergunta – o que De Gaulle achava da política? – era feita em caráter privado por Jacques Bingen, cujas restrições ao general já foram aqui mencionadas: "Direita ou esquerda? Demagogia ou fascismo ditatorial? Volta ao passado ou construção de uma nova utopia?"[2] Muita gente quer respostas, mas De Gaulle se recusa a dá-las.

Quando um jornalista britânico pediu suas opiniões políticas em agosto de 1940, De Gaulle declarou: "Sou um francês livre. Acredito em Deus e no futuro da minha pátria ... Declaro solenemente que não pertenço a nenhum partido político nem estou ligado a político de espécie alguma, seja de direita, de centro ou de esquerda. Só tenho um objetivo: libertar a França."[3] Durante um ano ele não se desviou dessa posição. Ciente dos efeitos negativos das disputas na França Livre durante sua primeira ausência de Londres, ao partir novamente em março de 1941 baixou uma ordem que ficou exposta em Carlton Gardens: "Toda a França Livre deve rejeitar implacavelmente qualquer suspeita ou preconceito em suas relações uns com os outros. Sejam quais forem as crenças e as origens de alguém, ele deve ser um irmão para todos os outros no instante em que começa a servir à França."[4]

De Gaulle respeitava rigorosamente esse princípio. A única pessoa cujo apoio ele recusou nos primeiros meses da França Livre foi o político esquerdista Pierre Cot, que tinha sido ministro da Aeronáutica durante a Frente Popular. A nacionalização por Cot da indústria aeronáutica provocara o ódio dos conservadores, que o culpavam pelos problemas sofridos pela força aérea francesa em 1940. Sua presença do lado de De Gaulle teria afugentado oficiais da força aérea que De Gaulle precisava atrair. Quando Cot se apresentou pessoalmente a De Gaulle em junho de 1940, De Gaulle sugeriu que ele fosse para os Estados Unidos. Explicou em suas *Memórias* que Cot era "visível demais" para que sua filiação à França Livre fosse "desejável".[5] Não era o único que pensava assim. Quando a possibilidade de usar Cot foi aventada novamente, um ano depois, mesmo uma figura de incontestáveis credenciais democráticas como René Cassin, que estava sempre tentando pressionar De Gaulle a assumir publicamente compromissos com a democracia, sugeriu que Cot era desagregador demais.[6]

Fora isso, De Gaulle não excluía ninguém. Era inusitado em sua aparente imunidade ao antissemitismo tão característico da sociedade francesa da época, tão parte da vida diária que Cassin achou necessário informá-lo, assim que chegou a Londres, de que era judeu. O único comentário de De Gaulle foi: "Eu sei."[7] Dois dos primeiros a visitar De Gaulle em 19 de junho,

Georges Boris e André Weil-Curiel, eram judeus. Depois que De Gaulle foi reconhecido por Churchill, eles voltaram a se apresentar. Boris chegou num dia em que De Gaulle estava ausente, num dos seus esforços de recrutamento entre soldados franceses em campos britânicos. O oficial de serviço deixou claro que Boris não era bem-vindo. Quando isso chegou ao conhecimento de De Gaulle, a decisão foi revogada. Consta que teria dito: "Se ele é judeu, partidário de Léon Blum ou qualquer outra dessas coisas, só vejo isto: que ele é um francês que, aos 52 anos, alistou-se para lutar. Não reconheço diferenças de raça ou de opinião política entre nós. Conheço apenas dois tipos de francês: os que cumprem o seu dever e os que não cumprem."[8] Se essas foram ou não as palavras exatas de De Gaulle, o fato é que representam a posição que adotou. Quando um dos seus representantes na África escreveu para reclamar que não podia fazer uso de todos os "judeus sem nacionalidade" que pareciam querer oferecer seus serviços, De Gaulle o repreendeu severamente pelo conteúdo e pelo tom da mensagem.[9]

Em toda a coleção de escritos da correspondência de De Gaulle, praticamente não há vestígio de antissemitismo. Uma exceção é uma carta enviada da Polônia em 1919 na qual ele escreve: "No meio de tudo isso, há um sem-número de xxxx mortalmente odiados por todas as classes da sociedade, todos eles enriquecidos pela guerra ... e predispostos a fomentar a revolução social na qual teriam oportunidade de ganhar muito dinheiro em troca de alguns negócios escusos."[10] Como o filho dele, que preparou a edição, achou necessário apagar diplomaticamente a palavra usada, supõe-se que "xxxx" deve ser um termo mais pejorativo do que simplesmente "judeus". Nesse caso, De Gaulle estaria refletindo o antissemitismo generalizado da grande maioria dos setores da sociedade polonesa da época.[11] Em outro comentário de Varsóvia em 1920 ele observa com certo desdém que "os teatros estão lotados, é verdade, mas por pessoas de elegância muito israelita".[12] Esses dois comentários sugerem que De Gaulle certamente compartilhava alguns dos preconceitos antissemitas de sua classe – seria extraordinário se não o fizesse –, porém mais notável é que isso jamais afetava sua atitude para com indivíduos. No entanto, havia uma persistente conotação de antissemitismo em Carlton Gardens, e figuras como Boris e Cassin tomavam cuidado para não se adiantarem demais. Cassin escreveu em seu diário em julho de 1940: "Porque sou judeu e porque não sei inglês, fiz o sacrifício de não me meter em assuntos relativos a relações exteriores."[13] Weil-Curiel foi alertado por Cassin de que era aconselhável não chamar muito a atenção.[14]

Uma conduta discreta era aconselhável também para indivíduos identificados demais com a esquerda. Entre as primeiras pessoas a se juntarem a De Gaulle havia muitas figuras de irretocáveis credenciais democráticas, como Cassin, Boris, Schumann e Pleven, mas elas tinham a sensação de formar uma minoria acuada. Bingen escreveu sobre Maurice Dejean em julho de 1941: "Pelo menos não é fascista, uma raridade nesta casa."[15] O termo "fascista" é impreciso, mas era verdade que muitas figuras militares que se juntaram a De Gaulle, como Leclerc e Larminat, não faziam segredo de suas opiniões ultraconservadoras, com frequência monarquistas, e da satisfação pela queda da odiada Terceira República.[16] Não eram só militares que manifestavam essas opiniões. Em Carlton Gardens, Antoine não escondia suas opiniões direitistas, nem o jurista Pierre Tissier, a pessoa que mandou Boris embora. Muitos recrutas dos serviços de inteligência de Passy eram acentuadamente conservadores. Gilbert Renault (também conhecido como Rémy), um dos seus mais intrépidos agentes, escreveu da Espanha em 1940 que aprovava as reformas internas de Vichy e repudiava a "escória de judeus e mestiços que fugiram para o exterior como ratos".[17] O próprio Passy nunca se livrou dos rumores infundados de que tinha sido membro da Cagoule, organização conspiratória de ultradireita dos anos 1930, boato inventado pelo maldoso Labarthe. Não era verdade, mas Passy involuntariamente deixou entrever sua visão conservadora do mundo com um lapso cometido num programa da BBC em abril de 1941: "As pessoas dizem por aí que a França Livre é composta de judeus e maçons e vai trazer de volta todos os erros do passado. Isso é falso ... A imensa maioria da França Livre é composta de indivíduos honestos."[18] Um sinal que preocupava o pessoal de esquerda era que, apesar de as primeiras transmissões da França Livre serem precedidas das palavras "Liberdade, Igualdade, Fraternidade", De Gaulle tirou isso depois das primeiras semanas, trocando pelo lema do Exército francês, "Honra e Pátria".

A primeira declaração oficial da França Livre foi o Manifesto de Brazzaville, de 27 de outubro de 1940, afirmando que o regime de Vichy era ilegítimo e ilegal. O manifesto foi seguido por uma "Declaração Orgânica" de 16 de novembro de 1940, que se expressava ainda mais explicitamente. Se Vichy era ilegal, a implicação por omissão era que o movimento de De Gaulle representava a continuidade da Terceira República abolida por Vichy. Mas De Gaulle não acatou a sugestão de Cassin para que incluísse um compromisso com a "democracia" nesses documentos.[19] De fato, nem a palavra "democracia" nem a palavra "república" aparecem em qualquer discurso de De Gaulle nos primeiros dezoito meses da França Livre. A Declaração Orgânica foi acompanhada pelas primeiras "Ordonnances" oficiais de De Gaulle como líder da França Livre, redigidas em linguagem quase monárquica: "Pelo Império e pelo Povo Francês, Nós, Charles de Gaulle, general De Gaulle, líder da França Livre, declaramos..." Isso levou um funcionário britânico a comentar que toda a declaração soava "bastante fascista".[20] Era outro caso de uso impreciso da palavra "fascista", mas sugere que, se havia um lado republicano no movimento de De Gaulle, não era ele quem mais chamava atenção de observadores contemporâneos.

Cassin não era o único que tentava cutucar De Gaulle numa direção mais democrática. Outro era Henry Hauck, sindicalista que atuava como adido do trabalho da embaixada francesa antes da derrota. Hauck preferiu ficar com De Gaulle em Londres a voltar para a França com o pessoal da embaixada. Numa longa dissertação que apresentou a De Gaulle em outubro de 1940 ele sustentava que havia sinais de que a classe trabalhadora francesa estava se voltando contra o regime de Pétain. A lição que tirava disso era que a França Livre deveria "proclamar que nosso movimento é republicano, que é anticapitalista e que pretende estabelecer na França um novo regime fundado nas liberdades democráticas". Se isso não fosse feito, ele temia que a massa da classe operária francesa fosse empurrada para o comunismo.[21] Os primeiros agentes de Passy na França voltaram com uma história diferente: "A ampla maioria do povo francês é gaullista (com relação a questões externas) [ou seja, contra a colaboração com a Alemanha] e pétainista (em questões internas) [ou seja, hostil à democracia e à República]."[22] A verdade era que ninguém, fosse Passy, fosse Hauck, tinha a menor ideia do que os franceses pensavam. Cada um interpretava a situação de acordo com suas predileções. De Gaulle ignorou o conselho de Hauck, apesar de antes de deixar Londres em março de 1941 ter apoiado sua ideia de mandar um mensageiro fazer contato com organizações trabalhistas clandestinas na França.

De Gaulle continuou esquivando-se de tomar qualquer partido político. Quando Larminat escreveu em fevereiro de 1941 para reclamar que a recém-fundada revista trazia o lema "Liberdade, Igualdade, Fraternidade" no cabeçalho,

De Gaulle respondeu que o periódico era totalmente independente, e que "sejam quais forem nossas opiniões pessoais, não podemos pretender proibir a impressão de um lema que está gravado em todos os monumentos públicos há 150 anos".[23] De outro lado, seis meses depois, quando Cassin tentou novamente convencer De Gaulle a assumir um compromisso público com a democracia, foi rejeitado:

> Se proclamarmos simplesmente que lutamos pela democracia, talvez consigamos aprovação temporária dos americanos, mas vamos perder muita coisa com os franceses, e isso é o que mais importa. As massas francesas, por ora, associam a palavra democracia ao regime parlamentarista, tal como funcionava antes da guerra ... O regime está condenado pelos fatos e pela opinião pública.[24]

Nada disso nos diz muito sobre as convicções políticas de De Gaulle nessa época – se é que tinha alguma. Num almoço com Churchill no fim de 1940, quando os dois homens ainda se davam bem, De Gaulle manifestou ceticismo sobre a ideia do primeiro-ministro de que deveriam deixar claro que o inimigo era o nazismo e não a Alemanha: "Lutamos a última guerra contra os Hohenzollerns e o militarismo alemão; esmagamos os dois; e então veio Hitler – *et toujours le militarisme allemand* [e sempre o militarismo alemão]."[25] A origem da oposição de De Gaulle a Vichy não estava nas políticas internas do regime, mas na assinatura de um armistício que sujeitava a França à dominação alemã. Os discursos de De Gaulle começaram aos poucos a incluir ataques à supressão de liberdades políticas por Vichy, mas isso nunca foi para ele a questão principal; a questão principal era o armistício.

Apesar de De Gaulle, a partir de meados dos anos 1930 – graças à sua associação com Reynaud –, tentar trabalhar através do regime parlamentarista existente, a seus olhos tudo mudou com a derrocada de 1940. O que o horrorizava era que, no momento de maior perigo para a França, a República desapontara o país. Num discurso em 1º de março de 1941, denunciou "um grave enfraquecimento da autoridade do Estado".[26] Disse a um funcionário britânico depois que voltou para Londres em setembro daquele ano que os dois principais jornais franceses em Londres falavam a linguagem dos "políticos antiquados de 1935". Ao mesmo tempo, recusava-se a entrar em detalhes sobre o futuro, concordando, no entanto, "que o povo francês não tinha repudiado os princípios de 1789".[27] Isso deixava muito espaço para a imaginação.

A recusa de De Gaulle a comprometer-se publicamente com a democracia, ou com a República, era um fator que alimentava a hostilidade de muitos exilados franceses em Londres e nos Estados Unidos. Em setembro de 1941, Cot, a essa altura convencido de que De Gaulle era fascista, enviou a Pleven um longo documento dos Estados Unidos oferecendo sugestões políticas para a França Livre. Isso foi repassado para De Gaulle, cujas anotações rabiscadas dão um gostinho das suas opiniões naquele momento. Se Cot tivesse visto esses comentários, eles teriam confirmado suas piores suspeitas:

Cot: De Gaulle deveria trazer alguns políticos da França. De Gaulle: "Nem pensar."

Cot: De Gaulle deveria ter um conselho consultivo de homens com "competência política" e "não apenas aqueles cuja competência é puramente técnica". De Gaulle: "Não concordo. Não existe essa coisa de ser 'puramente técnico' numa guerra total."

Cot: Esse conselho consultivo deveria impedir que De Gaulle atue só num "nível militar e faça contato com as massas populares, que são a verdadeira Resistência nacional". De Gaulle: "Isso é uma piada! Quem é a pessoa a quem a Resistência nacional dá ouvidos?"

Cot: Por que a França Livre evitou referir-se à República e abandonou qualquer referência a "Liberdade, Igualdade, Fraternidade"? De Gaulle: "A República dispensada! Nem todo mundo na França Livre tem as mesmas opiniões de M. Pierre Cot."

Cot: O regime de Vichy estava tentando estabelecer na França um regime "fascista". De Gaulle: "Acho que é uma concepção um tanto simplista."

Cot: De Gaulle deveria formar um governo no exílio que respeitasse a soberania do povo ou o poder do Parlamento. De Gaulle: "Não: isso poderia ter sido verdade em 1936 ou 1939, mas hoje não é mais. Parlamento dispensado."

Cot: De Gaulle deveria cercar-se de representantes da maioria política da França. De Gaulle: "Estou cercado por homens representantes da maioria nacional que luta contra o invasor. Nem pensar em aceitarmos de volta o Parlamento de 1939."

Cot: "Democratas precisam saber para onde estão sendo levados". De Gaulle: "A fraseologia de um parlamentar."

Cot: "A França Livre deveria inspirar-se na ação revolucionária das massas democráticas e populares." De Gaulle: "Na ação das massas nacionais."[28]

"Liberdade, Igualdade, Fraternidade"

No momento em que De Gaulle rabiscou essas explosões de sarcástico desprezo contra o finado regime, suas opiniões tinham começado a evoluir. Durante o turbulento encontro com Churchill em setembro de 1941, quando Churchill sugeriu que De Gaulle formasse um conselho consultivo, a ideia lhe foi apresentada como uma maneira de calar de vez as acusações de que o general tinha "se aproximado de certas opiniões fascistas". De Gaulle respondeu que essas insinuações não resistiriam às "novas declarações que pretendia fazer". Em seguida, proferiu dois discursos que ofereciam algumas pistas sobre o que talvez quisesse dizer. No primeiro, num encontro no Albert Hall em 11 de novembro de 1941, anunciou que embora coubesse aos franceses escolher seu sistema político depois da guerra, os princípios para alicerçar o futuro das instituições da França seriam inspirados em dois lemas – "Honra e Pátria" e "Liberdade, Igualdade, Fraternidade" (a primeira vez que pronunciou essas palavras) para serem "fiéis às tradições democráticas (a primeira vez que pronunciou essas palavras) dos nossos ancestrais".[29] Dez dias depois, num longo discurso em Oxford, De Gaulle afirmou que a Grã-Bretanha e a França travavam juntas uma "batalha pela liberdade e pelo desenvolvimento do indivíduo" e que os dois países se opunham a regimes que "só reconheciam o direito a uma coletividade nacional ou racial".[30]

Qual foi a causa dessa evolução na retórica de De Gaulle? Apesar de não termos provas internas para responder à pergunta, há duas explicações plausíveis. A primeira é que a ambiguidade política estava trazendo mais desvantagens do que vantagens. A recusa de De Gaulle a fazer declarações políticas que afastassem possíveis seguidores tinha o risco de não satisfazer ninguém. Como disse Bingen (com uma dose de exagero), a França Livre tinha "a imagem duplamente lamentável de ser um movimento de Frente Popular Judaico-Maçônica para o povo na França, e um movimento fascista e antissemita para as democracias anglo-saxônicas".[31] Em Londres, muitos exilados franceses insistiam em espalhar a ideia de que De Gaulle tinha aspirações ditatoriais. Alguns socialistas franceses em Londres se haviam reunido no chamado Grupo Jaurès, no qual com frequência expunham suas preocupações sobre aquele general perturbadoramente "político". Numericamente, o grupo era insignificante, mas seus membros tinham contatos com jornalistas britânicos de esquerda. Nada disso ajudava a melhorar a reputação de De Gaulle entre os políticos britânicos – como deixava claro o comentário de De Gaulle sobre as "opiniões fascistas" de De Gaulle.

Essa imagem negativa de De Gaulle era ainda mais generalizada nos Estados Unidos, onde o representante de De Gaulle, Jacques de Sieyès se mostrou incapaz de neutralizá-la. Sieyès, contemporâneo de De Gaulle em Saint-Cyr, trabalhava numa empresa de perfumes em Nova York na época da derrota. Sem conhecer praticamente ninguém nos Estados Unidos, De Gaulle aceitou entusiasmado a oferta de Sieyès para representá-lo. As coisas começaram mal, no entanto, quando ele escreveu para Sieyès em julho de 1940 para dizer que, apesar de ter sido incapaz de formar um comitê em Londres, porque nenhum político estava disposto a aderir, não havia "motivo para lamentar" a ausência dos "políticos mais infames do regime". Sieyès, ingenuamente, divulgou essa carta; e como vários dos políticos "infames" mencionados tinham acabado nos Estados Unidos, isso não fez bem à causa de De Gaulle.[32] Era do interesse dele esclarecer as coisas.

Um segundo motivo que pressionava De Gaulle a fazer uma declaração política qualquer foi a entrada do Partido Comunista Francês na Resistência. Até junho de 1941, os comunistas que se opunham à ocupação alemã estavam impedidos de agir pelo pacto de não agressão entre Hitler e Stálin. Oficialmente, o partido recusava-se a manifestar apoio numa guerra descrita como um conflito imperialista entre duas potências capitalistas, a Alemanha e a Grã-Bretanha. Isso mudou quando Hitler invadiu a União Soviética. Os comunistas começaram a organizar ataques diretos a soldados alemães na França – o que nenhuma outra organização de Resistência tinha feito. Em 22 de agosto de 1941, um soldado alemão foi morto a tiros numa estação de metrô em Paris por um jovem comunista. Outros ataques vieram. Em represália, Hitler ordenou que cinquenta reféns franceses fossem fuzilados para cada alemão morto. Isso era conveniente para os comunistas, que tinham como objetivo radicalizar a população francesa e fazê-la voltar-se contra Vichy. De início, De Gaulle não soube como reagir. Quando Schumann comentou com ele que esses atos de violência eram inúteis, discordou: "Esse rio de sangue é necessário, a colaboração se afogará nele".[33] Mas depois de refletir mudou de ideia numa transmitida pelo rádio em 23 de outubro. Ele advertiu os ouvintes de que, apesar de ser "absolutamente normal e justificável que alemães sejam mortos por franceses", não havia vantagem alguma em provocar a retaliação indiscriminada dos alemães: "Há tática numa guerra. A guerra dos franceses precisa ser conduzida pelos que estão encarregados disso, ou seja, por mim e pelo Comitê Nacional ... A ordem que dou por ora no território ocupado é não matar abertamente alemães."[34]

Na realidade, De Gaulle não tinha condição de dar "ordens" a ninguém na França. Mas a possibilidade de os comunistas se tornarem protagonistas na luta contra a Ocupação dava peso ao argumento de Hauck, de que a França Livre deveria buscar contato com a classe trabalhadora. Hauck voltou ao assunto quando De Gaulle retornou do Oriente Médio em setembro de 1941. Apesar de De Gaulle tê-lo autorizado a procurar sindicatos na França, o enviado que Hauck tinha arranjado para essa missão ainda aguardava ser lançado de paraquedas na França. Atribuindo a demora (corretamente) a Passy, que controlava todas as partidas para a França, Hauck acusou o entourage de Passy, com suas "simpatias políticas pela extrema direita", de isolar De Gaulle do povo francês. "O 'espírito gaullista'", escreveu ele a De Gaulle, "não é conservador ou totalitário, nem monarquista, é republicano e democrático."[35]

Se esse era o "espírito gaullista", não se poderia dizer com segurança que De Gaulle já era "gaullista". A inflexão em sua posição política no outono de 1941 foi experimental. Ele estava testando o ambiente, mas resistia àqueles que o pressionavam a adotar mais explicitamente a democracia e a ideia da República. Isso veio à tona numa conversa reveladora no início de 1942 entre De Gaulle e o filósofo católico Jacques Maritain, que vivia no exílio nos Estados Unidos. Maritain era a voz do catolicismo liberal mais respeitada internacionalmente; seu livro *Noite de agonia em França*, de 1940, a mais famosa autópsia da derrota, sustentava que a França estava engajada numa luta espiritual contra o totalitarismo nazista. O livro quase nada dizia sobre De Gaulle, além de que "não é em um homem, mas no povo do nosso país, que está a esperança". Em novembro de 1941, porém, Maritain escreveu diretamente para De Gaulle a pedido de Hauck. Argumentava que, como a burguesia tinha traído a França, o país precisava de um novo regime "que concilie cristianismo e liberdade ... a tradição de são Luís e a tradição da Declaração dos Direitos do Homem". É difícil imaginar uma linguagem mais apta a coincidir com a visão sincrética da história da França que De Gaulle tanto admirava em Péguy. Encantado por receber uma longa carta de alguém da estatura de Maritain, De Gaulle respondeu para dizer que estava de acordo, mas sem se comprometer: "Não estou preocupado com o futuro da democracia. Seus inimigos são apenas nulidades. Não temo pelo futuro da religião. Os bispos agiram mal, mas há bons *curés*, padres simples que estão nos salvando." Essa resposta evasiva não satisfez Maritain, que escreveu novamente em março de 1942 manifestando a desconfiança de que, se "o gaullismo" não tinha atraído mais gente era porque muitos temiam que De Gaulle quisesse apenas continuar a "política do marechal sem o marechal". Dessa vez, De Gaulle não respondeu, a não ser com um telegrama pedindo a Maritain que se juntasse a ele.[36]

Quando Bouchinet-Serreulles tentou arrancar uma resposta mais positiva para Maritain, De Gaulle fincou pé, dizendo que já tinha falado com toda a clareza no Albert Hall cinco meses antes: "Se as pessoas querem tapar os ouvidos para não escutar, não posso fazer nada."[37] A essa altura, Hauck estava tão desiludido que escreveu a De Gaulle em março de 1942 ameaçando tornar públicos seus temores.[38] Naquele mesmo momento Alphand tomava coragem para convencer De Gaulle a assumir um compromisso formal com a República. Não tinha muita esperança de ser bem-sucedido: "A rigidez de De Gaulle nas questões mais triviais é parte de sua personalidade."[39] Alphand estava certo sobre a inflexibilidade de De Gaulle quando alguém tentava forçá-lo – e estava claro que Hauck, Maritain, Bouchinet-Serreulles e Alphand tinham combinado fazer uma campanha –, mas todos subestimaram a adaptabilidade pragmática de De Gaulle. Em poucas semanas, De Gaulle foi mais longe no compromisso que assumiu publicamente com a democracia do que qualquer um poderia ter imaginado. Para compreender suas razões, precisamos levar em conta a importância que a Resistência começara a assumir em seu pensamento.

A descoberta da Resistência

Durante o primeiro ano da Ocupação, movimentos de Resistência praticamente não tiveram importância alguma na França – e pouco se sabia a respeito deles. Os agentes de Passy tinham tropeçado com alguns grupos incipientes e ele começava a se perguntar se não haveria uma maneira de utilizá-los militarmente. De Gaulle, convencido de que suas relações com os Aliados eram a chave para a Libertação da França, não levava a sério essa possibilidade. Embora não se opusesse à ideia de propaganda na França, não achava que se pudesse esperar contar com ação militar dentro do país. Além disso, continuava insistindo numa rigorosa divisão entre coleta de inteligência militar – a função de Passy – e ação política na França. Esta última, que tinha sido confiada, sem êxito, a Palewski e depois a Dejean, foi entregue à Comissão do Interior chefiada por André Diethelm. Mas, como seus antecessores, Diethelm deparou com o problema de que as ambições de De Gaulle nesse sentido eram obscuras e irrealizáveis. Em outubro de 1941, De Gaulle escreveu para Hugh Dalton, chefe político da Executiva de Operações Especiais, perguntando se os britânicos estariam dispostos a apoiar sua ideia de agir politicamente na França formando uma "rede secreta de propaganda". Depois de algumas semanas, Eden rejeitou a proposta, respondendo que os britânicos não poderiam "associar-se a propaganda política destinada a garantir o estabelecimento na França, depois da guerra, de quaisquer ... pessoas em particular, como governo" – com o que queria dizer que os britânicos nada fariam para ajudar De Gaulle a realizar suas ambições pessoais.[40] A única esperança seria trabalhar por intermédio de Passy, mas isso violava a separação decretada por De Gaulle entre ação militar e propaganda. De Gaulle continuava sem saber lidar com o que acontecia na França, fosse lá o que fosse.

Tudo isso mudou com a chegada a Londres de Jean Moulin, o servidor público civil mais graduado a fazer a viagem da França para a Inglaterra. Em junho de 1940, Moulin era prefeito de Chartres, perto de Paris. Quando os alemães tentaram obrigá-lo a assinar um documento responsabilizando tropas senegalesas francesas por atrocidades cometidas por soldados alemães, Moulin tentou o suicídio cortando a garganta com um caco de vidro. Os alemães, que nos estágios iniciais da Ocupação tentavam conquistar a boa vontade dos franceses, desistiram de obrigá-lo a assinar o documento comprometedor. Moulin continuou prefeito por alguns meses. Demitido por Vichy em dezembro de 1940, passou meses viajando incógnito pela zona ocupada para colher informações sobre incipientes movimentos de Resistência. Chegou a Londres, via Lisboa, em 21 de outubro de 1941.

A chegada de Moulin foi um grande acontecimento. As informações que os agentes de Passy garimparam sobre a Resistência eram inconsistentes. Não conseguiram saber se os resistentes estavam blefando sobre sua importância.

Moulin trouxe informações sobre os três principais movimentos de resistência que tinham surgido na zona ocupada, mas não sendo membro de nenhum, preservava certo grau de objetividade. Além disso, apresentou uma estratégia para utilizar a resistência. Num longo relatório redigido em Lisboa, afirmava, de um lado, que os movimentos de resistência precisavam desesperadamente de dinheiro, armas e contato pelo rádio com Londres, e, de outro, que se fossem adequadamente coordenados poderiam atuar como "um Exército de paraquedistas já posicionados e conhecendo o terreno".[41]

Moulin não tinha decidido, antes de chegar a Londres, se oferecia seus serviços aos britânicos ou a De Gaulle. Preparou seu relatório com os dois públicos em mente. Seu primeiro encontro com De Gaulle ocorreu em 25 de outubro. Como Moulin morreu tragicamente antes da Libertação, não sabemos de fato que impressão De Gaulle lhe causou. Muitos outros deixaram vívidas descrições do primeiro encontro com o general; Moulin não teve essa oportunidade. Era um homem de esquerda, de uma família ferozmente republicana desde meados do século XIX. Durante o governo da Frente Popular, ele tinha sido membro do *cabinet* de Cot, onde organizou remessas secretas de armas para a Espanha republicana. Isso também o pusera em contato com o futuro inimigo de De Gaulle em Londres, André Labarthe, importante figura do *entourage* de Cot. Após a derrota de 1940, Moulin continuou mantendo estreito contato com Cot nos Estados Unidos, e é de supor que soubesse que ele achava De Gaulle um fascista "sem o saber". Certamente estava a par da animosidade de Labarthe contra De Gaulle. Nada disso predispunha Moulin a ter uma opinião favorável sobre De Gaulle. Mas comentários de segunda mão, possivelmente inautênticos, a ele atribuídos sugerem que era tão impressionado com a força de caráter de De Gaulle, sua lucidez sobre a guerra e seu total repúdio a Vichy, que para ele, pelo menos naquele momento, suas opiniões políticas eram questão secundária. Consta que teria dito a um membro da Resistência quando voltou à França: "O que será que ele pensa, de fato, da República? Não saberia lhe dizer. Sei qual é sua posição oficial, mas será realmente um democrata?" Aparentemente escreveu também para Cot: "Por ora é preciso estar do lado de De Gaulle. Depois a gente vê."[42] Esses comentários soltos correspondem ao que Moulin disse ao oficial da Executiva de Operações Especiais que o interrogou duas semanas depois do encontro com De Gaulle: "Quaisquer considerações sobre se ele deve ter permissão ...

para formar um governo provisório não preocupariam muito essas pessoas que contribuem ativamente para a Resistência. A questão sobre se De Gaulle ficava ou ia embora poderia ser resolvida depois. Era muito enfático sobre esse ponto e também sobre a questão suplementar de que o prestígio de De Gaulle, pelo menos como uma vaga ideia, já era 'formidável'."⁴³ Em 30 de outubro, Moulin também esteve com Morton e pediu para ser recomendado a Churchill, que ele conhecera em 1939 quando era prefeito de Chartres e Churchill visitou a França. A mensagem era a mesma:

> Enquanto poucos meses atrás o nome do general De Gaulle era basicamente apenas um símbolo de Resistência na França, a pessoa do general De Gaulle agora se tornou real para a maioria dos franceses, devido à grande queda de prestígio de Pétain ... Se o entusiasmo de centenas de jovens na França pela organização da Resistência não encontrar uma resposta, há o gravíssimo risco de que eles deixem o general De Gaulle de lado e se voltem para os comunistas.⁴⁴

Poucos dias depois do encontro com De Gaulle, Moulin já tinha claramente tomado uma decisão. Ao que parece, De Gaulle também. Independentemente do heroísmo de Moulin em junho de 1940, seu status oficial – foi o primeiro prefeito a chegar a Londres – fazia dele um grande recruta. De Gaulle provavelmente ficou impressionado, como todo mundo, com a inteligência, a autoridade natural, o forte senso do estado e a convicção patriótica de Moulin. O funcionário que o interrogou fez esta observação: "É a primeira pessoa que conheci, ou de quem ouvi falar, que tem não apenas autoridade para negociar em nome das três organizações [de Resistência] em questão, mas que tem também a espécie de autoridade natural que sua história anterior lhe confere."⁴⁵ Moulin chegou numa época em que De Gaulle precisava encontrar uma estratégia para atuar na França. O encontro entre eles ocorreu apenas dois dias depois que ele tentou impedir indiscriminados ataques comunistas contra alemães – sabendo que de fato não tinha meios para impedi-los. O relatório de Moulin afirmava que, se entregue à própria sorte, a Resistência se fragmentaria em anarquia ou acabaria caindo sob controle comunista.

Ao longo de vários encontros com De Gaulle no outono de 1941, definiu-se a função exata de Moulin. Ele foi designado "delegado" de De Gaulle na zona desocupada, com a missão de "realizar nessa zona a unidade de ação de todos os elementos que resistem ao inimigo". Foram-lhe delegadas as funções de apoio aos esforços de propaganda dos movimentos de Resistência e organização de sua ação militar. O rascunho original da missão de Moulin contém algumas reveladoras correções feitas à mão por De Gaulle especificando que "a centralização e a coordenação [da Resistência] serão feitas em Londres" e que "todas as operações serão ativadas por ordem pessoal do general De Gaulle". Esses documentos foram microfilmados, para que Moulin os pudesse mostrar aos líderes da Resistência quando voltasse para a França. Além disso recebeu fundos para convencer a Resistência a aceitar o que, a rigor, era uma subordinação das suas atividades à liderança geral de De Gaulle.[46] Moulin foi finalmente lançado de paraquedas na França em 1º de janeiro de 1942. De Gaulle ainda se apegava à ideia de que a ação política (de responsabilidade da Comissão do Interior, CNI) e a ação militar (de responsabilidade do BCRAM de Passy) deviam continuar separadas. Isso significava que para as diferentes partes da sua missão Moulin prestava contas separadamente à CNI e ao BCRAM de Passy – uma fonte de confusão para Londres e de irritação para Moulin.

Nasce o gaullismo

Como a principal tarefa de Moulin era a organização militar da Resistência, ela não teve, necessariamente, qualquer impacto direto sobre o pensamento político de De Gaulle. Mas significava que a Resistência começara a ocupar lugar mais central em sua cabeça do que antes. Isso tornou De Gaulle mais receptivo aos argumentos do primeiro líder da Resistência a chegar a Londres em março de 1942, dois meses depois que Moulin saiu. Tratava-se de Christian Pineau, um dos líderes do grupo de Resistência Libération-Nord, que surgira na zona ocupada. O Libération-Nord recrutava de preferência em sindicatos e círculos socialistas, o que lhe dava uma identidade de esquerda, não compartilhada por todos os movimentos iniciais de Resistência. Pineau tinha feito a viagem a Londres a fim de obter garantias para seus companheiros sobre as crenças políticas de De Gaulle. Sua descrição do primeiro encontro com De Gaulle é um dos clássicos do gênero:

Imenso em sua farda de general-brigadeiro, ele se aproximou de mim enquanto a sua mão se estendia para alcançar a minha no instante em que cheguei diante dele. Seus gestos eram ao mesmo tempo lisonjeiros e firmes, os de um prelado autoritário. Sem dizer palavra, conduziu-me a uma poltrona, fez-me sentar, empurrou uma caixa de cigarros na minha direção, sentou-se na sua poltrona, em seguida, olhando-me nos olhos, pronunciou as primeiras palavras: "Agora me fale sobre a França" ... Imagine-se diante de um examinador que lhe pede para discorrer sobre o assunto mais amplo imaginável, sem que você saiba se suas palavras são as que ele espera ouvir. Quando mencionei a mensagem que a Resistência queria que ele lhe enviasse, houve um leve franzir de sobrancelhas ... mas ele não me interrompeu.

Quando Pineu terminou, foi a vez de De Gaulle falar:

Suas palavras não foram uma resposta às minhas ... Nenhuma pergunta sobre a Resistência, nenhuma pergunta pessoal. Perguntar-me se eu tinha feito uma boa viagem poderia ter sido banal, mas aquela estava longe de ser uma viagem como outra qualquer, pelo menos para mim. Talvez merecesse menção ... Ele não reagiu de forma alguma às minhas descrições sobre os perigos que nós enfrentávamos, a angústia da ocupação e da repressão. Estava claro que para ele cada combatente cumpria o seu dever ao arriscar a vida, que não havia diferença entre o perigo enfrentado por alguém que lutava num tanque no deserto africano e alguém que carregava folhetos clandestinos na França Ocupada ... Interpretávamos nossas ações pelo prisma da Liberdade; ele os interpretava pelo prisma da história.[47]

Durante o mês que passou em Londres, Pineau fez muitos contatos com os outros socialistas franceses na cidade – os que o advertiram que De Gaulle era "fascista," mas também os que, como Hauck, tinham aderido a De Gaulle, apesar das restrições que lhe faziam. Pineau teve mais três encontros com De Gaulle, na presença de Hauck, para discutirem a redação da "mensagem" que ele deveria levar de volta. Examinavam cuidadosamente cada palavra. Pineau não gostou de uma frase que dava a entender que a República defunta e o regime de Vichy eram igualmente ruins: "Um regime moral, social e político renegado na derrota. Outro nasceu da capitulação. O povo francês condena a ambos." De Gaulle não cedeu. Pineau perguntou, em seu último encontro, se o general queria transmitir uma mensagem mais pessoal: "Ele respondeu, com um sorriso que me gelou o sangue: 'Só diga àquela gente boa [*braves gens*] que não vou traí-la.'" Sobre o jeito de De Gaulle se despedir, Pineau notou que foi "tão caloroso quanto De Gaulle conseguiu ... eu diria que era como se ele sentisse vergonha de demonstrar humanidade".[48] Mas no aeródromo, quando Pineau ia entrar no avião, um motociclista chegou de repente com um envelope que continha o texto revisado da declaração reforçando a crítica a Vichy ("um regime nascido da capitulação criminosa e que se compraz no poder pessoal").

Enquanto se aproximava relutantemente da redação preferida por Pineau, De Gaulle tinha feito dois discursos inflamados, cujo radicalismo político destoava de tudo que já tinha dito. Era como se uma comporta psicológica tivesse se rompido e De Gaulle estivesse pronto para dar plena vazão ao seu desprezo pelas elites que tinham traído a França em 1940. Em 1º de abril de 1942, anunciou:

> Traídos por suas elites e classes privilegiadas, vivemos a maior revolução da história da França ... Sua secreta agonia está criando uma França inteiramente nova, cujos líderes serão novos homens. Os que estão surpresos por não encontrarem entre nós políticos esgotados, acadêmicos sonolentos, empresários ... ou generais exauridos por suas condecorações fazem pensar nos atrasados habitantes das cortes da Europa que durante a grande Revolução Francesa se ofendiam por não verem Turgot, Necker etc. sentados no Comitê de Salvação Pública. É assim mesmo. Uma França em revolução sempre prefere ganhar a guerra com o general Hoche a perdê-la com o marechal Soubise [um dos generais do *ancien régime*]. Para proclamar e impor a Declaração dos Direitos do Homem, uma França em revolução sempre prefere ouvir um Danton às promessas tranquilizadoras de ideias ultrapassadas.[49]

A palavra "revolução" apareceu quatro vezes só nesse discurso. Então, em outro discurso, pronunciado em 18 de abril, De Gaulle declarou: "Libertação nacional não pode ser separada de insurreição nacional."

Essa retórica assustava soldados conservadores como Leclerc e Larminat, que estavam entre os primeiros a apoiar De Gaulle. Leclerc escreveu para De

Gaulle em maio de 1942 advertindo-o de que esses desdobramentos estavam "preocupando a grande maioria da França Livre". Em sua opinião, a vitória da França Livre tinha de ser seguida de uma "revolução nacional" – o termo usado por Pétain para suas próprias políticas antidemocráticas, reacionárias e antissemitas.[50] Quando Leclerc insistiu, e disse que De Gaulle estava repetindo os erros dos anos 1930, foi severamente repreendido.[51] Larminat também se preocupava. Escreveu o seguinte para De Gaulle: "A França cerra fileiras atrás do senhor porque o senhor está lutando contra os alemães, e não porque está defendendo este ou aquele ideal político."[52] Mas, no fim das contas, Larminat consolou Leclerc lembrando que pelo menos a esquerda apoiava De Gaulle: "Uma preciosa garantia para o futuro. É melhor que as coisas sejam conduzidas por ele do que por ... por quem mais? Não vejo ninguém."[53] Esses oficiais conservadores talvez tenham sido os heróis militares da França Livre, mas já não eram parte da discussão sobre o futuro político do gaullismo.

9. No palco mundial: setembro de 1941-junho de 1942

Jogada com as cartas russas

Nos primeiros dezoito meses como líder da França Livre, De Gaulle tinha lidado quase exclusivamente com a Grã-Bretanha. Quando a guerra se tornou mundial – primeiro com a invasão da União Soviética por Hitler, em junho de 1941, e em seguida com a entrada dos Estados Unidos após o bombardeio japonês de Pearl Harbor, em dezembro de 1941 –, ele passou a dispor de um cenário mais vasto em que atuar. Em certo sentido, a globalização da guerra era uma ameaça, porque diminuía a importância relativa da França; noutro sentido, abria oportunidades. A entrada do Japão no conflito deu nova importância estratégica às possessões francesas no Pacífico; a entrada da Rússia e dos Estados Unidos ofereceu a chance de alavancar a influência da França Livre explorando as tensões nas relações entre os Aliados. De Gaulle mergulhou no grande jogo da diplomacia internacional com indisfarçável entusiasmo. Começou pela União Soviética.

Quando a Alemanha atacou a União Soviética, em 22 de junho de 1941, De Gaulle estava em Jerusalém. De Londres, seu porta-voz de política externa, Maurice Dejean, divulgou uma declaração imediata de apoio à União Soviética. De Gaulle aprovou, mas quis ir além. Instruiu seus representantes a procurar Ivan Maisky, o embaixador russo em Londres, e sondar se os soviéticos estariam dispostos a estabelecer relações diretas com a França Livre. Em caso positivo, estariam prontos a garantir a "integridade" das fronteiras da França tal como elas eram antes da guerra, assunto sobre o qual Churchill se limitara a um cauteloso compromisso com a "independência e grandeza" da França depois da guerra.[1] Além disso, De Gaulle pediu a seu delegado em Ancara, Gérard Jouve, que sondasse o governo soviético, porém (de forma reveladora), "sem a intermediação dos ingleses".[2]

Em 26 de setembro, o governo soviético reconheceu a França Livre exatamente nos mesmos termos que o governo britânico. De Gaulle imediatamente ligou para Maisky, que ficou espantado com o "dilúvio de virulentos comentários" despejados pelo general contra os britânicos.³ Essa invectiva particular não era apenas efeito colateral da recente tensão entre ele e Churchill. Para De Gaulle, que tinha apoiado o Pacto Franco-Soviético em 1936, a aliança russa era uma realidade geopolítica subjacente ao interesse nacional da França. Ele se referiria geralmente à "Rússia", e quase nunca à União Soviética. Como escreve depois em suas *Memórias*: "Antes de filosofar era preciso viver, ou seja, conquistar. A Rússia oferecia essa possibilidade. Além disso, sua presença no grupo dos Aliados dava à França Livre, em relação aos anglo-saxões, um contrapeso que eu sem dúvida pretendia utilizar."⁴ Isso não era apenas uma análise retrospectiva, colorida por conflitos posteriores com Roosevelt e Churchill. Era notavelmente semelhante ao que ele tinha instruído Jouve a dizer ao governo soviético em setembro de 1941:

> A União Soviética e a França, sendo potências continentais, têm objetivos e preocupações diferentes dos Estados anglo-saxões, primordialmente potências marítimas; além disso, um desfecho vitorioso da guerra inevitavelmente apresentaria para as duas potências continentais questões que as potências anglo-saxônicas nem sempre compreenderiam ou levariam em conta.⁵

Uma oportunidade de jogar os soviéticos contra os britânicos surgiu no outono, quando De Gaulle buscava novas brechas para que suas tropas desempenhassem alguma função na guerra contra o Eixo. Não surgira nenhuma ocasião desde as escaramuças de Leclerc no deserto da Líbia, em março de 1941; no Levante, franceses vinham lutando contra franceses. O recrutamento de alguns soldados de Dentz – apesar de decepcionantemente pouco numerosos – fortaleceu as forças totais de De Gaulle o suficiente para permitir que ele as organizasse em duas "divisões", embora pelo tamanho elas estivessem mais próximas de brigadas. Sabendo que os britânicos planejavam uma ofensiva na Líbia, em outubro de 1941 De Gaulle quis saber se suas tropas participariam dos combates. A resposta do principal conselheiro militar de Churchill, o general Ismay, foi evasiva. Se aceitasse o pedido de De Gaulle, a Grã-Bretanha estaria obrigada a armar as tropas francesas e a incorporá-las num estágio posterior a seus planos de batalha. De Gaulle revidou com uma ameaça: se os britânicos não quisessem suas forças, ele enviaria uma divisão para ajudar a União Soviética no front oriental.[6] A tática funcionou. Depois de prolongadas negociações, os britânicos concordaram em equipar e utilizar duas brigadas da França Livre.[7]

Ao mesmo tempo, De Gaulle prosseguia em suas tentativas de convencer a União Soviética a olhar com simpatia a França Livre. Em janeiro de 1942, ele fez um discurso prestando homenagem aos "russos" depois que eles barraram o avanço alemão: "A França que sofre está com a Rússia que sofre. A França que luta está com a Rússia que luta. A França mergulhada no desespero está com a Rússia que começou a escalada das sombras do abismo para a luz da grandeza." Apesar dos seus esforços, De Gaulle praticamente não entrava nos cálculos do governo soviético naquela época. Maisky disse aos britânicos em março de 1942 que De Gaulle "cultivava-o com diligência". Foi extremamente severo com as "nulidades" do Conselho Nacional Francês (à exceção de Pleven) e achava que as perspectivas da entidade não eram "muito brilhantes".[8]

"Uma pedra num poço"

De Gaulle almoçava em casa com a mulher no domingo 7 de dezembro de 1941 quando ouviu a notícia do ataque japonês a Pearl Harbor. Passy, que estava com eles, lembrava-se do comentário imediato de De Gaulle: "A guerra agora está definitivamente ganha! E haverá duas fases: na primeira os Aliados vão salvar a Alemanha; na segunda haverá uma guerra entre os russos e os americanos."[9] Poucos dias depois parece ter feito outra previsão para seu assessor militar Pierre Billotte: "De agora em diante, os ingleses não farão nada sem o consentimento de Roosevelt."[10] Esse segundo comentário, se De Gaulle realmente o fez, foi profético, mas poucas semanas depois de Pearl Harbor ele sugeriu a Palewski a hipótese totalmente diferente – mas também plausível – de que a tensão entre os britânicos e os americanos por causa do Império britânico poderia ser explorada em benefício francês.[11]

Um argumento fundamental do discurso feito por De Gaulle em 18 de junho era que o poderio industrial americano seria elemento crucial na vitória aliada, embora os Estados Unidos (ainda) não estivessem em guerra.

Apesar de De Gaulle não ter nenhum conhecimento direto dos Estados Unidos, quando trabalhava para o CSDN nos anos 1930 estudou planos de mobilização econômica no exterior – na Alemanha, na Itália e nos Estados Unidos – e publicou um artigo sobre o assunto. Os frequentes e longos telegramas que passava para Jacques de Sieyès, seu representante nos Estados Unidos, durante o verão de 1940 mostram a suprema importância que desde o início ele atribuía ao país.[12]

Havia possessões francesas espalhadas pelo hemisfério ocidental – Martinica, Guadalupe, São Pedro e Miquelon – que De Gaulle esperava tomar de Vichy. Seu primeiro ato oficial de diplomacia depois de fundar o Conselho de Defesa do Império, em outubro de 1940, foi mandar uma nota para o Departamento de Estado por intermédio do cônsul dos Estados Unidos no Congo Belga. Em troca de ajuda para tomar esses territórios, De Gaulle propunha fornecer bases militares para os americanos.[13] Em sua provocadora entrevista para o *Chicago Daily News* em 1941, que tanto horrorizara os britânicos, De Gaulle repetira a oferta, dessa vez publicamente, acrescentando que não tinha "pedido nenhum destróier em troca". Essa era uma esperta cutucada nos britânicos, que um ano antes tinham assinado um acordo concedendo permissão aos Estados Unidos para usarem suas possessões no Atlântico ocidental e no Caribe como bases, em troca do fornecimento para a Marinha britânica dos destróieres de que ela tanto precisava. Era também um lance para obter apoio americano na esperança de emancipar-se da exclusiva dependência dos britânicos – um bom exemplo da rapidez com que De Gaulle tentava projetar-se no cenário mundial.[14]

Os americanos não deram resposta. A verdade é que Roosevelt, que ficara profundamente chocado com a derrota da França, achava agora que o país tinha perdido qualquer direito de ser tratado como grande potência. Além disso, estava, pragmaticamente, pronto a negociar com Vichy, se isso servisse aos interesses americanos, e mandou a Pétain um embaixador, o almirante William Leahy, católico e muito conservador. A política de Roosevelt a princípio não excluía contatos com a França Livre, mas ele concluiu, pelo fiasco em Dakar, que De Gaulle contava com pouco apoio e era apenas uma cria dos britânicos. Via a França Livre com um misto de suspeita e escárnio, e suas desconfianças foram confirmadas por Leahy, que lhe informou que o regime de Vichy se opunha de tal maneira a De Gaulle que qualquer gesto na direção dele empurraria Vichy para os alemães, exatamente o oposto da política de Roosevelt, que apostava em Vichy.¹⁵

A opinião negativa de Roosevelt sobre De Gaulle era reforçada por numerosos exilados franceses nos Estados Unidos, muitos deles bem-relacionados nos círculos americanos de elite. Esses exilados incluíam Jean Monnet e Alexis Leger, que quando estavam em Londres tinham desaconselhado Churchill a fazer um acordo com De Gaulle, em junho de 1940. Entre os outros importantes exilados franceses que desconfiavam de De Gaulle estavam os escritores André Maurois e Antoine de Saint-Exupéry (autor de *O Pequeno Príncipe*), o cineasta Jean Renoir e antigos políticos da Terceira República, como Camille Chautemps. Muitos dos mais brilhantes talentos da França antes da guerra estavam nos Estados Unidos – e poucos eram pró-De Gaulle. A carta de De Gaulle datada de julho de 1940 manifestando seu desprezo por políticos da Terceira República alimentara suspeitas de que ele tinha ambições políticas. Henri de Kérillis, político amigo íntimo de Reynaud e único parlamentar francês a votar contra o Acordo de Munique em 1938, enviou a De Gaulle um relato arrasador sobre a situação nos Estados Unidos:

> Nem é preciso descrever para o senhor as divisões e o desgosto que se observam aqui nos círculos franceses. ... Sempre que vinte franceses se juntam, eles começam logo a brigar uns com os outros. Há os que são a favor de De Gaulle, os que são contra; os que são a favor dele e contra os ingleses; os que são a favor de Pétain; os que são a favor de Weygand. ... Há os imbecis, os covardes e os amedrontados. ... A terrível tragédia não lhes ensinou nada nem mudou nada.¹⁶

Até mesmo os supostos gaullistas brigavam entre si. Independente do representante oficial de De Gaulle, Sieyès, que se mostrou decepcionantemente ineficaz, outro grupo de exilados franceses tinha fundado um jornal pró-gaullista intitulado *France for Ever*, mas não se entendia com Sieyès. Na primavera de 1941 De Gaulle sentiu uma "necessidade urgente" de remediar a desastrosa cacofonia.¹⁷ Sua escolha inevitável para encabeçar a missão foi René Pleven, que tinha a vantagem de falar perfeitamente o inglês e conhecer bem os Estados Unidos. Pleven partiu em maio e passou os meses seguintes nesse país. A recepção que teve foi "glacial". Roosevelt não achou tempo para recebê-lo, mas Pleven esteve com várias figuras importantes do governo.

No fim de cinco meses nos Estados Unidos Pleven tinha estabelecido e posto em funcionamento uma Delegação da França Livre para substituir os esforços amadorísticos de Sieyès, apesar de não ter conseguido convencer Jacques Maritain a aderir. A delegação incluía o empresário Etienne Boegner, filho do chefe das igrejas protestantes francesas, e Raoul de Roussy de Sales, jornalista francês que tinha trabalhado muitos anos nos Estados Unidos. Para chefiar a delegação, De Gaulle escolheu Adrien Tixier, um representante da França na Organização Internacional do Trabalho nos Estados Unidos. Embora essa medida estivesse de acordo com a atitude de De Gaulle em relação à esquerda política no outono de 1941, Tixier não era uma boa opção. Faltavam-lhe habilidades diplomáticas e ele tinha um temperamento ferozmente explosivo, exacerbado pelos terríveis ferimentos que sofrera na Primeira Guerra Mundial, quando perdeu um braço. De acordo com outro integrante da delegação, ele conseguia realizar a façanha de ser antigaullista quando conversava com os americanos e antiamericano quando se comunicava com De Gaulle.

Em 11 de novembro, logo depois da partida de Pleven, Roosevelt anunciou que a equipagem do programa Lend-Lease seria disponibilizada para a França Livre sem precisar passar pelo crivo britânico. Esse sinal animador, que De Gaulle interpretou, com excesso de otimismo, como uma "decisão de princípio a nosso favor",[18] tinha menos a ver com o bom trabalho de Pleven que com o fato de Roosevelt preferir apostar em todas as alternativas em relação à França. Ao mesmo tempo, o prestígio da França de Vichy parecia estar em queda. Em novembro de 1941, como um agrado para os alemães, Darlan tinha demitido Weygand de seu posto no norte da África. Como consideravam Weygand o líder de Vichy menos propenso a trabalhar com a Alemanha, isso parecia sugerir que o regime adotava uma posição ainda mais colaboracionista.

Mas se De Gaulle esperava que depois de Pearl Harbor os Estados Unidos pendessem mais para o seu lado, ele logo sofreria uma decepção. O teste imediato foi a atitude de Roosevelt para com as possessões da França no hemisfério ocidental. Roosevelt informou a Pétain em 13 de dezembro que não contestaria o *status quo* na região, desde que Vichy mantivesse sua política formal de neutralidade. De Gaulle percebeu de imediato as implicações da decisão: em vez de incentivar o Império da França a entrar na guerra ao lado dos Aliados, os americanos praticavam uma "política de neutralização paulatina do Império francês".¹⁹ Para contestar essa política, De Gaulle tomou a decisão extraordinariamente provocadora de ocupar as minúsculas ilhas de São Pedro e Miquelon ao largo da costa da Terra Nova.²⁰

Os 5 mil moradores de São Pedro eram supostamente favoráveis a De Gaulle, mas o administrador de Vichy tinha impedido a realização de um plebiscito. O que tornava as ilhas mais do que apenas simbólicas era a presença de um transmissor de rádio que poderia ser usado para dar aos alemães informações sobre comboios aliados. De Gaulle tinha consultado os britânicos duas vezes em 1941 sobre a possibilidade de despachar uma pequena força para tomar posse das ilhas. O almirantado, preocupado com o transmissor de rádio, foi a favor, mas o Ministério das Relações Exteriores hesitou por razões políticas. As coisas se precipitaram quando chegou a Carlton Gardens o telegrama de um grupo de "patriotas" em São Pedro. Em novembro de 1941, De Gaulle decidiu agir e mandou Muselier inspecionar alguns navios fundeados na Terra Nova. Essa missão era apenas um pretexto. Na realidade, Muselier estava sendo enviado para tomar as ilhas. Mas antes que ele chegasse a situação se alterou, com a entrada dos Estados Unidos na guerra. O almirante contactou De Gaulle para perguntar se a operação ainda estava de pé, e o general então se sentiu obrigado a consultar Churchill para saber se havia alguma objeção britânica ao que ele chamou, dissimuladamente, de *"petit coup de main"*.²¹

Pediram a De Gaulle que esperasse até que os americanos fossem consultados. Informado, em 17 de dezembro, de que os americanos se opunham à operação, num primeiro momento ele pareceu disposto a desistir. Mas quase imediatamente depois mudou de ideia, talvez por ter sabido que os canadenses estavam prestes a assumir o controle da estação de rádio, o que lhe parecia ingerência estrangeira em território francês. Sem consultar outros membros do Comitê Nacional, em 18 de dezembro De Gaulle ordenou ao relutante Muselier que fosse em frente. O desembarque ocorreu na noite de 23 de dezembro, com grande entusiasmo popular nas ilhas. De início, nem Roosevelt nem Churchill estavam dispostos a levar o assunto muito a sério, mas o secretário de Estado americano, Cordell Hull, se sentiu pessoalmente ofendido. Divulgou um infeliz comunicado denunciando a "ação arbitrária" de "três navios da França Livre". Churchill, que acabara de chegar a Washington para o primeiro encontro com Roosevelt, viu-se no meio de uma crise internacional.

Na carreira de De Gaulle às vezes é difícil separar imprudência de premeditação. Nesse caso, ele talvez calculasse – se foi o caso de cálculo – que nada tinha a perder, uma vez que os americanos pareciam decididos a neutralizar o Império. Pelo menos ele deixaria uma marca garantindo que a política não ficaria incontestada. Disse a Muselier que queria agitar as coisas – "jogar uma pedra num poço cheio de rãs".[22] Ainda assim, é difícil acreditar que tivesse previsto a fúria do governo americano. Em suas relações com os Estados Unidos, aquela foi uma hora da verdade, semelhante à crise com os britânicos por causa da Síria em 1941. Ela mostrou aquilo que De Gaulle, em outra ocasião, chamaria de sua capacidade de "criar um acontecimento" – um instinto de diretor de espetáculos para chamar atenção, a qualquer custo, daqueles que pretendiam ignorá-lo.[23] A questão de São Pedro e Miquelon foi pouco mais que uma migalha na história mais ampla da guerra, mas, apesar disso, botou De Gaulle nas manchetes por alguns dias. Certamente não era diplomacia do tipo habitual. Como a "intransigência" de De Gaulle na questão da Síria, era a arma do fraco. Mas fosse por intuição, fosse por sorte, o efeito de suas provocações geralmente consistia em enfurecer de tal maneira os adversários que ele acabava recuperando a precedência moral que deveria ter perdido. A referência de Hull à "assim chamada" França Livre chocou a opinião pública americana; em retaliação, os jornais zombaram do "assim chamado" secretário de Estado.

Churchill, ciente de que a opinião pública britânica e seu próprio gabinete simpatizavam com De Gaulle nessa questão, fez um discurso em Ottawa prestando vibrante homenagem à França Livre. Para Hull, essa foi mais uma prova de que De Gaulle não passava de um fantoche britânico. De Gaulle concluiu, incorretamente, que talvez fosse capaz de jogar os britânicos contra os americanos; de forma mais acertada, começou a perceber o papel que a opinião pública poderia desempenhar em sua batalha por reconhecimento passando por cima de governos aliados. Talvez ele fosse admirador da moderada arte de governar do *ancien régime*, mas, como demonstrou sua guinada democrática no fim de 1941, estava desenvolvendo uma astuta compreensão de que a dimensão ideológica da guerra poderia ser explorada com proveito. Escreveu para Tixier quando a crise passou: "Se a guerra fosse só um jogo de xadrez, onde as peças são objetos sem alma, poderíamos até compreender a posição do Departamento de Estado para com a França. Mas a guerra é um fenômeno moral. Para que os homens travem uma guerra é preciso que se sintam moralmente obrigados a fazê-lo."²⁴

Apesar de defender publicamente De Gaulle, Churchill ficou furioso pelo fato de seu primeiro encontro crucial com Roosevelt ter sido ofuscado por essa crise insignificante. Era mais um ponto negativo para De Gaulle. De volta a Londres, Churchill teve com ele um encontro ainda mais tenso do que na volta da Síria. E quando De Gaulle insinuou que Churchill parecia ter dúvidas sobre o acordo de agosto de 1940, a resposta de Churchill foi a ameaça velada de rever o acordo, "pela má sorte que tem acompanhado o movimento de De Gaulle".²⁵ Eden ficou incumbido de corrigir a situação e dar um jeito de salvar as aparências. Não era fácil, porque De Gaulle, que achava "frustrante importar tanto ao governo de Sua Majestade dar satisfações aos Estados Unidos", lhe disse que "o sr. Hull é que deveria encontrar um jeito de evitar uma humilhação, ... [e] que não estava preparado para fazer qualquer gesto só para agradar aos Estados Unidos".²⁶ Para De Gaulle, comportar-se como grande potência era o jeito de tornar-se uma grande potência.

O papel de Eden nessa crise revelou uma mudança de atitude de Whitehall para com De Gaulle no último ano. De início, o Ministério das Relações Exteriores teve dúvidas sobre a benevolência de Churchill para com o general. Um ano depois, quando a paciência de Churchill com o francês já estava no limite, o ministério se deu conta de que De Gaulle estava ali para ficar. Como disse Eden depois do episódio de São Pedro e Miquelon:

> O problema com De Gaulle é que ele se vê no papel de Joana d'Arc libertando seu país de Vichy. Sua guerra é uma guerra privada contra Vichy, e em sua cabeça a cooperação com os Aliados é secundária. ... Sabe que aqui está pisando chão firme e que a grande maioria do povo deste país, e sem dúvida uma parcela considerável da opinião pública americana, o apoia.²⁷

Crise na França Livre

A crise de São Pedro e Miquelon deflagrou outra crise interna na França Livre apenas cinco meses depois de Muselier ter desafiado De Gaulle, em setembro de 1941. Muselier voltou de São Pedro para Londres ressentido com a situação incômoda em que De Gaulle o colocara, mas estimulado pela reação americana. Na reunião do Comitê Nacional em 3 de março, surpreendeu a todos anunciando sua renúncia. Vários integrantes do comitê achavam que De Gaulle tratara o almirante de maneira muito arrogante e descuidada, mas aquele desafio ostensivo os forçava a tomar o partido de De Gaulle. Este, feliz com a oportunidade de eliminar seu adversário, revidou anunciando que, se Muselier deixasse o comitê, perderia também o comando da Marinha da França Livre.

O que poderia ter sido um conflito puramente interno à França Livre transformou-se numa grande crise quando o governo britânico interveio. Embora os britânicos achassem que não era muito mais fácil lidar com Muselier do que com De Gaulle, nos dezoito meses anteriores o almirante conseguira criar uma força naval em circunstâncias excepcionalmente difíceis, pelo pernicioso legado do ataque britânico à frota francesa em Mers-el-Kébir. Usando basicamente navios e materiais fornecidos pelos britânicos, a Marinha da França Livre tinha dado apoio valioso aos britânicos na Batalha do Atlântico. Assim, sob pressão de Muselier, o gabinete insistiu, em 5 de março, que De Gaulle reconduzisse o almirante ao cargo. De Gaulle recusou-se. Numa tempestuosa reunião com Eden, ele denunciou Muselier como "um homem cansado que se entregava às drogas". Em seguida, em 8 de maio, mandou uma carta mais ponderada explicando que a soberania francesa estava em jogo. O governo britânico manteve-se firme. Charles Peake, o funcionário do Ministério das Relações Exteriores que herdara a pouco invejável tarefa de atuar como ligação britânica com a França Livre, foi indicado como mediador. Ele encontrou membros da França Livre, como Pleven, numa "atmosfera de considerável agitação", tratando-o "em termos que sugeriam um discurso de despedida proferido do patíbulo".[28]

Na semana seguinte, De Gaulle sub-repticiamente incitou Muselier a adotar um comportamento cada vez mais errático. Em 11 de março, quando o general foi falar com os oficiais da Marinha da França Livre em Westminster, Muselier, sentado na primeira fila, começou a interrompê-lo de forma inconveniente. A reunião degenerou em gritos de "Vive Muselier, Vive De Gaulle". De Gaulle informou então aos britânicos que queria Muselier condenado a trinta dias de detenção por insubordinação. Quando se recusaram, ele deu um passo além, anunciando que ia se retirar para sua casa em Berkhamsted, ao norte de Londres, e que não mais tomaria parte nos assuntos do Comitê Nacional. Transmitiu aos colegas imediatos um testamento lacrado. Terminava melodramaticamente: "Os homens passam, a França fica."[29] Escreveu para Pleven no dia seguinte: "A pior coisa desse negócio é que as pessoas acham que estamos jogando uma partida de pôquer."[30] Obviamente, a saída teatral continha um forte elemento de blefe, mas ele estava cada vez mais furioso com Muselier. Vociferava horas e horas contra os britânicos: "Não basta para eles terem queimado Joana d'Arc uma vez. Querem começar de novo ... Talvez achem que sou uma pessoa difícil. Se fosse, hoje eu estaria no estado-maior de Pétain."[31] Bouchinet-Serreulles, o receptor dessas explosões retóricas, lamentava que De Gaulle parecesse incapaz de negociar. Mas, se achava difícil controlar o próprio temperamento, o general também sabia usá-lo como arma. Sabia que, por mais que censurassem suas táticas, os membros do seu comitê estavam com ele. A única carta de que Muselier dispunha era a frota, mas logo ficou claro que os marujos da França Livre, na grande maioria, também não tomariam seu partido. No fim das contas, o único apoio de Muselier do lado britânico veio do almirantado.

O Gabinete de Guerra recuou. Em 23 de março, três semanas depois que a crise explodiu, Peake foi enviado a Berkhamsted com um acordo conciliador, determinando que Muselier tirasse licença médica. De Gaulle convocou os membros do Comitê Nacional para essa ocasião. Depois de um discurso virulento contra Muselier, ele aceitou o acordo. Peake descreveu a cena com humor:

> Ele aceitou com a condição de que o Comitê Nacional – do qual segundo me recordou era membro, mas também chefe – estivesse de acordo. Eu disse que achava que sua influência nesse organismo era tão grande que eles se deixariam convencer por seus argumentos, sobre o que ele teve a graça de sorrir. ... Em seguida tomei chá com o general e madame De Gaulle, que me recebeu com a maior cortesia, e com o Comitê Nacional, que, intimidado e ansioso, sentava-se em semicírculo à outra ponta da mesa e não se arriscava a manter qualquer conversa, a não ser que eu ou meus anfitriões tomássemos a dianteira.[32]

A Muselier foi oferecido um cargo subalterno, que ele recusou. Sua participação na França Livre acabava ali.

A longo prazo, a eliminação de Muselier aumentou a coesão da França Livre. Sua contestação foi o último desafio a De Gaulle dentro do movimento. Mas a curto prazo a crise convenceu os observadores britânicos, americanos e soviéticos de que De Gaulle não sobreviveria muito tempo se não houvesse importantes mudanças em sua equipe. Havia rumores sobre dissidências nas fileiras da França Livre. Esse clima foi percebido por Adrien Tixier, que chegou a Londres para o seu primeiro encontro com o homem que o nomeara chefe da Delegação da França Livre em Washington poucos meses antes. Tixier avaliou a temperatura de muitas conversas e relatou a Peake:

> O general estava tão solto que se nada fosse feito para contê-lo seria impossível controlá-lo. ... Com um comitê realmente forte para contestar os argumentos do general e obrigá-lo a pensar bem no que quer fazer, o valor dele para a França e para os Aliados aumentaria imensamente. Ele tinha uma cabeça poderosa e original, mas sofria com a falta de outras cabeças que pudessem, por assim dizer, aguçar a dele.[33]

E isso quem dizia era o chefe da delegação americana de De Gaulle. Falava-se, no lado britânico, de convencer Leger e Maritain a juntar-se a De Gaulle como uma maneira de refreá-lo. Churchill escreveu pessoalmente para Leger nesse sentido. Mas Leger foi surdo a todos os apelos.[34] Maurice Dejean, que fazia suas próprias restrições a De Gaulle, criticou acerbamente para Peake os franceses que diziam temer as tendências "fascistas" do general, mas que "não se dispunham, na hora de agir, a atuar para corrigir o que achavam errado".[35] Em abril de 1942, os britânicos demonstraram interesse numa possível alternativa para De Gaulle na pessoa de outro general que aparecera de repente em cena. Tratava-se de Henri Giraud, ex-comandante do Sétimo Exército Francês que fora feito prisioneiro em 1940.

Em abril de 1942, o general, de 63 anos, tinha fugido da fortaleza de Königstein em circunstâncias espetaculares, descendo por uma corda o penhasco de 45 metros de altura que protegia o castelo e em seguida tomando o trem, sob disfarce, até a fronteira francesa. A proeza fez de Giraud um herói e foi comemorada na rádio londrina por Schumann. Giraud foi recebido por Pétain em 29 de abril. Esse caso representou um grande embaraço para o regime de Vichy, uma vez que Giraud, apesar do respeito que demonstrava por Pétain, ignorou seus apelos para que se entregasse aos alemães. Se o regime de Vichy o entregasse, ou se os alemães o capturassem, qualquer ilusão de que Vichy desfrutava de genuína soberania seria destruída. Giraud parecia preparado para desempenhar o papel de patriota antigermânico, mas sem ser maculado pela oposição a Pétain que desacreditava De Gaulle aos olhos de alguns franceses. Na verdade, Giraud era admirador da política interna do regime de Vichy, ao mesmo tempo que se opunha à política de colaboração.

Eden, que geralmente apoiava De Gaulle, escreveu para Churchill em 24 de abril dizendo que, se Giraud pudesse ser convencido a ir para a Grã-Bretanha, "teríamos então um verdadeiro líder do movimento França Livre, um homem cujo nome e cujos antecedentes inspiram devoção em todos os setores do Exército e do povo franceses. Muitas possibilidades, agora fechadas, se abririam para nós".[36] Churchill escreveu na mesma linha para Roosevelt cinco dias depois: "Estou muito interessado na fuga do general Giraud e em sua chegada a Vichy. Esse homem pode desempenhar papel decisivo provocando coisas nas quais você depositava esperanças", o que supostamente significava encontrar em Vichy uma plausível alternativa a De Gaulle.[37] Mas Giraud não demonstrou interesse em ir para Londres.

Todos esses planos de substituir De Gaulle – por Leger, Muselier, Giraud ou qualquer outro – eram ilusórios. O caso Muselier tinha mostrado a força da posição de De Gaulle na França Livre. Mas a tensão daqueles meses talvez tenha contribuído para a severa prostração física de De Gaulle, com uma febre de quarenta graus, no segundo semestre de abril. A doença era malária, muito provavelmente contraída numa das duas viagens à África. Numa delas ele tinha rechaçado com uma piada o conselho de proteger-se contra os mosquitos: "Mosquitos não mordem o general De Gaulle." Mas parece que morderam. A notícia de sua doença só foi divulgada para os assessores mais próximos, mas ele teve de cancelar todos os compromissos.[38]

Crise com os Aliados

Logo que se recuperou, De Gaulle viu-se às voltas com duas crises simultâneas em suas relações com os britânicos e os americanos. Dessa vez nenhuma das duas tinha sido obra sua, exceto na medida em que seu comportamento anterior tinha esgotado qualquer reserva de boa vontade com que pudesse contar. Em rápida sucessão, as duas crises intensificaram em De Gaulle o sentido de isolamento sitiado e as suspeitas sobre as motivações dos seus aliados.

A crise americana dizia respeito às ilhas da Nova Caledônia.[39] Esse território do Pacífico tinha tomado o partido de De Gaulle em setembro de 1940 graças à intervenção do governador das Novas Hébridas, Henri Sautot. Como as ilhas eram vulneráveis a ataques do Japão, Sautot tinha firmado um acordo com o governo australiano, que se comprometeu a contribuir para a defesa. De Gaulle aceitou o acordo, mas, sempre desconfiado, se perguntava se Sautot seria suficientemente vigilante na proteção dos interesses da França na região contra a cobiça dos Aliados. A seus olhos, Sautot parecia manter uma relação nocivamente boa com seus homólogos britânico e australiano. Assim, De Gaulle decidiu em 1941 – numa época em que estava envolvido no conflito com os britânicos por causa da Síria – despachar um alto-comissário dos territórios do Pacífico para ficar de olho em Sautot. A tarefa foi confiada a um dos mais pitorescos membros da França Livre, o marinheiro/monge Thierry d'Argenlieu, cuja lealdade a De Gaulle era quase religiosa em sua intensidade. A Nova Caledônia adquiriu grande importância estratégica para os americanos depois que eles entraram na guerra contra o Japão. De Gaulle, sabendo que sem a ajuda americana as ilhas não teriam como se defender dos japoneses, concordou em permitir que os americanos instalassem uma base ali. Em troca obteve o reconhecimento público, pelo Departamento de Estado, da autoridade da França Livre no território.[40] Como os americanos poderiam facilmente ter assumido a tarefa sem a permissão de De Gaulle, e como De Gaulle estava ciente de que não seria capaz de proteger as ilhas sem ajuda americana, aí estava um exemplo da habilidade para tirar o máximo de vantagens a partir de uma posição fraca. Ele telegrafou animado para d'Argenlieu dizendo que aquilo marcava "um ponto de inflexão na política de Washington", mas alertando-o a "vigiar zelosamente pela manutenção da nossa soberania".[41] Em março de 1942, tropas americanas sob o comando do general Alexander Patch começaram a chegar às ilhas. As autoridades da França Livre ficaram espantadas com o tamanho dessa força, que somava 40 mil homens. D'Argenlieu achou que estivesse assistindo a uma invasão americana e avisou a De Gaulle que Sautot era obsequioso demais com os "ocupantes" americanos. Em abril, De Gaulle chamou Sautot de volta a Londres. Quando este apelou contra a decisão, d'Argenlieu mandou expulsá-lo. Como Sautot era popular entre os moradores, houve tumulto. D'Argenlieu estava convencido de que a desordem era incentivada pelos americanos, que exploravam as rivalidades locais para enfraquecer a França Livre. Isso era uma total fantasia, embora o general Patch não tivesse previsto como o surgimento repentino de suas tropas iria alarmar os franceses. As reações de d'Argenlieu – mais gaullista que De Gaulle – exemplificavam a hipersensibilidade da França Livre. De Gaulle, claro, deu crédito à versão de d'Argenlieu. Apesar de ter explodido em maio, a crise da Nova Caledônia provocou ressentimentos dos dois lados – e começou a insinuar na mente de Roosevelt dúvidas sobre se os franceses deveriam ter permissão para manter seu Império depois da guerra. De Gaulle, que antes esperava muito dos Estados Unidos, foi tomado de um paroxismo de fúria contra o país. Começou a referir-se regularmente nas conversas à ameaça do "imperialismo" americano. Quando Etienne Boegner, um dos delegados americanos da França Livre, chegou a Londres em maio para seu primeiro encontro com De Gaulle, foi submetido à violência retórica do general ao tentar defender a política americana. Boegner informou a um colega nos Estados Unidos:

> Meu primeiro contato com De Gaulle foi de rara violência. Fui insultado como nunca tinha sido na vida. ... Nesse furor, o homem me pareceu não um soldado, nem um político, nem um administrador, mas uma espécie de fenômeno que, quando tocamos em qualquer coisa francesa, imediatamente nos eletrocuta com um violento choque.[42]

Boegner foi mais específico em seu relato para o antigaullista Alexis Leger. Disse a ele que De Gaulle lhe berrara as seguintes palavras: "Diga ao idiota do Hull, da minha parte, que ele é um babaca, um débil mental, um idiota [*un con, une ganache, un idiot*]. Que vão todos para o inferno. A guerra vai varrê-los do mapa, e eu, a França, eu vou permanecer e vou julgá-los."[43]

Em 5 de maio, quando a crise da Nova Caledônia chegava ao auge, De Gaulle recebeu a notícia de que os britânicos tinham desembarcado uma força em Madagascar – colônia francesa leal a Vichy.[44] Como a Nova Caledônia, essa ilha, que dominava vitais rotas de comunicação britânicas com a Índia, tinha adquirido importância estratégica depois que os japoneses entraram na guerra. Ninguém se deu conta disso com mais rapidez que De Gaulle, que escreveu para Churchill uma semana depois de Pearl Harbor propondo que as Forças Francesas Livres tomassem a ilha, respaldadas por apoio aéreo britânico. Seu argumento, como sempre, era de que não se poderia confiar na França de Vichy para impedir qualquer provável incursão japonesa. Apesar de várias outras cartas, De Gaulle não recebeu resposta e achou que estava sendo esnobado por causa de São Pedro e Miquelon.[45] Nem mesmo sua natureza desconfiada identificara a verdadeira razão: Churchill tinha decidido lançar uma operação puramente britânica, sobre a qual determinou com firmeza que "o pessoal de De Gaulle deve ser despistado". Estava convencido, depois da experiência síria, de que uma operação conjunta com a França Livre muito provavelmente intensificaria a Resistência de Vichy. Os britânicos, desembarcando em Diego Suarez, no norte de Madagascar, suplantaram uma dura resistência das forças de Vichy em três dias. Mas a luta no resto da ilha continuou por vários meses, com o governador do regime de Vichy, Annet, se recusando a ceder. Os franceses resistiram por mais tempo aos britânicos em Madagascar em 1942 do que tinham resistido contra os alemães em 1940.

De Gaulle ficou sabendo da invasão britânica de Madagascar quando uma agência de notícias lhe telefonou. A informação causou consternação em Carlton Gardens, onde até os mais equilibrados seguidores do general se perguntavam se o movimento tinha futuro.[46] Até então os britânicos nunca tinham executado uma operação em território francês independentemente de De Gaulle e pelas suas costas. Isso sugeria que eles tinham perdido a fé em De Gaulle e se alinhavam à política americana de trabalhar com qualquer autoridade francesa que estivesse à mão. O Comitê Nacional divulgou uma solene declaração de protesto em 6 de maio, afirmando que se a França Livre era excluída daquela maneira o movimento "perderia sua *raison d'être*".[47] Para Tixier, nos Estados Unidos, De Gaulle escreveu que a organização França Livre corria risco de extinção:

> Se liquidarmos a organização, a opinião dos franceses que vêm da França e de outros países é de que isso equivaleria a liquidar a França. ... Vichy será varrida do mapa. E o que sobrará é uma França entregue à anarquia, dividida e sem nada em que acreditar. Quanto ao gaullismo sem De Gaulle, estou pronto a tentar. Mas estou convencido, infelizmente, de que será o fim de tudo.[48]

De Gaulle esperou seis dias antes de aceitar um encontro com Eden, em 11 de maio. Estava mais calmo do que seria de esperar. Dessa vez não precisou dramatizar a situação. Eden estava constrangido e sentiu que as queixas de De Gaulle eram justificadas. Em seu diário Oliver Harvey, o secretário particular de Eden, expressou a opinião do Ministério das Relações Exteriores, de que o problema fora causado pelos militares, "que não conseguem tirar de sua cabeça estúpida a ideia de que De Gaulle é um 'rebelde' e os vichyistas são 'legalistas'", mas também pelo fato de que Churchill "agora despreza tanto De Gaulle que quase prefere Vichy".[49] Isso era um exagero, apesar de Churchill ter de fato escrito para Eden em 30 de maio que "não há nada hostil à Inglaterra que esse homem não possa fazer quando enlouquece".[50] O encontro de De Gaulle com Eden produziu um acordo segundo o qual a França Livre seria convidada a desempenhar seu "devido papel" na futura administração da ilha. Apesar disso, não houve nenhum convite imediato para incluir qualquer representante da França Livre nas negociações britânicas com o governador de Madagascar leal a Vichy.

Uma das táticas de negociação favoritas de De Gaulle era intimidar os adversários ameaçando renunciar – na certeza de que o blefe não seria desmascarado. Funcionara na crise com Muselier. Portanto, em meados de maio, quando passou um telegrama para seus representantes no exterior garantindo-lhes que as coisas não iam tão mal quanto pareciam, pode-se supor que estava genuinamente preocupado. Seu argumento era que, embora a Nova Caledônia e Madagascar pudessem dar "certa impressão de mal-estar", a influência da França Livre avançava a cada dia na França e a União Soviética se tornava mais solidária.[51] As duas declarações eram verdadeiras. Stálin começava a perceber que a França Livre lhe poderia ser útil. Sua obsessão naquele momento era a necessidade de um segundo front na Europa Ocidental, para aliviar a pressão sobre os exércitos soviéticos, mas os britânicos achavam que por enquanto isso seria arriscado e prematuro. Na impossibilidade de um segundo front, o interesse de Stálin era manter a maior quantidade possível de tropas alemãs imobilizadas no Ocidente. Essa lógica embasava a estratégia do Partido Comunista de opor violenta resistência na França. De início, De Gaulle foi contra essa estratégia, mas seu discurso de 18 de abril de 1942, declarando que a Libertação da França deveria ser acompanhada por "insurreição nacional", assinalava uma mudança de posição. O discurso destinava-se a consumo soviético. Além disso, De Gaulle deixou claro para Maisky que não perderia oportunidade de insistir com os britânicos e americanos sobre a necessidade de um segundo front. Essa convergência dos interesses de De Gaulle com os dos soviéticos não passou despercebida a Moscou. O ministro soviético do Exterior, Molotov, disse a Maisky: "De Gaulle se tornou, em certo sentido, o símbolo da França que se recusa a ceder aos invasores." Ele sugeriu que os soviéticos poderiam até vir a reconhecer o Comitê Nacional como um governo provisório. Quando Molotov esteve em Londres, concedeu um encontro a De Gaulle em 24 de maio. De Gaulle verteu toda a sua amargura contra os Aliados e disse esperar que os russos pudessem ajudá-lo na questão de Madagascar; Molotov, por sua vez, disse esperar que De Gaulle pudesse ajudá-los na questão do segundo front.[52]

Isso forma o pano de fundo de uma das mais extraordinárias iniciativas de De Gaulle na guerra. Em 6 de junho, ele esteve com Aleksandr Bogomolov, o representante soviético junto à França Livre. Depois de alguns ataques retóricos de rotina contra o "imperialismo americano", ele perguntou se os soviéticos o acolheriam em seu solo em caso de ruptura com os britânicos: "É minha última cartada! Não posso esperar mais." Bogomolov, aturdido, aconselhou-o a evitar qualquer decisão precipitada, mas não deu uma resposta negativa.[53] No mesmo dia, De Gaulle passou um telegrama para seus representantes em todo o Império advertindo que o próximo lance dos "anglo-saxões" provavelmente seria uma operação contra Dakar ou Níger (parte da África ocidental Francesa controlada por Vichy), ou ambos – da qual a França Livre talvez fosse excluída. Nesse caso, continuar a cooperação com a Grã-Bretanha seria impossível. A única maneira de "combater um imperialismo" desse tipo era recorrer aos territórios que a França Livre possuía, agarrar-se a eles com unhas e dentes "contra todos" e informar ao mundo pelo rádio.[54] Como essas operações contra Dakar e Níger eram produto da imaginação de De Gaulle, de onde lhe viera essa ideia?

Desde que De Gaulle voltara da Síria para Londres, em setembro de 1941, os britânicos tinham descoberto motivos para não permitir que partisse novamente. Churchill andava tão preocupado com a possibilidade de "o general escafeder-se para Brazzaville" que ordenou uma "vigilância especial sobre seu telefone, para nos manter informados de suas intenções".[55] Eden achava que impedir De Gaulle de partir com certeza aumentaria ainda mais seus ressentimentos, mas Churchill foi inflexível. Em abril, Eden usou como pretexto o argumento de que os britânicos precisavam de De Gaulle em Londres para discutir os últimos acontecimentos internos do governo de Vichy. Tendo ou não percebido a manobra, o fato é que De Gaulle aceitou a sugestão com surpreendente boa vontade.[56] Em 5 de junho mencionou novamente a ideia de sair do país, e Eden inventou outro pretexto para dissuadi-lo, sem o proibir formalmente. De Gaulle aceitou com relativa serenidade, mas depois de voltar para Carlton Gardens pôs-se a meditar sobre o assunto. No fim do dia, convencera-se do pior: os britânicos planejavam outra operação no estilo de Madagascar e queriam segurá-lo em Londres para não causar problemas.[57] Foi essa a origem do extraordinário telegrama e da iniciativa diplomática de consultar Bogomolov.

Os representantes de De Gaulle no exterior ficaram atônitos com o telegrama. Como era sua intenção, eles estiveram com o representante diplomático britânico local para manifestar seu total apoio ao general nessa questão (apesar de Catroux ter caracteristicamente assegurado ao ministro de Estado britânico no Cairo que "de forma alguma compartilhava a ansiedade de De Gaulle").[58] E, como também era intenção de De Gaulle, sua iniciativa causou apreensão em Londres. Eden tentou acalmá-lo. Escreveu aos chefes de estado-maior pedindo que considerassem a possibilidade de convidar De Gaulle para discutir assuntos de alta estratégia, a fim de reduzir as "desconfianças do desconfiadíssimo general". Em suas palavras, "um pouco de atenção faz muito sucesso com esse homem difícil".[59]

Depois de alguns dias, a mente de De Gaulle pareceu sossegar. A conversa de mudar-se de Londres para Moscou foi abandonada. Os soviéticos foram informados de que De Gaulle tinha "involuntariamente" exagerado o problema. Ele até recebeu um convite para se encontrar com Churchill, a quem não via desde janeiro. Na verdade, havia tempos que Eden tentava convencer o relutante primeiro-ministro a aceitar recebê-lo, e Churchill já tinha concordado antes da extraordinária proposta de De Gaulle a Bogomolov. Mas como não sabia disso, o general passou a acreditar mais ainda nas virtudes da diplomacia de alto risco. Todos aguardavam nervosamente esse encontro com Churchill, marcado para 10 de junho.

Vida londrina

As violentas mudanças de humor de De Gaulle nesse período eram exacerbadas pela sensação de estar prisioneiro em Londres. Os onze meses seguintes à sua volta do Oriente Médio em setembro de 1941 foram o mais longo período contínuo que passou na cidade. Todo dia para ele era um lembrete da sua humilhante dependência total. Seus telegramas tinham de ser enviados através dos britânicos; ele precisava de aeronaves britânicas para viajar ao exterior e de permissão britânica para sair do país; os britânicos transportavam seus agentes para dentro e para fora da França; os britânicos lhes forneciam recursos. Isso seria frustrante para qualquer um; para um homem como De Gaulle, era quase fisicamente intolerável. Bouchinet-Serreulles o comparou a uma fera enjaulada golpeando indiscriminadamente para dar vazão à fúria.[60] Uma fonte recorrente de irritação era a exigência de submeter a aprovação os discursos que fazia para a BBC doze horas antes de irem ao ar. Às vezes De Gaulle ignorava essa regra e tinha de ser repreendido. Ele revidava ameaçando suspender as transmissões da França Livre. Mas, como notou um funcionário britânico, essa possibilidade podia "ser encarada com serenidade", pois o mais prejudicado seria o próprio De Gaulle.[61] Schumann, que falava pelo rádio com mais frequência que De Gaulle, contornou a questão da censura fazendo amizade com os dois censores com quem tinha de trabalhar – mas esse não era o estilo de De Gaulle.[62]

A vida londrina de De Gaulle seguia uma rígida rotina. Em setembro de 1941, quando ele voltou do Oriente Médio, sua mulher tinha se mudado novamente para Shropshire, e eles alugaram uma casa em Berkhamsted, 55 quilômetros ao norte de Londres. De Gaulle agora podia ir para casa todos os fins de semana, e ficava no Connaught Hotel durante a semana. Depois de setembro de 1942, o casal mudou-se uma terceira vez, para Frognal Lane, em Hampstead, o que significava que agora De Gaulle estava permanentemente em casa. Apesar de alguns colegas da França Livre com quem tinha mais intimidade, como Passy, Pleven e Billotte, serem às vezes convidados a visitar, De Gaulle protegia zelosamente a privacidade da família – especialmente contra os britânicos. Havia exceções esporádicas. Certa ocasião, Leo Amery jantou com o general e a mulher, e comentou que ela era "uma senhora bastante triste, quieta e atraente".[63] Só uma vez Yvonne de Gaulle foi vista em público, quando De Gaulle permitiu a publicação de fotos de sua vida doméstica em Berkhamsted. Isso se deu por insistência de Churchill, que achava (apesar de seus periódicos ímpetos de irritação contra ele) que De Gaulle precisava ser mais conhecido. As fotos mostravam marido e mulher em poses domésticas. Madame de Gaulle é vista lavando pratos, espanando, tocando piano (com um retrato do general bem visível), oferecendo uma flor com ar de adoração para o marido surpreso. Ambos detestaram as fotografias. Apesar de encenadas, a impressão que transmitiam não estava muito longe da verdade. De Gaulle parece rígido, desajeitado e pouco à vontade; o vestido simples de Yvonne de Gaulle revela seu gosto singelo.[64] Uma pessoa da comunidade francesa em Londres, ao encontrar Yvonne de Gaulle durante a guerra, ficou impressionada com sua aparência deselegante – um contraste com a presunçosamente elegante madame Catroux.[65] Ao ver De Gaulle pela primeira vez no verão de 1942, a esposa de Pleven, em visita a Londres proveniente dos Estados Unidos, observou com espanto a austeridade monástica do ambiente:

> Não existem *gadgets* [enfeites, objetos], não há sinais exteriores de nada, não há vitrines com objetos "presenteados por...". Isso é mais do que simplicidade ... Mostra um homem que pertence a uma missão. ... Nunca vi uma coisa dessas. Não há caricatura dele, nenhum suvenir, nenhum objeto com uma Cruz de Lorena – nada, ... e ninguém em visita seria capaz de adivinhar na casa de quem estava. Nunca vi isso antes no caso de um homem em posição ilustre. Ele *belongs to the job* [pertence ao trabalho] com nobre tranquilidade.[66]

Durante seus dias no Connaught, De Gaulle jantava numa sala privativa com um ou dois assessores, e quase não via os outros hóspedes. O Comitê Nacional se reunia em Carlton Gardens às quartas-feiras. Embora a organização França Livre não fosse o espetáculo de um homem só que tinha sido no começo, o estilo de De Gaulle ainda era autoritário. As reuniões eram rápidas e decisões importantes eram tomadas exclusivamente por ele. Bouchinet-Serreulles comentou: "O general vive isolado numa solidão olímpica. Pensa sozinho, decide sozinho. ... Mas ele pensa, ele decide."[67] Um integrante da França Livre escreveu para De Gaulle com inusitada franqueza, em novembro de 1942:

Sua maneira de tratar as pessoas ... provoca em nós uma dolorosa preocupação. Eu até diria uma apreensão real. Há assuntos em que o senhor não tolera oposição, nem mesmo debate. Além disso, há assuntos em que sua posição é especialmente emocional, quer dizer, precisamente aqueles sobre os quais o senhor tem o maior interesse em testar as reações de outras pessoas. Nesses casos, seu tom faz os interlocutores acharem que, a seus olhos, a discordância deles revela enfermidade da mente ou de patriotismo.[68]

A verdade era mais complicada. De Gaulle também sabia ser um bom ouvinte, e um observador notou que ele fixava "seu olhar viperino" no interlocutor, fitando-o cautelosamente com o canto dos olhos, pronto para saltar. A reação automática de De Gaulle a qualquer conselho era rejeitá-lo, mas os que tinham nervos fortes o suficiente para insistir geralmente se surpreendiam ao descobrir, mais adiante, que ele tinha adotado suas ideias. Quando Pineau chegou a Londres, Hauck, que adquirira experiência em lidar com De Gaulle, lhe disse o seguinte: "Não hesite em falar francamente com ele. Vai dar a impressão de não estar escutando nada, de que sua mente está ocupada com outros assuntos. Mas você verá que ele escutou."[69] Para De Gaulle, contudo, era quase uma impossibilidade física admitir um erro. Como disse a um membro da Resistência no fim da guerra: "Só consigo respeitar os que me enfrentam, mas infelizmente não consigo suportá-los."[70] Exemplo disso foi despachar um motociclista com o texto corrigido da declaração para a Resistência só poucos minutos antes de o avião de Pineau decolar. Com isso evitou admitir pessoalmente que Pineau estava certo. Alphand teve uma turbulenta conversa com De Gaulle antes de uma entrevista coletiva, em julho de 1942, quando este propôs enumerar todas as suas queixas contra os americanos. O general perdeu a paciência, mas no dia seguinte Alphand percebeu que todas as suas ideias tinham sido aceitas.[71] Quando não estava furioso, De Gaulle era capaz de ser um ouvinte educado e atento. Annette Pleven observou:

> Ele dá a impressão de nos escutar com uma atenção tão grande e uma inteligência tão rápida, auxiliada por uma memória tão notável, que ficamos com a sensação de que nenhuma inexatidão ou estupidez passará despercebida. E apesar disso é excessivamente cortês e de forma alguma intrometido [*pas du tout pion*]. ... Também nos faz muitas perguntas e nos deixa falar.[72]

Os britânicos raramente testemunhavam esse lado de De Gaulle, que era sempre cauteloso quando estava com eles. Um dia explicou a Charles Peake seu medo de tornar-se um *émigré*:

> Os *émigrés* acabavam assumindo a aparência dos anfitriões, e se tornando um constrangimento para eles, assim como um objeto de desprezo para sua própria gente. ... Estava muito ciente de que se pudesse se parecer com um bom inglês sua popularidade aumentaria de imediato. ... Mas tinha seu dever a cumprir. ... Estava convencido de que sua atitude era, a longo prazo, do nosso próprio interesse, no que dizia respeito à França, pois os franceses não gostariam mais de nós se achassem que ele era um mero instrumento de nossa política.[73]

Não havia, claro, qualquer perigo de De Gaulle tornar-se "parecido com um bom inglês", mas ele jamais abaixava a guarda. Harold Nicolson, depois de almoçar no Ritz com De Gaulle e outros franceses, incluindo Palewski, notou que embora Palewski fosse um dos "homens mais conversadores que conheço, ... na presença de De Gaulle um grande silêncio se abateu sobre o francês".[74] Mas isso era porque havia britânicos presentes. Em outras circunstâncias, De Gaulle crescia na conversa. Seu "diálogo" era geralmente um monólogo incessante, que fazia os ouvintes sentirem que estavam assistindo à erupção, na superfície, de uma conversa interminável que se passava em sua cabeça entre ele e a França. Às vezes esses monólogos assumiam a forma de meditações filosóficas e históricas; outras vezes, de ataques ao inimigo do momento – havia sempre um inimigo –, e nesse caso elas funcionavam como válvula de escape impedindo que De Gaulle cometesse um ato de que poderia se arrepender. Muito característico é o relato de François Coulet acerca do seu primeiro encontro com De Gaulle. Coulet era um jovem diplomata servindo no Oriente Médio que aderira a De Gaulle no verão de 1940. O primeiro encontro entre eles só ocorreu em abril do ano seguinte, quando De Gaulle estava no Cairo. A ocasião foi um jantar formal organizado por um funcionário colonial britânico:

> A atmosfera estava pesada, apesar da conversa leve do perfeitamente bilíngue Spears [isso antes de se desentenderem] e da afabilidade de Catroux. ... Foi um jantar incômodo, durante o qual De Gaulle, que eu tanto queria ouvir e de quem

não conseguia tirar os olhos, manteve-se calado e retraído; e mesmo para alguém que nunca o tinha visto e não podia fazer comparações com seu comportamento inusitado, ele estava claramente no pior humor possível. ... Seus traços permaneciam totalmente rígidos, sem a mais leve expressão no rosto, sendo o único movimento um balançar quase imperceptível de cabeça.

Provavelmente não contribuiu em nada para melhorar o humor de De Gaulle o fato de um dos outros convidados ser um francês trajando uniforme da RAF. No fim da noite, o até então silencioso De Gaulle convidou Coulet para ir ao seu quarto. Pelas duas horas seguintes, enquanto andava de um lado para outro, quase sem parar para tomar fôlego, todos os pensamentos que ruminara silenciosamente durante o jantar afluíram à superfície: as razões da derrota e do armistício (Pétain era um traidor que tinha "morrido" em 1925 e fora consumido pela ambição), o estado de espírito atual da França, o fiasco de Dakar, as ambições futuras da França Livre ("depois da guerra teremos nossos próprios interesses para defender, e que não são os dos ingleses") e assim por diante: "Não falava para convencer, mas falava quase para si mesmo ... como se fizesse um balanço da situação."⁷⁵ Coulet foi conquistado pelo resto da vida, e não menos pelo fato de De Gaulle ter perdido tanto tempo com um soldado de infantaria tão relativamente desimportante do seu movimento. A rigor, De Gaulle falava consigo mesmo.

Estivesse disposto a ouvir, a vociferar ou a filosofar, De Gaulle nunca cessava de emanar uma gélida discrição que rechaçava qualquer intimidade. Achava impossível manifestar afeto ou gratidão e era incapaz de pedir desculpas. Uma jornalista que conseguiu chegar a Londres no fim de 1941 lembrava-se de que em seu primeiro encontro com De Gaulle ela "lhe expressara numa frase que poderia parecer melodramática e sentimental todo o fervor que o povo sentia por ele na França"; ele respondeu "de modo perfeitamente agradável mas não com as palavras certas, não com as palavras que usaria se tivesse coração". Ao vê-lo novamente no dia seguinte, ela mencionou o caso de alguém que planejava ir a Londres, mas esperava que primeiro a filha saísse da prisão: "Ele respondeu com uma brutalidade cortante: 'A família não conta quando o destino da França está em jogo.'"⁷⁶ Quando Bingen comentou com Bouchinet-Serreulles que gostaria que De Gaulle de vez em quando mostrasse um lado mais humano, a resposta foi: "É tão impossível fazer alguém que não tem ouvido apreciar a música quanto querer que De Gaulle de repente desenvolva o contato humano."⁷⁷ Passy sugeriu certa vez a De Gaulle que ele poderia demonstrar um pouco mais de afeto pelos subordinados. No dia seguinte, viu De Gaulle parar na escada de Carlton Gardens para fazer uma pergunta supostamente amistosa a uma das sentinelas. Mas seu tom de voz e seus modos deixaram o tímido sujeito tão petrificado que só restou ao general seguir caminho com um dar de ombros.⁷⁸

Quando De Gaulle demonstrava emoção era em seus assustadores e imprevisíveis acessos de cólera, quase sempre provocados por uma desfeita imaginária (ou genuína). O sofredor Charles Peake andava sempre apreensivo com os humores de De Gaulle. Depois de um desgastante encontro, ele escreveu que se sentia "fortemente tentado a alegar que meu frágil estado de saúde me proíbe de voltar a lhe fazer outra visita tão cedo".⁷⁹ Noutra ocasião: "Vi os sinais pouco favoráveis com os quais me familiarizara no passado. Sua palidez aumentou e os olhos começaram a chamejar."⁸⁰ Mas Peake também se perguntava se seria preferível lidar com De Gaulle de bom humor – como na vez em que o encontrou "em ótima forma e [ele] me cumprimentou com um sorriso superior que eu tinha aprendido a temer".⁸¹ Os que cercavam De Gaulle achavam que a função deles era mais ou menos a de servir de para-choque entre ele e o mundo exterior. Era comum ele decretar para os assessores que nunca mais um britânico voltaria a ser convidado à sua mesa. Quando a raiva passava, um dia depois, a ordem era tranquilamente esquecida. Mary Borden, que, como o marido, Spears, mais tarde viria a ser inimiga de De Gaulle, escreveu com perspicácia a respeito dele:

> Ele sentia a desonra do seu país como poucos homens seriam capazes de sentir qualquer coisa, como Cristo, de acordo com a fé cristã, tomou para si o fardo de todos os pecados do mundo. Acho que, naqueles dias, ele era como um homem que tinha sido esfolado vivo e que o mais leve contato com pessoas amigas e bem-intencionadas deixava em carne viva, a tal ponto que ele só queria morder. ... O desconforto que eu sentia em sua presença se devia, estou certa, à miséria e ao ódio que ferviam dentro dele.⁸²

Harold Macmillan, que teria muita proximidade com De Gaulle no ano seguinte, disse coisa parecida de forma ligeiramente diversa:

A arrogância que de vez em quando o torna quase intratável é a outra face de uma sensibilidade extrema. Jamais conheci um homem ao mesmo tempo tão descortês e tão sentimental. Tem considerável presença de espírito e certo humor mordaz, mas acho que nunca realmente soube o que é uma boa e despreocupada gargalhada. ... Ele pertence à raça das almas infelizes e torturadas, para quem a vida nunca será um prazer que se pode desfrutar, mas, sim, um deserto árido que o peregrino precisa atravessar com muito esforço.[83]

A expressão "esfolado vivo" (*écorché vif*) empregada por Mary Borden a respeito de De Gaulle certa vez foi usada pelo próprio De Gaulle para descrever a psicologia da França Livre em geral. Pleven fez a mesma observação com palavras um pouco diferentes: "São todos extremamente sensíveis ... porque todos sofrem pelo amor do seu país, porque seus ideais foram pisoteados, porque estão isolados dos entes queridos." Outro se referiu a um "sentimento constante de humilhação".[84] Por essa razão, na França Livre, embora muitos vivessem exasperados com a intransigência de De Gaulle, aterrorizados com seus acessos de fúria e magoados com sua gélida altivez, todos entravam com ele numa extraordinária comunhão. A ideia que De Gaulle fazia de si mesmo como a verdadeira encarnação da França parecia ser não uma hipérbole mística, mas uma verdade evidente. Como escreveu Bouchinet-Seurrelles para Maritain, quando tentava debelar suas dúvidas sobre De Gaulle:

> Eu não seria um soldado da França Livre se não acreditasse que De Gaulle é o único intérprete fiel dos desejos e esperanças do nosso povo. ... É dessa estreita comunhão com a alma da França que De Gaulle tira sua força mais autêntica; ele é o depositário provisório do Graal. Por favor, não desconfie, apesar do tom que estou usando, que tenho qualquer fanatismo pela pessoa de De Gaulle; todo o meu fervor vai para as ideias que ele defende.[85]

Os integrantes da França Livre eram em média jovens, e muitos se lembravam, depois da guerra, de sua relação quase filial com De Gaulle.[86] Um jovem recruta, Roger Barberot (que tinha 25 anos em 1940), escreveu posteriormente: "Mil novecentos e quarenta rompeu todos os vínculos que nos prendiam ao nosso mundo. ... Sentíamo-nos aliviados de todo o nosso passado. De Gaulle preencheu esse vazio com sua paixão exclusiva, sua obsessão pela França."[87]

Jean-Louis Crémieux-Brilhac (com 23 anos em 1940), do grupo de prisioneiros de guerra que fugiram do cativeiro e chegaram à França em setembro de 1941, escreveu logo depois para explicar o que o gaullismo significava para ele:

> Queremos que saibam que o nosso sangue ferve nas veias e o que pedimos é a oportunidade de oferecê-lo. ... Para nós, nosso engajamento com De Gaulle não é uma escravidão. Demos nosso apoio a De Gaulle: nem o conhecíamos. Mais isolados do mundo [no campo de prisioneiros de guerra] do que os franceses da França, nenhum de nós jamais tinha escutado sua voz. Era comum perguntarmos um ao outro: "Quem é ele? Como é ele?" ... Jamais imaginamos que o nosso silencioso plebiscito pudesse deixar de ser unânime: De Gaulle era aquele em quem depositávamos nossas esperanças, e nós lhe demos nosso reconhecimento e nossa fidelidade porque ele tinha assumido suas responsabilidades, porque agia, porque estava lutando. ... Uma manhã, em setembro de 1941, debaixo do céu claro, nos vimos ostentando novos nomes, trajando novas roupas da cabeça aos pés: aquilo tinha qualquer coisa de batismo ou de casamento. Nós nos entregamos à França Livre como a um vendaval de paixões.[88]

A única coisa que preocupava alguns membros da França Livre eram os ataques de anglofobia de De Gaulle. Larminat e Eboué escreveram em setembro de 1941 para alertá-lo contra aqueles que "tentando conquistar sua simpatia ou por pura estupidez acham necessário denegrir constantemente os ingleses. A gente acaba se perguntando contra quem é mesmo que estamos guerreando".[89] Mas isso aos poucos foi deixando de ser importante, em parte porque as circunstâncias objetivas tinham dado alguma credibilidade às suspeitas de De Gaulle. Passy, que no início estava livre desses preconceitos, viu-se lutando constantemente contra os serviços secretos britânicos; e até os mais anglófilos dentro da França Livre ficaram chocados com os desembarques em Madagascar. Pela proximidade com De Gaulle, Palewski desenvolveu uma ardente lealdade à causa da França Livre, a qual não combinava muito com sua polida e sociável anglofilia. Mas como observou François Coulet, zeloso protestante francês que tinha uma personalidade bem diferente da de Palewski, quando este o acusou de fanatismo: "Então me explique como é que se pode ser gaullista sem ser fanático."[90] René Pleven, um francês tão moderado, sensato e anglófilo quanto se poderia imaginar, e que aderiu a De

Gaulle em julho de 1940 com consideráveis restrições, tinha certeza, dois anos depois, de que seu "necessário ato de fé" valera a pena:

> Aos meus olhos, o fato crucial destes últimos dois anos é que no general a França tem um genuíno grande homem. ... Vi-o agir nas circunstâncias mais difíceis, e de cada uma ele saía maior aos meus olhos. Aprendeu muito com suas responsabilidades nos últimos dois anos. Continua a enxergar o que é essencial. Precisa estar cercado de homens que administrem, ... que cuidem dos detalhes, que às vezes precisem tratar dos ferimentos, mas ele pertence à grande linhagem de heróis que salvaram a França dos perigos que ela enfrentou.[91]

10. Em luta contra a França, julho-outubro de 1942

Encontro com a Resistência

O esperado encontro entre De Gaulle e Churchill ocorreu em 10 de junho de 1942. Os dois conversaram com a ajuda de uma garrafa de uísque, sem a presença de qualquer outra pessoa. Aparentemente nada de substantivo foi discutido, mas o clima era de cordialidade. De Gaulle aceitou os protestos de Churchill de que a Grã-Bretanha não tinha nenhum plano em relação ao Império da França. Depois do encontro houve um alívio palpável em Carlton Gardens, no sentido de que a paz tinha chegado, ainda que por pouco tempo, como se veria.[1] A atmosfera de contínua guerra de guerrilha contra os britânicos era cansativa para os que não tinham o temperamento combativo de De Gaulle – aquilo que alguém da França Livre descreveu, ironicamente, como "o gosto pela briga concebida como modalidade de esporte".[2]

O encontro entre De Gaulle e Churchill teve como pano de fundo os heroicos combates das Forças Francesas Livres no Deserto Ocidental. Em maio, o comandante alemão, general Rommel, tinha lançado uma nova ofensiva na Líbia para empurrar os britânicos de volta ao canal de Suez. Em vez de atacar de frente a linha dos Aliados, Rommel preferiu flanqueá-la pelo sul e cair sobre o Oitavo Exército Britânico pela retaguarda. O forte no oásis de Bir Hakeim, na extremidade sul da linha, foi defendido por uma brigada das Forças Francesas Livres sob comando de Pierre Koenig. Essa era uma das duas unidades que De Gaulle com dificuldade convencera os britânicos a se armarem seis meses antes. Os 3600 soldados das Forças Francesas Livres resistiram aos 37 mil soldados de Rommel durante uma semana, a partir de 6 de junho. Os franceses sofreram muitas baixas – 980 mortos ou capturados –, mas a força de Koenig não foi destruída. Depois da queda do forte, os soldados sobreviventes conseguiram juntar-se aos britânicos. Bir Hakeim foi uma batalha de simbólica importância, quando havia poucas boas notícias para os Aliados em qualquer front. Foi a primeira vez que as Forças Francesas Livres combateram os alemães, e não os italianos (ou os franceses). O heroísmo das tropas de Koenig foi manchete no mundo inteiro; a imprensa britânica comparou a proeza a Verdun. Quando De Gaulle e Churchill se encontraram, a batalha estava nos estágios finais. Bir Hakeim deu a Churchill um motivo para ser encantador, e a euforia de De Gaulle com o heroísmo de suas tropas o deixou menos tenso que de costume.

Esse foi o começo de uma curta lua de mel nas relações de De Gaulle com os britânicos, reforçada pelos sinais evidentes do crescente apoio a ele na França. Em 14 de julho, o Dia da Queda da Bastilha, os britânicos reconheceram seu movimento como "França Combatente" – termo que De Gaulle usava nas últimas semanas. Isso significava que ele era reconhecido como líder não apenas da França Livre fora da França, mas dos que combatiam os alemães dentro da França. Em agosto de 1942, os dois mais importantes movimentos da Resistência na zona desocupada publicaram um comunicado reconhecendo De Gaulle como "o primeiro resistente na França".

A corrida da Resistência em direção a De Gaulle foi ajudada pela declaração que Pineau levara de Londres em junho e também pelo trabalho paciente de Jean Moulin. Desde que voltara à França como delegado de De Gaulle em janeiro de 1942, Moulin vinha persuadindo, e intimidando, os movimentos de resistência da zona ocupada para que coordenassem suas atividades com maior rigor. Apesar de não quererem fundir-se formalmente, eles aceitaram, no outono de 1942, estabelecer um comitê de coordenação e juntar suas minguadas forças militares numa única organização apelidada de Exército Secreto. Além disso, Moulin os induziu a declarar apoio a De Gaulle.

Esse não era um resultado previsível e inevitável. Os primeiros movimentos de resistência tinham surgido na França independentemente de De Gaulle. Mesmo depois de o conhecerem, muitos resistentes achavam que eles, e não De Gaulle, é que corriam os riscos de fato. Como um deles recordaria depois: "Tomávamos nossas iniciativas sem ele, e teríamos tomado de qualquer jeito, tivesse ele falado ou não em 18 de junho. Ele não estava em território nacional, por isso não compartilhava nossos perigos."[3] Quando a história da Resistência acabou interligada às lembranças que o povo tinha de De Gaulle, passou a haver qualquer coisa de ritualístico – mesmo de desesperado – nas afirmações dos líderes da Resistência de que não agiram tendo em mira o discurso de 18 de junho.[4] Os resistentes, em geral, não eram imunes ao preconceito contra os *émigrés*: resistentes de esquerda desconfiavam de generais políticos; resistentes conservadores eram afastados pela ferocidade dos ataques de De Gaulle a Pétain. A crença de que Pétain estava fazendo o possível nos bastidores para resistir à Alemanha era amplamente aceita. Muitos resistentes esperavam conseguir o apoio secreto de pessoas dentro de Vichy, especialmente de grupos do Exército do Armistício – a força de 100 mil homens armados que os franceses tiveram permissão de manter nos termos do armistício. Era essa a posição de Henri Frenay, ex-oficial do Exército cujo movimento, o Combat, era a mais importante organização da Resistência na zona meridional. O outro movimento importante, Libération-Sud, fundado pelo jornalista Emmanuel d'Astier de la Vigerie, nunca alimentou ilusões sobre Vichy, mas tinha dúvidas sobre as crenças políticas de De Gaulle. Aos poucos, foi ficando cada vez mais difícil para os líderes da Resistência ignorar De Gaulle, uma vez que seu nome era o único que o público conhecia. Um jornalista que passou um tempo nas duas zonas durante os primeiros dois anos da Ocupação antes de chegar a Londres escreveu: "Um operário, quando escreve a giz no muro as palavras 'Viva De Gaulle', está apenas dizendo à sua maneira 'Viva a Resistência'; não sabe quem é De Gaulle, não sabe o que esperar dele e ainda não começou a se fazer perguntas sobre ele."[5]

Até que ponto os resistentes eram obrigados a incluir De Gaulle em seus cálculos foi revelado no fim de 1941, quando uma figura alternativa se apresentou. Era o general De La Laurencie, um dos poucos oficiais franceses que se distinguiram na campanha de 1940. Quando a batalha terminou, De La Laurencie achou que o armistício era inevitável, e o regime de Vichy o nomeou seu delegado na zona ocupada. Ao longo de 1941, ele distanciou-se do regime e procurou líderes da Resistência, que se sentiram atraídos pela ideia de que ele talvez pudesse trazer para suas fileiras elementos do Exército do Armistício de Vichy. Mas quando De La Laurencie se encontrou com Frenay e outros resistentes em dezembro de 1941, a possibilidade de acordo desapareceu, porque fizeram questão de que ele fechasse um pacto com De Gaulle. De La Laurencie, membro do tribunal que tinha condenado De Gaulle à morte, concordou generosamente (do seu ponto de vista) em anistiá-lo, e até em lhe confiar um cargo subalterno – provavelmente governador militar de Madagascar. A proposta de usar De La Laurencie ainda estava no ar quando Moulin voltou para a França em janeiro de 1942, mas assegurou a Londres que não haveria problema em "afundá-lo definitivamente". Em suma, gostassem ou não, os líderes da Resistência já tinham incorporado De Gaulle à sua visão de mundo.⁶ O Libération-Sud foi o primeiro movimento a apoiar De Gaulle em seu jornal clandestino em 20 de janeiro de 1942, reconhecendo-o como o "símbolo da união francesa e da vontade de resistir". Frenay demorou mais a abandonar suas ilusões sobre Vichy.

Pelo menos durante os primeiros dezoito meses da Ocupação, o público francês esteve dividido e desnorteado sobre como responder a Vichy. Embora a popularidade de De Gaulle viesse crescendo, muita gente abrigava simultaneamente a ideia de que Pétain fazia o possível para proteger o povo do impacto da Ocupação. Havia até a crença generalizada num acordo secreto entre Pétain e De Gaulle. Mas, a partir dos primeiros meses de 1942, era cada vez mais difícil acreditar nisso. Quando o avanço alemão no front oriental perdeu fôlego, o regime nazista começou a apertar com mais força os parafusos em todos os territórios ocupados. O governo de Vichy passou a sofrer pressão cada vez mais forte para fornecer operários às fábricas alemãs, e com os ataques comunistas contra seus soldados se multiplicando, os alemães exigiam que Vichy fosse mais vigilante na repressão ao "terrorismo". Para implementar essas políticas, os alemães forçaram Pétain a nomear novamente Laval para primeiro-ministro. Darlan não chegava a ser um colaborador morno, mas suas motivações eram oportunistas; Laval estava ideologicamente empenhado naquela política.

Em 18 de abril de 1942, Laval voltou ao cargo e o idoso Pétain perdeu qualquer poder real. Dois meses depois Laval fez um discurso amplamente conhecido anunciando que desejava a vitória da Alemanha nazista porque a alternativa seria a vitória do bolchevismo. Isso chocou até quem estava longe de ser pró-comunista. A volta de Laval ao poder destruiu as últimas ilusões de Frenay sobre Pétain. Foi o sinal para que ele condenasse formalmente Pétain em seu jornal clandestino *Combat*.

Isso queria dizer que Frenay, como D'Astier, agora estava pronto para apoiar De Gaulle? A resposta ficou clara na reação de Frenay ao surgimento de outro símbolo da Resistência na figura do general Giraud. Já vimos que Giraud tinha chamado a atenção dos britânicos na primavera de 1942. Graças às dramáticas circunstâncias de sua fuga da prisão na Alemanha, ele era um símbolo mais potente de repúdio à colaboração do que De La Laurencie, mas, como ele, não rejeitou todos os valores políticos de Vichy. Em suma, Giraud poderia ter sido uma possível ponte entre pétainistas arrependidos e De Gaulle – ou mesmo uma alternativa a De Gaulle. Não se sabia com certeza que caminho ele tomaria. No verão, o BCRAM tentou sondar Giraud em nome de De Gaulle, sem obter resposta.[7] Os líderes da Resistência esperavam, além disso, atrair Giraud, mas Frenay lhe escreveu em meados de agosto insistindo em que um acordo com De Gaulle era uma precondição necessária:

> O povo tem a necessidade de fixar sua esperança e fé num homem. O marechal Pétain, que nos decepcionou, não pode mais desempenhar esse papel. A estrela do general De Gaulle despontou no horizonte ao mesmo tempo que a do marechal Pétain diminuía. A população, a começar pela da zona ocupada, tornou-se gaullista. ... Ele é o símbolo verdadeiramente nacional e definitivo do desejo francês de Libertação.[8]

O fato de que Frenay, tão desconfiado de De Gaulle em 1940, pudesse escrever nesses termos dois anos depois mostra até aonde a Resistência tinha ido. Os resistentes, à medida que iam aderindo ao "símbolo" de De Gaulle, também queriam conhecê-lo em pessoa. Na segunda metade de 1942, os líderes da Resistência em Londres já não eram as criaturas exóticas de quando Pineau chegara, em março. Eram transportados para Londres em Lysanders, pequenas aeronaves capazes de aterrissar à noite em pistas improvisadas. O primeiro a chegar, em 28 de abril, foi Pierre Brossolette. Jornalista que se opusera vigorosamente ao Acordo de Munique de 1938, Brossolette tinha sido uma das estrelas ascendentes do Partido Socialista. Depois da derrota, envolvera-se com grupos da Resistência na zona ocupada. Suas informações complementaram as levadas por Moulin acerca dessa área. Brossolette era uma personalidade carismática, enérgica e por vezes áspera, à qual ninguém se tornava indiferente. Um dos que o seduziram foi Passy, porque Brossolette tinha sobre o papel do BCRAM uma opinião que ele vinha tentando vender sem êxito a De Gaulle havia dezoito meses: a de que não fazia sentido dividir a responsabilidade pela ação política e militar na França entre o BCRAM e o Comissariado do Interior. O relato que Brossolette redigiu quando chegou a Londres deve ter soado como música aos ouvidos de De Gaulle:

O general De Gaulle simboliza a França que não se desespera, que não cede. Só ele agiu. Num momento em que o povo sente que a força de caráter é a qualidade essencial de um líder, o nome do general De Gaulle exerce sobre os franceses uma atração política da qual talvez Londres não se dê conta. ... A França necessita de um mito, e por ora a França está tão por baixo que esse mito não pode ser encontrado numa fórmula ou numa ideia: precisa ser encarnado num homem. Independentemente do que seja a pessoa de De Gaulle, ... se a França quiser se refazer novamente só pode ser em torno do "mito De Gaulle".[9]

Brossolette ofereceu seus serviços para a França Livre e voltou à França como agente do BCRAM. O próximo a chegar foi D'Astier, em 12 de maio. Como líder do seu próprio movimento na Resistência, o Libération-Sud, D'Astier certamente não tinha intenção de colocar-se inteiramente a serviço de De Gaulle. Mesmo despido do tom irônico e literário, o relato que escreveria do seu primeiro encontro com o general no Connaught é extraordinariamente parecido com o de Pineau:

O Símbolo entrou. Era ainda maior do que eu esperava. Seus movimentos eram lentos e pesados, como o nariz. A cabeça pequena e o rosto cor de cera são sustentados por um corpo que parece não ter forma. Seu gesto mais frequente é erguer os antebraços mantendo os cotovelos colados ao corpo. No fim de cada braço, suas mãos inertes, muito brancas, bastante femininas, as palmas viradas para baixo e presas a punhos muito delgados, parecem levantar um mundo de fardos abstratos. Não me fez nenhuma pergunta. Jantamos. Ele não gosta de outros seres humanos. Gosta de sua história, acima de tudo a da França, da qual representa um capítulo que parece estar escrevendo na cabeça enquanto segue em frente, como se fosse Michelet. ... Falava como se carregasse mil anos de história, ou como se observasse a si mesmo nessa história daqui a cem anos, no futuro. Pintou um quadro desolado do seu calvário – o da pessoa que era a França.[10]

Na realidade, D'Astier e De Gaulle se entenderam incrivelmente bem. Com ar de aventureiro aristocrático desprendido, D'Astier era uma dessas personalidades intelectualmente vibrantes com quem De Gaulle costumava se dar tão bem. Antes de D'Astier voltar para a França o general o enviou aos

Estados Unidos com a missão de angariar apoio à França Livre. Para tornar tudo mais dramático, durante as aparições públicas D'Astier usava máscara e adotava o pseudônimo de Durand, para que sua identidade não fosse revelada na França. D'Astier estava de volta a Londres em setembro, dessa vez com seu rival Frenay, que ficou irritado por D'Astier ter chegado à cidade antes dele. Frenay, que fora capitão do Exército, era uma personalidade mais rígida, mais irritadiça, menos graciosa que D'Astier, e desconfiava de qualquer pessoa que lhe parecesse querer restringir a independência do seu movimento, o Combat. Mas sua carta para Giraud mostra que ele também entendia (ainda que com relutância) que o futuro da Resistência estava inextricavelmente ligado ao de De Gaulle.

Adesão de políticos

Embora fosse um incentivo para De Gaulle, o apoio da Resistência não necessariamente impressionava os Aliados. Os líderes da Resistência tinham aparecido do nada, e não se sabia com certeza até que ponto eram representativos. No que dizia respeito a falar pela "França", será que valiam mais do que figuras respeitadas como Paul Cambon em Londres ou Alexis Leger em Washington, que não confiavam nem um pouco em De Gaulle? Mas De Gaulle também começava a obter apoio de algumas destacadas figuras políticas da finada Terceira República, cujas opiniões certamente tinham peso para os britânicos.

Em junho de 1942, Philippe Roques, que tinha sido *chef de cabinet* do respeitado conservador Georges Mandel, chegou a Londres com mensagens de apoio verbal a De Gaulle, tanto por parte de Reynaud quanto de Mandel. Como membro do governo de Reynaud que se opusera com maior firmeza ao armistício, Mandel tinha sido preso pelo regime de Vichy, juntamente com Reynaud. Com base em conversas com Roques, Eden informou ao gabinete que "o número de pessoas que esperam sua [de De Gaulle] volta é calculado em aproximadamente 85% ou 90%. Na zona livre o número é ligeiramente menor, devido à ausência do inimigo e à intensa propaganda a favor do marechal. Mesmo assim, é estimado em 70% ou 75%".[11] Morton, que teve dois encontros com Roques durante sua estada em Londres, fez um dos seus comentários maldosos depois do segundo encontro:

Monsieur R foi bem mais insistente nessa ocasião do que quando eu o encontrei pela primeira vez sobre a importância da pessoa do general De Gaulle, que parece ter exercido sobre monsieur R essa misteriosa influência que eu já tinha notado no caso de franceses, e que é o oposto do efeito que o contato prolongado com o general De Gaulle produz na maioria dos ingleses.[12]

Roques voltou para a França com cartas de De Gaulle pedindo o apoio de outros políticos, como os ex-presidentes da Câmara e do Senado, Edouard Herriot e Jules Jeanneney.[13] Dois meses depois uma cálida carta pessoal de apoio de Mandel chegou a Londres.[14]

Se Mandel estava numa ponta do espectro, a outra era representada por Léon Blum, uma das figuras emblemáticas da esquerda europeia, admirado por muitos no Partido Trabalhista britânico e por partidários americanos do New Deal. Blum, como judeu, socialista e ex-primeiro-ministro da Frente Popular, encarnava tudo que o regime de Vichy odiava. Preso junto com Reynaud e outros, foi julgado no começo de 1942. Mas sua brilhante defesa virou a mesa contra os acusadores, e Vichy suspendeu o julgamento em março de 1942, fortalecendo sua reputação. Ele continuou preso, mas com permissão para receber visitas. Em maio, mandou para Londres uma mensagem de apoio incondicional a De Gaulle.[15] Já conhecia o general desde antes da guerra, mas sua decisão foi reforçada pela opinião de um amigo íntimo, Georges Boris, um dos primeiros a aderir à França Livre. A carta de Boris a Blum sobre De Gaulle, de junho de 1942, merece ser longamente citada, porque oferece um julgamento matizado, de autoria de um observador astuto, que vinha acompanhando atentamente De Gaulle desde junho de 1940:

Quando eu soube da notícia do armistício ... De Gaulle me devolveu a honra, a possibilidade de olhar para as pessoas no rosto novamente, o sentimento de ser francês. Graças a ele não sou pura e simplesmente um *émigré* ... Ele tinha a visão mais profunda, abrangente e com frequência profética dos acontecimentos. ... Não há dúvida de que ele tem no mais alto grau o senso dos seus deveres e de sua missão, e é nesse sentido que se pode falar em orgulho.

Em minha opinião ele seria um grande homem, até um grandíssimo homem, se sua compreensão dos homens igualasse sua compreensão dos acontecimentos e das ideias e se pudesse mais facilmente fazer contato com o povo. Não há dúvida de que ele não o entende por que o despreza. ... Isso me leva a pensar que em política é melhor como estrategista do que como tático. ... Até certo ponto, sua relutância em dobrar-se e sua intransigência são produtos da força de vontade. Ele gosta de dizer que, sendo fraco como é, a intransigência é sua única arma. Além disso, eu diria que nos casos em que isso tem sido mencionado como acusação contra ele, ele estava certo na substância, ou até mesmo na forma. ... De Gaulle ficaria mais maleável se lhe fosse concedido algum grau de reconhecimento, o que salvaguardaria a dignidade da França, da qual se julga depositário. ... Sua intransigência também se manifesta com o próprio entourage. A verdade também é que essa roda, dependendo das circunstâncias, é medíocre. Não existe realmente nenhuma personalidade vigorosa que possa, com autoridade e razão, enfrentar o homem solitário. ... Já se disse, e é verdade, que ele não tem inclinação natural por ideias democráticas. A elas chegou através da razão e da experiência, e porque despreza as velhas elites, porque aprendeu a reconhecer que tudo que há de mais saudável na França está no povo. ... Nesse caso, quando não existe uma inclinação democrática bem estabelecida, há o perigo de saltar de um extremo a outro, quero dizer, para o comunismo. Como militar, ele tem grande admiração pelo que os russos conquistaram, e compara essas conquistas às da França e da Grã-Bretanha. Eu acrescentaria que os russos têm sido muito hábeis, e num momento em que os anglo-saxões, especialmente os americanos, guardam distância da França Livre, eles a vêm apoiando vigorosamente.[16]

Um importante socialista que chegou a Londres no verão foi André Philip. Professor de economia e parlamentar socialista antes da guerra, Philip era o mais destacado de todos os políticos que tinham chegado a Londres até então, e também estivera estreitamente envolvido com o movimento de resistência Libération-Sud. De Gaulle usou Philip para tentar, mais uma vez, superar as objeções de Jacques Maritain nos Estados Unidos. Enquanto se aproximava aos poucos de De Gaulle, Maritain tinha escrito uma carta sugerindo que seria mais aconselhável para ele limitar-se a um papel simbólico do que aspirar à formação de um governo no exílio: "Dá para imaginar Joana d'Arc preocupada com o exercício do poder político e preparando um governo?" Philip deu uma resposta direta a essa questão:

O senhor menciona que Joana não formou um governo. Parece-me que, pelo contrário, esse era o ponto essencial de sua missão. O que as vozes lhe ordenavam que fizesse era coroar o delfim em Reims para lhe devolver a soberania perdida. ... O general De Gaulle representa não apenas Joana d'Arc, ... mas o legítimo governo da França, ... uma base moral que une todos os cidadãos no mesmo sentimento de solidariedade.¹⁷

Philip não era um católico francês místico, mas protestante e intelectual socialista que tinha vivido muito tempo nos Estados Unidos. O fato de alguém com sua formação intelectual usar essa linguagem dá uma medida da potência do mito De Gaulle.

Lua de mel de verão

De Gaulle nomeou Philip chefe da CNI. A escolha não foi um grande sucesso, porque a crônica desorganização de Philip fazia dele um administrador desastroso: os papéis sumiam, possivelmente até para acender seu cachimbo. De Gaulle, que de início apreciara as conversas intelectuais com ele – tratava-se de outro daqueles intelectuais por quem o general se sentia atraído –, acabou se decepcionando com esse lado de Philip. Mas, fora esses defeitos, que só aos poucos ficaram evidentes, a nomeação de Philip sinalizava uma importante mudança na organização da França Livre. De Gaulle tinha finalmente cedido aos argumentos de Passy, fortemente respaldados por Brossolette, de que a divisão entre a CNI e o BCRAM – uma, responsável pela ação política na França, o outro, pela ação militar – era insustentável. As confusões e os desentendimentos eram constantes; agentes eram despachados em missões diferentes sem que um soubesse da existência dos outros; tinham de prestar contas separadamente ao BCRAM e à CNI de diferentes partes de sua missão. Essa situação tinha causado grande frustração a Moulin. Na reorganização, a CNI ainda continuou responsável por assuntos "políticos", mas o BCRAM foi designado o único agente de execução. Perdeu a letra M (de Militar) para expressar justamente isso. Ao mesmo tempo, De Gaulle fez uma nova designação para seu Comitê Nacional em Londres. Tratava-se de Jacques Soustelle, jovem antropólogo que tinha feito brilhante carreira acadêmica antes da guerra. Nomeado em 1938, aos 26 anos, vice-diretor do museu etnográfico de Paris, o Musée de l'Homme, Soustelle foi um daqueles intelectuais que se envolveram apaixonadamente com a Frente Popular. Como seus conhecimentos das civilizações pré-colombianas lhe davam numerosos contatos na América Central, De Gaulle o incumbiu em 1940 de organizar comitês da França Livre na América Latina e na América Central, tarefa na qual foi brilhantemente bem-sucedido. Agora voltava para Londres como comissário de Informações, com a atribuição de agilizar a propaganda da França Livre. Um dos êxitos de Soustelle foi criar um jornal gaullista em Londres, *La Marseillaise*, cujo primeiro número apareceu na data simbólica de 14 de julho de 1942. Curiosamente, a França Livre não tinha, até então, nenhum jornal próprio em Londres, e as duas publicações francesas existentes na cidade estavam longe de ser gaullistas.

A presença de figuras como Brossolette, Philip e Soustelle – e de outros socialistas que chegaram a Londres durante o verão de 1942 – reforçou o movimento de De Gaulle para a esquerda nos meses anteriores. Em Carlton Gardens havia agora menos fardas e mais ternos, menos conservadores e mais socialistas. A França Combatente tornava-se um empreendimento mais profissional e substancial do que tinha sido até poucos meses antes, quando alguns observadores se indagavam, a sério, se ela sobreviveria à crise da primavera. No outono, De Gaulle chamou Gaston Palewski de volta da África para dirigir seu *cabinet*. Palewski aprofundou seu conhecimento da alta sociedade britânica mergulhando num apaixonado relacionamento amoroso (pelo menos por parte dela) com Nancy Mitford, mas isso não interferiu em sua fanática lealdade a De Gaulle.

A maior fonte de tensão nesse período entre De Gaulle e os britânicos era a Resistência. Como esta surgia como uma força séria na França, a SOE e a inteligência britânica estavam ansiosas para estabelecer contatos independentes com ela. Isso poderia levar a erros dispendiosos. A SOE tinha descoberto a existência da Carte, organização da Resistência cujo líder era um pintor chamado André Girard, que morava na Côte d'Azur. Girard afirmava ter dezenas de milhares de pessoas trabalhando com ele e dizia manter em segredo contato com pessoas do governo de Vichy que só aguardavam uma oportunidade para mudar de lado. Solicitou 50 mil armas para municiar seus homens, blefe audacioso até para os padrões da Resistência. Como Girard era veementemente antigaullista, sua aparição em cena levou a SOE a acreditar que talvez fosse do interesse da Grã-Bretanha estabelecer relações com a Resistência independentemente de De Gaulle. Um agente da SOE enviado a Antibes em agosto de 1942 voltou a Londres tão convencido da credibilidade de Girard que até ficou combinado que se colocaria um transmissor à sua disposição, para irradiar como se fosse a Radio Patrie baseada na França. Só no fim do ano se revelou que Girard era um mentiroso absoluto, e a SOE, constrangida, parou de apoiá-lo. De Gaulle nada soube a respeito da farsa da Carte no verão de 1942, mas ela demonstrou que suas suspeitas sobre os britânicos não eram infundadas.[18] Ele e Passy ficaram irritados, por exemplo, com o fato de a primeira visita de D'Astier a Londres ter sido organizada pelos britânicos sem que a França Livre soubesse de nada. De Gaulle teve um grande "ataque de histeria", nas palavras de um funcionário da executiva, e escreveu várias vezes durante o verão para Eden avisando que a "Resistência é um todo indivisível" (afirmação que estava longe de ser verdadeira) e que era função da França Combatente (e não dos britânicos) organizá-la (nem todos os resistentes teriam concordado com isso).[19]

Apesar dessas questiúnculas, as provas que chegavam da França sobre a popularidade de De Gaulle tornavam-se tão inequívocas que Eden agora tinha munição para rebater os esporádicos acessos de aversão a De Gaulle. Eden apresentou um texto ao gabinete no começo de agosto chegando a sugerir que, como De Gaulle provavelmente viria a ser a "autoridade francesa predominante na França metropolitana libertada pela ação das forças aliadas", havia bons argumentos para incluí-lo nas discussões sobre o futuro da França libertada.[20] De Gaulle parecia estar na crista de uma onda, o que o tornava menos irritadiço com os britânicos. De vez em quando, revelava aspectos de sua personalidade que os britânicos raramente haviam tido o privilégio de testemunhar. Num jantar com Charles Peake em 3 de julho, De Gaulle estava num "estado de espírito muito amistoso e impressionou a todos". Outro convidado teve a mesma impressão: "Quando lhe perguntaram sobre as perspectivas da amizade anglo-francesa, o general disse que no momento a simpatia francesa estava igualmente dividida entre Inglaterra, Estados Unidos e Rússia, mas achava que deveríamos acabar voltando a ser o aliado favorito, 'car les Américains deviendront trop fatigants et les Russes trop inquiétants [os americanos vão se tornar muito incômodos e os russos, muito preocupantes]'."[21]

Em 14 de julho, ele falou para cerca de trezentos parlamentares nas câmaras do Parlamento e de tal maneira cativou a plateia que quando terminou os ouvintes começaram espontaneamente a cantar a "Marselhesa". No jantar que veio em seguida, Morton, cuja tendência, de acordo com Harvey, era "atiçar o PM" contra De Gaulle,²² não conseguiu esconder o entusiasmo pela apresentação do general.

> Embora estivesse claramente cansado depois dos esforços da tarde ..., era óbvio que ele fazia o possível para ser não apenas amável e cortês, mas também para responder com sinceridade e inteligência a muitas perguntas de natureza militar. ... Respondia, com igual profundidade e perícia, a perguntas muito difíceis feitas por certos parlamentares que também estavam presentes. Discorreu sobre o "segundo front" e a situação militar na Rússia e no Egito. Não acho que eu tenha conhecimentos militares, mas ouvi muita coisa ultimamente dos nossos altos especialistas militares e de outros. ... Como De Gaulle não pode ter acesso a esse volume de fatos, as respostas que deu revelam um cérebro militar da mais alta qualidade. Fiquei particularmente interessado em verificar que, durante boa parte do tempo, De Gaulle discutiu essas questões num inglês bem inteligível. É evidente que está estudando a nossa língua privadamente e que fez considerável progresso.²³

As relações melhoraram também com o governo dos Estados Unidos, que concordou pela primeira vez, em 9 de julho, em reconhecer a França Livre como parceira militar na guerra. Designou dois representantes militares para o Comitê Nacional Francês. Em 14 de julho, um deles, o almirante Stark, esteve presente num desfile da França Combatente em Londres – em claro contraste com a situação de apenas uma semana antes, nas comemorações do Memorial Day em Washington, quando representantes da embaixada de Vichy foram convidados a comparecer, mas não a França Livre.²⁴ No verão de 1942, a Warner Brothers em Hollywood chegou a conceber a ideia de um filme sobre De Gaulle, aparentemente por sugestão do próprio Roosevelt. O romancista William Faulkner foi encarregado de escrever o roteiro. Ele passou meses envolvido no projeto e produziu 1200 páginas retratando De Gaulle como uma figura meio parecida com Cristo. O problema de Faulkner era que os representantes de De Gaulle nos Estados Unidos, consultados sobre o roteiro, não paravam de questionar as minúcias. Faulkner ficou tão exasperado que abandonou o projeto. A essa altura, o governo de Roosevelt já se voltara com firmeza contra De Gaulle, e certamente não insistiu com Faulkner para prosseguir. O filme nunca foi feito.[25]

Nuvens de tempestade novamente

Uma das razões para a fugaz lua de mel dos Estados Unidos com De Gaulle era a ânsia dos militares americanos por abrir um segundo front na Europa Ocidental, apesar da descrença dos britânicos. Se era para haver um iminente desembarque na França, a Resistência – e portanto De Gaulle – tinha uma função a desempenhar. Abusando um pouco da sorte, De Gaulle escreveu para Churchill e Stark em 27 de julho sugerindo que ele deveria participar de qualquer discussão a respeito de qualquer desembarque na França.[26] Pediu a Tixier que usasse o mesmo argumento em Washington: "Pode acrescentar, sem qualquer ambiguidade, que estou ainda mais determinado a cobrar satisfações, ... pois minha confiança na perspicácia e habilidade estratégica dos Aliados não é ilimitada. Sem causar ressentimentos desnecessários, não esconda isso." Supostamente, nem mesmo o reconhecidamente pouco diplomático Tixier achou necessário transmitir essa mensagem com todos os detalhes.[27]

Em julho, o general George Marshall, chefe do estado-maior americano, chegou a Londres para conversar com os britânicos sobre a próxima etapa da guerra. A proposta americana de um desembarque na França em 1942 ou 1943 foi rejeitada pelos britânicos, que achavam a medida perigosamente prematura. Em vez disso, os americanos aceitaram o plano britânico de uma estratégia mediterrânea a partir da invasão da zona francesa do norte da África. Sendo o norte da África decididamente pró-Vichy, e contando com escassa presença da Resistência, De Gaulle não entrava mais nos cálculos americanos. De Gaulle não sabia disso quando foi convidado para uma reunião com o general George Marshall e uma constelação de generais americanos no Claridge's em 23 de julho. De Gaulle queria descobrir se havia planos para um segundo front, mas seus interlocutores, que tinham jurado manter segredo sobre a planejada operação no norte da África, lhe contaram ainda menos, como o general Mark Clark comentou, "do que ele teria descoberto lendo os jornais matutinos". A reunião foi um desastre. Os americanos tinham pedido uma garrafa de champanhe para quebrar o gelo; De Gaulle não aceitou nem uma gota. Como os americanos não podiam falar nada, e De Gaulle não estava ali para um bate-papo, a reunião foi interrompida por silêncios cada vez mais embaraçosos. De repente, De Gaulle se levantou e anunciou, secamente, que não ia "tomar mais o seu tempo".[28] Dois assessores gaullistas que estavam presentes acharam que os americanos tinham ficado intimidados com De Gaulle – o que revela mais o efeito de De Gaulle sobre seus colaboradores do que a perspicácia desses colaboradores.[29] De Gaulle supôs, erroneamente, que os americanos tinham se recusado a dar informações porque não haviam decidido o que fazer em seguida.[30] Para Peake, entretanto, ele fingiu que "a conversa foi longa e interessante", e que "eles demonstraram grande interesse pelo que tínhamos a dizer".[31]

Apesar desse desapontamento, De Gaulle parecia de bom humor quando partiu para a África no fim de agosto – sua primeira viagem ao exterior desde que voltara do Oriente Médio em setembro de 1941. O fato de ele ser autorizado a sair era um sinal de melhoria de suas relações com os britânicos. Num encontro com Eden antes de viajar, o general lhe garantiu que "não precisava ter medo" de quaisquer "declarações hostis" enquanto estivesse fora do país. Disse que as relações estavam "boas agora", a despeito de alguns atritos na questão da Síria.[32] Se achava mesmo isso, suas garantias se mostraram vazias.

Atormentado durante o verão pela possibilidade de um segundo front, De Gaulle logo percebeu que os acontecimentos agora conspiravam contra ele novamente. No voo para o Cairo, descobriu que viajava no mesmo avião que o diplomata americano Averell Harriman. Harriman estava a caminho de Moscou para um encontro com Stálin durante o qual ele e Churchill dariam a notícia de que não haveria segundo front na Europa Ocidental naquele ano, consolando-o, ao mesmo tempo, com a notícia do planejado ataque aliado no norte da África. O avião, um bombardeiro adaptado para transporte, era apertado, e De Gaulle e Harriman, dois homens extremamente altos, se viram um diante do outro, com os joelhos encostados, por 24 horas. Harriman escreveu depois: "De Gaulle é um companheiro maçante, nunca relaxava. Confesso que não tentei muito." O relato que ele mesmo redigiu sobre a "conversa" mostra que sua própria contribuição foi ainda mais lacônica que a de De Gaulle. Este tinha lembranças parecidas do voo: "Esse diplomata, de ordinário franco e fluente, parecia naquela ocasião constrangido por um pesado segredo." Era isso mesmo, e o fato de Harriman não poder partilhar o segredo com De Gaulle aumentou o rancor deste por ter sido excluído das decisões políticas aliadas. Houve uma escala em Gibraltar, onde De Gaulle pôde ver que havia preparativos em andamento para uma colossal e iminente operação militar: "Notei os modos enigmáticos do governador de Gibraltar, tão descontraído em outras ocasiões. Aquilo tudo me mostrou que uma grande operação logo ocorreria no Mediterrâneo, sem a nossa participação."[33]

Isso armou De Gaulle contra os britânicos, apesar da promessa que fizera a Eden. O pretexto foi apresentado pelo Oriente Médio, onde a tensão tinha sido exacerbada pela escolha de Spears em março de 1942 para ministro britânico na Síria e no Líbano. Depois do seu rompimento com De Gaulle, em 1941, o Oriente Médio passara a ser a nova paixão da vida de Spears. Ele entendia que sua missão era expulsar os franceses da região e criar uma agradecida clientela árabe para os britânicos.[34] Essa não era, porém, a política oficial britânica, que continuava tão confusa quanto fora em 1941. Como disse Churchill a Spears: "O que as pessoas podem aprender a fazer contra os franceses no Levante pode ser usado contra nós mais tarde. Não devemos incentivá-las a jogar pedras, pois também temos nossas telhas de vidro – hectares delas."[35] Ao mesmo tempo, os britânicos estavam ansiosos para conseguir o apoio árabe, cobrando dos franceses a promessa de dar independência aos mandatos franceses da Síria e do Líbano. Durante a primavera, Spears tinha entrado em choque com Catroux, representante de De Gaulle na região, ao insistir que eleições deveriam ser realizadas nos mandatos como etapa preliminar da preparação para a independência. Catroux ateve-se à política da França Livre, de que isso seria perigosamente desestabilizador enquanto a guerra era travada. De Gaulle deixou para Catroux a tarefa de defender a posição francesa, mas se divertiu comentando que os britânicos não pareciam ter grande pressa em realizar eleições na Índia ou no mandato britânico na Palestina. Comentou, ameaçadoramente, que Catroux poderia lembrar aos britânicos que era do interesse deles serem mais solidários com os franceses, que estavam sendo cortejados pelos sionistas em sua luta contra os britânicos na Palestina.[36]

Chegando ao Cairo em 8 de agosto, De Gaulle esteve com o ministro de Estado britânico, lorde Casey, que tocou no assunto das eleições. Nas palavras de Casey, o encontro começou com longos silêncios e "degenerou numa indecorosa competição de gritos". Dois dias depois – numa tática conhecida de De

Gaulle – os dois tiveram uma "conversa mais calma e menos desagradável".³⁷ Nada estava resolvido quando De Gaulle partiu para o Levante. Ele passou as semanas seguintes numa espécie de avanço régio em direção às grandes cidades da região – Beirute, Damasco, Alepo e assim por diante. Grandes multidões se formavam para aplaudi-los, o que confirmou a opinião de De Gaulle de que a massa da população não estava imbuída de sentimentos antifranceses e de que o único problema era a "sabotagem" praticada pelos britânicos. Olhando num espelho, em vez de tentar entender a verdadeira causa dos aplausos das multidões – a crença nas promessas de independência –, De Gaulle escreveu que elas viam na França Livre "qualquer coisa de corajoso, de notável e de nobre, que a seus olhos correspondia à imagem ideal da França". Em sua passagem pelo Líbano ele disse a Diego Brosset, soldado da França Livre, que estava ali para "sacudir os ingleses". Brosset comentou: "Cordial e autoritário, e, como sempre, com esse elemento de excesso que faz dele uma espécie de místico [*illuminé*], ele paira acima da realidade do momento com uma curiosa mistura de realismo e visão profética."³⁸

Estimulado pela adulação das multidões, De Gaulle tornou-se mais arrebatado em suas ações. Mandou mensagem para Churchill, Casey e outros insistindo em que, se Spears não fosse chamado de volta, retiraria suas tropas do comando britânico. Em Beirute, despejou seu ressentimento contra os britânicos nos ouvidos do representante de Roosevelt na região, Wendell Willkie; e telegrafou para seus próprios representantes em Londres instruindo-os a ir às embaixadas soviética e americana convencê-las da perfídia britânica. Isso culminou num memorando de quarenta páginas entregue aos britânicos denunciando sua política e seus supostos desígnios em relação ao Império francês.³⁹ Durante o vendaval de quatro semanas que foi sua viagem pelo Oriente Médio, o humor de De Gaulle só piorou. Bouchinet-Serreulles, viajando com ele, era quem ouvia sua violência retórica:

> A França amanhã estará em colapso, esgotada. ... É por isso que depois da guerra será necessário dar à Europa um sentido de si mesma; do contrário, administradores políticos americanos virão colonizar a Europa com seus métodos primitivos e seu orgulho pretensioso. Vão nos tratar como se fôssemos negros no Senegal! Para reconstruir a Europa, precisaremos da Alemanha, mas uma Alemanha que primeiro terá sido derrotada, ao contrário da situação em 1918.⁴⁰

Houve muito mais coisas nesse estilo. O humor de De Gaulle melhorou quando ele saiu de Damasco e voou para Fort-Lamy em 14 de setembro. Sentia uma alegria quase infantil por não estar viajando num avião britânico, mas numa aeronave Lockheed recém-adquirida nos Estados Unidos. Uma das grandes frustrações da França Livre, e uma das maiores humilhações para De Gaulle, era que os aviões postos à sua disposição estavam em condições lamentáveis, o que dificultava as viagens por seu "Império". (Um desses aviões, que o transportava para Fort-Lamy em 1940, teve que fazer um pouso de emergência num pântano.) Mas os americanos, depois que entraram na guerra, tinham grande interesse em explorar a base aérea francesa no porto de Pointe-Noire, no Congo Francês. De Gaulle só concordaria se em troca recebesse sete aeronaves Lockheed – o que era um tanto irônico, para não dizer hipócrita, levando em conta sua crítica implícita, feita seis meses antes, à permuta britânica de destróieres por bases em 1940.[41] De Gaulle adorou também poder voar de Damasco, na Síria Francesa, para Fort-Lamy, na África Francesa, sem necessidade de pousar em solo britânico. Quando viu que sobrevoavam território "francês", agarrou Bouchinet-Serreulles pela manga, muito animado, dizendo: "Veja, a vegetação começa a aparecer ... Que país maravilhoso", enquanto apontava para uns insignificantes arbustos embaixo.[42]

De Gaulle eufórico era ainda mais assustador para os britânicos do que De Gaulle pronto para a briga. Seu comportamento explosivo durante a viagem pelo Oriente Médio preocupava também o Comitê Nacional em Londres, especialmente o comissário das Relações Exteriores, Maurice Dejean, que achava as táticas do general contraproducentes. Em sua opinião, tentar jogar os americanos contra os britânicos quando se tratava de defender o Império francês era fracasso certo. De Gaulle telegrafou de volta, impenitente: "Vinte e quatro anos de pusilanimidade francesa produziram os resultados que estamos vendo. Não permito que isso continue. Só uma coisa atrapalha a estúpida voracidade dos nossos aliados aqui, e essa coisa é o seu medo de nos antagonizar demais."[43] Numa repetição do que tinha acontecido um ano antes, os britânicos queriam desesperadamente levar De Gaulle de volta a Londres. Tentaram uma mistura de recompensa e punição. Como parecia que a resistência de Vichy em Madagascar não duraria muito, De Gaulle foi informado de que antes de ter permissão para assumir a administração da ilha, como prometido, era preciso que houvesse um acordo sobre o Levante.

Longe da influência do Comitê Nacional, que tinha de lidar com os britânicos diariamente, havia menos vozes recomendando moderação a De Gaulle. Além disso, ele achava que tinha pouco a perder. Deu sua interpretação da situação num telegrama para Londres no fim de agosto. Em sua opinião, os Aliados haviam esfriado com ele porque achavam que já não lhes fazia falta. Planejavam uma operação no norte da África da qual ele seria excluído, mas, ao contrário do que os Aliados esperavam, isso não impediria que as forças de Vichy nessa região disparassem contra eles. Finalmente, os alemães usariam a operação aliada como pretexto para enviar tropas para o norte da África.[44] Todas essas previsões, sem exceção, se concretizaram dois meses depois, exatamente como De Gaulle tinha dito. As intuições de De Gaulle às vezes eram estranhamente prescientes.

Nessas circunstâncias, De Gaulle relutava em voltar para Londres, onde os Aliados queriam "menos me consultar do que me controlar".[45] Mas, como em ocasiões anteriores, em 1940 e 1941, ele voltou atrás no último momento, reconhecendo com relutância que Londres era o centro de tudo. Regressou para lá em 25 de setembro, registrando em suas *Memórias* a sensação de esvaziamento que sempre lhe vinha quando deixava território francês:

> De repente tudo mudou. Como estavam longe os territórios leais, as tropas fervorosas, as multidões entusiásticas que ainda ontem me rodeavam com a certeza da sua devoção. Ali estava, mais uma vez, o que se conhece como o poder privado dos contatos e do reconhecimento que por vezes o tornam mais agradável. Ali estavam nada mais que problemas difíceis, ásperas negociações, escolhas dolorosas.[46]

As táticas de De Gaulle durante sua viagem ao Oriente Médio produziram efeitos muito negativos. O Ministério das Relações Exteriores, exasperado com a diplomacia pessoal de Spears no Oriente Médio, também já vinha tentando afastá-lo por meios indiretos. Um funcionário comentou: "Se De Gaulle tivesse se controlado, talvez já tivéssemos tirado Spears graças às queixas que temos recebido de todos os lados. Mas De Gaulle inadvertidamente fez o jogo dele."[47] Churchill fez da defesa de Spears uma questão pessoal, dizendo a De Gaulle antes que ele partisse para o Oriente Médio: "Spears tem muitos inimigos, mas tem um amigo: o primeiro-ministro." Churchill permitiu que De

Gaulle viajasse apesar de achar desaconselhável. Agora estava furioso com o general, que mais uma vez tinha usado a viagem para fomentar sentimentos antibritânicos no Oriente Médio. O encontro entre os dois em 30 de setembro atingiu novos níveis de animosidade. De Gaulle quebrou uma cadeira num acesso de fúria. As atas do encontro terminaram com "um registro de total desacordo". Os dois homens voltaram a bater na mesma velha tecla de saber se De Gaulle representava genuinamente a França:

> De Gaulle: Esta situação gravíssima levantou dúvidas sobre a colaboração entre a França e a Inglaterra.
> PM: Corrigiu o general De Gaulle e disse entre o general De Gaulle e a Inglaterra.
> De G: Quis saber por que discutiríamos qualquer assunto com ele se ele não fosse a França.
> PM: De Gaulle não era a França, mas a França combatente.
> De G: Por que então estávamos discutindo assuntos franceses com ele ...?
> PM: A dificuldade era decidir o que era a França. Ele estava sempre tentando obter uma opinião justa sobre o que era a França. Reconhecia o general De Gaulle como parte muito honrada da França, mas não como a França. Havia outras partes e outros aspectos da França que poderiam se tornar mais importantes.[48]

Tendo em vista os planos aliados para lançar uma operação no norte da África, esse era um comentário ameaçador. Depois do encontro, os britânicos puseram em prática as retaliações costumeiras contra De Gaulle. Ele foi proibido de falar pelo rádio. Enquanto isso, nos bastidores, funcionários de ambos os lados puseram-se a juntar os cacos. Coerente com sua tática habitual de confundir os oponentes, alternando ataques de fúria mais ou menos simulados com momentos de charme desconcertantes, De Gaulle recebeu Peake em 6 de outubro no melhor humor possível. "Amável, enfiando o braço no meu e me oferecendo uma poltrona para sentar, ... dizendo que queria falar comigo como amigo", De Gaulle afirmou que "tinha dificuldade para entender" como alguém poderia "reprovar qualquer coisa que ele tinha dito, uma vez que estava calmo e fora correto durante toda a entrevista" com Churchill.[49] Isso era o que De Gaulle achava de um encontro sobre o qual Eden – em geral aliado de De Gaulle – comentou que "nunca tinha visto nada parecido, em matéria de grosseria, desde Ribbentrop".⁵⁰

Dois dias depois, De Gaulle estava de humor tão travessamente amigável que, alongando-se sobre suas excelentes relações com Maisky e Bogomolov, se ofereceu a Peake como intermediário entre os britânicos e os soviéticos, uma vez que estes últimos "têm uma tendência natural a ser muito maldosos conosco".⁵¹ De Gaulle adorava criar confusão dessa maneira, mas provavelmente também temia ter ido longe demais em seu encontro com Churchill. Escreveu para Catroux que, diante da "fria e apaixonada raiva de Churchill e Eden", ele tinha apresentado uma "resposta dura e justificada", advertindo, ao mesmo tempo, que poderia haver um efeito negativo da tentativa britânica de "manobrar contra nós a partir de dentro, alegando identificar dificuldades com minha personalidade".⁵² Ele obviamente se antecipava a qualquer tentativa dos britânicos de incentivar o "conciliador" Catroux a ir contra ele. Nesse caso em particular, De Gaulle não precisava ter se preocupado. Catroux estava tão exasperado com Spears quanto qualquer outro. Quando parecia que Dejean em Londres tinha chegado a um acordo com os britânicos sobre uma data para as eleições na Síria e no Líbano, Catroux interveio, de Beirute, para protestar. De Gaulle aproveitou a oportunidade para demitir Dejean em 18 de outubro. Dejean queixou-se amargamente a De Gaulle, alegando que não era menos patriota que ele. De Gaulle respondeu: "Pode ser – mas você não é mais comissário das Relações Exteriores."

Embora a demissão de Dejean fosse um assunto puramente interno que jamais correu o risco de descambar para a repetição do caso Muselier, De Gaulle viu-se ao mesmo tempo diante de uma preocupante disputa política que não fabricara. Durante a ausência do general no ultramar, Brossolette tinha organizado o transporte para Londres de um pétainista arrependido, Charles Vallin, que fora líder da Croix de Feu, de extrema direita, antes da guerra. Mas, entre os muitos antigaullistas da esquerda em Londres, a chegada de um "fascista" atiçou todas as suspeitas sobre De Gaulle. Brossolette pôs fogo na controvérsia publicando um artigo em *La Marseillaise* em que afirmava que antigas divisões entre esquerda e direita não tinham mais sentido: havia apenas gaullistas e traidores. Defendeu uma "profunda renovação" da política francesa, que uniria os melhores elementos da direita e da esquerda sob a bandeira do gaullismo, excluindo, no entanto, "todas as velhas raposas políticas que hoje se escondem em suas tocas".⁵³

O caso Vallin foi debatido numa áspera reunião do grupo de socialistas de Jean Jaurès. Philip, Brossolette, Boris e outros defenderam a ideia de que a Ocupação tornara irrelevantes antigos rótulos políticos. Philip esbravejou contra colegas socialistas a quem acusava de estarem parados no tempo: "Vocês me enchem de desgosto. Vocês apoiam a traição. Vocês se comportam como *émigrés*. Não têm mais sentido de nação." Do outro lado, Gombault e outros se recusavam a ter qualquer coisa a ver com "fascistas" e afirmavam que Brossolette tinha se aproximado mais de Vallin do que Vallin dos socialistas.[54]

De Gaulle, que tinha apoiado vigorosamente a ideia de levar Vallin para Londres, guardou distância da confusão.[55] Sindicalistas franceses em Londres que escreviam manifestando preocupação eram encaminhados por ele a Philip e Brossolette, para "todas as garantias necessárias".[56] Mas vendo que o plano tinha falhado, De Gaulle tranquilamente engavetou a intenção de levar Vallin para o Comitê Nacional, e o despachou em missão para a África. O caso Vallin mostrou que a futura evolução do "gaullismo" ainda estava em debate e não tinha sido resolvida com a adoção por De Gaulle de uma retórica democrática. Talvez fosse alarmismo suspeitar que a defesa de Brossolette de um único movimento político gaullista transcendendo esquerda e direita fosse uma espécie de protofascismo, mas é compreensível que preocupasse seguidores da democracia parlamentar tradicional.

Se De Gaulle queria deixar o assunto para trás era porque os críticos de Brossolette tinham bons contatos na imprensa britânica; o caso havia sido amplamente noticiado pelo *Observer*. A última coisa que De Gaulle queria era dar munição para aqueles que na Grã-Bretanha estavam prontos para explorar qualquer sinal de tendência antidemocrática justamente quando seus funcionários resolviam com os britânicos diferenças sobre a Síria. Acabou firmando-se um acordo sobre a Síria, estabelecendo um calendário para as eleições. Mas De Gaulle recaíra num estado de espírito sombriamente antibritânico. Depois de uma conversa em outubro, Alphand comentou: "Estou impressionado novamente... com sua anglofobia. Para ele a Inglaterra é pérfida, egoísta e só pensa em tomar nosso Império. Ela é incapaz de conduzir a guerra e não está sequer ciente do colapso do seu poder. Ele deposita suas esperanças nos Estados Unidos e na União Soviética."[57] Apesar de De Gaulle vir a conquistar uma reputação de antiamericanismo, o que há de notável nesse período da sua carreira, apesar de ocasionais ataques retóricos ao "imperialismo" americano, é quanto a França

Livre em Londres se preocupava com a ideia de De Gaulle de que seria capaz de jogar os americanos – ou os russos – contra os britânicos.

Percebendo que era iminente uma grande operação aliada no norte da África, De Gaulle escreveu a Roosevelt vinte páginas em defesa de sua posição. Ele nunca tinha escrito diretamente a Roosevelt, mas todos os esforços dos seus representantes nos Estados Unidos tinham sido incapazes de demover a ilusória crença do presidente de que Vichy poderia ser atraído para o lado dos Aliados.[58] Para explicar por que a França Livre era tão irritadiça em sua defesa dos interesses franceses, De Gaulle começou com uma extensa aula de história cujo argumento era que a França, tendo emergido da guerra anterior exausta e insegura, fora profundamente humilhada pela derrota de 1940. Finalmente ele chegou à sua situação pessoal, contestando a ideia de que abrigava ambições ditatoriais na França depois da guerra. Ele se imaginava exercendo uma "autoridade essencialmente provisória, responsável perante o futuro eleitorado nacional e aplicando as leis da Terceira República". Mas insistia em dizer que não buscara esse papel. Fora forçado a aceitá-lo em 1940 porque ninguém mais quis assumir:

> Fui informado de que não deveríamos fazer política. Se isso significa que não é nosso papel assumir posição nas lutas partidárias do passado, ou ditar para a França as instituições do futuro, não há necessidade dessas advertências, porque temos por princípio nos abstermos dessas pretensões. Mas não recusamos a palavra "política", se se trata de reunir não apenas várias tropas, mas também a nação francesa na guerra, ou se é uma questão de discutir com nossos aliados os interesses da França ao mesmo tempo que os defendemos, em nome da França, contra o inimigo.

Quando esse apelo comovedoramente eloquente foi recebido em Washington, um funcionário comentou: "Está atrasado dois anos e leva dez páginas de introdução para chegar à magra substância nele contida."[59] Nada poderia ser mais revelador das suspeitas americanas sobre De Gaulle que essa brusca recusa de um documento de argumentação tão consistente. A guerra estava a ponto de mudar espetacularmente com os desembarques aliados, sob liderança americana, no norte da África; mas De Gaulle não conseguira mudar a atitude do governo americano em relação a ele.

11. Lutas pelo poder, novembro de 1942-novembro de 1943

Tragédia francesa

Em 11 de novembro de 1942, a França Livre se reuniu no Albert Hall para ouvir seu líder. Essas ocasiões tinham se transformado num ritual para a organização. Foi no Albert Hall que um ano antes De Gaulle pela primeira vez invocou "Liberdade, Igualdade, Fraternidade". Em outra reunião no mesmo local, em 18 de junho de 1942, no segundo aniversário do Apelo de 1940, ele tinha pronunciado um dos seus discursos mais brilhantes, que começava com uma citação de Chamfort, moralista do século XVIII:

> Chamfort escreveu: "Os sensatos sobreviveram. Os apaixonados viveram." Agora faz dois anos que a França, apesar de entregue ao inimigo e traída em Bordeaux, continuou na guerra com seus exércitos, com seus territórios, com o espírito da França Combatente. Durante esses dois anos vivemos muita coisa, porque somos apaixonados. Mas sobrevivemos também. Ah, sim, como somos sensatos!

O resto do discurso entrelaçava esses dois temas da razão e da paixão. E terminava assim:

> Quando nossa tarefa estiver concluída, nossa função completada, seguindo todos aqueles que serviram à França desde o amanhecer de sua história, precedendo todos aqueles que hão de servi-la pela eternidade do seu futuro, diremos à França simplesmente, como Péguy: "Mãe, contempla os filhos que lutaram por ti."[1]

O clima no Albert Hall em 11 de novembro de 1942 era mais sombrio. Era um dos dias londrinos mais brumosos em anos, e os que se dirigiam à reunião tiveram, literalmente, que encontrar o caminho às apalpadelas pelas calçadas. A programação começou com mensagens de recém-chegados da França. Um adolescente de catorze anos leu um curto discurso que terminava com *"Vive De Gaulle"*. Quando ele acabou de ler, De Gaulle, um tanto sem jeito, pegou o menino para lhe dar um abraço. Então as primeiras palavras de De Gaulle foram interrompidas pelos berros de um senil general antigaullista sentado na plateia, que precisou ser retirado à força. Mas o verdadeiro drama ocorria na França. Quatro dias antes, tropas americanas tinham desembarcado na Argélia e no Marrocos na Operação Tocha. Em retaliação, e para preservar a costa meridional da França, em 11 de novembro os alemães transferiram tropas para o que até então era zona não ocupada. Toda a França agora estava ocupada, e muitos ouvintes de De Gaulle deviam se sentir apreensivos com a situação dos parentes que ali tinham ficado. Um vislumbre de esperança no nevoeiro – que a Libertação do norte francês da África pressagiasse o início do revide aliado contra a Alemanha na Europa ocidental – foi embaçado pelo temor de que os americanos, uma vez estabelecidos no norte da África, excluíssem De Gaulle das etapas seguintes da guerra. Seu plano era usar o general Giraud para encabeçar a operação, na esperança de que sua presença reduzisse a probabilidade de resistência da parte das forças de defesa de Vichy.

De Gaulle fora acordado de manhã cedo, em 8 de novembro, para ser informado do desembarque americano. Furioso por não ter sido avisado com antecedência, ele gritou: "Espero que o pessoal de Vichy os jogue de volta no mar."[2] Durante toda a manhã Carlton Gardens ficou em estado de agitação, mais pela enormidade que De Gaulle poderia aprontar do que pela própria operação militar. Mas quando Charles Peake chegou para ver se ele pretendia confirmar o almoço marcado com Churchill, achou que o general não estava "tão mal" como temia.[3] No almoço, Churchill, constrangido, explicou, dizendo a verdade, que fora Roosevelt quem insistira em não informar à França Livre sobre a operação. Reiterou que, para os britânicos, De Gaulle continuava a ser "a única autoridade reconhecida" para organizar os franceses.[4] Essas palavras de consolo funcionaram. Eden, que estava presente, informou Oliver Harvey de que "o general estava em excelente condição. Disse que era preciso pensar na França e agirmos certo ao escolher o general Giraud para isso".[5]

De Gaulle saiu do almoço quase "eufórico", de acordo com várias testemunhas.⁶ Sua fala pelo rádio naquela noite foi perfeita do ponto de vista dos Aliados. Ele fez um apelo para que os franceses do norte da África não lutassem contra os americanos: "Rejeitem os argumentos dos traidores, que tentam convencê-los de que nossos aliados querem ficar com o nosso Império." Sua reação foi otimista não só pelas palavras tranquilizadoras de Churchill, mas também porque, apesar do choque inicial, a operação não o surpreendera (diferentemente do ataque britânico em Madagascar). E ela lhe oferecia grandes oportunidades. Havia no norte da África um Exército francês que, em tese, poderia reforçar espetacularmente suas forças militares quando o território estivesse em poder dos Aliados. Mas os acontecimentos tomaram uma direção inesperada e preocupante – e a euforia de De Gaulle durou pouco.

Como oficial francês hostil aos alemães que nunca tinha rompido abertamente com Pétain, Giraud parecia o candidato perfeito para convencer o Exército de Vichy no norte da África a passar para o lado dos Aliados. Na véspera dos desembarques, porém, Giraud ainda estava em Gibraltar negociando com os americanos. Insistia em ser nomeado comandante em chefe de toda a operação, já revelando a mistura de obstinação, estupidez e imprudência que acabaria levando à sua ruína. Na época em que chegou a Argel, na tarde de 9 de novembro, as esperanças americanas numa operação indolor tinham naufragado. As forças de defesa de Vichy resistiam com tenacidade. Inesperadamente, o líder de Vichy, almirante Darlan, que por coincidência estava em Argel para visitar o filho doente, surgiu como o homem capaz de intermediar uma solução. Foram vários dias de muita confusão, enquanto os comandantes americanos negociavam com Darlan. Se Darlan, por oportunismo, passasse para o lado dos Aliados, estaria aproveitando a ocasião que Weygand rejeitara em 1940, quando os britânicos depositaram nele grandes esperanças. Se esta última possibilidade tivesse se materializado, De Gaulle provavelmente não teria sobrevivido, porque em 1940 ele não representava nada, e sua única vantagem era o então recente e impulsivo respaldo de Churchill. Em novembro de 1942, no entanto, ele já adquirira certo grau de apoio na França e uma reputação internacional que faziam dele uma força a ser levada em conta. Não era tão fácil ignorá-lo. Mas havia um fator novo, inexistente em 1940: os americanos é que davam as cartas, e não tinham assumido qualquer compromisso com De Gaulle. Roosevelt apostara com persistência em Vichy, e, de um jeito inesperado, a aposta parecia estar compensando.

Era esse o perigo que ameaçava De Gaulle quando ele falou com seus seguidores no Albert Hall em 11 de novembro. Em outra eletrizante performance retórica, ele reafirmou a pureza moral da sua cruzada: "O cimento da unidade francesa é o sangue dos franceses que jamais aceitaram o armistício, dos que vêm morrendo pela França desde Rethondes [onde o armistício foi assinado], dos que não aceitaram, nas palavras de Corneille, 'a vergonha de morrer sem ter lutado'." O discurso inteiro, embora evitando qualquer crítica direta aos Aliados, foi uma celebração da unidade francesa e uma advertência cifrada aos Aliados para que não lançassem um grupo de franceses (em Argel) contra outro (em Londres): "A nação já não aceita líderes que não sejam os da sua Libertação, assim como na grande Revolução só aceitou aqueles dedicados à causa da Salvação Pública."

De Gaulle contra Darlan: "Hoje Darlan me dá Argel, e eu grito *Vive Darlan!*" (Roosevelt)

A eloquência revolucionária de De Gaulle tinha pouco valor para o cinismo pragmático de Roosevelt. A prioridade de Roosevelt era acabar com os combates no norte da África o mais depressa possível, porque, para os americanos, cada dia era importante. Enquanto Darlan negociava com os comandantes militares americanos no Marrocos, as autoridades de Vichy permitiam que forças alemãs desembarcassem na Tunísia – como De Gaulle previu dois meses antes. Durante aquelas duas semanas confusas, De Gaulle foi um observador impotente e horrorizado de acontecimentos sobre os quais ele não tinha nenhuma influência. Peake, seu visitante habitual, um dia o encontrou com uma pilha de jornais "muito marcados com tinta vermelha e azul e intercalados com cópias de telegramas e pedaços de fita dos telégrafos espalhados à sua frente. Sem nada para fazer, ele tinha passado o dia inteiro examinando aqueles conteúdos e de vez em quando ouvindo o rádio".[7] De Gaulle dizia, furioso, para seus assistentes: "Não é contra Hitler que os Aliados estão lutando, mas contra mim."[8]

Os militares americanos finalmente chegaram a um acordo com Darlan em 22 de novembro. Em troca de ordenar uma trégua, ele foi alocado como alto-comissário no norte da África. No dia seguinte, o general Boisson, adversário de De Gaulle em Dakar, também aderiu aos Aliados e passou a fazer parte do conselho de governo estabelecido por Darlan.⁹ Ao saber da notícia, Leclerc comentou: "Judas Iscariotes em todos os sentidos do termo – com a diferença de que jamais cometerá suicídio."¹⁰ Entre os outros membros do conselho de governo de Darlan estavam o general Noguès, que se recusara a apoiar De Gaulle em 1940, e Marcel Peyrouton, que tinha sido ministro do Interior de Pétain.

Depois que o seu pior pesadelo se materializou, De Gaulle revidou de quatro maneiras. Em primeiro lugar, tentou conquistar a simpatia da opinião pública explorando a posição de superioridade moral – como em seu discurso de 11 de novembro. Sua retórica evocava uma reação da opinião pública aliada, obrigando Roosevelt a voltar atrás. Em 17 de novembro, ele anunciou que Darlan era apenas um "recurso temporário". Seu constrangimento era palpável no fato de que utilizou a palavra "temporário" cinco vezes nesse breve comunicado. Mas qual a duração desse temporário? O perigo para De Gaulle era que, quanto mais tempo Darlan permanecesse, mais a lembrança da sua colaboração com a Alemanha no passado se apagasse ante os serviços que prestava aos Aliados no presente. Novos esforços de De Gaulle para difundir suas opiniões foram abafados pelos Aliados. Em duas ocasiões (21 de novembro e 3 de dezembro) ele foi proibido de falar pela BBC. Seus discursos iam ao ar pela Rádio Brazzaville, mas com alcance limitado. O trecho ofensivo no segundo discurso foi uma frase atacando as novas autoridades em Argel como representantes da "capitulação, colaboração e usurpação". A França Livre contornou a censura divulgando os discursos proibidos em *La Marseillaise*, que publicou também um feroz artigo de Brossolette tirando a conclusão lógica acerca da política americana: "Se Argel vale um Darlan, será que Paris não vale um Laval?". Embora esses artigos tenham se disseminado na imprensa britânica, a proibição de falar pelo rádio foi uma emasculação para De Gaulle. Como disse Oliver Harvey: "O pobre general está histérico e ansioso para divulgar pelo rádio o que pensa de Darlan. Foi impedido. Não podemos, claro, entrar em conflito direto com os Estados Unidos por causa disso; temos coisas mais importantes para fazer juntos, mas é injusto com De Gaulle, o único amigo francês em nosso momento de desespero."¹¹

A segunda tática de De Gaulle era fazer lobby com os governos britânico e americano. Ele esteve com Churchill quatro vezes em novembro. Assumindo com entusiasmo seu novo papel de líder revolucionário, esse admirador da *Realpolitik* do *ancien régime* advertiu Churchill de que o mundo tinha deixado para trás as guerras do século XVIII travadas por mercenários: "Hoje a guerra é feita com o sangue e a alma dos povos. ... Vocês talvez ganhem a guerra militarmente; mas a perderão moralmente, e haverá apenas um vitorioso: Stálin."[12] De Gaulle informou a Tixier, então nos Estados Unidos, que em cada uma dessas vezes Churchill foi "caloroso na superfície mas evasivo por baixo".[13] Era uma observação perspicaz. Apesar de Churchill ter dito a Roosevelt em 17 de novembro que, devido aos "odiosos antecedentes" de Darlan, um acordo com ele "não seria entendido pelas grandes massas de pessoas comuns, cuja simples lealdade é a nossa força", um mês depois fez no Parlamento um discurso secreto tão hostil a De Gaulle que trechos dele foram omitidos na versão publicada depois da guerra. Após enumerar detalhadamente os malfeitos do general, ele concluía:

> Continuo mantendo relações pessoais amistosas com o general De Gaulle e o ajudo tanto quanto posso. Sinto-me obrigado a fazê-lo porque ele foi contra os homens de Bordeaux e sua vil rendição numa época em que toda a força de vontade para resistir tinha abandonado a França. Apesar disso, não lhes posso recomendar que baseiem todas as suas esperanças e sua confiança nele, e menos ainda achar que é nosso dever, no que depender de nós, colocar o destino da França em suas mãos.[14]

Para convencer Roosevelt, De Gaulle despachou André Philip aos Estados Unidos. Como socialista moderado, admirador do New Deal, que falava inglês perfeitamente, Philip parecia o mensageiro ideal. Na verdade, o encontro foi um absoluto desastre. O reconhecidamente desorganizado Philip chegou atrasado e em seguida, acompanhado por Tixier, que não tinha papas na língua, discorreu para Roosevelt sobre a iniquidade e imoralidade da sua política. Roosevelt respondeu à altura, perdendo a calma: "Hoje Darlan me dá Argel, e eu grito *Vive Darlan!*. Se Quisling me der Oslo, vou gritar *Vive Quisling!*. Que Laval me dê Paris amanhã, e eu gritarei *Vive Laval!*." As atas americanas da reunião registraram o seguinte:

> Seria impossível tentar relatar a última parte da conversa. ... Eles [Philip e Tixier] berravam a plenos pulmões, falando ao mesmo tempo, e não prestavam a

menor atenção ao que o presidente lhes dizia. ... Nenhum dos dois manifestou qualquer gratidão ou reconhecimento pela Libertação do norte da África por forças americanas ...[15]

Em público, Roosevelt sacou um velho provérbio balcânico para justificar sua posição: "É permitido, em tempos de grave perigo, andar em companhia do diabo para atravessar a ponte."[16] O único resultado positivo da reunião foi um vago convite a De Gaulle para um encontro com Roosevelt em Washington, mas a visita era sempre adiada.

A terceira tática de De Gaulle era alimentar a desconfiança entre os Aliados. Ele disse a Eden em 9 de dezembro que só três forças tinham importância na França: Vichy, os comunistas e os gaullistas. Dessas três, só o gaullismo tinha apoiado consistentemente a aliança britânica. Se os Estados Unidos deixassem o gaullismo desaparecer, o comunismo triunfaria na França depois da guerra, mas se a Grã-Bretanha apoiasse os gaullistas ela teria oportunidade de tomar dos Estados Unidos a liderança moral da Europa.[17] Dois dias depois, De Gaulle acenou com uma hipótese diferente para Maisky. Advertiu-o de que, depois do acordo com Darlan no norte da África, os Aliados poderiam tentar a mesma coisa com os fascistas na Itália e até com nazistas "aceitáveis", como Göring. Ao despedir-se de Maisky, De Gaulle olhou-o nos olhos e disse: "Espero que os russos cheguem a Berlim antes dos americanos."[18] Essa tática não funcionou. Apesar de a operação no norte da África não ser o segundo front que Stálin queria, este não brigaria com os Aliados por causa de De Gaulle. Ele disse a Churchill em 27 de novembro que entendia a posição de Roosevelt. Recorrendo a um suposto provérbio russo – o hábito de disfarçar a traição a De Gaulle com velhos provérbios populares era contagioso –, ele declarou que a necessidade militar poderia exigir o uso não apenas de Darlan, mas "até do próprio diabo e sua avó".[19]

A quarta tática de De Gaulle foi estabelecer seus próprios contatos em Argel, para pressionar Darlan de baixo para cima. Com um senso intuitivo de poder político digno do Partido Comunista, ele disse a Tixier que se os Aliados não podiam ser conquistados seria preciso "forçar a união conosco de baixo para cima" – lá mesmo em Argel.[20] O problema era que a opinião pública no norte da África era pró-Pétain. A única presença da Resistência era o minúsculo grupo Combat chefiado por René Capitant, professor universitário de Direito completamente dedicado à causa de De Gaulle. Depois de várias solicitações, os americanos permitiram, a contragosto, que De Gaulle enviasse um representante ao norte da África. Para essa função ele escolheu o general François d'Astier, irmão do líder da Resistência. Depois de três dias na Argélia, D'Astier foi expulso por Darlan. Apesar disso, conseguiu entregar algum dinheiro ao Combat, conhecer Eisenhower e ver Giraud, que parecia descontente por ter sido posto de lado por Darlan. Isso abriu a possibilidade para a formação de um eixo Giraud-De Gaulle contra Darlan.[21]

Por enquanto, porém, Darlan contava com apoio total dos Estados Unidos. E a cada dia se fortalecia mais em sua posição. Churchill, de início constrangido, disse a Eden no fim de novembro que Darlan "fez mais por nós que De Gaulle".[22] No fim do ano De Gaulle estava desesperado. Manifestou suas mágoas a Peake: "Nenhum aliado, por mais bem-intencionado que seja, poderia devolver à França sua alma, e na verdade quanto maiores os esforços feitos em seu nome, se ela não participar deles, maior será seu próprio sentido de impotência e inferioridade quando a guerra for ganha." Dizendo que falava depois de "muita reflexão", acrescentou que, se os Aliados tinham decidido que Darlan seria o "método para ganhar a guerra", não haveria futuro para a França Livre.[23] De Gaulle certamente não tinha intenção de desistir, mas naquele momento parecia não haver como seguir adiante.

Anfa: De Gaulle contra Roosevelt

Num jantar com De Gaulle em 8 de dezembro, Alexander Cadogan observou: "O único remédio de De Gaulle é 'Livrar-se de Darlan'. Minha resposta é: 'Tudo bem, mas como?' Não há resposta."[24] A resposta veio na véspera do Natal de 1942, quando um jovem monarquista, Fernand Bonnier de La Chapelle, entrou no apartamento de Darlan e matou-o a tiros. O assassino foi executado dois dias depois, com uma pressa suspeita. Argel estava tão mergulhada em complôs que nunca saberemos ao certo quem organizou o assassinato. Todos tinham seus motivos: os americanos, para se livrarem de um constrangimento; os gaullistas, para se livrarem de um obstáculo; Giraud, para se livrar de um rival. O que torna improvável que De Gaulle tenha sido o responsável é o fato de o BCRA não ter agentes em Argel.[25] É possível que

De Gaulle quisesse eliminar Darlan, mas não dispunha de meios. Se o principal suspeito de um crime é necessariamente quem mais se beneficia com ele, o dedo aponta para Giraud, que os americanos instalaram no poder, como pretendiam desde o início.[26]

Apesar do comentário feito por De Gaulle para Cadogan sobre se livrar de Darlan, depois do assassinato ele dizia jocosamente que lamentava sua morte, porque ele vinha fazendo "inúmeros conversos" para a França Livre.[27] Essa não era apenas uma piada. Ao contrário de Darlan, Giraud não fora maculado pela colaboração. Honrado, honesto, lerdo e reacionário, ele se descrevia como um simples soldado que só queria combater os alemães. Apesar de opor-se à colaboração, aprovava inteiramente as políticas internas do regime de Vichy – o que era um ponto a seu favor para grupos do Exército em Argel – e conservou todos os antigos vichyistas (Peyrouton, Noguès) nomeados por Darlan: as leis antissemitas de Vichy foram mantidas e os comunistas eram confinados. Sob patrocínio do Exército americano, o regime de Vichy, chefiado por Giraud, na verdade se reconstituiu na Argélia. No primeiro encontro com Giraud todos eram brindados com um relato minucioso da sua fuga da prisão em 1942. Esse show particular sempre caía bem, mas o efeito desaparecia quando ficava claro que ele não tinha mais nada a dizer, porque não havia muita coisa dentro de sua cabeça. Nada disso preocupava os americanos, que queriam alguém que fosse apolítico e capaz de motivar o Exército francês pétainista no norte da África. O ponto fraco de Giraud era que ele nada entendia da França anti-Vichy que estava sendo forjada fora da Resistência.

De Gaulle, que servira sob seu comando em Metz, tinha aguda consciência das insuficiências políticas de Giraud e estava seguro de que o devoraria em pouco tempo. Seu plano era estabelecer um único comitê fundindo a administração giraudista em Argel com seu Comitê Nacional em Londres. Giraud seria comandante em chefe; De Gaulle exerceria o poder político. Poucos dias depois do assassinato de Darlan, ele confiou seus planos a Hervé Alphand:

> De Gaulle: Só existe uma alternativa: Pétain-Vichy ou a República, ... quer dizer, a França Livre que dá continuidade à República. ... Giraud não representa a República, e não trouxe as massas para a Resistência. ... Em quinze dias os americanos mudam de ideia.

Alphand: Percebe que eles acham você um homem tão intransigente que não dá para negociar com você?

De G: Não posso fazer concessões no que diz respeito aos interesses fundamentais da França.

A: Não poderia haver um estágio transitório, uma espécie de duunvirato?

De G: Uma solução capenga.

A: De vez em quando é preciso capengar um pouco antes de conseguir andar direito. Às vezes havia dois cônsules em Roma.

De G: Mas na França houve um primeiro-cônsul [isto é, Napoleão].[28]

A cautela de Alphand era bem fundada. Apesar de ter razão em dizer que Giraud era politicamente ingênuo, De Gaulle subestimou sua teimosia e sua vaidade e até que ponto os americanos estavam dispostos a ir para apoiá-lo. Cinco meses transcorreram entre essa conversa e a chegada de De Gaulle a Argel em 31 de maio – e não como "primeiro-cônsul", mas apenas como elemento de uma dupla.

Imediatamente depois do assassinato de Darlan, De Gaulle mandou uma mensagem para Giraud propondo um encontro. Diante da evasiva resposta de Giraud, De Gaulle aumentou a pressão para ir a público com um comunicado anunciando que tinha proposto um encontro com Giraud para estabelecer um "poder político central", em respeito às "leis da República". O Ministério das Relações Exteriores permitiu a publicação, mas achou que De Gaulle estava indo longe demais. A convicção do general de poder "ditar nossas condições"[29] foi reforçada pela chegada a Londres em 11 de janeiro de 1943 de Fernand Grenier, representante do Partido Comunista Francês. Poucos dias depois, Grenier fez um discurso na BBC elogiando De Gaulle como o homem "que teve o mérito de não se desesperar enquanto tudo desabava". Isso deu um impulso espetacular ao prestígio de De Gaulle, justamente quando o heroísmo do Exército Vermelho em Stalingrado limpava a mancha do Pacto Ribbentrop-Molotov de 1939 e conferia nova aura ao comunismo. Não é de admirar que ele se sentisse confiante.

Nessa altura, a iniciativa foi tirada das mãos de De Gaulle. Churchill, que participava de uma conferência no Marrocos com Roosevelt, convidou De Gaulle para um encontro com Giraud. A reação instintiva de De Gaulle foi recusar. Não via razão para os Aliados se meterem num assunto puramente francês. Isso deu origem a um psicodrama de quatro dias, durante os quais os britânicos tentaram dobrar a resistência do que um funcionário chamou de essa "espécie de mula".³⁰ Em dado momento, De Gaulle pediu licença para sair de um encontro com o Ministério das Relações Exteriores porque "tinha medo de não conseguir se conter e explodir fazendo comentários de que depois se arrependeria". Ao que Cadogan respondeu: "Que gracinha!"³¹ Churchill mandou outro telegrama tão violento que Eden deu uma suavizada antes de ousar mostrá-lo a De Gaulle. O general estava num genuíno dilema. Se recusasse o convite de Churchill correria o risco de ver decisões vitais sobre o futuro do território francês no norte da África serem tomadas sem a sua participação; se aceitasse correria o risco de ser obrigado a ratificar um acordo desfavorável. Acabou concluindo que o risco da recusa era grande demais.

O encontro de cúpula anglo-americano foi realizado em Anfa, um suntuoso subúrbio de Casablanca onde os americanos haviam confiscado algumas mansões. O principal objetivo do encontro era planejar a próxima etapa da guerra. Roosevelt e Churchill concordaram mais uma vez em adiar um segundo front na França e lançar, em vez disso, um ataque na Itália quando os alemães tivessem sido expulsos da Tunísia. Apesar de tudo que estava em jogo, o clima em Anfa, nas palavras de um participante, era "uma mistura de cruzeiro, curso de verão e conferência", com Roosevelt se comportando como "estudante em férias".³² Isso explica o humor brincalhão com que Roosevelt encarava o problema do norte francês da África, que estava longe de ser sua maior preocupação. Disse ele a Churchill: "Vamos chamar Giraud de noivo, eu vou trazê-lo de Argel, e você traz a noiva, De Gaulle, de Londres, e vamos fazer um casamento forçado." Quando pareceu que De Gaulle ia se recusar a comparecer, Roosevelt passou um telegrama para Washington: "Nossos amigos não conseguem produzir a noiva, a temperamental senhora De Gaulle, que ficou muito presunçosa com esse negócio todo ... e não demonstra intenção de ir para a cama com Giraud."³³

Para sorte de Roosevelt, De Gaulle nada sabia a respeito dessa leviandade, ou certamente não teria aceitado comparecer. Chegando a Anfa em 22 de janeiro, acompanhado por Palewski, Catroux e outros, ficou chocado de ver apenas bandeiras americanas, como se estivesse em solo dos Estados Unidos, e não francês. No primeiro almoço juntos, Giraud saudou-o insultuosamente com as palavras *"Bonjour, Gaulle"*, como se De Gaulle ainda fosse seu subordinado em Metz. Esse não era um bom começo. Antes do almoço, De Gaulle se recusou a se sentar enquanto soldados franceses não substituíssem as sentinelas americanas. Quando Giraud acabou de presentear o grupo com outro relato de sua fuga do cativeiro, De Gaulle comentou sarcasticamente: "E agora, general, talvez possa nos contar as circunstâncias em que o senhor foi feito prisioneiro."[34]

À tarde, De Gaulle teve um encontro preliminar com Churchill. Nada se resolveu, mas o clima foi relativamente cordial. No primeiríssimo encontro de De Gaulle com Roosevelt, à noite, havia militares do serviço secreto fortemente armados escondidos atrás de uma cortina. Harry L. Hopkins, assessor de Roosevelt, comentaria depois: "Não houve nada dessas bobagens quando Giraud esteve com o presidente, e isso era simplesmente um indício da atmosfera que De Gaulle encontrou em Casablanca."[35] Roosevelt pôs em ação seu lendário charme, chegando a falar francês. Mas sua mensagem não foi agradável:

> A soberania da França, como em nosso país, vinha do povo, mas... infelizmente o povo da França não está em condições de exercer essa soberania. ... Os países aliados que combatem em território francês neste momento lutam pela Libertação da França e devem administrar a situação política sob "tutela", em nome do povo francês. ... A França está na posição de uma criança pequena, incapaz de cuidar de si mesma.[36]

Apesar das palavras desanimadoras de Roosevelt, De Gaulle, que de hábito era desconfiado e cauteloso, disse ao seu círculo que a conversa tinha sido boa e que Roosevelt ficara impressionado com o que a França Livre representava.[37] Se acreditava mesmo nisso, De Gaulle tinha sido ludibriado. Ver De Gaulle em carne e osso confirmou todos os preconceitos de Roosevelt. A espantosa veemência do general era execrável para sua suave afabilidade aristocrática. Ele disse a Churchill que ficou "preocupado com a expressão espiritual" dos olhos de De Gaulle.[38] Depois disso contou muitas vezes, acrescentando sempre um ponto ao conto, que De Gaulle se comparara a Joana d'Arc. A verdade foi bem mais complicada. Quando Roosevelt disse a De Gaulle que não podia reconhecê-lo, porque não tinha sido eleito, De Gaulle respondeu que Joana d'Arc também não fora eleita, mas que sua legitimidade vinha do fato de ela pegar em armas contra o invasor. Os dois homens falavam línguas totalmente diferentes: De Gaulle apresentava um argumento histórico, Roosevelt, um argumento constitucional, De Gaulle invocava "legitimidade", Roosevelt, legalidade.

Não houve avanços no dia seguinte (23 de janeiro). No segundo encontro com Giraud, quando este sugeriu uma espécie de triunvirato formado por ele, De Gaulle e outro general, a cáustica resposta de De Gaulle foi: "O senhor quer ser primeiro-cônsul? Nesse caso, onde estão suas vitórias? Onde está seu plebiscito?" De Gaulle reafirmou que a precondição de qualquer acordo era a condenação formal do armistício. Ao longo do dia, assessores e funcionários corriam de *villa* em *villa* tentando intermediar um acordo. Sentindo-se prisioneiro no conjunto cercado de Anfa, De Gaulle despachou clandestinamente uma carta alarmista para um ex-aluno de Saint-Cyr sobre a vida em Casablanca. Advertia que os americanos planejavam "estabelecer no norte da África, e se possível em todo o Império francês, e depois na própria França, uma autoridade francesa totalmente dependente deles". Achando-se impedido de comunicar-se com o resto do mundo, ele queria que todos soubessem que não tinha "traído" os franceses. Encerrava comparando a atmosfera em Anfa à de Berchtesgaden. Aparentemente se referia à ocasião, em Berchtesgaden, em fevereiro de 1938, em que Hitler obrigou com ameaças o chanceler da Áustria, Schuschnigg, a aceitar o *Anschluss*, ou a outra ocasião, em setembro de 1938, quando obrigara Chamberlain, com ameaças, a aceitar o Acordo de Munique. Nas duas analogias Roosevelt era Hitler.[39] A comparação podia parecer um exemplo da paranoia de De Gaulle, a não ser pelo fato de que até Oliver Harvey, admirador de De Gaulle no Ministério das Relações Exteriores, tinha previsto que o general seria "muniquizado" em Anfa, ou seja, obrigado a aceitar um decreto americano e subordinar-se a Giraud.[40] Mas De Gaulle era feito de matéria mais firme que Schuschnigg ou Chamberlain.

O domingo, 24 de janeiro, foi o último dia da conferência. Não houve acordo. Na noite anterior, funcionários britânicos e americanos tinham confeccionado um pacto conjunto para os dois generais. De Gaulle recusou-se a assinar. Isso levou a um furioso encontro seu com Churchill, no qual este, como ele próprio diria depois, foi "bem duro" com o general, e do qual De Gaulle diria que foi de "extrema animosidade ... o mais difícil de todos os nossos encontros". Churchill ameaçou denunciar De Gaulle publicamente; De

Gaulle não cedeu uma polegada. Mas, quando foi se despedir de Roosevelt ao meio-dia, no último minuto concordou em apertar a mão de Giraud. Como num passe de mágica, fotógrafos apareceram de todos os cantos e capturaram o momento para a posteridade – "o altivo De Gaulle estendendo cautelosamente a mão, embora sem uma centelha de sorriso".[41] Nas fotos, Roosevelt, sentado, ri de satisfação, enquanto a "noiva" e o "noivo" se cumprimentam como se um olhasse por cima do outro. O aperto de mãos preservou a honra dos líderes aliados. Foi seguido pela publicação de um conciso comunicado registrando o fato de que os dois homens tinham se encontrado e estavam ambos empenhados na Libertação e no "triunfo das liberdades humanas" (a frase preferida de Giraud, em lugar de "dos princípios democráticos", sugerido por De Gaulle.)[42]

Raramente a força de personalidade de De Gaulle tinha passado por um teste tão severo como naqueles três dias em Anfa. Ele resistira ao ataque conjunto de Churchill, Roosevelt e seus numerosos assessores. Churchill disse a seu médico, Charles Wilson, que o acompanhou na viagem:

> "Seu país desistiu de lutar, ele próprio é um refugiado, e se o rechaçarmos ele está acabado. Pois bem, dê uma olhada nele. ... Até parece Stálin com o apoio de duzentas divisões. Fui bem duro com ele. Deixei claro que se não fosse mais cooperativo não íamos mais querer saber dele."
>
> "E o que ele achou disso?", perguntei.
>
> "Oh", respondeu o PM. "Pareceu não ligar muito. Minhas tentativas de aproximação e minhas ameaças não provocavam nenhuma resposta."
>
> Harry Hopkins tinha me falado do comentário espirituoso do presidente sobre De Gaulle se julgar descendente direto de Joana d'Arc. Repeti a história para o PM. Ele não achou a menor graça. Para ele, aquilo não tinha nada de absurdo.[43]

A atitude de Churchill com De Gaulle sempre foi uma mistura de exasperação e relutante admiração. Graças exclusivamente à sua intervenção a conferência não foi ainda mais desfavorável a De Gaulle. Sem informar a Churchill, Roosevelt tinha assinado um memorando comprometendo os governos aliados a adotar a posição segundo a qual "todos os franceses que lutam contra a Alemanha [devem] estar reunidos sob uma autoridade", e reconhecendo Giraud como essa autoridade – em total contradição com sua própria política de que nenhuma autoridade tinha legitimidade para falar em nome da França. Quando Churchill fez essa descoberta depois da conferência, mandou corrigir o documento, acrescentando o nome de De Gaulle. Apesar dos seus acessos de fúria contra o general francês, ele se sentia em dívida com ele. Pelo menos, se fosse o caso de abandonar De Gaulle, ele não queria que a decisão lhe fosse impingida à revelia.[44]

De volta a Londres, De Gaulle convocou uma entrevista coletiva em 9 de fevereiro para expor sua causa sem fazer concessões. O tom combativo deixou preocupados até os leais seguidores que tinha em Argel, como René Capitant.[45] Apesar de perceber agora que Giraud não cederia voluntariamente, De Gaulle voltou de Anfa convencido de que o rival era "um fantasma de 1939" que não compreendia que a guerra tinha mudado o mundo – querendo dizer com isso que a Resistência na França jamais aceitaria essa tentativa de impor aos franceses um governo pseudovichyista.[46]

O gaullismo canalizado

O futuro político da França era agora disputado no norte da África porque o que restava do regime de Vichy na França continental tinha se tornado uma ficção. Nos primeiros tempos, um defensor de Vichy alegava que o regime tinha salvado três coisas do naufrágio da derrota: uma zona não ocupada na França, o Império e a frota. Mas no outono de 1942 esses três êxitos já tinham se evaporado. Em primeiro lugar, quando os alemães ocuparam todo o território francês em resposta aos desembarques americanos no norte da África, deixou de haver "zona livre". Em segundo, Vichy já não controlava nenhuma porção do Império francês: havia perdido a África Equatorial e o Levante para os gaullistas em 1940-41, a Argélia e o Marrocos foram ocupados pelos Aliados em novembro de 1942, e um mês depois o governador da África Ocidental Francesa, Pierre Boisson, que disparara contra De Gaulle em Dakar, mudou de lado e juntou-se aos Aliados. E, por último, a frota francesa foi afundada em 27 de novembro, quando os alemães tomaram o porto de Toulon. Vichy ficou sem nada. Já De Gaulle agora tinha a oportunidade única no norte da África de formar uma força militar de verdade.

A briga de Giraud e De Gaulle pelo controle dessa força militar não era simplesmente um choque de ambições entre dois generais prima-donas, como

Roosevelt queria acreditar. Havia princípios fundamentais em jogo. Giraud estava interessado, acima de tudo, em levar o Exército francês de volta para a guerra. Desde que os americanos se dispusessem a armá-lo, não lhe interessava criar dificuldades no campo político. Isso convinha perfeitamente a Roosevelt. A política americana consistia em lidar, caso a caso, com as autoridades francesas instituídas, fossem elas quais fossem – sem reconhecer em nenhuma delas autoridade para falar em nome da nação. Para Roosevelt, a derrota da França em 1940 significava que ninguém poderia, legitimamente, julgar-se representante da França. Para De Gaulle, a questão política era essencial, porque aceitar esse vazio político provisório significava não haver autoridade reconhecida para defender os interesses nacionais franceses na Libertação: a França teria status de país derrotado. Para ele, tropas francesas tinham obviamente que desempenhar um papel na vitória, ao lado dos Aliados, como Giraud queria, mas a questão crucial era estabelecer uma autoridade francesa a quem essas tropas estariam sujeitas.

Quando refletia sobre sua próxima ação em Londres, De Gaulle já não estava praticamente sozinho como em 1940. Isso representava uma força, mas também queria dizer que era preciso levar em conta outras opiniões, como as das diferentes facções que tentavam influenciá-lo. Havia um intenso debate dentro da França Livre sobre a melhor maneira de lidar com Giraud. Um dos mais intransigentes era Billotte, chefe do gabinete militar de De Gaulle. Conhecendo Giraud desde antes da guerra, Billotte afirmava que a vaidade do general fazia dele presa fácil dos americanos, que planejavam instalá-lo na França depois da guerra com o objetivo de reduzir a influência francesa em qualquer arranjo pós-conflito: "A parte saudável e ativa da opinião pública francesa jamais aceitará essa combinação anglo-saxônica."[47] Billotte fora contra De Gaulle ir a Anfa, que ele via como uma "Montoire americana"; Roosevelt, em sua opinião, era um "gângster com sorriso angelical".[48] Do mesmo grupo intransigente faziam parte Catroux e Jacques Bingen, que defendia a ideia de que em vez de alienar Giraud tentando forçá-lo a aceitar as opiniões políticas da França Livre era preferível primeiro fazer um acordo militar, e só depois conquistá-lo aos poucos.[49]

Essas vozes mais conciliadoras foram reforçadas pela chegada a Londres de René Massigli, o diplomata de mais alto nível a apoiar De Gaulle. Número dois no Quai d'Orsay (o Ministério do Exterior francês) nos anos 1930, ele tinha caído em desgraça por se opor à política de apaziguamento com a Alemanha. Não é de surpreender que tenha sido demitido por Vichy no fim de 1940. De início ele esperava que Pétain pudesse ser atraído para o lado dos Aliados, e achava contraproducentes os ataques de De Gaulle contra ele. Mas no fim de 1942 Massigli já tinha perdido qualquer esperança em Pétain e estava pronto a tomar sua decisão. Chegou a Londres em janeiro de 1943, e De Gaulle imediatamente lhe ofereceu o cargo de comissário das Relações Exteriores. Massigli hesitou durante alguns dias antes de aceitar. A intransigência e a anglofobia do que ele chamava de gaullistas *"purs et durs"* contrariavam todos os seus instintos de diplomata. No fim, acabou aceitando a oferta e escreveu para seu antigo chefe, o violentamente antigaullista Leger, em Washington, dizendo que "o gaullismo adequadamente canalizado e reformado" representava a única chance de sobrevivência da França.[50] Mas o gaullismo poderia ser "canalizado"?

Outros recém-chegados a Londres também se sentiam deslocados entre os gaullistas originais. Isso era verdade no caso do veterano político da Terceira República Henri Queuille, que chegou a Londres em abril. Queuille saiu impressionado de seu primeiro encontro com De Gaulle, mas ficou assustado com o que chamava de "supergaullistas".[51] Outro que chegou ao mesmo tempo foi Pierre Laroque, alto funcionário público, que ficou chocado com a maneira como "os fiéis originais se agarram ao *chef*, ... como vassalos ao *seigneur*, a um chefe de clã". Um deles lhe disse que depois da Libertação o movimento gaullista teria que virar um partido: "Talvez De Gaulle não queira ir mais longe, mas é seu dever. De qualquer forma, o dever dos gaullistas é serem mais gaullistas que De Gaulle."[52]

O ultragaullismo manifestava-se nos editoriais de *La Marseillaise*. Um dos temas depois dos acontecimentos de novembro de 1942 era o antiamericanismo extremo – um editorial chegou a comparar a "ocupação" americana do norte da África à ocupação da França pela Alemanha –, acompanhado de uma retórica revolucionária de pureza e vingança. Dizia um editorial:

> O gaullismo é uma revolução dos jovens, feita pelos jovens, contra o regime senil do marechal ... Já estivemos sozinhos, mas era a solidão que preserva a religião na sua gênese. Estávamos sozinhos como Robespierre. ... Há por trás do gaullismo uma força que o ultrapassa, que o impulsiona para a frente, e com a qual os que acham que ele é apenas uma explosão de orgulho nacional terão de lidar.[53]

Outra característica desse gaullismo intransigente era a desconfiança acerca dos partidos políticos acusados de terem traído a França em 1940. Esse tema foi lançado pelo controvertido artigo de Brossolette em *La Marseillaise* em setembro de 1942. A guinada "republicana" de De Gaulle em 1942 deixou no ar muitas perguntas relativas a suas opiniões sobre o futuro político francês. Um opositor socialista que chegou da França ficou surpreso ao ser avisado por De Gaulle que o desaparecimento dos partidos políticos no país do pós-guerra era inevitável.[54] Foi nesse contexto que Raymond Aron publicou em agosto de 1943 um artigo na revista *France Libre*, sediada em Londres, invocando a "sombra dos Bonapartes" e estampando uma cautelosa epígrafe de Napoleão III: "A natureza da democracia é estar personificada em um homem."[55] O artigo não mencionava De Gaulle pelo nome, mas não havia dúvida de que se dirigia a ele.

De Gaulle contra a Resistência

Como escolheria De Gaulle entre aqueles, como Massigli, Catroux e outros, que esperavam torná-lo menos "gaullistas" e aqueles, como Billotte, Soustelle e o pessoal de *La Marseillaise*, que esperavam torná-lo mais "gaullista"? O próprio De Gaulle raramente usava a palavra "gaullismo", e suas escolhas eram guiadas por um pragmatismo – sua doutrina das "circunstâncias" – que sempre lhe atenuava a intransigência.

Na batalha para provar sua legitimidade aos Aliados, De Gaulle acabou achando que os velhos partidos políticos, tão desprezados pelos "supergaullistas", poderiam ser uma arma útil. Ele se dispôs a solicitar o apoio de políticos respeitados como Mandel e Blum, mas até então os partidos não tinham importância a seus olhos. Isso agora começava a mudar, especialmente em relação ao Partido Socialista. Ao contrário do Partido Comunista, que tinha organizações específicas próprias na Resistência, os socialistas, apesar de reorganizarem seu partido na clandestinidade depois de 1941, não possuíam um movimento resistente próprio. Cada vez mais os socialistas que ingressavam em organizações da Resistência como indivíduos temiam que sua contribuição como socialistas não fosse reconhecida. Arriscavam-se a ficar espremidos entre os movimentos não comunistas, de um lado, e os comunistas do outro.

Por esse motivo, os resistentes socialistas começaram a fazer uma campanha a fim de que sua contribuição coletiva para a Resistência fosse reconhecida, através da criação de uma instituição que incluísse representantes de partidos políticos, bem como de movimentos da Resistência.[56] Três resistentes socialistas chegaram a Londres em janeiro para conversar pessoalmente com De Gaulle a esse respeito. Apresentaram-lhe um documento que expunha o caso com clareza:

> Pode a França Combatente ignorar a existência de partidos, ou deve aceitá-los como um fato? ... De Gaulle precisa naturalmente de um intermediário entre ele e as massas francesas. ... A Resistência não pode desempenhar esse papel sozinha. ... De Gaulle, se se pode usar expressão tão brutal, está à procura da França. A França está à procura de De Gaulle. O ponto geométrico desse encontro só pode ser uma associação dos movimentos e dos partidos políticos.[57]

De Gaulle captou rapidamente a mensagem. Três semanas depois – no mesmo dia em que mandou uma calorosa mensagem para o Comitê Central do Partido Comunista – escreveu a Daniel Mayer, líder do Partido Socialista na clandestinidade, dizendo que aceitava as "legítimas ambições" do seu partido e que a Resistência deveria abrigar "diversas e tradicionais tendências políticas".[58]

O que isso significava na prática ficou resolvido quando Moulin, que De Gaulle passara mais de ano sem ver, voltou a Londres em 14 de fevereiro. Moulin chegara independentemente à conclusão de que era preciso fazer concessões aos socialistas e de que os velhos partidos políticos poderiam ser usados para reforçar a legitimidade de De Gaulle perante os Aliados.[59] Ele propôs a criação de um organismo – que viria a ser chamado de Conselho Nacional da Resistência (Conseil National de la Résistance, CNR) – para incluir representantes tanto da Resistência como de partidos políticos, até mesmo aqueles que não tinham desempenhado papel nenhum na Resistência. Depois de um mês em Londres, Moulin foi mandado de volta para a França, em 19 de março, com "novas instruções" em cuja redação desempenhara papel importante. Agora era o único delegado de De Gaulle em toda a França – na antiga "zona livre", como antes, e também na antiga zona ocupada – com a missão de estabelecer o conselho da Resistência que havia proposto. De Gaulle nunca mais o veria.

O que complicava a tarefa de Moulin era o fato de que os líderes da Resistência desprezavam os velhos partidos políticos por terem decepcionado a França em 1940. Apesar de aderirem a De Gaulle como "símbolo", eles repudiavam qualquer obstrução à sua própria autonomia. Frenay era um dos mais reticentes. Tinha chegado a Londres pela primeira vez em setembro de 1942, e estava lá quando os americanos desembarcaram no norte da África. Seus três meses londrinos o convenceram de que De Gaulle precisava dos movimentos quase tanto quanto os movimentos precisavam dele. Antes de voltar para a França, almoçou com De Gaulle, Passy e Soustelle no Savoy. Conversaram sobre as futuras relações de De Gaulle com os movimentos da Resistência. "O que acontecerá", perguntou Frenay, "se não chegarmos a um acordo com Rex [pseudônimo de Moulin]?" De Gaulle respondeu: "Você volta e a gente tenta encontrar uma solução." "E se for impossível?" "Nesse caso, a França terá que decidir entre vocês e eu."[60]

Quando essa conversa ocorreu, o pomo da discórdia ainda não era o CNR, mas o controle e o desdobramento do Exército Secreto único, no qual Moulin tinha convencido os movimentos da Resistência a fundir suas forças militares. Frenay esperava ser nomeado comandante, mas isso era inaceitável para os líderes dos outros movimentos. Eles preferiram buscar um candidato de conciliação, de fora da Resistência, o general reformado Charles Delestraint. Este apoiara as ideias de De Gaulle sobre tanques nos anos 1930, mas não tinha experiência direta na Resistência. Isso deixou Frenay sossegado, imaginando que Delestraint seria apenas testa de ferro, enquanto o controle continuaria nas mãos das organizações da Resistência. As instruções de De Gaulle a Delestraint eram para que o Exército Secreto ficasse na reserva até que ele desse ordem para agir. Temia que uma ação prematura resultasse num banho de sangue, no caos, ou nas duas coisas.

Essa posição *attentiste* ficou mais difícil de sustentar em março de 1943, quando uma grande crise estourou na França. O governo de Vichy, sob pressão para fornecer mão de obra às fábricas alemãs, tinha instituído um alistamento de trabalho obrigatório (Service du Travail Obligatoire, STO). Milhares de jovens fugiram de casa para evitar a convocação. Muitos desses *réfractaires* que resistiam ao alistamento de trabalho se refugiaram no interior, onde formaram os primeiros grupos de resistentes *maquisard*, que receberam esse nome por causa do maqui, a vegetação cerrada dos montes do sul da França.

Isso punha à disposição das organizações já existentes da Resistência uma imensa reserva de recrutas em potencial, impacientes para agir. Mas os líderes da Resistência também temiam que o veto de De Gaulle contra qualquer ação prematura pudesse afetar o moral desses homens e empurrá-los para as mãos dos comunistas, que eram favoráveis à ação imediata. De Gaulle usou a crise do STO para pedir a Churchill que armasse até 50 mil resistentes. Churchill recusou-se, porque não tinha os recursos – nem o desejo – para incentivar ações prematuras desse tipo.[61] Devia ser essa a resposta que De Gaulle esperava, e provavelmente queria, mas na França os líderes da Resistência suspeitavam que De Gaulle deliberadamente os privava de recursos, atuando por intermédio de Moulin, para aumentar o controle da França Livre sobre eles.

Nada disso ajudava a simplificar a tarefa de Moulin, de convencer os líderes da Resistência a formar um organismo com representantes dos partidos políticos. Suas relações com esses líderes foi ficando cada dia mais tensa, às vezes violentamente cáustica; nervos se esfrangalhavam à medida que os alemães intensificavam a repressão à Resistência, e todas as reuniões eram prejudicadas pelo medo de prisão ou traição. Para conseguir o que queria, Moulin explorava a rivalidade entre os líderes da Resistência. Frenay e D'Astier, personalidades muito diferentes – um deles rígido e presunçoso, o outro ocultando suas ambições atrás de um charme de irritante indiferença –, competiam pelo reconhecimento como líder mais importante da Resistência. Jean-Pierre Lévy, líder do Franc-Tireur, outro importante movimento da antiga zona desocupada, embora compartilhasse a suspeita geral sobre os partidos políticos, era mais conciliador, tinha menos *amour-propre* e de vez em quando agia como honesto intermediário. Um problema extra para Moulin era o fato de que Pierre Brossolette adotava uma política diferente da sua – também supostamente em nome de De Gaulle. Brossolette fora enviado de Londres, juntamente com Passy, com a missão de coordenar as atividades militares dos movimentos da Resistência no norte (a antiga zona ocupada), onde a união da Resistência tinha avançado menos que no sul. Ele se via como chefe no norte, o homólogo de Moulin no sul. Mas as "novas instruções" que Moulin levava, redigidas depois que Brossolette deixara Londres, o haviam promovido a delegado de De Gaulle em toda a França. Antes de Moulin voltar à França com mais autoridade e novas instruções, Brossolette pôs-se a imprimir seu próprio carimbo na organização da Resistência no norte. Ele compartilhava inteiramente as suspeitas dos líderes da Resistência sobre os velhos partidos políticos. Quando voltou para a França, Moulin travou violentas discussões em Paris com Brossolette, a quem acusava de estar sabotando sua missão.

Ali estavam todos os ingredientes para uma grande crise nas relações entre De Gaulle e a Resistência, justamente no momento em que o general precisava atrair o máximo de apoio possível para o seu nome. Em abril, Lévy e D'Astier chegaram a Londres para lançar uma campanha coordenada contra a "burocratização" da Resistência.[62] "Burocratização" era o termo cifrado para o ataque à tentativa de Moulin de colocar a Resistência sob autoridade gaullista. No começo de maio, Moulin revidou com um longo relatório em sua defesa. A atmosfera era tão maligna que Moulin tomou a precaução de mandar entregar pessoalmente o relatório a De Gaulle, em vez de despachá-lo pelo BCRA (uma vez que Passy era aliado de Brossolette). Tendo descoberto que Frenay estava em contato com os serviços secretos americanos na Suíça, para encontrar novas fontes de financiamento da Resistência, Moulin pintou isso com as tintas mais sombrias possíveis, sugerindo que Frenay se preparava para descartar De Gaulle a favor de Giraud. Moulin tinha interesse em apresentar a situação dessa maneira, mas provavelmente a coisa não era bem assim. Frenay com certeza tentava recuperar alguma autonomia financeira em relação a De Gaulle, e pode ter ignorado os riscos desses contatos com os americanos, mas certamente não pensava em se passar para o lado de Giraud.[63]

Não se sabe o que De Gaulle achava dessas disputas. Suas *Memórias* raramente descem dos "píncaros" de onde ele mirava o destino da França para os choques ocasionais entre personalidades, e os arquivos não acrescentam muita coisa. Carlton Gardens estava dividido por conflitos relativos à crise, mas raramente deparamos com provas de intervenção direta de De Gaulle. As insinuações de Moulin sobre os contatos americanos de Frenay provavelmente encontraram algum eco em De Gaulle, como era sua intenção. Por outro lado, há indícios de que o general se perguntava se Moulin não estaria sendo duro demais com a Resistência. Bingen escreveu para André Philip alguns meses depois lembrando que, diante da avalanche de queixas dos líderes da Resistência, Philip e De Gaulle "se inclinavam a arbitrar entre Rex e os movimentos", em vez de defenderem Moulin abertamente.[64] Se De Gaulle vacilou um pouco em seu apoio a Moulin foi porque nessa época precisava desesperadamente do amparo da Resistência. Ao que tudo indica com a aprovação do general, Philip escreveu a Moulin em 10 de maio sugerindo que ele talvez tivesse ido "um pouco longe demais na questão da centralização".[65] De Gaulle estava pronto até a ceder terreno no controle do Exército Secreto. Em 21 de maio ele mandou uma "instrução pessoal e secreta" para Delestraint aceitando o princípio da ação imediata, a ser decidida pelos próprios movimentos da Resistência – um recuo tático na causa mais ampla de obrigar os líderes da Resistência a aceitar o CNR.[66]

Londres contra Argel

Se De Gaulle estava pronto para fazer essas concessões táticas era porque as negociações com Giraud estavam mais difíceis do que ele previra. Em 23 de fevereiro, dois dias depois de De Gaulle ter assinado "novas instruções" para Moulin, o Comitê Nacional em Londres publicou um memorando estabelecendo suas condições para se unir a Giraud. O ponto de partida era a necessidade de um só comitê que unisse todas as forças em luta pela Libertação da França, ao mesmo tempo excluindo qualquer um que tivesse "uma grande responsabilidade" na defesa do armistício. Os alvos eram figuras como Noguès, Peyrouton e Boisson, todos eles integrantes da equipe de Giraud. De Gaulle tentava alcançar uma união em Argel em seus próprios termos.[67]

Catroux tinha conseguido fazer-se nomear negociador de De Gaulle em Argel, apesar da hesitação dos ultragaullistas.[68] De Gaulle aceitou porque naquela altura continuava seguro de que Giraud cederia. Seu "estado de espírito de reflexão e integridade" fazia Peake pensar em "nada mais que um tigre que, depois de se banquetear, sente um gosto de carne crua na boca e sabe exatamente de onde virá a próxima refeição. Confesso que não gosto dele nesse estado".[69] Enquanto aguardava o resultado das negociações de Catroux, De Gaulle esperava obter autorização para visitar seus territórios africanos, mas Churchill não lhe permitiu sair do país. Quando Peake lhe levou pessoalmente essa notícia, De Gaulle respondeu em tom gélido: "Então sou prisioneiro." Anunciou que não mais tomaria parte nas atividades do Comitê Nacional e retirou-se para Hampstead. A tática, que dera certo contra Muselier um ano antes, dessa vez não fez efeito. Churchill, feliz por afastar De Gaulle do caminho, telefonou para Peake avisando que era responsabilidade dele garantir que o "Monstro de Hampstead" não fugisse. Percebendo que sua "greve" tinha malogrado, De Gaulle voltou para Carlton Gardens depois de uma semana. Para preservar a honra alegou que a crise do STO na França exigia sua atenção. Até De Gaulle sabia quando se dar por vencido.

Por enquanto, estava condenado a assistir aos acontecimentos em Argel sem deles participar. Suas intervenções eram erráticas. Havia momentos em que desejava ardentemente ir para lá, sobretudo quando Giraud queria mantê-lo afastado; em outras ocasiões, quando parecia que Giraud lhe permitiria ir, ficava com medo de cair numa armadilha. Perguntava-se perpetuamente se a firmeza de Catroux era confiável. A situação em Argel era agravada pelo fato de que tanto Churchill como Roosevelt tinham mandado representantes. O enviado britânico era o parlamentar conservador Harold Macmillan. De Gaulle, que não fazia ideia das instruções recebidas por ele, de início ficou desconfiado. Na verdade, Macmillan logo tirou suas conclusões sobre as insuficiências de Giraud, vendo nele um "coronel antiquado, mas encantador, que honraria o Turf Club".[70] Do lado americano havia Robert Murphy, diplomata conservador que detestava De Gaulle – outro almirante Leahy. Mais difícil de decifrar era outro enviado americano, Jean Monnet. Desde que deixou Londres em junho de 1940, Monnet se tornara um ator notavelmente influente na cena americana. Conhecia todos os figurões do governo de Roosevelt e contribuíra na elaboração do programa Lend-Lease. Roosevelt, ciente das dificuldades de "vender" o reacionário Giraud para a opinião pública americana, enviou Monnet a Argel com a missão de instilar algum senso político em Giraud. Monnet continuava tão desconfiado de De Gaulle como em 1940. Se alguém com convicções democráticas e liberais estava disposto a apoiar Giraud em lugar de De Gaulle era porque Giraud afirmava que seu único objetivo era levar o Exército francês de volta à guerra. De Gaulle, apesar da retórica democrática, abrigava claras ambições políticas, mesmo tendo prometido que, quando a França fosse libertada, o povo seria consultado sobre o seu futuro político.[71] Mas ele falava sério? Sem ter resposta a essa pergunta, Monnet estava pronto a aceitar que o "apolítico" mas conservador Giraud talvez fosse uma ameaça à democracia menor do que o claramente "político", apesar de supostamente democrático, De Gaulle.

Por influência de Monnet, em 14 de março Giraud fez o que chamaria mais tarde de "o primeiro discurso democrático de minha vida".[72] Prestou homenagem à Resistência e declarou seu respeito pela República. Recusou-se, porém, a aceitar a recomendação de Monnet de que prometesse restabelecer a cidadania francesa dos judeus da Argélia, revogada pelo regime de Vichy. Apesar disso, o discurso de Giraud foi um acontecimento sensacional, e ele o complementou convidando De Gaulle para ir a Argel. As reações de De Gaulle e Catroux ao discurso de Giraud não poderiam ter sido mais diferentes. Para Catroux, fora um sinal positivo de que Giraud tinha "dado um grande passo na nossa direção"; para De Gaulle, fora uma tentativa de "pintar-se de cores democráticas e nos deixar acuados".[73] Ele insistiu para que Giraud respondesse formalmente ao memorando do Comitê Nacional, e não fizesse só um discurso.

Nesse meio-tempo, De Gaulle tentou aferir o estado de espírito predominante na opinião pública do norte da África. Escreveu a um membro da equipe negociadora de Catroux pedindo-lhe que descobrisse se sua chegada à Argélia deflagraria uma manifestação de entusiasmo popular. Queria um carro aberto preparado para ele, pois "o choque de manifestações públicas" seria crucial.[74] O austero e cerebral soldado agora passava os dias aprimorando seu novo papel de tribuno democrático. A resposta de Argel não foi animadora. Aconselhava-se De Gaulle a não pensar que seria possível impor a Giraud a união através da pressão da opinião pública argelina, que estava longe de ser gaullista.[75] Isso serviu apenas para aguçar em De Gaulle o desejo de partir imediatamente e se mostrar. Para tanto, precisava do consentimento dos britânicos.

Em 2 de abril, depois de semanas de heroica diplomacia de Massigli, De Gaulle e Churchill tiveram o primeiro encontro depois de Anfa.[76] Tudo transcorreu surpreendentemente bem. O principal motivo de conflito era a insistência de De Gaulle em declarar que não poderia participar de nenhum comitê que incluísse indivíduos comprometidos em alto nível com Vichy. Quando Churchill disse que tinha convidado antigos adversários políticos, como Chamberlain e Halifax, para um governo de coalizão, De Gaulle respondeu, com bom senso, que as duas situações não eram análogas. Nem Halifax nem Chamberlain tinham disparado contra De Gaulle, como fizera Boisson em Dakar, nem haviam integrado um governo que o levara a julgamento, como ocorrera com Peyrouton. Ao comentário de Churchill de que Boisson tinha sido útil para os Aliados, De Gaulle respondeu: "A única questão que interessa é se o governador Boisson serviu ou não à França."[77] Apesar de tudo,

Churchill aceitou que De Gaulle fosse a Argel. Mas dois dias depois, quando já estava de saída, De Gaulle foi informado de que o general Eisenhower, o comandante dos Estados Unidos no norte da África, queria que sua viagem fosse adiada. Forças americanas travavam ferozes combates com tropas alemãs despachadas para a Tunísia logo depois dos desembarques americanos na Argélia e no Marrocos. A desculpa dada por Eisenhower para retardar a chegada de De Gaulle era evitar qualquer perturbação política enquanto os alemães não tivessem sido expulsos definitivamente do norte da África. Isso deixou De Gaulle furioso, imaginando que Churchill estava por trás da decisão de mantê-lo preso em Londres. Nem mesmo sua natureza desconfiada lhe permitiu adivinhar a verdade: a intervenção de Eisenhower tinha sido feita a pedido de Catroux, que achava que a presença de De Gaulle prejudicaria suas negociações com Giraud.[78]

Catroux chegou a Londres em 9 de abril, com a resposta de Giraud ao memorando do Comitê Nacional de 23 de fevereiro. Esse documento, redigido por Monnet, cedia um pouco. Aceitava a ideia de um comitê unificado para administrar territórios franceses libertados, sob a presidência de um "comandante civil e militar" (obviamente Giraud). À parte a função de destaque que isso dava a Giraud, a proposta não atendia à questão central de De Gaulle, de que precisava haver uma autoridade política – um governo em tudo menos no nome – para defender os interesses nacionais franceses, e não apenas um organismo para administrar territórios à medida que fossem libertados. O que mais impressionou Catroux em Londres foi que todo mundo em volta de De Gaulle estava "totalmente concentrado na França, ou seja, na Resistência", ao passo que ele tinha de lidar com as realidades de Argel, onde "a opinião da França não é necessariamente soberana".[79] Durante sua estada em Londres, Catroux desabafou com Eden, que o achou mais abertamente hostil a De Gaulle do que antes. Lamentou o fato de que as únicas pessoas com influência sobre De Gaulle eram "aquelas que o incentivam a seguir o caminho que ele quer trilhar" – especialmente Palewski. Como a única maneira de lidar com De Gaulle era com ameaças, Catroux disse que vinha lhe apresentando sua renúncia regularmente. Se De Gaulle não assumisse atitude mais moderada, ele se sentia tentado a apoiar Giraud. Eden concordou que era uma pena que De Gaulle ignorasse a verdade de que ele e Churchill tinham, "ao longo da nossa vida política, baseado nossas políticas na amizade com a França, e em vez disso parecia suspeitar que não tínhamos outro desejo na vida que não fosse enganar e enfraquecer os franceses".[80]

Antes de voltar para Argel, Catroux conseguiu convencer De Gaulle a aceitar a ideia de um comitê único administrado como um duunvirato sob a presidência alternada dele e de Giraud. Ele retornou a Argel para vender essa ideia a Giraud. Enquanto isso De Gaulle tornou a fazer ameaças ao receber o general Bouscat, mensageiro de Giraud. Ele entregou a Bouscat um recado para levar de volta a Argel: "Se não houver acordo, tanto pior! A França inteira está comigo ... Giraud que se cuide! ... Se ele for para a França vitorioso, mas sem mim, vão atirar nele. ... A França é gaullista, ferozmente gaullista."[81] Uma semana depois ele aumentou a pressão, dizendo a Bouscat: "Quem é Giraud? O que ele representa? Não tem ninguém que o apoie. Tudo poderia ser bem simples ... Eu chego de avião. Vou direto ao Palais d'Eté [sede do governo]. No trajeto as multidões me aplaudem ... Nós dois vamos até a sacada. A união está sacramentada. Acabou."[82] De Gaulle também tentou agitar a opinião gaullista no norte da África por intermédio de André Peladon, enviado a mando do BCRA. Isso irritou Catroux, que achava que, se os gaullistas eram "só uma fraçãozinha da opinião pública" na Argélia, isso serviria apenas para fazer Giraud fincar pé.[83] Catroux por pouco não chegou ao ponto de ruptura quando foi informado da fantasia de De Gaulle a respeito do carro aberto, que também deixou Monnet apavorado.[84] Ele era tão hostil a De Gaulle nessa altura que os britânicos achavam que planejava traí-lo, propondo a si mesmo como alternativa conciliatória entre os dois generais. Dizia-se que a ambiciosa mulher de Catroux, que tanto preocupava os britânicos, estaria empurrando o marido nessa direção.[85]

Na verdade, o conflito entre De Gaulle e Catroux se dava essencialmente em torno de táticas: as de um tribuno populista contra as de um whig francês, como Macmillan certeiramente descreveu Catroux.[86] Este com certeza era mais afinado com a psicologia de Giraud que De Gaulle, e Macmillan o ajudou a diminuir a resistência de Giraud. Quando insistiu com este para aceitar a ideia de Catroux acerca de um duunvirato, encontrou-o num estado de espírito "teimoso, egoísta e até desafiador ... É tão ingênuo, mas ao mesmo tempo tão pomposo e estúpido".[87] Mas no fim de abril Giraud finalmente cedeu. Aceitou o duunvirato e propôs que outras questões pendentes fossem resolvidas por ele e De Gaulle, pessoalmente. Parecia que De Gaulle agora poderia ir à Argélia.

Restava resolver um detalhe: onde os dois generais se encontrariam? Giraud propôs a remota cidade de Biskra, no Saara, porque temia que em Argel De Gaulle fosse alentado pelas multidões. Era exatamente isso que De Gaulle queria. Ainda sonhando com seu carro aberto, ele temia que numa localidade distante como Biskra ficasse vulnerável a pressões dos partidários americanos de Giraud. Mencionou esse problema em seu estilo inimitável, dizendo a um assessor: "Vivemos uma revolução, e nesses períodos não é possível fazer concessões ... Dá para imaginar Clóvis, Joana d'Arc, Danton ou Clemenceau indo a Biskra? Se eu for, condições americanas me serão impostas."[88] Catroux ponderou que De Gaulle não deveria arriscar tudo numa questão tão banal. Macmillan achava o mesmo: "O problema é que se for você a embaralhar as cartas e der a De Gaulle quatro ases e um curinga, ele ainda assim desiste de jogar e não aposta nada."[89]

De Gaulle arriscou mais ainda num discurso em Grosvenor House em 4 de maio. Massigli lhe suplicou que fosse conciliatório: "Não diga nada que faça Giraud temer que a gente queira que a união primeiro o absorva e depois o elimine. Você deve até lisonjeá-lo. Não se arrisque a comprometer tudo insistindo demais nessa questão do local do encontro."[90] De Gaulle fez exatamente o oposto. Seu discurso pintava um quadro sarcástico de Argel nas garras do pétainismo e recusava o convite para debater o futuro da França num oásis remoto.[91] Os gaullistas *"purs et durs"* em Londres adoraram. Soustelle recordava-se com prazer, em suas memórias, da "expressão exausta de Massigli, ... a aparência mais lívida que nunca".[92] O horrorizado Catroux esteve novamente a ponto de renunciar, mas Massigli lhe suplicou que ficasse, apesar de ele não poder ajudar em quase nada: "Tornei-me desconfiado. ... Mas enquanto houver uma chance de evitar uma ruptura sou capaz de engolir qualquer coisa."[93] Ninguém ficou mais indignado que Monnet: "O perfeito exemplo de discurso e de métodos hitlerianos. ... A conclusão tem que ser a de que um acordo com ele é impossível; de que ele é inimigo do povo francês e de suas liberdades. ... De que, portanto, precisa ser destruído no interesse dos franceses, dos Aliados e da paz."[94] Mas dois dias depois De Gaulle, adotando sua tática favorita de morder e soprar, ou talvez temendo ter ido longe demais, mandou uma mensagem conciliatória para Giraud assegurando-lhe que não permitiria qualquer "manifestação imprópria" em Argel – garantia que Giraud teria de ser muito ingênuo para levar a sério.[95]

Dois fatores incentivaram De Gaulle a manter-se firme. O primeiro era que tropas do Exército francês regular no norte da África tinham começado a bandear-se para as Forças Francesas Livres de Leclerc. Em novembro de 1942, De Gaulle tinha ordenado a Leclerc que seguisse do Chade para o norte através do deserto de Fezã, no sul da Líbia, e se juntasse ao Sétimo Exército Britânico em Trípoli, na costa norte-africana. Com 4700 homens e 780 veículos, Leclerc atravessou os 5 mil quilômetros de deserto e chegou a Trípoli no fim de janeiro. O governo britânico não tinha gostado disso, pois achava que de nada lhe serviriam as forças de Leclerc. Mas concordou com a operação, desde que em sua marcha para o norte Leclerc não tentasse tomar a região do Fezã para os franceses. De Gaulle concordou, cortês, e logo em seguida esqueceu a promessa. Cada oásis por onde Leclerc passava era colocado sob administração francesa. De Gaulle previa que, quando a guerra acabasse, ele poderia incorporar Fezã, parte da Líbia Italiana, ao Chade Francês – um golpe extraordinariamente audacioso de expansão imperial da parte de alguém que mal dispunha de uma divisão. Apesar de irritados, os britânicos resolveram não criar uma confusão por causa disso. Discutir com De Gaulle era cansativo, e eles se consolaram com a ideia de que a população tuaregue da região estava mais próxima, etnicamente, da população do Chade que dos árabes da Líbia. Como registrou em memorando um funcionário: "Como o general De Gaulle é muito chato, minha tendência é não argumentar com ele, mas deixar a posição exatamente como está, uma ocupação francesa de fato, e deixar o arranjo final para o tratado de paz."[96]

Fossem quais fossem os objetivos de longo prazo, para De Gaulle o principal motivo para mandar Leclerc passar pela Líbia era garantir que as Forças Francesas Livres – e não apenas o Exército francês regular sob o comando de Giraud – participassem do que estava se revelando uma dura batalha contra os alemães na Tunísia. Os 13 mil soldados das Forças Francesas Livres, apesar da grande desvantagem numérica em relação às tropas francesas regulares "de Giraud", tinham adquirido uma reputação gloriosa, graças às heroicas proezas de Leclerc. Uma vez terminada a batalha, Leclerc não permitiu que seus homens marchassem ao lado das forças francesas regulares no desfile da vitória em Túnis, em 20 de maio. Em vez disso, elas se juntaram às tropas britânicas. Foi nesse cenário que as tropas do Exército regular começaram a bandear-se para as Forças Francesas Livres. De Gaulle instruiu formalmente Leclerc a aceitar os "desertores" (como eram chamados pelos giraudistas), passando por cima de Catroux, que não desejava fazer outra provocação desnecessária a Giraud. As deserções – descritas eufemisticamente pelos gaullistas como "mudança voluntária de atribuição" (*changement voluntaire d'affectation*)– não foram enormes, numericamente (no máximo 2750), mas ganharam muita publicidade e aumentaram a impressão de que o prestígio de Giraud evaporava.

O segundo fator que incentivava De Gaulle a resistir era a iminência de um acordo sobre o CNR na França. Em 14 de maio, chegou um telegrama de Moulin anunciando que tinha conseguido arrancar um acordo da Resistência sobre o CNR. Soustelle imediatamente publicou um comunicado alegando, falsamente, que o CNR já tinha se reunido e declarado fidelidade a De Gaulle. Em suas *Memórias*, De Gaulle diz que esse acontecimento foi decisivo para derrubar a resistência de Giraud. A coincidência de datas sugere que ele tinha razão: em 17 de maio, Giraud concordou em encontrar-se com De Gaulle em Argel – e não em Biskra. A rigor, a concessão final de Giraud foi consequência mais dos poderes de convencimento de Catroux e Macmillan que de qualquer outra coisa. Na verdade, a notícia sobre o CNR foi calculada para aumentar a resistência de Giraud, dando a impressão de que ele sucumbia à pressão externa; Macmillan não achou sequer que valesse a pena mencionar o CNR em seu diário; Catroux e Massigli consideraram o anúncio inútil.[97] Há poucos sinais de que ele tenha feito qualquer diferença, além de incentivar De Gaulle a persistir.

De Gaulle aceitou formalmente as condições de Giraud em 21 de maio. O que ele não sabia era que, quando parecia que tinha alcançado seu objetivo, Churchill estava mais perto que nunca de romper com ele. Desde 11 de maio o primeiro-ministro encontrava-se em Washington, onde Roosevelt destilou sobre ele seu veneno anti-De Gaulle. Churchill informou a Londres: "Quase não se passa um dia sem que o presidente o mencione em conversa comigo." O primeiro-ministro esteve também com Leger, que o advertiu que, "embora finja ter simpatias comunistas, [De Gaulle] tem tendências fascistas". Churchill perguntou se Leger estaria disposto a chefiar um Comitê Francês em Londres: "Precisamos de você. Todos os homens lá em Londres morrem de medo de De Gaulle. Massigli é frágil e morre de medo dele." A resposta de Leger foi que era preciso "despersonalizar o gaullismo sem fazer de De Gaulle um mártir".[98] Depois dessas conjecturas extremamente implausíveis, Churchill telegrafou para o gabinete dizendo que era hora de romper com De Gaulle, mas não com o Comitê Nacional Francês (aspiração impossível).⁹⁹ Numa reunião especial na noite de 23 de maio, um domingo, o gabinete repudiou a sugestão de Churchill argumentando que "o nome de De Gaulle é o único que tem valor para os *résistants*", ainda que "o De Gaulle que eles sigam seja obviamente uma criatura meio mítica, muito diferente do De Gaulle que conhecemos".¹⁰⁰

Não houve mais nenhum entrave à partida de De Gaulle. Quanto ao CNR, ele se reuniu ultrassigilosamente em 27 de maio, num apartamento na rue du Four, na Rive Gauche parisiense. Sob a presidência de Jean Moulin, oito líderes da Resistência e os representantes de oito partidos políticos aprovaram uma proposta recomendando que se estabelecesse um governo provisório sob a liderança de De Gaulle. Quando a notícia chegou a Londres, em 4 de junho, De Gaulle já estava em Argel.

"Entre louco e asno"

Acompanhado por Philip, Massigli, Palewski e Billotte, De Gaulle pousou perto de Argel ao meio-dia de 30 de maio. Catroux e Giraud foram recebê-lo, com os representantes britânicos e americanos em pé atrás deles. Apesar da execução de "La Marseillaise" e de haver bandeiras francesas – diferentemente de Anfa, seis meses antes –, o evento foi discreto.

No carro a caminho do Palais d'Eté, onde os aguardava um almoço oficial, De Gaulle e Giraud trocaram palavras de grande frieza:

"Quem é a sua gente no comitê?", quis saber De Gaulle. "A minha é Philip e Massigli."
"Jean Monnet."
"Aquele financistazinho a serviço dos britânicos..."
"E o general Georges."
"Ele foi bem medíocre [*assez moche*] na guerra... Quero eliminar Noguès, Peyrouton, Boisson."
"Isso a gente vê. Mas é melhor dizer 'nós' em vez de 'eu'. Imagino que o senhor vá ver Eisenhower amanhã."
"Nem morto! Estou na França aqui. Só vou vê-lo se ele vier me ver primeiro."¹⁰¹

No almoço, Giraud e De Gaulle sentaram-se em frente um do outro, com suas equipes em volta. Os protagonistas olhavam-se com cautela. De Gaulle escreve a respeito desse momento: "Desse modo, estavam ali reunidos todos aqueles franceses, tão diferentes, e apesar disso tão parecidos, a quem a maré dos acontecimentos arrastara para praias diferentes e que agora pareciam tão inquietos e confiantes como antes de o drama começar!"[102] Um dos presentes era o general Georges, que Churchill arrancara da aposentadoria. Georges tinha sido inimigo de De Gaulle nos anos 1930, e Churchill esperava que ele pudesse lhe servir de contrapeso agora.

Embora De Gaulle se queixasse nas *Memórias* de que sua chegada foi ocultada da população – nada de carro aberto –, e embora Catroux tivesse aconselhado discrição, o movimento Combat, de Capitant, naquela tarde, organizou uma manifestação em honra do general no monumento aos soldados mortos na guerra. De Gaulle apareceu e levantou os braços em V – gesto que se tornaria sua marca registrada quando estava em meio a multidões. Chegando à sua *villa*, encontrou-a repleta de microfones – instalados pelos giraudistas, pelos americanos ou pelos britânicos – e mandou retirá-los.[103] Naquela noite, De Gaulle encontrou-se com Monnet pela primeira vez desde junho de 1940. Monnet contou a Macmillan que o humor de De Gaulle oscilava entre "uma relativa calma e uma extrema irritabilidade", denunciando os "anglo-saxões" e proclamando aos berros que depois da guerra a França teria de se aproximar da Alemanha e da Rússia. Monnet não conseguiu decidir se o general era "um demagogo perigoso, um maluco ou as duas coisas".[104] Isso pode ter despertado lembranças do jantar deles em 17 de junho de 1940, quando De Gaulle tinha criticado violentamente Pétain. Louco ou não, naquela primeira oportunidade seu julgamento sobre Pétain tinha sido muito mais perspicaz que o de Monnet.

Na manhã seguinte (31 de maio) houve a primeira reunião do bicéfalo Comitê Francês de Libertação Nacional (CFLN). Cada copresidente tivera permissão para escolher dois membros. Giraud escolheu Georges e Monnet, De Gaulle escolheu Philip e Massigli. Como Catroux também era membro, De Gaulle tinha maioria permanente. Poderia esperar a oportunidade e aos poucos ir impondo sua autoridade, mas esse não era o seu estilo. Ele abriu a reunião exigindo que o comitê aceitasse imediatamente dois princípios: o comandante militar tinha de estar subordinado à autoridade civil – em outras palavras, Giraud a De Gaulle – e todos os altos funcionários maculados por sua associação com Vichy seriam dispensados. Monnet, Catroux e Massigli tentaram intermediar, propondo que o comitê deixasse para discutir questões substantivas só quando tivesse estabelecido seus métodos de trabalho. Diante disso, De Gaulle levantou-se, fechou a pasta de documentos e saiu da sala batendo a porta.[105]

No dia seguinte, De Gaulle deu sua versão dos acontecimentos a Macmillan. Era a primeira vez que os dois se encontravam. Macmillan achou que ele "falava de si mesmo como de um poder separado"; sua *villa* era como "a corte de um monarca em visita". De Gaulle disse-lhe que Georges era "um velho senhor" totalmente desligado, e Monnet, "um homem bom, porém mais internacionalista que francês". E então falou sobre o seu tema do momento, de que a França estava vivendo uma revolução: "Assim como o Exército monarquista depois de 1789 ficou dividido por conflitos e lealdades, o Exército francês também ficou. Precisava ser renovado pelo espírito da revolução. Precisava que seus oficiais fossem homens jovens e inexperientes. É preciso nos livrarmos de todos esses velhos generais." A impressão geral de Macmillan foi de que, demagogo ou maluco, De Gaulle tinha "um caráter mais poderoso que qualquer outro francês" que ele já conhecera.[106]

Naquela noite, sabendo ou não, De Gaulle provocou uma minicrise. O antigo ministro de Vichy, Marcel Peyrouton, percebendo que sua hora tinha chegado (ou com a intenção de causar estragos), escreveu para De Gaulle renunciando ao cargo de governador-geral da Argélia. De Gaulle, sem consultar Giraud, divulgou um comunicado aceitando a renúncia. Giraud respondeu com uma carta desvairada acusando De Gaulle de querer "estabelecer na França um regime copiado do nazismo, respaldado pelas SS".[107] A carta tinha sido redigida por André Labarthe, o antigaullista de Londres que tinha ido parar em Argel para oferecer seus serviços a Giraud. Nos cinco meses anteriores Giraud tinha se tornado uma espécie de ímã para a fila de ressentidos e derrotados inimigos de De Gaulle. Outro ímã era o almirante Muselier, que Giraud nomeara chefe de polícia. A atmosfera estava impregnada de boatos: Giraud supunha que os gaullistas planejavam um *putsch*; De Gaulle temia que os homens de Giraud chegassem a qualquer momento para prendê-lo em sua *villa*.[108]

Em 2 de junho, Catroux, Macmillan e Massigli entregaram-se febrilmente ao trabalho nos bastidores para superar a crise. Catroux disse a Macmillan que se sentia "entre louco e asno". Macmillan dissuadiu-o de renunciar.[109] No fim do dia, De Gaulle estava pronto para abaixar a temperatura, numa tática bem comum em sua estratégia geral de intimidação. Escreveu para Giraud propondo que o comitê voltasse a reunir-se na manhã seguinte. Na ocasião (3 de junho), De Gaulle era todo sorrisos. A reunião aprovou o mesmo rascunho insignificante que tinha sido preparado no primeiro dia. As questões controvertidas que De Gaulle tinha levantado no início foram deixadas para outra oportunidade. No fim do encontro, De Gaulle deu a volta à mesa apertando a mão de cada um e abraçou Giraud. Churchill informou a Roosevelt que o resultado tinha sido satisfatório. Se De Gaulle "se mostrar violento ou insensato" acabará isolado numa minoria de dois a cinco.[110] Não se sabe bem como Churchill fez esse cálculo, que era o oposto da verdade. Pode ser também que ele tenha deliberadamente manipulado a verdade para agradar a Roosevelt. Apesar desses acessos intermitentes de raiva contra De Gaulle, inteiramente genuínos, a atitude de Churchill para com ele era mais complicada do que parecia. A única ocasião em que sugeriu formalmente aos ministros que rompessem com De Gaulle foi provocada pelo desejo de bajular Roosevelt, e ele fez a sugestão na certeza de que seria rejeitada. É extraordinário também o fato de que depois de Anfa, quando Roosevelt tentou, sem lhe dizer nada, omitir o nome de De Gaulle do memorando que planejava assinar com Giraud, Churchill tenha intervindo para impedi-lo. Em certo sentido, Churchill, instintivamente francófilo, coisa que Roosevelt não era, provavelmente reconhecia que os interesses da França estavam de alguma maneira personificados em De Gaulle – o homem que ele apoiara impulsivamente em 1940.

Em 7 de junho decidiu-se aumentar o número de membros do comitê para catorze. Diariamente, De Gaulle mordiscava o poder de Giraud. Enquanto seus novos indicados – Diethelm, Tixier e Pleven – eram leais a ele, os de Giraud eram figuras pragmáticas, cuja fidelidade não era incondicional. Foi o caso, por exemplo, do brilhante servidor público Maurice Couve de Murville. Couve era um funcionário do Ministério das Finanças que servira a Vichy enquanto achou que o regime podia ser usado para defender os interesses da França contra a Alemanha. Perdendo a fé em Pétain, ele chegou a Argel para colocar seus serviços à disposição de Giraud, mas sem nenhuma lealdade especial. Até Monnet, que tinha sido tão hostil a De Gaulle poucas semanas antes, e certamente continuava desconfiado de suas ambições políticas futuras, começou a perceber que ele era homem de uma estatura totalmente diferente da de Giraud. Portanto, De Gaulle poderia aguardar sua vez enquanto esperava que seus nomeados para o comitê chegassem de Londres. Em vez disso, partiu novamente para a ofensiva. Em 9 de junho, enviou ao comitê uma carta criticando a anomalia do fato de um dos copresidentes (Giraud) ser também comandante em chefe. Anunciou que enquanto o assunto não fosse resolvido estaria fora do comitê. Alegou, de forma implausível, que abandonaria a política sem nenhum problema e assumiria o comando de uma divisão blindada.[111] Os trabalhos do comitê foram suspensos.

Essas táticas eram recursos comuns no repertório de intimidação de De Gaulle. Macmillan não se deixou enganar: "Minha impressão é de que ele estava se divertindo com a comoção que causava, ... há certo elemento de travessura nele, que o faz gostar de brigas. Estava muito amável e divertido."[112] No quarto dia dessa nova crise (14 de junho), Macmillan e De Gaulle passaram a tarde na cidadezinha litorânea de Tipasa, onde o primeiro gostava de ir nadar. Macmillan mergulhou nu na água enquanto De Gaulle ficou sentado numa pedra, coberto por sua farda e sua dignidade. Macmillan escreveu o seguinte sobre aquela tarde:

> Passei três horas e meia dirigindo, caminhando nas ruínas e conversando continuamente com esse personagem estranho – atraente e ao mesmo tempo impossível. Falamos sobre todos os assuntos imagináveis – política, religião, filosofia, os clássicos, história (antiga e moderna) e assim por diante. Tudo estava mais ou menos relacionado às coisas que lhe ocupavam a mente. ... O único problema é que, quando andávamos nas ruínas, fomos reconhecidos. A notícia se espalhou e formou-se uma pequena aglomeração na aldeia, que o aplaudiu muito e exigiu um discurso. Muito ruim para ele![113]

A carta que De Gaulle escreveu para a mulher naquela noite não revela um homem em vias de abandonar a política. Ele lhe contou que "estamos avançando" apesar do "clima de mentiras e notícias falsas", e lhe disse que ela logo se juntaria a ele.[114]

No dia seguinte, como se nada tivesse acontecido, De Gaulle anunciou que estava pronto para voltar ao comitê, uma vez que todos os membros tinham chegado de Londres. Agora Roosevelt, informado por Murphy, percebeu de repente que, em apenas dez dias, De Gaulle praticamente assumia o controle total do comitê. No que um diplomata do Ministério das Relações Exteriores caracterizou como "diatribe histérica", Roosevelt escreveu para Churchill em 17 de junho sugerindo – novamente – que era hora de romper totalmente com De Gaulle.[115] Eisenhower foi instruído a dizer a De Gaulle que a porção francesa do norte da África era território ocupado, e os americanos não permitiriam que a autoridade de Giraud fosse enfraquecida. Essa era a tática mais errada que se poderia imaginar. Não era a primeira vez que De Gaulle incitava seus adversários a adotar uma reação tão extrema que até aqueles que condenavam seus métodos se sentiam na obrigação de correr em seu apoio. A intervenção estrangeira aberta era um meio seguro de fortalecer a unidade francesa.

Eisenhower, que não tinha a menor vontade de se meter em política, com relutância convocou Giraud e De Gaulle para uma conversa com ele em 19 de junho. De Gaulle recusou-se a ceder e ameaçou anunciar pelo rádio que estava sendo pressionado por "interferência estrangeira". Macmillan, que estava na sala ao lado, comentou: "De Gaulle foi o primeiro a sair, evidentemente possesso – ... acho que em boa parte simulação... Giraud saiu minutos depois, digno mas muito vermelho. Eisenhower parecia desconcertado com a poderosa personalidade de De Gaulle (nunca o vira 'em ação' antes)."[116] Nos bastidores, funcionários britânicos trabalhavam – contra Churchill – em defesa dos interesses de De Gaulle. Churchill tinha baixado uma instrução em 19 de junho dizendo que só continuaria a financiar a Resistência se ela não caísse sob "controle de De Gaulle e seus satélites". Mas lorde Selborne, do SOE, revogou a decisão: "Giraud tem pouco peso na França. O nome de Georges é lama. O nome de qualquer outra pessoa no poder em 1940 é esterco." Se De Gaulle saísse do CFLN, "é muito provável que os movimentos de Resistência ... se desintegrem".[117]

Em 22 de junho, o comitê aceitou um acordo negociado por Monnet. Giraud continuava sendo comandante em chefe do Exército norte-africano e copresidente do comitê. De Gaulle ficava com status teoricamente igual, de comandante do resto das forças francesas (ou seja, das Forças Francesas Livres). Cada força teria seu próprio estado-maior. Essa solução híbrida preservava o duunvirato existente com Giraud e De Gaulle e o impingia aos dois exércitos. O mais importante porém era que a organização geral das Forças Armadas foi confiada a um único comitê militar presidido por De Gaulle. Como informou De Gaulle em Carlton Gardens, esse "arranjo provisório" oferecia a possibilidade de "precipitar a desorganização" das forças de Giraud como primeiro passo para a criação de um Exército unificado.[118]

De Gaulle agora estava tão seguro de sua posição que em 24 de junho convidou a mulher para se juntar a ele: "Estou sozinho contra os Estados Unidos e só os Estados Unidos. ... Todos os répteis em dívida com o Departamento de Estado e o pobre Churchill gritam e espumam pela boca."[119] No dia seguinte, De Gaulle concedeu audiência a André Gide, um dos mais famosos escritores da França, que morava no norte da África. Gide não estava entre os seus autores preferidos, mas receber grandes escritores era função de chefe de Estado – função para a qual De Gaulle estava ensaiando. Com os escritores ele sempre foi respeitoso. Gide escreveria depois: "Tinham me falado do seu charme; e não era exagero. Mas não se sente com ele um desejo ou uma preocupação em agradar. ... O general manteve-se muito altivo e até um pouco reservado, um pouco distante." Eles passaram a maior parte do tempo conversando sobre a Académie Française, sobre a qual De Gaulle se mostrou incrivelmente bem-informado. O único momento de tensão ocorreu quando Gide tentou defender o escritor André Maurois, que, nos Estados Unidos, continuava fiel a Pétain: "As feições do general se contraíram um pouco, e não sei se meu veemente apelo não o irritou."[120]

Fim de jogo

De Gaulle ainda não tinha resolvido sua questão com Giraud. Como observou certa vez Alexis Leger: "De Gaulle precisava não apenas derrotar seus inimigos, mas esmagá-los também."[121] Isso levou mais alguns meses. Em *O fio da espada*, De Gaulle comparou o autocontrole do líder ao do jogador cuja "elegância consiste em reforçar sua aparência exterior de sangue-frio no momento em que recolhe o que ganhou".[122] Ele precisou de três meses para lançar os dados e eliminar Giraud. Durante todo o tempo foi ajudado pela infalível estupidez de Giraud. Como em certo momento comentou Macmillan: "O camarada ... está realmente desnorteado."[123]

A primeira vez que De Gaulle lançou os dados foi em meados de julho, quando Giraud voltou de uma viagem de três semanas pela América do Norte a convite de Roosevelt, que esperava com isso fortalecer a reputação de Giraud. Na verdade, a viagem teve o efeito contrário, como Churchill suspeitara, que advertiu Roosevelt de que seria "perigoso deixar o campo livre para De Gaulle. ... Quando o gato sai de casa o rato faz a festa".[124] Em conversa com Leger em Washington, o supostamente apolítico Giraud, bem ciente do perigo, lhe disse o seguinte:

> Não tenho ilusões sobre De Gaulle. ... Um entourage de gângsteres prontos para recorrer a qualquer coisa, usando qualquer meio. ... Sua propaganda é extremamente hábil. ... Não subestimo o perigo. ... Prefiro recorrer a um método progressivo que levará seis meses. Vou fazer De Gaulle revelar sua posição e desmascará-lo, ... e acabar com ele aos olhos da opinião pública. Conto com sua inevitável inépcia, levando em conta seu caráter e seu temperamento.[125]

A tática de Giraud para "desmascarar" De Gaulle não poderia ter sido mais desastrada. Numa entrevista coletiva em Ottawa, ele fez comentários elogiosos às conquistas do nacional-socialismo. No dia seguinte as manchetes proclamavam: "Giraud canta louvores aos nazistas". Enquanto isso, em Argel, o comitê se acostumava a trabalhar sob a liderança solitária de De Gaulle. Ele visitou Rabat e Túnis, onde multidões foram expostas pela primeira vez ao poder da sua retórica. Seu discurso em Argel no Dia da Queda da Bastilha (14 de julho) foi recebido entusiasticamente por uma grande multidão: "Nosso povo está unido para travar a guerra. E também para a renovação nacional. ... A França não é uma princesa adormecida que será acordada de repente pelo gênio da Libertação. A França é um cativo torturado que, sob os golpes que recebe, avalia de uma vez por todas a causa dos seus infortúnios e a infâmia dos tiranos."[126] Isso estava mais afinado com a época que Giraud enaltecendo os benefícios do nacional-socialismo.

Na volta de Giraud, De Gaulle atacou de novo. Disse ao comitê que a existência de duas estruturas de Exército separadas era um obstáculo para o desenvolvimento de um Exército francês único. No fim de um debate acirrado, chegou-se a um novo acordo. Em vez de um comitê com dois presidentes rotativos, cada presidente agora tinha uma área específica de responsabilidade: Giraud, a das questões militares, De Gaulle, o resto. Mas na realidade o poder de Giraud ficou menor, pois haveria um novo Comitê de Defesa para supervisionar a fusão das Forças Armadas – com De Gaulle como presidente. O pretexto particular oferecido por De Gaulle para fazer esse arranjo foi o de que ele agora tinha "preponderância política" e uma "espécie de preponderância militar".[127] Curiosamente, o obtuso Giraud, depois de cinco dias de disputas, também parecia feliz. Disse a Murphy que sua posição militar tinha sido fortalecida.[128]

Giraud presenteou De Gaulle com a próxima oportunidade cinco semanas depois da Libertação da Córsega. A partir de novembro de 1942, a Córsega foi ocupada pelos italianos. Depois que Mussolini perdeu o cargo, em julho de 1943, e o governo italiano assinou um armistício com os Aliados no começo de setembro, os movimentos de Resistência na Córsega aproveitaram a oportunidade para lançar uma insurreição. Quase no mesmo momento tropas alemãs desembarcaram na ilha, e a Resistência local entrou em contato com Argel para pedir ajuda militar. Giraud imediatamente obteve permissão dos Aliados para mandar dois destróieres à Córsega – mas sem informar à CFLN. Em seguida, fez uma visita à Córsega libertada. Isso irritou De Gaulle, que achava que Giraud tinha agido sorrateiramente para ficar com o crédito pessoal pela primeira Libertação de um *département* francês. Ele nem precisava se preocupar. O fiel gaullista François Coulet, enviado para assumir o controle da situação corsa, informou em 22 de setembro sobre o que tinha visto: "Gaullismo indiscutível, exclusivo, quase constrangedor quando se está acompanhando o general Giraud, como fiz ontem. É verdade que ele se comportou muito corretamente do começo ao fim e parece já não se surpreender quando é aclamado aos gritos de 'Viva De Gaulle'."[129]

Essa humilhação de Giraud não bastava para De Gaulle. Ele tratou o assunto como questão de princípio: o comandante em chefe não tinha o direito de agir independentemente do CFLN. Sua solução era que deveria haver um só presidente e clara subordinação dos militares ao poder civil. Em 21 de setembro, o CFLN se reuniu para discutir as propostas de De Gaulle, enquanto Giraud inspecionava tropas francesas na Córsega. Destituir Giraud da copresidência à sua revelia era uma medida impiedosa demais para todos, menos para os gaullistas mais dedicados. De Gaulle se viu na posição inédita de ser derrotado no voto.[130] Descreveu o episódio em suas *Memórias* com uma falsidade sublimemente insincera. Afirmou que enquanto "ministros me pressionavam para fazer a mudança de estrutura" que impediria uma repetição da questão corsa, ele, por outro lado, preferiu "prosseguir com o devido respeito ao grande soldado que tinha prestado serviço tão brilhante".[131] A verdade era exatamente o oposto.

De Gaulle passou os dias seguintes preparando o terreno. Em 26 de setembro, Macmillan, achando que De Gaulle estava "num estado de espírito animado e travesso", evitou cair na armadilha que lhe estava sendo preparada: "Ele buscava ansiosamente uma intervenção dos Aliados como pretexto para um reagrupamento patriótico."[132] Mesmo sem essa intervenção, De Gaulle conseguiu o que queria na reunião seguinte do comitê. Propôs o estabelecimento de um novo Comissariado para Defesa Nacional, pelo qual o comandante em chefe (Giraud) seria responsável. Giraud continuaria sendo cossignatário formal das decisões tomadas pelo CFLN até assumir o comando em campo. Nessa altura, ele deixaria de participar do comitê.[133] No CFLN o general Georges foi o único que se opôs à proposta.

A última rodada da eliminação de Giraud ocorreu no começo de novembro, quando De Gaulle adotou medidas para ampliar a base do CFLN trazendo elementos da Resistência metropolitana. Todos os membros do comitê assinaram uma carta renunciando a suas pastas para permitir uma reforma ministerial. Giraud, que costumava assinar documentos sem ler, percebeu tarde demais as implicações. Ele escreveu em tom lastimoso a De Gaulle: "Jornalistas me perguntam se é verdade que eu já não faço parte do comitê. Tenho de responder que não tenho ideia se é isso mesmo."[134] Nem Giraud nem Georges foram nomeados para o comitê reconstituído. Giraud não contava mais com nenhum aliado. Num encontro com Georges durante a crise, Macmillan descobriu que até "ele estava perdendo a paciência com Giraud, por mais que desconfiasse de De Gaulle".[135] E, fossem quais fossem as armas futuras que Roosevelt tinha em seu arsenal contra De Gaulle, Giraud não era mais uma delas. Ficou claro para os chefes militares americanos no norte da África não apenas que Giraud era politicamente incompetente, mas que suas ideias militares também estavam irremediavelmente ultrapassadas. O "grande soldado" continuou comandante em chefe por mais alguns meses, mas liquidado politicamente.

Num olhar retrospectivo, no fim de 1944, Macmillan escreveu a respeito de Giraud:

Imagino que jamais, em toda a história política, um homem dissipou um capital tão grande em tão pouco tempo. ... Do seu declínio e queda ele é o único autor. ... Sentou-se para jogar cartas com todos os ases, todos os reis e quase todas as rainhas do baralho, ... mas conseguiu, num extraordinário passe de mágica, dar um jeito de perder.[136]

A partida tinha sido desigual desde o início. Hervé Alphand, em visita a Argel em maio de 1943, antes da chegada de De Gaulle, voltou de lá sem a menor dúvida sobre o resultado final: "Giraud dá a impressão de ser um homem completamente ultrapassado, muito 1912, sem saber nada dos grandes problemas econômicos modernos, das questões sociais (ele me disse o seguinte: agitação social se resolve com metralhadoras). ... Não dá para comparar com essa força desencadeada – brutal e furiosa –, essa figura que rompe com todo o passado, essa explosão contra erros, equívocos e traição que é De Gaulle."[137] A única vantagem de Giraud era o apoio do governo americano, mas isso acabou sendo um ônus. Diante da implacabilidade política de De Gaulle, do seu brilhantismo como tribuno popular e de sua total clareza sobre o que desejava conseguir, Giraud nunca teve a menor chance.

12. A construção de um Estado no exílio, julho de 1943-maio de 1944

EM 26 DE AGOSTO DE 1943, quando o conflito entre De Gaulle e Giraud ainda estava a semanas de uma solução, as três potências aliadas reconheceram simultaneamente o CFLN. Sob pressão do seu gabinete, havia semanas que Churchill recomendava a Roosevelt que o fizesse: "Não estou mais enamorado de De Gaulle que você, mas eu preferiria vê-lo no comitê a andar por aí se pavoneando como uma combinação de Joana d'Arc e Clemenceau."[1] A questão tinha sido discutida por Churchill e Roosevelt num encontro em Quebec, onde, de acordo com Cordell Hull, o "presidente disse que não queria dar a De Gaulle um cavalo branco no qual ele pudesse cavalgar para a França e ali tornar-se dono de um governo".[2] Depois que Roosevelt concordou, restava encontrar as palavras apropriadas. Numerosos rascunhos atravessaram o Atlântico de um lado para outro. Churchill voltou a escrever para Roosevelt: "Que significa reconhecimento? Pode-se reconhecer um homem como imperador ou como merceeiro."[3] No fim, cada governo aliado escolheu uma fórmula diferente, num ponto qualquer entre esses extremos. A fórmula soviética era a mais ampla (reconhecendo o CFLN como "representante do interesse governamental da República Francesa") e a americana, a mais restritiva (reconhecendo o CFLN como "administrando aqueles territórios que reconhecem sua autoridade"). A redação britânica era um meio-termo.[4]

Apenas duas semanas depois, os franceses tiveram uma prova de como esse "reconhecimento" significava pouco. Em julho, tropas aliadas desembarcaram na Sicília, e no fim do mês Mussolini foi derrubado por um golpe interno. Em 3 de setembro, tropas aliadas desembarcaram no continente italiano e assinaram um armistício com o novo líder da Itália, general Badoglio, após dias de negociações secretas sobre as quais os franceses não tinham sido avisados. Quando Macmillan chegou com Murphy para informar De Gaulle e assegurar-lhe que o sigilo tinha sido imposto por segurança militar, a reação não foi animadora:

> Com certo humor sarcástico ele nos cumprimentou pelo fato de a guerra entre nossos países e a Itália ter terminado. Entendia que a França continuava em guerra com a Itália, uma vez que não tinha participado do armistício. Quando comentei que o sigilo e a necessidade militares deveriam ser do interesse dele como soldado, ele disse: "Não sou soldado." Senti-me tentado a perguntar por que ele se vestia com aquelas roupas peculiares que certamente ninguém usaria se a necessidade militar não lhe impusesse. Quando deixamos De Gaulle, vimos Massigli chegar, parecendo bem apavorado.[5]

Na verdade, Massigli não ficou menos irritado que De Gaulle. Ambos temiam que, se os Aliados estivessem dispostos a fazer um acordo tão rápido com Badoglio, como já tinham feito com Darlan, poderiam muito bem um dia fazer o mesmo com Laval ou Pétain. Houve outras esnobadas. Reunidos em Moscou no fim de outubro, líderes aliados estabeleceram uma Comissão Consultiva Europeia para planejar políticas do pós-guerra. Os franceses não foram incluídos. De Gaulle também não foi convidado para uma reunião de cúpula em Teerã, no fim de novembro, onde se decidiu sobre o Dia D. Ele captou a mensagem em suas memórias: "Não havia dúvida! Nossos aliados combinaram nos excluir o máximo possível das decisões relativas à Itália. Era de prever que no futuro viessem a combinar o destino da Europa sem a França. Mas era preciso mostrar-lhes que a França não permitiria essa exclusão."[6]

Para De Gaulle, a única maneira de revidar era apresentar aos Aliados um fato consumado, fazendo do CFLN uma espécie de Estado no exílio com o qual seriam obrigados a negociar na Libertação. Para tanto, seria necessário amalgamar o Comitê Nacional gaullista sediado em Londres com a administração existente – e amplamente pétainista – em Argel. O que preocupava alguns gaullistas era o efeito que isso poderia ter sobre a natureza do "gaullismo". Seria ele absorvido por "Argel"? Ou "Argel" seria transformada pelo "gaullismo"? O futuro do gaullismo continuava em aberto.

Vida em Argel

Desde 1940, os que diziam representar a França habitavam hotéis arruinados em Vichy, *villas* coloniais em Brazzaville e grandiosas mansões no centro de Londres. Agora uma quarta "França" estava sediada nas instalações do Lycée Fromentin, uma grande escola para meninas localizada num parque que dava para a baía de Argel. Ali os comissariados (como ainda eram chamados os ministérios) do CFLN foram instalados em dependências que já tinham abrigado dormitórios, refeitórios e salas de aula. Não eram as melhores condições para se organizar um governo. A maioria dos arquivos ministeriais estava em Paris; os telefones eram tão pouco confiáveis que ficava mais rápido mandar um mensageiro atravessar a cidade a pé; o papel era de má qualidade e escasso; espinhos de cacto serviam de clipe.[7] Outro problema era que toda a comunicação com a Resistência passava por Londres. Por essa razão – e também porque a Grã-Bretanha provavelmente era o lugar de onde as operações de desembarque na França partiriam –, todos os comissariados do CFLN continuavam com seus representantes em Londres. Massigli, encarregado de assuntos estrangeiros, era representado em Londres pelo socialista moderado Pierre Viénot, que se juntara a De Gaulle em abril de 1943. O BCRA também tinha uma seção em Londres e outra em Argel. Isso criava amplas oportunidades para disputas e confusão. Os que desaprovavam determinada política decidida numa cidade acabavam dando um jeito de sabotá-la em outra.

Chegando a Argel em 30 de maio, De Gaulle ocupou uma casa pequena e desconfortável perto do Lycée. Mas com a vinda da mulher ele se mudou para a Villa des Oliviers, imponente construção em estilo mourisco a cerca de três quilômetros do centro da cidade, com uma vista espetacular da baía de Argel. Apesar de indiferente ao seu ambiente pessoal, De Gaulle queria uma residência grandiosa que marcasse sua posição de chefe de Estado – como a de Giraud, que, tendo chegado primeiro, ocupou o imponente Palais d'Eté, onde antes moravam os governadores-gerais. Yvonne de Gaulle juntou-se ao marido no fim de julho. Temos um indício de quanto De Gaulle sentia falta da mulher no bilhete curto mas tocante que rabiscou para ela certa noite logo depois de chegar a Argel:

Lá está ele escrevendo à sua mesa. Tem diante de si o retrato de sua querida mulherzinha, que ele tanto admira e tanto ama! E de repente todo o amor lhe inunda o coração e ele corre para contar a Yvonne. Nós dois, física e moralmente apoiando um ao outro, iremos longe no mar, e na vida, aconteça o que acontecer.[8]

A viagem de Yvonne de Gaulle de Londres a Argel foi arriscada. O avião teve de voar baixo porque Anne não podia usar máscara de oxigênio. Em Argel, Yvonne era obrigada a assumir de vez em quando os deveres de mulher de chefe de Estado, a tornar-se uma espécie de "primeira-dama". Isso era um suplício para aquela criatura tímida envolvida nas dificuldades de cuidar da filha deficiente. Depois de um jantar oficial, o político britânico Duff Cooper, sucessor de Macmillan como representante no CFLN, comentou com a desdenhosa presunção de um homem casado com a glamorosa Diana Cooper: "Fiquei sentado entre madame de Gaulle e madame Catroux. ... Madame de Gaulle é uma mulherzinha patética que me parece ter uma vida difícil. Obviamente a proíbem de usar maquiagem."[9] Diana Cooper tinha horror a jantares em que pudesse acabar sentada perto de "Mr. e Mrs. Wormwoods", apelido que dava ao casal De Gaulle, ao passo que adorava bater papo com a fofoqueira madame Catroux. Durante a maior parte do tempo, Yvonne se mantinha longe dos refletores. Os convidados para jantar na casa dos De Gaulles espantavam-se com a austera simplicidade do seu estilo de vida.[10] Era um grande contraste com Catroux, que, tendo precedido De Gaulle em Argel, caracteristicamente, ocupara a mais esplêndida *villa* disponível, onde instalou seus magníficos móveis. O casal De Gaulle vivia modestamente, como recordaria o filho Philippe anos depois:

A casa era desconfortável e sem muitas comodidades. ... Como lembrava minha mãe: "Comíamos em pratos de barro, produzidos localmente, e bebíamos em copos feitos de garrafa serrada. Conseguir uma lâmpada elétrica era como tirar leite de pedra [*la croix et la bannière*]. E era preciso estar sempre vigilante, porque todo mundo roubava – chegando-se a tirar fechaduras de porta. Todo dia era uma luta pelas coisas mais simples." Por exemplo, Anne não podia comer alimentos sólidos, só cozidos – tinha uns dentes de leite muito fracos, e minha mãe fazia qualquer coisa para conseguir leite em pó. Ela trouxe alguns lençóis, cobertores e roupas, pois meu pai realmente não se importava, desde que estivesse bem-vestido. "Você sabe como ele é, se tiver dois uniformes e algumas camisas, não precisa de mais nada."¹¹

Poucas pessoas conseguiam captar alguma coisa da intimidade da vida doméstica dos De Gaulles. O resistente Pierre Guillain de Bénouville, que um dia voltou à *villa* sem avisar porque tinha esquecido sua pasta de documentos depois de uma reunião, deparou com De Gaulle carregando "nos braços a filhinha doente, cantando para ela uma cançãozinha de amor".¹²

O principal assessor de De Gaulle nesse período era Gaston Palewski, na função de *directeur de cabinet*. Palewski continuava a ser uma combinação curiosa de conversador charmoso, socialite e gaullista inflexível. No diário de Duff Cooper ele é descrito como "o inevitável Palewski", e Cooper acabou desenvolvendo por ele intensa antipatia, tanto pela intransigência do seu gaullismo quanto porque Palewski era um mulherengo ainda mais inveterado que ele. Palewski defendia zelosamente sua posição de cão de guarda de De Gaulle, mas teve de competir com uma nova figura na constelação gaullista. Tratava-se de Louis Joxe, ex-professor de história que fora membro do Combat, o pequeno grupo de gaullistas da Resistência formado em Argel antes dos desembarques aliados. De Gaulle precisava de alguém que lhe fosse leal e tivesse conhecimento local do traiçoeiro e desconhecido ambiente argelino. Joxe era exatamente o que ele procurava, e foi nomeado secretário-geral do governo, o que lhe dava a responsabilidade de preparar as reuniões do CFLN. O cargo de secretário-geral era uma inovação administrativa dos anos 1930, mas Joxe elevou o status dessa função convencendo De Gaulle de que não poderia trabalhar com eficácia se ele não estivesse presente nas reuniões do CFLN – tal como o secretário britânico de gabinete nas reuniões do gabinete. De Gaulle passou a confiar intimamente em Joxe, que se revelou o perfeito mandarim administrativo para o perfeito funcionamento do comitê. Inevitavelmente isso causava tensões com Palewski, que se ressentia de qualquer diluição do seu acesso exclusivo a De Gaulle.¹³

Por mais bucólicos que fossem os arredores do Lycée Fromentin, a atmosfera política de Argel estava carregada de ódio. Membros da França Livre de Londres, resistentes da França, antigos políticos da Terceira República, pétainistas arrependidos, giraudistas desiludidos e funcionários *attentistes* (aqueles que adotavam uma atitude de expectativa, prontos para se juntar ao vencedor) coabitavam com dificuldade, todos desconfiados de todos e dispostos a qualquer coisa para obter a aprovação de De Gaulle. Resistentes e membros da França Livre desconfiavam uns dos outros, mas se uniam no desprezo pelos demais. Servidores públicos e políticos que não se comprometeram com Vichy nem apoiaram De Gaulle em 1940 sentiam-se menosprezados. Como disse Joxe: "Para alguns membros da França Livre, a cronologia tinha um papel importante. Estar entre os primeiros que se juntaram a De Gaulle era motivo de orgulho." Um ex-diplomata referia-se sarcasticamente ao "Clube 18 de Junho".[14]

A necessidade de estabelecer uma administração que de fato funcionasse tornava impossível ser purista. Devia ser essa a opinião do diplomata de carreira Massigli, cuja delicada tarefa era reconstruir a diplomacia da França no exterior. Até o fim de 1943, 37 governos tinham reconhecido o CFLN. Representantes diplomáticos precisavam ser credenciados em cada um deles. Como o corpo diplomático francês tinha sido basicamente fiel a Vichy até o fim de 1942, as concessões eram inevitáveis. Apesar da surpresa e do espanto de alguns *purs*, Massigli convenceu De Gaulle a nomear o tarimbado diplomata de carreira Henri Hoppenot embaixador em Washington. Tendo sido embaixador de Vichy no Uruguai, Hoppenot de início apoiara Giraud. Ele demonstrou toda a ansiedade de alguém louco para voltar a cair nas boas graças depois de um gritante escorregão encerrando seu discurso em louvor a De Gaulle com um *"Vive le maréchal"*.[15]

Se diplomatas tradicionais eram reabilitados, que papel sobraria para os comitês da França Livre surgidos no mundo inteiro em 1940, em oposição aos representantes oficiais de Vichy? Esses "resistentes da Quinta Avenida, de Buenos Aires e de Montevidéu", como os descreveu com desprezo um diplomata, esperavam que sua hora tivesse chegado. Mas Massigli achava que não havia lugar para eles na diplomacia séria. Ele teve uma violenta altercação com Soustelle, que desempenhara papel importante na criação dos comitês em 1940. No fim, De Gaulle impôs um acordo que reconhecia a função passada dos comitês, mas não lhes concedia status oficial de representantes do CFLN. A honra de Soustelle ficou intacta, mas Massigli tinha repelido o que ele mesmo descreveu como tentativa de transformar os comitês da França Livre numa versão das Casas Marrons nazistas. O uso dessa analogia diz muito sobre a opinião que gente como Massigli tinha dos gaullistas *purs et durs*. Massigli e Soustelle nunca mais voltaram a falar um com o outro.[16]

De Gaulle podia ser pragmático, porque não precisava provar nada. Disse a Georges Boris, que estava preocupado com os acordos que ele parecia estar pronto a fazer com antigos funcionários de Vichy: "Só se pode governar com os franceses, ... e eles são pétainistas."[17] Mas ao mesmo tempo De Gaulle não tinha esquecido nada. Novos recrutas que chegavam a Argel tinham de suar um pouco antes de serem admitidos. Joxe assistiu a um encontro aflitivo quando certo general X (ele não cita o nome), chegando para um encontro com De Gaulle, teve de ficar muito tempo esperando do lado de fora. De Gaulle disse a Joxe: "Estou esperando por ele há dois anos. Ele pode esperar um pouco mais." Quando o pobre indivíduo foi levado à sua presença, sorridente e de mão estendida, De Gaulle continuou sentado, imóvel e impassível. O general X, depois de alguma hesitação, voltou a pôr o quepe na cabeça e prestou continência. Imediatamente De Gaulle se levantou e estendeu a mão: "*Bonjour*, X... Como vai? Prazer em vê-lo."[18] Jean Chauvel, alto funcionário do Quai d'Orsay, incentivado por Massigli a ir para Argel, teve uma recepção gélida por parte de De Gaulle. Em suas memórias ele se lembrava amargamente das distinções, na cidade, entre os "eleitos, os catecúmenos e os párias". Só depois de várias semanas foi admitido, segundo suas próprias palavras, à "Presença". A carreira de Chauvel não foi prejudicada, mas ele jamais perdoou De Gaulle.[19]

Em nenhum outro setor De Gaulle desejava ser mais pragmático do que na reorganização do Exército. Sua prioridade era criar uma força de combate eficaz para permitir a participação francesa na vitória dos Aliados. Isso significava amalgamar as Forças Francesas Livres originais, que tinham um contingente de 50 mil homens no verão de 1943, com o Exército regular no norte da África, que possuía um contingente de 700 mil. Havia ódios profundos dos dois lados. Para os oficiais do Exército regular, "generais" das Forças Francesas Livres como Leclerc, Koenig e Larminat não passavam de capitães metidos a besta, e De Gaulle era um traidor. Um desses oficiais regulares, o general Monsabert, escreveu em seu diário em 7 de maio: "O Exército não tolera De Gaulle! Por causa da Síria, por causa de Dakar e, acima de tudo, porque ele representa a política de ontem. O Exército não perdoa o regime que nos levou à derrota." Ou, seis meses depois: "Que triste ver um homem como De Gaulle, que poderia de fato encarnar a salvação da França, se não estivesse fazendo uma jogadinha política da Terceira República. ... Os *émigrés* da

República e o regime derrotado que não 'aprenderam nada e não esqueceram nada' e que não podem sequer reivindicar a grande honestidade dos *émigrés* da revolução."[20] Já soldados como Larminat, que estavam com De Gaulle desde 1940, falavam continuamente da necessidade de "revolução", querendo com isso dizer um expurgo total dos oficiais que haviam se comprometido com Vichy. Monsabert e Larminat tinham compartilhado os mesmos valores em 1940, e ambos estavam igualmente empenhados em combater os alemães – se bem que agora divididos pelo abismo da guerra civil da França e pela personalidade de De Gaulle.

Para comandar a Força Expedicionária Francesa que era preparada para combater na Itália, De Gaulle escolheu não um soldado das Forças Francesas Livres, mas o general Alphonse Juin, que servira lealmente a Vichy até novembro de 1942. Mesmo depois dos desembarques americanos no norte da África, Juin tinha hesitado durante dias antes de decidir a quem devia obrigações. Ele fora contemporâneo de De Gaulle em Saint-Cyr – o que fazia dele uma das poucas pessoas com quem De Gaulle usava a forma de tratamento "tu" –, mas as razões de De Gaulle para usá-lo nada tinham de sentimentais. Juin era homem de grandes qualidades de liderança, aceitável para os grupos do Exército regular. No dia seguinte a sua chegada a Argel, De Gaulle escreveu-lhe em termos calorosos. Juin, que se declarou "infinitamente tocado", e também deve ter se sentido infinitamente aliviado ao receber esse ramo de oliveira da absolvição.[21] Um grupo de resistentes que se apresentou a De Gaulle como delegação para reclamar da promoção de Juin foi tratado com o desprezo característico: "Quer dizer que os senhores entendem do valor dos generais, não é? ... Tudo que disseram está certo. Mas Juin comandará na Itália e será condecorado antes dos senhores."[22]

Embora Giraud repetisse para quem quisesse ouvir que De Gaulle lhe havia dito que quando voltasse para a França ergueria uma guilhotina em cada aldeia,[23] foi a moderação pragmática de De Gaulle que tornou possível a adesão de figuras como Couve de Murville, originariamente giraudista. Desmond Morton, em visita a Argel em julho, relatou uma conversa com Couve, a quem descreveu como "uma personalidade muito objetiva para um francês":

> Não há a menor dúvida na cabeça de Couve de Murville de que – independentemente de ele, nós ou qualquer pessoa gostarmos ou não – De Gaulle está

destinado a desempenhar papel importantíssimo na França do pós-guerra como político, e não como soldado. ... O perigo da atitude americana, que ele compreende perfeitamente, é que ela aumenta o perigo de uma espécie de comunismo do pós-guerra na França, contra o que Couve de Murville, sem que isso o deixe nem um pouco feliz, vê De Gaulle como a única barreira perceptível.[24]

Pelas mesmas razões pragmáticas, Monnet aceitara com relutância a inevitabilidade de De Gaulle.

Nasce um político: "dando comida aos patos"

Em Argel, De Gaulle aprendeu a adaptar seu estilo de liderança adotado nos primeiros dias da França Livre. Apesar de ser um dos gaullistas mais dedicados desde sua chegada a Londres em junho de 1942, André Philip ficou chocado com a maneira brutal com que o general descartou Giraud depois de sua volta a Argel. E escreveu-lhe:

> Desde sua chegada a Argel você cometeu numerosos erros agindo rápido demais e sem consultar ninguém a não ser você mesmo. ... Ninguém, por mais genial que seja, pode decidir sozinho. ... Seu profundo desprezo pela natureza humana ... tende a distanciá-lo do espírito da democracia. ... E há também o seu orgulho. Eu sempre disse a mim mesmo que guardaria minha opinião sobre o seu caráter até o dia em que, marchando à frente de suas tropas pela Champs-Elysées, ... se possa julgar se você foi capaz de superar o orgulho na vitória. Ai de nós, a vitória ainda não está aí, mas o orgulho, sim, e é isso que explica sua falta de caridade ou psicologia em suas relações com os indivíduos, tornando-o às vezes desnecessariamente duro e ofensivo, como tem sido com alguns colegas nossos durante nossas discussões recentes. ... Portanto, se não adotar agora o hábito de consultar seus colegas e alcançar a maioria graças à habilidade de convencer, você jamais irá adquiri-lo, e, sejam quais forem suas intenções, quando voltar à França acabará assumindo uma atitude ditatorial, e eu lhe garanto que a classe trabalhadora e a massa republicana do povo que têm confiança em você hoje irão abandoná-lo.[25]

Não temos ideia do que De Gaulle achou dessa carta, à qual parece não ter respondido. Durante uma de suas muitas crises com Giraud, alguém ouviu dele o seguinte comentário: "Tenho destruído tantas portas ao sair das salas que em breve não haverá mais portas por onde eu possa voltar."[26] Mas à medida que o CFLN firmava sua autoridade e ampliava o número de membros, bater portas foi perdendo a eficácia. De Gaulle precisava cortejar políticos e ganhar votos. Já vimos que ele perdeu no voto sua primeira tentativa de excluir Giraud do CFLN em setembro de 1943. Mas, paradoxalmente, depois que Giraud foi afastado, em consequência da introdução no comitê de resistentes e políticos da Terceira República, De Gaulle ficou com as mãos ainda mais atadas. Houve um notável exemplo disso em novembro, quando outra crise explodiu no Oriente Médio.

As eleições que os franceses vinham prometendo à população da Síria e do Líbano desde junho de 1941 finalmente foram realizadas em setembro de 1943. Resultaram na vitória de candidatos nacionalistas. Incentivado por Spears, o novo "governo" libanês anunciou a intenção de abandonar o mandato unilateralmente. O governador francês, Jean Helleu, que não tinha o tato do seu antecessor Catroux, agora em Argel, dissolveu o Parlamento e prendeu os ministros. Mesmo achando, privadamente, que a reação de Helleu tinha sido "um tanto vigorosa demais", De Gaulle certamente não estava preparado para desautorizá-lo.[27] Os britânicos ameaçaram intervir se Helleu não soltasse os ministros. De Gaulle, convencido de que os britânicos estavam se vingando dele pela destituição de Giraud, encarregou Catroux de encontrar uma solução. Até Catroux, que não era dado a arroubos retóricos, descreveu o ultimato britânico como um novo incidente de Fashoda; e o anglófilo Massigli achou que os franceses eram vítimas de uma "intriga" conjunta, fomentada pelos britânicos.[28] Embora De Gaulle não fosse o único a ficar chocado com a reação britânica, seu instinto era não ceder, e o de Catroux, como sempre, era buscar uma solução. Ele reconduziu ao cargo os ministros presos e negociou um vago calendário para extinguir o mandato. Esse acordo era mais uma lorota para atrasar a decisão final sobre a independência, mas mesmo assim foi demais para De Gaulle. De Argel, ele passou por cima de Catroux; de Londres, Pierre Viénot ameaçou renunciar se tivesse que transmitir as ameaças mais disparatadas de De Gaulle ao governo britânico. Viénot escreveu a Massigli: "Sei muito bem os danos causados no passado por essa maneira de proceder. ...

Para entrar numa guerra contra a Inglaterra, você terá de procurar outra pessoa que não eu!"²⁹ Ele não precisou renunciar porque, ao contrário das duas crises anteriores no Levante, De Gaulle já não era um agente livre. Em 23 de novembro Catroux recebeu o apoio da maioria do CFLN. De Gaulle saiu furioso da reunião, batendo mais uma porta. Massigli informou a Macmillan, deliciado, que tinha havido uma total mudança da "autoridade quase ditatorial [de De Gaulle] poucos meses atrás", uma vez que ele já não podia ignorar os novos integrantes do comitê.³⁰

Massigli estava otimista demais, e era raro para De Gaulle ter sua vontade contrariada. Mas ele precisava alcançar seus objetivos com mais sutileza do que no passado. Isso foi percebido com divertida admiração pelo velho membro da Terceira República Henri Queuille, que ingressara no CFLN em novembro de 1943. O diário de Queuille acompanha as mudanças graduais no estilo de liderança de De Gaulle:

> 6 de outubro de 1943: Ele é realmente um homem curioso, com seus súbitos impulsos, suas explosões e, em seguida, depois de uma reflexão, um momento de recuo, a aparência de ter mudado de ideia, mas logo que o momento se torna propício retoma a trajetória que havia estabelecido.
>
> 23 de novembro de 1943: Discutimos as medidas a serem tomadas na chegada à França. ... O general debate, propõe com uma moderação, uma sabedoria, um senso político que nos surpreendem agradavelmente.
>
> 20 de dezembro de 1943: [Depois que De Gaulle deu a impressão de aceitar uma ideia proposta por Queuille dois dias antes] Não é a primeira vez que observo que, embora pareça não levar em conta observações que lhe fazem, depois de refletir, elas voltam à sua cabeça, ele medita a respeito, e sua opinião evolui.
>
> 10 de março de 1944: [Depois de um debate no CFLN sobre se seria o caso de conceder cidadania a argelinos muçulmanos] De Gaulle certamente mudou de política ... mas explica essa mudança com uma finura, uma flexibilidade e uma arte que demonstram que estamos testemunhando a criação de um político. Estamos muito distantes das explosões que costumavam acontecer.³¹

Apesar de respeitar os protocolos do governo coletivo, De Gaulle não resistia a lançar sarcasticamente umas farpas ocasionais. Philip, aparecendo um dia de shorts, foi saudado com as seguintes palavras: "Você esqueceu a cesta,

Philip." Noutra ocasião, depois que muitos manifestaram preocupação com o tipo de recepção que o representante do CFLN receberia quando chegasse a Guadalupe, anteriormente sob autoridade de Vichy, De Gaulle declarou: "As pessoas vão gritar 'Viva...'"; então, sentindo as respirações em suspenso em volta da mesa, à espera do que ia dizer, ele se conteve: "Viva a autoridade coletiva e despersonalizada do Comitê Francês de Libertação Nacional."[32] O obediente e altamente nervoso Massigli era o mais frequente alvo das investidas de De Gaulle. Este era por natureza desconfiado em relação a diplomatas, cuja *déformation professionelle* era preferir a conciliação ao confronto. Sobre Massigli, comentou o seguinte: "É um capacho ... onde os Aliados limpam os sapatos", enquanto fazia exatamente o mesmo para si próprio.[33]

Embora De Gaulle tivesse que andar com mais cuidado para alcançar seus objetivos, seu sentido de superioridade continuava intacto. A um diplomata canadense que durante uma visita lhe perguntou sobre a responsabilidade coletiva no CFLN, De Gaulle respondeu:

> Em última análise, a responsabilidade (e apontou um dedo para si mesmo num gesto imponente) *"c'est De Gaulle"*. Não é, disse ele, Massigli, Pleven, Monnet que o povo francês procura ou que serão responsabilizados pelo povo francês pelos atos do comitê; é De Gaulle. O tempo todo se referia a si mesmo na terceira pessoa ... Não me deu a impressão de ser um místico hipnotizado por visões de grandeza, mas um homem prático afirmando fatos sem emoção.[34]

Além de observar as convenções do governo coletivo, De Gaulle aprimorou algumas das habilidades de um político parlamentarista ao tratar com a então recém-criada Assembleia Consultiva. Esse organismo tinha sido formado em Argel para atuar como porta-voz de diferentes correntes da opinião pública francesa na ausência de um Parlamento adequado. Por ser evidentemente impossível realizar eleições na França, os membros da assembleia foram indicados pelos movimentos da Resistência, escolhidos entre seus próprios integrantes, incluindo também parlamentares de antes da guerra que não votaram em Pétain em julho de 1940. De Gaulle concebia a assembleia como outra maneira de ampliar sua legitimidade política aos olhos dos Aliados. A primeira reunião, em novembro, serviu perfeitamente aos seus propósitos. Oradores atacaram Giraud e exigiram que o CFLN incluísse mais representantes da Resistência. De Gaulle usou isso como pretexto para reformar o CFLN, e excluiu Giraud.

Afora isso, De Gaulle não imaginava a assembleia desempenhando um papel independente. Queria que ela o apoiasse, não que o contestasse. Mas a assembleia, que continha astutos políticos da Terceira República e resistentes ambiciosos, adquiriu confiança e começou a atuar de forma mais semelhante a um Parlamento de verdade. Ela criava comitês para discutir política e fez valer seu direito de convocar ministros para prestarem contas de suas ações. Ninguém na assembleia ousava criticar De Gaulle pessoalmente, mas outros membros do CFLN se viam na linha de tiro – especialmente André Philip, a quem De Gaulle incumbira de cuidar das relações entre a assembleia e o CFLN. Mais uma vez Philip tentou apresentar a De Gaulle algumas críticas honestas:

> Num admirável capítulo de *O fio da espada* você traçou o retrato do líder, frio, reservado, aceitando a necessidade de estar sozinho e reprimindo seus sentimentos. ... Você precisa estabelecer um contato humano; a tragédia no seu caso é que você não sente isso: sua inteligência é republicana, seus instintos não são. Esta assembleia é consultiva; deve ser consultada nem que seja só para lhe dar a sensação de estar cumprindo uma função útil.[35]

De Gaulle captou a mensagem. Apresentou-se diante da assembleia vinte vezes e pronunciou importantes discursos políticos. Jean Chauvel (uma testemunha hostil) oferece um relato divertido de De Gaulle recebendo membros da Comissão de Negócios Estrangeiros da assembleia.

> Cheguei com minhas anotações. O general pegou-as e colocou-as em cima da mesa dizendo quase para si mesmo: "Isso mesmo, pão para os patos." Então os patos entraram. Estavam visivelmente intimidados. De Gaulle sentou-os em volta da mesa, deu-lhes algumas explicações, respondeu a algumas perguntas. ... Então, levantando-se o mais ereto possível, desenrolou um mapa da Itália e deu, num silêncio semirreligioso, algumas indicações "confidenciais" sobre as operações em andamento; em seguida, apertando a mão de cada um, despachou-os para cuidarem de seus assuntos. A performance, executada com grande habilidade, me interessou. Eu lhe disse que as coisas pareciam ter ido bem. Ao que ele respondeu: "Sim, sim: pão para os patos."[36]

Um importante motivo de tensão com a assembleia era o fato de seus membros acharem o CFLN morno demais em relação às reformas a serem realizadas na França após a Libertação. Apesar das rivalidades e das diferentes origens políticas dos líderes, a Resistência não comunista estava convencida de que a França tinha sido traída por suas elites em 1940, e que era função da Resistência não só expulsar os alemães, mas também encabeçar uma regeneração social e política do país no pós-guerra. A ideologia da Resistência estava resumida no título de um livro de André Hauriou, advogado que tinha sido membro do Combat antes de ingressar na Assembleia Consultiva em Argel: *Vers une doctrine de la Résistance: le socialisme humaniste* [Para uma doutrina da Resistência: o socialismo humanista]. Esse socialismo humanista, concebido no contexto de uma República revigorada, estava imbuído também dos valores católicos progressistas de figuras como Jacques Maritain.

Muitos líderes da Resistência, apesar de chateados com a tentativa de De Gaulle de emascular sua independência, esperavam ao mesmo tempo que ele estivesse disposto a encabeçar um novo movimento para conduzir seus ideais ao mundo do pós-guerra. Ele os tinha usado; agora eles descobririam um jeito de usá-lo. Um líder da Resistência chegou a Argel com um esquema pronto, nessa linha, e o apresentou a De Gaulle: "Assim como seu Apelo de junho de 1940 foi o catalisador da Resistência, agora o seu programa de 1943 poderia ser o catalisador da Renovação."[37] Diego Brosset, um dos primeiros soldados a apoiar De Gaulle em 1940, também passou por Argel com seu próprio manifesto para De Gaulle, alertando para os perigos de permitir que velhos partidos políticos recuperassem sua influência.[38] Esse era um tema constante dos editoriais do ultragaullista *La Marseillaise*. Para ex-parlamentares como Queuille, havia nisso qualquer coisa de "social-fascismo", e o socialista Félix Gouin escreveu para De Gaulle protestando contra a violência dos canhonaços contra políticos da Terceira República. Em resposta, De Gaulle citou Talleyrand – "Tudo que é exagerado é irrelevante"[39] – como forma de evitar qualquer compromisso específico sobre o futuro.

A característica mais notável da retórica de De Gaulle depois de sua chegada a Argel é que a palavra "revolução" desapareceu. No lugar dela, ele passou a falar em "ordem". O momento de transição foi seu discurso de 14 de julho de 1943, pronunciado quando Giraud estava nos Estados Unidos. Como De Gaulle ainda tentava apresentar-se como tribuno populista contra o "reacionário" Giraud, o discurso prometia uma nova República para derrubar os interesses constituídos: "Numa luta entre o povo e a Bastilha, é sempre a Bastilha que acaba do lado errado." Mas a frase seguinte advertia que esse processo precisava ser "ordeiro", para que os franceses não mergulhassem em "lutas internas". Portanto, a Bastilha seria tomada ... mas de forma ordeira.[40] Nunca mais a palavra "revolução" apareceu nos discursos de De Gaulle em Argel.

Para quem leu o livro de De Gaulle *A França e seu Exército* – construído em torno da tensão entre ordem e energia – isso não deveria surpreender, mas Georges Boris, olhando para trás depois da guerra, achava que em Argel De Gaulle tinha voltado aos valores da sua "casta", deixando-se tomar pelas forças da "reação".[41] A verdade era mais complexa. A obsessão de De Gaulle com a "ordem", nesse período, era contrabalançada por sua constante reiteração da necessidade de "renovação" (que substituiu "revolução" em seu vocabulário retórico). Só num breve discurso em 10 de janeiro de 1944 a palavra "renovação" apareceu três vezes. De vez em quando De Gaulle tentava definir o que queria dizer. Em novembro de 1943, proclamou que "as fontes de riqueza natural" no futuro deveriam estar nas mãos da nação e "beneficiar todo o povo da França"; em março de 1944 disse que era preciso haver "reformas estruturais econômicas e sociais" para criar uma "social-democracia".[42] Isso estava em sintonia com o difuso anticapitalismo da Resistência. De Gaulle disse a Macmillan que tinha lido o Relatório Beveridge, que lhe pareceu "muito impressionante". Achava que era preciso haver mudanças na estrutura social francesa entre "o extremo do comunismo e o capitalismo no sentido antigo". Macmillan ficou surpreso com quanto isso parecia interessar a De Gaulle.[43]

Um tema ao qual a Assembleia Consultiva atribuía especial ênfase era a necessidade de expurgar os colaboracionistas depois da Libertação. Aqui também De Gaulle era mais cauteloso do que fora no passado. Quando lhe perguntaram sobre o expurgo, numa entrevista coletiva em 7 de agosto de 1943, ele respondeu que qualquer medida deveria ser tomada de forma ordeira pelo Estado. Nessa breve declaração, a palavra "Estado" apareceu cinco vezes.[44] O CFLN criou uma Comissão de Expurgo no mês seguinte para preparar o terreno. Decidiu que os que tinham colaborado com a Alemanha ou participado dos "pseudogovernos" de Pétain seriam formalmente julgados "logo que a situação permita". Havia muitas perguntas a responder: os colaboracionistas seriam julgados por tribunais especiais ou por tribunais comuns? Que fazer com aqueles que tinham cometido delitos menores e não poderiam ser punidos nos termos do Artigo 75 do Código Penal referente a "conluio [*intelligence*] com o inimigo"?

Em dezembro de 1943, De Gaulle ordenou o internamento de Boisson, que tinha disparado contra as Forças Francesas Livres em Dakar, e de Pierre-Etienne Flandin, que fora primeiro-ministro de Pétain durante três semanas no fim de 1940. A decisão de confinar esses indivíduos deixou Churchill e Roosevelt furiosos. Roosevelt era muito grato a Boisson por ter levado a África Ocidental para o lado dos americanos no fim de 1942; Flandin era um velho amigo de Churchill, desde antes da guerra (apesar de ter apoiado o Acordo de Munique). Segundo Macmillan, Churchill ficou em estado de "apoplexia" por causa do assunto; Roosevelt disse a Churchill que a questão oferecia uma oportunidade para "eliminar" De Gaulle.[45] Não se pode dizer que essa interferência em assuntos internos franceses foi calculada para fazer De Gaulle mudar de ideia. Ele gostava de falar que era ilógico da parte dos Aliados acusá-lo, num momento, de ser autoritário e, no momento seguinte, censurá-lo por adotar medidas defendidas pelo que a França tinha de mais parecido com uma assembleia democrática. No fim, De Gaulle apaziguou a situação garantindo que os prisioneiros seriam bem tratados e que só seriam julgados quando a França fosse libertada. Para ele, esses confinamentos eram acima de tudo simbólicos.

Mais problemático era o caso de Pierre Pucheu, que tinha sido ministro do Interior de Pétain. Pucheu estivera estreitamente associado às políticas repressivas de Vichy depois dos primeiros ataques comunistas contra os alemães no verão de 1941. Segundo constava, quando os alemães começaram a selecionar reféns franceses para fuzilar em represália, Pucheu teria fornecido o nome de comunistas em prisões francesas – muito embora o fato de estarem na prisão na época dos ataques significasse que não poderiam ter desempenhado qualquer papel nos atos. Por essa razão, Pucheu era execrado pela Resistência em geral e pelo Partido Comunista em particular. Depois de novembro de 1942, Pucheu mudou de lado e colocou-se à disposição de Giraud, chegando a Argel em maio do ano seguinte. Mas, mesmo com Giraud lhe oferecendo garantias de salvo-conduto, ele foi preso imediatamente. Pucheu era figura tão controvertida que ficou decidido que seu julgamento não poderia ser adiado até a Libertação. Foi condenado à morte por um tribunal militar e fuzilado em 22 de março, depois que De Gaulle preferiu não comutar a pena. A natureza sumária do julgamento foi um choque até para quem não lamentava o fim de Pucheu. Embora sua responsabilidade pela repressão de Vichy fosse incontestável, a acusação não encontrou provas de que ele tivesse fornecido nomes de reféns para os alemães. Duff Cooper fez esta observação para Eden: "O comentário mais pertinente sobre esse julgamento lamentável e mal conduzido talvez seja aquele feito por meu colega soviético. ... 'Vocês deveriam ter consultado Vishinsky [o conhecido promotor dos julgamentos-exibição soviéticos].'"[46] Para os conservadores franceses, a execução de Pucheu foi um ato de implacável violência arbitrária perpetrado para acalmar os comunistas. Na verdade, relatos recebidos da França sugeriam que a execução era um desejo de toda a Resistência.[47]

Ainda assim, a decisão de não perdoar Pucheu parece ter provocado em De Gaulle uma crise de consciência. Ele era implacável, não sanguinário. Explicou seus motivos para o comissário da Justiça, o resistente católico François de Menthon:

> É uma grave decisão. É uma daquelas que tomo, em minha alma e em minha consciência, por razões de Estado. ... Trata-se de alguém que estava no governo. Você está ou não está no governo. Ninguém o obriga a isso. Funcionários públicos são outra coisa. São agentes que executam ordens. ... A França não compreenderia se alguém perdoasse aqueles que colaboraram com o inimigo, que fizeram os franceses usarem uniformes. Nesse caso não me interessam as elucubrações dos comunistas. Não me interessam as intenções do indivíduo. ... Não posso julgar intenções. Só os fatos têm valor, e seus resultados.[48]

Embora rejeitasse a acusação de que a execução de Pucheu fora um agrado feito aos comunistas, De Gaulle certamente tinha ciência da ameaça comunista. Poucos dias depois de chegar a Argel, ele disse a Macmillan que não tinha intenção de tornar-se outro Kerensky.[49] Essa era mais uma razão para ele começar a falar em "ordem", e não em "revolução".

Desde que Fernand Grenier chegou a Londres em janeiro de 1943 para anunciar o apoio do Comitê Central a De Gaulle, os comunistas vinham praticando um jogo desonesto. Durante o conflito com Giraud, o Partido Comunista evitou escolher entre os dois generais. Na primeira reunião do

CNR, Moulin teve de barrar uma tentativa do representante comunista de propor uma moção apoiando os dois generais. Quando Giraud foi finalmente excluído do CFLN, o Partido Comunista juntou alguns manifestantes para protestar nas ruas de Argel. Embora à primeira vista pareça paradoxal que os comunistas apoiassem alguém ideologicamente mais conservador que De Gaulle, era do interesse deles manter o CFLN dividido, enquanto afirmavam sua influência na Resistência na França.

De Gaulle tentou neutralizar os comunistas oferecendo-lhes dois cargos no CFLN durante a reforma de novembro de 1943. Mas só estava disposto a fazê-lo em seus próprios termos. Escolheu dois comunistas que tinham desempenhado papel incontestável na Resistência, oferecendo-lhes duas pastas de menor importância.[50] Os comunistas, apesar de cobiçarem cargos de maior destaque, queriam aproveitar a oportunidade para reabilitar membros do partido que em 1939 tinham aceitado com entusiasmo o Pacto Nazi-Soviético, como Maurice Thorez, líder do partido que desertara e passara a guerra na União Soviética. Tinha havido um obscuro episódio em 1940, quando alguns comunistas em Paris iniciaram negociações com os alemães para permitir o reaparecimento do jornal do partido, *L'Humanité*. Isso não deu em nada, mas foi um lembrete da incômoda posição em que se achavam os comunistas até Hitler invadir a União Soviética, em junho de 1941.

Durante as negociações com De Gaulle em novembro de 1943, o Comitê Central comunista perguntou por que ele não permitia que Thorez voltasse de Moscou para Argel. Se Thorez era culpado de ter desertado em 1939, o que tinha isso de diferente do caso de De Gaulle, que "desertou" em 1940? De Gaulle se recusou a ceder em qualquer desses pontos, e os comunistas acabaram não aderindo ao CFLN. Isso não os deixou muito preocupados. Livres da obrigação de demonstrar responsabilidade coletiva, eles continuaram sustentando uma barreira de ataques a De Gaulle por sua brandura com antigos servidores do regime de Vichy. A estratégia do Partido Comunista era consolidar sua influência na França para o momento do ajuste de contas na Libertação; a de De Gaulle era preparar estruturas administrativas que permitissem ao CFLN rebater qualquer ameaça a sua autoridade depois da Libertação.

"Ordem e renovação": planejamento para o exercício do poder

O CFLN gastou muito tempo planejando o exercício do poder depois da Libertação, comportando-se como se já fosse o governo francês. Uma portaria de fevereiro de 1944 estabeleceu os regulamentos para o *baccalauréat*, descendo a minúcias como a especificação dos textos a serem utilizados na prova de literatura inglesa. Na primavera daquele ano, alunos do liceu francês em Madri puderam escolher qual dos dois exames de *baccalauréat* – o de Vichy ou o de Argel – queriam fazer.[51] De Gaulle, claro, não estava envolvido nesses detalhes, mas presidiu o comitê responsável por supervisionar arranjos de transição entre os desembarques aliados e a chegada do CFLN à França, proveniente de Argel. O comitê criou um novo escalão de superprefeitos – *commissaires de la République* – que representariam o governo de De Gaulle nas regiões, mantendo a ordem quando o regime de Vichy caísse e evitando, na Libertação, um vácuo de poder que pudesse ser explorado tanto pelos Aliados como pelos comunistas. Na escolha dos nomes dos comissários houve tensão entre os movimentos da Resistência, que esperavam contribuir com sangue novo, e De Gaulle, que dava preferência a indivíduos com experiência administrativa. Uma anotação de De Gaulle numa portaria estabelecendo as regras para a escolha dos comissários é reveladora. Onde o rascunho original especificava que as nomeações seriam feiras "com o consentimento" da Resistência, De Gaulle alterou para "depois de consultas a".[52]

Apesar disso, a autoridade de De Gaulle sobre a Resistência tinha sofrido um duro golpe logo depois que ele chegou a Argel. Moulin vinha se queixando havia alguns meses de estar perigosamente sobrecarregado. Sua última carta para De Gaulle, em 15 de junho de 1943, era o *cri de coeur* de um homem que sentia que seus dias estavam contados. Quando pela primeira vez atuou como delegado de De Gaulle na França, em janeiro de 1942, fez sua base principalmente em Lyon, onde os movimentos da Resistência na antiga zona ocupada tinham seus quartéis-generais. Mas quando ficou encarregado tanto da zona norte quanto da zona sul, depois da segunda viagem a Londres, em fevereiro de 1943, Moulin passava muito tempo viajando entre Paris e Lyon. Cada viagem de trem, com as frequentes checagens de documentos de identidade, envolvia o risco de descoberta e prisão. A última carta de Moulin para De Gaulle trazia a arrasadora notícia de que o general Delestraint, o homem designado para comandar o Exército Secreto da Resistência, tinha sido preso em Paris em 9 de junho. A carta destacava Frenay como um dos culpados involuntários, porque sua "violenta campanha" em círculos da Resistência contra Delestraint tinha "chamado a atenção para nós". Moulin encerrava com um desesperado pedido de ajuda: "Precisamos salvar o Exército Secreto. Suplico-lhe, general, que faça o que tenho a honra de lhe pedir."

Antes de a carta de Moulin ser entregue a De Gaulle em Argel, Moulin foi preso, em 21 de junho, no subúrbio de Caluire, em Lyon, numa reunião em que líderes da Resistência escolhiam o sucessor de Delestraint. Ele morreu dias depois, tendo sofrido torturas atrozes nas mãos de Klaus Barbie, o chefe da Gestapo. Quando recebeu de Passy, em 28 de junho, a notícia da prisão de Moulin, De Gaulle escondeu, como de hábito, seus sentimentos mais profundos. O único comentário que fez foi uma espécie de resignação melancólica: "Ah!... Bem, temos de continuar [*Ah... Continuons*]". Mas não há nenhuma outra figura sobre a qual ele tenha escrito mais efusivamente em suas *Memórias*, usando palavras que têm qualquer coisa de autorretrato também:

> Esse homem, ainda jovem, mas com uma experiência já formada por sua carreira, foi forjado no mesmo molde dos meus melhores companheiros. A alma transbordante de paixão pela França, convencido de que o "gaullismo" deveria ser não apenas a luta pela Libertação, mas também o estímulo para uma completa renovação, impregnado da ideia de que o Estado estava encarnado na França Livre, ele aspirava a grandes proezas. Mas sendo também um homem de discernimento e vendo as pessoas e as coisas tais como são, andava pisando com cuidado na estrada atravancada de armadilhas preparadas pelos inimigos e de obstáculos erguidos pelos amigos. Sendo homem de fé e de prudência, não duvidando, mas compartilhando uma desconfiança geral, um apóstolo, mas ao mesmo tempo um ministro, em dezoito meses Moulin prestou um grande serviço.

Poucos dias antes da prisão de Moulin, Bouchinet-Serreulles, ex-assessor de De Gaulle, tinha sido enviado à França para ajudá-lo, e ficou cuidando da situação até que um sucessor definitivo fosse encontrado. A escolha mais óbvia seria Pierre Brossolette, que certamente tinha estatura e experiência para substituir Moulin, mas cuja forte personalidade lhe rendera muitos inimigos em Londres. Três meses depois, um candidato mais palatável foi encontrado na pessoa de Emile Bollaert, antigo prefeito que tinha sido demitido por Vichy. A escolha convinha a De Gaulle porque atendia a seu senso de hierarquia o fato de o representante do Estado – o representante dele – na França ser, como Moulin, um prefeito. A escolha convinha a Brossolette porque, como Bollaert nunca se envolvera com a Resistência, isso dava motivo para se esperar que ele viesse a ser uma eminência parda. Mas em fevereiro de 1944 Brossolette e Bollaert foram presos. Brossolette cometeu suicídio; Bollaert foi deportado para a Alemanha. Consequentemente, seis meses após a morte de Moulin, De Gaulle ainda não tinha um substituto definitivo.

Isso permitiu aos movimentos da Resistência recuperar parte da autonomia perdida para Moulin. A fim de substituí-lo como presidente do CNR, eles escolheram um resistente interno, Georges Bidault. Como Bidault tinha trabalhado em estreita colaboração com Moulin, a escolha não era necessariamente alarmante para Argel. Moulin tinha sido chefe do CNR *e* delegado de De Gaulle, mas agora esses dois cargos estavam separados. O CNR, originariamente imposto à Resistência por Moulin para apoiar De Gaulle, agora se emancipava dele. Numa afirmação adicional de independência, o CNR concebeu a ideia de estabelecer Comitês Departamentais de Libertação (CDLs) em toda a França. O perigo para De Gaulle era que esses comitês achassem que sua função competia com – em vez de complementar – a dos comissários nomeados pelo CFLN.

O vácuo deixado pela morte de Moulin exacerbou esse perigo. O CFLN e o BCRA tinham vários representantes atuando na França – por exemplo, Francis-Louis Closon, enviado para orientar os movimentos da Resistência na seleção de comissários. Mas os representantes tinham missões específicas, e não levavam instruções claras de Argel ou de Londres sobre outros assuntos. Quando lhe apresentaram o plano do CNR para o estabelecimento de Comitês Departamentais de Libertação, Closon precisou improvisar uma resposta. Em desespero, escreveu para Argel em janeiro de 1944 dizendo que, como não recebia qualquer comunicação havia semanas, não tinha como saber se suas políticas contavam com a aprovação de De Gaulle, e perguntava-se se sua existência na França tinha sido esquecida.[53]

De Gaulle parecia muito menos concentrado no que estava acontecendo na França do que três meses antes, quando lhe parecia que a Resistência era a solução para seu conflito com Giraud. Talvez hesitasse sobre o rumo a tomar.

Não havia nenhum indivíduo em quem tivesse a confiança que tinha em Moulin e, com tantos assuntos para resolver, era difícil formar uma opinião.⁵⁴ Um agente do BCRA informou a Passy em novembro de 1943:

> O general De Gaulle está insatisfeito com a correspondência que chega da França. Considera-se pessoalmente mal informado sobre questões importantes. A respeito desses assuntos, ou não recebe absolutamente nada ou recebe um volume de documentos que não tem tempo de ler como antes; repito que ele não tem tempo para ler.⁵⁵

Além disso, a atenção de De Gaulle estava distraída para a disputa pelo poder com Giraud. Brossolette, de passagem por Argel em setembro de 1943, achou-o "90% preocupado com problemas de governo aqui, ... e pensando apenas de vez em quando na França". Brossolette julgava que as intrigas de Carlton Gardens tornavam-se insignificantes em comparação com o estado de "agitação frenética" e "crise permanente" em Argel.⁵⁶ Finalmente, talvez De Gaulle acreditasse que tinha neutralizado os dois mais veementes "barões" da Resistência, Frenay e D'Astier. Frenay tinha chegado a Londres em maio de 1943 para fazer sua campanha contra Moulin. Depois que a morte de Moulin tornou esses esforços irrelevantes, ele desviou seus ataques para as relações entre De Gaulle e a Resistência. Passou o verão escrevendo para De Gaulle relatórios longos e repletos de recriminações. Achava que a Resistência deveria estabelecer sua própria representação em Londres ou Argel, em pé de igualdade com a de De Gaulle na França.⁵⁷ O general não queria ouvir falar nisso. Escreveu, no começo de outubro, em termos que revelavam sua desdenhosa opinião instrumental sobre a Resistência: "Não permitirei as intrigas de Charvet [pseudônimo de Frenay]. ... Se me criar problemas, revelarei publicamente qual é o seu jogo. E ele verá o que sobra disso tudo."⁵⁸ O jeito que De Gaulle encontrou de lidar com "Charvet" e D'Astier foi convidá-los para integrar o CFLN, em novembro de 1943. Apesar de desconfiados, ambos aceitaram. Perceberam que De Gaulle pretendia mantê-los sob vigilância, mas não queriam perder a oportunidade. De Gaulle talvez julgasse, confiante, que havia domesticado e a Resistência. Se julgava, não se deu conta plenamente da rapidez com que os comunistas estenderam sua influência sobre ela.

Embora nunca perdesse oportunidade de alertar os Aliados para a ameaça comunista, De Gaulle não a levava tão a sério quanto fingia. A Córsega tinha oferecido um exemplo do que poderia acontecer na Libertação. Como vimos, a Resistência local tinha deflagrado sua insurreição sem que Argel tivesse conhecimento e antes da chegada dos representantes do CFLN. Em muitas localidades, o poder foi tomado por comitês locais de Libertação, com frequência dominados pela Frente Nacional, a organização de fachada do Partido Comunista. Pessoas que se diziam líderes da Resistência faziam-se "eleger" em assembleias abertas nas praças das cidades. Isso talvez servisse como precedente assustador para o que poderia acontecer na França, mas Argel imediatamente despachou representantes para assumir o controle. Um deles, François Coulet, informou a De Gaulle, em tom tranquilizador:

> A Córsega é gaullista, resistente, homogênea e simpática à ideia de sacrifício. ... Acho realmente que a Frente Nacional é formada por pessoas decentes que pertenceram, não há muito tempo, às mais variadas organizações da Resistência, todas perfeitamente gaullistas até serem recentemente absorvidas pela Frente Nacional. São tipos honestos que correm o risco de serem ludibriados por um pequeno bando de comunistas (que não ousam dizer quem realmente são). A solução é primeiro falar de "gaullismo" e "autoridade" (a autoridade do prefeito sobre o pequeno soviete aqui estabelecido) e em seguida enaltecer os republicanos e tomar, sem violência, as metralhadoras generosamente distribuídas para crianças de doze anos.[59]

Apesar de na prática não ter sido assim tão fácil,[60] a lição que De Gaulle talvez tenha tirado foi de que era possível conter os comunistas, desde que o CFLN tivesse estruturas montadas para o momento da Libertação. Mas isso deu origem a outra questão: estariam os Aliados dispostos a aceitar a autoridade *de facto* do CFLN na França depois da Libertação?

Problema com os Aliados

Em 7 de setembro de 1943, o CFLN tinha apresentado aos governos aliados um memorando propondo uma forma de trabalhar com os comandantes militares aliados durante o período da Libertação.⁶¹ Depois da derrota alemã em Stalingrado, no inverno de 1943, ficou claro que a guerra se tornara decisivamente favorável aos Aliados, e que em algum momento se tentaria um desembarque na França. De Gaulle mandou dois representantes a Londres com a tarefa de iniciar o treinamento de oficiais de ligação, para que eles pudessem trabalhar com as forças aliadas na eventualidade de uma operação militar em solo francês. O memorando do CFLN visava a prevenir qualquer tentativa aliada de tratar a França libertada como uma potência derrotada, nos moldes da Itália, administrada pelo Governo Militar Aliado nos Territórios Ocupados (Allied Military Government for Occupied Territories, Amgot). Levando em conta o tipo de comentário que Roosevelt fazia em caráter privado nessa época, o temor francês do Amgot não era absurdo, mesmo que os franceses, por sorte sua, ignorassem as ideias mais fantásticas do presidente americano. Em novembro de 1943, Roosevelt comentou com seus chefes de estado-maior que, depois da guerra, os Estados Unidos talvez precisassem estacionar permanentemente duas divisões na França, para criar ali um Estado-tampão entre a França e a Alemanha, estendendo-se do canal da Mancha à fronteira suíça.⁶² Essa não foi a primeira vez que ele conjecturou esculpir um novo Estado, a Valônia, num pedaço do território francês. Ainda que não fosse política oficial americana, a ideia revelava o pressuposto de Roosevelt de que a França depois da guerra seria tratada como país derrotado, não como parceiro na vitória. Um indício inquietante disso era que os americanos tinham deixado claro que pretendiam fornecer a suas tropas dinheiro emitido oficialmente pelo "comando militar aliado" – como tinha sido feito na Itália.

Dizia-se que sempre que o memorando do CFLN chegava ao topo da pilha de documentos na escrivaninha de Roosevelt, ele o colocava de volta debaixo dos outros. O presidente sempre arranjava um pretexto para justificar seu antigaullismo. Dependendo do humor, ele ora via De Gaulle como protocomunista, ora como protofascista. Sua atitude com De Gaulle, inicialmente explicável como pragmática, ia ficando cada vez mais difícil de entender em termos racionais. Os recursos administrativos e territoriais do CFLN eram superiores aos de qualquer outro governo no exílio – e, apesar disso, só o CFLN não era reconhecido como governo. A maioria dos assessores do presidente (incluindo Cordell Hull) agora admitia que lidar com De Gaulle era uma necessidade, mas Roosevelt não se abalava. A única lógica por trás dessa obsessão antigaullista estava em sua visão da ordem mundial depois da guerra. A partir de 1942, ele se guiava pela noção de que partes do Império francês deveriam ficar sob tutela administrativa como fase preparatória para a descolonização. A existência de um governo propriamente constituído na França depois da Libertação – especialmente um governo encabeçado por De Gaulle – era um obstáculo a esse plano.

Representantes franceses em Washington e Londres ficaram com a tarefa ingrata de intervir em defesa do CFLN. Em Washington, isso coube ao embaixador Hoppenot e a Jean Monnet, que tinha saído de Argel em setembro de 1943 para negociar um programa de assistência para a França depois da Libertação. Monnet esperava com isso obter, sub-repticiamente, um reconhecimento de fato do CFLN. Ele lançou mão da sua incomparável rede de contatos sociais nos Estados Unidos para argumentar sobre a necessidade de trabalhar com o comitê – apesar de poucos meses antes ter pintado De Gaulle como protofascista.[63] Monnet escreveu reiteradamente para De Gaulle nos primeiros meses de 1944 garantindo-lhe que um acordo era iminente – mas ainda assim Roosevelt não cedia.[64]

Enquanto isso, em Londres, Viénot, representante de Massigli, trabalhava junto aos britânicos. Eden regularmente lhe dizia que a "ignorância política" dos americanos os deixava frustrados, mas isso jamais se traduzia em resultados, porque Churchill não estava disposto a discordar de Roosevelt.[65]

No fim de outubro, Massigli estava desesperado. A situação era tão desanimadora que mesmo esse anglófilo convicto temia que os americanos estivessem secretamente alimentando a ideia de usar Vichy para assinar uma paz conciliatória com a Alemanha. Ele se preocupava perpetuamente com a possibilidade de De Gaulle, em retaliação, se ver tentado a aproximar-se da União Soviética. Confidenciou a Viénot que sentia "náusea" por estar "constantemente em luta com uma 'gangue' de jovens impacientes por mudança que tentam me derrubar porque sou desfavorável a entrar de cabeça numa espécie de guerra contra Washington, e de olhos fechados numa aliança russa que exclua qualquer outra".[66] Ficou indignado, e também assustado, quando soube, no fim de setembro, que De Gaulle tinha enviado uma carta pessoal a Stálin sem avisá-lo.[67]

É verdade que algumas pessoas próximas a De Gaulle, entre elas Maurice Dejean, defendiam uma política mais pró-soviética.[68] Também é verdade que

De Gaulle de vez em quando dava crédito a alguns temores de Massigli. Eden, de passagem por Argel a caminho de Moscou em 11 de outubro, informou que De Gaulle lhe fizera uma "declaração enfática de que a França deveria estar com a Rússia no futuro". Na opinião do general francês, os soviéticos teriam uma "grande obra de reconstrução a fazer depois da guerra, e irão buscar segurança estratégica e política", envolvendo "a incorporação dos países bálticos, a satisfação de reivindicações territoriais na Polônia, na Romênia e na Finlândia e o estabelecimento de Estados em suas fronteiras ocidentais" que eles possam "ter certeza de não serem hostis". Mas se dariam por "satisfeitos se governos verdadeiramente populares fossem estabelecidos; não é necessário que esses países tenham governos comunistas". Eden, com Massigli fazendo vigorosos acenos de aprovação com a cabeça, respondia apenas que esperava que a "França sempre nos procure primeiro", e não pensasse em "jogar os russos e nós uns contra os outros".[69] Um representante holandês foi informado, dez dias depois, que De Gaulle "acha que não há nada a temer da União Soviética. Este país estará ocupado demais com a própria reconstrução e com assuntos internos para iniciar uma revolução em outros países. Na verdade, o vinho tinto russo já se tornou *très rosé*".[70] O diplomata americano Averell Harriman transmitiu opiniões parecidas: "Ele falou da França e da Rússia como os dois únicos países poderosos da Europa depois do colapso da Alemanha. Os britânicos, no fim das contas, se retirariam para suas ilhas, e os americanos iriam embora para casa do outro lado do Atlântico. ... Portanto, a política francesa precisava estar ligada à União Soviética."[71]

Esses comentários, feitos quando De Gaulle ainda estava magoado por ter sido excluído das discussões sobre o armistício italiano, destinavam-se, obviamente, a assustar os britânicos e americanos e obrigá-los a mostrar mais consideração com o CFLN. Ele parou de falar desse jeito em novembro, quando os comunistas deixaram claro que só estariam dispostos a juntar-se ao CFLN impondo suas condições. Como os comunistas nada faziam sem aprovação de Moscou, era óbvio que a União Soviética naquele momento não tinha interesse numa aproximação mais estreita com De Gaulle. Apesar dessas tentativas bem flagrantes de usar a União Soviética para exercer pressão sobre britânicos e americanos – o tipo de lance de política de grande potência que De Gaulle adorava jogar –, seu principal argumento com eles nessa época consistia no fato de que era o mais confiável baluarte contra o comunismo na França; como tinha dito a Macmillan, ele não tinha a menor intenção de ser outro Kerensky.

A tentativa de De Gaulle de assegurar aos Aliados que era confiável deu-lhe alguma credibilidade aos olhos de Eisenhower, que antes disso o via com suspeita, como alguém interessado apenas em politicagem. Os dois homens se encontraram no fim de 1943 para resolver uma grande dificuldade surgida em relação à atuação das forças francesas na Itália. Em novembro, uma Força Expedicionária Francesa (CEF) de duas divisões, sob o comando de Juin, tinha sido despachada para se juntar ao Quinto Exército Americano na Itália.[72] Essa força, formada pelo Exército regular francês no norte da África, havia sido equipada pelos americanos. Ela deu aos franceses sua primeira oportunidade de desempenhar uma função importante na guerra. O CFLN propôs que a próxima divisão a ir para a Itália fosse uma das divisões originais das Forças Francesas Livres comandada por Diego Brosset, mas como essa unidade tinha sido equipada pelos britânicos era difícil integrá-la a um Exército americano. Giraud nada fizera para reequipá-la com armamento americano porque não queria desviar recursos do que ele considerava "suas" divisões. Quando o alto-comando americano se recusou a aceitar a "divisão Brosset", Giraud ofereceu outra divisão do Exército regular. De Gaulle revogou a decisão. Não se tratava apenas de picuinha com Giraud: teria sido um golpe terrível para o moral dos oficiais das Forças Francesas Livres serem excluídos dos combates na Itália.[73] Como esse tipo de consideração não tinha peso para Eisenhower, ele por sua vez revogou a decisão de De Gaulle, ameaçando suspender todo o programa de rearmamento francês. Estavam aí todos os ingredientes de uma grande crise.

De Gaulle propôs um encontro de alto nível para resolver a questão. Seu objetivo era aproveitar a oportunidade para discutir a atuação de forças francesas nos estágios seguintes da guerra em todos os teatros de operação. Temia que, com todas as forças mandadas para a Itália, os franceses não pudessem desempenhar qualquer papel na Libertação da França. Num encontro com o chefe do estado-maior de Eisenhower, o general Bedell Smith, em 27 de dezembro, De Gaulle recebeu explicações sobre a atuação da divisão Brosset, além de garantias de que seria consultado sobre o futuro emprego de forças francesas em outros fronts. Em 30 de dezembro, antes de seguir para a Grã-Bretanha para assumir o comando das forças aliadas, como parte dos preparativos para a invasão pelo canal, agora planejada para 1944, Eisenhower fez uma visita de despedida a De Gaulle. O encontro foi excepcionalmente cordial. Eisenhower reconheceu para De Gaulle que o julgara mal no passado; De Gaulle respondeu – em inglês – *"You are a man"* (usando as palavras com que Napoleão se dirigira a Goethe quando os dois se encontraram em 1808). Eisenhower continuou: "Se eu tiver oportunidade, estou pronto para fazer uma declaração expressando a confiança que levo dos nossos contatos, reconhecendo a injustiça que cometi com o senhor e acrescentando que o senhor está disposto, de sua parte, a nos prestar total colaboração." De Gaulle fez um longo relato desse encontro em suas *Memórias,* enquanto Eisenhower não o considerou importante o suficiente para mencioná-lo nas suas. Mas De Gaulle não exagerava a respeito do tom cordial, e um dos assessores de Eisenhower descreveu a conversa como uma "celebração amorosa".[74]

De Gaulle teve menos êxito com Churchill, que chegou a Marrakesh em janeiro de 1944 para se restabelecer de uma doença e convidou De Gaulle para um encontro. De Gaulle sentiu-se insultado por Churchill, que teve o desplante de fazer um convite a um líder francês em solo francês; Churchill sentiu-se insultado por De Gaulle, que não ficou feliz com a oportunidade de vê-lo. Os assessores de ambos viveram uma semana de tensão, sem saber se o encontro ocorreria de fato. Os acontecimentos obedeceram a um roteiro conhecido. De Gaulle achou uma fórmula que lhe permitiu conversar com Churchill sem dar o braço a torcer, mas o encontro não resolveu coisa alguma. Do lado britânico, Cooper informou que De Gaulle foi "muito difícil e pouco cooperativo", comportando-se "como uma combinação de Stálin e Roosevelt"; do lado francês, Massigli, "tremendo até o último momento", achou que houvera um "bom clima".[75] "Bom clima" queria dizer que os dois homens não chegaram a berrar um com o outro. Para Roosevelt, Churchill informou que a conversa tinha "consistido basicamente numa prolongada reclamação e num sermão da minha parte, com bons modos e em mau francês, sobre as muitas loucuras dele". E contou a alguns parlamentares em Londres duas semanas depois o que tinha dito a De Gaulle:

> Escute aqui! Eu sou o líder de um país forte e invicto. Apesar disso, todas as manhãs quando acordo meu primeiro pensamento é sobre como posso agradar ao presidente Roosevelt, e meu segundo é como posso aplacar o marechal Stálin.

Sua situação é muito diferente. Por que, então, seu primeiro pensamento quando acorda tem de ser como tratar com desdém os britânicos e os americanos?[76]

Apesar desse confronto rabugento, durante aqueles meses de tensão e expectativa De Gaulle, para quem o conflito era o oxigênio da política, manteve-se notavelmente sereno, a não ser pela explosão sobre a Síria em novembro. No fim de outubro, Macmillan o achou "mais calmo" que de costume, "com mais senso de responsabilidade e menos senso de inferioridade"; Alphand informou que ele estava fingindo "completa indiferença" à questão do reconhecimento; e de Londres Cadogan reconheceu, em maio de 1944, que "durante meses ele demonstra – temos que admitir – grande paciência com nossa estranha orientação política ditada pela Casa Branca".[77] De Gaulle supunha que as realidades do poder acabariam resolvendo a seu favor a questão do reconhecimento do CFLN. Disse a Queuille que seria ainda melhor se os Aliados não reconhecessem o CFLN: "Vamos poder dizer-lhes depois: vocês estavam errados e não lhes devemos nada."[78]

A calma aparente de De Gaulle exigia-lhe um poderoso esforço de vontade. Por baixo, ele fervia de raiva continuamente. Temos um retrato excepcionalmente vivo sobre ele nessa época traçado por Jacques Lecompte-Boinet, líder da Resistência que tinha chegado a Argel em novembro. O movimento de Lecompte-Boinet era um dos mais importantes na zona ocupada. Mas ele pessoalmente era um indivíduo modesto, que não tinha o melindroso *amour propre* de líderes como Frenay e D'Astier. Convidado para jantar com De Gaulle certa noite, ele escreveu suas impressões logo em seguida. Antes do jantar, Lecompte-Boinet ofereceu a De Gaulle um Gauloise, e o ouviu responder que agora só fumava cigarros ingleses. Durante o jantar, na presença de Yvonne de Gaulle, não se conversou sobre política. Depois que ela se retirou, De Gaulle soltou o verbo:

> Ele falou comigo durante três horas, sem tomar fôlego ou fazer uma única pergunta. ... Ele não é do tipo que nos deixa à vontade. Parece que não escuta, não faz perguntas pessoais, seu interlocutor é apenas um objeto inanimado. ... Mas apesar disso estava completamente descontraído, parecia feliz por me ver ali, e feliz por falar. ... Enquanto falava, eu pensava no quanto ele era diferente da ideia que meus camaradas de Resistência e eu formamos a seu respeito. Que

força de vontade! Que inteligência! Que desprezo pela humanidade! ... Diz ele que a França terá que se recuperar sozinha. Só pode contar com ela mesma. ... a Inglaterra é governada por um indivíduo duvidoso, não muito inteligente, que despreza e teme a inteligência. ... O único problema agora e depois da Libertação são os comunistas: são eles certamente que vão gritar mais alto "Viva De Gaulle", mas apesar disso farão o que estiver ao seu alcance para sabotar todos os seus projetos nos bastidores. A guerra acabou e pode-se armar a Resistência sem medo. Seu papel é garantir a ordem e impedir a interferência dos anglo-americanos em nossos assuntos. ... Os britânicos vão armar os giraudistas e os comunistas para afundar De Gaulle (ele se refere a si mesmo como De Gaulle). ... Nada sobre nós, os resistentes. Nenhuma palavra de agradecimento. Nosso problema pertence ao passado. Ele faz de conta que não precisa de nós. Nenhuma palavra sobre o que acontece na França. Ele fala e fala com paixão, e é fascinante ouvi-lo, usando epítetos violentos quando fala sobre os homens de Argel. Mas o que ele me disse poderia dizer a qualquer um. Eu não existo. ... Ele dá a impressão de que não escuta, mas parece registrar o que lhe dizem. O problema é que uma pessoa tímida e educada não tem chance de ser ouvida por ele; é preciso dizer o que se pensa de uma vez. ... Ele se destaca da maioria das pessoas e há o risco de que seu imenso desprezo pela humanidade em geral distorça seu julgamento acerca dos indivíduos. ... É um homem só, imenso demais, que não tem acesso ao nosso mundo. ... Duas vezes eu disse que precisava ir embora; passava muito da meia-noite; duas vezes ele me segurou, depois foi comigo até a porta... Sorriu ao apertar minha mão. "Estou cansado", disse ele, e quando respondi que precisava se cuidar, em nome da França, da qual era líder, ele respondeu: "Pobre líder"... Um súbito clarão de humanidade que me comoveu até as profundezas da alma.[79]

Rumo ao Dia D

Em fevereiro de 1944 De Gaulle sofreu um segundo severo ataque de malária. Ficou completamente fora de ação durante cerca de dez dias, e continuou fraco até meados de março. Quando se recuperou, seguiram-se três meses de intensa atividade, enquanto o CFLN se preparava febrilmente para os planejados desembarques aliados – ainda inseguro do papel que teria permissão de desempenhar.

Para aumentar o controle sobre a atividade militar da Resistência, no fim de 1943 o BCRA tinha dividido a França em doze regiões, para cada uma das quais mandou um delegado militar (*délégué militaire regional*, DMR) com a missão de coordenar a ação da Resistência com as operações militares aliadas. Um delegado militar nacional foi designado para coroar essa estrutura em Paris. Ao mesmo tempo, as forças militares da Resistência – o Exército Secreto (Armée Secrète, AS), que Moulin penosamente criara – fundiram-se com os comunistas da Francs-Tireurs et Partisans (FTP) para formar as chamadas Forças Francesas do Interior (Forces Françaises de l'Intérieur, FFI). Permaneceram separadas das FFI as forças, bastante consideráveis, do antigo Exército do Armistício de Vichy, que entrara para a clandestinidade com o nome de Organisation de Résistance de l'Armée (ORA). Como muitos grupos da ORA ainda tinham simpatias giraudistas, De Gaulle tomou providências para impedir qualquer ação dissidente da parte deles, consolidando seu controle pessoal sobre os serviços de inteligência franceses. Tradicionalmente na França os serviços secretos – contrainteligência, espionagem etc. – eram um braço especializado do Exército. Mas o papel que o BCRA passara a desempenhar ia mais além. Ele era o sustentáculo do Estado gaullista no exílio, visando a assegurar o triunfo do CFLN na França, e dirigido por um homem completamente dedicado a De Gaulle. Mas depois de sua chegada a Argel, Giraud passou a controlar os serviços secretos tradicionais do Exército regular. Esses serviços eram compostos por soldados profissionais, desconfiados não apenas dos métodos pouco convencionais e – na opinião deles – do amadorismo do BCRA, mas também da sua lealdade a De Gaulle. O perigo de existirem dois serviços secretos paralelos e rivais manifestou-se durante a Libertação da Córsega, onde Giraud tinha usado suas próprias redes para contornar De Gaulle. Este tinha de evitar a repetição dessa situação no continente. A ORA, apoiada pelos serviços de inteligência do Exército, era o último bastião possível do giraudismo.

A primeira solução de De Gaulle foi fazer concessões. Os serviços secretos seriam chefiados de Londres pelo general Cochet, que se opusera a Pétain em 1940, apesar de nunca ter apoiado totalmente De Gaulle. Mas De Gaulle foi advertido, em termos ainda mais alarmistas, por Passy, Boris, Philip e outros de que Cochet se cercara de vichyistas impenitentes e estava criando uma operação separada de serviço secreto giraudista.[80] De Gaulle decidiu, portanto, ordenar a fusão total dos dois serviços de inteligência sob a autoridade do ultralegalista Soustelle. Quando Giraud se opôs à nomeação de um civil para esse cargo, De Gaulle respondeu sarcasticamente: "Se isso o preocupa, mando vesti-lo de general."[81] Em abril de 1944, De Gaulle fez seu movimento final contra Giraud. Afastou-o do cargo de comandante em chefe do Exército e ofereceu-lhe um cargo honorário – *inspecteur général des armées* –, que Giraud recusou. O giraudismo estava morto.

A verdadeira ameaça à autoridade de De Gaulle na Libertação não estava no giraudismo, mas na possibilidade de um poder dual compartilhado pela Resistência – especialmente a Resistência comunista – e o CFLN. Em fevereiro de 1944, o CNR estabeleceu um comitê militar (Comité d'Action Militaire, Comac), dominado pelos comunistas, que reivindicava autoridade sobre as FFI. O CFLN em Argel retaliou com uma ordem (10 de março) negando ao Comac controle operacional sobre as FFI. De Gaulle deu sequência a essa medida nomeando o general Koenig seu delegado militar em Londres e comandante das FFI. Koenig foi uma escolha astuta porque, como herói de Bir Hakeim, era respeitado pelos Aliados. Mas se Koenig, ou o Comac, os DMRs ou qualquer outros seriam capazes de controlar as forças heterogêneas da Resistência, essa era outra questão.

Tendo afirmado teoricamente sua autoridade sobre as forças militares da Resistência, o CFLN voltou a atenção para o que ocorreria na França depois dos desembarques aliados. Esse foi o tema de uma portaria de 14 de março estipulando que na zona de combates os delegados militares locais do CFLN seriam responsáveis pela colaboração com os exércitos aliados. Nos outros lugares, a autoridade seria exercida pelos *comissaires de la République* do CFLN – com os Comitês Departamentais de Libertação (CDLs) desempenhando função puramente consultiva. Os comunistas denunciaram essa portaria, que a seu ver estabelecia um "Amgot francês" que prevaleceria sobre a Resistência, e o CNR respondeu em 23 de março reafirmando o papel dos CDLs. Além disso, votou pela instalação de comitês de Libertação locais em todas as localidades – exatamente a dispersão de poder que De Gaulle queria evitar. Mais animadora para De Gaulle foi a decisão dos comunistas de que para eles era melhor estar dentro do CFLN do que fora. Quando De Gaulle renovou o convite para que participassem do seu governo, eles se dispuseram a atenuar suas condições. Dois comunistas passaram a integrar o CFLN em 4 de abril, nos termos estabelecidos por De Gaulle. Isso impunha um mínimo de solidariedade governamental aos comunistas, ainda que não os impedisse de buscar objetivos próprios na França continental, tentando infiltrar-se nos CDLs e transformá-los em contrapesos do poder central que De Gaulle planejava exercer através do CFLN.

Para consolidar mais ainda sua autoridade na França, De Gaulle logo nomeou um novo delegado para preencher o vazio deixado pela morte de Moulin e a prisão de Bollaert. Sua escolha foi Alexandre Parodi, funcionário público experiente, já quarentão, que fora muito atuante na Resistência. Depois de meses de curiosa indiferença à França, De Gaulle agora estava totalmente concentrado. A ordem que nomeava Parodi foi levada à França diretamente por um agente do BCRA, como parte de uma missão que De Gaulle qualificou de "prioridade sobre todas as demais".[82] Num discurso perante a Assembleia Consultiva em 18 de março, De Gaulle mais uma vez insistiu na mensagem que vinha repetindo nos últimos seis meses: "Nada pode ser feito a não ser de forma ordeira. ... Não pode haver, e repito com veemência, não pode haver qualquer outra autoridade além da que emana do poder central [ou seja, do CFLN]."[83] Esse era um recado para os comunistas – mas também para os Aliados, alertando-os contra a tentação de fazerem acordos de última hora com Vichy.

Outra preocupação de De Gaulle era que os Aliados ignorassem a promessa de Eisenhower de incluir os franceses entre os exércitos que se preparavam para libertar a França. A rigor, Eisenhower não tinha autoridade para oferecer esse tipo de garantia. Como informou em fevereiro o representante militar de De Gaulle em Washington: "Eisenhower não tem poder para decidir se vamos participar do desembarque no norte da França; a decisão cabe inteiramente a Washington."[84] Como os combates na Itália continuavam acirrados, não era impossível que o alto-comando aliado decidisse que os exércitos franceses teriam mais serventia lá do que libertando a França. Foi um susto quando o general britânico Maitland Wilson, comandante supremo dos Aliados no Mediterrâneo, convocou De Gaulle e Giraud para uma reunião a fim de "revelar" – o termo era sinistro – suas últimas ideias sobre a utilização das forças francesas. De Gaulle mandou Giraud representá-lo levando vagas instruções: "Não se comprometa com nada. Veremos de que se trata. Na verdade, tenho uma boa ideia. ... O governo [ou seja, o CFLN] precisará tomar uma decisão, e é preferível por ora que eu fique na reserva."[85] Isso parece lembrar De Gaulle mandando Catroux negociar o armistício sírio em 1941, enquanto se preparava para descer furiosamente das nuvens, se necessário. No fim, foi assegurado ao CFLN que tropas francesas participariam da Libertação da França, mas sem ter garantido o direito de ser consultado sobre esses assuntos. O problema era que, enquanto entre os outros Aliados decisões desse tipo eram tomadas no nível governamental, o CFLN só podia se comunicar oficialmente com chefes de estado-maior aliados, porque não se reconheciam nele os atributos de um governo.[86]

A questão do reconhecimento parecia não avançar. A questão da moeda também se arrastava. Henry Morgenthau, secretário do Tesouro americano, tinha proposto, como meio-termo, que as cédulas emitidas pelos americanos levassem o rótulo "República Francesa", mas nem isso Roosevelt quis aceitar, elevando até o nível do absurdo o princípio de que ninguém tinha o direito de prejulgar o tipo de regime que os franceses adotariam depois da guerra. Apesar disso, Roosevelt finalmente aceitou, em 15 de março, que Eisenhower, quando estivesse na França, "consultasse o CFLN", mas podendo também trabalhar com qualquer autoridade francesa *de facto*, mas "não o governo de Vichy como tal". A França Livre, compreensivelmente paranoica a essa altura, não ficou tranquila. Em Londres, Viénot, que em geral não compartilhava as desconfianças de De Gaulle, temia que os americanos tivessem uma opinião perigosamente elástica do que entendiam por Vichy: "A opção do almirante Darlan foi apresentada como uma maneira de destruir os poderes de um Vichy encarnado nessa época por Laval. Contra um Vichy encarnado amanhã por Doriot (ultracolaboracionista), a opção Laval poderia se justificar como mais um passo rumo à destruição de Vichy."[87] Até Cadogan se perguntava, em maio, se Roosevelt não "desejava ardentemente Vichy".[88]

Não havia ninguém mais frustrado que Eisenhower, que assumiu a responsabilidade de iniciar conversações com Koenig no fim de abril. Ele foi rispidamente advertido por Roosevelt de que qualquer discussão tinha de ser "provisória", e que ele deveria sentir-se à vontade para consultar outros além do CFLN.[89] Funcionários e ministros britânicos queriam desesperadamente ver a política de Roosevelt rejeitada, mas Churchill ainda não estava disposto a fazer nada que pusesse em risco suas relações com o presidente americano. Num encontro com Viénot em 4 de abril, Churchill aconselhou-o a dizer a De Gaulle que não "provocasse Roosevelt do jeito errado", mas sem dar nenhuma pista sobre qual seria o jeito certo. Aproveitou a oportunidade para repassar todas as suas queixas sobre De Gaulle: "Durante toda a vida tinha sido amigo da França. Ainda estava à procura da França que tinha conhecido. Não a encontrava no general De Gaulle." Massigli ficou tão assustado que não transmitiu o recado.[90] Essa não foi a única informação que Massigli não transmitiu a De Gaulle, por medo de provocar uma explosão. Enquanto os nervos dos negociadores franceses em Washington se desgastavam, Hoppenot escreveu para Argel culpando a democracia informal de Monnet pela falta de progresso. Alegando não ser "elegante" da parte de um antigo giraudista tentar cair nas graças de De Gaulle jogando a culpa em outro, Massigli recusou-se a entregar a carta.[91] Ao começar sua missão, Hoppenot se dizia disposto a mostrar "muita paciência, ... e engolir muitas afrontas com sorridente dignidade"; agora sua frustração era tão grande que já não se preocupava com "*outbursts* [explosão de raiva] do general".[92]

Um *outburst* ocorreu, e a estranha calma de De Gaulle finalmente se rompeu quando, em 17 de abril, com o Dia D se aproximando, os britânicos anunciaram uma proibição de mensagens codificadas em todas as comunicações com a Grã-Bretanha por motivos de segurança. Essa decisão isolava o CFLN em Argel dos seus representantes em Londres. Massigli protestou formalmente, mas De Gaulle foi mais longe. Recusou-se de imediato a receber qualquer representante dos Aliados em Argel, e instruiu Koenig e Viénot em Londres a interromper as negociações extraoficiais com Eisenhower e os britânicos. Decidiu também usar o argumento da aproximação com a Rússia mais abertamente do que tinha feito no passado. Em 9 de maio, proferiu um discurso em Túnis condenando a recusa dos Aliados a falar com o CFLN e prestou calorosa homenagem à "querida e poderosa Rússia", que esperava viesse a se tornar "um aliado permanente". Duas semanas depois, esteve com Bogomolov e verteu todo o seu mau humor contra Churchill durante uma hora: "Não temos confiança nos ingleses nem mesmo quando falam numa aliança com a França. ... Churchill não entendeu nada da minha missão. ... Não vê no gaullismo que há uma nova França. A França para ele acabou. ... Quer me transformar em instrumento da sua política." Já os Estados Unidos queriam uma "França dócil para fazer dela a base da sua política europeia".[93] Esse era o tipo de conversa que deixava Massigli apavorado, embora Bogomolov não a tivesse levado muito a sério.

Em Londres, Koenig simplesmente ignorou as instruções de De Gaulle para suspender os contatos com Eisenhower, e este, louco para convidar De

Gaulle a Londres, ia até onde podia dentro dos limites estabelecidos por Roosevelt. O presidente americano parecia a ponto de permitir que De Gaulle participasse de discussões técnicas militares sobre a Libertação, desde que elas excluíssem "política": ele disse a Eisenhower que os franceses estavam "aturdidos" (sua maneira de racionalizar as provas irrefutáveis da popularidade de De Gaulle). Eisenhower respondeu que parecia haver apenas duas facções na França: o "bando de Vichy e a outra, caracterizada por uma admiração irracional por De Gaulle" (o "irracional" supostamente acrescentado para agradar a Roosevelt).[94] Na mesma veia, até Churchill telegrafou para Roosevelt argumentando que "é muito difícil excluirmos os franceses da Libertação da França".[95] Roosevelt sofria uma pressão cada vez maior da opinião pública britânica, do Parlamento e do seu próprio governo para incluir De Gaulle nas discussões sobre a Libertação.

Em 25 de maio, Duff Cooper apresentou a De Gaulle um convite do governo britânico para ir à Grã-Bretanha. Houve uma semana de suspense antes que De Gaulle decidisse aceitar. Como não lhe informaram se haveria representantes do governo americano presentes, ele estava atento ao perigo de ouvir garantias de que representantes do CFLN ajudariam as forças aliadas a estabelecer sua autoridade em território francês libertado, mas sem obter em troca o reconhecimento da autoridade política do CFLN. Se não houvesse americanos nos debates, como seria possível oferecer cooperação em troca de reconhecimento? Massigli ameaçou renunciar se De Gaulle se recusasse a ir. Churchill mandou outra mensagem premente: "Por favor, venha agora com seus colegas, no primeiro momento possível e no mais absoluto sigilo. Dou-lhe minha palavra de que isso é no interesse da França."[96] Na noite de 2 de junho o CFLN reuniu-se por cinco horas para discutir se De Gaulle deveria ir a Londres, apesar de não haver garantia da participação americana nas conversas. Apenas quatro membros, incluindo Philip e Pleven, foram contra. Na mesma reunião, o CFLN proclamou-se "Governo Provisório da República Francesa" (Gouvernement Provisoire de la République Française, GPRF).

Na manhã de 3 de junho, De Gaulle se despediu do comitê em seu estilo mais estadista: "Precisamos olhar longe no futuro, o das relações franco-britânicas. ... Que não se diga que a França estava ausente do quartel-general aliado no momento do assalto contra a Europa."[97] Até o último momento, Duff Cooper estava aflito e ansioso, como De Gaulle queria:

Senti-me extremamente ansioso hoje de manhã e fiquei muito aliviado quando Palewski chegou com uma carta de De Gaulle concordando em ir. ... Tivemos então de fazer os arranjos necessários o mais depressa possível. ... Chegamos ao aeródromo por volta das três da tarde, ... a maior parte do grupo já estava lá. De Gaulle foi o último a chegar, e senti um alívio quando o vi dentro do avião.[98]

No mesmo dia, Eisenhower escreveu para Washington:

Temos nossos próprios meios diretos de comunicação com os grupos da Resistência na França, mas todas as nossas informações nos levam a acreditar que a única autoridade que esses grupos da Resistência querem reconhecer é a de De Gaulle e seu comitê. ... De Gaulle agora controla as únicas forças militares francesas capazes de tomar parte nessa operação. Consequentemente, do ponto de vista puramente militar, precisamos ... tratar só com ele. Ele, porém, assume a atitude de que questões militares e políticas andam de mãos dadas, e só vai cooperar militarmente se alguma espécie de reconhecimento político lhe for concedida.[99]

Não havia dúvida sobre a conclusão a que Eisenhower queria chegar. Ao partir para a Inglaterra, De Gaulle sentia que sua posição era forte.

13. Libertação, junho-agosto de 1944

Os dias mais longos, 4-9 de junho

De Gaulle desembarcou em Northolt, perto de Londres, na manhã de 4 de junho. Tudo foi feito para lisonjeá-lo. Uma banda militar tocou "A Marselhesa", e ele recebeu uma efusiva mensagem de Churchill que começava dizendo "Bem-vindo às nossas praias".[1] Havia um carro esperando para levá-lo até Churchill, que se instalara, excentricamente, num vagão ferroviário, numa pequena estação perto de Portsmouth, para estar mais perto da agitação. Eden guardou estas recordações: "O primeiro-ministro, levado por seu senso de história, estava sobre os trilhos para saudar o general com os braços abertos. Infelizmente, De Gaulle não reagiu com facilidade a esse estado de espírito."[2] Pouco antes da chegada de De Gaulle à Grã Bretanha, Churchill telegrafara a Roosevelt declarando que tinha certeza de que "De Gaulle pode ser convencido a dizer o que deve dizer".[3] Essa confiança deve ter se baseado mais na esperança do que na experiência.

De Gaulle estava tenso e desconfiado; Churchill, caloroso na aparência, mas intimamente apreensivo. Sem muita diplomacia, Churchill tinha incluído no lado britânico, entre outros, o primeiro-ministro sul-africano, Jan Smuts. Ele era membro do Gabinete de Guerra, mas tinha causado muita irritação aos franceses num discurso proferido em dezembro de 1943 no qual anunciara que a França estava acabada como grande potência. As primeiras dificuldades surgiram quando Churchill sugeriu que talvez fosse bom discutirem "questões políticas". De Gaulle respondeu que isso não fazia sentido, a não ser que os americanos estivessem envolvidos. Eden interveio para dizer que havia razões para acreditar que, se De Gaulle aceitasse ir aos Estados Unidos, entendimentos preliminares poderiam começar imediatamente com o embaixador americano. O ministro do Trabalho, Ernest Bevin, entrou na conversa para manifestar a opinião de que seria "lamentável" se De Gaulle deixasse passar a oportunidade. Nesse ponto, De Gaulle explodiu:

> Por que vocês parecem pensar que preciso submeter a Roosevelt minha candidatura a líder da França? O governo francês existe. Não preciso pedir nada, nesse sentido, aos americanos ou à Grã-Bretanha. Dito isso, é importante para todos os Aliados que nós organizemos relações entre a administração francesa e o comando militar. Fizemos essa proposta há nove meses. Como os exércitos dos senhores estão prestes a desembarcar, compreendo que tenham pressa em ver a questão resolvida. Estamos prontos para isso. Mas cadê o representante americano? Sem ele, não se pode concluir nada. Sigam em frente, travem a guerra sozinhos com seu dinheiro falso!

Churchill explodiu também: "Você precisa saber que, quando tivermos que escolher entre a Europa e o mar aberto, vamos ficar sempre com o mar aberto. Sempre que eu tiver de escolher entre o senhor e Roosevelt, vou escolher Roosevelt." Foi assim que De Gaulle descreveu as palavras de Churchill. Elas lhe doeram pelo resto da vida, e ele com frequência as recordava. A ata britânica do encontro relata o que Churchill disse de forma um pouco diferente, mas o sentido é semelhante.[4]

Nada disso contribuiu para deixar De Gaulle bem disposto na visita que fez ao quartel-general de Eisenhower naquela tarde. Tudo o que Eisenhower queria era chegar a um acordo, mas ainda tinha as mãos atadas por Roosevelt. Lisonjeou De Gaulle perguntando-lhe se achava que, caso o tempo continuasse ruim, ele deveria correr o risco de atrasar a operação do Dia D até que a maré voltasse a ser favorável. De Gaulle o aconselhou a não esperar. Quando ia saindo, Eisenhower, "com evidente constrangimento", nas palavras de De Gaulle, entregou-lhe o discurso que pretendia fazer quando as tropas aliadas desembarcassem.[5] De Gaulle achou-o inaceitável, pois convocava a população francesa a obedecer às autoridades militares americanas e não fazia qualquer menção ao CFLN. Bedell Smith, chefe do estado-maior de Eisenhower, tranquilizou De Gaulle sugerindo que ele poderia propor alterações. O encontro terminou num clima ambíguo quanto à possibilidade de mudanças em estágio tão adiantado. De Gaulle voltou para Londres e hospedou-se no Connaught; nada tinha sido resolvido.

No dia seguinte (5 de junho), Eisenhower decidiu lançar a operação nas primeiras horas de 6 de junho. Peake foi despachado para perguntar se De Gaulle falaria pelo rádio depois de Eisenhower. Como tinha ficado claro que a mensagem deste não poderia ser modificada, porque cópias estavam prontas para serem lançadas sobre a França, De Gaulle respondeu que não falaria imediatamente depois. Se o fizesse, pareceria estar endossando o que Eisenhower tinha dito. Também se recusou a permitir que oficiais de ligação franceses acompanhassem as tropas aliadas. As palavras exatas que De Gaulle disse a Peake perderam-se na tradução. Nas horas seguintes, mensagens contraditórias cruzaram o Atlântico: "O general não vai falar," "o general vai falar," "o general mudou de ideia".[6]

Churchill, achando, erroneamente, que De Gaulle se recusara a falar, teve um acesso de raiva. Cadogan informou que naquela noite o Gabinete "aguentou a apaixonada arenga anti-De Gaulle de sempre da parte do PM ... É uma escola de moças. R[oosevelt], o P[rimeiro]M[inistro] – e, é preciso admitir, De G[aulle] –, todos se comportam como mocinhas aproximando-se da puberdade".[7] Às 22h30 do dia 5 de junho, quando as lanchas de desembarque partiam para a França, Viénot chegou ao Ministério das Relações Exteriores para esclarecer o mal-entendido sobre o discurso de De Gaulle. Ele aceitou tentar convencer o general a voltar atrás na questão dos oficiais de ligação. Retornando a Connaught, Viénot aguentou os berros de De Gaulle por uma hora. Quando os primeiros paraquedistas aterrissavam na França nas primeiras horas de 6 de junho, Viénot estava de volta ao Ministério das Relações Exteriores, agora para aguentar os berros de Churchill. Quando ele saiu, Churchill mandou chamar Morton para lhe ordenar que despachasse De Gaulle de volta a Argel, à força – "acorrentado, se for preciso". Harvey comentou: "O PM às vezes é quase insano em seu ódio contra De Gaulle, menos insano apenas que o presidente".[8]

Coube a Eden juntar as peças. Ignorando a instrução de Churchill para deportar De Gaulle, mandou Peake insistir com o general para que falasse pelo rádio o mais cedo possível; um silêncio prolongado de De Gaulle depois da fala de Eisenhower seria embaraçoso. Ele concordou em falar por volta do meio-dia de 6 de junho. Como Viénot estava "com medo demais" para pedir uma cópia, tudo que os britânicos podiam fazer, nas palavras de Cadogan, era "checar De Gaulle no disco e interrompê-lo se ficasse muito ruim".[9] Mas será que teriam oportunidade de ouvir uma gravação antecipadamente? Um funcionário britânico, que estava lá para receber o general na BBC, descreveu a cena:

> Cinco minutos antes da hora marcada a gigantesca figura do general atravancou a porta de entrada. Seu rosto estava duro. Entrevi que ele estava em seu humor mais sombrio. Seu cumprimento ... foi contido, mas amistoso. Apresentei-o a três americanos. Ele endureceu, assumindo uma completa frieza, deu três meias-voltas estendendo a mão mais flácida do mundo para cada um deles, e, em seguida, endireitando toda a sua imensa estatura, andou a passos largos pelo corredor de pedra.

O verdadeiro problema era que De Gaulle não tinha texto para ler, apenas umas poucas anotações rabiscadas, mas insistia que a transmissão fosse ao vivo. Se lhe pedissem para submeter antecipadamente uma gravação do seu discurso para aprovação era provável que se recusasse a falar. Um funcionário da BBC de repente teve uma inspiração. Lisonjeou De Gaulle dizendo que a transmissão era tão importante que a BBC queria providenciar a tradução em vinte línguas para o resto do mundo. Por essa razão, eles precisavam de uma gravação.[10] Percebendo ou não o truque, o fato é que De Gaulle concordou. Providenciou-se uma gravação e o discurso foi ao ar às seis horas da tarde. Foi uma das grandes performances retóricas de De Gaulle:

> A batalha suprema começou ... Trata-se, claro, da Batalha da França, e da batalha pela França!... Para os filhos da França, estejam eles onde estiverem, sejam eles quem forem, o simples e sagrado dever é lutar contra o inimigo com todos os meios disponíveis. As diretrizes dadas pelo governo francês ... devem ser seguidas ao pé da letra ... Por trás das pesadas nuvens do nosso sangue e das nossas lágrimas, o sol da nossa grandeza ressurge.[11]

Como escreveu Churchill para Roosevelt no dia seguinte, o discurso "é notável, levando em conta que ele não tem um único soldado na grande batalha que agora se desenrola".[12] Era verdade, pois apesar de De Gaulle ter conseguido um acordo pelo qual tropas francesas participariam da Libertação da França não havia nenhum soldado seu em território francês. Do ponto de vista britânico, mais provocadora era a referência ao "governo francês" – que já não era descrito como "provisório" (é o caso de se perguntar se o povo francês a quem o discurso era dirigido tinha a mais remota pista sobre qual seria o "governo" nele mencionado). Eden resolveu deixar passar, para depois se entender com Churchill.

A questão dos oficiais de ligação continuava pendente. Cooper e Eden foram trabalhar com De Gaulle na tarde de 7 de junho. De má vontade, ele concordou em mandar vinte oficiais de ligação dos 120 planejados para o primeiro lote. Ainda naquela noite, Eden voltou a estar com De Gaulle para discutir a organização da administração civil em áreas libertadas: "Acho que ele se esforçava para ser agradável pessoalmente, mas inflexível politicamente. Está convencido de que é a única maneira de arrancar alguma coisa dos americanos e de nós, muito embora, no que diz respeito a Churchill, a tática não pudesse ser pior." De Gaulle fez uma "longa lamúria" sobre quanto estava sendo maltratado: "Respondi que era um erro fatídico, em política nacional, ter orgulho em excesso. 'Ela se curva para conquistar' é uma atitude que seria bom cada um de nós adotar de vez em quando." Eles levaram algum tempo para traduzir a frase, que estava totalmente fora do campo de referências de De Gaulle, e não só linguisticamente.[13] No fim da conversa, De Gaulle declarou que não seria contra Viénot entender-se com os britânicos sobre acordos de ligação.

Dois dias depois (9 de junho), houve outro desentendimento quando Eisenhower anunciou que estava emitindo a moeda preparada pelos americanos. De Gaulle divulgou um contundente comunicado à imprensa para denunciar – era a primeira vez que essas disputas vinham a público.[14] Roosevelt escreveu para Churchill: "Parece que prima-donas não mudam nunca."[15] Em Argel, Massigli não estava nem um pouco satisfeito com as notícias que lhe chegavam sobre o comportamento de De Gaulle em Londres. Revelou de que lado estava ao mostrar ao encarregado de negócios britânico o conteúdo dos telegramas que recebia de De Gaulle em Londres.[16] Mas no CFLN todo mundo apoiava De Gaulle na questão da moeda. Mais importante era o fato de que o general tinha aceitado que Viénot conversasse informalmente com os britânicos sobre acordos de ligação com as forças aliadas. Ele confirmou isso num telegrama um pouco menos irado para Argel em 9 de junho. Apesar de rejeitar qualquer acordo oficial enquanto os americanos não participassem, isso "naturalmente não significa que devamos nos recusar a conversar com os ingleses".¹⁷ Fosse qual fosse o nome que se quisesse usar, isso era um recuo – talvez um curvar-se para conquistar.

Valeu a pena? Tudo que recusara em 6 de junho De Gaulle concedeu três dias depois. No momento mais tenso do conflito, Cadogan comentou: "Sempre começamos errando, depois De Gaulle erra mais ainda. Ele merece perder a partida final."¹⁸ Dependia muito do jogo. Depois da guerra, Billotte revelou o que De Gaulle certa vez lhe confidenciara sobre táticas de negociação:

> Comece dizendo "não"! Duas coisas vão acontecer: ou seu "não" está destinado a continuar sendo um "não" e você mostra que tem caráter, ou finalmente você acaba dizendo "sim". Mas nesse caso (a) você tem tempo para refletir; (b) as pessoas vão ficar mais satisfeitas com seu "sim".¹⁹

Os dois elementos estiveram presentes naqueles seis dias. Nos quatro primeiros, ao dizer "não" De Gaulle se colocara no centro das coisas, provando que a "França" existia e precisava ser respeitada. Acrescentara algumas páginas épicas às suas futuras *Memórias*, sabendo que não corria nenhum grande risco, pois os britânicos é que estavam lhe pedindo coisas, e não o contrário. Mas, tendo bancado o "homem de caráter", poucos dias de reflexão revelaram que a situação não era o que lhe parecera quando chegou. Como informou Viénot para Massigli:

> A posição adotada pelo CFLN tem a grande desvantagem, por sua intransigência simplista, de não nos permitir explorar as divisões dentro do gabinete britânico: a corrente antigaullista e pró-americana diminui a cada dia ... O general levou alguns dias para perceber a situação ... Pelo contato com a realidade, o general tem evoluído progressivamente.²⁰

14 de junho, Bayeux

A posição mais cooperativa de De Gaulle foi reforçada por sua bem-sucedida visita à Normandia em 14 de junho. Apesar de os Aliados não terem atingido todos os objetivos iniciais no Dia D – a cidade de Caen, que pretendiam capturar logo, continuou em poder dos alemães até 21 de julho –, dentro de uma semana tinham estabelecido uma cabeça de ponte de cerca de cem quilômetros de extensão por 25 de profundidade. Como era de esperar, De Gaulle estava ansioso para visitar quanto antes esse fragmento de território libertado. Churchill concordou, sem grande entusiasmo. Avisou ao comandante britânico local, o general Montgomery, que teria de "infligir a você uma visita do general De Gaulle", a quem ele não precisava se dar ao trabalho de receber na praia. Suas instruções eram que De Gaulle tivesse permissão para visitar a cidade de Bayeux, mas não para realizar qualquer tipo de reunião: "No entanto, se as pessoas fizerem questão de lhe dar as boas-vindas no caminho, quem somos nós para negar?" O melhor para Churchill seria De Gaulle "passar de carro lentamente pela cidade, apertar a mão de algumas pessoas e voltar".[21] De Gaulle tinha outras ideias.

Na batalha de De Gaulle para ser reconhecido pelos Aliados, o teste definitivo seria a reação da população francesa. No dia da visita de De Gaulle a solo francês, Roosevelt, sempre equivocado sobre o general, confidenciou ao secretário da Guerra americano, Henry L. Stimson, que "De Gaulle vai desmoronar, e o apoio britânico a De Gaulle será destruído pelo desenrolar dos acontecimentos... Outras facções aparecerão durante a Libertação e De Gaulle se tornará uma figurinha bem menor".[22] Era verdade, sem dúvida, que não se podia contar com uma boa recepção a De Gaulle. Embora o regime de Vichy tivesse perdido qualquer credibilidade com a população francesa, Pétain ainda tinha algum prestígio. Em abril de 1944, ele fez sua única visita a Paris durante toda a Ocupação. Multidões substanciais apareceram para saudá-lo. Nessa viagem, Pétain visitou cidades destruídas por bombardeios aliados e pôde assumir, pela última vez, a pose de protetor do povo francês contra as devastações da guerra. E poucas partes do país tinham sido mais atingidas por bombardeios do que a Normandia. Além disso, na região não houve grande atividade da Resistência e os normandos tinham reputação de conservadores e cautelosos. Havia, portanto, muitas razões para De Gaulle não esperar receber uma acolhida delirantemente entusiástica.

Bayeux, com uma população de 15 mil, era a maior cidade já libertada. Saíra notavelmente ilesa de combates ou bombardeios.[23] A vida ali continuava relativamente normal, enquanto a guerra destruía tudo a poucos quilômetros de distância. A cidade era administrada por um grupo de oficiais aliados para assuntos civis, que evitavam a política e não criavam problemas com as autoridades de Vichy que ali encontraram, um *sous-préfet* de Vichy e um bispo pétainista que ajudaram a organizar os desabrigados pelos combates. Mas havia também um comitê local de Libertação da Resistência, que tinha espalhado cartazes exigindo um expurgo. Bayeux existia, portanto, num estranho limbo administrativo, no qual as autoridades de Vichy, a Resistência e os Aliados coabitavam. O CFLN não estava presente porque o *commissaire* designado para assumir o controle da região ficara preso atrás das linhas inimigas e não pôde chegar àquele bolsão de território libertado. Dois dias antes de partir para a França, De Gaulle informou a François Coulet, que demonstrara sua competência na Córsega, que ele o acompanharia na viagem a Bayeux e ali permaneceria como *commissaire* interino. Churchill não foi informado de nada disso.

Na noite antes da partida, De Gaulle jantou com alguns funcionários do Ministério das Relações Exteriores. Harvey, um dos convidados, escreveu: "Jantar sombrio. Nunca vi De Gaulle tão abatido, '*martyrisé*'."[24] De Gaulle, acompanhado de um grande grupo, partiu de Portsmouth de manhã. O mar estava muito agitado e todo mundo se dopou com Nautamine. Segundo Boislambert, que estava no grupo, o remédio provocava efeitos ligeiramente eufóricos. Aparentemente, não em De Gaulle. Ele se manteve tenso e calado o tempo todo. Quando Viénot tentou quebrar o gelo, comentando que fazia quatro anos que os alemães tinham chegado a Paris, recebeu uma resposta lacônica: "Aquilo foi um erro."[25] Desembarcando na costa, algumas pessoas foram despachadas na frente para preparar a chegada de De Gaulle a Bayeux, enquanto ele seguiu de jipe com o general Béthouart para o quartel-general de Montgomery.

Depois de prestar homenagem rapidamente a Montgomery, De Gaulle partiu para Bayeux com Béthouart. As poucas pessoas por quem passavam nas estradas quase desertas pareciam surpresas de verem uniformes franceses. Em certo momento, o jipe parou e foi cercado por um grupo animado que, vendo as quatro estrelas de Béthouart, achou que ele fosse o general De Gaulle, cuja aparência ninguém ali conhecia.[26] Além disso, o jipe encontrou dois gendarmes. Ao saberem que estavam na presença de De Gaulle, bateram continência e saíram pedalando para anunciar sua iminente chegada a Bayeux. De Gaulle virou-se para os companheiros e disse que "o reconhecimento ocorreu", querendo dizer que tinha sido aceito, implicitamente, como chefe do governo.

1. Henri, pai de De Gaulle, em 1886.

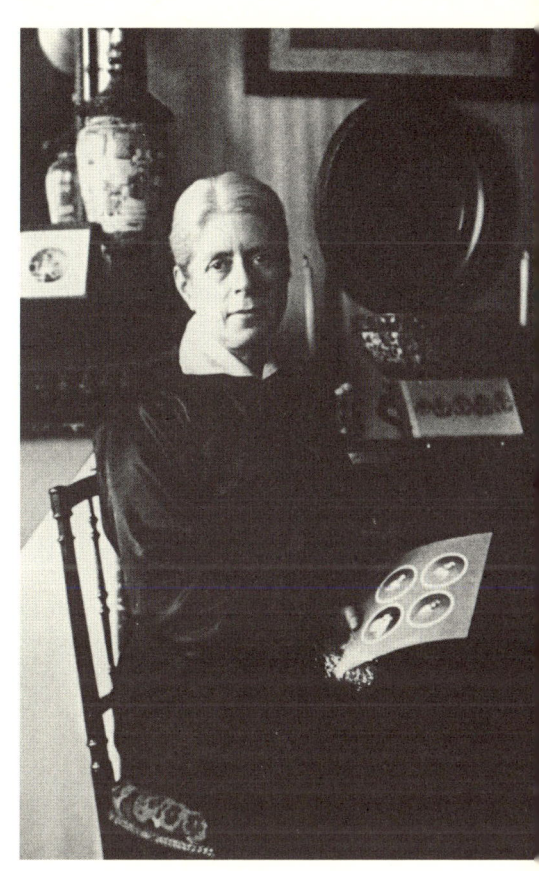

2. Jeanne, mãe de De Gaulle, em 1900.

3. De Gaulle (*centro*) em 1900, aos dez anos, com os quatro irmãos (*da esq. para a dir.*): Xavier (n.1887), Marie-Agnes (n.1889), Jacques (n.1893) e Pierre (n.1897).

4. De Gaulle (*fila do meio, terceiro da esq. para a dir.*) em 1904, aos catorze anos, no Collège de l'Immaculée-Conception. O pai (*fila da frente, centro*) era o professor.

5. (*acima*) Aos dezessete anos, no Lycée Stanislas, preparando-se para o exame de admissão em Saint-Cyr.

6. (*à dir.*) A primeira publicação do jovem de vinte anos: *La Fille de l'Agha*, no *Journal des Voyages* de 6 de fevereiro de 1910 (*ver* p.116).

7. Monumento à guerra de 1870-71 em Le Bourget, ao qual De Gaulle costumava ser levado pelos pais quando menino (*ver* p.62).

8. Recuperando-se do segundo ferimento de guerra, em 1915.

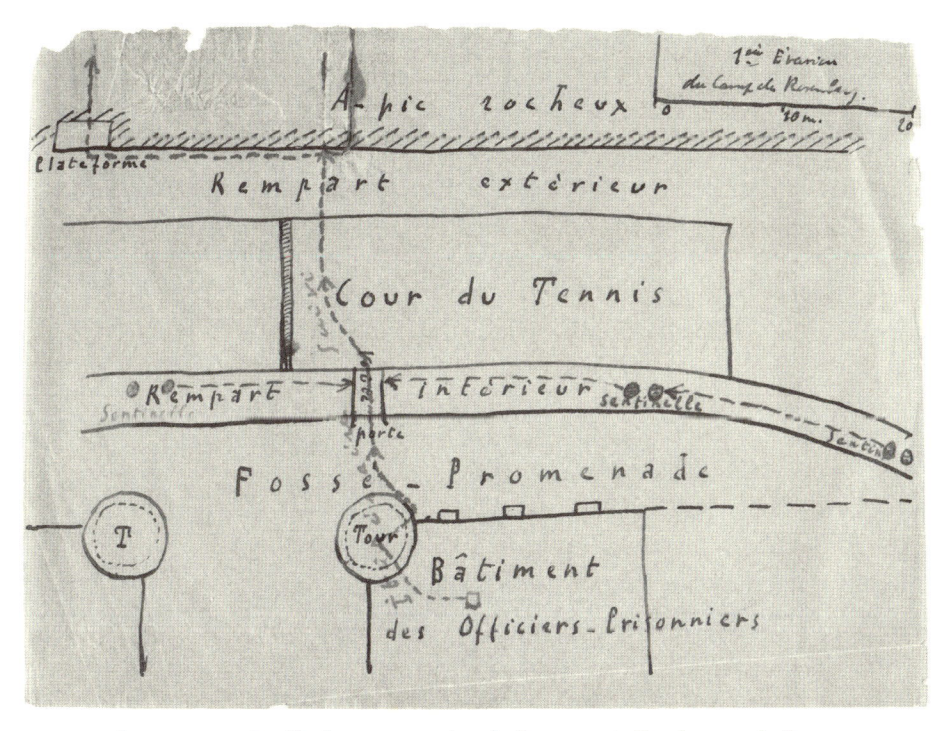

9. Mapa feito por De Gaulle de sua tentativa de fuga, em julho de 1917, do forte de Rosenberg, na Baviera, um dos quatro campos onde esteve preso.

10. Casamento de De Gaulle e Yvonne Vendroux, em Calais, 6 de abril de 1921.

11. Como conferencista em Saint-Cyr, 1921 – já causando impressão nos colegas.

12. Com a filha Anne (n.1928) numa praia da Bretanha em 1933.

13. A "pobre Anninha" dez anos depois, com a governanta Marguerite Potel, em Argel.

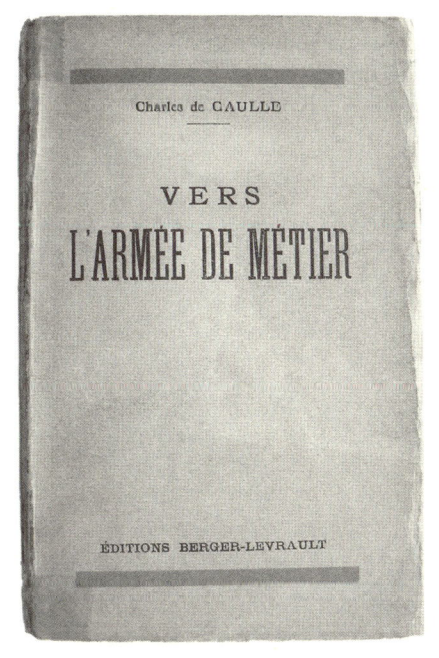

14. O "livro de proclamação" de De Gaulle, de 1934 (ver p.126), defendendo a modernização do Exército.

15. O mentor de De Gaulle, coronel Emile Mayer (1851-1938), em 1935.

16. O coronel De Gaulle exibindo seus tanques para o presidente da República Albert Lebrun, 23 de outubro de 1939.

17. À margem do poder: membros do recém-formado governo de Paul Reynaud em 5 de junho de 1940, com o subsecretário de Estado da Defesa, general De Gaulle, atrás.

18. A voz da França: De Gaulle falando pela BBC.

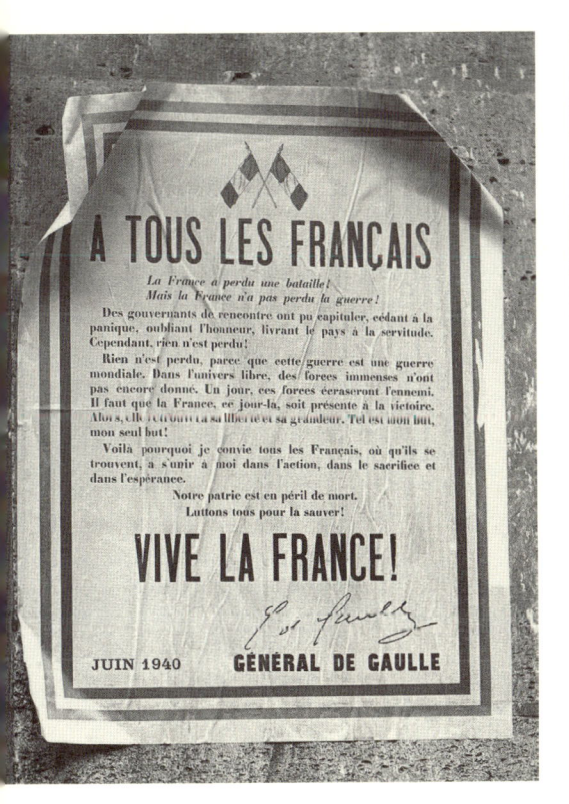

19. (à esq.) "A França perdeu a batalha! Mas a França não perdeu a guerra!" Cartaz da França Livre nas paredes de Londres, julho de 1940.

20. (acima) Saindo de Carlton Gardens, número 4, 1941.

LONDRES

21. Almoço com Spears no Le Coq d'Or, verão de 1940.

22. Inspecionando as tropas das Forças Francesas Livres em Whitehall, 14 de julho de 1940.

23-24. Posando com a mulher para a imprensa, na casa de Berkhamsted, outono de 1941 (*ver* p.300).

25. Documentos de identidade falsos de Jean Moulin em sua chegada a Londres, outubro de 1941.

26. A Batalha de Bir Hakeim, na qual as Forças Francesas Livres lutaram contra as tropas alemãs no deserto da Líbia, de 26 de maio a 21 de junho de 1942. Sobre sua reação às notícias, De Gaulle escreveria: "Coração pulando de emoção, soluços de orgulho, lágrimas de alegria."

27. O general De Gaulle ("a noiva") e o general Giraud ("o noivo") prestes a se cumprimentar em Anfa, 25 de janeiro de 1943, com Roosevelt e Churchill atentos e aliviados.

28. Membros do Comitê Nacional Francês em Carlton Gardens, maio de 1943. Da esquerda para a direita: general Vallin, André Diethelm, René Cassin, general Catroux, De Gaulle, René Pleven, André Philip, René Massigli, almirante d'Argenlieu.

14 DE JUNHO DE 1944

29. (*acima*) Na costa da Normandia, de partida para Bayeux.

30. (*à dir.*) Testando a popularidade nas ruas de Bayeux libertada.

31. Discurso em Bayeux no fim da tarde, com bandeiras aliadas e a Cruz de Lorena ondeando. Maurice Schumann está na frente de De Gaulle, de boina e óculos.

32. Início da caminhada pela Champs-Elysées: à esquerda de De Gaulle está Georges Bidault e à direita, Alexandre Parodi. À extrema direita da foto, parcialmente visível, está Claude Guy.

33. Aprendendo a usar as mãos na Champs-Elysées (*ver* p.73).

34-35. Às vezes os dois olhavam na mesma direção, às vezes não: De Gaulle e Churchill em Paris no Dia do Armistício. Anthony Eden à esquerda de De Gaulle (*acima*).

36. Chegada à estação ferroviária de Kursky, Moscou, 2 de dezembro de 1944.

37. Molotov assina o Tratado Franco-Soviético em 11 de dezembro de 1944, sob o olhar de De Gaulle e Stálin.

38. De Gaulle em Antibes, janeiro de 1946, refletindo sobre o futuro (*ver* p.490-91).

LÍDER DO RPF

39. (*acima*) Discurso em um gigantesco comício do RPF em Vincennes, 1947.

40. (*à dir.*) Visita a Lille, sua cidade natal, em 1949.

41. Madame De Gaulle vai às compras em Morgat, Bretanha. A padaria exibe na janela um cartaz do RPF. Junho de 1949.

42. La Boisserie, Colombey, comprada em 1934 e, a partir de 1946, a única residência de De Gaulle.

43. A primeira página das *Memórias de guerra* de De Gaulle confirma seu comentário *"Je n'a pas la plume facile"* (Escrever não é algo fácil para mim).

44. Dia 4 de junho de 1958: De Gaulle diz à multidão em Argel que ele a "entendeu".

45. (*acima*) Os quatro generais golpistas em Argel, abril de 1961. Da esquerda para a direita: André Zeller, Edmond Jouhaud, Raoul Salan, Maurice Challe.

46. (*à dir.*) Dia 23 de abril de 1961: De Gaulle, de uniforme, denuncia na televisão o putsch do *"quarteron"* de generais.

47. Michel Debré (1958-62): ultralegalista dividido entre sua devoção a De Gaulle e seu compromisso com a Argélia Francesa.

48. Georges Pompidou (1962-68): negociador duríssimo atrás da fachada de amabilidade.

49. Maurice Couve de Murville (1968-69): administrador friamente eficiente que jamais revelava sua opinião pessoal sobre as iniciativas mais extravagantes de De Gaulle.

50. André Malraux, ministro da Cultura, mostrando a De Gaulle uma exposição de arte mexicana no Petit Palais em 1962. "Como pode Malraux saber tanta coisa?", perguntava De Gaulle.

51. (*abaixo*) Presidente Ahidjo, de Camarões, e De Gaulle no Palácio do Eliseu em 21 de junho de 1967, com Jacques Foccart inevitavelmente ao fundo.

52. Visita ao monumento à França Livre em Mont-Valérien, 18 de junho de 1964.

53. A "panteonização" de Jean Moulin, dezembro de 1964. De Gaulle, de uniforme, visível à extrema direita.

54. Millau, 1961.

55. Oise, 1965.

CONTATO COM AS MULTIDÕES

AMIGOS EUROPEUS E OUTROS

56. Boas-vindas, em Colombey, a Konrad Adenauer, único líder estrangeiro ali recebido.

57. (*abaixo*) De Gaulle, Harold Macmillan e suas esposas na casa de Macmillan em Birch Grove, novembro de 1961. Diferentemente do encontro com Adenauer, ninguém olha ninguém nos olhos.

58. De Gaulle veta a candidatura da Grã-Bretanha à Comunidade Econômica Europeia, 14 de janeiro de 1963.

ESTADISTA MUNDIAL

59. (*acima*) Cidade do México, março de 1964.

60. (*à esq.*) Moscou, junho de 1966.

61. O estádio em Phnom Penh onde De Gaulle denunciou o envolvimento americano no Vietnã, 1º de setembro de 1966.

62. Chegada a Quebec, 23 de julho de 1967. Ele partiu para Montreal no dia seguinte a fim de "libertar" Quebec.

MAIO DE 1968

63. As ruas de Paris.

64-65. Cartazes contra De Gaulle nos muros de Paris. No cartaz à esquerda (De Gaulle como Hitler), lê-se: "Salários 'leves' [baixos], tanques pesados."

MAIO DE 1968

66. Dia 29 de maio: De Gaulle retorna à França após uma visita secreta, de helicóptero, ao general Massu em Baden-Baden.

67. Dia 30 de maio: manifestação a favor de De Gaulle, Paris.

68. Dia 14 de maio de 1969: o rei exilado na praia de Derrynane, condado de Kerry, acompanhado pela mulher e pelo ajudante de ordens François Flohic, e seguido à distância por um policial.

69. "Morre De Gaulle": manchetes francesas em 10 de novembro de 1970.

Em Bayeux, alto-falantes informaram à população que De Gaulle ia chegar. Coulet os havia precedido na prefeitura, onde foram recebidos pelo *sous-préfet* de Vichy, que subiu numa cadeira para tirar o retrato de Pétain antes de saudar De Gaulle respeitosamente. De Gaulle recusou uma taça de champanhe e foi reunir-se com dignitários locais, entre eles o bispo. A transição de um regime para outro foi efetuada em questão de minutos. De Gaulle seguiu a pé para a praça central, onde fez um discurso. Fosse desnorteados ou lisonjeados, os pacíficos camponeses normandos que não tinham sofrido terrivelmente durante a Ocupação até o recente bombardeio aliado foram por ele intimados a "continuar o combate hoje como nunca deixaram de fazê-lo desde o início desta guerra e desde junho de 1940".[27]

Para um integrante do grupo de De Gaulle a população pareceu "egoísta, reservada e na realidade não muito gaullista", demonstrando "grande entusiasmo sem, a meu ver, emoção real".[28] A opinião de Viénot era que o povo parecia não ter ideia do que era esse novo governo. As impressões de Coulet foram menos negativas: "Entusiasmo caloroso e solidário, mas de forma alguma delirante e curiosamente natural – homens com seus trajes burgueses, mulheres com seus vestidos de verão, alguns gendarmes, nenhum soldado –, era como se um dignitário republicano muito querido e popular tivesse chegado num domingo de paz para inaugurar uma feira."[29] Se a descrição era exata, De Gaulle não poderia querer nada melhor, uma vez que ficava subentendida a normalidade da transferência de poder para ele. Apesar disso, em suas *Memórias* De Gaulle transformou a realidade dessa ocasião bem pouco eletrizante em seu estilo inimitável:

> Ao verem o general De Gaulle os moradores foram tomados de uma espécie de estupor, que explodiu em aplausos e lágrimas ... Mulheres sorriam. Homens me estendiam a mão. Seguimos juntos, deslumbrados e fraternos, sentindo nossa alegria patriótica, o orgulho e a esperança brotando do abismo.[30]

Depois de visitar mais duas pequenas localidades, De Gaulle voltou à praia. Os serviços de propaganda do CFLN rapidamente produziram um curta da visita. Vemos De Gaulle chegando à costa, apertando algumas mãos enquanto os olhos inquietos se movem com uma expressão de extraordinária desconfiança, como se ele achasse que a qualquer momento algum oficial britânico fosse aparecer para estragar a visita; seu jipe dá a partida e numa rua deserta um padre de batina tira o chapéu numa alegre saudação; o jipe passa por um vilarejo, onde as pessoas acenam e aplaudem das janelas; andando pelas ruas lotadas de Bayeux, o general para de vez em quando para um empertigado aperto de mão; em certo momento, um vestígio de sorriso parece cruzar-lhe os lábios; uma menina lhe entrega um buquê de flores, que desaparece miraculosamente de suas mãos num segundo (talvez tenha sido entregue a Maurice Schumann, que caminha a seu lado); na place du Château, ele fala para uma multidão bem grande e entusiasmada, diante de uma bandeira tricolor com a Cruz de Lorena; finalmente, é visto confiantemente apertando a mão de Montgomery como se lhe desse ordens.[31]

Fossem quais fossem os sentimentos íntimos da população sobre a rápida aparição de De Gaulle, as imprensas britânica e americana a descreveram como um triunfo. Montgomery informou a Churchill, num tom ligeiramente diferente, que a recepção "foi definitivamente morna e não houve entusiasmo verdadeiro". Mas ele não percebeu o resultado mais importante da visita. Ao despedir-se de Montgomery, De Gaulle informou-lhe, displicentemente, que Coulet e outras três pessoas ficariam em Bayeux. Montgomery, que não compreendeu o significado dessa informação – "Não tenho ideia da função delas" –, não fez qualquer objeção.[32] A função delas era assumir o poder em nome de De Gaulle. Pouco antes de partir, o general disse a Coulet: "Não lhes dê política; não é o que desejam." Coulet seguiu o conselho. Teve que lidar com cidadãos que, em sua grande maioria, não abrigavam qualquer sentimento negativo contra Pétain. Até mesmo o líder do comitê de Libertação local tinha um retrato de Pétain em casa. O bispo era ardorosamente pétainista e o que mais o preocupava era o fato de Coulet ser protestante. Quando Coulet quis organizar um evento para celebrar o discurso de 18 de junho, descobriu que a data quase não significava nada para ninguém. Apesar de ter trocado o *sous-préfet* de Vichy, sua grande preocupação era garantir que a ordem fosse mantida e a população, alimentada.[33] Era exatamente isso que os oficiais aliados para assuntos civis queriam. Na ausência de ordens em contrário, eles aceitaram esse sub-reptício *coup d'état* gaullista e estavam prontos a aceitar também a autoridade do CFLN. Isso tudo dava mais munição àqueles que tentavam convencer Roosevelt a abandonar uma política que os acontecimentos *in loco* iam tornando irrelevante.

Interlúdio

De Gaulle voltou para Argel no melhor humor do mundo. Em 26 de junho, seu discurso perante a Assembleia Consultiva foi tão de estadista que um funcionário do Ministério das Relações Exteriores comentou que poderia "quase ter sido feito pelo secretário de Estado na Câmara dos Comuns, tamanha é a coincidência com nossa própria visão da situação".[34] Entre 27 e 30 de junho, De Gaulle esteve na Itália para prestar homenagem aos exércitos franceses pelo desempenho na campanha italiana. O teatro de guerra italiano tinha sido eclipsado pela campanha da Normandia, mas foi palco de alguns dos combates mais acirrados do front ocidental. Em geral todos concordavam que as quatro divisões francesas tinham tido papel decisivo, ao custo de 32 mil baixas. O lento progresso de Juin pela Península Itálica diante da tenaz oposição alemã não teve a qualidade épica das marchas de Leclerc pelo deserto, ou do Davi de Koenig contra o Golias de Rommel em Bir Hakeim, mas foi a primeira vez que De Gaulle pôde, com razão, afirmar que seus exércitos estavam participando da vitória aliada. Essa campanha anunciava o retorno da França como uma força militar séria. Enquanto De Gaulle estava envolvido em suas furiosas altercações com Churchill na véspera do Dia D, as tropas de Juin entravam em Roma.

Tendo cumprimentado os soldados franceses, De Gaulle foi recebido pelo papa Pio XII, cuja atitude para com o fascismo estava longe de ser gloriosa. A descrição que De Gaulle faz desse encontro em suas *Memórias* é, como um biógrafo já observou, "uma pequena obra-prima de *vacherie*". O general comentou que o papa julgava os assuntos "de um ponto de vista para além dos homens, de seus assuntos e de suas disputas". Embora "a Santa Sé, em conformidade com sua eterna prudência, até agora tenha ignorado a França Combatente" e mantido relações com Vichy, "o Santo Padre desejava a derrota de Hitler, mas se preocupava com o futuro da Alemanha". De Gaulle terminava dizendo que Pio mostrou "devoção, compaixão e senso político no mais alto sentido da palavra". O que não disse é que o papa, que falou de seu medo do poder do comunismo no mundo do pós-guerra, estava preocupado com possíveis represálias contra a hierarquia católica na França, que apoiara Vichy até o fim.[35]

Entre 5 e 12 de julho, De Gaulle fez sua infindavelmente discutida, mas interminavelmente adiada, visita aos Estados Unidos. Teve vários encontros com Roosevelt. A história de que, num almoço ao qual o almirante Leahy esteve presente, Roosevelt se virou para seu antigo embaixador junto a Pétain e disse que ele deveria estar bebendo água de Vichy, é provavelmente apócrifa. E outra história contada por um observador americano de que, para quebrar o gelo depois de um jantar, o presidente do Comitê de Relações Exteriores da Câmara, que era um artista profissional, ofereceu a um perplexo De Gaulle um charuto explosivo parece improvável.[36] O relato da visita que De Gaulle faz nas *Memórias* não trata dessas banalidades, mas é carregado de ironia. Ele recorda que Cordell Hull demonstrava uma "elevação de alma" que era "prejudicada por seu conhecimento limitado de tudo que não fosse Estados Unidos". Conta-nos que antes de partir presenteou Roosevelt com um pequeno submarino mecânico feito por operários do arsenal de Bizerta, e que em troca Roosevelt lhe deu uma fotografia dedicada ao "general De Gaulle, que é meu amigo".[37] (O que De Gaulle nunca soube é que Roosevelt passou adiante o submarino no Natal para seu neto mais novo, Curtis. Quando a mulher dele comentou que não era apropriado dispor dessa maneira do presente de um chefe de Estado, Roosevelt respondeu que De Gaulle era apenas chefe de "um comitê francês qualquer".)[38]

De Gaulle encontrou-se com figuras políticas das mais diversas tendências e até fez uma visita ao general Pershing, de 84 anos, que foi líder das forças americanas na Primeira Guerra Mundial. Pershing, que vivia num hospital militar, pediu-lhe que desse lembranças suas ao seu velho amigo Pétain. Como exercício de relações públicas, a viagem americana de De Gaulle não poderia ter sido melhor. Antes de deixar Washington, ele deu uma entrevista coletiva na qual seu magistral desempenho impressionou repórteres para quem tinha sido pintado como uma espécie de bicho-papão. Um dos repórteres comentou que ele lhe pareceu "surpreendentemente educado".[39]

Depois de quatro dias em Washington, De Gaulle fez uma breve visita a Nova York. O prefeito La Guardia tinha preparado uma recepção popular. De Gaulle observou, referindo-se às multidões festivas, tão diferentes da atmosfera abafada de Washington, que foi aplaudido pelos "judeus, pelos negros, pelos aleijados e pelos chifrudos".[40] Recebeu a comunidade francesa no hotel Waldorf Astoria. Tinha pedido que os convites fossem "os mais liberais possíveis", excluindo apenas "os adversários mais violentos e mais públicos". Um desses era Leger, que jamais aceitaria um convite de alguém a quem ele só se referia como "aquele homem". Em Nova York, De Gaulle ficou espantado com a sensação palpável do poder e da riqueza americanos. Olhando da janela do hotel para o rio de carros na Park Avenue, comentou, em tom reflexivo: "Isto é imenso ... este país não constrói carros há três anos, e, apesar disso, vejam quantos carros ... que capital representam ... que indústria poderosa."[41]

Esse poder impressionava, mas preocupava também – como as conversas de De Gaulle com Roosevelt. Curiosamente, não há registro americano desses encontros, e só dispomos do relato de De Gaulle: "Com pequenos toques Roosevelt esboçou sua visão, tão bem que era impossível contradizer, categoricamente, esse artista e sedutor." Essa visão era um mundo do pós-guerra dirigido por um diretório de quatro potências – Estados Unidos, Rússia, China e Grã-Bretanha – com os Estados Unidos no papel principal. Não há razão para pôr em dúvida esse relato, que corresponde ao que se sabe das opiniões de Roosevelt, mas ele talvez explique por que Roosevelt se limitou a dizer a Churchill que a visita tinha "ido muito bem". De Gaulle, saboreando qualquer oportunidade de jogar areia nas relações entre americanos e britânicos, fez um relato completo para Cooper quando chegou a Argel. Disse-lhe que Roosevelt planejava instalar bases militares em colônias francesas e britânicas na Ásia e na África. Churchill ficou tão irritado com isso que propôs mandar uma cópia do que De Gaulle tinha dito a Cooper, para que Roosevelt tivesse "uma oportunidade de desmentir". Mas Eden o dissuadiu de pôr em risco a frágil melhora obtida nas relações com De Gaulle. Numa inversão da situação normal, Churchill queria acabar com a "lua de mel [do presidente] com De Gaulle" e lembrar-lhe "como é que De Gaulle interpreta a afabilidade".[42] O tema dessas conversas teria adorado saber de tudo isso.

O resultado mais positivo da visita foi que Roosevelt finalmente reconheceu o comitê de De Gaulle como a autoridade *de facto* para a administração civil da França. Os britânicos queriam ir mais longe e reconhecê-lo como o governo provisório francês, mas Roosevelt vetou. Em Argel, o embaixador do Canadá, Georges Vanier, achou, De Gaulle menos tenso do que em qualquer outra época: "Com desconcertante deslealdade, o general me garantiu que o reconhecimento do comitê por M. Roosevelt tinha irritado imensamente o governo britânico." Todos os ressentimentos de De Gaulle sobre os dias de junho irromperam:

Senti o contraste entre a calorosa acolhida do presidente Roosevelt e o lamentável tratamento que recebi do primeiro-ministro ... Vi M. Churchill apenas uma vez, no dia da minha chegada [4 de junho]. O general Smuts estava lá e isso eu jamais vou esquecer.[43]

Isso era em parte maldade gaullista, em parte reflexo da genuína fúria de De Gaulle pela maneira como foi tratado em 4 de junho.

Paris

No fim de julho, tudo se acelerou na França. Desde os desembarques do Dia D, as tropas aliadas estavam cercadas em sua cabeça de ponte na Normandia, incapazes de romper as defesas alemãs. Coulet continuava a administrar a pequena área de território libertado, trabalhando harmoniosamente com os Aliados. De vez em quando, os comunistas em Argel escreviam para De Gaulle criticando Coulet por não ter feito um expurgo adequado da administração de Vichy e por não usar os "patriotas" locais – ou seja, os comunistas. Em 19 de julho, o comunista François Billoux escreveu para De Gaulle: "Sim ou não, o governo é por uma Insurreição Nacional? ... Enquanto a Libertação prossegue, o Governo Provisório da República Francesa tem de se basear, acima de tudo, no Povo e nas organizações que o representam" – ou seja, os comunistas.[44]

Os comunistas jamais deixavam De Gaulle esquecer sua famosa declaração de abril de 1942, de que a "Libertação nacional" era inseparável da "insurreição nacional" – palavras que ele tinha pronunciado na ânsia de conseguir apoio soviético. De Gaulle repetiu a ideia em outras ocasiões, mas depois de julho de 1943 a palavra "insurreição" desapareceu dos seus discursos (junto com a palavra "revolução"). No período preparatório para o Dia D, o BCRA investiu muito tempo no desenvolvimento de uma estratégia para as forças militares da Resistência. Em março de 1944, instruções minuciosas estavam prontas para os delegados militares do CFLN na França. A importância atribuída por De Gaulle a esse documento foi demonstrada pelo fato de que ele pessoalmente recebeu o agente Lazare Rachline, cuja missão era levá-lo para a França. De Gaulle salientou bem para Rachline que "não haverá nenhuma insurreição nacional a não ser por ordem minha". Rachline não tinha dado muita atenção a esse detalhe de suas instruções até que, já na França, passou a ser insistentemente cobrado pelos resistentes sobre a necessidade de uma insurreição nacional.[45] Em outro conjunto de instruções para a Resistência preparado em 16 de maio, poucas semanas antes do Dia D, De Gaulle apagou a palavra "insurreição" e a substituiu pela bem mais vaga expressão "ações generalizadas de força".[46]

Os planos do BCRA para a Resistência tinham incluído vários projetos coordenados de sabotagem, a serem lançados juntamente com os desembarques aliados; *plan vert* para as ferrovias, *plan violet* para as telecomunicações, *plan tortue* para atrapalhar as comunicações alemãs, e assim por diante. No Dia D, esses planos foram ativados. O CFLN e o BCRA diriam mais tarde que tinham contribuído significativamente para o êxito dos desembarques aliados, demonstrando o perfeito controle exercido pelo BCRA sobre a Resistência. Segundo a análise feita subsequentemente pelos britânicos, o *plan vert* foi o mais bem-sucedido, mas não ficou claro se as ações de sabotagem tinham sido resultado de planejamento ou de iniciativas locais espontâneas. Fosse qual fosse a verdade, paralelamente às operações de sabotagem houve também rebeliões locais esporádicas e espontâneas, que os alemães reprimiam com a mais brutal ferocidade. Por exemplo, os resistentes "libertaram" a cidadezinha de Tulle, no Corrèze, em 7 de junho; dois dias depois, os alemães voltaram e enforcaram cem homens na praça da cidade. Com os Aliados enfurnados na Normandia, mais ações desse tipo teriam sido suicidas. Mas isso não impediu os comunistas de continuarem fazendo pressão para que sua estratégia de insurreição fosse adotada.

Historiadores rejeitam, de há muito, a ideia de que houvesse qualquer plano comunista para "tomar" o poder na Libertação. A única pessoa que tinha esse tipo de plano era De Gaulle. Mas é verdade que os comunistas pretendiam fragmentar o poder incentivando insurreições locais sob a égide de comitês de Libertação departamentais e locais, que pudessem oferecer uma oportunidade de contestar a autoridade do governo de De Gaulle, quando ele se instalasse na França. Foi por temor desse tipo de desfecho que De Gaulle abandonou a ideia de insurreição nacional. Mas teria ele condições de impedir uma insurreição? Em nenhuma parte esse problema era mais agudo do que em Paris, onde estavam sediados o CNR e seu comitê militar dominado pelos comunistas. Havia um Comitê Parisiense de Libertação (CPL), presidido por um comunista, André Tollet; e o comandante das FFI na região de Paris, Rol-Tanguy, também era comunista. Se a intenção dos comunistas era tomar o poder, em nenhum outro lugar estavam mais bem posicionados para fazê-lo do que em Paris.

Em 31 de julho, tropas americanas finalmente romperam as linhas alemãs em Avranches; duas semanas depois, já estavam na metade do caminho para Paris. Os esforços de De Gaulle para garantir que tropas francesas tivessem permissão de participar da Libertação estavam prestes a dar frutos. Um Exército francês de seis divisões – apelidado de Primeiro Exército Francês – foi designado para desembarcar na costa meridional da França com os americanos. O privilégio de comandar essa força coube não ao general Juin, que se mostrara tão eficiente na Itália, mas ao general De Lattre de Tassigny, que de início servira lealmente a Vichy, mas depois tentara resistir à ocupação alemã da zona livre em novembro de 1942. Dessa maneira, absolveu-se um pouco mais honradamente em novembro de 1942 do que Juin, que demorara a apoiar os americanos no norte da África. E com isso De Lattre, apesar de insuportavelmente fanfarrão e vaidoso, foi julgado mais aceitável para a Resistência interna. É através dessas cuidadosas diferenciações que se pode ler a atormentada história da França depois de 1940.[47]

Os Aliados tinham concordado também em permitir que uma divisão francesa tomasse parte na Libertação de Paris. O privilégio coube à Segunda Divisão Blindada do general Leclerc, que tinha sido transportada do norte da África para a Grã-Bretanha em março. A divisão de Leclerc desembarcou na Normandia em 1º de agosto. Duas semanas depois, em 15 de agosto, forças aliadas, que incluíam o Primeiro Exército Francês de De Lattre, desembarcaram na costa meridional da França e avançaram com notável rapidez contra a resistência alemã, que desmoronava.

Essa notícia aumentou a temperatura política em Paris, onde greves esporádicas vinham explodindo desde meados de julho. Os perigos de uma insurreição prematura foram drasticamente ilustrados por uma revolta que surgiu em Varsóvia em 1º de agosto. Apesar de inicialmente bem-sucedida, transformou-se num banho de sangue quando tropas soviéticas permaneceram como espectadores imóveis do outro lado do rio Vístula. A extensão desse horror não foi percebida imediatamente, e o grande temor de De Gaulle era que ações prematuras em Paris pudessem beneficiar os comunistas ou dar aos Aliados um pretexto para assumir o controle.

Os dois mais importantes representantes de De Gaulle na cidade eram seu delegado Alexandre Parodi – na função que poderia ter sido desempenhada por Moulin – e o delegado militar do CFLN, Jacques Chaban-Delmas, um resistente de vinte e poucos anos. Em 31 de julho, De Gaulle mandou um recado a Parodi: "Fale sempre alto e bom som em nome do Estado. Os numerosos atos da nossa gloriosa Resistência são os meios com os quais o país luta por sua salvação. O Estado está acima de todas essas manifestações e ações."[48] Como era muito difícil despachar qualquer comunicação de Paris naqueles dias caóticos, Parodi nunca recebeu a mensagem. Não teria feito diferença alguma se a tivesse recebido, porque os acontecimentos na capital estavam quase fora de controle.[49] Enquanto o CPL, dominado pelos comunistas, pressionava com insistência cada vez maior por ações imediatas, Parodi negociava um acordo concedendo-lhe o direito de "encabeçar a insurreição nacional". Por milagre, essa foi uma mensagem que conseguiu chegar a Argel. Provocou uma repreensão imediata, comunicando a "surpresa" de De Gaulle e reiterando que "não há a menor possibilidade de nos tirarem poder".[50] Essa mensagem jamais chegou a Paris. Na hora de fazer seu acordo com o CPL, Parodi talvez tivesse se confundido com um discurso de De Gaulle transmitido de Argel em 7 de agosto: "Todo mundo pode lutar. Todo mundo deve lutar... no interior, na fábrica, na oficina, no escritório, na rua... sempre se pode enfraquecer o inimigo." Esse discurso, que aparentemente contradizia outros sinais que De Gaulle vinha dando, mostrava a corda bamba em que ele se equilibrava. Ao mesmo tempo que queria evitar ação prematura, ele temia ser passado para trás pelos comunistas e expor-se a acusações de *attentisme*. Além disso, De Gaulle queria que os franceses desempenhassem um papel em sua própria Libertação, desde que o processo fosse controlado. Como tinha dito em julho de 1943, a Bastilha devia ser tomada... mas de modo ordeiro.

Em 10 de agosto, ferroviários de Paris entraram em greve; cinco dias depois a polícia fez o mesmo. No dia 19, Parodi, cedendo à pressão do CPL e do CNR, aprovou o chamado para uma insurreição. Era sua única esperança de manter algum controle sobre os acontecimentos. Houve escaramuças esporádicas entre resistentes e tropas alemãs; a Resistência tomou a chefatura de polícia. Parodi enviou uma mensagem a Londres recomendando que tropas aliadas chegassem a Paris o mais cedo possível para evitar um banho de sangue.

De Gaulle decidiu que era hora da volta para a França. Para isso precisava de autorização dos Aliados. Poucos dias antes ele se recusara a encontrar-se com Churchill, que passava por Argel. A afronta foi tanto mais gratuita porque, em 3 de agosto, Churchill lhe prestara um tributo público inusitadamente caloroso e incluíra a França entre as quatro grandes potências que cuidariam dos assuntos europeus depois da guerra. Massigli ficou tão exasperado com o comportamento de De Gaulle que disse a Cooper que esperava que o general não durasse um ano no poder quando voltasse à França. Apesar disso, os britânicos não fizeram qualquer objeção ao retorno de De Gaulle à França, mas, como observou Cooper, ele logo se pôs a "encrencar a respeito disso como faz a respeito de qualquer coisa". Fazia questão de voar num avião francês e só aceitaria um americano se tivesse as insígnias da nacionalidade francesa.[51]

Na manhã de 20 de agosto, De Gaulle aterrissou perto de Saint-Lo, na Normandia, seguindo imediatamente para o quartel-general de Eisenhower em Rennes. Seu objetivo era convencer Eisenhower a permitir que Leclerc, cujas tropas tinham chegado a Argentan, cerca de 150 quilômetros a oeste de Paris, fosse diretamente para a capital. O que ele não percebeu foi que Eisenhower estava decidido a contornar a capital, temendo que um assalto contra a cidade retardasse o seu avanço para leste. Por essa razão, a resposta que deu a De Gaulle foi evasiva, no sentido de que a divisão de Leclerc seria despachada para Paris "em breve".

A interpretação caracteristicamente desconfiada de De Gaulle em suas *Memórias* foi que os americanos estavam preparando uma tentativa de última hora para excluí-lo do poder patrocinando um governo de transição organizado por Laval.[52] Laval certamente vinha tramando esse desfecho. Em 13 de agosto, o embaixador alemão Otto Abetz tinha permitido que Laval tirasse da prisão domiciliar em Nancy o respeitado político da Terceira República Edouard Herriot, que fora presidente da Assembleia Nacional em junho de 1940. Herriot comprometera-se a apoiar De Gaulle em 1942, mas Laval esperava que ele pudesse emprestar seu nome a uma espécie de regime de transição entre Vichy e a defunta República, tirando De Gaulle da jogada. Provavelmente nem mesmo Herriot fosse vaidoso o suficiente para se deixar atrair por esse plano implausível, mas nunca saberemos, porque os alemães se recusaram a apoiá-lo e voltaram a prender Herriot. Junto com Pétain, Laval foi transferido à força para o castelo de Sigmaringen, no sul da Alemanha. Ali ultracolaboracionistas renitentes, acompanhados de amantes, esposas, fanáticos, trapaceiros e parasitas, se juntaram a eles. Nesse ambiente de ficção, Vichy viveu seus últimos oito meses, como um fútil e impotente governo no exílio, sob total controle alemão. Tudo que restava em Paris eram os alemães de um lado e vários grupos da Resistência, incluindo os comunistas, do outro. Os americanos não se envolveram no fracassado complô para afastar De Gaulle. Uma solução Darlan/Badoglio já não lhes servia.

Os motivos de Eisenhower para contornar Paris eram inteiramente militares; De Gaulle é que tinha motivações políticas: assumir o controle de Paris antes que outros o fizessem. Em 21 de agosto, escreveu novamente para Eisenhower, em termos ainda mais prementes, afirmando que a intervenção aliada era necessária para evitar "problema sério" e "uma situação de desordem".[53] Em Paris os acontecimentos se precipitaram. Depois de um dia de escaramuças de rua, uma trégua foi negociada em 20 de agosto pelo cônsul sueco Raoul Nordling: os alemães concordaram em permitir que forças da Resistência permanecessem, em segurança, dentro de prédios que já ocupavam; a Resistência concordou em não atacar as tropas alemãs em retirada da capital. A trégua, denunciada pelos comunistas, só durou um dia. Em 21 de agosto, os combates foram retomados. De Gaulle soube da trégua em 23 de agosto e comentou posteriormente em suas *Memórias* que ela lhe causara uma "impressão desagradável" – apesar de perfeitamente compatível com a lógica de sua estratégia de evitar ação prematura –, talvez porque, quando foi informado, Eisenhower já tinha dado finalmente a Leclerc a ordem de seguir para Paris. De Gaulle sem dúvida queria que Paris fosse vista libertando a si mesma – mas só no momento em que os Aliados chegassem.

Eisenhower tinha recebido a carta de De Gaulle em 22 de agosto, quando já tomara a decisão de marchar para Paris. De Gaulle batia numa porta já aberta. Eisenhower recebera informações de várias fontes dizendo que Paris estava à beira de uma explosão, mas também que as forças alemãs sofriam de severa desmoralização. Também o preocupara a possibilidade de os alemães continuarem representando uma ameaça para o flanco aliado se permanecessem em Paris. Às seis da manhã de 23 de agosto, os quatrocentos veículos da divisão blindada de Leclerc rolaram em direção a Paris. Os primeiros tanques chegaram ao Hôtel de Ville na noite do outro dia. No dia 25, o próprio Leclerc entrou em Paris com a maior parte de suas tropas. Instalou seu quartel-general na Gare Montparnasse, onde o comandante militar alemão foi obrigado a assinar a rendição. De Gaulle chegou à estação às cinco da tarde. Cada passo que deu durante o resto daquele dia foi meticulosamente calculado.

Na Gare Montparnasse, De Gaulle repreendeu Leclerc por ter permitido que Rol-Tanguy, o líder comunista das FFI, assinasse o documento de rendição. Depois de ser apresentado ao seu delegado militar Chaban-Delmas – ficou impressionado com quanto era jovem – ele foi conduzido de carro para o Ministério da Guerra, na rue Saint-Dominique, onde tinha sido subsecretário de Estado da Defesa por cinco dias em 1940. Foi ali que De Gaulle resolveu se instalar. Não se tratava de um ato de modéstia, mas de uma declaração política deliberada, para demonstrar, simbolicamente, que os quatro anos de Vichy tinham sido um parêntese durante o qual ele encarnara a continuidade do Estado francês em Londres. Para dar substância a essa ficção, ele escreveu nas *Memórias* sobre sua chegada à rue Saint-Dominique: "Nenhum móvel, nenhum tapete, nenhuma cortina tinham sido tirados do lugar. Nada faltava, exceto o Estado. Era meu dever restaurá-lo: instalei minha equipe e comecei a trabalhar."[54]

De Gaulle recebeu então a visita de Parodi, que o aconselhou a ir ao Hôtel de Ville, onde o CNR o aguardava para saudá-lo. A contragosto, aceitou. Às sete da noite, dirigiu-se em carro aberto à Chefatura de Polícia, do outro lado do rio, para se encontrar com Charles Luizet, o chefe que tinha sido nomeado pelo CFLN. Tendo visitado duas instituições de Estado – o Ministério da Guerra e a Chefatura de Polícia – percorreu a pé a curta distância até o Hôtel de Ville para se reunir com representantes da Resistência (CNR). Foi no Hôtel de Ville que em 1848 e 1870 a Segunda e a Terceira Repúblicas foram proclamadas. Será que De Gaulle proclamaria a Quarta? O saguão no primeiro andar estava lotado. A maioria dos presentes jamais tinha visto De Gaulle. Ele foi saudado por discursos emocionados do comunista Georges Maranne, vice-presidente do CPL, e de Georges Bidault, presidente do CNR. Em seguida, De Gaulle fez um discurso que, segundo afirma em suas *Memórias*, foi improvisado, mas que na verdade tinha sido cuidadosamente preparado. Sua abertura é uma das grandes passagens da oratória política francesa do século XX, ainda hoje difícil de escutar sem nos comovermos:

Por que dissimular a emoção que toma conta de todos nós, que aqui estamos, *chez nous*, em Paris, que se levantou para defender-se e que o fez com as próprias mãos. Não! Não dissimularemos esta emoção sagrada e profunda. Há momentos que vão além da pobre vida de cada um de nós. Paris!

Paris indignada! Paris quebrada! Paris martirizada! (Uma longa pausa) Mas Paris libertada! Libertada por ela mesma, libertada por seu povo com a ajuda dos exércitos da França, com a ajuda e assistência de toda a França, da França que luta, da única França que existe, da França verdadeira, da França eterna.[55]

O que há de notável no restante do discurso, depois dessa abertura emocionante, é a deliberada ausência de qualquer menção aos Aliados ou aos resistentes (alguns ali presentes) que tinham arriscado a vida para que todos pudessem viver aquele momento. Depois do discurso, Bidault perguntou a De Gaulle se ele ia declarar a República restaurada. A curta resposta de De Gaulle expressa o pensamento que havia por trás de cada ação sua desde que chegara a Paris: "A República nunca deixou de existir... Vichy sempre foi e continua sendo nulo e sem efeito. Sou o presidente da República. Por que haveria de proclamá-la?" Em seguida apareceu rapidamente à janela aberta do primeiro andar. Quando a multidão aplaudiu, ele subiu no parapeito para acenar. Poucos minutos depois saiu a passos largos para o carro e retornou ao Ministério da Guerra, deixando todos estupefatos.

Uma testemunha desses acontecimentos foi o resistente Lecompte-Boinet, membro do CNR, mas de forma alguma hostil a De Gaulle. Observou ele que mesmo os comunistas pareceram por um instante seduzidos, "bebendo as palavras do general como se escutassem o Evangelho. É a primeira vez que vejo esses comunistas emocionados". Mas o humor deles logo mudou, com a recusa de De Gaulle em declarar a República. O próprio Lecompte-Boinet ficou "chocado" com isso.[56] O CNR reuniu-se rapidamente e decidiu que Bidault deveria pedir a De Gaulle para reconsiderar sua decisão. Outro observador, também não hostil a De Gaulle, comentou:

> Aquele primeiro contato foi um pouco decepcionante ... Aquele discurso no Hôtel de Ville – breve, autoritário ... Muito bom, perfeito, mas bem que ele poderia ter dito uma palavra de agradecimento ao CNR e a Alexander Parodi, que tanto se esforçou por ele ... Fisicamente alto, moralmente dominante, rosto

impassível ... Nada da sedução sorridente de Leclerc, mas um homem ansioso por produzir certo efeito. Todos gostariam que ele mostrasse alguma emoção. Em vez de: "M. le Préfet, o senhor poderia, por favor, me apresentar seus principais colaboradores?"[57]

Antes de deixar o Ministério da Guerra para o encontro com o CNR, De Gaulle tinha avisado que no dia seguinte faria um desfile na Champs-Elysées. Seu plano não era um desfile militar, mas uma lenta caminhada pela avenida, para se mostrar à população, "sua" gente. Não havia precedente para uma "passeata" desse tipo, arriscada numa cidade fervilhando de atiradores, mas a ideia era um exemplo supremo do instinto de De Gaulle para o espetáculo.[58] Ainda assim, ninguém teria sido capaz de prever o extraordinário sucesso do desfile. O tamanho da multidão é impossível de calcular. Foi provavelmente a maior aglomeração desse tipo na história da França. Estandartes tricolores com as palavras *"Vive la République"* e *"Vive De Gaulle"* tinham sido distribuídos antecipadamente para as multidões.[59] Isso levou o chefe comunista do Comac, Maurice Kriegel-Valrimont, a admitir, com mordacidade: "A Delegação da França Livre trabalhou bem." Era verdade, mas não havia nada de fabricado no entusiasmo delirante das multidões. Como escreveria De Gaulle em suas *Memórias*:

> À frente estendia-se a Champs-Elysées. Mais parecia um mar. Uma multidão imensa aglomerava-se de cada lado da rua. Talvez 2 milhões de almas. Os telhados também negrejavam de gente ... Pessoas penduravam-se em escadas, paus de bandeira e postes. Até onde a vista alcançava, havia apenas essa maré viva de humanidade, ao sol, sob a tricolor.[60]

À esquerda de De Gaulle ia Bidault, à direita Parodi, ambos com instrução para ficar um pouco atrás. E atrás deles iam Leclerc, Koenig, membros do CNR e outros dignitários. Bidault de vez em quando acenava, mas ninguém sabia quem era ele. Lecompte-Boinet, também no desfile, notou que as pessoas tiravam fotos dele e de outros, mas achou mais interessante fotografar a multidão: "A extraordinária intensidade daqueles rostos ansiosos que O viam pela primeira vez." Era de fato De Gaulle, elevando-se acima de todos, que as multidões queriam ver e aplaudir. A voz de Londres finalmente se fizera carne.

25 de agosto: De Gaulle retorna a Paris.

Chegando à place de la Concorde, e incapaz de prosseguir por causa da multidão, De Gaulle subiu num carro aberto e rumou para seu próximo destino, a catedral de Notre-Dame, para uma missa comemorativa. No momento em que chegava, os parisienses foram brutalmente lembrados de que a guerra não tinha acabado pelo pipocar de tiros. Não se sabia de onde vinham. De Gaulle, sempre imune ao perigo físico – e certamente sentindo que devia dar essa impressão –, permaneceu ereto e impassível. O tiroteio cessou, mas a missa foi abreviada. Talvez exatamente como trinta anos antes, na ponte de Dinant, De Gaulle sentiu uma espécie de *dédoublement* em Notre-Dame. Em suas *Memórias*, ele afirmou que os tiros foram obra dos comunistas. Não há provas, e ele certamente não acreditava nisso na época. Escreveu para a mulher dizendo que tinha sido apenas "exibicionismo": "Aqui há gente armada que, agitada por dias de luta, atira na direção dos telhados a qualquer pretexto ... Não vai durar." Assinando a carta como "seu pobre marido", pedia que Juin lhe trouxesse de Argel roupas limpas e sapatos.[61]

A manhã seguinte

Na manhã seguinte, De Gaulle recebeu os "secretários-gerais", que tinham dirigido os ministérios no curto interregno entre o início da insurreição e a sua chegada. Esses homens não eram agitadores comunistas, mas distintos servidores civis ou técnicos designados pelo CFLN. Apesar disso, De Gaulle os submeteu à terrivelmente gélida formalidade que, nele, era natural. Escreveu o economista René Courtin:

> Eu me apresentei: "René Courtin. Secretário-geral de Economia". O mesmo rosto absolutamente impassível ... Mais uma pergunta: "Quem é o senhor?" Na ilusão de que o general pudesse mostrar pelo menos alguma simpatia para comigo, prossegui, falando rápido, para não tomar o seu tempo: "Sou ex-ativista da Resistência, amigo de François de Menthon [resistente que estava no CFLN] e André Philip." O rosto continuou impassível. Estava claro que para ele esses detalhes não tinham o menor interesse ... Limitou-se a repetir: "Mas quem é o senhor?" Achei que talvez o que ele quisesse ouvir fosse "professor da Universidade de Montpellier". De fato, era isso mesmo que ele queria saber, a única resposta que lhe interessava, e saí da frente.[62]

Outro participante lembrava-se da ocasião em termos semelhantes: "Cada um de nós foi interrogado. Era como se fôssemos alunos pequenos. Tremendo, cada um de nós respondia ... Nenhuma palavra de felicitações era pronunciada."[63] A mesma pergunta foi feita para cada um. O objetivo do exercício era deixar claro que eles deveriam retomar suas antigas atividades e deixar a tarefa de governar para De Gaulle.

Naquela noite, De Gaulle recebeu os membros do CNR na rue Saint-Dominique. Pouco à vontade, eles foram revistados na entrada. Lecompte-Boinet descreveu o encontro em seu diário imediatamente:

> "Argel" recebia a "França" com óbvia desconfiança ... Estávamos numa fortaleza, a fortaleza do gaullismo externo; aquilo era uma Troia na qual não havia possibilidade de deixar o cavalo entrar ... Seguimos para o primeiro andar onde De Gaulle esperava ... Suas feições estavam tensas, mas o rosto parecia expressar prostração, mais do que cansaço, o do chefe de governo assoberbado pelas

irritações da política que ele detesta ... Mas ele tentou ser amigo. Fez-nos um breve discurso, menos para nos agradecer do que para nos aconselhar a mostrar moderação e calma, conselho que era mais uma ordem do que um conselho. Meu Deus, como ele é alto! Os olhos parecem fitar o horizonte lá da sua grande altura, esforçando-se para descerem ao nosso nível ...

Nosso porta-voz Bidault, muito intimidado, explicou com alguma dificuldade que nos sentíamos realmente felizes por sermos recebidos, mas que ficaríamos ainda mais felizes se o general se dispusesse a participar do nosso trabalho.

Silêncio da parte de De Gaulle. Seu cigarro, cujos anéis de fumaça o obrigavam a fechar um pouco os olhos, respondeu polidamente que não conseguia ver que utilidade nosso "trabalho" poderia ter agora.

Quis saber se tínhamos alguma pergunta a fazer, e Gillot [membro comunista do CNR], finalmente criando coragem para falar, perguntou se De Gaulle tinha aprovado a "trégua". O rosto de De Gaulle, de início sorrindo polidamente, não escondeu mais o que sentia depois de vinte minutos do monólogo de Gillot. Perguntávamo-nos se ele não iria nos expulsar da sala. O general aproveitou uma pausa para falar por sua vez e, com um sorriso tenso, disse: "Realmente acha, M. Gillot, que o que o senhor chama de 'trégua' tem toda essa importância na história da França?"

O medo de Lecompte-Boinet era que seus colegas não estivessem dando uma boa impressão do CNR. Esse foi o caso também do comunista Pierre Villon, que em sua intervenção perguntou quando Maurice Thorez teria permissão para retornar à França: "Nesse momento, o general, claramente exasperado, levantou-se: 'Espero vê-los novamente em breve. *Au revoir Messieurs.*'"[64] Foi a primeira e a última reunião de De Gaulle com o CNR. No dia seguinte, De Gaulle aplicou o mesmo tratamento a líderes da Resistência, incluindo líderes do Comac e das FFI. Depois do encontro um deles declarou: "Já vi muita ingratidão humana, mas nunca imaginei que ela pudesse chegar a esse nível." No mesmo dia (28 de agosto), De Gaulle anunciou que o estado-maior das FFI seria dissolvido e todos os integrantes das FFI incorporados ao Exército regular.[65]

Em 1º de setembro, Lecompte-Boinet quis ver De Gaulle a sós. Nessa ocasião estava ali não na qualidade de membro do CNR, mas como secretário-geral do Ministério de Obras Públicas. Começou a descrever para De Gaulle o que tinha feito nas últimas duas semanas:

Já na primeira frase percebi que eu não estava no nível que ele queria e que nada daquilo tinha para ele a menor importância. Mudei de tática: "A Resistência..." Ele me interrompeu. "Já deixamos a Resistência para trás. A Resistência acabou. A Resistência agora deve integrar-se à Nação. Porque, você precisa compreender, havia a Resistência – mas agora o que há é a Nação."[66]

PARTE TRÊS

Passagens pelo poder, 1944-58

Claro que eu não ia refazer o Segundo Império, porque não sou o sobrinho de Napoleão e ninguém se torna imperador na minha idade. Só a República é possível. Mas precisamos acabar com o regime de partidos.

DE GAULLE, 19 de setembro de 1949, em Georges Pompidou, *Pour rétablir une vérité*, p.89-90

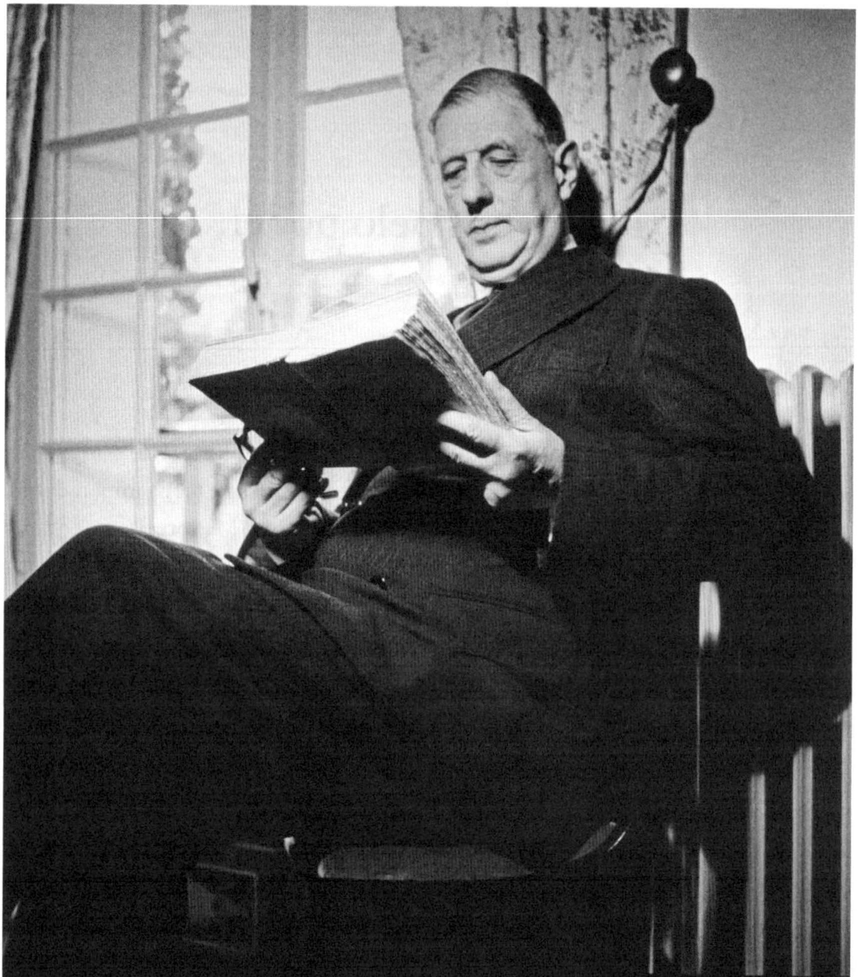

14. No poder, agosto de 1944-maio de 1945

Ordem

No dia seguinte ao desfile pela Champs-Elysées, De Gaulle pediu a Eisenhower que lhe emprestasse duas divisões americanas como demonstração de força para impressionar a população parisiense. Eisenhower não pôde fazer-lhe esse obséquio, mas em 29 de agosto de 1944, na companhia do general americano Omar Bradley, De Gaulle inspecionou duas divisões americanas que passavam por Paris para ir lutar contra os alemães no leste. O general não mencionou essa revista em suas *Memórias*, nem o pedido que tinha feito a Eisenhower dois dias antes. Mas os dois casos demonstram quanto estava obcecado pela necessidade de restaurar a ordem e impor sua autoridade, mesmo tendo que pedir ajuda americana.

Em 9 de setembro, De Gaulle já tinha formado o novo governo. Era um cuidadoso equilíbrio de França Livre, resistentes, ex-políticos (contanto que não tivessem comprometido a reputação servindo a Vichy) e servidores públicos ou especialistas. Georges Bidault aceitou o convite de De Gaulle para ser ministro das Relações Exteriores, apesar de poucos dias antes o CNR ter decidido que nenhum membro seu aceitaria cargo no governo. Bidault assegurou aos colegas que não se tratava de um "sequestro individual". Privado do seu presidente, o CNR perderia força, e era isso certamente que De Gaulle pretendia. Pela mesma razão, ele também ofereceu um cargo ao mais destacado membro comunista do CNR, Pierre Villon, que recusou. Dois outros comunistas foram convidados para integrar um gabinete, mas não em cargos essenciais: Charles Tillon como ministro da Aeronáutica e François Billoux como ministro da Saúde Pública. O único líder de um movimento importante da Resistência a receber um cargo foi Henri Frenay – mas era uma pasta relativamente inócua, que lidava com prisioneiros de guerra de volta ao país. Entre os integrantes de primeira hora da França Livre, foram nomeados Pleven (encarregado do Império), Tixier (ministro do Interior) e Catroux (encarregado do norte da África).

A primeira reunião do novo governo provisório da França em Paris foi realizada em 9 de setembro, no Hôtel Matignon. Poderia ter sido comemorada como uma ocasião histórica, mas De Gaulle não fez nenhum discurso efusivo para iniciar as atividades. Entrou na sala anunciando: "O governo da República, com sua composição modificada, segue em frente." Foi outro capítulo da narrativa que De Gaulle se empenhava em criar: a história continuaria onde tinha parado em 1940, e Vichy nunca existiu. O ex-resistente Pierre-Henri Teitgen, ministro da Informação, ficou tão surpreso com o firme senso natural de autoridade de De Gaulle que rabiscou um bilhete para Bidault, seu vizinho de cadeira: "Ele é extraordinário." Bidault escreveu em resposta: "Lúcifer era o mais belo dos anjos."[1]

Apesar de em tese haver agora um governo em Paris, ele tinha pouca possibilidade de comunicar-se com o restante do país – menos ainda de administrá-lo. A maioria das pontes sobre o Loire e o Ródano tinha sido destruída; nenhum porto podia ser utilizado (e os alemães ainda controlavam bolsões na costa atlântica); quase todas as linhas telefônicas estavam avariadas; Paris só tinha eletricidade 45 minutos por dia. Para Louis Joxe, foi um momento de alta emoção receber em Paris sua primeira chamada telefônica de Toulouse, no fim de setembro.

A prioridade imediata de De Gaulle era estampar sua autoridade no país mediante uma série de visitas regionais, a começar por Lyon, Marselha, Toulouse e Bordeaux entre 14 e 18 de setembro. Cada visita era uma reprise da consagração de De Gaulle na Champs-Elysées. Como disse um jornal de Lyon depois da visita, a população pôde "gravar para sempre na memória a imagem viva junto com a voz do Libertador". Em Nancy, em 26 de setembro De Gaulle anunciou: "Vocês me viram, vocês me ouviram." Essas visitas também foram vistas por toda a população da França através de jornais cinematográficos cuidadosamente editados.[2]

O principal objetivo dessa grandiosa turnê era subjugar a Resistência estabelecendo uma relação direta do próprio De Gaulle com a população. Em toda parte ele assumiu, como descreveu em suas *Memórias,* uma aparência de "calculada solenidade". Em Marselha, enquanto um grupo heterogêneo de resistentes desfilava em sua homenagem, ele resmungou: "Que impostura." Em nenhum lugar seu gélido desdém ficou mais evidente do que em Toulouse, que tinha adquirido a reputação de ser uma "República Vermelha" em miniatura, onde grupos de resistentes e *guerrilleros* espanhóis percorriam as ruas desafiando a fraca autoridade do *commissaire* de governo, Pierre Bertaux.[3] De Gaulle chegou a Toulouse de avião, procedente de Marselha, em 16 de setembro. Na viagem de carro do aeroporto, repreendeu Bertaux porque, por razões de segurança, o *commissaire* tinha ignorado suas instruções para providenciar um carro aberto. Chegando à cidade, De Gaulle andou pelas ruas e apresentou-se à multidão na sacada da prefeitura. Tendo estabelecido contato direto com a população, ele recebeu o que chamou desdenhosamente em suas *Memórias* de "pitorescos desfiles" dos combatentes das FFI locais da Resistência. A cada um foi feita a pergunta ritualística "Quando ingressou na Resistência?" – para a qual a resposta correta era 18 de junho de 1940. O resistente Serge Ravanel, de 24 anos, recordava a seguinte cena:

> Ainda vejo todos nós em fila num salão da prefeitura, tão orgulhosos de sermos apresentados ao chefe de Estado ... O que fez De Gaulle? Passou diante de cada um, com expressão impassível, fazendo a mesma pergunta: "Qual é a sua patente no Exército?" Como se isso fosse a única coisa realmente importante. A pergunta não incomodava os oficiais de carreira. Era humilhante para os oficiais das FFI.

Para Ravanel, a pergunta de De Gaulle foi: "Quem autorizou o senhor a usar a fita da Ordem da Libertação?" Ravanel respondeu que achava que a tinha merecido; De Gaulle respondeu, irritado: "Não é verdade." Ravanel, para quem esse encontro foi um dos momentos mais tristes de sua vida, recordou, anos depois: "Descobri que para ele o mais importante era nos subjugar. E pôr um ponto final em tudo que tínhamos aprendido e tudo que fez a originalidade da Resistência."[4] Ele e outros líderes da Resistência ficaram tão magoados com essa recepção que chegou a haver rumores sobre sequestrar De Gaulle e levá-lo para um encontro com um grupo de verdadeiros *maquisards*. Bertaux tentou convencer De Gaulle a receber novamente os líderes da Resistência e acalmar seus egos feridos. De Gaulle recusou-se: "Por quê? Estavam apenas cumprindo o seu dever." Bertaux tentou defender as FFI invocando o glorioso exemplo dos voluntários revolucionários de Jemappes e Valmy. De

Gaulle respondeu: "Não venha me ensinar a história do Exército francês. Só há um Exército francês e é o Exército da França." Como comentou acertadamente Lacouture, De Gaulle agora falava mais como Giraud do que como o De Gaulle de 1942.[5] Isso era compatível com a sua obsessão de restaurar a autoridade do Estado e não admitir contestação à sua – dele – autoridade.

Na mesma visita, De Gaulle também tentou estabelecer o caráter francês da Libertação. Bertaux foi repreendido por ter convidado para almoçar um representante britânico da SOE, George Starr (coronel Hilaire), que tinha organizado um grupo das FFI na região. Ao encontrar-se com Starr, De Gaulle disse, irritado, que ele como estrangeiro não tinha o direito de fazer isso: "Leve-os com você ... são traidores e mercenários." Starr deixou o país dez dias depois. Quando um grupo de republicanos espanhóis passou marchando (alguns usando capacetes alemães pintados de azul, porque não tinham uniforme), De Gaulle perguntou a Ravanel: "O que esses espanhóis fazem aqui torrando a nossa paciência?"[6] (Starr, na verdade, depois seria condecorado pelo governo, e Ravanel obteve a Croix de la Libération.)

Na próxima escala em Bordeaux, De Gaulle estava mais bem-humorado, porque a cidade tinha uma reputação menos turbulenta. Murmurou, feliz da vida, em suas *Memórias*, que o *commissaire*, Gaston Cusin, tinha apresentado "o desfile costumeiro de funcionários, oficiais de delegações" com o arcebispo à frente.[7] De Gaulle, o rebelde de 1940, sentia-se mais à vontade nessa companhia de ex-vichyitas do que na da desgastada trupe de resistentes que encontrou em Toulouse e Marselha. Entre os dignitários em Bordeaux havia um certo Maurice Papon, que tinha sido *sous-préfet* no regime de Vichy e, como viria à tona depois, muito assíduo como supervisor da deportação de judeus. Se De Gaulle estava ou não estava a par disso, a questão não chegava a preocupar ninguém naquela época. O que De Gaulle devia saber é que Papon era um administrador ultraeficiente que com certeza lhe seria tão leal como tinha sido leal a Vichy. Papon foi confirmado como o vice do *commissaire*.

Houve visitas a outras regiões da França nas semanas seguintes – incluindo à terra natal de De Gaulle, Lille, em 30 de outubro –, mas, fora isso, o governo em Paris pôs-se a trabalhar. Não havia a menor possibilidade de realizar eleições parlamentares enquanto o território francês não estivesse totalmente libertado, e mais de 1 milhão de franceses continuassem prisioneiros na Alemanha. Em vez disso, a Assembleia Consultiva foi transferida de Argel e o número de membros ampliado ainda mais. Não chegava a ser um limitador da autoridade de De Gaulle. Ele estava em seu estado de espírito mais imperial e, nas palavras de um dos ministros, seu governo estava mais para sala de aula – com De Gaulle como diretor – do que para fórum de discussões. Quando, certa ocasião, o socialista Vincent Auriol tentou intervir observando que determinado assunto já tinha sido discutido pelo governo da Frente Popular em 1936, da qual ele fizera parte, De Gaulle lançou-lhe um olhar glacial e continuou, como se nada tivesse sido dito. Não tendo entendido a indireta, Auriol tentou de novo. Dessa vez De Gaulle interrompeu: "O senhor está trazendo pela segunda vez o assunto da chegada ao poder da Frente Popular; agora o senhor deveria nos explicar como ela acabou."[8]

No entourage mais imediato de De Gaulle, Palewski continuava sendo figura-chave, como seu *directeur de cabinet*. Como sempre, sua intimidade com De Gaulle provocava ciúmes, especialmente de Louis Joxe, que continuava exercendo a mesma função de secretário-geral do governo que desempenhara em Argel. Joxe instalou-se no Hôtel Matignon, onde a chefia do governo costumava localizar-se, mas De Gaulle continuou governando a partir do Ministério da Defesa, na rue Saint-Dominique. Quando a mulher chegou de Argel, De Gaulle foi morar numa *villa* (que durante a guerra fora confiscada por Göring) em Neuilly, nos arredores de Paris. Chegando a essa mansão magnífica, Yvonne de Gaulle comentou, caracteristicamente: "É um pouquinho acima do que eu gostaria."[9]

Como ocorreu durante a guerra, De Gaulle dependia muito de seus ajudantes de campo. Havia Claude Guy, um jovem tenente esplendidamente belo, que tinha servido, e fora ferido, na força aérea da França Livre. Além disso, ele tinha a vantagem de falar inglês perfeitamente, uma vez que a mãe era americana. Em 1945, a ele veio juntar-se Gaston de Bonneval, oficial do Exército que lutou na Resistência, foi deportado para Mauthausen e voltou para a França mais morto do que vivo depois da libertação do campo. Os dois homens eram muito dedicados a De Gaulle. Outra figura importante no entourage era o diplomata Etienne Burin des Roziers, que chegara a Londres em 1942, onde serviu como oficial de material bélico de De Gaulle e agora ingressava em seu gabinete para prestar assessoria em negócios estrangeiros.[10]

No fim de outubro, De Gaulle sentiu-se forte o suficiente para tomar uma última providência destinada a subjugar totalmente a Resistência, dissolvendo a indisciplinada Milícia Patriótica. Eram grupos de resistentes cujo número tinha paradoxalmente inchado depois da Libertação. Atraíam antigos combatentes das FFI que não gostaram da ordem de ingressar no Exército regular, e incluíam, também, os chamados "Resistentes de Setembro", oportunistas que não tinham feito coisa alguma durante a Ocupação, mas aproveitavam a oportunidade para se reabilitarem depois que o perigo tinha passado. A Milícia Patriótica realizava ataques arbitrários contra supostos colaboracionistas. Apesar de não ser controlada exclusivamente pelo Partido Comunista Francês (PCF) – ou por quem quer que fosse –, o partido a via como mais uma oportunidade de ampliar sua influência.

Em 28 de outubro, o governo anunciou a dissolução da Milícia Patriótica. O CNR ficou dividido quanto à resposta a ser dada e sua crítica foi abafada, fora algum resmungo ritual do Partido Comunista. De Gaulle comentou com um assessor no dia seguinte:

> Se resistirem, atiraremos ... para cima. Mas não resistirão ... E se algum pobre policial for morto, vou lamentar por ele, mas pelo menos terá a vantagem de colocar de uma vez por todas a polícia do lado certo e de tornar os outros odiosos... No Conseil des Ministres [Conselho de Ministros, que na Grã-Bretanha é conhecido como Gabinete] eu lhes disse: "Billoux, Tillon ... É isso que o governo tem de fazer ... É isso que faremos ..." Mas eles não reagiram, *ficaram em seus lugares*, e a partir desse momento, do momento em que dois comunistas assumiram a responsabilidade pela decisão, a batalha estava ganha ... Os comunistas são junco pintado de ferro. Não se pode ter uma revolução sem revolucionários. E na França só existe um revolucionário: eu.[11]

"Você fala em ... purificação ... o que vejo, acima de tudo, é a França vitoriosa"

O preço da "ordem" gaullista foi um senso crescente de desilusão entre muitos antigos resistentes. O símbolo sobre o qual tinham projetado suas esperanças durante as noites escuras da Ocupação parecia muito diferente do que tinham imaginado. Surgiram livros com títulos como *A Resistência traída* ou *Nós somos os rebeldes* (em oposição a De Gaulle, era o que dava a entender esse título).[12]

Como De Gaulle ainda era objeto de um colossal culto popular, os livros não o atacavam diretamente. Sua tese era que as forças do conservadorismo e da reação tinham capturado "nosso De Gaulle". Como escreveu um jornal da Resistência já em setembro de 1944: "Todos os seguidores do antigo regime, todos os vichyitas arrependidos, todos os ricos amedrontados estão rondando em torno do Chefe da Resistência [ou seja, De Gaulle]. Falam-lhe a respeito de Ordem com 'O' maiúsculo, ordem burguesa capitalista... Também queremos ordem, mas com 'o' minúsculo, ordem democrática."[13]

Nada disso representava séria ameaça para De Gaulle, porque os objetivos concretos da Resistência eram vagos demais – além de uma sensação generalizada de que o expurgo de colaboracionistas não estava sendo executado com vigor suficiente.

De Gaulle não tinha ilusões sobre a conduta dos compatriotas durante a Ocupação, mas sua prioridade era a união nacional. A descrença na humanidade em geral o predispunha a não ser vingativo com indivíduos em particular. Como já demonstrara em Argel, achava que a França não poderia ser reconstruída sem recorrer a pessoas de reputação não propriamente imaculada. Na hora de estabelecer tribunais para julgar colaboracionistas, seria impossível descartar magistrados que se comprometeram com Vichy, uma vez que só um deles se recusara a jurar lealdade a Pétain. Além disso, De Gaulle lamentava o sectarismo e a arrogância de muitos resistentes – atitude que viria a ser apelidada de "resistencialismo". Quando o venerável político Jules Jeanneney, presidente do Senado em 1940, foi criticado no fim de 1944 por ter feito (como tantos outros) comentários lisonjeiros sobre Pétain quatro anos antes, De Gaulle o defendeu na assembleia: "Os senhores são testemunha de que era possível conceber diferentes maneiras de servir à Pátria e a República naquele momento."[14]

De outro lado, De Gaulle reconhecia que um expurgo era inevitável. Como escreveria mais tarde, "passar o apagador em cima de tantos crimes e abusos" permitiria que um "abscesso monstruoso infeccionasse o país para sempre".[15] O que ele queria era acabar com manifestações de "justiça popular" e submeter os expurgos à jurisdição dos tribunais. Seu pretexto para dissolver a Milícia Patriótica tinha sido o papel que ela desempenhou em numerosas execuções sumárias. Quando parecia que Charles Maurras, em Lyon, corria o risco de ser linchado pela turba por seu apoio ao regime de Vichy, De Gaulle mandou transferi-lo para Paris, onde seria apropriadamente julgado por um tribunal, que o condenou à prisão perpétua em janeiro de 1945.[16]

O CFLN em Argel levara meses discutindo os mecanismos jurídicos para julgar colaboracionistas. O texto fundamental era uma portaria de junho de 1944 estabelecendo tribunais de justiça especiais. O modelo utilizado para esses tribunais eram os tradicionais tribunais franceses [*Cour d'Assises*], com a diferença de que os jurados teriam que ser selecionados num conjunto de candidatos cujas credenciais patrióticas ("prova de sentimentos nacionais") fossem aprovadas por Comitês Departamentais de Libertação. Os crimes de colaboracionistas estavam previstos no Artigo 75 do Código Penal: "Conluio (*inteligência*) com o inimigo." Outras contravenções estariam dentro de um novo crime tipificado como de "indignidade nacional", que muitos juristas criticaram, como exemplos da jurisdição retroativa que tinha maculado o regime de Vichy. Mas, enquanto as leis retroativas de Vichy resultaram na execução de pessoas, as penas para o crime de indignidade nacional eram basicamente simbólicas.

Os primeiros julgamentos foram insatisfatórios porque a maioria dos colaboracionistas mais ferrenhos ainda estava solta na Alemanha, para onde tinham fugido em agosto de 1944. Os primeiros julgamentos importantes foram de jornalistas contra os quais era fácil fundamentar uma acusação, porque seus escritos estavam disponíveis para serem usados em sua condenação. O envolvimento direto de De Gaulle só ocorria quando os acusados eram condenados à morte. Como chefe de Estado provisório, ele tinha a prerrogativa de comutar pena de morte em prisão perpétua. Isso logo se tornou assunto de acalorada controvérsia. Enquanto os comunistas insistiam nas penas mais duras, o respeitado romancista François Mauriac surgiu como uma voz poderosa a favor da clemência. Como Mauriac tinha impecáveis credenciais com a Resistência, seus argumentos não puderam ser interpretados como um apelo especial.

O primeiro processo levado ao tribunal de Paris foi o do jornalista Georges Suarez, que publicara artigos na imprensa colaboracionista denunciando resistentes e exigindo a execução de judeus e comunistas. Como além disso tinha recebido dinheiro dos alemães, seu caso não foi complicado. Julgado em outubro, Suarez foi executado em 9 de novembro de 1944. Outra acusação fácil de provar foi contra Paul Chack, polemista antissemita que tinha incitado os leitores a lutar ao lado dos alemães contra o bolchevismo no front oriental. Condenado em dezembro de 1944, foi executado em 9 de janeiro. O caso do jornalista Henri Béraud era menos evidente. Foi condenado à morte em 29 de dezembro de 1944, apesar de não haver nenhuma prova de qualquer contato seu com alemães. Se era "colaborador" foi só por ter continuado a manifestar durante a Ocupação as mesmas opiniões violentamente anglófobas que manifestara antes. Isso levou Mauriac, cada vez mais incomodado com a ideia de executar escritores por suas opiniões e não por suas ações, a escrever vários artigos apelando por "misericórdia". Recebeu o apelido de "St. François des Assises". Albert Camus, estrela literária em ascensão, respondeu propondo que as alegações de "justiça" deveriam prevalecer sobre as de misericórdia.

A voz de Mauriac era importante para De Gaulle por várias razões. Tratava-se do romancista "católico" mais famoso da França – católico no sentido de que todos os seus romances tratavam de temas como pecado, culpa, traição e (às vezes) redenção na burguesia católica da região de Bordeaux, onde Mauriac foi criado. Numa conversa sobre literatura no avião que o levou para Argel em 1943, De Gaulle tinha comentado que Mauriac era o romancista vivo que ele mais admirava "pela totalidade de sua obra". Nos anos 1930, Mauriac se alienara do seu próprio meio conservador e católico, quando denunciou atrocidades cometidas pelos nacionalistas na Guerra Civil Espanhola. Durante a Ocupação, foi praticamente o único membro da ultrapétainista Académie Française a apoiar a Resistência. Em 25 de agosto de 1944, com a imprensa de Paris livre pela primeira vez em quatro anos, ele festejou De Gaulle em termos quase religiosos num artigo intitulado "O maior de nós todos". Disse que De Gaulle tinha dado à França "o dom da sua pessoa" (frase que Pétain usara, famosamente, a respeito de si mesmo), e os franceses tinham coletivamente "compartilhado seu sofrimento" através do sangue de seus mártires "que batizou todos nós no mesmo batismo do qual De Gaulle é um símbolo vivo".[17]

Mauriac foi o primeiro escritor a ser recebido oficialmente por De Gaulle em 1º de setembro, uma semana depois do seu retorno a Paris, assim como tinha recebido André Gide em Argel dez dias depois de chegar à capital argelina. A visita de Mauriac foi seguida, em rápida sucessão, pela de três outros gigantes literários: Paul Valéry, Georges Duhamel e Paul Claudel. Era um ritual com o qual De Gaulle demonstrava sua reverência pelos escritores, ao mesmo tempo que se deliciava na glória refletida da admiração deles. Mas era consagração que ele buscava, e não conselhos. Recordando seu primeiro encontro com De Gaulle anos depois, Mauriac não conseguiu esconder seu desapontamento com o fato de o general querer falar apenas sobre a Académie Française e parecer pouco interessado em suas ideias sobre política:

> O que eu queria saber, naquela manhã, era o que o general achava dos problemas de amalgamar as FFI com o Exército regular, das dificuldades de manter a ordem nas províncias enquanto todas as nossas forças eram lançadas na batalha contra os alemães; estaria a França presente no último dia do ajuste de contas? Fiz parte da Frente Nacional [movimento da Resistência], onde lutava nas armadilhas preparadas pelo Partido Comunista. Eu tinha meu conselho a oferecer sobre tática ... Mas não: De Gaulle estava interessado em André Gide e na Académie Française.[18]

Mauriac assumiu o papel de "mestre de cerimônias do gaullismo triunfante".[19] Em 30 de outubro, na Comédie-Française, ele organizou, na presença de De Gaulle, uma noite dedicada à poesia da Resistência. Outro fio que ligava De Gaulle a Mauriac era o fato de que o filho de Mauriac, Claude, também ele uma promessa de escritor e jornalista, tinha ingressado na equipe de De Gaulle imediatamente depois da Libertação. Ficou encarregado da correspondência. Claude Mauriac era um velho amigo de Claude Guy, assessor de De Gaulle, mas ser filho de François Mauriac também ajudou.

Não está claro se a defesa da clemência pregada por Mauriac teve ou não algum efeito, mas De Gaulle comutou a pena de Béraud depois de receber seu advogado em 6 de janeiro de 1945. Quando Claude Mauriac comentou que o pai ficaria muito satisfeito por De Gaulle ter julgado a questão não só politicamente, mas também sentimentalmente, o general respondeu, ríspido: "Para mim não é questão nem de sentimento nem de política, mas de justiça ... Conluio com o inimigo? Estudei o processo cuidadosamente, e enquanto Chack deu ordem para os franceses se alistarem no Exército da Alemanha ... no caso de Béraud procurei inutilmente qualquer sinal de conluio com o inimigo."[20]

Outra ação importante que chegou ao tribunal foi a de Robert Brasillach, um dos mais destacados intelectuais a apoiar a colaboração. Brasillach foi condenado à morte em 19 de janeiro de 1945. Apesar de Brasillach insultá-lo com frequência na imprensa, Mauriac defendeu seu caso em nome da caridade cristã e do direito dos escritores de expressar suas opiniões, por mais odiosas que fossem. Mauriac foi um dos mais importantes signatários de uma petição apresentada por 57 escritores e artistas para que De Gaulle lhe concedesse perdão. Assinaram, entre outros, Claudel, Valéry, Colette e Camus (apesar do desentendimento anterior com Mauriac); recusaram-se a assinar, entre outros, Jean-Paul Sartre, Simone de Beauvoir, Gide e Picasso. Mauriac foi pessoalmente conversar com De Gaulle, e achou a experiência tão desconcertante quanto o primeiro encontro que tiveram. Apesar de De Gaulle ter sido "educado ... e polido", Mauriac ficou impressionado com "sua prodigiosa capacidade de desdém ... orgulho e senso da própria superioridade". Disse ao filho que tinha passado pela desagradável experiência de "ficar confinado por uma hora e meia com um comorão que só falava comorão".[21]

Talvez por não falar "comorão", Mauriac saiu de lá com a impressão de que De Gaulle estava inclinado a perdoar. Pode ser que De Gaulle não tivesse consultado o processo, como o fez ainda naquela noite ao receber o advogado de Brasillach, Jacques Isorni. Durante anos Isorni costumava voltar à história de sua visita a De Gaulle para entregar a petição e pedir misericórdia. Segundo seu relato, De Gaulle guardou um silêncio implacável. Só o interrompeu para perguntar, a certa altura, se o escritor Abel Hermant tinha assinado a petição. Como Hermant estava preso por colaboracionismo, Isorni imaginou que fosse uma piada de mau gosto:

> Ele pegou o charuto que tinha começado a fumar e soprou a fumaça na minha direção. Pensei comigo mesmo se aquilo era hora de fumar charuto. Talvez um metro nos separasse – talvez um pouco mais. Seus olhos tão próximos um do outro pareciam fitar alguma coisa na distância – e nunca consegui atrair seu olhar... Num encontro entre dois homens em que a vida de alguém está em jogo, é preciso ter muita força de vontade para prosseguir quando tudo com que a gente se depara é o silêncio.[22]

Tendo falado por quinze minutos, Isorni perguntou se De Gaulle precisava de mais informações, e a resposta que recebeu foi "não se preocupe".

Isorni, tão envolvido emocionalmente no caso, desenvolve sua narrativa para pintar um retrato de De Gaulle como insensível e sanguinário. O encontro foi o começo de uma carreira de militância antigaullista. O desprezo de Isorni por De Gaulle permaneceu intacto até o dia da sua morte. Mas, mesmo tirando os sentimentos pessoais, sua narrativa soa verdadeira, lembrando muitos outros encontros com De Gaulle. No entanto, se de fato era implacável, sanguinário De Gaulle não era. Segundo Claude Guy, ele tinha horror de seus encontros com Maurice Patin, o presidente do comitê incumbido dos perdões (Commission des Graces). O ministro da Justiça de De Gaulle, o resistente Pierre-Henri Teitgen, que posteriormente teria pouca coisa de positivo para dizer sobre De Gaulle, lembrava-se de que ele tinha ficado profundamente perturbado pela execução de Chack.[23] De Gaulle perdoava sistematicamente todos os menores e todas as mulheres; no total, comutou 998 de 1554 penas de morte. Na verdade, foi mais clemente do que seu sucessor, o suave socialista Félix Gouin, apesar de ter tomado suas decisões num período em que as paixões eram mais intensas.

No caso de Brasillach, não houve perdão. De Gaulle assinou o decreto para executar a pena de morte na noite em que recebeu Isorni. O que o fez perdoar Béraud e não Brasillach? Um mito tenaz sustenta que o processo continha a foto de uma visita ao Exército alemão no front oriental de vários colaboracionistas franceses, incluindo Jacques Doriot, trajando uniforme alemão. Uma vez que Brasillach, como Doriot, usava óculos, já se sugeriu que De Gaulle confundiu um com o outro. O único comentário de De Gaulle sobre o assunto foi que "em literatura, como em tudo o mais, o talento traz responsabilidade". Se era isso mesmo que pensava, significa que um dos argumentos usados por Isorni e Mauriac para salvar Brasillach – sua distinção como escritor – era, na verdade, o que o condenava aos olhos de De Gaulle.[24]

Para os servidores mais importantes do regime – ministros e altos funcionários – o governo tinha estabelecido um Tribunal Superior especial, que começou a trabalhar no início de 1945. Um dos primeiros a serem julgados foi o general Dentz, que lutara contra as Forças Francesas Livres na Síria. Foi condenado à morte em abril, mas De Gaulle imediatamente comutou a pena para prisão perpétua. O momento esperado por todos, entretanto, era o julgamento de Pétain. De Gaulle queria que o julgamento fosse feito à revelia, sem a presença do marechal de 89 anos, pois sabia muito bem que para muitos franceses Pétain continuava sendo uma figura de "respeito ou piedade". Os atores dos últimos e tragicômicos dias de Vichy em Sigmaringen tinham fugido para vários destinos nos primeiros dias de abril, quando as tropas aliadas entravam na Baviera. Alguns conseguiram sumir; Laval foi para a Espanha, de onde seria extraditado; Pétain foi escoltado pelos alemães até a fronteira suíça. Apesar de De Gaulle preferir que tivesse ficado na Suíça, Pétain apresentou-se na fronteira francesa em 25 de abril. Um julgamento era inevitável.

Durou de 23 de julho a 15 de agosto de 1945. Isorni integrava a equipe de defesa. Pétain recusou-se a reconhecer a autoridade do tribunal, permanecendo calado até o fim, por vezes parecendo alheio ao que ocorria à sua volta. Após duas semanas de arengas de tribunal, Pétain foi condenado à morte com a recomendação de que a pena fosse comutada para prisão perpétua. Era o que De Gaulle sempre quis.

Como era inevitável com as paixões tão exacerbadas, e os acontecimentos ainda tão recentes, o julgamento trouxe pouca luz. Para De Gaulle, no entanto, o problema era que a acusação tinha se concentrado no que lhe parecia a questão secundária das políticas internas e dos crimes do regime de Vichy, e não no assunto que considerava central: a assinatura do armistício da qual, a seu ver, tudo o mais decorria. Era isso que separava sua interpretação da Ocupação da interpretação da Resistência. Foi o que ele disse com espantosa franqueza – para não dizer cinismo – num trecho que acabaria resolvendo não incluir em suas *Memórias*:

> O que me fez decidir imediatamente continuar a luta contra o inimigo e condenar Vichy foi a recusa a reconhecer que a França fora derrotada, ocupada e escravizada quando ainda tinha meios para lutar. Para mim, tratava-se essencialmente de salvaguardar a independência, participar da vitória, para que ela ressurgisse, se não maior do que antes, pelo menos com sua grandeza. Não é, certamente, que eu quisesse negligenciar aquele dilúvio de ideias e sentimentos que tinham cercado o conflito e, da minha parte, não deixei de usar essas correntes de opinião. Nem compreendi mal a existência e a importância de destinos e paixões, que existiam antes da guerra e foram por ela exacerbados. Ao contrário, usei-as e apelei ora para o culto da tradição, ora para o orgulho nacional, para a mística do cristianismo, para ideias liberais, fúria jacobina, revolução social... Os elementos políticos que emergiram ou reapareceram através da Resistência não tinham, devo dizer, exatamente a mesma maneira de ver as coisas. Na derrota de 1940 e na instalação de Vichy eles estavam cientes, e sentiram, com pesar, a humilhação da França. Mas, fosse qual fosse o seu patriotismo, foi o infeliz destino de suas ideologias, a perseguição infligida a seus grupos, o triunfo dos seus adversários políticos que muitos deles sentiram mais agudamente.[25]

De Gaulle expôs a ideia mais energicamente para Claude Mauriac, que estava redigindo uma carta para ele e tinha incluído as palavras "França purificada e restaurada da honra e da liberdade". Riscando a palavra "purificada", De Gaulle explodiu: "Você fala em liberdade, honra e purificação ... E onde está a vitória? O que vejo, acima de tudo, é a França vitoriosa."[26]

Viagem a Moscou

Que lugar haveria para uma "França vitoriosa" no mundo do pós-guerra? Na narrativa de De Gaulle, a resposta era simples. A guerra era um conflito de trinta anos no qual algumas batalhas foram ganhas e outras perdidas: a França tinha vencido a Batalha do Marne em setembro de 1914, tinha perdido a Batalha da França em maio de 1940, e ganharia a batalha final em 1945. Nessa perspectiva, uma vez terminada a guerra, a França retomaria o papel de uma das grandes potências. De Gaulle sabia perfeitamente bem, no entanto, que os parceiros da França não aceitavam essa narrativa. Para a maior parte do mundo, o colapso da França em 1940 tinha sido mais do que apenas um incidente. Fossem quais fossem as esperanças de De Gaulle, um homem não poderia sozinho substituir uma nação inteira. A realidade que tinha diante de si em 1944, como esboçada por Roosevelt em seu encontro em julho, era um mundo dominado por duas superpotências, com a Grã-Bretanha provavelmente na órbita dos Estados Unidos, e a França irremediavelmente enfraquecida. Para contrabalançar essa visão e encontrar maneiras de alavancar nova influência para a França, De Gaulle passou a falar cada vez mais em "Europa". Na fantasia adolescente que ele perpetrara em 1905, imaginando-se o general De Gaulle, era a "Europa" que tinha declarado guerra à França: agora a "Europa" poderia ser a salvação da França.[27]

O CFLN tinha começado a discutir a ordem internacional do pós-guerra no outono de 1943. Num jantar em outubro, deu-se uma conversa fascinante entre De Gaulle e Monnet sobre a Europa do pós-guerra. Monnet esboçou sua visão de uma entidade europeia unificada, incluindo França e Alemanha. De Gaulle foi cético: "É preciso levar em conta as tradições. Jamais, depois desta guerra, você colocará franceses e alemães juntos no mesmo agrupamento. Em vez disso, previa uma espécie de bloco econômico que poderia incluir a Renânia (que ele já não via como parte da Alemanha) e talvez também a Itália. Ele manteria estreitos laços com a Rússia e a Grã-Bretanha, embora a Grã-Bretanha não participasse porque estava "dividida entre ... a Europa e seu Império".[28] Em março de 1944, num discurso em Argel, De Gaulle sugeriu um plano diferente para uma "espécie de agrupamento ocidental". Seria uma "federação estratégica e econômica", incluindo Bélgica, Luxemburgo e Holanda, e também o Ruhr e a Renânia, com a Grã-Bretanha associada, se assim o desejasse. O canal da Mancha, o Reno e o Mediterrâneo seriam as "artérias" desse agrupamento. Massigli recebeu ordem para estudar a ideia.[29] Isso diferia em duas maneiras da sugestão de De Gaulle a Monnet, porque parecia prever a participação britânica e porque o adjetivo "ocidental" implicava que o agrupamento se oporia à União Soviética. Por essa razão, o discurso foi denunciado pelo Partido Comunista e pela União Soviética. Quatro meses depois, De Gaulle redigiu uma nota esboçando mais um futuro possível: "Progressivamente atuar nos Estados pequenos e neutros, mesmo na Itália e na Espanha, para tentar estabelecer nessas questões futuras uma doutrina europeia à nossa volta."[30]

Cada uma dessas configurações representava uma maneira diferente de a inquieta inteligência de De Gaulle tentar descobrir um papel para a França como potência mundial. Mas todas tinham um ponto em comum: a destruição do que ele chamava de "o frenético poder da Alemanha prussianizada".[31] Além de discutir o futuro da "Europa", no outono de 1943 o CFLN começou, espicaçado por De Gaulle, a desenvolver ideias sobre o futuro da Alemanha.[32] Nenhuma proposta minuciosa poderia ser elaborada sem alguma ideia do que os Aliados achavam, mas já estava claro que a preferência de De Gaulle era por eliminar qualquer autoridade central alemã fragmentar a Alemanha numa forma qualquer de confederação pré 1870 para incorporar à França a Renânia e o Sarre e encontrar uma maneira de neutralizar o poderio industrial do Ruhr. Quando Massigli produziu uma nota em outubro de 1943 manifestando sua descrença na ideia de fragmentar a Alemanha, De Gaulle adicionou o seguinte comentário: "Tudo que enfraquece a Alemanha nos fortalece"; quando, em outra nota de agosto de 1944 sobre o futuro da Renânia, Massigli observou que Clemenceau tinha desejado a ocupação permanente da região em 1919, De Gaulle anotou: "Os acontecimentos provaram que ele estava certo."[33]

Massigli, para grande alívio seu, não era mais encarregado da política externa francesa. Tornara-se embaixador em Londres, onde esperava abrandar a hostilidade de De Gaulle à Grã-Bretanha. O novo ministro do Exterior, Georges Bidault, achou sua tarefa ainda mais ingrata do que Massigli antes dele. Dizia-se, maldosamente, que para controlar seu governo De Gaulle tinha escolhido como ministro do Interior alguém que ficou anos longe da França (Adrien Tixier estava em Washington) e como ministro do Exterior alguém que mal saíra do país (Bidault). Era, provavelmente, uma interpretação exageradamente maquiavélica. Bidault foi, em muitos sentidos, uma escolha compreensível. Como jornalista antes da guerra, escrevia sobre questões internacionais e conquistou respeito por sua oposição ao Acordo de Munique. Durante a Ocupação, trabalhara em estreita colaboração com Moulin na Resistência, antes de chefiar o CNR, o que era um ponto a favor. Não tinha experiência em diplomacia, mas como De Gaulle via com maus olhos a tendência dos diplomatas de carreira a buscar o acordo isso talvez não tenha pesado contra ele. O que talvez irritasse o general, que dava muito valor ao profissionalismo e a bons hábitos de trabalho, fosse o fato de os hábitos de Bidault serem erráticos e de ele levar uma vida boêmia. Costumava receber jornalistas de roupão e logo se espalhou por Paris que estava sempre bêbado.

O grande problema de Bidault era outro. Tendo começado disposto a idolatrar De Gaulle, ele rapidamente descobriu que o general tencionava manter a política externa inteiramente nas próprias mãos. Quando em setembro de 1945 o ministro soviético do Exterior, Molotov, comentou com Bidault, "nem tudo está claro para mim na política francesa", tudo que Bidault pôde responder foi "nem para mim".[34] Noutra ocasião, um membro do governo de De Gaulle enviou um vice à embaixada britânica para ver se seria possível jogar alguma luz sobre a política francesa, uma vez que "fora o ministro do Exterior, que às vezes também não é informado com clareza, os membros do gabinete só têm como guia a imprensa francesa".[35] O embaixador britânico Duff Cooper informou a Londres que havia pouco contato entre a rue Saint-Dominique, onde De Gaulle estava instalado, e o Quai d'Orsay: "O general é a própria lei, e se confia em alguém é em Palewski, *'mon cher ami Gaston'*, como o chamo, e em quem não confio e quanto mais conheço menos gosto."[36] Bidault foi ficando cada vez mais frustrado com o desprezo com que De Gaulle o tratava; De Gaulle a ele se referia em conversas com o chefe do Quai, Chauvel, como "vosso pobre ministro". Como Massigli antes dele, Bidault estava quase sempre à beira da renúncia.

Nas primeiras semanas depois de seu retorno à França, a prioridade de De Gaulle foi consolidar sua posição interna. Enquanto os Aliados não reconhecessem formalmente seu governo provisório, ele não tinha condição de adotar uma política externa. O reconhecimento foi concedido, finalmente, em 23 de outubro de 1944. Como sempre, o governo americano adiou até o último minuto e então anunciou de repente aos britânicos uma política que Londres vinha advogando havia semanas. No dia seguinte, quando pediram sua opinião numa entrevista coletiva, De Gaulle respondeu, sarcasticamente: "O governo fica satisfeito por ser chamado pelo nome." Duff Cooper jantou aquela noite na residência de De Gaulle:

> Mandaram um guarda para nos conduzir à *villa* em algum ponto do Bois onde ele mora, e que obviamente é muito difícil de encontrar porque todos os outros convidados chegaram atrasados ... Foi uma reunião extremamente frígida e triste – pior ainda do que de hábito. Ele não fez qualquer referência, quando cheguei, ao fato de seu governo ter sido reconhecido pelas três grandes potências naquela tarde, e quando eu lhe disse que esperava que ele estivesse feliz por aquilo ter acabado, ele encolheu os ombros e disse que não acabava nunca... Beatrice Eden [mulher de Anthony] disse que as coisas que tememos não costumam ser tão ruins como esperávamos, mas aquilo tinha sido pior.[37]

Em 11 de novembro, os franceses também foram admitidos na Comissão Consultiva Europeia, cuja função era discutir o futuro da Alemanha. A França movia-se lentamente de volta ao seu status "normal".

Churchill tinha decidido que gostaria de visitar a França no Dia do Armistício. De Gaulle resmungou que "ele quer roubar meu 11 de Novembro", mas a visita correu bem. De Gaulle, melhor como anfitrião do que como hóspede, estava ansioso para demonstrar que dominava a cena política francesa. Apenas quatro meses antes, tinha precisado da autorização de Churchill para passar uma tarde na cidade de Bayeux. Enormes multidões apareceram para aplaudir os dois líderes. Churchill visitou o Hôtel de Ville para um encontro com líderes da Resistência. Recebeu de presente uma bandeira com a suástica que tinha sido capturada durante os combates. De Gaulle comenta em suas

Memórias, com um cinismo e uma falta de generosidade espantosos mesmo vindo dele, que Churchill tinha ido ver "os homens por trás da insurreição" possivelmente na esperança de "encontrar adversários de De Gaulle entre eles".[38] Churchill comentou que eles pareciam mais membros do Partido Trabalhista do que revolucionários: "Melhor para a ordem pública. Uma pena para o pitoresco." Na realidade, ele foi profundamente afetado, e lágrimas lhe vieram aos olhos na maior parte do dia. Os resistentes acharam que Churchill se comoveu mais com suas proezas do que De Gaulle jamais demonstrou.

As conversas entre De Gaulle e Churchill naqueles três dias foram cordiais, mas nenhum assunto pendente foi resolvido; a lentidão com que os Aliados rearmavam o Exército francês, atritos sobre a Síria, o futuro da Alemanha, e assim por diante. Em suas *Memórias*, De Gaulle informa que propôs uma espécie de parceria privilegiada entre os dois países, para que pudessem fazer face tanto à União Soviética como aos Estados Unidos. Isso era não apenas grandioso mas principalmente vago, porém, como De Gaulle sabia perfeitamente que Churchill dava prioridade às suas boas relações com Roosevelt, pode-se supor que esses comentários, se é que foram feitos – e não constam dos registros britânicos –, o foram com ele já pensando em suas *Memórias*, e não em apresentar uma proposta séria. Mas De Gaulle não perdeu a oportunidade de mais uma vez jogar areia nas relações entre Roosevelt e Churchill. Perguntou a Churchill se o presidente tinha conversado com ele sobre a ideia de os Estados Unidos estabelecerem bases no exterior. "Dakar?", perguntou Churchill. "Isso. E Cingapura", respondeu De Gaulle.[39]

Pouco antes da visita de Churchill, De Gaulle tinha pedido a Bogomolov um convite para visitar a União Soviética. Para De Gaulle, era a oportunidade de uma entrada espetacular no mundo da diplomacia internacional. Havia também objetivos mais práticos. De Gaulle queria sondar se a União Soviética estaria mais pronta a respaldar objetivos franceses na Renânia do que os britânicos e os americanos. Partiu para a União Soviética em 24 de novembro. Por causa dos intensos combates no front oriental, o governo soviético tinha proposto que ele viajasse a Moscou de trem a partir de Baku. Ele tinha, portanto, que voar primeiro para Teerã via Cairo e tomar o trem em Baku. Esteve ausente da França apenas três semanas. O fato de se dispor a correr o risco de ausentar-se por esse tempo quando a situação interna ainda era incerta e partes do território francês não tinham sido libertadas mostra a imensa importância que atribuía à viagem. "Esperemos que não haja revolução", comentou ele, ironicamente, ao iniciar a viagem.⁴⁰ Pouco depois da dissolução da Milícia Patriótica, De Gaulle tinha enfim anunciado um indulto para Thorez, que desertara em 1939 e passara a guerra em Moscou. Isso abria caminho para a visita a Moscou, e provavelmente ele alimentava a ideia astuta de que Thorez seria uma força moderadora na política francesa. Na véspera de sua partida, Thorez foi recebido por Stálin, que lhe deu rigorosas instruções: "Os comunistas ainda não compreenderam que a situação na França mudou. A situação é diferente, nova, e favorável a De Gaulle. O Partido Comunista não é forte o suficiente para golpear o chefe do governo."⁴¹

A lenta viagem de trem de Baku para Moscou levou cinco dias, passando por infindáveis trechos devastados em torno de Stalingrado. Numa parada, onde lhes mostraram as terríveis cicatrizes da guerra, De Gaulle exclamou para o diplomata Jean Laloy, que o acompanhava como intérprete: "Que grande povo!", referindo-se aos alemães. O grupo chegou a Moscou na manhã de 2 de dezembro. Durante sua estada na cidade ele ficou desconcertado ao descobrir que o público russo não demonstrou interesse algum por ele, e mal sabiam de quem se tratava. Seu primeiro encontro com Stálin ocorreu naquela noite. Stálin rabiscava impassivelmente, mal erguendo os olhos, enquanto De Gaulle testava as reações dele às suas ideias sobre o futuro da Alemanha. Stálin recusou-se a assumir qualquer compromisso sem primeiro conversar com seus aliados.

Na noite seguinte houve uma recepção oficial, durante a qual Stálin e De Gaulle trocaram alguns gracejos sinistros. Quando Stálin comentou que um país indisciplinado como a França devia ser difícil de governar, De Gaulle respondeu: "Sim, e para fazê-lo não posso usá-lo como exemplo, porque você é inimitável." Quando Thorez foi mencionado, Stálin observou, jocosamente, que ele parecia ser um genuíno patriota francês e que, se fosse De Gaulle, não o colocaria na prisão – "pelo menos não imediatamente".⁴²

Depois desse ensaio de boxeadores, Bidault e seu homólogo Molotov começaram as negociações para um Tratado Franco-Soviético. A essa altura, os soviéticos abriram o jogo. Assinariam o tratado, mas só se em troca os franceses concordassem em reconhecer o "Comitê Lublin" polonês. Esse comitê, recheado de fantoches comunistas, era o candidato de Moscou para o futuro governo da Polônia, contra o governo polonês no exílio oficial baseado em Londres. Na segunda sessão de conversas com Stálin na noite de 6 de dezembro, De Gaulle fez um forte apelo por uma Polônia genuinamente independente e recusou-se a ceder na questão do Comitê Lublin. Então surgiu outro contratempo. Os soviéticos, que mantinham Churchill a par das discussões, transmitiram a sugestão de Londres de que, em vez de um tratado bilateral com a França, houvesse um pacto tripartite entre os três países. De Gaulle ficou furioso. Como informou Oliver Harvey, ele viu nisso o "casco fendido" da Grã-Bretanha tentando sabotar a política francesa.[43] Na realidade, os britânicos não tinham uma opinião muito firme sobre o assunto, e Stálin é que manteve a ideia acesa como elemento de barganha que ele planejava abandonar depois.

Para sinalizar seu descontentamento, De Gaulle se recusou, em 8 de dezembro, a sair da embaixada e participar das tediosas visitas turísticas que os soviéticos infligiam aos visitantes. Aquela noite, ele teve uma terceira conversa a sós com Stálin, que a essa altura deixara de lado a ideia do pacto tripartite, como era sua intenção desde o início. Em troca, De Gaulle, apesar de não concordar em reconhecer o Comitê Lublin, pelo menos aceitou reunir-se com seus representantes no dia seguinte. Não teve boa impressão, comentando com um dos seus assessores, num raro momento de antissemitismo, que se tratava apenas de uma "cambada de rabinos, uma cambada de judeus [*youpins*], sem qualquer apoio popular".[44]

As negociações ainda prosseguiam quando o grupo francês foi convidado para um banquete final na noite de 9 de dezembro – a última rodada nessa prolongada partida de pôquer. Enquanto o interminável banquete se arrastava, com De Gaulle sentado tristemente ao lado de Stálin, este começou a erguer brindes ameaçadores para seus generais e ministros. Cada um deles foi convocado a levantar-se e tilintar seu copo com ele. Depois do jantar, enquanto os diplomatas continuavam suas discussões, Stálin berrou animadamente que se não chegassem logo a um acordo seriam fuzilados. Nesse meio-tempo, ergueu uma série de brindes ameaçadores a alguns ministros e funcionários: "Este é para o ministro das Ferrovias. Seus trens são pontuais e ajudam nossos exércitos. Se não fossem, ele sabe que isso lhe custaria a cabeça." Quando o café e o conhaque foram servidos em outra sala, enquanto os diplomatas retomavam as negociações, Stálin prosseguiu com sua encenação. Apontando para Bulganin, um dos negociadores soviéticos, gritou: "Tragam as metralhadoras, vamos acabar com os diplomatas." De Gaulle entrou nesse jogo de guerra psicológica. Sentado perto do diplomata americano Averell Harriman, ele apontou para Bulganin e comentou, em voz alta, para que o intérprete russo ouvisse: "Esse é o homem que prendeu tantos generais russos?"[45]

Depois da refeição, os convidados saíram para uma sessão privada de cinema em que foram obrigados a assistir a um tedioso filme de propaganda antialemã. Quando terminou, Stálin propôs passar alguma coisa mais animada, incluindo um filme sobre o Pato Donald na Alemanha de Hitler. Nessa altura, De Gaulle decidiu abruptamente encerrar aquela comédia, cujo objetivo, como observou em suas *Memórias*, era "impressionar os franceses demonstrando o poderio soviético e o domínio do homem que estava no comando". Levantou-se de repente da sua poltrona, despediu-se secamente e anunciou que ia tomar o trem de volta para casa de manhã. Deixou dois negociadores para continuarem as discussões – mas não Bidault, que já tinha bebido muito. Embora fosse uma grande perda de prestígio retornar de uma semana em Moscou sem qualquer acordo, De Gaulle apostava que, tendo-o acuado ao máximo, os soviéticos finalmente lhe fariam uma proposta. Foi o que aconteceu. Às duas da manhã, Maurice Dejean chegou com um novo rascunho que De Gaulle aceitou depois de uns ajustes finais. O documento foi assinado às quatro da manhã no escritório de Molotov enquanto Stálin provocava o visivelmente nervoso Molotov dizendo que os franceses lhe haviam passado a perna. Depois de outra refeição, e mais brindes, o grupo de De Gaulle partiu no fim da manhã.

Nas famosas páginas que De Gaulle dedicou a essa visita em suas *Memórias*, acompanhadas de alguns documentos um tanto adulterados,[46] ele se apresentou como tendo resistido a uma semana de pressões de Stálin para reconhecer o Comitê Lublin, contrastando esse episódio com o que aconteceu dois meses depois na Conferência de Ialta, na qual Roosevelt e Churchill a rigor entregaram a Europa Oriental a Stálin. Como não estava presente em Ialta – não foi convidado a participar –, De Gaulle pôde afirmar que nesse sentido tinha as mãos limpas. Ele voltaria inúmeras vezes à ideia de que Ialta tinha revelado ao mundo "que havia uma correlação entre a ausência da França e a nova dilaceração da Europa". A verdade é que Ialta foi um reconhecimento das realidades do poder *in loco* – a presença do Exército Vermelho –, e, apesar da forma como apresentou os acontecimentos, De Gaulle se curvara às mesmas realidades durante sua visita a Moscou. Certamente resistiu na forma – não reconheceu o Comitê Lublin –, mas aceitou na substância o que Stálin queria concordando com a permuta de representantes do Comitê Lublin e do governo provisório francês. Em Ialta, quando Churchill se queixou a Stálin de que não foi adequadamente informado sobre a Polônia, Stálin lhe disse: "De Gaulle tem um representante em Lublin. Você não poderia fazer o mesmo?"[47] A França seria o primeiro governo ocidental a reconhecer o governo polonês oficialmente, em junho de 1945. É bem possível também que De Gaulle tivesse ido mais longe durante suas conversas em Moscou se Stálin estivesse disposto a lhe oferecer mais com relação à Alemanha. Isso, certamente, foi o que deu a entender a Claude Guy dois anos depois:

> Minha intenção quando fui a Moscou era não apenas trocar assinaturas com Stálin num pedaço de papel ... Eu queria ver o que ele realmente pensava sobre o Reno. E lá no fundo eu estava pronto a me comprometer a apoiá-lo na Polônia, na Romênia etc. em troca do seu apoio categórico em nossa luta pelo Reno.[48]

No geral, De Gaulle não tinha conseguido apoio nenhum de Stálin sobre as fronteiras ocidentais da Alemanha. O tratado obrigava os signatários a ajudar um ao outro não apenas em caso de agressão alemã, mas mesmo que um deles estivesse "implicado" em hostilidades contra a Alemanha depois de tomar "todas as medidas necessárias para eliminar qualquer nova ameaça da Alemanha". Em outras palavras, isso significava que a França poderia ser arrastada para uma guerra para defender interesses soviéticos na Europa Oriental. Era uma situação um tanto hipotética, levando em conta a improbabilidade de a Alemanha representar uma ameaça por muitos anos, mas o fato de alguém tão preocupado com detalhes estar disposto a assumir esse compromisso mostra o desespero de De Gaulle para conseguir um tratado que marcasse a volta da França à diplomacia das grandes potências.

De Gaulle tinha poucas ilusões sobre sua visita a Moscou. Quando o trem deixava a cidade, comentou com Laloy, em tom sombrio: "Isto não é o domínio de um grupo, nem de uma classe, mas de um único homem. Não é um regime do povo. É contra a natureza do homem. Teremos de lidar com eles pelos próximos cem anos."[49] Apesar disso, por mais horrorizado que estivesse com o que viu na Rússia, o cuidadoso retrato de Stálin que De Gaulle traçou está misturado com certo fascínio pelo "charme saturnino" desse "líder humanamente solitário" que "amava [a Rússia] à sua maneira". Stálin era "um homem para quem tudo era manobra, desconfiança e obstinação".⁵⁰ Soa quase como um autorretrato.

Apesar de ter descontentado o Quai, o pacto foi bem recebido na França, como prova da volta do país à política mundial. Mas Stálin demonstrou que não dava a menor importância à França em Ialta, apenas cinco semanas depois, onde foi o líder menos favorável aos interesses franceses. Enquanto pressionava Churchill e Roosevelt para reconhecerem o Comitê Lublin, ele comentou, maldosamente, que a base democrática de De Gaulle na França não era maior. Em Ialta, foram concedidos à França uma zona de ocupação na Alemanha, um assento permanente no Conselho de Segurança da recém-criada Organização das Nações Unidas e um assento na Comissão de Controle Interaliada em Berlim – embora Stálin e Roosevelt tivessem resistido a esta última concessão até o último dia da conferência. Esses êxitos franceses foram conseguidos com os argumentos de Churchill e algum apoio de Harry Hopkins, conselheiro especial de Roosevelt. Nesse caso, a francofobia de Churchill foi derrotada por sua francofilia: a necessidade de uma França forte para restaurar o equilíbrio normal de poder na Europa e funcionar como contrapeso à Alemanha e à União Soviética. O próprio De Gaulle reconheceu em suas *Memórias* que Ialta ofereceu à França "importantes satisfações", mas fez essa observação por alto. A seus olhos isso não compensava o fato de ele não ter sido convidado.⁵¹ Nos últimos anos, jamais perdia oportunidade de fulminar contra essa humilhação, mesmo sabendo que a França tinha se saído extraordinariamente bem na conferência. É possível até que com o passar dos anos tenha acabado acreditando no mito de Ialta que ele mesmo fabricou.

De Gaulle compensou sua irritação por não ter sido convidado a Ialta recusando o convite de Roosevelt para um encontro em Argel na volta para casa – uma ofensa gratuita que não lhe rendeu qualquer benefício. Mais séria foi a recusa de De Gaulle a concordar em ser uma das quatro potências convidadas para uma conferência a realizar-se em São Francisco em abril com o objetivo de discutir a fundação das Nações Unidas. Não queria pôr o nome num documento de cuja redação não participara. De qualquer maneira, via com muita cautela uma organização que suspeitava pudesse vir a ser uma ferramenta do anticolonialismo americano. Bidault foi autorizado a participar dos debates em São Francisco, mas sob um controle tão estrito de De Gaulle que o impacto da França foi minúsculo. As instruções de De Gaulle a Bidault continham uma ideia reveladora que nos dá outro indício de como sua mente trabalhava em busca de um novo papel de grande potência para a França. Ele disse que Bidault deveria tentar apoiar a influência potencial de potências menores na estrutura da organização. Essas "potências pequenas e médias que em outros tempos formavam [nossos] clientes" poderiam "voltar a ser úteis no futuro".[52]

Tensão com os Aliados

A exclusão de De Gaulle de Ialta – e alguns meses depois do encontro seguinte dos Três Grandes em Potsdam – reforçou sua convicção de que para defender os interesses franceses a França só podia contar consigo mesma. Em sua opinião, o grande poder de barganha da França seria a contribuição militar que ela pudesse dar até o fim da guerra. O famoso comentário de Stálin a Laval "Quantas divisões tem o papa?" expressava uma filosofia de poder com a qual De Gaulle concordava. Enquanto a maioria da população francesa achava que a Libertação marcava o fim da guerra, De Gaulle esperava exatamente o contrário, como escreveu com espantosa franqueza em suas *Memórias*:

> Que a guerra ainda prosseguisse era sem dúvida doloroso, por causa das perdas, dos danos e dos gastos com os quais nós, franceses, ainda teríamos que arcar. Mas quando levava em conta o interesse superior da França – que é bem diferente das vantagens imediatas para os franceses – eu não lamentava.[53]

Quanto maior a contribuição que a França pudesse dar nos últimos meses de combates, maior a influência que poderia exercer no acordo final de paz.

No início de setembro, a França tinha cerca de 560 mil homens armados. Mas havia dificuldades para aumentar esse número. Uma grande fonte de tensão com os Aliados era o fato de a França depender inteiramente dos Estados Unidos para se rearmar. De Gaulle queixava-se constantemente da lentidão com que suas forças recebiam armas. Havia também o problema de integrar combatentes das FFI da Resistência ao Exército regular. Leclerc lhe disse que mais de três quartos desses homens eram provavelmente "inúteis, ou mesmo prejudiciais".[54] Também era difícil convencer oficiais que estiveram com De Gaulle desde o início a trabalhar com os que não estiveram – ou sob seu comando. Leclerc, depois de seus êxitos em Paris, soube que sua unidade seria incorporada ao Primeiro Exército de De Lattre, que tinha desembarcado na Provença em agosto de 1944 e marchado rapidamente para o norte pelo corredor do Ródano. O encontro entre as duas forças tinha ocorrido em 12 de setembro na Borgonha. Leclerc teria preferido continuar com o Exército americano. Disse a De Gaulle que sua própria divisão era mais parecida com "uma cruzada do que com uma unidade regular" sob o comando de um líder que portava o "estandarte da guerra santa", e não de um general que, apesar de superior hierarquicamente, tinha servido a Vichy. De Gaulle, que odiava lidar com as disputas de subordinados, respondeu com uma frase que costumava usar nessas circunstâncias – "tudo que é exagerado é irrelevante". Leclerc replicou que "tudo que fizemos de útil e grande seguindo o senhor nos últimos quatro anos foi 'exagerado'".[55] Mas Leclerc teve que ceder.

Apesar da tensão, exércitos franceses lutaram ferozmente na Lorena e na Alsácia durante o inverno de 1944. As tropas de De Lattre tomaram Mulhouse em 21 de novembro e Leclerc libertou Estrasburgo em 23 de novembro (apesar da ordem no sentido de que a honra coubesse a De Lattre, para que ele tivesse uma vitória comparável à de Juin em Roma e à de Leclerc em Paris). A Libertação de Estrasburgo foi um momento imensamente simbólico, que permitiu a Leclerc cumprir o famoso juramento que fizeram em Kufra quatro anos antes.

Poucas semanas depois o triunfo foi posto em dúvida. Em 14 de dezembro, Hitler pegou os Aliados de surpresa com uma última e desesperada aposta, lançando uma ofensiva através das Ardenas. Com essa surpresa tática abriu-se um buraco de cerca de cinquenta quilômetros na linha americana. Para reagrupar suas forças e preparar um contra-ataque, Eisenhower decidiu que De Lattre precisava ceder o território que tinha conquistado na Alsácia e recuar para as montanhas do Vosges. Isso significava evacuar Estrasburgo. Além do golpe para o moral dos franceses, a evacuação de Estrasburgo deixaria a população da cidade vulnerável a represálias alemãs. Enquanto De Lattre tentava ganhar tempo antes de cumprir a ordem, Juin, agora chefe do estado-maior francês, foi enviado ao quartel-general de Eisenhower para defender a posição francesa. Em 2 de janeiro de 1945, Juin informou a De Gaulle que os americanos não acatariam e seria preciso ceder terreno. De Gaulle recusou-se, e o diálogo que se seguiu foi bastante característico:

> Juin: Entendo perfeitamente; você está mil vezes certo, mas isso não é possível. Os americanos não vão deixar De Lattre ir contra a orden que recebeu. Se você tentar passar por cima deles, eles cortarão nossos suprimentos, armas, combustível.
> De Gaulle: É verdade que somos dependentes deles, mas, por outro lado, eles são dependentes de nós. Se fizerem isso, eu impedirei o acesso deles a nossas ferrovias e a nossos portos ... Vamos defender Estrasburgo ... se for preciso, casa por casa. Vamos fazer dela uma Stalingrado francesa.[56]

De Gaulle escreveu em tom ríspido a De Lattre proibindo-o de abandonar Estrasburgo, fossem quais fossem as ordens que recebesse. De Lattre lhe suplicou em 3 de janeiro que fizesse os Aliados mudarem a ordem de evacuação, para que ele pudesse conciliar seu "dever para com o senhor, meu comandante político e militar", e seu "dever de disciplina" para com o alto-comando aliado – o que não agradou a De Gaulle.[57] Ao mesmo tempo, porém, o general fez um apelo a Eisenhower, Roosevelt e Churchill para reconsiderarem. Na tarde de 3 de janeiro, ele foi pessoalmente com Juin ao quartel-general de Eisenhower em Versalhes, onde, para sua surpresa, encontrou Churchill. Segundo o relato de De Gaulle em suas *Memórias*, Eisenhower foi convencido por seu argumento de que a evacuação de Estrasburgo era talvez evitável do ponto de vista militar, mas certamente desastrosa do ponto de vista político.[58] Na verdade, quando De Gaulle chegou, Eisenhower já tinha sido convencido por Churchill a desistir da evacuação.[59]

De Gaulle, que jamais gostou de dever nada a ninguém, limitou-se a registrar que Churchill tinha apoiado seus argumentos. Duff Cooper ficou estarrecido quando Palewski redigiu um comunicado dizendo que "De Gaulle tinha convocado uma conferência militar à qual o PM e Eisenhower tiveram permissão de assistir".[60] Quando a reunião terminou, Churchill e De Gaulle tiveram uma conversa na qual Churchill tentou ser jovial e simpático e De Gaulle se manteve obstinadamente calado. Juin comentou depois que De Gaulle poderia pelo menos ter agradecido a Churchill: "'Que nada!' respondeu ele, com expressão sombria, e voltou a mergulhar em seus pensamentos."[61] Dois anos depois, conversando sobre a crise de Estrasburgo com um historiador americano, De Gaulle disse: "Ainda hoje me pergunto o que

Churchill estava fazendo lá naquele dia" – apesar de, na verdade, ter feito um apelo a Churchill pedindo sua ajuda.⁶²

A oposição de De Gaulle à evacuação de Estrasburgo foi justificada militarmente quando a ofensiva alemã se dissipou. Embora seu relato do desfecho da crise seja distorcido, é difícil imaginar outra pessoa que tivesse a coragem que ele demonstrou naqueles três dias. Menos bem-sucedidos foram seus outros conflitos com os Aliados nos últimos meses de luta. Ele era de opinião que quanto mais território os franceses ocupassem no momento da rendição alemã, mais poder de barganha teriam no futuro. Em 21 de abril, forças francesas sob o comando de De Lattre tomaram Stuttgart. Fora combinado de antemão que, por razões operacionais, a cidade seria ocupada pelos americanos. De Gaulle mandou De Lattre ficar onde estava e isso provocou um conflito imediato com o novo presidente americano, Harry Truman, que assumira após a morte súbita de Roosevelt em 12 de abril.

Truman passou um telegrama incisivo ameaçando retaliar com "uma rearrumação total do comando". De Gaulle se manteve firme e tentou uma chantagem característica num encontro em 4 de maio com o embaixador americano, Jefferson Caffery. Manifestando o temor de que "a Rússia tomará todo o continente no devido tempo", ele fez questão de dizer que gostaria de estabelecer boas relações com os Estados Unidos: "Eu preferiria trabalhar com os Estados Unidos a trabalhar com qualquer outro país. O Império britânico não será forte o suficiente depois da guerra para valer grande coisa. Se não puder trabalhar com vocês, vou ter de trabalhar com os soviéticos para sobreviver, ainda que seja só por um tempo, e mesmo que, no longo prazo, eles nos devorem." O tom do encontro foi relativamente cordial. De Gaulle acionou o charme de que era capaz quando queria, confundindo os interlocutores mais habituados à sua frieza e grosseria. Caffery telegrafou para Washington: "Apesar de parecer bobagem dizer isso, quando saí, em vez de se despedir de mim à porta, como sempre fez, ele foi comigo, passando por várias salas, até o lugar onde eu tinha deixado meu chapéu e o sobretudo."⁶³ De Gaulle era capaz de fazer as pessoas se sentirem pateticamente agradecidas pelos menores gestos. Mas nesse caso nem ameaças nem charme funcionaram, e os franceses tiveram de deixar Stuttgart. Um resultado da minicrise sobre a cidade foi envenenar suas relações com um novo presidente que não abrigava nem um pouco da animosidade antigaullista do seu antecessor.

O único possível benefício da crise de Stuttgart foi que ela obrigou britânicos e americanos a reabrir negociações sobre os contornos da futura zona francesa de ocupação. Talvez esse fosse o verdadeiro objetivo da provocação de De Gaulle.[64] Não houve, no entanto, nenhum benefício visível de espécie alguma da crise que surgiu poucas semanas depois, por causa da pequena região alpina de Val d'Aosta, na fronteira italiana. Tropas sob o comando do general Doyen tinham ocupado a área contrariando as ordens do alto-comando aliado. Os americanos suspeitavam que os franceses tivessem ambições de anexação. Os desmentidos de De Gaulle pareciam enfraquecidos por seu lembrete ameaçador de que a população de muitas aldeias era francófona e ele tinha em mente apenas alguns "ajustes territoriais muito pequenos, que esperava resolver amigavelmente" com o governo italiano em data futura.[65] A situação evoluiu para uma crise quando em 2 de junho De Gaulle instruiu Doyen a segurar a região "por todos os meios necessários".[66] Truman, furioso, respondeu que seria extraordinário se, quase um ano depois do Dia D, "soldados franceses usando armas americanas" tivessem de lutar contra os americanos que libertaram a França um ano antes. Ameaçou suspender todos os suprimentos militares para os franceses.[67] Juin foi despachado para se entender com os comandantes aliados em Caserta, perto de Nápoles, em 8 de junho. Ali ele manifestou sua opinião pessoal de que o comportamento de De Gaulle tinha sido "desproposidado e impetuoso" e disse que praticamente todo o governo se opusera a ele.[68] De Gaulle foi obrigado a retirar suas tropas.

Em suas *Memórias*, De Gaulle descreveu essa questão menor como prova do "gosto pela hegemonia" dos americanos instigados pelos britânicos.[69] Teve sua opinião confirmada pelo surgimento simultâneo da mais grave crise anglo-francesa daquele período. Como de hábito, o estopim foi a Síria. De Gaulle tinha aparentemente obtido uma vitória quando Spears foi chamado de volta para Londres no começo de 1944. Mas a saída de Spears não resolveu o problema subjacente que era, depois de prometerem independência em 1941, os franceses fazerem tudo que estivesse ao seu alcance para postergá-la. Havia também a questão do significado de "independência". A política francesa, reafirmada mais uma vez por De Gaulle no outono de 1944, era que a "posição tradicional" da França na região precisava ser mantida. Isso não era, certamente, o que os sírios e libaneses entendiam por independência.[70] De Gaulle alertou Bidault em outubro de 1944 para "a realidade e o jogo duplo da política de Londres".⁷¹ Como sempre, a política de Londres no Oriente Médio era mais confusa do que insincera; e, como sempre, os britânicos estavam indecisos entre a vontade de continuar mantendo boas relações com a França e o desejo de não destruir a boa vontade árabe. Numa conversa com o presidente sírio em fevereiro de 1945, Churchill afirmou que no entender da Grã-Bretanha a França deveria ter permissão para preservar uma "posição privilegiada" na região.⁷²

A tensão entre as autoridades francesas e a população vinha aumentando desde o fim de 1944. Em janeiro de 1945, violentas manifestações antifrancesas explodiram em Damasco. Os franceses responderam enviando tanques, o que só piorou a situação. Contrariando os conselhos do Quai, em abril De Gaulle despachou reforços de tropas para o Levante. Ao longo de maio, greves e violentas manifestações antifrancesas espalharam-se por todas as cidades importantes. Em 29 de maio, o general francês Oliva-Roget ordenou o bombardeio de edifícios públicos em Damasco. Suas tropas dispararam contra a multidão, provocando cerca de mil baixas. Apesar de seus desesperados esforços para não se envolver no conflito, Churchill viu-se obrigado, em 31 de maio, a lançar um ultimato, advertindo que se as tropas francesas não voltassem para os quartéis o comandante britânico no Oriente Médio, general Paget, interviria para restaurar a ordem. Por um infeliz descompasso, o anúncio foi feito no Parlamento uma hora antes de De Gaulle ser informado. Em 4 de junho De Gaulle, quando recebeu Duff Cooper, "não teria sido mais severo se estivesse declarando guerra". Um cruzador francês, o *Jeanne d'Arc*, recebeu ordem para deslocar-se até Beirute, e De Gaulle instruiu soldados franceses a disparar contra os britânicos, se necessário.⁷³

No fim, De Gaulle foi forçado a recuar. Como disse a Cooper: "Não estamos, eu reconheço, em condições de travar uma guerra contra vocês no momento. Mas vocês afrontaram a França e traíram o Ocidente. Não se pode esquecer isso."⁷⁴ Nas quinze páginas que dedicou ao assunto em suas *Memórias*, mais de dez anos depois, De Gaulle mostrou que certamente não tinha "esquecido". As páginas ardem de ira contra a "insolência" e os "insultos" dos britânicos e a "humilhação pública" que sua "brutal intervenção" infligira aos franceses. Um primeiro rascunho era ainda mais violento: "Os acontecimentos provaram que, para a Inglaterra, quando ela é mais forte, não existe aliança que se sustente, não há tratado que seja respeitado, não há verdade que importe."⁷⁵ O relato supremamente tendencioso de De Gaulle, mencionando por alto as baixas civis, afirmava que os britânicos resolveram intervir no momento em que os franceses tinham conseguido controlar a situação – quando a verdade é que ainda havia combates na noite de 31 de maio. De Gaulle também alegou que havia ordenado um cessar-fogo na noite de 30 de maio e que os britânicos sabiam disso perfeitamente bem – mas seu próprio embaixador em Londres, Massigli, telegrafou para Bidault quatro dias depois para dizer que nunca tinha ouvido falar na ordem de De Gaulle.⁷⁶

Sonhos de Império

O conflito sírio era parte de uma crise moral generalizada do Império francês. Apesar de cego no Oriente Médio pela desconfiança acerca dos britânicos, De Gaulle tinha consciência de que o Império não poderia sobreviver sem passar por uma reforma. Por essa razão, em janeiro de 1944 o CFLN tinha organizado uma grande conferência em Brazzaville para discutir o futuro da África Negra. Esse evento renderia posteriormente a De Gaulle a reputação de profeta da descolonização, mas a verdade é mais complicada do que o "mito de Brazzaville".

A conferência foi um golpe preventivo contra as opiniões anticoloniais de Roosevelt, um exercício de propaganda para demonstrar que os franceses estavam cientes da necessidade de mudança.⁷⁷ Mas um dos organizadores, Henri Laurentie, certamente pretendia que fosse mais do que um exercício cosmético. Laurentie era um servidor público colonial que tinha sido conselheiro de Eboué em agosto de 1940, quando o Chade apoiou De Gaulle. Laurentie, que se orgulhava de ser um dos primeiros gaullistas, era um dissidente no sossegado mundo da burocracia colonial. Poeta surrealista nas horas vagas, era o único dos funcionários coloniais que não se dirigia aos negros empregando o familiar pronome "tu". Quando preparava a conferência de Brazzaville, desenvolveu propostas ousadas para transformar o Império numa estrutura federal com a França continental no ápice de uma hierarquia de Estados cuja evolução dependeria de sua prontidão para a autonomia administrativa, um arranjo não muito diferente da Commonwealth britânica. No fim, entretanto, a conferência, dominada pelos governadores coloniais, acabou rejeitando essas ideias radicais. Declarou, inequivocamente: "A missão civilizatória alcançada nas colônias exclui qualquer ideia de autonomia, toda possibilidade de evolução fora do bloco francês; e excluído também está o estabelecimento final de *self-government* [em inglês] nas colônias, ainda que num futuro distante."[78]

É difícil saber se De Gaulle se inclinava mais para as ambições reformistas de Laurentie ou para as tímidas conclusões oficiais da conferência. Sua única contribuição direta foi um discurso de abertura tão grandioso quanto evasivo. Ele elogiou a "missão civilizatória" da França, reconhecendo, no entanto, a necessidade de mudança. Mas sua conclusão era que nenhuma decisão definitiva sobre o Império poderia ser tomada enquanto a França não fosse libertada. Dez meses depois, numa entrevista coletiva em outubro de 1944, ele fez comentários que pareciam inclinar-se numa direção reformista, indo além do que tinha sido dito em Brazzaville, mas, na hora de implementar políticas concretas, as decisões de De Gaulle não tinham qualquer relação com a generosa retórica.[79]

O maior de todos os desafios imediatos estava no norte da África, onde a autoridade francesa tinha sofrido um golpe irremediável em 1940. Essa foi uma das razões que levaram os organizadores da conferência de Brazzaville a decidir confinar suas atribuições à África Negra. Em fevereiro de 1943, o moderado líder nacionalista argelino Ferhat Abbas redigiu um manifesto exigindo que a população muçulmana da Argélia tivesse os mesmos direitos dos europeus. O documento propunha plena autonomia em algum tipo de união federal com a França. A resposta de De Gaulle foi um discurso em Constantina, na Argélia, em dezembro de 1943, generoso em espírito, mas vago em pormenores. Como o discurso de Brazzaville um mês depois, foi a sua maneira de reconhecer a necessidade de mudança sem abrir mão de qualquer substância. Quando o CFLN começou a discutir os detalhes da reforma, De Gaulle interveio a favor da opção mais conservadora (para desgosto de Catroux e Philip).[80]

O resultado foi uma portaria de março de 1944 concedendo plena cidadania a apenas 65 mil muçulmanos. A reforma não foi suficiente para Abbas, cuja decepção o empurrou para a posição mais radical de defesa da independência total. De outro lado, foi demais para a população europeia. No Dia da Vitória na Europa, em 1945, manifestações de argelinos em Sétif e Guelma, na região de

Constantina foram violentamente reprimidas. É possível que 20 mil pessoas tenham sido massacradas. Nacionalistas argelinos escolheriam esse episódio como o começo da Guerra de Independência Argelina. Em suas *Memórias*, escritas em meados dos anos 1950, De Gaulle descartou o massacre de Sétif numa frase, em termos que sugeriam que ele não compreendia o significado do episódio nem o lamentava especialmente: "Na Argélia, o começo de uma insurreição, na região de Constantina, e sincronizada com os tumultos sírios em maio, foi reprimido pelo governador." A suspeita de De Gaulle de que os acontecimentos estivessem ligados às maquinações dos britânicos na Síria era inteiramente imaginária, embora reveladora de como ele interpretava o mundo na época. As manifestações tinham sido deflagradas, na realidade, pela decisão do seu próprio governo, poucas semanas antes, de prender outro líder nacionalista, Messali Hadj.[81]

Simultaneamente, a França enfrentava uma crise na Indochina Francesa. Em 1940, o governador de Vichy na Indochina, o almirante Decoux, tinha recebido um ultimato do governo japonês. Ou fornecia recursos militares e econômicos ou sofreria uma invasão. Decoux não tinha escolha senão ceder, e por quatro anos a Indochina viveu numa estranha bolha de paz, com as autoridades francesas colaborando com os japoneses ao mesmo tempo que escapavam da ocupação formal.

De repente, em 9 de março de 1945, esse frágil equilíbrio foi destruído, quando os japoneses resolveram ocupar a Indochina. Quase de um golpe, o que restava de autoridade francesa na Indochina foi eliminado. De Gaulle fez um discurso celebrando atos de resistência francesa ao golpe japonês, apesar de esses atos terem sido quase inexistentes. Foi nessa ocasião que ele usou a frase já citada sobre "criar" acontecimentos: "Se houvesse apenas dois franceses lutando no norte do país seria necessário, diante das possíveis pretensões dos americanos, criar o acontecimento."[82] Poucas semanas depois, o ministro da Informação foi repreendido por não dar publicidade suficiente àqueles minúsculos atos de resistência: "Atribuo grande importância a este assunto. O país precisa ser mantido constantemente interessado na Indochina, bem como no futuro da nossa autoridade e influência em todo o Extremo Oriente."[83]

O governo de De Gaulle respondeu à invasão japonesa com uma declaração solene em 24 de março de 1945, propondo que os territórios da Indochina – Vietnã, Camboja, Laos – se tornassem parte de uma "Comunidade" Francesa. A comunidade elegeria uma Assembleia Federal, mas o poder ficaria nas mãos do governador-geral. O problema desse documento, a manobra inicial da França para recuperar a iniciativa, era que parecia uma resposta improvisada ao golpe japonês, e não uma tentativa genuína de repensar a natureza do Império. Era insuficiente. A rendição japonesa poucos meses depois deixou um vazio de poder que deu a Ho Chi Minh, líder dos nacionalistas vietnamitas (Vietminh), oportunidade de proclamar seu país uma República independente. Ho Chi Minh não tinha poder real, mas ninguém mais tinha. A declaração gaullista de 24 de março fora rapidamente ultrapassada pelos acontecimentos.

Isso foi compreendido imediatamente por Laurentie, que já tinha escrito para De Gaulle em junho de 1945 dizendo que a França estava no meio de uma "completa crise colonial" e precisava buscar soluções mais criativas.[84] Suas opiniões eram compartilhadas por Catroux, mas não pela maioria dos funcionários do Ministério Colonial, pelo Quai ou por De Gaulle. O principal objetivo do general era restabelecer a autoridade francesa na região – antes de os Aliados chegarem. Na Conferência de Potsdam, ficara combinado que para receber a rendição japonesa a Indochina seria dividida em duas zonas ao longo do paralelo 16: os britânicos no sul e os chineses no norte. Para salvaguardar os interesses franceses, De Gaulle enviou uma força expedicionária francesa sob o comando de Leclerc e nomeou Thierry d'Argenlieu governador da Indochina. Foi uma escolha estranha, pois apesar de serem ambos fanaticamente leais a De Gaulle não era segredo para ninguém que os dois se odiavam. O antigo oficial de cavalaria Leclerc era, por fora, direto e brusco, mas na prática um homem pragmático e flexível; D'Argenlieu ostentava a aparência untuosa e escorregadia do sacerdote que tinha sido, mas na realidade era duro e inflexível (como demonstrou, com desastrosas consequências, na Nova Caledônia). Não se sabe por que De Gaulle juntou essas duas personalidades tão díspares, a não ser no espírito de uma política de dividir e conquistar que usara no passado e no conhecimento de que eles disputariam constantemente a sua estima.[85] Suas instruções para D'Argenlieu foram inequívocas: nenhuma promessa seria feita ao Vietminh enquanto os franceses não estivessem numa posição de força; e nenhuma "confiança" seria demonstrada nos ingleses por causa de sua "atitude hipócrita" e pela probabilidade de que repetissem no Extremo Oriente o "jogo ignóbil" de que tinham lançado mão na Síria.[86] Leclerc recebeu ordem para não fazer qualquer contato com as forças rebeldes "até que estejamos numa posição de força".[87]

Leclerc chegou na terceira semana de agosto. No fim do ano já tinha conseguido restabelecer a autoridade francesa ao sul do paralelo 16. A maior parte do norte continuava sob a influência de Ho Chi Minh. A não ser que os franceses estivessem preparados para tolerar um prolongado conflito militar, uma solução política precisava ser encontrada. Mas as instruções de De Gaulle eram para que não houvesse recuo na posição conservadora delineada na declaração de 24 de março.[88] Em 14 de dezembro, De Gaulle teve um encontro com Vinh San, o representante legítimo da dinastia imperial vietnamita que tinha sido deposto pelos franceses em 1916 com dezesseis anos de idade e desde então vivia no exílio. Nada resultou desse encontro, porque Vinh San morreu num desastre aéreo duas semanas depois. Alguns gaullistas mais tarde veriam nisso uma trágica oportunidade perdida. É difícil concordar. Restituir ao poder uma figura que havia décadas não punha os pés no país, e que, por mais progressista que fosse em suas intenções, só poderia ser vista como um fantoche francês, certamente não seria suficiente para o Vietminh. Ao receber o relatório de D'Angelieu sobre a situação na Indochina no fim do ano, De Gaulle observou: "Estamos voltando à Indochina porque somos mais fortes."[89] O De Gaulle descolonizador ainda estava muito longe no futuro no que dizia respeito à Indochina e ao Levante.

Isolamento

Enquanto De Gaulle lutava para se agarrar ao Império da França já fazendo água, na Europa ele pôde comemorar o fato de os exércitos franceses terem participado da vitória final contra a Alemanha. A rendição alemã foi assinada em Reims, perto do quartel-general de Eisenhower, em 7 de maio, entrando em vigor no dia seguinte. O governo soviético insistiu também numa cerimônia em Berlim, realizada em 8 de maio. De Gaulle comentou com satisfação em suas *Memórias*: "Claro que não deixei de arranjar de antemão com os Aliados a participação da França nessas duas cerimônias."[90] A verdade foi um pouco diferente. Para a cerimônia em Reims, o signatário francês, o general Sevez (vice de Juin, que estava nos Estados Unidos), só foi informado no último minuto; teve o nome inserido desajeitadamente no documento de rendição com uma máquina de escrever diferente; e estava ali apenas como testemunha. De Lattre de Tassigny esteve presente na assinatura da rendição alemã em Berlim em 8 de maio, mas foi uma surpresa tão grande que os anfitriões soviéticos tiveram de improvisar uma bandeira francesa costurando pedaços de estandartes alemães e macacões de operário. Mesmo assim, depois da humilhação de 1940, qualquer presença francesa nessas duas ocasiões era uma notável conquista, inconcebível sem a tenacidade, a obstinação e a habilidade política de De Gaulle.[91]

Mas a presença simbólica da França entre os vitoriosos não significava que ela tivesse sido plenamente readmitida no clube das grandes potências. De Gaulle não foi convidado para a Conferência de Potsdam em julho, na qual os Três Grandes se reuniram para discutir o arranjo imediato do pós-guerra. Uma das principais decisões da conferência foi um acordo sobre o princípio da restauração de uma autoridade central na Alemanha, exatamente o contrário das intenções de De Gaulle – "inadmissível" para a França, como ele disse.[92] Um resultado positivo, do ponto de vista da França, foi o estabelecimento de um Conselho de Ministros do Exterior, incluindo a França, para discutir o futuro da Alemanha. Na primeira reunião em Londres, Bidault, após apresentar a posição radical da França sobre a Alemanha – a separação da Renânia, a internacionalização do Ruhr –, e assim por diante – ficou totalmente isolado. Numa nota para o Quai d'Orsay em setembro, De Gaulle não cedeu um palmo:

> Na presente situação, o melhor seria organizar a administração da Alemanha Central criando e tornando realidade um Estado da Baviera, um Estado de Baden, um Estado de Württemberg, um Estado de Hesse-Darmstadt, um Estado de Hesse-Cassel, um Estado de Hanôver ... Feito isso, veremos se é o caso de permitir que esses diferentes Estados formem uma federação e em que condições.[93]

Muito embora, como sugere o biógrafo de De Gaulle Eric Roussel, isso pareça De Gaulle no que ele tinha de mais "maurassiano", a rigor essas opiniões eram mais matizadas. Na primeira reunião de um comitê presidido por De Gaulle para discutir o futuro da Alemanha em julho, as conclusões foram mais flexíveis: "A reconstituição da Alemanha não representa, certamente, um perigo imediato ... A política de 'zonas', mesmo quando se leva em conta a desorganização da Alemanha, parece oferecer, no momento atual, mais desvantagens do que vantagens ... Precisamos adotar uma política flexível que não cause problemas futuros [*ménager l'avenir*]."⁹⁴ No começo de outubro De Gaulle fez uma visita de três dias à margem esquerda do Reno e a Baden, e o tema dos seus discursos, que causaram certa perplexidade, foi a reconstrução e a necessidade de franceses e alemães trabalharem juntos.⁹⁵ Os discursos incentivaram um dos administradores franceses na zona francesa a elaborar uma diretriz sobre a necessidade de trabalhar para uma reaproximação da população alemã. Quando Claude Hettier de Boislambert, um dos mais antigos "companheiros" de De Gaulle, foi despachado para assumir como governador de parte da zona francesa em outubro, o general lhe disse: "Não se esqueça de que ninguém reconstruirá a Europa sem a Alemanha."⁹⁶

Apesar desses sinais de que as ideias de De Gaulle não eram fixas, por enquanto a política externa francesa parecia ter chegado a um impasse. De Gaulle, com relação a Stuttgart, Val d'Aosta, Síria, Indochina, tinha se desentendido com praticamente todo mundo. Oliver Harvey, o mais consistentemente pró-gaullista dos funcionários do Ministério das Relações Exteriores, comentou depois da crise síria: "De Gaulle mostrou-se impossível. Não poderemos nunca ter relações normais com esse homem."⁹⁷ A embaixada francesa em Washington telegrafou em julho de 1945 dizendo que a França tinha em poucos meses desperdiçado "um enorme capital de simpatia" e que os americanos agora "nos dedicam pouca atenção".⁹⁸ Resumindo a situação, Burin des Roziers, incondicional seguidor de De Gaulle, teve de reconhecer que a França padecia de "persistente isolamento diplomático".⁹⁹ Como disse muito bem dito Lacouture: "Fraco demais para se curvar em 1940, De Gaulle não foi forte o suficiente para impor suas opiniões em 1945." Na transição para um governo em tempos de paz, De Gaulle parecia incapaz de adaptar os métodos que desenvolvera com êxito no exílio e na guerra, quando seus principais objetivos eram mostrar que "a França" existia só pela força da sua personalidade. Tinha apresentado a Bidault sua filosofia diplomática: "Você vai ver que se disser 'não' eles virão rastejando até você para lhe oferecer a lua."¹⁰⁰ Agora, que era chefe de governo, essas táticas produziram efeitos negativos.

Na realidade, a intransigência de De Gaulle sempre fora temperada por uma forte dose de pragmatismo. Em várias ocasiões ele levou a França Livre à beira da ruptura com os Aliados, e recuou. Poucos líderes refletiram mais cerebral e conscientemente sobre a natureza da liderança do que De

Gaulle o fizera por escrito antes de 1940. Seu retrato do líder carismático, baseado sobretudo em Gustave Le Bon, era compensado por seu respeito pela contingência e pela "força das circunstâncias". A esse respeito, merece ser citado novamente o que ele certa vez escreveu, com admiração, sobre o *ancien régime*: "Evitar abstrações mas ater-se às realidades, preferir o útil ao sublime, o oportuno ao espetacular [*retentissant*], buscar para cada problema particular não a solução ideal, mas a solução prática." Sua crítica de Napoleão era na mesma veia: "Uma vez rompido o equilíbrio entre os meios e os fins, as manobras de um gênio são inúteis."[101] Mas, no poder depois da Libertação, De Gaulle parecia achar difícil alcançar o equilíbrio. Ele tem sido reconhecido, com razão, por suas notáveis intuições em 1940 sobre o curso futuro da guerra. Seu diagnóstico no verão de 1942 sobre o que aconteceria no norte da África durante o outono foi extremamente preciso. Além disso, tinha entendido rapidamente a dimensão ideológica do conflito e feito uso brilhante disso em sua luta contra Giraud e seus apoiadores americanos. Mas, apesar de dizer com frequência que a guerra era uma grande revolução, De Gaulle parece não ter compreendido todas as implicações da revolução para a posição internacional da França, o futuro do seu Império ou de suas relações com a Alemanha. Claro que é possível – e mesmo plausível – que ele tenha evoluído. O discurso de Brazzaville sugere que tinha certa compreensão de que o Império precisava mudar; o tom de alguns dos seus discursos sobre a Alemanha denota que ele talvez pudesse abandonar sua proclamada ambição de destruir uma Alemanha unida. Mas por enquanto não era o lado pragmático e realista, mas o teatral, romântico e intransigente que parecia mais evidente.

Falando na assembleia, De Gaulle declarou em março de 1945 que a França precisava escolher entre a "doce sombra do declínio ou a luz crua da renovação". Mas sua política externa oferecia mesmo alguma renovação? E aquelas antinomias maniqueístas eram de fato uma interpretação proveitosa da situação enfrentada pela França depois da Libertação? As condições de vida dos franceses no fim de 1945 continuavam lamentáveis. Faltavam os artigos mais básicos, o mercado negro prosperava, o racionamento de pão voltara, o carvão era insuficiente. Como, nessas circunstâncias, utilizar da melhor forma possível os limitados recursos financeiros da França? Essa questão atingiu um ponto crítico no fim do ano, no conflito entre De Gaulle e a assembleia em torno do orçamento militar para 1946, quando os socialistas propuseram um corte de 20% para que os escassos recursos fossem utilizados na reconstrução e modernização do país. Como disse Christian Pineau, ex-resistente e agora *député* socialista, em dezembro: "A política de grandeza não precisa ser a política de inchar-se como uma rã."[102]

Até o fim de 1944, as posições de De Gaulle em política externa tinham contado com amplo apoio interno – o tratado russo foi visto como um grande êxito –, mas o consenso não durou muito. Sua ofensa a Roosevelt depois de Ialta não foi bem recebida pela opinião pública francesa. Também não houve grande entusiasmo por suas ações na Síria em maio de 1945. O que enfurecia particularmente De Gaulle durante essa crise era a falta de apoio da Assembleia Consultiva. Como escreveu em suas *Memórias*:

> Escutar o que eles falam ... o que aconteceu na Síria foi o resultado dos abusos da nossa política desde o início ... Nenhuma palavra de saudação à obra civilizatória que a França realizou na Síria e no Líbano ... A assembleia me ouviu com atenção. Aplaudiu-me como de hábito quando deixei a tribuna. E em seguida aprovou uma moção sem qualquer força, que expressava, na realidade, uma política de renúncia.[103]

Esse crescente divórcio entre De Gaulle e os políticos da França não era de bom augúrio para seu grande objetivo em política interna: transformar a natureza das instituições políticas da França.

15. De libertador a salvador, maio de 1945-dezembro de 1946

"A França é um país que continua"

No começo de 1942, em cartas escritas com intervalos de poucas semanas para dois franceses que viviam nos Estados Unidos, De Gaulle ofereceu interpretações diametralmente opostas do significado do que ocorrera em 1940. Para Jacques Maritain, em janeiro de 1942 ele escreveu:

> Como você, acredito que nossa gente esteja sofrendo uma espécie de colapso mental; achei que para sair do abismo a primeira coisa era impedir que as pessoas se resignassem à infâmia e à escravidão ... Acho que teremos então de aproveitar o *rassemblement* nacional em torno do orgulho de nós mesmos e da Resistência para conduzir o país a um novo ideal interno.[1]

Para o jornalista Philippe Barrès (filho do seu grande ídolo literário Maurice Barrès e autor da primeira biografia propagandista de De Gaulle, em 1942), ele escreveu em fevereiro:

> Basicamente, nosso país foi nocauteado por uma derrota brutal, como um homem que escorrega numa casca de banana. Mas ele compreende, bem lá no fundo, que esse "acidente" não corresponde ao seu verdadeiro valor. Vichy é apenas um episódio infeliz. Vichy não tem raízes, e a França logo o terá sepultado.[2]

Esses diagnósticos antagônicos – a derrota como profundo "colapso moral" ou como "acidente" – foram escritos para interlocutores diferentes, mas refletiam sentimentos genuinamente conflitantes: o que De Gaulle temia que fosse verdade e o que ele queria acreditar. Também eram sintomáticos da oscilação entre pessimismo e otimismo, que era uma característica constante da sua personalidade. Dois anos e meio depois, já na França, e diante da formidável tarefa de reconstruir o país, o pessimismo voltou a prevalecer. Respondendo ao bilhete de um membro de seu *cabinet*, em outubro de 1944, sobre a necessidade de mobilizar os franceses em torno de políticas claramente definidas, De Gaulle escreveu:

> O que os franceses de boa-fé estão esperando é, em suma, que a França hoje seja uma coisa diferente daquilo que é, ou seja, um país gravemente doente há um longo tempo, sem instituições, sem administração, sem diplomacia, sem hierarquia ... e totalmente vazio de homens de governo. Isto é uma coisa que nem eu nem ninguém seremos capazes de remediar em dois meses. É um empreendimento que requer esforço longo e árduo, e pelo menos uma geração.[3]

Como dar início a essa tarefa? A abordagem de De Gaulle é outra ilustração de como ele via as coisas de um jeito diferente dos líderes da Resistência. Eles achavam que as novas elites produzidas pela Resistência efetuariam uma regeneração moral da sociedade francesa. O espírito da Resistência prosseguiria na França pós-Libertação através de um novo movimento que transcenderia os antigos partidos políticos, possivelmente com De Gaulle à frente. O ceticismo do general foi resumido numa conversa em 24 de agosto de 1944 (um dia antes de ele entrar em Paris) com Philippe Viannay, líder de um dos movimentos da Resistência na zona ocupada. O jovem e idealista Viannay expôs animadamente suas ideias sobre o futuro, manifestando a convicção de que, se De Gaulle canalizasse as energias da Resistência, qualquer coisa seria possível.

> Ele não me interrompeu ... A fumaça do cigarro preso no canto da sua boca subia até seus olhos meio fechados; ele estava de braços cruzados. Só a cabeça se mexia um pouco, como para confirmar que ele estava ali. Quando terminei, ele se limitou a dizer, como se declarasse o óbvio: "A França não é um país que começa; é um país que continua."[4]

Na verdade, a retórica da Resistência sobre "revolução" moral e social era vaga no tocante a detalhes. Em março de 1944, o CNR produzira um programa centrado nas ideias de bem-estar social para todos e de amplas nacionalizações. Apesar de inspirado pelos comunistas, o programa baseava-se vastamente no humanismo socialista, que era o que a Resistência tinha de mais parecido com uma ideologia. Os discursos de De Gaulle em Argel antes da Libertação tinham reconhecido a necessidade de mudança social e econômica depois da Libertação, mas ele também evitava entrar em detalhes. Nesse sentido, o gaullismo era, doutrinariamente, uma folha em branco na qual alguns membros da França Livre e alguns resistentes esperavam escrever seu próprio roteiro.

Um membro da França Livre que tinha um programa claro era Georges Boris. Conselheiro econômico de Léon Blum antes da guerra, Boris foi um dos primeiros na França a lerem a *Teoria geral* de Keynes. Quando se tornou mais seguro de sua posição dentro da França Livre, vislumbrou uma oportunidade de influenciar a política econômica do futuro governo provisório de De Gaulle. Num memorando de julho de 1944, comentou que as ideias de De Gaulle sobre o futuro pareciam limitar-se à reafirmação da soberania nacional e da grandeza da França. Em razão do "caráter excessivamente vago da ideia de Grandeza", ele percebia ali uma chance de "desenvolver o que ela poderia conter". A aspiração de Boris era atrelar a economia keynesiana ao socialismo democrático: o Estado, assumindo o controle dos bancos e da indústria pesada, planejaria a economia através de um novo Ministério da Economia Nacional. A fim de convencer De Gaulle, Boris astutamente traduziu essa visão para o idioma do gaullismo: "Um plano (plano de reconstrução primeiro, ao longo de três, quatro ou cinco anos, depois um plano de desenvolvimento) é o instrumento necessário de uma política 'gaullista' visando ao restabelecimento da grandeza da França, e uma condição necessária para o êxito de qualquer experimento gaullista."[5]

Boris contava com o apoio do socialista André Philip[6] e também do jovem e talentoso político Pierre Mendès France. Em 1932, Mendès France, da ala esquerda do centrista Partido Radical, tinha sido o mais jovem *député* do Parlamento. Caso raro entre os políticos franceses por seu interesse em economia, Mendès France conheceu Boris quando servia, em função subordinada, no segundo e breve governo de Blum em 1938. Os dois redigiram um programa inspirado por suas leituras de Keynes. Em 1940, Mendès France fez parte do grupo de *députés* que embarcou no *Massilia* para o norte da África, porque queria continuar lutando – mas teve a surpresa de ser detido e preso como desertor. Fugindo da prisão, chegou a Londres em fevereiro de 1942. De início, evitou assumir uma função política na França Livre porque, como judeu, ficara profundamente ferido com a acusação de deserção. Sentia a necessidade de afirmar suas credenciais patrióticas alistando-se na força aérea das Forças Francesas Livres. Em novembro de 1943, De Gaulle o convenceu a ingressar no CFLN com uma pasta de economia.[7]

Mendès temia que a Libertação provocasse inflação. Os artigos mais básicos provavelmente escasseariam, e o suprimento da moeda francesa tinha aumentado durante a Ocupação. Sua solução era uma política deflacionária de austeridade para controlar a demanda. À primeira vista, podia parecer uma política "conservadora", mas a inspiração de Mendès France era keynesiana e socialista: uma estratégia de planejamento econômico patrocinado pelo Estado direcionando os investimentos para reconstrução e modernização. Embora ele tivesse chegado a essas conclusões independentemente de Boris, os dois homens passaram a se considerar aliados.

Sentindo que suas ideias não contavam com o apoio da maioria dos membros do CFLN, Mendès France escreveu uma carta de renúncia para De Gaulle em 15 de março de 1944. Como um conflito desse tipo era a última coisa de que precisava na reta final da Libertação, De Gaulle apagou o estopim com um discurso na Assembleia Consultiva reiterando a necessidade, logo depois da Libertação, de "medidas rigorosas sobre racionamento, preços, moeda e crédito".[8] Isso tranquilizou Mendès France e deu a De Gaulle tempo para tomar fôlego antes de se comprometer. Mendès France escreveu para Boris: "Acho que no longo prazo vamos ganhar. Tenho certeza de que lá no fundo o general está convencido. Infelizmente sua atenção é distraída por milhares de razões secundárias do dia a dia da política, em vez de concentrar-se em perspectivas de longo prazo."[9] Talvez ainda fosse possível transformar o general num protossocialista.

No governo de De Gaulle após a Libertação, Mendès France ficou com o Ministério da Economia que ele havia proposto, tendo Boris como seu principal conselheiro. Os dois conceberam um ambicioso programa que envolvia a nacionalização do crédito e a indústria pesada. Mas foram contidos pelo fato de que o poder real era exercido pelo conservador Ministério das Finanças. O governo provisório de De Gaulle de fato realizou algumas nacionalizações nos meses que se seguiram à Libertação – da fábrica de automóveis Renault e de algumas empresas de mineração de carvão –, mas nesses casos a motivação era mais o desejo de castigar os proprietários por colaboração do que uma estratégia coerente de reforma estrutural da economia. Em janeiro de 1945, Mendès France propôs um radical plano anti-inflacionário de reforma monetária centrado na troca das cédulas monetárias e num inventário de lucros com a guerra, como tinha ocorrido na Bélgica. A ideia era que imensas somas de dinheiro acumuladas nas mãos de aproveitadores do mercado negro poderiam ser desentocadas se as cédulas monetárias tivessem que ser trocadas. O ministro das Finanças, René Pleven, foi contra esse plano radical, perigoso do ponto de vista eleitoral, e Mendès France mais uma vez entregou sua renúncia. A briga entre eles ocorreu durante a crise da evacuação de Estrasburgo, e mais uma vez De Gaulle convenceu Mendès France a adiar qualquer decisão.

Em março de 1945, Mendès e Pleven foram convidados a apresentar seus argumentos pessoalmente a De Gaulle. O general tomou o partido de Pleven, e Mendès renunciou. Um problema é que as ideias de Mendès provocaram oposição de todos os lados – à esquerda, dos comunistas e dos socialistas, que se opunham a restrições salariais e a reduções da demanda, à direita, dos liberais e dos conservadores, que desconfiavam de qualquer planejamento e de reformas estruturais. O debate entre os dois homens seria mitologizado posteriormente, como uma oportunidade perdida de estrangular a inflação antes que ela criasse raízes na economia francesa. Mas havia bons argumentos em apoio à posição de Pleven de que o remédio econômico proposto por Mendès era forte demais – especialmente pela presença de um poderoso Partido Comunista pronto para explorar a insatisfação social.

Depois da renúncia de Mendès France, o Ministério da Economia Nacional foi anexado – na verdade subordinado – ao Ministério das Finanças. Boris continuou insistindo na ideia de um plano numa linguagem que, esperava, pudesse dobrar a relutância de De Gaulle: "O plano é uma doutrina mas é também uma fé. O espírito, ou a mística, do plano é o espírito da guerra – no que tem de mais desinteressado e eficiente – aplicado ao mundo da paz."[10] Na realidade, o debate se afastou desse tipo de opinião, ainda que o governo tivesse realizado outra rodada de nacionalizações na segunda metade de 1945. No fim daquele ano, De Gaulle aprovou uma política totalmente diferente, apresentada por Jean Monnet, cuja única semelhança com a de Boris e Mendès France era a palavra "plano".[11]

Desde o outono de 1943, Monnet vinha negociando nos Estados Unidos um programa de assistência para a França libertada. Isso foi providencial para os franceses nos primeiros meses depois da Libertação, mas não se sabia bem o que ocorreria quando a guerra acabasse e o programa americano Lend-Lease fosse suspenso. Monnet esperava convencer o governo americano a continuar sua ajuda à França dando-lhe garantias de que os fundos seriam canalizados para a reconstrução, a fim de preparar a França para desempenhar sua parte numa economia mundial liberalizada. Redigiu um memorando, que De Gaulle apresentou a Truman em agosto de 1945, prometendo submeter um programa francês de modernização ao governo americano – no exato momento em que o general criava conflitos com os Estados Unidos em torno de quaisquer outros assuntos. Além disso, Monnet percebeu que a ajuda americana acabaria obrigando os franceses a reduzir suas ambições com relação à Alemanha.[12]

Para garantir o respaldo financeiro americano, Monnet concebeu a ideia de estabelecer o que chamou de Comissariado de Planejamento (Commissariat du Plan) para alocar recursos durante a reconstrução. Apresentou essa ideia a De Gaulle num memorando de 4 de dezembro de 1945. Como Boris, descreveu a escolha que a França tinha diante de si em termos capazes de atrair a atenção de De Gaulle: "modernização" ou "decadência". Teve êxito, e o estabelecimento do Comissariado de Planejamento foi adotado pelo governo três semanas depois. Como essa instituição viria a desempenhar papel essencial na política econômica francesa durante três décadas, a decisão assumiu proporções mitológicas – tanto pela clarividência de Monnet em conceber a ideia como pela audácia de De Gaulle em aceitá-la. Não foi o que pareceu na época. Monnet tinha apresentado a ideia como solução provisória para o problema imediato de obter mais fundos dos Estados Unidos. Um dos assessores de De Gaulle de inclinações mais socialistas, Louis Vallon, alertou o general para o fato de que a ideia de Monnet dependia de fazer aquisições dos Estados Unidos; era mais uma "racionalização de produção" do que "um planejamento permanente da nossa economia". Boris também não ficou entusiasmado.[13] A aceitação de De Gaulle do memorando de Monnet foi uma decisão minimalista e cautelosa – um "plano", e não um "Plano".

A tentativa de transformar De Gaulle numa espécie de protossocialista tinha fracassado. Mas, levando em conta quanto sua retórica política evoluíra entre 1940 e 1942, e a ideia não era tão implausível como pode parecer. No fim, suas escolhas econômicas em 1945 foram pragmáticas e não ideológicas, fiéis à sua doutrina de "circunstâncias". Para ele, os problemas fundamentais da França eram políticos e institucionais. Escolhas econômicas podiam mudar dependendo do contexto, mas para De Gaulle a precondição do êxito de qualquer política era estabelecer instituições políticas eficazes.

A "crise francesa"

Em novembro de 1943, quando o conflito com Giraud se aproximava de uma solução, Harold Macmillan relatou uma notável conversa com De Gaulle. O general lhe disse que na perspectiva histórica o conflito tinha pouca importância:

> Na realidade, a crise francesa começara em 1789, estendendo-se até o início da guerra, com vários sistemas temporários mas sem solução permanente. Era seu dever conseguir um tal grau de unidade nacional que fosse possível uma solução dos problemas sociais e econômicos da França, sem desordem de um lado ou políticas radicais de outro.[14]

Apresentar-se como capaz de resolver a história da França desde 1789 era uma ambição ousada. Como De Gaulle evidentemente não estava propondo atrasar o calendário para 1789, o que ele quis dizer? Qual foi a "crise francesa" e qual a solução?

O legado mais importante da Revolução de 1789 para a cultura política francesa foi a desconfiança na autoridade executiva.[15] Na visão de mundo dos republicanos franceses o Executivo era sempre suspeito de trabalhar contra a vontade soberana do povo expressa na Assembleia Nacional única. No século XIX, a desconfiança foi reforçada pela experiência da Segunda República (1848-51), que terminara quando o presidente eleito diretamente, Luís Napoleão, tomou o poder e proclamou-se imperador. Os pressupostos da geração republicana dos anos 1860 foram formados em reação a essa experiência. "O poder pessoal" era o inimigo. Os republicanos eram visceralmente hostis à ideia de um presidente eleito diretamente, e até à existência de uma Câmara Alta, duas coisas que poderiam impedir o exercício da vontade soberana do povo.

A Terceira República, fundada depois da queda do Império, em 1870, não refletiu inteiramente essas ideias, uma vez que sua Constituição não foi redigida por republicanos "puros". A assembleia eleita em 1871 compreendia uma maioria monarquista. Mas seu sonho de uma restauração monárquica foi afundado quando o pretendente Bourbon, o Duc de Chambord, recusou qualquer outra bandeira que não fosse a do *ancien régime* da França. Monarquistas moderados, convertidos à inevitabilidade de uma República, conseguiram introduzir elementos para diluir os princípios do republicanismo naquilo que viria a ser a República de 1875. Esses elementos incluíam uma segunda câmara eleita indiretamente – o Senado – para conter a irrestrita soberania da Câmara Baixa, e um presidente eleito por sete anos – na esperança de que ele pudesse tornar-se um monarca. O fato de o presidente ser eleito pelas duas câmaras e não pelo voto universal reduzia sua legitimidade independente, mas ele tinha o direito de dissolver o Parlamento. No papel, a Constituição, com seus freios e contrapesos, estava mais para o ideal dos monarquistas liberais do que para o dos republicanos puros. Na prática, as coisas tomaram outro rumo. Em 1877, o primeiro presidente, o marechal MacMahon, exerceu o direito de dissolver o Parlamento porque não gostou da configuração política da assembleia que vencera a eleição. Isso foi visto pelos republicanos como um golpe contra a expressão da soberania popular. Nunca mais um presidente da Terceira República ousou dissolver o Parlamento, e o presidente foi se tornando cada vez mais uma figura cerimonial. A autoridade executiva, como tal, ficou nas mãos do chamado *Président du Conseil* – Presidente do Conselho de Ministros –, o que a França tinha de mais parecido com um primeiro-ministro. Mas os governos sempre podiam ser derrubados pelo Parlamento.

Apesar dessa vitória "republicana" contra o "poder pessoal", os políticos da Terceira República aos poucos descobriram que não tinham ferramentas suficientes para governar. Isso ficou cruamente demonstrado nos estágios iniciais da Primeira Guerra Mundial, quando o governo se viu incapaz de exercer o controle que desejava sobre as Forças Armadas. As crises econômicas que se sucederam no intervalo das duas guerras também representaram novos desafios ao governo. Nos anos 1930, alguns políticos conservadores, como André Tardieu, propuseram um sistema mais "presidencial": restabelecer o direito do presidente a dissolver o Parlamento, permitir-lhe que usasse referendos para passar por cima dos políticos e assim por diante. Essas ideias pareceram excessivas para o establishment republicano, mas muitos outros políticos com impecáveis credenciais republicanas, não querendo ir tão longe quanto Tardieu, começaram a imaginar formas de aumentar a eficiência do governo, sem desrespeitar o modelo "republicano". Esse impulso de racionalização levou a numerosas inovações técnicas, como o estabelecimento, em 1935, de um Secretariado para dar apoio administrativo à Présidence du Conseil, que também recebeu sua própria casa no Hôtel Matignon. Governos também passaram a usar, cada vez mais, poderes de emergência para baixar decretos, votados pelo Parlamento, por períodos limitados, a fim de lidar com crises específicas.

O que De Gaulle achava dessas questões? Primeiro, já vimos que ele simpatizava intelectualmente com os apelos a favor da organização "racional" do governo, tão generalizadas no período do entreguerras. Um subtexto do seu primeiro livro, *A dividida casa do inimigo*, tinha sido a necessidade de os governos controlarem suas Forças Armadas. Depois de 1940, De Gaulle se viu na situação de ter que inventar um estilo de governo a partir do zero. À medida que ia deixando de ser praticamente só De Gaulle, como nos primeiros meses, a França Livre buscava espelhar-se em precedentes da Terceira República. Por exemplo, quando De Gaulle começou a baixar "decretos" em 1940, especificou-se – apesar dos ecos monarquistas do termo – que deveriam ser consideradas juridicamente a continuação dos "poderes de decretar definido pelas disposições legislativas existentes na França antes de 23 de junho de 1940".[16] Já em Argel, De Gaulle restabeleceu a relativamente nova instituição do Secretariado de governo. Como vimos, Louis Joxe, que foi designado para chefiar esse Secretariado, convenceu-o de que a função seria executada com mais eficiência se o secretário-geral também participasse das reuniões do CFLN, como o secretário de Gabinete na Grã-Bretanha. Dessa forma, o Secretariado funcionou como laboratório para um governo mais simplificado e "racional". Joxe escreve sobre o período do CFLN em que atuou como secretário-geral: "Uma reunião do CFLN nada tinha em comum com o Conseil des Ministres do período anterior à guerra, que era como um piquenique para o qual todo mundo dava sua contribuição."[17]

Em segundo lugar, na visão que De Gaulle tinha da história francesa – como formulada em seus escritos do período do entreguerras – a principal distinção não era entre republicanos e antirrepublicanos, mas entre os que defendiam o Estado – a personificação do interesse geral – e os que queriam enfraquecê-lo – os defensores de interesses particulares. Portanto, na cabeça de De Gaulle havia uma continuidade entre os barões feudais que enfraqueceram a Monarquia medieval francesa, os *frondeurs* que enfraqueceram Luís XIV em 1648 e os defensores de grupos de interesse no mundo moderno – partidos políticos, sindicatos etc. É difícil exagerar a intensidade da reverência quase religiosa de De Gaulle para com o Estado. Quando finalmente renunciou, em janeiro de 1946, Joxe quis juntar-se a ele, por solidariedade, mas De Gaulle o dissuadiu, alegando que Joxe servia ao Estado e não a um indivíduo. Num discurso em 1959, o general descreveu "o serviço do Estado como a ação mais nobre e importante que existe na ordem temporal".[18]

De Gaulle tinha ficado chocado com a "abdicação" da Terceira República em 1940, na qual viu uma crise de liderança e de instituições. Vem disso o seu comentário lapidar sobre o papel do presidente Lebrun em 1944: "Duas coisas lhe faltavam para ser chefe de Estado: que ele fosse chefe e que houvesse Estado."[19] Um diplomata americano comentou a respeito de uma conversa com De Gaulle em novembro de 1943: "Ele acredita que a França não pode voltar ao mesmo sistema de fraco governo corrupto que tinha antes da guerra ... A França terá uma República e uma forma democrática de governo, mas o governo será mais forte. Essas, disse ele, eram suas ideias, mas o povo da França é que decidirá." Sobre se planejava ser ditador, "ele sorriu e perguntou se alguém que conheça o povo francês acredita que o povo francês aceitaria um ditador".[20] Isso deixava muito espaço para a imaginação.

Por enquanto, De Gaulle relutava em ser específico. É o que observou o *Commissaire de la République* de Angers, Michel Debré, quando o general visitou sua região em janeiro de 1945. Debré tentou infundir em De Gaulle sua crença de que decidir sobre as instituições políticas da França era uma prioridade, mas o general não demonstrou interesse.[21] Apesar do desapontamento, Debré viria a desempenhar papel crucial na gestação das ideias constitucionais de De Gaulle. Debré vinha de uma dessas famílias francesas judias de elite – o pai foi um médico conceituado – visceralmente apegadas aos ideais da República à qual deviam, historicamente, sua emancipação (apesar de Michel ter se convertido ao catolicismo). Como um jovem e promissor servidor público nos anos 1930, foi recrutado por Paul Reynaud para o grupo de especialistas que ele tinha formado ao tornar-se ministro das Finanças em 1938. A partir dessa experiência no centro do poder, e do choque com a derrota, Debré desenvolveu o que viria a tornar-se uma obsessão pelo resto da vida com a necessidade de reformar o Estado francês – tanto a máquina administrativa como as instituições políticas –, mas respeitando, ao mesmo tempo, os princípios de democracia liberal que herdara da família. Era um perfeito mandarim, mas um mandarim possuído de zelo reformista. Com o tempo aprendeu a ver no sistema britânico – ou pelo menos no sistema tal como o interpretava – um modelo de equilíbrio entre os requisitos de liberalismo e eficiência, liberdade e autoridade. Durante a Ocupação, ele tinha feito parte de um grupo de resistentes que trabalhavam em projetos de reforma constitucional para a Libertação.

A epifania gaullista de Debré ocorreu no primeiro encontro com De Gaulle em Angers, em 22 de agosto de 1944, poucos dias antes da Libertação de Paris. Ele assim descreveria o encontro tempos depois: "Ali estava eu em 22 de agosto, diante do general De Gaulle, durante aqueles dias incríveis ... Aos 32 anos, parecia que minha vida tinha encontrado sua recompensa e também sua realização."[22] Apesar de no segundo encontro, cinco meses depois, não ter convencido De Gaulle da urgência de enfrentar as questões constitucionais, Debré foi convidado em março de 1945 para ingressar no *cabinet* do general. Nisso pode ter havido influência de Palewski, que conhecia Debré desde que os dois trabalharam juntos com Reynaud. As atribuições oficiais de Debré no *cabinet* eram a reforma administrativa e acabaram resultando no estabelecimento da Ecole Nationale d'Administration (ENA), destinada a oferecer treinamento para a elite administrativa da França. Essa ambição coadunava-se com as ideias de racionalização administrativa tão disseminadas no período do entreguerras. De Gaulle escreve nas *Memórias* que a ENA "saiu pronta do cérebro e das mãos de Michel Debré".[23] Mas sendo homem de energia inesgotável e convicções fortes, Debré também tornou-se uma das influências mais importantes na formação das ideias constitucionais de De Gaulle.

Para alguém que tão ousadamente anunciara a Macmillan que planejava resolver 150 anos de história francesa, De Gaulle era notavelmente indeciso sobre como fazê-lo. Seus arquivos relativos a esse período contêm uma profusão de rascunhos constitucionais submetidos por juristas e políticos de todos os matizes. A maioria trazia as palavras *"Vu par le Général"*, apesar de não darem nenhuma pista sobre o que o general achava.²⁴ Naquela época, De Gaulle comentou com um assessor: "Estamos numa situação inédita. Nas revoluções anteriores, havia também um regime pronto para surgir ... Aqui há não apenas um regime que entrou em colapso, mas dois. Qual é o melhor procedimento?"²⁵

O que estava em jogo não era apenas a futura Constituição da França, mas a maneira correta de redigi-la e aprová-la. Em 2 de junho de 1945, no fim de uma longa entrevista coletiva dedicada basicamente a denunciar a política britânica na Síria, De Gaulle delineou três possibilidades: em primeiro lugar, um simples retorno à Constituição de 1875; em segundo, a eleição de uma Assembleia Constituinte soberana para redigir uma nova Constituição; e em terceiro lugar, um rascunho de Constituição submetido pelo governo diretamente ao povo (supostamente por referendo). Em outras ocasiões, quando que apresentava três possibilidades, De Gaulle em geral estava preparando o público para a terceira.²⁶ Nesse caso, parecia genuinamente inseguro. Na verdade, nos três meses seguintes ele deu a impressão de preferir a primeira solução – um desfecho extraordinário para alguém que tinha passado quatro anos denunciando a impotência do regime anterior.

Se De Gaulle chegou mesmo a contemplar a possibilidade de retorno à Terceira República, não foi por ter abandonado a ideia de mudança. As regras da Terceira República permitiam que as duas câmaras do Parlamento se reunissem em conjunto como uma única Assembleia Nacional e emendassem a Constituição. Isso teria sido uma abordagem minimalista do problema da reforma constitucional, permitindo que a assembleia eliminasse as piores características da velha Constituição. O medo que De Gaulle tinha da segunda solução era que uma Assembleia Constituinte soberana, provavelmente dominada pelo Partido Comunista, se tornasse totalmente incontrolável. Ele também tinha a obsessão da memória da Revolução, queixando-se a um assessor: "Vossa assembleia vai se transformar em outra Convenção."²⁷ Mas Debré avisou a De Gaulle que um Parlamento eleito pela velha Constituição também corria o risco de ser dominado pelos comunistas. Argumentou que o governo precisava manter o controle do rascunho da Constituição – como na terceira solução de De Gaulle.

Durante um mês depois da entrevista coletiva de 2 de junho, a situação foi extraordinariamente confusa. Muitos dos que cercavam De Gaulle alegavam que voltar à Constituição de 1875 era violar o compromisso que ele tinha assumido durante a Ocupação de deixar os franceses escolherem uma nova Constituição. Membros socialistas e da Resistência do seu próprio governo também pegaram em armas contra essa solução. Em meados de junho, De Gaulle parecia pronto para renunciar se não pudesse impor a sua vontade – embora, como um dos seus assessores assinalou, chantagem de De Gaulle em nome da salvação da Terceira República seria uma guinada verdadeiramente extraordinária. Em 8 de junho, Claude Mauriac, que não tinha acesso a segredos, mas estava em contato frequente com o círculo íntimo de De Gaulle, comentou em seu diário: "A obstinação de De Gaulle no princípio de eleger duas câmaras (ou seja, a solução Terceira República) parece ter sido tática ... Reconheço que não compreendo os prós e os contras, apesar da explicação de Palewski."[28] Mauriac não era o único confuso. Se o plano era uma "tática", não está claro qual seria seu objetivo. A explicação mais provável é que De Gaulle estava sendo cauteloso.

Quando Mauriac escreveu essa nota em seu diário, De Gaulle já tinha sido convencido a abandonar o primeiro plano de voltar à Terceira República. Debré foi instruído a redigir um texto para conter o poder irrestrito de uma Assembleia Constituinte.[29] A solução que acabou sendo adotada era complicada – e sem precedentes. Haveria eleições para uma única assembleia. Ao mesmo tempo, o eleitorado seria consultado sobre duas questões por referendo. A primeira questão era se a assembleia deveria ter poderes constituintes; ou seja, o poder de redigir uma Constituição. A resposta "não" significaria que o povo francês queria um retorno à Terceira República. Nesse caso, eleitores voltariam às urnas para eleger um Senado, e as duas câmaras poderiam então reunir-se em sessão conjunta para propor emendas à Constituição. A resposta "sim" significaria que a assembleia eleita teria poderes constituintes. Nesse caso, os eleitores responderiam a uma segunda pergunta: a Constituição redigida pela assembleia deveria ser submetida à população num referendo? À esquerda, essa ideia despertou todos os demônios associados aos plebiscitos de Luís Napoleão. Para De Gaulle, era uma maneira de limitar o poder soberano da assembleia, que poderia ter maioria comunista.

Em numerosos discursos durante o verão, De Gaulle deixou claro que sua preferência era por um duplo "sim" – "sim" para a necessidade de uma nova República, "sim" para limitar o poder soberano da Assembleia Constituinte.

Os comunistas pediam um "sim" à primeira pergunta e um "não" à segunda. Nas eleições de 21 de outubro, um retorno à Terceira República foi maciçamente rejeitado por 96% do eleitorado, que votou "sim" para a primeira pergunta; e uma maioria menos esmagadora de 66% votou "sim" para a segunda, respaldando o desejo de De Gaulle de limitar a soberania da assembleia.

As eleições forneceram uma primeira imagem precisa do equilíbrio de forças políticas na França pós-Libertação. Os comunistas surgiram como o maior partido, com 5 milhões de votos (26% e 158 cadeiras). Não muito atrás, com 4,5 milhões de votos, ficou o partido democrata-cristão, o MRP (23% e 152 cadeiras). Tratava-se de um novo partido fundado para dar voz aos muitos católicos que tinham contribuído para a Resistência. Incluía resistentes como Bidault e membros da França Livre, como Maurice Schumann. Em terceiro lugar vieram os socialistas, com 4 milhões de votos (22% e 142 cadeiras). Os três partidos eram, esmagadoramente, a força dominante na política francesa. Uma vez que o MRP se apresentava como o partido da "fidelidade" a De Gaulle, seu surgimento como grande ator político foi estimulada por ele. A nova assembleia poderia ter resultado num governo puramente socialista, como queriam os comunistas. Mas os socialistas tinham medo de que, como parceiros subalternos, fossem engolidos pelos comunistas. Em vez disso, os socialistas defenderam uma coligação tripartite incluindo o MRP. Os comunistas tiveram de aceitar, pois não eram suficientemente fortes para formar um governo sozinhos.

Renúncia

Foi a primeira vez que De Gaulle se viu de frente com um Parlamento eleito propriamente. Em 13 de novembro, a assembleia se reuniu para decidir se votava ou não em De Gaulle para chefiar o governo. Naquele dia, Churchill, em visita a Paris na qualidade de cidadão comum – tinha sido ejetado do poder pela eleição geral britânica de julho –, foi convidado por De Gaulle para almoçar. Duff Cooper, que morrera de medo desse encontro, teve uma surpresa agradável:

> De Gaulle usava terno azul-escuro, que lhe caía bem melhor do que a farda. Eu jamais gostei dele, ou o admirei muito. Ele sorria, cortês, quase gracioso, e aquele

dia, quase na mesma hora em que seu futuro estava em jogo, não só parecia perfeitamente calmo, mas até dava a impressão de ser um *gentleman* do interior que morasse longe de Paris. Não houve interrupções, nem chamadas telefônicas ou mensagens, nem correria de secretários, nenhum sinal de que alguma coisa estivesse acontecendo, embora Winston tenha insistido em ficar até as 15h30 falando sobre o passado e a assembleia tenha se reunido às três.[30]

Não era difícil para De Gaulle estar relaxado, porque não havia muitas dúvidas sobre o resultado. A assembleia votou quase unanimemente para elegê-lo o próximo chefe de governo. Mas como observou De Gaulle com ironia em suas *Memórias*: "Eu sabia que a votação era uma homenagem a minhas ações passadas, e não uma promessa que envolvesse o futuro."[31] O verdadeiro conflito veio em seguida. Quando De Gaulle se preparava para formar seu governo, Thorez exigiu que, como o maior partido, os comunistas queriam os três ministérios importantíssimos da Defesa, das Relações Exteriores e do Interior. Era uma reprise do conflito entre De Gaulle e os comunistas em Argel, mas, dessa vez, os comunistas, como o maior partido do Parlamento, estava em posição mais forte.

De Gaulle recusou-se a ceder. Os comunistas partiram publicamente para a ofensiva contra ele. Em 17 de novembro, De Gaulle falou à nação pelo rádio para apresentar seus argumentos: apesar de querer formar um governo de "união nacional", não poderia permitir que os comunistas – que não citou nominalmente – assumissem o controle da política externa ou de defesa da França. O apelo direto ao povo por cima do Parlamento foi uma quebra da tradição "republicana", chocante até mesmo para assessores seus. Duff Cooper manifestou a opinião geral da classe política quando observou: "Todos concordam que De Gaulle cometeu um grande erro ao falar pelo rádio. Obstinação, falta de tato e inexperiência política sempre foram seus pontos fracos."[32] Na verdade, De Gaulle estava na época negociando nos bastidores com os líderes do partido, incluindo Thorez. Usara muitas vezes no passado a chantagem da renúncia para subjugar seus oponentes. Nesse caso, falava sério. Sua equipe começou a preparar a retirada dos seus arquivos. Em 19 de novembro, ele convocou o embaixador canadense no meio da noite para sondar a possibilidade de ir para o Canadá, como cidadão comum, por certo período, se não conseguisse formar um governo.[33]

No fim, chegou-se a um acordo. Os comunistas recuaram da beira do precipício. Ficaram com três pastas econômicas – Economia Nacional, Produção Industrial e Trabalho – e o Ministério da Defesa foi dividido para permitir que um comunista se tornasse ministro dos Armamentos, sem no entanto ter controle sobre a política de defesa. Thorez foi nomeado ministro de Estado. Mas essa foi só a primeira rodada. No mês seguinte, De Gaulle viu-se cada vez mais às turras com a assembleia contra um pano de fundo de deterioração econômica. No fim de dezembro, como vimos, ele entrou em choque com a assembleia por causa do orçamento de defesa. Para ele, o mais preocupante era que as deliberações da comissão que redigia a Constituição, dominada pelos socialistas, estava tomando uma direção que parecia enfraquecer o poder executivo mais ainda do que na Terceira República. Debré bombardeava De Gaulle com bilhetes alarmistas sobre o assunto.[34] Ao tomar esse caminho, a assembleia reagia contra a recente experiência de poder autoritário durante a Ocupação.

Percebendo que tinha perdido controle sobre a elaboração da Constituição, De Gaulle passou a pensar cada vez mais a sério em renúncia. Quando apareceu na assembleia em 1º de janeiro de 1946 para justificar o orçamento de defesa, houve uma passagem em seu discurso que ninguém parece ter notado (ou acreditado) na época:

> Estou falando para o futuro. Nós começamos o processo de reconstrução da República. Os senhores lhe darão continuidade. Seja como for que venham a desincumbir-se, eu gostaria de lhes dizer, em consciência, e esta é sem dúvida a última vez que falarei neste hemiciclo ... que se deixarem de levar em conta as lições da história política dos últimos cinquenta anos, e especialmente o que aconteceu em 1940, se não levarem em conta a necessidade de autoridade, dignidade e responsabilidade do governo, os senhores vão chegar a uma situação em que, mais dia, menos dia, prevejo, se arrependerão amargamente de terem tomado o caminho que tomaram.[35]

Em 6 de janeiro, De Gaulle deixou Paris para uma folga de oito dias numa *villa* em Antibes com sua família imediata – a mulher, Yvonne, o cunhado Jacques Vendroux e o irmão Pierre. De Gaulle não era um turista natural, e esse homem curiosamente tímido que adorava a aclamação das multidões odiava ser objeto da curiosidade de indivíduos. Certa vez comentou com o assessor Claude Guy quando uma menina veio lhe pedir autógrafo: "Multidões não são desagradáveis quando se juntam. O que eu não gosto é da multidão de um por um, em grupos minúsculos [*petits paquets*]. Olhando para você e pedindo autógrafos."³⁶ Há uma foto de De Gaulle subindo nas pedras em Antibes, parecendo perplexo e aborrecido por ter sido apanhado de surpresa por um fotógrafo.

A maior parte do tempo ele passou na vila em infindáveis discussões sobre qual deveria ser o próximo passo. Pierre afirmava que, se renunciasse, o público se voltaria contra ele por ter "desertado"; Vendroux, que ocupava uma cadeira na assembleia pelo MRP, defendia a renúncia como forma de ensinar uma lição aos políticos e mostrar-lhes que eram incapazes de governar sem ele. Essas discussões prosseguiram, "às vezes acaloradas", de acordo com Vendroux, a noite inteira no trem de volta para Paris em 14 de janeiro. Quando De Gaulle foi recebido na estação, como o protocolo exigia, pelo ministro socialista do Interior, Jules Moch, ele já estava decidido. No carro para a rue Saint-Dominique, contou a Moch, na mais estrita confiança, que tinha decidido renunciar:

> O debate sobre a redução de créditos me convenceu de que é – ele pronunciava cada sílaba – impossível governar com os partidos ... sinto que não sou feito para esse tipo de combate. Não quero ser atacado, criticado, contestado todos os dias por homens cujo único crédito é terem sido eleitos em algum cafundó da França.

Moch fez um longo apelo para que De Gaulle reconsiderasse. Seu argumento era que o general poderia, sem grandes problemas, ter tomado a decisão de abandonar o poder depois da Libertação, alegando que sua missão estava cumprida, mas que depois de ter decidido continuar ele assumira responsabilidades que precisava aceitar:

> De Gaulle ouviu essa diatribe com rara paciência e até, me pareceu, com certa compreensão. No fim pôs a mão na minha e, quando o carro entrava na rue Saint Dominique, me disse, em voz baixa, falando lentamente, como se estivesse perdido em pensamentos, uma frase que me deixou perplexo: "Talvez você tenha razão: não dá para imaginar Joana d'Arc casada, mãe e, quem sabe, enganada pelo marido."³⁷

Com essa frase enigmática supostamente queria dizer que Moch estava certo: ele deveria ter desistido antes. Nos dias seguintes, De Gaulle confidenciou sua decisão a alguns assessores mais próximos e cumpriu suas obrigações de chefe de governo. Uma das suas últimas intervenções foi uma carta para o ministro da Defesa advertindo-o sobre a tendência dos britânicos a quererem se "entrincheirar" em território francês no norte da África. Outra foi uma instrução a Koenig, agora no comando das forças francesas de ocupação na Alemanha, que começava com as palavras características "Não concordo", e deixando claro que concebia o futuro da Alemanha como uma coleção de Estados separados.[38]

Em 17 de janeiro ele presidiu o Conselho de Ministros, não dando nenhuma pista de que era a última vez que desempenharia a função. Um relatório de Bidault sobre os termos da evacuação francesa do Levante foi a deixa para uma explosão característica:

> Toda vez que a Grã-Bretanha comete uma *saloperie* o Ministério das Relações Exteriores declara: não é culpa nossa, mas de indivíduos que estão lá. Mas esses indivíduos nunca são transferidos ou substituídos por outros melhores.
>
> Eles querem estar no Oriente Médio porque esta é sua velha política de rivalidade conosco e também porque querem estar em todo lugar onde possam ficar de olho nos russos ... Por essas duas razões não devemos sair ... Precisamos cumprir os acordos assinados ou, se não, dizer-lhes que se fodam [*allez vous faire foutre*].[39]

Em 18 de janeiro ele fez anotações num telegrama de Massigli sobre o Levante, usando a palavra "idiotice", e protestou contra o Ministério das Relações Exteriores britânico por ser "fiel à política de Lawrence".[40]

No sábado, dia 19, houve uma reunião do Comitê de Defesa na qual o ministro comunista Charles Tillon fez um comentário sobre logística do Exército e recebeu uma preleção de uma hora de duração de De Gaulle sobre a história da logística no Exército francês, do *ancien régime* até o presente. Encerrou a reunião às oito da noite, e quase nenhum dos presentes fazia a menor ideia de que ele renunciaria no dia seguinte.[41]

Quando De Gaulle de repente convocou uma reunião especial do governo para o meio-dia de domingo, 20 de janeiro, a maioria dos ministros não fazia a menor ideia do assunto que seria tratado. Ele entrou na sala, convidou os ministros a não se sentarem em volta da mesa, preferindo que se juntassem perto da lareira, e fez uma breve declaração anunciando sua decisão "irrevogável" de renunciar. Apertou mãos, saiu da sala, entrou no carro que o esperava e foi embora, deixando os ministros sem fala e sem saber o que fazer.[42] O inofensivo político socialista Félix Gouin foi escolhido para substituí-lo.

A renúncia de De Gaulle não pode ser chamada de impulsiva, pois ele vinha pensando a respeito do assunto havia semanas. Mas o momento escolhido foi curioso. Como a razão subjacente era sua dificuldade de trabalhar com partidos e os reparos que fazia à Constituição que estava sendo redigida, teria feito mais sentido sair antes – depois das eleições de outubro de 1945, quando ele podia ter anunciado que cumpriria sua missão de restaurar a democracia na França e estava temporariamente entregando o comando – ou depois – quando o projeto de Constituição estivesse pronto e ele pudesse anunciar que não aprovava os seus termos. O momento de sair sugere que a decisão foi mais emocional do que racional.

De Gaulle estava exausto e fervendo de ressentimento contra políticos indignos do seu libertador. Se sua resolução vacilou após a volta de Antibes, ela certamente foi reforçada por um incidente no Parlamento em 16 de janeiro. O governo tinha decidido confirmar a decisão de Vichy de conceder a Legião de Honra a soldados franceses mortos em combate contra os americanos no norte da África em novembro de 1942. Essa decisão foi criticada por Edouard Herriot – o político veterano que tinha sido contatado por Laval em julho de 1944 sobre a possibilidade de formar um governo de transição. De Gaulle, aparecendo no Parlamento pela última vez, defendeu a decisão do governo:

> M. Herriot vai me desculpar por responder-lhe com toda a clareza e simplicidade pelo fato de que depois de 1940 meus negócios com Vichy não se confinaram a trocas de cartas e mensagens com Vichy, mas também incluíram tiroteios ... O governo da República não quer arrancar dos caixões dos soldados mortos, ou do peito dos soldados feridos, condecorações conquistadas em condições atrozes, pelas quais eles não foram responsáveis.[43]

Se o momento da renúncia de De Gaulle foi curioso, o seu modo de renunciar foi ainda mais. No dia seguinte, ele escreveu para o sucessor, Gouin, explicando sua decisão. A justificativa apresentada foi que tinha, com êxito, restaurado a ordem depois da Libertação e a economia se recuperava, apesar de "ainda restarem muitos problemas".⁴⁴ Como poucas semanas antes o franco tinha sido desvalorizado e o racionamento de pão reintroduzido, esse otimismo não era muito compartilhado. Corria o risco de dar a impressão de injustificada presunção, ou de evasão de responsabilidade. Como informou Cooper a Londres: "O general De Gaulle não se afastou porque tudo estava bem, mas, pelo contrário, porque tudo estava dando errado."⁴⁵ Alguns membros do seu entourage insistiram com ele para que falasse, argumentando que "o homem que tinha entrado na história com o *Appel du 18 juin*" não poderia sair da história com "uma carta para monsieur Gouin".⁴⁶ Parece que a ideia inicial de De Gaulle era falar pelo rádio depois da renúncia, mas pensou melhor quando recebeu uma carta aflita do socialista Vincent Auroel pedindo-lhe que não aprofundasse as divisões da França e advertindo que seria impróprio falar pelo rádio porque não estava mais no cargo. De Gaulle assegurou a Auriol que nunca teve intenção de fazê-lo, embora uma fala sua tivesse de fato sido anunciada nos jornais para 21 de janeiro. Auriol estava apavorado com a possibilidade de que De Gaulle planejasse um golpe, ou um apelo boulangista ao povo passando por cima dos políticos.⁴⁷

Mesmo que De Gaulle tenha sido inábil, ele sabia que não dispunha de nenhuma carta capaz de viabilizar um golpe. O tempo que gastou justificando sua renúncia a visitantes nas semanas seguintes sugere que deve ter se perguntado se não havia cometido um erro de julgamento. Para Claude Guy e outros que o censuravam por não oferecer uma explicação pública convincente para sua renúncia, ele respondia que nada era mais eficaz do que o silêncio: "Nossos atos precisam ser pitorescos ... O que é pitoresco não se esquece. Levo comigo o meu mistério."⁴⁸

O drama era sempre uma arma importante no repertório de De Gaulle, mas dessa vez falhou. Ele provavelmente esperava que o choque da sua saída criasse uma onda de protestos, forçando os políticos a aceitar sua volta em seus próprios termos. Escreveu para o romancista André Malraux na noite de 20 de janeiro dizendo que se mudaria da vila em Neuilly porque queria "evitar possíveis manifestações em torno da minha pessoa".⁴⁹ Pura ilusão: não houve qualquer manifestação. Os prefeitos cuja função era monitorar a opinião pública informaram que a saída de De Gaulle tinha sido recebida com surpresa, mas não com grande preocupação, menos, na verdade, do que a provocada pelo conflito entre De Gaulle e Thorez em novembro.[50] A situação foi perfeitamente resumida pelo comunista Marcel Cachin no dia da renúncia: "Dia histórico. Livramo-nos de De Gaulle sem amedrontar a população."[51]

A preocupação de De Gaulle era que logo ficasse marginalizado. Por essa razão, resistiu a todas as tentativas do governo de "normalizar" seu "status". Quando em abril o governo propôs uma promoção retrospectiva à patente de general de cinco estrelas, e também ao mais alto nível da Legião de Honra, De Gaulle recusou polidamente. Em particular, esbravejou contra essa tentativa de "me colocar numa moldura, manter-me sob controle ... diminuir-me, transformando-me, se eu aceitasse, num homem como outros ... Eu recriei a França do nada, sendo um homem sozinho numa cidade estrangeira ... Não sou um general vitorioso. Não se condecora a França."[52]

Nas semanas seguintes à sua renúncia De Gaulle guardou silêncio, evitando aparições públicas de qualquer tipo. Nem sequer compareceu ao sepultamento em Grenoble do irmão Jacques, que tinha morrido aos 53 anos, depois de vinte anos doente. No dia da renúncia, De Gaulle deixou imediatamente a vila em Neuilly. Mas não conseguiu voltar para Colombey. Sua casa La Boisserie tinha sido confiscada pelo governo em 1940 e posta à venda. Não apareceu nenhum comprador, e ela foi usada como caserna pelas tropas alemãs. Em 1944, estava em ruínas e vazia de móveis. Enquanto fazia uma reforma, De Gaulle alugou um pavilhão de caça do século XVII situado no parque de Marly, a cerca de 25 quilômetros de Paris. Essa propriedade, pertencente ao Estado, foi tudo que restou de um castelo e de um parque construídos por Luís XIV. Apesar das origens nobres, a casa era pequena, mal aquecida, úmida e mal mobiliada. No dia em que De Gaulle se mudou, Claude Guy encontrou madame De Gaulle correndo de um lado para outro à procura de louças. O que atraiu De Gaulle a Marly eram o isolamento e a distância do mundo da política de Paris. Nesse autoexílio, ele continuou a ser servido por seus dois ajudantes de ordens, Claude Guy e Gaston de Bonneval. Claude Mauriac continuou a cuidar da correspondência. Foi instruído a responder às cartas sem "dar a impressão de que fui embora para sempre. Dê respostas neutras."[53]

Os diários de Mauriac e Guy são fonte preciosa para a compreensão do tenso estado de espírito de De Gaulle nos meses seguintes. Em sua primeira noite de "liberdade" em Marly, ele mergulhou numa biografia de Disraeli de autoria de André Maurois. A certa altura leu triunfantemente em voz alta um trecho em que Bismarck disse a Gladstone: "Jamais se defenda perante uma assembleia popular, a não ser atacando; no prazer que seus oponentes sentem com esse novo ataque eles esquecem o ataque contra você."⁵⁴ Depois do jantar, voltou à sua leitura com contínuas interrupções de fúria: "Quando se pode esmagar alguém é preciso fazê-lo de uma vez. Depois de Muselier, e outros peixes pequenos, era preciso esmagar Giraud." Poucos minutos depois, houve uma tirada contra os políticos franceses: "Os partidos e o regime atual perderão cada dia mais crédito com a opinião pública. O fruto vai amadurecer e cair ... Estão cometendo o mesmo erro filosófico com relação a mim que cometeram Churchill e depois Roosevelt. Aqueles dois estavam sempre errados a meu respeito! Só me viam como um militar."⁵⁵ Houve muito mais nesse estilo. Fosse escrevendo ou lendo, De Gaulle estava sempre ruminando interminavelmente, conduzindo esse monólogo interior que arrebentava na superfície quando recebia visitas ou quando algum artigo de jornal provocava um acesso retórico. Os temas não variavam: a torpeza dos políticos pigmeus ("pobre velhinho Gouin", "o pobrezinho do Bidault" etc.), visões de desastre apocalíptico se eles governassem a França por mais tempo, a probabilidade de guerra com a Rússia, a perfídia dos britânicos, a estupidez dos americanos. Costumava fazer longos improvisos sobre como a vida tinha sido para ele uma série infindável de fracassos: a incapacidade de converter o Exército às suas ideias antes de 1940, a incapacidade de convencer o governo francês a mudar-se para o norte da África, o fracasso de Dakar, e assim por diante.

Hervé Alphand, que lhe fez uma visita em 17 de março, foi submetido a um longo monólogo sobre questões internacionais que terminou com a previsão: "Quando os russos estiverem em Paris, os ingleses e os americanos vão perceber o grande erro que cometeram ao erguerem a Alemanha e não a França." Depois dessa "conversa cataclísmica", Alphand saiu meio aturdido: "No carro que me levou de volta para Paris, eu olhava para os transeuntes na rua ... como se fossem pessoas condenadas à morte, mas misericordiosamente inconscientes de que seu destino estava determinado."⁵⁶ François Mauriac ficou igualmente em estado de choque depois de uma visita em 16 de fevereiro: "Diante dele você se sente um completo idiota ... Ele não vê você. Você mal existe em sua cabeça como pessoa distinta."⁵⁷

No fim de abril, a Assembleia Constituinte encerrou suas deliberações. Sob a influência dos comunistas e dos socialistas, ela redigiu uma Constituição com instituições que não poderiam estar mais distantes das preferências de De Gaulle. Todo o poder residia numa única câmara; o presidente da República era ainda menos importante do que antes de 1940. De Gaulle permaneceu em silêncio. Sua esperança era que a oposição do MRP a esse projeto levasse o eleitorado a rejeitá-lo. A atitude de De Gaulle para com o MRP era conflituosa. Seu apoio era necessário para bloquear a Constituição no Parlamento, mas De Gaulle se ressentia do fato de seus ministros não terem renunciado com ele em janeiro. Em março, escreveu para Maurice Schumann, que tentava fazer as pazes: "Em comparação com o grande drama do qual saímos recentemente, e no qual, cedo ou tarde, voltaremos a entrar, atribuo às contorções dos partidos, incluindo o seu – queira me perdoar – muito pouca importância para continuar sendo prisioneiro deles."[58]

Em 5 de maio, 59% dos eleitores rejeitaram a Constituição no referendo – um revés para os comunistas. Isso foi confirmado nas eleições para uma nova Assembleia Constituinte em 2 de junho. O MRP emergiu como o maior partido, com 28% dos votos; os socialistas caíram para 24%; e o PCF para 26%. Durante a campanha eleitoral, De Gaulle continuou calado. Tendo se mudado para Colombey em 26 de maio, estava pronto para se manifestar.

De volta à luta: de Bayeux a Epinal

De Gaulle resolveu fazer seu retorno político em 16 de junho, num discurso em Bayeux, onde, quase exatamente dois anos antes, tinha falado pela primeira vez em solo francês como libertador da França. No discurso lembrou aos ouvintes que no período de apenas duas vidas humanas a França tinha sido invadida sete vezes e vivido sob treze Constituições (os dois fatores, claro, estando interligados em sua mente). Então ele chegou à moral da história: a França precisava de instituições políticas baseadas numa clara separação de poderes entre o Legislativo e o Executivo:

> É do chefe de Estado, situado acima dos partidos, eleito por um colégio eleitoral abrangendo o Parlamento, mas muito mais amplo do que o Parlamento ... que os poderes executivos devem emanar ... Sua missão é nomear ministros e, principalmente, o primeiro-ministro, que deve dirigir a política e os trabalhos do governo.

É função do chefe de Estado promulgar leis e decretos ... presidir os Conselhos de Governo e exercer neles uma continuidade de que uma nação não pode prescindir. Ele serve como árbitro acima das contingências políticas, seja normalmente, através do Conselho de Ministros, seja, em momentos de grave confusão, convidando o país a expressar em eleições sua decisão soberana. Se acontecer de a pátria estar em perigo, sua obrigação é ser o garante da independência nacional.[59]

Desse discurso, Lacouture relata que De Gaulle "o escreveu ao longo de dois meses, pronunciou em 27 minutos, repetiu suas ideias durante dez anos e o pôs em prática depois de doze".[60] O discurso é visto como uma profecia sobre a Quinta República de 1958, assim como o discurso de Brazzaville foi uma profecia sobre a descolonização. Na verdade, só no sentido mais geral essa peça um tanto obscura pode ser tida como modelo de qualquer coisa.[61] Em muitos sentidos, a Quinta República viria a ser algo muito diferente. Mas levando em conta que o discurso de Bayeux alcançou status legendário, é extraordinário que se saiba tão pouco sobre sua gestação. Claude Guy, piedoso cronista de quase cada palavra pronunciada pelo general nessa época, comenta simplesmente em 4 de junho de 1946: "Ele trabalhou a manhã inteira nesse discurso. Apenas os retoques finais, uma vez que a parte principal estava pronta antes de ele deixar Marly."[62] Isso deixa no ar muitas perguntas.

Quem De Gaulle consultou e o que leu antes de fazer o discurso? A única autoridade que cita é Sólon: "Os gregos certa vez perguntaram ao sábio Sólon: 'Qual é a melhor Constituição?' Ele respondeu: 'Primeiro me digam para que povo e em que período?'" De Gaulle tinha tido muitas discussões com Debré e com o jurista René Capitant, um dos seus seguidores mais apaixonados desde os tempos de Argel. Mas não se deve exagerar essa influência. Debré considerava o sistema eleitoral a questão mais importante para assegurar que qualquer governo tivesse uma maioria estável, e De Gaulle não mencionou isso em Bayeux; Capitant, defensor da democracia direta, considerava os referendos o principal instrumento para dar ao presidente um poder acima do Parlamento, mas De Gaulle também não mencionou isso.[63] O general tinha demonstrado algum interesse pela Constituição americana durante a guerra, mas ficara espantado ao descobrir que o presidente não tinha o poder de dissolver o Congresso.[64] Em 1964, ele estava relendo os discursos de André Tardieu, que defendera ideias parecidas com as do discurso de Bayeux.[65]

Não há uma chave única para as ideias constitucionais de De Gaulle. Ele não era mais jurista em 1946 do que especialista em tanques em 1934. Foi tão impreciso quanto a detalhes constitucionais em 1946 como tinha sido quanto a detalhes técnicos quando discutia tanques em 1934. Antes de redigir o discurso tinha lido muito – como antes de escrever *Por um Exército profissional*. A síntese que produziu era a destilação de leituras filtradas por sua visão abrangente da história francesa. Seu uso da noção de separação dos poderes, um dos temas principais, não seria reconhecido por Montesquieu ou Locke, para quem o conceito era uma maneira de equilibrar o poder do absolutismo. Ele por vezes soa mais como James Madison denunciando em *O federalista* o poder das facções (embora pareça improvável que tenha lido Madison). A frase do discurso que afirma que o Poder Executivo "emana" do chefe de Estado é considerada sem significado por juristas. A palavra francesa *"procéder"* é um termo teológico que significa "gerado" – como no caso de Pai e Filho que geram o Espírito Santo. Não menos obscura é a sugestão de De Gaulle de que o chefe de Estado poderia "convidar o país a expressar em eleições sua decisão soberana". Isso quer dizer referendo ou o direito de dissolver o Parlamento e convocar eleições – ou as duas coisas? São exemplos clássicos do talento de De Gaulle para a obscuridade sugestiva.[66]

No fim das contas, a obscuridade importa menos do que o fato de que o discurso contestava toda a cultura política do republicanismo francês. Nessa tradição, a República não era apenas um conjunto de instituições, mas a encarnação de princípios estabelecidos pela Revolução Francesa e que representavam a marcha da humanidade rumo ao progresso democrático. De Gaulle nunca foi um "antirrepublicano" no sentido de Maurras, mas nunca foi "republicano" do jeito que os republicanos eram "republicanos". Vindo de uma família monarquista, levava na cabeça uma história mais longa da França, na qual a República era apenas uma das formas assumidas pelo Estado. No discurso de Bayeux, a palavra "Estado" aparece onze vezes e a palavra "República" só é mencionada para relembrar os precedentes fracassados da Primeira, da Segunda e da Terceira Repúblicas, e os de Weimar e da Espanha. Mas o discurso de De Gaulle não era apenas filosofança abstrata sobre o futuro constitucional da França. Era uma tentativa de assumir o controle; ele propunha o tipo de Constituição que lhe permitiria governar como quisesse. O que oferecia como solução para 150 anos de história francesa era também solução para o problema do general De Gaulle.

Isso não o ajudava em nada a conquistar apoio para suas ideias. O dedicado Maurice Schumann escreveu-lhe poucos dias antes do discurso de Bayeux implorando-lhe que não tornasse públicas suas propostas constitucionais, e que em vez disso tentasse encontrar uma maneira de comunicá-las ao MRP, para que eles pudessem trabalhar em seu nome. O problema da França, disse Schumann, era como "enxertar o pensamento gaullista numa sensibilidade republicana". A implicação disso era que De Gaulle não era a melhor pessoa para fazê-lo.[67] A reação negativa do Partido Comunista era previsível. Um comunista escreveu: "Sabemos quais são as simpatias do general De Gaulle. Como o marechal Pétain, ele não fala em República ... só fala em Estado... Isso é uma ditadura plebiscitária ... O candidato dos poderes da reação para o cargo de primeiro-cônsul." A reação de Léon Blum não foi menos desfavorável, apesar de mais moderada. Blum demonstrou com presciência que a lógica das ideias de De Gaulle era a eleição de um presidente por sufrágio universal – com todos os fantasmas de bonapartismo que essa ideia despertava.[68]

A única esperança que De Gaulle tinha de ver as ideias do discurso traduzidas em realidade era sua adoção pelo MRP na Assembleia Constituinte. Mas o MRP não tinha maioria e alguns dos seus líderes não desconfiavam menos de De Gaulle do que os socialistas; outros, como Schumann, gaullistas dedicados, eram de opinião que a França não poderia permanecer para sempre num limbo constitucional e que uma solução imperfeita era melhor do que solução nenhuma. Os debates na assembleia sugeriam que o novo projeto seria melhor do que o anterior, do ponto de vista de De Gaulle – o presidente teria o direito de dissolver o Parlamento –, mas não o suficiente para satisfazer suas exigências. Durante o verão De Gaulle recebeu numerosos visitantes, que lhe suplicavam que fizesse um acordo. Ninguém insistia mais do que Debré, que esteve duas vezes em Colombey. De Gaulle continuava implacável:

> Veja, Debré, fui traído muitas vezes antes. Não há um só exemplo, um único, de um homem ou de um grupo de homens que não tenha sofrido por me trair ... Seja Muselier ... ou Giraud, os que me traíram logo foram reduzidos a ruínas. O mesmo vai acontecer com o MRP ... Depois de alguns meses, ou dois anos, que seja, não haverá no Parlamento mais do que um grupo esquelético. Um grupo de trinta ruínas.[69]

A previsão não foi ruim, mas o prazo foi otimista.

De Gaulle também não incentivou Capitant, que depois do discurso de Bayeux tinha formado um movimento chamado União Gaullista para fazer campanha pelas ideias de De Gaulle. De outro lado, De Gaulle não desautorizou Capitant publicamente, apesar de ser aconselhado a fazê-lo por alguns seguidores.[70] Depois que lhe fez uma visita em Colombey, Capitant continuou sem saber se o general apoiava ou não sua iniciativa.[71] De Gaulle, ao que tudo indica, estava esperando para ver o que aconteceria: colher os benefícios da União Gaullista, se houvesse, e evitar qualquer associação com ela, se não houvesse.

Em 18 de setembro de 1946, a assembleia aprovou outro projeto de Constituição com o apoio do MRP. Os líderes do MRP eram de opinião que mesmo depois de implementada a Constituição poderia ser revista, e esperavam não queimar pontes com De Gaulle. Essa esperança acabou quando o general emitiu seu veredito num discurso em Epinal em 29 de setembro. A Constituição era melhor do que o projeto anterior, mas continuava inaceitável. O discurso, apesar de conter a palavra "república" doze vezes, como uma possível concessão aos que tinham ficado assustados com sua ausência no discurso de Bayeux, foi também uma declaração de guerra contra o MRP (e não apenas, como anteriormente, ataques retóricos privados contra eles). Foi a separação entre eles e o fim da alegação do MRP de ser o "partido da fidelidade". Para alguns, como Bidault, não se devia lamentar que fosse assim, uma vez que sua experiência de trabalhar para De Gaulle deixara um gosto amargo. Para outros, como Schumann, era uma aflição ter que escolher entre De Gaulle e a necessidade de seguir a linha do próprio partido, segundo a qual era preciso aceitar a Constituição, mesmo imperfeita. Schumann, declarando-se "o mais antigo e mais fiel companheiro" de De Gaulle, escreveu-lhe algumas cartas atormentadas durante o outono. Ele censurou o general por ser o arquiteto de suas próprias dificuldades. Manifestar-se contra o primeiro projeto de Constituição antes do referendo teria aumentado o número de "não" e ajudado a posição do MRP nas eleições subsequentes: "A imperfeição do texto atual é consequência do seu silêncio e de sua abstenção." Havia muita verdade nessa análise, mas De Gaulle não recebia muito bem esse tipo de crítica.[72]

A única esperança que restava ao general era que sua oposição convencesse um número suficiente de eleitores a rejeitar a Constituição. Mas ele tinha poucas ilusões a esse respeito. Para alguém tão desdenhoso da política partidária – e alguém que fizera uma jogada política tão desastrosa em 1946 –, De Gaulle até que tinha uma boa antena política. Na semana anterior ao referendo ele previu que os resultados seriam 8 milhões de "sim", 7 milhões de "não" e 9 milhões de "abstenção".⁷³ Foi mais ou menos isso. A condenação do projeto de Constituição por De Gaulle em Epinal tinha bastado para garantir que a nova República fosse aceita pelo eleitorado com um misto de indiferença e hostilidade – mas não o suficiente para bloqueá-la de todo.

Agora o eleitorado era chamado para votar pela terceira vez em um ano: dessa vez para eleger o primeiro Parlamento da Quarta República, que eles tinham acabado de aprovar sem grande entusiasmo. Os mesmos três partidos – o PCF, os socialistas, o MRP – ainda dominavam a cena, embora o PCF tivesse voltado para o primeiro lugar. A União Gaullista de Capitant conseguiu apenas 600 mil votos (3%): estava claro que o gaullismo sem De Gaulle não tinha futuro.

Durante o verão e o outono, Colombey tinha sido um lugar movimentado, com políticos e assessores – Palewski, Debré, Schumann, Capitant e assim por diante – vindo de Paris para tentar vencer a implacável hostilidade de De Gaulle à Constituição. Agora a casa estava estranhamente quieta. Guy escreveu em 18 de dezembro:

> O general está hibernando. Pela primeira vez desde que retornou a Colombey [de Epinal, em 29 de setembro], ele atravessou o portão da frente do jardim para visitar, por alguns momentos, ontem à tarde, a cabeceira da cama de um agricultor local, que está paralítico há sete anos. Fora uma volta no jardim durante o dia, ele se recolhe em seu estúdio, onde voltou a trabalhar em suas *Memórias* ... Ontem pediu a madame De Gaulle que lhe comprasse um caderno onde possa anotar minuciosamente alguns "pensamentos" e citações tirados de suas leituras ... Ele não escreve cartas. Jamais telefona. Palewski não vem vê-lo há dias. O único contato político é o rádio às 19h45 e os jornais da manhã, que chegam com 24 horas de atraso.⁷⁴

Durante o outono, De Gaulle retomou em Colombey, sem método e empenho, a redação de suas *Memórias*. Seu frustrante senso de confinamento era pontuado por breves rajadas de otimismo, como em meados de dezembro, quando parecia que os partidos no Parlamento seriam incapazes de chegar a um acordo sobre a formação de um governo; "virão me procurar como um cão surrado. E terão de mim uma recepção que jamais esquecerão".⁷⁵ Mas eles não apareceram, e o impasse político em Paris foi temporariamente resolvido quando o veterano socialista Léon Blum concordou em formar um governo provisório só com socialistas. Isso abriu caminho para que o Parlamento elegesse em julho, como primeiro presidente da Quarta República, Vincent Auriol, outro veterano socialista. Agora que Blum tinha cumprido seu papel de pôr o regime em movimento, um novo governo tripartite de socialistas, MRP e comunistas foi formado, sob a liderança de outro socialista, Paul Ramadier. De Gaulle assistiu a tudo isso em Colombey com sombrio prazer.

Guy tinha saído para juntar-se à família no Natal e voltou no ano-novo para ouvir um relato do melancólico feriado que De Gaulle e sua mulher tinham passado em Colombey com Anne:

> Ele contava que o filho estivesse lá para atuar como ajudante de ordens... Mas como um velho casal, o general e madame De Gaulle esperaram em vão pelo filho, que só chegou em 27 de dezembro. Elisabeth, tendo adoecido, não pôde comparecer. Madame De Gaulle descreveu-me a inesquecível tristeza desse Natal que o general – pela primeira vez desde 1940 – queria que fosse festivo: tinha encomendado um farto almoço de Natal.
>
> Então veio a tristeza da missa da meia-noite, estragada por um fotógrafo que os cegou com seu flash... A tristeza da cena: Marie, a empregada, iluminando o caminho para a Igreja com um lampião... E a volta, só os dois, para o réveillon, cuja infinita melancolia ela me descreveu.⁷⁶

Durante as semanas que se sucederam desde setembro, De Gaulle vivera mergulhado num dos seus periódicos estados de espírito de apocalíptico pessimismo – sobre os políticos que o traíram, o abandono de quaisquer ambições francesas na Alemanha, a desorganização do Império. Um dia ele pensou em voz alta: "Talvez seja o fim da França... Oh, claro, sempre sobrarão alguns franceses mesmo depois de uma guerra atômica... Alguns cozinheiros e cabeleireiros." Noutro dia, houve uma tirada sobre a posição da França no mundo:

> Esses socialistas e demagogos me fazem rir quando falam na posição da França no mundo... Ouvindo-os a gente até pensa que a França começou a ter im-

portância aos olhos da humanidade em 1789! ... Pelo contrário, de 1789 para cá nunca paramos de decair! 1789? Pois sim! Que dizer do prestígio intelectual e espiritual da França nos séculos XVII e XVIII ... Desde Atenas e Roma, nunca houve força igual.[77]

No entanto, essas lúgubres meditações não devem ser levadas a sério. Enquanto previa o fim da França, De Gaulle planejava o próximo lance. Percebeu que tinha sido inábil em 1946. Em mais de uma ocasião, naqueles tempos, ele comentou: "Vamos ter de recomeçar do zero."[78]

16. O novo messias, 1947-55

"Um novo 18 de Junho"

Em 5 de fevereiro de 1947, De Gaulle chamou alguns seguidores mais próximos – Palewski, Guy, Soustelle, Debré – para uma reunião secreta no apartamento do seu cunhado na avenue Mozart em Paris. Foi sua primeira visita à capital em cinco meses, e ele estava animado, não só por escapar da monótona inatividade de Colombey, mas também porque tinha um plano. Durante quinze minutos resumiu o que trazia na cabeça. Como a Constituição que o povo francês tinha escolhido, sem grande entusiasmo, levaria à decadência, à inflação e ao fim do Império, ele planejava criar um movimento para defender suas ideias constitucionais. A plateia não se entusiasmou.[1] Os presentes, na maioria, temiam que, descendo à arena política, De Gaulle maculasse a lendária aura de 18 de junho. De Gaulle não perdeu o embalo. No estado de espírito em que se encontrava, aceitou imediatamente a comparação com 18 de junho: "O país está acatando a ocupação dos partidos com a mesma apatia com que acatou a ocupação alemã. É a mesma coisa."[2] Ninguém tinha mais dúvidas do que a sua esposa. Quando De Gaulle falou num novo 18 de Junho, ela emitiu uma de suas raras opiniões políticas: "*Pauvre ami*. Ninguém vai segui-lo." De Gaulle respondeu: "Deixe-me em paz, Yvonne! Tenho idade o bastante para saber o que tenho que fazer! [*Fichez-moi la paix Yvonne! Je suis assez grand pour savoir ce que j'ai à faire!*]."[3] Teria sido melhor ouvir.

De Gaulle lançou seu movimento em numerosas intervenções públicas cuidadosamente calibradas ao longo dos dois meses seguintes. Na primeira, em 30 de março, apareceu numa cerimônia na aldeia de Bruneval, na Normandia, para comemorar o ataque de surpresa dos Aliados durante a guerra. A cerimônia não tinha caráter político, mas o discurso de De Gaulle fez alusões veladas ao dia em que "a imensa massa do povo francês se reunirá em torno do nome da França" – ou seja, do nome dele.⁴ Em 7 de abril, num imenso comício em Estrasburgo, anunciou que ia formar um novo *rassemblement* (associação) para salvar o país da catástrofe. Claude Mauriac, embora cético com relação à ideia, foi arrebatado a contragosto: "Jamais esquecerei essa imensa multidão ... bêbada de entusiasmo a cada vez que o general era chamado de volta à sacada."⁵ Finalmente, em 24 de abril, De Gaulle, trajando tranquilizadoramente um terno em vez da farda, deu sua primeira entrevista coletiva desde outubro de 1945. E rebateu sugestões de que desejava uma ditadura. Estava lançado o Rassemblement du Peuple Français, RPF, a "Associação do Povo Francês".

O governo ficou abalado. Boatos sobre as intenções de De Gaulle tinham começado a vazar antes da sua fala em Bruneval. No mesmo dia, o primeiro-ministro Ramadier fez um discurso advertindo contra a tentação do "boulangismo". Ele ficou tão alarmado que fez a longa viagem de carro até Colombey em 2 de abril, batendo tarde da noite na porta de De Gaulle. O objetivo da visita era adverti-lo de que, se não desistisse de suas intervenções políticas, o governo não poderia continuar a lhe conceder honras oficiais em suas aparições públicas. De Gaulle recusou-se a dar qualquer garantia. Tendo servido a Ramadier um copo de conhaque (ou uma xícara de café fraco, segundo outras versões), despediu-se dele apresentando sarcasticamente "meus cumprimentos ao seu governo".⁶ Uma vez lançado formalmente o RPF, De Gaulle foi proibido de falar pelo rádio.

O RPF foi um novo ponto de inflexão para De Gaulle. Em 1943 ele adotara a política de Moulin de reabilitar partidos políticos, contra a visão de Brossolette de uma nova força política congregada em torno do "gaullismo"; em 1943-44, rejeitara a ideia de dar seu nome a um novo grupo da Resistência; em 1945, quando Pleven, Debré, Schumann e outros lhe pediram conselhos sobre seu futuro político, ele recomendou que ingressassem num dos partidos existentes. De Gaulle contava com seu carisma para obrigar os partidos a engolir divergências e aceitarem sua liderança. Seu modelo era alguma coisa parecida com a "União Sagrada" da Grande Guerra ou a França Livre, quando políticos concordaram em subordinar diferenças políticas pela causa maior de salvar a França. Tratava-se, claro, de situações excepcionais de guerra, mas, para De Gaulle, "salvar" a França era uma luta sem fim. Além disso, ele tinha uma antipatia visceral pela ideia de associar-se a uma "facção". No outono de 1946, quando hesitava sobre o próximo passo, De Gaulle tinha resistido à tentação de formar um movimento político próprio. Claude Guy presenciou uma irritada conversa sobre o assunto entre De Gaulle, a mulher e o filho, certa tarde em Colombey, durante o chá. Quando Philippe de Gaulle fez um veemente apelo para que o pai criasse seu próprio partido, madame de Gaulle, que escrevia uma carta, sentiu-se provocada a erguer os olhos e dar uma rara opinião política: "Por que se meter nisso? Talvez os acontecimentos *os* obriguem [os políticos] a ceder; vai parecer que se renderam a você porque a opinião os obrigou ... Você trará de volta a ordem, e então, *pauvre ami*, eles o trairão na primeira oportunidade ... Sobre formar seu próprio partido, ele o trairia em quinze dias." De Gaulle reagiu atacando a mulher e o filho: "Você fala como uma criança, Yvonne! Vocês me dão vontade de rir com seus conselhos. Nenhum dos dois entende nada."[7] A irritação de De Gaulle refletia sua própria e genuína incerteza sobre o que fazer, mas ele certamente não queria formar um partido político convencional. Um mês antes dessa conversa, tinha profetizado a Guy: "Cedo ou tarde, uma organização desse tipo se tornará um partido político. Não se pode conquistar maioria apenas falando do Império ou da posição da França no mundo ... Cedo ou tarde, há interesses a satisfazer."[8]

Embora tenha mudado de ideia porque tudo o mais falhara, De Gaulle ainda esperava inicialmente que o RPF continuasse suprapartidário. Não se exigia dos seus membros que abandonassem os partidos a que pertenciam. Mas os outros partidos políticos rapidamente acabaram com qualquer ideia de "filiação dupla". Os comunistas e socialistas evidentemente jamais permitiriam isso, e o MRP logo tomou providências para proibi-la também. Dois destacados membros do MRP, Edmond Michelet e Louis Terrenoire, que tinham lutado na Resistência, foram expulsos do partido quando decidiram aderir ao RPF.

Apesar de não querer se identificar como partido, o RPF começou a comportar-se como se fosse. No fim de maio, De Gaulle anunciou que o RPF apresentaria candidatos nas eleições municipais do outono. Ele fez uma série de discursos pela França, falando para multidões imensas em Bordeaux (15 de maio), Lille (29 de junho), Rennes (27 de julho), Lyon (20 de setembro) e Vincennes (5 de outubro). Todos os seus discursos eram variações do tema da catástrofe. Sem novas instituições (e por implicação sem sua volta ao poder para presidi-las), ele previu que a jovem Quarta República conduziria a França à ruína econômica, poria em risco a segurança nacional, permitindo o ressurgimento de uma Alemanha poderosa, e comprometeria sua reputação internacional, abandonando o Império. A defesa do Império era um dos temas preferidos de De Gaulle: no fim de 1946, qualquer tentativa de arranjo com Ho Chi Minh na Indochina tinha fracassado (em parte por causa da intransigência de D'Argenlieu, que fora nomeado pelo próprio De Gaulle), e a França foi arrastada para um conflito colonial completo.

O que deu ao argumento imperial nova urgência foi o começo da guerra civil, transformando o conflito na Indochina num campo de batalha da luta internacional contra o comunismo. Quando concebeu o RPF, De Gaulle praticamente não achava os comunistas mais ameaçadores do que os partidos em geral. Isso não tardou a mudar, com a Guerra Fria começando a ter impacto na política interna francesa. Em maio de 1947, depois que De Gaulle lançou o RPF, os comunistas que não quiseram respaldar as políticas econômicas de Ramadier foram sumariamente demitidos. Assim como a união dos Aliados durante a guerra agora degenerava em conflito aberto entre os Estados Unidos e a União Soviética, também na França a união da Resistência, encarnada na incômoda coalizão tripartite de comunistas, socialistas e o MRP, estava definitivamente acabada. Em seu discurso de 27 de julho em Rennes, De Gaulle lançou um violento ataque contra os comunistas, que chamava de "separatistas" – dando a entender que já não faziam parte da comunidade nacional. Em tom ameaçador, advertiu que as fronteiras ocidentais da Rússia distavam apenas duas voltas da Tour de France. O anticomunismo tornou-se um dos temas mais importantes do RPF.

Fim da luta de classes

Além de atacar os comunistas como inimigo interno, o RPF também ofereceu uma alternativa positiva à luta de classes marxista desenvolvendo uma doutrina social própria. A doutrina se resumia na ideia de uma "associação" entre patrões e empregados, capital e trabalho. Essa ideia era inteiramente de De Gaulle. Ele a expusera pela primeira vez na reunião de fevereiro de 1947, na qual revelou suas intenções aos seguidores mais próximos. Poucas semanas depois, manifestou sua frustração com o fato de que, sempre que mencionava "associação", via apenas uma "falta de curiosidade, total ignorância, indiferença, quando não resistência". O que ele realmente via era incompreensão, porque ninguém tinha a menor ideia do que o termo significava. Era assim até com Palewski, que conhecia De Gaulle há mais tempo do que qualquer pessoa, e achava, preocupado, que o que ele estava sugerindo tinha uma "conotação de paternalismo". De Gaulle não prestava qualquer esclarecimento, mas recomendava ao pequeno grupo que transformasse a ideia em prática política.[9] Para os presentes a essas primeiras reuniões em que o RPF estava sendo estabelecido, associação era só uma ideia maluca de De Gaulle que logo passaria. Eles estavam enganados. Na cabeça de De Gaulle, essa ideia era mais do que uma resposta oportunista ao Partido Comunista; era uma ideia à qual retornaria intermitentemente pelo resto da carreira.

Antes de 1940, encontramos apenas uma referência fugidia em seus escritos e cartas a questões sociais (sobre as quais ele admitia que "não tenho expertise"), numa carta que De Gaulle escreveu para o amigo Auburtin em 1937:

> Questões de dinheiro (salários, lucros, férias etc.) seriam rapidamente resolvidas se houvesse alguma coisa capaz de unir os protagonistas moralmente. Essa coisa, é preciso admitir, foi descoberta pelo fascismo, e também pelo hitlerismo, e como aceitar que a harmonia social seja paga com a morte da liberdade? Qual é a solução? O cristianismo, pode-se reconhecer, teve a sua solução. Mas quem descobrirá uma que seja válida para a nossa época?[10]

Os escritos de De Gaulle no período do entreguerras contêm muitos alertas sobre o desafio representado para a civilização humana pela mecanização e pela civilização industrial. Há passagens eloquentes nesse sentido tanto em *O fio da espada* como em *Por um Exército profissional*. De Gaulle voltou a esse tema no discurso pronunciado em Oxford em novembro de 1941. A finalidade ostensiva do discurso era reparar relações com os britânicos depois de sua primeira briga com Churchill dois meses antes. Enquanto anteriormente tinha descrito a guerra como uma luta contra o "eterno apetite da Alemanha", agora afirmava que a "vida e a morte da civilização ocidental" também estavam na balança, dada a natureza do nazismo. E pela primeira vez oferecia uma interpretação do nazismo, que ele via como consequência da "transformação das condições de vida pelas máquinas, da crescente concentração das massas e do gigante conformismo coletivo que resultava disso" e ameaçava a liberdade individual:

> A partir do momento em que os humanos ficam sujeitos, pelo trabalho, pelos prazeres, pelos interesses, pelos pensamentos, a estar perpetuamente juntos, em seus pensamentos, a partir do momento em que suas casas, suas roupas, seus alimentos se tornam aos poucos idênticos, a partir do momento em que leem as mesmas coisas ao mesmo tempo nos mesmos jornais, e veem em todas as partes do mundo os mesmos filmes ... a partir do momento em que os mesmos meios de transporte conduzem homens e mulheres aos mesmos escritórios e oficinas, os mesmos restaurantes e lanchonetes, os mesmos campos esportivos e os mesmos teatros ... o resultado é uma espécie de mecanização geral da existência, na qual o indivíduo certamente será esmagado.

Esses temores eram compartilhados por muitos comentaristas culturais e intelectuais na Europa no período do entreguerras. Refletem-se em filmes como *Tempos modernos*, de Chaplin, *A nós a liberdade*, de René Clair, e *Metrópolis*, de Fritz Lang. O dramaturgo simbolista belga Maurice Maeterlinck expressou essas ideias do que poderia ser chamado de "entomologia cultural" em best-sellers nos quais comparava os hábitos sociais de insetos aos de humanos. Seu *A vida das térmitas*, de 1926, era uma fábula advertindo que o esmagamento da liberdade individual no bolchevismo rebaixava os seres humanos ao nível dos cupins. De Gaulle tinha lido Maeterlinck, e a comparação entre a civilização moderna e o "cupinzeiro" era uma que usava com frequência. Poucos de seus ouvintes sabiam que a analogia tinha sido cunhada por Maeterlinck. Esse era um tema também do romancista e polemista católico Georges Bernanos (1888-1948), que publicou em 1947 um livro intitulado *A França contra os robôs*, denunciando a maneira como a "civilização das máquinas" (*machinisme*) estava destruindo o espírito humano. As afinidades entre Bernanos e De Gaulle merecem ser sublinhadas, ainda que De Gaulle jamais tenha conseguido, como ele mesmo o disse com certo pesar, "atrelá-lo" à sua causa. Ex-aluno do pai de De Gaulle no Collège de l'Immaculée-Conception, Bernanos tinha começado como monarquista fervoroso e adepto da Action Française. Seu famoso romance de 1936, *Diário de um pároco de aldeia*, descrevia a angústia de um padre numa pequena aldeia do norte da França, arruinado por moléstias físicas e revoltado com a indiferença dos paroquianos ao cristianismo. Os que achavam que sabiam onde situar Bernanos politicamente se surpreenderam quando ele publicou uma violenta polêmica em 1938 denunciando a conduta da Igreja católica durante a Guerra Civil Espanhola. Em 1940, vivendo em autoexílio no Brasil, ele levou sua heterodoxia um passo adiante, denunciando Vichy instantaneamente. Tornou-se um defensor apaixonado da França Livre, escrevendo de maneira regular em seu jornal *La Marseillaise*, apesar de nunca se permitir ingressar formalmente na organização. Via a França Livre como uma cruzada pela pureza da alma da França contra a desonra, mas também contra o totalitarismo, que lhe parecia a mais assustadora manifestação da modernidade, ainda mais do que a democracia liberal ou o socialismo, pelos quais também tinha pouca simpatia. Espécie de romântico anarquista cristão, Bernanos era um homem da sua época, que sonhava com uma civilização perdida de santos e heróis. Não há como dizer que tenha "influenciado" De Gaulle. E, como apaixonado defensor nos anos 1930 da modernização do Exército e da racionalização do Estado, De Gaulle talvez pareça, em certo sentido, sua antítese. Mas a raiva que animava os ataques de Bernanos à modernidade tinha como base a mesma herança católica e as mesmas influências intelectuais (eram ambos admiradores de Péguy) que inspiraram as reflexões de De Gaulle sobre a civilização industrial. *A França contra os robôs* pode ser visto na biblioteca de De Gaulle em Colombey, e em mais de uma ocasião ele comentou que o *Diário de um pároco de aldeia* era a obra de ficção publicada no período do entreguerras que mais admirava.[11] A ideia de que o socialismo e o capitalismo eram dois lados da mesma moeda – enraizada no materialismo da civilização industrial – também era um tema dos pensadores "não conformistas" dos anos 1930 que De Gaulle conhecera nos saraus literários da casa de Emile Mayer.

De que maneira De Gaulle chegou à ideia da associação como resposta ao problema da civilização moderna é menos óbvio. Uma influência foi certamente a do catolicismo social. A procura da "harmonia social" (esse ideal esquivo, por ele mencionado na carta de 1937 citada acima) começara a preocupar a Igreja católica no fim do século XIX, quando surgiam partidos socialistas para organizar a nova classe operária industrial. Para enfrentar esse desafio, o papa Leão XIII tinha divulgado em 1891 a encíclica *Rerum Novarum*, que recomendava aos industriais que demonstrassem responsabilidade social para com os operários. A *Rerum Novarum* foi o texto fundamental do catolicismo social, um ramo do catolicismo muito influente na burguesia industrial do norte da França – o meio social dos avós maternos de De Gaulle.¹² Os católicos sociais também buscaram inspiração no teórico católico social Frédéric Le Play (1806-82), que pregava a responsabilidade social de industriais e engenheiros – ideia que foi adotada, numa forma diferente, pelo soldado colonial marechal Lyautey, cujo famoso artigo de 1891 sobe "o papel social do oficial" inspirou gerações de oficiais do Exército francês. O pensamento católico social baseava-se na ideia de "corporativismo" – juntar operários e patrões em "corporações" nas quais seus interesses pudessem ser conciliados. O corporativismo foi adotado por movimentos fascistas no período do entreguerras, embora estes, ao chegarem ao poder, tenham usado a ideologia para justificar a eliminação de sindicatos. A doutrina influenciou também alguns membros do regime de Vichy, bem como o catolicismo social em geral. É interessante notar, nesse contexto, que em suas *Memórias*, que começou a escrever nessa época, De Gaulle prestaria um curioso tributo (o único que jamais prestou) à legislação corporativista de Vichy, segundo ele "não sem atrativos", mas viciada por sua ligação com um regime nascido da derrota: o resultado foi "empurrar as massas na direção de uma mística inteiramente diferente".¹³

Isso dava à doutrina social de De Gaulle um matiz altamente conservador – alguns diriam mesmo "fascista". Mas outra possível fonte da ideia de associação eram os escritos de socialistas franceses pré-marxistas como Fourier e Proudhon, cujo pensamento social girava em torno da ideia de "cooperação" e harmonia social, não da luta de classes. Certa ocasião, De Gaulle referiu-se à associação como "uma velha ideia francesa" defendida por "aquelas figuras generosas, apesar de nem sempre práticas, de boa vontade e valor pessoal, que nos anos 1835, 1840, 1848 desenvolveram o que então se chamava socialismo francês".¹⁴ Parece improvável que De Gaulle tivesse algum trato pessoal com esses textos – apesar de sua avó materna ter escrito uma biografia de Proudhon –, mas eles lhe foram sugeridos, talvez, por Louis Vallon, um daqueles membros do RPF que se entusiasmaram com a ideia de associação. Vallon, um dos vários socialistas que se juntaram a De Gaulle em Londres em 1942, tinha sido, nos anos 1930, consultor econômico dos sindicatos, além de estar vinculado aos "não conformistas". Ele fornece uma ligação direta entre eles e as ideias sociais de De Gaulle. Vallon teria rejeitado a ideia de que as doutrinas sociais do RPF eram reacionárias ou "fascistas". Em 1957, escreveu o seguinte: "Graças a De Gaulle em 1940, os franceses puderam ter novamente esperança em sua história ... Por isso me tornei 'gaullista'. Desde jovem sou socialista, e socialista continuo sendo."[15] Os adeptos mais ferrenhos da doutrina da associação social viriam a chamar-se a si mesmos de "gaullistas de esquerda".

No que dizia respeito pessoalmente a De Gaulle, suas ideias sociais também foram inspiradas pela busca de unidade, uma de suas obsessões: no tocante às suas ideias constitucionais, aliviar os efeitos do conflito aberto pela Revolução – ou, como ele mesmo dizia, "reconciliar a esquerda com o Estado e a direita com a Nação" –, e no tocante às suas ideias sociais, aliviar os efeitos do conflito entre capital e trabalho. Era também um jeito de dar maior peso intelectual ao seu movimento, respondendo a críticos que afirmaram que os objetivos do "gaullismo", tal como desenvolvido depois de 1945 – além de reconduzir De Gaulle ao poder e reformar as instituições da França –, não passavam de uma obsessão anacrônica com a "grandeza" nacional. Boris e Mendès France podem não ter conseguido fazer de De Gaulle um socialista em 1944-45; os líderes da Resistência podem ter ido embora frustrados por ele não compartilhar sua crença na possibilidade de regeneração social da França. A doutrina de associação foi a resposta de De Gaulle.

Manobras, 1948-49

Era menos a sedução da associação do que o medo do comunismo que aumentava as fileiras do RPF. Na segunda metade de 1947, a França entrou num período de agudo conflito social alimentado pela disparada do custo de vida. Tendo deixado o governo, nada impedia os comunistas de atiçar as chamas da agitação social. Greves inspiradas por eles explodiram nas regiões carboníferas e nas ferrovias, com batalhas campais entre a polícia e os grevistas. Houve tumultos em várias cidades, e em dezembro dezesseis pessoas morreram quando uma ação de sabotagem provocou o descarrilamento de um trem na ferrovia Paris-Tourcoing. A direita acusou os comunistas de usarem uma estratégia de insurreição política. Em resumo, a Guerra Fria irrompera na política francesa. O estranho estado de pânico que predominava no país revela-se na sugestão de Claude Guy a Yvonne de Gaulle em outubro para que escondesse uma metralhadora no porão da casa em Colombey. À sua maneira prosaica, ela rejeitou a ideia, alegando que De Gaulle não saberia usar a arma, e acrescentando, filosoficamente, que "se os comunistas quiserem matá-lo ... vão matá-lo".[16]

Esse pano de fundo explica o triunfo do RPF nas eleições municipais de outubro de 1947. Obtendo 40% dos votos – um resultado surpreendente para um movimento que seis meses antes não existia –, ele assumiu o controle de treze das maiores cidades da França, incluindo Paris (onde Pierre, irmão de De Gaulle, tornou-se presidente da Câmara Municipal), Bordeaux (onde Jacques Chaban-Delmas, delegado militar de De Gaulle em Paris em 1944, elegeu-se prefeito), Marselha, Lille e Estrasburgo. O embaixador americano em Paris, Jefferson Caffery, convencido de que De Gaulle seria o grande vitorioso, mantinha estreito contato com Palewski e outros.[17] Os americanos agora viam De Gaulle como o mais confiável baluarte contra o comunismo, embora Caffery se preocupasse com as ressonâncias "fascistas" das ideias sociais do general.

De Gaulle também estava convencido de que sua hora tinha chegado. Ouvindo os resultados do primeiro turno das eleições em Colombey, ele comentou, eufórico, com Claude Guy: "É a morte do regime." Passou a semana anterior ao segundo turno preparando a declaração que divulgaria quando os resultados definitivos fossem divulgados: "Vou pegar o microfone para declarar que quando cheguei a Paris percebi a desintegração das autoridades políticas existentes ... e que na ausência de qualquer governo chefiarei temporariamente o governo para desempenhar a tarefa necessária de salvação nacional." E se a situação ficasse mais "complicada", ele achava que talvez fosse obrigado a falar de Brazzaville ou de Argel – como durante a guerra. Houve muitas outras declarações nesse estilo durante o resto da semana, com sua mulher de vez em quando intervindo para fazer um alerta e tentar acalmá-lo. Ela disse a Guy: "Isso vai acabar mal ... O general está sempre 'batendo' nos burgueses ['*taper' sur les bourgeois*]: mas ele deveria parar com isso, porque foi o burguês que fez dele o que ele é. E, apesar de negar, ele também é um deles."[18] Quando o segundo turno das eleições, em 26 de outubro, confirmou os resultados do primeiro, De Gaulle publicou sua declaração pedindo que o Parlamento fosse dissolvido. Isso abriria caminho para novas eleições legislativas e uma total revisão da Constituição.[19] Uma semana depois, ele foi a Paris dar uma entrevista coletiva. Durante todo o tempo, manteve uma animação alarmante, certa noite recordando, nostalgicamente, algumas das suas disputas mais violentas com os britânicos e os americanos durante a guerra. Em 17 de novembro, deu uma entrevista coletiva na qual descreveu o RPF como uma torrente impossível de conter: "A onda vai crescer e avançar. Tenho pena de quem não compreende isso. Se quiserem lutar contra essa força ... também serão varridos. Se quiserem permanecer nas margens, falando a esmo, seus impropérios terão tanta importância quanto cuspir no mar."[20] Depois disso ficou extremamente satisfeito consigo mesmo, sobretudo com a frase sobre cuspir no mar, que repetiu deliciado para Guy várias outras vezes.[21]

Na realidade, De Gaulle tinha abusado, desastrosamente, da autoconfiança. Ele decerto poderia ter saído vitorioso se houvesse eleições parlamentares. Mas o problema é que não havia razão constitucional para realizá-las só porque o RPF tinha vencido as eleições municipais. Tudo dependia de os políticos da França ficarem calmos e resolutos. Ninguém estava mais preocupado, mas também mais decidido, do que Vincent Auriol, o presidente da República. Auriol era um idoso e moderado estadista socialista, ligado a Léon Blum. Tinha apoiado De Gaulle na guerra. Depois de ser eleito presidente no início de 1947, tentara manter boas relações com o general, na esperança de aos poucos o reconciliar com a nova República. Imediatamente depois de sua eleição, convidou De Gaulle para "uma festa de mudança de casa" no Eliseu *en famille*, manifestando a esperança de que ele de vez em quando se dispusesse a lhe dar conselhos. De Gaulle rejeitou o convite com gélida polidez. A ideia de o general tomar chá decorosamente no Eliseu enquanto oferecia conselhos desinteressados exige um pouco demais da nossa credulidade. Auriol começou a ter dúvidas sobre a sanidade de De Gaulle quando recebeu uma carta dele em fevereiro de 1947 rejeitando a Médaille Militaire que o governo francês concedera simultaneamente a Stálin, Churchill e Roosevelt (postumamente). De Gaulle respondeu que não poderia aceitar a condecoração porque na guerra tinha atuado como chefe de Estado da França, e o "Estado não condecora a si mesmo".[22] Ficou muito satisfeito com essa carta e comentou, privadamente: "A gente precisa se divertir da melhor maneira possível."[23]

Auriol não achou graça nenhuma quando as ambições de De Gaulle ficaram mais claras. Andava alarmado com o tom incendiário dos discursos do general e sua insistência em que as instituições políticas existentes fossem eliminadas. Escreveu em seu diário: "Ele está completamente doido; fala na primeira pessoa do plural."[24] Auriol levava a sério suas responsabilidades de presidente da República. A Constituição talvez fosse imperfeita, mas era a que existia. Embora ela lhe concedesse apenas poderes limitados, Auriol estava decidido a ser um presidente tão ativo, nos bastidores, quanto as regras lhe permitissem. Depois das eleições municipais de outubro de 1947, ele convocou os políticos a resistir firmemente a De Gaulle. Incentivado por Auriol, um dos líderes do Partido Socialista, Guy Mollet, conclamou todos os verdadeiros "republicanos" a se juntarem em defesa da democracia. Era um apelo para que os partidos de centro (essencialmente o MRP) e de esquerda moderada (socialistas) esquecessem suas diferenças e se opusessem aos dois extremos do PCF e do RPF. O apelo de Mollet teve ressonância, revivendo uma espécie de mística da Terceira República em torno da ideia de que a democracia corria perigo – ideia à qual a retórica provocadora de De Gaulle dava certa plausibilidade. Disso tudo nasceu a chamada coligação da "Terceira Força", que governaria a França pelos três anos seguintes.

Apesar de o MPR e os socialistas serem o lastro da Terceira Força, um papel vital era desempenhado também por pequenos e numerosos grupos parlamentares de centro, cuja importância política era totalmente desproporcional à sua realidade numérica, como ocorre com frequência em coligações políticas. Esses grupos incluíam o Partido Radical, uma sombra do que tinha sido na Terceira República, mas ainda ostentando alguns *députés*, e uma nova agremiação chamada UDSR (Union Democratique et Socialiste de la Résistance), que era tudo que restava das esperanças de criação de um novo Partido da Resistência depois da Libertação. Por mais de três anos a contar de novembro de 1947, houve nada menos do que nove governos. Mas os mesmos rostos – Robert Schuman (MRP), René Pleven (UDSR), Georges Bidault (MRP), Henri Queuille (Radical) e assim por diante – apareciam e desapareciam, conferindo uma espécie de tranquilizadora estabilidade ao desconcertante carrossel político. Isso era, claro, a antítese da política carismática pregada e praticada por De Gaulle.

Caffery, o embaixador americano, achava que De Gaulle, obcecado com coisa mais importante – a dissolução do Parlamento, só isso –, perdera a oportunidade de assumir o poder no fim de 1947. Mas, ainda que De Gaulle tenha avaliado mal a situação imediatamente depois das eleições, não era absurdo da parte dele esperar que os acontecimentos se encaminhassem na sua direção, se ele persistisse. De Gaulle confiava em duas hipóteses potencialmente favoráveis. A primeira surgiria se a ameaça do comunismo parecesse tão irresistível que os políticos da Terceira Força resolvessem fazer um acordo com ele – ainda que nos termos por ele ditados. A segunda viria se a ameaça comunista diminuísse e expusesse as divisões ideológicas entre os partidos da Terceira Força. Em outras palavras, o futuro de De Gaulle dependia do grau em que a oposição dos políticos a ele prevalecesse sobre o medo do comunismo ou sobre a desconfiança que os políticos tinham uns dos outros. Qualquer mudança nessas variáveis daria a ele uma oportunidade.

Nos seis meses que se seguiram às eleições municipais, a primeira hipótese parecia plausível. Havia um temor generalizado de que os comunistas em toda a Europa tivessem optado pela rota revolucionária. Em fevereiro de 1948, os comunistas tinham tomado o poder em Praga por meio de um *coup d'état* [golpe de Estado] incruento, e agora todos os olhos se voltavam para a Itália, onde havia uma boa chance de os comunistas vencerem as eleições marcadas para abril. Contra esse contexto internacional ameaçador, De Gaulle fez um discurso em Compiègne em 7 de março alertando para o fato de que a ameaça comunista internacional tornava vital "nós nos unirmos na estrada da salvação". Seria um gesto de conciliação com os outros partidos? Foi assim que René Pleven preferiu interpretar o discurso. Pleven era um daqueles membros da França Livre que não seguiram De Gaulle no RPF, mas que ingressaram na UDSR. De Gaulle não costumava perdoar traições desse tipo, mas ainda tinha respeito por Pleven e concordou em recebê-lo em Colombey em 10 de março. Apesar de praticamente inflexível, permitiu que Pleven fizesse uma declaração pública sobre a necessidade de os partidos chegarem a um acordo com De Gaulle.[25] Os outros líderes partidários não responderam positivamente, mas nos bastidores Pleven continuou tentando intermediar um acordo entre o general e a Terceira Força. Convenceu De Gaulle a ter um encontro com o primeiro-ministro, Robert Schuman, um dos líderes do MRP.[26] Um itinerário especial foi preparado para que Schuman pudesse ir de carro a Colombey em 4 de abril sem que a notícia se espalhasse. O encontro, mais uma vez, não deu em nada. Outro encontro secreto foi realizado em agosto entre o general e Maurice Schumann (sem parentesco com Robert), que jamais se recuperara psicologicamente do rompimento com

De Gaulle no ano anterior. A notícia de que De Gaulle o receberia provocou lágrimas de alegria em Schumann, mas o encontro foi inconclusivo.[27] Fazer esses políticos irem a Colombey conversar com *ele* era a maneira de De Gaulle demonstrar sua indispensabilidade.

Na época em que Maurice Schumann foi ver De Gaulle, a ameaça comunista já retrocedia. Nas eleições italianas de abril de 1948, os comunistas não conseguiram maioria – o primeiro grande revés sofrido pelo comunismo internacional desde o início da Guerra Fria. Isso abriu uma segunda possibilidade para o retorno de De Gaulle ao poder: a fragmentação da Terceira Força, que ele tinha boas razões para esperar que acontecesse. Os dois principais partidos da coalizão, os socialistas e o MRP, tinham visões opostas sobre política econômica e escolas religiosas – uma tradicional fonte de discórdia na política francesa –, e era basicamente o medo do comunismo que os mantinha unidos. Em julho de 1948, suas divisões vieram à tona em forma de crise, e os socialistas derrubaram o governo de Robert Schuman. Ao longo do verão, houve frenéticas negociações políticas enquanto se tentava costurar outro governo de coalizão. As negociações culminaram na formação de outro governo da Terceira Força em setembro de 1948, costurado pelo político de centro Henri Queuille, que De Gaulle conhecera em Argel. De Gaulle deveria ter se lembrado de que Queuille era um astuto agente político, que servira com eficiência ao CFLN. Em vez disso, com sua tendência a desprezar os adversários, declarou: "Ele já passou da idade [Queuille era apenas seis anos mais velho do que De Gaulle]; já em Argel costumava tropeçar no tapete."[28] Por quanto tempo esse inofensivo médico do interior seria capaz de manter um governo em pé?

Em novembro de 1948, o RPF teve bom desempenho nas eleições indiretas para o Senado. A principal baixa foi o MRP. Isso levou seus líderes a se perguntarem se a associação com os socialistas na Terceira Força não estaria se tornando um peso eleitoral e levando os eleitores a votar no RPF. De Gaulle viu uma chance de explorar essa fenda na Terceira Força. O gaullista Edmond Michelet, que ainda mantinha boas relações com seus antigos colegas do MRP, organizou um encontro secreto entre De Gaulle e Bidault no Hôtel La Pérouse em Paris, em 12 de novembro. Bidault nervosamente criou coragem com uma boa dose de conhaque, o que, como se veria, era desnecessário. De Gaulle, em seu desejo de apartar o MRP da Terceira Força, dispôs-se a mostrar seu lado charmoso. Assegurou a Bidault que não guardava rancor por ele não ter deixado o governo em janeiro de 1946 – "o verdadeiro problema surgiu quando você ratificou a Constituição" – e apelou para os seus sentimentos lembrando que ambos eram católicos sociais: "Você precisa me ajudar ... Somente juntos seremos capazes de libertar a classe operária." Ele insistiu com Bidault para convencer seus *députés* a apoiar uma dissolução do Parlamento e a convocação de novas eleições.[29] Nada resultou desse encontro. Bidault não conseguia esquecer o modo como tinha sido tratado por De Gaulle quando fora seu ministro do Exterior, em 1945. De qualquer maneira, ainda que quisesse aproximar-se do RPF, provavelmente não teria conseguido levar junto seus *députés*, que ficaram irritados quando vazou a notícia do encontro com De Gaulle.

Apesar dessas hesitações do MRP, Queuille conseguiu habilmente manter a coligação. Seu princípio de governo consistia em ir adiando a solução de problemas até que eles perdessem relevância. E seu governo sobreviveu por um ano – um recorde na Quarta República até então. Ele superou o desafio de outra séria onda de greves comunistas no outono de 1948, quando o ministro socialista do Interior, Jules Moch, não hesitou em empregar a polícia antimotim para restaurar a ordem. Quem precisava de De Gaulle se o governo de Queuille era capaz de conter a ameaça comunista? Na mesma época, a economia francesa começou a dar sinais de recuperação, graças à chegada da ajuda americana através do Plano Marshall. Jefferson Caffery, que mantivera contatos frequentes com o entourage de De Gaulle nos primeiros meses de 1948,[30] chegou à conclusão, no fim do ano, de que, como a Terceira Força estava se revelando uma barreira eficaz contra o comunismo, De Gaulle era mais um problema do que uma solução. Como prova de que o prestígio do general estava em baixa, um funcionário da embaixada disse a respeito dele nessa época: "Ele fala sobre economia como uma mulher fala sobre carburadores. Seus assessores não combinam entre si, são incompetentes, egoístas e instáveis."[31]

Quando o governo de Queuille caiu, em outubro de 1949, depois de perder o apoio dos socialistas, De Gaulle fez uma última tentativa de arrancar o MRP da Terceira Força. Por Michelet, ele mandou uma mensagem para seus líderes pedindo que impedissem a formação de um novo governo e assegurando-lhes que estava pronto para "renovar os elos partidos" do passado (*renouer les chaî-*

nes du temps). Robert Schuman respondeu, sem compromisso, que De Gaulle era "o sólido bloco com o qual a França podia contar se houvesse necessidade" – coisa que, em sua opinião, ainda não havia.³² A queda de Queuille não só expusera a fragilidade da Quarta República, mas também demonstrara que De Gaulle – e os comunistas – agora parecia tão menos ameaçador que os partidos poderiam provocar uma crise política sem risco de punição.

Para um homem de fora do "sistema", que criticava energicamente os políticos pigmeus da França, De Gaulle até que tinha feito muitas manobras naqueles dois anos. Tivera encontros secretos com Pleven, Maurice Schumann, Robert Schuman e Bidault – e permitira que outros acenos fossem feitos em seu nome. Isso era contrário à natureza do seu temperamento, e depois de cada encontro ele esbravejava contra o seu entourage por tê-lo atraído para aquelas conversas infrutíferas. No fim das contas, todos aqueles contatos estavam condenados ao fracasso, porque De Gaulle não buscava uma convivência com os partidos. O que ele queria era forçar eleições, para que o RPF pudesse formar um novo governo, cujo primeiro ato seria impor uma nova Constituição. Por enquanto, só lhe restava atacar furiosamente o sistema:

> O regime persevera, desesperadamente. Flutua na superfície do país como uma rolha no oceano. Ninguém acredita nele. Ele continua justamente por causa dessa desdenhosa indiferença. Na verdade, no primeiro incidente sério, desaparecerá sem opor qualquer dificuldade, sem deixar rastro. Mas até lá pode vegetar na própria nulidade.³³

De Gaulle fez previsões regulares desse tipo nos três anos seguintes. Em conversas privadas, tinha uma lista de epítetos, na maioria intraduzíveis – e por vezes inconvenientes – para os políticos da Quarta República: os "rabugentos", os *polis-petits-chiens* (cachorrinhos educados), *politichiens* [politicães]. Mas tudo isso era resultado de frustração. Quando a sensação de catástrofe iminente, que pairara sobre a política francesa por dois anos, começou a se dissipar, dissipou-se também a perspectiva da volta de De Gaulle ao poder. O "sistema" tinha sobrevivido. Tudo que De Gaulle podia fazer era aguardar a vez, esperar pelas eleições parlamentares marcadas para 1951 e manter entre seus seguidores a crença de que ainda era capaz de vencer.

Os "companheiros"

O RPF não era um espetáculo de um homem só. Era dirigido por um pequeno Comitê Executivo que se reunia uma vez por semana; um Comitê Nacional de cerca de 150 membros que se reunia uma vez por mês; uma rede de delegados regionais que se encontravam em Paris regularmente, sob a presidência de De Gaulle; e um congresso anual (apelidado de "Assises" ["audiência", "sessão do júri"] para dar a impressão de que o RPF não era um partido político). Além disso, havia um grupo de estrategistas políticos chamado Comité d'Etudes, um jornal e grupos organizacionais especializados (com jornal próprio) representando diferentes categorias profissionais.

A propaganda do RPF fazia paralelos com
a França Livre: aqui o Apelo de De Gaulle em 1940
aparece ao lado da sua nova "convocação"
em 1947 – com a Cruz de Lorena ligando os dois.

A principal instituição era o Comitê Executivo, que tinha suas reuniões semanais na sede do RPF, na rue de Solférino, em Paris. Havia um predomínio de figuras que tinham pertencido à França Livre e, em menor grau, à Resistência. Apesar de René Pleven, Maurice Schumann e André Philip terem se recusado a seguir De Gaulle nessa nova aventura, muitos veteranos da França Livre viam o RPF como uma continuação da sua luta durante a guerra. Membros do RPF eram chamados de "companheiros" – assim como os comunistas chamavam uns aos outros de "camaradas" – para ressaltar esse vínculo com a França Livre (como em os Companheiros da Ordem da Libertação).

Afora De Gaulle, as duas principais figuras do RPF eram seu secretário-geral, Jacques Soustelle, encarregado da organização, e André Malraux, encarregado da propaganda. Soustelle tinha se mostrado indispensável para De Gaulle durante a guerra – primeiro estabelecendo comitês da França Livre na América Latina, depois simplificando a propaganda da França Livre em Londres em 1942, e finalmente assumindo os serviços secretos em Argel. Ao aceitar dirigir o RPF, Soustelle sacrificou uma brilhante carreira universitária de antropólogo. Embora fosse um organizador eficientíssimo, jamais conquistou as simpatias dos ativistas do RPF. Ele achava impossível esconder o seu senso de superioridade intelectual, e, quando refletiam sobre esse período, os ativistas do RPF se referiam, ritualisticamente, ao seu exterior "glacial". Os poucos que conheciam bem Soustelle descobriam que a máscara intimidante ocultava uma personalidade sensível e atormentada, que precisava desesperadamente da aprovação de De Gaulle, que por sua vez explorava impiedosamente a devoção do secretário-geral, tratando-o com selvagem crueldade. Ele fez de Soustelle seu número dois não só pelas suas habilidades organizacionais, mas porque a sua falta de carisma significava que ele jamais seria uma ameaça.

Ao contrário de Soustelle, André Malraux era relativamente novato no gaullismo. Tinha atingido o estrelato literário nos anos 1920, tornando-se um dos escritores mais famosos da Europa. Nos anos 1930, nenhum intelectual francês estava envolvido com mais destaque na luta contra o fascismo. Durante a Guerra Civil Espanhola, organizou um esquadrão aéreo para apoiar os republicanos espanhóis e imediatamente deu tratamento de ficção a essa experiência num livro e num filme. Em 1943, ingressou na Resistência, adotando como pseudônimo o nome de um personagem de um dos seus romances, coronel Berger. Com Malraux, arte e vida, fantasia e verdade eram impossíveis de distinguir. Ele não estava no primeiro grupo de escritores convidados para um encontro com De Gaulle em Paris depois da Libertação, possivelmente por causa da sua reputação, nos anos 1930, como companheiro de viagem dos comunistas.

A epifania gaullista de Malraux datava do dia, em agosto de 1945, em que um carro parou à sua porta com um bilhete de De Gaulle: "O general lhe pergunta, em nome da França, se o senhor estaria disposto a ajudá-lo." Esse encontro tinha sido preparado por membros do entourage de De Gaulle, que tinham motivos para acreditar que Malraux talvez se sensibilizasse com semelhante apelo. Poucos meses antes, ele tinha feito um discurso apaixonado no congresso do Movimento de Libertação Nacional (MLN), organização composta de antigos movimentos da Resistência. Malraux advertiu o MLN contra qualquer tentação de juntar-se à organização comunista da Resistência, a Frente Nacional. Isso revelou ao mundo que ele se arrependera de sua antiga admiração pelo comunismo, e estava pronto para tomar novo rumo. O chamado de De Gaulle não poderia ter sido mais oportuno.

Do primeiro encontro entre Malraux e De Gaulle, dispomos apenas das recordações enfeitadas de Malraux. A acreditar nele, os dois homens conseguiram, em sua primeira conversa, discutir Nietzsche, Stálin, Marx, Victor Hugo, Voltaire, a Revolução Francesa, o declínio do Império romano e muito mais. Parece que De Gaulle mal conseguiu dizer uma palavra.[34] Isso soa verdadeiro, porque Malraux era famoso pela pirotecnia de sua conversa, que deixava os interlocutores zonzos, sem saber se tinham conseguido entender alguma coisa do que ele dizia – em especial porque sua fala era pontuada por furiosos tiques nervosos, provavelmente causados pela síndrome de Tourette.[35] Raymond Aron certa vez sugeriu que Malraux era "um terço gênio, um terço charlatão e um terço incompreensível".[36] Em Malraux, De Gaulle talvez tenha pela primeira vez encontrado alguém capaz de intimidá-lo intelectualmente; talvez se sentisse lisonjeado por ser tratado como igual, no que se referia ao intelecto, por um interlocutor tão deslumbrante. Mas o que ele deve ter percebido imediatamente é que ali estava um discípulo em potencial. Malraux alimentava o culto de heroicas figuras históricas. Seu panteão pessoal tinha incluído Napoleão, T.E. Lawrence e Saint-Just. Agora De Gaulle substituía todos eles. De sua parte, De Gaulle reverenciava os escritores, mas queria que soubessem o seu lugar – daí o desapontamento de François Mauriac com o fato de o general só querer conversar sobre literatura, e não sobre política. Malraux, porém, era diferente. Não oferecia opiniões: oferecia-se a si mesmo, completamente, corpo e alma.

Dias depois do encontro em agosto de 1945, Malraux foi cooptado para o *cabinet* de De Gaulle, a fim de cuidar da propaganda. Ele pertencia ao minúsculo grupo a quem o general revelou seu plano de formar o RPF. De Gaulle talvez esperasse que Malraux atraísse intelectuais de esquerda para o movimento. Isso jamais aconteceu, porque o esquerdista Malraux dos anos 1930 tinha sido eclipsado pelo Malraux gaullista dos anos 1940.[37] Em vez disso, sua função no RPF era usar a magia da sua retórica para transfigurar a banalidade da política diária em lenda e história. Como certa vez tinha dito a respeito do seu herói anterior, T.E. Lawrence: "Não é o homem que faz a lenda, mas a lenda que faz o homem."

Malraux e Soustelle eram o coração e a cabeça do RPF, disputando a preferência de De Gaulle. Reveladoramente, De Gaulle tinha feito de Malraux um Companheiro da Libertação, apesar de sua tardia entrada na Resistência, ao passo que Soustelle, que ingressara na França Livre no começo, nunca mereceu a cobiçada honra. É verdade que De Gaulle costumava reservar a distinção àqueles que tinham de fato lutado no Exército das Forças Francesas Livres, ou arriscado a vida na França ocupada, mas ela fora concedida também a Pleven e Cassin, que não se enquadravam em nenhuma dessas categorias. O fato de De Gaulle relegar Soustelle reflete a avaliação pessoal que fazia de cada homem: Soustelle ele usava, Malraux ele admirava.

A terceira figura-chave do RPF era Gaston Palewski (também ele um Companheiro da Libertação), que, dada sua histórica relação com De Gaulle, talvez esperasse ficar com o emprego de Soustelle. De Gaulle preferiu Soustelle porque o carisma de Palewski e sua familiaridade com o mundo da política parlamentar não o recomendavam para dirigir um movimento cuja *raison d'être* era a desconfiança da política partidária. De Gaulle observou o seguinte sobre Palewski na época: "Nada o prejudica mais, a meu ver, do que essa sua vaidosa obsessão de meter-se em tudo e estar em toda parte."[38] Palewski acabou indo tomar conta do Comité d'Etudes, que redigia documentos políticos sobre assuntos que iam da reforma constitucional à política econômica. Outros membros incluíam Michel Debré, que trabalhava na reforma constitucional, e Raymond Aron, que oferecia expertise sobre economia. Embora fosse um dos que em Londres, durante a guerra, desconfiavam das tendências autoritárias de De Gaulle, Aron agora se sentia atraído por ele pelo anticomunismo, apesar de nunca ter sido um antigaullista convicto.

Além do círculo próximo de Malraux, Soustelle e Palewski, De Gaulle tinha o seu *cabinet* pessoal. O papel de *directeur de cabinet*, antes ocupado por Palewski, coube então a Georges Pompidou, outro gaullista retardatário que não desempenhara nenhum papel na Resistência ou na França Livre. Filho de um professor de aldeia de Auvergne, Pompidou era o brilhante produto do sistema educacional meritocrático francês. Tinha passado a guerra modestamente como professor de literatura num dos mais prestigiosos liceus da França, enquanto trabalhava numa antologia de poesia francesa. Poderia ter seguido uma distinta carreira acadêmica se não tivesse sido recrutado para o *cabinet* de De Gaulle durante a Libertação por um antigo colega de universidade. Pompidou rapidamente deixou sua marca, graças à inteligência ágil e à serenidade. Quando Yvonne de Gaulle decidiu, depois da guerra, estabelecer uma fundação para crianças com dificuldades de aprendizagem, De Gaulle pediu a Pompidou que cuidasse dos detalhes. Nada poderia demonstrar melhor a absoluta confiança que De Gaulle tinha nele.

Pompidou via a comédia humana com irônico desapego. Sobre o Comité d'Etudes, comentou que Debré "redigia Constituições às centenas", enquanto Aron "descrevia com lucidez a situação econômica e monetária, e formulava, com suprema confiança, previsões que jamais eram sustentadas pelos fatos".[39] Embora não tivesse um cargo formal no mecanismo do RPF – nem sequer era membro pleno do movimento –, ele se tornou indispensável para De Gaulle. Mas até mesmo Pompidou de vez em quando tinha o seu acesso direto ao general filtrado pelos dois ferozmente leais ajudantes de ordens de De Gaulle, Claude Guy e Gaston de Bonneval.

Inevitavelmente, havia venenosas rivalidades dentro dos grupos próximos do poder no RPF. Soustelle, a quem cabiam as tarefas sem glamour da administração e da organização, irritava-se com a pompa de Malraux, que se instalara nos luxuosos escritórios perto da Ópera e não na bem mais apertada sede do RPF do outro lado do rio, na rue de Solférino. Palewski ressentia-se de ter sido posto um pouco de lado pelos dois homens, apesar de servir a

De Gaulle há mais tempo que qualquer um deles. Pompidou, que devia o cargo inteiramente à confiança de De Gaulle, e não tinha passado na França Livre, nunca perdeu a consciência de ser um forasteiro privilegiado no grupo mais íntimo do gaullismo. De qualquer maneira, havia sempre alguém para lembrá-lo disso, caso ele esquecesse. Em certa ocasião, escrevendo para manifestar seu apreço pela contribuição de Pompidou, Palewski concluiu com um comentário ligeiramente ambíguo: "Nosso pequeno grupo, tão minúsculo nos primeiros dias, apertou-se para recebê-lo e abrir-lhe espaço."[40]

Pelo menos Pompidou nunca se envolvera com Vichy, diferentemente de outra importante figura do RPF, o antigo diplomata Léon Noël, que servira brevemente ao regime em 1940, como seu delegado na zona ocupada. Ele logo se arrependeu, tornou-se servilmente devotado a De Gaulle depois da guerra e recebeu um cargo importante no RPF. De Gaulle alegrava-se de poder receber nas fileiras do movimento uma figura tão grandiosa do establishment, sabendo, ao mesmo tempo, que a absolvição que lhe concedera por erros passados era uma garantia da mais completa lealdade. Quando convidado a ingressar no Conselho Nacional do RPF, Noël escreveu para agradecer a De Gaulle, mas fez um apelo para que não tivesse de entrar "pela porta dos fundos, de cabeça baixa, como um culpado que não pode chamar atenção para suas deficiências". Era uma crítica às "pérfidas manobras" de Palewski, que, segundo Noël, jamais perdia uma oportunidade de lembrar às pessoas seu breve flerte com Vichy. Por precaução, ele acrescentou que o fato de esse "singular indivíduo não ter a mais leve gota de sangue francês nas veias poderia convencê-lo a ter mais modéstia" (comentário que sugere que o contato de Noël com Vichy deixou seus vestígios).[41]

Como sempre, De Gaulle fingiu desprezar e estar acima dessas contendas. Certa ocasião, ele explodiu com Guy:

> Em Londres, era a mesma coisa ... Na verdade, é sempre assim ... O mais irritante era Cassin! E havia também o Pleven e o Dejean ... Todos eles! Sempre a mesma história de telegramas entre eles; um se queixava de que o outro estava guardando os telegramas para si. Se houvesse um pedacinho de papel que o outro não tivesse visto, os dois imediatamente apareciam em meu escritório para reclamar, num estado de agitação.[42]

Mas De Gaulle não era totalmente inocente. Antes de partir de Londres para Dakar em 1940, dividira o poder entre Muselier, Antoine e Passy; na Indochina, em 1945, tinha jogado Leclerc e D'Argenlieu um contra o outro; a mesma coisa no período do RPF. Pompidou, que era um juiz astuto, observou: "Em volta de um homem como De Gaulle há sempre, necessariamente, intrigas, clãs, disputas pela sua preferência. E o general ajuda um pouco, atiçando as rivalidades."[43]

Nunca foi muito fácil trabalhar para De Gaulle, mas sua frustração o deixava mais impaciente e ofensivo do que nunca. Debré, que não conhecia esse lado do general, escreveu-lhe em dezembro de 1948: "Será mesmo necessário gastar tanto tempo atacando outras pessoas? Alguém já lhe disse o quanto a forma de algumas de suas palavras ofende as pessoas? Não acredito que o general De Gaulle precise ser tão sistematicamente sarcástico."[44] Esse apelo para que De Gaulle fosse menos De Gaulle teve tão pouco efeito quanto os apelos parecidos de Brossolette em 1942, ou os de Philip em 1943. De Gaulle comentou com Pompidou ao receber essa carta: "Pobre Debré, está sempre debruçado no Muro das Lamentações."[45] Mas até mesmo Pompidou às vezes achava a severidade de De Gaulle difícil de lidar: "Ele é inábil com pessoas, humilhando-as, ofendendo seu senso de autoestima."[46]

O RPF consumia muito tempo discutindo políticas, mas De Gaulle raramente se envolvia nos detalhes. Fiel à sua doutrina das circunstâncias, não queria ficar preso antecipadamente. Em novembro de 1947, escreveu para Soustelle: "Repito mais uma vez que ninguém deve fazer qualquer declaração a quem quer que seja com relação a qualquer coisa que diga respeito a mim pessoalmente. O que acho, o que faço, o que planejo, é assunto meu. Cabe apenas a mim dizer ou não."[47] Os discursos de De Gaulle martelavam repetidamente as mesmas ideias: reforma constitucional, a ameaça comunista e a associação entre capital e trabalho. Ele continuava obcecado também com as ameaças ao Império: mesmo no fim de 1950, quando a guerra na Indochina começava a parecer impossível de vencer, advertiu Pompidou contra um "Munique asiático".[48]

Apesar de os temas do RPF em 1951 ainda serem basicamente os mesmos de 1947, o pensamento de De Gaulle em política externa evoluiu. Em 1949, a França tinha assinado a Aliança Atlântica estabelecendo a Otan, apesar da forte corrente neutralista na opinião pública francesa, que achava que o país deveria ficar fora tanto do bloco ocidental como do bloco soviético. Esse argumento talvez tivesse apelo para De Gaulle, mas ele foi convencido por Aron de que a ameaça comunista tornava semelhante posição insustentável. De Gaulle não gostou muito da maneira como a Otan foi estruturada, mas sua posição era a de que um pacto imperfeito era melhor do que pacto nenhum. Nessa época, era um atlanticista convicto. Mas, quando a tensão da Guerra Fria diminuiu, começou a fazer alertas sobre o perigo da dependência militar francesa em relação aos Estados Unidos.[49] Em 1952, ele colocava a existência de um "protetorado americano" quase no mesmo nível da "servidão soviética".[50]

Ao mesmo tempo, a opinião de De Gaulle sobre a Alemanha também evoluía. As esperanças francesas de impedir o ressurgimento de uma autoridade central alemã tinham fracassado quando ficou claro que os Estados Unidos não apoiariam essa política. A partir de 1949, a Alemanha ficou dividida pela Guerra Fria entre um Estado fantoche soviético no leste – que o bloco não soviético não reconhecia – e a República Federal da Alemanha no oeste. De Gaulle percebeu que esse fenômeno era irreversível, e depois de 1947 seus discursos começaram a aventar a possibilidade de um acordo entre "gauleses e teutônicos", como ele dizia, e a aludir à necessidade de reconstruir a entente franco-alemã que tinha sido despedaçada pela morte de Carlos Magno.[51] Em 1948, ele disse a Pompidou:

> Apoiar os Estados Unidos a qualquer custo não é uma causa! Se houvesse pelo menos alguma coisa na Europa! A Europa sempre foi a entente entre os gauleses e os teutônicos. Precisaremos, a certa altura, depositar nossas esperanças na Alemanha, esperanças de que ela possa criar uma nova mística europeia ... Não quero dizer que se deva construir uma Europa contra os Estados Unidos, nem contra a Grã-Bretanha, nem contra a Rússia, mas é preciso criar uma Europa.[52]

As políticas de De Gaulle na Quinta República dez anos depois já estão contidas nessas palavras.

Tours de France

Para as fileiras dos Companheiros do RPF, essas mudanças de política não tinham importância. A essência do movimento, para elas, estava nas reuniões de massa onde viviam a experiência de comunhão coletiva com De Gaulle. Nos dois primeiros anos de existência do RPF, esses comícios cuidadosamente coreografados atraíam multidões numa escala que nenhum outro partido político conseguia igualar – salvo, de vez em quando, os comunistas. Em duas ocasiões, em 1947, o RPF tinha lotado o gigantesco estádio esportivo Vél' d'Hiver, em Paris; em abril de 1948, De Gaulle parecia estar diante de toda a população de Marselha quando falou no Vieux Port da cidade. Não houve comício igual ao do hipódromo de Vincennes, nos arredores de Paris, em 5 de outubro de 1947. Os portões foram abertos ao meio-dia, e o burburinho de expectativa tornara-se febricitante quando De Gaulle chegou no fim da tarde, ao som de música militar. Ele subiu sozinho os degraus de um pódio enfeitado com uma imensa bandeira tricolor e a Cruz de Lorena, e, quando ergueu os braços em V acima da cabeça, a multidão delirou. Depois das primeiras palavras – "Somos meio milhão aqui" –, houve mais rugidos da multidão e gritos de "De Gaulle no poder".[53] Em seguida aos discursos, De Gaulle mergulhava no meio do povo. Após uma reunião no Vél' d'Hiver em 1950, até mesmo o repórter do *Le Monde*, que não era um jornal pró-gaullista, foi arrebatado pela atmosfera: "No fim, o Vél' d'Hiver estava lotado por um imenso Exército pronto para marchar rumo à vitória atrás de um homem que só lhes falava na linguagem do destino."[54]

Quando De Gaulle não podia comparecer a um comício, Malraux era o substituto mais popular. Seus discursos liricamente místicos transformavam o general numa combinação do cruzado medieval são Bernardo e do revolucionário Saint-Just. Mas, mesmo quando não comparecia pessoalmente, De Gaulle estava sempre "presente". Numa reunião no Vél' d'Hiver, uma mensagem dele foi lida, e, depois da execução da "Marselhesa", Louis Vallon anunciou: "Companheiros de De Gaulle, vocês todos sentiram sua presença entre nós; ele está aqui com cada um ... Tenho certeza de que em Colombey, na solidão de onde zela pela França, ele ouvirá vocês."[55]

Os comunistas comparavam esses encontros aos comícios fascistas dos anos 1930. Em várias ocasiões, Auriol escreveu em seu diário que não queria abrir caminho para o "fascismo".[56] Às vezes o PCF tentava perturbar as reuniões do RPF, e havia brigas entre os ativistas dos dois partidos. Num comício em Grenoble em dezembro de 1948, um manifestante anti-RPF foi morto. Mas a violência nessa escala era exceção, e geralmente provocada pelos comunistas. O culto da violência não era uma característica do RPF, e o simbolismo militarista primava pela ausência nesses encontros – embora De Gaulle costumasse aparecer fardado. Fossem quais fossem as fantasias dos ativistas mais suscetíveis, o general não cedia à tentação da insurreição popular. Depois das eleições municipais de 1947, Malraux declarou: "De Gaulle nos conduziu em marcha para o Rubicão e ali nos mandou pegar nossas varas de pesca." Em seus momentos mais apocalípticos, Malraux sonhava com uma espécie de insurreição popular que acabaria com o Parlamento, mas certa vez comentou com Claude Mauriac, meio em tom de lamento: "O general não é homem de violência."[57]

Pôster comunista para as eleições de 1951:
De Gaulle como "ameaça fascista".

Mas o RPF certamente tinha semelhanças com os movimentos de nacionalismo populista antiliberal que periodicamente ressurgiam na política francesa desde o século XIX, fosse na forma de bonapartismo, de boulangismo ou das "ligas" dos anos 1930.⁵⁸ De Gaulle fazia muitas restrições a Napoleão I, desprezava Napoleão III e Boulanger, e nunca se envolvera com as ligas, mas também se oferecia como salvador por cima de todos os partidos, com a promessa de reconciliação social e de união nacional. O estilo do RPF deixava alguns seguidores pouco à vontade. Certa ocasião, Claude Mauriac comentou: "O lado Croix du Feu da cerimônia me incomoda e provoca o entusiasmo da multidão, mas não o meu."⁵⁹ Em dezembro de 1948, Debré escreveu a De Gaulle advertindo contra o "sectarismo na base" do RPF:

> Sou gaullista desde o momento em que De Gaulle surgiu ... [Mas] tenho "reflexos republicanos". Em mim é uma segunda natureza. Estremeço, no meio da zona rural de Touraine, quando vejo os propagandistas do RPF de blusão de couro, boinas ... e me sinto mal na rue de Solférino, onde me parece que não existe a possibilidade de falar livremente ... não tenho medo de lideranças sábias ou fortes, mas de ditadura, sim. O senhor oferece liderança sábia e forte, mas, atrás do senhor, há muitos partidários da ditadura vazia.⁶⁰

No fim das contas, Debré e Mauriac engoliram suas restrições. Mauriac declarou: "Vou até o fim com De Gaulle. A fidelidade é a única fé que me resta."⁶¹

Em última análise, era a "fidelidade" a De Gaulle que mantinha o RPF em pé. O movimento era uma comunidade de crentes em torno de um líder e salvador carismático. Os ativistas das fileiras do RPF se consideravam uma nova ordem de cavalaria, dando continuidade à epopeia da França Livre. Muitos deles eram jovens demais para terem participado da França Livre, mas por meio dela sentiam-se vivendo um sucedâneo da Resistência.⁶² As lembranças de três ativistas dão ideia da intensidade dessa relação com De Gaulle. O mais jovem era Bernard Marin (com nove anos em 1940), que fora "convertido" ao ver De Gaulle na Champs-Elysées em 25 de agosto de 1944.

> Achei-o magnífico. Bastava olhá-lo para ter certeza de que todo mundo se submeteria à sua autoridade, e de que a união do país estava assegurada. Acho que

jamais haverá entusiasmo igual por um homem, na França, como o que De Gaulle provocou ao percorrer a pé a Champs-Elysées ... Sinto que aquele dia deixou em mim uma marca indelével e que eu jamais vou deixar de buscar a oportunidade de viver de novo aquela atmosfera.

Claude Guiblin (com onze anos em 1940), que julgava ter ouvido o *Appel* de 18 de junho no rádio dos pais, mas não tinha certeza, ingressou no RPF depois da guerra "como se ingressa numa religião ... Nossa única ambição era nos dedicarmos inteiramente à causa de De Gaulle e seus companheiros". O terceiro ativista era Jacques Dauer (com catorze anos em 1949), que escreveu: "O fenômeno 'companheiro' é uma noção exclusivamente gaullista, uma noção de fidelidade, de filiação ... Minha relação com o general era a de um vassalo com seu soberano. Obediente no essencial, livre no resto."[63]

Os imensos comícios do RPF escassearam depois de 1949. Custava caro organizá-los, e ficou mais difícil atrair multidões tão grandes quando a sensação de crise passou. Mas, já se preparando para as eleições de 1951, De Gaulle continuou a viajar pelo país. Em 1950, esteve em setenta *départements* e passou 53 dias na estrada. O pretexto dessas visitas era geralmente inaugurar um monumento em comemoração de algum acontecimento da guerra. Isso causava problemas de protocolo. O governo tinha determinado que De Gaulle seria tratado com honras oficiais em eventos comemorativos, mas não em eventos políticos. Por esse motivo, o prefeito saudava De Gaulle na inauguração mas desaparecia quando ele começava a falar. De Gaulle explorava essa confusão de gêneros. Nos eventos comemorativos, aparecia de uniforme, para recordar ao público uma "legitimidade" histórica que transcendia os "chamados governos" (como gostava de dizer) que estivessem no poder.

Muitas dessas visitas regionais eram em pequena escala, com De Gaulle viajando sozinho de carro com a mulher e um companheiro. Às vezes eles paravam para fazer um piquenique. Um membro da Executiva Nacional do RPF, que o acompanhou numa viagem às províncias, lembrou-se de estar sentado à beira da estrada com o general e a mulher, degustando um piquenique e ouvindo a voz retumbante de De Gaulle perguntar: "Outro ovo bem cozido, Baumel?"[64] Era um mundo distante da embriagadora atmosfera dos dois primeiros anos, quando parecia que De Gaulle seria conduzido ao poder. O objetivo dessas visitas era animar os delegados locais do RPF, para quem um encontro com o general era um momento para guardar na lembrança pelo resto da vida, muito embora a realidade às vezes fosse penosa para os dois lados. Como já vimos, De Gaulle ficava menos à vontade com indivíduos do que com multidões: "Superando a timidez, o delegado local iniciava uma tentativa de conversa. O general – certamente recitando em silêncio, para si mesmo, o discurso que ia pronunciar logo mais – ficava calado, fitando a distância."[65]

Dias de sossego em Colombey

Se De Gaulle se sujeitava ao tédio dessas viagens regionais, era em parte para escapar da rotina de Colombey. Antes de 1940, Colombey participava intermitentemente da sua vida; agora era sua única casa. Nas visitas semanais à sede do RPF na rue de Solférino em Paris, ele sempre ficava no Hôtel La Pérouse, perto da place de l'Etoile, comentando sarcasticamente, certa vez, que aquilo lhe lembrava seu "exílio" em Connaught.[66]

Na reforma de 1946, De Gaulle tinha ampliado a propriedade, acrescentando-lhe uma torre redonda, onde instalou seu escritório. Apesar disso, La Boisserie continuava sendo uma morada relativamente modesta. Há uma pungente passagem no diário de Claude Guy em que ele descreve a ocasião em que ele e De Gaulle passaram a noite ali para ouvir os resultados do primeiro referendo de 1946, caneta e papel na mão. De início, sentaram-se na sala de jantar, mas o rádio não funcionou:

> Por isso fomos para o primeiro andar. Pusemos Anne num quarto de hóspedes e fomos para o dela, perto de um aparelho de rádio com uma proteção contra interferência. Sentados diante de móveis cor-de-rosa e de uma coleção de bonecas e desenhos infantis, ali nos instalamos. Do quarto vizinho pegamos uma mesa, recém-pintada, grande demais para carregarmos sem virar. Todas as gavetas caíram a nossos pés com um barulho terrível.[67]

Em Colombey, De Gaulle levava a vida de um modesto fidalgo rural. Ia à missa toda semana, e o *curé* era regularmente convidado para o almoço. Esse singelo padre de aldeia, que bem poderia ter saído de um romance do século XIX sobre a vida francesa de província, era tratado com a deferência que De

Gaulle reservava para qualquer representante da Igreja.[68] Todas as visitas a La Boisserie seguiam um ritual imutável. Antes do almoço, o visitante era levado até o escritório para uma "conversa" sobre a situação mundial. O almoço era servido exatamente às 12h30 e raramente durava mais de 35 minutos. Em seguida vinha o café, e uma conversa superficial na sala de estar, com madame de Gaulle tricotando ao fundo. De Gaulle era um anfitrião cortês à moda antiga, que enchia pessoalmente o copo das visitas e recusava-se a deixar que alguém pusesse uma acha de lenha que fosse no fogo. Isso era pretexto para uma encenação melancólica: "Deixe isso comigo, é quase a única coisa que me sobrou para fazer."[69]

O visitante então era conduzido para uma longa caminhada na propriedade. De Gaulle adorava mostrar, ao longe, o desolado panorama de intermináveis florestas sem nenhuma habitação humana à vista. Se estivesse de bom humor, dissertava sobre o erro de falar em *"la douce France"*. Para ele, a França era um país de paisagens grandiosas, adequadas à grandeza da sua história. Com Claude Mauriac, durante uma visita, De Gaulle ficou ainda mais empolgado: "Ele tornou o clima mais severo, elevou as montanhas, inchou os rios com uma espécie de ferocidade, como se não pudesse haver grandeza na moderação." Comparou aquilo à Grã-Bretanha, "com suas casinhas de campo à beira de estradinhas na zona rural com a chuvinha".[70] Louis Joxe foi informado de que "a vida aqui não é alegre ... Não se vem aqui por diversão [*pour rigoler*]."[71] Depois da caminhada, o visitante era convidado a tomar uma xícara de chá antes de voltar a Paris, deixando De Gaulle entregue à melancolia e às suas meditações apocalípticas.

A descrição de visitas a Colombey tornou-se um gênero literário. Muitos visitantes eram subjugados, e entravam totalmente na construção imaginativa de De Gaulle. Um deles escreveu que se sentiu de imediato "sob a influência do lugar, tão de acordo com a personalidade" de De Gaulle; parecia "uma espécie de austero 'Morro dos Ventos Uivantes', com um horizonte majestoso em sua monotonia".[72] Outro observou: "Esse lugar, elevado, isolado e ventoso, era compatível com sua personalidade. A solidão é o seu quinhão."[73] Em nenhum relato de visita a Colombey parece que o sol brilha ou o vento deixa de soprar.

Nem todos eram seduzidos. A viagem de cinco horas de Paris a Colombey não facilitava a administração serena do RPF. Soustelle desenvolveu uma fobia "dessa residência inconveniente e distante, num campo lúgubre, ao qual se confere uma honra exagerada ao chamar de 'floresta dos gauleses'". Ele aprendeu a odiar a "atmosfera que respinga tédio ... e o barulho das agulhas de tricô de madame de Gaulle, enquanto a chuva açoitava as vidraças ... Estou convencido de que muitas coisas teriam sido diferentes se a viagem entre a casa do general e Paris, como o nariz de Cleópatra, fosse menor".[74] Soustelle redigiu essas palavras depois de ter rompido com De Gaulle, mas outros sentiam o mesmo. Até o comedido Pompidou em certa ocasião lamentou a "má 'higiene mental'" de Colombey, onde De Gaulle só mantinha contato com o mundo exterior pelo rádio e por visitantes ocasionais. Louis Terrenoire, que mais tarde substituiu Soustelle como secretário-geral do RPF, observou que as "fúrias solitárias [de De Gaulle], atrás das persianas fechadas de sua residência, geralmente resultam do que ele ouve no rádio".[75] O general estava isolado em Colombey porque não gostava de usar telefone, e a linha de Colombey era pouco confiável, como a maior parte da rede telefônica francesa naquela época.

Fosse qual fosse o efeito de Colombey sobre os humores inconstantes de De Gaulle, o fato é que ela acrescentou mais um elemento ao seu mito, especialmente depois da campanha de selos do RPF em 1948.[76] O público foi convidado a comprar um adesivo com o retrato do general e enviá-lo para o seu endereço em Colombey. A ideia foi concebida como uma espécie de plebiscito popular em torno do nome de De Gaulle, contornando as maquinações dos políticos. Destinava-se a levantar fundos para o RPF, cronicamente sem dinheiro. A campanha foi um êxito extraordinário. Quando terminou, depois de um mês, cerca de 2,3 milhões de cartas tinham sido recebidas. A campanha não derrubou o regime, nem resolveu os problemas financeiros do RPF, mas sedimentou na mente das pessoas a ideia de que De Gaulle era um austero Cincinato que se retirara para sua propriedade no campo pronto para deixar o exílio e salvar a nação. De Gaulle brincou com essa ideia numa famosa passagem de suas *Memórias* em que diz que tinha andado pelo jardim 15 mil vezes observando as "selvagens profundezas onde a floresta invade o lugar como o mar batendo num promontório ... No tumulto dos homens e dos acontecimentos, a solidão era minha tentação. Agora é minha amiga".[77]

Esse era o mito. A verdade, tal como surge do diário de Claude Guy, o mais minucioso relato que existe sobre a vida em Colombey entre 1946 e 1949, parece diferente – ainda que as opiniões de Guy fossem afetadas por suas tensas relações com Yvonne de Gaulle, que se ressentia da presença de qualquer pessoa que tentasse atrair De Gaulle de volta para a política. Ela jamais superou seu ceticismo sobre toda a empreitada do RPF. Disse a Guy, poucos dias depois que De Gaulle lançou a ideia: "Estamos velhos demais. Na nossa idade é melhor ficar em casa." Lembrando-se do precedente de Pétain, que não soube quando parar, ela contou a Guy que uma vidente na Polônia tinha dito a De Gaulle que ele morreria enforcado. A única maneira de desmentir a profecia era ficar fora da política.[78] Guy pinta um retrato de claustrofóbica monotonia, quebrada ocasionalmente por irritadas conversas entre o general e a mulher, e pelas explosões de raiva de De Gaulle contra os políticos. O centro emocional da vida de De Gaulle em Colombey era a filha Anne. Depois de qualquer ausência de casa, sua primeira providência era correr para o quarto dela.

Em 6 de fevereiro de 1948, Anne morreu aos vinte anos, depois de contrair uma bronquite. A família soubera a vida inteira que o fraco sistema imunológico de crianças com síndrome de Down as deixava vulneráveis a infecções. Mas a morte de Anne foi um golpe terrível. O *curé* anotou em seu diário: "Encontrei o general prostrado por uma dor terrível. Ele me disse: 'Sou um homem aniquilado. Decida tudo: a hora e o dia. Quero um enterro como se faz em Colombey.'"[79] De Gaulle escreveu para a outra filha, Elisabeth, na época vivendo na África:

> Anne morreu em meus braços com a mãe e madame Michigau [a enfermeira desde que mademoiselle Potel se aposentou] ao lado dela, enquanto o médico administrava uma injeção *in extremis*. M. le Curé veio abençoá-la ... O desaparecimento de nossa pobre filha sofredora, nossa menininha sem esperança, nos causou uma dor imensa. Sei que você sentirá o mesmo. Que do céu a pequena Anne nos proteja, e acima de tudo a proteja, minha queridíssima Elisabeth.[80]

De Gaulle disse a Guy:

> Ela era uma prisioneira. Havia qualquer coisa de muito especial e de muito tocante nesse serzinho, e sempre tive a sensação de que, se ela não tivesse sido como foi, teria sido uma pessoa notável ... Se existe um Deus, ele libertou sua alma e a chamou para si.[81]

Três meses depois De Gaulle voltou a escrever para Elisabeth: "Sua mãe e eu estamos muito sozinhos. A pequena Anne, fosse qual fosse seu estado, desempenhou um grande papel com sua presença, como objeto de interesse e de afeição."[82] Yvonne de Gaulle mergulhou ainda mais na administração da fundação que havia estabelecido para meninas com deficiência mental. No aniversário da morte de Anne, todos os anos o *curé* vinha rezar uma missa em sua memória. Para pai e mãe, Colombey era agora um lugar de tristeza, de onde ficariam muito felizes de escapar.

À espera das eleições, 1950-51

"Há apenas dois motores da ação humana: o medo e a vaidade", disse De Gaulle a Pompidou em um de seus bons momentos: "Ou existe um estado de catástrofe, e então o medo domina, ou existe calma, e então é a vaidade."[83] Quando o estado de espírito de catástrofe em que o RPF nasceu se dissipou, também se dissipou o medo que levara tantos eleitores a votar em De Gaulle – que esperava que restassem lembranças suficientes desse estado de espírito para que ele conquistasse uma maioria parlamentar em 1951.

Embora De Gaulle concebesse o RPF como acima da divisão entre esquerda e direita, a organização tinha assumido uma identidade marcadamente conservadora no clima anticomunista do seu nascimento. Seus eleitores incluíam antigos pétainistas que tinham execrado De Gaulle na Libertação. De Gaulle dispôs-se a fazer alguns gestos para esses eleitores declarando publicamente que não se sentia muito feliz com o fim de Pétain, que, desde sua condenação em 1945, estava preso numa fortaleza em Ile d'Yeu, ao largo da costa da Bretanha. Agora com mais de noventa anos, Pétain costumava ser descrito na imprensa como "o prisioneiro mais velho do mundo". De Gaulle declarou em várias ocasiões que achava errado esse velho, agora inofensivo e senil, que no passado tinha "prestado grande serviço à França", morrer sozinho na prisão sem nunca mais ver "árvores, flores, amigos".[84] Aqui De Gaulle andava numa delicada corda bamba, uma vez que provavelmente não dizia o suficiente para satisfazer a maioria dos antigos pétainistas, ao mesmo tempo que chocava antigos resistentes. Um ex-*maquisard*, que se identificava como "gaullista de 1940", escreveu para manifestar sua indignação: "Então o sangue derramado pela França, as terríveis torturas sofridas por tantos de nós, o sacrifício total que fizemos de livre e espontânea vontade, tudo que foi feito para libertar a França e conduzi-lo ao poder – nada disso tem mais importância."[85]

A rigor, De Gaulle não queria ir tão longe assim na rota da reconciliação nacional – como o coronel Rémy penosamente descobriu em 1950. Rémy era o pseudônimo na Resistência do produtor cinematográfico Gilbert Renault, fundador de uma importante rede da Resistência que trabalhava em estreita colaboração com os gaullistas. Rémy se opusera ao armistício desde o início, mas isso não o levou a mudar suas opiniões ultraconservadoras. Depois da guerra, publicou suas memórias, em vários volumes, que se tornaram best-sellers e fizeram dele, aos olhos da opinião pública, o modelo do agente secreto operando num mundo de mistério e intrigas. Rémy ingressou no RPF, onde a notoriedade de suas proezas na Resistência e a facilidade para a escrita o converteram no candidato ideal para redigir uma biografia popular intitulada *De Gaulle: cet inconnu* [De Gaulle, este desconhecido] – um exercício de descarada hagiografia. Rémy começava recordando que tinha percebido a "profunda bondade" nos olhos de De Gaulle em seu primeiro encontro (muita gente percebia a expressão de desconfiança nos olhos de pálpebras espessas do general, mas não sua bondade) e terminava com De Gaulle na "revigorante atmosfera familiar" de Colombey entrando relutantemente na briga para salvar mais uma vez a França (na realidade, ele ardia de impaciência em seu retiro forçado).

O livro também trazia um breve trecho no qual Rémy lembrava-se de ter ouvido De Gaulle dizer que a França precisava de duas cordas em seu arco – a de Pétain e a de De Gaulle. O general corrigiu o texto original datilografado de Rémy, acrescentando as palavras "desde que ambas sejam usadas a serviço da França".[86] Talvez porque poucas pessoas tivessem notado esse exercício de propaganda adocicada, as palavras, mesmo depois da correção de De Gaulle, passaram quase despercebidas.[87] Em abril de 1950, estimulado pelas declarações públicas de De Gaulle sobre Pétain, Rémy repetiu o suposto comentário de De Gaulle no jornal gaullista *Carrefour* sem as restrições acrescentadas por De Gaulle. Acabava fazendo um apelo para que os gaullistas estendessem a mão da reconciliação aos antigos pétainistas. Apesar de não repudiar sua oposição ao armistício, ele agora parecia mais preocupado com os excessos da Libertação, que "me enchem o coração de vergonha e desgosto". No dia seguinte, De Gaulle divulgou um conciso comunicado negando que tivesse feito a declaração que lhe era atribuída – embora muito provavelmente a tenha feito. Rémy demitiu-se da executiva do RPF. O incidente encerrou sua tentativa de criar uma espécie de gaullismo pétainista com a bênção de De Gaulle.

O caso Rémy reflete as complicadas relações de De Gaulle com Pétain. Meditando em 1950, ele voltou à sua velha ideia:

> O marechal Pétain foi um grande homem que morreu em 1925. Testemunhei sua agonia. Dito isto, a história da França não começou em 18 de junho de 1940. Houve Verdun. As pessoas dizem que não foi Pétain que venceu em Verdun, mas foi Pétain que introduziu as táticas graças às quais o Exército francês resistiu ... Foch foi incapaz de introduzir táticas. Pétain era um tático. É por isso que em 1939 ele previu a derrota, mas não viu a conjunção mundial.[88]

Pétain finalmente morreu em julho de 1951. Quando Pompidou anunciou "Pétain morreu", De Gaulle o corrigiu: "Sim, o marechal morreu." E quando Pompidou comentou "o assunto está agora encerrado", De Gaulle discordou: "Não, foi um grande drama histórico, e um drama histórico nunca termina." Essa previsão era melhor do que a de Pompidou, conforme o próprio descobriria a duras penas como presidente anos depois.[89] Mas nada mudou a opinião geral de De Gaulle sobre o armistício. Quando, em 1953, André François-Poncet, sucessor de Pétain na Académie Française, fez um discurso reiterando a tese de que Pétain tinha sido o escudo da espada de De Gaulle, De Gaulle retrucou dizendo que o escudo não impedira a "pilhagem da França, a escravidão dos franceses, a perda da frota". Apesar disso, ele compreendia que o "discurso ... reflete a profunda opinião de grande parte dos 'notáveis'"[90] – de cujo apoio o RPF precisava.

As perspectivas eleitorais do RPF ficaram comprometidas quando, em 1951, os partidos da Terceira Força engendraram uma lei eleitoral cujo objetivo era esmagar os dois partidos dos extremos – o PCF e o RPF. A lei permitia que os partidos formassem chapas conjuntas (*apparentements*) e determinava que qualquer chapa que obtivesse a maioria dos votos ficaria automaticamente com todas as cadeiras. A maioria dos assessores de De Gaulle compartilhava seu instinto de não comprometer a integridade do RPF, embora ele tenha acabado por permitir a formação de onze *apparentements* nas 95 zonas eleitorais – número insuficiente para afetar o resultado geral, mas suficiente para incomodar os puristas.[91] Outra questão era saber se De Gaulle se candidataria nas eleições. Ele nunca teve intenção de fazê-lo. Como disse a Soustelle: "Você consegue me ver pendurando meu chapéu num armariozinho na chapelaria do Palais Bourbon [prédio do Parlamento]?"[92]

Durante a campanha eleitoral, De Gaulle percorreu o país fazendo discursos nos quais ressuscitava a linguagem catastrofista que agora parecia desconectada da realidade e da experiência atual dos franceses. Em Nîmes, em janeiro de 1951, seu discurso pintou um quadro apocalíptico da Notre-Dame em Paris e do Coliseu em Roma destruídos por bombas no fim da próxima guerra mundial. Em outro discurso, em 1º de maio, ele anunciou que "quando o povo tiver se pronunciado eu estarei lá por ele. Onde? Na Champs-Elysées".[93] Esses comentários destinavam-se a animar os membros mais ativistas do RPF, mas davam aos adversários de De Gaulle margem para trazer de volta a acusação de que ele era um revoltoso, até mesmo um "neofascista".

"Traição"

O RPF emergiu das eleições como o maior grupo político do Parlamento, com 119 cadeiras, mas longe das duzentas de que precisava para uma maioria absoluta. O sistema de *apparentements* funcionou: com 22% dos votos, o RPF obteve apenas 19% das cadeiras. Mas mesmo sem a lei o RPF só teria conseguido 143.

O novo Parlamento ficou com seis grupos mais ou menos do mesmo tamanho. Eram eles, da esquerda para a direita, o PCF, os socialistas, o MRP, os radicais, os *modérés* (conservadores) e o RPF (que se ressentia de ter que sentar-se na extrema direita). Como os comunistas estavam fora de cogitação, essa câmara "hexagonal" oferecia duas maiorias possíveis: uma continuação da centrista Terceira Força (ampliada para incluir os conservadores) ou uma de direita (os conservadores, o centro e o RPF sem os socialistas). A primeira solução exigia que socialistas e conservadores superassem suas muitas diferenças políticas; a última solução exigia que o RPF entrasse no jogo parlamentar. Imediatamente após o anúncio dos resultados, De Gaulle declarou suas condições: seus representantes parlamentares só se disporiam a chefiar um governo de coalizão se os outros membros estivessem empenhados na reforma constitucional (tornando possível a volta de De Gaulle ao poder). Como essa carta não estava no baralho, ele tinha pouco a oferecer aos seus *députés*, que se viram formando o maior grupo, mas sem perspectiva de poder.

De Gaulle chegou a um impasse. Em 1947, tendo ganhado a eleição errada, precisou esperar a eleição certa; em 1951, tinha perdido a eleição certa e não havia nada a esperar. Sua posição em janeiro de 1952, como expressa para seus delegados regionais, era a de que o único objetivo do RPF no Parlamento era atuar como força de obstrução: "É possível que, sob a pressão dos acontecimentos, uma maioria seja formada ... admito não acreditar de forma alguma no valor de qualquer governo que eu não tenha a honra de presidir."[94] De Gaulle percebeu que isso poria à prova a lealdade dos *députés*, muitos dos quais haviam pegado o bonde do RPF sem estarem profundamente envolvidos com a causa. Ele comentou cinicamente com Pompidou antes da eleição: "Dos duzentos que vou eleger [não foram tantos, claro] ... 180 chegarão com a intenção de trocar títulos e ninharias."[95] O presidente Auriol fazia astutamente o mesmo cálculo. Ainda acreditando que De Gaulle representava uma ameaça à democracia, ele estava decidido a não ser, como dizia, o Hindenburg da Quarta República da França – uma referência ao presidente alemão que tinha convidado Hitler para o poder em 1933.[96]

Em janeiro de 1952, Auriol convocou, para consultas, os líderes de todos os grupos parlamentares, incluindo Soustelle pelo RPF.[97] Embora Soustelle só tenha aceitado o convite com a aprovação de De Gaulle, este imediatamente ficou desconfiado. Em 9 de janeiro, enquanto Soustelle estava no Eliseu, o Comitê Executivo do RPF se reuniu na rue de Solférino. De Gaulle iniciou as atividades num humor feroz: "Podemos começar enquanto o novo Président du Conseil forma o seu governo? Fico pensando onde vai me colocar ... Ministério do Esporte, talvez, ou da Educação?" Isso foi só o começo. Quando Soustelle chegou, De Gaulle persistiu em sua barragem de sarcasmos, com os presentes se contorcendo, incomodados com aquela humilhação pública: "Ah, aí está o chefe do governo! Bem, sr. primeiro-ministro, como estão indo suas consultas?" De Gaulle continuou nessa veia até deixar Soustelle quase chorando.[98]

Na realidade, Soustelle tinha educadamente rejeitado as propostas políticas de Auriol. O governo que emergiu das consultas do presidente durou apenas dois meses. No começo de março, ele voltou a convocar líderes parlamentares para conversas. Soustelle, tendo aprendido a lição, não se comprometeu e, dessa vez, tomou a precaução de sugerir que Auriol convidasse De Gaulle diretamente para conversar, o que não tinha feito na ocasião anterior.[99] Mas ele sabia também que membros do grupo parlamentar do RPF estavam frustrados porque a tática de De Gaulle de não cooperar os estava reduzindo à impotência. Soustelle não tinha como sair ganhando. Quando telefonou a Colombey para relatar suas conversas, a reação de De Gaulle do outro lado da linha foi tão violenta que Soustelle desligou, e anunciou que estava doente e não compareceria à reunião do grupo parlamentar já marcada.

Pompidou e Louis Terrenoire (que tinha assumido a secretaria-geral, porque Soustelle agora presidia o grupo parlamentar) ficaram tão assustados que convenceram o relutante Soustelle a ir de carro com eles a Colombey em 3 de março. Soustelle parecia um estudante arrependido – apesar de não ter feito nada de errado –, morrendo de medo do diretor. Prontificou-se a renunciar se De Gaulle achasse que ele tinha se comportado mal. De Gaulle não aceitou, explicando: "Seu papel consiste em ser dilacerado e levar pauladas dos dois lados. É esta a sua maneira de participar da grande provação nacional que afeta cada um de nós." Apesar de De Gaulle parecer aplacado quando os visitantes saíram, no dia seguinte foi como se a visita jamais tivesse ocorrido. Na rue de Solférino, ele se lançou em outra humilhação pública de Soustelle. Debré e Palewski intervieram em sua defesa, mas sem grande êxito.[100]

Em 6 de março de 1952, 27 membros do grupo parlamentar do RPF se insubordinaram e votaram a favor de um governo chefiado pelo político conservador Antoine Pinay. O plano de Auriol de rachar o RPF tinha dado certo. Para surpresa de todos, Pinay acabou se revelando uma figura popular no país – um dos poucos políticos da Quarta República a conquistar alguns seguidores, graças à sua reconfortante reputação de defensor dos rentistas. Nos meses seguintes, De Gaulle não soube decidir o que fazer. Se concedesse a seus *députés* alguma margem de manobra, talvez conseguisse preservar a unidade formal do movimento; se insistisse na estrita manutenção da disciplina, e expulsasse os rebeldes, havia o perigo de que seu movimento jamais se recuperasse. Numa entrevista coletiva em 10 de março, ele foi menos radical do que alguns temiam. Quando lhe perguntaram se aceitaria participar de um governo do qual não fosse chefe, respondeu: "Duvidando que os outros ministros achassem essa situação confortável, eu lhes pouparia a provação."[101] Pompidou, que sabia interpretar os humores flutuantes de De Gaulle, achou-o, naquele junho, "atormentado ... completamente desestabilizado" e genuinamente inseguro sobre se deveria ir em frente com o RPF.[102]

De Gaulle convocou uma reunião do Conselho Nacional do RPF em julho para discutir os próximos passos. Depois de abrir a sessão, ele foi ocupar o seu lugar entre os delegados. Soustelle falou primeiro e tentou ser agradável, anunciando que não poderia haver "gaullismo sem De Gaulle". Malraux não foi menos intransigente: "Se você abandona certo número de *députés* ou eles o abandonam, isto é ... um incidente. Se você abandona uma ideia, isto não é um incidente, é suicídio." Os debates foram acalorados, e três oradores que enveredaram noutra direção foram vaiados. De Gaulle resumiu a discussão: "O dever não consiste em abandonar o general De Gaulle a pretexto de colocá-lo no poder."[103] A reunião decidiu que os *députés* deveriam, no futuro, aceitar a disciplina partidária ou sair. Vinte e sete *députés* renunciaram, e foram imediatamente excluídos do RPF. Outros fizeram o mesmo nos meses seguintes.

Poderia ter sido o fim do RPF, mas De Gaulle achou impossível tomar a decisão. Pompidou, escrevendo a ele durante as férias de verão em 1952, fez-lhe um apelo para que não desistisse: "Ninguém gostaria mais do que eu de 'voltar para casa' e me afastar da política. Apesar disso, meu instinto me diz que o senhor não tem o direito de abandonar a França à sua decadência." Mas aproveitou para aconselhar De Gaulle a ter mais confiança nos que desejavam servi-lo: "Se o senhor lhes diz claramente o que podem fazer, eles conseguem, ou pelo menos tentam fazer o máximo possível, com resolução e lealdade."[104] Pompidou pensava, aqui, no infeliz Soustelle, que tinha escrito para De Gaulle suplicando-lhe permissão para renunciar à presidência do grupo parlamentar do RPF. De Gaulle, que o tratara com brutalidade, fez o possível para convencê-lo a ficar.[105]

Em dezembro de 1952, o governo de Pinay caiu. Auriol iniciou a rodada corriqueira de consultas. Mais uma vez, apelou para Soustelle. Na noite de 25 de dezembro, Soustelle pegou a "familiaríssima" estrada para Colombey, onde De Gaulle se recuperava de uma operação de catarata. Soustelle achou que tinha obtido a aprovação do general para sua cautelosa resposta a Auriol.

Terrenoire e outros achavam que ele tinha lidado exemplarmente com a situação, e aproveitado a oportunidade para chamar mais atenção para o RPF sem fazer concessões. Mas temiam, com alguma razão, o "que o chefe vai achar disso".[106] Numa repetição exata da sua reação um ano antes, De Gaulle ficou indignado por ter sido traído. Como disse a Pompidou meses depois: "A partir do momento em que Soustelle vai ao Eliseu e discute a formação de um governo, ainda está comigo sentimentalmente, mas já está contra mim politicamente."[107] Pinay acabou sendo substituído em janeiro de 1953 por um governo chefiado pelo conservador René Mayer, que conseguiu conquistar o apoio de um número ainda maior de *députés* do RPF do que seu antecessor.

Era cada vez mais difícil compreender a *raison d'être* do RPF. A intenção de De Gaulle ao fundá-lo certamente não tinha sido administrar pessoalmente – ainda que através de um intermediário – um grupo parlamentar. Ele tinha um agudo senso de poder político, mas carecia das habilidades ou da inclinação para jogar esse tipo de jogo. Soustelle não era o único que achava cada vez mais intolerável trabalhar para ele. Era o caso também do tesoureiro do RPF, Alain Bozel, que tinha sido um dos mais devotos seguidores de De Gaulle desde setembro de 1941, quando estivera entre os 185 prisioneiros de guerra cuja chegada a Londres foi uma grande injeção de ânimo para a França Livre num momento em que as relações com Churchill iam de mal a pior. Mas, no fim de 1951, Bozel não aguentou mais. Sua carta de renúncia contém algumas verdades duras:

> Quanto mais o senhor avança, menos atrai homens, apesar de ser a única solução para o problema da França ... Essa aterradora desconfiança, que constantemente o persegue, assusta e preocupa os melhores dos seus seguidores. Soustelle me perguntou se eu sabia por que o senhor sai por aí dizendo a todo mundo que não confia nele ... Ao mesmo tempo, seu desprezo universal está piorando, e o senhor afasta as pessoas com sua ferocidade.[108]

Meses depois, outro velho e leal membro da França Livre, Raymond Dronne (famoso por estar no primeiro dos tanques de Leclerc a chegar a Paris em 24 de agosto de 1944), um dos parlamentares do RPF eleitos em 1951, escreveu em termos similares para advertir De Gaulle sobre o seu comportamento: "Cada vez mais o senhor assusta as pessoas, mesmo aquelas que lhe são fiéis, mantendo-se muito distante delas, colocando a si mesmo nas alturas ... É mais importante que nunca que o senhor receba alguns parlamentares, um de cada vez, que fale com eles, escute-os e estabeleça com eles relações de contato humano e confiança ... Do contrário, o RPF rumará para o naufrágio." Dessa vez, De Gaulle escutou, convidando Dronne para um encontro pessoal e acalmando-o temporariamente.[109] Mas aplacar suscetibilidades contrariava demais a natureza do seu caráter para que aguentasse por muito tempo, e ele logo mergulhou num dos seus estados de espírito frequentes, de arrogante autocompaixão. Disse a Pompidou: "Não há mais nada a fazer ... Vou escrever minhas memórias ... aguentei sozinho. Sem mim, haveria uns poucos aviadores franceses na RAF e alguns conspiradores na França, alguns possíveis ministros ... É o colapso das elites."[110]

As eleições municipais de abril de 1953, seis anos depois do triunfo de 1947, foram um desastre para o RPF. O movimento perdeu cerca de metade das cadeiras que conquistara na fase áurea, em 1947. De Gaulle não aguentava mais. Divulgou uma declaração em 6 de maio de 1953 anunciando que quaisquer *députés* eleitos sob a sua bandeira em 1951 estavam livres para desfrutar os "venenos e delícias do sistema", porém não mais em nome do RPF.[111] Poucos meses depois, ofereceu seu diagnóstico da situação para os delegados regionais do RPF:

> Enquanto De Gaulle estiver em condições de governar, de exercer os negócios públicos, mudar o regime ... isso quer dizer De Gaulle assumir o poder. Quer dizer isso ou não quer dizer nada. Podem-se enumerar todas as combinações possíveis. Todos sabem que o simples fato de colocar De Gaulle lá mudará o regime. É possível que ele jamais seja posto lá. Nesse caso, o regime não vai mudar. Se De Gaulle não tivesse entrado em Paris, não teria havido a vitória da Resistência. É isso ... Não posso dar jeito nisso; somos todos obrigados a aceitar as coisas como elas são.[112]

Justamente por saber que chamar De Gaulle para formar um governo equivalia a uma mudança de regime é que Auriol nunca deu esse passo. As explosões de raiva de De Gaulle contra Soustelle faziam dele o bode expiatório para o beco sem saída tático em que ele se metera. O RPF tinha fracassado.

17. No "deserto", 1955-58

Últimas esperanças

"De Gaulle é como uma lebre que escapou da armadilha", comentou Louis Terrenoire depois do comunicado do general concedendo "liberdade" aos seus *députés*.[1] Durante meses, De Gaulle vinha se desprendendo, psicologicamente, do RPF. Numa visita à África em 1953, ele explodiu com um assessor que queria receber ativistas locais do RPF: "Você está começando a me irritar [*vous commencez à m'emmerder*] ... com esse *seu* RPF."[2] Quando voltou dessa visita, Terrenoire observou que "ele tolera cada vez menos ouvir qualquer coisa que tenha ligação com o RPF". De Gaulle demonstrou isso no dia seguinte, cancelando uma reunião marcada para a outra semana: "Isso me cansa, e eu não saberia o que dizer ... Não quero me comprometer. Em 1914, não quis me comprometer com partidos, e não quero hoje estar comprometido com o RPF."[3] Mas ele não conseguia encerrar inteiramente o experimento. As últimas etapas foram como um divórcio doloroso, em que ele recuava no último momento.

Embora De Gaulle acabasse dedicando apenas doze linhas de suas *Memórias* ao RPF, ele lhe consumira sete anos de vida – mais do que a França Livre. Por que essa recusa a encerrar a organização quando ela tinha tão evidentemente fracassado? Talvez ele não quisesse admitir a si mesmo que tinha cometido um erro; talvez preservasse um senso residual de obrigação para com os milhares de pessoas que tinham posto de lado suas vidas para servi-lo nessa empreitada. Uma razão para adiar um pouco mais o encerramento do RPF era sua esperança de que este pudesse ter um papel no que ele considerava a questão política mais premente de meados dos anos 1950: a Comunidade Europeia de Defesa (CED). As origens da CED remontavam ao início da Guerra da Coreia, em 1950, quando os americanos se envolveram em mais um front da Guerra Fria. Isso levou o governo dos Estados Unidos a pressionar os Estados europeus ocidentais para que assumissem boa parte da própria defesa. Uma solução era permitir que a Alemanha Ocidental estabelecesse uma força militar, mas, logo depois da guerra, obviamente, isso era dinamite na França. Como alternativa, o governo francês apresentou a ideia (originariamente concebida pela mente fértil de Jean Monnet) de absorver o rearmamento alemão num Exército "europeu" – a CED. O tratado aprovando a CED foi assinado em maio de 1952, mas ainda precisava ser ratificado pelo Parlamento francês. Embora a CED fosse inicialmente uma proposta francesa, durante dois anos o assunto despertou uma paixão que um observador comparou à intensidade das emoções do Caso Dreyfus, cinquenta anos antes.[4]

A ideia de um Exército supranacional "europeu" patrocinado pelos americanos e apoiado pelos britânicos era odiosa para De Gaulle. No que dizia respeito a essa questão, o RPF estava objetivamente do mesmo lado dos comunistas, que se opunham à CED por outras razões. Para alguns membros esquerdistas do RPF, como René Capitant, De Gaulle tinha a chance de tornar-se o Tito francês, neutro entre os dois blocos, ou um Gandhi ocidental, pregando a desobediência a soldados de um Exército europeu.[5] Ainda que não tivesse a intenção de ir tão longe, ele não poderia aceitar a ideia de que a França cedesse um milímetro que fosse da sua independência militar. Se o RPF no Parlamento podia bloquear a ratificação da CED, então ele ainda não estava pronto para fechar a cortina. Numa entrevista coletiva em novembro de 1953, De Gaulle deu livre curso a seu sarcasmo:

> Nada é mais curioso do que as intervenções públicas e privadas dos Estados Unidos para forçar nosso país a ratificar um tratado que o condenaria à decadência. Muito curioso mesmo! Pois os Estados Unidos não fazem parte desse tratado. E se acham que é tão bom que franceses e alemães se juntem, por que não se juntam, eles mesmos, com o México, o Brasil, a Argentina? ... Por outras razões, a Grã-Bretanha também exige que façamos parte do chamado Exército "europeu", muito embora nada no mundo pudesse levá-la a participar. Sacrificar a própria soberania, abandonar os próprios soldados ao arbítrio de outros, perder os próprios domínios, isso tudo é bom para Paris, mas não para Londres.[6]

Numa entrevista coletiva em 7 de abril de 1954, De Gaulle voltou ao tema em termos ainda mais brutais. Além disso, anunciou, misteriosamente – e ameaçadoramente –, que em 8 de maio, aniversário do fim da guerra, prestaria homenagem ao Soldado Desconhecido no Arco do Triunfo. Esse curioso anúncio sugere que ele ainda alimentava a fantasia de que um movimento popular o reconduzisse ao poder. De Gaulle sabia do crescente mal-estar no Exército com relação à Indochina, onde os franceses estavam atolados num conflito impossível de vencer. Chefes do Exército achavam que governos civis os estavam privando dos meios necessários para ganhar a guerra. Numa cerimônia no Arco do Triunfo, em 4 de abril, oficiais tinham insultado o primeiro-ministro e o ministro da Defesa.

Uma semana antes da data marcada para ir ao Arco, De Gaulle escreveu ao filho: "A situação é tensa nos círculos militares. As coisas parecem estar andando ... A atmosfera da cerimônia será interessante."[7] Então, em 7 de maio, o Exército francês na Indochina sofreu uma derrota acachapante em Dien Bien Phu, depois de semanas de cerco. Foi a maior humilhação militar francesa desde 1940. Estavam ali todos os ingredientes de uma grande crise política. De Gaulle andava empolgado. Disse a Terrenoire: "Vou voltar ao poder. Eu quero ... Vejamos o que acontece amanhã. Mas acho que vai ter um monte de gente lá. Em poucos dias, farei uma declaração sobre Dien Bien Phu; então, se houver uma crise ministerial, intervirei."[8] Na manhã seguinte, ele recebeu o chefe do estado-maior, general Paul Ely. Imediatamente depois do encontro, Ely anotou o que De Gaulle tinha dito: "Os franceses o procuraram quando houve certa tensão, mas em seguida o abandonaram. No fim, só o Exército poderia salvar a situação." Um tanto perplexo, Ely perguntou se isso significava um *coup de force*: "'Não', respondeu De Gaulle. Mas o que ele disse não parecia muito diferente; os chefes do Exército precisavam andar na sua direção e tudo ficaria bem."[9]

O governo estava apavorado com o potencial impacto da aparição pública de De Gaulle e mandou reforço policial. Não precisava ter se preocupado. Às quatro da tarde De Gaulle chegou ao Arco do Triunfo, em pé num carro aberto. Curvou-se em silêncio diante do túmulo, mas a multidão de 15 mil era menor do que a que aparecera de manhã para ver o presidente da República. Apesar de alguns gritos de "De Gaulle no poder", não se tratava de um movimento popular. "O povo não está ali de fato", comentou De Gaulle com tristeza. Ele apertou algumas mãos e foi embora quinze minutos depois.[10]

Dien Bien Phu deflagrou uma grande crise governamental, mas quem se beneficiou dela não foi De Gaulle, e sim Pierre Mendès France, seu velho colaborador. Mendès France não tinha sido ministro desde que deixara o governo de De Gaulle, em 1945. Mas tinha preservado uma aura de homem íntegro, que alertara sobre os perigos da inflação. Na política da Quarta República, era uma figura dissidente: como membro esquerdista do minúsculo Partido Radical, de centro, fazia parte do "sistema", mas sua denúncia das políticas adotadas por todos os governos fazia dele um estranho no ninho. Em relação à guerra da Indochina, assumiu o papel de Cassandra, condenando a insistência numa guerra que, além de impossível de ser vencida, consumia recursos que poderiam ser mais bem aplicados na modernização econômica. O desastre de Dien Bien Phu lhe deu razão. O governo foi obrigado a dissolver-se e Mendès France tornou-se primeiro-ministro, prometendo negociar uma retirada honrosa da Indochina dentro de cem dias. Além disso, buscou a bênção pública de De Gaulle. No dia em que formou seu governo, por acaso um 18 de Junho, ele mandou uma mensagem a De Gaulle: "Nesta data de aniversário, dia em que assumo pesadas responsabilidades, volto a viver as grandes lições de patriotismo e devoção ao bem público que sua confiança me permitiu receber do senhor."

A determinação de Mendès France representava um contraste com todos os que o precederam. Muitos *députés* gaullistas foram seduzidos. Quarenta e nove votaram nele, catorze se abstiveram e vários assumiram cargos importantes no governo. O próprio De Gaulle ficou desconcertado com o advento do *mendésisme*. Pierre Koenig, antigo herói de Bir Hakeim e agora *député* do RPF, tentou descobrir se De Gaulle aprovava ou não sua participação no governo, e a resposta que recebeu não foi nada clara: "Koenig, não lhe peço que seja ministro, mas não lhe peço que não seja."[11] Koenig interpretou essas palavras como uma espécie de sinal verde, o que não foi bem a intenção de De Gaulle. Em 22 de junho, o general divulgou uma declaração esclarecendo que não ofereceria sua bênção a Mendès France:

> Sejam quais forem as intenções de qualquer indivíduo, o regime atual só pode produzir ilusões e ações que não levam a lugar algum ... Não tomarei parte em nenhuma das suas combinações. A recuperação nacional é possível. Começará

após o fim deste sistema sem cérebro, sem alma, sem grandeza, construído contra mim depois da vitória e que desde então vem desperdiçando a última oportunidade da França e dos homens que poderiam servi-la.[12]

Durante os primeiros meses no poder, Mendès France foi um turbilhão de energia. Tendo negociado o fim da presença da França na Indochina, ele dedicou suas atenções à tarefa de retirar a França da Tunísia, onde o descontentamento nacionalista antifrancês havia anos fervia a fogo lento. Em particular, De Gaulle não podia fazer outra coisa senão admitir, ainda que a contragosto, que Mendès France estava indo bem.[13] Ele e Mendès France tiveram um encontro no Hôtel La Pérouse em 13 de outubro de 1954. Deveria ser um encontro secreto, mas a notícia vazou. De Gaulle relatou a conversa a Terrenoire:

> Eu lhe disse: o regime pode permitir que você resolva a Indochina, a CED, a Tunísia etc. ... Isso quer dizer livrá-lo dos seus fardos, mas o regime não lhe permitirá executar uma política construtiva, uma política francesa ... De vez em quando, transeuntes vão tirar o chapéu quando o senhor passar, porque o senhor é novo e simpático, mas quando tiver se livrado dos problemas que criam dificuldades para o regime, o regime se livrará do senhor.[14]

Mendès France saiu do encontro desapontado. Achou que De Gaulle estava envelhecido e "liquidado".[15] A verdade é que De Gaulle não podia esconder sua perturbação com o fato de que fora a Mendès France, alguém que ele respeitava genuinamente, que coubera salvar a França. De Gaulle queria que a França fosse "salva" – mas por ele.

No fim, a análise de De Gaulle sobre a difícil situação política de Mendès France se mostrou precisa. Como primeiro-ministro, faltava-lhe uma ampla base partidária própria, e seu governo foi derrotado no Parlamento em fevereiro de 1955. Mas, embora tenha durado apenas oito meses, o "momento" de Mendès France foi imensamente importante. Mendès France tinha introduzido um novo estilo de governo na política francesa. Uma novidade era a sua maneira de usar o rádio toda semana para falar diretamente com a população, passando por cima dos outros políticos. Seu carisma pessoal criou um culto em torno dele, especialmente entre intelectuais e servidores públicos que responderam ao seu apelo para a modernização econômica.¹⁶ Seu estilo fez dele, em certo sentido, uma espécie de De Gaulle de esquerda; sua queda pareceu mais uma prova de que o "sistema" não funcionava bem; e muitos "mendésistes" desapontados viriam a apoiar De Gaulle da mesma maneira que alguns gaullistas desapontados apoiaram Mendès France em 1954.

Durante o breve período de Mendès France como primeiro-ministro, o Parlamento finalmente se recusou a ratificar a CED, sobre a qual o próprio Mendès France não demonstrava grande entusiasmo. Para De Gaulle, o enterro da CED significava que o RPF tinha perdido a última *raison d'être* que lhe restava. Em dezembro de 1954, ele anunciou o fim do movimento. Os membros do grupo no Parlamento passaram a chamar a si mesmos de social-republicanos. Para evitar confusão, De Gaulle convocou uma entrevista coletiva em 30 de junho de 1955 para anunciar que não queria mais falar de política e que não participaria das eleições seguintes. Seu tom era de quem se despede: "Tudo faz crer que não voltaremos a nos encontrar por um bom tempo."¹⁷

A criação da lenda

Durante anos De Gaulle tinha vivido mais no passado emocionante da guerra do que no presente decepcionante da Quarta República. Começara a escrever suas *Memórias* poucos dias depois de renunciar, em 1946 – e provavelmente já as vinha escrevendo na cabeça bem antes disso. Contou a Duff Cooper em janeiro de 1944 que tentara "todos os dias, por um breve momento, imaginar-se contemplando os acontecimentos sem ideias preconcebidas e do ponto de vista do futuro historiador".¹⁸ Os primeiros anos do RPF lhe haviam deixado pouco tempo de sobra para escrever. Quando começou a perder a fé no movimento, as *Memórias* passaram a tomar conta da sua vida. Já em outubro de 1951 Pompidou registrou: "Ele é cada vez mais um homem que escreve suas memórias."¹⁹ Dois anos depois, geralmente rigoroso com suas obrigações de família, De Gaulle não se juntou aos Vendroux para a caçada anual porque estava escrevendo. Ler em voz alta trechos da obra em andamento tornou-se um novo ritual a que os visitantes de Colombey eram submetidos.

Escrever as *Memórias* foi um grande esforço, porque as ambições literárias de De Gaulle eram altas e porque ele não tinha, como dizia, *"la plume facile"*.

Seus originais são quase ilegíveis em alguns trechos, pois ele riscava e reescrevia interminavelmente, buscando (sem êxito) eliminar certos tiques verbais do estilo francês clássico, como as tríades do chamado estilo ternário (a Rússia *"observe, calcule, se méfie"*; com a paz vieram o fim de *"l'union, de l'élan, du sacrifice"* e o surgimento de *"les intérêts, les préjugés, les antagonismes"*, e assim por diante).[20] Diferentemente de Churchill, cujas memórias de guerra foram um esforço coletivo de equipe, selados, claro, com o estilo próprio de Churchill, De Gaulle trabalhava sozinho na solidão do seu estúdio em La Boisserie, salvo pelo assistente que aparecia de vez em quando para fornecer documentação. "Quero escrever uma *obra*", declarou, "diferente da de Churchill, que nunca escreveu um livro decentemente composto, apenas observações interessantes, e um monte de documentos ... uma coisa depois da outra."[21] Como modelo e inspiração, tinha começado a ler, em 1946, as *Mémoires d'outre-tombe* [Memórias de além-túmulo], de René de Chateaubriand – como voltaria a fazer ao começar seu segundo conjunto de *Memórias* em 1969.

As *Memórias de guerra* de De Gaulle certamente são uma "obra", não por causa da prosa altamente trabalhada, da estrutura formal (três volumes, cada qual cobrindo dois anos) e do emprego de todas as artes da retórica clássica francesa, mas também porque, além de oferecer a narrativa de De Gaulle da "sua" guerra, são a essência da sua visão do mundo e da sua filosofia da história. No que diz respeito à narrativa da guerra, o fio condutor que perpassa os três volumes é a luta incessante de De Gaulle para defender a independência da França por todos os lados – dos Aliados tanto quanto dos inimigos. Cada detalhe de cada briga com os britânicos e americanos é contado com meticulosidade implacável. Não é de surpreender que o leitor seja submetido a um minucioso relato dos conflitos com os britânicos por causa do Levante, embora considerável espaço seja concedido também às desavenças sem grande valor. Um bom exemplo disso é o chamado Caso Dufour, ao qual De Gaulle dedica três páginas. Em 1943, Dufour, um francês que morava em Londres, alegou ter sido torturado pelo BCRA. O caso foi explorado pelos inimigos esquerdistas de De Gaulle, felizes de acharem provas dos métodos ao estilo "Gestapo" do BCRA. Dufour moveu uma ação contra Passy. O caso persistiu durante meses, até o governo britânico se dar conta de que Dufour era um mentiroso, ou um chantagista – ou as duas coisas. Mas o fato de o governo britânico ter inicialmente dado crédito a Dufour foi, para De Gaulle, uma mancha imperdoável. Um leitor objetivo de suas *Memórias* pode se sentir tentado a adaptar o comentário do próprio De Gaulle ao comunista Gillot, que quis repreendê-lo por causa da trégua assinada durante a Libertação de Paris: "O senhor acha mesmo, M. Gillot, que o que o senhor chama de 'trégua' teve grande importância na história da França?" Para De Gaulle, nenhum caso de perfídia britânica era suficientemente banal para ser deixado de lado.[22]

Apesar de ficar tirando casca da ferida de cada conflito com os Aliados, as *Memórias* de De Gaulle aspiram também a um distanciamento olímpico e atemporal: a cada ator da epopeia é atribuído seu lugar, e cada um é memorizado apropriadamente. Há retratos cuidadosamente cinzelados e repletos de admiração de Roosevelt e Churchill – "grandes artistas de uma grande história", como De Gaulle os chama. O relato da sua rivalidade com eles é, em certo sentido, despersonalizado, porque, na sua opinião, obedece às leis da história, que transcende as suas personalidades. De uma de suas disputas com Churchill, diz o seguinte: "Ele naturalmente sentiu em sua alma o sopro da alma de Pitt."[23] Descrevendo o encontro de 1944 no qual Roosevelt esboçou sua visão do futuro do mundo, De Gaulle escreve: "Como em todo ser humano, seu desejo de dominar era travestido de idealismo."[24] E continua: "Em questões entre Estados, a lógica e o sentimento não têm muito peso, em comparação com as realidades do poder: nelas o que importa é o que se pode pegar e o que se pode segurar; que a França, para recuperar seu lugar, só podia contar consigo mesma."[25]

Vendo as lutas de nações como algo inscrito na natureza da espécie humana, De Gaulle tem pouco a dizer sobre o fascismo ou o nazismo. Por essa razão, até se permite, quando chega à derrota final de Hitler, demorar-se por um momento na "sombria grandeza do seu combate", que terminou em suicídio: "Para não ser Prometeu acorrentado, atirou-se no abismo." Percebe-se até, da sua parte, certo encantamento com Hitler e um desgosto com a própria situação: "Ele sabia atrair e sabia acariciar. A Alemanha, profundamente seduzida, seguiu seu Führer extaticamente. Até o fim, ela trabalhou para ele de maneira servil, com maior empenho físico e mental do que qualquer povo jamais dedicou a qualquer líder."[26]

A história da França entre 1940 e 1945 era para De Gaulle apenas parte de um eterno ciclo, infinitamente repetido, de "píncaros" e "abismos", glórias e derrotas. As primeiras frases das *Memórias de guerra* (1954), que descrevem como a "Providência a criou [a França] para os êxitos completos ou para as desventuras exemplares", começam exatamente onde *A França e seu Exército* (1938) tinha terminado: "Pobre gente, que de século em século carrega sem hesitar ... o pesado fardo de aflições, feita para servir de exemplo ..."; e a última frase das *Memórias de guerra* (1959) mostra que a luta continua: "Pobre França, sobrecarregada pela história, ferida por guerras e revoluções, indo e vindo incessantemente da grandeza para o declínio."²⁷

Se essa visão da França compõe a arquitetura geral da obra, cada volume tem seu tema particular. O assunto do primeiro volume, que cobre o período até 1942, é a emergência de "De Gaulle" como lendário ator histórico, que se torna o instrumento de uma história que transcende sua pessoa. O papel de De Gaulle é "assumir" a França. O título do primeiro volume, *O chamado*, tem duplo sentido: o "chamado" de De Gaulle à nação em seu discurso de 18 de junho e a resposta de De Gaulle a um "chamado vindo das profundezas da história".²⁸ O "De Gaulle" na terceira pessoa, que aparece pela primeira vez em Duala em outubro de 1940, está presente cinquenta vezes no primeiro volume e cem no segundo. De Gaulle não escreve inteiramente na terceira pessoa, como César em sua história das guerras gálicas, ou Trótski em sua história da Revolução Russa. Há um narrador na primeira pessoa – "*le pauvre moi*", como ele às vezes diz – observando o "De Gaulle" histórico. Em dado momento, ele descreve a si mesmo observando "aqueles que se juntaram a mim, mas cuja mirada seguia o general De Gaulle".²⁹ Como escreveu para o coronel que fora seu comandante em 1916: "O 18 de Junho é um caso no qual eu me observo como os demais o fazem, pois a França é que fez tudo."³⁰ As últimas frases do primeiro volume, apesar de aparentemente se referirem ao fim de 1941, são um lembrete para o leitor de 1954 de que De Gaulle ainda está lá:

> Olhando para o abismo em que a pátria caiu, sou seu filho, que a chama, lhe mostra a luz, lhe indica a estrada da salvação. Muitos já se juntaram a mim. Outros virão, eu sei. Agora eu ouço a França me responder. Das profundezas do abismo, ela se ergue, segue em frente, galga a encosta. Ah! Mãe, tal como somos, aqui estamos para servi-la.³¹

O tema do segundo volume, *União* (1942-44), é como a unidade partida da França é gradualmente reconstruída em torno do lendário "De Gaulle". Ao contar essa história, De Gaulle concede espaço extraordinariamente exíguo à Resistência francesa interna e muito mais a todos os feitos das armas francesas, desde as primeiras lutas das Forças Francesas Livres no deserto líbio ao papel dos exércitos franceses na Itália e na Alemanha em 1944-45. Leclerc é mencionado em 67 páginas, e mesmo Juin, que permaneceu leal a Vichy até o fim de 1942, aparece em 41, enquanto resistentes importantes como Frenay e D'Astier merecem apenas dez menções cada um. Um crítico observou, com exagero tolerável, que havia mais coisas sobre os vários comitês da França Livre espalhados pelo mundo do que sobre toda a Resistência. Esse segundo volume culmina na apoteose da triunfal caminhada de De Gaulle pela Champs-Elysées:

> Um desses milagres da consciência nacional, um desses gestos da França, que às vezes, ao longo dos séculos, vem iluminar nossa história. Nessa comunidade, com um só pensamento, um só elã, um só grito, as diferenças são apagadas, os indivíduos desaparecem ... Ah, como vocês são parecidos![32]

O terceiro volume, *Salvação* (1944-46), cobre o período da Libertação de Paris à renúncia de De Gaulle. Apesar do título otimista, o tom do volume é sombrio. Ele descreve como, graças a De Gaulle, os franceses se acharam entre os países vitoriosos em maio de 1945 – mas também trata, cada vez mais, da incapacidade dos "partidos" de ascenderem aos "pincaros" de "grandeza" para os quais De Gaulle convidou o povo da França. Um tema constantemente repetido desse volume é como essa "comunhão", a "emoção compartilhada", o "frisson da unanimidade" característicos dos encontros de De Gaulle com os franceses é cada vez mais envenenado pelas "academias", "elites", "assembleias" e "partidos" que se metem entre o Guia Salvador e seu Povo. Esse sentimento de desilusão culmina na renúncia de De Gaulle em 1946. O tema do volume é o tema da salvação oferecida mas arrebatada enquanto o país escorrega para um novo ciclo de decadência. Na época em que esse terceiro volume foi publicado, em 1959 – e antes que suas últimas páginas tivessem sido escritas –, De Gaulle tinha voltado ao poder. Quando termina, com ele "velho, jamais cansado de atentar nas sombras para o raio de esperança", o leitor já sabe da boa notícia de que "o velho" foi "chamado" novamente.[33]

A moral desse drama redentor de queda e salvação, tendo De Gaulle como profeta e salvador, era que a França exigia um Estado forte para rebater os "fermentos de dispersão" mencionados na primeira página. A tensão entre unidade e fragmentação, ordem e desintegração, píncaros e abismos, grandeza e decadência, é um *leitmotiv* do livro. Mesmo quando a França parece mais unida, o perigo da fragmentação nunca está distante. Na longa passagem que descreve a caminhada triunfal de De Gaulle pela Champs-Elysées em agosto de 1944, um parágrafo é dedicado aos monumentos que ele contempla e às gloriosas lembranças que estes evocam: Joana d'Arc, são Luís, Henrique IV. "A história condensada nessas pedras e nessas praças parecia sorrir para nós", escreve De Gaulle. Mas o parágrafo seguinte evoca lembranças mais tristes e trágicas, inspiradas pelos mesmos monumentos: a revolta das barricadas, os massacres de São Bartolomeu em 1572, as Frondas, a execução de Luís XVI.

Uma vez que foram escritas para terem um valor exemplar, as *Memórias* de De Gaulle omitem as particularidades de algumas cenas memoráveis, como o encontro com Stálin em dezembro de 1944. Quase não há menção à família de De Gaulle. Isso ensejou o famoso comentário de Malraux de que não há "Charles" nas *Memórias*. Superficialmente, talvez seja verdade. Mas a sensibilidade do "eu" narrador ("Charles") impregna toda a obra já a partir das três primeiras páginas, nas quais ele descreve o "entusiasmo", a "tristeza", a "alegria", o "desespero", o "orgulho apreensivo" que lhe inspiravam as variadas riquezas da França.[34] É na sensibilidade literária das *Memórias* que a marca de Chateaubriand está mais evidente. Se De Gaulle começou a reler o autor na época em que as escrevia foi porque, como disse numa carta em 1949 para a condessa de Durfort, sobrinha-bisneta de Chateaubriand, a obra do ilustre antepassado da destinatária tinha "me perseguido por 48" anos – o que significa que De Gaulle o leu pela primeira vez aos onze anos de idade.[35] Como disse a Claude Guy, referindo-se a Chateaubriand: "Sinto as coisas como ele sente."[36]

É fácil entender por que De Gaulle se identificava tanto com Chateaubriand, que, como ele, nascera numa família legitimista e se adaptara ao mundo moderno, descrevendo-se "entre dois séculos, como na confluência de dois rios". Chateaubriand tinha sido apresentado à corte de Luís XVI quando jovem e morreu durante a Revolução de 1848. De Gaulle comentou: "Ter estado presente na adolescência nos Estados da Bretanha (1789) e, no crepúsculo da vida, ter meditado sobre o futuro do comunismo na Europa – que destino!"³⁷ Um dos temas dos escritos de Chateaubriand, depois que ele abandonou a atividade política, em 1830, foi como conciliar seus valores aristocráticos, e sua lealdade à Monarquia legítima, com o mundo criado pela Revolução Francesa: "Em minha existência interior e teórica, sou homem de sonhos; em minha existência exterior e prática, sou homem de realidades." De Gaulle certa vez escreveu: "O que tentei fazer além de conduzir os franceses por sonhos?" Como homem de ação, que em parte desejava ser escritor, ele era, em certo sentido, uma réplica de Chateaubriand, o escritor que sonhava ser homem de ação. De Gaulle encontrava correspondência em Chateaubriand, acima de tudo, no que chamava de sua "desesperada lucidez". Como disse a Claude Mauriac: "Ele é um homem de desespero ... mas seu desespero é cheio de ... [ele começa de novo] mesmo em seu desespero ele o confronta ... Em seu desespero ele se endireita, assumindo sua plena estatura."³⁸ No fim do terceiro volume, De Gaulle descreve a si mesmo, no refúgio de Colombey, em termos que lembram Chateaubriand: "Olhando para as estrelas, eu me deixo impregnar da insignificância das coisas."³⁹

Não se deve exagerar na comparação, porém. Se Chateaubriand se refugiou em suas propriedades em 1830 para se dedicar às suas memórias, De Gaulle concebeu as *suas* não como um testamento político, mas como uma nova forma de ação, depois do fracasso do RPF. François Mauriac tinha previsto, acertadamente, que o RPF mancharia a lenda de 18 de junho. Com suas *Memórias*, De Gaulle buscava distanciar-se do fracasso do movimento e recapturar a pureza do papel de Salvador. Pouco antes da publicação do primeiro volume, no fim de outubro de 1954, ele escreveu para o filho: "Vejamos no que isso vai dar. Quero dizer, claro, que efeito terá na opinião das pessoas."⁴⁰

Para um homem que supostamente renunciara ao mundo, De Gaulle até que se esforçou para que suas *Memórias* recebessem o máximo de publicidade. Ele conversou com três possíveis editores – Gallimard, Laffont e Plon – e acabou ficando com Plon. Foi uma opção segura. Plon era o mais venerável e respeitável, e desde o fim do século XIX tinha consolidado uma reputação publicando livros de acadêmicos e marechais franceses – inclusive os de Pétain. Em 1948, a editora tinha garantido os direitos de tradução das memórias de guerra de Churchill. Os royalties de De Gaulle iriam para a Fondation Anne de Gaulle, que ele e a mulher haviam instituído depois da guerra. Trechos das *Memórias* foram publicados em outubro de 1954 na

Paris Match, que dedicou a edição inteira a esse "acontecimento histórico", estampando De Gaulle na capa. Ele permitiu até que fotógrafos fossem a sua casa. O artigo que acompanhava as fotos adotava um tom adequadamente gaullista (incluindo a metáfora das tempestades que De Gaulle tanto amava): "Ele sabe que o relampejar dos acontecimentos pode trazer o piloto de volta ao leme. Por isso está vigilante. Esse sacerdote temporal da pátria aguarda a anunciação que virá."[41]

Os primeiros quatro exemplares foram dedicados por De Gaulle, pessoalmente, ao papa, ao conde de Paris, pretendente ao trono francês, ao presidente da República francesa e à rainha Elizabeth II da Grã-Bretanha. "De Gaulle está todo contido nessa ordem lógica", observou Louis Terrenoire.[42] O sucesso das *Memórias* excedeu todas as expectativas. O primeiro volume foi um best-seller instantâneo, com 100 mil exemplares vendidos em um mês. A recepção crítica foi entusiástica. Mauriac escreveu: "Como César, como Napoleão, De Gaulle tem um estilo que corresponde ao seu destino." Ele foi comparado a Bossuet, Tácito e Corneille. Só o jornal comunista *L'Humanité* ignorou a publicação. A única nota negativa foi soada por ressentidos conservadores antigaullistas, nostálgicos de Vichy. O general Weygand, cujo rancor contra De Gaulle não atenuara com a idade, produziu um livro apontando supostas imprecisões sobre os acontecimentos de 1940.[43] A acolhida do segundo volume das *Memórias*, dois anos depois, em 1956 – em 18 de junho –, não foi menos entusiástica, à exceção de alguns antigos resistentes que se ressentiram de quanto De Gaulle havia minimizado o papel deles. Numa resenha do livro, Frenay escreveu: "Nossa recusa a uma pura e simples subordinação a ele ... foi, a seus olhos, um crime."[44]

Globetrotter

A outra principal atividade de De Gaulle a partir de 1953 foi uma série de viagens pelo Império francês. Em março de 1953, ele esteve na África Ocidental e na África Equatorial por 25 dias, e em outubro de 1953, na África Oriental (Djibouti, Madagascar) e no oceano Índico (ilhas Reunião). Em julho e agosto de 1955, voou para o Caribe, de onde, depois de visitar as ilhas francesas, fez uma longa viagem marítima ao Pacífico (Taiti, Novas

Hébridas, Nova Caledônia). Por fim, em março de 1957, fez uma excursão de oito dias pelo Saara. Assim como a composição de suas *Memórias*, isso representou um retorno ao passado – nesse caso, às origens africanas e pacíficas da França Livre. De Gaulle queria banhar-se novamente na atmosfera da França Livre e purgar-se das lembranças do RPF. Deve ter sido estimulante para ele receber a adulação das multidões no Império – recordando aquele primeiro *bain de foule* de Duala em 1940 –, quando na França os franceses pareciam ter lhe dado as costas. Em partes do Gabão e do Congo, desenvolvera-se depois de 1945 uma espécie de seita que praticava um culto sincrético, o "Ngol", inspirado no nome de De Gaulle.

Em suas visitas à África, De Gaulle estava também lembrando subliminarmente ao mundo outra vertente do mito de De Gaulle, construída em torno da ambígua declaração de 1944 em Brazzaville. Outro objetivo das viagens era informar-se sobre a situação do Império. Ele planejava seus itinerários com grande cuidado. Quando um assessor manifestou surpresa por ele querer visitar Abache, no extremo nordeste do Chade, a centenas de quilômetros da capital Fort-Lamy, o general respondeu que estava interessado nessa área porque era a vanguarda da penetração islâmica na África. Como disse a Terrenoire ao voltar de uma viagem, "não vou ver a natureza, mas a humanidade".[45] O único jornalista que o acompanhou na viagem do Pacífico, Jean Mauriac, filho mais novo de François, fez essa descoberta a duras penas, quando, certa noite, tentou animadamente levar De Gaulle ao convés para ver uma lua cheia espetacular. "Dane-se a sua lua cheia", foi a resposta de De Gaulle.[46] Yvonne de Gaulle não teve mais sorte durante uma viagem de avião na África, quando agarrou a manga do marido para lhe mostrar uma manada de elefantes abaixo deles. De Gaulle ergueu os olhos irritado por um minuto, murmurou suavemente "Não me interrompa, Yvonne", e mergulhou de volta na leitura de *Lord Jim*,[47] de Conrad. Ele não era um turista natural.

Entre as escalas da longa viagem marítima pelo Pacífico, De Gaulle passava horas lendo Balzac, Flaubert e Mauriac. Todas as noites ele pontificava durante o jantar, geralmente com recordações da guerra. Sua extraordinária constituição física chamava muito a atenção. Ele parecia indiferente ao calor ou à chuva, nunca suava, e nas longas viagens noturnas de avião todos se perguntavam quando ele dormia, se é que dormia. De Gaulle ia acompanhado de poucos assessores, que cuidavam das complicadas questões de protocolo.

Ele viajava como cidadão comum, mas é claro que não era um cidadão como qualquer outro. Tecnicamente, não poderia receber as honras de um chefe de Estado, mas improvisavam-se maneiras imaginativas de contornar essas dificuldades e de tratá-lo com o respeito devido a um homem que já tinha sido "a França". O fato de o governo fazer vista grossa a essas irregularidades era, provavelmente, um mau sinal para De Gaulle. Mostrava que ele era uma figura do passado, que já não intimidava os políticos da França.

O "deserto"

Com De Gaulle "aposentado", os gaullistas se dispersaram. Pompidou ingressou no banco Rothschild; Malraux voltou à composição de seu interminável livro sobre a história da arte; Palewski tornou-se embaixador em Roma. Como não havia mais nenhum movimento oficial ligado a De Gaulle, o gaullismo fragmentou-se numa diáspora de redes e grupos, cada qual trabalhando à sua maneira pela causa. Alguns *députés* gaullistas – que agora se chamavam social-republicanos – aceitaram cargos no governo.[48] Eram vistos com desconfiança pelos ativistas do RPF, que tentavam manter a chama acesa. Um deles, Jacques Dauer, tipógrafo de Paris, fundou o jornal *Télégramme de Paris*, dedicado a levar De Gaulle de volta ao poder, e permanecia atento para organizar campanhas de cartazes pró-De Gaulle se o dia chegasse. Associações de veteranos da França Livre ofereciam outra forma de sociabilidade gaullista, como a condição de Companheiro da Libertação. Muitos companheiros ocupavam cargos importantes na sociedade e na política francesas. Com o fim do RPF, não havia mais "gaullistas" em lugar nenhum, mas eles estavam em toda parte, prontos para servir quando chegasse o momento.

Alguns membros dessa diáspora gaullista atuavam com o discreto incentivo de De Gaulle; outros, em desespero, buscavam qualquer sinal dele sobre o que fazer. Nesse período, as duas principais figuras de seu círculo privado – o "entourage", como era conhecido – eram Olivier Guichard e Jacques Foccart. Guichard (nascido em 1920) tinha assumido o lugar de Pompidou como *directeur de cabinet* de De Gaulle em 1951. Descendente de um barão do Império napoleônico, vinha de uma família burguesa conservadora que de início apoiara Vichy. O pai, na verdade, fora um colaborador próximo de

Darlan. Guichard ingressou na Resistência em 1943, quando tinha 23 anos. "Não sendo um verdadeiro gaullista" durante a Libertação, segundo ele próprio, o RPF correspondia ao seu ideal de movimento acima das fronteiras de esquerda e direita. Então veio o primeiro encontro com De Gaulle. Depois ele escreveu que tinha nascido três vezes: a primeira em 1920, a segunda em 1940, no momento da derrota, e finalmente em 1947: "Descobri a fonte de uma nova vida em meu encontro com o general. Três nascimentos, dois pais."[49] Tendo começado como organizador regional do RPF, ele chamou a atenção de Pompidou, que o recrutou como sucessor.

O outro colaborador gaullista importante nesse período, Jacques Foccart (nascido em 1913), tivera uma firma de importação/exportação antes de 1940. Durante a Ocupação, ingressou num grupo da Resistência ligado ao BCRA. Depois da Libertação, foi levado à Grã-Bretanha a fim de treinar como paraquedista para uma missão na Alemanha, mas a guerra terminou antes disso. A Resistência foi a experiência formativa da vida de Foccart. Ele conservou uma paixão pelo paraquedismo, que continuou a praticar até depois dos cinquenta anos, e manteve-se em contato com muitos antigos membros da Resistência, alguns dos quais tinham entrado para os serviços secretos franceses. Foccart era um traficante de influências, um homem de contatos e de redes clandestinas. Ele entrou no RPF no início e encontrou-se com De Gaulle pela primeira vez em dezembro de 1946. Como suas atividades empresariais lhe davam muitos contatos na África e no Império francês, ficou encarregado de organizar a seção ultramarina do RPF, especialmente na África. Embora De Gaulle tivesse encerrado sua associação com o movimento em 1954, este nunca chegou a ser formalmente dissolvido, e Foccart tornou-se seu secretário-geral depois de Terrenoire. Sua função era manter elevado o ânimo dos antigos ativistas locais, para o caso de virem a ser necessários outra vez. Foccart era diferente de outros membros do entourage de De Gaulle por não ser nem intelectual – nunca se formou – nem servidor público. O que ele e Guichard tinham para oferecer era uma devoção incontestável, uma falta de ambição pessoal e uma capacidade de entender os estados de espírito variáveis de De Gaulle e interpretar seus desejos.[50]

Na periferia do círculo privado estava Michel Debré, que tinha se aproximado mais de De Gaulle do que nos primeiros dias do RPF. Apesar de senador gaullista eleito – o que não o tornava mais simpático para De Gaulle –, ele se recusou a participar de qualquer governo da Quarta República – o que o tornava mais simpático ao general. Mas foi a oposição de Debré à CED que criou um novo vínculo com De Gaulle. Ele se opunha ao plano com extraordinária violência, comparando a proposta de Monnet de um Exército europeu à colaboração de Laval com a Alemanha. Fora isso, De Gaulle mantinha-se distante dos gaullistas eleitos para o Parlamento, sobretudo se ocupavam cargos ministeriais. De Gaulle nada tinha a oferecer aos gaullistas que desejavam sua orientação sobre se deveriam candidatar-se nas eleições de 1956. Quando Terrenoire tentou obter uma diretriz, disseram-lhe que Jacques Vendroux tinha feito a mesma pergunta, sendo informado de que De Gaulle não o dissuadiria – mas que se recusaria a ver qualquer um que fosse eleito. Isso, pelo menos, tinha a virtude de ser mais explícito do que a mensagem para Koenig no ano anterior.

Na mitologia gaullista, esse período é chamado de "deserto", embora não se saiba quem inventou esse termo de ressonâncias bíblicas. O refúgio de De Gaulle no "deserto" era Colombey. Sua rotina obedecia a um ritual quase imutável. Ele, que nunca foi madrugador, descia do seu quarto mais ou menos às dez da manhã, depois de ler os jornais de Paris. Então fazia uma de suas muitas caminhadas pelo terreno de La Boisserie. Das 10h30 ao meio-dia, trabalhava no escritório, que tinha vista para a floresta circundante. Ao meio-dia, ele se instalava à mesa de *bridge* na biblioteca, para ouvir notícias no rádio enquanto jogava intermináveis partidas de paciência. Numa folha de papel, mantinha um registro estatístico meticuloso do número de vezes que ganhava ou perdia. O almoço, às 12h30, era seguido de café na biblioteca. Então, depois de outra longa caminhada, geralmente nas florestas próximas de Dhuits ou Clairvaux, De Gaulle voltava ao escritório às três da tarde e ali permanecia até as sete, quando fechava o dia com outra longa caminhada na propriedade antes do jantar, às oito. (Se mantinha ou não um registro tão cuidadoso das caminhadas pelo jardim como o dos jogos de paciência, o fato é que sua afirmação nas *Memórias* de que deu 15 mil voltas no terreno de La Boisserie é perfeitamente plausível.) Aos domingos ele e a mulher assistiam à missa na minúscula igreja de Colombey, chegando mais ou menos cinco minutos antes de começar. Se havia motivo para prever multidões, eles geralmente decidiam no último momento ir a uma das outras igrejas da região: Rizaucourt, Juzencourt, Argentolles.[51]

Poucas pessoas visitavam Colombey nesse período. Os De Gaulles ficavam basicamente sozinhos, a não ser pela cozinheira e pela governanta, que eram parte da família.⁵² Uma de suas governantas depois da guerra, Augustine Bastide, podia ser ferina com seu famoso patrão. De Gaulle conta em tom divertido uma conversa que teve com ela em 1946. Topando com a governanta no corredor, ele declarou, em tom dramático: "Ah, minha pobre Augustine! Política, que coisa terrível!" E ela: "O quê! Política! Não me venha com essa. O senhor não consegue passar sem ela!" "Então você acha que estou levando alguma vantagem pessoal com a política?" "Se ela não lhe desse alguma coisa o senhor já teria desistido há muito tempo."⁵³

Claude Guy, a quem o general contou essa história, deixou de trabalhar para De Gaulle em 1949, depois de um penoso incidente. Chegou ao conhecimento de De Gaulle que Guy certa vez tinha comentado, casualmente, num momento de rancor, que de vez em quando precisara enfiar a mão no próprio bolso quando trabalhava para o general, sem jamais pedir qualquer remuneração extra. Quando De Gaulle soube dessa reclamação feita pelas suas costas, Guy foi demitido, depois de ouvir que deveria ter pedido reembolso de quaisquer despesas que tivesse feito. Em questões de lealdade, De Gaulle era sempre implacável. Nesse caso, ele abrandou o golpe escrevendo a Guy que "você chegou a certa idade e tem uma personalidade que exclui essa extrema dependência".⁵⁴ Yvonne de Gaulle certamente ficou satisfeita com o afastamento de um colaborador a quem culpava de incentivar as ambições políticas do marido. Guy, que tinha por De Gaulle uma devoção filial, quase religiosa em sua intensidade, conviveu com a dor dessa separação pelo resto da vida.

Sobre sua vida em Colombey naqueles anos, De Gaulle escreveu no último volume das *Memórias*: "Eu estava, nessa época, completamente afastado, vivendo em La Boisserie, cuja porta só se abria para minha família ou para pessoas da aldeia, e indo só de vez em quando a Paris, onde só aceitava ver visitantes muito ocasionais."⁵⁵ É preciso não tomar essa afirmação muito ao pé da letra. Para um eremita, De Gaulle até que via muita gente. Ele costumava visitar Paris todas as quartas-feiras, dando "audiências" na sede do RPF, na rue de Solférino. Saía de Colombey às sete da manhã, e as reuniões começavam às onze. Depois de uma noite no Hôtel La Pérouse, ele tinha outro dia de encontros antes de voltar para Colombey no fim da tarde.

Cabia a Guichard organizar as "audiências" de De Gaulle nesse período. Em 1955 e 1956, quando a reputação política do general atingiu seu ponto mais baixo, Guichard lutava para encher a agenda.[56] A rue de Solférino não era o formigueiro de atividade que tinha sido. Um visitante a comparou à "sala de espera de um dentista, com uma clientela pobre e gaullista"; para outro, era "a sala de espera de um consultório médico numa estância hidromineral fora de estação".[57] Apesar disso, as agendas de De Gaulle mostram que ele conseguiu ver oficialmente pelo menos 550 pessoas nesse período na rue de Solférino – muitas delas várias vezes –, e havia outras bem mais discretas reuniões noturnas no Hôtel La Pérouse.[58] Ele recebia diplomatas, servidores públicos, embaixadores, intelectuais, jornalistas estrangeiros e franceses, bem como alguns fiéis que haviam seguido caminho próprio mas continuavam disponíveis para serviços futuros. Entre estes contavam-se Geoffroy de Courcel (treze audiências) e Pompidou (vinte). Soustelle, porém, só foi visto duas vezes em 1956 e três vezes em 1957. Essas audiências eram em parte a maneira de De Gaulle de manter-se em contato. Até 1951, ele conheceu pessoalmente a maioria dos ministros dos governos da Quarta República, que tinham invariavelmente servido em seu governo no pós-guerra ou emergiram da Resistência ou da França Livre. A partir de 1952, houve uma troca de guarda.

De Gaulle podia ser um excelente ouvinte, mas suas audiências eram também performances. Elas lhe permitiam sugerir ideias, destilar confidências e manter seu nome na cabeça das pessoas. Ele era por vezes aforístico, provocador, brincalhão, apocalíptico, excessivamente modesto. Seus interlocutores saíam perplexos ou seduzidos, impressionados ou deprimidos. Como informou um visitante: "Ele escuta ... ou parece escutar ... De vez em quando rosna o que parece ser uma aprovação, o que incentiva o interlocutor a prosseguir, e, quando estamos gesticulando, ele de repente nos desestabiliza com uma reflexão desiludida; às vezes ele fala detalhadamente de suas lembranças."[59] Jean-Marie Domenach, um antigo resistente católico e editor da influente revista católica de centro-esquerda *Esprit*, teve seu primeiro encontro com De Gaulle em julho de 1955: "Nunca me senti mais intimidado. Tentei dizer-lhe isso, e foi um erro. O ídolo não emite uma centelha de reação quando alguém o elogia." Domenach tentou outra tática e perguntou por que De Gaulle tinha deixado a política: "'Tentei salvar a França três vezes ... Não quero me tornar importuno.' Achei que estava falando com uma estátua. Mas ele era divertido, às vezes quase palhaço." Depois de uma longa dissertação sobre história e política, De Gaulle encerrou a conversa com um comentário melancólico de Barrès sobre a futilidade da existência humana.[60] O historiador e jornalista Robert Aron, que tinha acabado de publicar uma história relativamente tolerante sobre Vichy, foi recebido em 1955. O tiro de largada de De Gaulle foi: "Monsieur, li o livro que o senhor se esqueceu de me mandar." O segundo foi: "Seu livro é muito objetivo, mas de tal maneira que às vezes acaba não sendo objetivo." A conversa passou para a política. Aron, que tinha sido um importante membro da geração de "não conformistas" nos anos 1930, esperava que De Gaulle concordasse com a sua ideia de que os problemas da França remontavam à incapacidade de reformar a política francesa nos anos 1930. Isto não teve mais sucesso do que qualquer das suas outras táticas de conversador. De Gaulle respondeu que os problemas remontavam ao século XVI, ou mesmo antes.[61]

A mistura de melancolia e arrogância de De Gaulle nunca foi mais evidente do que numa extraordinária conversa, em agosto de 1956, antes de iniciar sua viagem ao Pacífico, com Hervé Alphand, que acabara de ser designado embaixador francês em Washington. O fato de Alphand ter apoiado o processo de integração europeia nos anos 1950 e ser íntimo de Jean Monnet não o tornava muito querido por De Gaulle, mas ele havia sido uma figura importante na França Livre e De Gaulle provavelmente se sentia lisonjeado pela consideração demonstrada por esse diplomata, que quis prestar-lhe uma homenagem e pedir conselhos antes de assumir o novo posto. Os dois homens não se encontravam desde 1951, e Alphand ficou impressionado com as mudanças e semelhanças que percebeu em De Gaulle:

> Vestido inteiramente de preto, como um rei espanhol. Agora usa óculos imensos, de lentes grossas. Sua voz está curiosamente alterada, e já não tem a força e a profundidade de antes; é quase a voz de um velho; dá a impressão de estar um pouco mais débil, a despeito da força das palavras e das ideias. Seu ceticismo atingiu proporções gigantescas. Vejo-me diante de um homem que desistiu de lutar, desgostoso não apenas das instituições que não parou de condenar, e dos "estrangeiros" que nos querem mal, mas também dos franceses em geral, que não corresponderam ao que esperava deles.

A conversa começou aludindo à crise que tinha surgido poucos dias antes, quando o presidente Nasser, do Egito, nacionalizara de repente o canal de Suez. Alphand falou sobre a gravidade da situação no momento em que os dois deixavam a Europa:

> Sério! Sério! Não me faça rir. Tudo decidido. Já acabou [imensa gargalhada operística]. Os ingleses aceitarão um acordo que lhes garanta uma saída honrosa na questão de Suez ... Os americanos não vão fazer nada, e você verá que nós, os franceses, é que mais uma vez arcaremos com o custo da operação ... Nesta situação, ou se age em 48 horas, ou tudo está perdido. Mas, o que se poderia fazer, De Gaulle não estava lá.⁶²

Isso levou a comentários, dos dois lados, sobre o quanto tinham se decepcionado com as reações do povo francês depois de 1945. Então De Gaulle se recompôs:

> Mas eu nunca desisto da França. O senhor provavelmente se lembra de um "tipo" chamado Clóvis. Bem, quando ele chegou, a choupana [*baraque*] precisava ser defendida contra todos. Estávamos no fundo do poço. Mas Clóvis começou a nos reerguer. Ele venceu os bárbaros em Tolbiac, e duzentos anos depois isso permitiu que a França voltasse a ser grande e a ter Carlos Magno. Talvez em duzentos anos se julgue que começamos a nos reerguer novamente graças a De Gaulle.

Quando a resposta franco-britânica à crise de Suez de fato terminou em fracasso, De Gaulle aproveitou a oportunidade, em conversa com outro interlocutor, para dirigir algumas farpas aos britânicos e aos políticos socialistas franceses, que tinham lançado a operação: "Só mesmo um socialista para acreditar nas virtudes militares dos ingleses. Sim, claro, houve Waterloo, mas eles lidavam com um Napoleão já cansado que mandava na Europa havia quinze anos."⁶³

De Gaulle nunca foi mais divertidamente ambíguo do que em seus encontros esporádicos com o pretendente ao trono francês, o conde de Paris, que registrava ingenuamente cada encontro para a posteridade. O primeiro encontro privado entre os dois foi em 1954. De Gaulle falou como se ambos fossem exilados do próprio reino: "Se é para a França morrer, a República é que acabará com ela ... Se é para a França viver, então a monarquia terá um papel a desempenhar ... Adaptando-a, e dando-lhe sentido, ela pode vir a ser útil." E complementou essa tirada com uma mensagem ao conde, dizendo que "ele deve contar comigo em tudo e para tudo". Em outro encontro, um ano depois, De Gaulle "aproveitou a ocasião para me dizer que era monarquista"; já se preparando para sair, observou que "grandes homens são produto de suas aptidões e dos acontecimentos". Momentos depois, parou o carro e voltou para fazer uma correção: "Quando digo grandes homens quero dizer grandes príncipes; vocês são eternos: eu sou apenas um homem que passa."⁶⁴ De Gaulle também teve três audiências com o príncipe Napoleão, neto de Jerôme Bonaparte, mas não dispomos de registro do que foi dito.

De Gaulle ainda achava possível voltar ao poder? Como sempre, seu estado de espírito oscilava violentamente; sua conversa não é reflexo confiável do que ele realmente pensava. Perseguia-o o medo de que o tempo estivesse se esgotando. Visitantes em meados dos anos 1950 notavam que ele envelhecera acentuadamente. No primeiro volume das *Memórias*, ele tinha escrito o inesquecível retrato de Pétain, destruído pelo "naufrágio da velhice". Quando assumiu o poder em 1940, Pétain tinha 84 anos, e De Gaulle, na época em que escreveu essas palavras, ainda estava na casa dos sessenta. Mas ele costumava dizer que Pétain tinha "morrido" em 1925 aos 69 anos. De Gaulle refletia com frequência sobre as devastações da velhice. Numa conversa em 1948, lamentou: "A velhice é um drama ainda maior do que a morte! ... A perda da memória: em tudo que se esquece na terra há um pouco de morte. A morte irriga continuamente a vida ... Não deixa de ser justo, porque a vida continuamente irriga a morte."⁶⁵ Em 1953, De Gaulle escreveu no caderno onde registrava pensamentos que lhe ocorriam de vez em quando: "Tenho 63 anos. A partir de agora, tudo que acontece comigo tem relação com a minha morte."⁶⁶ Pouco antes do seu 65º aniversário, disse a Bonneval: "Estou bem ciente das desvantagens de um homem velho no governo da França para querer desempenhar essa função depois de certa idade."⁶⁷

Xavier, o irmão de De Gaulle, apenas dois anos mais velho, havia morrido em 1955. No geral, a saúde e a resistência física de De Gaulle continuavam notáveis. Em 1947, ele tinha parado de fumar quando um médico o advertiu de que o fumo lhe inflamara a garganta e havia risco de câncer. Como fumava praticamente um cigarro atrás do outro, abandonar o hábito foi penoso. Ele disse a Claude Guy: "Só volto a fumar se houver uma guerra." Apesar disso, estava convencido de que morreria de câncer. Como era de prever, depois de abandonar o cigarro começou a ganhar peso, ficando mais parecido com um bondoso pai de família do que com o raivoso soldado dos anos 1940. A visão apresentou os primeiros problemas. Em dezembro de 1952, ele fez uma primeira cirurgia de catarata, e uma segunda em março de 1955. Depois da segunda, escreveu a uma sobrinha dizendo que não estava suficientemente apresentável para assistir ao seu casamento: "Sou um velho perdendo a visão."[68] A cirurgia foi seguida de uma preocupante reação pós-operatória, com pressão de pulso e arterial perigosamente alta. Um médico foi chamado com urgência no meio da noite à clínica onde ele se restabelecia. De Gaulle disse ao médico que estava vomitando descontroladamente, e tinha certeza de que ia morrer.[69] Esse incidente foi mantido em segredo. Apesar das duas operações, De Gaulle ficou extremamente míope. Precisava usar óculos em público, coisa que, por vaidade, detestava.

À espera da catástrofe

Na declaração que fez em maio de 1953 "liberando" seus parlamentares, De Gaulle tinha dito que o RPF existiria "como uma espécie de força moral pronta para desempenhar seu papel, se a ocasião surgir – essa ocasião corre o risco, ai de nós, de chegar em forma de grave convulsão".[70] De Gaulle acrescentou o "ai de nós" por sugestão de Pompidou, mas ele certamente precisava de uma "grave convulsão" para ter alguma chance de voltar ao poder.[71] Estava o tempo todo tentando identificar "ondulações". Em março de 1956, escreveu para o filho: "Em Paris, a atmosfera é sombria. Tem-se a sensação de que há coisas germinando. Mas temo que isso só se concretize por ocasião de uma catástrofe (revolta geral na África)."[72] Durante anos De Gaulle vinha prevendo uma "catástrofe", mas a partir de 1956 havia sinais de que a África – especificamente a Argélia – talvez pudesse providenciá-la.

Em novembro de 1954, houve uma série de ataques armados em toda a Argélia. Uma organização que se identificava como Frente de Libertação Nacional (FLN) assumiu a responsabilidade pelos atentados. Impaciente com as táticas moderadas de movimentos nacionalistas argelinos anteriores, a FLN tinha sido formada poucos dias antes de Mendès France assinar o acordo sacramentando a derrota francesa na Indochina. O primeiro-ministro imediatamente deixou claro que a Argélia era diferente da Indochina: a Argélia, declarou ele, "é França". Seu ministro do Interior, François Mitterrand, disse coisa parecida: "A Argélia é França, e a única negociação é a guerra." Pois guerra seria. O que tornava o caso da Argélia tão complicado era que, do ponto de vista administrativo, não se tratava de uma colônia, mas de parte da França, como ela fora desde sempre, desde que os franceses lá chegaram, em 1830. Na realidade, porém, a população de 9 milhões de muçulmanos não desfrutava os mesmos direitos de outros cidadãos franceses. Todas as tentativas de fazer reformas democráticas eram subvertidas pela população europeia, popularmente conhecida como *pieds-noirs*. Os *pieds-noirs* formavam uma minoria considerável – 1 milhão de habitantes, num total de 10 milhões –, e muitos viviam na Argélia havia gerações. Sentindo-se argelinos e franceses na mesma medida, eles formavam um lobby poderoso no Parlamento.

A violência na Argélia intensificou-se ao longo de 1955, sem se tornar guerra total. Mendès France nomeou Jacques Soustelle governador-geral da região, na esperança de que conseguisse implantar reformas liberais para desarmar a crise. Quando chegou, Soustelle foi visto com desconfiança pelos *pieds-noirs*. Mas a experiência argelina o converteu num veemente defensor da "Argélia Francesa". Ele foi embora, um ano depois, como herói dos europeus. A Argélia tornou-se a nova paixão da vida de Soustelle, preenchendo, psicologicamente, o vazio emocional deixado pelo distanciamento de De Gaulle. Ele continuava convicto como nunca da volta do general ao poder, mas para ele o objetivo de De Gaulle agora era salvar a *Algérie française*. Se um dia tivesse que escolher, não se saberia dizer a qual dos dois seria leal.

Em 1956, a Argélia já era a questão central da política francesa. Poucos, nesse estágio, apoiavam a independência argelina. Alguns defendiam uma política liberal de reformas para conquistar a população muçulmana; outros temiam que qualquer concessão à FLN acabasse levando à independência. As respostas à crise argelina passavam por cima das diferenças normais da política partidária, e começaram a desestabilizar o sistema político. A maioria dos partidos abrigava tanto liberais como partidários ferrenhos da *Algérie française*. Houve eleições parlamentares na França em janeiro de 1956, mas não se formou uma maioria clara. Os comunistas eram o maior partido, mas ninguém pensava em aliar-se a eles. O segundo maior partido eram os socialistas, e seu líder, Guy Mollet, tornou-se primeiro-ministro com apoio de partidos de centro. O plano de Mollet para a Argélia resumia-se num slogan: "Cessar-fogo, eleições, negociações." Ele decidiu trocar Soustelle pelo venerável e experiente general Catroux, que tinha reputação de liberal. Isso assustava os *pieds-noirs*. Quando Mollet visitou Argel em 6 de fevereiro de 1956, multidões hostis de *pieds-noirs* atiraram-lhe tomates. Esses manifestantes não eram colonos ricos, mas pobres europeus comuns, talvez em nada diferentes dos eleitores do Partido Socialista de Mollet na França. Mollet teve uma espécie de epifania, abandonou a ideia de nomear Catroux e deu preferência ao socialista Robert Lacoste, com a missão de restaurar a ordem na Argélia a qualquer preço.

O dia 6 de fevereiro de 1956 foi um momento decisivo na história da Quarta República tanto quanto o dia 6 de fevereiro de 1934 na da Terceira República. Nas duas ocasiões a rua tinha imposto sua vontade ao governo. A manifestação de 1956 incentivou ativistas *pieds-noirs* radicais a achar que podiam dobrar o governo em Paris à sua vontade. Mollet e Lacoste adotaram a opinião de que era preciso ganhar a guerra antes de qualquer negociação. Quando o governo francês patrocinou entusiasticamente a operação do canal de Suez com a Grã-Bretanha contra o Egito, em outubro de 1956, seu motivo era aleijar um regime que estava ajudando a FLN. O Exército francês na Argélia recebeu carta branca para restaurar a ordem a qualquer custo, e começou a atuar independentemente do governo em Paris. Oficiais do Exército viam a Argélia como uma oportunidade de restaurar a honra perdida em Dien Bien Phu. Em outubro de 1956, o Exército forçou ilegalmente o pouso de um avião marroquino com numerosos líderes da FLN a bordo, prendendo-os todos. O governo em Paris, que não havia ordenado essa violação do direito internacional, não teve escolha senão assumir a responsabilidade. Em 1957, o Exército começou a utilizar sistematicamente a tortura para destruir a FLN. A tática funcionou no curto prazo, enfraquecendo a FLN na cidade de Argel, mas na França liberal a opinião pública começou a questionar a legitimidade moral dessa política. A Argélia infiltrava-se em todas as rachaduras da política francesa.

O governo de Guy Mollet caiu em maio de 1957. O governo seguinte, chefiado por Maurice Bourgès-Maunoury, durou apenas quatro meses, e outro governo só foi formado quase um mês depois, no fim de outubro de

1957, tendo à frente um jovem político de centro, Félix Gaillard. Havia uma sensação de crise política na França; falava-se muito em reforma constitucional. Ao mesmo tempo, ficava mais difícil para o governo francês fingir que a Argélia era um conflito interno, com a França cada vez mais criticada nas Nações Unidas. Gaillard, em seu discurso de posse, foi o primeiro político a empregar o termo "Guerra da Argélia".

Esfinge

De Gaulle observava de perto, mas sem querer se manifestar. Quando Terrenoire sugeriu, em outubro de 1956, que ele talvez pudesse dizer alguma coisa, De Gaulle se recusou, temendo que suas palavras não surtissem efeito: "Mas se os habitantes de Argel tomassem o Palais d'Eté [residência do governador] e não se entregassem, então seria diferente."[73] De Gaulle prestava muita atenção ao descontentamento no Exército depois do abandono da operação em Suez.[74] A convergência desses dois elementos – a raiva dos *pieds-noirs* e a insatisfação do Exército – é que acabaria provocando a queda da República em 1958. Mas não estava tão claro assim que isso servisse à causa de De Gaulle. A Argélia tinha sido fortemente giraudista em 1943, e os ativistas *pieds-noirs* mais radicais não tinham amor nenhum pelo homem que introduzira reformas democráticas moderadas em março de 1944 na Argélia. A atitude do Exército para com De Gaulle dependia geralmente de os soldados terem pertencido às Forças Francesas Livres ou continuado leais a Pétain e a Giraud. Jacques Massu, o general no comando dos paraquedistas na cidade de Argel, era entusiasticamente dedicado a De Gaulle; o comandante-geral do Exército na Argélia, general Salan, lhe fazia mais restrições.[75]

No começo de 1956, De Gaulle tinha escrito sombriamente para um dos antigos delegados do RPF: "Eu simplesmente não vejo nenhuma maneira de controlar a situação."[76] Um ano depois, escrevendo para o mesmo correspondente, ele mostrou-se mais otimista: "O ano que vem será difícil para a França. Mas tenho a impressão de que os franceses estão começando a aderir à França novamente", o que, "na língua de De Gaulle", significava que ele se sentia novamente notado.[77] Uma pesquisa de opinião de dezembro de 1955 mostrou que apenas 1% dos eleitores franceses o via como possível chefe de governo;

e dizia-se que para muitos jovens, apesar do sucesso das *Memórias*, ele tinha morrido. Depois desse ponto negativo, sua popularidade começou a subir nas pesquisas, ainda que não de maneira espetacular: 5% da população o queria de volta em abril de 1956, 9% em julho, 11% em setembro. Em junho de 1956, a revista de esquerda *Express*, que fora fundada essencialmente para apoiar Mendès France em 1954, fez de De Gaulle o homem da semana.

A maior força de De Gaulle era o silêncio. Suas *Memórias* lembravam à população, a intervalos de dois anos, que havia um salvador esperando para entrar em ação; seu silêncio permitia a qualquer um interpretar o salvador como quisesse. Ninguém sabia o que ele achava da questão mais premente do momento: ele era um papel em branco no qual os franceses podiam projetar suas esperanças e aspirações. Era assim que ele queria que fosse. "Se eu tiver um plano", disse a Terrenoire, "terei o cuidado de não deixar que as pessoas saibam."[78] Sua única intervenção pública nos dezoito meses entre junho de 1955 e fevereiro de 1958 foi um comunicado declarando que "comentários às vezes atribuídos ao general De Gaulle na imprensa comprometem apenas aqueles que os fazem".[79] Não se sabe ao certo quem está sendo repreendido com esse misterioso comunicado, mas o objetivo era permitir a De Gaulle ficar com as mãos inteiramente livres. Como ele diria na entrevista coletiva de maio de 1958 que o levou de volta ao poder: "Sou um homem ... que é de ninguém e de todos."

Quem quer que tentasse convencer De Gaulle a quebrar seu voto de silêncio recebia a mesma resposta do general Juin em maio de 1956: "Por ora o silêncio é a atitude mais grandiosa que posso tomar ... Se um dia eu falar, será para agir."[80] A vários visitantes, De Gaulle destilava confidências sentenciosas sobre o que achava da Argélia, mas sem entregar muita coisa. Essa foi a experiência do general Pâris de la Bollardière, herói da França Livre e Companheiro da Libertação. Servindo na Argélia a partir de julho de 1956, ele tinha pedido para ser substituído, porque não queria ser cúmplice de tortura. De Gaulle aceitou recebê-lo na rue de Solférino:

> Tive necessidade, levando em conta o que De Gaulle representava para mim, de saber o que ele achava do drama humano que eu tinha vivido na Argélia. Ele me recebeu demoradamente, e com a mais perfeita cortesia. Disse pouco e garantiu que não censurava minha atitude. Mas fosse por prudência ou indiferença, não

me deu qualquer pista de sua atitude a respeito da aceitação tácita da tortura pelo Exército.[81]

Se De Gaulle não queria se pronunciar, também não desencorajava as atividades dos vários membros da diáspora gaullista. Em novembro de 1957, Michel Debré fundou um jornal chamado *Le Courrier de la Colère*, cujo tema era que a situação era tão grave quanto a de 1788: a França estava à beira do abismo e perderia a Argélia, a não ser que o regime fosse eliminado e De Gaulle voltasse ao poder. Simultaneamente, outro gaullista, Jacques Chaban-Delmas, tornou-se ministro da Defesa do governo Gaillard que Debré denunciava, em termos cada vez mais violentos, toda semana. De Gaulle certa vez observou sarcasticamente a respeito de Chaban-Delmas, que tinha ocupado várias outras pastas ministeriais, que "seu período no deserto foi assinalado por paradas em muitos oásis", mas na verdade essas paradas lhe foram extremamente úteis.[82]

Entre os soldados de infantaria do RPF, Jacques Dauer foi um que se juntou a antigos membros da França Livre para lançar uma petição e uma campanha de cartas ao presidente da República, René Coty, recomendando-lhe que chamasse De Gaulle para o poder. Coty foi inundado por cartas cujo tom é revelador das expectativas providenciais que o nome de De Gaulle era capaz de despertar. Uma delas diz o seguinte: "Se Joana d'Arc voltasse à terra lhe diria: tenha piedade do reino da França, o senhor precisa expulsar toda a canalha do Parlamento e chamar ao poder o general De Gaulle, o único homem capaz de salvar o país."[83] Coty, que tinha sido eleito para suceder Auriol no final de 1953 depois de uma prolongada série de votações, não precisava dessas cartas para se convencer dos méritos de De Gaulle. Era um modesto político conservador com um forte senso de dever. Em sua primeira mensagem ao Parlamento depois da eleição, tinha se dado ao trabalho de prestar homenagem ao "primeiro resistente" da França, a quem "a pátria deve uma gratidão que nenhuma divergência de opinião pode apagar". Ele deu várias pistas de que achava que a volta de De Gaulle ao poder era desejável. Em janeiro de 1956, disse a Debré, numa conversa particular: "Entendo que minha razão de ser é preparar o retorno do general De Gaulle."[84]

Jacques Foccart, que tivera a ingrata tarefa, durante os anos no "deserto", de assegurar aos ativistas do RPF que nem tudo estava perdido, havia tempos não se sentia tão genuinamente otimista como no começo de 1958. Ele escreveu para um organizador local: "Como você percebe na imprensa, as pessoas estão começando novamente a falar sobre o general."[85] De Gaulle ainda se recusava a falar, mas não desencorajava os que trabalhavam a seu favor. Em janeiro de 1958, escreveu para um correspondente: "Não desisto do nosso país. Só duvido que, no contexto atual, qualquer mensagem seja capaz de reverter o curso dos acontecimentos. Se o ambiente mudar, então sim, será preciso agir. Quanto a esse ambiente, que as pessoas que estão em condições de fazê-lo comecem a prepará-lo já."[86] Mas tinha havido muitas outras falsas alvoradas nos últimos doze anos.

Em outubro de 1957, De Gaulle e a mulher tinham passado as férias com Jacques Vendroux na Bretanha. As férias eram raras, porque De Gaulle, um homem muito reservado, odiava os olhares públicos. As viagens tinham de ser planejadas cuidadosamente, para garantir total anonimato. Durante essas férias, eles costumavam fazer piqueniques à beira da estrada, como nos tempos do RPF, para evitar serem identificados em restaurantes. Um dia, olhando por cima do pico de Roc'h Trevezel, em Finistère, De Gaulle, que adorava paisagens desoladas, disse que sua solidez simbolizava a eternidade da França, em contraste com o estado atual da política francesa: "Nosso país não aguentará por muito mais tempo a fraqueza dos que o dirigem ... A vontade do povo mais uma vez irá nos tirar do abismo ... Sem dúvida o drama argelino será a causa do sobressalto [*sursaut*] para milhares de franceses." Se acreditava ou não que isso fosse acontecer – ou quando –, não temos como saber. No Natal, os Vendroux e os De Gaulles planejavam passar novas férias em outra zona selvagem da França – a região de Ardèche, nas montanhas Cevenas.

Nesse meio-tempo, a crise argelina parecia ter atingido um novo estágio. Em 8 de fevereiro de 1958, aviões franceses bombardearam a aldeia tunisiana de Sakhiet, na fronteira argelina. Setenta pessoas foram mortas. Alegando que combatentes da FLN se escondiam na aldeia, o Exército francês tinha mais uma vez apresentado a Paris um fato consumado. O bombardeio provocou indignação internacional, e o governo americano forçou a França a aceitar uma missão de "bons ofícios" chefiada pelo diplomata Robert Murphy (que tinha apoiado Giraud no norte da África contra De Gaulle em 1943) para atuar como intermediário na crise franco-tunisiana resultante. O governo tunisiano chamou de volta seu embaixador em Paris. Antes de partir, ele pediu para ser recebido por De Gaulle em Colombey. Imediatamente depois, em 10 de fevereiro, De Gaulle divulgou um breve comunicado, de tipo estadista mas sem se comprometer, dando notícia do encontro.[87] Foi sua primeira intervenção pública em dois anos e meio. Seu objetivo era fazer o mundo lembrar que ele existia.

Enquanto isso, os planos de férias prosseguiam. Em março de 1958, Jacques Vendroux esteve em Colombey para os detalhes finais. As duas famílias queimavam as pestanas lendo guias turísticos, e Vendroux foi solicitado a reservar hotéis anonimamente. A viagem estava planejada para... maio de 1958.[88]

18. O 18 Brumário de Charles de Gaulle, fevereiro-junho de 1958

A BIBLIOTECA DE DE GAULLE em Colombey contém um romance, *Kaputt*, do escritor italiano Curzio Malaparte, publicado em 1947. Não contém, no entanto, o livro mais famoso do escritor, publicado em francês em 1931. Nessa época, Malaparte, um partidário desiludido de Mussolini, estava exilado em Paris. Seu livro *Técnica do golpe de Estado* examinava a mecânica de um golpe de Estado citando exemplos como os de Lênin e de Mussolini, bem como os de Primo de Rivera na Espanha e de Piłsudski na Polônia. Como contraexemplo, ele menciona o fracassado Kapp-Putsch de 1920 na Alemanha. Para Malaparte, o modelo do golpe moderno era o 18 Brumário de 1799, quando Napoleão tomou o poder como primeiro-cônsul.[1] Ele via no Brumário o perfeito "enxerto de violência revolucionária na legalidade constitucional". A ausência de *Técnica do golpe de Estado* de Malaparte na biblioteca de De Gaulle não nos diz coisa alguma, porque seus livros de antes da guerra se dispersaram quando a casa foi saqueada durante o conflito. Por se tratar de um livro célebre, é improvável que não o tivesse lido.

De Gaulle certamente meditara sobre o precedente de 18 Brumário. Nas semanas seguintes à sua renúncia em 1946, ele costumava retornar àquele episódio: "Napoleão I deu o golpe de 18 Brumário porque toda a França pressionava por isso ... Eu lidava com uma opinião pública que insistia na direção oposta, que desmoronava sob meus pés."[2] Quando finalmente desistiu do RPF, em 1953, De Gaulle ponderou sobre as circunstâncias da sua renúncia de 1946 num discurso para seus delegados regionais:

> Outras possibilidades se apresentaram, como por exemplo um *coup d'état*. Isso não teria levado a nada, a não ser à ditadura. A ditadura é uma invenção dos romanos que, em certos momentos da história, se impôs em nome da salvação

pública ... Mas não se tratava disso na Libertação, quando a questão era fazer a economia voltar a funcionar, as coisas voltarem a ser o que eram, alimentar o maior número possível de pessoas ... Fundar uma ditadura não faria sentido. A ideia de salvação pública não se impunha, o que significava que estabelecer uma ditadura teria sido artificial. Talvez as pessoas a aceitassem por algum tempo, embora nem isso seja certo. Ela não teria sido aceita internacionalmente pelos britânicos, pelos americanos e sobretudo pela União Soviética.[3]

As objeções de De Gaulle a um golpe eram, então, inteiramente pragmáticas. Ele deve ter sentido a tentação de "empurrar" a história na direção certa quando apareceu no Arco do Triunfo, em maio de 1954. Mas rapidamente se deu conta de que tinha julgado mal a situação. Como escreveu nos anos 1930, a ação dos soldados nunca era suficiente para mudar um regime, a não ser que "a opinião geral tenha se tornado a favor de uma derrubada da ordem estabelecida".[4] Em 1958, porém, havia razões para supor que o momento estava chegando.

A instabilidade política não era nenhuma novidade na Quarta República, mas a progressiva sensação de mal-estar tinha alcançado níveis inéditos. A partir do fatídico dia de fevereiro de 1956 em que o primeiro-ministro socialista Guy Mollet retrocedera em sua política argelina depois de ser atacado com tomates por furiosos *pieds-noirs*, o veneno da crise argelina passou a infectar todo o Estado francês. Políticos em Paris exerciam cada vez menos controle sobre o Exército na Argélia; nas Forças Armadas, crescia a suspeita de que a qualquer momento os políticos poderiam alcançar um acordo com os nacionalistas argelinos. Políticos da geração da Resistência que tinham chegado ao poder depois de 1945 com grandes expectativas de moralização da política francesa viam-se agora na situação de pôr em prática e tolerar métodos repressivos que tinham condenado durante a Ocupação. Claude Bourdet, um dos antigos líderes do movimento Combat, escreveu em fevereiro de 1955 um artigo que ficou famoso por denunciar a "Gestapo [francesa] da Argélia". François Mauriac, a consciência do catolicismo liberal francês, era outro crítico intelectual ruidoso da tortura na Argélia, enquanto Pierre Mendès France deixou o governo de Mollet em maio de 1956 em protesto contra a repressiva política argelina. Depois que o governo de Mollet finalmente caiu, em junho de 1957, seu sucessor, Maurice Bourgès-Maunoury, à frente do 18º governo nos dez anos da República, durou apenas cinco meses. Gaillard, que veio em seguida, estava no poder havia apenas três meses quando a crise de Sakhiet explodiu. Na revista de centro-esquerda *Esprit*, um escritor descreveu-se, no fim de 1957, como alguém que se sentia exilado em seu próprio país, comparando a situação com a de 1940: "Pela primeira vez desde 1940 todo mundo se pergunta, aos sussurros: 'A França ainda existe?'" Aquele mesmo número da *Esprit* resenhava uma série de livros com títulos como *Crise do regime* e *Crise da nação*. A resenha terminava, no entanto, com a advertência de que a solução para a crise não deveria ser "pura e simplesmente recorrer ao Grande Homem".[5]

O general decodificado, fevereiro-março

Contra o pano de fundo da crise de Sakhiet, De Gaulle cumpriu seu ritual semanal de visitas em Paris. Ao longo de dois meses, deu pelo menos quarenta "audiências". Percebe-se que ele sentia que o poder estava ao alcance da mão. Ao receber Louis Terrenoire em 3 de março, disse-lhe que estava quase terminando suas *Memórias* e logo seria um "homem livre". Detectando uma "onda de gaullismo" no país, ficava pensando se as pessoas tinham plena compreensão de que sua volta ao poder não seria apenas outro governo qualquer, mas "um novo universo". Terminou com uma explosão de indignação contra Murphy e alguns comentários sobre os Estados Unidos como potência em declínio.[6]

Entre as visitas que De Gaulle recebeu no dia seguinte estava Léon Delbecque, veterano da França Livre que se tornara organizador regional do RPF no norte. Ele era um dos militantes gaullistas que defendiam a ação direta, se necessário ilegal, para trazer o general de volta como chefe de Estado. Os interesses comerciais de Delbecque o levavam regularmente à Argélia, onde tinha servido como oficial da reserva. Por essa razão, quando se tornou ministro da Defesa do governo de Gaillard, Jacques Chaban-Delmas nomeou Delbecque representante semioficial na Argélia, com a função de mantê-lo informado por fora dos canais oficiais. Temos aqui um exemplo de gaullistas no governo promovendo discretamente os interesses de De Gaulle, ainda que o general fingisse reprovar a colaboração deles com o "sistema".[7]

Delbecque interpretou sua missão argelina com considerável amplitude, e pôs-se a criar uma rede de *pieds-noirs* militantes e oficiais do Exército em apoio a De Gaulle. Delbecque nunca pertencera ao círculo mais íntimo do RPF, mas o que tinha a dizer em 4 de março de 1958 claramente despertou o interesse do general. Em circunstâncias normais, cada visita tinha direito a meia hora, rigorosamente. Não nesse caso. Como recordaria Delbecque: "Por três vezes Bonneval enfiou a cabeça pelo vão da porta e por três vezes, com um aceno de mão, o general lhe deu a entender que não nos interrompesse." Delbecque estava ali para convencer De Gaulle de que, apesar do passado giraudista da Argélia, ele tinha seguidores que estavam só aguardando um sinal. Tendo iniciado a conversa no tom mais apocalipticamente pessimista, De Gaulle foi ficando cada vez mais intrigado com o que Delbecque tinha a dizer. Delbecque queria garantias de que De Gaulle estava comprometido com a *Algérie française*. De Gaulle respondeu enigmaticamente: "Ora, Delbecque, você já viu De Gaulle desistir?" Quando Delbecque se preparava para sair, o general fez um pedido: "Mantenha Foccard informado ... *Bon courage*. Mas tome cuidado, tome muito cuidado. Se você se exceder, corre o risco de acabar no xadrez [*gnouf*]." Delbecque interpretou isso, se não como um sinal verde, pelo menos como um sinal amarelo. Sob o olhar desconfiado das autoridades – e apesar de estar na Argélia em nome de um ministro do governo –, começou a organizar um "Comitê de Vigilância" pronto para agir a favor de De Gaulle se houvesse uma crise.[8]

De Gaulle foi especialmente enigmático no dia seguinte quando recebeu Albert Camus, que estava angustiado com a situação na Argélia, dividido entre seus antecedentes familiares *pieds-noirs* e sua política progressista. Os dois homens nunca tinham se encontrado, e Camus ficou perplexo com a afetação de imperturbável cinismo de De Gaulle. A se acreditar nas notas de Camus sobre o encontro, o general rechaçou os temores do escritor de que a situação na Argélia degenerasse num banho de sangue com o seguinte comentário: "Tenho 67 anos, e, além de mim, nunca vi francês matar francês."[9] Duas semanas depois, em 19 de março, De Gaulle recebeu o general Petit, ajudante de ordens do chefe do estado-maior, general Ely. Petit era peça chave do sistema, mas era também solidamente leal a De Gaulle. O general começou a conversa usando uma tática característica: "Tendo que escolher entre De Gaulle ou desistir, a França vai sempre escolher desistir." Petit, que não estava acostumado a decodificar os sinais de De Gaulle, parece ter levado isso muito a sério: "Quer dizer que o senhor desistiu da ideia de voltar ao poder?" De Gaulle rapidamente se corrigiu: "Voltarei se for chamado ou se houver uma situação revolucionária." Petit respondeu: "Isto é muito fácil de providenciar." Logo que Petit pronunciou essas palavras, De Gaulle interrompeu abruptamente o encontro, e Petit ficou se perguntando se não tinha ido longe demais. Para jogar alguma luz na situação, no dia seguinte Petit foi ver Guichard, que só pôde lhe dizer que, embora De Gaulle não tivesse revelado o conteúdo da conversa entre os dois, comentara, especificamente: "É sempre bom ver o general Petit." O general, perplexo, buscando terra firme nessa areia movediça, entendeu que, apesar de não ter dado sinal verde – ou mesmo amarelo –, De Gaulle também não tinha dado sinal vermelho.[10]

No dia seguinte, De Gaulle recebeu Raymond Triboulet, líder do que restava dos *députés* gaullistas no Parlamento. A informação de Triboulet era que o presidente Coty abordaria De Gaulle para formar um governo se Gaillard não conseguisse resolver a crise de Sakhiet. De Gaulle jogou água fria nessa possibilidade: "Você me vê sendo chamado ao Eliseu, sondado, submetido a um debate na assembleia e não conseguindo obter maioria? Você vê De Gaulle representando essa comédia?" Quando Triboulet esboçou uma hipótese, De Gaulle respondeu "não com um 'sim', mas com um 'talvez', ou um 'Que nada!', seguido imediatamente de um 'mas você vai ver que eles jamais darão um passo na minha direção'". Triboulet interpretou isso como um passo na direção certa e repassou a informação para Coty.[11]

O visitante que apareceu depois de Triboulet foi Gladwyn Jebb, o embaixador britânico. O outro único encontro de Jebb com De Gaulle depois da Libertação tinha sido em janeiro de 1957, quando o general o recebeu em seu quarto no Hôtel La Pérouse. Dessa vez foi na rue de Solférino – "quem sabe um pouco mais lúgubre", comentou Jebb. De Gaulle, "bastante afável, mas bem mais velho e grisalho do que um ano atrás", estava de humor melancólico e leu algumas passagens do último volume (ainda não publicado) de suas *Memórias de guerra*, descrevendo a derrota eleitoral de Churchill em 1945:

> Isso o levou a comparar seu caráter e sua carreira com os de sir Winston e a refletir sobre o destino dos dois. O líder britânico provavelmente tinha cometido um erro ao querer voltar ao poder ... Ele, por sua vez, preferiria, quando

chegasse a hora, abandonar o poder por conta própria a ser posto na rua por seus adversários políticos.

Mas De Gaulle não esperava ter essa chance: "Vou lhe dizer uma coisa, M. l'Ambassadeur, todas as chances são de que antes que esse regime entre em colapso De Gaulle esteja morto!" Quando Jebb ia saindo, o general levantou-se e fez um discurso sobre a grandeza da Inglaterra, e "seus olhos se encheram de lágrimas". Jebb concluiu:

> Ou o general é um grande ator ou seus interesses dizem respeito mais ao passado e ao futuro do que ao presente. Não percebi nenhum desejo particular de retornar ao poder no momento ... Continuo achando que, embora não recusasse o poder se lhe fosse oferecido, faria pouca coisa, ou não faria coisa alguma, com esse objetivo, e menos ainda tomaria parte em qualquer esforço consciente para derrubar o regime.

Jebb só tinha certeza de uma coisa: "O general não se parece com ninguém, seja física ou psicologicamente."[12] O general era, de fato, um grande ator.

De volta a Paris uma semana depois (27 de março), De Gaulle dizia ora uma coisa, ora outra para o gaullista Alexandre Sanguinetti, porta-voz de um grupo de veteranos de guerra: "O Parlamento jamais irá me chamar antes de uma catástrofe final ... A situação pode continuar assim por trinta ou quarenta anos ... Mas apesar disso parece haver sinais de uma leve mudança de atitude nos últimos dois anos ... Se isso se confirmar, enfrentarei minhas responsabilidades."[13]

Pressão sobre o general, abril-14 de maio

Em março, Roger Barberot, ex-soldado das Forças Francesas Livres e Companheiro da Libertação, tomou a iniciativa de escrever para todos os demais companheiros, querendo saber se apoiariam uma campanha para a volta de De Gaulle ao poder. Muitos responderam com entusiasmo, mas um deles disse o seguinte: "O problema é que De Gaulle, tendo sido Joana d'Arc, tornou-se Carlos VII [o ex-delfim que Joana d'Arc ajudou a coroar rei]! Agora ele é que precisa ser convencido a deixar-se coroar."[14] Como convencê-lo? O antigo ativista do RPF Jacques Dauer organizou uma campanha de cartazes em apoio de De Gaulle. Numa única noite de março, 175 mil cartazes pró-De Gaulle foram colados em toda a França.

No começo de abril, a missão americana de "bons ofícios" de Murphy entregou seu relatório recomendando que a França fizesse várias concessões ao governo tunisiano. O governo francês acabara de negociar um grande empréstimo do governo americano, e circulavam rumores de que empréstimos futuros dependeriam da aceitação da proposta de Murphy. Isso causou indignação no Parlamento francês, derrubando o breve governo de Gaillard. A crise internacional criada pelo bombardeio de Sakhiet tornara-se uma crise política interna francesa.

O presidente Coty começou a costumeira rodada de consultas para formar outro governo. O humor dos europeus de Argel tornara-se febril. Eles temiam que qualquer novo governo se dispusesse a fazer concessões sobre o futuro da Argélia francesa. O Comitê de Vigilância de Delbecque preparou uma manifestação a favor da *Algérie française* para 26 de abril. A manifestação transcorreu pacificamente, mas a situação começava a preocupar Robert Lacoste, governador da Argélia. Ele decidiu expulsar Delbecque e mandá-lo de volta para a França. Lacoste pessoalmente apoiava a *Algérie française*, mas não queria ser acusado de endossar atividades subversivas ou violência de rua. De volta a Paris, Delbecque procurou alguém para substituí-lo. Acabou escolhendo Lucien Neuwirth, outro ex-ativista do RPF, cuja devoção a De Gaulle remontava à Ocupação. Antes de partir para Argel, Neuwirth foi ver De Gaulle em 30 de abril. Quando este lhe perguntou o que ia fazer em Argel, Neuwirth respondeu: "Faremos um apelo ao senhor." De Gaulle disse: "Eu responderei a vocês." Neuwirth viu nisso um "gatilho" e, muito animado, deu a notícia a Delbecque.[15] Este, que andava exasperado com a ambiguidade do general, não lhe deu muito crédito, e escreveu para De Gaulle em 4 de maio dizendo que o êxito da manifestação de 26 de abril mostrara que ele tinha apoio na Argélia: "A prova é que esses homens e mulheres (Deus sabe que nem sempre gostaram do senhor) esperam-no com impaciência." De Gaulle achou essa carta "interessante", notando, porém, que tinha dúvidas sobre o "'gaullismo' de Argel".[16]

Em 5 de maio, o general Ganeval, chefe da Casa Militar do Eliseu, entrou em contato secretamente com o ajudante de ordens de De Gaulle, Bonneval, para lhe dizer que o presidente ia sondar o político Pierre Pflimlin, do MRP, sobre a possibilidade de formar um governo. Coty não esperava que Pflimlin fosse capaz de angariar o apoio necessário no Parlamento. Nesse caso, ele tinha resolvido chamar De Gaulle para formar um governo e estava preparado para renunciar se o Parlamento recusasse essa solução. O que Coty queria saber era se De Gaulle aceitaria visitar o Eliseu secretamente para conversar sobre as condições. Essa mensagem pareceu suficientemente importante para que Guichard e Bonneval fizessem a peregrinação a Colombey em 7 de maio para saber a reação de De Gaulle. A resposta verbal de De Gaulle, transmitida ao Eliseu em 9 de maio, foi que se convidado a formar um governo segundo os preceitos normais daria uma resposta formal. Sua condição para aceitar seria uma reforma da Constituição, e ele não concordaria em aparecer no Parlamento para apresentar seu governo da maneira tradicional.[17] Sentindo que os ventos sopravam a seu favor, De Gaulle imaginou que poderia ditar suas condições. Não se sabe o que Coty achou de sua resposta, e o fato é que por ora continuou a explorar a opção Pflimlin.

Pflimlin começou a rodada de consultas com líderes partidários. Suas chances de obter uma maioria parlamentar eram mínimas, pois o Parlamento estava dividido sobre a Argélia. Partidários da *Algérie française* o viam como um "liberal" a favor de negociações com a FLN. O governador, Lacoste, jogou lenha na fogueira declarando publicamente que o Exército não aceitaria uma "Dien Bien Phu diplomática". Delbecque, que tinha sido banido de Argel poucos dias antes, voltou para cuidar de Lacoste e do Exército. Lacoste, apesar da declaração provocadora, recusou-se a desafiar abertamente Paris e anunciou que estava renunciando ao cargo e voltando para a França. Delbecque teve mais sorte com o Exército. Conversou com cinco generais importantes, incluindo o general Salan, o comandante em chefe geral na Argélia. Isso resultou num telegrama de Salan para Ely, o chefe do estado-maior em Paris, advertindo que o Exército não toleraria que a Argélia fosse abandonada. Além disso, Delbecque conseguiu a adesão de Alain de Sérigny, editor do mais influente jornal argelino. Antigo pétainista, Sérigny não tinha nenhuma simpatia por De Gaulle, mas agora estava convencido de que só ele poderia salvar a *Algérie française*. Em 11 de maio, publicou um editorial intitulado "Fale, general". E anunciou que outra grande manifestação seria realizada em Argel no principal monumento militar da cidade, em 13 de maio – uma ideia de Delbecque. Supostamente, a intenção era prestar homenagem a três soldados franceses mortos pela FLN e advertir Pflimlin de que os *pieds-noirs* não tolerariam um governo que pensasse em "abandonar" a Argélia. Ainda assim De Gaulle continuou calado.

Havia tantos complôs fermentando em Argel que Delbecque começou a ter medo de que a situação fugisse do seu controle. Os ativistas *pieds-noirs* mais radicais não confiavam em De Gaulle e queriam acabar de vez com a democracia parlamentar. Um deles, Robert Martel, achava que De Gaulle era na verdade um judeu que trabalhava para uma conspiração internacional regida pelos Rothschilds.[18] Delbecque precisava canalizar a raiva das ruas para longe desses ativistas e na direção de De Gaulle. O candidato óbvio para realizar essa tarefa era Soustelle, ao mesmo tempo gaullista leal e ídolo dos *pieds-noirs*. Soustelle estava dividido, não sabendo se ficava em Paris para votar no Parlamento contra Pflimlin ou se ia para Argel agitar as coisas. Mas não queria ir para Argel sem um sinal de De Gaulle. Em 12 de maio, Guichard foi de carro a Colombey pela segunda vez numa semana para receber instruções do general. Encontrou-o de mau humor, irritado porque as pessoas estavam tentando obrigá-lo a agir. De Gaulle forneceu de má vontade uma resposta ambígua para Soustelle, relatada ora como "nada tenho a dizer", ora "que ele faça o que quiser". Guichard fez questão de transmitir a versão menos negativa do que o general havia dito. Nesse jogo de sussurros em que a mensagem ia sendo alterada de um para outro, Soustelle optou por acreditar que De Gaulle tinha abençoado sua ida a Argel.[19]

Delbecque imaginava a manifestação de 13 de maio como uma pacífica demonstração de força: um alerta para o Parlamento francês e uma maneira de aumentar a pressão para que De Gaulle revelasse suas intenções. Multidões começaram a formar-se em Argel durante a tarde enquanto Pflimlin aparecia perante a Assembleia Nacional em Paris. No fim da tarde, mil manifestantes, mais ou menos, subiram as escadas que levavam do monumento de guerra ao fórum onde ficava a casa do governador. Um pequeno grupo de *pieds-noirs* radicais, encabeçados pelo estudante Pierre Lagaillarde (usando seu uniforme de paraquedista da reserva), derrubou a cerca de metal em volta da casa do governador, invadiu o prédio e começou a saqueá-lo. Pouco depois o general Massu chegou para avaliar a situação. Numa tentativa de acalmar as multidões furiosas no fórum, Massu apareceu na sacada e anunciou que estava formando um Comitê de Salvação Pública. Imediatamente depois, um telegrama foi passado para o presidente Coty: "Devido à seriedade da situação e à absoluta necessidade de manter a ordem e evitar derramamento de sangue, exigimos a criação de um governo de salvação pública em Paris, a única coisa capaz de manter toda a Argélia como parte integrante do território da França."

Nessa altura, Delbecque, que tinha sido apanhado de surpresa pelos acontecimentos, entrou em cena e conseguiu ser nomeado vice-presidente do comitê. Isso abriu uma chance para os gaullistas, e Delbecque pôs-se a trabalhar para convencer o comitê a aceitar a ideia de chamar De Gaulle. Outro telegrama foi enviado a Paris anunciando que "as autoridades militares acreditam na necessidade imperativa de apelar a um árbitro nacional, a fim de formar um governo de salvação pública capaz de tranquilizar a opinião pública argelina".[20] Embora o nome de De Gaulle não fosse mencionado explicitamente, ninguém tinha dúvida sobre a identidade do árbitro. A notícia desses acontecimentos chegou a Paris nas primeiras horas da manhã, enquanto o Parlamento ainda debatia se dava ao governo de Pflimlin um voto de confiança. Houve uma demonstração de unidade no plenário do Parlamento em defesa da democracia contra essa aparente insurreição. Pflimlin, que sem isso talvez não tivesse obtido maioria, foi confirmado como primeiro-ministro por uma margem substancial, com 280 votos a favor e 126 contra. Massu e Delbecque apareceram mais uma vez na sacada para denunciar "esse governo de abandono".

Na verdade, o governo em Paris não tinha controle algum sobre o que se passava em Argel, mesmo com a posição de Pflimlin fortalecida pelo fato de o líder do Partido Socialista, Guy Mollet, aderir ao seu governo para defender a República contra a insurgência argelina. Pflimlin tentou ganhar tempo concedendo ao general Salan, comandante em chefe do Exército em Argel, poderes excepcionais para enfrentar a situação. Dessa maneira, o comandante do Exército que não interviera para impedir a insurreição foi nomeado representante do governo contra o qual a insurreição era dirigida. Não era, porém, uma tática tão defeituosa quanto parecia. Salan estava longe de ser um agitador e ainda não tinha revelado suas intenções. Ao não demiti-lo, o governo jogava com a possibilidade de que permanecesse leal. Na manhã de 15 de maio, Salan falou para a multidão da sacada do governo geral no fórum. Reafirmou que a Argélia continuaria francesa e terminou com um brado entusiástico de *"Vive la France! Vive l'Algérie!"*. Depois de uma breve pausa, acrescentou as palavras *"Vive le général De Gaulle!"*. Foi Delbecque, em pé ao seu lado, que o incitou a pronunciar essas palavras fatídicas (embora sem apontar uma pistola para as costas de Salan, como sustentam algumas versões). Isso ainda não significava que o inescrutável Salan tivesse rompido com o governo ou escolhido De Gaulle. Ele usou o nome de De Gaulle para marginalizar os *pieds-noirs* radicais e aumentar seu poder de barganha com o governo. As prioridades de Salan eram preservar a união do Exército e garantir que a Argélia continuasse francesa.[21]

O general fala, 15-27 de maio

Em 14 de maio, De Gaulle estava em Paris para seus encontros costumeiros das quartas-feiras, que dessa vez incluíam uma reunião com seu editor para discutir o volume final das memórias. Embora Salan ainda não tivesse pronunciado as palavras mágicas, esse encontro deve ter sido ligeiramente surreal, com os dois homens provavelmente evitando o assunto que estava na cabeça de todos. À tarde, De Gaulle se reuniu com o grupo mais íntimo, incluindo Foccart e Guichard – mas ainda evitou romper o silêncio. Parece que tinha chegado de Colombey com uma declaração pronta no bolso, mas resolveu não usá-la ainda.[22] No dia seguinte, poucas horas depois de Salan ter pronunciado o nome de De Gaulle, este finalmente rompeu o silêncio com um breve comunicado: "No passado, nosso país, do fundo do seu coração [*dans ses profondeurs*], mostrou sua confiança em mim para conduzi-lo à salvação. Hoje, diante das provações que mais uma vez confrontamos, faço saber que estou pronto para assumir os poderes da República."[23] Pflimlin comentou, privadamente: "Poderia ter sido pior."[24]

No dia seguinte (sexta-feira, 16 de maio), Pflimlin pediu ao Parlamento que lhe concedesse poderes excepcionais para resolver a crise em Argel. Os poderes lhe foram concedidos por uma maioria ainda mais ampla do que a obtida quando formara seu governo. Mas o grande acontecimento do dia foi menos o tamanho da maioria de Pflimlin do que a intervenção de Guy Mollet, que lançou três perguntas a De Gaulle: Ele reconhecia a legalidade do governo de Pflimlin? Condenaria os acontecimentos na Argélia? Se fosse convocado a formar um governo, respeitaria os procedimentos parlamentares normais? Que um membro do governo, e líder do Partido Socialista, estivesse disposto a vislumbrar publicamente a possibilidade da volta de De Gaulle ao poder era um fato notável. A intervenção de Mollet era uma faca de dois gumes: poderia ser interpretada como um convite para De Gaulle estabelecer suas credenciais democráticas e legalistas, ou como uma maneira de tirar a limpo suas ambições insurrecionais.²⁵ No sábado, 17 de maio, De Gaulle anunciou que daria uma entrevista coletiva na segunda, 19 de maio.

No fim de semana de 17-18 de maio, o racha entre Argel e Paris agravou-se. O governo tinha proibido Soustelle de deixar Paris e seu apartamento era vigiado pela polícia. Ele conseguiu driblar a vigilância fugindo debaixo de um tapete no banco traseiro de um carro dirigido pelo gaullista Guillain de Bénouville. Chegando a Bruxelas, Soustelle tomou um avião para Argel, onde desembarcou na tarde de 17 de maio. Salan não ficou nada satisfeito com esses desdobramentos, que ameaçavam seu delicado exercício de equilibrismo entre o governo, os insurgentes e De Gaulle. Ele tentou manter segredo sobre a chegada de Soustelle, mas Neuwirth e Delbecque se encarregaram de divulgá-la de imediato.²⁶ Salan não teve escolha senão permitir que o ídolo dos *pieds-noirs* aparecesse com ele na sacada do governo-geral sob os gritos de *"Vive l'Algérie! Vive De Gaulle!"*. Salan foi obrigado a decidir-se. A partir de então também estava com De Gaulle. No dia seguinte (18 de maio), dois oficiais, o major Robert Vitasse e o capitão Jean-Marie Lamouliatte, partiram da Argélia para a França com uma missão dupla: testar se o Exército no continente estaria disposto a agir para apoiar De Gaulle e sondar como De Gaulle reagiria a isso.

Às três da tarde de 19 de maio, De Gaulle deu sua entrevista coletiva numa ampla sala de reuniões do Palais d'Orsay, onde centenas de jornalistas e fotógrafos se acotovelavam. A rede de televisão oficial francesa não teve permissão para noticiar o acontecimento, e as imagens que hoje temos da entrevista foram filmadas por equipes estrangeiras. Centenas de policiais ocupavam as ruas nos arredores; helicópteros zumbiam no alto. Era a primeira aparição pública oficial de De Gaulle em quase três anos. As pessoas ficaram impressionadas com o seu aspecto envelhecido, e com os quilos que ganhara, mas isso o fazia parecer mais tranquilizador. Logo ficou claro que a sua mente era ágil como sempre, bem como o seu dom para o drama, a resposta pronta, o espetáculo. Ele começou explicando por que decidira romper o silêncio: "a crise nacional extremamente grave" podia ser "o início de uma espécie de ressurreição" que lhe oferecia a oportunidade de ser "útil" ao seu país mais uma vez. Foi calculadamente ambíguo sobre o futuro da Argélia, a não ser para dizer que não estava preso a nenhuma facção. Instado a responder às três perguntas de Mollet, desencadeou uma série de lisonjas a ele, recordando, carinhosamente, que os dois tinham aparecido lado a lado em 1944 na sacada da prefeitura de Arras. Na verdade, os dois nunca tinham se encontrado. De Gaulle foi reticente quanto aos meios pelos quais poderia voltar ao poder, salvo que teria de ser um "procedimento excepcional". Quando lhe pediram que condenasse o Exército, ele se esquivou, afirmando que o governo tinha concedido plenos poderes a Salan. Concordava que a função normal do Exército era ser "instrumento do Estado", mas com a condição de "que haja um Estado". Perguntado sobre se seria uma ameaça à democracia, ele rebateu lembrando que era o homem que tinha restaurado a democracia em 1944. E concluiu: "Eu já disse o que tinha a dizer. Agora vou voltar para o meu vilarejo e ficar à disposição do país." Foi embora sob aplausos.[27] Dois funcionários da embaixada britânica que assistiram à entrevista coletiva informaram que, apesar de "a voz parecer débil e de estar pálido", ele se achava "em extraordinária boa forma e na verdade era senhor da situação". Sua interpretação era que ele não parecia estar associado aos rebeldes, mas havia o risco de tentarem instalá-lo por meios militares. Como resultado, a França "pode muito bem estar a caminho de tornar-se uma espécie de República sul-americana, ou, na melhor hipótese, uma espécie de Franco-Espanha".[28]

De Gaulle já saíra para Colombey quando Foccart teve seu primeiro encontro com o capitão Lamouliatte, um dos dois representantes militares que haviam chegado à França provenientes de Argel. O outro, Vitasse, tinha viajado de avião a Toulouse para ver o general Miquel, a mais alta autoridade militar do sudoeste da França, onde estavam baseados muitos regimentos de paraquedistas, cujo apoio era indispensável para o êxito de qualquer operação militar. Enquanto isso, no começo da noite de 19 de maio, Lamouliatte teve um encontro com Foccart na rue de Solférino. Antes de voltar para Argel, ele esteve novamente na rue de Solférino, dessa vez acompanhado por Vitasse.[29] Eram apenas visitas de sondagem, mas os dois representantes do Exército saíram convencidos de que De Gaulle não descartava a possibilidade de convocá-lo se tudo o mais desse errado. Vitasse, no relatório que escreveu poucas semanas depois, registrou que tinha havido "total acordo" com os representantes de De Gaulle na rue de Solférino.[30] Como o governo sabia desses encontros mediante escuta telefônica, a ameaça de ação militar já era um elemento da situação antes mesmo de qualquer plano sério ter sido elaborado.[31]

Na semana seguinte, De Gaulle permaneceu calado em Colombey para deixar a situação amadurecer. Não foi a Paris para seus encontros habituais das quartas-feiras. Apesar de ter causado forte impressão, sua entrevista coletiva não ajudou inteiramente a convencer os políticos de que ele merecia confiança. Ele tinha provocado risadas ao dizer "Vocês acham que aos 67 anos vou começar uma carreira de ditador?" – mas muita gente se lembrava de que Pétain tinha começado essa carreira aos 84. A esquerda não ficou tranquila. O resultado imediato da entrevista coletiva foi aumentar ainda mais o tamanho da maioria parlamentar de Pflimlin. Pierre Mendès France falou no Parlamento sobre a tristeza daqueles "que jamais esquecerão o dia 18 de junho de 1940" quando a mesma voz agora "fornece à insurreição em Argel um correspondente no continente". Com lágrimas nos olhos, ele disse a um amigo: "Este é um capítulo de quase vinte anos da minha vida que chega ao fim ... De Gaulle continuava De Gaulle. Agora ele escolheu os rebeldes contra a República; está tudo acabado."[32] O governo começou a preparar um projeto de reforma constitucional para cortar as asas de De Gaulle. Pflimlin tinha poucas ilusões a esse respeito, mas continuou a desempenhar rotineiramente suas tarefas de primeiro-ministro, ainda que não tivesse controle algum sobre o que acontecia na Argélia.

Embora permanecesse em Colombey, De Gaulle continuava seu exercício de sedução recebendo visitas em casa. Em 22 de maio, foi visitado por Antoine Pinay, o político conservador mais respeitado da França. Nada de concreto resultou disso, mas Pinay saiu encantado. Informou a Pflimlin no dia seguinte que De Gaulle era um "verdadeiro cavalheiro, um grande francês". O visitante do dia seguinte (23 de maio) foi Georges Boris, um dos primeiros a apoiar De Gaulle em 1940. Na condição de melhor amigo de Mendès France, poderia ser um convertido importante. De volta a Paris, Boris registrou sua conversa em detalhes:

> Imediatamente o general me levou ao seu escritório. Amável e formal, suas primeiras palavras foram: "Quer dizer, então, Boris, que você não está feliz?" ... O tempo inteiro ele se comportou com serenidade: nenhum sarcasmo, nenhuma ironia nessa ocasião. Ele minimizou qualquer implicação nos acontecimentos na Argélia: "Não posso impedir que gritem 'Vive De Gaulle'."

Boris ficou impressionado com o jeito de De Gaulle pronunciar o nome de Salan, "com certo desprezo". Por outro lado, embora percebesse certo "constrangimento" quando o nome de Soustelle foi mencionado, De Gaulle não o repudiou. O nome de Mendès France foi citado: "'Entendo que ele seja emotivo', disse o general, em substância, 'mas por que me ataca assim?' Protestei dizendo que não era um ataque, mas a expressão de uma profunda tristeza, sentida por outros, inclusive eu mesmo."[33]

Nada do que foi dito nesse encontro teria o condão de mudar a cabeça de Mendès France. Mas Mendès France era um lobo solitário político, sem um partido importante por trás. A pessoa de cujo apoio De Gaulle mais necessitava era Mollet, líder do maior partido do Parlamento. De Gaulle sabia, por intermédio de Guichard, que Mollet queria ter uma conversa privada com ele; tinha, portanto, razão para achar que estava quase atingindo seu objetivo. Ele escreveu para o cunhado no dia seguinte (24 de maio) dizendo que "as coisas agora estão se encaminhando da melhor maneira".[34] Outro sinal de sua confiança foi a presença de Georges Pompidou em Colombey para almoçar no mesmo dia. Depois do fim do RPF, Pompidou se afastara da política. Mas continuava a ser uma das pessoas em quem De Gaulle mais confiava. Ele foi instruído a começar a preparar uma equipe para o governo e a redigir documentos para a volta legítima de De Gaulle ao poder.[35]

Nesse momento, a situação sofreu uma reviravolta dramática. Em 24 de maio, chegou a Paris a notícia de que outro Comitê de Salvação Pública tinha tomado o poder na Córsega com o apoio do Exército. A insurreição agora se espalhara para além das fronteiras da Argélia. A responsabilidade original pela operação córsica é difícil de estabelecer, mas militantes gaullistas em Argel certamente desempenharam um papel. Em 25 de maio, o onipresente Delbecque chegou à ilha. Até aquele momento, os acontecimentos na Córsega tinham sido úteis para De Gaulle, aumentando a pressão sobre o governo. Mas também complicavam sua posição, aumentando a pressão para que ele condenasse o Exército, que dera mais um passo na rota da sedição. Enquanto isso, em Argel, planos militares para um desembarque na França entravam na fase de execução. A operação foi batizada com o nome "Ressurreição" – termo usado por De Gaulle na entrevista coletiva – e marcada provisoriamente para 30 de maio. Agourentamente para o governo, Comitês de Salvação Pública foram estabelecidos em várias cidades do sudoeste da França.

Como De Gaulle não tinha condenado os acontecimentos na Córsega, Mollet mudou de ideia sobre o encontro secreto. Escreveu-lhe uma longa carta que era ao mesmo tempo uma quase ruptura e um quase apelo: "Loucos puseram em marcha uma tentativa de pronunciamento e até agora o senhor não os desautorizou. A França corre o risco de ser o único país da Europa a sofrer um golpe; seus perpetradores alegam agir em seu nome e o senhor não diz nada! Não entendo e lhe manifesto minha angústia." Guichard levou a carta para De Gaulle em Colombey na manhã de 26 de maio. De Gaulle redigiu uma resposta tranquilizadora sugerindo que eles precisavam se encontrar.[36] No mesmo dia, ele também recebeu uma carta de Salan apelando que agisse antes que o Exército o fizesse.

Tudo isso instigou De Gaulle, como ele mesmo escreveu em suas *Memórias*, a "acelerar o progresso do bom senso". Ele mandou um recado para Pflimlin sugerindo um encontro secreto. Os dois concordaram em conversar à meia-noite de 24 de maio no Parc de Saint-Cloud, nos arredores de Paris. Foi ali que ocorreu o golpe de Napoleão em 18 Brumário. De Gaulle escolheu o local não por causa dessa associação, mas porque ele oferecia um terreno discreto e neutro. Além disso, o general conhecia o guarda do parque, que tinha participado da Resistência. Pflimlin deixou o Hôtel Matignon pela porta dos fundos, longe da vista dos jornalistas, e foi levado para o Parc de Saint-Cloud num carro particular. No caminho, o carro sofreu uma pane. Um policial que apareceu para ajudar nem sequer reconheceu o passageiro como o primeiro-ministro – fato que parece simbolizar perfeitamente a insignificância do governo legítimo da França. Pflimlin, que nunca tinha se encontrado com De Gaulle, ficou impressionado com o desprezo do general pelos golpistas de Argel ("um pessoal nada interessante"). Apesar disso, ele se recusou a denunciar o Exército publicamente: se fizesse isso, como poderia ter certeza de que Pflimlin lhe cederia o poder? Pflimlin escreveria mais tarde: "Dessa vez senti que estávamos no ponto focal da questão. Ele me observava, sopesando, desconfiado, um pouco desdenhoso, e sem dúvida calculando tudo friamente." Pflimlin respondeu que, se De Gaulle condenasse o Exército, o governo renunciaria, facilitando seu retorno ao poder. De Gaulle não se convenceu: "Quando se tem o poder, geralmente é porque se quer continuar tendo." A verdade é que Pflimlin desejava ardentemente livrar-se do poder inexistente que exerce, mas respeitando as regras do decoro.[37]

O encontro não resolveu coisa alguma, mas De Gaulle abriu uma possibilidade de avançar, sugerindo outro encontro secreto com os líderes dos principais partidos políticos. Pelo menos era nisso que Pflimlin acreditava ao deixar De Gaulle às duas da manhã. Ele ficou, portanto, estupefato quando, naquela manhã (27 de maio), recebeu um comunicado no qual De Gaulle anunciava que tinha "iniciado o processo regular necessário para o estabelecimento de um governo". Foi a terceira intervenção de De Gaulle desde o início da crise.

Pflimlin preferiu não discordar da tendenciosa interpretação do encontro feita por De Gaulle porque imaginou que o general tinha agido dessa maneira para prevenir uma ação iminente do Exército. Era o que pareciam sugerir as últimas palavras do comunicado do general, advertindo contra "toda ação, seja de que lado for, que ameace a ordem pública". Naquela manhã, Vitasse voltou à rue de Solférino para dizer a Guichard, Foccart, Debré e os demais que a Operação Ressurreição estava pronta para ser lançada. Supondo que De Gaulle tinha sido informado dessa reunião – e não se pode ter certeza disso, pois ele retornara a Colombey –, sua decisão de precipitar as coisas pode ser explicada pela necessidade de impedir uma operação iminente. Mesmo que não tivesse sido informado, De Gaulle talvez calculasse que o governo concluiria que ele tinha tido lá suas razões para precipitar os acontecimentos. Se seu comunicado foi um blefe, ou um blefe duplo, funcionou. Nas primeiras horas da manhã de 28 de maio, Pflimlin renunciou.

Mas a renúncia de Pflimlin não significava, necessariamente, que De Gaulle havia tido êxito. Poucas horas antes, o grupo parlamentar socialista decidira, quase por unanimidade, não aceitar, "em circunstância alguma", a volta de De Gaulle ao poder. Sem o apoio socialista, De Gaulle não teria conseguido formar um governo normal.

Fim de jogo, 28 de maio-2 de junho

Na manhã de 28 de maio, De Gaulle recebeu o general Dulac, enviado de Salan. Empregou todas as artes da ambiguidade. Começou a conversa com uma tática característica: "Eles não querem De Gaulle, o que fazer?" Dulac lhe deu os detalhes da Operação Ressurreição. A conversa terminou com De Gaulle dizendo o seguinte: "Teria sido imensamente preferível que a minha volta ao poder ocorresse pelo processo regular ... É preciso evitar o desastre [*sauver la baraque*]! Diga ao general Salan que o que ele fez e o que vai fazer é pelo bem da França." Isso era caracteristicamente enigmático, mas não um claro sinal verde.[38]

À tarde, Guichard recebeu na rue de Solférino mais um mensageiro militar, dessa vez do general Miquel em Toulouse. Disse-lhe Guichard: "Há algumas dificuldades na elaboração do processo para permitir que o general assuma o poder legalmente. Mas o general tem a firme intenção de ir até o fim [*aller jusqu'au bout*], e, no caso de os acontecimentos extrapolarem os limites jurídicos, ele estará à altura da situação."[39] Isso também era enigmático, mas não diferente do que De Gaulle tinha dito a Dulac.

Enquanto entretinha o Exército, De Gaulle escreveu no mesmo dia para o estadista socialista e ex-presidente Vincent Auriol, numa tentativa de conquistar a adesão dos socialistas. Auriol, que certa vez jurara que não seria para De Gaulle o que Hindenburg foi para Hitler, chegara à conclusão de que só De Gaulle seria capaz de salvar a República de um golpe militar. Ele escrevera a De Gaulle pedindo garantias, que agora este lhe dava. De Gaulle disse a Auriol que não "consentiria em receber o poder de nenhuma fonte que não fosse o povo e seus representantes". Se isso se revelasse impossível, as consequências seriam a anarquia ou a guerra civil. "Da minha parte, eu não poderia fazer nada além de continuar, até a morte, com a minha tristeza."[40] Na mesma tarde, os partidos de esquerda e os sindicatos fizeram uma manifestação contra De Gaulle na place de la République. Os manifestantes incluíam figuras respeitadas da esquerda, como Mendès France e o socialista André Philip, que tinham estado com De Gaulle durante a guerra. Apesar do grande número de participantes, a manifestação foi melancólica, mais funérea do que combativa, porque poucos tinham qualquer ilusão de que fosse possível deter o general. Ao mesmo tempo que proclamavam sua oposição na rua, sabiam que nos bastidores os líderes do Partido Socialista já facilitavam a volta de De Gaulle.[41]

Enquanto a esquerda estava nas ruas na tarde de 28 de maio, De Gaulle tinha outro encontro secreto em Saint-Cloud, dessa vez com o mais alto funcionário do Eliseu, o secretário-geral da Presidência, Francis de Baecque, para discutir as condições de sua volta ao poder. Baecque, que nunca se encontrara com De Gaulle, informou imediatamente a Coty: "Frio, mas cortês, ele me pediu para sentar e disse: 'Sou todo ouvidos.' Surpreendi-me falando com ele na terceira pessoa." Uma dificuldade que precisava ser resolvida era se De Gaulle apareceria ou não no Parlamento para submeter seu governo à votação de praxe. O general se recusava. Baecque sugeriu que De Gaulle aparecesse no Parlamento, fizesse sua declaração ministerial e saísse: "A irritação do general era visível, mas ele nada disse." Em vários momentos do encontro, Pompidou entreabria a porta e enfiava a cabeça. Nada foi resolvido na conversa, mas não se descartou a possibilidade do retorno legítimo de De Gaulle ao poder.[42] O passo seguinte foi outro encontro em Saint-Cloud no começo da noite entre De Gaulle e os presidentes das duas câmaras do Parlamento, Gaston Monnerville e André Le Troquer. Na ausência de governo, eles eram constitucionalmente as duas mais altas autoridades do Estado. A reunião foi um desastre. Monnerville, presidente do Senado, foi conciliador, mas seu colega Le Troquer, o presidente da Assembleia, adotou um tom truculento perfeitamente calibrado para exasperar De Gaulle, que precisava ser persuadido a fazer concessões, e não intimidado com ameaças. Em vez de oferecer essas concessões, De Gaulle sentiu-se em posição suficientemente forte para declarar que não apareceria no Parlamento e, mais ainda, que desejava ter plenos poderes durante um ano para preparar um novo projeto de Constituição. Le Troquer berrou: "O senhor tem a mentalidade de um ditador." É possível que Troquer tenha sabotado deliberadamente a reunião, na esperança de forçar Coty a renunciar. Nesse caso, caberia a ele *ex officio*, como presidente da Câmara, assumir como presidente. À uma da manhã, Monnerville e Le Troquer informaram a Coty sobre o fracasso das conversas.

Mais uma vez houve um impasse. Naquela manhã (29 de maio), Vitasse estava de volta à rue de Solférino com outro soldado, o general Nicot, para uma reunião com Guichard, Foccart e outro assessor gaullista, Pierre Lefranc. Mais tarde cada participante se lembraria da reunião de um jeito diferente. Os dois oficiais afirmavam ter recebido a aprovação formal para que a Operação Ressurreição fosse executada. Nicot disse que houve um telefonema para De Gaulle enquanto ele estava lá; Foccart negou até que tivesse participado da reunião; Lefranc e Guichard não negaram, mas disseram não ter recebido qualquer aprovação de De Gaulle. A história da chamada telefônica é implausível, pois nenhuma comunicação importante com Colombey foi feita por telefone naquele mês.[43] Em outro indício de que os gaullistas da rue de Solférino foram menos cautelosos do que de outras vezes, Salan afirmou que

Guichard lhe telefonou naquela manhã para dizer: "Parece que as coisas não estão indo bem. Agora cabe a você fazer a sua parte."⁴⁴ Guichard posteriormente negou essa versão.

Em retrospecto, era do interesse desses protagonistas militares exagerar o incentivo que tinham recebido, e do interesse do entourage de De Gaulle minimizá-lo. A verdade provavelmente está em algum lugar no meio. Como o retorno legítimo de De Gaulle ao poder parecia ter empacado, seu entourage passou a incentivar mais abertamente os militares do que antes, mas as ambiguidades que envolviam esse incentivo eram ignoradas por oficiais do Exército desesperados para lançar sua operação. No mesmo dia, De Gaulle escreveu de Colombey para o filho sugerindo que ele também perdera qualquer esperança numa solução legal: "De acordo com as informações que tenho, uma operação é iminente, do sul para o norte ... É infinitamente provável que nada seja possível com o regime atual, que já não é capaz de tomar decisão nenhuma [*vouloir quoi que ce soit*]."⁴⁵

Durante o resto do dia (29 de maio), ordens e contraordens sobre a Operação Ressurreição cruzaram o Mediterrâneo. De acordo com o plano, 50 mil paraquedistas transportados do sudoeste da França e de Argel tomariam locais políticos estratégicos em Paris.⁴⁶ Quando Dulac voltou a Argel depois do encontro com De Gaulle em Colombey, Salan passou um telegrama para Vitasse nas primeiras horas de 29 de maio: "*Le Grand Charles* nos pede com veemência para evitar qualquer intervenção no momento."⁴⁷ Mas Vitasse, depois do seu encontro na rue de Solférino no fim daquela manhã, mandou um telegrama para Argel anunciando que "*Le Grand Charles* está totalmente de acordo" que a operação prossiga.⁴⁸ Com a aprovação de Salan, a mensagem codificada para deflagrar a operação – "as cenouras estão cozidas" – foi enviada por Delbecque; e Salan mandou um recado para Miquel dizendo que, "depois de um contato pessoal com *Le Grand Charles*", ele logo daria instruções para o começo da operação.⁴⁹ Naquela tarde, seis Dakotas partiram de Le Bourget para Perpignan, onde um regimento de paraquedistas estava pronto para ser levado a Paris.

No fim da manhã, Gaston de Bonneval recebeu um telefonema do Eliseu avisando que Coty pretendia divulgar uma declaração pública no começo da noite. Bonneval respondeu: "Se essa declaração não for divulgada até as quinze horas, meu medo é que seja tarde demais, pois os dados estão lançados."⁵⁰ Às três da tarde a mensagem de Coty foi lida no Parlamento: "Com o país à beira da guerra civil ... procurei o mais ilustre dos franceses, aquele que, nos anos mais negros da nossa história, foi nosso Líder para a reconquista da liberdade." Em seguida, ele convocou De Gaulle para discutir a formação imediata de um governo. Se esse governo não fosse formado, Coty anunciou que renunciaria. Mais uma vez Salan mandou adiar Ressurreição; os aviões a caminho de Perpignan deram meia-volta. Depois da mensagem de Coty, De Gaulle retornou de Colombey, chegando às 19h30 ao Eliseu, onde uma multidão de fotógrafos se acotovelava na entrada. Ele agora atenuou um pouco suas exigências, concordando em aparecer no Parlamento e aceitar plenos poderes por seis meses em vez de um ano.

A Operação Ressurreição não foi totalmente abandonada, porque ainda era possível que De Gaulle não obtivesse maioria no Parlamento. Afinal, no dia anterior, os socialistas tinham votado contra ele quase por unanimidade. A questão era saber se Mollet seria capaz de convencê-los a mudar. Mollet visitou La Boisserie em 30 de maio. Foi seu primeiro encontro com De Gaulle, que empregou todo o charme de que era capaz quando precisava. Mesmo antes de Mollet fazer um relato para o grupo socialista, havia sinais de que seu partido aos poucos se aproximava do general. A publicação da resposta de De Gaulle a Auriol naquele dia teve um impacto muito positivo. Mollet conversou com o grupo socialista de noite, quando voltou de Colombey. "Considero esse encontro, aconteça o que acontecer, um dos grandes momentos da minha vida", disse ele. "De Gaulle é um grande cavalheiro. Nossa entrevista não foi um monólogo, mas um diálogo." Não houve decisão, mas ficou combinado que dois socialistas – Paul Ramadier e Mollet – participariam de uma reunião na manhã seguinte no Hôtel La Pérouse, para onde De Gaulle tinha convidado os líderes de todos os grupos parlamentares, exceto os comunistas. Nessa reunião, De Gaulle deu continuidade a sua ofensiva de garantias e charme, assegurando aos líderes partidários que exerceria o poder democraticamente. Mas houve também uma ameaça: "Preciso de ampla maioria amanhã no Parlamento. Se não a obtiver, voltarei a Colombey e não responderei mais por coisa alguma."⁵¹ À tarde, Mollet apareceu perante o grupo parlamentar socialista novamente para lhe suplicar que compreendesse que De Gaulle era tudo que restava entre o Parlamento e um golpe. O grupo tomou a providência quase inédita de permitir que seus membros votassem livremente – a primeira vez desde julho de 1940, quando a mesma decisão tinha sido tomada sobre se deveriam ou não aprovar o voto de plenos poderes a Pétain.

Em 1º de junho, De Gaulle apareceu no Parlamento – a primeira vez que entrava na Câmara desde janeiro de 1946. Ele leu seu discurso num tom monocórdio em meio ao mais absoluto silêncio, pedindo plenos poderes para governar por decreto durante seis meses, a suspensão do Parlamento nesse período e autorização para o governo redigir o projeto de uma nova Constituição a ser submetido a um referendo para aprovação. De Gaulle não deu a menor pista sobre como pretendia usar esses poderes, e, quando acabou de falar, saiu. No debate subsequente, nove oradores se manifestaram a favor de De Gaulle e nove contra. Entre os oponentes estava o antigaullista de direita Jacques Isorni, que fora advogado de defesa de Pétain em 1945. Como observou outro *député* antigaullista de direita no dia seguinte, foi como se a assembleia estivesse ouvindo o advogado de defesa de Luís XVI. O discurso mais forte foi o de Pierre Mendès France, que declarou que não poderia aceitar a "chantagem da guerra civil". Mas ele fez um aceno de paz futura:

> Se a história puder um dia dizer que De Gaulle eliminou a ameaça fascista, que restaurou e manteve as liberdades, que restabeleceu a disciplina na administração e no Exército, que extirpou a tortura que desonra o Estado [*protestos da direita*], numa palavra, que consolidou e saneou a República, então, e só então, o general De Gaulle encarnará a legitimidade. Não me refiro à legitimidade formal de votos e procedimentos; refiro-me à legitimidade profunda, exatamente a que ele invocou em 1940.[52]

O debate tinha começado às três da tarde e seis horas depois a Câmara votou: De Gaulle foi empossado por 329 votos contra 224. Os socialistas quase se dividiram ao meio, com 49 votos contra De Gaulle e 42 a favor. Mesmo depois dessa votação, alguns nós surgiram no dia seguinte com relação ao procedimento para elaborar a Constituição. Ninguém esquecera julho de 1940, quando o Parlamento dera plenos poderes a Pétain para que ele produzisse uma Constituição. O resultado tinha sido o regime de Vichy. Um *député* que teve algum prazer em invocar essa lembrança infeliz foi o direitista Jean-Louis Tixier-Vignancour, que votara a favor de Pétain em 1940 – e relutantemente fez o mesmo por De Gaulle em 1958. Muitos parlamentares se ressentiram de não terem sido consultados sobre a Constituição. Parecia que um agrado qualquer era necessário. Esse mimo surgiu com a ideia de se criar um Comitê Consultivo Constitucional, formado por *députés* e senadores, dando ao Parlamento a ilusão de participar do processo.

Para surpresa geral, De Gaulle apareceu novamente no Parlamento em 2 de junho para defender sua proposta de projeto. Se em 1º de julho estava rígido e pouco à vontade, agora parecia descontraído e tranquilizador, mas não voltou atrás em sua recusa a permitir que o rascunho do texto da Constituição fosse discutido no Parlamento. Como garantia de que a Constituição reconheceria a "necessária existência de uma assembleia eleita pelo voto universal", ele ofereceu como "prova anterior" sua restauração da democracia depois da guerra – e "o prazer e a honra que tenho de estar hoje aqui com os senhores". Aquela foi, na verdade, a última vez que De Gaulle apareceu numa assembleia parlamentar. "Operação sedição seguida de operação sedução", como disse um *député* comunista.[53]

Enquanto os votos eram contados no fim do debate, De Gaulle permaneceu sentado no seu lugar. *Députés* andaram de lado até os assentos do governo só para ter a chance de lhe apertar a mão. De Gaulle continuava sentado, e só se levantou para apertar a mão do veterano Paul Reynaud, que lhe dera sua primeira pasta ministerial em 1940. Quando Georges Bonnet, proponente do apaziguamento nos anos 1930, aproximou-se para cumprimentá-lo, foi como, segundo um observador, "se De Gaulle tivesse tocado numa lesma, tal a rapidez com que retirou a mão".[54] No fim do dia, o projeto de lei do governo foi aprovado; De Gaulle deixou a Câmara, onde nunca mais voltaria a pôr os pés.

Naquela noite, Léon Delbecque, que não via De Gaulle desde a fatídica conversa que haviam tido três meses antes, foi conduzido sub-repticiamente ao Hôtel La Pérouse por uma porta lateral. Ele tinha voado até Paris na noite de 29 de maio pronto para fazer a sua parte na Operação Ressurreição. Ao chegar, fora informado de que a operação tinha sido adiada, e Foccart lhe disse para sumir de vista até De Gaulle ser oficialmente empossado – "do contrário caberá a Argel agir". No hotel, em 2 de junho, De Gaulle recebeu Delbecque com um cumprimento ambíguo: "Bravo. Você fez bem a sua parte, mas há de admitir que eu também me saí bem." De Gaulle criticou severamente os Comitês de Salvação Pública e disse que precisavam ser extintos. Ao sair, Delbecque viu que as caixas de De Gaulle estavam sendo preparadas para a mudança para o Hôtel Matignon. Ele, que havia desempenhado papel essencial na preparação do golpe, já sentia que talvez não sobrasse um lugar para ele depois do golpe.⁵⁵

Anatomia de um golpe de Estado

"Eu quero um 18 Brumário sem os métodos de Brumário", comentara De Gaulle certa vez. Em 1799, como em 1958, as elites políticas francesas tinham perdido a fé no sistema político. Elas percebiam que as coisas precisavam mudar, mas queriam evitar uma restauração monarquista, pela direita, ou uma volta ao Terror, pela esquerda. Napoleão foi a figura providencial que ofereceu um meio-termo. Mas Napoleão não tinha tomado o poder tão tranquilamente como esperava. Uma das duas casas do Parlamento o apoiou em 18 Brumário, mas a outra se recusou a fazê-lo no dia seguinte. Soldados foram despachados para expulsar os *députés*. Em 1958, a ameaça de soldados tinha sido suficiente.

Em 1958, a escolha era entre um golpe militar pela direita ou uma aliança da Frente Popular com os comunistas pela esquerda. Foi em parte por desconfiar dos comunistas que Mollet correu para De Gaulle, como um mal menor. Embora os políticos não tivessem tanta certeza de poderem confiar em De Gaulle para salvá-los do Exército, e o Exército não tivesse tanta certeza de poder confiar em De Gaulle para salvá-lo dos políticos, qualquer outra opção parecia mais arriscada para os dois grupos. A maioria dos golpes bem-sucedidos contém um elemento de legalidade. Mussolini chegou ao poder em 1922 menos por causa da "marcha para Roma", que poderia facilmente ser detida, do que pelo fato de o rei ter decidido nomeá-lo primeiro-ministro. As elites italianas já não acreditavam no próprio sistema. A ameaça das ruas na Itália em 1922 era provavelmente menos real do que a ameaça dos militares na Argélia em 1958. Outro precedente que rondava os acontecimentos de 1958 era a votação "legal" para dar plenos poderes a Pétain em julho de 1940. Embora alguns dos que votaram em Pétain alegassem depois terem se sentido intimidados, o Exército em Argel em 1958 certamente não era menos ameaçador do que o Exército em 1940. Fosse ou não verdade que De Gaulle tinha dito a Monnerville e a Le Troquer que ia deixá-los "se entenderem com os paraquedistas", esse medo estava na cabeça de todos.

De Gaulle conseguiu "legalizar" seu golpe porque as elites da França haviam perdido a confiança no regime existente para resolver a crise argelina. Era o caso de Mollet – líder do maior partido do Parlamento – e de Coty – o presidente da República. Era o caso também do chefe do estado-maior da Defesa, general Ely, que renunciou durante a crise; e do chefe de polícia Papon, que tinha dito que não poderia responder pela lealdade da polícia. De Gaulle na verdade arrombou uma porta aberta. Coty e Mollet fizeram o possível para facilitar sua volta ao poder, mas De Gaulle não facilitava nem um pouco a vida deles. É possível imaginar uma situação diferente, na qual De Gaulle, condenando publicamente a dissidência do Exército, atraísse um número maior de políticos (incluindo Mendès France). Tivesse chegado ao poder dessa forma, é difícil imaginar que um golpe do Exército pudesse ter êxito, uma vez que o Exército não tinha nenhum outro candidato plausível para chefiar sua operação. As condições da volta de De Gaulle ao poder o deixaram numa posição complicada pelos quatro anos seguintes. Ele não tinha criado um Exército superpoderoso, mas abrira um precedente perigoso, reforçando a convicção do Exército de que poderia impor sua vontade a Paris. Se estava disposto a correr esse risco era porque pensava mais alto. Queria voltar ditando as condições: quebrar o sistema em vez de entrar no sistema. Como disse a Terrenoire em março, os que o queriam de volta precisavam compreender que esse não seria apenas mais um governo, mas um "novo universo". A habilidade de De Gaulle foi manter a rebelião argelina cozinhando – para forçar os políticos a aceitar suas condições –, mas não explodindo – para que pudesse voltar ao poder legalmente.

Resta ainda a pergunta: até que ponto De Gaulle foi cúmplice da insurreição argelina? Ele não estava diretamente envolvido, mas não é essa a questão. Como disse François Mitterrand, que se opôs a De Gaulle em 1958: "Ele não esteve mais diretamente envolvido na conspiração do que Deus na criação."[56] A presença de De Gaulle em Colombey certamente lhe permitia manter uma distância olímpica. No auge da crise, em 28 de maio, um partidário do general comentou com Gladwyn Jebb que seu isolamento em Colombey era um problema: "De Gaulle insistia em conduzir todas essas importantes manobras políticas a partir de uma casa de campo, a quatro horas de carro de Paris; não usava o telefone; e não tinha equipe além de dois secretários desimportantes, que de forma alguma eram de sua confiança. Até parecia que ele não queria mesmo o poder político."⁵⁷ Era essa a impressão que De Gaulle queria dar, quando, na realidade, estava extremamente bem-informado, e mantinha as mãos limpas com muita competência. Colombey nunca lhe fora mais conveniente. Permitia-lhe impor seu próprio ritmo nos acontecimentos, e ao mesmo tempo guardar distância. O governo mantinha um carro da polícia seguindo as idas e vindas de De Gaulle entre Colombey e Paris, mas, como seu Citroën 15CV era mais rápido do que o Peugeot 203 da polícia, essa tentativa de monitorar seus movimentos era um tanto ineficaz.⁵⁸

Longe da febril agitação de Argel e Paris, Colombey era um oásis surreal de calma. Durante sua visita em 23 de maio, Georges Boris passou alguns minutos sozinho com madame De Gaulle, enquanto Guichard, que o acompanharia na volta a Paris, conversava a sós com o general: "Ela tentou manter a conversa da melhor maneira possível, falando do jardim, do inverno frio, dos pássaros do parque: 'são os únicos que fazem barulho aqui. A casa é silenciosa, sem gente entrando e saindo, sem telefone tocando.'"⁵⁹ De Gaulle não gostava do telefone, e, como as linhas eram grampeadas, o aparelho não podia ser usado com segurança – a não ser que De Gaulle quisesse vazar informações. Graças às escutas telefônicas, Pflimlin mantinha-se bem-informado sobre as várias tramas que fermentavam em Argel. De Gaulle esteve em Paris apenas quatro vezes entre 14 e 31 de maio. Fora isso, comunicava-se por meio de Guichard e Foccart. Guichard esteve em Colombey cinco vezes durante a crise, levando e trazendo mensagens para o general. Voltando de carro a Paris em 26 de maio com a carta de De Gaulle para Mollet, ele cruzou com o carro de Foccard indo para Colombey com uma carta de Salan.

A visita de Dulac a Colombey foi o único encontro *direto* entre De Gaulle e os militares no mês de maio. Os sinais anteriores de De Gaulle em março e abril – para Delbecque, Neuwirth e Petit – tinham sido tão ambíguos quanto animadores. Como naquele mês poucas pessoas tiveram acesso direto a ele, Foccart e Guichard atuavam como filtros e condutores. Delbecque, participante tão essencial nos acontecimentos argelinos, só esteve com De Gaulle duas vezes (em 4 de março e 2 de junho), mas se encontrou com Foccart em muitas ocasiões. Foccart o incentivou a continuar seu bom trabalho, mas com uma forte advertência: tenha cuidado. "O mais importante é não 'comprometer' [*mouiller*] o general e não andar por aí dizendo: 'o general me disse'."⁶⁰ As escutas telefônicas do governo captaram uma conversa entre Salan e um dos seus contatos em Paris em 15 de maio. Quando Salan perguntou o que devia fazer, ouviu em resposta: "Grite *Vive De Gaulle*". "É isso que ele quer?", perguntou Salan. Quando informado de que "é o que seus colaboradores dizem", Salan respondeu: "Não é a mesma coisa."[61] Mas não havia nada mais a fazer.

Foccart relata as palavras que De Gaulle lhe disse pouco antes de partir rumo a Paris depois da entrevista coletiva de 19 de maio: "'Voltarei imediatamente a Colombey. Acho que desta vez o processo está andando. Mas ouça bem o que digo.' Enfatizando as palavras, e na voz mais solene, ele prosseguiu: 'Não quero que você faça nada. Não quero que veja ninguém.'"

Foccart conhecia De Gaulle bem o bastante para decodificar a mensagem:

> Se eu tivesse obedecido rigorosamente, teria voltado para casa em Luzarches, desligado o telefone e feito palavras cruzadas. Conheço o general bem o bastante para interpretar suas instruções. Ele raramente me dá instruções tão precisas, mas mesmo nesse caso eu entendia que devia agir no sentido de alcançar o objetivo que ele tinha definido, ou de entender o que ele queria, ainda que isso significasse desobedecê-lo formalmente.[62]

Os assessores de De Gaulle se permitiam considerável flexibilidade na interpretação dos seus desejos, sabendo que seriam desautorizados se fossem apanhados em flagrante. Em 12 de maio, Delbecque foi informado por Foccart em Paris que tinha sinal verde para continuar suas atividades em Argel. Mais tarde, Foccart admitiria a Delbecque que não tinha autoridade para dar esse tipo de garantia. Quando a crise chegou ao auge, em 29-30 de maio, ninguém sabia exatamente o que tinha sido dito ou como o que tinha sido dito deveria ser interpretado. Vitasse lembrou-se do primeiro encontro com o pessoal do entourage de De Gaulle: "Não eram sujeitos muito francos" [*pas des gars francs*].[63] Os militares queriam instruções simples; o pessoal de De Gaulle procurava levar a ambiguidade o mais longe possível. Para aumentar a confusão, os que atuavam em nome do general às vezes trabalhavam independentemente uns dos outros. Em 17 de maio, um mensageiro despachado por Debré para sondar as opiniões do general Petit ficou surpreso ao descobrir que Bonneval estava fazendo a mesma coisa.[64] Debré, imobilizado durante toda a crise por um ataque de dor ciática, era menos ambíguo em suas mensagens do que Guichard e Foccart, que mantinham contato pessoal mais estreito com De Gaulle.

Se fosse impossível obter uma maioria parlamentar e se a Operação Ressurreição tivesse seguido em frente, De Gaulle, nas palavras de Guichard para Miquel, talvez "aceitasse a situação tal como a encontrou". O dia 13 de maio certamente não era uma data que De Gaulle gostava de recordar. Quatro anos depois, num discurso em 8 de junho de 1962, ele se referiu a esse dia com desdém, descrevendo-o como "uma tentativa de usurpação feita por Argel".[65] Quando seu ministro da Informação, Alain Peyrefitte, se disse surpreso com essa descrição dos acontecimentos que tinham motivado seu retorno ao poder, De Gaulle respondeu com magnífico desprezo pelos fatos:

> A frase foi escolhida de propósito. Não tive nada a ver com a insurreição de Argel. Nada sabia do que estava sendo preparado antes de 13 de maio; fui informado do que se passava pelo rádio, como todo mundo ... Não fiz o menor esforço para incentivar o movimento. Inclusive o obstruí quando assumiu a forma de uma operação militar na França.

Ao ouvir isso, Guichard comentou com Peyrefitte: "Ele tirou proveito magnificamente da agitação em Argel, do pânico em Paris e do desejo dos franceses de acabarem com a Quarta República. Tudo isso com grande arte; não bastasse isso, ele agora nos denuncia."[66]

19. Président du Conseil, junho-dezembro de 1958

"Ontem estava muito escuro! Mas esta noite há luz!"

Em 27 de junho de 1958, um mês depois de voltar ao poder, De Gaulle fez um discurso pela TV para toda a nação: "Peço união! Isso significa que convoco a todos. Ontem estava muito escuro! Mas esta noite há luz! *Françaises, français*, preciso da sua ajuda."[1]

A ideia de que da noite para o dia o povo francês tinha saído das trevas para a luz, da divisão para a união, do "abismo" para o "pico", foi um tema recorrente nos discursos de De Gaulle nos dez anos seguintes. Ao visitar as regiões da França no começo da sua presidência, ele às vezes fingia estar surpreso com sua rápida recuperação depois da guerra – como se os anos de 1946 a 1958 não tivessem existido. Uma arma de propaganda muito eficaz na campanha do referendo para a Constituição de De Gaulle em 1958 foi um filme mostrando um desfile de políticos indistintos nos degraus do Palácio do Eliseu, no infindável carrossel político da Quarta República. A mensagem era simples: esse era o passado do qual De Gaulle (mais uma vez) salvara a França.

A "luz" da retórica gaullista jogou a Quarta República numa "treva" da qual ela jamais se recuperou inteiramente. Na realidade, os governos da Quarta República conseguiram fazer muita coisa em condições excepcionalmente difíceis. De Gaulle com frequência aproveitava o que eles tinham feito, mas sem jamais lhes dar crédito. As realizações da Quarta República hoje aparecem sob luz mais positiva do que vistas nos anos 1950 através das janelas chuvosas de Colombey.

A economia: Lançando um olhar retrospectivo sobre o período de 1949 a 1979, o economista Jean Fourastié descreveu-o como os "Trinta Anos Gloriosos" da economia francesa, bruscamente interrompidos pela crise do petróleo dos anos 1970. Os anos "gloriosos" foram marcados por rápido crescimento econômico, pleno emprego e elevação dos salários. O crescimento teve como pontapé inicial o Plano Marshall e foi sustentado por aumentos de produtividade e pela reconstrução da infraestrutura depois da guerra. Entre 1949 e 1959, o PIB francês cresceu 4,5% ao ano.

Só com o tempo o povo percebeu o que tinha ocorrido. Para os que os sentiram na pele, aqueles anos de início não pareceram assim tão "gloriosos". Cerca de 25% dos eleitores votavam regularmente no Partido Comunista, que ainda propagava a grotesca teoria de que a classe trabalhadora estava ficando "empobrecida". Se os eleitores comunistas acreditavam nisso ou não, o fato é que o crescimento econômico não se traduzira de imediato em padrões de vida mais altos. Como os governos tinham priorizado o investimento em indústria pesada e infraestrutura, havia escassez de moradia. No inverno de 1954, a crise habitacional foi o assunto das manchetes da política francesa. O progresso econômico subjacente era mascarado também pelas altas taxas de inflação da França, alimentadas pelo ônus de ter que financiar guerras coloniais. Havia crises endêmicas na balança de pagamentos e nas finanças públicas. Governos da Quarta República oscilavam de um plano de estabilização financeira para outro. Apesar disso, De Gaulle teve a sorte de retornar ao poder num momento de crescimento econômico subjacente, cujos benefícios logo apareceram.

A Constituição. A instabilidade política da Quarta República era a sua fraqueza mais óbvia. Mas seus presidentes não eram nulidades absolutas: Auriol tinha manobrado habilidosamente para manter De Gaulle longe do poder; e seu sucessor, Coty, não mostrou menos habilidade fazendo exatamente o oposto. Embora 1958 pareça uma ruptura radical na história constitucional francesa, de meados dos anos 1950 em diante muitos políticos passaram a ver como necessária alguma alteração da Constituição, para reduzir a instabilidade ministerial e limitar a capacidade do Parlamento de cercear a autoridade executiva. O governo de Gaillard tinha um projeto de reforma constitucional pronto em março de 1958, mas caiu antes que pudesse submetê-lo a discussão; o governo de Pflimlin tinha outro pronto em maio, antes de também cair. Várias ideias contidas nesses projetos para racionalizar o sistema parlamentar reapareceram na Constituição de De Gaulle em 1958. Essa é uma das razões pelas quais a classe política se mostrou tão disposta a aceitar as reformas do general. Ainda que ele não retornasse ao poder, o sistema político da França teria mudado.[2]

O Império: A Quarta República parecia ter fracassado miseravelmente na questão da descolonização. Durante oito anos travara uma guerra impossível de ganhar e financeiramente devastadora na Indochina, culminando na derrocada de Dien Bien Phu – embora esse conflito fosse um legado pernicioso do governo provisório de De Gaulle em 1944-45. Mas, depois que Mendès France conseguiu tirar a França da Indochina, em 1954, os governos da Quarta República começaram a adotar políticas coloniais mais criativas. Mendès France preparou o terreno para que a Tunísia reivindicasse a independência em 1955, e seu sucessor, Edgar Faure, fez o mesmo com relação ao Marrocos. Governos da Quarta República tentaram também atender às demandas de líderes nacionalistas da África Negra por mais autonomia, quando não por independência. Em 1956, o governo Mollet aprovou a chamada Loi Cadre, que devolvia considerável autonomia a assembleias eleitas nos territórios da África Equatorial e da África Ocidental, mas deixando áreas essenciais de soberania, como defesa, política externa e política monetária, em mãos francesas. Apesar de concebida como uma forma de preservar o Império, a Loi Cadre oferecia uma possível rota de futuro pós-imperial para a África Negra. Isso contrastava nitidamente com a incapacidade de achar uma solução para a Argélia. Mas a Argélia era vista mais como um problema interno francês do que como uma questão colonial – e o drama argelino não deve obscurecer outros êxitos da Quarta República no campo da descolonização. Aqui também De Gaulle tinha precedentes para usar como ponto de partida.

A França no mundo: Nos vinte anos que se seguiram a 1946, os governos da Quarta República tinham adotado três medidas importantes para proteger a segurança da França e restaurar sua posição internacional. A primeira foi assinar o Tratado da Otan em 1949; a segunda, iniciar o processo de reconciliação com a Alemanha e o processo de união europeia em 1951; a terceira, construir a capacidade nuclear militar francesa a partir de 1954. Houve altos e baixos na execução dessas políticas, mas em conjunto elas representaram uma conquista substancial.

A organização da Otan não era ideal do ponto de vista francês. Os franceses ressentiam-se de serem parceiros menores da Grã-Bretanha e dos Estados Unidos, e faziam lobby, intermitentemente, para alterar essa situação propondo algum tipo de diretório de três potências para administrar a Otan e institucionalizar as pretensões da França à condição de potência mundial.[3]

O primeiro passo para a reconciliação com a Alemanha tinha sido a Comunidade Europeia do Carvão e do Aço (Ceca), de 1951, assinada por Robert Schuman, mas concebida por Jean Monnet. Como uma das condições do Plano Marshall tinha sido que os franceses abandonassem suas tentativas de enfraquecer a Alemanha, o golpe de gênio de Monnet consistiu em fazer da necessidade uma virtude imaginando a Ceca como uma organização supranacional para administrar coletivamente as reservas de carvão e aço da França, da Alemanha, do Benelux e da Itália. O caminho para a reconciliação com a Alemanha tinha um obstáculo na Comunidade Europeia de Defesa, que finalmente desmoronou, como vimos no Capítulo 17, quando o Parlamento francês se recusou a ratificá-la em 1954 – embora a proposta tenha se originado na França como uma forma de vender o rearmamento alemão para o público francês. A ideia de união europeia – e da reconciliação franco-alemã – foi retomada com o Tratado de Roma em março de 1957. O objetivo de longo prazo do tratado era "lançar os alicerces de uma união cada vez mais estreita entre os povos da Europa". As primeiras etapas do processo seriam a criação do Mercado Comum – ou Comunidade Econômica Europeia (CEE), seu título formal –, estabelecendo uma união alfandegária entre os seis signatários. As primeiras etapas dessa união alfandegária deveriam entrar em vigor em janeiro de 1959. O compromisso francês com a "Europa" foi reforçado pela crise de Suez em 1956, quando franceses e britânicos foram obrigados pelos americanos a abandonar sua operação contra Nasser. Franceses e britânicos tiraram conclusões diferentes do desastre: o governo britânico decidiu consolidar laços com os Estados Unidos, enquanto o francês decidiu fortalecer laços com a Europa. No dia em que a crise de Suez atingiu o ponto culminante, o chanceler alemão Konrad Adenauer se encontrava com Mollet em Paris a fim de eliminar os obstáculos finais para a assinatura do Tratado de Roma no ano seguinte. Ele disse a Mollet: "Só resta uma maneira de desempenhar um papel decisivo no mundo; é nos unirmos para fazer a Europa ... Não temos tempo a perder: a Europa será nossa vingança."[4]

União europeia também trazia implicações para a defesa da França. Havia cada vez mais razões para indagar se uma aliança transatlântica assinada em 1949 ainda era apropriada, na mesma forma, dez anos depois. Os Estados Unidos já não detinham o monopólio nuclear, depois que a União Soviética testara sua primeira bomba atômica em agosto de 1949; e em 1957 a União

Soviética foi o primeiro país a enviar um satélite – o Sputnik – ao espaço. Isso provocava temores de que os soviéticos estivessem passando à frente dos Estados Unidos no âmbito da tecnologia, e fazia os europeus se perguntarem se os americanos estariam dispostos a provocar o risco de destruição nuclear pela Europa. Em 1957, o governo americano tinha aceitado modificar, em benefício da Grã-Bretanha, os termos da Lei de Energia Atômica de 1946 (Lei McMahon), que proibia o compartilhamento de tecnologia nuclear. Foi uma vitória para a política britânica de fortalecimento de laços com os Estados Unidos, mas teve como consequência de longo prazo o fato de que a Grã-Bretanha, para quem os custos de sua própria dissuasão nuclear eram uma sobrecarga crescente, se tornaria mais dependente dos Estados Unidos. Para aliviar as preocupações europeias com a própria defesa, os americanos propuseram instalar seus mísseis (ICBMs) na Europa.

Apesar de o governo provisório de De Gaulle ter estabelecido uma diretoria de energia atômica (o Commissariat à l'Énergie Atomique, CEA) em 1945, esse organismo tinha inicialmente estudado apenas as aplicações civis da energia nuclear. Foi o governo de Mendès France, depois da humilhação de Dien Bien Phu, que decidiu, em dezembro de 1954, incluir entre as atribuições do CEA os usos militares da energia nuclear. Por fim, em abril de 1958, o governo de Gaillard tomou a decisão de testar a primeira bomba atômica da França dentro de dois anos.[5] Como compatibilizar um programa nuclear francês com a política geral de defesa da França, e com o aprofundamento do seu compromisso com a Europa, era coisa que ainda precisava ser resolvida. Em novembro de 1957 e abril de 1958, os governos francês, alemão e italiano tinham assinado acordos secretos para discutir a possibilidade de compartilhar tecnologia nuclear tanto para fins pacíficos como para fins militares. Era um ensaio preliminar do que poderia vir a ser uma política nuclear europeia comum.[6]

Dessa maneira, De Gaulle chegou ao poder num momento crítico nas relações entre a França, a Europa e os Estados Unidos. O governo de Gaillard tinha caído em maio de 1958 porque o Parlamento francês não engolira o plano americano para resolver a disputa franco-tunisiana depois do bombardeio de Sakhiet. Seus termos foram julgados humilhantes para a França. A crise franco-americana de 1958 foi a repercussão de uma reavaliação mais ampla das relações entre franceses e americanos na esteira de Suez.[7] De Gaulle é famoso por ter contestado a Aliança Atlântica da França, mas devíamos ter em mente que seu retorno ao poder foi tanto *consequência* como causa de uma crise nessa aliança.

Todas as questões levantadas por De Gaulle teriam surgido ainda que ele não voltasse ao poder. O presidente Eisenhower, dos Estados Unidos, comentou, em novembro de 1957, que o governo francês ameaçava provocar "as maiores calamidades, como a total extinção da Aliança Atlântica".[8] Harold Macmillan anotou em seu diário um mês depois: "Todas as acusações de praxe sobre a *perfide Albion*. Nós e os americanos somos acusados de (a) tentar dominar a Otan ... (c) impedir que a França se torne uma potência nuclear etc."[9] Essas preocupações anglo-americanas sobre a França se tornariam ainda mais familiares nos anos seguintes. No fim de 1957, porém, o primeiro-ministro francês era Félix Gaillard – e De Gaulle ainda se deteriorava na inatividade de Colombey.

A nova equipe

Que linha de ação De Gaulle teria adotado nessas questões não é possível saber. Ele esteve longe do poder por doze anos, e calado por três. Sempre denunciara quaisquer movimentos de supranacionalismo europeu, sendo o caso mais famoso o da Comunidade Europeia de Defesa – mas teria ele rasgado o Tratado de Roma? Como outros líderes da Quarta República, ele se ressentia do status secundário da França na Otan – mas até onde teria ido para remediar a situação? Ele certamente abandonara a política de fragmentar a Alemanha – mas até onde teria ido na rota da reconciliação?

Durante os anos no "deserto", De Gaulle mantivera contato através de suas "audiências" semanais, e por intermédio daqueles membros da diáspora gaullista que haviam assumido cargos no governo. Mas a transição da oposição para o poder foi abrupta. Um mês antes de retornar ao poder, De Gaulle estava em Colombey meditando e planejando férias nas Cevenas. O embaixador francês em Londres disse aos britânicos, que se afligiam para descobrir quais eram as opiniões de De Gaulle, que o general "não via um arquivo há doze anos e que colocá-lo em dia era uma grande operação" – mas que "seus funcionários o acham muito mais afável e cortês do que o De Gaulle de dez anos atrás".¹⁰ Houve muito improviso no começo. O *conseiller d'état* Raymond Janot, que desempenharia importante papel no projeto de Constituição, foi recrutado às pressas poucos dias antes de De Gaulle assumir. O jeito como isso se deu revela a frenética velocidade dos acontecimentos naquela fase. Em 28 de maio, Janot trabalhava em seu escritório quando recebeu uma ligação de Pompidou:

> "Eu quero que você me lembre o que era mesmo que você estava me dizendo outro dia sobre revisão constitucional", eu lhe disse, e ele continuou: "Ótimo, o jeito mais simples é você explicar para o general; ele está a caminho [proveniente de Colombey] neste momento; foi convocado pelo presidente da República." E partimos. Os dois carros se encontraram, os faróis acenderam e apagaram, os carros pararam, e Pompidou foi ver o general; apresentou-me a ele; o general me levou para o seu carro ... "O que é que você tem a me dizer?" ... Achei-o receptivo. A conversa terminou e o general disse, ao despedir-se de mim: "Muito bem; se as coisas derem certo, você cuidará das questões constitucionais em meu *cabinet*."¹¹

Havia tão pouco espaço na suíte de De Gaulle no Hôtel La Pérouse que Janot teve de trabalhar no banheiro. Enquanto isso, em 2 de junho, Pierre Lefranc, do entourage do general, saía em missão de reconhecimento ao Hôtel Matignon:

> Silêncio total, tudo absolutamente quieto. Tive a impressão de que havia ouvidos atrás de cada porta, pessoas olhando pelo buraco de todas as fechaduras. Era eu o invasor. Eu comia criancinhas, roubava relógios? Um dos colaboradores de Pflimlin veio me encontrar ... Recebeu-me no escritório que logo seria meu. Nenhum arquivo; nenhum pedaço de papel à vista.¹²

Nos seis meses de De Gaulle como o último primeiro-ministro da Quarta República, seu *directeur de cabinet* foi o confiável Georges Pompidou. Levando em conta que De Gaulle esteve ausente de Paris por quase um mês (uma longa visita à África, quatro à Argélia), o papel de Pompidou foi essencial para o bom funcionamento do governo.¹³ Ele contou com a ajuda de outros membros da equipe do general dos tempos da rue de Solférino – Guichard, Bonneval, Foccart, Pierre Lefranc. Mas embora esse grupo tivesse formado vínculos com base na lealdade pessoal a De Gaulle, seria um equívoco ver o que aconteceu em maio de 1958 como um grupo de "forasteiros" gaullistas tomando posse e assumindo o controle do Estado. Não houve expurgo: todos os embaixadores e chefes de departamento permaneceram no cargo; assim como o chefe de polícia de Paris, Maurice Papon. Nem eram os novos "nativos" gaullistas em qualquer sentido real forasteiros (à exceção de alguns indivíduos como Guichard e Foccart). Um exemplo perfeito dessa condição híbrida de nativo/forasteiro, mostrando que em certo sentido o gaullismo era compatível com a ideia de serviço do Estado, era René Brouillet, que De Gaulle trouxe para o seu *cabinet* em 1958. Como jovem servidor público durante a Ocupação, Brouillet tinha desempenhado um papel importante na Resistência, como ajudante de ordens de Bidault em sua função de chefe do CNR depois da morte de Moulin. Brouillet, homem de fortes convicções católicas, conhecera Bidault nos círculos democratas-cristãos antes da guerra. Na Libertação, ele foi escolhido por Palewski para seu vice na administração do *cabinet* de De Gaulle. Foi também, por coincidência, a pessoa que levou o amigo íntimo Georges Pompidou para a panelinha gaullista. Depois da renúncia de De Gaulle em 1946, Brouillet preferiu seguir a carreira diplomática a ingressar no RPF, mas isso não fazia dele, a seus próprios olhos – ou aos olhos de De Gaulle –, menos "gaullista". De volta ao poder em 1958, De Gaulle chamou Brouillet de um posto diplomático no Vaticano para assumir a responsabilidade, em seu *cabinet*, pela pasta mais delicada: a Argélia. Então, quando se mudou para o Eliseu em 1959, De Gaulle levou Brouillet para o seu *cabinet* ali.[14]

Houve considerável continuísmo na composição do governo – para desilusão dos ativistas de Argel. O primeiro governo de De Gaulle era uma mistura de antigos políticos da Quarta República, "especialistas" e gaullistas. Do primeiro grupo faziam parte Pflimlin, Mollet e Pinay, do segundo, o novo ministro dos Negócios Estrangeiros, Maurice Couve de Murville (que De Gaulle conhecia bem de Argel em 1943), arrancado do seu posto de embaixador em Bonn, e o novo ministro da Defesa, Pierre Guillaumat, ex-chefe da Comissão Francesa de Energia Atômica; do terceiro grupo faziam parte Debré, o ministro da Justiça, e Malraux, sem pasta específica.

Embora não fosse segredo para ninguém que a nova Constituição de De Gaulle envolveria uma Presidência mais forte, enquanto ele continuasse primeiro-ministro na Quarta República era nas mãos do primeiro-ministro que estava o poder. As reuniões formais do Conselho de Ministros (Conseil des Ministres), presididas pelo presidente Coty no Eliseu, eram superficiais. Poucas informações eram transmitidas por baixo do verniz de cortesias. Antes, o presidente e o primeiro-ministro sentavam-se de frente um para o outro; agora sentavam-se lado a lado. De Gaulle tinha uma caixa de fósforos sempre pronta para acender o cigarro de Coty, mas só com muita relutância concordava em permitir que o conselho ouvisse relatórios, ainda que breves, sobre negócios estrangeiros de autoria de Couve de Murville.[15] As verdadeiras decisões eram tomadas pela equipe de De Gaulle no Hôtel Matignon.

Esses seis meses em que De Gaulle serviu como o último primeiro-ministro da Quarta República foram caracterizados pela mesma intencionalidade, pela mesma energia dos primeiros meses do Consulado de Napoleão. Produziram não apenas o projeto de uma nova Constituição, a adoção de um importante plano financeiro e de diversas iniciativas inéditas em política externa, mas também um frenesi legislativo que resultou na promulgação de trezentas portarias cobrindo a mais eclética variedade de assuntos: reforma penal, reforma hospitalar, mudança no sistema previdenciário, nova regulamentação para a indústria cinematográfica. Houve medidas relativas a licenças de caça, preços do trigo, status dos funcionários prisionais, auxílio a vítimas de inundação, delinquência juvenil, código de trânsito. Algumas reformas, como a ampliação da escolaridade obrigatória de catorze para dezesseis anos, tiveram grande impacto na vida dos franceses. Em muitos casos, essas medidas vinham mofando havia anos nos escritórios dos funcionários públicos (como muitas medidas adotadas por Napoleão depois de 1799), e o que possibilitou sua rápida execução foram as condições excepcionais que permitiram a De Gaulle seis meses de poder irrestrito para governar sem Parlamento. Na maior parte, as reformas tinham pouco a ver com De Gaulle diretamente, mas ele se envolveu com detalhes num grau surpreendente, sobretudo quando se tratava de pesquisa científica.

"Eu entendi vocês"

Em 4 de junho, De Gaulle tomou um avião para Argel, onde a população o aguardava com febril expectativa. Todos queriam ouvir diretamente, dos seus lábios, as mágicas palavras *Algérie française*. Militantes *pieds-noirs* e oficiais do Exército dos Comitês de Salvação Pública ficaram desapontados com o fato de o governo de De Gaulle incluir tantos políticos da Quarta República (como Pflimlin, contra o qual eles se haviam insurgido), mas não Soustelle, para eles um herói (que desempenhara um papel crucial na insurreição). Nessa primeira visita, De Gaulle viajou em companhia de dois ministros subalternos, que as autoridades militares trataram com pouco respeito. Um carro foi buscar De Gaulle no aeroporto, mas os dois ministros tiveram de providenciar o próprio transporte para o centro de Argel. No fim do dia, quando De Gaulle se preparava para falar à multidão em Argel, eles foram capturados por membros do Comitê de Salvação Pública e trancados numa despensa.

De Gaulle chegou à sede do governo-geral no fim da tarde. Uma imensa multidão se reunira na frente do prédio. Salan e Soustelle apareceram rapidamente na sacada para anunciá-lo. Quando a expectativa da multidão atingia um clímax de histeria, De Gaulle foi até a sacada e levantou os braços em "V". Depois que o rugido da multidão cedeu um pouco, ele começou: "Eu entendi vocês." A multidão explodiu em aplausos. O que ele quis dizer com essas três palavras? Um funcionário do governo que assistia à cena de outra sacada lateral ofereceu esta interpretação:

> De Gaulle viu-se diante de uma multidão uivante e descontrolada, difícil de acalmar. Escutando as pessoas, ele rapidamente percebeu que elas não o aplaudiam. Pediam a presença de Soustelle ... Ele foi até a beira da sacada. Nunca vou esquecer isso: ele levantou os braços em V, como costumava fazer, mas a multidão não parou de gritar. Ele não conseguia falar ... De um terraço ao lado, eu o via com a maior clareza. E tive a impressão de que estava ficando muito irritado com essa multidão que não lhe permitia falar ... E então, como sempre acontece nas multidões, houve um momento de calma que durou poucos segundos. E ele aproveitou esse momento para berrar ao microfone esta frase que tem sido tão comentada: "Eu entendi vocês." Para mim, o que ele quis dizer foi: "Tudo bem, ouvi vocês gritarem. Ouvi gritarem por Soustelle. Eu entendo. Agora calem a boca e me deixem falar."[16]

É uma interpretação inusitada, mas não inteiramente implausível. A maioria, porém, acredita que as três palavras pretendiam conquistar o coração da multidão com uma declaração tão ambígua que cada ouvinte pudesse interpretá-la à sua maneira. As palavras seguintes de De Gaulle não foram menos sedutoramente opacas:

> Sei o que aconteceu aqui. Percebo o que vocês queriam fazer. Vejo que a estrada que abriram na Argélia é a da renovação e da fraternidade [*aplausos*]. Digo renovação em todos os sentidos. Mas como vocês, com toda a razão, queriam começar do começo – quero dizer, de nossas instituições –, é por isso que estou aqui [*longos aplausos*].

Uma vez que seus ouvintes foram "laçados", como disse um observador, o que veio em seguida não foi necessariamente o que eles gostariam de ouvir.[17] De Gaulle elogiou a "coragem" dos combatentes que pegaram em armas contra a França e lhes ofereceu reconciliação; anunciou que muçulmanos e europeus seriam plenamente franceses e que seus votos teriam o mesmo valor nas eleições. E concluiu: "Nunca mais do que aqui, e nunca mais do que esta noite, compreendi como a França é bela, como é grande e como é generosa." Um jornalista inglês que estava presente escreveu o seguinte sobre o discurso: "Foi uma performance magnífica ... Admirável na extensão, perfeita na composição, nobre no estilo e na elocução, magnífica na peroração. Aplaudiram-no ruidosa e longamente – e obviamente não entenderam uma só palavra."[18] Não foi bem assim. Embora a oferta aos muçulmanos de igualdade com os europeus possa ser interpretada como o começo da execução daquela ideia de "integração" total entre a Argélia e a França, que os militantes *pieds-noirs* tanto desejavam, esses mesmos militantes ficaram assustados com o fato de De Gaulle não ter pronunciado as palavras mágicas *Algérie française*. No dia seguinte, numa colérica reunião do Comitê de Salvação Pública de Argel, Delbecque declarou: "Não atravessamos o Rubicão para pescar. Levaremos até o fim o que começamos em 13 de maio."

Nos dois dias seguintes, De Gaulle percorreu o país fazendo discursos – mas sempre evitando as duas palavras fatídicas que todos aguardavam – até o último discurso em Mostaganem, em 6 de junho. Ele concluiu como sempre – "*Vive Mostaganem, vive l'Algérie, vive la République, vive la France*" – e começou a afastar-se do microfone. A multidão então gritou "*Algérie française, Algérie française*". Nesse momento, De Gaulle voltou, ergueu os braços e gritou "*Vive l'Algérie"* – e, depois de uma pausa, acrescentou – *"française"*. Imediatamente os serviços de propaganda do Exército puseram-se a trabalhar, adulterando as gravações para ocultar qualquer hesitação. A versão transmitida por eles ficou assim: *"Vive Mostaganem, vive l'Algérie française, vive la République, vive la France."*[19]

Isso acabaria se tornando um constrangimento para De Gaulle. Ele não incluiu o discurso em sua coleção de pronunciamentos. Quando o discurso foi publicado após sua morte pelo filho, as palavras ofensivas foram omitidas – mas ninguém nega que foram ditas. Anos depois, quando a Argélia já era independente, De Gaulle tentou uma explicação habilidosa: "Ainda hoje espero que a Argélia continue sendo França, assim como a Gália continuou sendo romana! Quero que ela seja irrigada e alimentada pela nossa cultura e pela nossa língua."[20] Mas no contexto de 1958, como De Gaulle bem o sabia, suas palavras carregavam um sentido específico. Talvez ele tenha sido levado pela emoção do momento; talvez tenha sucumbido momentaneamente à intensa pressão psicológica para pronunciar as palavras; talvez tenha decidido oferecer um fiapo de consolo a um Exército de cuja lealdade precisava.

De Gaulle voltou à Argélia, por cinco dias, no começo de julho. Dessa vez, estava acompanhado do apreensivo Guy Mollet, que não tinha posto os pés ali desde que fora atacado com tomates dois anos antes. De Gaulle visitou áreas onde o apoio à FLN era forte. Em Batna, na região de Aurés, surpreendeu a todos mergulhando numa multidão compacta de muçulmanos, indiferente à segurança. Em Argel, recusou-se a receber o Comitê de Salvação Pública. Apesar de não ter jamais falado em "integração", anunciou que no futuro haveria um único carimbo comum para a correspondência entre a Argélia e a França. Isso era "integração" às escondidas, ou apenas falsa devoção à ideia? Quando voltou a Paris, numa concessão ao Exército e aos ativistas *pieds-noirs*, De Gaulle fez de Soustelle o seu ministro da Informação. Para um jornalista que viajava no avião de volta para a França, De Gaulle desabafou sua raiva contra o Exército:

> Os generais me odeiam. E eu sinto o mesmo por eles. São todos idiotas ... Cretinos, preocupados só com suas promoções, suas condecorações, seu conforto, pessoas que jamais entenderam coisa alguma e jamais entenderão. Salan é um viciado em drogas ... [O general] Jouhaud, um perfeito idiota ... E Massu! Um bom sujeito, mas não é lá muito inteligente.[21]

Durante aqueles meses, De Gaulle mandou cartas cada vez mais irascíveis para Salan sobre as atividades políticas dos Comitês de Salvação Pública e a necessidade de restaurar a autoridade moral.[22] Massu, cujo breve instante de eminência parda e cujas atividades de presidente do Comitê de Salvação Pública de Argel lhe subiram à cabeça, recebeu uma advertência não tão codificada: "O senhor é um soldado. E que soldado! É por isso que precisa ficar. É assim que continuará sendo meu companheiro e meu amigo. Mas a minha tarefa não é sua."[23] Por enquanto, porém, De Gaulle não se sentia seguro o bastante para ir mais longe. Primeiro precisava consolidar sua posição na França elaborando uma nova Constituição e angariando para ela a aprovação popular.

A redação da Constituição

Pierre Pflimlin escreveu o seguinte a respeito da primeira reunião do comitê encarregado de redigir a nova Constituição: "Eu esperava que o general tirasse do bolso uma Constituição já pronta. Não houve nada disso."[24] De Gaulle limitou-se a delinear algumas ideias, na linha do discurso de Bayeux, mas, como aquele discurso era vago demais para servir de guia, muita coisa ficou por conta da imaginação.[25] Apesar dos anos que o RPF passara discutindo uma reforma constitucional, a redação do texto de 1958 foi marcada pelo improviso e pelas acomodações.

A Constituição foi redigida em segredo durante seis semanas. Nem mesmo o presidente da República, Coty, sabia o que se passava. O papel principal foi desempenhado por Michel Debré. Por instrução de De Gaulle, ele formou um grupo de "especialistas" para redigir um projeto preliminar. Debré era a escolha inevitável, pois vinha escrevendo havia anos sobre reforma constitucional. Admirador apaixonado do sistema parlamentar britânico, seu ideal era um sistema parlamentar racionalizado, no modelo de Westminster (diferentemente do sistema americano de separação de poderes), mas mudanças processuais restringiriam a capacidade do Parlamento de derrubar governo com a facilidade com que o fazia na Terceira e na Quarta Repúblicas.

As propostas, à medida que o grupo de Debré as produzia, eram submetidas a um pequeno comitê ministerial presidido por De Gaulle. Entre os seus membros havia políticos importantes da Quarta República, como Mollet e Pflimlin. A Constituição da Quinta República, pelo menos em sua forma original, era um documento coletivo redigido com a colaboração plena de destacados políticos do regime anterior. Só temos a ata da primeira reunião do comitê, porque De Gaulle, irritado quando Mollet se queixava de inexatidões no registro, resolveu que não haveria mais atas. Todo o conhecimento que temos dos debates vem, portanto, das lembranças de membros do comitê. De Gaulle tomava parte ativamente, mas suas opiniões nem sempre prevaleciam. Por exemplo, em respeito à separação de poderes, ele queria que os ministros fossem obrigados a renunciar a suas cadeiras parlamentares para ficarem livres de quaisquer pressões eleitoreiras. Isso foi aceito, mas De Gaulle queria ainda proibir que exercessem o cargo de prefeito, prática comum entre os políticos de projeção nacional na França. Mollet, que se orgulhava de ser prefeito de Arras, protestou contra a ideia, enquanto De Gaulle escutava contendo a raiva. Depois da reunião, ele despejou uma saraivada de insultos contra os "políticos", ameaçando "deixá-los morrer de desgosto ... e lidarem, eles mesmos, com a Argélia".[26] Claro que não tinha a menor intenção de fazer isso, e cedeu de má vontade.

De Gaulle não aceitaria, porém, qualquer acordo na cláusula da Constituição (que se tornaria o Artigo 16) que autorizava o presidente a assumir plenos poderes numa emergência nacional. Rebateu temores de que isso abrisse caminho para a ditadura lembrando que a autorização para assumir plenos poderes tinha de ter a contra-assinatura do presidente do Senado. O argumento de De Gaulle era que se essa cláusula existisse em 1940 o presidente da República, Albert Lebrun, teria passado por cima de Pétain e transferido o governo para o exterior. Um ministro assinalou maliciosamente que isso teria tornado De Gaulle desnecessário; outro disse que não havia garantia, mesmo com essa cláusula, de que um homem fraco como Lebrun usasse esses poderes. De Gaulle respondeu: "Um texto não pode prever todas as possibilidades, mas se o homem em questão não agisse haveria um general De Gaulle para ir para Londres."[27]

Depois de seis semanas, o texto estava pronto para ser submetido ao plenário do Conselho de Ministros. Numa reunião que durou dois dias, De Gaulle leu cada um dos 77 artigos, acompanhados por comentários de Debré: "Um profeta interpretando as Tábuas da Lei sob o olhar majestoso e vigilante do Criador."[28]

Muito embora a intenção geral das propostas fosse fortalecer o Poder Executivo, defensores de um sistema parlamentar foram tranquilizados pelo artigo que declarava que cabia ao governo, sob a liderança do primeiro-ministro, "determinar a política do país" e que o governo era responsável perante o Parlamento. A capacidade do Parlamento de impedir o trabalho do governo foi restringida, mas depois da experiência da Quarta República havia um consenso de que isso era desejável. Apesar de a Constituição não estabelecer um sistema presidencial, o presidente da República adquiria maior legitimidade democrática, e portanto, potencialmente, mais poder, por ser eleito não só pelas duas casas do Parlamento, mas por um colégio eleitoral mais amplo, incluindo representantes de governos locais – uma proposta essencial do discurso de De Gaulle em Bayeux. Além disso, o presidente tinha o poder de dissolver o Parlamento e fazer consultas diretas à população mediante referendos.

Ainda assim, a função exata do presidente continuava ambígua. Na primeira reunião do comitê de redação, De Gaulle disse que imaginava o presidente como árbitro – o que também tinha sido esboçado no discurso de Bayeux –, mas Mollet lembrou que estava além da função do árbitro dissolver o Parlamento e, a rigor, destituir o governo. Janot já tinha ressaltado essa contradição para De Gaulle, sugerindo a necessidade de ser mais "transparente" [*lumineuse*] nessa questão.[29] A transparência era justamente o que De Gaulle não queria. Ele disse a Janot que a Constituição precisava ser breve, e suficientemente obscura para poder adaptar-se a diferentes circunstâncias.[30] Ele comentaria depois que o juiz de uma partida de futebol pode confiscar a bola e fazer o que quiser com ela.[31] Essas ambiguidades levaram René Capitant, um dos principais constitucionalistas de De Gaulle, a chamar o documento de "a Constituição mais mal redigida da nossa história".[32] Capitant, que acreditava fervorosamente na democracia direta, teria adorado garantir um papel maior para os referendos na Constituição. Mas ao longo de 1958 esteve fora do país, lecionando no Japão, e não participou da redação. De Gaulle, feliz por deixar as coisas vagas, não o chamou de volta.

A última fase do processo de redação exigia que a Constituição fosse submetida ao Comitê Consultivo de notáveis presidido por Paul Reynaud. Essa tinha sido uma relutante concessão de De Gaulle aos que queriam algum debate público. O Comitê Consultivo fez uma modificação importante na parte da Constituição sobre as relações da França com os territórios africanos. Embora isso logo se tornasse um detalhe acadêmico, porque os territórios conquistaram a independência, a questão na época despertou muitas paixões. Tratava-se de decidir como a Constituição se afinaria com as estruturas estabelecidas pela Loi Cadre de 1956. Alguns líderes africanos esperavam que ela oferecesse uma transição para uma relação federal entre a França e suas possessões africanas; outros, que ela fosse o primeiro passo para uma confederação mais solta, que pudesse, em última análise, permitir a independência. As duas opções foram discutidas quando a Constituição era redigida. O problema de um genuíno sistema federal era que ele viesse a permitir que a população dos territórios ultramarinos participasse plenamente de decisões que afetavam a França: a França poderia acabar sendo colonizada por suas colônias, como bem o disse um dos debatedores.[33]

Esse debate tornou-se tão técnico que a maioria das pessoas se perdia nos detalhes. Numa reunião em 23 de julho, um funcionário descreveu De Gaulle fazendo uma intervenção tão vigorosa que "tudo parecia simples e luminoso". O funcionário em questão foi despachado para redigir um texto na linha dos "luminosos" comentários de De Gaulle, mas imediatamente se deparou com problemas: "Logo percebemos que traduzir os pensamentos do general em artigos de lei não seria tarefa muito fácil, porque o extraordinário talento com que se expressara flutuava acima das complexidades do assunto e mascarava certa ambiguidade."[34] De Gaulle tinha o dom da obscuridade sugestiva. A difícil questão de optar por uma "federação" ou por uma "confederação" foi resolvida inventando-se o termo "comunidade", a palavra usada por De Gaulle num discurso em 13 de julho. Ela tinha a vantagem de parecer generosa, ao mesmo tempo que não possuía significado jurídico preciso – na verdade, significado nenhum. A rigor, a nova Constituição não dava aos Estados africanos mais do que a Loi Cadre da Quarta República oferecia. Todas as áreas importantes de soberania – política externa, defesa, finanças – continuavam com a França; e os Estados retinham a bandeira e os hinos nacionais franceses. O resultado foi bem menos do que muitos líderes africanos queriam.

Tornar a Constituição palatável

A Constituição, tornando o presidente francês chefe da "Comunidade", dava à população dos territórios africanos da França um voto no referendo para ratificá-la. A fim de assegurar um resultado favorável, De Gaulle partiu numa odisseia imperial de cinco dias pela África, onde esperava tirar proveito do seu prestígio ainda dos tempos da França Livre e da Declaração de Brazzaville de 1944. Em Tananarivo, Madagascar, Abidjan, na Costa do Marfim, e Brazzaville, na África Equatorial, ele foi recebido por multidões em êxtase. Propôs aos africanos aceitarem os termos da comunidade – votando "sim" – ou escolherem a independência. A implicação de optar pela independência era que a França romperia todos os vínculos. Essa chantagem implícita não era do gosto de Ahmed Sékou Touré, o jovem líder nacionalista da Guiné na África Ocidental. Ele descobriria a duras penas que De Gaulle não estava blefando. A capital da Guiné, Conacri, foi a quarta etapa da viagem do general. Dividindo a tribuna com De Gaulle, Sékou Touré declarou, sob aplausos da multidão, que seu povo "preferiria a pobreza em liberdade à riqueza na escravidão". Até então, De Gaulle estava acostumado apenas a aplausos das multidões africanas. Irritado, ele improvisou uma resposta expressando que a França "iria, é claro, às necessárias consequências". Recusando-se a participar de um jantar com "esse indivíduo", mandou servirem a refeição no quarto. Suspendeu um convite que tinha feito para dar a Sékou Touré carona em seu avião até a próxima parada, Dakar, e no aeroporto apertou-lhe a mão com as palavras *"Adieu, Guinea"*. A Guiné acabou sendo o único território da África Negra a votar contra a Constituição. Cumprindo a ameaça, De Gaulle foi às consequências, e toda a ajuda francesa à Guiné cessou imediatamente.

A população da França metropolitana foi mais obediente do que os guineanos. Nas semanas anteriores ao referendo, realizado em 28 de setembro, o país foi bombardeado com propaganda. Centenas de milhares de cartazes ladeavam a estrada, pedindo à população que votasse "sim pela França" – cartaz difícil de adulterar, uma vez que os adversários teriam trabalho para corrigir para "não à França". O momento mais espetacular da campanha eleitoral foi um imenso comício organizado por André Malraux na place de la République, em Paris. Tão simbólica quanto o lugar era a data, 4 de setembro, aniversário da declaração da Terceira República, em 1870. Malraux empregou todas as suas habilidades de coreógrafo do gaullismo. Atrás da estátua da República, no centro da praça, erguia-se um V de quarenta metros de altura – representando o V da Vitória e o V de Quinta. Começando com uma saudação republicana tradicional – não *"Françaises, français"*, mas *"Citoyens, citoyennes"* –,

Malraux invocou a Primeira República, Saint-Just, os soldados do Ano II que fizeram "a Europa dançar ao nome da liberdade". E concluiu: *"Ici Paris! Honneur et patrie!* Agora vocês ouvirão o general De Gaulle", lembrete não muito subliminar dos anos da Ocupação, quando as transmissões radiofônicas da França Livre começavam exatamente com as mesmas palavras, mudando apenas o lugar, *"Ici Londres".* Nesse momento, uma cortina se abriu, um Citroën apareceu, De Gaulle saltou, subiu os degraus da tribuna e ergueu os braços acima da cabeça – num V gigante. No fim do discurso, ele pediu que fosse cantada a "Marselhesa", e em seguida mergulhou na multidão. As 100 mil pessoas presentes tinham recebido convites pessoais, e o filme oficial do comício não mostrava nada das violentas brigas entre a polícia e manifestantes antigaullistas nas ruas em torno da praça.

O adversário mais estridente da Constituição, como não poderia deixar de ser, era o Partido Comunista. Mendès France também denunciou todo o processo: afirmou que o eleitorado estava sendo forçado a um plebiscito para apoiar um indivíduo – à maneira de Napoleão III – e não para se manifestar genuinamente sobre um assunto. Mas um dos pesos-pesados do Partido Socialista, Gaston Defferre, prefeito de Marselha, que se opusera à volta de De Gaulle ao poder, decidiu dar força à Constituição. O Partido Socialista apoiou-a oficialmente, o que resultou numa secessão interna, com a formação do dissidente Partido Socialista Autônomo (PSA). O jornal *Le Monde*, barômetro da opinião progressista liberal, defendeu um "sim" condicional.

O resultado superou as expectativas mais otimistas dos gaullistas. Na França continental, o nível de participação foi um formidável 85%, com 79% votando "sim". Isso significava que milhões de eleitores tradicionalmente comunistas ignoraram a recomendação do seu partido para votar contra. Nos territórios ultramarinos, só a Guiné votou contra. Não se deve imaginar que a maioria dos eleitores fazia ideia do que era a Constituição que estava aprovando. Uma pesquisa de opinião feita na véspera da votação revelou que 49% dos entrevistados não tinham lido uma única palavra do texto; 56% nunca haviam discutido o assunto com a família, os amigos ou os colegas.[35] O eleitorado percebia que estava sendo chamado a votar não tanto a favor ou contra uma Constituição, mas a favor ou contra um homem. Um astuto analista da situação foi o filósofo Raymond Aron, que tinha tido uma complexa relação com o gaullismo. Em 1943, Aron escrevera um famoso artigo em Londres sobre a "sombra de Bonaparte" (todos sabiam a quem ele se referia); depois de 1947, apoiara o RPF por puro anticomunismo; em 1958, com relutância, apoiara o retorno de De Gaulle ao poder, apesar das condições desse retorno – e embora logo tenha voltado a fazer oposição ao general. Aron descreveu o referendo como uma clássica conjuntura "bonapartista": "Suas três características principais são: um clima de crise nacional, o descrédito do Parlamento e dos políticos, a popularidade de um homem ... Seja ele Bonaparte, Boulanger, Pétain ou De Gaulle, seja ele um aventureiro, um vacilante, um velho ou um autêntico grande homem."[36]

A nova Constituição foi formalmente promulgada em 4 de outubro. Marcaram-se eleições parlamentares para o mês seguinte. Essas eleições foram outro sucesso para De Gaulle, mas não exatamente da maneira que ele pretendia. Embora não houvesse um partido "gaullista" oficial desde a dissolução do RPF, Guichard, Soustelle e Chaban-Delmas trataram rapidamente de criar um. Batizado com o nome Union pour la Nouvelle République (UNR), ele apresentou candidatos em 341 distritos eleitorais, apesar de De Gaulle tomar providências para que nenhum deles concorresse com qualquer ministro do seu governo (e dessa maneira Pflimlin, Mollet, Pinay e mais quatro não precisaram enfrentar nenhum candidato da UNR). A maioria dos postulantes da UNR tinha antecedentes como ativistas do RPF ou de outras organizações paragaullistas; muitos já haviam exercido algum tipo de cargo eletivo. O objetivo de De Gaulle nas eleições era evitar um Parlamento excessivamente fragmentado, o que tornaria impossível formar uma maioria estável – portanto a formação da UNR era do seu interesse –, mas ele desejava também evitar um Parlamento dominado por qualquer partido que pudesse restringir sua liberdade de atuação – ainda que esse partido, como a UNR, supostamente agisse em seu nome. Para evitar o primeiro perigo, ele se opôs à representação proporcional, preferindo o sistema eleitoral de maioria simples em dois turnos; para evitar o segundo rejeitou o *scrutin de liste*, no qual a lista vitoriosa fica com todas as cadeiras de um *département*. Em vez disso, optou por eleições em dois turnos em distritos eleitorais com um candidato, tal como praticado na Terceira República. A experiência eleitoral ensinava que no primeiro turno os eleitores votavam pelo candidato por quem tinham simpatia e no segundo pelo candidato por quem tinham menos antipatia. Em tese, o segundo turno funcionava como um amortecedor, impedindo que qualquer partido extremista obtivesse maioria esmagadora.

Apesar de manter-se informado sobre a formação da UNR, De Gaulle guardava distância. Antes das eleições, anunciou:

> Todos hão de entender que não quero, que não posso me envolver diretamente nesta eleição. A missão que o país me confiou me impede de dar apoio a quem quer que seja. Não falarei em nome de ninguém, nem mesmo daqueles que sempre me demonstraram a devoção mais amiga em todas as vicissitudes ... Essa imparcialidade me obriga a repetir que meu nome, mesmo em forma de adjetivo, não deve ser usado por nenhum grupo ou candidato.[37]

Isso não evitava que candidatos da UNR descobrissem maneiras de sugerir que os "verdadeiros" apoiadores de De Gaulle eram eles. Mas assim também fizeram candidatos de todos os demais partidos, salvo o PCF. Os socialistas lembravam aos eleitores o papel desempenhado por Mollet na redação da nova Constituição de De Gaulle. A mensagem subliminar era que um voto nos socialistas era um voto em De Gaulle. Essa ambígua situação convinha a todos. Os socialistas esperavam beneficiar-se da popularidade de De Gaulle, e este desejava que os socialistas agissem respeitosamente, para que ele não ficasse prisioneiro de nenhum partido – sobretudo de um partido organizado por alguém cujas ideias sobre a Argélia eram tão firmes como as de Soustelle. Isso dava à eleição uma atmosfera vagamente irreal: oficialmente os "gaullistas" não estavam em parte alguma, mas De Gaulle estava em toda parte.

Depois da agitação produzida pelo referendo, a campanha eleitoral despertou pouco interesse público. Os eleitores achavam, claramente, que ao votarem "sim" pela Constituição em setembro já tinham manifestado seu apoio a De Gaulle. A taxa de abstenção, de 23%, foi a mais alta em qualquer eleição durante a Quarta República. O abandono por muitos eleitores comunistas da linha determinada pelo partido no referendo foi confirmado no primeiro turno daquelas eleições, nas quais o PCF perdeu 1,6 milhão de votos. Sua fatia na votação, que não era inferior a 25% desde 1945, caiu para 19%. A segunda surpresa foi que a UNR, criada apenas dois meses antes, conseguiu 17,6% dos votos, tornando-se o segundo maior partido, depois dos comunistas. Os socialistas e o MRP, que tinham sido a âncora centrista da Quarta República, saíram-se relativamente bem, com 15,7% e 10%, respectivamente.

Os resultados do segundo turno foram uma surpresa ainda maior do que os do primeiro. A UNR aumentou a sua fatia de votos, para 28%, e acabou conquistando 189 das 482 cadeiras do Parlamento. Isso fez dos "gaullistas" o maior partido, apesar de não terem maioria geral. Os socialistas ficaram com apenas quarenta cadeiras. Foi um terremoto político que confundiu todo mundo: dos 465 *députés* eleitos, 131 não tinham participado do Parlamento anterior. O principal especialista em partidos políticos da França, Maurice Duverger, manifestou-se "perplexo" com o fato de que o segundo turno, contrariando as regras que ele mesmo estabelecera em seu livro sobre partidos políticos, ampliara, em vez de atenuar, o efeito do primeiro.[38] Eleitores que queriam apoiar De Gaulle adotaram a opinião de que a escolha mais lógica seria apoiar o partido que dizia, com mais credibilidade, falar em nome dele. Escolher a UNR foi em certo sentido escolher o meio-termo, e não os extremos.

Comentando os resultados no Conselho de Ministros, De Gaulle disse que teria preferido que mais socialistas fossem eleitos. Disse isso em parte para agradar a Guy Mollet e aos socialistas do seu governo, mas provavelmente era verdade. Vários comentaristas políticos notaram que o resultado das eleições tinha sido eleger uma *chambre introuvable*, lotada de deputados que talvez fossem mais gaullistas do que De Gaulle – ou que pelo menos achavam que eram.[39]

"Sinal de alerta"

Durante aqueles intensos cinco meses de visitas argelinas e africanas, e de reforma constitucional, De Gaulle logo impôs também sua marca na política externa. Três semanas depois de retornar ao poder, tomou duas decisões imensamente importantes, não divulgadas de imediato. Uma delas rompia com a política dos seus antecessores; a outra as confirmava. A primeira ocorreu na primeira reunião do Comitê de Defesa, em 17 de junho, quando ele cancelou o compartilhamento de informações nucleares com a Alemanha e a Itália, iniciado no fim de 1957. A segunda foi dois dias depois, na primeira reunião de um comitê interministerial de política externa, quando ele decidiu, apesar da sua hostilidade à integração europeia, que a França respeitaria as regras do Tratado de Roma e começaria a reduzir as tarifas de importação em 1º de janeiro de 1959.

Os aliados da França viam a volta de De Gaulle ao poder com uma mistura de surpresa, alívio e apreensão.[40] Até o último momento, poucos observadores estrangeiros acreditavam que ela viesse a acontecer. Quando a surpresa passou, houve uma distensão, diante da possibilidade de a França gozar de um período de estabilidade política, após as reviravoltas dos últimos meses. Mas houve também apreensão, por causa da imprevisibilidade de De Gaulle, de sua reputação de antiamericanismo e de sua hostilidade à integração europeia. Jebb, que esteve com ele em 25 de junho, escreveu que havia "bem menos melancolia ... mas menos charme e menos desejo de agradar". Suas opiniões sobre a Otan pareciam "menos desastrosas" do que ele temera: "Acho que não é de forma alguma necessário supor que os sombrios pensamentos que, num estado de frustração, ocorrem a um grande estadista na oposição sejam forçosamente os que lhe virão à mente quando estiver mais uma vez no topo."[41] Essa seria uma previsão tão equivocada como quase todas as previsões de Jebb sobre De Gaulle.

Na verdade, tanto o presidente americano na época, Eisenhower, como o primeiro-ministro britânico, Harold Macmillan, haviam lidado de perto com De Gaulle durante a guerra. O respeito que tinham por ele era mesclado de cautela. Eisenhower, lembrando-se de várias desavenças durante a guerra, disse ao secretário de Estado americano, John Foster Dulles, para "ter cuidado com" De Gaulle, porque ele era "capaz das ações mais extraordinárias", como a ameaça que havia feito em 1944 de retirar suas forças do comando aliado. Eisenhower disse-lhe ter respondido a De Gaulle que este poderia fazer o que bem entendesse, mas correndo o risco de ver os franceses excluídos de uma vitória da qual os Aliados desfrutariam sem a França. Mas advertiu: "Não se recomenda, claro, a adoção dessa atitude pelo Departamento de Estado nas circunstâncias atuais, sobretudo à luz da posição de poder de De Gaulle no momento. Ela é citada aqui apenas como ilustração do tipo de ação de que ele é capaz."[42] Uma prova da importância da volta de De Gaulle ao poder foi o fato de Dulles e Macmillan viajarem imediatamente a Paris para avaliar as intenções do adversário – se é que ele era mesmo um adversário. Cada um deles foi submetido a uma aula de De Gaulle sobre a filosofia da história. Macmillan foi informado de que "a velha Rússia sepultará o regime atual" e de que o expansionismo soviético tinha mais a ver com a tradição dos czares do que com o comunismo.[43] Dulles, ao dissertar sobre os perigos do comunismo internacional, ficou perplexo ao ouvir que os soviéticos, quando falavam do "partido" para justificar suas políticas, eram "um pouco como os senhores quando falam do 'Congresso'".⁴⁴

Fora essas generalidades, De Gaulle tinha assuntos específicos a discutir com cada interlocutor. No encontro de 29 de junho, Macmillan quis saber qual era a posição do general em relação ao Tratado de Roma. Os britânicos tinham se mantido longe das negociações que levaram ao tratado na esperança de que não dessem em nada. Mas, quando os seis países tomaram a decisão de estabelecer a CEE, quiseram proteger os interesses da Grã-Bretanha negociando um acordo de livre comércio com o bloco. As negociações já vinham ocorrendo havia meses, sem qualquer resolução. Como De Gaulle anteriormente se opusera a quaisquer movimentos pela união europeia, Macmillan esperava que ele fosse mais flexível nessa questão do que seus antecessores. Nisso teve uma decepção, pois, como vimos, uma das primeiras decisões de De Gaulle foi aceitar o Tratado de Roma. De Gaulle manteve a atitude cautelosa dos negociadores franceses com relação a um acordo de livre comércio com a Grã-Bretanha, justo quando o novo Mercado Comum entrava em vigor. Insensatamente, Macmillan tentou aplicar-lhe uma chave de galão, sugerindo que se os franceses não fossem mais conciliadores os britânicos talvez tivessem que reconsiderar todo o seu compromisso com a defesa do continente e "procurar amigos em outra parte". De Gaulle dramatizou esse encontro em suas *Memórias* afirmando que o britânico o ameaçara com um bloqueio continental. Não foi o que Macmillan disse, mas sua atitude fora suficientemente ameaçadora para reforçar a decisão de De Gaulle de aceitar o Tratado de Roma, que lhe parecia cada vez mais interessante à medida que os britânicos insistiam tanto em sabotá-lo.⁴⁵ Nada foi resolvido. Apesar disso, Macmillan saiu da reunião surpreendentemente confiante nessa nova encarnação de De Gaulle:

> Ele demonstrou uma modéstia e uma simplicidade de atitude que para mim foram novidade. Todas as antigas presunções, todos os preconceitos pareciam ter desaparecido. Sentia-se nele a mesma confiança que se sentiria conversando com um sacerdote. Claramente ele se acha num ânimo muito *exalté* no que diz respeito a sua missão ... Falou de sua afeição pela Grã-Bretanha. Disse que a razão de ter sido tão chato durante a guerra era o fato de representar um país arruinado e desonrado.⁴⁶

Com Dulles, o principal pomo da discórdia dizia respeito a armas nucleares. De Gaulle deixou claro que a França contava com a ajuda americana para o desenvolvimento do seu programa atômico. Dulles respondeu que, como os americanos iam colocar seus mísseis intercontinentais à disposição da Otan, os europeus não precisavam ter suas próprias armas nucleares. Esses mísseis seriam controlados por meio de um sistema "dupla chave", operado tanto pelos europeus como pelos americanos. Mas, como estes tinham poder de veto, isso não aplacava os temores europeus – menos ainda franceses – de que os americanos se arriscariam a ir à guerra por seus aliados – sobretudo levando em conta que Dulles dissera que a doutrina de "retaliação maciça" precisava ser repensada. Apesar de cordial na superfície, o encontro serviu apenas para ressaltar divergências.

Durante o verão, duas crises internacionais vieram confirmar a desconfiança de De Gaulle nos seus aliados. A primeira ocorreu no Oriente Médio, fonte de duros conflitos com os britânicos durante a guerra. Em julho houve um golpe em Bagdá contra o rei Faiçal, favorável ao Ocidente. Para impedir um efeito dominó na região, britânicos e americanos enviaram tropas à Jordânia sem consultar os franceses. Logo depois, em agosto, outra minicrise estourou no Extremo Oriente, quando a Marinha chinesa bombardeou as ilhas de Quemoy e Matsu. Para proteger o regime não comunista baseado em Formosa, o governo americano despachou forças navais e aéreas para a região. Como essa área estava fora da zona coberta pela aliança da Otan, os americanos não tinham consultado seus aliados europeus. Esses incidentes eram parte do contexto em que se originou o famoso memorando despachado por De Gaulle para Eisenhower e Macmillan em 17 de setembro. As disputas internas não tinham mais cabimento.

O memorando tinha levado semanas para ser redigido, e a versão final foi amplamente reescrita pelo próprio De Gaulle.[47] Era secreto e só foi publicado anos depois, apesar de seu conteúdo em geral ter se tornado logo bastante conhecido. Ele ressaltava dois problemas. Primeiro, a França, a Grã-Bretanha e os Estados Unidos tinham interesses globais que a área de atuação geográfica da Otan, cobrindo Europa e América, não levava em conta. Segundo, a aliança da Otan tinha se baseado originariamente na premissa de que armas atômicas eram "monopólio dos Estados Unidos", o que levava à conclusão lógica de que questões de defesa eram "praticamente delegadas" aos Estados Unidos. Isso também já não tinha "justificativa na realidade". Em resumo: "A França não pode mais, portanto, considerar que a Otan, em sua forma atual, satisfaça as condições de segurança do mundo livre e, notadamente, dela própria." Em vez disso, De Gaulle propunha suplementar e reforçar a aliança com uma organização tripartite compreendendo os Estados Unidos, a Grã-Bretanha e a França.

Apesar de ter pouco mais de quinhentas palavras, o memorando era ao mesmo tempo altamente explosivo e um tanto vago. Os britânicos e americanos não sabiam até que ponto levá-lo a sério. Depois de ter estado com De Gaulle numa reunião da Otan no fim do ano, o secretário do Exterior britânico, Selwyn Lloyd, ficou com a impressão de que o general achava que "a Otan atual poderia muito bem ser eliminada, e tudo recomeçar do zero sob os auspícios do triunvirato". Mas na mesma reunião Dulles esteve com o ministro do Exterior francês, Couve de Murville, e ficou mais tranquilo: "Nenhum dos assessores de De Gaulle compartilha suas opiniões bastante radicais sobre o triunvirato e a Otan."[48] De Gaulle tinha, em suas palavras, "levantado a bandeira" – mas ninguém sabia ainda até onde pretendia ir.

Dois velhos em Colombey

A outra importante iniciativa de política externa de De Gaulle foi na direção de Konrad Adenauer, o chanceler da Alemanha Ocidental. Adenauer dominava a política alemã desde a fundação da República Federal, em 1949. Tendo perdido o cargo de prefeito de Colônia quando Hitler tomou o poder, ele não fizera qualquer concessão ao nazismo. Como líder dos democratas-cristãos depois da guerra, trabalhara furtivamente para trazer a Alemanha de volta à comunidade das nações, aproveitando todas as oportunidades para formar uma boa relação de trabalho com os ministros do Exterior da Quarta República francesa, muitos dos quais também eram democratas-cristãos. Visceralmente anticomunista, e temeroso da União Soviética com seu regime fantoche na Alemanha Oriental, Adenauer ficara desapontado com o fracasso da Comunidade Europeia de Defesa, que ele via como uma oportunidade de desenvolver a força militar alemã. Mas tinha recebido um prêmio de consolação, na forma do ingresso alemão na Otan. As duas pedras angulares da sua política externa eram a aliança americana e a união europeia.

Embora dependente dos Estados Unidos, Adenauer vivia perpetuamente apreensivo quanto à profundidade do envolvimento desse país com a segurança alemã. Agora a chegada de De Gaulle ao poder era mais um fato preocupante. Ao longo dos acontecimentos de maio de 1958, Adenauer não levara a sério a perspectiva do retorno de De Gaulle, chegando a comentar em seu diário, durante a crise: "Supõe-se que Herr De Gaulle esteja em más condições de saúde; está quase cego de um olho, e a verdade é que engordou."[49] Quando essa condescendência se tornou descabida, o chanceler teve de reavaliar sua posição. Nunca tinha se encontrado com De Gaulle, mas o via como um nacionalista francês tradicional, com preocupantes tendências pró-soviéticas. Ele disse ao embaixador americano em julho de 1958 que tudo que tinha acontecido no mundo nos últimos dez anos "passara por De Gaulle sem deixar quaisquer vestígios".[50]

Depois que De Gaulle esteve com Macmillan e Dulles em Paris, seu golpe de mestre foi convidar Adenauer para passar a noite em Colombey. Nenhum outro líder estrangeiro jamais tivera esse privilégio. Chegando a Colombey em 14 de setembro – um pouco tarde, porque seu carro tinha ido parar em outra aldeia, chamada Colombey-les-Belles –, Adenauer, que esperava o pior, teve a agradável surpresa de ser recebido por um anfitrião cortês e digno, que parecia interessado em desenvolver uma forte relação pessoal. Os dois velhos eram tradicionalistas católicos, com muitos valores em comum. Depois de um almoço de apresentação, De Gaulle sugeriu que mandassem seus assessores embora, para poderem conversar a sós. Um intérprete permaneceu à disposição, mas seus serviços só de vez em quando eram solicitados. Outra surpresa para Adenauer foi descobrir que De Gaulle se expressava razoavelmente bem em alemão. De Gaulle foi descarado em sua ofensiva para agradar. "O senhor é o mais novo de nós dois", disse ele ao chanceler, que era cinco anos mais velho. "Eu não tenho a sua força psicológica e física."

Os assuntos da conversa entre eles foram muito variados. De Gaulle declarou que só uma estreita relação franco-alemã poderia "salvar a Europa Ocidental". Além disso, tirou partido das inseguranças de Adenauer plantando algumas farpas contra os britânicos, "que não eram propriamente europeus", e os americanos, "que não eram confiáveis, nem muito sólidos, e não entendiam nada de história ou de Europa". O que mais impressionou Adenauer foi o comentário de De Gaulle sobre como via seu próprio papel:

Minha tarefa mais difícil é trazer para o chão e para um senso de realidade os nacionalistas franceses que flutuam em suas nuvens nacionalistas ... O povo francês padece de uma longa moléstia. É um grande povo. Acima de tudo, acredita que é grande. Vê-se a si mesmo como o astro do palco mundial. É verdade que tem sido assim com frequência. Mas ele não se adaptou à situação real.

Adenauer passou a noite na casa como hóspede, seduzido pela hospitalidade à moda antiga e pela atmosfera de família. De Gaulle escreveu para a filha: "*Maman* cuidou de tudo perfeitamente. Talvez no jantar (catorze pessoas) pudéssemos ter tido mais ajuda. Mas *maman* queria porque queria que a casa fosse exatamente a casa de sempre."[51] Além disso, De Gaulle havia requisitado a ajuda da *femme de ménage* [criada] do seu cunhado, ferozmente antigermânica. Ela voltou a Calais com seus sentimentos antigermânicos atenuados pelas boas maneiras de Adenauer.[52] E este voltou a Bonn encantado, informando o seguinte ao presidente alemão: "De Gaulle mora numa parte bem árida do país, com uma população pobre, numa casa muito simples, que tem apenas alguns cômodos bem mobiliados no andar térreo, mas fora isso muito primitiva ... Tudo parecia muito solitário, rodeado de floresta, e nenhum vilarejo." O chanceler concluiu que tivera de "descartar todos os preconceitos que havia formado a partir da leitura de relatórios alemães e de conversas com americanos".[53]

Adenauer voltou a pisar no chão duas semanas depois, quando ficou sabendo do memorando de De Gaulle para Macmillan e Eisenhower – enviado três dias após o histórico encontro em Colombey. Ficou magoado não só com o conteúdo do texto – De Gaulle esperando conseguir uma parceria privilegiada com a Grã-Bretanha e com os Estados Unidos –, mas também com o fato de o general não ter dito uma palavra sobre suas intenções. Macmillan, que naquele momento se encontrava com Adenauer, avisou-lhe, como alguém que conhecia De Gaulle desde 1943, que "ele era capaz de tratar os amigos com essa curiosa inépcia e grosseria. Era por causa do seu misticismo e do seu egoísmo". Macmillan adorou botar lenha na fogueira, entrevendo uma oportunidade de tirar partido da irritação de Adenauer e obter apoio para as tentativas britânicas de assinar um acordo de livre comércio com a Comunidade Europeia. Depois do encontro, ele ronronava de contentamento: "Adenauer muito magoado e furioso. Acho que *nunca* mais confiará em De Gaulle."[54] Talvez o general não tenha de fato previsto a irritação de Adenauer; ou talvez achasse que ela não ia durar. Se achava isso, tinha razão. Embora, como escreve o biógrafo de Adenauer, a lua de mel de Colombey tenha durado "exatamente 27 dias",⁵⁵ sua magia jamais se dissipou inteiramente.

De Gaulle aproveitou a oportunidade para restaurar a confiança de Adenauer poucas semanas depois, quando uma grande crise internacional explodiu a propósito de Berlim. Em 10 de novembro, o líder soviético Nikita Khrushchev anunciou de repente que não reconhecia mais o Acordo de Potsdam, segundo o qual Berlim era uma cidade dividida em quatro zonas. Ele exigia que Berlim fosse declarada cidade livre desmilitarizada e que todas as tropas aliadas saíssem. Suas razões para deflagrar a crise não são muito claras. Talvez esta fosse uma maneira de obrigar o Ocidente a reconhecer a República Democrática Alemã, coisa que o Ocidente sempre se recusara a fazer. Apesar de rejeitar categoricamente a exigência soviética em público, britânicos e americanos não descartavam a ideia de procurar uma solução aceitável. De Gaulle, porém, adotou uma posição de intransigência. Acreditava, genuinamente, que Khrushchev estava blefando, mas a crise também lhe deu a oportunidade de insinuar para Adenauer, em seu segundo encontro na Alemanha, em 24 de novembro, que jamais se deveria confiar nos americanos e britânicos. No mesmo encontro, não só De Gaulle reafirmou seu compromisso com o Tratado de Roma, como a França assumiu oficialmente o compromisso de respeitar a data de 1º de janeiro de 1959 como fim do prazo para a primeira redução de tarifas. Até então, todos achavam que os franceses pediriam para adiá-la até que a situação da sua balança de pagamentos melhorasse.⁵⁶ Com isso ficou mais fácil para De Gaulle forçar seus parceiros a aceitar o veto francês a um acordo de livre comércio com a Grã-Bretanha. Esse veto foi anunciado publicamente em 15 de novembro, dez dias antes do segundo encontro de De Gaulle com Adenauer. Embora o anúncio não fosse uma surpresa total, sua brutal brusquidão marcou uma ruptura no estilo da política externa da França. Jebb escreveria mais tarde: "Até aquele momento nós geralmente sabíamos o que esperar da França. Ficou claro que ela talvez não fosse mais uma parceira difícil, apesar de essencialmente subserviente. Pelo contrário, um adversário terrível estava prestes a emergir."⁵⁷

O Plano Rueff

O empenho em respeitar o prazo para cumprir as obrigações assumidas pela França no Tratado de Roma sem invocar uma cláusula de não participação foi a decisão mais importante tomada por De Gaulle em seus primeiros seis meses no poder. Foi uma iniciativa audaciosa, levando em conta que a economia francesa era tradicionalmente protegida por altas barreiras tarifárias e enfrentava problemas de inflação alta, déficits orçamentários e enormes déficits na balança de pagamentos. Sem um remédio econômico severo, a decisão poderia ter sido desastrosa para a estabilidade da moeda francesa e das finanças públicas.[58]

O ministro das Finanças de De Gaulle, o conservador Antoine Pinay, tinha evitado uma crise financeira imediata propondo um empréstimo que foi rapidamente realizado. Mas isso era apenas um paliativo, e durante o verão De Gaulle atormentou Pinay para que produzisse um plano financeiro mais durável. Depois de muita procrastinação, a resposta de Pinay em setembro foi formar um pequeno comitê consultivo presidido por Jacques Rueff, economista brilhante, mas heterodoxo, cuja obsessão da vida inteira era erradicar a inflação e alcançar a estabilidade monetária. Ele tinha entrado em choque com Keynes sobre o assunto nos anos 1930. O Comitê Rueff ouviu economistas, funcionários públicos e banqueiros, mas Rueff já sabia o que queria fazer. Ele tinha um plano radical, que incluía a reestruturação do sistema de crédito francês – e, na verdade, limitava a capacidade do Banco da França de emitir moeda – aumentando impostos e cortando despesas. Sem levar em conta as consequências políticas de medidas tão drásticas, muitas pessoas consultadas pelo Comitê Rueff estavam convencidas do risco de que o impacto deflacionário dessas medidas asfixiasse a economia. O Comitê Rueff reuniu-se 39 vezes, trabalhando contra o tempo porque a autoridade do governo para governar por decreto só ia até 1º de janeiro. Essa era também a data em que a França supostamente colocaria em vigor os primeiros cortes tarifários exigidos pelo Tratado de Roma. O relatório de Rueff ficou pronto no começo de novembro e ignorava as restrições que outros haviam manifestado. Ele apresentou suas propostas diretamente a De Gaulle, Pompidou, Pinay e ao governador do Banco da França, em 18 de novembro. Quando De Gaulle pediu a opinião do governador do banco, Wilfrid Baumgartner, velho inimigo de Rueff, que achava o governador negligente em política monetária, ele respondeu que "haveria muita coisa a dizer". Ao que De Gaulle replicou: "Pois então diga."[59] Estava claro, para os presentes, que De Gaulle era a favor do plano. Em 25 de novembro, ele recebeu Rueff em particular para lhe fazer mais perguntas. A eloquência com que Rueff apresentou suas ideias não poderia ter sido mais bem calibrada para atingir o alvo. O relatório original de Rueff para Pinay começava com as seguintes palavras: "Este programa não pode ser de um grupo ou de um partido, pode ser apenas de todos os franceses que querem que seu país continue a existir."[60] De Gaulle não era economista, mas essa era a linguagem que ele entendia.

Na noite de Natal, um dia antes de o governo se reunir para debater o Plano Rueff, De Gaulle convocou Roger Goetze, um dos funcionários da área de finanças ligados ao seu *cabinet*, e pediu, à queima-roupa, sua opinião:

> Todo mundo é contra o plano. Vou lhe fazer uma pergunta e você só vai me responder amanhã de manhã: você me garante que o plano tem dois terços de chance de funcionar? Acho que em política há sempre um terço de incerteza e de risco. Esta é a parte que me diz respeito. Mas você é o especialista. Diga-me amanhã de manhã se acha que o plano tem dois terços de chance de sucesso. Se tiver, vou adotá-lo.[61]

Goetze era representante da geração pós-1945 de funcionários do Ministério das Finanças, cuja bíblia era Keynes. Para pessoas como ele, Rueff era uma relíquia neoliberal de outra época. Nesse caso, porém, a questão era mais técnica do que ideológica. No dia seguinte, Goetze garantiu a De Gaulle que a economia francesa era suficientemente robusta para tomar o remédio.

A reunião do governo para discutir o plano começou à tarde e terminou à meia-noite. Rueff, que estava presente, lembrou-se da "atmosfera trágica" e da "hostilidade profunda" perceptível nos olhos da maioria dos ministros.[62] Suas medidas incluíam redução numa grande variedade de tarifas, acompanhada por uma desvalorização cambial imediata de 17,5% para permitir que a França recuperasse a competitividade. O impacto psicológico da desvalorização era suavizado pela reforma monetária: cem francos antigos passariam a valer um. Os impostos seriam aumentados e haveria cortes numa série de subsídios. Especialmente polêmico era o corte nas pensões de veteranos de guerra, bem como o fim da indexação dos preços agrícolas. Indispor-se contra dois dos mais poderosos lobbies da França – veteranos e agricultores – era uma estratégia de alto risco. Mas, apesar de alguns ajustes de sintonia fina, o plano foi adotado na íntegra. Depois da reunião, o líder socialista Mollet apresentou sua renúncia. Embora isso não impedisse a execução do plano por decreto, representaria um golpe no governo de união que De Gaulle presidia desde junho. No fim das contas, Mollet foi convencido a suspender a renúncia até a transição para a nova República em 8 de janeiro. Com a fachada de união política preservada, De Gaulle anunciou as medidas econômicas num discurso pela televisão em 28 de dezembro. Traduziu a insondável linguagem do economês na brilhante retórica do gaullismo: "Sem esses esforços e esses sacrifícios, continuaremos um país atrasado, oscilando perpetuamente entre o drama e a mediocridade. Por outro lado, se tivermos êxito, este será um grande passo na estrada que conduz aos píncaros."

Apesar de comumente chamado de Plano Pinay-Rueff, pelo estreito envolvimento de De Gaulle com ele seria mais apropriado falarmos em Plano Rueff-De Gaulle. Pinay esteve longe de demonstrar entusiasmo. Foi a segunda vez em sua carreira que De Gaulle interveio de forma decisiva numa questão importante de política econômica. A primeira fora em 1945, quando rejeitara as medidas igualmente radicais propostas por Mendès France. De Gaulle tinha algumas poucas e firmes opiniões sobre economia, embora respondesse instintivamente à defesa de Rueff do dinheiro "sadio". Goetze comentou que De Gaulle tinha ideias econômicas de "simples bom senso, um pouco como um camponês".[63] O que lhe permitiu ser tão ousado em 1958 – diferentemente de 1945 – foi um contexto político extraordinariamente favorável, quase sem chance de ser replicado. Em circunstâncias normais, quase qualquer uma das medidas do Plano Rueff teria sido suficiente, por si só, para derrubar um governo da Quarta República. Mas três meses antes De Gaulle alcançara uma imensa vitória no referendo, seguida de eleições parlamentares bem-sucedidas, e por mais alguns dias tinha também o poder de legislar por decreto. Podia fazer o que quisesse. Quando Goetze advertiu De Gaulle de que as medidas corriam o risco de se tornarem imensamente impopulares, obteve a seguinte resposta: "Quer dizer que os franceses vão gritar ... e daí?"[64] De Gaulle podia agir na certeza de que a crise argelina o tornava indispensável, naquele momento, aos olhos da classe política. Seis anos depois, já terminada a Guerra da Argélia, quando De Gaulle enfrentava uma greve de mineiros, e muita oposição dos sindicatos, seu primeiro-ministro à época, Pompidou, observou com ironia: "Ah, 1958, bons tempos aqueles! Bastava a gente dizer Argélia, Argélia, e não havia problemas com os sindicatos."⁶⁵

De volta à Argélia

Por trás da cortina de fumaça de sua retórica ambígua – ninguém sabia de fato o que ele pensava da Argélia –, De Gaulle, ao voltar ao poder, tinha iniciado contatos secretos com a FLN por intermédio do moderado nacionalista argelino Abderrahmane Farès. No total, teve seis encontros com Farés entre junho e setembro. Farès fez quatro visitas na Suíça ao líder da FLN, Ferhat Abbas, e transmitiu o recado de De Gaulle de que estava pronto para se reunir com representantes da FLN em solo francês a fim de discutir os termos de um cessar-fogo. A resposta da FLN era sempre a mesma: as negociações deveriam ocorrer não em solo francês, mas em solo neutro, e a FLN deveria ser reconhecida como único representante credenciado da nação argelina. Como nenhuma dessas condições era aceitável para De Gaulle, é de surpreender que os contatos tenham continuado abertos por tanto tempo.⁶⁶ Mantinham-se no nível de conversas informais, mas De Gaulle chegou até a autorizar Pompidou a confirmar, por escrito, sua disposição de conversar com mensageiros da FLN para discutir um cessar-fogo.⁶⁷ Isso não era bem uma novidade. O governo de Guy de Mollet tinha tentado a mesma coisa em 1965, antes de recuar para uma posição mais linha-dura.

Se De Gaulle esperava que sua reputação lhe garantisse êxito onde Mollet tinha fracassado, não poderia estar mais errado. Para recuperar a iniciativa após a volta de De Gaulle ao poder, em agosto de 1958 a FLN desencadeou pela primeira vez uma onda de ataques terroristas em território francês, incluindo uma tentativa de assassinar Soustelle. Em 19 de setembro, os líderes da FLN no Cairo anunciaram a formação de um governo provisório (Gouvernement Provisoire de la République Algérienne – GPRA) presidido por Abbas.

Depois do referendo, De Gaulle fez três visitas à Argélia em outubro. Na cidade de Constantine, anunciou em 3 de outubro um maciço plano quinquenal de investimentos na economia argelina. O programa incluía medidas para redistribuir a terra e facilitar o recrutamento de muçulmanos na administração. O Plano Constantine na verdade fora preparado antes do retorno de De Gaulle ao poder, mas o fato de ele o adotar significava que de alguma forma visualizava a Argélia como parte da França – muito embora continuasse a evitar, calculadamente, qualquer referência ao futuro político da região.⁶⁸ Na primeira entrevista coletiva concedida depois de voltar ao poder, em 23 de outubro, De Gaulle fez o que parecia um gesto espetacular. Numa dessas frases surpreendentes, para as quais tinha o dom, ele propôs à FLN uma "paz dos bravos", prestando assim outra homenagem à sua coragem. Ele ofereceu total segurança a qualquer líder rebelde que se dispusesse a ir à França negociar o fim da luta – apesar de o efeito de suas palavras ter sido prejudicado por uma infeliz referência à "bandeira branca" levantada por mensageiros da paz quando cessava o tiroteio. Ficou parecendo que ele pedia a rendição. Como disse, privadamente, um membro da FLN: "De Gaulle nos jogou algumas flores, mas preferiríamos que ele nos insultasse se ao mesmo tempo falasse em independência."⁶⁹

Apesar dessa iniciativa espetacular, De Gaulle devia saber que sua oferta tinha pouca chance de sucesso. Ele oferecia em público o que a FLN já rejeitara privadamente. A ideia era ganhar pontos junto à opinião pública francesa, e nisso ele teve êxito. Até *L'Humanité* elogiou o tom do discurso. Sua seca rejeição pelo GPRA foi amplamente condenada. Em termos de publicidade, De Gaulle ganhara esse round. E uma carta que escreveu para Salan imediatamente depois revela como eram restritas suas intenções:

> Pode-se prever que um dia a organização de Ferhat Abbas pedirá para mandar "delegados" ao continente. Nesse caso, os "delegados" não serão levados a Paris. Só vão ver – em algum rincão das províncias – representantes do comando militar. Só terão permissão para discutir a questão do "cessar-fogo", e esse "cessar-fogo" incluirá, necessariamente, a entrega de suas armas às autoridades militares.⁷⁰

Embora o referendo sobre a Constituição tivesse aparentemente sido um sucesso para De Gaulle tanto na Argélia como na França continental, também ficara demonstrado que ele tinha pouco controle sobre o Exército. Suas instruções para Salan tinham sido claras, no sentido de que a votação não deveria ser apresentada como uma preferência por qualquer solução argelina em detrimento de qualquer outra, mas apenas como um voto de confiança nele mesmo.[71] Isso o Exército ignorou por completo, apresentando o referendo como um voto pela integração. Grande pressão foi exercida sobre os eleitores para dar a resposta "certa". Não era isso que De Gaulle queria, mas pelo menos o referendo agora lhe dava confiança para baixar instruções formais, em 9 de outubro, determinando que os militares encerrassem qualquer participação nos Comitês de Salvação Pública.[72] Isso era comparável a sua decisão de 1944 de abolir a Milícia Patriótica. O Exército obedeceu com relutância, o que não bastava para garantir que viesse a executar lealmente suas ordens, como ficou claro nos preparativos para as eleições parlamentares de novembro de 1958. Pela primeira vez muçulmanos na Argélia teriam direitos iguais de voto. De Gaulle foi explícito em suas instruções a Salan, dizendo que as eleições precisavam ser realizadas em "absolutas condições de liberdade e sinceridade", com a possibilidade de listas rivais: "A pior armadilha seriam as listas únicas do agrado das autoridades."[73] De Gaulle procurava um meio-termo muçulmano moderado para enfraquecer a FLN. Nesse sentido, as eleições na Argélia – inteiramente manipuladas pelo Exército para garantir que só proponentes linha-dura da "integração" plena se candidatassem – foram um desastre.

Isso tudo fortaleceu a opinião de De Gaulle de que era preciso substituir Salan, que foi transferido de Argel e designado para uma função honorária na França (inspetor-geral de Defesa). Ao informar Salan de sua decisão em 25 de novembro, De Gaulle escreveu que o estimava não apenas como "fiel servidor [*féal*] da mais alta qualidade, mas também como meu companheiro e amigo". Não querendo ficar para trás em matéria de hipocrisia, Salan respondeu que a carta "é o maior penhor de confiança que eu poderia receber dele que é, aos olhos do Povo, da França, do Exército, a salvação da Pátria".[74] O que De Gaulle de fato pensava de Salan pode ser visto nas anotações que ele fez à margem – "verborreia" aparece em várias ocasiões – do relatório final de Salan ao deixar a Argélia. Onde Salan falava da necessidade de que a "justiça absoluta" reinasse na Argélia, De Gaulle rabiscou, "já era hora de ele se dar conta disso"; onde Salan fazia comentários sobre o desenvolvimento econômico da Argélia, De Gaulle rabiscou "para o lucro de poucos e a miséria da maioria"; onde Salan reclamava de não ter forças militares suficientes para cumprir suas obrigações, De Gaulle rabiscou, "com menos Alexandre conquistou o mundo, César a Gália, Napoleão a Europa".⁷⁵

Em 21 de dezembro, De Gaulle foi eleito presidente da República para um mandato de sete anos – como já tinha acontecido nas duas Repúblicas anteriores – pelo colégio eleitoral de cerca de 80 mil eleitores criado pela nova Constituição. Isso incluía os membros das duas casas do Parlamento e representantes eleitos de conselhos municipais e departamentais. Havia outros candidatos, mas a eleição de De Gaulle, por 78% dos eleitores, já eram favas contadas. A transferência de poderes entre o presidente Coty e o presidente De Gaulle, entre uma República e outra, ocorreu no Eliseu, em 8 de janeiro de 1959. Após uma breve cerimônia oficial, seguida de almoço, os dois homens foram levados de carro para o Arco do Triunfo, a fim de depositar uma coroa de flores no túmulo do Soldado Desconhecido. De Gaulle, que deveria acompanhar Coty de volta para o carro, despediu-se dele um tanto bruscamente, com um curto *"Au revoir,* Monsieur Coty", e mergulhou na multidão, condenando seu antecessor, um tanto desconsolado, a voltar sozinho para o veículo que o conduziria de volta à obscuridade em Le Havre, sua cidade natal. De Gaulle entrou em seu próprio carro e foi levado pela Champs-Elysées, cena do desfile triunfal de catorze anos antes. Ao lado dele estava Georges Pompidou. Provavelmente pouca gente que assistia tinha ideia de quem era Pompidou, mas essa foi a maneira de De Gaulle agradecer-lhe pelo papel desempenhado nos graves seis meses transcorridos desde maio de 1958.

PARTE QUATRO

Monarca republicano, 1959-65

Se o que foi feito, em resposta ao meu chamado e por intermédio dos meus atos, nos últimos trinta anos, para devolver ao nosso país, em conformidade com as lições milenares da casa de França [*les leçons millénaires de la maison de France*], sua intencionalidade, sua posição e sua vocação universal, vier a ser o ponto de partida de um novo percurso ascendente em nossa história, então poderei agradecer a Deus, lá do outro mundo, pelo Destino que me concedeu.

DE GAULLE ao conde de Paris, 5 de maio de 1969, em LNCIII 1053

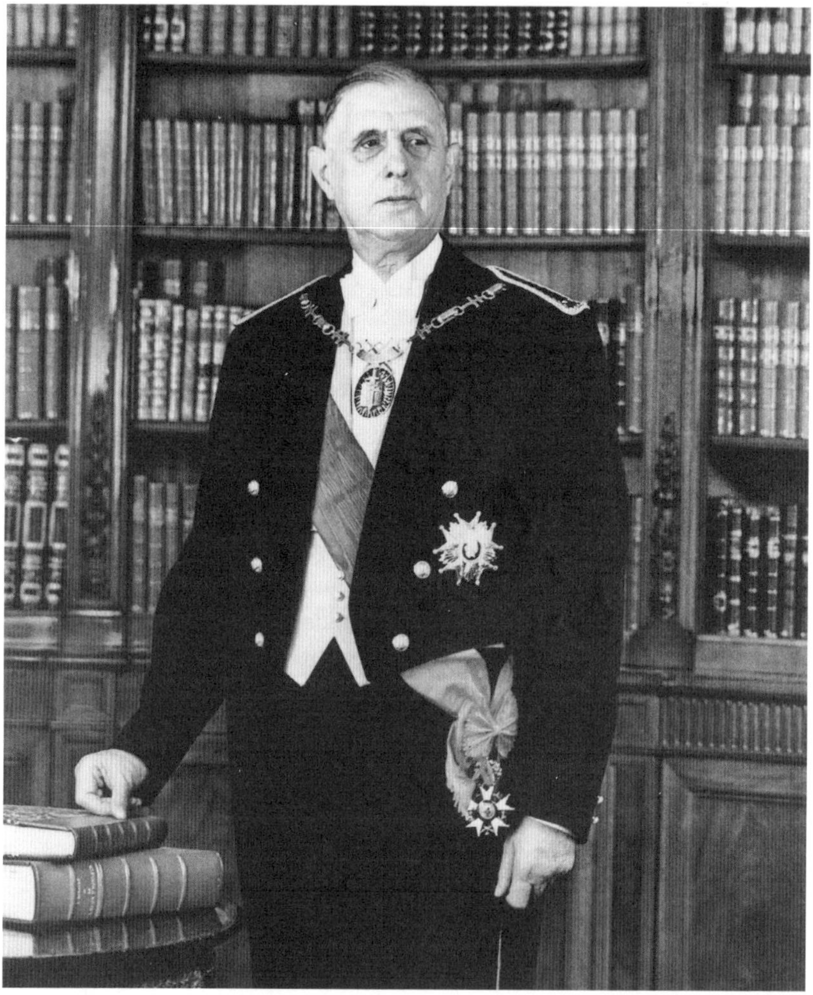

20. "Esta questão que nos absorve e paralisa", 1959-62

EM 9 DE JANEIRO DE 1959, foi proclamado o primeiro governo da Quinta República. De Gaulle imediatamente nomeou Michel Debré seu primeiro-ministro. Com um primeiro-ministro gaullista ultraleal, uma quase maioria no Parlamento e o apoio da opinião pública, De Gaulle estava numa posição de força sem precedente para promover a "ressurreição" que anunciara em sua entrevista coletiva de 19 de maio de 1958. Sua intenção era não apenas reformar as instituições políticas francesas, mas também reafirmar a posição da França no mundo. Nos quatro anos seguintes, ele de fato gastou boa parte do seu tempo tratando de relações internacionais. Em apenas seis semanas entre o fim de março e meados de maio de 1960, acolheu Nikita Khrushchev numa longa visita de Estado à França, fez visitas de Estado a Londres e à América do Norte e organizou uma grande reunião de cúpula internacional em Paris. Sua obsessão era reorientar a política de defesa da França, distanciando-a da Aliança Atlântica e em direção à criação de um dissuasor nuclear independente.

Mas nos primeiros quatro anos o doloroso problema da Argélia era uma preocupação constante, sugando-lhe a energia que esperava poder dedicar a outras questões. Depois de um encontro com De Gaulle em novembro de 1960, Pierson Dixon, que tinha substituído Jebb como embaixador britânico dois meses antes, observou:

> Ele me deu a impressão de um homem que precisa fazer um grande esforço para desviar sua atenção da Argélia, que, a julgar pelo entra e sai no Eliseu, deve ocupar todo o seu dia de trabalho ... Enquanto ele não conseguir avançar com relação à Argélia, acho que precisamos lidar com ele mais ou menos como um carona nas questões mais amplas.[1]

Levando em conta o número estonteante de iniciativas gaullistas em assuntos externos, descrever De Gaulle como "carona" era uma insinuação curiosa, mas a Argélia certamente nunca estava longe do seu pensamento. Um ano depois, o embaixador francês em Londres, Jean Chauvel, esteve em Paris para preparar um encontro de cúpula anglo-francês, mas praticamente não conseguiu ver De Gaulle por causa de outra conflagração na Argélia.[2] Por essa razão, embora um capítulo à parte dedicado à Argélia não dê bem uma ideia de como os acontecimentos assediavam De Gaulle em seus primeiros quatro anos no poder, não chega a ser uma grande distorção. Como o próprio De Gaulle escreveu para o filho em janeiro de 1961, a Argélia era "esta questão que nos absorve e paralisa".[3] Foi o que ela fez por quatro anos.

"Príncipe da ambiguidade"

Poucas semanas após a volta de De Gaulle ao poder, Robert Buron, ministro do MRP com opiniões progressistas sobre a Argélia, escreveu em seu diário: "O que pensa De Gaulle sobre a questão argelina? Desafio qualquer um dos ministros presentes a dar uma resposta clara a essa pergunta." Catorze meses depois, ele não tinha avançado nada: "Para onde nos leva o príncipe da ambiguidade?" Um ano depois, o mistério persistia: "Se ainda espero, entendo cada vez menos."[4] Cinquenta anos depois, os historiadores não estão menos desnorteados. Em seu livro *O fio da espada*, De Gaulle tinha apresentado a ideia de que os líderes deveriam empregar o mistério e a manha para alcançar seus objetivos. Em nenhum outro assunto parece ter seguido esses preceitos mais fielmente do que em sua atitude para com a Argélia depois de 1958. Ou será que ele não tinha controle sobre os acontecimentos – e o que parecia ambivalência e cálculo era, na verdade, hesitação e improvisação?

Em suas *Memórias de guerra*, De Gaulle alegava ter sido totalmente consistente:

> A meu ver não havia outra solução que não fosse a Argélia ter o direito de decidir seu próprio destino ... Essa era minha estratégia. Quanto às táticas, eu tinha que avançar por etapas, e cuidadosamente .... Sem jamais perder de vista o objetivo, eu precisava manobrar até o momento em que o bom senso finalmente brilhasse através do nevoeiro.[5]

Na realidade, ninguém contribuiu mais para criar o "nevoeiro" do que o próprio De Gaulle. Antes de 1958, ele ficou quatro anos sem pronunciar sequer uma palavra publicamente sobre a Argélia. Seus comentários particulares eram calculadamente ambíguos, adaptados ao que o interlocutor desejasse ouvir. Para os progressistas, dizia uma coisa, para os linhas-duras, outra.

No nevoeiro, só duas certezas se destacavam. Em primeiro lugar, De Gaulle jamais acreditou na "integração" proposta pelos defensores mais intransigentes da *Algérie française*.[6] A ideia fora lançada por Soustelle em 1955.[7] Até então, a política da França tinha sido de "assimilação": tornar os muçulmanos "franceses", para que um dia – num futuro distante – pudessem ser cidadãos plenos. "Integração" era outra coisa, porque em tese respeitava as diferenças culturais entre muçulmanos e europeus, ao mesmo tempo que propunha a integração de instituições argelinas às instituições da França e a plena cidadania para os muçulmanos. Apesar de os *pieds-noirs* terem se recusado durante décadas a estender quaisquer direitos aos muçulmanos, agora aceitavam a "integração" como uma nova maneira de agarrar-se ao poder: os 9 milhões de muçulmanos, que eram maioria na Argélia, seriam uma minoria controlável quando estivessem "integrados" num eleitorado mais amplo de 45 milhões de franceses.

Para demonstrar que De Gaulle tinha traído os *pieds-noirs*, Soustelle citaria depois uma carta de dezembro de 1956 que parecia favorável à integração. Na verdade, a carta era caracteristicamente evasiva. Parecia apoiar as ideias de Soustelle sobre a Argélia – evitando, porém, a palavra "integração" –, mas dava a entender que elas não poderiam ser postas em prática sem uma mudança de regime. Era razoável para Soustelle supor que De Gaulle estava do seu lado.[8] Mas quando tentou influenciar Alain de Sérigny em nome de De Gaulle em 1958, a melhor coisa que lhe ocorreu dizer foi que "De Gaulle ainda não foi conquistado pela ideia da integração", mas poderia vir a ser se estivesse convencido de que os muçulmanos a desejavam.[9] Partidários da *Algérie française* consolavam-se com a "confraternização" que supostamente ocorreu entre europeus e muçulmanos durante as manifestações pró-De Gaulle de maio de 1959. Um gaullista descreveu esse "milagre de reconciliação" como "um dos mais espantosos da nossa história", prova de que os muçulmanos genuinamente desejavam a integração.[10] Logo depois de chegar a Argel em 17 de maio de 1958 para batalhar pelo retorno de De Gaulle ao poder, Soustelle passou-lhe um telegrama animado: "Há um novo fato de fundamental importância; o 'degelo' dos muçulmanos. Eles estão se manifestando, às dezenas de milhares, com os europeus. Esta noite vi mulheres muçulmanas queimarem seus véus na frente do palácio do governador e abraçarem europeus."¹¹ Na realidade, a "confraternização" foi orquestrada pelo Exército, mas partidários da integração estavam convencidos de que a magia do nome de De Gaulle tinha convertido os muçulmanos da Argélia para a França.

De Gaulle jamais acreditou em "integração", e não achava que fosse uma boa ideia. Quando o recém-eleito *député* gaullista Alain Peyrefitte encontrou-se pela primeira vez com De Gaulle, em março de 1959, teve a surpresa de ouvir que os partidários da integração eram "asnos" [*jean-foutre*]:

> Você já viu os muçulmanos com seus turbantes e suas jelabas? Dá para perceber que não são franceses. Tente integrar óleo e vinagre. Agite bem a garrafa. Depois de um instante, os dois se separam de novo. Os árabes são árabes, os franceses são franceses. Você acha que os franceses podem absorver 10 milhões de muçulmanos, que amanhã serão 20 milhões e depois de amanhã, 40 milhões? Se fizermos a integração, se todos os berberes e árabes da Argélia forem vistos como franceses, como impedir que se instalem no continente, onde o padrão de vida é tão mais alto? Minha aldeia não será mais chamada Colombey-les-deux-Eglises, mas Colombey-les-deux-Mosquées.¹²

De Gaulle fez outros comentários em particular na mesma linha. Duvidava da integração porque suas crenças não se baseavam naquela tradição progressista segundo a qual os valores universais do republicanismo francês tinham criado uma comunidade de cidadãos iguais, suplantando identidades raciais ou étnicas. Na Argélia, esse ideal sempre fora mais real na violação do que no cumprimento, mas dava ao compromisso de Soustelle com a integração uma coerência ideológica radicada na esquerda progressista. Por essa razão, Soustelle não estava errado quando chamava a oposição de De Gaulle à integração de "racista".¹³ Apesar de De Gaulle manter sua religião separada de sua política, historicamente ele imaginava a França como parte de uma civilização cristã europeia. Em 1945, seu governo provisório tinha formulado políticas para promover a imigração como uma forma de superar a fraqueza demográfica da França. Nessas discussões, ele era pela imigração controlada, para limitar o influxo de "mediterrâneos e orientais" e para incentivar o de europeus setentrionais.[14] Muitos políticos que supostamente aceitavam um republicanismo sem distinção de raça, subconscientemente tinham opiniões similares. O que distinguia De Gaulle era sua lucidez sobre o que essa "integração" significaria de fato, se levada a sério. A ironia era que a lógica do republicanismo progressista de Soustelle o levava a defender quaisquer meios – incluindo a tortura – para manter a Argélia francesa, ao passo que o conservadorismo pragmático de De Gaulle em última análise o fez aceitar a independência argelina.

A independência, no entanto, ainda estava longe quando De Gaulle retornou ao poder. A segunda certeza sobre De Gaulle em 1958 era que ele acreditava que a Argélia deveria permanecer "francesa" de alguma forma. Os que acreditam no contrário podem comprovar suas opiniões – é possível comprovar praticamente qualquer coisa quando se trata de De Gaulle –, a começar pelo comentário feito pelo general a André Philip em 1944: "Você sabe que autonomia acabará em independência." Mas esse comentário foi feito exatamente quando De Gaulle tinha resolvido rejeitar a autonomia: era um indicador do seu empenho em manter a Argélia francesa. Os frequentes comentários que fez privadamente nos anos 1950 sobre a inevitabilidade da independência argelina eram ditos espirituosos em sua veia catastrófica – previsões sobre todos os desastres que a França enfrentaria se a Quarta República continuasse. As implicações eram que, se ele voltasse ao poder, as coisas seriam diferentes. Em 1958, apenas uma minoria minúscula apoiava a independência argelina. Esse grupo incluía intelectuais da extrema esquerda, como Jean-Paul Sartre, e conservadores lúcidos, dos quais o mais notável era Raymond Aron, que achava que os custos econômicos de manter a Argélia eram insustentáveis. Como De Gaulle tinha anunciado em outubro de 1958, em Constantine, um custoso plano de investimento econômico, estava claro que essa não era a sua opinião.

Se De Gaulle não acreditava na integração nem na independência, em que acreditava? Em 1958, essas duas posições extremas não pareciam as únicas opções. Desde o início da Guerra da Argélia, funcionários franceses vinham elaborando inúmeros programas federalistas ou multicomunitários para uma Argélia vinculada à França. Os arquivos de De Gaulle contêm um documento, redigido logo depois da sua volta ao poder, delineando futuros cenários para a Argélia. Nas duas extremidades do espectro estavam a independência e a integração, mas o documento enumerava nada menos do que outras quinze possibilidades intermediárias.[15] A maioria desses planos pressupunha o surgimento na Argélia de interlocutores situados entre a FLN e os linhas-duras da *Algérie française*. Foi por essa razão que De Gaulle, genuinamente, quis eleições justas na Argélia em novembro de 1958. Antes dessas eleições, teve uma conversa com Soustelle na qual esboçou sua ideia de "afogar os rebeldes em democracia". No dia seguinte, Soustelle escreveu para De Gaulle dizendo que não acreditava na eficácia dessa tática. Mencionou o apego da maioria muçulmana à França, mas na realidade sabia que não era mais assim:

> E se eles nos afogarem em nossa democracia? Em outras palavras, tenho medo de que homens astutos e violentos ... usem seus cargos eletivos ... para trabalhar junto às massas e separá-las de nós .... Não há o risco de que a massa de muçulmanos fique insatisfeita se vir candidatos eleitos pregando livremente contra a França? Parece-me que para evitar esse perigo ... é preciso reafirmar a missão do Exército na Argélia, de cuidar da massa de muçulmanos e lhe inspirar confiança na presença da França.

Isso provocou um comentário irônico de De Gaulle, escrito à margem: "Então é isso que ele realmente quer dizer!"[16] Foi o método de Soustelle que o Exército empregou. A eleição foi inteiramente fraudada, mas De Gaulle não tinha abandonado a esperança de encontrar um genuíno meio-termo muçulmano independente para neutralizar a FLN. Esse continuaria a ser um dos principais fios condutores da sua política pelos dois anos seguintes.[17] O outro era a guerra contra a FLN, como precondição para uma solução política.

Para alcançar esses objetivos casados, De Gaulle pôs fim à anomalia, que datava da crise de maio de 1958, segundo a qual o comandante do Exército na Argélia, Salan, era também o representante político do governo. O substituto de Salan, o general Maurice Challe, gaullista leal, foi informado de que receberia os recursos necessários para ganhar a guerra, mas que deveria deixar a parte política com o recém-nomeado representante civil de De Gaulle, Paul Delouvrier. A escolha de Delouvrier, jovem e brilhante economista de esquerda, sem experiência política, mostrava a importância atribuída por De Gaulle ao desenvolvimento econômico da Argélia. Era outro sinal de que ele não tinha planos de desistir da Argélia.

"Um problema sem solução"

Antes de designar Delouvrier, De Gaulle mandou-o à Argélia para colher informações, no outono de 1958. Ao conversar com De Gaulle sobre o conteúdo do seu relatório, Delouvrier decidiu não medir palavras:

> Eu lhe disse logo de saída: "General, minha conclusão é que a Argélia será independente." O general quase não teve reação, além de dizer, como se não levasse a sério: "Talvez... mas daqui a vinte anos." Respondi: "Sei que não dá para o senhor dizer que ela se tornará independente amanhã, ainda que ache isso, mas para mim basta que imagine que isso seja possível em vinte anos para que eu prossiga com meu relatório. Do contrário, não faz sentido."[18]

Ele aceitou a nomeação no entendimento de que, embora De Gaulle não visse qualquer solução de imediato, "as portas ficassem abertas".[19] As instruções oficiais de De Gaulle para Delouvrier foram sonoramente vagas: "O senhor é a França na Argélia ... O desejo do governo é que a Argélia, através de suas provações, e apesar do tempo perdido, revele-se cada vez mais em sua realidade profunda, graças à ação empreendida pela França como um todo."[20] Quando Delouvrier tentou descobrir o que essas palavras realmente significavam, o único conselho útil de De Gaulle foi: "Jamais diga *Algérie française*."[21]

Para complicar a situação, o primeiro-ministro de De Gaulle, Michel Debré, estava fortemente comprometido com a *Algérie française*, talvez até com a versão mais radical de integração.[22] Quando Delouvrier, um admirador de Debré, comentou com De Gaulle que isso colocaria os dois numa posição impossível, De Gaulle respondeu: "Isto é assunto meu."[22] Essas não eram as únicas complicações. O *directeur de cabinet* de Debré, Pierre Racine, não fazia segredo de sua crença de que a Argélia deveria ter maior autonomia. O chefe do *cabinet* militar de De Gaulle, o general Beaufort, estava firmemente comprometido com a *Algérie française*, mas De Gaulle tomou como um dos seus principais assessores para a Argélia Bernard Tricot, funcionário de carreira com opiniões progressistas sobre o país e considerável experiência norte-africana. Antes de aceitar o posto, Tricot manifestou sua preocupação com o fato de que as primeiras decisões de De Gaulle pareciam apontar para a integração.

De Gaulle respondeu: "Nenhuma decisão foi tomada no momento no tocante à integração."²⁴ Isso bastou para Tricot aceitar.

Essas opiniões conflitantes significavam que Delouvrier às vezes não sabia bem o que deveria fazer:

> Sempre que eu ia ao Eliseu ficava dividido entre as assessorias militar e civil ... esta última composta por Courcel [secretário-geral do Eliseu] (às vezes assistido por Tricot) me dizia: "Não dê ouvidos ao que o *cabinet* militar lhe disser. Somos os únicos repositórios das mais profundas crenças de De Gaulle sobre a Argélia ... Mas, por sua vez, o general Beufort me dizia: "Sou o único repositório do pensamento do general De Gaulle sobre a Argélia. Não dê ouvidos a Courcel (que é pela independência)."²⁵

Essas contradições refletiam as divisões das elites da França sobre a Argélia – mas também ajudavam De Gaulle a maximizar sua liberdade de ação. Escreveu ele para o general Ely no começo de 1959:

> Qualquer que venha a ser a política adotada com relação à Argélia, isso é totalmente assunto meu, e dos meus subordinados não espero nada mais que isto: que a executem honestamente. É possível que chegue um dia em que a integração seja possível. Mas esse dia ainda não chegou, uma vez que precisamos matar mil combatentes inimigos por mês ... É forçoso reconhecer que, no momento, "integração" é apenas uma palavra vazia.²⁶

Por ora, a política de De Gaulle consistia em aguardar. Como comentou com um político em 1958: "O erro mais comum de todos os estadistas é acreditar firmemente que existe, a todo momento, uma solução para cada problema. Há, em certos períodos, problemas para os quais não existe solução."²⁷ Poucos meses depois, disse a mesma coisa numa reunião do Conselho de Ministros: "Não há no momento solução política: a Argélia precisa ser transformada, e então as soluções hão de aparecer."²⁸ Em público, a frase preferida de De Gaulle naquela época era que a Argélia precisava ter permissão para desenvolver sua "corajosa personalidade" (13 de outubro de 1958), sua "personalidade viva" (23 de outubro de 1958), sua "nova personalidade". Em abril de 1959, ele tentou informalmente sondar a reação pública comentando com jornalistas, extraoficialmente, que a "Argélia do vovô [l'*Algérie de Papa*]" estava morta. Imediatamente depois, o Eliseu entrou em contato com a imprensa para explicar melhor as palavras. Mas dizer que a Argélia futura seria diferente da Argélia passada era uma declaração com a qual até mesmo Soustelle concordaria – embora ele quisesse dizer uma coisa diferente do que De Gaulle dizia.

Para conquistar a simpatia dos muçulmanos moderados, De Gaulle anistiou 7 mil detentos na Argélia no começo de 1959. Também tentou controlar os abusos do Exército. Depois de ouvir o caso de uma menina que tinha sido morta pelo Exército enquanto, supostamente, tentava não ser capturada, ele escreveu para Debré ironicamente: "Não consigo conceber, *a priori*, que nossas forças não tenham outro remédio para impedir uma menina de fugir que não seja abrir fogo contra ela."[29] As eleições municipais de abril de 1959 resultaram na eleição de cerca de 12 mil vereadores muçulmanos. Ainda que muitos fossem candidatos "oficiais" do governo, era o primeiro passo para a criação de um meio-termo. Apesar de os gestos liberais de De Gaulle deixarem o Exército apavorado, ele apoiava totalmente as operações militares de Challe, que se mostraram excepcionalmente bem-sucedidas. Até então a estratégia do Exército tinha sido responder a cada ataque da FLN que ocorresse. O problema era que isso dispersava as forças francesas. Challe preferia concentrar-se num setor de cada vez, imobilizando seus oponentes e em seguida despachando forte poder de fogo e helicópteros para destruí-los. Além disso, tentava isolar a FLN do seu apoio "reagrupando" a população civil em acampamentos. Essa política teve vantagens militares de curto prazo, mas no longo prazo destruiu a estrutura da sociedade civil no interior da Argélia, diminuindo a chance de desenvolver um meio-termo muçulmano confiável.

"É preciso mexer-se ou morrer"

Os sinais de êxito militar nos combates convenceram De Gaulle de que era hora de agir. Em 12 de agosto de 1959, início do recesso de verão, ele informou aos ministros, perplexos, que o Conselho de Ministros se reuniria dentro de duas semanas, apesar das férias, e todos estavam convidados a opinar sobre o futuro da Argélia. Como os ministros raramente tinham a oportunidade de discutir a Argélia – ou qualquer outro assunto –, isso sugeria que alguma coisa estava sendo preparada. De Gaulle partiu para as suas próprias "férias" em Colombey, durante as quais encontrou a energia necessária para completar o volume final das suas *Memórias de guerra*, atendendo ao clamor dos editores.

Antes da reunião do governo, Bernard Tricot tinha preparado um plano para enfraquecer a FLN oferecendo ao povo argelino uma oportunidade de votar sobre o próprio futuro quando a paz fosse restaurada.[30] Enquanto isso, Debré foi ver De Gaulle em Colombey levando um plano para oferecer à Argélia autonomia rigorosamente limitada por um período de 25 anos.[31] Assustou-se quando De Gaulle lhe mostrou algumas páginas abundantemente corrigidas de um discurso que estava redigindo na linha do plano de Tricot. Debré temia que aquilo fosse "ambíguo" e não oferecesse nada de imediato. Quando os ministros voltaram a se reunir, em 26 de agosto, para dar suas opiniões, Malraux e o ministro da Justiça, Edmond Michelet, foram os mais "liberais", e Soustelle, como era de esperar, foi o que se mostrou menos disposto a fazer qualquer concessão. De Gaulle, sem revelar nada a respeito das próprias opiniões, encerrou sentenciosamente: "Em questões como esta é preciso mexer-se ou morrer. Optei por mexer-me; isso não exclui a possibilidade de também morrer."[32]

Fora os êxitos militares de Challe no campo de batalha, havia duas razões para De Gaulle achar que era hora de agir. A primeira era sua preocupação com o impacto da Guerra da Argélia sobre o Exército, que não só tinha sido arrastado para a política (para benefício de De Gaulle em maio de 1958), como vinha desenvolvendo uma visão de mundo obsessiva, enxergando tudo através das lentes da Argélia. Massu escreveria depois: "Eu sabia muito pouco sobre a França de 1960, tendo passado uma década sem servir lá."[33] De Gaulle manifestou essa preocupação a Debré no outono de 1959:

> Se a guerra na Argélia continuar, teremos um Exército distante da tecnologia moderna e, o que é pior, politizado. Só minha intervenção impediu que o Exército, *nolens volens* [querendo ou não], assumisse um poder governamental que teria sido incapaz de exercer. Nosso interesse nacional e nossa posição internacional não teriam sido recuperados ... Só teremos condição de refazer o Exército, em profundidade, quando a guerra argelina acabar. Até lá, precisamos "comandar" o Exército, proibi-lo de exercer função política ... e de vez em quando advertir um ou outro dos seus líderes.[34]

Quando falava em "tecnologia moderna", De Gaulle se referia a sua ambição de desenvolver um dissuasor nuclear independente e reduzir a dependência da França para com a Aliança Atlântica. Embora fosse um erro dizer que as mais altas patentes eram totalmente contra a dissuasão nuclear, havia um temor de que essa política conduzisse a um desvio de recursos para outros fins que não os gastos militares. Como escreveu o general Jouhaud, chefe do estado-maior da aeronáutica, em dezembro de 1958: "Que contribuição nos daria a bomba atômica na pacificação da Argélia?"[35] De Gaulle também sabia que muitos chefes do Exército estavam totalmente comprometidos com a aliança americana e viam a luta na Argélia como parte de uma cruzada internacional contra o comunismo.[36] Na opinião deles, qualquer ação antiatlanticista poria em risco a possibilidade de os Estados Unidos apoiarem a França na Argélia no espírito do anticomunismo. Isso apenas mostra como os chefes do Exército viviam num mundo de fantasia: a verdade é que o governo americano, ansioso para assegurar um apoio cada vez mais amplo no mundo árabe, estava sob forte pressão internacional para apoiar a causa da independência argelina.

Esse contexto internacional era a segunda razão para De Gaulle agir.[37] Embora militarmente enfraquecida na Argélia, a FLN obtinha êxitos no palco internacional. Os países árabes, que tinham em peso reconhecido o GPRA, começaram a fazer lobby em nome dele na Assembleia Geral das Nações Unidas. No outono de 1958, a assembleia tinha debatido pela primeira vez uma moção em apoio do "direito dos povos argelinos à independência". Nos três anos seguintes, os debates da Assembleia Geral no outono se tornaram uma frente de batalha essencial para o futuro da Argélia. De Gaulle fingia ignorar o que considerava ingerência em assuntos internos da França. Disse ao ministro das Relações Exteriores da Austrália em agosto de 1959: "Não aceito que Gana dite a política externa da França."[38] Apesar dessa bravata, ele tinha perfeita consciência da importância das Nações Unidas. É notável que todas as suas iniciativas políticas a respeito da Argélia – a começar pela declaração sobre a "paz dos bravos", em outubro de 1958 – fossem lançadas no outono.

O governo americano se abstivera no debate na ONU em dezembro de 1958, decisão insatisfatória tanto para o governo francês como para os países árabes. Em setembro de 1959, o presidente Eisenhower fez uma visita oficial à França. De Gaulle avisou-o antecipadamente da iniciativa que planejava efetivar com relação à Argélia. Além disso, tentou explicar a complexidade da situação, pedindo a Eisenhower que imaginasse a presença de 40 milhões de indígenas na Califórnia cobrando independência. A Argélia era francesa havia 130 anos, e não existia Estado – só uns "habitantes dispersos" – quando os franceses chegaram. Apesar disso, ele disse que tinha tomado a resolução de permitir que a Argélia decidisse o próprio futuro – quando a FLN fosse derrotada. Mas jamais reconheceria o direito de a FLN falar em nome da Argélia, uma vez que se tratava de um "grupo que só existe por força das metralhadoras". Se algum dia chegasse ao poder, governaria por "meios totalitários".[39] As garantias dadas por De Gaulle ajudaram a manter o governo americano do lado francês, embora ele se abstivesse novamente na votação sobre a Argélia na ONU em dezembro de 1959.

De Gaulle anunciou sua nova política para a Argélia numa fala pela televisão em 16 de setembro de 1959. Declarou que o povo da Argélia teria a oportunidade de decidir o próprio futuro. Num referendo sobre autodeterminação, os argelinos seriam convidados a escolher entre três soluções possíveis. A primeira era a independência ou "secessão" (*scission*), na visão de De Gaulle. Ele pintou essa opção nas cores mais sombrias, como um desastre para a Argélia e para a França. Uma segunda opção era o que ele descreveu com o neologismo "francificação," a sua maneira de referir-se ao que os partidários da *Algérie française* chamavam de "integração": a chance de tornar-se "parte integrante do povo da França, que se estenderia de Dunquerque a Tamanrasset". A terceira opção era "o governo da Argélia pelos argelinos, apoiado pela ajuda da França e em estreita união com ela", com um sistema federal interno na Argélia onde diferentes comunidades coabitariam pacificamente.[40]

Muitos historiadores veem esse discurso como o momento decisivo da política argelina de De Gaulle.[41] A imprensa também foi unânime em afirmar que o emprego do termo "autodeterminação" quebrara um tabu.[42] Mas Raymond Aron, perspicaz analista contemporâneo da política argelina de De Gaulle, minimizou, corretamente, a novidade do discurso.[43] De Gaulle ainda insistia em que nada aconteceria enquanto a paz não fosse restaurada, ainda descartava qualquer negociação com a FLN e não via o referendo sobre autodeterminação ocorrendo ainda "por vários anos".[44] Já a possibilidade de "secessão" estava cercada de terríveis advertências. Ela obrigaria o governo francês a tomar as medidas necessárias para proteger os que desejassem continuar franceses, o que parecia implicar partição, e para proteger os negócios petrolíferos franceses, o que parecia implicar uma presença francesa permanente no Saara. De Gaulle oferecia aos argelinos uma oportunidade de avançar – mas em seus próprios termos e em seu próprio ritmo. Privadamente, disse ao cunhado que era a favor da terceira solução, de "associação", mas tinha dúvidas se não seria tarde demais para evitar a "secessão".[45] Apesar de assumir o risco de deflagrar um processo que ele talvez não conseguisse controlar, a visão do futuro da Argélia que ele julgava preferível não tinha mudado.

Duas semanas depois do discurso de De Gaulle, o GPRA anunciou sua disposição de discutir "as condições militares e políticas de um cessar-fogo". De Gaulle proibiu qualquer resposta oficial, porque isso significaria aceitar FLN/GPRA como interlocutor válido.[46] Sentindo que agora retomara a iniciativa, numa entrevista coletiva em 10 de novembro para falar sobre "as condições para o fim das hostilidades", ele desfiou uma lista de dados estatísticos provando que os franceses estavam ganhando no campo de batalha. O GPRA respondeu designando seus líderes presos à equipe negociadora em quaisquer conversações futuras. Como isso era inaceitável para De Gaulle, a situação parecia obstruída.

Semana de loucura

Poucas semanas depois do discurso sobre autodeterminação, Challe e Delouvrier se viram viajando ao lado de De Gaulle. O relato da conversação deixado por Delouvrier é um exemplo revelador da impossibilidade de acuar De Gaulle:

> "Challe e eu tivemos uma discussão sobre as palavras que o senhor usou. Challe alega que o senhor é a favor da 'francificação'; eu acho que é a favor da 'associação'. Naturalmente o senhor não é a favor da 'secessão'."
>
> De Gaulle: "Vai haver um referendo. Então veremos." Silêncio. Ele falou sobre a beleza dos campos ... Fiz outra tentativa: "General, isto é de importância vital. Se houver um referendo, o Exército vai achar que é seu dever não permanecer neutro ... Agora, se eles forem a favor da 'francificação,' como vou poder continuar no meu posto? ... Na presença do comandante em chefe que o senhor

colocou sob minha autoridade, eu lhe pergunto: 'francificação' ou 'associação'? O senhor precisa resolver o nosso desacordo." Silêncio novamente.⁴⁷

Challe acreditando ou não que De Gaulle era a favor da "francificação", os *pieds-noirs* andavam cada vez mais desconfiados de suas intenções.⁴⁸

Em janeiro de 1960, numa entrevista para um jornal alemão, o general Massu manifestou suas preocupações sobre a política argelina de De Gaulle. "A maior decepção para nós", lamentou ele, "é que o general de Gaulle tornou-se um homem de esquerda." De Gaulle convocou Massu a Paris e o afastou do comando em Argel. Era o sinal que os ativistas *pieds-noirs* esperavam. Joseph Ortiz, proprietário de uma lanchonete que tinha organizado a manifestação contra Mollet em 1956, e Pierre Lagaillarde, o agitador estudantil que tinha desempenhado papel de destaque durante os acontecimentos de maio de 1958, aproveitaram a oportunidade para sacudir os ânimos da população. Convocaram uma manifestação de solidariedade a Massu no domingo, 24 de janeiro. No fim do dia, os manifestantes se recusaram a dispersar-se e começaram a construir barricadas. Quando a polícia tentou destruí-las, tiros foram disparados e catorze policiais morreram.

Ao saber da notícia, De Gaulle interrompeu seu fim de semana em Colombey. Nas primeiras horas da manhã de segunda-feira (25 de janeiro), gravou uma curta declaração a ser lida pelo rádio ordenando que os insurgentes se dispersassem. Suas palavras foram ignoradas e serviram apenas para revelar a impotência do governo em Paris. Na reunião do gabinete, no fim da manhã, o governo estava dividido sobre a resposta a ser dada. De Gaulle esbravejou contra Challe e Delouvrier, por não agirem com mais firmeza para restaurar a ordem. Soustelle, que simpatizava com os manifestantes, comentou sarcasticamente que a solução era lançar uma bomba nuclear em Argel.⁴⁹ De Gaulle permitiu, com relutância, que Debré fizesse uma rapidíssima visita a Argel, para avaliar a situação. Assustado com o humor de alguns oficiais do Exército, Debré informou ao governo, em 27 de janeiro, que a força só pioraria a situação. Pelo telefone, De Gaulle insistiu com Delouvrier para que agisse com mais vigor: "Há momentos em que sangue francês precisa ser derramado. Acha que senti algum prazer nisso em Dakar ou na Síria! Mas às vezes o sangue tem que correr." Debré, ao receber instruções semelhantes, escreveu mais tarde, numa rara crítica a De Gaulle: "Foi a única vez em minha vida que queimei algumas linhas rapidamente redigidas pelo general. Não queria que a imagem dele fosse maculada por uma repressão que me parecia possível evitar."[50]

Também ignorando instruções de De Gaulle, Delouvrier tentou negociar um fim incruento para a crise. Pressionado por jovens coronéis politizados a apoiar a rebelião, e por Delouvrier a permanecer leal ao governo, o general Challe desenvolveu um problema psicossomático nos pés e passou a semana prostrado com eles enfaixados. O Exército não se juntou aos dissidentes, mas também não fez nada para desmantelar as barricadas. Depois de quatro dias de conversas, Delouvrier resolveu que ele e Challe precisavam deixar Argel, para que os insurgentes não pudessem alegar que contavam com seu apoio tácito. Fez esse anúncio num longo e prolixo discurso na quinta-feira (28 de janeiro) à noite:

> Povo de Argel! ... Se tenho que deixar Argel, deixo com vocês as coisas mais sagradas que um homem pode oferecer: minha mulher e meus filhos. Cuidem de Mathieu, meu filho caçula: quero que ele cresça como um símbolo da ligação indestrutível da Argélia com a França ... Derrubem essas barricadas, nas quais sonhamos abraçar uns aos outros temendo, no entanto, que possamos matar uns aos outros.[51]

Longe da atmosfera altamente carregada de Argel, os ouvintes em Paris acharam que Delouvrier tinha pirado. Na realidade, suas palavras provocaram uma forte reação emocional na população em Argel, justamente quando a chuva pesada começava a submergir a resolução dos insurgentes.

Era essa a situação quando De Gaulle interveio uma segunda vez num discurso televisionado na sexta-feira, 29 de janeiro, cinco dias depois da explosão inicial. Tendo visto um rascunho do discurso, Debré insistiu com ele para demonstrar um pouco mais de afeição aos *pieds-noirs*, que tinham "a sensação de não serem compreendidos nem amados".[52] De Gaulle não deu atenção. Mostrou o discurso também para o general Ely, que queria uma passagem afirmando que a defesa da Argélia era a defesa do Ocidente. De Gaulle ignorou isso também, limitando-se a comentar: "Não posso pronunciar a palavra 'integração'."[53] Em seu discurso adotou um tom de comando, e não de convencimento. Em nenhum outro discurso, durante a Quinta República, ele usou a primeira pessoa mais autoritariamente e com mais frequência: "Ordeno...", "Preciso ser obedecido..." etc.⁵⁴ Para intensificar o aspecto dramático, apareceu fardado, começando com as palavras: "Se vesti uma farda para falar hoje na televisão é para mostrar que é o general De Gaulle que está falando, tanto quanto o chefe de Estado." Depois de reiterar sua determinação de permitir que o povo da Argélia decidisse o próprio futuro, dirigiu-se primeiro aos europeus da Argélia. Assegurou-lhes que a França jamais haveria de "deixar a Argélia e entregá-la aos rebeldes". Em seguida dirigiu-se ao Exército, louvando seus êxitos contra a FLN, mas lembrando que seu dever era servir ao Estado: "Eu sou a pessoa responsável pelo destino do país. É preciso que todos os soldados franceses me obedeçam." Finalmente, mudando o tom de imperioso para paternal, dirigiu-se à própria França: "Então, meu velho, querido país, aqui estamos novamente juntos para enfrentar uma grande provação."⁵⁵

O discurso de De Gaulle, de dezoito minutos, foi um *tour de force* retórico, perfeitamente calculado. As barricadas foram rapidamente derrubadas; Lagaillarde se entregou e Ortiz fugiu para a Espanha. Foi a crise mais séria que De Gaulle enfrentou desde que voltara ao poder. Logo depois, escreveu para o filho:

> Houve um momento, antes do meu discurso ... quando senti, positivamente, que todo mundo à minha volta estava desistindo, e prostrando-se a pretexto de que ... "Não se deve derramar sangue", "ninguém será obedecido". Na verdade, bastou a força de vontade ser demonstrada pelo rádio para que todo mundo se recuperasse e tudo voltasse a entrar em ordem.⁵⁶

Não se sabe se a vigorosa repressão pretendida por De Gaulle teria ou não bastado para pôr fim à crise antes, ou se a teria agravado fazendo o Exército pender totalmente para o lado da rebelião: o fato é que os acontecimentos da Semana das Barricadas tinham revelado que a autoridade do Estado estava pendurada por um fio, apesar da nova Constituição de De Gaulle. Como escreveu Raymond Aron logo depois: "Durante aqueles cinco dias, nada existia mais, nem o regime, nem a Constituição, menos ainda a República hesitante e dividida; restava apenas um homem – e um homem só."⁵⁷

Depois da Semana das Barricadas, De Gaulle decidiu assumir um controle mais rigoroso sobre a polícia argelina criando um novo comitê para assuntos argelinos, que ele mesmo presidia. Debré era membro, mas a agenda era preparada no Eliseu por Tricot. Challe foi tirado do comando em Argel e levado de volta para um cargo na França. De Gaulle também queria demitir Delouvrier, mas foi dissuadido por Debré, que o convenceu de que Delouvrier não poderia ter agido com mais honradez. O general então enviou um dos seus antigos partidários da França Livre, François Goulet, para assessorar Delouvrier, na verdade para vigiá-lo. Poucas semanas depois da crise, Soustelle foi convocado ao Eliseu para ser informado por De Gaulle de que estava sendo demitido. A descrição do encontro deixada por Soustelle é influenciada pelo ódio que ele veio a sentir por De Gaulle, um ódio não menos intenso do que o de antigaullistas históricos, como Jacques Isorni: "Eu disse a ele: 'Lamento que o senhor não tenha esperado pelo menos até 18 de junho; é quando faria exatamente vinte anos que respondi ao seu apelo.' Ele fez um gesto quase imperceptível com a mão, como se afastasse um inseto irritante".[58]

Hiato

Na França os índices de popularidade de De Gaulle dispararam, atingindo níveis inéditos, depois da Semana das Barricadas. Mas sentindo que precisava afagar o moral machucado do Exército, ele fez uma viagem de três dias à Argélia em março, dando palestras de improviso para grupos de oficiais. Essa viagem, chamada de "turnê dos refeitórios", o atormentaria depois. Os soldados sem dúvida ouviram o que queriam ouvir, mas De Gaulle fez muitas declarações arriscadas. A um grupo de oficiais disse o seguinte: "Eu jamais tratarei com a FLN... Jamais a bandeira da FLN será hasteada em Argel... O Exército francês ficará na Argélia." Para outro grupo, declarou que não haveria um "Dien Bien Phu diplomático na Argélia".[59] Embora esses comentários fossem extraoficiais, De Gaulle certamente os fez. Eles não contradiziam tecnicamente sua política em vigor, uma vez que ele sempre tinha dito que a FLN precisava ser derrotada. Mas a máquina de propaganda do Exército produziu sua própria versão das palavras de De Gaulle para a imprensa. De volta a Paris, De Gaulle ficou espantado com o modo como seus comentários foram noticiados.[60] Divulgou um comunicado com correções, reiterando que a Argélia teria permissão para decidir o próprio futuro – e introduzindo sutis alterações na apresentação das três escolhas que havia enumerado seis meses antes. "Francificação", agora descrita como "dominação direta" pela França, foi eliminada como "impossível". "Secessão" ainda foi descrita em termos apocalípticos. A terceira solução, de "associação," agora descrita como "provável", foi embrulhada numa nova frase que ninguém reparou na época: "Uma Argélia argelina, ligada à França, e unindo diversas comunidades."[61]

Pelos dois meses seguintes, enquanto a equipe de De Gaulle era assoberbada por intensa atividade diplomática – uma visita oficial à França de Nikita Khrushchev (23 de março-3 de abril), visitas oficiais a Londres (5-8 de abril) e à América do Norte (8 de abril-4 de maio) e assim por diante –, as autoridades francesas na Argélia captaram interessantes sinais de que a unidade interna da FLN estava sob tensão. A FLN tinha dividido suas operações na Argélia em regiões militares conhecidas como Wilayas. Em março de 1960, um líder da Wilaya IV, Si Salah, mandou uma mensagem secreta, pelas autoridades francesas na Argélia, de que estava pronto para discutir um cessar-fogo. Bernard Tricot, no Eliseu, foi informado e envolvido nas discussões preliminares. Essas discussões pareceram tão promissoras que os três líderes da Wilaya IV, incluindo Si Salah, de repente se viram num avião voando para Paris, no maior sigilo. Para seu espanto, na noite de 9 de junho foram levados de carro até uma entrada lateral do Palácio do Eliseu e conduzidos à presença do próprio De Gaulle. Esse extraordinário encontro foi a única ocasião, durante todo o conflito, em que De Gaulle esteve face a face com qualquer membro da FLN. Bernard Tricot, que estava presente, deixou o único relato existente do que ocorreu. A reunião foi curta. Rejeitando seu pedido de autorização para verem o líder nacionalista preso Ben Bella, De Gaulle informou aos três homens que planejava fazer outro apelo público à FLN nos próximos dias. Quando a reunião terminou, disse que seria inadequado apertar-lhes a mão, mas manifestou a esperança de que voltassem a se encontrar.[62]

Em 14 de junho, De Gaulle falou novamente pela televisão. Mais solene do que nunca, fez um apelo aos líderes rebeldes para iniciarem as negociações do cessar-fogo. Isso seria seguido, no devido tempo, por um referendo sobre o futuro da Argélia, que De Gaulle agora visualizava como "uma Argélia argelina". em união com a França. Quatro dias depois, o GPRA aceitou formalmente a oferta. Em 25 de junho, três representantes argelinos chegaram à cidadezinha de Melun, nos arredores de Paris, para iniciar as conversas.

Ficaram isolados, quase como prisioneiros, e seu interlocutor do lado francês era um funcionário relativamente subalterno com instruções para não discutir questões políticas e limitar-se às condições de um cessar-fogo. As anotações que De Gaulle rabiscou à mão à margem do relatório do primeiro dia de conversas mostra que a inflexibilidade do lado francês era resultado direto de suas ordens:

> Ao pedido dos argelinos de que tivessem permissão para entrar em contato com "ministros do GPRA" detidos na França, ele escreveu: "Não existem 'ministros', apenas homens que lutam contra nós e praticam ataques."
>
> Ao pedido de que tivessem permissão para entrar em contato com o embaixador tunisiano, ele escreveu: "Nenhum contato será permitido com nenhuma embaixada."
>
> À queixa sobre folhetos na Argélia sugerindo que a FLN tinha reconhecido a derrota, ele escreveu: "Enquanto a FLN continuar lutando o Exército usará todos os meios de combate que julgar necessários."[63]

Depois de três dias, as conversações foram interrompidas. Foi um desastre de relações públicas para De Gaulle, em parte porque a imprensa tinha criado expectativas exageradas.[64] Só quem levou vantagem foi a FLN, que tinha mostrado ao mundo que De Gaulle não parecia sério ao oferecer-se para conversar. Alguns responsabilizaram Debré pelo fracasso, mas a intransigência tinha sido de De Gaulle.[65] O leal gaullista Louis Terrenoire, que substituíra Soustelle como ministro da Informação, ficou perplexo com a atitude do general: "De Gaulle é como um pescador que pegou um peixe grande e espera cansá-lo antes de puxar a linha. Mas o que pode ocorrer é que o peixe, ao se contorcer, parta a linha."[66] Em sua atitude para com a FLN, De Gaulle parecia não ter ido além da sua oferta da "paz dos bravos" de dois anos antes. Também pode ser que a discórdia na Wilaya IV (que De Gaulle jamais mencionou em suas *Memórias*) o tenha levado a superestimar as divisões internas da FLN. Sua extraordinária iniciativa de receber pessoalmente os três líderes rebeldes no Eliseu sugere que ele levava o assunto a sério. É possível que esperasse que em Melun toda a FLN lhe desse o que os líderes de uma Wilaya lhe tinham oferecido. Talvez também imaginasse que fosse possível reativar a opção da Wilaya IV se as conversas de Melun fracassassem. Se achava isso, teve uma decepção. Logo depois das negociações improdutivas de Melun, a cúpula da FLN expurgou os líderes dissidentes da Wilaya IV. De Gaulle ficou sem alternativa.

Quando no ano seguinte começaram a vazar rumores sobre o encontro secreto de De Gaulle com Si Salah, os chefes do Exército da França na Argélia viram nisso uma prova de perfídia. Na sua opinião, ele tinha perdido a oportunidade de negociar com um grupo disposto a buscar a paz e a romper com a cúpula da FLN. Doce ilusão. Os líderes da Wilaya IV não tinham abandonado a ideia de independência, e sua dissidência era só em questões táticas. Se o misterioso caso da Wilaya IV teve alguma importância, foi levar De Gaulle a superestimar a força negociadora da França em Melun.[67]

Impasse

Simultaneamente ao fracasso de Melun, outra solução possível para a Argélia foi vedada pela morte da Comunidade Francesa pós-imperial que De Gaulle tinha estabelecido em 1958, juntamente com a nova Constituição. De Gaulle era tão hábil em acobertar suas pegadas, e espalhar pistas falsas sobre mudanças de política, que é difícil saber o que ele de fato pensava sobre a comunidade. O jornalista Jean Mauriac citou depois uma conversa que teve com ele sobre o assunto em agosto de 1958. Quando De Gaulle pediu a Mauriac suas opiniões, Mauriac respondeu, com entusiasmo, que De Gaulle estava criando um edifício para durar gerações. De Gaulle replicou no ato: "Você acha? A comunidade é besteira [*foutaise*]! Quando essas pessoas entrarem, só vão ter uma ideia na cabeça: sair!"[68] Esse gracejo não deve ser levado a sério. O tempo que De Gaulle investiu pessoalmente na comunidade desmente o pessimismo que simulou para Mauriac.

O conselho executivo da comunidade teve nada menos do que seis reuniões em 1959. Devem ter sido ocasiões tediosas e penosas que permitiam aos líderes africanos dar vazão a seus ressentimentos, mas De Gaulle as presidia com notável paciência.[69] Quando, em outubro de 1959, ele rechaçou tentativas do Quai d'Orsay de melhorar relações com Sékou Touré, da Guiné, sua razão para rejeitar a ideia era que seria "um incentivo para a dissolução da comunidade".[70] Tudo sugere que ele esperava que a comunidade durasse. Mas no fim de 1959, o Sudão, o Senegal e Madagascar exigiram formalmente sua independência. Na última reunião do conselho da comunidade, em março de 1960, De Gaulle ainda brandiu a ameaça de que a França, se não pudesse desenvolver relações satisfatórias com suas ex-colônias africanas, teria de repensar todas as suas relações com elas. Foi uma tentativa desesperada de evitar a independência.[71] No fim, De Gaulle curvou-se ao inevitável. O governo revisou os estatutos da Comunidade Francesa para permitir que a filiação fosse compatível com a independência. Até o fim de julho de 1960, todas as possessões subsaarianas da França tinham conquistado sua independência. A comunidade, tal como originariamente concebida por De Gaulle, não tinha resistido ao que poucos meses antes Harold Macmillan chamara de "ventos da mudança na África".

Se De Gaulle lutou para manter a comunidade foi porque a imaginava como um possível modelo para as relações da França com a Argélia, ou como uma estrutura na qual a Argélia pudesse vir a ser inserida, sem se tornar totalmente independente.[72] No verão de 1960, esse caminho foi fechado, e De Gaulle não tinha outras ideias.

Na medida em que havia uma política para a Argélia naquela época, essa política era, na falta de outra, a de Debré. Debré reconciliara-se com a promessa feita por De Gaulle de uma autodeterminação argelina, mas a interpretava de modo ainda mais restritivo. Imaginava um período de transição de 25 anos, durante o qual o governo francês incentivaria o surgimento de outros interlocutores muçulmanos, além da FLN, ao mesmo tempo que preparava o terreno para uma associação permanente entre a Argélia e a França. De Gaulle não vetou essa política, mas sua anotação à margem da proposta de Debré para patrocinar uma organização política rival da FLN revela ceticismo: "Com a condição de que seja muçulmana e não criada por nós."[73] A busca do esquivo meio-termo ganhou novo fôlego no verão de 1960, com o estabelecimento de quatro assim chamadas *commissions d'élus*, entidades mistas compostas por representantes eleitos muçulmanos e europeus para discutir questões como desenvolvimento econômico da Argélia, ou as futuras relações entre as comunidades. Quando essas comissões começaram suas deliberações surreais sobre um futuro que parecia cada vez mais improvável, pediu-se a De Gaulle que esclarecesse se alguma das três possibilidades esboçadas no seu discurso de setembro de 1959 deveria ser privilegiada em detrimento das outras.⁷⁴ Ele não parece ter respondido – e é revelador da obscuridade de suas intenções o fato de a pergunta precisar ser feita.

Na mesma época, De Gaulle foi avisado de que a França voltaria a ser atacada na próxima sessão das Nações Unidas, provavelmente ainda com mais vigor do que nos anos anteriores.⁷⁵ Numa entrevista coletiva em 5 de setembro, ele enumerou todas as melhorias ocorridas para os muçulmanos da Argélia nos últimos dois anos, e culpou a FLN de impedir uma solução. Mas não tinha nada de novo a dizer, além de introduzir outra frase sentenciosa para descrever os vários futuros possíveis vislumbrados para a Argélia. Certa vez ele falara de uma "personalidade argelina", depois de uma "Argélia argelina"; dessa vez lançou a ideia de uma "entidade argelina". Isso lembrava um pouco a maneira com que ele tinha levado gradualmente a França Livre, ou tinha sido levado por ela, a adotar a República entre 1941 e 1943, mas não está claro, em nenhum dos dois casos, se ele sabia onde ficava o ponto final de sua jornada – ou se queria parar onde foi parar.⁷⁶ Para o general Crépin, sucessor de Challe, De Gaulle escreveu em outubro de 1961 que precisava de uma vitória militar como prelúdio de um acordo político. Não era diferente do que tinha dito em 1958.⁷⁷

A entrevista coletiva de De Gaulle em setembro de 1960 provocou desencanto universal. Como não conseguira oferecer nenhum senso de direção convincente, o campo ficou aberto para os extremos. Partidários da *Algérie française* na França, como Soustelle, organizaram-se para tentar influenciar a opinião pública. Receberam um empurrão publicitário quando o general aposentado Salan deu uma entrevista coletiva denunciando as políticas de De Gaulle antes de viajar para o exílio na Espanha. Em novembro, o marechal Juin, velho companheiro de armas de De Gaulle, anunciou que estava rompendo com o general após uma "amizade de cinquenta anos". Do outro lado da disputa argelina, Raymond Aron, que até então dera cautelosamente a De Gaulle o benefício da dúvida, teve um acesso de "raiva desesperada" por causa da entrevista coletiva de setembro. Num furioso ataque acusou De Gaulle, apesar da aparência de liberalismo com relação à Argélia, de não ser diferente dos "ultras" em sua recusa a negociar com a FLN, que, gostassem ou não, era a "encarnação do nacionalismo argelino". E concluiu: "Os mecanismos mentais do general De Gaulle são, lamento muito, tipicamente franceses ... A França concede favores, mas não deixa ninguém arrancá-los dela."⁷⁸ O editor de *Le*

Monde, Hubert Beuve-Méry, não foi menos duro: "Arbitrar é, em último caso, escolher ... O líder mais prestigioso do mundo não pode se isolar indefinidamente em sua torre de marfim ... impingindo frases sibilinas a descrentes muito preocupados."[79]

Em setembro, 121 intelectuais de destaque, incluindo Jean-Paul Sartre, assinaram um manifesto apoiando recrutas que preferiam desertar do Exército a combater na Argélia. O governo confiscou edições de revistas esquerdistas, como *Esprit* e *Temps modernes*, que imprimiram o manifesto. Também proibiu uma manifestação da união estudantil Unef, em outubro, em apoio à autodeterminação argelina. Quando a manifestação foi realizada, houve violentos choques com a polícia. Observadores de esquerda sugeriram que havia qualquer coisa de estranho no fato de o governo proibir manifestação a favor de uma política que o governo, supostamente, adotava.[80] Na verdade, o governo estava dividido quanto à resposta a ser dada. Debré, que queria sanções rigorosas contra esses manifestantes, bombardeava o liberal ministro da Justiça, Edmond Michelet, com críticas sobre a negligência do Judiciário. Numa carta, escreveu ele: "Você me disse ontem: 'não é culpa minha que o Sartre não esteja sendo processado'... Quando vi ontem como o general está triste, irrita-me que você pareça não compreender."[81] Michelet e Debré eram, cada um à sua maneira, fanaticamente leais a De Gaulle, mas fora seu gracejo famoso (e possivelmente apócrifo) sobre Sartre – "Não se prende Voltaire" –, De Gaulle não intervinha, permitindo que Michelet e Debré acreditassem ser os verdadeiros gaullistas.

No outono de 1960, De Gaulle estava à beira do desespero. Debré andava tão apavorado com seu estado de espírito que redigiu infindáveis versões de uma carta implorando-lhe que não renunciasse.[82] Até mesmo Pompidou, mais fleumático, preocupava-se. Apesar de não exercer nenhum cargo oficial nessa época, ele continuava em estreito contato com De Gaulle. Depois de estar com o general em outubro, escreveu-lhe em termos calculados para despertar seu senso de destino providencial: "Se Péricles tivesse sido abandonado ou preso, os atenienses é que seriam responsabilizados; se Péricles tivesse abandonado Atenas no meio da Guerra do Peloponeso, seria a eles que a história culparia." Pompidou aproveitou a oportunidade para lançar algumas farpas contra Debré. Aconselhou De Gaulle a ser menos repressivo com os signatários dos diversos manifestos e a resistir "às tendências naturais de Debré ...

que em outros sentidos é um primeiro-ministro exemplar". Recomendou que De Gaulle voltasse a falar à nação: "Tenho certeza de que os franceses que admiram você e vieram a você em busca da salvação, só querem voltar a amá-lo. Se você lhes mostrar que está consciente das dificuldades, mas pronto para superá-las, cansado mas resoluto, complacente e não zombeteiro, você os trará para junto de si novamente."[83]

Embora Debré e Pompidou, experientes observadores do general, estivessem convencidos do seu estado de depressão, também deviam lembrar-se de que esses estados de desespero eram uma característica recorrente de sua personalidade, às vezes genuínos, às vezes performativos – mas sempre o prelúdio de uma súbita recuperação da vontade.

"A República Argelina que um dia existirá"

Num rascunho da carta implorando a De Gaulle que não desistisse, Debré escreveu: "O senhor precisa continuar na ofensiva. O êxito do 'gaullismo' sempre veio da análise correta dos males da nação e de um espírito de ataque para tentar superá-los."[84] Debré logo veria suas palavras validadas – mas não como pretendia. Em 4 de novembro, De Gaulle fez outro discurso pela televisão sobre a Argélia. Como de hábito, celebrou os êxitos do Exército e o surgimento de elites muçulmanas em governos locais. Discorreu mais amplamente sobre sua visão do futuro: "Uma Argélia emancipada, uma Argélia na qual, se os argelinos quiserem – como acredito que é o caso –, terá seu governo, suas instituições e suas leis." Então veio a bomba: De Gaulle invocou "o governo da República Argelina, que um dia existirá, mas nunca existiu até agora".[85]

O discurso tinha sido mostrado a Debré antecipadamente, sem as palavras sobre a "República Argelina". Debré ficou tão horrorizado que tomou a inusitada iniciativa de ligar para o Eliseu; mais inusitadamente ainda, um De Gaulle constrangido concordou em aceitar a chamada, alegando, falsamente, que a frase lhe ocorrera no último minuto. Debré, que um mês antes suplicara a De Gaulle que não renunciasse, agora queria, ele próprio, renunciar. Despejou seu "profundo desconforto" numa longa carta ao general. "Um gaullista", escreveu, "não tem o direito de ser mais gaullista do que De Gaulle." Mas, para ele, o gaullismo era "uma vontade de dominar os acontecimentos com o objetivo de manter a influência e a autoridade da França" e a rejeição da ideia de "um movimento da história contra o qual não possamos fazer nada".⁸⁶ Essa era uma interpretação do gaullismo, mas De Gaulle sempre ressaltara a necessidade de adaptar-se às circunstâncias e a necessidade de uma política que respeitasse as realidades. Respondeu: "Temos que conseguir a descolonização. Tenho a responsabilidade de fazê-lo ... Nunca foi mais evidente que o *wishful thinking* [pensamento positivo] seria a pior política de todas."⁸⁷ No fim, Debré ficou, como De Gaulle apostou que ficaria. Um ano antes, o general tinha puxado de lado o *directeur de cabinet* de Debré, Pierre Racine, e sondado, indiretamente, se Debré o seguiria até onde fosse preciso na questão da Argélia. Racine respondeu: "Acho que sim, e, de qualquer maneira, entendo que minha função seja ajudá-lo nisso."⁸⁸

Quem renunciou foi Delouvrier – não porque desaprovasse a nova política, mas porque se ressentiu da maneira como ela lhe foi inesperadamente revelada. Isso deu a De Gaulle a oportunidade de apertar ainda mais o controle sobre a política argelina. Criou um novo Ministério de Assuntos Argelinos, que foi confiado ao leal Louis Joxe. Poucos dias depois do seu discurso de 4 de novembro sobre a República Argelina, De Gaulle anunciou um referendo a fim de buscar o apoio da população francesa para a sua política no país. O governo estabeleceria uma executiva provisória para a Argélia, que atuasse como administração transitória, a depender das negociações sobre uma solução definitiva. Para que a FLN concordasse em negociar, De Gaulle também estava pronto para anunciar uma trégua militar unilateral. Tendo estabelecido um plano de ação, ele agora queria agir com estonteante rapidez e obstinação.⁸⁹

Em dezembro de 1960, De Gaulle fez a última visita de sua vida à Argélia – a oitava desde que retornara ao poder. Dificilmente as coisas poderiam ter sido mais diferentes da turnê triunfal de junho de 1958. Houve choques violentos entre europeus e muçulmanos; ativistas *pieds-noirs* travaram batalhas campais com a polícia francesa; muçulmanos tomaram as ruas acenando bandeiras argelinas. Em Argel, sessenta pessoas foram mortas. De Gaulle continuou mergulhando, imperturbável, nas multidões, mas sua visita a Constantine teve de ser cancelada quando as forças de segurança descobriram um complô de extremistas *pieds-noirs* para assassiná-lo. No fim, sua visita foi encurtada em 24 horas. A Argélia "Fraterna" estava morta.

No referendo de 8 de janeiro de 1961, cerca de 75% dos eleitores aprovaram a política argelina de De Gaulle. O resultado não chegou a ser uma surpresa, mas lhe deu a autoridade de que precisava para avançar. Antes do referendo, já tinha autorizado que sondassem a FLN através da intermediação de um diplomata suíço. Isso abriu caminho para duas reuniões secretas na Suíça em fevereiro entre Georges Pompidou e dois representantes da FLN. De Gaulle instruiu Pompidou cuidadosamente: "O termo independência é indiferente para nós, porque no mundo atual não significa muita coisa, exceto para propaganda. Nenhum Estado é independente, porque está sempre, na realidade, mais ou menos ligado a outros" (reconhecimento irônico vindo de um líder cuja política externa era toda construída em torno da ideia da independência francesa). Pompidou foi informado de que só duas áreas eram inegociáveis. Em primeiro lugar, o Saara, com suas importantes reservas petrolíferas, não era para ser considerado parte da Argélia. Em segundo, se a autodeterminação argelina resultasse num rompimento completo com a França, os franceses exigiriam garantias sobre o futuro dos *pieds-noirs*.[90]

Pompidou informou-lhe que não tinha "em momento algum ultrapassado, nem no mais leve grau, as diretrizes que você me deu". Achou seus interlocutores cautelosos e desconfiados, "perseguidos pela lembrança de Melun" com uma queda por discursos de propaganda.[91] Apesar disso, os dois lados avançaram o suficiente para anunciar que as negociações formais começariam em abril em Evian, perto da fronteira suíça. A equipe francesa seria encabeçada por Louis Joxe. Houve um último entrave quando Joxe anunciou que os franceses estavam dispostos a conversar com outros possíveis representantes do povo argelino, como o MNA, movimento nacionalista mais moderado. A FLN usou isso como pretexto para cancelar a reunião de Evian até receber garantias de que os franceses não conversariam com "lacaios do colonialismo". Para indicar à FLN até onde tinha ido, em sua próxima entrevista coletiva, em 11 de abril, o tom de De Gaulle sobre a Argélia foi de desdenhosa indiferença:

> No mundo atual e na época em que vivemos, a França não tem interesse em manter a Argélia sob suas leis ou dependente dela ... Na verdade, o mínimo que se pode dizer é que a Argélia nos custa mais do que nos dá ... É por isso que a França contemplaria com o maior sangue-frio uma solução pela qual a Argélia deixasse de lhe pertencer.[92]

É difícil superestimar o choque causado pelo tom desses comentários. Um ouvinte que se declarou "doente e inconsolável" foi o romancista Jules Roy, convicto partidário da independência argelina e admirador apaixonado de De Gaulle. Mas como alguém nascido na Argélia, Roy não poderia deixar de sensibilizar-se com a difícil situação dos europeus. Escreveu em seu diário: "Para mim, o general De Gaulle morreu em 11 de abril. Seu lugar foi tomado por um contador cínico."[93] Se essa foi a reação de um admirador quase religioso de De Gaulle, não é difícil imaginar a resposta dos chefes do Exército na Argélia.

Soldados perdidos

Não precisamos tentar imaginar. Nas primeiras horas do sábado, 22 de abril, paraquedistas de elite e regimentos da Legião Estrangeira ocuparam prédios estratégicos em Argel.[94] A população da cidade acordou escutando uma mensagem do general Challe: "O Exército assumiu o controle da Argélia e do Saara ... A *Algérie française* não está morta ... Não existe, e jamais existirá, uma Argélia independente." A operação era encabeçada por três generais, incluindo Challe. No dia seguinte Salan juntou-se a eles da Espanha.

De Gaulle foi acordado às duas e meia da manhã para tomar conhecimento. Imediatamente ordenou a Joxe e ao general Olié que tomassem o avião para a Argélia e o mantivessem informado. Ao longo da manhã, a polícia em Paris prendeu numerosos oficiais que se preparavam para estender o golpe para o continente. Quando o gabinete se reuniu numa sessão de emergência à tarde, todos foram unânimes em considerar a situação suficientemente grave para justificar que se declarasse estado de emergência, previsto pelo Artigo 16 da Constituição. Ainda assim, De Gaulle não parecia, pelo menos por fora, indevidamente perturbado. Comentou com um dos assessores aquela manhã: "O que me deixa chocado é que um homem inteligente como Challe possa perpetrar tamanha estupidez."[95]

Enquanto isso Joxe e Olié chegavam à Argélia. Evitando Argel, que estava nas mãos dos golpistas, voaram para Orã, onde o comandante, o general Pouilly, permanecera leal a De Gaulle. Em seguida, foram para Constantine, onde o general encarregado rejeitou ordens telefônicas de Challe para prendê-lo. Mas, logo que eles partiram para a França, o general mudou de ideia e juntou-se aos golpistas. De volta à França, no domingo à tarde, Joxe informou pessoalmente a De Gaulle que a situação ainda era indefinida.⁹⁶ Às oito da noite, De Gaulle apareceu na televisão para anunciar que estava assumindo poderes de emergência. Como durante a Semana das Barricadas, trajava uniforme. Seu tom era de comando imperial e de fúria mal reprimida:

> Um poder insurrecional estabeleceu-se na Argélia através de um pronunciamento militar... Esse poder tem uma aparência: um punhado [*quarteron*] de generais reformados; tem uma realidade: um grupo de oficiais fanáticos, ambiciosos e parciais. Esse grupo tem uma compreensão básica e limitada, mas só vê o mundo e o país através de sua insanidade. Sua iniciativa só pode ter como consequência um desastre nacional... Aqui vemos o Estado desrespeitado, a nação desafiada, nosso poder degradado, nosso prestígio internacional derrubado, nosso papel e nosso lugar na África comprometidos – por quem? Ai! Ai! Ai! Por homens cuja obrigação, cuja honra e cuja razão de ser está em servir e obedecer. Em nome da França, ordeno que todos os meios, repito, todos os meios, sejam usados em toda parte para barrar o caminho desses homens até que sejam derrotados. Proíbo qualquer francês, em primeiro lugar qualquer soldado, de executar qualquer ordem sua... *Françaises, Français.* Vejam o risco que a França corre, em comparação com o que ela está se tornando. *Françaises, Français! Aidez-moi!*

Todo o sabor dessa notável peça de oratória gaullista – o patético apelo no fim, o triplo "Ai" – é difícil de transmitir numa tradução. A palavra "punhado" não dá uma ideia perfeita do sarcástico desprezo de *"quarteron"*. Esse desdenhoso qualificativo, usado por De Gaulle em 1942 num discurso denunciando Darlan, que a BBC não permitiu que ele transmitisse, é uma palavra arcaica, que significa um quarto de alguma coisa, ou 25% – talvez "um quartilho de generais" desse uma ideia do sentido.

Aquela noite correram boatos em Paris de que soldados de Argel iam desembarcar na França. Poucas horas depois do discurso de De Gaulle, um Debré perturbado, de barba por fazer, apareceu na televisão convocando o povo de Paris a ocupar os aeroportos da cidade: "Quando as sirenes apitarem, corram, a pé ou de carro, para convencer os soldados de que eles cometeram um grande erro." Jean Lacouture, futuro biógrafo de De Gaulle, recordava-se de ter ido ao aeroporto de Orly com outro jornalista para ver o que estava acontecendo e não encontrou ninguém. Apesar de ter provocado algum escárnio – comentaristas brincavam dizendo que às palavras "a pé ou de carro" ele deveria ter acrescentado "ou a cavalo" –, o discurso de Debré despertou os ânimos. Os sindicatos convocaram uma greve geral de uma hora para a segunda-feira à tarde, da qual 10 milhões de operários participaram. O pânico causado por Debré também foi favorável a De Gaulle, fazendo o uso do Artigo 16 parecer justificado.

Depois do discurso de De Gaulle, voluntários, entre eles muitos intelectuais de esquerda, se reuniram no Ministério do Interior, prontos para defender a República. Alguns limparam a poeira de armas utilizadas pela última vez na Resistência. No pátio ficaram ouvindo Malraux, que lhes narrou suas experiências na Guerra Civil Espanhola. O chefe de polícia comentou ironicamente: "Em Paris reina a paz, mas não posso dizer o mesmo do Ministério do Interior."[97] Mais tarde De Gaulle repreendeu o ministro do Interior, Roger Frey: "Pode me explicar a razão desse grotesco tumulto que o senhor organizou debaixo da minha janela?"[98] Era fácil zombar depois que tudo passou, mas a sensação de pânico era genuína. Foccart passou quatro noites dormindo no Eliseu para o caso de De Gaulle precisar dele. Mantinha um avião pronto num aeródromo nos arredores de Paris para levá-lo dali se o Eliseu fosse atacado.[99] Aquela noite, De Gaulle entregou seu testamento a Foccart num envelope lacrado.

A noite de domingo para segunda (23-24 de abril) foi o momento decisivo, se o golpe quisesse ter alguma chance de êxito – mas a verdade é que o golpe já estava perdendo fôlego. O efeito do discurso de De Gaulle tinha sido eletrizante. Os milhares de recrutas que compunham a base do Exército na Argélia ouviram em seus rádios transistores. Quando ficou claro que não apoiariam a insurreição, Challe, que não tinha temperamento de golpista, entregou-se na terça-feira, 25 de abril. O general Zeller foi capturado poucos dias depois. Os outros dois generais, Jouhaud e Salan, se esconderam. A tentativa de golpe tinha acabado.

Apesar de ter assumido poderes de emergência, De Gaulle queria dar a impressão, privadamente, de não ter levado o golpe muito a sério. Robert Buron, ministro que se achava na Argélia no momento do golpe e chegou a ser preso, teve dificuldade para despertar o interesse de De Gaulle pelos detalhes quando voltou à França ansioso para contar suas aventuras. Em vez disso, De

Gaulle preferiu filosofar em seu estilo inimitável: "Há um fator que eles não levaram em conta, no entanto um fator essencial, que acabou arruinando todos os seus cálculos: esse fator se chama De Gaulle. Não entendo que seja sempre eu ... mas sou prisioneiro disto."[100] Para outra visita, ele comentou, no auge dos acontecimentos, que as revoluções bem-sucedidas exigem um Mirabeu, um Danton, um Bonaparte, um Atatürk, um Lênin – não um Challe, que não tinha a personalidade adequada, apesar de ser inteligente.[101]

De fato, o planejamento do golpe fora amadorístico. Challe, que tinha antipatia por Salan, só concordara em participar no último momento, após o choque de ouvir a entrevista coletiva de De Gaulle em 11 de abril. Os conspiradores não tinham uma estratégia política coerente. Os mais exaltados sonhavam desembarcar em Paris, mas não fizeram nada para planejar. Challe não queria uma tomada do poder em Paris, mas uma espécie de secessão provisória da França, durante a qual o Exército venceria a guerra contra a FLN e presentearia De Gaulle com uma vitória militar. Parecia acreditar que seria capaz de vencer em três meses uma guerra que o Exército vinha travando havia seis anos. Em mais um exemplo do mundo de fantasia em que viviam os golpistas, Challe chegou a dizer à população de Argel pelo rádio que contava com "nossos amigos americanos" – apesar de os Estados Unidos apoiarem a independência argelina. Os conspiradores supostamente esperavam repetir o cenário de 13 de maio de 1958, quando De Gaulle retornara ao poder. Mas as condições eram diferentes. O homem que eles enfrentavam então era Pflimlin e não o próprio De Gaulle; não havia nenhuma figura como De Gaulle nos bastidores a quem pudessem recorrer; e enquanto em 1958 o regime anterior tinha perdido credibilidade, poucas semanas antes da tentativa de golpe de abril de 1961 o povo francês havia manifestado maciçamente seu apoio à política argelina de De Gaulle.

Em 23 de novembro de 1961, num discurso para oficiais em Estrasburgo comemorando o 17º aniversário da Libertação da cidade por Leclerc, De Gaulle desenvolveu sua interpretação do golpe: "A partir do momento em que o Estado e a nação escolhem seu caminho, o dever militar está estabelecido de uma vez por todas. Fora dessas regras, não existe, não pode existir, nada a não ser soldados perdidos."[102] Alguns militares depois se perguntavam se De Gaulle, o supremo maquiavelista, não teria tido conhecimento dos planos do golpe antecipadamente, permitindo que ele fosse adiante para finalmente poder quebrar a relutância do Exército.¹⁰³ Não há qualquer prova disso, mas é verdade que o golpe foi útil para De Gaulle, até certo ponto. Imediatamente depois, ele escreveu para o filho dizendo que "lancetou um abscesso que de qualquer maneira era preciso limpar ... Nesse sentido, o episódio me permitirá fazer muitas coisas".¹⁰⁴

Negociações

As conversações de Evian começaram em 20 de maio. De Gaulle anunciou que os franceses observariam unilateralmente uma trégua militar de um mês. Era sinal de quanto ele tinha avançado desde 1958, quando sua condição para qualquer discussão era que a FLN aceitasse um cessar-fogo. As conversas eram secretas, apesar de um comunicado ser divulgado diariamente. Surgiram quatro pontos de discórdia:¹⁰⁵

1. Quem integraria a executiva responsável pela organização do referendo sobre a autodeterminação argelina, e quanto tempo se passaria até que o referendo fosse realizado?
2. Por quanto tempo os franceses teriam permissão para manter bases militares na Argélia depois da independência?
3. Que direitos teria a população europeia na Argélia independente?
4. As fronteiras da Argélia incluiriam o Saara?

As duas últimas questões eram as mais difíceis. Os franceses queriam proteger os direitos dos *pieds-noirs*; os negociadores da FLN tinham receio de conceder-lhes privilégios especiais, como dupla nacionalidade. O Saara adquirira grande importância econômica desde a descoberta de petróleo, em 1956, e, além disso, era onde os franceses testavam suas armas atômicas.

De Gaulle manteve-se em estreito contato com Joxe. Com extraordinário otimismo, ele parecia achar que tudo se resolveria em duas semanas.¹⁰⁶ Mas sua recusa a conceder o Saara, como Joxe queria, tornava isso impossível. Depois de doze longas sessões, as discussões começaram a andar em círculos. Em 13 de junho, De Gaulle, para surpresa da FLN, suspendeu as negociações, para "um tempo de reflexão". Elas foram retomadas por uma semana em julho, mas como De Gaulle ainda rejeitava qualquer mudança na posição francesa, dessa vez foi a FLN que as suspendeu. Chegou-se a um impasse, e De Gaulle pôs fim à trégua militar.

Debré, que tinha sido quase totalmente marginalizado na formulação da política para a Argélia, viu uma oportunidade final de reativar sua ideia de uma terceira via. De Gaulle autorizou negociações secretas para estabelecer uma administração provisória em Argel composta de representantes das *commissions d'élus*, formadas no ano anterior.[107] A intenção ostensiva era preparar a votação da autodeterminação argelina ignorando a FLN. Debré talvez ainda achasse que isso era possível, mas para De Gaulle era apenas uma tática destinada a trazer a FLN de volta à mesa de negociação. Como disse a Alain Peyrefitte: "A FLN está com medo da paz. Está com medo de assumir suas responsabilidades. Só sabe fazer duas coisas: treinar tropas na Tunísia e no Marrocos e, para fins de propaganda, juntar o maior número possível de países contra nós ... Uma solução negociada só funciona se tivermos outra pronta. É preciso ter sempre dois ferros no fogo."[108] De Gaulle também explorava um terceiro "ferro". Em dois discursos durante o verão, aventou a hipótese de uma partição da Argélia com o reagrupamento da população europeia. Em julho, sugeriu que Peyrefitte publicasse alguma coisa nessa linha. Peyrefitte entendeu isso como uma ordem, passou o verão pesquisando o assunto e publicou quatro artigos em *Le Monde* em setembro. Esses artigos provocaram celeuma, e ele recebeu um recado do Eliseu dizendo que bem poderia transformar suas ideias num livro.

Enquanto isso, Tricot e Joxe argumentavam, durante todo o mês de agosto, a favor de concessões relativas ao Saara. Debré, que pressentiu o perigo, passou agosto inteiro tentando manter De Gaulle firme.[109] No fim do mês, De Gaulle decidiu ceder mais terreno. Seu novo mantra era que a França precisava "desengajar-se" da Argélia, a qualquer custo. No último dia de agosto, anunciou ao gabinete:

> Se essas pessoas estão dispostas a concordar em alguma coisa aceitável para nós, ainda podem fazê-lo. Do contrário, encontraremos outras pessoas. Se também essas não concordarem, vamos nos desengajar assim mesmo ... Elas me fazem pensar nessas pinturas primitivas, onde vemos demônios arrastando os condenados para o inferno. Os condenados parecem não se importar, e levantam os punhos fechados contra os anjos. Pois muito bem, que o diabo os carregue.[110]

Foi um prelúdio da entrevista coletiva concedida por De Gaulle em 5 de setembro, reconhecendo publicamente que "não há um só argelino que não ache que o Saara deve ser parte da Argélia, e não haverá um só governo argelino, independentemente de suas relações com a França, que não reivindique soberania sobre o Saara".[111] Embora a decisão de desistir do Saara viesse coberta de garantias retóricas de que havia outras maneiras de preservar os interesses franceses além da soberania formal, esse anúncio foi tão dramático quanto a frase de De Gaulle sobre a "República Argelina" dita um ano antes. Mais uma vez Debré não tinha sido avisado. Ficou especialmente horrorizado com o fato de De Gaulle anunciar a mudança publicamente. Como escreveu em suas *Memórias*, numa rara crítica a De Gaulle: "Aquilo que é dado deixa de ser objeto de negociação." Pompidou também ficou chocado: "Abandonar o Saara! Se dissesse isso antes eu poderia ter concluído com Boumendjel [o negociador da FLN]. Mas ele me proibiu conceder."[112]

Debré redigiu infindáveis versões de outra atormentada carta de renúncia; mais uma vez De Gaulle recusou-se a liberá-lo da tortura.[113] A renúncia do primeiro-ministro em momento tão delicado seria um problema sério, mas Debré tinha outras utilidades. Inicialmente cobrira o flanco político de De Gaulle à direita contra os gaullistas do Parlamento que apoiavam a *Algérie française*. Já não servia para isso, porque tinha engolido sapos demais para ter alguma credibilidade com aqueles turrões. Mas agora estava cobrindo eficientemente o flanco político de De Gaulle à esquerda. Quando a crise argelina parecia arrastar-se sem solução à vista, os admiradores de De Gaulle encontraram alguém para culpar. Em novembro, Mauriac escreveu um artigo indagando por que seu herói De Gaulle ainda não tinha desembaraçado a França da Argélia. Respondia sugerindo que o presidente tinha sido "traído por seus próprios homens" — querendo dizer Debré.[114]

A entrevista coletiva de De Gaulle sobre o Saara permitiu que contatos secretos fossem retomados na Suíça entre Joxe e representantes do GPRA. Quando Debré parecia novamente querer retardar as coisas, De Gaulle deu-lhe uma bronca: "É preciso não acumular objeções interminavelmente."[115] Isso também queria dizer que "o ferro no fogo" da partição já não tinha qualquer utilidade. Quando Peyrefitte foi ao Eliseu no começo de dezembro porque seu livro sobre o assunto estava pronto para ser lançado, De Gaulle começou a conversa com uma demonstração de má-fé espetacular até mesmo para os seus padrões: "Então, me disseram que você está fazendo campanha pela partição da Argélia." Tinha mudado completamente de opinião:

> Você quer criar um Israel francês ... Seus mapas só deixam para a FLN a parte pobre ... Veja Israel. Todo o mundo árabe é contra. Mas pelo menos os israelenses lutaram por sua independência depois de a terem conquistado. Os *pieds-noirs* não querem independência: querem é que sejamos seus dependentes, como no passado ... Podemos absorver os *pieds-noirs* que vierem para cá ... Não vamos suspender nosso destino nacional em obediência ao humor dos *pieds-noirs*! Se adotarmos sua solução colocaremos o mundo inteiro contra nós.[116]

Guerra civil

Olhando para trás, sabemos que a França iniciava a contagem regressiva para a retirada final da Argélia, mas para os contemporâneos parecia que o país afundava na guerra civil.[117] Os golpistas derrotados tinham formado um grupo terrorista, a Organisation d'Action Secrète (OAS), pronta para defender a Argélia Francesa até o fim. Seu inimigo não era tanto a FLN, como os "liberais" franceses e a polícia francesa. Iniciando suas atividades na Argélia, a OAS espalhou-se para o continente. Na abertura das conversações de Evian, o prefeito da cidade foi assassinado. Apesar da violência, a OAS beneficiava-se da cumplicidade de jornalistas e políticos ainda não resignados com a perda da Argélia. Seu alvo final era o próprio De Gaulle. Em 8 de setembro de 1961, quando o carro do presidente rumava para Colombey, uma bomba explodiu na estrada em Pont-sur-Seine, nos arredores de Paris. O motorista acelerou, atravessando a barreira de chamas, e milagrosamente não houve vítimas. Em Paris, a sinistra trilha sonora do inverno de 1961 era o som das buzinas de carro, três breves e duas longas: *Al-gé-rie fran-çaise*.

A violência da OAS foi duplicada a partir do início de setembro por uma nova onda de ataques da FLN em Paris. Durante cinco semanas, treze policiais foram mortos em Paris. As razões dessa campanha da FLN não são claras. Talvez a filial parisiense da organização agisse por conta própria; talvez a operação tenha sido ordenada como uma maneira de manter pressão sob De Gaulle. Em resposta, as autoridades policiais em Paris recorreram à repressão mais radical. Em agosto, Debré conseguiu a aprovação de De Gaulle para substituir o liberal ministro da Justiça, Michelet. O novo ministro era uma figura mais maleável, e para o chefe de polícia de Paris, Maurice Papon, isso foi um sinal de que poderia recorrer aos métodos que quisesse para combater a FLN. Tendo servido anteriormente como chefe de polícia na Argélia, Papon transplantou para as ruas de Paris os métodos usados contra a FLN lá. Uma das suas inovações foi uma nova brigada, quase militar, de polícia árabe "nativa". A tortura passou a ser usada sistematicamente em Paris.

Isso forneceu o contexto para os dois dos mais violentos episódios de brutalidade militar ocorridos em Paris depois da guerra. O primeiro foi em 17 de outubro, em resposta à decisão de Papon de impor um toque de recolher à população argelina em Paris. O ramo parisiense da FLN convocou os argelinos para um protesto pacífico. A polícia reprimiu a manifestação com desabrida selvageria. Muitos argelinos foram brutalmente espancados e afogados no Sena. A desculpa oficial do governo foi que a polícia interveio contra uma manifestação violenta e ilegal, e que três manifestantes tinham sido mortos. Na realidade, a manifestação tinha sido inteiramente pacífica, a violência foi só do lado policial, e o verdadeiro número de mortos era qualquer coisa entre cinquenta e trezentos. Mesmo a estimativa mais baixa já seria extraordinária para uma manifestação num Estado democrático ocidental em tempos de paz. Na noite do massacre, o noticiário da televisão abriu com uma reportagem diferente, apresentando em seguida uma matéria sobre a violência da FLN.

Nos dias que se seguiram, a imprensa tentou descobrir o que de fato acontecera. Papon, com a ajuda do ministro do Interior, Roger Frey, teve êxito em sabotar esforços parlamentares para formar uma comissão de inquérito. A única reação registrada de De Gaulle quando dois ministros demonstraram preocupação na reunião de gabinete seguinte foi que a imprensa exagerava o assunto como meio de atacá-lo: "O ministro do Interior deve evitar excessos, mas é surpreendente que não tenha havido mais mortes."[118] Posteriormente, ele comentou, em caráter particular, com o ministro da Informação, Terrenoire, que a raiz do problema era a presença de 400 mil argelinos na França: "Quando a situação na Argélia tiver sido resolvida, de uma forma ou de outra, essa questão também precisa ser resolvida. É uma ficção considerar essa gente francesa como qualquer outra. Na verdade, trata-se de uma massa estrangeira e teremos que examinar bem as condições de sua presença em nosso solo."[119]

O governo conseguiu suprimir a verdade. Só décadas mais tarde todo o horror dos acontecimentos veio à luz. Não foi esse o caso do segundo incidente de violência policial – talvez porque as vítimas fossem francesas e não argelinas. Sindicatos e organizações estudantis tinham orquestrado manifestações desde o outono em protesto contra a incapacidade policial de enfrentar a OAS com mais firmeza. Apesar de ostensivamente a favor da política argelina de De Gaulle, essas manifestações foram banidas pelas autoridades. Em 7 de fevereiro, a violência da OAS em Paris atingiu o auge com ataques a bomba visando a jornalistas e personalidades políticas. Uma delas foi Malraux, que estava ausente quando uma bomba explodiu no prédio onde morava, mas uma menina de quatro anos perdeu o olho direito. Indignadas com as fotos do rosto desfigurado da criança, numerosas organizações de esquerda convocaram uma manifestação de protesto para 8 de fevereiro. Apesar de proibida pelo governo, a marcha foi realizada. Nove manifestantes foram mortos. A desculpa oficial era que tinha sido um trágico acidente, ocorrido quando manifestantes que tentavam fugir da polícia foram esmagados contra os portões fechados da estação de metrô da rue de Charonne. A verdade é que algumas vítimas tiveram a cabeça esmagada por espancamento policial.[120] Mais uma vez a polícia de Papon agira com violência desenfreada. Em 13 de fevereiro, o dia do sepultamento das vítimas, os sindicatos convocaram uma greve geral. Os caixões das vítimas foram acompanhados pela maior aglomeração vista na França desde os anos 1930.

O episódio deixou De Gaulle tão frio quanto as mortes em outubro. Quando o governo discutia a questão em 17 de fevereiro, ele comentou que, embora o "acidente" fosse "lamentável", o culpado era o Partido Comunista, que tinha organizado a manifestação.[121] Sua irritação voltou-se contra a mídia, e ele deu instruções para que a imprensa recebesse cifras reduzidas para o número de participantes na greve de protesto, do contrário "os 'bons progressistas' nos nossos noticiários de TV vão sair por aí dizendo que a greve teve adesão maciça."[122] Alain Dewerpe, o historiador da manifestação de Charonne (na qual sua mãe foi morta quando ele tinha dez anos), comenta: "O único traço do massacre registrado pela pena de De Gaulle foi uma ordem para minimizar o tamanho da greve de protesto que acompanhou o funeral das vítimas."[123]

A falta de sentimentalismo de De Gaulle era bem típica do seu comportamento. O que precisa de alguma explicação é, antes de mais nada, por que ele criou a situação permitindo a curiosa imparcialidade na repressão de uma manifestação de pessoas que apoiavam sua política de independência para a Argélia – por que, para citar um discurso seu de novembro de 1960, ele parecia colocar em pé de igualdade as duas "matilhas rivais" (termo que usara certa vez a propósito dos dois lados do Caso Dreyfus), apoiando, de um lado, "a imobilidade estéril" e, de outro, "o abandono vulgar". Uma explicação popular na época era que isso representava um acordo implícito com a força policial, que abrigava muitos simpatizantes da *Algérie française*. Dar à polícia rédea solta contra a "subversão" nas ruas de Paris era um jeito de convencê-la de que o governo não era mole com o "comunismo". Ou, como diz um autor, concisamente: pelo seu apoio no golpe a polícia recebeu em troca um massacre.[124] Pode até ser verdade – embora não haja provas –, mas a atitude de De Gaulle para com as duas "matilhas" também é reveladora da sua concepção de democracia, e da maneira de exercer o poder. Na sua opinião, uma vez que o povo lhe deu seu apoio no referendo, esse mesmo povo deveria deixá-lo governar sem interferência. Num discurso de 5 de fevereiro de 1962, pouco antes do ataque da OAS que levou à manifestação de Charonne, ele se comparara a um capitão de navio: "Esta transformação [na Argélia] implica inevitáveis convulsões. Elas podem abalar o navio e fazer os mais fracos enjoarem. Mas enquanto o leme for segurado com firmeza, a tripulação trabalhar e os passageiros se mantiverem confiantes e em seus lugares não há risco de naufrágio."[125] Isso resume perfeitamente a opinião elitista e carismática de De Gaulle sobre liderança política. Se algumas cabeças quebrassem enquanto o capitão manobrava o navio, a culpa era dos passageiros indisciplinados.

Contagem regressiva

Àquela altura, De Gaulle sabia que o fim estava próximo. As negociações secretas que Joxe vinha mantendo desde o outono tinham preparado o terreno. Para a última etapa ele contou com o político de centro Jean de Broglie e o ministro do MRP, Robert Buron. Antes de Buron partir, De Gaulle lhe deu instruções firmes: "Tenha êxito ou fracasse, mas não deixe as negociações se arrastarem indefinidamente ... Não se atenha a detalhes. Há o possível e o impossível ... Para o Saara, não complique as coisas."[126]

As negociações foram realizadas em sigilo absoluto, num chalé na estação de esqui de Les Rousses. No primeiro dia, os três negociadores franceses, hospedados em outro chalé, chegaram de manhã equipados com esquis fingindo-se de turistas. Esse subterfúgio logo foi abandonado e eles decidiram que seria melhor dormir no local. No fim, estavam quase desmaiando de cansaço, na atmosfera fétida e fumacenta do chalé superaquecido. Cada dia, De Gaulle e Debré seguiam os acontecimentos de perto, por telefone.

Depois de uma semana, um acordo estava prestes a ser alcançado. O que tinha começado quase quatro anos antes, com De Gaulle falando para a multidão entusiasmada no Fórum de Argel em 4 de junho de 1958, teve o seu desfecho na manhã de 19 de fevereiro de 1962, com os três negociadores franceses amontoados ao redor do telefone para receber as últimas instruções de De Gaulle. Buron escreveu em seu diário:

> Extraordinário contraste no momento da decisão mais importante da Quinta República; do lado de lá da linha o presidente diante da sua mesa, supostamente na grande sala do Eliseu com seus painéis dourados, seu silêncio e sua solenidade; do lado de cá, três homens com roupas amarrotadas num quarto de dormir de oito metros quadrados e uma cama desarrumada.[127]

De Gaulle falou com cada um dos três franceses, insistindo sempre que Debré estava ao seu lado, e de pleno acordo. A transcrição da conversa telefônica revela a pressa desesperada de De Gaulle para conseguir um acordo a qualquer custo:

> De G: Você me diz que nas questões militares as coisas ainda estão no ar [*en cause*].
> Joxe: O senhor me deu instruções ontem e eu as estou seguindo.
> De G: Mas tudo ainda está no ar?
> J: No ar como? Eles vão dar uma resposta esta tarde.
> De G: Eles vão dar uma resposta, mas e se não concordarem com você?
> J: Vou ficar espantado se não concordarem...
> De G: Ótimo! Imagino que esta tarde – pois estamos falando nesta tarde – vocês chegarão a um acordo, um acordo completo?

Então Buron pegou o fone:

De G: Qual a sua opinião?

Buron: Bem, as categorias intelectuais deles são muito diferentes das nossas.

De G: Sim.

B: A discussão sempre acaba à maneira "oriental" de costume.

De G: Ótimo [Tem-se a impressão de que nada disso interessa a De Gaulle.]... E como é que você acha que vai terminar?

B: Eles vão concordar com tudo, menos talvez com os retardamentos militares...

De G: Ótimo... Depois de ouvir vocês três vou ditar para Joxe uma instrução final, especialmente sobre questões militares.

O fone foi passado para Broglie:

De G: E então?

Broglie: Em relação ao Saara os elementos essenciais de um acordo já foram acertados...

De G: Ótimo. E o resto?

B: Os outros problemas estão quase resolvidos...

De G: Então no geral dá para engolir?[128]

Depois de uma rápida conversa com Broglie, De Gaulle ditou sua instrução final para Joxe:

O essencial é alcançar um acordo que inclua um cessar-fogo seguido da autodeterminação, desde que esse acordo não provoque convulsões súbitas na situação atual no que diz respeito aos interesses materiais e políticos dos europeus, à presença militar francesa na Argélia, às condições práticas da exploração de petróleo e gás... Este é o resultado, repito, este é o resultado que você precisa conseguir hoje.[129]

Depois de ler essas instruções, De Gaulle perguntou:

De G: Ficou claro, *cher ami*?

J: Totalmente, general. Mas há uma coisa. Um dos pontos mais difíceis é a duração e o volume do programa de assistência que estamos concedendo; continua no mesmo nível de agora?

De G: Sim, durante o período de teste... Depois disso, se não der para fazer nada com eles, claro, pegamos o nosso dinheiro [*biles*] de volta... Se der para fazer alguma coisa, é muito provável que nossa ajuda à Argélia continue como está no momento... mas tudo depende do que venha a acontecer... Portanto, sejam quais forem os princípios que enunciarmos agora, não têm grande importância; são apenas intenções... O mesmo vale para Mers-el-Kébir e o Saara.

J: Compreendo perfeitamente, e pode ter certeza de que esses são os princípios que estamos seguindo... O senhor explicou muito bem que precisamos distinguir entre um período de teste e o resto. Devemos insistir nessa diferença, assumindo compromisso para os próximos quatro anos...?

De G: Melhor não acumular tantos detalhes precisos.

Depois de mais um pouco de conversa, De Gaulle retornou à sua obsessão:

De G: Vocês precisam terminar esta noite.

J: Sim, *mon général*, é o meu desejo mais ardente. Estamos trancados aqui há cinco dias. Nunca vamos lá fora. Só temos uma ideia: sermos "soltos"...

De G: Se conseguirem esta noite voltam amanhã?

J: Voltamos hoje à noite...

De G: E se não conseguirem terminar esta noite?

J: Vamos conseguir.

De G: E se não?

J: Se não, diremos: "Esta é a nossa última oferta. Respondam em quarenta e oito horas."

De G: Isso. Muito bem... Mas neste momento estão dispostos a publicar um comunicado...?

J: Nunca falei sobre comunicado, mas podemos fazer um...

De G: Não podemos deixar as pessoas na incerteza, entende?

J: Prefiro não publicar um comunicado conjunto.

De G: Claro, concordo, M. Debré também.

J: Eu lhe telefonarei esta noite... Pode ser depois do jantar?

De G: Você quer dizer, lá pelas nove e meia?

J: Sim. Mas não fique preocupado se eu não ligar... Se não houver nenhum percalço, não ligo.[130]

Joxe não precisou ligar. Dois dias depois, a equipe francesa tinha voltado para Paris, e em 21 de fevereiro apresentou um relato ao governo. Como em ocasiões especiais, De Gaulle permitiu que os ministros se manifestassem. Malraux fez um discurso lírico celebrando o resultado como uma vitória comparável à Libertação da França; Debré, que se queixaria mais tarde de que as palavras de Malraux o deixaram fisicamente doente,[131] recusou-se a ocultar seu desapontamento: "A Argélia existia através da França. Será capaz de existir de fato sem a França? É o fim de um penoso calvário. Ai de nós, é acima de tudo uma vitória sobre nós mesmos." De Gaulle resumiu energicamente: "Somos seres humanos, e talvez tenhamos cometido erros, como nossos antecessores cometeram erros; mas tiramos a França de uma crise que só lhe trouxe infelicidades. Os acordos são imprevisíveis... Quanto à França, ela agora precisa seguir em frente e tratar de outras coisas."[132] Mais tarde, em conversa privada com Debré e Terrenoire, De Gaulle declarou: "Na verdade é um milagre termos conseguido este acordo. Pensem nisto: por 130 anos 'eles' nunca deixaram de ser dominados, de ouvir mentiras, de serem espoliados, humilhados. É um milagre que ainda queiram viver com os europeus." Debré lembrou que a França tinha feito muita coisa pelo país; De Gaulle admitiu, relutantemente, que era verdade.[133]

Tudo que faltava era uma última rodada de conversas em Evian, para ratificar os acordos alcançados. Esperava-se que isso fosse apenas uma formalidade, mas os negociadores da FLN, percebendo o desespero francês, sabiam que o tempo estava do lado deles. A assinatura do acordo ainda levou doze dias. No fim, os franceses tinham abandonado quase todas as posições de negociação adotadas no início, nove meses antes. A administração provisória de transição, que Debré certa vez calculara com otimismo que ia durar 25 anos, foi reduzida para três meses. A posição inicial francesa sobre o arrendamento de Mers-el-Kébir tinha sido de que deveria durar 99 anos; no fim, o prazo foi reduzido para quinze anos, com possibilidade de renovação. Na espinhosa questão dos direitos, o arranjo negociado foi que por três anos os *pieds-noirs* poderiam ter dupla nacionalidade, antes de decidirem se queriam ser plenos cidadãos argelinos.

Rescaldo

Em 18 de março, De Gaulle anunciou a assinatura dos Acordos de Evian na televisão francesa. Em abril, foram aprovados num referendo por 91% dos votantes. A França continuava, teoricamente, o poder soberano na Argélia, com um alto-comissário francês presidindo uma executiva de três franceses e oito argelinos para preparar o referendo na Argélia sobre a independência. Esse referendo foi realizado em 1º de julho, quando a Argélia se tornou oficialmente independente. Nos três meses anteriores ao referendo argelino, a Argélia mergulhou no caos, com a OAS adotando uma estratégia de terra arrasada. Quando ataques de represália contra europeus ocorreram, De Gaulle enfrentou oposição implacável no Conselho de Ministros em 4 de maio no debate sobre a sugestão de que, até a independência ser formalmente declarada, era dever do Exército francês protegê-los. Ele foi bastante claro: "O interesse da França deixou de confundir-se com o interesse dos *pieds-noirs* ... Independência é independência ... Ela não se estabelece sem terríveis convulsões ... Napoleão disse que no amor a única vitória é a fuga. Quando se trata de descolonização também, a única vitória é sair."[134]

Houve muita discussão no governo entre março e junho a respeito da "repatriação" dos *pieds-noirs*. Até meados de maio, 100 mil tinham ido embora; até o fim do ano, 680 mil. Eles chegaram à França sem recursos, arrancados de um país no qual em muitos casos suas famílias tinham vivido por gerações. Quando Peyrefitte tentou alertar De Gaulle para as difíceis condições em que esses refugiados, muitos dos quais nunca tinham posto os pés na França antes, viviam em acampamentos no sul do país, De Gaulle não manifestou interesse:

> Nada disso lhes teria acontecido se a OAS não conseguisse operar no meio deles como peixe na água ... Eles deflagraram a violência e ficam surpresos quando ela volta para atingi-los no rosto. Então correram como ovelhas para seus navios e aviões. Não tente me fazer sentir pena deles! Achei esta página da nossa história tão dolorosa quanto qualquer um. Mas é página virada.[135]

Coulet certa vez disse a De Gaulle que ele deveria tratar os *pieds-noirs* não como "crianças delinquentes", mas como "crianças retardadas".[136] De Gaulle achava isso impossível, e o máximo que conseguiu, num discurso de 8 de maio de 1961 especificamente dirigido aos "argelinos de origem francesa", foi: "Peço-lhes, de todo o coração, no dia em que comemoramos a vitória para a qual tanto contribuíram, para abandonar seus mitos ultrapassados e suas agitações absurdas." Muitos teriam concordado com Pierre Racine, favorável à política de De Gaulle, que comentou: "Um dos meus mais profundos desgostos é que o general De Gaulle ... jamais disse uma palavra para tocar o coração dos argelinos franceses ... Sempre que ia fazer um discurso, o primeiro-ministro lhe dizia: 'General, diga uma coisa um pouco amável para os franceses da Argélia! Diga que, aconteça o que acontecer, cuidaremos deles' ... Mas não, as palavras nunca vieram, como ele era capaz de dizer, quando queria."[137]

Mas se as "palavras" nunca vieram pelo menos o governo francês cumpriu sua obrigação mínima para com os *pieds-noirs* permitindo-lhes que fossem para a França. Isso não aconteceu com os harkis, os muçulmanos argelinos recrutados como auxiliares, ou que se apresentaram como voluntários para servir no Exército francês. O que esperava a maioria deles na Argélia eram represálias, ou morte certa. Dos cerca de 300 mil que tinham lutado pela França, menos de um em dez conseguiu asilo no país. A atitude de De Gaulle para com eles era ainda menos simpática do que para com os *pieds-noirs*: "Obviamente o termo 'repatriados' não se aplica aos muçulmanos: eles não estão voltando para a terra dos seus pais."[138] Essa declaração, feita no Conselho de Ministros, foi seguida de explícita instrução de política no dia seguinte dada pessoalmente por De Gaulle:

> Precisamos resolver a questão dos harkis. Nenhum harki deverá ter permissão para embarcar para a metrópole sem aprovação expressa e formal do ministro da Defesa. Qualquer harki que dentro de oito dias não aceitar o emprego que lhe for oferecido deve ser mandado de volta para a Argélia. O número atual de harkis na metrópole não deve aumentar ... Os harkis foram recrutados no passado entre os pobretões, e eles querem que isso continue à custa dos franceses. Trata-se de uma piada de mau gosto que já foi longe demais.[139]

Ou como disse De Gaulle, sem rodeios, um ano depois: "Eu gostaria que houvesse mais bebês franceses e menos imigrantes."[140] Isso nos leva de volta às razões do ceticismo que desde o início manifestou sobre a integração. Nisso, pelo menos, foi consistente.

A "concessão" da independência argelina feita por De Gaulle ao mesmo tempo que evitava a guerra civil na França costuma ser incluída entre as suas grandes proezas. Esse juízo precisa ser visto com reservas. De Gaulle não "concedeu" a independência: ela lhe foi arrancada. E ele evitou apenas parcialmente a guerra civil. A verdade é que a FLN tinha conquistado a independência lutando e mobilizando o apoio internacional. Embora aos poucos se resignasse a esse desfecho, De Gaulle relutou muito – e no fim não conseguiu salvar nenhuma de suas expectativas originais. Pelos padrões de Debré, ele foi um modelo de lucidez, mas não pelos padrões, por exemplo, de Bernard Tricot, ou de Raymond Aron. Ao avançar lentamente na esperança de conceder uma independência limitada, em seus próprios termos, ele foi forçado a uma série de abruptas retiradas táticas, que no fim o deixaram sem nada para negociar. Perdeu-se um ano entre as fracassadas conversações de Melun em junho de 1960 e a primeira rodada de negociações em Evian em maio de 1961; e mais três meses entre maio e setembro de 1961, antes que ele desistisse de insistir em ficar com o Saara. A essa altura, os franceses não tinham mais cartas na mão. A cautela de De Gaulle poderia ser explicada pela necessidade de "vender" aos poucos a política para o Exército e para a população francesa, mas na verdade a retirada constante, e as voltas e reviravoltas políticas, acabaram exacerbando, no Exército, o senso de traição. O resultado foi qualquer coisa próxima da guerra civil que ele supostamente evitou. De Gaulle herdou um Exército superpoderoso – e talvez ninguém pudesse ter se saído melhor, mas é difícil achar que alguém pudesse ter se saído pior. A Quarta República tinha lutado com a Argélia por quatro anos; De Gaulle, com todo o seu prestígio, e com todos os poderes ao seu dispor, lutou por mais quatro.

 O que De Gaulle conseguiu, portanto, foi menos "conceder" a independência do que persuadir o povo de que foi isso que ele fez; levá-lo a acreditar que ele tinha controlado o processo; e criar uma convincente narrativa para explicar a retirada da França da Argélia e fazer disso uma vitória e não uma derrota. Agora a França precisava olhar para a frente, "casar-se com seu século" e abraçar o futuro.[141] Ou, como disse ele na reunião do Conselho de Ministros que aprovou os Acordos de Evian em 18 de março: "Agora precisamos nos voltar para a Europa. A era de continentes organizados sucedeu a era colonial."[142]

21. Momento decisivo, 1962

EM SEU RELATÓRIO ANUAL sobre o estado da França no fim de 1961, o recém-nomeado embaixador britânico, sir Pierson Dixon, previu: "Futuros historiadores apontarão para o ano de 1961, acho eu, como o ano em que os êxitos e a autoridade do general De Gaulle começaram a entrar em declínio." O juízo de Dixon era que, com a Argélia praticamente fora do caminho, "o regime pode desmoronar rapidamente" e De Gaulle seria "ingratamente deixado de lado".[1] Essas opiniões eram amplamente compartilhadas. O embaixador apenas relatava o que tinha captado na imprensa e em seus contatos políticos parisienses.

A posição política de De Gaulle desde que retornou ao poder tinha sido anômala. Como o Partido Gaullista (UNR) não tinha uma maioria parlamentar geral, o governo buscava o apoio de outros grupos. Quase todos os políticos importantes que tinham facilitado a volta de De Gaulle ao poder aos poucos foram passando para uma semioposição. Os socialistas de Guy Mollet deixaram o governo no fim de 1958, porque se opunham ao Plano Rueff. O conservador Antoine Pinay, ministro das Finanças de De Gaulle, renunciara em janeiro de 1960, por discordar da política externa de De Gaulle. Como Pinay era, junto com Mendès France, o único sobrevivente da Quarta República com importante reputação política, sua renúncia poderia ter sido uma ameaça. Mas o impacto dessa renúncia logo foi atenuado pela Semana das Barricadas.

Houve muitos ataques no Parlamento contra políticas de De Gaulle durante aqueles anos, mas a nova Constituição tornava mais difícil obstruir um governo determinado. A cláusula mais importante era o Artigo 49, parágrafo 3, que permitia ao governo transformar qualquer votação numa questão de confiança. Uma lei era vista como em vigor a não ser que a oposição apresentasse uma moção de censura, que exigia a maioria absoluta de todos os votos – com abstenções contadas como votos a favor. Durante os debates no outono de 1960 sobre o programa quinquenal de defesa, pelo qual a França se comprometia a desenvolver uma capacidade nuclear dissuasora independente, a oposição apresentou três moções de censura, mas nenhuma alcançou a maioria necessária. A verdade era que os adversários parlamentares de De Gaulle evitavam uma ruptura completa enquanto a crise argelina durasse. Depois da aprovação dos Acordos de Evian, em abril de 1962, parecia que a política "normal" seria retomada.

Em maio de 1962, Guy Mollet, que tanto contribuíra para o retorno de De Gaulle ao poder em maio de 1958, publicou um livro intitulado *13 de maio de 1958-13 de maio de 1962*. Nele, defendia sua decisão de apoiar De Gaulle em maio de 1958, mas também explicava por que estava pronto para se opor a ele agora.[2] Num encontro com Pierre Pflimlin nessa época, Mollet previu que o regime cairia dentro de seis meses: "O problema é cuidar para que De Gaulle seja tratado com dignidade porque, apesar de tudo, sinto certo apego a ele."[3] De Gaulle talvez não estivesse ciente dessa solicitude paternalista, mas sabia que os políticos afiavam suas facas – e estava preparado para encará-los. Ao instruir o recém-nomeado ministro da Informação, Alain Peyrefitte, em abril de 1962, ele disse que o próximo ano veria um "grande momento decisivo". Peyrefitte saiu do encontro sem saber que "momento decisivo" era esse, porque De Gaulle não lhe contou.[4]

Sai Debré

O ponto decisivo mais imediato, depois da ratificação dos Acordos de Evian, foi a substituição do primeiro-ministro. Em 14 de abril, Michel Debré renunciou. Isso fora combinado meses antes com De Gaulle. Os quatro anos de Debré como primeiro-ministro tinham permitido que a Constituição fosse testada numa relação por vezes turbulenta entre o homem que basicamente a escrevera e o homem para quem tinha sido escrita. Desde o início, De Gaulle estabeleceu certos princípios que não foram instituídos pela Constituição. Por exemplo, na Quarta República, o governo regularmente se reunia nos chamados *conseils de cabinet*, presididos pelo premier, e distintos do Conselho de Ministros, presidido pelo presidente da República: o próprio De Gaulle presidiu *conseils de cabinet* em seus seis meses como o último primeiro-ministro da Quarta República. Quando se tornou primeiro-ministro de De Gaulle,

Debré entendeu que passaria a fazer a mesma coisa, até De Gaulle deixar claro que a prática devia cessar: ministros não se reuniriam coletivamente, a não ser sob sua presidência. De vez em quando, De Gaulle repreendia Debré quando achava que suas prerrogativas presidenciais estavam sendo infringidas.[5] O primeiro-ministro retaliava tentando fazer valerem suas prerrogativas ministeriais. Quando um ministro foi trocado em 1959, Debré lembrou a De Gaulle: "A Constituição é muito precisa: é o primeiro-ministro que submete ao presidente da República suas propostas para a composição do governo"; em outra ocasião, manifestou "surpresa" por não ter sido suficientemente consultado sobre o orçamento de defesa de 1960.[6]

Essa tensão era exacerbada pela personalidade agitada e intrometida de Debré. Como *workaholic*, queria estar envolvido em tudo, constantemente bombardeando seus ministros com notas e diretrizes ameaçadoras. Embora tivesse que olhar bem onde pisava com De Gaulle, não se pejava de dar palpites sobre todos os assuntos, do futuro da África à administração da economia, da reorganização da região de Paris à política externa. Às vezes expunha seus mais profundos sentimentos e preocupações a De Gaulle em longas cartas, escritas de madrugada, que chegavam à mesa do presidente de manhã cedo. Apesar de sua religiosa devoção a De Gaulle, Debré por vezes era muito franco com ele. Chegava a dar-lhe sermões sobre como ser um "verdadeiro" gaullista; outras vezes adotava um tom confessional; outras, ainda, queria sentir-se seguro. Tinha perfeita consciência de que essas efusões deviam ser cansativas para quem as recebia, mas não sabia se controlar. Uma delas terminava assim: "Peço-lhe perdão por esta longa carta. Provavelmente ela o faz arrepender-se de eu ter tirado uns dias de folga! Como sabe, às vezes me sinto cansado e me pergunto se sou mesmo a melhor pessoa para exercer essa função – ou se outra não se sairia melhor."[7] Um mês depois voltou ao assunto. "Não quero lhe escrever uma outra 'carta'. Mas quero que saiba que preciso falar consigo."[8]

A causa fundamental do desespero de Debré era a Argélia. O que o preocupava não era apenas o conteúdo das políticas de De Gaulle, mas o fato de a crise estar alterando o equilíbrio de poder entre o presidente e o primeiro-ministro. Uma perda de poder do primeiro-ministro para o presidente era inevitável, devido à força da personalidade de De Gaulle, mas a crise argelina acentuou e acelerou o processo. No outono de 1959, num congresso da UNR, Jacques Chaban-Delmas tinha invocado o conceito de um "setor presidencial reservado" de política, abrangendo política externa e Argélia, setor esse no qual De Gaulle deveria ter permissão de decidir por conta própria.[9] Esse conceito não tinha autoridade constitucional, e foi inventado para lidar com um possível motim nas fileiras da UNR, insatisfeitas com a política argelina de De Gaulle. Como o próprio De Gaulle certa vez comentou: "Sabemos o que valem as Constituições; tivemos dezessete em 150 anos, e a natureza das coisas é mais forte do que os textos redigidos por políticos."[10] A vítima mais direta foi Debré, que vinha tendo muita dificuldade para preservar as prerrogativas que a Constituição em tese lhe garantia. Depois da Semana das Barricadas, De Gaulle decidiu demitir o ministro da Defesa e substituí-lo pelo leal gaullista Pierre Messmer, que alguns anos depois deu um depoimento sobre o que aconteceu: "O general De Gaulle nem sequer pediu a opinião de Michel Debré antes de me nomear ministro ... ele me chamou de volta da Argélia e disse: 'Você é ministro, volte para a sua casa e não atenda ao telefone até a uma da tarde. A primeira coisa que preciso fazer é informar o primeiro-ministro.'"[11] De Gaulle estava disposto a observar a correção constitucional – mas só superficialmente.

Todo agravamento da crise argelina era pretexto para De Gaulle aumentar seu poder pessoal ao lançar mão de um conjunto de opções que a nova Constituição colocava à sua disposição. Depois da Semana das Barricadas, ele conseguiu que o Parlamento lhe permitisse governar por decreto por um ano; depois da tentativa de golpe de abril de 1961, aplicou o controvertido Artigo 16, que lhe concedia plenos poderes de emergência – como pretendera fazer depois da Semana das Barricadas. Na prática, ele usava com moderação os poderes que o Artigo 16 lhe asseguravam. Mas até Debré ficou incomodado porque De Gaulle manteve o artigo em vigor quando não havia mais emergência. Em setembro de 1961, escreveu-lhe:

> Não somos nem uma democracia parlamentar, nem uma ditadura. Não estamos completamente numa democracia porque decisões que não são submetidas a discussões podem afetar liberdades individuais ... Apesar disso, não estamos numa ditadura, uma vez que a imprensa é livre, bem como o rádio e a atividade parlamentar ... e todos são contra o governo, já que ninguém está associado, de modo sustentável, à forma como ele é exercido.[12]

Do homem que esperava que a nova Constituição que ajudara a redigir criasse para a França uma democracia parlamentar racionalizada, era um veredicto desfavorável. Em setembro de 1961, De Gaulle aceitou, a contragosto, que a emergência tinha acabado, e o Artigo 16 já não se aplicava.

Poucos meses depois, em janeiro de 1962, De Gaulle teve uma conversa com Debré que revelou que eles discordavam profundamente sobre a natureza da Constituição que criaram. Debré achava que, uma vez superada a crise argelina, era lógico haver uma mudança de governo – com a substituição do primeiro-ministro – e possivelmente com eleições parlamentares. De Gaulle concordava com a substituição do primeiro-ministro, mas não via necessidade de eleições, porque isso implicava que o governo era uma emanação do Parlamento. Ele disse a Debré que "não gostava do termo 'mudança de governo', que sugeria que o governo existia independentemente do presidente, quando em sua opinião eles eram uma e a mesma coisa". Debré respondeu que aquilo era "apenas parcialmente exato – um jeito educado de dizer que era totalmente contrário à Constituição. Nessa mesma conversa, Debré e De Gaulle concordaram que logo seria necessário trocar o primeiro-ministro. De Gaulle tornou a situação ainda mais desagradável dizendo que "tenho certeza de que você vai ficar ressentido comigo por isso". Debré disse que jamais ficaria ressentido com nada que De Gaulle fizesse, mas ao mesmo tempo aproveitou a oportunidade para recitar uma ladainha das humilhações que tinha sofrido: De Gaulle convocando ministros sem o consultar, notas enviadas a ministros por assessores de De Gaulle passando por cima do primeiro-ministro, ouvir De Gaulle anunciar políticas públicas bem diferentes das que tinha esboçado anteriormente em conversa com ele (como no caso do Saara).[13]

Entra Pompidou

Em seu primeiro premier, De Gaulle tinha encontrado alguém disposto a imolar-se, e sacrificar suas convicções relativas à Argélia, no altar da lealdade pessoal. Ele tinha exaurido sua serventia; era hora de seguir em frente. Como sucessor de Debré, De Gaulle escolheu Georges Pompidou, que em diversas ocasiões lhe fora muito útil nos bastidores. Pompidou, que nada tinha de fanático, não poderia ser mais diferente do angustiadamente sério antecessor, com seu hábito de trabalhar todos os dias até as primeiras horas da madrugada. Adorava a boa vida, tinha um elegante apartamento na Ile Saint-Louise em Paris, onde ele e a mulher gostavam de receber artistas e pessoas do mundo do espetáculo e da moda. Em janeiro de 1960, escreveu para um amigo íntimo no entourage de De Gaulle dizendo que seria bem melhor se Debré "moderasse um pouco seu temperamento reformista. Ele não deveria tentar intrometer-se em tudo e transformar tudo ao mesmo tempo ... Sei que Debré, por temperamento, sempre tem pressa. Sei que o general já não é jovem e que quer fazer o máximo no menor tempo possível. Mas, acredite em mim, às vezes é preciso tomar fôlego, especialmente quando se pretende construir uma coisa duradoura."[14] Essa era a filosofia de governo de Pompidou.[15]

A admiração de Pompidou por De Gaulle sempre teve um matiz de lúcida ironia. Era praticamente a única pessoa que às vezes se permitia dizer "De Gaulle", e não "o general". Em 1962, comentou com um diplomata americano: "Não quero ser primeiro-ministro, mas vivemos numa ditadura e cada um de nós deve fazer o que lhe mandam."[16] Debré jamais diria um gracejo desse tipo. Gracejos não constavam do seu repertório, especialmente com relação a De Gaulle. Por baixo de sua fachada de indolência, Pompidou era um gestor astuto, com uma fina intuição sobre De Gaulle. Sabia o que a função exigia dele, e estava feliz por poder exercê-la (pelo menos, era o que pensava). Comentou, privadamente, depois de sua nomeação, que não permitiria a menor divergência de opiniões entre ele e o presidente: "Este é o espírito do regime. É a minha função. Não sou como Debré: não tenho existência própria. Sou apenas o reflexo de De Gaulle. Não tenho política própria, não tenho eleitores, não tenho clientela. Tenho apenas as ideias do general."[17] Ao dizer isso, é de supor que esperasse que De Gaulle, enquanto se ocupava de defesa e política externa, não interferisse na administração da economia numa base diária, área em que Pompidou se julgava especialista.

Instruindo Alain Peyrefitte sobre como a nomeação de Pompidou deveria ser anunciada à imprensa, De Gaulle deu sua própria e extraordinária interpretação (equivocada) da Constituição. Disse-lhe para não usar a frase "mudança de governo", porque o governo tinha sido renovado, e não mudado: "Sou o chefe do governo. O primeiro-ministro é o primeiro entre os ministros." Peyrefitte também foi informado de que os comunicados depois das reuniões do Conselho de Ministros jamais deveriam dizer "o general De Gaulle concluiu", mas "o governo concluiu". A razão disso? "Quando tiro uma conclusão de uma deliberação – não de uma discussão, porque o conselho delibera, não discute –, é o governo que fala pela minha boca. O governo não tem existência fora de mim. Existe por meu intermédio. Só pode se reunir se eu convocar, e na minha presença, com uma agenda decidida por mim."[18]

Nomear um primeiro-ministro que jamais ocupara cargo eletivo e era desconhecido do público foi, em si, uma declaração política, para não dizer uma provocação. Pompidou estava visivelmente pouco à vontade em sua primeira aparição no Parlamento. Quando se dirigia à tribuna para fazer o primeiro discurso entrou pela escada errada, porque jamais tinha posto os pés na Câmara. A despeito disso, Pompidou foi uma escolha inteligente. Não tinha experiência parlamentar, claro, mas era capaz de aprender com rapidez. E sua dureza afável fazia dele um candidato plausível a construir uma ampla base governamental no contexto pós-argelino. Isso ficou claro quando conseguiu convencer os membros do centrista MRP, incluindo Pflimlin, a aderir ao governo. Parecia ter começado bem.

Os primeiros problemas de Pompidou, surgidos apenas um mês depois da nomeação, foram causados não por sua inexperiência, mas pela imprevisibilidade de De Gaulle. Discorrendo sobre sua concepção de Europa numa entrevista coletiva em 15 de maio de 1962, De Gaulle atacou violentamente a Europa supranacional "híbrida": "Dante, Goethe, Chateaubriand, todos eles pertencem à Europa, na medida em que são respectiva e eminentemente italiano, alemão e francês. Não teriam muita serventia para a Europa se fossem apátridas, e se tivessem pensado, escrito, em algum tipo de 'esperanto' ou 'volapuque'." Prosseguiu, zombando daqueles que achavam que a Europa podia ser criada magicamente, por alguma espécie de lâmpada de Aladim: "Vamos começar com realidades na base do edifício e, quando tivermos concluído a obra, poderemos, então, nos consolar com os contos de fadas das *Mil e uma noites*."[19] Como o compromisso com a Europa era a convicção mais fundamental do MRP, Pflimlin tomou as palavras de De Gaulle como insulto pessoal e dispunha-se a renunciar. De Gaulle, incapaz de resistir a um gracejo retórico, não tinha, genuinamente, previsto seu impacto. Apesar de raramente usar o telefone, e de odiar ser um suplicante, telefonou para Pflimlin à meia-noite. Durante trinta minutos, implorou, lisonjeou e ameaçou, para que ele permanecesse no governo. Pflimlin não vacilou.[20]

Pompidou tentou encarar o assunto filosoficamente, mas ficou chateado por De Gaulle no primeiro mês ter sabotado sua tentativa de formar uma ampla base governamental. Ele disse a Peyrefitte que, como De Gaulle era "ciclotímico", os ministros precisavam conter os impulsos dele: "Do contrário, ele jogará o mundo inteiro contra nós ... Temos de ser a luva de veludo em sua mão de ferro ... Diferentemente de Debré, que era uma luva de boxe."[21] Quando entrou no ritmo e adquiriu confiança, Pompidou elevou isso a uma arte de governar: "Serve-se melhor ao general não lhe revelando certas coisas. Ele precisa não de estimulantes, mas de tranquilizantes."[22] Nesse caso, era tarde, o estrago já estava feito.

De Gaulle em julgamento

As esperanças de Pompidou de acalmar a atmosfera política receberam outro golpe poucos dias depois, com o desfecho inesperado do julgamento do general Salan. Usando os poderes que lhe conferiam o Artigo 16, De Gaulle estabelecera um Tribunal Especial para julgar os quatro generais golpistas. Juridicamente, isso era problemático, porque violava o princípio segundo o qual uma pessoa não poderia ser julgada por um tribunal inexistente à época do suposto crime. Ninguém se preocupou muito com esse pormenor. Dois dos generais, Challe e Zeller, tinham sido detidos imediatamente depois do golpe. Seu julgamento foi realizado em maio de 1961. Como Zeller era a figura menos importante dos quatro, e como Challe tinha sido um conspirador meio a contragosto, cada um deles recebeu uma pena relativamente leve, de quinze anos de prisão.

Em março de 1962, os outros dois generais, que estavam escondidos em Argel, foram presos. O contexto do seu julgamento foi mais dramático do que o do julgamento de Challe e Zeller, porque o ano transcorrido desde então tinha visto o surgimento da OAS. O golpe meio farsesco agora era eclipsado pela assombrosa violência da OAS. Julgado em abril de 1962, Jouhaud foi condenado à morte. Como Jouhaud era visto, em geral, como um soldado honesto, que, por ser de origem *pied-noir*, teve profundo envolvimento pessoal no destino da Argélia Francesa, a maioria das pessoas esperava que De Gaulle comutasse a pena. Essa era de fato a intenção de De Gaulle quando saísse o veredicto sobre Salan.

Salan, cujo julgamento começou em 15 de maio, era o mais renomado dos quatro rebeldes, e o mais parecido com um cabecilha de grupo. Depois de suas declarações iniciais, ele se recusou a pronunciar outra palavra que fosse – como Pétain em 1945. A defesa convocou um rol de testemunhas ilustres, incluindo até mesmo as viúvas dos marechais Leclerc e De Lattre, para explicar os motivos de Salan. O tema que perpassou todos os depoimentos foi o da traição: a traição, pela França, dos cidadãos franceses da Argélia (os *pieds-noirs*) e a traição, por De Gaulle, das promessas feitas ao Exército. Lembrando que De Gaulle lhe afirmara, em março de 1959, "pode dizer aos seus soldados que jamais negociaremos", um general manifestou seu ressentimento com o que de fato se passou: "A soma de abnegação, sacrifício, devoção ... que nos solicitaram pela honra da França e da bandeira da França, e a hecatombe dos nossos soldados, dos nossos oficiais, dos nossos camaradas, nada disso teve a menor importância."[23] No fim do julgamento, o advogado de defesa produziu uma carta até então desconhecida que De Gaulle enviou para Salan em outubro de 1958 garantindo-lhe que, acontecesse o que acontecesse, a França não ia "desistir da Argélia".[24] Eloquente também foi o depoimento do general Pouilly, que não se juntara aos golpistas: "Tomei um caminho totalmente diferente do caminho do general Salan; preferi o caminho da obediência. Mas ao escolher a obediência eu também escolhi compartilhar com meus concidadãos a vergonha do abandono ... A história dirá talvez que seu crime foi menos grave do que o nosso."[25]

Para quem alegava que era dever de soldados obedecer ao governo, fossem quais fossem suas convicções pessoais, o julgamento foi uma oportunidade de retornar às circunstâncias da volta do próprio De Gaulle ao poder em 1958. Em sua declaração de abertura, Salan ressaltou que a primeira vez que tinha agido ilegalmente fora em 1958 – em benefício de De Gaulle. León Delbecque, Guillain de Bénouville e o general Miquel, todos eles atores nos acontecimentos de 1958, repassaram as circunstâncias do retorno de De Gaulle ao poder. Bénouville (que tinha tirado Soustelle clandestinamente do seu apartamento em maio de 1958) declarou que suas ações naquele ano foram "a culminação dos esforços que vínhamos empreendendo desde 1946, quando De Gaulle deixara o poder".[26] Quando o julgamento revolveu mais fundo o passado, nada foi mais constrangedor do que a exumação, pelo advogado de defesa, dos sediciosos artigos de Michel Debré antes de 1958 justificando a insurreição contra o regime (ou seja, a Quarta República), caso fosse impossível defender a Argélia Francesa. Ele tinha escrito para Sérigny em 1957: "A luta pela *Algérie française* é uma luta legal; a insurreição em nome da *Algérie française* é uma insurreição legítima."²⁷ Havia de fato suspeitas de que a defesa da insurreição por Debré não se limitara a palavras. Corria o boato de que ele tinha se envolvido num ataque a bazuca (ou pelo menos sabido antecipadamente a respeito) contra o general Salan, tido então como pouco interessado na *Algérie française*. Salan escapara ileso, mas um dos seus oficiais morreu. Entre as testemunhas chamadas pela defesa estava François Mitterrand, que era ministro da Justiça na época do episódio da bazuca. Embora Mitterrand evitasse cuidadosamente mencionar o nome de Debré, todos sabiam o que ele quis dizer quando declarou: "Hoje Salan é um rebelde, e um rebelde derrotado. Essas são duas faltas que jamais serão perdoadas pelo homem que o derrotou, e que jamais respeita o Estado mais do que quando o encarna." Para Mitterrand, a guerra civil da OAS contra o Estado francês tinha começado com a guerra civil contra as "instituições da República por um clã em 1957" – pelos gaullistas.²⁸ Como observou Talleyrand, a traição é uma questão de datas.

Ao ir além da *Algérie française* para indagar quando – e se – era justificável rebelar-se contra um governo legal, o julgamento expôs questões que estavam no coração da carreira de De Gaulle desde 1940. De Gaulle comentou, privadamente, depois do golpe, que o problema remontava a Vichy.²⁹ Havia, de fato, ecos evocativos do passado. O advogado de Salan, Tixier-Vignancour, era um ativista de extrema direita que tinha participado do governo de Pétain em 1940. Num julgamento no ano seguinte, do conspirador da OAS capitão Bastien-Thiry, um dos advogados de defesa foi o mesmo Jacques Isorni que defendera Brasillach e Pétain em 1945. A linha de defesa de Isorni era que o fio condutor da carreira de De Gaulle de Vichy à Argélia era uma "ideia" abstrata da França, indiferente aos sofrimentos do povo francês – fosse a população da França metropolitana em 1940-44, fossem os *pieds-noirs* em 1960-62.³⁰

A nostalgia pétainista não era o único argumento contra De Gaulle em 1962. Entre os defensores da *Algérie française* havia muitos que tinham participado da Resistência ou da França Livre. Eles invocavam a própria carreira de De Gaulle para justificar atos de desobediência a um governo visto como traidor dos interesses da França. Instado no julgamento a comentar as questões de "legítima insubordinação", um antigo resistente respondeu: "Acho que em 1940 nós tivemos um exemplo ilustre."[31] Muitos defensores da *Algérie française* usaram a ideia de que De Gaulle em 1962 tinha traído os valores que encarnara em 1940. Um grupo declarou em dezembro de 1960 (invertendo a frase do próprio De Gaulle em 1940): "A França não perdeu a batalha mas perderá a guerra."[32] Bidault, que tinha sido o segundo líder do CNR em 1943, estabeleceu em 1962 um novo CNR para defender uma nova "resistência". Num julgamento da OAS, um dos réus começou com um resumo da sua carreira: "A Resistência, a Gestapo, Buchenwald, três períodos na Indochina, Argélia, Suez, Argélia de novo... A um soldado pode-se pedir muita coisa. Não se pode pedir que contradiga a si mesmo, que minta, engane, quebre seu juramento."[33]

O julgamento de Salan terminou na quarta-feira, 23 de maio. Depois de deliberar por três horas, os juízes decidiram que Salan era culpado de todas as acusações, mas com circunstâncias atenuantes. Foi condenado à prisão e não à morte. Ao saber da notícia aquela noite, De Gaulle convocou o ministro da Justiça, Jean Foyer, ao Eliseu. Foyer o encontrou num acesso de fúria descontrolada, pelo fato de a defesa ter conseguido transformar o julgamento de Salan no julgamento de De Gaulle. A clemência dos juízes era uma humilhação pública e também um juízo negativo sobre boa parte da carreira de De Gaulle desde 1940. Nesse contexto é que ele fez o discurso (citado na p.603) distanciando-se de qualquer implicação na insurreição de 1958.

Depois do encontro com Foyer na quarta-feira à noite, De Gaulle resolveu dissolver o Tribunal Especial e mandar executar a sentença de fuzilamento de Jouhaud. A execução foi marcada para o amanhecer do sábado. Foyer ficou horrorizado com esse ato de pura vingança, que sacrificava um subordinado pelos crimes de seu superior. Na quinta-feira fez um apelo a De Gaulle para mudar de ideia. De Gaulle foi implacável. Escreveu para Pompidou no dia seguinte: "Foyer parece ter perdido a cabeça por causa de Jouhaud... Precisamos substituí-lo."[34] Pompidou era da mesma opinião de Foyer. Foi ver De Gaulle um dia depois do veredicto: "Encontrei De Gaulle num dos seus maus dias, cinzento, olhos ardentes. Sua presa tinha escapado. Precisava de uma vítima substituta."[35] Pompidou redigiu uma carta de renúncia e, noutra carta, apresentou seus argumentos contra a execução de Jouhaud:

Nada tenho a acrescentar ao que já lhe disse sobre o lado humano da questão.

Mas é meu dever chamar a sua atenção para o seu aspecto político na mais elevada acepção do termo.

Fuzilar J[ouhaud] não é a mesma coisa que fuzilar Pucheu [em 1944]. Seria o equivalente, na Libertação, se Pierre Laval tivesse escapado à pena de morte, a fuzilar Bichelonne [ministro da Economia colaboracionista] em seu lugar como bode expiatório.

Fuzilar J no momento em que a Argélia está evoluindo e aceita Evian seria permitir que certos líderes da OAS, que querem reativar o terror e a violência, o fizessem pessoalmente responsável. Essa violência pode arrastar tudo com ela.

Fuzilar J, apesar dos documentos que você tem em seu poder, seria administrar o mais rigoroso tratamento a alguém que é *pied-noir*, e homem do povo, e certamente o mais moderado de todos.

Você tem baseado suas ações numa dinâmica de paz. Se fuzilar J, isso se voltará contra você.

Os cartazes de "Fuzilem Jouhaud" não emanam do povo. São obra de quadros do Partido Comunista que não pensam nos seus interesses [de De Gaulle] nem em sua reputação histórica.

Em sã consciência, e deixando de lado todas as outras considerações, minha opinião é que, quando os efeitos do veredicto de Salan desaparecerem, você terá destruído tudo de uma tacada e cometido um erro decisivo.[36]

Na sexta-feira, véspera da execução, Foyer arranjou um jeito de ganhar tempo quando o advogado de defesa de Salan lhe entregou um pedido de controle de constitucionalidade. Foyer aproveitou o pretexto para argumentar que, como ministro da Justiça, era obrigado a transmitir o pedido para o tribunal de recurso, a Cour de Cassation, sem se pronunciar sobre sua admissibilidade. Era inevitável que a Cour declarasse o pedido inadmissível, mas alguns dias teriam sido ganhos. Foyer voltou a estar com De Gaulle na sexta-feira à tarde, levando Pompidou e Joxe como reforços. Apesar de sofrer "uma das horas mais desagradáveis de toda a minha vida", Foyer conseguiu convencer De Gaulle.[37] No fim, a Cour de Cassation rejeitou o recurso, mas a essa altura as coisas tinham avançado. Salan e Jouhaud haviam feito um apelo público à OAS em 29 de maio para que cessasse a violência na Argélia. A vida de Jouhaud foi salva, embora De Gaulle só viesse a comutar a sentença oficialmente seis meses depois – e de má vontade. Quando Guillain de Bénouville escreveu a De Gaulle para agradecer o gesto de misericórdia, a resposta foi *"qu'il aille se faire foutre"*.[38]

Se De Gaulle foi ou não convencido pelos argumentos de Foyer, Pompidou e outros, o fato é que ele aceitou a saída que lhe foi oferecida para evitar uma grave crise política. Pelo menos mais oito ministros estavam preparados para renunciar se a execução fosse adiante.[39] Passada a crise, De Gaulle disse a Pompidou: "Entre dois males, sua renúncia e o perdão a Jouhaud, escolhi o mal menor."[40] Pompidou acreditava ter livrado De Gaulle de um ato que teria manchado sua reputação tão duradouramente quanto a execução do Duc d'Enghien por Napoleão em 1804.

Ninguém conseguiu, porém, impedir que De Gaulle dissolvesse o Tribunal Especial que o desafiara. Em seu lugar, ele estabeleceu um novo Tribunal Militar de Justiça para julgar os demais ativistas da OAS. Para presidi-lo nomeou o general Larminat, um dos primeiros soldados a se juntarem a ele em 1940. Larminat apoiava a política argelina de De Gaulle, mas achou essa responsabilidade excessiva. Foi hospitalizado logo depois de ser designado e escreveu para De Gaulle explicando que "meus nervos arrebentaram e sofro uma crise de depressão" e não poderia "física e mentalmente cumprir o dever que me foi atribuído".[41] Poucos dias depois matou-se com um tiro na cabeça. A nomeação não deve ter sido a única causa do suicídio de Larminat, mas foi um fator contribuinte – outra pungente ilustração do trágico conflito de consciência que a questão argelina infligira em oficiais do Exército completamente dedicados a De Gaulle.[42]

A histeria argelina não acabou aí. Na quarta-feira, 22 de agosto, no fim das férias de verão, De Gaulle esteve em Paris para presidir o Conselho de Ministros e decidiu retornar a Colombey na mesma noite. Desde a tentativa de assassinato em Pont-sur-Seine, em setembro de 1961, sua rotina consistia em ir de carro até o aeródromo de Villacoublay, nos subúrbios do sudoeste de Paris, e tomar um avião para Saint-Dizier, a cerca de uma hora de carro de Colombey. Às 20h15, trinta minutos depois de deixar o Eliseu, seu carro alcançou a rotatória de Petit-Clamart, nos subúrbios do sul de Paris. Escondidos para atacar ali estavam onze conspiradores em dois veículos, um dos quais recheado de explosivos. Dois atiradores abriram fogo contra o carro de De Gaulle, varando a lataria e furando dois pneus. Um segundo veículo de emboscada, numa estrada secundária, acelerou para cima do carro do general, e mais disparos foram efetuados. Uma bala atravessou a janela traseira, quase acertando De Gaulle e a mulher, que tinham obedecido quando o genro, Alain de Boissieu, sentado no banco da frente, gritou para que se abaixassem. Incrivelmente, ninguém foi ferido. Logo depois circularam histórias na imprensa sobre a serenidade dos De Gaulles. Não foram inventadas, a acreditar-se na carta que Boissieu escreveu para Debré uma semana depois:

> Minha sogra é uma mulher extraordinariamente corajosa ... Ficou impassível ... e só concordou em baixar a cabeça quando berrei uma segunda vez, depois que o general fez o mesmo... Ele me disse ... que eu tinha, quando necessário, uma "voz de autoridade"! Essa voz fez minha sogra obedecer também!!! O general permaneceu impassível, limitando-se a resmungar que não tinha havido resposta do nosso lado ... Lamentavelmente as medidas de defesa no terceiro carro [da escolta presidencial] foram completamente inadequadas ... É difícil acreditar que tenhamos escapado incólumes quando se pensa que além dos dois grupos a que a imprensa se referiu vi um terceiro na esquina da N306 ... que poderia ter feito um grande estrago, pois íamos a apenas sessenta quilômetros por hora devido aos dois pneus furados. No fim das contas, a Providência estava tomando conta do general.[43]

Os conspiradores logo foram presos e em janeiro de 1963 julgados pelo novo tribunal militar. Quatro foram condenados à morte, mas só um, o oficial da Aeronáutica francesa Jean-Marc Bastien-Thiry, foi executado. O julgamento de Bastien-Thiry foi o último julgamento de grande efeito dramático da Guerra da Argélia. Ele tinha chamado a conspiração para matar De Gaulle, reveladoramente, de Operação Charlotte Corday – referência à monarquista que assassinou o revolucionário Jean-Paul Marat na banheira em 1793. Bastien-Thiry, impenitente, comparou-se a Claus von Stauffenberg, que tentou matar Hitler em 1944, e sustentou que o assassinato de De Gaulle era ainda mais legítimo, porque Hitler pelo menos não tinha maculado a honra do Exército. Os antigaullistas de extrema direita elevaram Bastien-Thiry à categoria de mártir sacrificial, que se juntava a Brasillach e Pucheu como vítima da sede de sangue de De Gaulle.

Não foi a última tentativa para assassinar De Gaulle. Uma das mais fantásticas operações envolveu enrolar explosivos em dois cães. A última tentativa séria ocorreu em agosto de 1964, quando uma bomba foi armada dentro de um vaso contendo uma planta no monumento comemorativo em Mont Faron, onde De Gaulle chegou para celebrar os desembarques de 1944 na Provença. A bomba não explodiu, embora provavelmente não tenha sido, como diz a lenda, porque um jardineiro cuidadoso inocentemente regou o vaso.[44]

"Golpe de Estado permanente"

Uma semana depois do ataque em Petit-Clamart, De Gaulle comentou que "não poderia ter sido mais oportuno".[45] Ele viu uma oportunidade de tirar proveito da emoção provocada pelo episódio para fazer uma mudança constitucional que vinha planejando havia meses. Era o "momento decisivo" que tinha em mente quando falou com Peyrefitte poucos meses antes. Como vimos, pela Constituição de 1956, o presidente era eleito por um colégio eleitoral de cerca de 80 mil membros. A autoridade pessoal e a reputação histórica de De Gaulle significavam que essa concessão restrita não era obstáculo para o seu poder. Não seria necessariamente o caso dos seus sucessores. Por essa razão, De Gaulle queria que o presidente, no futuro, fosse eleito pelo voto universal, embora isso contrariasse a tradição republicana da França, tal como essa tradição se desenvolvera desde o século XIX. Os republicanos viviam obcecados pelo medo do "poder pessoal" e se lembravam do exemplo do último presidente eleito pelo voto universal, Luís Napoleão, em 1848.

Numa conversa particular com Pflimlin em fevereiro de 1961, De Gaulle se perguntou se a Monarquia não seria o melhor sistema para a França. Depois dessa provocação característica, ele sugeriu ainda que a segunda melhor solução talvez fosse eleger o presidente pelo voto universal. Fez uma insinuação pública nesse sentido numa entrevista coletiva em abril de 1961.[46] Tendo sondado o ambiente, nada mais disse por um ano. Quando lhe perguntaram, numa entrevista coletiva em maio de 1962, ele rebateu dizendo que uma medida dessa natureza não "era para agora", mas numa fala pelo rádio em junho afirmou que a reforma viria "no momento adequado".[47]

A pergunta não era "quando", mas "como". Em tese, o Artigo 89 da Constituição estabelecia procedimentos claros para a revisão constitucional. Qualquer proposta teria primeiro que ser discutida e aprovada pelas duas câmaras do Parlamento, antes de ser submetida a referendo. Esse procedimento canhestro não garantia necessariamente o sucesso, ou o resultado que De Gaulle desejava. No verão de 1962, ele começou a alimentar a ideia de usar, em vez disso, o Artigo 11 da Constituição, que lhe permitia consultar o eleitorado diretamente por referendo sem passar pelo Parlamento. Seu próprio assessor jurídico no Eliseu era de opinião que emendar a Constituição por esse caminho seria ao mesmo tempo inconstitucional e provocador.[48] Provavelmente, De Gaulle ainda não se decidira. Disse a Pompidou em junho que não escolheria esse procedimento.[49] O incidente de Petit-Clamart lhe ofereceu a chance de partir para o ataque e usar o Artigo 11.

Três semanas depois, De Gaulle anunciou sua intenção ao Conselho de Ministros. Os ministros foram informados de que seriam convidados a manifestar suas opiniões na próxima reunião, uma semana depois – com a implicação clara de que se não concordassem deveriam renunciar. Nessa reunião, de 19 de setembro, Jean Foyer expressou fortes reservas sobre o procedimento que De Gaulle queria utilizar, mas não se opôs formalmente. Outro ministro que anunciou que tinha "escrúpulos" semelhantes foi interrompido por De Gaulle com as palavras: "O ministro da Justiça tem escrúpulos, mas os supera." Quase todos os demais, incluindo Pompidou, sentiam-se pouco à vontade com o procedimento, mas no fim das contas apenas um ministro, Pierre Sudreau, da Educação, renunciou.

A seriedade com que essa questão de procedimento era vista pode ser ilustrada acompanhando-se os "escrúpulos" de um dos gaullistas mais leais, o antigo diplomata Léon Noël, cuja veneração por De Gaulle remontava ao RPF. Nesse caso, sua opinião tinha importância, porque ele era o presidente do Conselho Constitucional, um novo organismo independente criado sob a Constituição da Quinta República para avaliar se propostas de lei estavam de acordo com a Constituição. Suas decisões não tinham força de lei. Recebido por De Gaulle antes do Conselho de Ministros de 19 de setembro, Noël lhe disse que usar o Artigo 11 para revisar a Constituição seria inconstitucional. Quando De Gaulle anunciou pela televisão no dia seguinte que era isso que pretendia fazer, Noël anotou em seu diário que aquilo iria "a longo prazo destruir" a Constituição, uma vez que parecia estabelecer o precedente de que o presidente poderia fazer qualquer coisa que quisesse, desde que obtivesse apoio para tanto num referendo: "Admitir isto é quase concordar com a concepção hitleriana do direito."⁵⁰ Antes que o Conselho Constitucional se reunisse para discutir a proposta de referendo, vários membros foram individualmente recebidos por Pompidou. Noël perguntou a Pompidou depois da reunião: "Que diríamos de nos Estados Unidos, antes de uma importante decisão da Suprema Corte, o presidente recebesse cada um dos seus membros, sucessivamente?"⁵¹ Em 2 de outubro, o Conselho Constitucional votou, quase por unanimidade, que o governo estava agindo inconstitucionalmente. Uma crise seria inevitável se o conselho resolvesse fazer uma demonstração de força e se recusasse a ratificar o resultado oficial do referendo, uma das suas funções constitucionais. Noël suplicou a seus colegas que não atravessassem esse Rubicão, pois isso poderia "levar De Gaulle a uma espécie de golpe de Estado".⁵²

Se um gaullista devoto como Noël era capaz de fazer comparações, em caráter privado, com o "direito hitleriano" e "uma espécie de golpe de Estado", não é de surpreender que os que não estavam presos por laços de fidelidade a De Gaulle manifestassem abertamente sua indignação. O exemplo mais espetacular foi o de Gaston Monnerville, presidente do Senado. Monnerville era um crente virtuoso nas tradições da democracia republicana francesa, mas não o motivava nenhum antigaullismo visceral. Em maio de 1958, tinha sido mais leniente do que seu colega Le Troquer, presidente da Câmara dos Deputados, na reunião secreta em Saint-Cloud para discutir as condições da volta de De Gaulle ao poder; votara pela nova República em setembro de 1958; na qualidade de presidente do Senado tinha autorizado o uso, por De Gaulle, do Artigo 16 em 1961; votara "sim" nos dois referendos sobre a Argélia. Mas começou a ter dúvidas sobre as liberdades que De Gaulle tomava com a Constituição e o direito. O referendo de abril de 1962 sobre os Acordos de Evian exigia uma resposta única para duas questões muito diferentes: aprovar os Acordos e permitir que o governo tomasse por decreto quaisquer medidas adicionais que julgasse necessárias para colocá-los em prática. Isso lembrava os plebiscitos de Luís Napoleão: menos uma votação para aprovar um tema específico do que um cheque em branco de apoio a um indivíduo. (Como assinalou um jornalista, era como pedir à população que desse apenas uma resposta a duas perguntas: "Você está com fome e gostaria de comer um pernil de cordeiro?")⁵³ Monnerville engoliu suas dúvidas pela causa da independência argelina, mas não estava disposto a ir mais longe nesse sentido.

Em 1º de outubro, no Congresso do Partido Radical, Monnerville fez um discurso denunciando como confisco a decisão de De Gaulle de usar o Artigo 11 para emendar a Constituição. De acordo com o Código Penal da França, esse termo descreve um "crime cometido por servidor público no exercício de suas funções". Vindo do segundo mais alto funcionário do Estado, abaixo apenas do presidente, essa sensacional acusação deixou De Gaulle furioso. Poucos dias depois, no Senado, Monnerville repetiu a crítica (dessa vez sem usar a ofensiva palavra confisco). O Senado, por ampla maioria, votou para que seu discurso fosse impresso e exposto em todas as prefeituras, sob o título "A Constituição está sendo violada, o povo está sendo maltratado". A guerra tinha começado entre De Gaulle e a classe política.

Em 3 de outubro, o Parlamento se reuniu para discutir o projeto de lei do referendo. Pela primeira vez na breve história da República, foi aprovada uma moção de censura contra o governo. Pompidou renunciou. Em 10 de outubro, De Gaulle dissolveu o Parlamento e convocou novas eleições para depois do referendo. Os líderes de todos os principais partidos políticos formaram o chamado "Cartel dos Nãos" para recomendar ao eleitorado que votasse contra a proposta constitucional de De Gaulle. O problema desse cartel era que seus líderes eram, na maioria, figuras do passado, como Mollet, Pflimlin e até o venerável Paul Reynaud. Foram facilmente apresentados como desejosos de um retorno aos velhos tempos da Quarta – e até da Terceira! – República. Outro problema era que a única coisa que unia seus membros era a oposição à proposta de De Gaulle. Alguns se opunham totalmente à reforma proposta; outros, apenas aos procedimentos que De Gaulle escolhera para colocá-la em prática.

A respeito da campanha do referendo de 1958, um jornalista de *Le Monde* escreveu que "jamais, desde o Segundo Império, exceto talvez nas eleições de 1877, houve na França tamanho emprego de propaganda oficial".[54] Isso não foi menos verdade no caso da breve campanha pelo referendo de 1962. A oposição teve pouco acesso à televisão. Em suas transmissões sobre o debate parlamentar, a televisão dedicou apenas dois minutos a trechos dos discursos de Mollet e Reynaud, enquanto a defesa do projeto por Pompidou recebeu cobertura total, de vinte minutos. De Gaulle fez quatro discursos pela televisão pedindo que os eleitores votassem "sim". O último, em 26 de outubro, dois dias antes da votação, deixou claro que se tratava de um voto de confiança nele, pessoalmente: "Se a nação francesa ... decide repudiar De Gaulle, ou mesmo conceder-lhe apenas uma vaga e duvidosa confiança, sua tarefa histórica se tornaria impossível, e consequentemente estaria terminada."[55] As ameaças apocalípticas de De Gaulle, em caso de derrota, foram ajudadas, fortuitamente, pelo fato de os últimos estágios da campanha terem sido eclipsados pela crise dos mísseis cubanos, quando, por alguns dias, o mundo pareceu oscilar à beira de um precipício nuclear.

No fim, a reforma constitucional de De Gaulle foi aprovada em 28 de outubro de 1962 com 62,25% dos votos. Mas o índice de abstenção de 23% significava que ele tinha conseguido apenas 47% de aprovação dos eleitores registrados, entre os quais, pela primeira vez, não alcançara a maioria. Depois do referendo Monnerville fez uma petição ao Conselho Constitucional para decidir se o resultado estava de acordo com a Constituição. Por seis votos a quatro, o conselho declarou se incompetente para decidir. De Gaulle comentou com Peyrefitte, em tom ameaçador, que era uma sorte o conselho não ter ido contra a vontade da nação: "Não cometeu essa loucura. Tiraríamos as necessárias conclusões." Quanto a Monnerville, foi tratado com extraordinário revanchismo. Embora, em termos de protocolo, estivesse abaixo apenas do presidente da República, jamais voltou a ser convidado para nenhuma cerimônia oficial no Eliseu. Nas ocasiões em que ele, e não um dos seus vices, presidia o Senado, De Gaulle só permitia que o governo fosse representado por um subsecretário, jamais por um ministro titular.[56] Quando De Gaulle foi operado da próstata, em 1964, Monnerville escreveu-lhe desejando boa sorte. De Gaulle, geralmente tão meticuloso nesses assuntos, não respondeu. A seus olhos, Monnerville deixara de existir.

Embora o resultado do referendo fosse menos decisivo do que De Gaulle esperava, a Quinta República tinha entrado numa nova era. Dois anos depois, em janeiro de 1964, De Gaulle sublinhou isso durante uma entrevista coletiva, numa extraordinária exegese da Constituição da Quinta República:

> Uma Constituição é um espírito, instituições e uma prática ... Mas também é preciso compreender que a autoridade indivisível do Estado é confiada inteiramente ao presidente pelo povo que o elegeu, que não existe outra, nem ministerial, nem civil, militar, judicial, que não seja conferida e mantida por ele.[57]

Como disse um comentarista sobre esse discurso, foi como se no período de mais de seis anos, a começar em 1958, três Constituições tivessem aparecido sucessivamente, uma saindo de dentro da outra como bonecas russas: "No âmago: o acordo de 1958; a Constituição de 1962; a Constituição que surgiu da entrevista coletiva de 31 de janeiro de 1964."[58]

Poucos meses depois, François Mitterrand publicou um livro ferozmente polêmico intitulado *Le coup d'Etat permanent* [O golpe de Estado permanente], atacando o regime de De Gaulle, que chamava de "ditadura porque, no fim, é com o que mais se assemelha, porque tende inevitavelmente para o fortalecimento contínuo do poder pessoal". Tendo repassado todas as liberdades que De Gaulle tomara com sua própria Constituição, Mitterrand também observou que o general tinha finalmente "matado sua Constituição", com algumas poucas frases jogadas "acidentalmente, durante uma entrevista coletiva".[59] Como qualquer polêmica, o panfleto de Mitterrand exagerava – uma "ditadura" jamais permitiria que um ataque tão agressivo viesse a público –, mas continha mais do que um fundo de verdade.

O que poucas pessoas notaram, porém, é que na verdade a Constituição funcionava de um jeito diferente do descrito por De Gaulle. Ele aspirava a ser um líder carismático transcendendo as divisões políticas, mas os resultados das eleições parlamentares depois do referendo tinham criado uma configuração diferente. Após retornar ao poder, De Gaulle tinha feito o possível para distanciar-se da UNR, o partido formado para defender suas ideias em 1958. Isso era uma fonte de tensão com Debré, que achava que De Gaulle estava sempre passando por cima de gaullistas leais. Na eleição parlamentar de 1958 De Gaulle não permitiu que nenhum candidato usasse o seu nome. Mas não mostrou os mesmos escrúpulos quatro anos depois. Num discurso de 7 de novembro, lançou um violento ataque contra os velhos partidos que se juntaram contra ele e pediu explicitamente um voto para o Partido Gaullista.[60]

Essa polarização foi acentuada por Mollet, um dos líderes do Cartel dos Nãos. Quando lhe perguntaram o que recomendaria que os eleitores fizessem no segundo turno, Mollet citou um velho ditado: "No primeiro turno se escolhe e no segundo se elimina." No segundo turno, tendo que escolher entre um comunista e um gaullista, ele propôs que os eleitores escolhessem o comunista. Isso caiu como uma bomba. Desde a ruptura da coalizão tripartite da Resistência em 1947, os comunistas e socialistas tinham sido inimigos ferozes uns dos outros. Uma das razões para Mollet apoiar De Gaulle em 1958 foi que a alternativa poderia ter sido um governo de esquerda com a participação de comunistas. O comentário de Mollet em 1962 trouxe os comunistas de volta para o campo da política respeitável, constrangendo os centristas e conservadores do Cartel dos Nãos. Garantiu que o segundo turno das eleições fosse de fato uma disputa entre os gaullistas e a esquerda, e que o centro fosse esmagado. Nas eleições de novembro, os comunistas e socialistas aumentaram seu total de cadeiras, mas os gaullistas triunfaram. Pela primeira vez na história da política democrática francesa, um partido chegou quase a ter votos suficientes para formar uma maioria no Parlamento. O déficit foi facilmente resolvido por uns poucos conservadores independentes da centro-direita.

O referendo e a eleição colocaram De Gaulle numa posição de total predomínio político – mas como líder de um partido, e não como o líder acima dos partidos que ele gostaria de ser. Esse resultado agradou a Pompidou, que gostou de ver De Gaulle ter que desistir da "sua utopia da unanimidade".[61] Na realidade, De Gaulle não tinha desistido, e a tensão entre seu sonho de ser um líder carismático acima dos partidos e seu papel real de líder partidário não declarado persistiria pelo resto da sua carreira. Por enquanto, porém, seu predomínio não estava em dúvida. Um ano depois de suas previsões pessimistas sobre o futuro do general, o embaixador Dixon não teve outro jeito senão concluir que De Gaulle era "o senhor da França"; ele "aparentemente prosperava e sua autoridade visivelmente se consolidou". O "aparentemente" era um jeito de preservar alguma coisa da previsão original de um ano antes. Dixon ainda estava convencido de que se fosse vista "em termos de parábola", a carreira de De Gaulle agora estava na "curva descendente".[62] Era outro caso em que ele se tornava refém da própria retórica. Poucas semanas depois, em 14 de janeiro de 1963, De Gaulle, na entrevista coletiva mais espetacular de toda a sua carreira, desferiu uma arrasadora ofensiva de artilharia contra a Grã-Bretanha que lançou o governo britânico e Dixon em desespero. Ainda não se podia falar em "curva descendente".

22. A busca da grandeza, 1959-63

"Uma certa ideia" do mundo

No início de 1960, Harold Macmillan escreveu para Eisenhower: "Não sei se você leu o terceiro volume das *Memórias* dele [De Gaulle]; é esplendidamente bem escrito e dá uma ideia do seu pensamento um tanto místico sobre essas grandes questões."[1] O comentário de Macmillan apreende apenas parte da verdade. As *Memórias de guerra* revelam que De Gaulle é tão "realista" quanto "místico". A tensão entre o "místico" e o "realista" perpassa os três volumes – já a partir da segunda frase, quando De Gaulle observa que em sua visão da França "o sentimento me inspira tanto quanto a razão".

No tocante à "razão", o ponto de partida de De Gaulle era o Estado-nação, a seu ver a realidade fundamental que governa a existência humana. Podem-se encher páginas e páginas de citações sobre esse tema, da conversa de De Gaulle com os recrutas quando era um jovem tenente em 1913 até pronunciamentos feitos já no fim da carreira:

> 1913: O sentimento nacional é inerente a todas as nações e a todos os países. É tão espontâneo quanto o amor filial, ou o sentimento de família ... Nacionalismo é uma forma de egoísmo.[2]

> 1962: Os povos não mudam. Não morrem a não ser que haja um acidente terrível. Continuam sendo o que são, com suas próprias características, com seu temperamento coletivo, com sua alma. Duram tanto quanto as oliveiras ... Um povo precisa orgulhar-se de si mesmo. Precisa ter o orgulho de poder dizer sempre: "Sou fruto de uma história que é esta e nenhuma outra."[3]

Para De Gaulle, história e geografia sempre prevaleciam sobre a ideologia. Em 1988, quando John Foster Dulles discorreu sobre a ameaça comunista internacional da União Soviética e da China, De Gaulle respondeu que a Rússia e a China inevitavelmente entrariam em conflito. A Rússia, disse ele em várias ocasiões, "assimilará o comunismo como o papel mata-borrão absorve a tinta".[4] Durante a Guerra do Vietnã, disse a um visitante americano que o Vietnã se tornaria comunista, mas "será um comunismo asiático, como já existe um comunismo chinês... Cada qual com o seu comunismo."[5] Para De Gaulle, o conflito entre as nações era a eterna lei da história. "Como toda a vida", disse ele ao povo francês numa fala pela televisão em 1960, "a vida das nações é uma luta".[6] Ou, como afirmou noutra ocasião: "É o que a Antiguidade chamava 'destino', Bossuet chamava 'Providência', Darwin chamava 'a lei das espécies'."[7] Sendo o conflito um fenômeno eterno, não havia sentido em lamentá-lo. Mas De Gaulle não o via como um valor negativo: "Para existirmos, precisamos de adversários."[8] Uma das suas citações favoritas – ele a invocou numa palestra para oficiais em 1927 – vinha do *Hamlet*: "Ser grande é travar uma grande disputa." (As palavras de Shakespeare são um pouco diferentes: "Ser grande não significa lutar apenas por um bom motivo, mas lutar a propósito de nada, se a honra estiver em jogo.") Como a vida era uma luta, a harmonia em assuntos humanos era antinatural, e forjada no equilíbrio de interesses rivais:

> O homem, "limitado em sua natureza", é "infinito em seus desejos". O mundo está repleto de forças opostas. Certamente a sabedoria humana às vezes impede que essas rivalidades degenerem em conflitos sangrentos. Mas a competição entre esses esforços é a condição da vida ... Em última análise, como sempre, só no equilíbrio de forças o mundo encontrará a paz.[9]

Isso tudo tornava De Gaulle descrente dos internacionalistas idealistas ou dos supranacionalistas europeus. Em sua opinião, eles se iludem sobre a natureza da história, ou mascaravam ambições nacionais na linguagem do internacionalismo. Isso era tão verdadeiro no caso de Aristide Briand nos anos 1920 como no de Robert Schuman nos anos 1950. As nações eram repositórios de legitimidade histórica, mantendo um povo unido por sua "própria alma, sua própria história, sua própria língua, seus próprios infortúnios, glórias e ambições". Comunidades criadas artificialmente, que não têm essa legitimidade, não podem invocar a lealdade dos cidadãos. Consequentemente, deixam as pessoas vulneráveis às ambições de tecnocratas apátridas ou de potências estrangeiras: "Organizações supranacionais têm seu valor técnico, mas não têm, não podem ter, autoridade política, e portanto eficácia política."[10] Para De Gaulle, a precondição para a existência de um Estado-nação era sua capacidade de guerrear. É por isso que ele nunca foi tão feroz em seus ataques a organizações supranacionais como no caso da fracassada Comunidade Europeia de Defesa.

Se deixarmos de lado a "razão" e tratarmos do "sentimento", onde fica a França na visão gaullista das relações internacionais? A França estava, claro, envolvida na luta pela existência, como qualquer outro país, mas o "sentimental" De Gaulle parecia isentá-la do egoísmo nacional que, segundo ele, era o motor da história. Como disse num discurso em 1959: "O poder e a grandeza da França ... são voltados para o bem-estar e para a fraternidade dos homens."[11] Ou, como afirmou oito anos depois: "Nossa ação se destina a alcançar metas ... que, por sermos franceses, são de interesse da humanidade."[12] Não se tratava apenas de retórica pública. De Gaulle dizia a mesma coisa em particular:

> A vocação da França é trabalhar pelo interesse geral. É sendo plenamente francês que somos mais europeus, que somos mais universais ... Enquanto outros países, quando desenvolvem seus interesses, tentam subjugar os demais, a França, quando consegue desenvolver seus interesses, o faz no interesse de todos ... Todos o sentem, obscuramente, no mundo; a França é a luz do mundo, seu gênio consiste em iluminar o universo.[13]

Nenhuma máxima de De Gaulle é mais famosa do que a última frase do primeiro parágrafo de suas *Memórias*: "A França não pode ser a França sem grandeza." O termo "grandeza", sobre o qual muita tinta tem sido derramada, é um conceito escorregadio, que De Gaulle jamais de fato definiu. Na primeira página das suas *Memórias de guerra*, ele o esclareceu mais com imagens do que com argumentos: o Arco do Triunfo ao sol, Notre-Dame ao escurecer, a Princesa no conto de fadas. Grandeza era tanto um estado de espírito e um senso de ambição quanto um objetivo concreto: "é o caminho que alguém toma para superar a si mesmo", como disse, elipticamente, em certa ocasião.[14] O esforço não era menos importante do que o resultado. O imperativo para a "grandeza" estava também intrinsecamente ligado à obsessão de De Gaulle pela ideia da França como perenemente ameaçada por "demônios" de desunião, "germes" de divisão, a velha "propensão gaulesa para as divisões e as brigas". Para superar a ameaça de fragmentação, a França precisava de um Estado forte, capaz de materializar a "ambição nacional" que permitisse aos franceses transcender suas divisões.

Tão frequentemente como falava de "grandeza", De Gaulle usava as palavras "fila" – "A França precisa estar na primeira fila" – e "independência". A obsessão com independência se explica no contexto da sua própria experiência da guerra, quando dependia totalmente dos britânicos, ou dos anos 1930, quando a política externa francesa estava estreitamente alinhada com a da Grã-Bretanha. Mas o conceito de "independência", como o de "grandeza", é mais escorregadio do que parece à primeira vista. Não significa que ele acreditasse que a França alcançaria seus objetivos se agisse sozinha. Afinal de contas, De Gaulle é que em 1940 rejeitou a postura da "França sozinha" de Vichy, apegando-se à aliança com a Grã-Bretanha. Para ele, alianças eram uma necessidade, desde que não se esquecesse que os Aliados tinham também ambições nacionais. Isso nos leva de volta à "razão". Todas as ambições de "grandeza" precisavam levar em conta as "realidades". O que De Gaulle mais admirava na diplomacia do *ancien régime* era a "proporção exata entre os fins buscados e as forças do Estado". A incapacidade de fazer isso era a crítica mais fundamental que fazia a Napoleão; e a mesma ideia está por trás da sua defesa do jardim francês como modelo de *mesure* clássica em seu primeiro livro sobre as razões da derrota da Alemanha em 1918. Para ele, a busca da "grandeza", o que quer que isso significasse, precisava pelo menos em tese ser contrabalançada pelo realismo e o autocontrole – ainda que na prática ele nem sempre tivesse êxito em manter as duas coisas em equilíbrio.

Nenhuma das ideias de De Gaulle sobre a França e o mundo era novidade para um nacionalista conservador da sua geração. Sua concepção de nação era semelhante à manifestada em 1882 por Ernest Renan em sua célebre palestra "O que é Nação?". Sua ideia de uma "vocação" especial da França era parecida com a do historiador republicano francês do século XIX Jules Michelet. Sua ideia do francês como um povo particularmente brigão era uma figura de linguagem que pode ser encontrada em qualquer livro de história do século XIX (sua última encarnação está disponível nos encrenqueiros gauleses da série *Astérix*). Sua ideia de que só um Estado forte e ambição nacional podem neutralizar os "fermentos da dispersão" era parte do repertório da escola histórica da Action Française – assim como sua concepção "realista" das relações internacionais. O que há de notável em De Gaulle é menos a originalidade das ideias do que a imaginação, a determinação e a força de vontade com que ele se dispunha a aplicá-las.

Para De Gaulle, implementar ideias demandava sempre adaptar-se às circunstâncias do momento. Bergson lhe ensinara que a vida dizia respeito ao movimento contínuo; nada era fixo. Como filosofou em 1962:

> A qualquer dia podem ocorrer as coisas mais extraordinárias, inacreditáveis mudanças de situação, como sempre se deu na história. Os Estados Unidos podem explodir por causa do terrorismo ou do racismo, ou de outra coisa qualquer, e se tornarem uma ameaça à paz. A União Soviética pode explodir, porque o comunismo pode entrar em colapso, porque seus povos podem começar a brigar entre si. Ela pode voltar a ser ameaçadora. Ninguém pode adivinhar de onde as ameaças virão.[15]

Como, nas circunstâncias particulares do começo dos anos de 1960, De Gaulle resolveu restaurar a "grandeza" e a independência da França?

Sua política externa tinha dois eixos nos seus primeiros quatro anos no poder.[16] Um deles era aumentar a influência da França na Aliança Atlântica, o outro era pressionar pela união política europeia. O primeiro foi exposto no memorando que De Gaulle submeteu a Macmillan e Eisenhower em setembro de 1958. O segundo foi resumido, quase simultaneamente, numa nota enviada aos cinco parceiros europeus da França (Alemanha, Itália, Bélgica, Holanda e Luxemburgo); "Evitando a integração ... a França pretende promover a cooperação europeia e organizar uma espécie de concerto europeu".[17] Numa reunião do Conselho de Defesa em janeiro de 1959, ele explicou que a França precisava "tocar em dois registros: um com as outras duas potências mundiais do Ocidente, o outro com as potências menores".[18] Seu objetivo era invadir o clube anglo-americano dos "Dois" e tornar-se líder do clube europeu dos "Seis". Via esses objetivos como complementares: ser o primeiro dos Seis reforçava os argumentos da França para juntar-se aos Dois; juntar-se aos Dois validava a pretensão da França de liderar os Seis. Como disse a Peyrefitte em agosto de 1962:

Qual é o sentido de Europa? O sentido é que não se é dominado nem pelos russos nem pelos americanos. Como Seis, talvez possamos nos sair tão bem quanto qualquer das duas superpotências. E se a França souber organizar as coisas para se tornar o primeiro entre os Seis, o que está ao nosso alcance, poderá usar isto como uma alavanca de Arquimedes. Poderá levar os outros com ela. A Europa é o meio pelo qual a França pode ser novamente o que deixou de ser desde Waterloo. A maior do mundo.[19]

Mesmo que a bravata do floreio final de retórica não seja levada muito a sério, o desafio de De Gaulle à estrutura existente da Aliança Atlântica inevitavelmente levaria a um conflito com os Estados Unidos. Como resultado disso, ele costuma ser visto como "antiamericano". Mas que tipo de antiamericano? Em certo nível, De Gaulle achava que as histórias divergentes da Europa e dos Estados Unidos impossibilitavam a compreensão mútua. Em julho de 1967, teve uma conversa com o líder soviético Kossiguin, que voltava de uma reunião da ONU em Nova York. Kossiguin disse que tinha achado Nova York "imunda e horrível". De Gaulle respondeu:

Você não pode esquecer que os Estados Unidos não existem há tanto tempo assim. São formados por gente vinda de todos os cantos ... Nem sempre existiram, como a Rússia ou a França ... Não têm profundidade nem raízes ... Nunca sofreram, nunca foram invadidos ... Suas reações são sempre as de um país que não sabe o que é sofrer.[20]

Ainda assim, nunca houve qualquer dúvida na cabeça de De Gaulle de que a França tinha que fazer parte da aliança ocidental. Mas para ele era preciso estar tão vigilante contra os Aliados como contra os inimigos. Ele certamente era "antiamericano" no sentido de que os Estados Unidos ameaçavam ser um aliado perigosamente invasivo. Ficara espantado com a energia e o poder dos Estados Unidos quando lá esteve pela primeira vez, em 1944. Como disse a Peyrefitte em 1963:

Estamos assistindo hoje a um fenômeno quase físico, como um maremoto ou a erupção de um vulcão, o que até certo ponto está fora do controle dos próprios líderes americanos. O poderio americano é tão esmagador, eles estão tão avançados em tecnologias de ponta, são tão ricos ... Sua expansão tem qualquer coisa de elementar.[21]

Ele expôs o mesmo pensamento, em termos um pouco diferentes, em outra ocasião, quando comparava sua atitude para com a Grã-Bretanha e os Estados Unidos:

> A Inglaterra é instintivamente contra a França, em toda parte, mas dentro de certos limites. Os Estados Unidos não são contra nem a favor da França. Adotam sua própria política. Para eles, não há limites. Certa vez eu disse a Roosevelt: "Os Estados Unidos estão se conscientizando do seu papel de grande potência. A França não é mais uma, mas sabe o que é ser uma. Quando se é uma grande potência, não se tolera resistência."[22]

Havia outro tipo de antiamericanismo francês que se opunha aos Estados Unidos por razões culturais ou ideológicas – os Estados Unidos como personificação do capitalismo *laissez-faire*, ou do materialismo desalmado. Essa ideia tinha raízes na França entre a esquerda socialista e a direita católica. Predominava no pensamento daqueles círculos "não conformistas" que De Gaulle conheceu durante os anos 1930. De Gaulle, leitor de Bernanos e Péguy, abrigava, intelectualmente, uma concepção da Europa – da França – como uma civilização radicada no humanismo católico, representando uma espécie de terceira via entre o comunismo e o capitalismo liberal. Mas, além disso, sua desconfiança da civilização industrial era temperada pela obsessão com a modernização francesa. No fim das contas, ele provavelmente sentia mais ciúme do poderio americano – o "expansionismo elementar" que mencionou a Peyrefitte – do que desconforto com os valores que o alimentavam. Nesse sentido, seu "antiamericanismo" era mais existencial do que cultural. Em outros tempos, o maior rival da França tinha sido a Grã-Bretanha, ou a Alemanha; agora eram os Estados Unidos: "É uma história eterna. Cada Império, por sua vez, aspira à hegemonia. Assim será até o fim do mundo."[23]

De Gaulle em ação

A visão de mundo de De Gaulle não era compartilhada pela maioria dos diplomatas e funcionários do Quai d'Orsay, cuja responsabilidade seria traduzi-la em política. Nos anos 1950, muitos deles foram seduzidos pela visão federalista europeia de Jean Monnet; muitos eram instintivamente anglófilos. Durante os anos 1960, o embaixador britânico Pierson Dixon com frequência se referia em suas comunicações oficiais a "nossos amigos no Quai", como se quisesse se convencer de que na França gaullista a Grã-Bretanha tinha amigos. Quando De Gaulle retornou ao poder, o embaixador francês em Londres era o anglófilo Jean Chauvel, que não tinha grande amor pelo general, e o embaixador da França em Washington era Hervé Alphand, que estivera na França Livre, mas conseguira a rara façanha de combinar a admiração por De Gaulle com a amizade por Monnet. Nos anos 1950, tinha apoiado vigorosamente a CED. Um funcionário do Quai opunha-se de tal forma ao antiatlanticismo de De Gaulle que, quando a França saiu da Otan em 1966, escreveu, em segredo, um discurso para Pleven, que denunciou a decisão no Parlamento.[24] Mas com o tempo o Quai se tornou mais "gaullista", conforme os oponentes persistentes foram marginalizados.[25]

Fossem quais fossem as restrições que faziam a De Gaulle, todos os embaixadores reconheciam, mesmo com relutância, que ele era um superstar global. Nas visitas de De Gaulle ao exterior, ficavam maravilhados com sua resistência física e intelectual – especialmente sua capacidade de pronunciar, de memória, longos discursos que ele mesmo escrevera. Sua estatura histórica como último sobrevivente dos "Grandes" da Segunda Guerra Mundial era uma garantia de que, por onde fosse, enormes multidões tomavam as ruas para aplaudi lo. Seu instintivo senso de espetáculo sempre se manifestava. Um dos seus truques prediletos era pronunciar um discurso – ou parte de um discurso – na língua do país que visitava (a não ser que a língua fosse o inglês). Para terror dos seguranças, ele mergulhava sem avisar no meio da multidão para apertar mãos e sentir fisicamente a eletricidade da aclamação popular. Durante sua visita oficial aos Estados Unidos em 1960, era voz corrente que sua recepção só foi comparável à que saudou o retorno do general MacArthur em 1951. Hervé Alphand talvez fosse um dos diplomatas mais experientes da França, mas ficou tão estupefato com o entusiasmo das multidões durante a visita que lendo as anotações do próprio diário dias depois achou que continha as "efusões de uma balconista de loja embevecida com uma celebridade".²⁶ Depois de assistir à visita oficial de De Gaulle à Itália em 1959, Jean-Marie Saoutou, funcionário do Quai d'Orsay profundamente hostil a todos os aspectos da política externa de De Gaulle, não pôde deixar de admitir uma relutante admiração: "Seus discursos são notáveis. Como pode alguém como eu deixar de sentir uma lufada de ar puro, um senso de renovação intelectual? Não que eu seja um admirador incondicional do estilo de De Gaulle, que para mim é uma espécie de pastiche de Cícero e Chateaubriand, mas havia uma maestria, uma filosofia subjacente, ideias, fatos."²⁷ Em nenhum outro lugar o entusiasmo das multidões foi maior do que na Alemanha, durante a visita de De Gaulle em setembro de 1962. *Le Monde*, jornal que quase sempre o criticava, iniciou sua cobertura da viagem noticiando, sobriamente, que a população de Bonn lhe dera uma "amável recepção de boas-vindas". Dois dias depois, o jornal se referiu a uma "deflagração de entusiasmo popular que pegou os organizadores de surpresa, com multidões atravessando as barreiras de proteção". No fim, informou que a visita assumiu "gigantescas proporções, que, mesmo levando em conta o poder de atração da personalidade do general De Gaulle, tinham qualquer coisa de fabuloso [*fabuleux*]".²⁸

De Gaulle não fez nenhum expurgo de embaixadores quando voltou ao poder. A única nova nomeação foi em Bonn, porque o titular da embaixada, Maurice Couve de Murville, tinha sido designado ministro do Exterior. Um diplomata que morria de medo do primeiro encontro com De Gaulle era Roland de Margerie, que decepcionara De Gaulle em 1940, quando aceitou servir como cônsul de Vichy na China. De Gaulle voltara a fazer um apelo a Margerie para juntar-se a ele em 1941, mas não teve resposta. Quando De Gaulle voltou ao poder em maio de 1958, Margerie servia como embaixador no Vaticano. Três meses depois, teve o primeiro encontro com De Gaulle desde aquele dia no verão de 1940 em que partira de Londres. O relato que deixou desse encontro revela sua consciência pesada e a implacabilidade de De Gaulle: "Desde aquele tempo lhe devo uma explicação que eu gostaria de dar hoje." Do outro lado da mesa veio a resposta glacial, com ênfase na última palavra: "Não lhe pedi que justificasse nada." Apesar disso, Margerie deu uma longa explicação que vinha ruminando nos últimos dez anos. Quando terminou, De Gaulle estava um pouco mais brando: "M. l'Ambassadeur ... Não, quero dizer, Roland de

Margerie, eu de fato lhe mandei um recado em 1941 ... O senhor respondeu falando-me da sua concepção de dever. Não cabia ao senhor julgar o seu dever, cabia a mim ... Confiei no senhor, o senhor me desapontou, o senhor estava errado."[29] O assunto estava resolvido. Tendo feito Margerie enroscar-se, De Gaulle o absolveu. A questão nunca mais voltou a ser discutida, e a conversa passou a tratar do Vaticano, com De Gaulle demonstrando um conhecimento enciclopédico da política da Cúria Romana. Margerie posteriormente foi promovido ao importante posto de embaixador em Bonn.

Apesar de desconfiado dos diplomatas como classe, De Gaulle respeitava o profissionalismo do Quai. Era de opinião que, orientados com firmeza, os embaixadores cumpririam suas funções. O homem adequado para dar essa orientação era o ministro do Exterior de De Gaulle, Couve de Murville. Couve conhecia De Gaulle desde 1943, quando chegou a Argel como giraudista. Temível negociador, com um domínio ímpar de detalhes técnicos, era imperturbável, discreto e frio – a personificação do protestante francês. Ninguém sabia o que ele pensava, intimamente, das ideias mais extravagantes de De Gaulle. "O general é impulsivo" era o comentário mais crítico que ele era capaz de fazer sob pressão. Mestre da arte do eufemismo, Couve atenuava o impacto de alguns dos gestos mais dramáticos de De Gaulle. Seus enfadonhos relatórios sobre relações internacionais no Conselho de Ministros davam aos colegas a sensação de estarem ouvindo as banalidades de M. de Norpois, de Proust. Por baixo dessa superfície imperturbável, Couve personificava a mente administrativa francesa no que ela tem de mais assustadoramente eficaz.

Os dez anos de Couve no cargo faziam dele o ministro do Exterior que serviu mais tempo desde o conde de Vergennes, na época de Luís XVI. Era o servidor fiel de políticas cuja forma era inteiramente determinada por De Gaulle. Mas De Gaulle também exercia muita diplomacia pessoalmente. Recebia regularmente seus embaixadores, dando-lhes instruções que com frequência tomavam a forma de lições de história. Sua tática inicial era quase sempre perguntar "E então, o que seus italianos/seus alemães/etc. andam aprontando?" – como se a *déformation professionnelle* de qualquer embaixador consistisse em tornar-se nativo. Também recebia regularmente embaixadores estrangeiros e mantinha ampla correspondência com líderes estrangeiros.

Na superfície, De Gaulle era diferente, agora, da personalidade intensa e espinhosa dos anos de guerra. Nos anos 1960 os visitantes encontravam uma figura paternal, de cortesia refinadamente antiquada. Tudo isso fazia parte da confiança e da grandeza que ele procurava ostentar. Líderes estrangeiros costumavam ficar hospedados no magnífico ambiente do Château de Rambouillet: ali, como disse De Gaulle em suas *Memórias*, "instalados nas torres medievais onde tantos de nossos reis tinham ficado, passando por apartamentos outrora ocupados por nossos Valois e nossos Bourbons ... nossos hóspedes eram levados a sentir a nobreza por trás da bondade e simplicidade [*bonhomie*] e a permanência por trás das vicissitudes da nação que os recebia".[30] Que melhor lugar para esse monarca republicano receber visitantes? Um ritual do qual embaixadores e líderes estrangeiros participavam como convidados eram as caçadas de outono, que Harold Macmillan descreveu como uma "cerimônia extraordinária e estranhamente antiquada", um pouco parecida com "as caçadas eduardianas na Inglaterra". De Gaulle jamais participava, mas invariavelmente aparecia para a última rodada, posicionando-se atrás do atirador mais próximo – uma experiência desconcertante para a vítima, fosse ela quem fosse. O atirador geralmente se distraía, e De Gaulle comentava, para consolá-lo: "Acho que você não acertou."[31] As recepções para líderes estrangeiros eram realizadas em Versalhes, e De Gaulle também mandou fazer uma dispendiosa reforma no Grand Trianon de Luís XIV, no terreno de Versalhes, para que líderes estrangeiros pudessem ser instalados num estilo condizente com a grandeza da França. Era muito escrupuloso em seus convites para Versalhes.[32] Quando lhe perguntaram por que essa honra tinha sido concedida à grã-duquesa de Luxemburgo e não ao rei do Marrocos, De Gaulle explicou: "Só recebo em Versalhes soberanos de antigas dinastias."[33] Era um sinal da sua preocupação obsessiva com as minúcias do protocolo e do seu respeito pelo princípio monárquico.

Por baixo desse exterior imponente e benigno, De Gaulle continuava sendo um guardião desconfiado e vigilante dos interesses franceses. Pierson Dixon, que antes estava quase sempre errado em suas opiniões sobre ele, tornou-se um observador experiente de De Gaulle. Tendo aprendido suas lições do jeito mais difícil, escreveu para o secretário do Exterior britânico em novembro de 1962:

> Ele é o governo francês. Meu pessoal e eu temos de passar nosso tempo buscando e analisando todas as informações que conseguimos sobre seu estado de espírito.

O público em geral, jornalistas, funcionários e ministros nos oferecem as mais variadas interpretações. Eles e nós temos de adivinhar, intuitivamente, o que ele vai fazer ou o que pensa. É assunto de infinitas histórias, piadas e conversas. É assim que ele quer. Acredita em mistério. Até algumas das citações podem ser apócrifas ... Não tem as virtudes cristãs da compaixão e da humildade. É intolerante, inescrupuloso, vingativo, mesquinho, ingrato, mas, apesar disso, servido com grande lealdade por homens capazes e honestos. Exerce um fascínio e um charme extraordinários quando quer. Parte do seu charme vem de uma singularidade de modos e de aparência que ele sabe explorar muito bem, de forma sedutora. Tem um infalível senso de estilo ... É implacável em suas opiniões.[34]

No advento de um novo secretário do Exterior, Patrick Gordon Walker, dois anos depois, Dixon atualizou seu diagnóstico:

Ele precisa ser abordado com algum cuidado e sabendo-se que está sempre tentando explorar todo mundo em proveito próprio, e quase sempre o fazendo com grande habilidade ... Não há dúvida sobre o brilhantismo da inteligência do general, ou do alcance da sua compreensão dos problemas do mundo ... Não adianta tentar convencer o general De Gaulle a fazer uma coisa que ele não quer, ou a não fazer uma coisa que ele já decidiu fazer. O máximo que se consegue é dar-lhe a impressão de que seria do seu interesse mudar de ideia. Só por essa razão é difícil discutir com ele, a não ser que se esteja interessado apenas em conhecer suas opiniões. Mas o que complica ainda mais as coisas é o fato de que ele frequentemente diz não o que pensa, mas o que lhe convém que a outra pessoa acredite, ou o que deseja que a outra pessoa repita. (Ele parte do princípio de que tudo que diz a alguém será repetido. Os segredos mais íntimos guarda consigo.) Não se incomoda nem um pouco de dizer coisas diferentes para diferentes pessoas ... Para ser franco, nem sempre diz a verdade... Mas em sua presença é quase impossível lembrar que talvez esteja tentando nos enganar. Especialmente quando está mesmo tentando, seu charme, embora um pouco estranho e antiquado, é enorme. A conversa com ele, desde que não se tente argumentar demais, é extremamente agradável ... Costuma misturar uma franqueza surpreendente com suas calculadas dissimulações ... Para ele, as relações internacionais são um jogo em grandíssima escala, no qual ele é um jogador de gênio.[35]

O que tornava o estilo de diplomacia de De Gaulle tão desconcertante era a mistura de transparência e sigilo. Nas entrevistas coletivas bem preparadas que concedia duas vezes por ano, ele oferecia deslumbrantes palestras sobre política internacional e história, fazendo algumas provocações de efeito dramático (por exemplo, a zombeteira referência a uma Europa de volapuque e esperanto em 1962). Mas a implementação política era quase sempre envolta em mistério. Nenhum líder mundial passava mais tempo explicando publicamente como via o mundo, mas nenhum era mais difícil de interpretar. Num momento particularmente difícil das relações com os Estados Unidos, um funcionário da Casa Branca observou que "nossas condições de trabalho na França gaullista não são diferentes das condições na União Soviética, onde precisamos prestar atenção às ações pequenas, simbólicas, que indiquem tendências políticas significativas". Consta até que a CIA tinha um informante entre os assessores mais próximos de De Gaulle, mas, como os assessores mais próximos também não costumavam ter ideia dos seus planos, um espião não fazia muito sentido.[36] O antecessor de Dixon, Gladwyn Jebb, que conhecera De Gaulle em várias encarnações, resumiu o problema concisamente em setembro de 1958: "Antigamente o general parecia ser rude e muito preciso, ao passo que hoje é polido, na verdade cordial, e totalmente vago."[37]

"Cada vez mais problemático"

Quanto mais lemos o memorando de setembro de 1958 no qual, como ele mesmo diria posteriormente, De Gaulle tinha "feito um alerta", mais "totalmente vago" ele nos parece. Como é comum em se tratando de De Gaulle, o que parecia límpido fica turvo quando submetido a exame.[38] Isso significa que só ele saberia julgar se suas demandas eram atendidas. Nesse breve documento, ele se referiu ora à "Otan", ora à "Aliança Atlântica", mas não eram coisas idênticas. Costuma-se dizer que seu memorando propôs o estabelecimento de um "diretório" atlântico, mas a palavra "diretório" não aparece no texto, que menciona "consultas organizadas". A intenção seria realizar essas consultas fora das estruturas existentes da Otan, ou articulá-las para criar uma organização com dois níveis? Fosse qual fosse o desejo de De Gaulle, até o fim de 1958 nada de substancial foi feito para satisfazê-lo. Dulles comentou que ele estava se tornando "cada vez mais problemático".³⁹

"Cada vez mais problemático" talvez descrevesse bem a atitude de De Gaulle nos três anos seguintes – mas "problemático" era o máximo que se poderia dizer. As relações franco-americanas eram tensas, mas nunca chegaram perto de uma ruptura. Ainda assim, a função de Alphand como embaixador não devia ser invejável, uma vez que ele estava "constantemente no Departamento de Estado, fosse para transmitir nossas queixas ou para receber as deles".⁴⁰ Em duas longas cartas de maio e outubro de 1959 De Gaulle lembrou a Eisenhower que as questões levantadas no memorando – a restrita área de atuação da Otan e a desigualdade do tratamento dispensado à França de um lado e aos britânicos e americanos de outro – continuavam pendentes.⁴¹ A resposta do governo americano foi o que ele próprio chamava de "política moderada": tentar satisfazer De Gaulle onde fosse possível e evitar o assunto onde não fosse.⁴² Os americanos ofereceram reuniões tripartites regulares, em nível de embaixador, e o estabelecimento de uma linha telefônica especial entre Paris e Washington, como a que existia entre Londres e Washington. Já era um começo, mas De Gaulle continuava se irritando sempre que desconfiava que não tinha sido consultado, como durante a guerra civil que estourou no Congo em agosto de 1960.⁴³

Num encontro com Macmillan em setembro de 1960, Eisenhower declarou-se "confuso" com o que De Gaulle realmente queria, uma vez que ele "simplesmente fica mudo" quando se mencionam questões específicas. Imaginava que os assessores de De Gaulle talvez o aconselhassem a não anotar no papel seus pensamentos: "Isso tornaria a situação irreparável, porque De Gaulle teria muita dificuldade para retirar o que disse."⁴⁴ Se Eisenhower se declarou "confuso" era porque o xis do problema não estava no "diretório" nem nas "consultas". A verdadeira preocupação de De Gaulle era o comando militar integrado da Otan e a ambição da França de ter um dissuasor nuclear próprio. Antes do seu primeiro encontro com De Gaulle em 1958, Dulles foi advertido: "O que vai ser particularmente difícil de explicar é por que não daremos à França as mesmas informações nucleares que fornecemos aos britânicos."⁴⁵ Essa era a grande questão que todo mundo se recusava a ver e a discutir.

Em abril de 1960, a França explodiu sua primeira bomba atômica. Seguiram-se outros testes. Eram apenas os primeiros passos para o desenvolvimento de um dissuasor nuclear plenamente funcional. Durante o outono, o governo aprovou no Parlamento um plano quinquenal para o desenvolvimento de armas nucleares e os meios para lançá-las. A França certamente poderia ter se beneficiado da assistência americana em questões como sistemas de lançamento de mísseis ou tecnologia de ogivas nucleares, e, embora a posição oficial de De Gaulle fosse jamais aparecer suplicando ajuda, ele não impedia que propostas fossem feitas. Mas o governo americano escudava-se atrás da Lei McMahon, de 1946, que restringir a cooperação nuclear – apesar da exceção aberta para a Grã-Bretanha a partir de 1957. Num encontro com Eisenhower, De Gaulle não se conteve: "Lei McMahon, pois muito bem! ... Você está me dizendo que é perigoso para mim saber uma coisa que mil cabos soviéticos já sabem."[46]

Três anos depois do memorando, pouca coisa tinha mudado. Por ora De Gaulle preferiu não insistir. Ainda tinha as mãos atadas pela crise argelina e o grande tensão da Guerra Fria sobre o status de Berlim. Além disso havia o risco de que um desafio muito óbvio aos Estados Unidos ofendesse seus aliados europeus, justo quando tentava vender-lhes o plano de liderança francesa numa Europa politicamente organizada.

Europa política

A atitude de De Gaulle com a Europa era mais complicada do que à primeira vista parecia. Embora se opusesse ao supranacionalismo, depois de aceitar o Tratado de Roma ele estava disposto a fazê-lo funcionar em benefício da França. O tratado previa a organização de uma Política Agrícola Comum para complementar o afrouxamento das barreiras tarifárias para a indústria. A perspectiva de assegurar um mercado agrícola de exportação protegido na Europa para seus agricultores era de especial interesse para a França, com seu grande, mas ineficiente, setor agrícola. Era um ponto de atrito com a Alemanha, país importador de alimentos que preferia produtos agrícolas com preços baixos. O Tratado de Roma pressupunha que a transição para uma Política Agrícola Comum não deveria ocorrer antes de 1970. De Gaulle decidiu acelerar o ritmo. Uma cláusula do tratado estipulava que a implementação da segunda fase da redução das barreiras tarifárias para a indústria só poderia seguir adiante se aprovada por unanimidade. De Gaulle ameaçou só dar a sua aprovação se houvesse um acordo também sobre uma política agrícola comum. Nas intensas negociações em Bruxelas para desenvolver uma Política Agrícola Comum (PAC), a França estava, objetivamente, do mesmo lado da Comissão Europeia, que era a encarnação do supranacionalismo que De Gaulle supostamente achava inaceitável. A comissão estava interessada em quaisquer medidas que fizessem avançar o projeto europeu; os franceses se dispunham a aceitar uma política que pudesse aumentar os poderes da comissão, desde que esses poderes promovessem os interesses franceses.[47]

Enquanto procurava extrair o que pudesse da Europa em termos econômicos, De Gaulle lançou, simultaneamente, sua visão de uma Europa política. Tocou no assunto pela primeira vez durante uma visita à Itália em 1959.[48] No ano seguinte, decidiu explorar suas estreitas relações com Adenauer. Desde o golpe de mestre que executara convidando Adenauer a Colombey em 1958, De Gaulle continuara a cortejar assiduamente o chanceler alemão. Nisso era ajudado pela contínua crise berlinense. Sua posição era que os soviéticos estavam blefando, que não tinham intenção de ir à guerra por causa de Berlim, e que o Ocidente não deveria ter medo.[49] Isso contrastava com a atitude de americanos e britânicos, que procuravam aliviar a tensão. Macmillan até se dispôs a fazer uma visita a Moscou em março de 1959. Embora alegasse que era uma missão de "reconhecimento", e não de "negociação", Adenauer ficou apavorado. De Gaulle estava certo quando disse que Khrushchev recuaria, e sua posição firme lhe deu crédito junto a Adenauer. A linha dura não lhe custou nada, uma vez que, em caso de conflito, os Estados Unidos estariam na linha de frente. Do lado francês e alemão houve muito murmúrio negativo sobre a disposição da Grã-Bretanha de fazer um "[Acordo de] Munique" sobre Berlim. De Gaulle soube tirar partido disso com grande habilidade.

As relações de De Gaulle com Adenauer nem sempre foram tranquilas. A desconfiança contra o líder francês existia, abafada sob a superfície. Adenauer ficou satisfeito quando De Gaulle, numa entrevista coletiva em 25 de março de 1959, anunciou seu apoio a uma futura reunificação alemã. Isso praticamente não custou nada a De Gaulle, uma vez que se tratava de uma possibilidade remota, e meses depois ele confidenciou a Eisenhower que não "tinha muita pressa" de ver isso acontecer.[50] Adenauer já não gostou tanto de De Gaulle ter dito, sem tomar fôlego, que a reunificação deveria respeitar as fronteiras "atuais" da Alemanha, ou seja, a Linha Oder-Neisse que fixara a fronteira da Alemanha com a Polônia depois de 1945 (mas que os alemães nunca aceitaram formalmente). Também se ofendeu, como outros líderes europeus, com o pressuposto do famoso memorando de 1958 de De Gaulle (ainda que supostamente secreto) de que a França tinha direito a um status global privilegiado, que não era concedido ao seu próprio país. Depois que os franceses explodiram sua primeira bomba atômica, Adenauer perguntou a Seydoux, o embaixador francês: "Eu gostaria de saber contra quem a bomba é destinada."[51] O chanceler alemão também ficou magoado com comentários de Michel Debré no Parlamento, na primavera de 1960, afirmando que só países com armas nucleares poderiam ter voz ativa em questões globais, com os outros relegados à posição de satélites. Não havia dúvida sobre a categoria em que se encaixava a Alemanha. Na véspera do encontro de cúpula com De Gaulle em Rambouillet em julho de 1960, Adenauer atingira um nível histórico de desconfiança.

De Gaulle fez o possível para recriar a atmosfera cordial de Colombey, chegando até a lançar a ideia, em Rambouillet, de que um dia a Alemanha viesse a ter acesso a armas nucleares. Alguns historiadores levaram esses comentários a sério. É mais plausível que se tratasse de uma bagatela oferecida verbalmente por De Gaulle, sem assumir qualquer compromisso: um dos seus primeiros atos quando chegou ao poder foi suspender as conversações sobre cooperação nuclear com a Alemanha e a Itália.[52] Tendo aliviado algumas preocupações de Adenauer em Rambouillet, De Gaulle apresentou-lhe um memorando com nove pontos para a organização da Europa. Propunha reuniões regulares de governos europeus, preparadas por comissões mistas de experts de cada país. No longo prazo, vislumbrava um Parlamento consultivo de representantes de cada Assembleia Nacional. Foi a tentativa mais ambiciosa de De Gaulle de contornar as instituições supranacionais em Bruxelas construindo uma Europa "política". O mais controvertido era o quarto ponto:

> Pôr fim a essa "integração" americana na qual a Aliança Atlântica atualmente consiste e que contradiz a existência de uma Europa tendo, num nível internacional, personalidade e ponto de vista próprios. A Aliança Atlântica deve se fundamentar em novas bases. Cabe à Europa propô-las.[53]

O termo "personalidade" era um dos termos gaullistas escorregadiamente sugestivos que podiam significar qualquer coisa. Mas num discurso dois meses antes De Gaulle já tinha mencionado a ideia de construir uma defesa europeia. Era uma ambição real sua.⁵⁴

Como o encontro de Rambouillet tinha dado certo, De Gaulle incentivou Couve no dia seguinte a "atacar enquanto o ferro está quente".⁵⁵ Voltando para Bonn, Adenauer, que parecera receptivo às ideias de De Gaulle sobre o futuro desenvolvimento de uma Europa "política", começou imediatamente a ter dúvidas.⁵⁶ Um problema era que o Ministério do Exterior alemão, e a opinião pública alemã, estavam mais fartos de De Gaulle do que ele. Sob essas outras influências, a perturbadora mágica da presença de De Gaulle perdeu força. É preciso lembrar também que se De Gaulle usava Adenauer para apartar a Europa dos Estados Unidos, o manhoso Adenauer também estava usando parcialmente a ameaça de De Gaulle para arrancar maiores compromissos dos Estados Unidos com relação à defesa da Europa contra a União Soviética.⁵⁷

Tendo desejado "atacar enquanto o ferro estava quente", De Gaulle disse a Debré semanas depois que seria necessário "contemporizar" e não "jogar lenha na fogueira":

> Por enquanto vamos deixar as coisas em banho-maria, em vez de tentar acender uma fogueira ... Arrependo-me de ter falado tão francamente com o chanceler Adenauer. Achei que ele fosse mais europeu do que na realidade é. E atenuemos nossa oposição às organizações de comunidade... Se conseguirmos dar à luz uma Europa de Estados cooperativos, as comunidades supranacionais serão *ipso facto* postas em seu lugar.⁵⁸

Para manter o apoio de Adenauer, De Gaulle estava disposto a retroceder. Deu ao chanceler garantias de que não havia hipótese de "distanciar os Estados Unidos da defesa da Europa".⁵⁹ Num novo encontro em fevereiro de 1961, ele fez pouco das dúvidas de Adenauer sobre os Estados Unidos, insinuando que embora os americanos no momento parecessem se importar com a Europa, a Europa um dia poderia "parecer mais irrelevante para eles" por causa de suas obrigações em outras partes do mundo.⁶⁰

Parecia haver áreas de convergência suficientes para que os representantes dos Seis concordassem em fevereiro de 1961 em estabelecer uma comissão presidida pelo gaullista Christian Fouchet, com a missão de elaborar propostas concretas visando à união política. O que De Gaulle tinha em mente era um "concerto" institucionalizado de nações reunindo-se regularmente para discutir política externa e defesa.[61] Apesar das suspeitas dos países menores – especialmente a Holanda – sobre qualquer coisa que lembrasse predomínio franco-alemão ou que parecesse uma ameaça à Aliança Atlântica, no fim de 1961 um acordo parecia iminente. Em 13 de janeiro de 1962, o Quai produziu um plano para a Comissão Fouchet na linha das discussões do ano anterior. Propunha a cooperação institucionalizada em cultura, política externa e defesa, com garantias de não pôr em risco o papel predominante da Aliança Atlântica. Quando o rascunho chegou às mãos de De Gaulle, em 17 de janeiro, ele fez várias emendas de última hora, eliminando qualquer referência à Aliança Atlântica e quaisquer garantias relativas à Otan. Como o documento do Quai representava o limite do que os parceiros de De Gaulle consideravam aceitável, as emendas de De Gaulle causaram consternação. Fouchet suspendeu as conversações para evitar uma rejeição formal.

O máximo que se pode fazer é conjecturar sobre os motivos que levaram De Gaulle a aparentemente sabotar a união política que dizia desejar. Talvez o rascunho do Quai concedesse mais do que ele era capaz de engolir. Talvez o fato de um acordo sobre Política Agrícola Comum ter sido alcançado três dias antes fizesse De Gaulle pensar que já não precisava tratar seus parceiros com luvas de pelica.[62] Talvez o êxito francês no tocante à PAC lhe tenha dado uma confiança excessiva no que poderia arrancar dos demais. Outra possibilidade é que a questão toda tenha resultado de divergências internas no lado francês: funcionários do Quai achavam impossível contestar as correções de De Gaulle, enquanto Couve de Murville, que percebeu que as correções afundariam as negociações, esperava que o Quai levasse suas objeções ao conhecimento do Eliseu.[63] Um diplomata francês (antigaullista) envolvido nas negociações disse que quando advertiu Fouchet de que o texto corrigido não passaria ouviu dele, como resposta, o comentário de que se tratava de "correções menores ... inspiradas diretamente pela mão do general por amor à pureza do idioma francês, do qual é um dos mestres mais brilhantes".[64]

Mas um indício de que De Gaulle cometeu um erro de cálculo, em vez de sabotar deliberadamente seu plano, é o fato de que, nos dois meses seguintes, em encontros tanto com Adenauer quanto com o primeiro-ministro italiano,

Fanfani, ele tentou, desesperadamente, conter o desastroso resultado da sua intervenção. Disse a Adenauer que concordava que o texto se referisse à "supranacionalidade" e à Aliança Atlântica.[65] Os franceses finalmente aceitaram uma redação não muito diferente da que De Gaulle tinha emendado. Tarde demais. De Gaulle perdera a confiança dos parceiros. Suas emendas originais tinham revelado demais suas intenções antiatlanticistas (que na verdade ele nunca escondeu). Em 17 de abril de 1962, o plano recém-revisto de Fouchet foi vetado pelos governos holandês e belga. A partir desse momento, De Gaulle aparentemente perdeu o interesse. No mês seguinte, fez aqueles comentários provocadores denunciando uma Europa de volapuque e esperanto. E quando em julho o governo italiano deu sinais de querer reviver a ideia de uma Europa política, De Gaulle reagiu com indiferença: "Seria ruim, taticamente falando, demonstrar muito interesse nisso. Precisamos moderar as inclinações de M. Bérard [embaixador da França em Roma] para a negociação e o acordo a qualquer custo, inclinações que aprendeu numa escola diferente da que hoje está no comando." Típica palmada de De Gaulle no Quai D'Orsay.[66]

Grandes Desígnios

Até então De Gaulle não tinha tido êxito em suas tentativas de juntar-se ao clube dos Dois ou de organizar o clube dos Seis. Mas estava forçando os parceiros a repensar suas estratégias e seus pressupostos. Apesar de egoístas, as dúvidas por ele levantadas sobre a aplicabilidade de uma aliança formada em 1949 eram legítimas. Naquela ocasião, os Estados Unidos tinham alcançado uma predominância na cena internacional quase sem precedentes na história. Mas, na altura da volta de De Gaulle ao poder, essa hegemonia já não era tão absoluta: os soviéticos agora dispunham de armas nucleares, os europeus recuperavam poder e confiança depois da devastação da guerra e os americanos passavam por graves dificuldades na balança de pagamentos, causadas em parte por excessivas presunções imperiais. Desde o fim dos anos 1940 os americanos concebiam as relações internacionais como "parcerias", nas quais um dos parceiros era, na verdade, supremamente dominante. De Gaulle preferia um modelo diferente de relações internacionais, baseado na ideia de estabilidade e equilíbrio. Nas palavras de Henry Kissinger, na época professor de Harvard cujo primeiro livro tinha sido um estudo da diplomacia europeia na época de Metternich, o desafio lançado por De Gaulle aos Estados Unidos "levantava a questão filosófica da natureza da cooperação atlântica de um jeito que se transformava numa disputa pela liderança da Europa e, para os Estados Unidos, num novo contato com o estilo histórico da diplomacia europeia".[67]

Em resposta a esses problemas – e ao problema que era o próprio De Gaulle – as administrações britânica e americana desenvolveram seus "Grandes Desígnios" para contestar o de De Gaulle. "Grandes Desígnios" era o título de um notável documento redigido por Macmillan em janeiro de 1961. Ele chegara à conclusão de que os britânicos, incapazes de diluir a Comunidade Europeia de fora para dentro, precisariam juntar-se a ela. Para conseguir o apoio de De Gaulle, estava disposto a interceder junto ao governo americano para que os americanos oferecessem cooperação nuclear à França. De acordo com seu plano, uma vez dentro da Europa os britânicos trabalhariam para rebater as tendências antiamericanas dos franceses. Em julho de 1961, os britânicos anunciaram sua intenção de pedir para entrar na Comunidade Europeia.

Nos Estados Unidos, a chegada do novo presidente, John F. Kennedy, em janeiro de 1961, levou o Departamento de Estado a redigir o "Nova Maneira de Lidar com a França". Subjacente a esse documento, havia o medo da proliferação nuclear: permitir um dissuasor francês tornaria mais difícil, no futuro, impedir que outras potências europeias, especialmente a Alemanha, obtivessem sistemas nucleares próprios. Para conter essa ameaça, a administração americana desenvolveu a ideia (já aventada na época de Eisenhower) de criar uma Força Nuclear Multilateral (MLF) da Otan. A MLF, porém, não colocava a Europa em pé de igualdade, uma vez que os Estados Unidos ficariam com o poder de veto final sobre o uso das armas. O segundo pilar do plano de Kennedy era abandonar a política chamada de "retaliação maciça" – um ataque soviético à Europa deflagrando um ataque americano à União Soviética – em troca de uma resposta "gradual" ou "flexível", envolvendo num primeiro momento forças convencionais. O terceiro pilar era estimular o movimento de unificação europeia, apoiando a candidatura britânica. A ideia era que uma Europa mais coordenada pudesse se tornar um parceiro igual na nova "parceria atlântica" e assumir um fardo maior nos gastos com defesa.

Os "Grandes Desígnios" americanos e britânicos não chegavam a ser totalmente complementares. Macmillan via a entrada na Europa como uma maneira de conseguir que a Grã-Bretanha se tornasse um parceiro privilegiado – a ponte – entre a Europa e os Estados Unidos; os americanos entendiam a parceria com a Europa como um substituto para a parceria privilegiada com a Grã-Bretanha. A lógica da MLF era que a Grã-Bretanha acabaria tendo que trocar sua independência nuclear pela participação na MLF agrupada. Isso era inaceitável para os britânicos, além de sabotar a ideia de Macmillan de oferecer à França um acordo nuclear. Já a retórica americana de uma nova "parceria atlântica" com a Europa não conseguia disfarçar o fato de que essa parceria ainda seria desigual, porque os Estados Unidos preservariam o poder final de veto sobre o uso das armas nucleares. Essas contradições davam a De Gaulle amplas margens de manobra.

De Gaulle providenciou para que o novo governo Kennedy estivesse informado do seu memorando de setembro de 1958.[68] Devido ao impulso mais dinâmico da política americana sob o comando de Kennedy, era inevitável que as relações franco-americanas ficassem mais tensas do que no tempo de Eisenhower. Eisenhower sempre foi um tanto deslumbrado com De Gaulle – em suas conversas costumava voltar àquele momento dramático de 1944 em que De Gaulle se recusara a evacuar Estrasburgo –, além de ter uma secreta simpatia por suas ambições nucleares. Como disse a Lauris Norstad, o general comandante das forças americanas na Europa, em 1959: "Para ser justo com De Gaulle, reagiríamos mais ou menos como ele se estivéssemos no seu lugar." Ou, como disse noutra ocasião: "Era como se combatêssemos nossas guerras com arcos e flechas e então adquiríssemos pistolas. E nos recusássemos a dar pistolas para as pessoas que eram nossas aliadas, apesar de o inimigo comum já ter pistolas."[69]

Kennedy, com sua propensão ao culto dos heróis, era fascinado por De Gaulle, que considerava um dos maiores estadistas do século – e, depois da vitória do general na eleição de 1962, chegou a indagar da embaixada americana em Paris se nela havia lições de campanha que ele pudesse aprender[70] –, mas admirava-o essencialmente como figura do passado. Sua jovem, inteligente e idealista equipe de assessores tinha a convicção de estar fazendo do mundo um lugar melhor e mais brilhante. Um membro da equipe de Kennedy especialmente hostil a De Gaulle era seu assessor em assuntos europeus, George Ball, grande admirador de Monnet. Como diria mais tarde em suas memórias, Ball via De Gaulle como um "magnífico ator" que deixava apenas "lendas e efêmeros programas de teatro", "um Dom Quixote do século XX tentando preservar velhas formas e restaurar antigos hábitos".⁷¹ Ball era radical em seu antigaullismo, mas em geral a administração Kennedy demonstrava uma intensa impaciência com De Gaulle, em contraste com o perplexo cansaço de Eisenhower.

Antes da primeira visita de Kennedy à Europa, De Gaulle e Adenauer ficavam tentando adivinhar como seria o presidente americano. Ambos achavam que parecia haver "muitas primadonas do sexo masculino em sua administração".⁷² Macmillan adiantou alguns conselhos paternais a Kennedy sobre De Gaulle: "É muito difícil manter uma conversa com o general De Gaulle. Ele tem um notável domínio da língua, mas, é claro, não gosta de ser contrariado diretamente e às vezes expõe seus pensamentos de uma forma um tanto elíptica. Mas é extremamente rápido para entender um argumento."⁷³ Como exercício de relações públicas, a visita de Kennedy em junho de 1961 foi um imenso sucesso, ajudada pelo glamour da mulher, Jacqueline, que falava francês – "um casal de grande charme", reconheceu De Gaulle em suas *Memórias*. Seu juízo mais ponderado – e um tanto condescendente – sobre Kennedy foi que o "idealismo o impeliu a intervenções que a prudência não justificava. Mas a experiência de estadista sem dúvida aos poucos conteria os impulsos do idealista".⁷⁴ Foi o "idealista" que De Gaulle conheceu em Paris em junho de 1961. Os principais pontos de discórdia foram, como era previsível, a MLF e a ideia de "resposta flexível". De Gaulle disse a Kennedy que a lógica da política de Kennedy era que "a Europa Ocidental e a Europa Central seriam arrasadas, respectivamente, por armas táticas nucleares soviéticas e americanas, enquanto a Rússia e os Estados Unidos permaneceriam incólumes". Quando Kennedy observou que a segurança americana continuava confiável porque a segurança da Europa Ocidental e a segurança da América do Norte eram indivisíveis, De Gaulle respondeu:

> Já que o senhor diz isso, sr. presidente, eu acredito, mas, ainda assim, como ter certeza? Em que momento os Estados Unidos achariam que a situação exige o uso de armas atômicas? O que se ouve é que os Estados Unidos vão ampliar o limite de tolerância antes de usarem armas atômicas. Isso significa que os Estados Unidos decidiram que essas armas não serão usadas em todos os casos. Quando é que serão usadas?

À afirmação de Kennedy de que o mesmo poderia ser dito a respeito de uma força nuclear francesa, De Gaulle respondeu que "o Reno é muito mais estreito do que o Atlântico e, portanto, a França pode se sentir mais intimamente ligada à defesa alemã do que os Estados Unidos poderiam se sentir ligados à defesa francesa".[75] O tom ficou mais irascível na correspondência subsequente, quando Kennedy escreveu que uma das razões para se opor a um sistema nuclear francês era que "não teríamos argumento para resistir à pressão certa e forte dos alemães por um tratamento igual. Mas é imperativo que os alemães não tenham armas nucleares próprias; a lembrança é forte demais, o medo real demais, para isso".[76] A resposta de De Gaulle foi ferina:

> Acho inteiramente natural que uma potência como a sua, que dispõe desses meios, prefira não compartilhar os segredos com um Estado estrangeiro, mesmo um que seja aliado. No entanto, sem discutir as razões que o senhor me cita para essa recusa – ou seja, o fato de que seria impossível para o senhor recusar à Alemanha a ajuda que teria dado à França nessa área –, não acho que, depois do que ocorreu nos últimos quinze anos, o senhor poderia ter, no lado francês, as mesmas "lembranças fortes" e os mesmos "medos" que o levam a recusar uma possível ajuda aos alemães.[77]

O novo jeito americano de lidar com a Europa deu a De Gaulle um trunfo em suas relações com Adenauer. A ideia da MLF era atraente para a Alemanha, pois lhe deixava pôr o pé na porta nuclear, mas a doutrina da resposta flexível parecia um passo na direção oposta – para longe de um firme compromisso americano com a defesa europeia. Adenauer também ficou preocupado com a reação dos Estados Unidos a uma nova intensificação da crise de Berlim em agosto de 1961, quando os soviéticos construíram um muro para conter o êxodo de refugiados para o oeste. O governo Kennedy deu sinais preocupantes de querer negociar um acordo sobre Berlim – dando a De Gaulle outra oportunidade de explorar as inseguranças de Adenauer.

Se De Gaulle aceitara tão facilmente o fracasso do plano de Fouchet foi porque sempre teve em mente a alternativa de intensificar a cooperação bilateral com a Alemanha.[78] Em julho de 1962, Adenauer fez uma visita oficial de seis dias à França. Nenhum visitante estrangeiro foi tratado com mais solenidade na França de De Gaulle. De Gaulle o recebeu pessoalmente no aeroporto de Orly, honra geralmente só concedida a chefes de Estado. Grandes recepções foram oferecidas em Versalhes e no Hôtel de Ville, e houve uma festa de gala na Ópera. O acontecimento mais simbólico foi o comparecimento dos dois líderes à missa na catedral de Reims, que tanto sofrera na Primeira Guerra. Depois do namoro privado de Colombey, aquilo mais pareceu um noivado público. A única nuvem que pairava sobre a visita eram as ruas praticamente desertas e a aparente indiferença da população francesa. Durante as conversações, os dois homens combinaram que, se a união política dos Seis parecia impossível no momento, a França e a Alemanha iniciariam o processo com um acordo bilateral.

A visita de Adenauer foi seguida por uma visita extraordinariamente bem-sucedida de De Gaulle à República Federal em setembro. *Der Spiegel* comentou: "De Gaulle chegou à Alemanha como presidente dos franceses e saiu como imperador da Europa."[79] De Gaulle não exagerou ao escrever para a irmã depois de retornar à França: "Incrível do ponto de vista do apoio e do entusiasmo populares. As pessoas vão falar por muito tempo dessa espécie de explosão."[80] Ele agradou às multidões fazendo muitos discursos em alemão. Em Bonn, declarou: *"Sie sind ein grosses Volk"* (Vocês são um grande povo). E a homenagem que prestou à valentia militar alemã em seu discurso na Academia Militar de Hamburgo teve efeito especial, em razão da história pregressa do próprio De Gaulle. Era como se De Gaulle estivesse concedendo aos alemães sua absolvição. O biógrafo de Adenauer comenta que ninguém tinha falado aos alemães daquele jeito desde Hitler; o próprio Adenauer se perguntava se De Gaulle não tinha sido um pouco como o "Führer".[81] Quando um jornalista britânico fez a mesma observação para Couve de Murville, este não viu nenhum problema: "É bom que o povo alemão se sinta fascinado por alguém como De Gaulle, assim como é ruim que tenha se sentido fascinado por Hitler. Se os alemães estão fascinados por De Gaulle, a França poderá canalizar esse fascínio na direção certa."[82]

"A Inglaterra de Kipling está morta"

Enquanto De Gaulle cortejava diligentemente Adenauer, as negociações sobre o pedido da Grã-Bretanha para entrar no Mercado Comum tinham começado.

O lado técnico das negociações ocorreu em Bruxelas, ao longo de dezoito meses, com representantes de todos os países-membros. Mas durante o mesmo período De Gaulle e Macmillan também tiveram quatro longos encontros nos quais a candidatura da Grã-Bretanha foi o principal tema de discussão. Esses dois estadistas idosos que se conheciam desde 1943 em Argel tinham muitas coisas em comum. Ambos lutaram e foram feridos nas trincheiras da Grande Guerra; ambos gostavam de ataviar suas políticas com a roupagem de grandiosas conjecturas históricas.

Macmillan parecia acreditar que durante seus seis meses em Argel, em 1943, tinha conquistado a amizade de De Gaulle e adquirido uma compreensão especial de seus mecanismos psíquicos. Em 1959, respondeu a um acesso de frustração de Eisenhower à maneira resignadamente condescendente de um experiente observador de De Gaulle conversando com outro: "Você e eu sabemos, de longa experiência, como ele pode ser difícil num determinado estado de espírito e dócil em outro."[83] Depois de um longo encontro com De Gaulle em Rambouillet em março de 1960, escreveu em seu diário que as conversas, que tinham sido "íntimas e, tanto quanto posso julgar, amistosas", haviam "revitalizado uma velha amizade". Teria sido mais sensato da sua parte manter bem presente esse "tanto quanto posso julgar". Macmillan estava certo ao dizer que ninguém do lado britânico tinha feito mais para ajudar De Gaulle em 1943; e errado ao pensar que aos olhos de De Gaulle isso fazia alguma diferença. A gratidão, especialmente no tocante às relações entre países, não fazia parte do repertório de De Gaulle. Ele provavelmente gostava da inversão de papéis ocorrida desde o primeiro encontro entre os dois: Macmillan, o benfeitor, tornara-se Macmillan, o suplicante. Apesar do otimismo, Macmillan percebera alguns sinais de advertência em sua conversa em Rambouillet em março:

> Felizmente eu tinha lido o último volume das memórias, e perguntei a De G por que ele continuamente insistia no tema dos anglo-saxões. Fora um sentimento geral de ser deixado de fora das conversações anglo-saxônicas, e de ciúmes da minha estreita ligação com este presidente em particular, isso claramente vem da guerra ... ele volta também – com sua boa memória – a todas as brigas sobre a Síria; sobre o Dia D; sobre a posição do Exército francês nas últimas etapas da guerra; sobre Ialta e a traição da Europa e todo o resto.[84]

Macmillan estava certo ao dizer que, apesar de toda a afetação de De Gaulle de Realpolitik em questões internacionais, a mais leve ofensa podia despertar seu ressentimento pelas humilhações que tinha sofrido durante a guerra. Seu lado razoável achava que é assim que os países se comportam; seu lado emocional ainda sofria com as lembranças. Certa vez ele disse, gracejando, que os britânicos o haviam instalado no Carlton Gardens porque é "um beco com apenas uma saída através de Waterloo Place".[85] A irritabilidade de De Gaulle em relação à Grã-Bretanha foi observada por seu embaixador em Londres, Chauvel (jamais uma testemunha amiga). A sugestão de Chauvel ao general em 1958, logo depois do seu retorno ao poder, de que ele fizesse uma ligação de cortesia para Macmillan na Grã-Bretanha (como Macmillan fizera com ele na França) foi rejeitada: De Gaulle iria a Londres "majestosamente" como presidente. A uma outra sugestão, para que convidasse Macmillan a Colombey, De Gaulle respondeu, com um sorriso, que a casa era desconfortável demais para receber hóspedes – apesar de ter parecido suficientemente confortável para Adenauer. Durante os preparativos para a visita oficial de março de 1960 (a primeira vez que De Gaulle pôs os pés em Londres desde junho de 1944), ele foi ainda mais pedante do que de hábito em relação a minúcias de protocolo. Rejeitou a sugestão britânica de que, devido às incertezas do tempo, viajasse por mar e não pelo ar. Achava que seria dar demasiada importância à viagem, e os britânicos receberam garantias de que não haveria problemas com o tempo, o que levou um funcionário a comentar: "Só posso concluir que, entre os poderes especiais que assumiu, ele agora tem controle sobre o tempo."[86] A sugestão de Chauvel de que De Gaulle fizesse uma visita ao adoentado Churchill foi inicialmente rejeitada, até que lhe fosse apresentada na forma de "general De Gaulle visitando Winston Churchill", como alguém visitaria o Arco do Triunfo. Chauvel conseguiu, com grande dificuldade, convencer De Gaulle a visitar Carlton Gardens, como sinal de gratidão pelo que os britânicos fizeram por ele durante a guerra, mas De Gaulle se negou a ir a Hampstead, onde tinha morado em 1942. Nenhuma dessas lembranças do exílio era feliz.

Como sempre, a visita foi um triunfo popular. Imensas multidões apareceram para aplaudir o general que voltava. Sendo-lhe concedida a rara honraria de falar numa sessão conjunta das casas do Parlamento, a homenagem que prestou às tradições da democracia de Westminster foi um *tour de force* de eloquência gaullista, que despertou admiração universal – e assombro ante sua capacidade de proferir um discurso tão longo e intricado de cor, sem jamais se desviar do texto que tinha sido distribuído:

> Embora desde 1940 os senhores tenham atravessado as piores vicissitudes de sua história, apenas quatro estadistas, meus amigos sir Winston Churchill, lorde Attlee [será que alguma vez se encontraram?], sir Anthony Eden e o sr. Harold Macmillan, cuidaram dos seus negócios naqueles anos extraordinários. Portanto, sem dispor de textos constitucionais meticulosamente elaborados, mas em virtude de uma incontestável concordância geral, os senhores encontraram os meios em cada ocasião de garantir o funcionamento eficiente da democracia sem incorrer na crítica excessiva dos ambiciosos, ou na censura mesquinha dos puristas.[87]

Fez uma visita de dezoito minutos a um Churchill quase completamente comatoso, cujas palavras de despedida, de acordo com De Gaulle, foram *"Vive la France"*. Como numa versão anterior das *Memórias* ele tinha se lembrado das palavras *"Vive l'amitié"*, não há como saber onde está a verdade.[88] Um nome ausente das listas de convidados para ver De Gaulle durante sua visita foi a do seu velho protetor e antagonista Spears. Quando De Gaulle voltou para a França, Spears escreveu "daquela mesma escrivaninha onde você começou a carreira que o trouxe de volta aqui" para lhe dizer como estava "entristecido" por não ter recebido um convite. Os secretários de De Gaulle redigiram uma resposta amável que De Gaulle massacrou para eliminar todas as amabilidades (*"Mon cher général"* tornou-se o seco *"général"*). E terminou: "Quanto a você e a madame Spears, escrevi em minhas memórias o que considerei adequado e justo mencionar."[89]

A família real esteve bastante em evidência durante a visita. De Gaulle conta que em sua audiência privada com a rainha, quando ela lhe pediu um conselho sobre como lidar com os problemas que o mundo enfrentava, ele respondeu: "No lugar onde Deus a colocou, seja quem a senhora é, Senhora. Quero dizer, seja essa pessoa em torno de quem, graças à sua legitimidade, tudo em seu reino é organizado, em torno de quem seu povo vê sua *patrie* e cujas presença e dignidade contribuem para a união nacional."[90] Ainda que não tenha dito exatamente essas palavras, os sentimentos expressam a mistura de admiração, pesar e inveja que tinha pela continuidade da tradição monárquica britânica. Na longa história que levava em sua cabeça, a Inglaterra era o inimigo hereditário e o rival histórico da França, mas essa lembrança era recoberta por uma mais recente: o espanto ante o fato de a Grã-Bretanha aceitar perder um senso de ambição nacional e tornar-se, aos seus olhos, um satélite americano. Na época, comentou com Peyrefitte: "Churchill foi magnífico até 1942. Então, como se estivesse exausto de tanto esforço, passou a tocha para os americanos e rebaixou-se diante deles." Em suas conversas De Gaulle retornava incansavelmente à cena primordial de um Churchill irado berrando, em 4 de junho de 1944, que se tivesse que optar entre "a Europa e o mar aberto" ele sempre escolheria o mar aberto.[91] Essa foi a bagagem mental que De Gaulle levou para sua série de conversas com Macmillan.

Embora Macmillan, em seu "Grande Desígnio," visse o compartilhamento nuclear como uma possível isca para De Gaulle, no fim das contas a questão teve pouco peso em suas conversas bilaterais.[92] A questão nuclear fora levantada pela primeira vez no encontro em Rambouillet em março de 1960, antes de Macmillan redigir seu "Grande Desígnio". De acordo com os registros britânicos, De Gaulle tinha perguntado se, diante da recusa americana a dar qualquer ajuda em armas nucleares, o Reino Unido poderia "ajudar, ainda que seja só com os meios de lançamento". Macmillan tinha respondido que haveria "complicações", uma vez que o êxito britânico em convencer os Estados Unidos a contornarem o acordo de McMahon a favor da Grã-Bretanha não permitia aos britânicos estender essa exceção a outros países. A ata britânica relata: "O general De Gaulle compreendeu isto."[93] Pode ser que De Gaulle tenha compreendido, mas decerto não aprovava, e curiosamente não há qualquer menção a esse diálogo nos registros franceses do mesmo encontro.[94] O que talvez tenha levado Macmillan a achar que a situação mudou foi o fato de que a isenção da Grã-Bretanha da Lei McMahon fora concedida em razão do seu "progresso substancial" no desenvolvimento da tecnologia nuclear; Macmillan talvez esperasse convencer Kennedy de que, como a mesma situação logo se aplicaria à França, havia um bom motivo para outra isenção. Mas essa ideia foi pulverizada por Kennedy, que escreveu para Macmillan em maio de 1961 dizendo que nenhuma ajuda nuclear seria concedida à França. Nada tendo a oferecer nessa área, a tática de Macmillan durante seus quatro encontros com De Gaulle foi dar destaque à conversão da Grã-Bretanha à ideia da união política europeia e enfatizar o apoio britânico à objeção de De

Gaulle ao supranacionalismo; a resposta de De Gaulle foi desviar a conversa da questão política para os obstáculos econômicos à entrada britânica. Os dois homens falaram de coisas diferentes com a mais perfeita cortesia, sendo que o tom de Macmillan foi ficando mais desesperado à medida que o troféu parecia escapar-lhe.

Esse padrão foi estabelecido quando voltaram a encontrar-se em Rambouillet em janeiro de 1961.[95] Macmillan esboçou os pontos em comum de suas visões da Europa e De Gaulle polidamente refreou seu entusiasmo: "Se incluirmos a agricultura britânica e todos os produtos da Commonwealth, o Mercado Comum explodirá." Macmillan de alguma forma conseguiu sair das conversas achando que tinham sido boas: "Acho que fizemos um bom progresso, De G estava relaxado, amável e parecia genuinamente atraído pelos assuntos."[96] Mas é difícil ver que bruxuleio de incentivo Macmillan pode ter interpretado no resumo final de De Gaulle:

> O Reino Unido tinha decidido aproximar-se da Europa. Eles estavam preparados para abrir um novo capítulo ... Ele reconheceu que a Grã-Bretanha tinha desempenhado papel importante na vitória na Segunda Guerra Mundial e que a intervenção americana foi decisiva. Nessa época o poder tinha passado para os Estados Unidos e a Grã-Bretanha, muito razoavelmente, decidira alinhar-se aos americanos na crença de que essa era a melhor maneira de influenciar a política dos Estados Unidos. Ele achava que o Reino Unido não abandonara inteiramente a esperança de que essa política pudesse funcionar ... Com relação aos arranjos econômicos na Europa o Reino Unido não tinha pressa ... Ele aconselharia o Reino Unido a ir devagar, avançando um pouco de cada vez.

Como Macmillan *tinha* pressa, não era isso o que queria ouvir.

O encontro seguinte foi em novembro de 1961, na casa de campo particular de Macmillan, Birch Grove, em Sussex. A visita de De Gaulle causou transtorno na casa. Como vivia ameaçado de assassinato, De Gaulle viajava com um estoque de plasma sanguíneo para o qual era preciso encontrar uma geladeira especial; grande número de policiais rondava o jardim e Macmillan notou com satisfação que um dos cães policiais "mordeu com prazer o traseiro de um homem do *Daily Mail*". Não houve mais muita coisa que o deixasse contente nesse encontro. De Gaulle, embora se dizendo "muito impressionado" com a declaração de europeísmo de Macmillan, voltou a insistir nas dificuldades técnicas – especialmente a Commonwealth. Temia que a Grã-Bretanha trouxesse com ela sua "grande escolta".[97] Dessa vez Macmillan ficou mais desanimado do que no encontro anterior. Registrou que Couve, um "bloco de gelo protestante", era apenas um "funcionário" que obedecia cegamente, e Debré, sensato, mas "a lealdade personificada". No fim, tudo dependia de De Gaulle:

> O imperador dos franceses ... está mais velho, mais moralista e muito mais real do que da última vez que o vi ... Apesar de ter uma dignidade e um charme extraordinários, de ser bom com os empregados e com as crianças, e assim por diante ... dá a impressão de não ouvir argumentos ... Simplesmente repete inúmeras vezes o que disse... Fala em Europa, mas quer dizer França ... A tragédia é que concordamos com De Gaulle em quase tudo. Gostamos da Europa política ... de que De Gaulle gosta. Somos antifederalistas; ele também. Temermos um renascimento alemão e não temos a menor vontade de ver uma Alemanha renascida. É assim que De Gaulle pensa também ... Estamos de acordo; mas seu orgulho, seu ódio hereditário contra a Inglaterra ... suas amargas lembranças da última guerra; acima de tudo, toda a sua imensa vaidade da França ... faz com que nos acolha e nos rejeite, com um estranho complexo de "amor e ódio". Às vezes, quando estou com ele, acho que superei isso. Mas então ele volta à sua aversão e à sua antipatia, como um cão volta ao seu vômito.[98]

Com Adenauer, poucos dias depois, De Gaulle comentou simplesmente que Macmillan tinha feito "uma grande cena sentimental" sobre o seu desejo de ingressar na Europa.[99] Macmillan não teria achado muito animador esse tom friamente desdenhoso. Mais significativo do que qualquer coisa dita em Birch Grove era o fato de De Gaulle estar simultaneamente pressionando seus parceiros para que chegassem a um acordo sobre a Política Agrícola Comum. Depois do encontro, escreveu para Macmillan dizendo esperar que a Grã-Bretanha "um dia" pudesse ingressar nas "mesmas condições" dos outros países-membros – isso justamente enquanto se esforçava, através da PAC, para tornar essas condições menos fáceis para a Grã-Bretanha.[100]

O quarto encontro entre Macmillan e De Gaulle ocorreu em junho de 1962 no Château de Champs, residência nos arredores de Paris que noutros tempos pertencera a madame de Pompadour e era propriedade do Estado francês desde 1935.[101] As instruções antecipadas do Quai eram para "ganhar tempo e permitir uma incerteza preocupante sobre nossas verdadeiras intenções".[102] A frase "incerteza preocupante" tem um toque bem gaullista, ainda que De Gaulle não fosse o autor da nota. Macmillan, que descreveu De Gaulle desempenhando o "papel de um imponente monarca que se torna um pouco menos formal com os representantes de um país outrora hostil, mas agora amigo",[103] fez sua tentativa mais persistente de convencer De Gaulle de que a Grã-Bretanha tinha mudado: de que os jovens se sentiam "mais europeus do que os mais velhos, criados nos tempos de Kipling" (que o registro francês traduziu como "a Inglaterra de Kipling está morta"), e de que a Grã-Bretanha não "queria ser satélite dos americanos". Esses comentários parecem ter causado alguma impressão em De Gaulle, e o desconcertaram um pouco, mas ele não cedeu:

> A sensação de ser uma ilha [*sentiment insulaire*] continua muito forte entre vocês. A Inglaterra olha para o mar, para horizontes mais amplos. Continua muito ligada aos Estados Unidos pela língua, pelos hábitos e por certos acordos. O curso natural da política de vocês os leva a buscar a concordância dos americanos, porque vocês são *"mondiaux"* ... O ingresso de vocês mudará tudo.

Macmillan ainda tinha esperança de que, se as negociações em Bruxelas sobre os aspectos técnicos do ingresso britânico fossem bem-sucedidas, De Gaulle não pudesse se opor tão fortemente a seus parceiros europeus. Ele seria menos otimista sobre essa tática se soubesse de uma breve reunião que De Gaulle presidira depois do encontro em Champs. O objetivo foi discutir que posição os franceses adotariam em Bruxelas. A ideia de Pompidou era que "é do nosso interesse que a questão inglesa não tenha êxito ... não é desejável ficarmos com a responsabilidade de causar a ruptura das negociações. Seria melhor que eles encalhassem". De Gaulle concordou, mas temia que os britânicos acabassem aceitando as condições exigidas: "Seria muito incômodo para nós."[104] Na verdade, os britânicos só podiam fazer as concessões que seu lobby agrícola e a Commonwealth permitissem. No outono, as negociações em Bruxelas estavam encalhando, como os franceses queriam.[105]

Desfechos

A questão nuclear, apesar de praticamente não ter feito parte das conversas entre Macmillan e De Gaulle, ofuscou seu último encontro em Rambouillet, em dezembro de 1962. Seis semanas antes, o mundo tinha chegado à beira da catástrofe nuclear quando a inteligência americana descobriu a existência de mísseis soviéticos em solo cubano. Em 22 de outubro, Kennedy anunciou um bloqueio naval das águas cubanas, para onde se dirigiam navios soviéticos. Pouco antes desse anúncio, ele cumpriu a formalidade de consultar seus aliados. O velho estadista Dean Acheson chegou ao Eliseu para um encontro ultrassecreto seis horas antes do anúncio de Kennedy. Acheson admitiu a De Gaulle que estava ali para informar e não para consultar. Disse, porém, que a decisão "abria caminho para um bocado de conselhos dos Aliados". De Gaulle desempenhou à perfeição o papel de aliado exemplar. Quando Acheson se ofereceu para mostrar fotografias de onde estavam os mísseis, De Gaulle de início não quis ver: "Um grande país como o seu não agiria se houvesse qualquer dúvida sobre as provas." Tendo visto as provas, graciosamente ofereceu total apoio. Depois, ao ser informado de que tinha causado boa impressão, Acheson comentou que se tratava de "Luís XIV dizendo palavras simpáticas a um embaixador do sultão da Turquia". Os americanos não teriam o que criticar na resposta de De Gaulle.[106]

Superada a crise, muitos europeus se sentiram incomodados com a ideia de que sua segurança – e a segurança do mundo – dependesse da presença de mísseis soviéticos numa ilha caribenha. Como ter certeza de que, em relação a Berlim, os americanos agiriam com a mesma firmeza que demonstraram no caso de Cuba? Macmillan ficou genuinamente ofendido por ter sido informado, mas não consultado, sobre a decisão americana; De Gaulle fingiu estar magoado, mas secretamente estava satisfeito porque tinha ficado claro, como sempre sustentou, que a aliança era tendenciosa. Escreveu para Adenauer, em tom de ameaça, que a crise deveria ter "consequências para os mecanismos atuais de política e política estratégica da Europa".[107]

Não foi só por causa de Cuba que questões nucleares apareceram no quarto e último encontro entre De Gaulle e Macmillan em Rambouillet, em meados de dezembro de 1962.[108] Imediatamente depois Macmillan deveria tomar o avião para as Bahamas a fim de conversar com Kennedy sobre o futuro do sistema nuclear britânico. O dissuasor britânico existente estava chegando ao fim da sua vida útil. Os britânicos estavam inscritos para comprar um novo míssil americano, o Skybolt. Em novembro de 1962, o míssil foi subitamente cancelado por razões de custo. Foi um choque para os britânicos, chegando a ameaçar a sobrevivência do governo. Macmillan ia encontrar Kennedy para combinar, como alternativa, que os britânicos adquirissem mísseis Polaris americanos. Macmillan informou De Gaulle a respeito disso em Rambouillet. Concordava com De Gaulle que cada um deveria ter armas sob seu controle, mas reconheceu que o Polaris talvez tornasse a Grã-Bretanha mais dependente dos Estados Unidos. De Gaulle deve ter sentido certa satisfação nas dificuldades da Grã-Bretanha. Foi mais franco do que jamais tinha sido: "Acho que a Inglaterra se tornou mais europeia do que era no passado. Mas noto que ainda não está pronta para aceitar o Mercado Comum na sua forma atual." E, mais uma vez, recordou aquele encontro com Churchill em junho de 1944. Macmillan declarou-se "espantado e profundamente ferido" pelas palavras de De Gaulle. Em seu diário notou que tinha sido uma "experiência bem deprimente, a verdade brutal, claro, astutamente oculta por toda a cortesia e pelas boas maneiras que cercaram a visita em todos os seus pormenores".[109] Consta que Macmillan por pouco não chorou ao informar a embaixada britânica dos resultados das conversas. Soubesse disso ou não, De Gaulle, na reunião seguinte do Conselho de Ministros, fez alguns comentários depreciativos sobre Macmillan, permitindo a Peyrefitte que os transmitisse à imprensa: "O que eu poderia fazer além de citar a canção de Edith Piaf *'ne pleurez pas, Milord'*?" É difícil imaginar um vazamento mais desdenhoso. Ao mesmo tempo, De Gaulle disse a Peyrefitte para anunciar uma entrevista coletiva para 14 de janeiro. Peyrefitte perguntou-lhe se sabia o que ia dizer:

> Claro que eu sei... Primeiro, vou resolver de uma vez por todas [*vider*] a entrada da Grã-Bretanha no Mercado Comum. *Vider!* Entende o que quero dizer?... Isso já se arrastou demais. Se, a certa altura, não temos coragem de dizer "não", acabamos sendo enganados... Vamos nos divertir um pouco.[110]

De Gaulle tinha resolvido provocar uma crise, se necessário, por várias razões. Primeiro, tendo vencido um referendo constitucional e obtido maioria parlamentar, ele era politicamente inexpugnável na França. Segundo, as relações com Adenauer nunca tinham sido tão boas. Era, portanto, improvável que ele fizesse objeção a um veto contra a entrada dos britânicos. Mas o tempo era precioso porque Adenauer tinha deixado claro que logo se aposentaria. Terceiro, De Gaulle temia que se os britânicos fizessem suficientes concessões nas conversações em andamento em Bruxelas, um acordo talvez fosse mais difícil de vetar. Ele sempre desconfiou da tendência dos negociadores de buscarem um acordo. Nesse caso, não precisava ter se preocupado. Depois de ouvir Edward Heath, o chefe dos negociadores britânicos em Bruxelas, Macmillan anotou em seu diário no começo de dezembro: "Os franceses se opõem a nós de todas as maneiras, limpas ou sujas. São absolutamente implacáveis. Por alguma razão eles *apavoram* os seis ... O momento da verdade virá em janeiro ou fevereiro. Será um teste para os nervos e a força de vontade."[111] Estava certo – e ninguém tinha um estoque maior de nervos e força de vontade do que De Gaulle.

Entre o encontro de Rambouillet em dezembro de 1962 e a entrevista coletiva de De Gaulle em janeiro de 1963, Macmillan esteve com Kennedy em Nassau. Foi um encontro tenso. Apesar de Kennedy oferecer-se para fornecer Polaris como parte de uma força multilateral da Otan, Macmillan ficou com medo de que se tratasse de um subterfúgio para eliminar o sistema nuclear britânico independente e absorvê-lo numa força multilateral, a MLF, sob controle americano. A única moeda de troca de que Macmillan dispunha era ameaçar uma ruptura pública das relações anglo-americanas. Kennedy finalmente aceitou que, embora os mísseis Polaris fossem destinados à Otan, os britânicos poderiam fazer uso de uma cláusula de autoexclusão se "supremos interesses nacionais" estivessem em jogo. Os dois líderes concordaram em fazer uma proposta idêntica a De Gaulle.

A oferta de Kennedy foi comunicada a De Gaulle pelos embaixadores americano e britânico. Historiadores continuam sem saber ao certo o que foi oferecido. Uma força multi*nacional* ou multi*lateral*? A confusão vinha particularmente do fato de o próprio governo americano estar dividido. George Ball, em Paris em 10 de janeiro de 1963, enfatizou o aspecto multilateral da oferta para torná-la mais palatável do que parecia ser inicialmente. Alguns historiadores acreditam que uma proposta que De Gaulle talvez pudesse aceitar foi sabotada por Ball; outros, que De Gaulle perdeu a oportunidade de explorar essas ambiguidades; outros, ainda, que nenhuma interpretação do acordo seria aceitável para De Gaulle.[112] Essa última hipótese é a mais plausível.

Mesmo sem levar em conta a improbabilidade de De Gaulle aceitar qualquer oferta negociada pelas suas costas, o tipo de ogiva nuclear que os franceses vinham desenvolvendo seria, diferentemente do tipo britânico, incompatível com o Polaris. Uma vez que o próprio Macmillan voltou de Nassau sem saber se Kennedy lhe "passara a perna", fazendo-o aceitar uma MLF,[113] não chega a surpreender que De Gaulle estivesse ainda mais desconfiado. Disse ele ao Conselho de Ministros em 3 de janeiro:

> Não podemos escolher, como os ingleses, entre alguma coisa e nada. Teremos que ter alguma coisa nossa ... A Grã-Bretanha acha que manteve a autonomia só porque o texto contém as palavras "se seus supremos interesses estiverem envolvidos". São apenas palavras. É jogar areia nos olhos ... Um sistema de defesa é um mecanismo complexo, concentrado, interligado, que não pode ser simplesmente desfeito a nosso bel-prazer.[114]

De Gaulle poderia ter mantido as discussões sobre a oferta do Polaris em banho-maria, mas ela lhe deu a munição extra perfeita no momento em que preparava sua entrevista coletiva sobre a candidatura da Grã-Bretanha à CEE. Mesmo para os padrões de De Gaulle, essa entrevista coletiva de 14 de janeiro de 1963 foi uma espetacular peça de teatro. Parte do efeito veio da surpresa. Poucos dias antes, De Gaulle tinha garantido falsamente a Dixon que seria "prudente" em suas palavras. Dixon ficou ainda mais arrasado pelo tom de "negativa irrevogável" dos comentários de De Gaulle. Informou a Londres, mais tarde, que tinha sido como viver "num mundo de Kafka ... onde até nossos bons amigos mentem para nós".[115] Os ministros do próprio De Gaulle não ficaram menos espantados. Numa feliz ignorância do que estava prestes a acontecer em Paris, o ministro da Agricultura de De Gaulle, Edgard Pisani, instalava-se em Bruxelas aquela tarde para discutir "manteiga da Nova Zelândia, carne congelada e coelhos australianos" quando ouviu, com incredulidade, de um dos seus colegas estrangeiros o que De Gaulle estava dizendo naquele momento em Paris.[116]

A entrevista coletiva de De Gaulle foi um "não" duplo: à entrada da Grã-Bretanha e à oferta de Kennedy em Nassau. Além da oportunidade de repassar todas as razões econômicas que tornavam a entrada da Grã-Bretanha na Europa impossível naquele momento – a estrutura da sua economia, os vínculos com a Commonwealth e assim por diante –, o Acordo de Nassau lhe deu o pretexto perfeito para retratar a Grã-Bretanha na Europa como um cavalo de Troia americano:

> A entrada da Grã-Bretanha alteraria completamente todo o conjunto de preparativos, entendimentos, compensações, regras já acertado entre os Seis porque todos esses estados, como a Inglaterra, têm peculiaridades muito importantes. Dessa maneira, seria um Mercado Comum diferente, que precisaríamos pensar em construir, e um mercado que enfrentaria problemas em suas relações econômicas com uma série de outros Estados, acima de tudo com os Estados Unidos ... É previsível que a coesão de todos os seus membros ... não duraria muito, e que ele teria a aparência de uma colossal comunidade atlântica, com dependência e sob direção dos Estados Unidos. Não é isso, de forma alguma, que a França almeja alcançar, e trabalha para alcançar, que é uma construção estritamente europeia.[117]

Como tinha previsto em conversa com Peyrefitte, De Gaulle "se divertiu" muito. No Conselho de Ministros, dois dias depois, nem sequer mencionou a entrevista coletiva, a não ser num comentário casual: "Época curiosa, *messieurs*, quando se pode provocar tanto tumulto [*hourvari*] simplesmente por dizer que a Inglaterra é uma ilha e que a América não é a Europa."[118]

De Gaulle tirou um último coelho da cartola com a assinatura de um Tratado Franco-Alemão quando Adenauer visitou Paris uma semana depois. Foi o ponto culminante da reaproximação com Adenauer iniciada no verão. A perspectiva de um tratado formal tinha sido tão de última hora – nem sequer foi mencionada nas discussões preparatórias um mês antes[119] – que os alemães não dispunham do papel azul especial ou da pasta de couro que faziam parte do ritual dos tratados. (Um membro da delegação alemã teve de encontrar alguma coisa na loja Hermès em Paris.) O tratado assumiu um caráter potencialmente antiamericano à luz da entrevista coletiva, sobre a qual Adenauer não fora informado antecipadamente. Quando ele chegou a Paris, Jean Monnet correu à embaixada alemã para tentar convencê-lo a condicionar a assinatura do tratado à continuação das negociações com os britânicos em Bruxelas. Adenauer recusou-se.

Os termos do tratado eram mais simbólicos do que substanciais. Previam reuniões regulares de líderes políticos e funcionários públicos dos dois países para discutir cooperação cultural e educacional. Em suas discussões, Adenauer e De Gaulle também concordaram em continuar explorando uma política de defesa comum – mas nada de concreto foi decidido.

Rescaldo

Depois da entrevista coletiva de De Gaulle em 14 de janeiro, Macmillan anotou, desesperado, em seu diário: "Todas as nossas políticas ... estão arruinadas." O subsecretário permanente do Ministério das Relações Exteriores foi mais ácido: "A Cruz de Lorena nós conseguimos aguentar sem grande dificuldade, a cruz da traição acho menos tolerável."[120] Alphand informou de Washington: "Os americanos têm a impressão de que o edifício de sua política externa está entrando em colapso."[121] Falou antes da hora. Os Estados Unidos venceram o round seguinte.

De Gaulle e Adenauer tinham assinado o tratado com diferentes objetivos em mente. Para De Gaulle, era um passo na direção de uma estratégia conjunta de defesa; para Adenauer, um reconhecimento simbólico do retorno da Alemanha ao concerto das nações e um meio de exercer pressão sobre os Estados Unidos.[122] Em 14 de janeiro, dia da entrevista coletiva de De Gaulle, Adenauer disse a George Ball que a Alemanha participaria da MLF. Confirmou suas palavras dois dias depois em carta para Kennedy. Talvez isso fosse uma maneira de neutralizar seus adversários na Alemanha, mas sugere que ele não se sentia preso às ideias de De Gaulle sobre defesa europeia, desde que pudesse tirar mais alguma coisa dos Estados Unidos. Jean Monnet pressionou ativamente seus contatos alemães para enfraquecer o tratado, como o fizeram os americanos. O resultado disso foi que, na hora de ratificar o tratado, em maio, o Bundestag inseriu um preâmbulo reafirmando o compromisso de "estreita cooperação" com os Estados Unidos e com a "defesa comum no contexto da Aliança Atlântica". Não era do estilo de De Gaulle admitir derrota. Em visita a Bonn em 2 de julho, fingiu não dar importância: "Tratados são como mocinhas ou como rosas: duram o que duram. Se o Tratado Franco-Alemão não for aplicado não será a primeira vez que isso acontece na história."

No fim, De Gaulle não conseguiu nem uma reorganização da Aliança Atlântica, nem uma organização política da Europa em torno de uma política comum de defesa. Tinha mantido os britânicos fora da Europa, mas os americanos esvaziaram de qualquer substância a aliança franco-alemã. Os "Grandes Desígnios" tinham cancelado uns aos outros. O "sentimental" De Gaulle parecia não ver que os parceiros da França, seguindo o mesmo princípio de egoísmo nacional em que o De Gaulle "realista" acreditava, talvez não achassem que a França estivesse trabalhando desinteressadamente em benefício da humanidade – ou mesmo da Europa. Se a França se ressentia da dominação dos Estados Unidos, a Holanda, a Bélgica e a Itália talvez sentissem, razoavelmente, a mesma coisa em relação à França. De Gaulle tentara atuar em dois palcos – o da grande potência e o europeu –, mas a França não era grande o bastante para o primeiro e era grande demais para o segundo.

Isso deveria levar-nos a concluir que, em meados de 1963, De Gaulle tinha "fracassado". Naturalmente, ele ficou desapontado por não poder lançar os alicerces de uma política europeia de defesa, libertando a Europa da dependência dos Estados Unidos. Mas na sua visão das relações internacionais como um processo de fluxo incessante, onde nada era fixo, onde movimento era vida e imobilidade morte, a intenção não era, necessariamente, atingir objetivos específicos, mas ter uma "grande ambição nacional" para "sustentar uma grande disputa" – ser notado. Nisso ele com certeza teve êxito. Depois do encontro de Nassau, um estudo encomendado por Kennedy observou que "De Gaulle estava no centro de todas as questões".[123] Dean Rusk comentou: "Falar com De Gaulle era como subir uma montanha de joelhos, abrir um pequeno portal lá no alto e esperar que o oráculo falasse."[124] Isso era o que De Gaulle mais gostaria de ouvir. No verão de 1963, Kennedy fez uma turnê pela Europa, deixando a França de fora. O ponto alto dessa viagem foi a visita a Berlim, onde ele pronunciou o famoso discurso dizendo *"Ich bin ein Berliner"* [Sou um berlinense]. Era sua resposta à triunfal turnê de De Gaulle na Alemanha um ano antes. Quando Kennedy voltou, um assessor lhe disse que uma pesquisa de opinião pública dos resultados da viagem revelou que "você venceu De Gaulle numa eleição apertada na Alemanha".[125] Tivesse sabido que os americanos o usavam como medida de avaliação de sucesso, De Gaulle teria legitimamente visto nisso uma espécie de vitória. Pela primeira vez em décadas, a França não podia ser subestimada.

Em dezembro de 1966, De Gaulle concedeu audiência ao jornalista prógaullista Cyrus Sulzberger, do *New York Times*, que ele costumava ver uma vez por ano. Quando Sulzberger acabou de fazer as perguntas que tinha preparado, De Gaulle ainda parecia disposto a continuar falando. Sulzberger rapidamente improvisou. Perguntou que pessoa mais influenciara o general. A resposta foi disparada sem hesitação: "Meu pai ... era um modesto professor, mas um homem muito insigne." Sulzberger viu-se obrigado a imaginar outra pergunta: quais tinham sido os maiores fracassos e os maiores êxitos de De Gaulle? Apanhado de surpresa, De Gaulle refletiu um pouco:

> Como definir êxito ou fracasso? Só a história pode definir esses termos. Na realidade, vida e ação são sempre compostas por uma série de êxitos e fracassos. A vida é um combate, e, portanto, cada fase inclui êxitos e fracassos. E não se pode realmente dizer que acontecimento foi um sucesso e que acontecimento foi um fracasso. O sucesso traz dentro de si os germes do fracasso, e o inverso é verdade.[126]

Essa era a filosofia de vida de De Gaulle. A luta continuava.

23. Tornar-se global, 1963-64

Impasse na Europa

Tentando adivinhar o que De Gaulle faria em seguida, Macmillan achou tudo "terrivelmente parecido com os anos 1930: cuidado com Hitler".[1] Esse curioso comentário nos diz mais a respeito do impacto dos cinco anos de poder gaullista sobre o primeiro-ministro britânico do que a respeito do próprio De Gaulle. Falar em loucura era frequente. Conversando por telefone depois do veto de De Gaulle, Kennedy e Macmillan tinham chegado à conclusão de que o presidente francês "ficou maluco, ... absolutamente maluco".[2] Dixon, depois de uma reunião em julho de 1963, achou De Gaulle "afável" apesar de "mais doido que nunca em sua abordagem da política mundial" – mas o tom da "estranha" comunicação oficial de Dixon levou o Ministério das Relações Exteriores a se perguntar se "o embaixador também não está ficando maluco".[3] Depois de outro encontro, Dixon comentou: "Apesar do virtuosismo da performance, não pude deixar de me lembrar do excêntrico filósofo da peça de Aristófanes, andando pelo ar e pensando a respeito do sol."[4] Um funcionário do Ministério das Relações Exteriores chegou a informar em fevereiro de 1963 que nos meios médicos de Londres vinha sendo "seriamente debatido" se o general não estaria padecendo dos estágios avançados de uma sífilis contraída em Londres durante a guerra. Nietzsche e Maupassant eram citados como portadores de sintomas similares.[5]

Os britânicos consolavam-se com a ideia de que De Gaulle não duraria para sempre. Alec Douglas-Home, secretário do Exterior, adotou a postura de que era necessário "atravessar uma tempestade que deve amainar aos poucos quando De Gaulle desaparecer".[6] A mesma atitude foi adotada pelos americanos, que tentavam evitar o confronto direto: "Não adianta insultar um tornado", sugeriu o conselheiro de Kennedy, Arthur Schlesinger, logo depois da entrevista coletiva de De Gaulle.[7] E complementou:

A impressão anglo-americana dominante sobre De Gaulle é a de uma figura inflexível, imperial, messiânica, indiferente às táticas e preparado para esperar até que o resto do mundo concorde com ele. Nada pode estar mais errado. Os registros mostram que De Gaulle é um dos políticos mais exímios, flexíveis e habilidosos do século XX. Só um homem com o refinado senso de oportunidade e a iniciativa de De Gaulle seria capaz de lidar com Roosevelt e Churchill durante a guerra e sair incólume: ele sempre soube até onde podia pressionar em defesa dos interesses da França sem levar os anglo-saxões ao ato final de destituí-lo do seu poder e colocá-lo na prisão.

E, comentando o tratamento mais recente da crise argelina por De Gaulle, observou:

De Gaulle, o político, ocultou suas intenções durante algum tempo por trás de uma cortina de fumaça de frases enigmáticas, pronunciamentos oraculares e fórmulas técnicas. Em ... trabalhou com frieza, inteligência e perseverança para atingir o objetivo que escolheu. Como alguém certa vez disse a respeito de Martin Van Buren, "ele rema para o seu destino com remos silenciosos".[8]

Os remos de De Gaulle nunca foram tão silenciosos assim, mas essa era uma análise mais sofisticada do que qualquer coisa proposta pelas pessoas inclinadas a descartar o general como se ele fosse um maluco. De outro lado, a análise não oferecia um manual concreto sobre como lidar com ele. O embaixador americano em Paris, Charles Bohlen, comentou pesarosamente em 1964:

É sempre mais fácil dizer o que não se deveria fazer a respeito de De Gaulle do que o que se deveria fazer. É preciso ter sempre em mente que De Gaulle não pode ter mais muitos anos de poder, e os indícios hoje são de que uma grande parte das características repreensíveis da política francesa atual desapareceria com sua saída do poder.[9]

Essa estratégia de esperar para ver foi adotada, depois do assassinato de Kennedy, em novembro de 1963, por seu sucessor Lyndon Johnson. Kennedy exasperava-se com De Gaulle, mas intelectualmente era fascinado por ele. Seu governo estava sempre encomendando estudos sobre o "problema De

Gaulle". Johnson, menos cerebral, compartilhava a exasperação, mas não o fascínio. Já se disse que via De Gaulle como "um recalcitrante barão de um Comitê do Senado que ele por ora não compreendia e com quem, portanto, não tinha razão para se preocupar".[10] Desencorajando ataques públicos a De Gaulle por sua administração, Johnson resumia seu método para lidar com ele usando analogias de beisebol – "quando o arremessador joga uma bola rápida, deixe que ela caia nas luvas do receptor" –, o que o novo embaixador francês, Charles Lucet, jamais entendeu direito, embora captasse a ideia geral.[11] De Gaulle e Johnson só estiveram juntos no mesmo lugar uma única vez, por trinta minutos. Encontraram-se no funeral de Kennedy, onde a imponente presença física e a história que encarnava fizeram de De Gaulle a personalidade dominante. Ele foi o primeiro líder estrangeiro a ser recebido pessoalmente por Johnson, que estava um tanto apreensivo, mas achou que o encontro correu bem. Só voltaram a se encontrar para trocar um aperto de mãos no enterro de Adenauer, em 1967.

Depois do funeral de Kennedy, Johnson cometeu inadvertidamente uma gafe anunciando, com a melhor das intenções, que uma já programada visita de De Gaulle aos Estados Unidos seguiria nos planos. Mas a opinião do general era de que esse projeto tinha prescrito com a morte de Kennedy e de que Johnson deveria visitá-lo primeiro. Um sinal revelador, apesar de menor, do rancor de De Gaulle contra os "anglo-saxões" foi sua recusa a comparecer às cerimônias planejadas para junho de 1964, em comemoração ao vigésimo aniversário do Dia D. Quando indagado, em particular, sobre a prudência dessa afronta, De Gaulle fez um discurso violento contra a humilhação que tinha sofrido em 4 de junho, quando a França foi "tratada como capacho".[12] Em qualquer assunto relativo à guerra, o precário equilíbrio de De Gaulle entre emoção e razão pendia para o lado da emoção.

Por trás dessas questiúnculas simbólicas, o problema real continuava a ser a questão nuclear. Embora os alicerces do programa atômico francês tivessem sido lançados discretamente pelos governos da Quarta República, o impulso decisivo para pressionar por um sistema nuclear inteiramente independente veio de De Gaulle. O programa de defesa quinquenal do governo, que incorporava os planos de gastos com o dissuasor nuclear, tinha enfrentado três moções de censura da oposição antes de ser finalmente aprovado no outono de 1960. Prudência com o programa nuclear também era coisa do passado. Quando a primeira bomba foi explodida, em fevereiro de 1960, De Gaulle proclamou publicamente "um viva pela França". Mas testar uma bomba era apenas o primeiro estágio para ter um sistema nuclear em funcionamento. Quando americanos, russos e britânicos assinaram um tratado de proibição dos testes nucleares, em agosto de 1963, De Gaulle recusou-se a assinar, alegando tratar-se de um clube dos que já tinham armas querendo excluir os que ainda não tinham. Embora o empenho de De Gaulle em conseguir um sistema nuclear independente fosse amplamente atacado na França, mesmo o pró-atlanticista Raymond Aron, que censurava muitas posições da política externa de De Gaulle, disse aos americanos que qualquer cidadão francês se ofenderia com a ideia de que as bombas só se tornavam um problema quando atravessavam o canal da Mancha. Advertiu também que as atitudes americanas nessa questão "seriam suficientes para irritar um homem menos propenso à irritação que o general De Gaulle".[13] Havia um forte investimento emocional da parte de De Gaulle na posse de armas atômicas como símbolo da "posição hierárquica" da França. Em 1967, quando ele assistiu em Mururoa à explosão de uma bomba nuclear francesa, Peyrefitte, que o acompanhava, viu-o num estado de exaltação que nunca tinha presenciado. De Gaulle afirmou que aquilo era uma "ressurreição" – a "culminância de tudo o que tentamos fazer".[14]

Mas para que serviria a bomba? Estrategistas militares franceses vinham lutando havia anos para dar uma resposta à pergunta sobre como armas atômicas/nucleares pequenas poderiam representar um dissuasor eficaz?[15] Um dos especialistas mais francos era o general Pierre Gallois, que tinha conseguido uma entrevista com De Gaulle no Hôtel La Pérouse numa noite de abril de 1956, quando ainda estava na oposição. De Gaulle não demonstrara muito interesse no assunto antes, e Gallois estava ali para convertê-lo. Chegou carregando pastas e discorreu sobre o assunto por uma hora; em seguida, De Gaulle falou longamente, "como se precisasse gravar na memória meus comentários e as ideias que eles lhe sugeriam".[16] A teoria de Gallois baseava-se no conceito de "dissuasão proporcional": mesmo armas nucleares pequenas podiam ser dissuasivas se seu efeito destruidor fosse suficiente para tornar inaceitável o custo potencial de uma agressão. Esse foi o argumento que um dia De Gaulle apresentou a Kennedy: "Como se pode avaliar o grau de poder de destruição em que a dissuasão começa? Ainda que o adversário esteja tão armado que possa matar dez vezes a pessoa que ele deseja atacar, o fato de que essa pessoa tenha aquilo de que precisa para matá-lo de uma só vez, ou mesmo arrancar-lhe um braço, pode, afinal, fazê-lo pensar duas vezes."[17] Outro teórico francês, o general André Beaufre, desenvolveu uma defesa diferente das armas nucleares para um país como a França: a de que um pequeno sistema nuclear francês poderia, se necessário, funcionar como uma espécie de alerta, obrigando os aliados a intervir. Outro conceito, associado ao general francês Charles Ailleret e firmemente apoiado por De Gaulle, era a conhecida política *tous azimuts*. Este é um termo de artilharia para expressar a ideia de que, como os sistemas nucleares eram projetados para ter vida longa, era impossível saber com certeza quem seria o adversário dentro de vinte anos: a força nuclear deveria ser potencialmente capaz de atingir qualquer lugar do mundo. A estratégia *tous azimuts* foi formalmente revelada num artigo de Ailleret em 1967, mas não era diferente daquilo que De Gaulle já tinha dito num discurso em Saint-Cyr em 1959: "Como teoricamente é possível que a França seja destruída a partir de qualquer lugar do mundo, nossa força precisa ter capacidade de agir em qualquer lugar da Terra."[18] Na verdade, De Gaulle não se prendia a nenhuma posição em particular. Quando Beaufre mandou um dos seus livros para o general, a resposta que recebeu foi evasiva.[19] No mesmo dia em que respondeu a Beaufre, De Gaulle escreveu para Aron, que lhe mandara seu próprio livro sobre o assunto: "Li *O grande debate* como costumo ler o que você escreve, aqui e ali, sobre esse assunto. ... Tudo se resume numa única questão, 'Sim ou não, deve a França ser a França?' Essa foi a questão na época da Resistência. Você sabe qual foi a minha escolha, mas eu sei também que não há descanso para os teólogos."[20]

De Gaulle não estava realmente interessado em questões de "teologia" nuclear. Sua ambição por um sistema nuclear francês baseava-se num pessimismo fundamental sobre a imprevisibilidade da história, e na crença de que uma grande potência precisava ter recursos próprios para agir com independência. Nesse sentido, Lacouture está correto quando escreve que o dissuasor independente tinha "a mesma essência do gaullismo de Estado" dos anos 1960.[21] Assim como em sua defesa de uma força de ataque nos anos 1930, De Gaulle estava menos preocupado com os detalhes do que com o princípio. Mas a médio prazo a bomba francesa era para ele a precondição necessária para emancipar a Europa da dependência em relação à proteção americana, oferecendo aos parceiros da França a alternativa final de um guarda-chuva nuclear francês. Por essa razão, a MLF era o maior pomo de discórdia em suas relações com os americanos em 1963-64. Sua desconfiança quanto aos motivos americanos foi amplamente justificada pelo que Kennedy disse aos seus assessores de segurança em janeiro de 1963: "É através do conceito multilateral que aumentamos a dependência dos países europeus em relação aos Estados Unidos e prendemos esses países mais estreitamente a nós."[22] Era exatamente a isso que De Gaulle se opunha. Os americanos também esperavam que a MLF jogasse a França contra a Alemanha. Até Adenauer, quando assinou o Tratado Franco-Alemão, tinha dito aos americanos que apoiava a MLF. Ludwig Erhard, sucessor de Adenauer em 1963 na chancelaria alemã, gostava ainda mais da ideia. Como economista liberal instintivamente atlanticista, ele era um daqueles políticos alemães que achavam que Adenauer tinha sido enfeitiçado por De Gaulle. A Erhard jamais foi concedida a honra de hospedar-se em Colombey, mas ele passou dois dias em dezembro de 1964 no rancho de Johnson no Texas, de chapéu de caubói e tudo – símbolo revelador da mudança de guarda na Alemanha.

No debate sobre a MLF, De Gaulle tinha alguns trunfos. Os britânicos não se sentiam muito atraídos por um plano que ameaçava seu próprio sistema nuclear independente. E os alemães preocupavam-se com o fato de que os americanos, ao mesmo tempo que os tentavam seduzir com a MLF, repensavam sua política sobre armas atômicas – ampliando o limite que deflagraria uma intervenção nuclear, para incentivar os europeus a aumentar suas forças convencionais. Isso levava De Gaulle a argumentar que os americanos prefeririam que a Europa se tornasse um campo de batalha se a outra alternativa fosse uma retaliação soviética contra território americano: "Há portanto uma divergência essencial no nível estratégico entre os Estados Unidos e a Europa. Isso não precisa impedir a 'Aliança' entre eles. Mas torna a 'Integração' injustificável."[23] Ou, como dizia mais energicamente em particular: "A MLF é um artifício para fazer os europeus acreditarem que têm acesso ao gatilho atômico. Só que os americanos controlam o outro gatilho, sem o qual ninguém pode atirar; portanto, nada mudou."[24]

Num encontro com Erhard em julho de 1964, De Gaulle tentou tirar partido das angústias alemãs comentando, de improviso, que os alemães um dia talvez pudessem se associar ao sistema nuclear francês. O que ele disse exatamente perdeu-se na tradução, e parece que se atribuiu importância exagerada à sua fala.²⁵ Quando os alemães tentaram testar a reação francesa perguntando se teriam permissão para assistir a um teste nuclear francês, a resposta de De Gaulle foi muito franca:

> Enquanto a aplicação do Tratado Franco-Alemão for vazia como é, ... não vamos abrir para os alemães, nem de leve, o que estamos fazendo no âmbito das armas atômicas. Como depositam sua confiança nos Estados Unidos, é a Washington que devem se dirigir para obter informações sobre o que desejam saber.²⁶

As relações entre os dois países chegaram ao ponto mais baixo desde que De Gaulle voltara ao poder. À medida que as frustrações de De Gaulle com os alemães aumentavam, as ambiguidades da sua política em relação à Alemanha ficavam mais evidentes: ele parecia oferecer parceria, mas não igualdade. Qual seria a vantagem para a Alemanha, enquanto durasse a Guerra Fria, de trocar a proteção americana (talvez não totalmente confiável, mas sem dúvida efetiva) pela proteção francesa (inquietantemente próxima e incomparavelmente mais fraca)?

No fim de 1964, De Gaulle deixou claro para o governo alemão que a MLF era incompatível com o Tratado Franco-Alemão. Isso era o que faltava para enterrar de vez a MLF, cujo falecimento ninguém lamentou. Acabar com ela foi um êxito para De Gaulle, mas em outros sentidos sua política europeia ainda estava num beco sem saída. Como dissera meses antes no Conselho de Ministros: "A Itália não é séria; portanto, não existe. Os ingleses se consolam do seu declínio afirmando que compartilham a hegemonia americana; a Alemanha está quebrada."²⁷ Por enquanto, não havia o que esperar da Europa, dos Estados Unidos ou da Grã-Bretanha. Agora De Gaulle tinha os olhos voltados para horizontes mais amplos. Em sua fala televisiva aos franceses no fim de 1963, anunciou que a França precisava adotar "uma política global".²⁸ Ele jamais fazia declarações como essa sem ter alguma coisa em mente.

"Retorno à Ásia"

Em 27 de janeiro de 1964, comunicados curtos divulgados simultaneamente em Paris e Pequim anunciaram que a França tinha reconhecido a República

Popular da China, o regime comunista que tomara o poder em 1949. A China já tinha sido reconhecida por outros países – incluindo a Grã-Bretanha –, mas a França foi mais longe, anunciando o envio de embaixadores. Numa entrevista coletiva três dias depois, De Gaulle desenvolveu um daqueles *tours d'horizon* geopolíticos de que tanto gostava, conduzindo seus ouvintes através de mil anos de história chinesa, como se estivesse dando uma aula em Saint-Cyr.[29]

Havia anos De Gaulle vinha pensando em reconhecer a China. Em junho de 1962, tinha devaneado em conversa com Peyrefitte:

> O interesse do mundo será, mais dia, menos dia, falar com eles, conviver com eles, ... permitir que saiam de trás da sua muralha. A política de *cordon sanitaire* tem sempre o mesmo resultado: tornar o país que está do outro lado mais perigoso; seus líderes procuram desviar a atenção das dificuldades que enfrentam, denunciando o complô capitalista, imperialista. ... Não devemos deixar os chineses remoendo no seu canto. Do contrário eles se tornarão venenosos.[30]

Uma vez decidido a agir, De Gaulle deixou de lado o Quai. No outono de 1963, enviou à China Edgar Faure, o antigo político da Quarta República, numa missão secreta de exploração. Faure foi escolhido porque tinha visitado a China várias vezes e publicara um livro sobre o país. Depois da sua visita, as coisas se aceleraram.[31]

Os ministros de De Gaulle foram apanhados totalmente de surpresa quando ele lhes informou em 8 de janeiro de 1964 que o reconhecimento da China era iminente. Foi uma daquelas ocasiões em que permitiu uma "discussão" – pura formalidade –, depois da qual sintetizou sua posição: "A China, como fato, está aí. Um dia, talvez mais cedo que as pessoas imaginem, a China será uma grande realidade política, econômica e até militar."[32] O principal argumento contra o reconhecimento da China era que isso irritaria os Estados Unidos, o que aos olhos de De Gaulle nunca chegou a ser uma boa razão para deixar de fazer as coisas. Os previsíveis protestos do governo americano na verdade lhe davam prazer.[33] Em Washington, o embaixador Alphand, "atônito e preocupado com tamanha audácia", pediu um "recado pessoal que eu possa entregar ao infeliz Johnson, perfeitamente simpático a nós e pessoalmente magoado". Não recebeu nada.[34]

Para o governo americano, o reconhecimento da China pela França foi especialmente inoportuno, por causa da situação no Vietnã. O acordo que

Mendès France tinha negociado em Genebra em 1954, encerrando a presença francesa na Indochina, dividira o Vietnã no Paralelo 17. Marcaram-se eleições ao norte e ao sul da linha divisória para decidir o futuro vietnamita, mas elas nunca foram realizadas. A tensão entre o Vietnã do Sul e o norte comunista aos poucos se transformou em conflito declarado. Os americanos começaram a enviar "consultores" para ajudar o sul a se defender. Atrás dos consultores chegaram soldados, e gradualmente os americanos foram arrastados para um conflito que consideravam um importante campo de batalha da Guerra Fria.

Em suas *Memórias*, escritas oito anos depois, com o benefício da distância, De Gaulle lembrava-se de ter dito a Kennedy em junho de 1961: "Meu prognóstico é que vocês afundarão passo a passo num atoleiro militar e político sem fundo, por mais que invistam homens e dinheiro." Os registros contemporâneos franceses e americanos do que De Gaulle disse na época são menos enérgicos, mas não muito diferentes.[35] O general também disse a Kennedy que não atrapalharia se os Estados Unidos se sentissem obrigados a intervir. Mas em agosto de 1963, quando o envolvimento americano aumentava, De Gaulle decidiu manifestar-se publicamente num comunicado solene anunciando a necessidade de um Vietnã unificado, independente e neutralizado. Não por acaso, deu início simultaneamente ao processo que em seis meses levaria ao reconhecimento da China. Como ele comentou depois com Peyrefitte: "É o retorno da França à Ásia ... Vamos virar a página colonial."[36]

Nos dois anos seguintes, as críticas de De Gaulle ao envolvimento americano no Vietnã endureceram.[37] Sua solução para o Vietnã era caracteristicamente vaga. O termo favorito era "neutralização", sem deixar claro se ele se aplicava tanto ao norte quanto ao sul. Os detalhes eram menos importantes que o fato de De Gaulle ver os vínculos históricos da França com a região como uma oportunidade para tirar vantagem de um papel mediador num conflito que tinha certeza de que os americanos não poderiam ganhar. De vez em quando Johnson mandava mensageiros a Paris para defender o argumento americano de que estavam travando no Vietnã uma guerra necessária contra o comunismo internacional. Mas todos eram rechaçados com o mesmo recado. Em junho de 1964, George Ball ouviu o seguinte: "Não acredito que vocês possam vencer nesta situação, ainda que tenham mais aeronaves, canhões e armas dos mais variados tipos ... . Não quero dizer que todos os vietnamitas sejam contra vocês, mas eles veem os Estados Unidos como uma potência estrangeira, e uma potência estrangeira muito poderosa."[38] Um ano depois, eis o que o senador americano Arthur Goldberg escutou: "Ho Chi Minh é um comunista, mas é também uma figura nacional, a que expulsou os franceses e fará o mesmo com os americanos. É para isso que usa o seu comunismo. Fez no passado contra nós, está fazendo agora contra vocês e talvez o faça no futuro contra a China."[39]

Os comentários pessoais de De Gaulle eram ainda mais rudes. Ele disse a Peyrefitte em 1965 que por ora os Estados Unidos eram capazes de aguentar a pressão do conflito, mas "quando passarem a mandar milhares de rapazes, as pessoas vão começar a prestar atenção. Quando os caixões começarem a voltar, isso fará as pessoas pensarem. E isso, mais os problemas deles com os negros e com o dólar, vai criar um contexto de insatisfação que sua guerra suja agravará."[40] A premonição de De Gaulle era mesclada a uma forte dose de *Schadenfreude* e egoísmo, enquanto ele se preparava para o "retorno [francês] à Ásia".

"Um excelente tenor"

A outra grande iniciativa "global" de De Gaulle em 1964 foi uma longa viagem pela América do Sul.[41] Antes de partir disse a Debré: "Estou indo à América Latina sem nenhum programa diplomático muito preciso, mas de certa maneira o faço instintivamente. Talvez seja importante. Talvez este seja o momento."[42] Podia não ter um programa, mas sua motivação era simples: "A América Latina é uma carta magnífica para se ter na mão .... A América Latina detesta os americanos, deseja ardentemente escapar da hegemonia deles, mas não quer nem a Rússia nem a China."[43] De Gaulle esperava explorar a popularidade da França Livre na região durante a Segunda Guerra Mundial. Dos cerca de quatrocentos comitês da França Livre no mundo, trezentos estavam na América Latina.

De Gaulle precedeu sua turnê pela América do Sul de uma visita em março ao quintal dos Estados Unidos, o México. Antes da sua chegada, a França devolveu três bandeiras confiscadas durante a malfadada expedição de 1862-64 para instalar um imperador fantoche francês (Maximiliano) no país. Na chegada das bandeiras ao México, em 5 de março, o presidente mexicano ajoelhou-se para beijá-las quando foram retiradas do avião. Isso deu o tom da visita de De Gaulle entre 16 e 19 de março, quando ele lançou mão de todas as suas artes histriônicas. No primeiro dia, fardado, foi conduzido pelas ruas em carro aberto. Mais para o fim do dia, falou em espanhol (de memória, como sempre) para uma enorme multidão, da sacada do Palácio Nacional (único líder estrangeiro a quem o privilégio foi concedido). No segundo dia, dessa vez de terno, falou no Parlamento mexicano. No terceiro, visitou a universidade. As multidões eram tão grandes que seu carro não conseguiu avançar, e ele terminou o percurso a pé. Uma charge num jornal americano mostrava o presidente Mateos com um balão acima da cabeça pensando "Maximiliano" enquanto observava De Gaulle. Talvez ele fosse um Maximiliano – mas isso não impediu que a visita tivesse um sucesso popular extraordinário.

A visita de De Gaulle à América do Sul no outono foi uma notável proeza de resistência. Em abril de 1964, o aparentemente indestrutível septuagenário tinha sido hospitalizado para uma operação na próstata. Quatro meses depois, no período de três semanas visitou dez países e catorze cidades (algumas em altitudes elevadas) e fez quase cem discursos, todos de memória, alguns em espanhol. Até em Montevidéu, onde choveu torrencialmente durante toda a visita, enormes multidões apareceram para aplaudi-lo. A adrenalina da adulação produzia efeitos mágicos. Quando ele voltou, Pierson Dixon notou, um tanto desconsolado, que De Gaulle parecia mais saudável que nunca e "claramente se sentia melhor no fim da turnê que no começo".[44]

A viagem pode ter animado De Gaulle, mas seus resultados reais foram menos evidentes. Dois temas perpassaram todos os seus discursos na América Latina.[45] Primeiro, ele denunciava o que chamava de "as hegemonias rivais". Todos sabiam o que isso queria dizer, mas ele evitava ser mais explícito, por respeito às suscetibilidades dos anfitriões, que tinham estreitas relações com os Estados Unidos. O segundo tema era a ideia de "latinidade" – as raízes latinas e católicas comuns à França e à América do Sul. Essa era outra mensagem antiamericana não muito subliminar. Nem sempre ela caía bem, mesmo quando as multidões aplaudiam. Em países como a Bolívia e o Peru, com grandes populações indígenas, a ênfase na latinidade era problemática. Na Colômbia, o presidente Guillermo Valencia pareceu receptivo à mensagem de De Gaulle, mas não o presidente Alessandri, do Chile, a acreditarmos num relato que fez em seguida a um amigo:

Quando o general chegou ao Chile fui recebê-lo em Valparaíso e voltamos de carro sozinhos para Santiago. ... Fiquei chocado e surpreso com o violento ataque de De Gaulle aos Estados Unidos durante as duas horas de viagem. Ele descreveu os Estados Unidos como um polvo explorando os países da América Latina .... Insistiu comigo para que libertasse o Chile da dominação americana .... Apesar de constrangido e chocado, respondi que nossas relações com os Estados Unidos não eram de forma alguma ruins.[46]

A viagem teve algumas consequências não intencionais. Na Argentina, de onde o ex-líder populista Juan Perón estava exilado desde 1955, a visita de De Gaulle foi uma oportunidade para os peronistas se manifestarem publicamente e perturbarem algumas cerimônias oficiais. A ideia de De Gaulle de rejeitar os dois blocos foi interpretada como uma versão do slogan peronista de *"tercera posición"*. Na parada seguinte de De Gaulle, o Paraguai, a situação se inverteu: ali ele foi apropriado não pela oposição, mas pelo regime. O repressivo ditador general Stroessner, pária da comunidade internacional, esperava aproveitar a visita para polir sua reputação. De Gaulle foi apresentado como um general-presidente em visita a outro. As autoridades lançaram um selo com os dois generais lado a lado, de uniforme. De Gaulle parecia feliz de bancar o caudilho. Nesse caso, apesar da retórica de liberdade e antiamericanismo, ele involuntariamente ajudou a reabilitar um regime virulentamente anticomunista, estreitamente dependente dos Estados Unidos.[47]

O governo de Johnson fingiu indiferença à viagem. Embaixadores americanos informaram que, apesar das grandes multidões, De Gaulle não tinha mobilizado o mesmo entusiasmo que Kennedy durante sua visita em 1961. A conclusão geral deles foi que a turnê, apesar de demonstrar a "notável constituição física" de De Gaulle, só teria importância se os franceses fossem capazes de complementá-la com ajuda concreta: "É o caso de se perguntar se os resultados da viagem compensam o imenso gasto de tempo e energia." Essa era uma avaliação astuta. Os resultados foram, de fato, mínimos. Os franceses ganharam o contrato do metrô mexicano; houve alguns projetos culturais como a fundação de um liceu francês em Buenos Aires – e pouco mais. Nos anos que se seguiram à visita de De Gaulle, a maioria dos países que ele tinha visitado se tornou mais, e não menos, dependente dos Estados Unidos economicamente, e menos, e não mais, democrática. Jean-Marie Soutou, o principal crítico de De Gaulle no Quai d'Orsay, que visitou o continente quatro anos depois, foi informado pelas pessoas com quem conversou de que tudo tinha sido "muito comovente, muito lindo, num país onde a ópera é popular, e De Gaulle era um excelente tenor, mas não mudou nada".[48]

Nova competição pela África

As chances de De Gaulle causar impacto duradouro no mundo fora da Europa pareciam mais promissoras no antigo Império africano da França. Embora o papel desse Império na guerra tenha dado origem à noção de que De Gaulle cultivava uma relação sentimental com o continente, sua atitude era friamente utilitária. A decepção inicial com a ruptura da Comunidade Francesa o levou a duvidar brevemente, em 1961, se haveria futuro em buscar "uma fantasia de 'lealdade' dos africanos".[49] A tentação de desistir da África foi neutralizada por Debré, com o argumento de que o continente oferecia à França "clientes difíceis, inconstantes e incertos, mas acima de tudo clientes que outras potências invejam".[50] Essa abordagem ganhou credibilidade com a decisão de Kennedy de nomear um político democrata de destaque, Mennen Williams, subsecretário de Estado para Assuntos Africanos, sugerindo que para os Estados Unidos agora era prioridade desenvolver relações com países africanos recém-independentes. Williams tornou-se a *bête noire* de De Gaulle. A atitude do general para com ele foi resumida numa nota de julho de 1962: "Estou sempre alerta contra as 'negociações' que o Quai d'Orsay está empreendendo com os americanos (Williams) sobre a questão da África. Por que essas negociações? É como se nós estivéssemos trazendo os americanos ... para dentro dos *nossos* assuntos africanos."[51] Esse "nossos" é muito revelador.

De Gaulle não estava interessado apenas em "nossos" assuntos africanos. Qualquer francês com uma memória boa o suficiente se lembraria de que, durante a divisão da África no fim do século XIX, a Bélgica levara vantagem sobre a França, garantindo a posse da imensa colônia do Congo. O Congo Francês era minúsculo em comparação com o Belga. Quando, em 1960, o futuro do Congo Belga começou a parecer incerto, De Gaulle queria que o governo da Bélgica fosse lembrado "de maneira amigável" que um tratado de 1908 dera à França direitos de preferência sobre o Congo se o rei dos belgas renunciasse à sua soberania. Se era para haver uma "divisão geral [*remembrement*]" do território africano, a França queria que seus direitos fossem respeitados.⁵² Essa surpreendente instrução de alguém que logo inventaria uma persona de descolonizador visionário nunca foi implementada, porque poucos meses depois os próprios congoleses – e não os franceses – é que tomaram conta do seu país. O recém-independente Congo foi imediatamente arrasado por uma sangrenta guerra civil quando a província de Catanga, rica em minerais, tentou separar-se, sob a liderança de Moïse Tshombe. Enquanto os americanos, atuando através da ONU, trabalhavam para preservar a unidade do novo país, mercenários franceses lutavam para apoiar Tshombe. De Gaulle não estava diretamente envolvido, mas decerto mantinha-se informado.⁵³ Para ele a tragédia do Congo não era uma guerra civil devastadora, mas o perigo de o país vir a tornar-se uma cabeça de ponte americana na África. No fim, a unidade congolesa foi preservada e os franceses abandonaram Tshombe.

Era a antiga África Francesa que oferecia as melhores oportunidades. Quando ficou claro que a Comunidade Francesa tinha acabado, De Gaulle anunciou, em dezembro de 1960, que "a França está mudando do ultrapassado sistema colonial para um sistema de frutífera mas amistosa cooperação".⁵⁴ "Cooperação" passou a ser seu novo mantra. A vitrine seria a Argélia. Apresentando os Acordos de Evian, que puseram fim à Guerra da Argélia, como exemplo da França "que ilumina o universo", De Gaulle vislumbrava a Argélia como "modelo das relações entre o Ocidente e o mundo subdesenvolvido".⁵⁵ Ele revelou o que havia por trás dessas palavras grandiloquentes nas instruções informais que deu ao primeiro embaixador da França na Argélia independente, o economista Jean-Marcel Jeanneney:⁵⁶

> Em vários momentos as pessoas se apegaram a mitos, mas agora as realidades mais profundas se revelaram: a incompatibilidade de franceses e argelinos é que explica e justifica o que eu chamei de retirada [*dégagement*]. Essa incompatibilidade ficou disfarçada enquanto os franceses tinham a força do seu lado e os argelinos eram seus escravos, operários e engraxates .... Quando paramos de esmagá-los [*écrabouiller*], dissemos a eles: "Agora se virem." ... O que podemos fazer de mais útil em benefício deles é educá-los e instruí-los .... Assim poderemos estabelecer entre franceses e argelinos contatos estreitos, mas numa forma completamente diferente do que foi no passado. ... Quanto à imigração argelina,

"chega disso". ... Quanto à ajuda econômica, precisamos continuar a fornecê-la, mas reduzindo-a cada vez que nos desapontarem.

O problema de fazer da Argélia uma vitrine de cooperação foi que, quase imediatamente depois de assinar os Acordos de Evian, a cúpula da FLN recuou para uma posição mais radical, denunciando a "cooperação" como a manutenção do "colonialismo sob a forma de neocolonialismo".[57] Ben Bella, que tomou o poder na Argélia logo depois da independência, não tinha sido um dos negociadores de Evian. Em 1963, o governo argelino confiscou quase todas as propriedades francesas que restavam na Argélia. Um encontro entre Ben Bella e De Gaulle no Château de Champs, em março de 1964 – notável por ocorrer apenas dois anos após o fim da guerra –, remendou as relações. Mas Ben Bella, por sua vez, foi deposto pelo mais radical Houari Boumédiène no ano seguinte.

No entanto, não houve ruptura entre a França e a Argélia, apesar de a "cooperação" ser inteiramente de mão única. De Gaulle só demonstrou essa paciência tão pouco característica porque tinha apostado demais na relação. Como disse Jean de Broglie, ministro encarregado de Assuntos Argelinos, em 1964: "A Argélia é a porta por onde penetramos no Terceiro Mundo. Uma briga entre a França e qualquer outro país do norte da África é apenas uma questão de simples tensão bilateral. Uma briga com a Argélia ultrapassaria o âmbito das relações franco-argelinas, com o risco de minar os esforços da nossa diplomacia no mundo inteiro."[58] Nesse caso, De Gaulle estava preparado para disputar uma longa partida. Como observou em 1963, quando Boumédiène começou sua ascensão: "A trajetória das revoluções tem três fases: ... primeiro Danton, em seguida Robespierre, que por sua vez é substituído pelos termidorianos. Ben Bella é Danton. Boumédiène é Robespierre. Há um período de terror. A hora dos termidorianos vai chegar."[59]

A paciência de De Gaulle com a Argélia contrastava drasticamente com sua implacável recusa a perdoar Sékou Touré, da Guiné. No caso da Argélia, tendo criado a ficção de que havia concedido a independência, De Gaulle achava fácil ser generoso. Mas não no caso da Guiné, onde fora publicamente desafiado por Sékou Touré em agosto de 1958 e onde a independência tinha sido conquistada. Imediatamente depois do "não" da Guiné à Comunidade, a França cessou toda e qualquer cooperação, congelou a ajuda financeira, parou de pagar pensão a 20 mil veteranos de guerra e tentou impedir a entrada do país na ONU. Os franceses envolveram-se numa campanha de golpes baixos contra o regime: apoiaram secretamente mercenários que tentavam derrubar o governo e inundaram a Guiné de cédulas falsas para enfraquecer sua moeda. Houve até um complô para furar as meias de Sékou e fazê-lo parecer ridículo enquanto orava.[60]

A lógica por trás dessa política consistia em impedir o contágio de independência que infectava a Comunidade Francesa. Quando a comunidade se desintegrou, tal política perdeu sua *raison d'être*. Restou apenas a sede de vingança. Essa política contraproducente transformou Sékou Touré num herói do Terceiro Mundo. Depois dos Acordos de Evian, ele enviou uma mensagem calorosa a De Gaulle, na esperança de estabelecer relações normais. Recebeu a mais seca das respostas. De Gaulle resistiu a todas as pressões de assessores para repensar sua posição. Em 1965, as relações diplomáticas entre os dois países foram rompidas.[61] Quando se sugeriu, em 1967, que mudar de política talvez fosse do interesse da França, De Gaulle protestou violentamente contra essa "tendência infeliz de correr atrás dos guineenses", que atribuía ao Quai d'Orsay.[62] Jamais perdoou Sékou Touré pela ofensa que sofrera em Conacri em agosto de 1958.

A relação entre a França e as outras ex-colônias francesas subsaarianas era, em tese, de responsabilidade de um novo Ministério da Cooperação. Esse ministério costumava discordar do Quai d'Orsay, que tinha seu próprio Departamento Africano. Mas tanto o Quai como o Ministério da Cooperação tinham de enfrentar o principal assessor de De Gaulle em assuntos africanos, Jacques Foccart. Graças a sua rede de contatos africanos, ainda dos tempos do RPF, Foccart fora nomeado secretário-geral da comunidade. Quando esta desmoronou, ele foi designado secretário-geral para Assuntos Africanos e Madagascarenses, diretamente subordinado a De Gaulle. Embora seu nome raramente apareça nas *Memórias* do general, poucas figuras foram tão influentes na Quinta República. Ele adquiriu a reputação de sinistra *éminence grise* [eminência parda], espreitando nas sombras – impressão acentuada por sua aparência indistinta, qualquer coisa entre um gerente de banco do interior e Alfred Hitchcock. Quando fotografado com De Gaulle, Foccart aparece invariavelmente num lado da foto, ou no fundo, como se quisesse evitar a publicidade.

Uma vez por semana Foccart presidia uma reunião entre representantes do Ministério da Cooperação e do Departamento Africano do Quai. O trunfo de que lançava mão quando surgiam conflitos era sua proximidade com De Gaulle. Uma anotação de diário mostra como sua influência funcionava:

> A estrutura do governo no tocante às relações com a África é tão complicada ... que precisei telefonar a Couve naquela noite para comunicar-lhe o que o general tinha dito sobre o assunto da África Central e dizer-lhe como eu achava que aquilo deveria ser interpretado, e em seguida liguei para Broglie, Charbonnel e Journiac.[63]

Às palavras mágicas "o que o general tinha dito" não havia contestação. E Foccart sabia o que o general tinha dito, porque todas as noites – a não ser que ele ou De Gaulle estivesse ausente de Paris – eles tinham um encontro privado. A Secretaria Africana de Foccart ficava num *hôtel particulier* do outro lado do Sena, em frente ao Eliseu, mas ele também tinha escritório no Eliseu. Sua conversa pessoal com De Gaulle, a partir das 19h10, era geralmente o último compromisso formal do dia de trabalho do general. Durava meia hora, às vezes mais, se De Gaulle estivesse disposto.

Foccart achava que sua missão era manter a influência da França nas antigas colônias africanas, tecendo uma rede confiável de países-clientes africanos, cujos líderes se dispusessem a defender os interesses franceses contra qualquer rival – a União Soviética, os Estados Unidos ou ideólogos do Terceiro Mundo. Foccart via a África Subsaariana como quintal da França, que ele controlava utilizando uma habilidosa mistura de prêmios e punições. A independência das antigas colônias francesas geralmente era acompanhada de acordos secretos, garantindo à França acesso privilegiado a matérias-primas em troca de ajuda financeira e, se necessário, proteção militar. Foccart, que adorava o mundo rocambolesco dos serviços secretos, tinha bons contatos nos serviços de inteligência franceses, bem como uma rede própria de agentes, muitos deles pessoas que tinha conhecido nos tempos da Resistência. O outro trunfo de Foccart eram suas estreitas relações pessoais com líderes africanos – em alguns casos chegava a ser padrinho de seus filhos. Esses líderes tinham liberdade para lhe telefonar a qualquer hora do dia ou da noite. Na França, eram instalados luxuosamente no Château de Champs, e havia uma suíte especial para eles no Hôtel Crillon em Paris. As visitas eram coroadas por um convite para a própria casa de campo de Foccart em Luzarches.[64] O ponto alto era uma audiência com De Gaulle.

Os líderes africanos mais ardorosamente francófilos não precisavam de muita persuasão para aderir às opiniões de Foccart sobre o mundo. O presidente Fulbert Youlou, do Congo, quis manter a "Marselhesa" como hino nacional até lhe avisarem que isso seria imprudente; o presidente Mba, do Gabão, tinha esperança de que mesmo depois da independência seu país continuasse a ser um *département* francês. A ameaça aos interesses franceses não vinha dos líderes dos países recém-independentes, mas surgia quando esses líderes eram contestados por adversários políticos internos – como aconteceu quando um golpe derrubou Youlou, em agosto de 1963. Foccart viu nisso um péssimo precedente, porque se os líderes africanos perdessem a confiança na proteção francesa poderiam procurar protetores noutra parte. Dessa maneira, quando em fevereiro de 1964 houve um golpe contra Mba no Gabão – cujas reservas minerais faziam do país, nas palavras de um diplomata, uma das "propriedades imobiliárias de suas dimensões mais ricas do mundo" –, Foccart, com a aprovação de De Gaulle, agiu depressa.[65] Tropas francesas baseadas no Senegal e na República Centro-Africana intervieram ao custo de quinze vidas gabonenses e duas vidas francesas. Mba foi reconduzido ao cargo. Como tinha sido impossível falar com o vice-presidente para ter certeza de que ele formalmente requisitara a intervenção francesa, uma carta antedatada foi produzida depois do episódio. Para o futuro, Foccart providenciou que houvesse sempre cartas não datadas prontas, para uma eventualidade.

Os franceses só intervinham militarmente como último recurso, pois Foccart queria evitar acusações de neocolonialismo. Em geral ele preferia encontrar formas de trabalhar pragmaticamente com as novas autoridades. Quando o general Bokassa tomou o poder na República Centro-Africana, em janeiro de 1966, Foccart rapidamente se deu conta de que ele não representava uma ameaça à França. O adido militar francês informou que era de interesse de seu país manter Bokassa no poder "enquanto ele continuar razoável".[66] Já os franceses toleraram por vários anos o sucessor de Youlou no Congo, até De Gaulle decidir que suas políticas estavam se tornando antifrancesas demais: "Vamos acabar com essa comédia e fechar a torneira", disse ele a Foccart em 1966. Um golpe veio dois anos depois.[67]

Na opinião de Foccart, os diplomatas do Quai d'Orsay não tinham a mentalidade apropriada para o papel que exigia deles. Preferia trabalhar com a intermediação de antigos administradores coloniais, ou com gaullistas fiéis. Quase sempre esse era o método preferido também pelos próprios líderes africanos. Depois de ser reconduzido, Mba não gostou muito do novo embaixador, que lhe parecia um diplomata do Quai d'Orsay suave demais. Ele pediu a Foccart: "Me mande um administrador colonial." Na presença de Mba, Foccart explicou ao substituto que deveria "respeitar as formalidades da independência" mas não hesitar em agir como se fosse um "dinâmico comissário [colonial]".[68]

Foccart mantinha um minucioso registro diário dos seus encontros com De Gaulle, que ele ditava todos os domingos. A maioria dos memorialistas de De Gaulle anota seus monólogos e suas visionárias dissertações sobre história. Mas o diário de Foccart é um documento mais prosaico, no qual ele é tão protagonista quanto o general. Ele chegava todas as noites munido de volumosos dossiês e uma ideia bem clara do que queria. Seus pontos fortes eram o inigualável conhecimento da cena africana, a memória de elefante e os amplos contatos pessoais. Esclarecia De Gaulle sobre que líder deveria ser convidado a Paris e que nível de recepção deveria se preparar; que líder deveria receber uma carta de louvor e que líder deveria receber uma foto com dedicatória; quem dos embaixadores franceses estava fazendo um bom trabalho e quem não estava. Suas conversas desciam aos menores detalhes. Certa noite de outubro de 1967 eles debateram qual peça na Comédie-Française o presidente Soglo, do Benin, cuja chegada era iminente, deveria ser levado para ver. Foccart achava Feydeau banal demais, e De Gaulle, por alguma razão, vetou *O doente imaginário*, de Molière. Chegaram a um acordo sobre *Cyrano*.[69]

Foccart tinha um sentido intuitivo das mais leves mudanças de humor de De Gaulle – sabia quando ele estava cansado, quando estava relaxado, quando estava preocupado com outros assuntos, quando convinha tocar em determinada questão, quando seria melhor esperar. Por vezes, interpretando mal a situação, era tratado com um abusivo ataque retórico e batia em retirada. Em geral, no dia seguinte, De Gaulle, apesar de nunca pedir desculpas (coisa que achava quase impossível fisicamente), estava incomumente caloroso, para compensar o destempero da noite anterior. Foccart insistia de novo no assunto, e costumava ter êxito. Também sabia explorar a desconfiança habitual de De Gaulle acerca do Quai d'Orsay. Se isso não funcionasse, lançava mão de artilharia pesada: a ameaça de que os americanos tentavam pôr as mãos nas reservas minerais africanas.[70] Em relação aos Estados Unidos, o menor incidente era capaz de fazer De Gaulle explodir. Ao saber que cientistas americanos tinham pedido permissão para entrar na Polinésia para ver um eclipse, ele imediatamente desconfiou dos verdadeiros motivos: "Você não deve dar nada aos americanos de imediato; recuse-lhes tudo, ainda que peçam uma caixa de fósforos."[71] Essas borrascas passavam logo, como as explosões de De Gaulle contra os britânicos durante a guerra, mas duravam o bastante para Foccart conseguir o que queria no momento. As ameaças vindas dos Estados Unidos eram pura fantasia, a não ser quando as reações francesas às vezes as criavam inadvertidamente. No Gabão, o ingênuo mas bem-intencionado embaixador americano Charles Darlington, não motivado por qualquer sentimento de hostilidade contra a França, foi procurado por adversários do regime que se opunham à corrupção, ao autoritarismo e à megalomania do presidente apoiado pela França. Isso bastou para que fosse tido como suspeito de envolvimento no golpe contra Mba, sobre o qual nada sabia de antemão. Em suas memórias, rancorosamente, Darlington intitulou o capítulo sobre esse episódio de "O lado sórdido da grandeza".[72]

De Gaulle não fazia questão de conhecer cada detalhe das atividades de Foccart. Percebia que seus métodos eram pouco ortodoxos, e estava subentendido entre os dois que, se as coisas dessem errado, Foccart arcaria com as consequências. Depois da intervenção gabonense, Foccart disse a Peyrefitte: "De Gaulle nunca deve estar na linha de frente dessas ações duras. Precisamos lidar com elas sem lhe contar nada. Falamos em nome dele e o informamos quando tudo estiver acabado. No fim, ele pode sempre nos desautorizar."[73] Às vezes havia um cenho franzido, como quando Foccart comunicou os resultados das eleições nos Camarões. Ele observou: "O general acha 99,8% um pouco demais."[74] Depois de saber de uma operação desleal fracassada contra Sékou Touré, De Gaulle fingiu-se irritado e disse: "Pena que vocês não tenham conseguido."[75] Em março de 1965, o deposto presidente Youlou fugiu da prisão graças a uma operação secreta montada por Foccart. Depois do episódio, Foccart pôs De Gaulle a par de tudo: "Ele deveria ficar surpreso por eu saber tantos detalhes, ... mas nem se deu ao trabalho de fingir. Seu único comentário foi: 'Ótimo.'"[76]

Em certas ocasiões, De Gaulle tinha de ser consultado previamente. Em janeiro de 1965, Foccart informou-o de que Mba estava doente: "'É extraordinário, parece que você sabe tudo.' Eu lhe disse que, nesse caso, a sorte me favorecera: o médico de Mba tinha entrado em contato com o meu médico. ... O general sorriu; espero que tenha acreditado, porque era verdade."[77] O problema era achar um sucessor para Mba. Foccart mandou reescrever a Constituição do Gabão para que a transição, quando ocorresse, fosse legal em termos formais. Topou com o jovem *directeur de cabinet* de Mba, Albert Bongo, que julgou apto a ser adequadamente preparado. Bongo foi chamado a Paris para uma espécie de cursinho com De Gaulle, a fim de testar se estava à altura do serviço.[78] Quando Mba morreu, a transição foi feita sem percalços. Para o bem ou para o mal – geralmente para o mal –, Bongo governou o Gabão por quarenta anos (seu filho ainda hoje ocupa o governo).

Foccart organizou numerosos encontros entre De Gaulle e líderes africanos em visita à França, com quem o general mantinha uma relação um tanto paternalista, dando conselhos e bênçãos. Depois que De Gaulle recebeu o presidente Apithy, do Benin, em setembro de 1965, Foccart comentou: "O general trata desses problemas com os chefes de Estado africano de um jeito muito direto. Quase brutalmente. Seu prestígio é tão grande ... que eles saem do escritório às vezes um pouco tensos, mas aceitando dele o que não aceitariam de mais ninguém."[79] Depois de encontrar-se com o presidente Tombalbaye, do Chade, em março de 1965, De Gaulle disse a Foccart que ele tinha feito "muito progresso, estava trabalhando direito e deveria ser apoiado".[80] O presidente Ahidjo, dos Camarões, mantinha sempre a boca fechada nos encontros com De Gaulle, que, portanto, ficou surpreso quando Foccart lhe disse que Ahidjo normalmente era muito loquaz.

A influência de Foccart causava muita irritação no Quai d'Orsay. Jean-Marie Soutou, diretor do Departamento Africano até ser afastado por Foccart, disse ao embaixador britânico em 1968:

> Nas crises tão frequentes nos países africanos francófonos, embaixadores franceses recomendavam uma intervenção em apoio ao governo existente. De Gaulle tinha que ser consultado, e com frequência despertado. Ele então fazia um comentário enigmático qualquer, depois havia uma discussão feroz sobre o que ele quisera dizer, enquanto a ação ficava prejudicada.[81]

Isso não estava muito longe da verdade, com a ressalva de que, se De Gaulle fosse despertado e Foccart não estivesse por perto, ninguém saberia o que fazer – como ocorreu durante o golpe contra Youlou em 1963. Tumultos explodiram na capital em meados de agosto, o auge das férias de verão na França. Quando Youlou, refugiado em seu palácio, telefonou para Paris, Pompidou estava ausente, de férias, e Foccart não pôde ser encontrado porque tinha saído para pescar. Excepcionalmente, o oficial de plantão no Eliseu passou a ligação para Colombey, onde De Gaulle, surpreso (estava vendo dois netos jogarem tênis), foi chamado ao telefone. Ele odiava ser perturbado em Colombey. A transcrição da conversa diz o seguinte:

> Youlou: Meu palácio está cercado, ... acho que em poucos minutos vou ter que atirar. Não sei. Eu gostaria que o senhor desse ordens precisas ao Exército francês para não permitir que o comunismo internacional assuma o controle.
> De Gaulle: Pode repetir, por favor?

Apanhado de surpresa, e claramente sem ter a menor ideia do que dizer, De Gaulle pediu para falar com o embaixador francês que estava de pé ao lado de Youlou. O conselho do embaixador foi de que seria impossível os franceses intervirem sem perda significativa de vidas, e que não havia garantia de êxito. De Gaulle disse a Youlou que não havia nada que ele pudesse fazer.

> De Gaulle: Não há mais nada que o senhor possa fazer, além de se entregar às nossas forças militares para sua segurança pessoal.
> F[ulbert Youlou]: Vou ficar no meu Palácio, *mon général*.
> De G: Não vejo como isso poderia ajudá-lo.
> F: Pedi que veículos blindados não atirem, mas dispersem a multidão.
> De G: Sim, mas pelo que me dizem não dá para dispersar sem atirar, e politicamente a França não pode assumir essa responsabilidade.[82]

Youlou foi derrubado do poder. Ao voltar da pescaria, Foccart ficou furioso com o conselho que De Gaulle recebera – na sua opinião, típico exemplo de pusilanimidade do Quai d'Orsay – e estava convencido de que poderiam ter salvado Youlou.

Funcionários do Quai cometiam o equívoco de ver Foccart como o gênio do mal de De Gaulle, "destilando seu veneno gota a gota", e culpado de "manipulação do velho" (nas palavras de Souton), tendo em mira uma política reacionária incompatível com os nobres objetivos de cooperação proclamados por De Gaulle.[83] O general tinha poucas ilusões sobre a descolonização. Como observou em conversa particular em 1962:

> Sei que a descolonização é desastrosa. Que a maioria dos africanos mal chegou ao estágio da nossa Idade Média. Que são atraídos pelas cidades como mariposas pelas lâmpadas, e que o mato crescerá em sua selvageria. Que vão voltar a passar pela experiência das guerras tribais, da feitiçaria, do canibalismo. Que mais quinze anos de controle nosso teriam permitido que modernizassem sua agricultura, que lhes déssemos melhores infraestruturas, que erradicassem completamente a lepra. ... Mas o que posso fazer? Os americanos e os russos acham que têm vocação para libertar populações colonizadas e disputam entre si para ver quem supera o outro. É a única coisa que têm em comum. As duas superpotências alegam ser anti-imperialistas quando na verdade são os dois últimos imperialismos.[84]

O "complexo de Fashoda" de De Gaulle, como o de muitos franceses da sua geração, nunca estava longe da superfície. Como ele disse a Jean Charbonnel, que assumiu o cargo da Cooperação em 1966: "Se a França não é apenas um anexo do Ministério das Relações Exteriores britânico, isso se deve à África."[85] Foccart era o instrumento dessa política; ele servia ao general, não o manipulava. Foccart endeusava De Gaulle; De Gaulle confiava em Foccart. A relação funcionava porque, no fim, os dois buscavam os mesmos objetivos. De Gaulle transformou o vil metal dos golpes baixos de Foccart em ouro retórico, mas como o cínico herói conservador do romance *O leopardo*, de Lampedusa, os dois estavam de acordo quanto ao essencial: na África tudo precisava mudar para ficar como estava.

24. Monarca modernizador, 1959-64

"Uma espécie de Monarquia popular"

Um mês depois de eleito presidente da República, De Gaulle fez uma visita de quatro dias ao sudoeste da França (14-17 de fevereiro de 1959); dois meses mais tarde, passou quatro dias na Borgonha (16-19 de abril) e um mês depois visitou quatro *départements* no centro do país (7-15 de maio). Essa programação exaustiva de visitas regionais, renovando uma tradição iniciada após a Libertação, tornou-se um ritual da sua presidência. Presidentes da Terceira e da Quarta Repúblicas também realizaram viagens desse tipo – não tinham muito mais o que fazer –, mas não com tamanha intensidade. Os dois antecessores imediatos de De Gaulle, Coty e Auriol, costumavam programar sete escalas em cada visita; a média de De Gaulle era de quase quarenta. Até junho de 1962, tinha feito dezenove turnês e visitado 67 *départements*; quando deixou o cargo, em 1969, havia visitado todos os *départements* e feito 31 turnês regionais.[1]

O ritual era invariável. Em cada cidade, depois de uma saudação do prefeito, De Gaulle respondia com umas poucas palavras gentis louvando as virtudes da localidade onde estava. Geralmente terminava com uma fórmula convencional: "Quero dizer a X (nome da cidade) quantas lembranças reconfortantes e que confiança na unidade e no destino do país eu levo da minha breve visita a X. Viva X! Viva a República, Viva a França!" Quanto mais banal o discurso, mais frenéticos os aplausos.[2] De Gaulle era mestre nesses exercícios de retórica vazia. Alguns são lendários: "Saúdo Fécamp, porto marítimo que deseja continuar sendo porto marítimo, e que continuará a ser." De Gaulle costumava acrescentar um toque pessoal. Em Dunquerque: "Quando menino, eu ia à missa aqui perto, na igreja de Santo Elói. Para pagar por uma cadeira, eu dava um *sou* e recebia dois cêntimos." Em Vichy: "Não posso deixar de pensar que minha presença aqui tem um significado especial, devido a acontecimentos passados que todos conhecem." Nas cidades maiores, seus discursos eram mais longos e lhe davam oportunidade de aventar uma ideia para um futuro anúncio político.[3]

O estilo das visitas regionais de De Gaulle era diferente do de seus antecessores. Na Terceira e na Quarta Repúblicas, o presidente costumava encontrar-se com dignitários locais antes de ser apresentado formalmente a algumas figuras representativas – um operário, um aposentado, um agricultor e assim por diante. Mas o público era mantido à distância. Já De Gaulle enfiava-se na multidão apertando mãos, beijando, abraçando – e deixando-se tocar, beijar, abraçar. Um jornalista de *Le Monde* que passou anos estudando De Gaulle escreveu um divertido relato desses *bains de foule* [banhos de multidão]:

> Dizer que ele se mistura na multidão é um eufemismo: ele mergulha nela, chafurda nela. É possível saber onde ele está não tanto pela estatura, mas porque é o centro de um redemoinho. Depois de desaparecer aqui, desponta lá adiante por um momento, depois some de vista novamente por um longo trecho subaquático, até reaparecer como um mergulhador do outro lado da rua. ... Já foi visto emergir faltando-lhe três botões, a farda rasgada, as mãos arranhadas, ... mas os olhos reluzindo de prazer, parecendo feliz de estar vivo.[4]

De Gaulle via nisso a personificação da sua comunhão com a França e uma oportunidade para o "povo" se reunir em volta do seu "guia". As motivações dos que apareciam para aplaudir eram variadas, claro, indo da veneração à simples curiosidade. Mas as visitas eram momentos importantes na vida das comunidades. Depois da renúncia de De Gaulle, em 1969, uma das dezenas de milhares de cartas recebidas pelo Eliseu veio de um morador de Douai, que se lembrava do homem "que apertou minha mão quando eu tinha dez anos, durante sua visita à cidade".[5] O chefe do departamento do Alto Reno escreveu para o Eliseu depois da visita do general em novembro de 1959 para dizer que o "entusiasmo quase delirante" das multidões tinha sido "excepcional" e "muito maior do que inicialmente previsto".[6] Era o que o governo queria ouvir, mas mesmo a imprensa comunista, sempre incitando os leitores a boicotar essas ocasiões, prestou uma espécie de homenagem involuntária ao seu êxito:

O mais notável nas manifestações organizadas nessas ocasiões é o caráter pessoal e quase místico das cerimônias em cidades e vilarejos. O general De Gaulle não viaja pela França como presidente da República. Ele é o rei em contato com seus súditos, recebendo a homenagem deles e pregando a boa-nova. ... Um exercício de infantilização das massas.[7]

A comparação monárquica foi feita por outras pessoas, não hostis a De Gaulle. Um ministro que participou de uma dessas viagens jamais conseguiu esquecer a "imagem dessa mulher que ergueu o bebê acima das cabeças na multidão, suplicando ao general que tocasse nele; talvez ela estivesse redescobrindo a tradição que atribuía aos reis da França o poder de curar aleijados".[8] Peyrefitte, que costumava acompanhar De Gaulle na qualidade de ministro da Informação, ficou impressionado com o número de vezes em que ouviu alguém na multidão gritar, meio maravilhado, "Ele tocou em mim" ou "Ele me viu". Peyrefitte também identificou ecos da Monarquia: "Talvez o êxito de suas visitas venha do fato de que De Gaulle, encarnando a legitimidade perdida, eliminou nos franceses o obscuro sentimento de culpa por terem destruído a legitimidade do *ancien régime*."[9]

O passado monárquico da França com frequência vinha à cabeça de De Gaulle. Depois de voltar ao poder, ele continuou a receber, ocasionalmente, o conde de Paris. Num encontro em fevereiro de 1961, disse ao conde: "Acho que a França está suavemente retornando à sua velha e tradicional Monarquia, e, se não atingir o objetivo, será o comunismo e o fim." Um ano depois, dizia que, como já estava "velho" e "cansado" demais para se candidatar à reeleição, o conde deveria preparar-se para sucedê-lo. Quatro anos depois, em janeiro de 1966, tendo superado seu "cansaço" e já reeleito, De Gaulle foi menos alentador: "Pessoalmente, eu teria gostado da Monarquia, você sabe o que penso a respeito. Você é o rei ... Mas não acho que seja possível."[10] Embora adorasse lisonjear e provocar seu crédulo interlocutor, essa pequena comédia tinha um grão de genuína nostalgia romântica e um quê de tristeza. Peyrefitte, que tentou descobrir o que De Gaulle realmente achava do pretendente, foi informado de que ele "resume em sua pessoa os quarenta reis que fizeram a França", ainda que De Gaulle reconhecesse também que "já não corresponde a este século".[11] Em 1961, o general escreveu para o filho, Philippe, que tinha criado uma "espécie de Monarquia popular, que é o único sistema compatível com o caráter e os perigos da nossa época".[12]

ON ENGAGE AU PALAIS

O semanário satírico *Le Canard enchaîné* publicava uma coluna regular ao estilo de Saint-Simon apresentando De Gaulle como a reencarnação do Rei Sol.

De Gaulle achava que a "Monarquia popular" tinha "instituído uma nova legitimidade que estabelece um vínculo com a legitimidade interrompida pela Revolução".[13] Com isso, ele tinha alcançado a ambição esboçada para Macmillan em 1943. "Legitimidade" era uma noção essencial para De Gaulle. Embora a visse como derivada do "povo soberano", no seu caso havia também o seu próprio papel histórico. No discurso que fez durante a Semana das Barricadas, invocou a "legitimidade que venho encarnando há vinte anos". A extraordinária implicação desse comentário era não apenas que Pétain nunca fora legítimo, mas que nenhum outro governo, entre 1946 e 1958, o fora. No poder ou fora do poder, eleito ou não eleito, De Gaulle era o único líder "legítimo" da França.[14]

Em seus anos "no deserto", De Gaulle compôs essa ficção em suas *Memórias*; uma vez no poder, tratou de personificá-la no calendário oficial da sua nova República. Para tanto, fez do aniversário do 18 de Junho um grande acontecimento. Depois da renúncia de De Gaulle em 1946, o governo o convidou para comparecer a uma cerimônia em comemoração ao 18 de Junho no Arco do Triunfo. Mas ele recusou o convite. Preferiu prestar sua homenagem sozinho na fortaleza de Mont-Valérien, poucos quilômetros a oeste de Paris, onde, durante a Ocupação, mais de mil resistentes tinham sido fuzilados pelos alemães. Foi em Mont-Valérien que, em 11 de novembro de 1945 – aniversário do Dia do Armistício –, o governo provisório de De Gaulle tinha organizado uma cerimônia para lembrar a guerra. Os corpos de quinze combatentes franceses tinham sido solenemente transferidos para Mont-Valérien, num eco consciente do sepultamento do Soldado Desconhecido no Arco do Triunfo em 1920. Entre os corpos estavam os de soldados que haviam lutado em 1940, os de membros das Forças Francesas Livres que haviam combatido nas colônias e nos exércitos da Libertação e os de dois membros da Resistência. Isso dava uma identidade distintamente gaullista a um lugar que durante a Ocupação esteve essencialmente associado à Resistência interna. Rebaixava a especificidade da Resistência para apoiar o argumento de De Gaulle de que o que acontecera entre 1940 e 1944 deveria ser interpretado como último estágio de uma guerra de trinta anos contra a Alemanha. A decisão do general de boicotar a cerimônia oficial de 18 de Junho no Arco do Triunfo em 1946 e, em vez disso, comparecer a uma cerimônia privada própria em Mont-Valérien foi outra etapa da apropriação daquele espaço pelo gaullismo. Em anos futuros, a comemoração do 18 de Junho no Arco do Triunfo sem a presença de De Gaulle foi ficando problemática, e a data perdeu sua aura. Em vez disso, o 18 de Junho tornou-se quase uma cerimônia familiar íntima de fiéis da França Livre, organizada pela Ordem da Libertação em Mont-Valérien. Para os gaullistas fiéis tratava-se de uma censura silenciosa ao governo do momento, porém ninguém mais percebia isso.[15]

Tudo isso mudou depois da volta de De Gaulle ao poder. Em 1959, a cerimônia em Mont-Valérien foi transmitida ao vivo pela televisão. Os prefeitos receberam instruções de que o governo queria dar ao acontecimento "o máximo impacto e solenidade". De Gaulle ordenou também a construção em Mont-Valérien de um monumento à França Livre, para substituir a cripta temporária ali instalada depois da Libertação. Isso completou o confisco do espaço de martírio da Resistência em benefício da memória da França Livre. O novo monumento – uma imensa Cruz de Lorena na entrada da cripta – foi inaugurado no vigésimo aniversário do 18 de Junho, em 1960. A data assumiu importância no calendário cerimonial da França, embora De Gaulle não tenha chegado a ponto de adotar a sugestão de Malraux para que se decretasse feriado nacional. Apesar disso, a cerimônia do 18 de Junho continuou a ter um caráter ligeiramente híbrido: era organizada não pelo governo, mas pela Ordem da Libertação. Foi sempre muito breve. De Gaulle visitava a cripta sozinho, passava em revista os veteranos presentes e ia embora em silêncio. A sobriedade conferia um caráter quase sagrado à ocasião.[16]

O apogeu dessa mitificação do papel de De Gaulle na guerra foi uma cerimônia solene em janeiro de 1964, com o objetivo de transferir as cinzas de Jean Moulin para o Panteão. Apesar do seu papel importante na Resistência, Moulin tornou-se uma figura surpreendentemente esquecida depois de 1945, em parte porque muitos líderes da Resistência ainda se ressentiam de suas ações pró-De Gaulle. Moulin já não estava mais presente para contar sua versão da história. Nas *Memórias*, De Gaulle tinha minimizado a contribuição da Resistência e atribuído a Moulin o papel principal. Agora, ao decidir celebrar Moulin, atrelava a Resistência aos seus propósitos pela segunda vez. A escolha da rota da "panteonização" também carregava uma mensagem política contemporânea. O Panteão, de início uma igreja, tinha sido transformado em mausoléu secular durante a Revolução. Associado à história republicana da França, tornara-se um lugar um pouco parado no tempo, e ninguém era "panteonizado" desde Louis Braille, em 1952. Na época em que a esquerda acusava De Gaulle de não ser um verdadeiro republicano, em nada prejudicaria sua reputação trazer o Panteão de volta ao centro da consciência francesa e ligar seu nome a ele.

A cerimônia foi presidida por André Malraux, ministro da Cultura. Malraux andava desconsolado por não ter recebido uma pasta importante depois de 1958. O então recém-criado Ministério da Cultura, que ele chefiou durante os dez anos de De Gaulle no poder, foi seu prêmio de consolação. Em reuniões do Conselho de Ministros ele desfrutava o privilégio de sentar-se à direita do general. Vibrou de alegria ao ler, em 1970, a cuidadosa frase que De Gaulle lhe dedicou nas *Memórias*: "À minha direita, eu tinha e sempre teria André Malraux. Pela presença ao meu lado desse amigo genial ... eu sabia que em qualquer debate, quando o assunto fosse sério, seu deslumbrante talento ajudaria a dissipar as sombras."[17] Levando em conta a famosa obscuridade de muitos pronunciamentos de Malraux, isso talvez fosse uma piada sutil. De outro lado, Malraux era um ministro surpreendentemente eficaz. Reparou muitos monumentos históricos de Paris, organizou a complexa restauração do Grand Trianon e estabeleceu "Maisons de Culture" regionais para levar a alta cultura francesa aos diversos departamentos. De Gaulle também usava Malraux como embaixador cultural itinerante – uma espécie de *force de frappe* cultural – no resto do mundo, onde ele hipnotizava e desconcertava seus interlocutores, sem comprometer De Gaulle com coisa alguma.

Outra função de Malraux era ser o Bossuet da Quinta República, o orador público do regime, celebrando figuras históricas como Georges Braque e Le Corbusier. Nenhuma apresentação alcançou a fama do seu discurso dedicado a Jean Moulin. Num gélido dia de inverno, na presença de De Gaulle e de todo o seu governo, os restos mortais de Moulin foram translados para o Panteão. O ponto alto da cerimônia foi o discurso de Malraux, proferido com voz trêmula, aos pés de um enorme catafalco. Sua invocação final, acompanhada pelos tambores da Guarda Republicana, foi especialmente tocante:

> Entra aqui Jean Moulin, com teu terrível cortejo de sombras ... Aqui está o funeral de cinzas. Ao lado das de Carnot com os soldados do Ano II, das de Victor Hugo com *Les misérables*, das de Jaurès zeladas pela justiça, que elas descansem com o longo cortejo de sombras desfiguradas. Hoje, jovens da França, pensai neste homem como se tivesses estendido vossa mão para seu pobre e maltratado rosto no último dia, para os lábios que não falaram; naquele dia ele era o rosto da França.

A retórica de Malraux também trazia uma lição de história. O discurso afirmava que Moulin tinha forjado um Exército com as forças dispersas da Resistência. Vem daí a referência a Carnot, que tinha criado os exércitos da Revolução em 1793 (era também uma reprimenda àqueles que acusavam De

Gaulle de ser bonapartista). Segundo Malraux, a maior realização de Moulin foi "talvez afirmar o que desde então ficou conhecido como gaullismo. Foi certamente proclamar a sobrevivência da França". Era um simples silogismo: sem De Gaulle, atuando por intermédio de Moulin, não teria havido Resistência; e como Resistência era o mesmo que gaullismo, e gaullismo o mesmo que França, não teria havido França. Poucos resistentes teriam concordado com isso – mas a palavra não estava com eles.[18]

Astro de televisão

A "panteonização" de Moulin foi transmitida ao vivo pela televisão – extraordinário exemplo do papel da televisão na consolidação do poder de De Gaulle.[19] Antes de 1958, a televisão tinha desempenhado uma parte pequena na política francesa. O primeiro acontecimento televisionado a receber atenção pública na França – embora poucas pessoas tivessem aparelho televisivo nessa época – foi a coroação de Elisabeth II, em junho de 1953. Isso despertou quase tanto interesse na França quanto na Grã-Bretanha, pois os franceses ainda não tinham o seu rei. Mas havia tão poucas estações transmissoras no país que o programa só alcançou Paris e Lille. E alguns alsacianos compraram aparelhos alemães para assistir a emissões da Alemanha, onde havia mais retransmissoras. O primeiro acontecimento político francês a ser televisionado foi a eleição do presidente Coty, em dezembro do mesmo ano. Mas a eleição foi uma balbúrdia tão prolongada que resolveram suspender a transmissão depois de seis dias, porque estava dando uma impressão péssima da política francesa.

De Gaulle chegou ao poder no momento em que o número de pessoas que tinham televisão na França começava a aumentar significativamente. Em 1958, apenas 7% das casas tinham um aparelho. Em 1964, o número crescera para 39%; em 1968, para 62%. De Gaulle percebeu com notável rapidez o potencial da televisão. Criado pelo rádio entre 1940 e 1944, ele governou pela televisão depois de 1958. Comentou que, uma vez superada a crise argelina, os políticos tentaram eliminá-lo como haviam feito depois da Libertação – mas "em 1946 eu não tinha televisão". Nas palavras de um historiador, De Gaulle foi o primeiro político no mundo inteiro a "integrar totalmente a televisão à sua estratégia de comunicação".[20]

O primeiro discurso de De Gaulle pela televisão, em 13 de junho de 1958, não foi um sucesso. Ele se recusou a usar maquiagem, e todas as suas rugas e manchas eram visíveis. Usando óculos de lentes grossas, ele olhava para o texto e não para a câmera. Essa performance foi assistida, com horrorizada incredulidade, pelo magnata da publicidade Marcel Bleustein-Blanchet, antigo membro da França Livre. Depois de entrar em contato com o Eliseu para manifestar sua preocupação, ele teve a surpresa de ser convocado pessoalmente por De Gaulle. O general foi direto ao ponto: "Parece que fui mal na televisão." "Muito mal, general", foi a resposta.[21] De Gaulle aprendeu rapidamente a lição. Na segunda aparição, em 27 de junho, tinha decorado o texto. Já sem óculos, olhava diretamente para a câmera. Além disso, começou a ter aulas com um ator da Comédie-Française e contratou os serviços do maior maquiador da França, Charles Koubesserian (que trabalhava também para Brigitte Bardot).[22]

De Gaulle tornou-se um intérprete brilhante. Durante a Guerra da Argélia, entre 1958 e 1962, ele falou para a nação 31 vezes pela televisão. Em certo sentido, os franceses viveram o conflito por intermédio de De Gaulle, pela televisão. Suas duas intervenções mais espetaculares foram as obras-primas de retórica performática durante a Semana das Barricadas e o golpe fracassado de abril de 1961. Um dos seus truques retóricos mais eficientes consistia em fazer de cada discurso um encontro pessoal entre os franceses e ele: *"Françaises, français, aidez-moi"*, "Vocês podem ver a importância do 'sim' que peço a cada um de vocês", "E aqui estamos juntos novamente..." Encerrou a breve intervenção pedindo um "sim" no referendo sobre a Argélia em janeiro de 1961: "Eu preciso, sim, eu preciso, preciso saber o que se passa na cabeça e no coração de vocês. É por isso que me dirijo a vocês, passando por cima de todos os intermediários. Na verdade – e quem não sabe? –, este é um assunto entre mim e cada um de vocês."[23]

De Gaulle era mestre também em exprimir ideias com simplicidade. Antes de um discurso, em 14 de junho de 1960, seus assessores lhe prepararam uma massa de dados complicados sobre a economia.[24] Ele transformou tudo num discurso que começava assim: "Era uma vez um velho país sobrecarregado de hábitos e cautela. Tendo sido no passado o mais populoso, o mais rico e o mais poderoso país no cenário mundial, depois de sofrer muitos infortúnios ele se voltou para dentro de si." De Gaulle tinha uma ideia clara do que estava tentando fazer nesses discursos: "É preciso falar para eles como se fossem crianças, mas, ao mesmo tempo, encontrar uma explicação."[25] Esses elementos eram sempre evidentes: ele tinha talento para a simplificação (quando não estava usando o talento para a obscuridade, que também possuía), mas ao mesmo tempo sempre tinha alguma coisa a dizer. Como em seus discursos da época da guerra, a retórica de De Gaulle invariavelmente continha um argumento e um apelo à razão.

Depois da Guerra da Argélia, as intervenções televisionadas de De Gaulle rarearam – 22 entre 1963 e 1969 –, e o contexto era menos dramático. Mas De Gaulle estava sempre pronto para alertar os franceses de que o "abismo" não ficava longe se não o seguissem para os "píncaros". Outra metáfora predileta era o mar tempestuoso no qual os franceses precisavam de um "guia" e um "capitão" para conduzi-los a águas mais seguras. Em seus voos mais retóricos, o estilo era vulnerável a paródias, e um jornalista antigaullista escreveu um brilhante panfleto em 1959 zombando do "Estilo do general".[26] Nem todo mundo seria capaz da façanha de dizer as frases a seguir, mas De Gaulle praticamente conseguiu: "O caminho é difícil, mas belo! O objetivo é árduo, mas quão grandioso! Comecemos a jornada! A hora da partida soou."[27] De Gaulle não era só um grande retórico, mas também um brilhante *showman* do ponto de vista visual. Batia na mesa, apontava para a câmera, estendia os braços, encolhia os ombros, além de apresentar um repertório hipnótico de expressões faciais. Mas refletira cuidadosamente sobre a arte da performance e a necessidade de não exagerar no histrionismo: "Para este homem de setenta anos, sentado sozinho, atrás de uma mesa sob as luzes implacáveis, o objetivo era parecer animado e espontâneo o bastante para captar a atenção das pessoas sem gesticulação excessiva ou caretas inadequadas."[28]

De Gaulle era fascinado pelas possibilidades da televisão, não só como performer mas também como espectador. Seus encontros noturnos com Foccart sempre terminavam antes das vinte horas, para que ele pudesse voltar às pressas aos seus aposentos e ver o noticiário. Assistia a outros programas também, e bombardeava Peyrefitte com sugestões sobre como tornar a programação mais animada (achava que deveria haver menos programas sobre moda). Esse interesse pela televisão fazia de De Gaulle um político à frente de sua época. Debré quase não via televisão e tinha um jeito tirânico de falar para ser eficaz na telinha; Pompidou nem sequer tinha aparelho de televisão quando se tornou primeiro-ministro, e ouvia De Gaulle pelo rádio.[29]

De Gaulle, o artista de televisão, segundo *Le Canard enchaîné*.

A eficiência De Gaulle para usar essa mídia era ajudada pela falta de concorrência. A televisão francesa era rigorosamente controlada – até 1964 só havia um canal –, e os políticos da oposição raramente apareciam nela. Para De Gaulle isso era uma doce vingança, pois tinha sido banido do rádio depois de 1946. Como aqueles eram os primeiros dias da nova mídia, cabia a seu governo organizar as relações entre os apresentadores de programas de televisão e o governo. Em 1963, Peyrefitte estabeleceu uma reunião diária entre representantes do governo e responsáveis pela programação dos noticiários, que recebiam "orientação". Todas as turnês de De Gaulle aos departamentos recebiam extensa cobertura, com câmeras dando um jeito de mostrar grandes multidões, mesmo quando o número de pessoas era escasso. Uma visita a Toulouse em fevereiro de 1959 ocupou vinte dos 25 minutos do boletim de notícias do dia seguinte, com close-ups de rostos exultantes entre os espectadores.[30] A imprensa oposicionista zombava desse tipo de cobertura, mas De Gaulle não se perturbava. Traduzia o impacto das visitas para seu idioma próprio: "O efeito desejado é obtido desde que as pessoas levantem a cabeça e olhem para os pincaros."[31] Não se deve exagerar o grau do controle estatal.

A França não era a União Soviética, e a televisão cobriu exaustivamente uma prolongada greve de mineiros em 1963.³²

Quando Peyrefitte argumentava que uma abordagem liberal seria mais eficaz, De Gaulle não arredava pé: "Liberal, liberal, você chama liberal alguém que cede seu poder para que outros o exerçam em seu lugar? ... Seu papel não é suavizar o poder que tem, mas exercê-lo."³³ De Gaulle era obcecado também pela ideia de que a imprensa, especialmente *Le Monde* – que ele gostava de chamar *L'Immonde* [O Imundo] –, lhe era consistentemente hostil, uma das "feudalidades" contra a qual travava luta perpétua. Por esse motivo, considerava justo ter seu próprio meio de comunicação. Embora observadores neutros vissem a televisão como uma ferramenta de bajulação do governo, De Gaulle inundava Peyrefitte com bilhetes furiosos, criticando "seu rádio e sua televisão" por divulgarem notícias negativas. Na sua opinião, a televisão sempre mostrava chuvas demais, greves demais, notícias demais de gente reclamando.³⁴ A um dos seus assessores de imprensa, ele escreveu: "Não aceito que a radiotelevisão seja colocada à disposição de um crítico, ou de um autor, ou de um político que tenha De Gaulle como assunto sem lhe dar o meu consentimento."³⁵ De vez em quando, jornalistas da televisão tentavam rebelar-se contra a rédea em que eram mantidos. Dois dias antes do referendo de outubro de 1962, a reportagem de um jornalista de televisão foi adulterada por seus superiores. Os colegas fizeram uma greve de protesto, e naquela noite o noticiário da televisão foi substituído por um lago com nenúfares e acompanhamento musical. Isso não parece ter afetado o resultado da votação.

Além de transmitir discursos de De Gaulle à nação e cobrir suas turnês pelas províncias, a televisão também levava ao ar suas entrevistas coletivas semestrais, que duravam até duas horas. De Gaulle tinha aperfeiçoado a arte da entrevista coletiva durante a guerra, e continuou a concedê-las regularmente durante os anos do RPF. Em 1947, esboçou a filosofia dessas ocasiões para Claude Guy:

> Se os jornalistas sempre vêm é porque sabem o que esperar [*à quoi s'en tenir*]. Sabem que vai haver "diversão". ... A imensa "graça" [*drôlerie*] de tudo. ... Dá para adivinhar que perguntas serão feitas. O importante é elaborar um texto sintetizando as respostas que quero dar. Então ou me fazem as perguntas que quero responder, ou não fazem e eu desvio a conversa para o terreno que escolhi

antecipadamente. Ou eles fazem uma pergunta que não quero responder, e nesse caso eu passo para outra resposta. ... O que importa, acima de tudo, é preparar uma resposta arrasadora para derrubar o atacante e esfriar neles o desejo de atacar de novo.[36]

Como presidente, De Gaulle era capaz de controlar essas ocasiões ainda mais rigorosamente, com um público cativo bem maior. Eisenhower foi o primeiro a introduzir câmeras numa entrevista coletiva, em janeiro de 1958. Mas as entrevistas coletivas de De Gaulle – apelidadas por alguns de *"conférences* [a palavra francesa para "palestra"] de imprensa" – não poderiam estar mais distantes do estilo informal de Eisenhower. Eram realizadas na magnífica Sale des Fêtes do Palácio do Eliseu. No calor sufocante irradiado pelas intensas luzes da televisão, cerca de oitocentos jornalistas e muitos diplomatas estrangeiros espremiam-se

16 *mai* 1961

— Il me semble avoir entendu, au fond de la salle, quelqu'un ne pas me poser la question à laquelle je vais répondre maintenant.

"Acho que ouvi lá atrás alguém não fazer a pergunta à qual agora vou responder."

nas filas de cadeiras de frente para um palco.[37] No palco havia uma única mesa, à qual De Gaulle se sentaria. Poucos minutos antes de sua chegada, os ministros entravam e ocupavam seus lugares à esquerda do palco; o outro lado era reservado aos assessores de De Gaulle no Eliseu. Precisamente às três da tarde De Gaulle emergia de uma cortina, entrava no palco e todos se levantavam. Ele sempre fazia uma introdução, depois recebia as perguntas, as quais agrupava em temas antes de começar a responder. Isso era um exercício formal, pois já sabia de antemão exatamente o que planejava dizer. Todo o evento seguia um roteiro. Jacques Fauvet, de *Le Monde*, observou em 1966 que os jornalistas presentes eram testemunhas das perguntas que De Gaulle fazia a si mesmo.[38] Uma charge em *Le Figaro* foi certeira: De Gaulle, olhando para longe, diz: "Acho que ouvi lá atrás alguém não fazer a pergunta à qual agora vou responder."

De Gaulle passava dias trancado preparando essas conferências. Dizia o texto de cor, por mais de duas horas. Como não estava lendo, podia desempenhar seu papel com grande desenvoltura, subindo e abaixando o tom da voz, batendo na mesa, estendendo os braços, encolhendo os ombros e assim por diante. Seu talento de comediante era inesgotável. Às vezes, era nesse momento que seus próprios ministros ouviam falar pela primeira vez de uma política, no entanto as entrevistas não eram ocasião para anúncios políticos, mas oportunidades para De Gaulle dar palestras transmitindo suas ideias sobre o mundo: uma longa dissertação sobre história chinesa em janeiro de 1964, uma longa palestra sobre o sistema monetário internacional em fevereiro de 1965. Raymond Aron as chamava de "ato de equilibrismo político-histórico, ... obra de arte em que o orador, sobrevoando muito acima do planeta, recorda o passado e lança alguns raios de luz sobre o futuro".[39] Embora houvesse um roteiro, de vez em quando um perguntador se imiscuía no assunto. Isso permitia que De Gaulle exibisse sua impressionante capacidade de dar respostas rápidas e espirituosas: um jornalista que conseguiu perguntar por que o general demorara tanto a enfrentar um escândalo político que estava atraindo a atenção da imprensa (ver p.861-2) foi esmagado com as palavras "Ponha na conta da minha inexperiência."

As várias formas de intervenção pública de De Gaulle – os discursos durante as visitas regionais, as falas pela televisão e as entrevistas coletivas – eram diferentes em estilo, mas todas equivaliam a uma conversa de mão única com os franceses, conduzida do jeito que ele preferia. Explicava o que queria explicar, preservava o mistério daquilo que queria que continuasse misterioso. Tanto quanto a loquacidade, o sigilo era parte do estilo de governo de De Gaulle. Como observou Raymond Aron depois de uma entrevista coletiva: "Alguns leitores querem saber minhas opiniões sobre a última entrevista coletiva de De Gaulle. ... Vou me esforçar para matar sua curiosidade, mas antes quero lembrar quais são as regras que devemos seguir para interpretar os comentários do chefe de Estado, regras tão sutis como as necessárias para interpretar manuscritos antigos."[40] Depois de participar da sua primeira reunião do gabinete na qualidade de ministro da Informação, Peyrefitte preparou um comunicado à imprensa. De Gaulle massacrou o documento imediatamente, dizendo-lhe que "a ideia é que se saiba o mínimo possível". Ele trocou o texto de Peyrefitte por outro que começava: "O ministro do Exterior falou sobre a situação internacional; o ministro da Argélia falou sobre a Argélia e assim por diante."[41] Depois de outras ocasiões como essa, Peyrefitte conseguiu convencer De Gaulle de que o sigilo obsessivo era contraproducente, e que seria melhor oferecer à imprensa alguns nacos de informação. O general não aceitava conceder muita coisa. Sua ideia sobre a relação entre o "líder" e o povo continuava a ser, como sempre foi, descaradamente elitista. Certa vez, na época do RPF, ele comentou com Mauriac, no mais puro estilo Gustave Le Bon: "O povo é difícil de conhecer e difícil de administrar. ... Quer ser liderado, mas não quer dar seu consentimento a quem queira liderar. Quer ser levado, mas não admite se entregar."[42]

O estilo de governo de De Gaulle ofendia tanto a esquerda quanto a substância de suas políticas. Isso está dito nos editoriais ferozmente antigaullistas de Jean-Jacques Servan-Schreiber, editor da influente revista de centro-esquerda *L'Express*:

> 26 de março de 1959: Estamos reduzidos a interpretar uma esfinge. É vergonhoso ser reduzido politicamente à condição de objeto, uma espécie de larva.
>
> 29 de outubro de 1959: Para cada um de nós este homem é um enigma. Não há uma discussão, uma conversa, uma análise, uma previsão que não acabe girando em torno deste único e exclusivo assunto da política francesa: O que De Gaulle pensa? O que De Gaulle vai fazer?
>
> 2 de junho de 1960: Somos todos gaullistas. Quer dizer, espectadores. Nossa bússola aponta para os discursos de De Gaulle, nossos temas de discussão ou

nossas reflexões são seus ditos espirituosos. ... Somos, admitamos ou não, determinados por esta imagem fundamental: De Gaulle é a França. ... Somos obrigados a assistir a esse ator insuperável e depois a comentar sua atuação interminavelmente, entre nós mesmos.

27 de setembro de 1962: Se Bonaparte foi o inventor do primeiro golpe de Estado moderno, De Gaulle é o primeiro artesão do golpe de Estado eletrônico. ... Pela televisão, De Gaulle e suas decisões penetram de um golpe em nossas casas e mentes, destroem nossas convicções, esmagam nossas discussões à hora do café.[43]

O antigaullismo de Servan-Schreiber era radical, mas isso torna seus comentários ainda mais reveladores. Eram uma espécie de tributo pelo avesso aos poderes hipnóticos de De Gaulle e ao êxito com que ele ocupava todo o espaço da política francesa. Outro intelectual de esquerda, menos visceralmente hostil a De Gaulle do que Servan-Schreiber, o jovem historiador Michel Winock, expressou o mesmo dilema ao refletir sobre como votar no referendo de outubro de 1962:

Votar "Não" é votar pela despedida do Mágico; preferir o desconhecido, optar por dificuldades, talvez pelo pior – mas temos certeza disso? O pior me parece esta apatia das massas, que a tudo renunciaram, colocando-se nas mãos desse general anacrônico. Meu "Não" é anárquico, sei muito bem disso, ... mas não posso me conformar com o governo desse pomposo prestidigitador.[44]

O que tornava possível a predominância de De Gaulle não era apenas seu brilhantismo de comunicador e seu controle da televisão, mas também o descrédito das elites políticas da Quarta República e a implosão dos partidos que dominavam a política francesa desde 1945. O único sobrevivente desse naufrágio foi o Partido Comunista, mas inúmeros dos seus membros votaram "sim" no referendo de De Gaulle. Por causa dessas ocorrências, muito se falou, no começo dos anos 1960, sobre a "despolitização" da sociedade francesa.[45] Cientistas políticos e jornalistas viam nisso uma realidade preocupante – mas não os gaullistas. Michel Debré – cuja concepção de política era, em muitos sentidos, diferente da de De Gaulle – adotou a noção de despolitização quando apareceu pela primeira vez no Parlamento como primeiro-ministro:

Os indivíduos querem cuidar da vida; são absorvidos por problemas pessoais e de família. ... É bom que seja assim. ... O cidadão comum, verdadeiro democrata, desenvolve para si mesmo, em silêncio, um juízo sobre o governo do país e, quando consultado a intervalos regulares para a eleição de um deputado, por exemplo, exprime o seu acordo ou desacordo. Depois disso, como é normal e saudável, volta para as suas preocupações.[46]

O termo "despolitização" pode parecer curioso para designar um período de conflitos tão intensos sobre a Argélia. Mas fora as minorias altamente mobilizadas de ambos os lados, havia um palpável desinteresse pela política nessa época. O que há de mais notável, mesmo num acontecimento tão dramático quanto a crise de maio de 1958, é como a população parecia desconectada. Houve muito mais comoção um mês depois, na Copa do Mundo, quando a França pela primeira vez chegou à semifinal. Uma das queixas dos proponentes mais engajados da *Algérie française* era que, em vez de oferecer aos franceses uma causa nobre para defender na Argélia, De Gaulle traía sua própria visão de grandeza: uma civilização de heroísmos era substituída por uma civilização de geladeiras.[47] Havia qualquer coisa de verdadeiro nisso. Exaurida pela guerra, enjoada do carrossel político da Quarta República e interessada em aproveitar os benefícios materiais do crescimento econômico, a maioria dos franceses estava – pelo menos naquele momento – pronta para desfrutar suas geladeiras, seus aparelhos de televisão, suas máquinas de lavar e suas férias, para viver seu heroísmo vicariamente, através de De Gaulle, e deixá-lo governar como quisesse.

De Gaulle no trabalho

O centro do poder sob De Gaulle era o Palácio do Eliseu, residência oficial dos presidentes franceses desde 1871. Originariamente uma mansão do século XVIII pertencente a madame de Pompadour, foi onde Napoleão estabeleceu residência durante os Cem Dias. Ali também assinou sua abdicação final. Na mitologia popular, o Eliseu era famoso porque ali o presidente Félix Faure morreu em 1899, nos braços da amante – "em pleno exercício de suas funções", como disse o comunicado oficial. "Bem que poderia ser melhor", foi o comentário de De Gaulle sobre essas associações históricas.⁴⁸ Além disso, o Eliseu fica localizado num bairro de Paris com o qual ele não tinha qualquer afinidade: "O [bairro] do dinheiro, dos abastados, das lojas de luxo. Nada que lembre nossas grandes glórias nem o povo." Aquilo era tão diferente da grandeza austera do 7º *arrondissement*, onde De Gaulle fora criado. Ele até cogitou transferir a Presidência para o Château de Vincennes, na região leste de Paris, mas foi facilmente convencido a desistir dessa ideia impraticável.⁴⁹

De Gaulle aturava o Eliseu, mas o tratava como um soldado removido para uma guarnição. Nunca foi sua casa. Vincent Auriol tinha contratado os conhecidos decoradores André Arbus e Jules Leleu para modernizar a decoração do Eliseu, mas o frugal De Gaulle, que gastou recursos do Estado com tanta satisfação no Trianon para impressionar dignitários estrangeiros, na verdade tinha obsessão de não desperdiçar dinheiro público, especialmente consigo mesmo.⁵⁰ Depois de alguns anos, seu ajudante de ordens, Bonneval, estava tão horrorizado com a "dilapidação" da poltrona do escritório do general que interveio, insistindo em encomendar um novo conjunto de móveis em estilo Luís XV ou Diretório.⁵¹ Como a nova importância adquirida pela função presidencial significava um grande aumento de funcionários trabalhando no Eliseu, os antigos aposentos privados diminuíram de tamanho. A sala de jantar dos Auriols tornou-se o lugar de reunião do Conselho de Ministros. No que restou dos pequenos aposentos privados – um dormitório, duas modestas salas de estar e uma pequena sala de jantar –, De Gaulle não fez nenhuma mudança além de instalar uma televisão e um relógio de luz separado, para pagar do próprio bolso os gastos com consumo pessoal de eletricidade. Também restaurou (à própria custa) uma capela que Auriol tinha transformado em escritórios. Isso significava que, se estivesse em Paris nos fins de semana, podia assistir à missa privadamente. Quando, em 1974, Valéry Giscard d'Estaing, o presidente eleito, decidiu que também ia morar no palácio (o sucessor imediato de De Gaulle, Pompidou, preferiu não residir ali), sua mulher ficou chocada com a falta de estilo da mobília.⁵²

De Gaulle instalou seu escritório no primeiro andar, com vista para o jardim. Ele, que nunca foi madrugador, chegava dos seus aposentos privados por volta das nove da manhã. Como o fez a vida inteira, seguia uma rotina meticulosamente regular, começando pela leitura da imprensa francesa, o que infalivelmente o fazia explodir de raiva; também dava uma lida no *Daily Tele-*

graph, no *Frankfurter Allgemeine Zeitung* e no *New York Herald Tribune*.[53] O resto da manhã era gasto examinando telegramas diplomáticos, relatórios de chefes de departamento e resumos dos temas das reuniões da tarde. Quase todos os documentos apresentavam anotações em sua letra quase indecifrável. Ele nunca usava o telefone, se pudesse evitar. Quando Lyndon Johnson sugeriu que mantivessem contatos telefônicos regulares, De Gaulle respondeu: "Podemos escrever, podemos telefonar, mas acha que o telefone pode produzir aquele contato humano a que você se refere?"[54] A não ser que houvesse uma recepção oficial, o almoço era no Eliseu, com alguns assessores ou pessoas especialmente convidadas. De Gaulle era tão obcecado com pontualidade que quem chegasse mesmo um minuto atrasado corria o risco de descobrir que sua cadeira tinha sido retirada da mesa. Audiências oficiais eram marcadas para a tarde.

Os escritórios de De Gaulle eram ligados diretamente aos do *directeur de cabinet* e do secretário-geral do Eliseu. O primeiro encarregava-se das relações do general com "a nação" – organizando suas visitas pelo país, ou suas "audiências" – e o segundo cuidava de todas as relações com "o Estado" – ou seja, com o primeiro-ministro (instalado do outro lado do rio, no Hôtel Matignon) e os demais ministros do governo. Junto com o *directeur* do *cabinet* militar e o secretário-geral de Assuntos Africanos (Foccart), esses assessores eram conhecidos como os "quatro grandes". Cada um tinha um encontro de vinte minutos com De Gaulle no fim do dia. Os mais importantes eram Foccart (como já vimos) e o secretário-geral. Este último tinha acesso regular a De Gaulle e podia se encontrar com ele várias vezes por dia.

O primeiro secretário-geral foi Geoffroy de Courcel, entre 1958 e 1962; e o segundo, Etienne Burin des Roziers, entre 1962 e 1967. Ambos tinham acompanhado De Gaulle durante a guerra. Isso os tornava gaullistas "históricos", apesar de nenhum dos dois ter ingressado no RPF, coisa que aos olhos do general obviamente não pesava contra eles. Mas seria um erro achar que De Gaulle só se cercava de antigos "companheiros". Houve cargos para outros gaullistas históricos, como Guichard e Lefranc, mas com o tempo a proporção dos funcionários do Eliseu com antecedentes gaullistas diminuiu. Bernard Tricot, que se tornou o terceiro secretário-geral do Eliseu em 1967, não tinha passado gaullista. Foi nomeado porque De Gaulle o usara como assessor durante a Guerra da Argélia e aprendera a valorizar sua competência e sua discrição.

O secretariado e os *cabinets* também tinham entre seus funcionários "assessores técnicos" (*conseillers techniques* e *chargés de mission*), com áreas específicas de expertise (economia, educação, diplomacia, imprensa). A maioria desses assessores ficava em média quatro anos no cargo antes de seguir em frente. O grupo era conhecido popularmente como "entourage", mas De Gaulle preferia chamá-lo de Maison (casa). Nos tempos de Coty, a Casa era formada por cerca de dez membros; nos de De Gaulle, em geral contava com algo em torno de 45. Quase todos eram jovens funcionários públicos formados numa das Grandes Ecoles. Com o tempo foi aumentando a proporção de formados (11% em 1959 e 20% em 1966) na École Nationale d'Administration (ENA), a escola para funcionários públicos fundada pelo governo De Gaulle na Libertação. Poucos *conseillers* tinham afiliações gaullistas anteriores eles eram recrutados pela competência técnica. Como os dois primeiros secretários-gerais eram produto do corpo diplomático francês, havia uma homogeneidade cultural em toda a Casa. Sua diretriz filosófica era o serviço do Estado, princípio ao qual, como vimos, De Gaulle atribuía status quase sagrado. Apesar de desconfiar da submissão das elites administrativas da França, o general tinha simultaneamente por elas uma espécie de veneração. Era indiferente aos antecedentes políticos dos que trabalhavam para ele. O critério era o da expertise, da lealdade e do discernimento: a *compagnonnage* gaullista jamais foi uma panelinha política.

Embora os *conseillers* do Eliseu fossem sempre apresentados a De Gaulle quando nomeados – e em geral submetidos a um rápido interrogatório, para ele se convencer acerca da competência do candidato –, eles raramente o viam, a não ser quando convocados para instruí-lo sobre determinado assunto. Do contrário, sua função era redigir notas e sínteses, idealmente não mais que duas páginas. Esse material era enviado ao secretário-geral, que selecionava o que mostraria a De Gaulle. De hábito os *conseillers* não tinham a menor ideia do resultado dos seus esforços, salvo quando uma nota era devolvida com as seguintes palavras no alto *"Vu par le général"* ou carimbadas com uma pequena Cruz de Lorena. Às vezes, se tivessem sorte – ou azar –, havia anotações a mão, com correções de gramática e estilo, ocasionalmente um comentário ou reprimenda, ou até mesmo um gracejo. Um dos *conseillers* de economia tinha escrito numa nota que De Gaulle "se arrisca a ser interrogado sobre ...", e isso voltou com uma instrução na margem: "Aprenda [palavra sublinhada duas vezes] que o general De Gaulle jamais arrisca coisa alguma e nunca admite ser interrogado."⁵⁵ Pelo menos era uma prova de que o documento fora lido. Afora isso, como disse um *conseiller,* eles "saboreavam a combinação da sua importância e da sua insignificância".⁵⁶ De Gaulle escreveu em suas *Memórias* que a Casa trabalhava "metodicamente, longe de qualquer agitação".⁵⁷ Um dos *conseillers* do Eliseu exprimiu a mesma ideia sob luz um pouco mais negativa, quando recordou o "universo glacial" do Eliseu: "Era um universo um tanto separado da vida. ... A coisa mais proveitosa que eu poderia fazer ... era receber o maior número possível de representantes da sociedade civil ... e repassar as informações para o general na forma de notas curtas, para que ele não ficasse isolado do mundo real."⁵⁸ De Gaulle, claro, achava que suas visitas regionais o colocavam em contato com o mundo "real", mas era o mundo tal como ele queria ver, embaçado pelas grossas lentes de seus óculos.

Apesar das frustrações, o "entourage", fosse ou não "gaullista", criava laços de lealdade e até de afeição para com o remoto líder no primeiro pavimento, com quem tão raramente se encontrava. Eles sabiam que trabalhavam para De Gaulle – e só para De Gaulle –, e se alguma vez se esquecessem disso eram severamente lembrados. Quando Tricot disse a De Gaulle que tinha submetido determinado documento ao primeiro-ministro, levou uma bronca: "Não preciso de intermediário com o primeiro-ministro. Sua tarefa é ajudar-me, não é negociar com o primeiro ministro."⁵⁹

De Gaulle costumava se encontrar com o primeiro-ministro uma vez por semana numa conversa particular, e também rapidamente antes da reunião semanal do Conselho de Ministros. Fora isso, devido à fobia telefônica de De Gaulle, a comunicação era por carta. Muitas coisas não eram informadas aos ministros. Quando Peyrefitte disse a Pompidou que achava que sabia o que De Gaulle ia dizer na entrevista coletiva de janeiro de 1963 – a que vetou o ingresso britânico no Mercado Comum –, "os olhos [de Pompidou] se arregalaram como pires".⁶⁰ De Gaulle recebia o ministro das Relações Exteriores uma vez por semana, o ministro da Defesa uma vez por mês e os demais com menor frequência. Apesar de desdenhoso de sua própria Constituição, em outros sentidos o general era muito correto quanto a certas regras de comportamento. Jamais dava instruções a um ministro em particular sem em seguida informar o primeiro-ministro. Mas as relações entre o Matignon e o Eliseu eram inevitavelmente difíceis. Pompidou escreveu certa ocasião a Burin des Roziers reclamando que os *conseillers* do Eliseu entravam diretamente em contato com seus ministros, passando por cima dele: "Peço-lhe encarecidamente que contenha a impaciência juvenil dos seus colaboradores e entenda como é difícil a situação do primeiro-ministro do general."[61]

As reuniões do Conselho de Ministros, às quartas-feiras, eram formais e lúgubres. A não ser em ocasiões especiais, a discussão era limitada. Esperava-se de cada ministro que desse informações apenas sobre sua área. Quando em janeiro de 1960 Pinay, o ministro das Finanças, manifestou uma opinião sobre a política externa de De Gaulle, como seria de esperar que fizesse na Quarta República, foi repreendido pelo general com as seguintes palavras: "Desde quando o ministro das Finanças tem opiniões sobre política externa?" Pinay deixou o governo logo depois. A área de negócios estrangeiros pertencia a Couve, que era a voz do dono. Ele costumava ler numa voz monótona mais ou menos audível o que qualquer ministro teria descoberto lendo *Le Monde*. Suas intervenções eram tão maçantes que um dia De Gaulle o interrompeu: "Sem lhe pedir para berrar, será que o ministro de Negócios Estrangeiros poderia, por favor, falar para fora?" Malraux era tratado com uma tolerância que De Gaulle não tinha com mais ninguém. Nem sempre falava, mas quando o fazia as intervenções animavam as atividades com sua ofuscante obscuridade e elegância histórica. Uma discussão sobre política para o Egito de Nasser serviu de pretexto para Malraux traçar um painel histórico remontando aos faraós, seguido de conjecturas sobre por que a revolução nasseriana era mais parecida com a França em 1788 do que com a Rússia em 1916.[62] De Gaulle, com um sorriso compreensivo, trazia delicadamente a discussão de volta à terra – dos faraós para o presente.

Com De Gaulle, a função do Conselho de Ministros não era debater política, mas ratificar políticas já decididas. A discussão propriamente dita ocorria antes, em reuniões interministeriais menores (*conseils restreints*), que De Gaulle convocava para debater um assunto que o preocupasse, ou sobre o qual achava que o governo não estava agindo com o vigor necessário. Essas reuniões eram presididas pelo próprio De Gaulle, e delas participavam os ministros envolvidos, o primeiro-ministro e às vezes um *conseiller* do Eliseu. Nesses comitês, De Gaulle dificilmente poderia estar mais longe da figura do monarca solene do Conselho de Ministros. As atas mostram-no como um presidente atento e tolerante, ouvindo, perguntando, informando-se e finalmente sintetizando tudo com determinação.

Quem nunca estivera pessoalmente com De Gaulle, ou só conhecera sua persona pública, ficava surpreso com a agilidade de sua inteligência, sua capacidade de fazer sínteses instantâneas e sua receptividade intelectual. Poucas semanas depois de assumir seu posto em Argel, Delouvrier fez um relato ao cônsul britânico na capital argelina do seu espanto ante a "memória notável e o poder de concentração" de De Gaulle:

> [Delouvrier] me disse que depois da sua turnê inicial na Argélia, quando viajou incógnito, ele fez um relatório verbal para o general. Tinha dividido suas impressões em vários tópicos, e os repassou, ponto a ponto, falando durante 25 minutos. O general ouviu sem demonstrar qualquer reação, "uma experiência desconfortável, como pode imaginar". Terminada a leitura, no entanto, o general repassou todos os pontos, na ordem em que foram apresentados, comentando, dando ideias, falando ininterruptamente por quarenta minutos. ... Ele disse que jamais havia qualquer tipo de discussão numa conversa com De Gaulle. O melhor jeito de descrever essas entrevistas era compará-las a uma série de socos verbais rápidos do general para ver como o visitante reagiria. O general esperava uma reação inteligente e independente, e se não conseguisse perdia o respeito pela visita.[63]

Esse lado de De Gaulle, já conhecido daqueles que tinham trabalhado com ele em Londres, contrasta totalmente com a imagem de alguém que governava em olímpica solidão. Outra testemunha que relatou surpresa igual à de Delouvrier foi Jean Mamert, funcionário público de trinta anos com expertise em direito que foi convocado para dar consultoria técnica a De Gaulle durante a redação da Constituição em 1958. Como era inevitável, esse funcionário subalterno tremia de medo quando foi conduzido à presença do general:

> O que me surpreendeu, quando apareci para nosso primeiro encontro, é que achei o general bem diferente do que eu imaginava. ... Muito simples, muito à vontade, quase respeitoso. ... Depois de me ouvir, ao fazer comentários sobre o que eu tinha dito, ele assimilou exatamente o que eu tinha dito, palavra por palavra, quase até a última sílaba! Tinha uma memória fantástica. ... Não dá para exagerar quando se fala da sua capacidade de ouvir. É uma coisa que sempre me deixou perplexo.[64]

Um dos *conseillers* de economia do Eliseu lembrava-se de que, em seu primeiro encontro, enquanto De Gaulle o olhava atentamente através dos óculos de lentes grossas, ele tivera "a impressão de que era ouvido com mais atenção do que jamais acontecera comigo em qualquer lugar".⁶⁵ Apesar disso, era preciso ter nervos de aço para discutir com De Gaulle. Disse Tricot: "Era preciso escolher bem o momento e o terreno; também era preciso aguentar firme. Às vezes eu sentia a necessidade física de me segurar em alguma coisa."⁶⁶ Ainda que a resposta mais frequente de De Gaulle fosse "não", poucos dias depois uma ideia que ele de início rejeitava reaparecia como se fosse dele. Todo mundo que trabalhou para De Gaulle em Londres passou por essa experiência.

A função dos *conseillers* do Eliseu era fornecer a De Gaulle o conhecimento técnico necessário para contestar o próprio governo. Um exemplo de como isso funcionava foi o plano de estabilização financeira introduzido pelo governo em 1963. A economia francesa tinha se recuperado rapidamente do amargo remédio econômico administrado pelo Plano Rueff em 1958. Graças ao estímulo dado pela redução de tarifas determinada pelo Tratado de Roma, a economia cresceu espetacularmente, ultrapassando pela primeira vez as taxas de crescimento da Alemanha. Ao mesmo tempo, os preços começaram a subir.

Em duas ocasiões, Rueff escreveu diretamente a De Gaulle alertando-o de que era preciso tomar medidas para conter a inflação. Isso tinha a ver com a longa cruzada de Rueff pela estabilidade dos preços, mas também resultava de uma animosidade mais pessoal contra o diretor do Banco da França, que a seu ver estava adotando uma política de crédito descuidada.⁶⁷ Mas Rueff não era a única pessoa preocupada. Maxime Lévêque, o *conseiller* de economia do Eliseu, bombardeou De Gaulle com bilhetes em 1962-63 alertando-o contra o que chamava de "tendência inflacionária geral" e a "política exageradamente 'expansionista'" do governo.⁶⁸ Pompidou e seu ministro das Finanças, Valéry Giscard d'Estaing, preocupavam-se menos com a situação e temiam as consequências econômicas de uma política mais restritiva.

De Gaulle resolveu intervir e convocou quatro reuniões interministeriais na primavera de 1963 para discutir a questão, e o resultado foi um conjunto de medidas para atacar a inflação. Incentivado por Lévêque a ir adiante, De Gaulle achou que as medidas não tinham sido suficientemente arrojadas. Voltou ao assunto no outono. Mais três reuniões foram convocadas, e propôs-se um plano de estabilização ainda mais rigoroso.⁶⁹ De Gaulle escreveu para

Pompidou em termos solenes, recomendando que as "causas profundas e mais permanentes da inflação" fossem erradicadas: "É uma questão que considero essencial."⁷⁰ Pompidou ficou muito irritado com isso, pois tinha entendido que De Gaulle não tentaria interferir na administração da economia. Ele disse a Peyrefitte: "O general está ficando aborrecido porque madame de Gaulle lhe diz: 'Charles, os preços estão subindo.'" Esbravejou contra os "assessores técnicos ocultos [de De Gaulle], que o estão lançando contra mim e o meu governo"; noutra ocasião, reclamou: "O general não deveria se meter nisto. Vejo a mão de Rueff por trás de tudo. Ele se aproveita da ingenuidade de De Gaulle nessa área e o pressiona como um rinoceronte numa loja de porcelana."⁷¹ Não se deve exagerar a influência de Rueff. Num dos comitês para reformar o sistema de crédito, De Gaulle comentou que "não vamos demolir um sistema para ceder aos preceitos de Mr. Rueff".⁷² Provavelmente a influência dos assessores do Eliseu era mais importante.

O plano de estabilização foi amplamente criticado na imprensa por ser deflacionário demais. Provavelmente não causou grande prejuízo, mas o caso lança uma luz interessante sobre como o governo funcionava com De Gaulle. Se "assessores ocultos" o instigavam ou não, como suspeitava Pompidou, o fato é que eles davam a De Gaulle a munição de que precisava para impor sua vontade ao governo. Sua real influência dependia de o general decidir abraçar plenamente a causa. Havia exemplos que contestavam o plano de estabilização. Jacques Narbonne, *conseiller* do Eliseu em Educação, temeroso de que a rápida expansão da população de estudantes universitários da França fosse insustentável, começara a mandar notas cada vez mais alarmistas para De Gaulle insistindo na necessidade de impor uma política mais restritiva de seleção universitária. De Gaulle foi receptivo, mas acabou não forçando o assunto. Pompidou e o ministro da Educação – que absorveu a queixa de Pompidou contra "assessores ocultos" – eram firmemente contra. Pompidou, como aluno da Ecole Normale Supérieure, julgava-se especialista em educação superior. Acreditava no princípio de que qualquer estudante com diploma de ensino médio tinha direito automaticamente à educação superior. De Gaulle não estava tão convencido – ou não sabia se estava certo – para insistir. As políticas eram, portanto, um equilíbrio de influência entre o Matignon e o Eliseu – exceto em defesa e política externa, áreas nas quais De Gaulle predominava absoluto.⁷³

Modernização gaullista

A decisiva intervenção pessoal de De Gaulle para impor o plano de estabilização financeira desmente a afirmação, frequentemente repetida, de que ele não se interessava por economia. Na verdade ele era, de modo intermitente, obcecado pela economia. Sempre negou ter dito – como se costumava alegar – "o trem dos suprimentos cuida de si" (*l'intendance suivra*). Mas a frase correspondia, sim, à sua ideia de que a função do líder não era se envolver nos detalhes da execução política, ainda que por vezes interviesse em questões que iam do preço do leite e da carne à reestruturação da indústria carbonífera.[74] Como suas intervenções mais diretas foram o Plano Rueff de 1958 e o plano de estabilização de 1963, pode parecer que seus instintos o faziam preferir a estabilidade de preços ao crescimento, a ortodoxia fiscal à expansão. A realidade é bem mais complicada.

A sacralização do Estado por De Gaulle torna impossível classificá-lo como liberal, ao estilo de Rueff. Certo dia ele comentou com Peyrefitte: "O Estado tem de supervisionar o mercado."[75] Pompidou, cujos instintos de ex-banqueiro eram mais para o *laissez-faire*, queixava-se de que De Gaulle era "tão voluntarista que não suporta a ideia de que a atividade econômica não obedeça nem à sua vontade nem ao plano".[76] Havia verdade nisso. De Gaulle ficou obcecado, depois da volta ao poder, em ressaltar o lugar do plano na política econômica francesa. O Comissariado de Planejamento, um tanto improvisadamente fundado por De Gaulle em 1945, tinha se firmado. O Primeiro Plano (1946-52) dera prioridade ao investimento durante a reconstrução do pós-guerra. Metas eram estabelecidas mediante consultas entre funcionários públicos, empresas e sindicatos, segundo um modelo de planejamento "indicativo". O plano tinha desempenhado papel importante na alocação de recursos para a reconstrução. Um Segundo Plano, para o período de 1954-57, cobria escolas e hospitais. Dessa maneira, o Comissariado de Planejamento, estabelecido para enfrentar crises específicas do pós-guerra, tornara-se presença constante na política econômica francesa. Mas seu status era anômalo e contestado. Os funcionários públicos do Comissariado de Planejamento beneficiaram-se da falta de estabilidade política na Quarta República: seus planos forneciam um elemento de continuidade. Apesar disso, os "planejadores" se sentiam um pouco à margem da administração francesa, alcançando seus objetivos quase que por omissão. Deveria haver um Conselho Superior do Plano presidido pelo primeiro-ministro, mas a instância teve suas atividades suspensas e não se reunia desde 1953.

De Gaulle resolveu mudar isso. Quando o comissariado começou a preparar seu novo plano, em 1961, o general decidiu ressuscitar o Conseil Supérieur du Plan e presidi-lo pessoalmente.[77] Ficou tão entusiasmado que desenvolveu a ideia de que as recomendações do plano se tornassem obrigatórias, tivessem força de lei. Como isso seria impossível numa economia de livre mercado, os assessores econômicos de De Gaulle – e Debré – ficaram apavorados. No último minuto conseguiram convencê-lo a mudar seu discurso de 1961 sobre o assunto.[78] Ele acabou usando uma formulação um tanto mais vaga, em estilo gaullista, classicamente ambíguo, recomendando que o plano fosse uma "ardente obrigação". Queria criar uma "mística do plano", mas foi impedido de seguir adiante.[79]

Isso contribui para tornar as ideias de De Gaulle sobre economia difíceis de classificar: ele combinava uma sensibilidade voluntarista com o temor instintivo da inflação, cujos efeitos testemunhara pela primeira vez na Polônia, quando era jovem soldado. A experiência lhe deixara marcas profundas, e recordou-a em mais de uma ocasião: "Foi horrível. ... Donas de casa na fila às quatro da manhã para comprar pão antes que os preços subissem. ... Total desespero em toda parte."[80] O conteúdo econômico do "gaullismo" continuou fluido. Isso abriu a brecha para um grupo de jornalistas, administradores, economistas e funcionários públicos (*fonctionnaires*) altamente motivados, com uma clara pauta relativa à necessidade de "modernizar" a economia francesa. De Gaulle era a sua oportunidade, e foram eles que escreveram parte do roteiro do "gaullismo" nesse período.

Desde Colbert, ministro de Luís XIV, a França tem mantido o culto do servidor público supostamente desinteressado trabalhando para o Estado. Saint-Simon, pensador socialista do século XIX, desenvolveu toda uma filosofia em torno da ideia de uma sociedade governada harmoniosamente por uma elite. A palavra francesa *fonctionnaire* está impregnada de uma aura quase sagrada. Depois de 1945, o espírito foi encarnado por uma geração de *hauts fonctionnaires*, a maioria na casa dos trinta e poucos anos, apaixonadamente convencidos da necessidade de superar as fraquezas econômicas a que atribuíam a derrota de 1940. Esses reformadores tinham tido trajetórias diferentes durante a guerra – alguns envolvidos com a Resistência, outros com a França Livre, outros, ainda, com o regime de Vichy – mas todos imbuídos do mesmo zelo missionário pela renovação econômica. Sua inspiração era o keynesianismo; sua maior antipatia era pelos economistas "liberais" como Jacques Rueff e políticos conservadores como Pinay, que, segundo eles, defendiam os interesses de uma França atrasada de camponeses e rentistas.[81] Alguns trabalharam no Comissariado de Planejamento, outros em instituições europeias, outros, ainda, no Ministério das Finanças. Por essa razão, não é exato chamá-los de forasteiros, mas eles desenvolveram uma identidade de grupo em torno da ideia de que as elites da França não tinham sido inteiramente convertidas ao evangelho do crescimento e da modernização da economia. Vendo o Ministério das Finanças como uma cidadela inimiga que defendia uma estreita ortodoxia monetária, eles criaram uma autoimagem de "conspiradores da modernização".[82] Mas eram conspiradores muito públicos, divulgando suas ideias em palestras para as futuras gerações de *fonctionnaires* na ENA ou em artigos para revistas como *L'Express*. Uma figura emblemática era o economista Jean Fourastié, pioneiro da contabilidade nacional keynesiana, que tinha trabalhado no Comissariado de Planejamento e viria a se tornar famoso por inventar a expressão "os Trinta Anos Gloriosos" [após o fim da Segunda Guerra]. Fourastié escreveu best-sellers sobre como a tecnologia atrelada ao crescimento econômico poderia transformar o mundo.

A política dessa geração de *fonctionnaires* era amplamente de centro-esquerda, mas eles preferiam achar que trabalhavam apoliticamente por uma noção de bem público. Os de sensibilidade mais liberal e internacionalista viam a "Europa" como a rota para a modernização; os que favoreciam o controle do Estado preferiam priorizar o "planejamento". Os primeiros tinham em Monnet sua inspiração; os últimos se inspiravam em Mendès France, único político da Quarta República capaz de empolgar sua imaginação. Muitos tinham lotado as fábricas de ideias e os *cabinets* de Mendès France durante sua breve passagem pelo poder. O que os atraía nele era não apenas o fato de falar a mesma língua, mas a determinação de subjugar os grupos de pressão que impediam o crescimento e a modernização econômica. Não eram instintivamente gaullistas, ainda que muitos admirassem o De Gaulle da guerra. A retórica de "grandeza" do general lhes parecia anacrônica, e os meios pelos quais voltara ao poder em 1958 despertava suspeitas. Apesar disso, logo ficou claro que seu retorno lhes abria oportunidades.

Uma característica do primeiro governo de De Gaulle foi o grande número de cargos dados para "experts" não políticos e funcionários públicos em relação a políticos eleitos. Em janeiro de 1959, havia oito "experts" para vinte políticos; um ano depois, a proporção era quase meio a meio.⁸³ Quando Pinay renunciou, ele foi substituído não por um político, mas pelo ex-governador do Banco da França, Wilfrid Baumgartner. Esse momento particular parecia uma vingança simbólica contra os "modernizadores". Quando se tornou premier, em 1952, Pinay tinha rebaixado um dos representantes mais carismáticos dos modernizadores, o funcionário público François Bloch-Lainé, a quem considerava excessivamente dirigista.⁸⁴ Num sinal de quanto as coisas tinham mudado, De Gaulle tentou convencer Bloch-Lainé a ser seu ministro das Finanças. Bloch-Lainé estava comprometido demais com a esquerda – e chocado demais com a maneira como De Gaulle tinha voltado ao poder – para se dispor a cruzar esse Rubicão em particular. Apesar disso, via De Gaulle com cautelosa simpatia, e o general não ficou ressentido com a recusa. Declarou: "Ele é um de nós" – querendo dizer que os dois compartilhavam a crença na possibilidade de o Estado efetuar mudanças econômicas.

Logo após a volta de De Gaulle ao poder o socialista (e ex-membro da França Livre) André Philip tinha escrito um artigo advertindo que:

> O perigo do presidente De Gaulle é a tendência para um socialismo tecnocrático autoritário; pode ser que reúna à sua volta os experts e altos administradores que são ao mesmo tempo eficientes e autoritários, e acabe usado como uma forma de propaganda para que as massas adotem as decisões tomadas pelos que têm mais conhecimento e experiência.⁸⁵

Embora "socialismo tecnocrático autoritário" não seja realmente uma descrição válida do que ocorreu, o diagnóstico da importância que os experts assumiriam foi astucioso. Uma característica notável do governo de De Gaulle era o estabelecimento de comissões específicas ou organismos parapolíticos operando fora das rotinas mais burocráticas da administração tradicional. A uma delas foi atribuída a responsabilidade pela pesquisa científica – uma obsessão particular de De Gaulle – e a outra, a responsabilidade pelo desenvolvimento regional (Délégation à l'Aménagement du Territoire et à l'Action Régionale, Datar). Elas ofereciam cargos e oportunidades para os modernizadores. Paul Delouvrier, que tinha começado a carreira no Comissariado de Planejamento, nunca se sentiu inteiramente à vontade com o trabalho que De Gaulle lhe deu na Argélia. Mas em meados dos anos 1960 encontrou novo papel numa organização quase governamental responsável por supervisionar o desenvolvimento da região de Paris. Nessa função, Delouvrier foi o arquiteto dos planos de urbanização que levaram à construção de um cinturão de novas cidades em torno de Paris. O zelo quase messiânico dos modernizadores pode ser visto na espécie de linguagem usada por um dos *conseillers* de De Gaulle no Eliseu, Jean Méo, entusiasmado com a reforma da estrutura do comércio varejista na França. Ele queria começar tirando o imenso, pitoresco, mas ineficiente, mercado de alimentos frescos Les Halles do centro de Paris. Les Halles era, a seus olhos, a "quintessência de todos os feudalismos. ... Um abscesso monstruoso no coração da capital". Com o apoio de De Gaulle, ele acreditava estar "tomando uma Bastilha econômica", isolando o mais "espetacular câncer do país".[86]

Nada disso parecia parte integrante do "gaullismo" tal como ele existia antes de 1958, mas é fácil ver por que De Gaulle era receptivo a essas influências. A partir dos anos 1920, ele foi tomado de uma fascinação pelo moderno – pelo taylorismo, pelas máquinas –, que via como uma ameaça, mas também como oportunidade. Isso era compatível com sua definição do conflito com o Exército na Argélia como um choque entre os modernizadores avançados e os soldados atrasados travando uma guerra de ontem.[87] Repetidas vezes em seus discursos e entrevistas coletivas De Gaulle celebrou o progresso científico, as reformas sociais e econômicas e a modernização das Forças Armadas. A introdução de 1962 ao Quarto Plano propunha como metas modernizar o Exército e "dar à pesquisa o poder material capaz de assegurar plena participação do espírito francês no grande empreendimento científico e técnico do século".[88] Ou, como De Gaulle disse mais sucintamente num discurso dois anos antes, a França precisava "abraçar sua época".[89] O general também compartilhava a impaciência dos modernizadores com os grupos de pressão – que ele chamava de "feudalidades" – bloqueando as forças sociais e econômicas que precisavam do Estado para serem liberadas. Uma frase muito usada na época para caracterizar esses elementos sociais dinâmicos era *les forces vives* (as forças vitais), conceito fugidio, não muito fácil de traduzir, mas implicando os elementos produtivos, em oposição aos elementos parasitários, da sociedade.

Nessa convergência entre modernizadores, *forces vives* e De Gaulle é que o gaullismo dos anos 1960 foi moldado.[90] Nada ilustra melhor isso que a silenciosa revolução ocorrida no campo francês durante os anos 1960.

O fim do campesinato

O RPF jamais dera muita atenção à agricultura. De Gaulle não parecia ter qualquer opinião particular sobre o tema além de um desejo de arrancar da Europa o melhor negócio possível para os agricultores franceses. Uma das medidas politicamente mais arriscadas do Plano Rueff foi acabar com a indexação dos preços agrícolas. Em circunstâncias normais, isso seria suicídio eleitoral, levando em conta que 30% da população em 1962 ainda vivia da terra. No campo houve protestos periódicos contra o governo em 1959 e 1960. A entidade representativa dos agricultores, a Fédération Nationale des Syndicats d'Exploitants Agricoles (FNSEA), queria preços mais altos para conter o despovoamento rural. A *fronde* no campo contava com o apoio das fileiras gaullistas no Parlamento. Em março de 1960, a maioria dos *députés* assinou uma moção pedindo que o Parlamento convocasse uma sessão especial para discutir a crise agrícola. A Constituição estipulava que o governo era obrigado a deferir esse pedido, mas De Gaulle não tinha nenhuma intenção de fazê-lo.[91] Privadamente, ele resmungou: "Os camponeses nunca estão satisfeitos. Ou chove demais, ou está seco demais, ou frio demais ... Temos sempre que sentir pena deles."[92] Toda vez que as organizações agrícolas faziam um movimento para aumentar os preços, De Gaulle aconselhava Debré a ser firme.[93] A ideia de que o governo era indiferente aos sofrimentos do campesinato foi a origem das primeiras acusações de que o gaullismo tinha sido sequestrado pela tecnocracia desumana.

Nem todos os representantes da agricultura resistiam a mudanças. Em meados dos anos 1950, uma nova geração de jovens agricultores surgiu para desafiar a FNSEA. Encabeçados por Michel Debatisse, jovem e carismático agricultor do Maciço Central, eles criaram uma organização rival chamada Centre National des Jeunes Agriculteurs (CNJA). Argumentavam que, em vez de resistir ao êxodo rural e proteger agricultores ineficientes, era necessário modernizar a agricultura francesa. Esses agricultores se apresentavam como "empresários" tocando seus negócios – as *forces vives* da agricultura –, e não como "camponeses" preservando um estilo de vida. Um dos *conseillers* do Eliseu aproveitou a oportunidade. Informou o seguinte a De Gaulle em 1960: "O esforço para renovar a agricultura francesa não será alcançado só pelos agricultores contra o governo, nem só pelo Estado sem a colaboração dos próprios camponeses."[94] Ele conseguiu até convencer De Gaulle a receber Debatisse, apesar de o general não gostar de encontros com representantes de interesses setoriais. Como resumiu outro assessor: "Dissemos a nós mesmos que não fazia sentido colocar cataplasma em perna de pau e que precisávamos atacar a raiz do problema. De que servia a sorte de De Gaulle estar presente se a oportunidade não era usada para resolver esses problemas?"[95] Na mesma época, os líderes do CNJA rapidamente se deram conta de que na Quinta República era "melhor ter dois funcionários públicos bem colocados que 25 *députés*".[96]

O resultado foi um audacioso "projeto de lei de orientação" agrícola, apoiado pelo CNJA e contestado pela FNSEA. Ele estabelecia agências regionais (*sociétés d'aménagement foncier et d'établissement rural*, Safer) para comprar as terras que aparecessem no mercado e revendê-las ou arrendá-las para agricultores habilitados, a fim de substituir a então vigente colcha de retalhos de minúsculos terrenos por unidades mais viáveis economicamente. Quando o projeto foi debatido no Parlamento em abril, De Gaulle achou que o assunto era suficientemente importante para escrever a Debré dos Estados Unidos, onde estava em visita oficial, ressaltando que ele deveria ser "flexível na forma mas firme no conteúdo" da proposta.[97]

No ano seguinte, novos distúrbios ocorreram no campo. Agricultores bloquearam estradas com seus tratores e cortaram fios de eletricidade; na Bretanha, chegaram a ocupar a *sous-préfecture* de Morlaix. Foi um dos episódios de protesto rural mais violentos da França no século XX. O mais significativo – nem todo mundo se deu conta na época –, no entanto, era que os manifestantes protestavam não porque se opunham à nova lei para modernizar o campo, mas porque ela não era aplicada com a rapidez necessária. O incompetente ministro da Agricultura foi demitido em agosto de 1961, e De Gaulle o substituiu por um daqueles administradores eficientes que ele tanto apreciava. Tratava-se de Edgard Pisani, cujo papel na Resistência o levara a ser nomeado em 1944 o mais jovem *sous-préfect* da França. Pisani tinha feito rápida carreira na administração departamental até resolver entrar na política. Suas afinidades políticas eram de centro-esquerda, e de início ele não se via como gaullista – tinha votado no Parlamento contra o programa quinquenal de defesa em 1960 –, mas viu em De Gaulle uma oportunidade. Tendo aceitado o cargo, Pisani foi imediatamente submetido a uma minipalestra de De Gaulle sobre como deveria entender sua função: "Você é o ministro da Agricultura, não o ministro dos *agriculteurs* [agricultores]."

Pisani pôs em vigor uma segunda lei agrícola em 1962 que acelerava as reformas da primeira, e o campo francês entrou num período de rápidas transformações. Entre 1958 e 1968, o número de pessoas trabalhando na agricultura francesa caiu a um ritmo de cerca de 150 mil por ano. Esse declínio tinha começado na Quarta República e teria continuado com De Gaulle ou sem De Gaulle no poder. Mas a Quinta República acelerou o processo, e De Gaulle o adotou. Recordando a situação em suas *Memórias*, ele escreveu:

> Como, sendo eu quem era, poderia não me comover e me preocupar, vendo o desaparecimento desse mundo rural cujas ocupações nunca tinham mudado e eram estruturadas pela tradição; esse campo de inalteráveis vilarejos, velhas igrejas, famílias sólidas, dos eternos ciclos de lavragem, semeadura e colheita; esse campo de lendas, cantos e danças ancestrais, de dialetos e costumes regionais e mercados locais; essa França antiga cuja natureza, cuja atividade e cujo gênio a tinham tornado essencialmente rural?

Essa homenagem elegíaca à vida bucólica, que não estaria deslocada num discurso do marechal Pétain, soa mais como exercício literário que como expressão de uma convicção arraigada. Mas logo em seguida veio um parágrafo sobre a necessidade de mudança:

> Ficou para trás a época em que agricultura dizia respeito a subsistência, em que o camponês, sem jamais mudar o que plantava em seu minúsculo lote de terra, cultivava basicamente aquilo de que precisava para alimentar a si e a sua família. ... As máquinas acabaram com isso, alterando o velho equilíbrio, impondo rendimentos mais altos, acumulando excedentes, criando novos produtos e ao mesmo tempo novos desejos. ... É o mercado, portanto, quem dita as leis da agricultura: especialização, seleção, vendas.[98]

Fosse qual fosse o lamento de De Gaulle pelas "lendas ancestrais" do campo, suas raízes eram urbanas. Quando comprou uma residência campestre, foi numa área de paisagens desoladas onde, como gostava de dizer aos visitantes, não se via nenhuma habitação – nenhuma fazenda. No implacável nacionalismo existencial de De Gaulle não havia lugar para nostalgia do passado rural da França. Como disse num discurso em junho de 1960 sobre a necessidade de aceitar mudanças na Argélia: "É inteiramente natural sentir nostalgia do Império, assim como se pode sentir tristeza pela perda dos suaves lampiões a óleo, do esplendor dos navios a vela. Mas de nada serve uma política que não leve em conta as realidades."[99]

25. Intervalo para descanso, 1965

Interpretação do gaullismo

Em 1965, com De Gaulle há sete anos no poder, comentaristas, jornalistas e políticos continuavam confusos sobre a natureza do "gaullismo" e o regime que ele tinha criado. Esse era o caso até do Partido Comunista, que em geral tinha certeza de tudo. Em maio de 1958, o partido considerava De Gaulle "fascista". Maurice Thorez fez planos, se fosse preciso, de fugir para o exterior e evitar ser preso. Quando ficou claro que De Gaulle não tinha intenção de banir os partidos políticos nem de prender seus adversários, os comunistas tiveram que abandonar o argumento "fascista". Passaram então a denunciar o "regime do poder pessoal" que "abria caminho para o fascismo". Isso também era implausível – afinal, a França tinha uma imprensa livre –, e eles acabaram decidindo que o gaullismo era um instrumento reacionário do "capitalismo monopolista" (aqui a carreira anterior de Pompidou como banqueiro vinha a calhar). Outros marxistas tentaram desenvolver uma abordagem mais sofisticada, afirmando que o gaullismo representava os elementos dinâmicos do capitalismo francês contrários aos atrasados interesses protecionistas e rentistas ainda ligados à Argélia.[1]

O Partido Comunista achava essa teoria herética, porque dava a entender que o gaullismo tinha um lado progressista. Os comunistas não foram os únicos a fazer comparações com o fascismo. Esse era também o tema de uma revista efêmera, *14 Juillet*, fundada durante a crise de maio de 1958. Ela publicava colaborações de uma extraordinária galáxia de intelectuais franceses, incluindo André Breton, Marguerite Duras e Maurice Blanchot. O editorial do primeiro número declarava: "Não podemos prever o ritmo do processo pelo qual o regime atual acabará pura e simplesmente em fascismo. Mas a partir de hoje, sem risco de errar, podemos declarar que o regime de De Gaulle é, na França contemporânea, o passo necessário para a instauração do fascismo."[2] O segundo número, após a divulgação do resultado do referendo de setembro de 1958 aprovando a Constituição da nova República, não era menos alarmista: "Declaramos que o governo de De Gaulle é um governo ilegal de usurpação. Não reconhecemos os resultados do referendo. ... Nossas relações com a pseudo-Quinta República só podem ser análogas às dos franceses com o governo do marechal Pétain: resistência à opressão."[3]

A revista *14 Juillet* fechou depois de apenas três números, quando ficou demonstrado que suas previsões apocalípticas eram infundadas. Mas isso não ajudou nem um pouco a esclarecer o que significava de fato o retorno de De Gaulle ao poder. Os comentaristas políticos mais conceituados da época produziram inúmeros artigos analisando um regime que não se enquadrava em nenhuma de suas categorias analíticas, ou que não correspondia exatamente a nenhum precedente. Em diferentes momentos, foram feitas comparações com o Consulado de Napoleão, a Monarquia orleanista dos anos 1830 e o Império parlamentarista dos anos 1860. Alguns viam o gaullismo como uma tecnocracia modernizante, outros como uma nova encarnação do maurassianismo. Esta última ideia foi proposta por Raymond Aron num artigo publicado por *Le Figaro* em 1964 que deu muito o que falar. Ele apontava as similaridades entre De Gaulle e Maurras: a obsessão pelo Estado e pela independência nacional; também comparava o refrão de De Gaulle, de que a França "verdadeira" lhe dava total apoio, com a famosa distinção de Maurras entre o *pays legal* e o *pays réel*. Para um liberal conservador como Aron, a comparação com Maurras era negativa, mas a comparação também foi feita, maliciosamente, em *Le Monde* por um ex-maurassiano, Gilbert Comte, que comentou, em tom de aprovação, que "desde o nosso mestre Maurras ninguém provocou um choque tão duro na República".[4] A tendência mais popular era comparar o gaullismo ao bonapartismo: uma forma de governo que combinava soberania popular, liderança carismática e autoritarismo; uma política externa que combinava nacionalismo e retórica progressista; e uma ideologia que se dizia estar localizada na linha divisória entre esquerda e direita, e apelava para "o povo" em detrimento das elites.

Os dois comentaristas políticos mais prolíficos da França, o jurista Georges Vedel e o cientista político Maurice Duverger, foram incapazes de desenvolver um ponto de vista consistente. Nenhum dos dois queria retroceder à

Quarta República, e cada qual defendia o regime presidencial um pouco na linha dos Estados Unidos. O problema era que a Quinta República, constitucionalmente, não era uma coisa nem outra. Era um híbrido entre um sistema presidencial e um sistema parlamentarista, e não cabia nos modelos dos manuais e das aulas de ciência política.[5] O único consenso era de que De Gaulle tinha inventado uma coisa cuja natureza só ficaria clara quando ele saísse de cena. Duverger deu a um dos seus artigos o título de "Um homem tomou o lugar do Estado".[6] Outro comentarista comparou De Gaulle a um "velho Próspero", que tinha "dissipado todos os espíritos invisíveis", mas cuja partida provavelmente deixaria "um grande vazio institucional onde os espíritos da tempestade se poriam em movimento".[7]

Só a extrema direita não tinha dúvida sobre o que achava de De Gaulle. Antigos vichyistas e impenitentes partidários da *Algérie française* – quase sempre a mesma coisa – despejavam sua bile em publicações cuja única razão de ser era o ódio contra De Gaulle. Eles viviam num universo paralelo de rancor, ódio e conspiração, voltando incansavelmente à "perfídia" de 1940, ao "banho de sangue" de 1944 e à "traição" da Argélia. De outro lado, muita gente da esquerda que admirava a rebelião de 1940, apoiava os "expurgos" de 1944 e acolhia com satisfação a "independência" da Argélia era igualmente feroz em sua oposição. Esse era o caso, por exemplo, da revista de Jean-Paul Sartre, *Les Temps modernes*, cujo compromisso com a independência argelina não a inclinava a dar a De Gaulle nenhum sossego. Sartre escreveu: "O barril de arenque vai sempre cheirar a peixe; o regime gaullista em todas as suas manifestações vai cheirar até o fim a arbitrariedade e a violência que lhe deu origem."[8] Ele jamais mudou de opinião.

Sartre, o intelectual mais famoso da França – provavelmente do mundo –, era violento em seu antigaullismo, mas suas opiniões não eram incomuns na esquerda. Hubert Beuve-Méry, editor de *Le Monde*, era um barômetro da opinião progressista *bien pensante*. Para preservar sua independência, Beuve-Méry fazia questão de jamais participar de uma entrevista coletiva de De Gaulle – embora dedicasse longos editoriais a cada uma delas. Nesses artigos, o editor incorruptivelmente austero do jornal mais respeitado da França oferecia um comentário em tempo real das ações do imprevisível presidente francês.[9] Diferentemente de Sartre, Beuve-Méry tinha apoiado com cautela a volta de De Gaulle ao poder. Também defendera o "sim" no referendo sobre a Constituição, apesar dos resmungos da equipe editorial. Embora fascinado por De Gaulle, foi se tornando aos poucos mais crítico: das incompreensíveis idas e vindas da política do general em relação à Argélia, das aspirações mais loucas de sua política externa e do seu jeito de governar. Depois do referendo de 1962 sobre a reforma da Constituição, a análise de Beuve-Méry foi sombria: "Uma população dividida e desorientada, instituições em ruínas, ... uma espécie de 'terra arrasada' onde restam apenas facções combatendo num cemitério de liberdades perdidas."[10] Em 1965, sua hostilidade tinha se intensificado: "Um *tête-à-tête* exclusivo entre o povo e seu líder não está de acordo com o famoso princípio de *ein Volk, ein Führer*, que é o princípio do nacionalismo totalitário?"[11]

O único intelectual importante que apoiava De Gaulle era François Mauriac. Desde a Libertação, Mauriac tinha se tornado um ícone dos progressistas franceses, não só por seu papel na Resistência, mas por sua oposição aos abusos do colonialismo francês. Com uma coluna semanal em *L'Express*, ele conquistou um público que ia além dos leitores habituais dos seus romances. Tornara-se a consciência da esquerda católica, além de ser admirado pelos socialistas desgostosos com a cumplicidade do seu próprio partido com as torturas na Argélia durante os anos 1950. Depois de um momento de hesitação, em maio de 1958 Mauriac passou a apoiar De Gaulle. Logo mudou do apoio cauteloso para a adulação incondicional. Isso o deixava cada vez menos à vontade para escrever numa publicação em que todo editorial de autoria de Servan-Schreiber era uma diatribe antigaullista. Mauriac finalmente rompeu com *L'Express* em 1961 e levou sua coluna para *Le Figaro*, o jornal da opinião conservadora burguesa. Ali seu gaullismo encontrou um ambiente tão adverso quanto em *L'Express*, porque os leitores do jornal também tinham suas reservas acerca de De Gaulle: a maioria era nostálgica da *Algérie française*, muitos se opunham ao antiamericanismo de De Gaulle, por serem anticomunistas, e alguns guardavam vestígios de admiração por Pétain. Mauriac respondia aos críticos que o acusavam de veneração irracional por De Gaulle recordando-lhes que se opusera a ele no período do RPF, mas esse álibi ia perdendo força à medida que o gaullismo de Mauriac assumia um tom quase místico. Depois do discurso de De Gaulle na Semana das Barricadas, ele escreveu: "Como cristão me sinto fortalecido em minha certeza: Charles de Gaulle não é um homem destinado à grandeza, é um homem da graça divina [*homme de la grâce*]."¹² Em 1964, Mauriac publicou uma biografia de De Gaulle tão hagiográfica que até seus admiradores ficaram constrangidos. A essa altura, seu gaullismo servia apenas para desmoralizá-lo aos olhos dos progressistas que antes o reverenciavam. Como Malraux anos antes, Mauriac tinha deixado de ser um intelectual de esquerda que passou para o lado de De Gaulle e se tornara um gaullista que não podia mais ser considerado intelectual de esquerda.¹³

Embora a maioria dos intelectuais de esquerda se opusesse a De Gaulle, alguns começaram a achar mais difícil classificá-lo do que haviam imaginado. Um desses era o imensamente respeitado jornalista Jean Daniel, estrela de *L'Express* até sair para fundar o próprio jornal, *Le Nouvel Observateur*, em 1964. Daniel possuía antecedentes *pieds-noirs*, e apesar de partidário da independência argelina tinha (como seu amigo Albert Camus) mais sensibilidade para o problema da Argélia que alguns colegas seus. Ele também tinha muitas conexões no Terceiro Mundo. Isso o levou a escrever um polêmico artigo para *Le Monde*, em 1964, explorando o paradoxo de De Gaulle, desprezado pela esquerda francesa, estar se tornando um herói no Terceiro Mundo por sua determinação em enfrentar os Estados Unidos: "O único concorrente de Fidel Castro em popularidade entre os jovens da América Latina é De Gaulle."¹⁴ Outro intelectual de esquerda que se sentia pouco à vontade com o irrefletido antigaullismo de seu meio era Jean-Marie Domenach, editor de *Esprit*, publicação católica de esquerda. Em 1958 Domenach imaginou-se juntando um novo maqui para resistir ao retorno de De Gaulle ao poder, mas, aos poucos, começou a rever suas posições. A política argelina de De Gaulle, seu apoio à "cooperação" com o Terceiro Mundo, seu distanciamento dos Estados Unidos eram questões que despertavam a cautelosa simpatia de Domenach. Mas para ele o grande problema era que "De Gaulle jamais compreendeu seu próprio destino", recusando-se a romper totalmente com sua casta e suas origens políticas.¹⁵

Sintomática do problema de reagir a De Gaulle foi a evolução do Club Jean Moulin. Essa era uma organização criada em maio de 1958 por um grupo de antigos resistentes no momento em que a França parecia à beira de um golpe. Um dos seus fundadores, o marchand Daniel Cordier, tinha sido lançado de paraquedas na França em julho de 1942 para servir como ajudante de Jean Moulin; outro, o funcionário público Stéphane Hessel, trabalhara para o

BCRA. Ambos tinham sido gaullistas durante a guerra, mas mendésistas nos anos 1950, porque não aceitavam o RPF. Em 1958 estavam dispostos a ingressar numa renovada "resistência" para combater o novo "fascismo" gaullista – embora com dificuldade para encontrar armas. Quando ficou claro que a França não se tornara fascista, o Club transformou-se numa fábrica de ideias, refletindo sobre como preservar valores democráticos e republicanos e, ao mesmo tempo, rejeitar o autoritarismo presidencial da Quinta República.[16] Aos poucos, suas objeções ao gaullismo ficaram mais matizadas. Um dos seus membros, Georges Suffert, escreveu: "Se o gaullismo não é apenas um fenômeno conservador é porque reflete, à sua maneira, no nível da política, algumas mutações da política francesa."[17] Ou, como diria comicamente em suas memórias: "O paradoxo era que vivíamos bem no regime de De Gaulle e, com o tempo, não sabíamos mais por que queríamos mudá-lo."[18]

Até Servan-Schreiber, cuja oposição a De Gaulle era incondicional, reconheceu que, depois que a reforma constitucional recebeu aprovação popular em 1962, a esquerda teria de mudar de atitude. Quando o mandato de sete anos do general terminasse, em 1965, haveria – gostando ou não – uma eleição popular pelo voto universal. Esse era um desafio que a esquerda precisava aceitar. Como disse L'Express: "Queremos ir além do gaullismo, e não voltar atrás." Para tanto, em setembro de 1963 L'Express lançou uma campanha em busca do "sr. X" – um candidato presidencial que tivesse mais chance de derrotar De Gaulle se ele resolvesse concorrer ou de vencer outro gaullista, se De Gaulle não concorresse. O candidato mais óbvio teria sido Pierre Mendès France, mas ele se recusava a fazer qualquer concessão às instituições gaullistas. O estilo de governo de Mendès durante seu breve exercício de poder prenunciara aspectos do estilo de governo de De Gaulle, mas apesar disso ele continuava apegado aos princípios tradicionais do republicanismo parlamentarista. Como observou habilmente um historiador, Mendès France e De Gaulle eram mais parecidos um com o outro do que admitiam, quase simetricamente opostos: De Gaulle, temperamento autoritário dominado por um superego republicano; Mendès France, temperamento republicano dominado por um superego autoritário.[19]

Depois de alguns meses de suspense, L'Express revelou que o "sr. X" seria o respeitado político socialista Gaston Defferre. A intenção era de que o nome de Defferre atraísse votos tanto dos socialistas como do centro católico pró-europeu. O que ninguém sabia ainda era se De Gaulle iria se candidatar. Em sua entrevista coletiva de setembro de 1964, perguntaram-lhe como estava sua saúde cinco meses depois da operação na próstata. Ele rebateu: "Não está mal, mas não se preocupe, um dia não deixarei de morrer."[20]

O de sempre

O ano eleitoral começou e De Gaulle não dava nenhuma pista sobre suas intenções. Por enquanto, era o de sempre. Como exigia a tradição, em 1º de janeiro ele recebia autoridades importantes (*corps constitués*) e dignitários para lhes dar os votos de ano-novo. Na Quarta República, o ritual durava dias – uma oportunidade para o presidente fazer alguma coisa –, mas De Gaulle preferia resolver tudo num dia só. Começava com seus cansados ministros, que eram sadicamente convocados, depois das pândegas de fim de ano, para as 8:30. Em seguida vinham os presidentes da Assembleia e do Senado. Como o presidente do Senado, Gaston Monnerville, jamais fora perdoado por seu ato de *lèse-majesté* em 1962, denunciando uma suposta *forfaiture* de De Gaulle, ele era representado por um deputado. Finalmente, no fim do dia, De Gaulle recebia o corpo diplomático.

Em 19 e 20 de janeiro, De Gaulle conversou com Erhard em Rambouillet. À noite, viram um filme sobre a triunfal visita do general à Alemanha em 1962. Em suas discussões, De Gaulle, como sempre, atacou a MLF, mas como o plano tinha sido tranquilamente engavetado Erhard deixou passar. Apesar de o encontro não ter abordado nada de novo, a atmosfera foi mais cordial que no último encontro dos dois.[21] Três dias depois, De Gaulle deu a Pierson Dixon uma ideia do que realmente achava dos alemães nessa época. Dixon, cujo serviço em Paris chegava ao fim, tinha ido despedir-se. Depois de anos prevendo o desaparecimento de De Gaulle, ele mudou de tom. Agora achava que o general ocupava uma "posição incontestável": "Este homem, graças a uma astuta combinação de gestos diplomáticos, ameaças e vetos, mas sem poder militar ou econômico significativo, fez mais que qualquer outro para alterar o equilíbrio das políticas ocidentais nos últimos dois anos."[22]

Nessa despedida, De Gaulle parecia inclinado a fazer confidências, embora Dixon advertisse Londres para se precaver contra a possibilidade de armadilhas. Quando o diplomata britânico sugeriu que as afirmações de independência nacional do general poderiam ser contagiosas, revivendo os fantasmas alemães, De Gaulle evitou o assunto: "Era correto fazer uma clara distinção entre a ênfase francesa na independência nacional e o tipo alemão de nacionalismo. A França não ameaçava ninguém. O nacionalismo alemão era bem diferente, era perigoso, e certamente precisava ser observado com atenção." De Gaulle era pessimista quanto às chances de cooperação política entre os Seis, pois já seria difícil fazer os alemães e franceses chegarem a um acordo sobre como a questão alemã poderia ser resolvida com a União Soviética: "Seria excelente, disse o general com um sorriso, se os alemães concordassem com a abordagem francesa, ... mas ele não acredita que isso venha a ocorrer." De Gaulle "ridicularizava" qualquer ideia de uma política comum de defesa. Só os franceses possuiriam a bomba atômica, os alemães "nunca devem ter permissão para possuir ... qualquer voz ativa em questões nucleares". Quanto às ideias de Monnet sobre a Europa integrada, De Gaulle falou com desdém desse "teórico" e "utopista". A Comunidade Econômica Europeia era um "conveniente arranjo comercial", e ele não temia que suas instituições desenvolvessem "impulso próprio, numa direção supranacional". Mas se houvesse algum perigo de voto majoritário em que a França pudesse perder, "o país deveria sair da comunidade, e isso seria o fim". "Por quanto tempo, quanto tempo, ele acha que os alemães vão aguentar isso?", perguntou num memorando um funcionário britânico em resposta a esses comentários.[23]

No fim do mês, De Gaulle passou uma semana isolado em Colombey preparando a próxima entrevista coletiva, interrompida apenas por uma visita a Londres para assistir ao sepultamento de Winston Churchill. O ponto alto da entrevista coletiva, concedida em 4 de fevereiro, foi o ataque de De Gaulle ao sistema monetário internacional estabelecido pelo Acordo de Bretton Woods, de 1944. Bretton Woods fizera do dólar a moeda de reserva, única moeda conversível em ouro. Isso permitia aos governos americanos manterem déficits na balança de pagamentos com o resto do mundo sabendo que os credores estariam sempre dispostos a reter dólares. Com os déficits na balança de pagamentos dos americanos – alimentados por gastos militares no exterior – aumentando, um dia os dólares retidos nos bancos centrais estrangeiros poderiam exceder as reservas de ouro dos Estados Unidos. O sistema dependia da disposição dos aliados americanos para reter suas reservas de dólares – o que eles poderiam deixar de fazer se achassem que o dólar já não era "bom como ouro".

A situação dava considerável alavancagem financeira aos americanos. Detendo imensas quantidades de dólares, os credores dos americanos emprestavam esses dólares de volta aos Estados Unidos. Na realidade, financiavam a penetração de suas economias pelo capital americano. Isso se tornou tema de preocupação pública na França quando, em 1963, a Chrysler adquiriu o controle acionário da empresa de automóveis francesa Simca. No ano seguinte, uma empresa francesa (com o nome nada francês de Bull), especializada na fabricação de calculadoras de escritório, estava precisando de capital, e a empresa americana General Electric propôs comprar 20% de suas ações. O governo francês tentou impedir, mas o negócio foi fechado. Como a Bull era a única possível concorrente francesa da IBM, isso foi visto como um golpe contra a independência da França.

Esses foram os assuntos abordados por De Gaulle em sua entrevista coletiva. As preocupações que manifestou sobre o sistema financeiro internacional eram amplamente compartilhadas. Sinais de alarme sobre a capacidade de resistência do sistema monetário internacional já tinham soado em 1960 pela voz do economista Robert Triffin, de Yale. Mas Triffin com certeza não apoiaria a solução proposta por De Gaulle: a volta ao padrão-ouro. Para fazer essa sugestão, De Gaulle fora claramente influenciado por Rueff, que tentava vender a ideia desde os anos 1930. Mas o que Rueff via como um problema econômico – os americanos exportando inflação para o mundo mediante a impressão de dólares – De Gaulle via como um problema político – os americanos usando o poderio financeiro para estender os tentáculos de sua influência no exterior. Poucos economistas levaram a sério a ideia de retornar ao padrão-ouro, e De Gaulle foi amplamente ridicularizado. A parte sensata da sua análise sobre os problemas estruturais do sistema financeiro internacional ficou mascarada pelo impulso antiamericano que a inspirara. Pouco antes da entrevista coletiva o governo francês anunciou que estava convertendo em ouro parte das suas reservas em dólares.[24] De Gaulle dramatizou essa decisão recusando-se a permitir que os americanos transferissem o recém-convertido ouro para os cofres do Federal Reserve Bank. Em vez disso, mandou um avião especial da Air France buscar a carga em Nova York.

Ter o dólar atacado atingiu um nervo dos Estados Unidos, provocando mais indignação que os outros canhonaços antiamericanos de De Gaulle. Na imprensa popular americana houve quem exigisse que se boicotassem os produtos franceses e as "French fries" [batatas fritas]. Alphand, que chegava ao fim da sua missão como embaixador, comentou: "O público acha que o perverso general quer, por métodos satânicos, atacar suas carteiras. Aqui nada vale mais que o dólar. Nossos melhores e mais francófilos amigos ... nos abandonaram nessa briga."[25] Nada disso abalava De Gaulle. Quando recebeu Alphand no começo de maio, ele parecia muito satisfeito consigo mesmo: "Não deve ser fácil ser embaixador francês em Washington neste momento!"[26] No dia seguinte à entrevista coletiva, declarou a Foccart:

> Vou lhe dizer uma coisa. Uma entrevista coletiva de De Gaulle é notada no mundo inteiro. ... Você pode dizer o que quiser, e os Johnsons, os Wilsons, os Saragats podem dizer o que quiserem. Mesmo que M. Kossiguin começasse a dar entrevistas coletivas, isso não teria grande impacto, ao passo que, se eu falo, isso deixa uma marca. Eu lhe garanto que, internacionalmente, todo mundo presta atenção no que digo.[27]

Enquanto os comentários de De Gaulle sobre o dólar causavam alarme do outro lado do Atlântico, o governo alemão ficou preocupado com outra parte da entrevista coletiva. Ela ocorria exatamente vinte anos depois da Conferência de Ialta, e De Gaulle lembrou esse aniversário para fazer algumas observações inquietantes sobre a Alemanha. A Alemanha dividida, disse ele, era um fator cronicamente preocupante na vida da Europa – mas era um problema que os próprios europeus precisavam resolver. E prosseguiu: "A Europa, mãe da civilização moderna, precisa estabelecer-se do Atlântico aos Urais e viver em estado de harmonia e cooperação a fim de desenvolver seus imensos recursos, e dessa forma desempenhar, junto com seu irmão, os Estados Unidos, seu valioso papel em relação aos 2 bilhões de pessoas que precisam tanto da sua ajuda."[28] Não era a primeira vez que De Gaulle usava a expressão "Europa do Atlântico aos Urais", e ninguém jamais entendeu direito o que ele queria dizer com isso. Mas se essas palavras tinham algum significado este era que De Gaulle estava pensando numa reaproximação com a União Soviética como primeiro passo para a solução do problema da

Alemanha. Houve outros sinais de que era isso que tinha em mente. Em 23 de março, ele ofereceu uma recepção em honra do embaixador russo, Vinogradov, que deixava Paris depois de uma longa missão na capital. No brinde que fez, De Gaulle celebrou a "centenária simpatia e a natural afinidade" entre os dois países.[29] No fim de abril, o ministro do Exterior soviético, Gromiko, manteve conversas cordiais com De Gaulle em Paris.

Tudo isso deixava os alemães assustados. Em junho, De Gaulle esteve em Bonn para dois dias de rabugentas conversas com Erhard. Num jantar em homenagem a Adenauer, que tinha 89 anos, De Gaulle improvisou uma daquelas peças virtuosísticas de retórica que tão bem dominava: "Nós, europeus, somos construtores de catedrais. ... Ora, a catedral que estamos construindo hoje, quero dizer, na Europa Ocidental, tem um alicerce, e esse alicerce é a reconciliação da França com a Alemanha."[30] Mas seus recentes comentários tinham feito soar uma nota diferente. Até Adenauer estava preocupado, mas quando tocou no assunto com De Gaulle recebeu a sibilina garantia de que as sondagens da União Soviética eram "apenas introdução para um futuro, na medida em que existe futuro".[31]

Questões africanas continuaram absorvendo boa parte das energias de De Gaulle. Nos primeiros seis meses do ano, ele encontrou tempo para receber o presidente da República Centro-Africana três vezes, e também os presidentes de Níger, Alto Volta, Chade, Madagascar, Togo, Gabão, Costa do Marfim e Camarões. Foccart estava sempre à mão para dar informações a De Gaulle antecipadamente e para lhe fazer perguntas depois. A maior preocupação de Foccart em 1965 era o antigo Congo Belga.[32] O país ainda se recuperava da guerra civil que sobreveio depois da independência. Em 1964, o presidente congolês, num espírito de reconciliação nacional, tinha convidado o antigo líder secessionista Tshombe para chefiar um governo de união. Como Tshombe tinha sido apoiado pelos franceses durante a guerra civil, Foccart viu aí uma oportunidade de trazer o Congo para a órbita da França e desferir um golpe contra os Estados Unidos e a Bélgica. O Quai d'Orsay duvidava que Tshombe durasse muito tempo, mas Foccart persistiu em sua intenção.

Tshombe esteve com De Gaulle em Paris em 28 de maio, e depois do encontro Foccart fez o que pôde para envenenar a cabeça do general contra o Quai. De Gaulle pediu sua opinião sobre o embaixador francês no Congo. Foccart respondeu: "Um homem inteligente, que não é um dos nossos amigos e que de início não explorou as possibilidades de Tshombe. Se não o fez, foi porque o Quai também não fez, e ele apenas obedeceu."³³ Isso era tudo que De Gaulle queria ouvir. Ele ligou imediatamente para Pompidou na presença de Foccart: "Já expliquei tudo para Foccart [na verdade, parece ter sido o contrário]. ... Ele vai lhe dizer o que eu quero. Em termos gerais, temos que ajudar Tshombe, é uma necessidade. Precisamos acabar com qualquer reticência." Em seguida ligou para Couve com a mesma mensagem: "Você precisa acabar com essa resistência organizada pelos belgas e pelos americanos, que inconscientemente encontra eco do nosso lado [querendo dizer o Quai d'Orsay]." Foccart ronronou de contentamento em seu diário: "Percebi que Couve não ficou terrivelmente feliz."³⁴ Essa foi apenas uma vitória de Pirro para ele. Poucos meses depois Tshombe foi derrubado. Em novembro, o general Mobutu tomou o poder e Tshombe fugiu novamente do país. De Gaulle comentou com Foccart: "É a vingança dos belgas. Vamos esperar que Tshombe volte." Mas ele nunca voltou.³⁵

Foccart e De Gaulle também passavam um bom tempo debatendo política interna francesa. A outra área de responsabilidade de Foccart, além da África, era vigiar a UNR (cujos parlamentares De Gaulle tratava com a mesma majestade condescendente com que tratava chefes de Estado africanos). As eleições municipais, previstas para março, seriam um teste de popularidade para o governo. Embora fingisse não se meter nessas brigas, De Gaulle manifestava extraordinário interesse pelos detalhes da política eleitoral. Isso já acontecera durante o período do RPF, quando Claude Mauriac ficara espantado, até um tanto horrorizado, com o fato de De Gaulle, como quase todo político experiente, "entrar nos menores detalhes de organização, saber cada nome para as vagas a serem preenchidas".³⁶ Não era menos verdade com De Gaulle presidente. Depois de uma discussão, Foccart observou: "Como sempre, ele finge total desinteresse, mas na verdade o assunto o preocupa muito." Uma noite eles travaram minuciosa discussão sobre uma zona eleitoral de Marselha, até De Gaulle, percebendo de repente que se deixara levar, encerrar abruptamente: "Isso não tem nada a ver comigo; não é assunto meu."³⁷ Como sempre, estava dividido entre o que Pompidou chamava de sua "utopia unitária" e a verdade de que governava através de um partido. Seu sonho de comunhão carismática entre o povo e o guia não abria lugar para partidos.

Intervalo para descanso, 1965

O primeiro turno das eleições municipais foi decepcionante. Quando saíram os resultados, De Gaulle ficou possesso: "Eu me envolvi demais. Vocês foram aos poucos me puxando para dentro desse negócio. ... Aí estão vocês todos preocupados com assuntos eleitorais, pensando só em partidos políticos. Mas isso não é o futuro; o futuro é a autoridade do presidente."[38] Exemplo típico de má-fé gaullista, e Foccart teve de aguentar as consequências.

Nada disso dava a Foccart a menor pista sobre as intenções de De Gaulle em relação às eleições presidenciais do fim do ano. Ninguém se preocupava mais com isso que Pompidou, o óbvio candidato gaullista se De Gaulle resolvesse não disputar. Pompidou comentou com Peyrefitte no ano anterior que achava que De Gaulle estava "morrendo de vontade de candidatar-se de novo", mas, "como com ele ninguém nunca tem certeza de nada, é preciso estar preparado para outras eventualidades".[39] Em maio de 1965 surgiu uma biografia hagiográfica de Pompidou que claramente tinha sido autorizada pelo biografado. A posição de Pompidou era delicada. Sabia que uma demonstração muito evidente de ambição poderia ser a melhor maneira de levar De Gaulle a candidatar-se. Só lhe restava esperar – e ter esperança.

Se Pompidou secretamente esperava que De Gaulle não se candidatasse, Yvonne de Gaulle também, mas por razões inteiramente diversas. Ela odiava viver na gaiola dourada do Eliseu e sonhava com a domesticidade de Colombey. Logo após mudar-se para o palácio ela escreveu para uma amiga: "É uma casa sem alegria! Mas, no fim das contas, é apenas o 23º lugar onde moramos."[40] Às vezes ela olhava em volta e dizia, meio pedindo desculpas aos visitantes: "Vocês sabem, nada disso é nosso."[41] Disse a uma sobrinha que, para preservar a ilusão de normalidade, por vezes lavava as meias de De Gaulle na pia.[42] Como "primeira-dama" Yvonne de Gaulle guardava ferozmente sua privacidade. Jamais falou em público e, incrivelmente, não existe registro de sua voz. Mas ela desempenhava seu papel com seriedade, embora sem entusiasmo. Em 1965, esteve presente em 52 dos 75 banquetes ou refeições oficiais. Seus temas favoritos de conversa eram crianças (nos jantares, ela recebia antecipadamente uma pasta contendo detalhes sobre a família da pessoa sentada a seu lado), flores e viagens.[43] Fora isso, tinha uma visão minimalista do seu papel. Quando Georges Pompidou tornou-se presidente, o único conselho que Yvonne de Gaulle deu à mulher dele foi: "Use chapéu."[44] Uma parte das suas funções que ela adorava eram as viagens ao exterior. Se possível, tentava visitar um centro para crianças com dificuldade de aprendizagem. Sua intensa timidez fazia dela uma hóspede difícil de agradar. Quando os De Gaulles foram instalados em Birch Grove, Dorothy Macmillan ficou frustrada com as dificuldades para dar atenção a Yvonne: "Ela não quis ir à caça, nem à escola de artes e ofícios para deficientes, nem mesmo ... ao Pavilhão de Brighton."[45]

Yvonne de Gaulle dava o maior valor ao tempo que passava em Colombey – assim como o próprio De Gaulle. La Boisserie foi a única propriedade que tiveram. *"C'est ma demeure* [É meu lar]", como ele escreveu laconicamente nas *Memórias*.[46] Em Paris, antes da guerra tinha morado em vários apartamentos alugados, quando não estava estacionado no exterior; nas visitas a Paris depois da guerra, alojava-se no Hôtel La Pérouse, antes de ir para o Eliseu em 1959. La Boisserie, adquirida em 1934, era o esteio de estabilidade em sua vida. Quando se tornou presidente, ele e a mulher costumavam passar o fim de semana em Colombey pelo menos a cada quinze dias, e também as férias de verão, em agosto. Em vez da longa viagem por terra, iam de helicóptero, pousando em Saint-Dizier, a cerca de quarenta minutos de carro. Como presidente, De Gaulle precisava estar sempre acompanhado de um ajudante de ordens que morava na casa com eles, como membro da família. Mas o casal acabou achando esse arranjo muito invasivo, e a partir de 1960 o ajudante ficava instalado ali perto, em Chaumont, e só se juntava aos De Gaulles para a missa e o almoço de domingo.

O contato principal com o Eliseu era feito por telefone. Nos anos 1950, instalaram um aparelho telefônico numa espécie de guarda-louça, sob a escada da entrada. Nem De Gaulle nem a mulher gostavam de falar ao telefone mais do que o necessário. No começo era a única forma de comunicação do presidente com o Eliseu, e seu *directeur de cabinet* tinha instruções para ligar todos os dias exatamente ao meio-dia e meia, e, afora isso, jamais perturbá-lo a não ser em casos de extrema necessidade – como durante a Semana das Barricadas em Argel em janeiro de 1961, ou quando ocorreu o golpe no Congo em agosto de 1963. Como o telefone era uma linha aberta e desprotegida, De Gaulle teve de aceitar, em 1961, a instalação de um telex codificado na casa para uso do ajudante de ordens.

Era difícil para os De Gaulles escapar da vigilância de repórteres e fotógrafos espreitando na localidade quando estavam em casa. As duas empregadas – cozinheira e *gouvernante* – tinham instruções rigorosas para jamais falar com jornalistas. Yvonne de Gaulle ficou extremamente magoada quando Augustine, que foi cozinheira durante três anos, deu uma entrevista para uma revista depois que saiu do emprego. A sucessora, Honorine Manzoni, esperou até 1997 para publicar suas memórias, nas quais revelou ao mundo que De Gaulle tinha uma queda particular por *pot au feu* e coelho.

    La Boisserie era acima de tudo o território da família De Gaulle: cinco netos, numerosos sobrinhos e sobrinhas. Philippe e Elisabeth, os dois filhos sobreviventes, costumavam visitar o local com suas famílias. O cunhado de De Gaulle, Jacques Vendroux, e sua família também eram visitas bastante regulares, assim como a irmã mais velha de De Gaulle e única sobrevivente dos irmãos, Marie-Agnès. Ela falava pelos cotovelos e tinha opiniões sobre tudo. Isso irritava Yvonne de Gaulle, para quem a família não era o ambiente adequado para discutir política. Mas De Gaulle, que certamente achava que mulheres não deviam ter opiniões políticas, sempre demonstrou uma afeição meio rude pela irmã. Acima de tudo, era um avô solícito e dedicado, e entre os sobrinhos e sobrinhas era especialmente chegado a Geneviève (filha do seu irmão Jacques) e ao sobrinho François (também filho de Jacques), padre que serviu como missionário na África. De Gaulle tinha se aproximado de Geneviève depois que ela voltara, em abril de 1945, do campo de concentração de Ravensbrück, para onde fora deportada por atividades na Resistência. Durante um mês ela morou com De Gaulle e a mulher na *villa* Neuilly, onde viviam quando ele era chefe do governo provisório. Os dois tinham longas e íntimas conversas sobre as experiências de Geneviève no campo de concentração, e ela achava mais fácil falar a respeito disso com o tio que com o próprio pai.[47]

    Desesperadamente ansiosa para escapar da gaiola dourada do Eliseu, em abril de 1965 Yvonne de Gaulle encontrou-se com Foccart para explicar por que era contra seu marido candidatar-se novamente: "As pessoas precisam saber desistir, sejam elas chefes de Estado ou artistas. A gente vai ficando muito velha aos poucos, e não percebe, e ninguém nos diz... A pessoa não acaba bem; acaba mal. Não quero que isso aconteça com o general."[48] Uma semana depois, ela tentou os mesmos argumentos com Peyrefitte, que, como todo mundo, não tinha a menor ideia do que De Gaulle pretendia fazer.[49] Ele se divertia observando as muitas ocasiões em que o general parecia projetar-se num futuro pós-1965.[50] Tudo isso era fonte inesgotável de conjecturas e boatos.

Crise europeia

No verão de 1965, De Gaulle provocou uma grande crise europeia que ameaçava afastar os agricultores franceses cujos votos seriam importantes na eleição presidencial. Apesar de suas ocasionais investidas retóricas – públicas e privadas – contra a supranacionalidade europeia, ele fazia questão de que a França espremesse da Europa todos os benefícios econômicos possíveis, através da Política Agrícola Comum (PAC). Essa era uma área em que os interesses franceses e alemães continuavam a divergir. A França, como grande produtora agrícola, queria um mercado europeu protegido; a Alemanha, como grande importadora agrícola, queria poder comprar nos mercados mundiais em que os preços fossem mais baixos. A PAC fixava preços e impunha tarifas contra importações de fora da Comunidade Europeia para que cada produtor tivesse a garantia de vender por preços mais baixos que a concorrência externa. As receitas dessas tarifas iam para um fundo europeu que era redistribuído para apoiar os agricultores. Como a Alemanha era o maior importador de alimentos, pagava a maior cota das taxas de importação. Em outras palavras, as taxas pagas pela Alemanha sobre alimentos importados subsidiavam a agricultura francesa.

Em dezembro de 1963, chegou-se a um acordo em Bruxelas sobre os níveis de preços e tarifas para 85% da produção agrícola. Ficou faltando decidir o preço dos cereais. De Gaulle não participou diretamente de nenhuma dessas discussões, mas exerceu pressão o tempo todo, fazendo ameaças públicas ocasionais. Em outubro de 1964, lançou um ultimato formal nesse sentido: "A França deixará de participar da Comunidade Econômica Europeia se o Mercado Agrícola Comum não for organizado como se combinou."[51] Privadamente, disse a Peyrefitte: "Vivemos há séculos sem um Mercado Comum. Podemos viver vários outros séculos sem um Mercado Comum."[52] No fim, depois de uma maratona de negociações em Bruxelas, chegou-se a um acordo sobre grãos em dezembro de 1964. Nessas negociações, a França contou novamente com o apoio da Comissão Europeia, uma daquelas instituições supranacionais que De Gaulle supostamente condenava. Isso tem levado alguns historiadores a afirmar que a oposição de De Gaulle ao supranacionalismo era apenas uma pose, e que a realidade da vantagem econômica francesa sobrepunha-se à retórica de independência nacional.[53] Isso é distorcer demais a situação. De Gaulle certamente não era indiferente aos interesses econômicos franceses – queria grãos *e* grandeza – e tinha visto que a Comunidade Europeia poderia defendê-los. Mas ele não tinha percebido direito que um subproduto do sucesso da França na defesa de sua agricultura era aumentar paulatinamente as ambições da comissão. Isso ficou claro na primavera de 1965, quando o presidente da Comissão Europeia, o alemão Walter Hallstein, cometeu o erro fatal de confiar demais em si mesmo.

Para que a PAC cumprisse plenamente suas funções, faltava estabelecer como seus mecanismos financeiros funcionariam. A comissão propôs, em março de 1965, que a receita proveniente das taxas de importação fosse diretamente para o orçamento da comunidade. Essa sugestão veio acompanhada de uma proposta de emenda do Tratado de Roma, que alteraria as regras de votação do Conselho de Ministros Europeus, tornando mais difícil, para os países-membros, contestar decisões orçamentárias tomadas pela comissão. Isso aumentaria significativamente o poder da comissão em detrimento dos governos nacionais. Essa jogada audaciosa pode ter sido provocada pelo entendimento de que, uma vez que a França tivesse alcançado todos os seus objetivos na PAC, seria mais difícil voltar ao assunto. A proposta da comissão despertou todas as suspeitas latentes de De Gaulle sobre a Comunidade Europeia. Tecnicamente, o prazo formal para um acordo sobre o funcionamento dos arranjos financeiros da PAC terminava em 30 de junho. Surpreendentemente, foi Couve de Murville quem decidiu ir mais longe, propondo a De Gaulle que a França ameaçasse boicotar as instituições da comunidade enquanto não conseguisse o que queria nas questões agrícolas.[54]

Em teoria Couve esperava que, como no passado, se alcançasse um acordo de última hora. Mas o prazo de 30 de junho expirou sem que houvesse acordo. Não que os parceiros europeus da França estivessem entusiasmados com os planos da comissão, mas cada qual tinha objetivos próprios que tornavam improváveis quaisquer concessões imediatas. Além disso, não ajudava nada o fato de as relações franco-alemãs terem ficado tão tensas no ano anterior. De Gaulle não podia mais contar com uma reserva de boa vontade da parte de Erhard. Passado o prazo de junho, o general anunciou que até segunda ordem a França boicotaria as instituições da Comunidade. O representante permanente da França em Bruxelas foi chamado de volta a Paris. Esse foi o começo da política da "cadeira vazia", que mergulhou a comunidade na crise mais grave da sua curta história. Embora a comissão tenha recuado parcialmente, oferecendo um acordo, De Gaulle decidiu aproveitar melhor a oportunidade e usar o impasse para contestar uma cláusula do Tratado de Roma estipulando que a partir de janeiro de 1966 o Conselho de Ministros poderia tomar decisões por voto majoritário. Não se sabe se De Gaulle teria ou não contestado essa cláusula de qualquer maneira, quando chegasse a hora, mas o fato é que a comissão lhe deu um pretexto para agir.

De Gaulle adorava esse tipo de crise. Repreendeu Peyrefitte por divulgar um comunicado conciliatório depois de uma reunião do Conselho de Ministros em julho: "Você faz as pessoas acharem que as coisas vão se resolver. Não é esse o tom que convém. Pelo contrário, é preciso amedrontar as pessoas. Essa é a melhor maneira de obrigar nossos adversários a se ajoelharem." Depois da reunião seguinte, ele disse a Peyrefitte para manter um "silêncio aterrorizante".[55] Como acontecia sempre com De Gaulle, havia uma boa dose de blefe nessas ameaças. Apesar de ter chamado de volta o representante da França em Bruxelas, o vice continuou no posto; apesar de o governo francês anunciar que não estava disposto a aprovar o orçamento da Comunidade Europeia para 1966, isso só foi feito porque Couve garantiu a De Gaulle que havia um procedimento de emergência para aprovar um orçamento em caso de impasse; apesar de dizer publicamente que queria renegociar o Tratado de Roma, De Gaulle emitiu sinais de que estava disposto a aceitar uma reunião de ministros do Exterior europeus para encontrar uma solução.[56]

Enfim chegou-se a um consenso em janeiro de 1966, numa reunião de ministros das Relações Exteriores em Luxemburgo. Segundo o chamado "Acordo de Luxemburgo", nenhuma decisão poderia ser tomada por uma maioria do Conselho de Ministros se qualquer país-membro alegasse que seus interesses nacionais estavam sendo ameaçados. Nesse caso, os outros países-membros deveriam encontrar a solução dentro de um período razoável. O dito acordo foi, na verdade, uma lorota, porque não ficou claro o que aconteceria se não se chegasse a um entendimento. Mas foi um freio decisivo no processo de integração europeia. De Gaulle tinha conseguido grãos e grandeza.

Em termos de política interna francesa, a crise da "cadeira vazia" foi uma tática de alto risco, se a intenção de De Gaulle era concorrer às eleições presidenciais. Ela provocou a hostilidade dos agricultores franceses, que achavam que o general estava sacrificando um bom acordo agrícola em favor dos seus planos antieuropeus. Mas ainda assim ninguém sabia se ele planejava se candidatar.

Eleição pela televisão

No verão de 1965, a candidatura de Gaston Defferre, anunciada cedo demais, tinha perdido fôlego. O plano de apresentar um candidato conjunto dos socialistas e do centro católico – a rigor uma ressuscitação da Terceira Força da Quarta República – naufragou de encontro ao histórico desentendimento entre socialistas e católicos sobre o lugar da religião no sistema educacional. Defferre retirou a candidatura. Isso foi o sinal para que, em 9 de setembro, François Mitterrand anunciasse que iria disputar como candidato da esquerda.

Mitterrand era um dos mais antigos e implacáveis adversários de De Gaulle. Seu antigaullismo tinha profundas raízes que remontavam ao primeiro e desastroso encontro em Argel em dezembro de 1943. Segundo Mitterrand, a tática de De Gaulle para iniciar a conversa foi repreendê-lo por chegar num avião britânico.[57] Essa frieza tinha razões mais profundas. Tendo inicialmente flertado com o regime de Vichy – a ponto de ser por ele condecorado –, Mitterrand passara para a Resistência em 1942, criando um importante braço do movimento com prisioneiros de guerra que tinham escapado. Mas ele era um daqueles antigos vichyistas que tentava reconciliar suas antigas lealdades com as novas, apoiando Giraud contra De Gaulle. Outro ingrediente dessa mistura era a existência de um segundo movimento da Resistência formado de prisioneiros de guerra fugitivos e chefiado pelo sobrinho de De Gaulle, Michel Cailliau, que jamais se comprometera apoiando Vichy. De Gaulle tinha sido alertado por Cailliau, que lhe disse que Mitterrand era um vichyista recém-convertido e portanto não merecia confiança. Com toda essa bagagem, não é de admirar que o primeiro encontro entre De Gaulle e Mitterrand não tenha sido um sucesso.

Na Quarta República, Mitterrand tinha sido figura chave da centrista UDSR. Foi ministro em vários governos e, não fosse o colapso do regime em 1958, tinha boa chance de se tornar primeiro-ministro em pouco tempo. Quando o presidente Coty abordou De Gaulle, indiretamente, em 5 de maio de 1958, para sondar sua reação caso fosse convidado para formar um governo, isso era por temer que a única alternativa fosse Mitterrand, em quem não confiava. Assim, a volta de De Gaulle tinha bloqueado diretamente o caminho para Mitterrand.[58] No encontro em 31 de maio no Hôtel La Pérouse, onde De Gaulle tinha recebido os líderes dos partidos políticos para lhes assegurar que a democracia estaria segura em suas mãos, Mitterrand foi o único a negar seu apoio. Ele escreveu depois: "Vi todos eles fazendo mesuras e rapapés. ... De Gaulle bancava o mestre de cerimônias, ... oferecendo-lhes isto e aquilo, ... com um misto de indiferença e desprezo." Em vez disso, Mitterrand levantou-se e anunciou: "Corremos o risco de entrar numa era de repúblicas sul-americanas e de pronunciamentos. ... Depois dos generais, será o domínio dos coronéis. ... Enfim, general, o senhor é mortal." De Gaulle respondeu, furioso: "Então o senhor quer me ver morto." No dia seguinte, no Parlamento, Mitterrand tornou sua posição pública: "Quando, em 10 de setembro de 1944, o general De Gaulle apareceu perante a Assembleia Nacional que surgira da luta da Resistência externa e interna, ele tinha como seus dois companheiros a honra e a pátria. Hoje seus companheiros, ainda que não os escolhesse, são o golpe e a sedição."

Nos dois anos seguintes, a carreira de Mitterrand atingiu um ponto baixo, como consequência do chamado Caso do Observatório, no qual ele teria sido vítima de uma tentativa de assassinato da qual só escapou porque pulou o muro do Jardim de Luxemburgo. Poucos dias depois, entretanto, revelou-se que Mitterrand havia sido avisado, e talvez até tivesse ajudado a encenar o episódio. O assunto teria caído no esquecimento não fosse a tenacidade de Michel Debré, que insistiu para que se suspendesse a imunidade parlamentar de Mitterrand e quase o destruiu politicamente. Passada a tempestade, Mitterrand tornou-se o mais feroz adversário de De Gaulle no Parlamento, repisando o tema do general como ditador neobonapartista. Foi esse o mote do seu infame panfleto de 1964 denunciando a Quinta República como um "golpe de Estado permanente". Além do passado antigaullista, Mitterrand, que tinha poucas convicções políticas, era um europeísta e atlanticista convicto. Mas a natureza visceral de sua hostilidade a De Gaulle, em última análise, era existencial. Ele era um ambicioso e competente lobo solitário político que jamais aceitaria uma carreira política à sombra de quem quer que fosse. Ou teria êxito em seus próprios termos ou não teria. Como disse anos depois: "Há tanta gente que pode resumir trinta anos da sua vida dizendo 'De Gaulle e eu'. Não vou cair nessa armadilha. Vi e senti a França sem precisar de ninguém."⁵⁹

O brilhantismo de Mitterrand como debatedor e polemista lhe rendeu tantos admiradores quanto seu nebuloso passado e sua clara ambição lhe conquistaram inimigos. Embora não fosse visto como uma figura da esquerda na Quarta República, ele readquiriu uma virgindade política na Quinta República. Por essa razão, tanto o Partido Socialista como o Partido Comunista concordaram em apoiá-lo. A candidatura de Mitterrand, situada à esquerda, oferecia uma configuração política diferente da aliança centrista da Terceira Força buscada por Defferre. Isso abriu caminho para um jovem político católico quase desconhecido, Jean Lecanuet, anunciar que disputaria a eleição como representante do centro. Três outros se declararam candidatos, incluindo o advogado Jean-Marie Tixier-Vignancour pela extrema direita. Tixier-Vignancour tinha exercido um cargo pouco importante nos primeiros dias do regime de Vichy e defendera vários membros da OAS nos anos 1960. O palco estava montado para a primeira eleição a presidente por voto universal desde 1848.

Ainda assim De Gaulle não abriu o jogo, para grande frustração de Pompidou, que disse a Peyrefitte em 13 de outubro que seu "silêncio comigo nesse assunto está se tornando cada vez mais rude".⁶⁰ Foccart estava especialmente frustrado porque lhe caberia preparar a campanha – mas primeiro precisava saber o nome do candidato. Em 19 de outubro, ele mostrou a De Gaulle os possíveis cartazes da campanha, mas o general não quis olhar, e referiu-se apenas ao "gaullista que vai disputar". Uma semana depois, em 27 de outubro, De Gaulle disse ao Conselho de Ministros que anunciaria publicamente sua decisão na semana seguinte. Metade dos ministros achava que ele não pretendia disputar, e a outra metade achava o contrário.⁶¹ Para a gravação do discurso às dezoito horas de 4 de novembro só um grupo reduzidíssimo estava presente, incluindo Peyrefitte e Foccart, mas não Pompidou. As persianas foram fechadas para impedir que os presentes comunicassem por sinais, através da janela, as intenções de De Gaulle. Eles só foram liberados da sala cinco minutos antes de o discurso ser transmitido pela televisão. Peyrefitte saiu correndo para o Hôtel Matignon, onde a equipe de Pompidou assistia a tudo num silêncio tenso. Quando a transmissão terminou, Pompidou se levantou e saiu sem dizer uma palavra. Como o tema do discurso, em resumo, era que sem De Gaulle a França voltaria a mergulhar no caos e no desastre, suas implicações eram um insulto para o que Pompidou realizara como primeiro-ministro e para o que ele poderia ser capaz de realizar como presidente.

Esperar até o último momento era a tática de De Gaulle para desconcertar os adversários e obrigá-los a abrir o jogo antecipadamente. Mas perseguido pelo medo do "naufrágio" da velhice, e sempre inclinado a momentos de melancolia, ele tinha, genuinamente, se perguntado se não deveria desistir no momento em que o seu lugar na história parecia garantido. Como tinha dito a Peyrefitte quase um ano antes, "é melhor sair cinco anos antes da hora do que um minuto atrasado"[62] – mas quando viria esse minuto? No fim, a sede de poder de De Gaulle e o senso messiânico da própria indispensabilidade prevaleceram sobre as dúvidas.

A campanha presidencial, com duração de um mês, foi a primeira na história francesa em que os métodos modernos de marketing exerceram influência.[63] No ano anterior, Foccart tinha sido procurado por um jovem executivo de publicidade, Michel Bongrand, que estudara a eleição de Kennedy em 1960. Acreditando que as mesmas técnicas poderiam ser aplicadas na França, ele mandou uma proposta de cem páginas para Foccart. Não se sabe se Foccart chegou a mostrá-la a De Gaulle. Como Bongrand era mais conhecido por ter lançado a marca James Bond na França, parece improvável que De Gaulle tenha sido receptivo. Bongrand acabou contratado por Lecanuet, a quem resolveu vender como uma espécie de Kennedy francês. Um filme da campanha era apresentado num telão nas reuniões de Lecanuet, onde também se vendiam os cachecóis do candidato. Muita ênfase era dada à juventude de Lecanuet, a seu sorriso fotogênico e ao fato de ele ser relativamente desconhecido. Em sua primeira aparição na televisão, ele começou com as seguintes palavras: "Meu nome é Jean Lecanuet. Tenho 45 anos." Em seguida descrevia sua formação e sua família: "Não sou um herói lendário, mas um homem entre outros homens, compartilhando suas preocupações e ansiedades." Era fácil decodificar essa mensagem.

A campanha foi dominada pela televisão. Cada candidato tinha direito a duas horas de tempo de televisão. Apesar de ser, como vimos, um pioneiro no uso da televisão, De Gaulle não previu o imenso impacto do meio na eleição. Estava convencido de que o público logo se cansaria de ouvir todas as noites um discurso político. Os outros candidatos dedicaram o tempo a aperfeiçoar suas habilidades televisivas, pois nunca tinham tido a chance de aparecer nesse veículo. Tixier-Vignancour, mais acostumado a atuar nos tribunais, foi treinado por outro político de direita, Jean-Marie Le Pen. Mitterrand de início estava rígido e pouco à vontade, e alguns espectadores não gostaram do seu sorriso voraz, mas sua frase de abertura encontrou eco: "O general apresenta problemas que diziam respeito a nossos pais e eu apresento problemas que vão dizer respeito a nossos filhos." Mitterrand foi ficando mais à vontade e experimentou um novo formato no qual uma jornalista lhe fazia perguntas fáceis. No fim, o que importava para os adversários de De Gaulle era menos a qualidade do desempenho que o fato de serem vistos na televisão. Um jornalista de *Le Monde* comentou que era como se a emissora tivesse sido tomada por um bando de rebeldes. Os aluguéis de aparelhos de televisão dispararam.

Apesar de tudo, De Gaulle ainda se recusava a entrar na arena. Sua intenção era falar apenas uma vez, na véspera da eleição, pois os franceses o conheciam muito bem. Como disse a Peyrefitte: "Imagino que vocês não estão me pedindo para aparecer diante das câmeras e dizer: 'Meu nome é Charles de Gaulle.'" Quando as pesquisas começaram a preocupar, De Gaulle foi relutantemente convencido a fazer um discurso extra pela televisão em 30 de novembro, seis dias antes da votação. Até o fiel Foccart achou o pronunciamento um desastre. De Gaulle estava empertigado e sem jeito, com o terno amassado. Concentrando-se no passado, não explicou por que os franceses deveriam elegê-lo para o futuro. Parecia tão velho que alguns eleitores, preocupados, ligaram para o Eliseu perguntando sobre sua saúde. Sem mencionar o nome dos adversários, De Gaulle denegriu-os, chamando-os de "paladinos da decadência" que representavam os "velhos partidos". O subtexto disso era que só ele tinha competência para lidar com os problemas de um "mundo difícil e perigoso", embora não dissesse o que pretendia fazer. Sua segunda intervenção televisiva na véspera da votação foi apenas um pouco melhor. A transmissão foi tão chata que até hoje é difícil de assistir. Era como se De Gaulle, o ator consumado, não conseguisse ver que precisava apresentar argumentos em defesa da verdade evidente: ninguém mais poderia garantir a salvação da França.

Na noite do domingo da votação, De Gaulle estava em Colombey. Os resultados foram tão ruins quanto as pesquisas tinham previsto. Apesar de ter o maior número de votos, com apenas 44,6%, De Gaulle ficou longe de obter a maioria. Seria obrigado a disputar o segundo turno com François Mitterrand, o segundo colocado, com 31,7%. A grande surpresa foi que o até então desconhecido Lecanuet tinha conseguido 15,5%; Tixier-Vignancour chegou em quarto, com 5,2%. À noite, Pompidou, Peyrefitte e Joxe se reuniram nervosamente no Matignon para decidir como lidar com De Gaulle. Pompidou ligou para ele na presença dos outros dois. Deu a De Gaulle uma interpretação animadora do resultado, mas do outro lado da linha fez-se completo silêncio. Pompidou teve de perguntar, ansiosamente: "Ainda está aí? Está me ouvindo?" Acabou passando o fone para Peyrefitte, que pelo menos conseguiu fazer De Gaulle falar, mas sem confirmar que não retiraria sua candidatura: "Não vejo como os 56% que votaram em mim hoje vão mudar de ideia em duas semanas." Peyrefitte tentou, laboriosamente, explicar a lógica do sistema: "No primeiro turno se elege, no segundo se elimina." Acabaram a conversa sem ter a menor ideia do que De Gaulle pretendia fazer. Mais tarde, Burin des Roziers ligou para dizer que De Gaulle parecia "deprimido de um jeito que vocês não podem imaginar".[64]

Depois de mais um dia confinado em Colombey, De Gaulle voltou a Paris na quinta-feira, 7 de dezembro, decidido a lutar. Parecia inconcebível que ele jamais tivesse pensado em outra coisa. Seu cunhado, visitando Colombey na segunda-feira, o achara "irritado", mas certamente não no estado depressivo de domingo à noite.[65] Os assessores começaram a tentar convencê-lo a mudar de atitude e parecer menos distante das preocupações comuns dos franceses. De início, De Gaulle resistiu: "Então vocês querem que eu fale com os franceses de pijama."[66] Afinal, acabou concordando em testar um novo formato televisivo, concedendo três entrevistas ao jornalista pró-gaullista Michel Droit. A gravação da primeira sessão deu tão certo que ele insistiu em gravar as outras duas imediatamente. As entrevistas foram transmitidas em três noites seguidas. O único corte sugerido por seus assessores foi uma frase zombando dos eleitores de Lecanuet, a quem chamava de "meninos de coral que roubaram o vinho da comunhão". De Gaulle concordou que não era muito político fazer pouco dos muitos católicos de centro de cujos votos ele precisaria no segundo turno.

As transmissões foram um grande sucesso. Sentado numa poltrona diante de Droit, e não sozinho diante de uma mesa, De Gaulle projetou para o público uma imagem mais despreocupada. Droit conseguiu tirá-lo dos "píncaros" onde gostava de habitar e fazê-lo discutir os problemas comuns dos franceses. De Gaulle discorrendo sobre máquinas de lavar, geladeiras e aspiradores de pó era quase tão surpreendente quanto teria sido De Gaulle de pijama. Como sempre ocorria com o general, houve toques de teatralidade, como quando pulou na poltrona reagindo à insinuação de que não era um bom europeu: "É preciso ver as coisas como elas são, pois a política tem que se basear em realidades. Claro que você pode pular em sua cadeira como um *cabri* [cabrito] berrando 'Europa, Europa, Europa', mas isso não levará a nada e não significa nada."[67] Foi um daqueles arcaísmos ocasionais que davam um tempero especial aos discursos de De Gaulle. A maioria decerto não ia saber por que ele se comparara a um cabrito saltitante; os jornalistas correram ao dicionário para explicar a origem da frase.[68] Curiosamente, Mitterrand, tentando parecer presidencial, conseguiu dar a impressão de que falava do Eliseu, enquanto De Gaulle quase parecia o candidato que queria tomar o seu lugar.

Personalidades e intelectuais, muitos deles antigos resistentes, anunciaram seu voto nas colunas de Le Monde. Emmanuel d'Astier de la Vigerie, que depois da guerra fez carreira como jornalista simpatizante do comunismo, anunciou que votaria em De Gaulle para resistir "à hegemonia dos Estados Unidos"; outro antigo resistente de esquerda, o romancista André Chamson, justificou seu voto em De Gaulle como uma forma de fidelidade aos "valores da República" e aos ideais que tinha defendido como jovem partidário da Frente Popular. O escritor Jean Guéhenno, também ele antigo resistente e partidário da Frente Popular, adotou a opinião contrária, de que o gaullismo era "uma variante do pétainismo" em sua adoção de uma política maurassiana "presunçosa e ultrapassada" de "França sozinha"; e o historiador da arte Jean Cassou, que tinha pertencido à mesma rede da Resistência de Agnès Humbert, cuja reação a De Gaulle em 1940 abre este livro, se opunha ao general porque via o gaullismo como uma nova versão do bonapartismo. O jornalista Jean Cau, que fora muito ligado a Jean-Paul Sartre, disse que votaria em De Gaulle porque seus adversários representavam o espírito da "burguesia ex-pétainista" assustada com a ideia de independência nacional: "Ele não é de esquerda. ... Ele não é essa esquerda que gostaríamos de ver nascer, mas é a pessoa que vai nos permitir sepultar de vez a velha esquerda." Pierre Boutang, monarquista e ex-pétainista, anunciou que votaria em De Gaulle "por curiosidade" e porque, apesar da traição relativa à Argélia, ele representava o espírito pétainista. O economista Pierre Uri, ligado a Monnet, advertiu contra o perigo de ser levado pelo falso progressivismo terceiro-mundista de De Gaulle, motivado mais pelo antiamericanismo do que por um desejo genuíno de resolver os problemas dos países em desenvolvimento. O sociólogo de esquerda Edgar Morin anunciou que se absteria de votar. Não podia apoiar a disparatada mixórdia de interesses que se escondiam atrás de Mitterrand, mas achava que havia o risco de os aspectos potencialmente progressistas de um voto "gaulliano" serem contrariados pelo conservadorismo do gaullismo: "Não consigo dissociar totalmente a personalidade gaulliana da realidade gaullista."[69]

Essa diversidade de posições revela quanto a "personalidade gaulliana" continuava a desafiar classificações, transcendendo os limites normais da política. No fim, porém, a eleição demonstrou o contrário sobre a "realidade gaullista". Foi outro golpe contra a ideia de De Gaulle de que ele tinha um vínculo místico com os franceses, por sobre a divisão entre esquerda e direita. Isso tinha sido verdade em momentos de crise nacional, mas em condições normais a lógica da Quinta República era uma crescente bipolarização. No segundo turno da eleição, De Gaulle obteve 54,9% dos votos, contra os 45,1% de Mitterrand. Independentemente do êxito das performances de De Gaulle com Michel Droit, a votação de Mitterrand poderia ter sido deduzida, estatisticamente, dos resultados do primeiro turno. Ele contou com os votos daqueles que tinham apoiado Tixier, o candidato de extrema direita. Teriam votado no cavalo de Calígula, mas não em De Gaulle; e aqui o passado vichyista de Mitterrand não o prejudicou em nada. A maioria dos eleitores de centro de Lecanuet acabou votando em De Gaulle, uma vez que os repugnava o fato de Mitterrand ser apoiado pela esquerda. Embora o contexto da eleição fosse a crise da "cadeira vazia" na Europa, parece não haver prova de que a tensão fez muita diferença no resultado, ainda que De Gaulle tenha perdido votos no campo.

O jeito altivo de De Gaulle lidar com a humilhação de ser obrigado a disputar um segundo turno foi fingir indiferença. Em resposta a cartas de congratulações, sempre se referia à sua "eleição" entre aspas, como se ser eleito nada tivesse a ver com a razão de ele ser presidente. Escreveu para Marie-Agnès, sua irmã, dizendo que o problema era que no momento os franceses não tinham medo de nada. Em consequência, mais uma vez eram tentados pela "dispersão e pela facilidade".[70] Em sua famosa polêmica descrevendo a Quinta

República como um golpe de Estado permanente, o arquirrival de De Gaulle em 1965, François Mitterrand, tinha escrito que ele era uma dessas figuras que "só florescem na Desgraça e no Desastre".[71] A acusação não era inteiramente sem fundamento. O primeiro estágio da extraordinária carreira de De Gaulle tinha sido possibilitado pela catástrofe de 1940, e o segundo estágio pela crise argelina. Sua volta ao poder em 1958 encaixava-se num padrão recorrente da política francesa desde o momento em que Napoleão surgiu em 1799 para salvar – ou enterrar, dependendo do ponto de vista – a Revolução: o apelo ao salvador providencial.[72] Essa tradição tinha sido invocada com êxito pelo sobrinho de Napoleão em 1848-51, sem êxito pelo general Boulanger nos anos 1880 e mais espetacularmente no século XX pelo marechal Pétain em 1940. Embora o recurso ao líder providencial seja aparentemente a antítese da desconfiança na tradição republicana francesa acerca dos líderes fortes, também houve momentos em que os próprios políticos republicanos a ela sucumbiram, como forma de sair de uma crise que o sistema democrático parecia incapaz de resolver. Um desses momentos foi o culto republicano de Clemenceau em 1917; outro foi o apelo a Raymond Poincaré para salvar o franco em 1926. Até certo ponto, a breve popularidade de Pierre Mendès France em 1954-55 pertence à mesma tradição.

Mas, uma vez superada a crise, espera-se que o salvador providencial se torne irrelevante. O jeito de De Gaulle lidar com isso era empregar o repertório inesgotável de sua retórica maniqueísta, alertando que a crise nunca estava muito distante: a posição hierárquica (*rang*) da França e sua grandeza estavam perenemente ameaçadas pela decadência e pela mediocridade, sua independência pela servidão, sua ambição pela renúncia, os píncaros pelo abismo, a ordem e a coesão pela desordem e pela divisão, a união e o *rassemblement* pelas facções e pelos clãs. Mas essa linguagem alarmista tinha um valor minguante na próspera França de meados dos anos 1960. Além disso, enfraquecia a própria alegação de De Gaulle de que ele tinha, pela primeira vez desde a Revolução, dado à França instituições estáveis e eficazes. De Gaulle, em 1965, tinha se tornado vítima do próprio sucesso.

PARTE CINCO

Perto do fim, junho de 1968-novembro de 1970

A glória não respeita os velhos! ... Eu acredito de fato que os deuses, quando matam os jovens, o fazem por bondade e amor. Fazem, por eles, a escolha de Aquiles ... O Duc de Saint-Simon ... escreveu ao príncipe Eugène: "Acontece que os grandes homens vivem demais."

DE GAULLE A PIERRE-HENRY RIX em 1948, em Pierre-Henry Rix, *Par le portillon de la Boisserie*, p.101

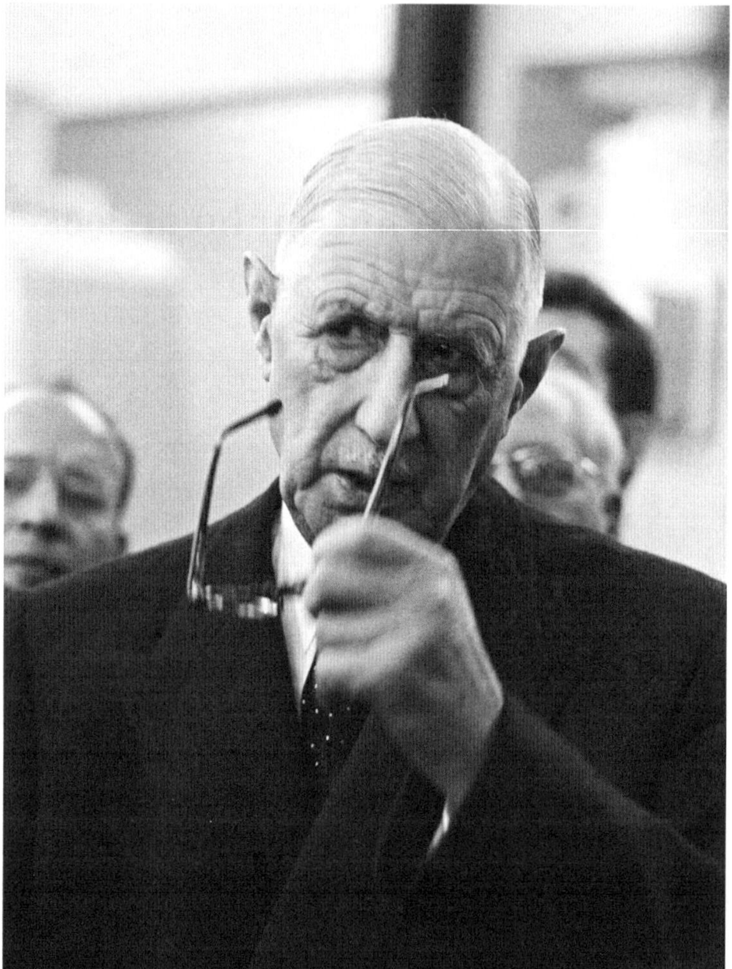

26. Sacudir o tabuleiro, 1966-67

Um velho com pressa

A reeleição de De Gaulle ocorreu um mês depois do seu 75º aniversário. Ele agora era quatro anos mais velho do que Pétain em 1925 – o ano em que, de acordo com De Gaulle, Pétain tinha "morrido". O irmão mais novo de De Gaulle, Pierre, morrera subitamente em dezembro de 1959, após um forte AVC ocorrido quando visitava o Eliseu. Dois anos depois, o general escreveu para o político Louis Jacquinot, cujo irmão tinha acabado de morrer: "Perder um irmão não é apenas ser privado de uma pessoa que amamos, mas também ver qualquer coisa da nossa própria juventude desaparecer, ou seja, qualquer coisa de nós mesmos."[1] Com a morte de Pierre, Charles e a irmã Marie-Agnès eram os únicos sobreviventes dos cinco filhos de Henri e Jeanne de Gaulle. Um dia, em 1967, o general fez uma lista de personalidades famosas que continuaram produtivas na velhice. Incluiu Goethe escrevendo o *Fausto* aos oitenta, Verdi compondo seu "Te Deum" aos 85, Sófocles escrevendo o *Édipo* aos noventa, o doge veneziano Dandolo tomando Constantinopla aos noventa. Outros nomes que anotou foram Ticiano, Monet, Chateaubriand, Victor Hugo, Tolstói, Bernard Shaw, Kant, Voltaire. No fim da lista, De Gaulle escreveu: "São exemplos que citamos para nós mesmos para nos tranquilizar sobre nossa idade."[2] Mas De Gaulle não estava tranquilo. Acabrunhava-o a certeza de que seu tempo era limitado. Isso conferiu uma qualidade um tanto frenética a suas políticas depois da reeleição, como se esse velho com pressa estivesse desesperado para deixar uma marca indelével antes que fosse tarde demais.

A mais dramática iniciativa foi o anúncio, em 7 de março de 1966, de que a França ia se retirar da Otan e encerrar imediatamente sua participação no comando integrado. Numa carta subsequente aos outros parceiros da Otan, De Gaulle deixou claro que tropas francesas na Alemanha não estariam mais subordinadas à organização e que todas as tropas estrangeiras seriam solicitadas a deixar a França até abril de 1967. Semanas depois, De Gaulle se viu conversando com seu velho companheiro de França Livre René Pleven numa recepção no Eliseu. Pleven tinha rompido com De Gaulle em 1947 e se tornado um dos grandes protagonistas da política da Quarta República, e desde então os dois homens tiveram pouco contato. Durante a breve conversa, Pleven disse a De Gaulle que não se opunha tanto à decisão sobre a Otan, mas à maneira brutalmente repentina com que a anunciara. De Gaulle não se desculpou:

> Quando se quer fazer alguma coisa, primeiro é preciso sacudir o tabuleiro [*bousculer le pot de fleurs*]. Do contrário, as pessoas se limitarão a dizer: "Dá-se um jeito; não faça isso." Se sacudir com força, o problema está criado, e é preciso resolvê-lo.[3]

Pleven, que vivenciara métodos gaullistas semelhantes durante a guerra – na Síria, em São Pedro e Miquelon –, não tinha por que ficar surpreso. O problema era que essa tática perdera efeito, com os parceiros de De Gaulle aprendendo que a melhor resposta era não se deixar envolver. Embora Dean Rusk tenha perguntado, sarcasticamente, se retirar as tropas de solo francês incluía os soldados que morreram pela França e jaziam nos cemitérios militares, Johnson se recusou a, em suas palavras, participar de uma "disputa para ver quem mija mais longe", que só serviria para "encher a bola de De Gaulle". Outro funcionário americano expressou a mesma ideia com mais elegância: "De Gaulle é como lutador peso-pena de jiu-jitsu. Sua potência vem de nos esforçarmos excessivamente."[4] Para causar o mesmo impacto do passado, o general agora tinha que sacudir mais tabuleiros do que nunca, e com mais força.

O choque da sua decisão de deixar a Otan deveu-se, acima de tudo, ao momento e ao estilo do anúncio. Apenas duas semanas antes, o recém-nomeado embaixador francês em Washington, Charles Lucet, tinha garantido ao Departamento de Estado que não havia "sentido de urgência" em relação à Otan.[5] Não se sabe se a intenção de De Gaulle sempre foi deixar a Otan, ou se ele o fez por ter ficado decepcionado com a resposta ao seu memorando de setembro de 1958. Em 1963, ele disse o seguinte sobre esse famoso documento:

"Eu estava buscando um jeito de deixar a Otan e voltar à nossa liberdade ... Por isso, pedi a lua."⁶ Talvez fosse verdade, talvez não. É possível que De Gaulle, que detestava admitir uma derrota, já não soubesse exatamente o que queria. Se jamais levou a sério o memorando, é surpreendente a frequência com que retornou a ele entre 1958 e 1962.⁷ Depois disso, parece ter desistido, e sua intenção era claramente deixar a Otan em algum momento.

O que significava "deixar a Otan"? Originariamente, De Gaulle parecia fazer objeção apenas ao sistema de comando militar integrado, não à Aliança Atlântica em si. Mas em várias ocasiões, em 1965, ele aventou a possibilidade de que a França a deixasse por completo. Nesse caso, o país teria que substituir a aliança multilateral assinada em 1949 por uma série de pactos bilaterais com seus parceiros.⁸ Ninguém sabia até onde ele estava disposto a ir – nem quando. Em janeiro de 1966, numa conversa com Manlio Brosio, secretário-geral da Otan, ele disse que a França planejava substituir a Aliança Atlântica de 1949 provavelmente durante aquele ano. Esse comentário causou alarme e foi seguido por uma série de notas corretivas de funcionários do Quai "esclarecendo" exatamente o que De Gaulle tinha dito – no que não havia consenso.⁹ Então De Gaulle disse ao embaixador americano o contrário do que parecia ter dito a Brosio duas semanas antes: a França não deixaria a aliança, apenas o comando militar integrado da Otan, e mesmo isso não seria logo.¹⁰

O Quai d'Orsay preparou-se para várias hipóteses, mas não tinha mais ideia do que qualquer outra pessoa em relação ao que De Gaulle pretendia fazer. Um funcionário escreveu para Lucet: "Tentei mantê-lo informado, mas não sei mais nada. Vamos esperar a entrevista coletiva."¹¹ A entrevista coletiva em questão, em 21 de fevereiro, não ajudou muito. De Gaulle anunciou que "sem renegar a sua filiação na Aliança Atlântica" a França "continuaria a modificar sucessivamente suas disposições atuais".¹² Isso parecia sugerir um processo progressivo de separação, mais do que uma ruptura brusca. Foi com base nisso que Lucet assegurou ao Departamento de Estado, de boa-fé, que nada era iminente.

Essas táticas de gato e rato eram o clássico De Gaulle. Ele gostava tanto de ser – ou de fingir que era – maquiavélico que podia muito bem não ter uma ideia clara do que tencionava fazer. Será que os comentários para Brosio sobre deixar a aliança teriam como objetivo provocar tanto alarme a ponto de seus aliados ficarem aliviados quando ele recuasse dessa medida extrema?

Terá tido dúvidas sobre a aliança quando se deu conta de que isso tiraria da França uma justificativa para manter tropas em solo alemão?[13] Ainda pensava em deixar a aliança no momento oportuno, mas preferia ir passo a passo? Ninguém tem respostas para essas perguntas. Provavelmente o momento escolhido por De Gaulle estava ligado ao fato de que ele aceitara um convite para visitar a União Soviética no fim do ano. O rompimento com o comando militar da Otan dava aos soviéticos uma prova concreta de que sua intenção de sacudir a aliança não era simples retórica.[14] Certamente a decisão foi parte de uma reorientação mais ampla de sua política externa, cujo próximo passo seria a visita a Moscou.

Conter a Alemanha

De Gaulle sempre acreditou que a divisão do mundo em dois blocos ideológicos era contrária às leis da história. A geopolítica sempre triunfa sobre a ideologia. Ele disse a Macmillan, em dezembro de 1959, num momento de extrema tensão da Guerra Fria:

> Sei que você não gosta de planos de longo prazo, mas acho que chegará o dia em que vai ser possível fazer um acordo com os russos. Eles vão se tornar menos comunistas e mais burgueses ... Quanto aos poloneses, eles continuam poloneses; os tchecos, tchecos; os romenos, romenos; os prussianos, prussianos [um rótulo revelador], apesar do seu bolchevismo. Um dia, se a guerra não estourar, tudo isso evoluirá no sentido da paz ... Ou, se houver guerra, será o fim de tudo.[15]

De Gaulle, influenciado pelo pensamento dos "não conformistas" dos anos 1930, acreditava que o capitalismo e o socialismo eram apenas duas faces da mesma moeda, manifestações da sociedade de massa industrial. Como disse ele a Khrushchev em 1960:

> Você fala dos lados socialista e capitalista. Não vejo uma imensa diferença entre os dois sistemas. No entanto, devo dizer-lhe que não dou tanta importância a isso. Somos todos muito dependentes da tecnologia. Nossas fábricas não são muito diferentes das suas. As condições em que vivem nossos operários provavelmente

não são tão diferentes das condições em que vivem os seus. O progresso material aumenta em toda parte ... O que acontecerá no futuro? Não sei ... Mas acho que com o tempo as diferenças entre capitalismo e socialismo vão diminuir. A experiência de vida me mostrou que o capitalismo passou por mudanças enormes. Em minha juventude, uma grande parte da burguesia vivia de dividendos. Hoje os industriais mais importantes vivem do seu trabalho. Acho que o socialismo também está evoluindo.[16]

Para De Gaulle, o fim da divisão do mundo em dois blocos era não apenas inevitável, mas também desejável. Só um mundo multipolar permitiria à Europa – e portanto à França – tornar-se protagonista na política mundial novamente. Como disse num discurso em outubro de 1966, a "rigidez sufocante" dos dois blocos "paralisa e esteriliza o resto do universo, colocando-o debaixo de uma hegemonia esmagadora".[17] Mas, entre 1959 e 1962, a tensão da Guerra Fria por causa de Berlim impediu qualquer aproximação com a União Soviética. Naqueles anos, ninguém, do lado ocidental, estava menos disposto a fazer concessões a Moscou do que De Gaulle – o que o ajudou a ganhar a confiança de Adenauer.

Depois que o mundo esteve à beira da guerra por causa de Cuba, em 1962, houve uma distensão internacional entre as superpotências. Isso também não convinha totalmente ao general. Qualquer reaproximação entre os Estados Unidos e a União Soviética passando por cima das potências europeias reacendia o "complexo de Ialta". Ele queria a *détente* – mas uma *détente* executada por intermédio dos europeus, e não imposta pelas grandes potências. Escreveu para Adenauer em 1963 sobre a necessidade de a França e a Alemanha mostrarem "grande vigilância" contra as "relações diretas que nossos aliados anglo-saxões possam querer estabelecer com o leste".[18]

Em 1964, o primeiro-ministro romeno, Ion Maurer, tinha demonstrado interesse em ir a Paris. Sua visita, que ocorreu em julho, foi a primeira de um líder comunista romeno a qualquer capital do Ocidente. Na interpretação de De Gaulle, isso queria dizer que a União Soviética estava afrouxando o controle sobre seus satélites, ou que já não era capaz de controlá-los completamente – apesar de saber que, antes de partir para Paris, Maurer tinha ido a Moscou obter aprovação para a viagem. Depois da visita de Maurer, De Gaulle começou a receber mais sinais de que a União Soviética teria interesse em melhorar suas relações com a França. Ele adotou uma atitude de cautelosa receptividade, apesar de ter dito a Alphand no começo de 1965: "Eles vão precisar pensar com clareza... Não é inconcebível que um dia alguns acordos possam ocorrer. Mas os russos têm que oferecer novas e evidentes provas do seu desejo de *détente* e entente."[19]

O terreno para a reaproximação diplomática foi preparado por acordos comerciais. Mil novecentos e sessenta e quatro foi um ano de negociações internacionais sobre a tecnologia a ser adotada para a televisão em cores, um lucrativo mercado futuro. O governo americano tinha aprovado um sistema próprio (NTSC, National Television System Committee) em 1954, e dois anos depois um engenheiro francês patenteou um sistema diferente chamado Secam (mais tarde apelidado pelos americanos de "Supremo Esforço Contra a América"). Os alemães também desenvolviam um sistema próprio. Durante meses, industriais franceses e alemães trocaram ideias sobre como misturar seus dois sistemas para criar um sistema único europeu. Mas, no começo de 1965, os soviéticos demonstraram interesse em comprar o Secam. De Gaulle, que queria passar na frente dos americanos e dos alemães, acompanhava o assunto com um interesse apaixonado. Enviou Peyrefitte e dois ministros a Moscou para enaltecer os méritos do sistema francês. Um acordo foi assinado em março de 1965. Foi um pequeno golpe tecnológico-diplomático da França, que causou algum ressentimento na Alemanha. A opinião geral era que o sistema francês tinha um desempenho menos eficaz. O líder soviético Kossiguin deu a entender que a decisão soviética de adotar o Secam foi tomada por razões políticas.[20] Isso levou De Gaulle a aceitar um convite formal para visitar a União Soviética em 1966, mas sem assumir de antemão qualquer compromisso sobre o que pudesse eventualmente surgir.[21] Nessa ocasião, comentou com Peyrefitte em tom de gracejo: "Não vamos trocar a televisão em cores pelo reconhecimento da Alemanha Oriental."[22]

Mas a aproximação do general com a União Soviética *estava* estreitamente relacionada ao problema da Alemanha. Se De Gaulle tem a justa reputação de ser um dos arquitetos da reconciliação franco-alemã, é preciso lembrar também que ele mal conseguia disfarçar sua desconfiança contra a Alemanha. Apesar de vez por outra seduzir os alemães com a perspectiva de uma parceria nuclear com a França, sua premissa era que o controle seria dos franceses. Quando se tornou claro que os alemães não poriam em risco suas relações com os Estados Unidos, a obsessão de De Gaulle era que a Alemanha estava tentando, por intermédio da MLF, adquirir, pouco a pouco, status de potência nuclear. Isso não poderia ser permitido.²³ "Seria uma tentação formidável para esse povo guerreiro", disse ele a Peyrefitte – mais perigosa, segundo ele, do que tinha sido deixá-los ocupar a Renânia em 1936.²⁴ De Gaulle resumiu seu pensamento sobre a Alemanha num documento que redigiu para o governo no começo de fevereiro de 1966:

> Ela já não é a perdedora educada e honesta que tenta obter as boas graças do conquistador. Os alemães talvez sintam que forças elementares estão renascendo, e novas ambições os animam ... Agora desenvolveram a pretensão de ter armas nucleares. Querem ser importantes dentro do sistema nuclear ocidental, quer dizer, no sistema americano ... Nós nos opomos a isso para o nosso bem e para o bem deles. Para eles, essa pretensão é contrária ao que deveria ser seu objetivo essencial, a reunificação. Quanto a nós, já vimos o suficiente para saber o que significa o renascimento do poderio militar da Alemanha.²⁵

Quando nos deparamos com De Gaulle poucos meses depois receando que uma futura associação econômica entre a Comunidade Europeia e a Áustria possa abrir caminho para um *"Anschluss"*, fica claro – também pela referência à reocupação da Renânia – que nessa época ele via a Alemanha com grande desconfiança.²⁶

A aproximação de De Gaulle com a União Soviética era parte de uma estratégia de longo prazo para resolver o "problema" da Alemanha. O objetivo final era que, em troca da retirada americana da Europa, a União Soviética afrouxasse o controle sobre seus satélites do leste, deixasse de apoiar a Alemanha Oriental (RDA) e permitisse a reunificação alemã. A Alemanha, por sua vez, aceitaria as fronteiras orientais que tinham resultado da guerra – a Linha Oder-Neisse – e renunciaria a suas ambições nucleares. Os fiadores dessa nova ordem europeia seriam as duas potências nucleares continentais: a União Soviética e a França. De Gaulle se apresentava como um visionário, olhando para um futuro sem Guerra Fria, mas essa visão era em boa parte a Europa de 1914, quando a aliança franco-russa atuava como contrapeso a esse "povo guerreiro" do centro da Europa – com a garantia adicional de armas nucleares. Quando Alphand lhe perguntou, em 1965, se uma Alemanha reunificada não o preocupava, ele respondeu:

Não se houver um acordo entre o Oriente e o Ocidente para fazer a Alemanha cumprir suas obrigações. Esse acordo não existia em 1936 (mais uma vez a lembrança dos anos 1930). E, além disso, as armas atômicas transformaram o problema. Nenhum de nós tem intenção de ajudar a Alemanha a ser uma potência nuclear, ou de permitir que venha a ser.[27]

A ideia de De Gaulle para resolver o problema alemão através da reunificação policiada por uma entente franco-soviética era, evidentemente, uma ambição de longo prazo. Como disse a um senador americano em 1968: "Queremos que a reunificação ocorra algum dia, mas do jeito que os judeus costumavam dizer durante 1800 anos: 'No ano que vem em Jerusalém.' Isso pode levar muito, muito tempo."[28] E, se falava mesmo a sério sobre a reunificação alemã, ele a via assumindo a forma de uma espécie de confederação, mais do que a reconstrução de um Estado unitário.[29]

De Gaulle via a viagem à União Soviética como uma oportunidade de sondar o ambiente. Antes de sair, disse ao seu governo que queria "ver para onde os soviéticos estão indo e que tipo de acordo aceitam fazer; ou pelo menos ver para onde estão indo e que tipo de acordo não aceitam fazer".[30] Sua visita de onze dias à União Soviética em junho foi a mais longa que fez a qualquer país em seu período como presidente. Foi tratado com excepcional cerimônia pela cúpula soviética, visitando Volgogrado, Kiev e Leningrado, além de passar três dias em Moscou. Na véspera da volta para casa, falou à nação russa pela televisão. Apesar da acolhida calorosa, fez este comentário sobre suas três longas conversas com os líderes soviéticos Brejnev e Kossiguin: "Recitei meu texto e eles recitaram o deles."[31] Já a partir da primeira reunião De Gaulle foi inflexível em sua decisão de jamais reconhecer a RDA: "É criação dos senhores, e, portanto, um Estado artificial." Seus interlocutores responderam com a retórica de praxe sobre como a República Federal era um Estado "fascista". Descartaram a reunificação alemã em qualquer circunstância. O único resultado concreto da visita foi o estabelecimento de uma comissão para discutir cooperação econômica entre os dois países e a instalação de uma linha telefônica direta entre o Eliseu e o Kremlin.

As impressões pessoais de De Gaulle sobre a União Soviética foram negativas:

A culinária é sem imaginação e sempre a mesma, o champanhe é muito medíocre. A Sibéria é completamente isolada e não tem contato com a Europa. Há muitos estudantes negros nas universidades, não todos estão insatisfeitos e não têm contato com os russos. Em Leningrado, onde fui à missa, havia um padre lituano – um ótimo padre –, mas as igrejas estão desertas. Dito isso, pelo menos não me sujeitaram a um museu antirreligioso.³²

Ele deu um tom mais otimista à visita no relato que fez ao seu governo:

O regime sobrevive, mas passa por transformações. Está ficando menos ideológico e mais tecnocrático. O país é conduzido por engenheiros e não por propagandistas. ... As diferenças de opinião sobre a Alemanha foram expostas, mas sem insistência. Francamente, os russos não dão a impressão de querer guerra. Mas não se deve pisar em seus calos. São desconfiados, e realmente se preocupam com a belicosidade dos Estados Unidos. São, portanto, pacíficos e preocupados.³³

De Gaulle aproveitou outra oportunidade para se distanciar mais ainda dos Estados Unidos, durante uma turnê de três semanas, no outono, pelo Pacífico Francês, onde os franceses tinham testado suas bombas após a perda dos campos de teste no Saara. Durante a viagem, De Gaulle fez escala em Phnom Penh, capital do Camboja. Em 1º de setembro, no estádio esportivo da cidade, perante uma multidão de 100 mil, fez sua denúncia mais espetacular, até então, da intervenção americana na Ásia – perto da fronteira do Vietnã. Descreveu a guerra como de "resistência nacional" e, numa magistral reinterpretação da história, contrastou o comportamento dos Estados Unidos com o da França, que tinha "deliberadamente" tomado a decisão, sob sua liderança, de pôr fim a 132 anos de presença francesa na Argélia, apesar de as forças francesas "terem dominado sem contestação".³⁴

Parecia uma intensificação radical da crítica de De Gaulle à Guerra do Vietnã. Mas as coisas não eram bem o que pareciam. O discurso de Phnom Penh não serviu apenas para sacudir o tabuleiro. De Gaulle tinha informado os americanos, antecipadamente, que pretendia falar, e durante o verão enviara um mensageiro à Ásia para conversar com Ho Chi Minh. Isso não desagradou aos americanos, que desejavam abrir canais secretos de comunicação com os norte-vietnamitas. Johnson teve o cuidado de não ficar muito zangado com o discurso de Phnom Penh. Ele rendeu a De Gaulle aplausos fáceis no Terceiro Mundo, mas além disso o general colocava a França em posição de desempenhar um possível papel de mediadora da paz.[35]

De Gaulle adorava a posição de superioridade moral que assumiu, mas de fato temia que a Guerra do Vietnã fosse um obstáculo para a política de *détente* que tentava promover na Europa. De volta à França, recebeu a visita de Kossiguin no fim do ano. Mais uma vez os dois lados recitaram seus textos, como em Moscou. A verdade é que os soviéticos ainda viam o mundo através das lentes da Guerra Fria. Viam a França como um possível elo fraco no bloco ocidental, mas não estavam de fato interessados em ir além disso, para uma *détente*, ou para um acordo sobre a Alemanha.[36]

Curiosamente, a política de *détente* de De Gaulle se mostrou mais bem-sucedida com os alemães do que com os russos. Como ele mesmo disse a Peyrefitte: "É essencial forçar os alemães a uma reaproximação com a Rússia. Temos de desarmar essa agressão recíproca. Nosso jogo é esse. O único que temos."[37] O pró-americano Ludwig Erhard, com quem De Gaulle nunca se deu bem, caiu no fim de 1966. Foi substituído por uma coalizão encabeçada pelo democrata-cristão Kurt Kiesinger, mas que incluía social-democratas. O novo ministro do Exterior, o social-democrata Willy Brandt, antigo prefeito de Berlim Ocidental (e futuro inventor da *Ostpolitik*), era mais receptivo à ideia de *détente* do que todos os seus antecessores. Como resultado disso, o encontro de De Gaulle com os novos líderes da Alemanha em janeiro de 1967 foi o mais cordial que ele teve em quase dois anos. A única nuvem importante no horizonte dizia respeito à Grã-Bretanha e à CEE. Em novembro de 1966, o governo trabalhista de Harold Wilson tinha manifestado o desejo de explorar a possibilidade de outra candidatura britânica. De Gaulle, sabendo que os alemães provavelmente veriam isso com mais simpatia do que ele, pôs as cartas claramente na mesa em suas discussões com Kiesinger:

> Os ingleses têm um vínculo permanente com os Estados Unidos, e se os americanos os abandonarem, a libra esterlina entrará em colapso, juntamente com a Commonwealth. Se a Inglaterra ingressar na Comunidade, esta entrará em colapso, porque a Inglaterra nos dividirá ... Claro, não se pode dizer "nunca" para eles, mas "um dia, quem sabe". Seja como for, se nossos parceiros da

comunidade quiserem admitir os ingleses a qualquer preço, deixaremos a Comunidade.[38]

No começo de 1967, Wilson e seu secretário do Exterior, George Brown, partiram numa turnê pelas capitais europeias para sondar os líderes dos Seis, começando por Paris. De Gaulle foi desanimador, mas os britânicos não desistiram e apresentaram um requerimento em maio. Os britânicos foram em frente porque achavam que tinham aprendido com os erros do pedido anterior. Dessa vez, não acrescentaram nenhuma precondição ao pedido e anunciaram a disposição de aceitar os termos do Tratado de Roma sem restrições. Os funcionários de De Gaulle sugeriram que ele cortasse o mal pela raiz, em vez de permitir que houvesse discussões prolongadas. De Gaulle aceitou o conselho e anunciou, em sua entrevista coletiva de maio de 1967, que a Grã-Bretanha não estava pronta. Mas o governo britânico recusou-se a passar recibo e a retirar sua candidatura. Harold Wilson foi o primeiro líder estrangeiro a ser instalado oficialmente no recém-restaurado Grand Trianon em junho de 1967, e foi tratado a lagosta, *poularde* de Bresse, Château Lafite 1959 e champanhe Dom Ruinart no almoço oficial.[39] Apesar do ambiente magnífico e da exibição da grandiosidade da culinária francesa, Wilson informou a Johnson que tinha encontrado De Gaulle num "estado de espírito sombrio e apocalíptico" e que ele parecia "um velho obcecado, à sua maneira fatalista, por uma sensação de real impotência".[40] O abatimento era explicável, em parte, pela crise no Oriente Médio, que tinha surgido poucas semanas antes (ver adiante), e De Gaulle sempre foi suscetível a esses humores, mas Wilson chegou à conclusão de que a influência francesa talvez estivesse declinando e que os britânicos não deveriam desistir dos seus esforços para ingressar na comunidade. Nos meses seguintes, a tática francesa consistiu em convencer os parceiros europeus de que os britânicos não estavam preparados para obedecer às regras; a tática britânica foi sustentar o contrário na esperança de isolar os franceses.[41] No fim, esse requerimento foi um não acontecimento, porque De Gaulle não tinha intenção alguma de permitir que tivesse êxito, pelas mesmas razões de 1963 – comerciais, econômicas e políticas –, mas preferia evitar um segundo veto, para não aborrecer os parceiros europeus da França.

"Os israelenses estão exagerando"

Apesar de a aproximação com Moscou ter produzido até então resultados desprezíveis, De Gaulle via um efeito positivo: "Eles acham que os contatos com o Ocidente devem ser feitos por intermédio da França."[42] A crise que estourou no Oriente Médio em junho entre Israel e os vizinhos árabes mostrou que ele estava muito enganado.

De Gaulle teve inicialmente considerável simpatia por Israel. Numa conversa com Claude Guy, em 1947, ele comentou:

> Nessa questão da Palestina minha preferência vai para os judeus. Os árabes não merecem ser ajudados: são muito temperamentais. Em 1930, quando fui à Palestina pela primeira vez, lembro de ter visto as laranjeiras cultivadas pelos árabes: eram atrofiadas, os frutos azedos e pequenos. Já os judeus cultivavam as suas com notável sucesso. Esses individualistas fanáticos, certamente por trabalharem no que sentiam ser a terra do seu nascimento, esses ex-mercadores da Polônia e da Alemanha, estavam preparados para executar as tarefas mais duras no campo. Durante a guerra, quando voltei à Palestina, o progresso que os judeus tinham alcançado era inacreditável. É por isso que precisamos ajudar os judeus, e depressa, porque o antissemitismo vai reaparecer em sua forma virulenta.[43]

De Gaulle tinha um respeito pessoal inusitadamente alto por David Ben-Gurion, o primeiro premier de Israel, com quem mantinha frequente correspondência. Quando Ben-Gurion visitou Paris em junho de 1960, De Gaulle lhe ergueu um brinde chamando-o de "o maior estadista do século", responsável pela "extraordinária ressurreição, pelo renascimento, pelo orgulho e pela prosperidade de Israel" – fórmula que ia além das cortesias de praxe.[44]

Mas sentimento só não era suficiente. É preciso que se compreenda a reação de De Gaulle à crise de 1967 no contexto da sua tentativa de livrar a França de uma relação insalubremente estreita desenvolvida com Israel nos últimos anos da Quarta República, em consequência da Guerra da Argélia.[45] O conluio franco-israelense durante a crise de Suez em 1956 foi o símbolo mais visível dessa situação. Embora a crise tivesse resultado numa humilhação franco-britânica, os governos franceses intensificaram a cooperação militar com Israel a ponto de concordarem numa cooperação nuclear. Ao voltar ao poder, De Gaulle imediatamente pôs fim a qualquer cooperação nuclear militar – com Israel e todos os demais países. Os vínculos entre os militares israelenses e franceses tinham se tornado tão enraizados que um ano depois ele foi obrigado a reiterar a instrução.[46]

De Gaulle definiu sua política poucos meses depois de chegar ao poder nos seguintes termos: "Manter boas relações com Israel, mas não exagerar, a fim de apaziguar os árabes."[47] Recusou um convite para visitar Israel, mas deixando claro que uma visita de Ben-Gurion seria bem-vinda. Em meio às amenidades dessa visita, em junho de 1960, Ben-Gurion não tinha qualquer ilusão de que as coisas ainda fossem as mesmas. Depois do encontro, Debré relatou a De Gaulle que Ben-Gurion lhe dissera estar "profundamente entristecido e preocupado" pelo que lhe disseram – especialmente a respeito da cooperação nuclear.[48] Apesar disso, a França continuou sendo o principal fornecedor militar de Israel, e em 1961 De Gaulle autorizou a venda de 72 caças a esse país.

Ao mesmo tempo, uma vez terminada a Guerra da Argélia, De Gaulle também resolveu reatar vínculos com os países árabes. Começou recebendo líderes árabes em Paris: o rei Hussein, da Jordânia, em setembro de 1963, o vice-presidente sírio, em novembro de 1964. Enquanto tentava monitorar o conflito entre Israel e seus vizinhos árabes, ele se tornou genuinamente preocupado com a possibilidade de que Israel tivesse a ambição de ampliar seus territórios. Em suas *Memórias*, recorda que, numa pausa de suas conversas em 1960, Ben-Gurion lhe disse esperar que Israel pudesse dobrar sua população de 2 milhões para 4 milhões e "revelou a intenção de ampliar as fronteiras logo que tivesse oportunidade".[49] Não há registro oficial da conversa, e Ben-Gurion se lembrava do que tinha sido dito em termos diametralmente opostos: que suas duas maiores esperanças eram a paz com os vizinhos e um aumento da população, que acreditava que as fronteiras existentes de Israel eram capazes de conter. O futuro primeiro-ministro de Israel Simon Peres, que estava presente, anotou as palavras de Ben-Gurion nos mesmos termos.[50]

Se De Gaulle interpretou mal deliberada ou involuntariamente, o fato é que acabou se convencendo de que os israelenses eram, no fundo, expansionistas – e havia muita coisa nas políticas anteriores de Ben-Gurion que justificavam essa ideia. Toda vez que Ben-Gurion e seus sucessores escreviam para De Gaulle manifestando temores sobre a segurança de Israel, a resposta de De

Gaulle era alertar contra a tentação da ação armada.⁵¹ Em conversas privadas, era mais direto. Disse a Erhard em junho de 1965: "Estamos sendo cautelosos com os israelenses. Estamos acalmando-os e dizendo-lhes para não exagerar ... É preciso não se deixar levar pelos israelenses, que são muito astutos, muito hábeis, e exploram as menores coisas em sua propaganda contra os árabes."⁵² Quando De Gaulle se convencia de alguma coisa, era difícil fazê-lo mudar de ideia. A crença de que os israelenses *"exagèrent"* virou mantra.

Mesmo levando tudo isso em conta, a reação de De Gaulle à guerra de 1967 foi uma surpresa estarrecedora.⁵³ Em 23 de maio, a crise entre Israel e o Egito intensificou-se quando Nasser fechou o estreito de Tiran para as embarcações israelenses. Para Israel, isso equivalia a um ato de guerra. Era essa também a posição adotada pelo governo francês. Em março de 1957, a França tinha declarado que se Israel resistisse, usando a força, a qualquer violação da liberdade de navegação no estreito, isso seria um ato de legítima defesa. Mas um dia depois do anúncio de Nasser, De Gaulle disse ao seu governo: "A França então ainda trazia as marcas da infeliz expedição de Suez e tendia a abraçar a causa israelense de olhos fechados. Depois as coisas mudaram."⁵⁴ No mesmo dia, De Gaulle teve um encontro com o ministro do Exterior de Israel, Abba Eban, que estava a caminho de Washington para solicitar o apoio americano. Nas palavras de Eban, De Gaulle o recebeu com "grave cortesia". Mesmo antes de Eban sentar-se, De Gaulle disse: "Não façam a guerra [*ne faites pas la guerre*]." Acompanhando-o até a porta no fim do encontro, repetiu as palavras, solenemente: "Acima de tudo, não ataquem. Teriam que arcar com as consequências."⁵⁵ Foi um choque para Eban constatar que De Gaulle não via o bloqueio do estreito como um *casus belli* – apesar de a resposta dos Estados Unidos não ser diferente. O encontro revelou que De Gaulle afastava rapidamente a França de Israel. Ao mesmo tempo, ele recomendava prudência aos países árabes. Em 1º de junho, disse a um representante sírio:

> Vocês, árabes, são muitos, e estão juntos. Mas há muitas coisas que vocês não têm ... Se quiserem destruir Israel, sua situação vai piorar ... Israel é um povo. Nós, franceses, não fizemos dele um Estado; os americanos, os ingleses e os russos é que o criaram. Mas agora ele existe: organizou-se e funciona. Não aprovamos todos os seus excessos, e não aprovamos os ataques contra vocês. ... Vocês têm tudo a ganhar se forem pacientes. Em muitas áreas, vocês estão tendo grande

progresso, mas se forem à guerra, porão quase tudo em risco. ... Mas precisamos negociar, descobrir um jeito, uma solução ... Os americanos tendem a ser contra vocês e os soviéticos tendem a ser a favor, mas não pensem que irão à guerra por sua causa.⁵⁶

No dia seguinte, o rei Faisal, da Arábia Saudita, ouviu isto: "Não estamos comprometidos com nenhum dos lados, nem com os árabes, nem com Israel. E achamos que todos os países têm o direito de viver."⁵⁷

A solução preferida por De Gaulle para a crise era uma reunião das quatro grandes potências para intermediar um arranjo negociado. Isso foi vetado pela União Soviética, que instigava Nasser a manter-se firme. Em 2 de junho, com a tensão aumentando, o governo francês divulgou um comunicado, redigido pessoalmente por De Gaulle, declarando que a França se opunha ao início das hostilidades por qualquer país. No dia seguinte, anunciou um embargo contra as entregas de armas a todos os países da região. Como a França era o principal fornecedor de armas de Israel, essa medida não foi, a rigor, imparcial. Pouco antes do início dos combates, De Gaulle disse a Foccart: "Eles vão começar uma guerra ... Reconheço também que os árabes são insuportáveis, reconheço que os árabes estão ameaçando e que os israelenses se sentem sufocados ... [Mas] os israelenses vão vencer, e depois disso tudo será diferente."⁵⁸ Essa previsão foi certeira.

Em 5 de junho, a força aérea israelense efetuou uma série de bombardeios contra os aeródromos egípcios e destruiu a força aérea egípcia em um dia. O governo israelense fez o possível para limitar o conflito ao Egito, mas os governos jordaniano e sírio resolveram entrar, acreditando na propaganda egípcia de que Israel estava prestes a ser derrotado. Apesar da declaração pública de De Gaulle sobre entregas de arma, em 7 de junho ele discretamente autorizou a remessa de equipamento militar já pago por Israel, incluindo peças de reposição de jatos Mirage. Dessa maneira, durante o breve conflito, Israel na verdade não ficou sem as peças necessárias para sua força aérea.

Depois de seis dias, um cessar-fogo foi assinado. Os países árabes tinham sido humilhados e Israel tomara territórios da Jordânia, da Síria e do Egito no Sinai, as colinas de Golã, Gaza e a Cisjordânia. O governo israelense achava que tinha sido traído pela França, mas quando a guerra acabou a resposta oficial de De Gaulle foi recusar-se a tomar partido. Em 14 de junho, a França não votou a favor de uma resolução soviética no Conselho de Segurança da ONU condenando a agressão israelense, mas aceitou uma proposta soviética para que a Assembleia Geral debatesse a questão. Durante junho e julho, enquanto estadistas estrangeiros passavam por Paris, a mensagem de De Gaulle a cada um era geralmente a mesma, embora com nuances.

Num encontro com o ex-vice-presidente americano Richard Nixon em 8 de junho, De Gaulle disse:

> Como você, eu acho que um arranjo moderado é necessário. ... Os que vão *exagérer* são os israelenses, e, como você diz, não deveriam, porque serão capazes de resistir a longo prazo contra todos os árabes. Mas os israelenses são um povo que sempre *exagèrent*, e sempre o fizeram; basta ler os Salmos. Os árabes não ficam atrás. Portanto, com pessoas que *exagèrent*, as grandes potências precisam obrigá-las a ouvir a voz da razão. Para isso os russos são necessários; do contrário, nada será feito.[59]

Para Kossiguin, uma semana depois, a mensagem de De Gaulle foi um pouquinho diferente:

> Você está me dizendo que o agressor precisa ser punido e que Israel é o agressor. É verdade que Israel foi o primeiro a pegar em armas, mas muita gente diria que não poderia deixar de fazê-lo, que foi ameaçado, que é um país pequeno cercado de árabes ... Não acho, porém, que devamos deixar Israel *exagérer* e preservar todas as suas conquistas. Talvez ... se possa, depois de muito tempo e de negociações muito difíceis, chegar a um acordo razoável no Oriente Médio, se é que isso algum dia seja possível. Quero dizer com isso uma solução aceita por Israel e pelos árabes ... Israel perderá parte do que tomou e ficará com alguma coisa.[60]

Dois dias depois, De Gaulle disse a Harold Wilson que "Israel foi criado pelos Estados Unidos, pela Inglaterra e pela União Soviética; a França aceitou e o país criou raízes e floresceu". Mas a França agora tentava melhorar as relações dele com os árabes: "Não há razão para que o governo da França – ou, sugeriu ele, o do Reino Unido – estrague suas relações com os árabes simplesmente porque a opinião pública sente simpatia superficial por Israel, um país pequeno com uma história infeliz."[61]

Quanto mais De Gaulle ficava isolado entre seus aliados ocidentais, mais irritado se tornava, e mais radicais eram seus comentários privados sobre o "imperialismo" israelense e a "guerra colonial" de Israel.[62] Num encontro com Kiesinger em julho, ele lembrou mais uma vez a conversa com Ben-Gurion sobre o desejo de Israel de ampliar suas fronteiras: "Estão buscando uma oportunidade, e a estupidez dos árabes lhes deu uma."[63]

Os historiadores divergem sobre a responsabilidade de Israel pela Guerra dos Seis Dias. Nem mesmo Avi Shlaim, que é muito duro com a política externa israelense, acha que Israel tenha planejado, ou desejado, a guerra. Mas o estudo mais recente sobre as origens da guerra traça a imagem de um belicoso establishment militar israelense que corresponde, mais de perto, às suspeitas de De Gaulle.[64] Fosse qual fosse a verdade, nada abalaria sua convicção de que os israelenses estavam *"exagèrent"*. E seu incômodo era exacerbado pelo fato de que não lhe deram ouvidos – o que ele parecia interpretar como uma espécie de desfeita pessoal. Embora tenha começado alimentando a esperança de exercer um papel mediador – o que para os israelenses já era traição –, ele aos poucos foi se aproximando da posição árabe. No debate da ONU em 4 de julho, a França apoiou uma moção iugoslava pedindo a Israel que se retirasse dos territórios que havia ocupado. Fora isso, a moção só foi apoiada pela União Soviética, seus satélites e os países árabes.

A crise do Oriente Médio revelou os limites da influência francesa. A proposta de De Gaulle de uma conferência entre as quatro potências foi ignorada antes da crise – e não teve melhor sorte depois. Durante a guerra, De Gaulle e Kossiguin se mantiveram em contato pela linha telefônica direta estabelecida depois da visita de De Gaulle à Rússia.[65] Mas era apenas fachada. Os líderes soviéticos preferiam negociar de verdade diretamente com os americanos. Johnson e Kossiguin tiveram dois encontros sobre o assunto em Glassboro, Nova Jersey, em 23 e 25 de junho, mostrando como era pequena a consideração do governo soviético pela França.[66] Antes de a guerra começar, Abba Eban tinha mencionado a Johnson a ideia de De Gaulle de uma conferência das quatro potências para resolver a crise. Johnson respondeu: "As quatro grandes potências? E cadê as outras duas?"[67]

"Vive le Québec libre"

Durante a crise do Oriente Médio, muitos gaullistas importantes, incluindo destacados membros do governo, não ficaram nada satisfeitos com a posição assumida por De Gaulle. A política era só deste. Pompidou, falando a um jornalista antes da reunião em que De Gaulle informou aos ministros que o fechamento do estreito não seria considerado *casus belli*, não tinha a menor ideia de qual seria a política do governo – supostamente seu governo.[68] Dois meses depois, outra crise, deflagrada pela visita de De Gaulle a Quebec, causou idêntica consternação.

O general mostrara pouco interesse pelo Canadá Francês antes de 1960. Em agosto de 1940, uma transmissão de Londres para os franco-canadenses tinha despertado fraca resposta. A conservadora e católica Quebec era mais simpática a Pétain do que a De Gaulle, que, portanto, achava que não tinha nenhuma dívida sentimental para com os franco-canadenses. Foi durante uma visita oficial ao Canadá em 1960 que De Gaulle começou a ver potencial no Canadá Francês. Escreveu animado para Debré, do Canadá, dizendo que ficara impressionado com "a vivacidade dos laços sentimentais que ainda existem entre esta parte do Canadá ... e a antiga mãe-pátria".[69] Ao voltar, contou ao cunhado que "surgindo do subconsciente da população havia o amor hereditário sentido em relação à França".[70] De Gaulle detectara um novo e genuíno estado de espírito na política de Quebec. Em 1960, depois de décadas de torpor político, Quebec elegeu um novo governo liberal chefiado por Jean Lesage. A década seguinte em Quebec foi um período de rápido crescimento econômico, acompanhado por crescente afirmação política. Essa "Revolução Silenciosa", como ficou conhecida, também assistiu ao surgimento de um radical, ainda que minúsculo, movimento de independência. É notável a rapidez com que De Gaulle enxergou as possibilidades criadas por esses acontecimentos.

No início de 1961, De Gaulle acolheu uma proposta para que a província de Quebec abrisse uma agência em Paris. Escreveu para Courcel: "O simples fato de essas relações poderem ser desagradáveis para o governo de Ottawa não deveria nos impedir de estabelecê-las."[71] Quando Lesage visitou Paris para a inauguração da agência, em outubro, o cerimonial da visita foi o de um chefe de Estado. Dois anos depois, De Gaulle escreveu para Burin des Roziers dizendo que estava pronto para receber o primeiro-ministro canadense

Lester Pearson, mas que era mais importante estabelecer uma cooperação especial com o Canadá Francês, que "necessariamente se tornará um Estado e é com isso em mente que devemos agir".[72] Em dezembro de 1966, escreveu: "Nem pensar em mandar uma mensagem cumprimentando o Canadá em seu centenário; não nos cabe cumprimentar os canadenses ... pela criação de um 'Estado' fundado numa derrota antiga do nosso e na integração de parte do povo francês num *ensemble* britânico. Além disso, esse *ensemble* é muito precário."[73]

Aquele era o momento em que De Gaulle se reinventava como herói do Terceiro Mundo, e essa postura influenciou sua interpretação da situação canadense. Disse a Peyrefitte em 1963: "Concedemos autodeterminação aos argelinos e, assim sendo, por que os ingleses não fariam o mesmo com os franceses do Canadá?"[74] Com frequência, em conversas particulares, ele lamentava que os franco-canadenses vivessem sob a opressão "colonial" anglo-americana.[75] O Quai d'Orsay não demonstrava entusiasmo por esses comentários, obviamente, mas isso nunca foi impedimento para De Gaulle – pelo contrário. Havia também uma pequena panelinha de parlamentares e funcionários, apelidada de "Lobby de Quebec", que incluía ainda René Saint-Légier, um dos *conseillers* de De Gaulle no Eliseu, que incentivava o general a seguir esse caminho. Apesar de sua intenção estar clara, ele precisava encontrar o momento para "desvendar nossas baterias", como disse em outubro de 1963.[76]

Esse momento veio em 1967, com a inauguração em Montreal da Exposição Mundial, que era um símbolo do novo dinamismo de Quebec. De Gaulle tinha sido convidado para visitar a exposição, tanto pelo governo federal em Ottawa como pelo governo da província. Ottawa preparou o programa para uma visita de cinco dias, mas De Gaulle o substituiu por seu próprio itinerário, começando por Quebec e terminando na capital federal, Ottawa. Fez a travessia do Atlântico no cruzador *Colbert*, o que lhe permitiu iniciar a jornada com uma visita carregada de simbolismo a São Pedro e Miquelon. Durante os sete dias no mar, De Gaulle escreveu seus discursos e achou tempo para ler as recém-publicadas *Antimémoires*, de Malraux.

De Gaulle chegou a Quebec em 23 de julho. Seu primeiro discurso, saudando a "resistência passiva" por "um fragmento do nosso povo" contra forças que ameaçavam sua coesão, deveria ter soado o alarme.[77] No dia seguinte, viajou em carro aberto ao longo da estrada de 280 quilômetros na margem norte do rio São Lourenço, que os primeiros colonos franceses tinham dedicado ao rei da França, apelidando-a de Le Chemin du Roy. Ao longo do trajeto multidões aplaudiam, e De Gaulle parou seis vezes para discursar. Montreal foi a última escala da viagem. A programação oficial previa uma aparição na sacada da prefeitura, mas não um discurso. De Gaulle tinha outras ideias. Apareceu na sacada, ergueu os braços e falou. Retomando o tema da resistência, que havia mencionado no primeiro discurso em Quebec, disse: "Vou lhes contar um segredo que não devem espalhar. Esta noite, e ao longo de toda a viagem, senti que estava vivendo uma atmosfera semelhante à da Libertação." Mas foi o fim do discurso que causou sensação: *"Vive Montréal, Vive le Québec* [longa pausa e em seguida, muito deliberadamente, pronunciando cada palavra com grande cuidado], *Vive le Québec libre, Vive le Canada français, Vive la France."* A multidão, momentaneamente aturdida, e se perguntando se tinha ouvido direito, irrompeu em aplausos e berros de *"Vive De Gaulle".*

Levando em conta os muitos canadenses anglófonos – e os poucos franco-canadenses – que tinham libertado a França, a analogia da Libertação invocada por De Gaulle foi, no mínimo, de mau gosto. O governo federal tornou público seu desagrado. De Gaulle cancelou a visita a Ottawa, encurtou a visita e tomou o avião de volta para Paris em 27 de julho. Muito se conjecturou se ele teria pronunciado a frase incriminadora – *"Vive le Québec libre"* – calculadamente ou no calor da emoção. Não cabe dúvida sobre a resposta. De Gaulle tinha dito, privadamente, antes de partir: "Se estou indo, não é como turista. Se estou indo, é para fazer história."[78] Na lenta travessia do Atlântico, perguntou a alguém da sua equipe: "E se eu dissesse *Vive le Québec libre?*" Quando lhe responderam "Certamente o senhor não vai fazer isto, vai?", o general replicou: "Acho que sim. Vai depender da atmosfera."[79] Nesse caso, a "atmosfera" estava lá. O discurso foi a culminação lógica de tudo que De Gaulle vinha dizendo nos últimos dois dias – e de tudo que vinha pensando nos últimos cinco anos.

De volta à França, ele não se arrependeu. Ao receber um telegrama da embaixada francesa em Ottawa manifestando o temor de que levaria tempo para sarar a ferida do governo canadense, De Gaulle rabiscou furiosamente: "A questão não é se a 'ferida' de M. Pearson vai sarar. A questão é se o povo francês do Canadá tem o direito de dispor do próprio destino."[80] Convocou imediatamente Alain Peyrefitte e lhe contou, satisfeito: "Sacudi o tabuleiro."

Em seguida, usou uma metáfora militar: "Entramos. Agora precisamos ocupar o terreno ... Este momento pode ser apenas passageiro. Precisamos avançar com força, para que se torne irreversível."[81] Peyrefitte recebeu ordem para ir ao Canadá Francês negociar acordos de cooperação e reuniões regulares com representantes de Quebec, na mesma linha do Tratado Franco-Alemão. Isso era para ser feito pelas costas do Quai d'Orsay. Peyrefitte lembrou que Quebec não era um Estado soberano, mas De Gaulle não aceitaria objeções só porque Quebec era governado pelos ingleses com seus "colaboradores" franceses.[82] Num daqueles encontros do começo da noite com Foccart logo depois da volta de Quebec, De Gaulle deu vazão à sua cólera:

> Você acha que fiquei chateado por não ir a Ottawa? ... Haveria todos aqueles brindes à rainha da Inglaterra! Eu preferiria morrer a ir ao Canadá fazer brindes à rainha da Inglaterra ... Foi um alívio quando me deram um pretexto para vir embora ... Tudo isso vai dar muito assunto para a imprensa inútil e inerte que vive sob o tacão dos americanos, dos israelenses e de todos os outros.[83]

Impasse

Apesar das bravatas de De Gaulle, quando Hervé Alphand, agora o chefe do Quai d'Orsay, passou o mundo em revista em novembro de 1967, para onde quer que olhasse – o Oriente Médio, o Vietnã, o leste da Europa, a União Soviética – sua opinião era que "tudo chegou a um impasse".[84] A França já não obtinha benefícios sequer do reconhecimento da China comunista por De Gaulle, pois o país agora mergulhava na turbulência da Revolução Cultural. Houve manifestações em 1967 em frente à embaixada francesa em Pequim, denunciando o *"tête de chien De Gaulle"*.[85]

Os parcos resultados da aproximação de De Gaulle com o leste da Europa foram demonstrados durante sua visita à Polônia em setembro de 1967. Em janeiro daquele ano ele tinha recebido o ministro do Exterior polonês Adam Rapacki e feito um apelo eloquente pela *détente*:

> Tememos o futuro da Alemanha e esta é a razão prática, para nós, de fazer um acordo, de manter contatos com os alemães, em vez de abandoná-los. Abandoná-

los seria incentivá-los a buscar a aventura. ... Não é bom termos este problema no centro da Europa. Precisamos encontrar um caminho para a frente; será longo e difícil. Esta estrada será um arranjo europeu, um acordo sobre a Alemanha, com a Alemanha, do qual ela deve fazer parte. Quanto à unidade alemã, não será um Reich, não queremos isto mais do que vocês, mas uma reaproximação, uma conjunção, talvez um dia uma confederação ... Reconheço que vocês não podem aceitar isso se não estiverem seguros de suas fronteiras ... Mas podem ser um pouco mais estimulantes com eles quando demonstrarem boas intenções. ... Isto vai durar muito tempo.[86]

Na Polônia, em setembro de 1967, De Gaulle apresentou os mesmos argumentos ao primeiro-ministro, Gomułka: "Com esta divisão do mundo é difícil para um país como o nosso manter sua independência; é impossível para um país como o de vocês ter a sua."[87] Tudo isso caiu em ouvidos moucos.

Como a União Soviética se recusara a cooperar com ele sobre o Oriente Médio, De Gaulle não se sentiu nem um pouco inclinado a respeitar suscetibilidades soviéticas durante a visita. Seus discursos não fizeram menção à União Soviética e incitaram os poloneses, em termos codificados, a serem fiéis a suas tradições nacionais. Em represália, as autoridades polonesas fizeram o possível para atenuar o impacto da visita de De Gaulle. Ele tinha preparado um discurso a ser feito para estudantes na Universidade Jaguelônica, em Cracóvia, com a seguinte frase provocadora: "Debaixo de todas as ocupações estrangeiras, a Universidade Jaguelônica permaneceu um símbolo, o guardião, o vestíbulo da cultura polonesa e da cultura universal." Mas nenhum estudante teve a oportunidade de ouvir essas palavras. Peyrefitte, que acompanhava De Gaulle, narrou o que aconteceu:

> O *cortège* oficial entrou por uma ruazinha que levava não ao atual campus da universidade, mas ao velho. ... Barreiras continham a massa de gente em cada extremidade da rua, que estava deserta. Passamos com dificuldade através da multidão entusiástica, que tentou nos seguir, mas foi brutalmente impedida pela polícia. Nossos carros pararam na frente da universidade medieval, agora um museu, cujas portas estavam fechadas, salvo para nós ... Diante de nós havia meia dúzia de professores de toga; o reitor e os diretores das cinco faculdades. Nenhum outro professor. Ao fundo, espreitavam cerca de trinta figuras som-

brias, de capa de gabardine. Nenhum estudante. O general ergueu a voz na sala deserta como se falasse para 10 mil estudantes. ... Depois partimos pela mesma rua deserta, na outra direção. As barreiras se abriram de novo. Havia até mais estudantes desse lado do que do outro. Eles não ouviram uma única palavra do discurso do general, nem a tradução, mas o ovacionaram.[88]

Voltando à França, De Gaulle informou ao Conselho de Ministros: "Eles mal ousam lembrar que a Polônia fica na Europa ... Não é um governo nacional; é um governo comunista ligado à União Soviética."[89] Tentou manter-se otimista numa conversa com Peyrefitte: "Sei que esses regimes são totalitários. Mas estou lançando sementes que darão flores em vinte ou trinta anos. Não as verei dar flores ... Os jovens poloneses de hoje se livrarão do jugo soviético. Está escrito nas estrelas."[90]

Se a política de *détente* de De Gaulle teve algum êxito, não foi de um jeito que pudesse lhe agradar. Enquanto funcionários franceses negociavam os detalhes da saída da França do comando integrado, seus parceiros da Otan debatiam como enfrentar o desafio apresentado por De Gaulle. Uma das respostas foi um relatório redigido pelo ministro do Exterior da Bélgica, Pierre Harmel, com o título aparentemente inofensivo de "Tarefas Futuras da Aliança". Sua ideia básica era que a Otan, fundada como aliança antissoviética, deveria estar pronta para explorar a *détente* com o leste, mas que as discussões seriam iniciadas não por qualquer país-membro individualmente, mas por toda a aliança. Era uma forma de dar nova energia à Otan e "atlanticizar" a ideia de *détente* que De Gaulle quis europeizar.[91] Como a França ainda era parte da aliança – como entidade diferente do comando integrado da Otan –, representantes franceses participaram das discussões. Conseguiram enfraquecer o documento, mas não impedir sua adoção em novembro de 1967. Uma das razões foi que naquele mesmo momento De Gaulle estava pronto a torpedear o segundo pedido da Grã-Bretanha para entrar na CEE em sua entrevista coletiva de 27 de novembro de 1967. A tarefa dele foi facilitada pelo fato de que os britânicos tinham sido forçados a desvalorizar a libra esterlina um dia antes, oferecendo um pretexto conveniente para sua alegação de que no momento a Grã-Bretanha não estava pronta. Mas os parceiros europeus de De Gaulle não ficaram muito felizes com o veto. Havia um limite para o número de batalhas que até mesmo

De Gaulle se julgava capaz de travar. Nesse caso, o preço que pagou foi o Relatório Harmel.

Mesmo na África, a vitrine da política de "cooperação" de De Gaulle, percebe-se, lendo nas entrelinhas o diário de Foccart, que o general começava a sentir que suas políticas tinham chegado a um impasse. Foccart sempre se esforçou para manter a atenção de De Gaulle concentrada na África, mas seu diário está cada vez mais recheado de comentários como "questões africanas não o entusiasmam muito no momento", "isto não parece interessar muito ao general", "o general não prestou muita atenção".[92] Depois de mais um pedido de Foccart para um encontro com mais um chefe de Estado africano, De Gaulle explodiu:

> Estou farto dos seus negros. Nada disso tem qualquer interesse! Não me aborreça com seus negros; não quero ver outro pelos próximos dois meses, entende? Nenhum pelos próximos dois meses. Não é tanto porque tomam meu tempo, embora seja muito enfadonho, mas não cria uma boa imagem para o resto do mundo; eles só veem negros no Eliseu. E eu lhe digo que isso não tem qualquer interesse.[93]

Em 1966, o Quai finalmente pôs fim à independência do Ministério da Cooperação. Foccart ainda tentou um golpe desesperado advertindo De Gaulle contra os diplomatas do Quai que "frequentam coquetéis ... e escutam fofocas de outros embaixadores. Isto não é cooperação".[94] Mas Foccart tinha perdido a batalha.

O problema era que a situação na África nunca se acalmava. O sistema clientelista de Foccart era inerentemente instável. Depois do golpe na República Centro-Africana em janeiro de 1966, Foccart comentou: "Acho que o general está farto desses sucessivos golpes na África."[95] Nesse caso, Foccart não se dera ao trabalho de intervir, porque julgou, corretamente, que o novo presidente, Bokassa, admirador fanático de De Gaulle e ex-soldado das Forças Francesas Livres, era totalmente confiável. De Gaulle observou: "Sim, mas é também um idiota [*couillon*], e jamais conseguiremos fazer nada com ele."[96] Dois anos depois, sua opinião não tinha mudado: "Não posso fazer nada, ele é um débil mental."[97] De Gaulle resignou-se à situação, embora tentasse, sem êxito, impedir Bokassa de chamá-lo "Papai". Foccart adotou a opinião de que Bokassa talvez fosse débil mental, mas pelo menos era o débil mental da França.

Em nenhum outro lugar a instabilidade era maior do que no Daomé (Benin), onde houve golpes em 1963 e 1965. Quando, em novembro de 1967, Foccart tentou convencer De Gaulle a receber o presidente Soglo e condecorá-lo, De Gaulle voltou a explodir: "Nós lhes damos uma condecoração, e depois eles fazem uma revolução, então eles aparecem numa visita oficial e temos de lhes dar outra condecoração! É uma maluquice ... Soglo será trocado por sua vez ... O sucessor virá e começamos tudo de novo."[98] Sua previsão não poderia ter sido mais precisa. Um mês depois, Soglo foi derrubado. Nessa ocasião, Foccart não pôde ser avisado, porque estava caçando (e não pescando, como quando Youlou foi tirado do cargo de presidente do Congo, em 1963), e nenhuma decisão de intervir foi tomada. Quando Foccart ordenou uma intervenção, ao voltar, De Gaulle furiosamente revogou a ordem: "Quem é que manda aqui? Você ou eu? ... Não me aborreça com isso. Pena que não sejam capazes de governar."[99] Poucos meses depois, o presidente Eyadéma, do Togo, estava em Paris. Foccart queria que De Gaulle o recebesse: "Outro almoço, não! Estão aqui o tempo todo. ... Eu disse a esse aí, 'seja leal ao seu presidente, não dê um golpe de Estado'; e o que ele faz quando volta para casa? Dá um golpe." Tudo que Foccart pôde dizer em sua defesa foi que ele pelo menos tinha esperado seis meses antes de dar o golpe. Nesse caso, De Gaulle cedeu, e preparou-se para outro jantar.[100]

Ainda era possível despertar o complexo de Fashoda em De Gaulle quando se tratava de contrariar britânicos ou americanos. Uma dessas ocasiões surgiu com o estouro da guerra civil na Nigéria. A província oriental de Biafra, a região economicamente mais dinâmica do país, tentou separar-se. A França declarou um embargo de venda de armas a qualquer dos dois lados e em 31 de julho de 1967 um comunicado anunciou o apoio da França à causa biafrense em nome do direito do povo à autodeterminação. Oficialmente, a ajuda francesa a Biafra era apenas humanitária, mas armas eram enviadas por trás dessa fachada. A França não chegou a ponto de reconhecer Biafra, e a política oficial francesa era apoiar e negociar um acordo.[101] Mas, em seus comentários privados com Foccart, De Gaulle era bem claro sobre as razões dessa política: "Precisamos desmantelar essas imensas construções criadas pelos ingleses, como a Nigéria."[102] No fim do ano, Foccart subestimou informações do Quai de que a rebelião estava perdendo fôlego. Garantiu a De Gaulle que a verdade era justamente o contrário.[103] De Gaulle adotou a visão de que nenhum dos lados venceria, mas que Biafra deveria ser ajudada "discretamente". Não ficou nada feliz quando Foccart lhe disse que ia receber alguns representantes biafrenses: "Isso me expõe demais."[104]

No fim de 1967, parecia não haver outro princípio orientador da política externa de De Gaulle além do sagrado egoísmo. Na Nigéria – e no Canadá – De Gaulle não teve pudor de intervir nos assuntos internos de outros países; ao mesmo tempo, a França não quis aderir à condenação da ONU do regime do apartheid na África do Sul, porque isso era interferência nos assuntos internos de outro país. A verdadeira razão era que a França precisava ter acesso ao urânio e ao ouro do país. Pelo mesmo princípio da não interferência – mas mais provavelmente como uma forma de constranger os britânicos –, a França se absteve de votar na ONU condenando a Rodésia, que tinha declarado independência em novembro de 1965. Como a minoria branca tinha agido para evitar a instalação de governo da maioria negra, isso não combinava com a sua promoção da França como arauto da descolonização e dos direitos do Terceiro Mundo.[105]

Em conversas particulares, os rompantes de De Gaulle sobre política externa se agravaram. Certa noite, ele esbravejou para Foccart, dizendo que a França deveria recuperar "todos esses países que a Inglaterra tomou de nós. ... Um dia precisamos tomar as Ilhas do Canal".[106] No começo de 1968 ele disse a um jornalista americano que "só três povos [estão] sob opressão estrangeira hoje – os franceses no Canadá, os árabes em Israel e os tibetanos na China" (para não falar no leste da Europa!). Charles Bohlen, o embaixador americano em Paris, ficou horrorizado quando ouviu o comentário: "Realmente, o velhote está ficando doido."[107] Bohlen achava que De Gaulle, apesar da imprevisibilidade, "sempre teve um senso de moderação, de oportunidade, de lugar e de conveniência ... seus pronunciamentos públicos, e mesmo suas ações, têm assumido um caráter mais puramente voluntarioso e pessoal".[108] Muitos dos ministros de De Gaulle pensavam o mesmo. Depois da grita internacional por causa de Quebec, Pompidou baixou uma ordem para que o governo fosse receber De Gaulle no aeroporto quando ele voltasse. Um ministro pediu licença para sair. Enquanto os demais esperavam, houve muito murmúrio do tipo "ele está doido [*cinglé*]", "desta vez ele foi longe demais".[109] Pompidou, em conversas privadas, criticou severamente esse ato de "loucura gratuita", coisa de "criança brincando com fósforos escondida dos adultos". A opinião de Couve não foi muito diferente, embora ele a expressasse à sua maneira caracteristicamente velada: "A paixão do general por Quebec não pode levar a nada de bom. Nosso dever é impedir que caia nesse despenhadeiro."[110] Até quando isso poderia continuar?

27. Rendimentos decrescentes

De Gaulle e Pompidou

Em 2 de agosto de 1964, De Gaulle falou à nação para lembrar o quinquagésimo aniversário do início da Primeira Guerra Mundial. Havia muitas maneiras de lembrar a guerra, e muitas lições a serem aprendidas. A lição que De Gaulle tirou era simples: "Num instante, as múltiplas disputas e divisões políticas, sociais e religiosas do país foram eliminadas."[1] Durante toda a vida, De Gaulle sonhou com esses momentos de união nacional. A busca do que chamava grandeza tinha o mesmo objetivo interno: superar o que ele acreditava ser uma propensão francesa às divisões internas. Como escreveu na primeira página das *Memórias*: "Só vastos empreendimentos são capazes de contrabalançar os fermentos da dispersão que seu povo carrega." Até então essa política se mostrara extremamente bem-sucedida. Apesar dos resultados decepcionantes da eleição presidencial, na segunda metade de 1966 os índices de popularidade de De Gaulle atingiram níveis superados apenas no auge da Guerra da Argélia. Ele contava com mais de 65% de aprovação dos franceses nesse período, fato notável para alguém que estava no poder havia mais de sete anos. A aprovação vinha especialmente da política externa – a saída da Otan e as críticas aos Estados Unidos.[2]

Para os de esquerda e do centro que eram pró-europeus e pró-atlanticistas, as políticas de De Gaulle representavam tudo que havia de mais retrógrado – uma espécie de "pujadismo planetário", como disse lindamente Mitterrand no Parlamento.[3] A moção de censura apresentada pela oposição depois do rompimento com a Otan obteve apenas 136 votos – bem longe de uma maioria. A verdade é que a política externa de De Gaulle tinha desconcertado a esquerda. Como escreveu o cientista político Maurice Duverger no *Le Monde*:

> Em política, resultados contam mais do que intenções ... Pouco importa que as motivações do general sejam puramente nacionalistas, que aspirem a realizar uma "certa ideia da França" ... que De Gaulle busque um sonho mais ou menos mítico de grandeza, ou mesmo que ele esteja tentando satisfazer seu rancor pessoal contra os Estados Unidos, se dessa maneira contribuiu para reduzir a dominação da maior potência do mundo sobre seus aliados convertidos em satélites ... As ações do general são um pouco como atos isolados de terrorismo na primeira fase de descolonização, destinados a despertar a consciência do povo que está adormecida. Bombas desse tipo talvez sejam necessárias para acordar a Europa do torpor no qual está mergulhada em relação aos Estados Unidos.[4]

Era de prever que De Gaulle conseguisse a aprovação do Partido Comunista para suas posições antiamericanas, mas seu apelo às esquerdas ia além dos comunistas. Em maio de 1966, 29 destacados jornalistas e intelectuais de esquerda assinaram um manifesto apoiando a política externa de De Gaulle. Entre eles estavam Domenach, o editor do *Esprit*, que vinha se aproximando lentamente de De Gaulle nos últimos anos, o socialista André Philip e o extrotskista David Rousset. Seu objetivo declarado era "mostrar à esquerda que se pode ser gaullista sem ficar com a consciência pesada e ao mesmo tempo dar ao gaullismo uma consciência de esquerda".[5]

A principal ameaça à reputação de De Gaulle nos primeiros meses de 1966 veio das repercussões de um obscuro caso ocorrido durante a campanha eleitoral do ano anterior. Só meses depois esse episódio ganhou as dimensões de um escândalo político. Tudo começou em 29 de outubro de 1965, quando o marroquino Mehdi Ben Barka, contrário às políticas do regime marroquino e vivendo no exílio desde sua expulsão do Marrocos, em 1963, foi sequestrado na frente de um restaurante na zona central de Paris. Depois se soube que ele tinha sido levado para uma *villa* nos arredores de Paris para ser interrogado e provavelmente assassinado pelos serviços secretos marroquinos. O corpo jamais foi encontrado. Soube-se também que o tenebroso ministro do Interior marroquino, Mohammed Oufkir, tinha estado em Paris no dia do desaparecimento de Ben Barka. O fato de um ativista amplamente respeitado do Terceiro Mundo ter sido sequestrado em solo francês por agentes a serviço de um governo estrangeiro era, por si, chocante. Mas o que transformou um sórdido acerto de contas num escândalo francês foi a revelação de que elementos da banda podre dos serviços secretos franceses estavam envolvidos. Um deles, Georges Figon, afirmou ter visto Oufkir torturar Ben Barka. Quando o próprio Figon foi encontrado morto, em janeiro de 1966 – supostamente cometeu suicídio –, ali estavam todos os ingredientes de um grande escândalo de espionagem e política. A embaixada britânica informou que "uma história de James Bond de repente ganhou vida".[6] Durante semanas, o caso foi manchete dos jornais. Páginas e páginas do *Le Monde* eram dedicadas a revelações cada vez mais lúgubres.

Ninguém jamais alegou que De Gaulle estivesse envolvido, mas o sequestro de Ben Barka parecia dar razão àqueles que acusavam alguns gaullistas de terem uma repulsiva predileção por nebulosas operações clandestinas. Essa acusação tinha sido feita contra o BCRA no tempo da guerra e ressurgiu durante a Guerra da Argélia, quando os serviços oficiais de polícia e inteligência eram, com razão, vistos como muito pouco entusiasmados no combate às atividades da OAS. Isso levou alguns militantes gaullistas a organizar agentes de inteligência paralela conhecidos popularmente como Barbouzes (os "barbudos"), que empregavam seus próprios métodos clandestinos contra a OAS. Uma dessas operações espetaculares foi o sequestro, em março de 1963, de Antoine Argoud, um dos mais fanáticos líderes da OAS, que se refugiara na Alemanha. Capturado em Munique, foi depositado, amarrado e amordaçado, no porta-malas de um carro na frente da Chefatura de Polícia de Paris. Esses episódios deram à imagem do gaullismo um vago odor de tramoia conspiratória. Foccart era visto por muita gente como a síntese desse lado obscuro do gaullismo. Dizia-se, provavelmente sem razão, que ele estivera envolvido no caso Ben Barka. Isso pode ter contribuído para os ocasionais lampejos de impaciência de De Gaulle com Foccart nessa época. Foccart explicou-se ao general, que aparentemente se convenceu – ao mesmo tempo em que lhe recomendava que abandonasse a paixão por paraquedismo, que parecia dar crédito aos seus detratores.

Embora De Gaulle aceitasse os métodos pouco convencionais dos Barbouzes como uma infeliz consequência da impotência do Estado francês durante a Guerra da Argélia, a ideia de serviços secretos paralelos operando fora da órbita do governo era uma ofensa para o seu senso da autoridade do Estado. Ordenou que Oufkir fosse julgado num tribunal francês por seu envolvimento no caso e incentivou uma reorganização dos serviços franceses de inteligência. Nesse sentido, a resposta de De Gaulle ao episódio não pode ser criticada. Mas ele subestimou a sensação de indignação moral que o caso provocou entre partidários seus como François Mauriac, ou o jornalista Maurice Clavel, gaullista quase místico, que rompeu publicamente com De Gaulle. Quando criticado, o general sempre partia para o ataque. Em sua entrevista coletiva de fevereiro de 1966, ele tratou o assunto com desdém, como uma questão "vulgar e subalterna". Foi nessa oportunidade que massacrou um jornalista, que quis saber por que ele demorara tanto a compreender a dimensão do escândalo, com as palavras "Ponha na conta da minha inexperiência". Isso provocou risadas, mas mostrou que De Gaulle não tinha compreendido bem o choque causado pelo caso. No fim, porém, ainda que ele tivesse falhado em sua resposta, o caso Ben Barka mal chegou a arranhar sua popularidade. Foi um desses escândalos que os jornalistas adoram, mas de tal maneira complexo que os mortais comuns logo se perdiam no emaranhado da conspiração.

Fora intervenções ocasionais, como o plano de estabilização de preços em 1963, De Gaulle deixava, com satisfação, a administração diária da política nacional a cargo de Georges Pompidou. Um sinal da crescente autoridade de Pompidou foi sua insistência em fazer uma reforma no governo em 1966, depois da eleição presidencial. Seu principal objetivo era tirar o ministro das Finanças, o perigosamente ambicioso Valéry Giscard d'Estaing, mesmo correndo o risco de converter um possível rival num provável inimigo. Líder do Republicanos Independentes, pequeno grupo parlamentar de centro-direita que apoiava os gaullistas, mas permanecendo organizacionalmente distinto, Giscard devia sua presença no governo à reputação de brilhantismo técnico, a uma compreensão ímpar de questões financeiras e a uma eloquência à altura. Tinha sido promovido a ministro das Finanças na idade excepcionalmente precoce de 36 anos. De Gaulle, sempre impressionado pelo virtuosismo intelectual, tinha certa *faiblesse* por esse jovem tecnocrata arrogantemente seguro de si. Mas não se sentiu suficientemente inclinado a interferir quando Pompidou quis removê-lo. Giscard foi substituído por Michel Debré, que voltou ao governo depois de quatro anos.

De Gaulle continuava a apreciar o pragmatismo, a eficiência e a ultracompetência de Pompidou. Este disfarçava uma implacabilidade metálica atrás de uma fachada de afabilidade, olhando o mundo por olhos semicerrados, um cigarro sempre pendendo dos lábios. Apesar de apreciar a boa vida parisiense, retinha qualquer coisa da astúcia camponesa de suas raízes auvérnias – não era pessoa a quem se tentasse vender uma vaca doente, de acordo com um provérbio do seu Cantal nativo. Pompidou se preocupava com os *"grains de folie"* de De Gaulle, mas reconhecia que eram inseparáveis do seu gênio peculiar. Como tinha o hábito de dizer, "o general é especial".

Apesar disso, as relações entre os dois tinham se alterado sutilmente desde o dia em que De Gaulle arrancou Pompidou da semiobscuridade para torná-lo primeiro-ministro. Diferentemente dos que se sentiam esmagados pela força da personalidade de De Gaulle, a consciência que Pompidou tinha da excepcionalidade do general sempre foi tingida por um toque de irônico distanciamento. Era, por disposição natural, pouco inclinado ao culto dos heróis. E depois de 1965 um germe de ressentimento começou a turvar a opinião de Pompidou sobre o general. Ele ficou magoado com a cruel displicência com que De Gaulle o tratou quando hesitava – ou fingia hesitar – sobre se deveria ou não disputar a eleição presidencial. Psicologicamente emancipado dos laços de obrigação que de início caracterizaram a relação entre eles, Pompidou desenvolveu um grupo de assessores cuja primeira lealdade era para com ele. Esses assessores não tinham qualquer ligação com o gaullismo histórico da guerra ou com o RPF, e investiam em Pompidou como seu futuro. Por sua vez, Pompidou se livrara de qualquer sentimento de inferioridade por não ter um passado na Resistência. Sua autoconfiança foi fortalecida quando Bernard Tricot se tornou secretário-geral do Eliseu, em 1967. Os dois ocupantes anteriores desse poderoso cargo tinham um pedigree gaullista mais longo do que Pompidou, mas Tricot era um "gaullista" mais recente do que ele. Pompidou certa vez comentou com Tricot: "O principal colaborador do general sou eu; o secretário-geral do Eliseu não pode ter ideias próprias."[7] É impossível imaginar Pompidou falando a Burin des Roziers ou a Courcel com essa franqueza.

Pompidou, 21 anos mais novo do que De Gaulle, claramente se firmava como seu delfim. Em setembro de 1967, ele disse extraoficialmente a um jornalista: "Quando as pessoas me perguntam se algum dia vou ser presidente da República, e eu respondo 'não faço ideia, sou primeiro-ministro', estou sendo totalmente sincero ... Quanto a me preparar para ser chefe de Estado, em certo sentido é o que tenho feito nos últimos cinco anos, mas não posso ir além disso, pois seria impróprio e indecente com o general, e obviamente ele não ia gostar."⁸ Da parte de De Gaulle, a existência de um delfim era um lembrete de sua própria mortalidade e tingia sua opinião sobre Pompidou de prudente desconfiança. Isso dava uma brecha a esse curioso grupo que se identificava como "gaullistas de esquerda".

Órfãos do gaullismo

Os gaullistas de esquerda não eram uma coisa nem outra – suspeitos tanto aos olhos da esquerda como aos olhos dos gaullistas. Cada um tinha sua própria trajetória individual, que levou a De Gaulle em diferentes momentos. Alguns estavam com ele desde a guerra; outros a ele se juntaram durante o período do RPF, seduzidos por suas nebulosas doutrinas sociais; outros, ainda, eram antigos mendèsistas que depois de 1958 transferiram para De Gaulle as esperanças que um dia tinham depositado em Mendès France. O que os unia era a convicção de que o movimento gaullista, formado às pressas em 1958 para apoiar De Gaulle – a UNR – era integrado por oportunistas e conservadores que nada tinham de gaullistas "autênticos". Os gaullistas de esquerda eram a favor de uma política "liberal" com a Argélia e queriam evitar que De Gaulle virasse prisioneiro do Exército ou da UNR.

Em abril de 1959, os gaullistas de esquerda tinham formado uma organização chamada UDT (Union Démocratique du Travail). Tinham um jornal, *Notre République*, que lhes dava uma plataforma desproporcional ao minúsculo número de membros. Os dois colaboradores mais destacados eram o jurista René Capitant e o economista Louis Vallon. Terminada a Guerra da Argélia, seu tema central passou a ser a necessidade de completar a "missão" do gaullismo dando-lhe conteúdo social. Em sua interpretação da história, De Gaulle tinha descolonizado, tinha reformado as instituições da França, tinha afirmado a independência nacional, mas ainda precisava encontrar a esquiva terceira via entre o capitalismo e o socialismo prometida pela política de "associação" do RPF. Os gaullistas de esquerda sobreviviam graças a um discreto incentivo e a fundos do Eliseu. Durante a Guerra da Argélia, De Gaulle vira neles uma ferramenta útil no Parlamento, se o grosso dos *députés* da UNR seguisse Soustelle em apoio da *Algérie française*. Uma charge do *L'Express* em 1959 resumiu isso mostrando De Gaulle com três miniaturas de gaullistas de esquerda espreitando de dentro do seu bolso de cima. A legenda dizia: "Cuidado, ou solto meus gaullistas de esquerda."⁹

Com o fim da Guerra da Argélia, os gaullistas de esquerda não serviam mais aos seus objetivos, mas já pensando nas eleições de 1962 De Gaulle viu neles um possível contrapeso, no Parlamento, aos republicanos independentes de Giscard. Interveio para garantir que em determinado número de distritos eleitorais candidatos da UNR não disputassem com candidatos da UDT. Catorze *députés* da UDT foram eleitos, e a UNR passou a ser chamada oficialmente de UNR-UDT. Os gaullistas de esquerda viviam esperando que De Gaulle se movesse em sua direção, sem perceberem que estavam sendo usados. Um deles descreveu as relações com De Gaulle com algum humor, num livro que trazia o título revelador de *Órfãos do gaullismo*:

> O general tenta não perder nenhuma das cartas que tem na mão ... Vamos supor ... que você resolva fundar um "Partido Gaullo-Comunista" casando os objetivos da Terceira Internacional com os da Federação Francesa de Patrões. Suponha, para continuarmos o exemplo, que você peça uma audiência com o general e que tenha a chance inimaginável de conseguir. Você se encontra na presença do presidente, afável e lamentando que o veja tão pouco e tenha tão pouco tempo disponível. Você resume seu projeto e acha seu interlocutor um pouco condescendente, interessado, mas finalmente laudatório e incentivador, e ele encerra o encontro da maneira mais satisfatória possível, pedindo-lhe que permaneça em contato com seu *cabinet* e o mantenha informado sobre o seu projeto, cujo "interesse para a nação não lhe passou despercebido".¹⁰

Como não tinham uma base eleitoral significativa, os gaullistas de esquerda só eram importantes na medida em que De Gaulle estivesse disposto a apoiar suas ideias. Depois de 1966, parecia que ele finalmente estava pronto para tirá-los do seu bolso de cima.

O sonho da reconciliação de classes era uma das convicções mais profundas de De Gaulle. Até 1962, a Argélia absorveu suas energias, mas terminada a guerra ele começou a insinuar que não abandonara a política de associação. Disse a Peyrefitte em julho de 1962: "As consequências sociais do capitalismo são inaceitáveis. Ele esmaga os mais fracos. Transforma homens em lobos ... O coletivismo não é melhor: tira das pessoas todo desejo de lutar.

Transforma-as em ovelhas. Precisamos de uma terceira via – entre lobos e ovelhas."[11] Numa das primeiras reuniões do seu governo depois das bem-sucedidas eleições parlamentares de 1962, De Gaulle estabeleceu algumas ambições futuras. Uma delas era o que ele chamava de "a integração" dos operários: "É preciso que não haja mais uma questão social na França. Não digo que as pessoas deixem de buscar seus próprios interesses. Eles sempre existirão. Mas não deve haver mais nenhuma questão de classes sociais."[12] Pompidou, que imaginava o gaullismo como um conservadorismo ideológico avançado e modernizador, não tinha paciência para essa utopia. Certa ocasião, comentou: "Capitant, Vallon e outros ... encheram a cabeça do general com essa bobagem ... Os gaullistas de esquerda pisoteiam a economia como elefantes numa loja de porcelanas."[13]

No começo de 1963, houve uma grande greve de mineiros que foi mal administrada pelo governo. De Gaulle tinha sofrido uma séria, apesar de temporária, queda de popularidade. Ele chegou à conclusão de que a solução de longo prazo não era apenas pagar mais aos mineiros, mas mudar inteiramente as relações entre empregados e patrões. Quando Peyrefitte lhe perguntou se estava pensando no que tinha sido chamado de "associação entre capital e trabalho" no período do RPF, ele respondeu: "Precisamos ir bem mais longe."[14] A palavra que passou a substituir "associação" foi "participação" – que Pompidou, em tom zombeteiro, chamou de a nova "mania" de De Gaulle.[15] Por enquanto, o assunto morreu, porque Pompidou obviamente não gostava da ideia.

Se no início de 1966 De Gaulle começou a insistir com mais veemência na ideia foi por achar que a eleição presidencial tinha sido um revés. Buscava agora uma maneira de relançar o gaullismo, pois "modernização" não parecia um tema interno suficientemente mobilizador. O ceticismo de Pompidou sobre as ideias sociais de De Gaulle passou a ser visto pelo general menos como uma razão para retardar do que para apressar o passo: "participação" lhe ofereceu um pretexto ideológico para sua insatisfação psicológica com Pompidou. Permitia-lhe, na sua cabeça, culpar Pompidou pelo desapontamento da eleição presidencial, e sua decisão de adotar a participação era tanto consequência como causa do crescente antagonismo entre eles.

Mas como traduzir uma vaga aspiração em prática política? Em 1965, durante o debate parlamentar sobre o orçamento, Louis Vallon tinha conseguido inserir uma emenda (Artigo 33) exigindo que o governo implementasse medidas para reconhecer os direitos dos operários a compartilhar o crescimento econômico das empresas.[16] O governo permitiu a aprovação, e ninguém levou o assunto muito a sério. O próprio Vallon parece não ter sabido direito o que fazer em seguida, até se deparar com o artigo que explicava a teoria do "pancapitalismo". Seu autor, Marcel Loichot, era um desses engenheiros místicos, metade malucos, metade sábios, que aparecem de vez em quando na política francesa. Loichot, satisfeito por ter encontrado um público para suas ideias, publicou então um livro inteiro sobre o "pancapitalismo" e fundou seu "sindicato pancapitalista", cuja ambição era nada mais, nada menos do que a "reunificação intra e internacional da população inteira do globo". Embora Loichot embalasse seu misticismo tecnocrático com gráficos e uma espécie inescrutável de álgebra, a ideia central era bem modesta: parte dos lucros das empresas seria redistribuída entre os operários na forma de ações. As ideias de Loichot revestiram toda a *Nouvelle République* de janeiro de 1966. De Gaulle leu o livro e escreveu para Loichot dizendo que tinha ficado "muito impressionado": "Talvez o senhor saiba que sempre busquei, embora às apalpadelas [*à tâtons*], um meio prático de efetuar uma mudança não nas condições de vida, mas na condição do operário."[17]

Quando, no início de 1966, o governo discutia como pôr em prática a emenda Vallon, Pompidou propôs formar uma comissão para explorar a ideia. De Gaulle perguntou se Loichot seria membro; Pompidou respondeu que ele seria solicitado a apresentar suas opiniões. De Gaulle advertiu que a comissão não deveria ser uma forma de "empurrar com a barriga [*ne noyez pas le poisson*]" – e na verdade não era outra coisa.[18] A comissão deliberou durante meses, aconselhou-se com especialistas, descobriu que nem sindicatos nem patrões estavam interessados e, alguns meses depois, produziu um relatório sepultando a ideia como impraticável. De Gaulle, que ainda estava "tateando", não se sentiu confiante o suficiente para insistir no assunto. Pompidou vencera o primeiro round – mas De Gaulle não tinha desistido. Em sua entrevista coletiva de outubro de 1966, tendo semeado a pergunta sobre Loichot, fez uma longa defesa da participação. Prometeu – ou ameaçou – fazer o governo reexaminar o assunto depois das eleições parlamentares de março de 1967 (as últimas tinham sido em 1962).

A atitude de De Gaulle quando essas eleições se aproximavam foi marcada pela costumeira esquizofrenia entre o que Pompidou chamava sarcasticamente de sua "utopia da unanimidade" e o fato de que seu governo funcionava com base numa maioria parlamentar. Ele ponderou, em conversa privada com Peyrefitte, sobre as lições dos anos 1930:

> Lá se foram os dias em que chefes de governo se ajoelhavam para conseguir votos. Mostraremos aos partidos quem é que manda. Se os *députés* aprovarem um voto de censura vão ter que se explicar aos seus eleitores ... Se não tivermos maioria no Parlamento, nos arranjaremos sem ela ... Esta Constituição foi feita para governar sem maioria. Convocarei novos homens, técnicos, especialistas não comprometidos em brigas políticas, mas respeitados por sua competência ... No fim, não ficarei tão triste assim se puder demonstrar os recursos que a Constituição me dá.[19]

Desconcertado com essa explosão, Peyrefitte teve medo que De Gaulle estivesse pensando em invocar o Artigo 16. A resposta de De Gaulle foi que o Artigo 16 era para uma crise de verdade, e não servia para aquela situação. Com base nisso, Peyrefitte insinuou em público que De Gaulle, embora não renunciasse se as eleições parlamentares fossem desfavoráveis – uma vez que a fonte do Poder Executivo emanava dele e não do Parlamento –, jamais lançaria mão do Artigo 16 só por ter que lidar com um Parlamento hostil. De Gaulle repreendeu-o: "Nunca se deve revelar as baterias que tem e com mais razão ainda as minhas. O Artigo 16 é problema meu ... É preciso deixar que a incerteza paire sobre eles. É preciso manter um silêncio aterrador. ... Deixá-los numa cruel incerteza."[20] Mesmo acalentando essas noções espantosas, De Gaulle publicamente manifestou, em mais de uma ocasião, a ideia de que precisava de uma maioria parlamentar para apoiar seus atos. A alternativa seria "mergulhar novamente, desta vez em condições mais graves que nunca, nas mesmas convulsões do velho regime de partidos".[21] Deixassem para lá a alegação de que a Quinta República tinha resolvido definitivamente os problemas políticos da França! Durante a campanha De Gaulle fez um apelo, na televisão, por uma "maioria coerente e constante no Parlamento" e deu instruções minuciosas a Pompidou sobre que ministros deveriam falar na televisão e o que deveriam dizer.[22] Deixassem para lá o presidente como "árbitro" por cima das disputas!

Fora isso, De Gaulle entregou a administração diária da campanha a Pompidou. Havia agora um sério desafio à esquerda. Mitterrand, surfando na onda do seu sucesso em 1965, tinha conseguido intermediar um acordo entre os Partidos Comunista e Socialista. No segundo turno da eleição, o candidato de esquerda menos bem colocado em cada distrito eleitoral desistiria em favor do outro. Foi mais um passo para tirar o PCF do gueto eleitoral onde havia anos definhava – e apesar do paradoxo de as opiniões do partido em política externa serem mais afinadas com as de De Gaulle do que com as dos socialistas. Para combater essa ameaça à esquerda, Pompidou dedicou-se a negociar a união do outro lado. Criou um Comitê de Ação para a Quinta República a fim de evitar a divisão do voto conservador reservando algumas cadeiras para os aliados da UNR – como os republicanos independentes de Giscard.[23]

Embora De Gaulle fingisse estar acima dos sórdidos acordos da política eleitoral, o assunto aparecia com frequência em suas conversas noturnas com Foccart, que não se deixava enganar por sua afetação de indiferença e jamais cessava de se maravilhar com o seu minucioso conhecimento de cada distrito eleitoral, digno de um velho articulador político da Terceira República. De Gaulle fingia desprezar a política, mas sempre teve fascínio por ela. Uma noite, Foccart foi repreendido pela "ridícula" escolha de um candidato em Quimper: "Você esquece uma coisa, que ele é divorciado ... Primeiro casou com uma brasileira rica e depois se divorciou dela, trocando-a pela filha de um banqueiro, e você quer mandar esse homem para Quimper, onde os padres mandam no galinheiro ... Não nego o seu valor, mas é grotesco mandá-lo para Quimper tendo em conta sua situação familiar."[24] O comitê formado por Pompidou elaborava as listas de candidatos, mas cada nome tinha de ser aprovado pessoalmente por De Gaulle.

Os resultados da eleição foram uma grande decepção. Os gaullistas perderam 43 cadeiras, e mesmo com o pequeno grupo de centristas de Giscard mal conseguiu reunir uma maioria na nova assembleia. Houve várias razões para isso. O programa de estabilização financeira de 1963 tinha provocado uma ligeira diminuição na taxa de crescimento econômico e um aumento concomitante nos índices de desemprego. A transferência de votos entre socialistas e comunistas no segundo turno de fato funcionou. E, finalmente, os gaullistas perderam cadeiras nas regiões com maior concentração de *pieds-noirs* repatriados, que não perdoavam a "traição" da Argélia. Mas, para os gaullistas de esquerda, o culpado foi Pompidou, por sabotar seus planos econômicos. Capitant exigiu publicamente a nomeação de um novo primeiro-ministro. Era um segredo que todos sabiam que De Gaulle planejava substituir Pompidou depois da eleição por Couve de Murville, que, embora não se interessasse por questões sociais, era mais obediente. Mas Couve, que jamais disputara uma eleição antes, foi derrotado no distrito de Paris, onde concorreu. Já Pompidou, que também nunca tinha disputado uma eleição, foi facilmente eleito para uma cadeira no Cantal onde nasceu. Até De Gaulle resistiu à provocação de trocar um primeiro-ministro que tinha acabado de ganhar uma eleição por outro que tinha acabado de perder. Assim, Pompidou ficou onde estava, e Couve foi mantido no Quai d'Orsay.

Para superar os problemas de sua pequena maioria, o governo de Pompidou pediu ao Parlamento que lhe concedesse o poder de legislar por decreto durante três meses (como permitia o Artigo 38 da Constituição). O pretexto era permitir que o governo adotasse uma última batelada de medidas econômicas exigidas pelo Tratado de Roma. Mas De Gaulle também viu a oportunidade de voltar ao tema da participação. Soando cada vez mais como o pensador social católico do século XIX La Tour du Pin, De Gaulle adotou a posição de que as eleições tinham ressaltado a necessidade de resolver a situação da classe operária. Disse ao seu governo: "Precisamos de uma doutrina clara e atraente. A situação da classe operária é mais importante do que o nível de remuneração." Até mesmo o ultraleal Debré se sentiu impelido a responder que não compreendia o que isso queria dizer. De Gaulle não se abalou: "A situação dos operários? É em grande medida sobre a dignidade da classe operária. Quando sua dignidade é reconhecida ... a situação dos operários melhora. A questão da classe operária é, junto com o desarmamento nuclear, uma das grandes questões do nosso tempo."[25] Era alargar muito a visão. A incredulidade em redor da mesa fez lembrar aquela primeira reunião do RPF, quando De Gaulle lançou a ideia de associação para um pequeno grupo de seguidores perplexos.

O Eliseu mantinha-se em estreito contato com Loichot na preparação de uma nova lei.[26] Quando Pompidou produziu um projeto, De Gaulle não gostou, achando-o tímido demais: "Peço-lhe portanto que o reveja, ou que o apresente de outra maneira, não pareça mais ou menos contradizer na quarta-feira o que eu mesmo disse na terça-feira, e considere essencial."[27] Apesar da reprimenda, o resultado foi uma lei bastante inofensiva sobre participação nos lucros. Mais uma vez De Gaulle tinha sido contrariado.

Ao longo do outono, Foccart foi submetido a regulares ataques verbais contra Pompidou. Para ele, isso era constrangedor. Apesar da devoção a De Gaulle, tinha boas relações com Pompidou e, já pensando no dia em que Pompidou assumisse, queria que continuassem boas. Uma noite De Gaulle teve um acesso de raiva tão violento contra Pompidou que se esqueceu de sair a tempo de assistir ao começo do noticiário na televisão. Nesse caso, a ira de De Gaulle se voltou também contra o Parlamento, onde tinha havido uma votação desfavorável. Ele se queixou de que Pompidou não administrava a situação parlamentar com a firmeza necessária. Para horror de Foccart, falou em usar o Artigo 16 – o que certamente levaria a uma crise constitucional – ou convocar novas eleições parlamentares (que ele quase certamente perderia): "Vou invocar o Artigo 16 e não precisaremos mais nos preocupar com o Parlamento. ... Não quero me aborrecer com essa gente. ... Pompidou está acabado. Vou demiti-lo, quero trocá-lo. ... Está sempre fazendo acordos, negocia, minimiza as coisas... É covarde... Não quero mais saber dele."[28] Um mês depois, voltou à ladainha de Pompidou ser "banana demais [*mollasson*]".[29] Nada disso devia ser interpretado ao pé da letra. De Gaulle sempre expressou suas opiniões dessa maneira – mas sua crescente frustração com Pompidou era autêntica.

A conclusão que Pompidou tinha tirado da eleição era que se tornara urgente transformar a UNR num partido político moderno, em vez de continuar sendo uma coleção de parlamentares sem raízes eleitorais verdadeiras e sem identidade, a não ser a de apoiar De Gaulle. Preparava-se para um futuro em que o gaullismo pudesse existir sem De Gaulle. Para tanto, organizou um congresso em Lille em novembro de 1967, a fim de colocar os partidos gaullistas numa nova posição. Isso provocou alvoroço entre os gaullistas de esquerda, desconfiados de que Pompidou estava transformando o gaullismo num veículo para suas futuras ambições. Vallon e Capitant anunciaram que "não iriam a Lille".[30] No fim, porém, a maior parte dos gaullistas de esquerda assistiu ao congresso, que levou a uma reformulação da estrutura partidária e à adoção de um novo nome. Pompidou tinha declarado em Lille que a conferência não era sobre *"après-gaullisme"*, mas todo mundo sabia que a verdade era justamente o oposto. O correspondente do *Le Monde* sugeriu, corretamente, que o congresso tinha marcado o enterro do "velho movimento, tanto sentimental como político ... que só existia em relação a um homem". A nova palavra não era "fidelidade", mas "eficiência".[31]

"Nada disso me diverte mais"

Em sua entrevista coletiva no outono de 1967, De Gaulle encerrou com um floreio contra aqueles que estavam preparando o *"après-gaullisme"*, enquanto ele ainda estava vivo. Mas essa reprimenda implícita a Pompidou foi sepultada pelo furor provocado pelo resto da entrevista, que se revelou uma das mais controvertidas da carreira do general. De Gaulle teve que lutar em todas as frentes: defendendo, convictamente, seu discurso sobre *Québec libre* e anunciando o veto formal da entrada britânica no Mercado Comum. Mas isso não foi nada em comparação com a fúria desencadeada pela defesa da sua política para o Oriente Médio. De Gaulle começou seus comentários sobre o assunto referindo-se aos judeus como um *"povo de elite, seguro de si e dominador [peuple d'élite, sûr de lui-même et dominateur]"*. O clamor provocado por esse comentário eclipsou uma passagem que hoje parece mais profética do que chocante:

> Agora, nos territórios que tomou, Israel organiza uma ocupação que virá acompanhada de opressão, repressão e expulsões, e neste momento se desenvolve contra Israel uma resistência que os israelenses chamarão de terrorismo. ... É óbvio que por enquanto o conflito acabou e que não pode haver solução que não seja mediante acordo internacional.[37]

Raymond Aron ficou indignado com as palavras de De Gaulle, a ponto de publicar um livrinho sobre *De Gaulle, Israel e os judeus*, no qual acusava De Gaulle de ter "conscientemente, por sua própria conta, inaugurado uma nova era da história judaica e talvez do antissemitismo. Tudo volta a ser possível novamente". Mas Aron não chegou a acusar o general pessoalmente de antissemitismo. Sabia tão bem como qualquer pessoa que durante toda a sua carreira De Gaulle tinha sido imune ao antissemitismo acidental – ou não tão acidental – que era parte da cultura da maior parte dos conservadores franceses da sua geração. A carreira de homens como Georges Boris, René Cassin, Mendès France, do próprio Aron era prova da indiferença de De Gaulle às crenças e às origens daqueles que se dispunham a apoiá-lo. Também é verdade, no entanto, que o sofrimento dos judeus no Holocausto jamais foi essencial para a sua visão da guerra – como também para a maior parte das pessoas da sua geração. E usar essa linguagem para descrever o povo judeu –

cuja experiência da história europeia foi certamente mais de perseguição do que de "dominação" – era exumar, conscientemente ou não, clichês sobre os judeus que faziam parte do repertório do discurso antissemita na França no fim do século XIX.

A explicação talvez esteja na irritação de De Gaulle com a parte desempenhada por importantes judeus franceses nas críticas à sua política para o Oriente Médio. A possibilidade de judeus franceses terem uma lealdade especial para com outro país era uma abominação para a ideia de patriotismo de De Gaulle. Ele disse ao judeu Léo Hamon, importante gaullista de esquerda:

> Minhas palavras não foram destinadas a homens como você, mas como elas magoaram você e aqueles que lhe são caros aproveitarei a oportunidade logo ... para corrigir a impressão que causei. Mas como um judeu não praticante como você poderia ficar magoado. ... Fiquei chocado com as declarações de alguns judeus franceses, em particular os Rothschilds.[33]

De Gaulle percebeu que seus comentários tinham sido mal interpretados. De um jeito pouco convincente, tentou passar a ideia de que o comentário sobre um povo "de elite" e "dominador" não tinha conotação negativa, e de que gostaria de poder dizer o mesmo dos franceses (mas quem consideraria ser chamado de "dominador" um elogio?).[34] Num encontro com o rabino-chefe, Jacob Kaplan, e numa longa carta para Ben-Gurion, De Gaulle reiterou que não tinha tido intenção de insultar – o mais perto que jamais poderia chegar de um pedido de desculpa.[35]

Isso tudo sugeria que De Gaulle estava perdendo o jeito. Suas posições em política externa provocavam mais protesto do que adesão; e suas nebulosas ideias sobre participação não conseguiram dar novo alento ao gaullismo. Depois do discurso sobre *Québec libre*, Giscard, que aos poucos vinha se distanciando de De Gaulle, denunciou seu "solitário exercício de poder". A magia gaullista parecia desgastar-se. Já em 1966, um observador da embaixada britânica tinha comentado o seguinte sobre a segunda entrevista coletiva de De Gaulle naquele ano:

> Desconfio que estamos assistindo ao apogeu da entrevista coletiva como técnica gaullista. ... A performance está perdendo boa parte do seu frescor ... A agulha,

quando emperra no sulco do velho disco de gramofone, fica embotada. A própria artificialidade da ocasião a torna cada vez mais irreal. A galeria se impacienta com os gestos do velho ator. Acho que identifiquei uma nota de irritação, misturada com tédio.[36]

O ultraleal Foccart, falando sobre a entrevista coletiva de maio de 1967, comentou que dois ministros quase pegaram no sono – o que atribuiu ao calor. Depois da dramática segunda entrevista coletiva de 1967, Foccart reconheceu que "nem mesmo aqueles de nós que escutavam com atenção deixaram de sucumbir a certa sonolência". Ele sugeriu a De Gaulle, com muita cautela, que por vezes as entrevistas coletivas eram, provavelmente, "difíceis demais para os mortais comuns acompanharem".[37] Os discursos de De Gaulle pela televisão também começaram a parecer artificiais e antiquados. Um resultado da eleição presidencial de 1965 tinha sido trazer uma lufada de ar fresco aos abafados corredores da televisão francesa. O programa *Face à face* (baseado num programa de televisão americano, *Meet the Press*) convidava um político para responder a perguntas feitas por um grupo de jornalistas; outro, *Zoom*, usava o formato de revista para discutir questões sociais, como racismo, drogas, sexualidade e assim por diante. Em contraste, as técnicas histriônicas de De Gaulle perderam a novidade. O assessor de imprensa de De Gaulle, Gilbert Pérol, tentou convencê-lo de que as grandes entrevistas coletivas tinham perdido sua eficácia. Pérol entendeu que De Gaulle mantinha aquele ritual apenas como um exercício de vontade, para provar a si mesmo que ainda era tão ágil intelectualmente como no dia em que entrou no Eliseu. Essas ocasiões eram, de fato, proezas extraordinárias de capacidade vital para um homem de setenta e muitos anos – ou de qualquer idade –, e não havia sinal algum de diminuição das faculdades mentais. Mas Tricot escreveria posteriormente que, quando se tornou secretário-geral do Eliseu, em 1967, De Gaulle "já não era o mesmo" de poucos anos antes, se cansava com mais facilidade e sua atenção às vezes se dispersava no fim do dia.[38]

No início de 1968, Louis Joxe desabafou com o novo embaixador britânico, Patrick Reilly.

Joxe falou muito sobre o general. Disse que ele ainda está em boa forma, mas envelhecendo. O êxito de suas aparições públicas baseava-se em truques bem conhecidos. Estava cada vez mais indiferente a muitas coisas e era cada vez mais difícil falar com ele. Joxe não sabia quem de fato falava com ele, ou quem tinha qualquer influência sobre ele. Ele tinha uma espécie de esmagadora influência em tudo, a qual interrompia a comunicação normal da base com o topo no Estado francês. Não que De Gaulle buscasse deliberadamente ser um ditador todo-poderoso. Era apenas o fato de estar lá, irresistivelmente presente. Os homens da geração de Joxe eram sacrificados. Os anos em que poderiam ter poder real passavam sem que isso acontecesse. Couve era simplesmente um executivo. "Somos todos executivos", disse Joxe: "Fazemos nosso trabalho, mas não temos oportunidade de pensar com independência em questões importantes."[39]

O próprio De Gaulle parecia cada vez mais inclinado aos ataques de melancolia que periodicamente o afligiam ao longo da vida. Certa noite ele falou abertamente de suas aflições com Foccart:

Na verdade, estamos no palco de um teatro onde venho mantendo a ilusão desde 1940. Tento dar à França a aparência de um país sólido, firme, confiante e em expansão, quando se trata de uma nação extremamente cansada [*avachie*], que só pensa no próprio conforto, que não quer saber de problemas, que não quer lutar, que não quer incomodar ninguém, nem os americanos, nem os ingleses. Tudo é uma perpétua ilusão. Estou no palco de um teatro, e finjo acreditar nisso; faço as pessoas acreditarem, acho que faço, que a França é um grande país, que a França é determinada e unida, quando não é nada disso. A França está fatigada, foi feita para ser indolente, não foi feita para lutar. É assim que as coisas são, e não há nada que eu possa fazer... Mantenho o teatro funcionando enquanto posso, e então, depois de mim, não tenho ilusão, as coisas voltarão a ser o que eram.[40]

Essas explosões de De Gaulle não eram novas, e sempre tiveram um elemento de histrionismo. Mas estavam se tornando mais frequentes. Em muitas ocasiões, nos primeiros meses de 1968, ele expressou um senso de fadiga para visitantes, de maneira objetiva e realista, diferente dos seus ataques de encenação apocalíptica. Foi essa a impressão que deu em abril de 1968 ao ex-trotskista David Rousset, recém-convertido às fileiras dos gaullistas de esquerda. De Gaulle lhe disse:

Quando se trata de instituições, estou numa área com a qual tenho familiaridade. Quando se trata de desenvolver o conceito de uma política – refiro-me ao conceito –, me sinto à vontade. É quando se trata de imaginar e realizar a plena formulação do conceito até sua execução que me sinto apreensivo ... e não consigo enxergar com clareza. ... Para pôr em prática uma política social preciso de apoio político. Isso eu não tenho... Sou o estrategista. Matignon se encarrega das táticas. Pompidou e Debré estão atolados em seus problemas imediatos. Por isso hesitam na grande política social. ... O capitalismo, a sociedade capitalista, precisa ser condenado. Assim como o comunismo totalitário.[41]

Jean-Marie Domenach, num encontro com De Gaulle semanas antes, teve impressão parecida. Disse a De Gaulle que os jovens da França estavam muito mais interessados em acontecimentos revolucionários na América do Sul do que em qualquer coisa que ocorresse na França. De Gaulle comentou, pesaroso: "Eu sei, eu sei. Estão certos. Realmente, não é muito interessante." Domenach fez um longo apelo para que De Gaulle atacasse os muitos problemas sociais da França contemporânea, e De Gaulle respondeu que havia pouca coisa que tivesse o poder de fazer: "Saí um pouco triste. Vi um bom homem, um homem modesto. O oposto da sua imagem. Quem acreditaria? Mas aparentemente exausto, prisioneiro de um sistema bloqueado."[42]

Tudo isso foi resumido no que De Gaulle disse ao seu ajudante de ordens, almirante Flohic, em abril de 1968: "Nada disso me diverte mais; não há mais nada difícil ou heroico a fazer."[43]

Três semanas depois, a França explodiu...

28. Revolução, 1968

Homem velho, país jovem

Hitler? Nunca ouvi falar. É o título de um documentário francês lançado em 1963 que deu o que falar. O filme consiste em entrevistas com adolescentes revelando que não sabiam quase nada de história. A geração nascida no pósguerra, que nos anos 1960 estava entrando na adolescência e na idade adulta, não vivia no passado. Para os que tinham dezoito anos em 1968, o conflito argelino tinha sido o pano de fundo da infância, a Quarta República mal chegava a ser uma lembrança e a Ocupação era história antiga. Já De Gaulle – que uma vez declarou, quase num sussurro, depois de uma reunião: "Digo isto há mil anos" – vivia a história da França como uma sequência contínua e ininterrupta entre o passado e o presente. De 1964 a 1966, ele tinha feito vários discursos comemorando diferentes aniversários da Primeira Guerra Mundial, mas os adolescentes franceses estavam menos interessados nesse conflito distante do que no imenso concerto na place de la Nation em 1963, que anunciava a chegada da música pop na França (*yé-yé*, em sua forma francesa). Para eles, De Gaulle era sobrevivente de outra era. Stálin, Roosevelt e Churchill tinham desaparecido havia muito tempo; Eisenhower dera lugar a Kennedy em 1960, Adenauer a Erhard em 1963, Macmillan a Harold Wilson em 1964, Khrushchev a Kossiguin em 1964. Os únicos contemporâneos de De Gaulle na Europa dos anos 1960 eram Franco (nascido em 1892), o ditador da Espanha, e Salazar (nascido em 1889), o ditador de Portugal.

Uma charge no jornal satírico *Le Canard enchaîné*, famoso por sua crônica semanal parodiando o Eliseu de De Gaulle como a corte do *ancien régime*, resumiu em sua edição de ano-novo de 1966, com um misto de afetação e condescendência, a imagem que De Gaulle projetava. O general aparecia montado num jegue rumo à "Gaulileia". Deitada lascivamente numa praia estava Brigitte

Bardot seminua. Ao lado dela, Yvonne de Gaulle, o vestido abotoado até o pescoço, rezava de joelhos. Na França dos anos 1960, "Tia [*Tante*] Yvonne" era a anti-Bardot: o símbolo de tudo que havia de pudico e tacanho no catolicismo burguês ao lado do símbolo da provocação sexual, do protofeminismo e da juventude. Yvonne de Gaulle, a quem não faltava senso de humor, brincava com essa imagem. Certa vez, Bernard Tricot ficou ao lado dela numa sessão de cinema no Eliseu. Ele olhou distraidamente para o teto e viu as partes íntimas de um cupido cobertas com gaze. Percebendo seu olhar, Yvonne de Gaulle comentou: "Apesar do que talvez esteja pensando, não fui eu que botei aquelas fitas."[1] Mas havia um fundo de verdade nas caricaturas de Yvonne. Um dia ela disse muito agitada a Peyrefitte, que tinha feito um comentário na televisão sobre moças que usavam minissaia em escolas mistas (assunto que provocava muitas discussões na França dos anos 1960): "Quer dizer então que você vai proibir a minissaia?" Peyrefitte teve de admitir que isso não seria possível. "Vi uma sombra de profunda decepção baixar sobre ela."[2]

Embora não houvesse verdade alguma no boato de que Yvonne de Gaulle intervinha para impedir homens divorciados de se tornarem ministros – André Malraux, por exemplo, era divorciado, e Palewski não chegava a ser um modelo de retidão conjugal –, os De Gaulles costumavam providenciar um almoço para conhecer melhor cada novo *conseiller* do Eliseu. Os que eram submetidos a esse terrível ritual ficavam com a impressão de estar sendo avaliados tanto pela moralidade como pelo resto. De Gaulle compartilhava a maioria dos valores sociais convencionais da esposa, mas era mais tolerante. O diário de Claude Guy registra uma conversa reveladora entre os dois durante os longos anos de confinamento em Colombey longe do poder. Yvonne de Gaulle manifestara sua indignação com o papa por ter recebido uma "pecadora" como Eva Perón. De Gaulle não deu muita importância ao assunto: "A Igreja sempre paira acima das faltas das pessoas. Vê todas as questões no nível transcendental. O que conta para a Igreja é conduzir o fiel à sua salvação. É por isso que a Igreja trata essas questões humanas com suprema indiferença." Yvonne de Gaulle não se deu por vencida:

> Y: Diga o que quiser, mas acho que as pessoas se interessam demais por mulheres desse tipo! ... Veja Chateaubriand, por exemplo ... Veja sua "amiga" ... Você sabe, a que estava doente.

De G: [Rápido como o raio] Madame de Beaumont?... [Impaciente] E qual é o problema dela?

Y: Ora, o papa pediu a Chateaubriand notícias dessa mulher.

De G: Para mim isso é excelente política.

Y: Bem, diga o que disser, não acho certo... Não era uma mulher honrada. Como madame Pétain: quando o marechal foi a Roma, o papa a recebeu.

De G: O que se podia fazer? Eram casados na Igreja. O primeiro marido dela, o escultor, tinha morrido um bom tempo antes.

Y: Isso não altera o fato de que viviam em pecado. Por isso digo que não deveriam ter casado na Igreja.

De G: Yvonne, por que você sempre deseja a morte do pecador? Como é que vou saber? Talvez tenham se arrependido. Afinal, era preciso lhes dar uma chance![3]

De Gaulle não via com entusiasmo as reformas do Vaticano II. Embora achasse necessário a Igreja acabar com sua "rejeição do mundo moderno", temia que o papa João XXIII tivesse sido influenciado demais por um grupo do Vaticano que queria revolucionar tudo:

> Há sempre pessoas que querem andar tão depressa que destroem tudo. ... Não sei se a Igreja estava certa ao suprimir as procissões ... e a missa em latim. É sempre errado dar a impressão de negarmos a nós mesmos e termos vergonha do que somos. Como esperar que os outros acreditem em você se você mesmo não acredita?[4]

Durante a campanha presidencial de 1965, Mitterrand tinha proposto que a pílula anticoncepcional fosse legalizada. Quando se sugeriu a De Gaulle que ele podia pelo menos não ser contra se um projeto de lei nesse sentido fosse apresentado no Parlamento, ele rejeitou a ideia: "Não se deve reduzir as mulheres a máquinas de fazer amor! Isso é contra o que há de mais precioso nas mulheres: a fecundidade. A mulher é feita para ter filhos! Se tolerarmos a pílula não vai sobrar nada! O sexo tomará conta de tudo. ... É sempre muito bom ser favorável à emancipação das mulheres, mas não à sua devassidão."[5] Não há nada de surpreendente nessas opiniões num homem com a formação de De Gaulle, mas dois anos depois, sob pressão do seu governo, ele permitiu a legalização dos anticoncepcionais. Mas não aceitava que o Estado reembolsasse quem os comprava: "Não vamos começar a reembolsar o sexo! Seria como reembolsar as pessoas por comprar carros."[6]

O fim dos anos 1950 e começo dos anos 1960 foi um período de extraordinária vitalidade cultural e intelectual na França. Foi o auge do *nouveau roman* na literatura, da *nouvelle vague* no cinema, de pensadores como Roland Barthes, Michel Foucault, Jacques Lacan. Quando presidente, De Gaulle lia dois ou três livros por semana – geralmente história, romances e poesia – e tentava bravamente manter-se em dia com a literatura contemporânea. Sempre lia os ganhadores dos principais prêmios literários. Em dezembro de 1963, escreveu para Jean-Marie Le Clézio, de 23 anos, que acabara de publicar seu primeiro romance, *Le procès-verbal*. O jovem protagonista amnésico do romance, Adam, é alienado do mundo e não sabe quem é: possivelmente um desertor do Exército, possivelmente alguém que escapou de um hospital psiquiátrico. De Gaulle escreveu o seguinte para Le Clézio:

> Seu livro me levou para outro mundo, provavelmente o verdadeiro, e como Adam pude cruzá-lo em zigue-zague. Como tudo está apenas começando para você, a viagem terá consequências. Tanto melhor! Pois você tem um grande talento. Para mim, que estou no fim, você escreve que "o poder e a fé impõem humildade". Para você, que acaba de passar pelos primeiros olmos à beira do caminho, digo o mesmo sobre o talento.[7]

Não dá para imaginar muitos outros chefes de Estado escrevendo uma carta desse tipo para um jovem escritor.

Apesar de tentar manter-se atualizado, mesmo quando jovem o gosto de De Gaulle estava mais para conservador do que para vanguarda – Rostand, e não Proust. O embaixador Roland de Margerie, extraordinariamente bem-relacionado, se divertiu muito quando ouviu De Gaulle comentar, com admiração, que a filha de Margerie tinha parentesco, pelo lado paterno, com Edmond de Rostand, embora não achasse importante notar que ela também estava ligada a Proust através do casamento com um primo.[8] De Gaulle disse ao filho que não gostava do "preciosismo e do estilo contorcido [de Proust] e do seu *milieu* artificial, onde a ideia da existência se resumia a jantares da sociedade".[9] Um dos primeiros biógrafos do general, e também um dos que mais o admiravam, o escritor suíço Georges Cattaui, era igualmente admirador e biógrafo de Proust – uma combinação de heróis pouco usual. Quando Cattaui enviou a De Gaulle seu livro sobre Proust, o general respondeu em termos tão elípticos que até hoje não está claro se ele leu ou não leu Proust.

Antes de 1914, De Gaulle demonstrou pouco interesse pela escola naturalista de Zola. Admirava com paixão Verlaine, mas parece ter sido indiferente a Rimbaud. Quando fez uma turnê pelo norte da França, o prefeito de Charleville lhe deu de presente um busto de Rimbaud, natural daquela cidade, e depois, na mesma viagem, o prefeito de Rethel lhe deu um de Verlaine, que havia lecionado na cidade. De Gaulle brincou, em conversa privada, que colocaria os dois na mesma cornija de lareira: "Afinal, existe um Deus dos homossexuais (*pédérastes*)."[10] Nos anos do entreguerras, De Gaulle leu clássicos modernos de autores como Bernanos, Mauriac e Malraux, mas não parece ter acompanhado a vanguardista *Nouvelle Revue Française* de André Gide. Gide não era autor que tivesse importância para ele; seria surpreendente se tivesse. Mas em seus cadernos De Gaulle anotou uma observação feita por Gide em seu estudo sobre Dostoiévski, de que "não existe obra de arte da qual o diabo não participe". De Gaulle acrescentou: "Verdade também no que diz respeito à ação."[11]

Entre as estrelas literárias do imediato pós-guerra, De Gaulle parece não ter tido Sartre em alta conta: "Sou muito ignorante dos seus escritos. O pouco que li não me estimula a continuar. Não digo que não tenha talento, mas..."[12] Era grande admirador, porém, das *Memórias de Adriano*, de Marguerite Yourcenar, e quando abria espaço em sua biblioteca em Colombey, em meados dos anos 1960, decidiu manter o livro nas suas prateleiras.[13] Boa parte das leituras de De Gaulle eram livros enviados por escritores que o admiravam, e que recebiam uma carta cuidadosamente elaborada, na qual utilizar-se de uma sugestiva eloquência para não dizer nada era em si uma forma de arte. Inusitadamente, Jacques Lacan, que enviou a De Gaulle um exemplar dos seus *Escritos*, em 1966, com uma dedicatória elogiosa, não recebeu resposta – talvez porque nem mesmo De Gaulle tenha compreendido o texto o suficiente para redigir uma resposta plausível, ou talvez porque não soubesse quem era Lacan. Suas 77 cartas para o poeta Pierre Jean Jouve são modelos de uma obscuridade elíptica tão misteriosa quanto a própria poesia de Jouve. Não era menos incompreensível a carta que enviou a Malraux depois de ter lido suas

Antimemórias enquanto cruzava o Atlântico rumo ao Canadá, em julho de 1967, na qual diz ter achado o livro "admirável em três dimensões".[14] Em sua relação com as tendências culturais dos anos 1960, De Gaulle faz lembrar um verso misteriosamente evocativo do poeta simbolista Mallarmé: *"Calme bloc ici-bas chu d'un désastre obscur* [Calmo bloco caído de um desastre obscuro]". Estava mal preparado para compreender as origens intelectuais da extraordinária explosão prestes a desabar sobre a França.

Antecedentes da revolução

No fim de 1967, De Gaulle tinha escrito para o filho que "política, econômica e socialmente o ano está terminando com calma".[15] Olhando para trás, esse juízo parece imensamente complacente, mas a complacência era compartilhada por quase todos. Até mesmo a organização de jovens comunistas de extrema esquerda (Jeunesse Communiste Révolutionnaire, JCR) achava improvável qualquer turbulência política nos próximos meses.[16] Para De Gaulle, o mês de maio de 1968 tinha sido, de início, um momento de celebração. Depois da ofensiva Tet, lançada pelos norte-vietnamitas no começo do ano, o governo americano finalmente aceitou entrar em negociações para acabar com a Guerra do Vietnã. Paris foi escolhida para sediar as conversações, porque a posição de De Gaulle durante a guerra lhe rendera a confiança dos norte-vietnamitas. Depois de todos os reveses de 1967, ali estava um sinal de êxito da diplomacia francesa. As negociações começaram no Hôtel Majestic em 13 de maio, mas esse importante acontecimento passou quase despercebido porque no mesmo dia a França foi engolfada pelas revoltas.

A rebelião da juventude foi parte da história da Europa Ocidental no fim dos anos 1960, mas a França gaullista parecia imune. De Gaulle disse presunçosamente a Erhard em 1966 que se havia "tantos cabelos longos e tantos jovens indolentes na Inglaterra é porque o país perdeu boa parte da sua responsabilidade".[17] Mas o problema era mais complexo, e De Gaulle sabia muito bem disso. A modernização econômica dos anos 1960, que ele comemorava discurso após discurso, também trazia como consequência desafios aos valores culturais tradicionais. Como disse ele numa conversa na televisão com Michel Droit no segundo turno das eleições presidenciais de 1965: "A

França é como uma casa de família. A dona de casa quer uma geladeira, uma máquina de lavar e, se possível, um carro. Isto é mudança. Mas, ao mesmo tempo, não quer o marido saindo para farrear [*bambocher*], os filhos botando os pés na mesa e as filhas chegando à hora que bem entendem. Isto é ordem. A dona de casa quer progresso, mas não quer o caos [*pagaille*]. Ora, o mesmo se aplica à França. Ela quer progresso, mas não *la pagaille*" – ou pelo menos era o que ele esperava.[18]

À parte essas tensões sociais e geracionais, o sistema universitário francês estava em crise por causa da pressão sobre os recursos exercida pelo aumento extraordinário do número de estudantes nos anos 1960 – de 215 mil em 1960 para 500 mil em 1968 – graças aos efeitos combinados da explosão demográfica do pós-guerra e da democratização do ensino superior. Sem familiaridade com o mundo universitário, e tendo estudado em Saint-Cyr, De Gaulle via o ambiente das universidades com respeitosa cautela.[19] Ele carregava as marcas de uma experiência ocorrida logo depois que se tornou presidente, em janeiro de 1959. Em conformidade com uma tradição que remontava à Terceira República, De Gaulle, na qualidade de presidente recém-eleito, assistiu ao baile anual da Ecole Normale Supérieure, em 21 de fevereiro de 1959. Os estudantes fizeram fila para cumprimentá-lo. Quando estendeu a mão para o primeiro, a mão foi recusada, e assim sucessivamente, cada estudante lhe negando a mão, e um deles dizendo: "Não vou cumprimentar suas políticas." Foi uma atitude cuidadosamente calculada, para demonstrar oposição à volta de De Gaulle ao poder seis meses antes com apoio do Exército. Ele saiu sem dizer uma palavra e jamais comentou essa humilhação, nem mesmo em conversas privadas. E não se arriscou novamente a visitar uma instituição educacional francesa.

Durante os primeiros anos de sua presidência, De Gaulle enfrentou a oposição da união estudantil Unef pela lentidão com que aceitou a ideia da independência argelina. Muitos comentários que fez sobre estudantes naqueles anos revelam desdém. Depois de uma discussão sobre reforma universitária em novembro de 1963, exclamou: "Por que permitir que as universidades sejam invadidas por estudantes que não têm nada a fazer lá dentro? Eles estão congestionando o sistema universitário. Não sabem o que querem, além de se beneficiarem das muitas vantagens que os contribuintes lhes concedem e de evitar as responsabilidades da vida ativa. Não querem sair da adolescência."[20]

Apesar dessas explosões de irritação sobre um mundo que lhe era estranho, De Gaulle estava empenhado na democratização da educação superior pelo bem da economia, desde que o processo fosse rigorosamente controlado. Sob a influência de seu conselheiro em educação, Jacques Narbonne, convocara muitos *conseils restreints* para discutir o assunto em 1963 e 1964. Antes de um desses conselhos, ele disse a Pompidou qual era o seu objetivo: "Uma política baseada no princípio de democratização da educação secundária ... e no da contínua orientação e seleção encaminhando alunos para uma educação que corresponda às suas aptidões e às necessidades da economia nacional."[21] Ou, como disse mais brutalmente a Narbonne: "Precisamos abrir a porta, mas apenas para aqueles que merecem."[22] Em seu entender, era função dos educadores orientar alunos na direção correta; as necessidades da economia deviam sobrepor-se aos desejos dos estudantes. É difícil imaginar uma opinião mais em desacordo com o estado de espírito dos estudantes franceses nos anos 1960.

De Gaulle, como já vimos, não tinha tido sorte com essas ideias, em grande parte por causa da oposição de Pompidou. Este, como ex-aluno da ENS, via a educação como seu *domaine réservé* (tinha poucas outras áreas exclusivamente suas).[23] Quando Alain Peyrefitte (também ex-aluno da ENS) foi transferido, em 1967, do Ministério da Informação para o Ministério da Educação, Pompidou sugeriu que ele o visitasse uma vez por mês. Peyrefitte sabia perfeitamente que Pompidou queria ficar de olho nele. E foi advertido: "Sei o que se pode e o que não se pode fazer com o sistema de educação. Não é o mundo do general. Na verdade, ele sabe disso." A questão da seleção voltou à ordem do dia na primeira metade de 1968, mas Pompidou deixou claro para Peyrefitte que continuava se opondo como sempre se opusera. Disse que era uma "mania" de Narbonne: "É um assunto delicado. Sou liberal. Não vou botar a juventude francesa em casernas [*encasernerai*]."[24] Saber que o governo planejava introduzir medidas de seleção era um dos ingredientes da insatisfação estudantil no começo de 1968.

Apesar da convicção de comentaristas contemporâneos de que a maioria dos jovens franceses era despolitizada, estudantes acalentavam queixas que, se não eram convencionalmente "políticas", poderiam rapidamente converter-se em políticas. Uma fonte de ressentimento era a proibição de que estudantes do sexo masculino e do sexo feminino visitassem os halls de dormitórios uns dos outros à noite. Isso vinha provocando protestos esporádicos em vários campi. Mais velha do que a massa de estudantes, havia também uma minoria de líderes estudantis altamente politizados pela Guerra da Argélia. Esses ativistas lembravam-se da brutalidade policial dos anos 1960-62, cujo exemplo mais notório era o massacre de Charonne. Um slogan popular em 1968 – "CRS = SS" – denunciava a polícia antimotim francesa [Compagnies Républicaines de Sécurité, CRS] remetendo aos tempos sombrios de protestos durante a Guerra da Argélia (embora, na verdade, o slogan tenha aparecido pela primeira vez nas greves insurrecionais de 1947).

Se o sistema universitário era uma panela de pressão prestes a explodir, em parte alguma isso era mais verdadeiro do que no novo e tedioso campus universitário de Nanterre, nos arredores de Paris. Seus edifícios ainda estavam em construção e eram insuficientes para acomodar o dilúvio de novos alunos. Nanterre também abrigava um pequeno grupo de estudantes ultrarradicais, do qual fazia parte o truculento e eloquente aluno de sociologia franco-alemão Daniel Cohn-Bendit. O ministro de Juventude e Esportes de De Gaulle, François Missoffe, tinha visitado o campus em janeiro de 1968 para inaugurar o centro esportivo e a piscina. Fora vaiado por numerosos estudantes. Cohn-Bendit gritou que o recente relatório de Missoffe sobre os problemas da juventude não fazia qualquer menção a problemas sexuais; Missoffe gritou de volta dizendo que se Cohn-Bendit tinha problemas sexuais deveria pular dentro da piscina para dar uma acalmada; Cohn-Bendit gritou de volta que Missoffe era fascista, porque a construção do centro esportivo lembrava a Juventude Hitlerista.[25] Foi a primeira vez que o nome de Cohn-Bendit veio a público.

No fim de abril, os distúrbios esporádicos em Nanterre tinham praticamente paralisado a universidade. O reitor decidiu fechar o campus. Isso teve a fatal consequência de, no dia seguinte, sexta-feira, 3 de maio, fazer os ativistas estudantis levarem seu protesto para a Sorbonne, no coração do Quartier Latin de Paris. A polícia foi despachada para evacuar a Sorbonne e fechá-la. Estudantes que inicialmente apenas assistiam foram engolfados pelos protestos. O Quartier Latin teve a sua primeira noite de violência. A partir de então, os "acontecimentos", como passaram a ser chamados, ganharam ímpeto. Cada manifestação convocada para protestar contra a violência policial, para exigir a libertação dos estudantes presos e para reabrir a Sorbonne resultava em mais violência policial, que por sua vez era pretexto para outra manifestação.

O chefe de polícia de Paris, Maurice Grimaud, tinha substituído Maurice Papon no ano anterior. Grimaud não poderia ser mais diferente do seu antecessor autoritário, que estava no comando durante os sangrentos acontecimentos de outubro de 1961 e a manifestação de Charonne de fevereiro de 1962. Homem de inclinações liberais, que inicialmente queria ser poeta e não policial, Grimaud sentia considerável simpatia pelos manifestantes. Sua maior preocupação era evitar que a violência policial ficasse fora de controle.[26] O slogan "CRS = SS" não se aplicava, de forma alguma, a ele. Mas a arraia-miúda da polícia de Paris tinha aprendido seu ofício com Papon, e a brutalidade da resposta às manifestações iniciais foi o principal fator de protesto nas duas primeiras semanas de maio.[27]

A repressão da segunda manifestação, na segunda-feira, 6 de maio, foi excepcionalmente violenta. No dia seguinte, 25 mil estudantes atravessaram o Sena em direção à Champs-Elysées, e outra noite de violência tomou conta do Quartier Latin. A revolução de maio de 1968 tinha começado.

Primeiro ato: estudantes nas ruas, 2-13 de maio

Em 2 de maio, dia anterior à primeira noite de violência, Pompidou tinha deixado a França para uma visita oficial de dez dias ao Afeganistão e ao Irã. O ministro da Justiça, Louis Joxe, substituiu-o em sua ausência, mas se sentia constrangido por estar exercendo apenas uma função interina. Não achava sequer que tinha autoridade suficiente para se mudar para o Hôtel Matignon durante a viagem de Pompidou. As outras duas figuras-chave da primeira semana da crise foram Alain Peyrefitte, ministro da Educação desde 1967, e o velho veterano da França Livre e lealíssimo gaullista Christian Fouchet, ministro do Interior. Como Grimaud, Joxe estava decidido a evitar fatalidades a qualquer custo. Disse a Peyrefitte no fim da primeira semana: "Uma coisa é certa. Não atirei nos *pieds-noirs* na Argélia e não vou atirar nos estudantes em Paris."[28] Fouchet, apesar da sisudez de veterano da França Livre, era da mesma opinião. De Gaulle dividia-se entre achar que a agitação de alguns estudantes era trivial demais para exigir sua intervenção e irritar-se porque o governo não agia com mais vigor. O resultado era que o governo oscilava incertamente entre conciliação e firmeza, enquanto os líderes estudantis executavam com grande habilidade suas táticas de provocação e intensificação.²⁹

Em sua reunião noturna com Foccart em 7 de maio, o terceiro dia de manifestações, De Gaulle fingiu não levar a crise a sério. Mas estivera preocupado o bastante para cancelar o fim de semana anterior em Colombey, convocando Fouchet, Joxe e Peyrefitte ao Eliseu no domingo de manhã (5 de maio). Adotou uma linha dura: "Quando uma criança fica zangada e passa dos limites, a melhor maneira de acalmá-la é dar-lhe uma palmada." O problema, respondeu Joxe, é que os manifestantes não eram "nem totalmente crianças, nem adultos".³⁰ Dois dias depois, cinco prêmios Nobel, incluindo o gaullista François Mauriac, assinaram uma petição em protesto contra a violência policial. Um indignado De Gaulle berrou para Fouchet e Joxe: "Vocês parecem amedrontados com essas crianças. Não esqueçam que um ministro do Interior precisa saber, se necessário, dar a ordem para abrir fogo. ... O Estado tem uma prerrogativa, a de destruir os que querem destruí-lo." Nem Joxe nem Fouchet levaram muito a sério. Ao sair da sala, Joxe disse: "Nenhuma palavra do que ele disse era para valer... Só quer atiçar nossa determinação. Mas sabe perfeitamente que essa seria a melhor maneira de jogar a opinião pública contra nós e colocar o regime de joelhos."³¹ De Gaulle não forçou o assunto, mas impediu que seus ministros fizessem qualquer gesto de reconciliação, como, por exemplo, reabrir a Sorbonne.

Os acontecimentos da semana culminaram na noite de sexta-feira, 10 de maio. Ao fim de outro dia de manifestações, os estudantes decidiram que só se dispersariam se duas principais exigências fossem atendidas: a libertação dos estudantes presos nas manifestações anteriores e a reabertura da Sorbonne. Tensas negociações entre líderes estudantis e o reitor da Sorbonne entraram pela noite. Enquanto isso, manifestantes começaram a construir barricadas nas ruas do Quartier Latin. Foccart correu ao Ministério do Interior para monitorar a situação com Fouchet. Depois Debré, Joxe e Tricot chegaram. Foccart e Debré queriam que a polícia entrasse imediatamente em ação; Joxe e Grimaud preferiam esperar enquanto houvesse qualquer possibilidade de negociação. Às duas da madrugada a polícia recebeu ordem para destruir as barricadas, que a essa altura já eram cerca de cinquenta. A batalha campal que se seguiu foi relatada durante a noite pelas emissoras particulares de rádio Europe 1 e Rádio Luxembourg. De manhã, os parisienses acordaram em meio a um cenário de devastação: carros queimados, árvores tombadas, pedras arrancadas das calçadas.

De Gaulle tinha ido dormir antes da construção da primeira barricada. Tricot o acordou às cinco da manhã, para que não soubesse da notícia pelo rádio. Às seis De Gaulle convocou Joxe, Fouchet e o ministro da Defesa, Pierre Messmer. Perguntou a Messmer se o Exército poderia intervir, mas foi informado de que as tropas não eram treinadas para lidar com aquele tipo de situação. De Gaulle não disse nada quando Joxe comentou: "Graças a Deus não houve mortes."[32] Durante o dia, De Gaulle conversou com Joxe, Fouchet e Grimaud individualmente. Eram todos a favor de esvaziar a crise anunciando a reabertura da Sorbonne. De Gaulle não concordou. No fim da tarde, ele recebeu Peyrefitte, que propôs um recuo tático, mas não uma rendição incondicional: a Sorbonne seria reaberta, desde que os líderes estudantis garantissem que não haveria mais manifestações e que a entrada da universidade seria devidamente controlada. Peyrefitte saiu com a impressão de que De Gaulle estava cedendo. Tudo dependia da volta iminente de Pompidou.

Durante toda a semana Pompidou foi mantido a par de tudo pelo seu *directeur de cabinet*, Michel Jobert. Na "noite das barricadas" Pompidou telefonou para Joxe recomendando uma linha dura com base no argumento de que "o momento para fazer concessões ainda não chegou". Joxe suspeitou que Pompidou estava reservando para si mesmo o papel de conciliador, quando voltasse.[33] Verdade ou não, o fato é que no voo de volta Pompidou preparou um discurso propondo concessões. Chegando ao aeroporto de Orly em 11 de maio, seguiu de carro diretamente para o Hôtel Matignon, onde disse a Joxe, Fouchet, Peyrefitte e Messmer que tinha decidido reabrir a Sorbonne. Todos achavam que De Gaulle, levando em conta sua reação no começo do dia, jamais aceitaria. Pompidou respondeu: "O general De Gaulle não existe mais. Agora sou eu quem precisa ser seguido."[34] A preocupação de Peyrefitte era que ceder às demandas estudantis, sem pedir nada em troca, "provocasse uma avalanche".[35] Como os demais, tinha certeza de que De Gaulle não concordaria. Por isso ficaram ainda mais espantados quando, ao ligar o rádio pouco antes da meia-noite, ouviram Pompidou anunciar que a Sorbonne seria reaberta e os estudantes presos seriam soltos.

Não se sabe por que De Gaulle mudou de ideia. Tudo que Pompidou nos conta é que, a caminho do escritório de De Gaulle, Tricot lhe disse que o general tinha "evoluído"; que a conversa foi "breve"; e que De Gaulle "imediatamente" deu o seu aval.³⁶ Algumas pessoas acham, retrospectivamente, que a decisão foi desastrosa, provocando a "avalanche" que Peyrefitte tinha previsto. O próprio De Gaulle acabou achando isso também. Disse a Fouchet, posteriormente, que tinha sido um erro terrível: "Não foi De Gaulle, foi Pétain."³⁷ Passados os acontecimentos, disse a Peyrefitte que Pompidou o chantageara, ameaçando renunciar se não concordasse.³⁸ Não há prova disso. Talvez De Gaulle estivesse tentando distanciar-se de uma decisão que depois considerou equivocada. A explicação mais provável para essa reviravolta é que ele foi convencido pela eloquência e pela convicção do seu primeiro-ministro, cuja energia era um bem-vindo contraste com o cansaço dos três ministros, que tinham dormido mal nas últimas noites.

Pompidou estava enganado ao acreditar que a reabertura da Sorbonne poria fim ao movimento. Na segunda-feira, 13 de maio, os sindicatos convocaram uma greve de um dia em solidariedade aos estudantes. Houve manifestações conjuntas de estudantes e operários no país inteiro. No fim da gigantesca manifestação em Paris os estudantes se dirigiram em massa para a Sorbonne, que passou a ser "ocupada" dia e noite. Aquela noite, Foccart ofereceu um pequeno jantar ao grupo mais próximo de De Gaulle para comemorar o décimo aniversário de 13 de maio de 1958, que tinha sido o sinal para a volta do general ao poder. Nas ruas manifestantes gritavam: "Dez anos é o bastante", "De Gaulle no museu". Foccart comenta melancolicamente: "Acabamos falando mais sobre o presente do que evocando as lembranças do passado... Eu tinha levado meu radinho transistor para a mesa e escutamos as notícias ... com o mesmo interesse de dez anos antes, mas num estado de espírito diferente."³⁹

Segundo ato: De Gaulle na Romênia, 14-18 de maio

Durante a primeira semana dos acontecimentos, o primeiro-ministro tinha estado ausente, no Afeganistão; durante a segunda, o presidente esteve ausente, na Romênia. Essa viagem vinha sendo planejada havia muito tempo como parte da estratégia de *détente* de De Gaulle. A Romênia era o país do bloco oriental que dera sinais mais consistentes de querer distanciar-se da União Soviética. À luz dos acontecimentos em Paris, De Gaulle teve dúvidas sobre se deveria ir. Pompidou queria que ele fosse, como uma mensagem para o mundo de que a crise estava sob controle; Fouchet lhe implorou que ficasse, achando que Pompidou não ficaria nem um pouco triste se De Gaulle saísse do seu caminho. O general vacilou até o último momento. Antes de partir, disse aos ministros que falaria à nação em 24 de maio, quando voltasse.

Pompidou e sua equipe assumiram o comando total, deixando o Eliseu inteiramente de lado.[40] Embora Fouchet em tese ainda fosse o ministro do Interior, seu relato sobre esse período se limita a declarar o seguinte: "Aqui terminam, no que me diz respeito, os acontecimentos de maio de 1968." Peyrefitte apresentou sua renúncia, e, embora Pompidou não a tenha aceitado então, não desempenhou mais nenhum papel significativo. Já Pompidou estava em toda parte. Em 14 de maio, depois que De Gaulle saiu, ele fez um confiante discurso no Parlamento, que lhe rendeu muitos aplausos – mas na realidade a onda de protestos estava apenas começando.

Dois dias depois da greve sindicalista de 13 de maio em solidariedade aos estudantes, os operários da fábrica de aeronaves Sud-Aviation, perto de Nantes, entraram em greve, ocupando as instalações. A fábrica da Renault em Cléon, Normandia, fez o mesmo no dia seguinte, e no fim da semana pelo menos cem fábricas tinham sido ocupadas pelos operários. Como os operários de algumas fábricas começaram a voltar ao trabalho quando os de outras entravam em greve, é difícil calcular o número total de grevistas. Mas aquele foi certamente o maior movimento social desse tipo na história da França, e no seu auge, em 25 de maio, havia milhões de operários em greve. Se alguns observadores tinham percebido a crise fermentando nas universidades, ninguém – nem mesmo os sindicatos – previu aquele extraordinário movimento social nas fábricas. Deflagradas pela indecisa resposta do governo aos protestos estudantis, as greves representaram, em parte, o súbito aparecimento na política de centenas de milhares de novos operários semiqualificados que tinham inchado a força de trabalho francesa nos anos 1960. Muitos eram imigrantes, ou rapazes e moças vindos diretamente do interior; tinham poucas coisas em comum com a classe operária tradicional, que formava a arraia-miúda dos sindicatos. Vivendo em moradias horríveis e trabalhando longas horas sem sindicatos para protegê-los, eram os operários que tinham possibilitado a modernização econômica de De Gaulle – mas como vítimas, não como beneficiários. As greves revelaram que eles queriam não apenas melhores condições de trabalho, mas também ser ouvidos e notados.[41]

Isso transformou a natureza da crise. Como observou um dos conselheiros de De Gaulle no Eliseu, quando refletia sobre a crise anos depois:

> Não é possível evitar um movimento operário, mas não se pode ter ao mesmo tempo um movimento estudantil; é preciso, custe o que custar, que ocorram sucessivamente, e não ao mesmo tempo, e o drama de 1968 foi que chegaram juntos, e se uniram, e não fomos capazes de impedir esse maremoto.[42]

O maremoto social rapidamente se espalhou das fábricas para praticamente todas as instituições e todos os grupos profissionais da França: escritores e jogadores de futebol, médicos e cineastas, arquitetos e advogados. Comitês populares de ação política brotaram como cogumelos para contestar a autoridade e a hierarquia. Em todo o país estudantes ocuparam prédios de faculdades. Até mesmo a burguesa e respeitável Ecole des Sciences Politiques em Paris foi tomada por estudantes, que ergueram uma faixa proclamando "Não à ditadura gaullista". Estudantes também tomaram posse do Teatro do Odéon em Paris, não muito longe da já ocupada Sorbonne. O principal auditório da Sorbonne e o palco do Odéon foram transformados em locais de intermináveis discussões. Os participantes desses debates reinventavam incessantemente o mundo, numa estranha atmosfera de lirismo romântico, na qual o marxismo dogmático coexistia com o anarquismo libertário.

A França explodiu em slogans, tratados, debates, discursos e manifestos. Nada simbolizava melhor esse estranho mês quimérico do que os grafites infinitamente criativos pichados em todas as superfícies e os cartazes colados em todos os muros: "É proibido proibir", "Tome seus sonhos por realidade". De repente, todo mundo queria falar, e ser ouvido, num país onde parecia que a única voz durante uma década tinha sido a do velho monarca do Eliseu. Tendo transformado a política em teatro, o regime de De Gaulle foi confrontado por um movimento que transformava teatro em política. Um slogan famoso de 1968 foi "O poder está nas ruas", mas as palavras também estavam nas ruas – e na França gaullista palavras eram poder. Um símbolo revelador dessa mudança foi o papel do rádio transistor no desenrolar dos acontecimentos. Durante o golpe frustrado de 1961, os recrutas de Argel tinham sido conquistados ouvindo De Gaulle em seus rádios; durante a noite das barricadas em 1968, a população de Paris acompanhou os acontecimentos minuto a minuto em transistores – mas dessa vez eles não foram sintonizados para ouvir De Gaulle, que estava profundamente adormecido.[43]

Enquanto a França parecia prestes a parar de vez, em meio a uma cacofonia infernal, De Gaulle fazia sua majestática visita oficial a Bucareste. Seus discursos repetiam a mensagem já conhecida de que os países da Europa precisavam afirmar sua independência em relação às duas superpotências. Quando em seu encontro com De Gaulle o líder do partido, Ceaușescu, frisou que seu regime não era imposto pelos soviéticos, De Gaulle respondeu:

> Não falo do regime. Sou inteiramente determinista quando se trata de regimes: há circunstâncias, pessoas, acontecimentos, guerras. Acho que quando um país mantém um regime por muito tempo isso quer dizer que não pode ser de outra maneira. ... Para a Romênia, um regime como o seu tem um lado bom. É útil, mas um regime assim seria impossível na França ou na Grã-Bretanha.

O encontro produziu poucos resultados concretos. Como concluiu De Gaulle: "Não ficamos sabendo muita coisa sobre o que o outro pensa."[44] Como sempre, a viagem foi um imenso êxito popular. Mas houve qualquer coisa de surreal no noticiário da televisão francesa em 18 de maio, que abriu com a turnê de De Gaulle pela Romênia enquanto os "problemas" franceses mereceram apenas breve menção, seguida de uma longa reportagem sobre as virtudes da indústria francesa.[45] Três dias depois, a ORTF, a empresa estatal de radiodifusão, entrou em greve porque os jornalistas não queriam mais fazer o papel de lacaios do governo.

Terceiro ato: prisioneiro do Eliseu, 19-28 de maio

A imperturbabilidade de De Gaulle era uma máscara. Informado todas as noites via telefone pela sua equipe do Eliseu, ele estava profundamente ansioso e dormindo mal. Com as notícias se agravando, ele encurtou abruptamente sua visita romena em um dia, e voltou para a França na noite de 18 de maio. O governo estava todo presente no aeroporto para recebê-lo. De Gaulle fez um relato entusiástico da viagem – "Os romenos fazem seleção e não têm problema nenhum com seus estudantes" – e disse que a anarquia (*"chienlit"*) na França precisava acabar. "Reforma sim, *chienlit* não" era o novo mantra. A palavra *"chienlit"* – que vem literalmente de "fazer cocô na cama" – era mais um daqueles pitorescos arcaísmos que a maioria das pessoas jamais tinha ouvido até serem ressuscitados por De Gaulle. Os grafiteiros de maio de 1968 responderam com cartazes de De Gaulle: "O *chienlit* é ele". No Conselho de Ministros, no dia seguinte, De Gaulle esbravejou sobre a desordem – implicitamente culpando Pompidou – e insistiu na ideia de que a polícia esvaziasse à força os prédios da Sorbonne e do Odéon. Grimaud relata em suas memórias uma conversa entre Fouchet e De Gaulle no Eliseu naquele mesmo dia:

> Fouchet: General, o senhor precisa entender que a polícia está traumatizada.
> De Gaulle: "Traumatizada"? O que quer dizer isto? Você precisa lhes dar uma bebida forte [*gnôle*]! É o que sempre se faz com os soldados nas trincheiras.[46]

Apesar dessa fanfarronice, De Gaulle foi convencido a desistir da ideia de um assalto policial contra a Sorbonne, mas reiterou a ordem para que o Odéon fosse desocupado dentro de 24 horas.[47] Grimaud, que preferia estudantes falando no Odéon a combatendo nas ruas, não gostava da ideia. No fim, De Gaulle concordou em deixar que Pompidou e Grimaud decidissem o momento certo da operação – que eles, discretamente, engavetaram. Pela primeira vez desde o início da crise, tanto o primeiro-ministro como o presidente estavam na França ao mesmo tempo – e ficou claro que quem estava no comando era o primeiro-ministro. Isso foi cruamente revelado quando De Gaulle tentou demitir o ministro da Informação, Georges Gorse, por achar que não estava à altura da função. Em 21 de maio, De Gaulle convocou o leal gaullista Alexandre Sanguinetti ao Eliseu em sigilo total para informá-lo de que planejava nomeá-lo ministro da Informação. Quando Pompidou soube disso, no dia seguinte – por intermédio de Foccart –, ficou furioso com De Gaulle por tentar lhe impor um ministro sem consultá-lo. Sanguinetti passou três dias sem saber se seria ou não nomeado. Nada disso ajudava a dar ao governo um senso de direção. No fim, Sanguinetti não foi nomeado – outra indicação de que o poder tinha passado de De Gaulle para Pompidou.[48]

Ao voltar da Romênia, De Gaulle tinha sido presenteado com uma grossa pasta de bilhetes dos seus conselheiros do Eliseu com sugestões sobre como lidar com a crise.[49] Pareciam perdidos, sem saber se alguma coisa funcionaria. Uma possibilidade examinada foi a implementação do Artigo 16, mas a proposta foi rejeitada porque provavelmente levaria a uma radicalização ainda maior: "As forças que foram desencadeadas no momento são de tal ordem que é inútil achar que podem ser contidas apertando-se mais a tampa." Outra possibilidade era um referendo sobre a reforma do sistema universitário. Isso também foi rejeitado, por ser pouco provável que a massa da população se interessasse pelo assunto, ou que acalmasse o movimento social. Outra possibilidade, ainda, era uma reforma do governo, para substituir os ministros responsáveis por questões sociais, educação e, especialmente, informação: "A ORTF é para a Quinta República o que a Bastilha foi para Luís XIV." Outra ideia era convocar um referendo sobre a Constituição. Essa também foi rechaçada: "Não é desejável fazer crer que as instituições do regime estão ameaçadas pela primeira desordem causada por estudantes e sindicatos." Se era para haver referendo, que fosse sobre um assunto que atendesse "à confusa mas profunda aspiração do país a ter mais autonomia do poder central". Isso tudo era muito vago. A ideia expressada em um bilhete de que "o país espera uma espécie de milagre de De Gaulle" era, em si, um sintoma da mentalidade que os manifestantes de maio de 1968 estavam contestando.

De Gaulle tinha decidido qual seria sua solução "milagrosa". Num discurso programado para 24 de maio ele pretendia anunciar um referendo. Na véspera, apresentou seu diagnóstico da situação ao Conselho de Ministros. Os problemas, em sua opinião, foram causados por uma geração que não conhecia verdadeiras dificuldades, mas sofria os efeitos da "civilização mecânica e tecnológica" (um velho tema de De Gaulle). Embora se tratasse de fenômeno mundial, pelo menos devia ser bem recebido, uma vez que "como sempre a França estava mostrando o caminho" (toque típico de De Gaulle). Sua avaliação era que os manifestantes compartilhavam um "desejo geral de participar", mas não queriam revolução: "Todo mundo quer 'estar envolvido', 'ser consultado', 'participar'." Operários queriam estar envolvidos na administração de suas fábricas e eleitores na administração de suas regiões. Esse seria o assunto do referendo. Se o resultado fosse "sim", medidas nesse sentido seriam tomadas; senão, "minha tarefa terminou". De Gaulle tinha ressuscitado seu tópico favorito, o da participação, adaptando-o à crise. Embora nenhum dos presentes em volta da mesa parecesse convencido, Pompidou encerrou a discussão: *"Mon général*, somos fiéis ao senhor e assim continuaremos."[50]

Apesar de ter seu plano para resolver a crise, De Gaulle tinha autorizado Pompidou a começar negociações com os sindicatos para encerrar as greves. Enquanto isso – durante dez dias –, Foccart vinha trabalhando na sua própria fórmula para solucionar a crise. Começou mobilizando suas redes de ex-ativistas do RPF. Eles formaram Comitês para a Defesa da República (CDRs) em toda a França. Foccart também entrou em contato com antigos ativistas da OAS, cujo ódio contra anarquistas de cabelos compridos era maior ainda do que o ódio contra De Gaulle. Seu plano era juntar esses elementos díspares numa manifestação em apoio a De Gaulle, marcada provisoriamente para 30 de maio. De Gaulle não desestimulou esses esforços, sobre os quais Foccart o mantinha informado em suas reuniões noturnas – e Pompidou também não. Havia, portanto, três estratégias gaullistas atuando para pôr fim à crise: o referendo de De Gaulle, as negociações de Pompidou e a mobilização da base gaullista por Foccart.

Dessas três estratégias, a de De Gaulle foi a que primeiro fracassou. Seu discurso de 24 de maio, anunciando um referendo sobre participação, decepcionou até mesmo os mais fiéis seguidores. Ouvindo-o no Matignon com seus assessores, o único comentário de Pompidou foi "poderia ter sido pior".[51] De Gaulle parecia velho e cansado; sua ideia de participação parecia nebulosa. Ironicamente, não estava enganado ao julgar que a participação – ou pelo menos o senso de que as pessoas queriam mais controle sobre a própria vida – era um importante ingrediente do estado de espírito de 1968. Mas quem poderia acreditar que De Gaulle, cujo estilo de governo demonstrava desprezo pelas associações intermediárias que eram justamente o canal necessário da participação verdadeira, fosse o homem indicado para implementá-la? Apesar de usar a palavra "participação", havia um abismo cultural entre ele e os manifestantes, cuja celebração do individualismo, da liberdade pessoal e da autoexpressão era a antítese do seu austero patriotismo, no qual o individualismo se sublimava no serviço à nação. Os acontecimentos de maio tiveram muitas causas, mas em certo nível foram uma revolta contra o estilo de governar de De Gaulle e contra os valores que ele representava tanto em sua vida pessoal como em sua vida pública.

A noite do discurso de De Gaulle coincidiu com outra grande manifestação em Paris. Os participantes ouviram-no em seus transistores e receberam suas palavras com berros zombeteiros de *"Adieu*, De Gaulle". Em seguida, a manifestação degenerou nos mais graves tumultos desde a noite das barricadas. Pela primeira vez, a violência explodiu na Margem Direita. Houve uma morna tentativa de queimar a Bourse, barricadas foram erguidas novamente e um manifestante foi morto por fragmento de bomba de gás lacrimogêneo lançada pela polícia. Aparentemente, o discurso de De Gaulle tinha piorado a situação. Na realidade, a violência era dirigida menos contra De Gaulle do que contra a tentativa do governo de impedir que Daniel Cohn-Bendit (que era cidadão alemão) tornasse a entrar na França depois de ter saído para fazer palestras no exterior. De Gaulle parecia tão irrelevante que já não era sequer o principal alvo da raiva dos manifestantes.

Enquanto isso, Pompidou punha em prática seu próprio plano para negociar um acordo entre os sindicatos e os líderes empresariais. Seu objetivo era satisfazer as demandas materiais dos sindicatos, e, com isso, separá-los dos estudantes. A opinião pública, de início apoiando os estudantes, começou a voltar-se contra eles depois da violência da noite de 24 de maio. Em Lyon, na mesma noite, um policial foi atropelado e morto por um veículo durante uma manifestação. Essa primeira fatalidade nas fileiras da polícia provocou uma onda de choque. Pompidou, percebendo que os acontecimentos poderiam, dentro em breve, tornar-se favoráveis ao governo, insistiu para que o ministro das Finanças, Debré, devido ao seu temperamento inflamável, fosse excluído das discussões com os sindicatos. De Gaulle não teve outra escolha senão aceitar. Foccart encontrou Debré num estado de "fúria absolutamente indescritível", mas conseguiu convencê-lo a não renunciar.[52] A maratona de negociações de Pompidou começou na tarde de sábado, 25 de maio, e terminou às sete da manhã da segunda-feira, 27 de maio. Elas incluíam um aumento de 35% no salário mínimo e de 10% no salário médio. Mas quando Georges Séguy, líder do maior sindicato, a comunista CGT, chegou para apresentar o acordo aos operários na enorme fábrica da Renault em Billancourt, nos arredores de Paris, foi impedido, aos gritos, de falar. Esse episódio assustador sugeria que nem mesmo os sindicatos conseguiam mais controlar seus filiados.

No Conselho de Ministros naquela tarde Pompidou ainda acreditava, otimistamente, que fazendo mais concessões poderia alcançar um acordo. De

Gaulle, num humor execrável, parecia um tanto desconectado das discussões. Depois do relato de Pompidou, contentou-se em dizer as palavras: "Você conduziu as negociações tão bem quanto possível e está autorizado a seguir em frente até obter um acordo." "Nenhuma palavra de agradecimento", comentou Pompidou amargamente quando voltou para sua equipe no Matignon.[53] Apesar de saber que seu discurso tinha sido um desastre, De Gaulle insistia no referendo, que estava marcado para 16 de junho. Ele leu em voz alta o rascunho do texto, mas o ceticismo em volta da mesa era palpável. Messmer teve a audácia de perguntar se seria possível adiar o referendo, levando em conta que todas as gráficas e todos os transportes públicos estavam em greve.[54] A outra única intervenção de De Gaulle foi esbravejar contra a autorização dada pelo governo para que se realizasse uma reunião convocada pela associação estudantil UNEF no estádio Charléty, no sul de Paris. De Gaulle queria que ela fosse banida, mas Grimaud e Pompidou achavam que seria uma provocação desnecessária. Mais uma vez De Gaulle teve de concordar.

A reunião de Charléty transcorreu na noite de 27 de maio sem incidentes. Seu momento mais significativo foi a aparição de Pierre Mendès France, que não falou, mas foi aplaudido pela multidão. Os estudantes de maio de 1968 tinham pouca paciência com qualquer político, mas Mendès era um pouco diferente. Parecia não contaminado por qualquer envolvimento com a Quinta República e ainda trazia consigo uma lendária aura da Quarta. Sua aparição em Charléty sugeria que os acontecimentos de maio, tendo começado nas universidades e ido para as fábricas, agora entrava numa fase mais convencionalmente política. Pressentindo que os dias de De Gaulle talvez estivessem contados, na terça-feira, 28 de maio, François Mitterrand, para não ficar atrás de Mendès France, deu uma entrevista coletiva anunciando que estava pronto para formar um governo provisório de transição com Mendès France como seu primeiro-ministro.

Esses acontecimentos levaram a comunista CGT a anunciar uma grande manifestação para 29 de maio pedindo um "governo do povo". Durante todo o mês de maio, os comunistas tinham ficado à margem dos acontecimentos. Os estudantes os menosprezavam, considerando-os uma força retrógrada, tão alienada quanto De Gaulle: o marxismo dos estudantes inspirava-se em Mao e Castro, e não nos cinzentos líderes burocráticos do PCF. Nas fábricas, o PCF tinha sido apanhado de surpresa quando as greves foram desencadeadas, e nenhuma associação foi mais obsequiosa do que a comunista CGT nas negociações conduzidas pelos sindicatos com Pompidou. No começo do mês, Jacques Vendroux, cunhado de De Gaulle, tinha sido puxado de lado no Parlamento pelo líder do Partido Comunista, Waldeck Rochet, que lhe suplicou que fizesse tudo para que De Gaulle permanecesse no poder.⁵⁵ O PCF não tinha desejo algum de revolução, e com sua manifestação de 29 de maio quis apenas fazer uma demonstração de força para se colocar no jogo caso De Gaulle caísse. Uma sensação de *fin de régime* pairava no ar.

Durante os tensos dias que se seguiram ao seu discurso de 24 de maio, restara a De Gaulle pouca coisa a fazer além de deambular taciturnamente pelos corredores do Eliseu. Seus assessores ficavam cada vez mais alarmistas. Foccart ouviu boatos de que explosivos estavam sendo estocados na Sorbonne, de que se planejava um ataque ao Eliseu, de que os acontecimentos eram uma conspiração tramada pela CIA e pelos serviços secretos israelenses como uma vingança contra a política externa de De Gaulle. Essas fantasias sinistramente plausíveis dão ideia do estado de espírito no Eliseu. Como o fizera durante o *putsch* do Exército em 1961, Foccart preparou um helicóptero para retirar De Gaulle às pressas se o palácio fosse atacado.⁵⁶ O general continuava a preparar um referendo no qual ninguém mais acreditava. Na noite de 27 de maio, o jornalista Michel Droit foi convocado ao Eliseu em segredo. Uma entrevista televisiva concedida a Droit é que ajudara De Gaulle a recuperar-se depois do primeiro turno da eleição de 1965. Agora ele queria repetir a experiência, para vender ao povo francês sua ideia do referendo. Droit pediu para voltar no dia seguinte com algumas ideias.⁵⁷

Em 28 de maio, todos os visitantes se depararam com De Gaulle num estado de desespero apocalíptico. Quando Foccart chegou para seu costumeiro encontro noturno, o chefe do *cabinet* militar de De Gaulle, general Lalande, que acabara de dar sua própria entrevista, lhe disse que estava preocupado com o estado de espírito de De Gaulle. Foccart, que conhecia bem os humores do general, afirmou a Lalande que não havia nada de anormal na simulação de desespero de De Gaulle. Mas, depois de vê-lo pessoalmente, Foccart não teve tanta certeza. De Gaulle ponderou longamente sobre a semelhança entre maio de 1940 e maio de 1968, dois momentos, em sua opinião, em que as elites da França a haviam traído. Em 1940, ele era novo, mas agora não: "Não posso lutar contra a apatia e o desejo de um povo inteiro de permitir que tudo se dissolva." Ao sair do encontro, Foccart foi detido por Yvonne de Gaulle, em estado de grande agitação, porque naquela tarde ela fora insultada na rua por um homem que dirigia um Citroën DS: "Dá para imaginar, M. Foccart, um Citroën DS, não era um qualquer." Foccart ficou ainda mais preocupado, achando que aquilo dificilmente melhoraria o estado de ânimo de De Gaulle.[58] À noite, Yvonne de Gaulle perdeu o controle, e De Gaulle mandou transferir a refeição da sala de jantar para o salão perto do seu quarto de dormir.[59]

Quando Droit voltou para conversar sobre o programa de televisão, De Gaulle já não quis saber. Em vez disso, pronunciou um longo solilóquio, como se Droit não estivesse presente: "Os franceses nunca se recuperaram das derrotas de Waterloo e Sedan. Não fui vencido em Waterloo nem em Sedan. Mas isso parece não ter mais serventia alguma." Quando Droit ia saindo, Flohic o conduziu por uma porta lateral, porque Pompidou estava chegando. "Pompidou não pode vê-lo", disse-lhe Flohic. O encontro de Pompidou foi rápido. "Você está conseguindo dormir?", perguntou De Gaulle. "Sim, quando tenho tempo." "Tem sorte", respondeu De Gaulle. Pompidou sentia que faltava pouco para conseguir um acordo com os sindicatos; De Gaulle o acusou de ter sido otimista demais durante toda a crise. A última visita foi a de Christian Fouchet, que ao entrar foi alertado por Tricot de que "hoje não é um dos seus melhores dias". Fouchet foi saudado com as palavras: "Fouchet, você sabe que às vezes eu acho que vou desistir de tudo." Quando disse que o barulho de granadas na rua o impedia de dormir, Fouchet lhe sugeriu que seguisse o conselho dado por Thiers a Luís Filipe em 1848: mude-se para Versalhes. O general respondeu: "Não sou como Luís Filipe."[60] Quando Fouchet saiu, De Gaulle recolheu-se para mais uma noite de insônia.

O que nenhum desses visitantes sabia era que no começo da noite De Gaulle tinha ligado para o genro, Alain de Boissieu, cujo regimento estava estacionado em Mulhouse. Boissieu recebera ordem para estar no Eliseu de manhã bem cedo. Yvonne de Gaulle também tinha ligado para o irmão e perguntado se ele poderia levar a empregada deles no Eliseu, de carro, para o vilarejo dela. A empregada tinha conseguido alguns dias de folga – mas Yvonne de Gaulle não estava autorizada a explicar por quê. Apesar de seus rompantes apocalípticos, De Gaulle estava claramente aprontando alguma – ainda que nem ele mesmo soubesse direito o que era.

De Gaulle foge: 29 de maio

Quarta-feira, 29 de maio de 1968, foi o dia mais extraordinário da carreira de De Gaulle. A maioria dos protagonistas, acreditando que tinha vivido um dia histórico, escreveu suas memórias logo depois. Isso significa que, mesmo não sendo possível ter certeza do que se passava na cabeça de De Gaulle, podemos, pelo menos, reconstituir suas ações minuciosamente.

7h30: De Gaulle disse ao seu *directeur de cabinet*, Xavier de La Chevalerie, que estava cansado e ia tirar uns dias de folga em Colombey. A reunião do Conselho de Ministros daquela tarde seria adiada para o dia seguinte.

8h30: De Gaulle convocou o general Lalande, que estivera preocupadíssimo com ele na noite anterior. Lalande recebeu ordem para tomar um avião e ir a Baden-Baden, na Alemanha, ver o general Massu. Apesar da tensão entre os dois homens por causa da Argélia, que levara à demissão de Massu em janeiro de 1960, a profunda lealdade pessoal de Massu para com De Gaulle, que remontava à sua experiência na França Livre (era um dos Companheiros da Libertação), impedira que ele seguisse outros oficiais do Exército em franca dissidência com De Gaulle. Suas relações tinham sido reparadas e Massu fora nomeado em 1966 para comandar as forças francesas baseadas na Alemanha, função importante num momento em que o alto-comando francês renegociava suas relações com as Forças Armadas alemãs e americanas após a saída da França da Otan. O que De Gaulle queria saber, ao despachar Lalande para ver Massu, era se poderia confiar no Exército caso uma ação militar fosse necessária. Depois disso, Lalande deveria visitar os chefes do Exército em Metz e Nancy e sondar a mesma possibilidade. Além disso, De Gaulle instruiu Lalande a levar Philippe de Gaulle e sua família com ele para Baden-Baden. Acrescentou que descansaria em Colombey, mas estaria de volta no dia seguinte.

9h: De Gaulle pediu a Tricot que informasse a Pompidou que a reunião do Conselho de Ministros seria adiada para o dia seguinte. Quando soube disso, Pompidou ficou assustadíssimo, achando que De Gaulle planejava renunciar e derrubar o governo justamente quando suas negociações estavam prestes a dar frutos. Telefonou várias vezes para Tricot insistindo, "Eu *preciso* ver o general", mas sem êxito. Fosse o que fosse que De Gaulle estivesse aprontando naquele dia, um dos seus objetivos era livrar-se de Pompidou.

9h30: De Gaulle convocou Flohic, seu ajudante de ordens, e ordenou-lhe que se preparasse para partir imediatamente com uma mala pronta. Instruiu-o a usar uniforme. Isso pode ter levado Flohic a concluir que seu destino não era – ou não era apenas – Colombey, onde os assessores de De Gaulle andavam à paisana.[61]

10h15: Boissieu chegou mais tarde do que pretendia, porque a neblina tinha retardado sua viagem de Metz.[62] De Gaulle o recebeu com a costumeira efusão de tristeza. Em posição de sentido, e falando com De Gaulle não de genro para sogro, mas de oficial para o seu comandante, Boissieu disse que De Gaulle não deveria desistir. Assegurou-lhe que podia contar com a lealdade do Exército. Tudo indica que esse foi o principal motivo da convocação de Boissieu. De Gaulle disse que precisava se convencer disso pessoalmente. Para garantir sigilo total, os dois prepararam um plano segundo o qual Boissieu iria a Colombey avisar que De Gaulle não chegaria naquela noite. Da casa Boissieu telefonaria para Massu e o convocaria para um encontro com De Gaulle em Estrasburgo. De Gaulle então passaria a noite em Mulhouse ou em Estrasburgo, e seguiria para Colombey no dia seguinte. Uma ideia era que ele falasse à nação em Colombey, Estrasburgo ou Mulhouse. De qualquer maneira, não estaria em Paris durante a programada manifestação da CGT: "Não há sentido em atacar um palácio deserto." Além disso, entregou a Boissieu uma carta endereçada a Pompidou, para o caso de não poder continuar exercendo a função de presidente. Boissieu recusou-se a considerar essa opção e devolveu a carta.

c.11h: Ao sair do encontro com De Gaulle, Boissieu esbarrou com Foccart. Tendo ouvido falar sobre o adiamento da reunião do Conselho de Ministros, Foccart, já preocupado por causa do encontro da noite anterior, correra até o Eliseu. Boissieu tinha instruções rigorosas para que todos, incluindo Foccart, fossem informados de que De Gaulle ia para Colombey.

c.11h20: De Gaulle finalmente concordou em falar com Pompidou ao telefone. A conversa foi, nas palavras de Pompidou, "curta e estranha". O general lhe disse para não se preocupar. Ele precisava descansar em Colombey, mas no dia seguinte estaria de volta. A parte "estranha" foram suas últimas palavras: "Sou velho, você é jovem; você é o futuro. *Au revoir, je vous embrasse.*" Como observou Pompidou, não era o estilo de De Gaulle. Soou mais como *"Adieu"* do que como *"Au revoir"*. Quando essas palavras foram transmitidas mais tarde para Chaban-Delmas, ele comentou: "Quando o general o 'abraça', o fodido (*baisé*) é você."⁶³

11h30: De Gaulle partiu do Eliseu de carro, acompanhado pela mulher e por Flohic. Como havia pouco trânsito, devido à escassez de gasolina, em quinze minutos estavam no aeródromo de Issy. Helicópteros os aguardavam. Carregar as aeronaves levou algum tempo, porque havia mais bagagem do que numa visita normal a Colombey.⁶⁴ No primeiro helicóptero, viajavam dois pilotos e Flohic. Sentados atrás iam madame De Gaulle e o marido. Voando para o leste, madame De Gaulle apontou para as fábricas ocupadas lá embaixo, com bandeiras vermelhas hasteadas. Para eles, não era nada animador.

12h15: Agências de notícias ficam sabendo que De Gaulle tinha cancelado a reunião do Conselho de Ministros.

c.12h30: Boissieu chegou a Colombey. Incapaz de falar com Massu, por causa de uma greve na central telefônica, ligou para Saint-Dizier, onde De Gaulle deveria parar para reabastecer, em sua viagem para o leste. Deixou um recado codificado para "informar ao VIP que não fui capaz de entrar em contato com seu correspondente".

c.12h45: De Gaulle aterrissou em Saint-Dizier para reabastecer. O recado criptografado de Boissieu não chegou às suas mãos. Como não houve recado, quando o helicóptero estava no ar ele passou um bilhete rabiscado a mão para Flohic – o barulho do motor os impedia de conversar – instruindo o piloto a seguir para Baden.⁶⁵

c.13h: No Eliseu, houve consternação quando se soube que De Gaulle não tinha chegado a Colombey. Pompidou por pouco não maltratou fisicamente Tricot, achando que ele lhe escondia a verdade. A rigor, Tricot não tinha mais ideia do paradeiro de De Gaulle do que qualquer outra pessoa. Tentou encontrar o general Lalande, mas descobriu que ele também tinha desaparecido misteriosamente. A situação no Eliseu não melhorou nada quando Boissieu ligou de Colombey para informar a Foccart que De Gaulle não estava indo para Colombey, mas que não estava autorizado a dizer para onde ele ia. Foccart deveria dizer a Pompidou que "agora era a vez de ele agir" e que um "mensageiro" chegaria com instruções.

14h40: O helicóptero de De Gaulle aterrissou no aeroporto militar de Baden. Flohic telefonou para o atônito Massu, que fazia a sesta, para dizer que eles estavam chegando ao seu quartel-general, à distância de um rápido voo de helicóptero. Naquele momento, dois pequenos aviões pousaram no aeroporto. Os passageiros eram o general Lalande, Philippe de Gaulle e a mulher de Philippe com os filhos. Lalande ficou tão surpreso com a presença de Flohic e De Gaulle como Flohic ficou surpreso com a presença de Lalande e Philippe de Gaulle. Lalande foi até o helicóptero de De Gaulle cumprimentá-lo. De Gaulle lhe disse: "Vou falar com Massu. Espero você lá. Vou lhe entregar uma carta para M. Pompidou."[66]

c.15h: O helicóptero aterrissou na residência de Massu. De Gaulle e a mulher saltaram pela primeira vez desde que tinham saído de Issy. De Gaulle foi recebido por Massu e levado imediatamente para seu escritório, onde os dois homens passaram cerca de cinquenta minutos conversando a sós. Dispomos apenas do relato de Massu sobre a conversa. De Gaulle começou com as palavras "Fodeu tudo [*Tout est foutu*]". Isso foi seguido por uma de suas longas arengas de desespero. Massu acreditou pelo resto da vida que sozinho tinha reanimado De Gaulle num momento em que ele estava pronto para desistir. Pode ser verdade, mas também pode ser que De Gaulle estivesse fazendo uma cena para testar a lealdade de Massu.[67] A conversa foi interrompida por um breve intervalo de cerca de trinta minutos quando a comida foi trazida. Durante a pausa, Massu saiu do escritório. Segundo Lalande, foram estas suas palavras: "Eu disse ao general, que quer se refugiar na Alemanha, que isso é impossível. É loucura. Ele não pode fazer isto."[68] Enquanto De Gaulle e Massu conversavam, Flohic e Lalande estavam escondidos com madame Massu e Yvonne de Gaulle. Como informou Lalande, madame De Gaulle deu vazão a suas mágoas: "Há um mês meu marido não dorme, fica ouvindo rádio, isto não pode continuar."[69] Madame Massu, que não abrigava sentimentos amistosos pelo homem que demitira seu marido em 1960, comentou perfidamente: "Não se pode fazer 18 de Junho novamente aos 78 anos" – sob o olhar de reprovação de Flohic.[70] Durante a pausa na conversa com Massu, De Gaulle deu instruções para que o representante do governo federal alemão junto às forças francesas fosse informado da sua presença em solo alemão. Como esse funcionário estava ausente, De Gaulle disse a Flohic que entrasse em contato com a embaixada francesa em Bonn.[71]

16h: Enquanto isso, em Paris, o governo finalmente tinha descoberto o paradeiro de De Gaulle. A manifestação da CGT transcorreu pacificamente. Em Baden, De Gaulle encerrou as conversas com Massu tendo decidido não ficar. Hesitou sobre o próximo passo, e ainda pensava em falar de Estrasburgo à nação. No fim, resolveu ir direto para Colombey.

c.16h30: De Gaulle e a mulher voltaram para o helicóptero. Duas horas depois, estavam em Colombey. De Gaulle ligou imediatamente para Tricot e disse, sentenciosamente, que precisava *"se mettre d'accord avec ses arrières-pensées"*, palavras que Tricot interpretou como significando que ele sempre quis ficar, mas precisava ser convencido de que era a melhor solução. Seu tom de voz sugeria o de alguém cujo pessimismo da noite anterior tinha mudado completamente. De Gaulle ligou ainda para Pompidou para dizer que o governo se reuniria no dia seguinte. Pompidou, que percebeu o novo tom firme de De Gaulle, ficou ao mesmo tempo aliviado, furioso e magoado. Redigiu uma carta de renúncia, que resolveu entregar no dia seguinte. Naquela noite em Colombey, De Gaulle estava de bom humor. No jantar recitou alguns versos que revelou serem de sua própria autoria. Disse a Flohic que chegara a pensar em ficar na Alemanha: "Depois eu iria para a Irlanda, terra dos meus antepassados maternos MacCartan, e, em seguida, para mais longe ainda. De qualquer maneira, não ficaria na França."[72]

Foram esses os acontecimentos de 29 de maio de 1968, tanto quanto é possível juntar as peças. Alguns detalhes continuam obscuros. Graças a Boissieu, sabemos que a decisão de De Gaulle de ir a Baden foi tomada no último momento. Mas quando De Gaulle teria decidido ver pessoalmente Massu? Como uma das primeiras decisões que tomou naquele dia foi despachar Lalande para ver Massu, por que precisou fazer isso pessoalmente (e, aliás, convocar Massu a Estrasburgo, como pretendia de início, teria impossibilitado Lalande de ver Massu)? Ou essa decisão só foi tomada depois que De Gaulle esteve com Boissieu? Sua intenção original era, genuinamente, ir para Colombey? Nesse caso, por que Flohic foi instruído a usar uniforme antes de De Gaulle ver Boissieu?

Mais difícil do que reconstituir os acontecimentos é descobrir o seu significado. Foi esse o dia de De Gaulle em Varennes – como quando Luís XVI fugiu de Paris para chegar à fronteira francesa e entrar em contato com tropas leais? Terá sido uma preparação para um novo 18 de Junho, quando De Gaulle falaria ao povo francês pedindo que resistisse? Ou uma reprise de 1946, quando De Gaulle renunciara ao poder? Para juntar as peças, temos os relatos de Tricot, Lalande, Boissieu, Flohic e Massu – cada um dos quais esteve com o general em determinado momento do dia. A narrativa de Boissieu é construída para sugerir que, depois de uma breve hesitação, De Gaulle orquestrou tudo. Ele até afirma que o general lhe disse em seu encontro de manhã: "Quero afundar os franceses e o governo na dúvida e na incerteza, para voltar a assumir o controle da situação." No outro extremo do espectro, Massu se atribui o papel heroico de ter convencido o desesperado De Gaulle a não desistir. Mas cada um viu De Gaulle a certa altura do dia – Boissieu de manhã e Massu de tarde – e seus relatos só refletem o humor de De Gaulle no momento em que o viram. Chegando cansado e faminto a Baden, ele poderia estar num estado de espírito diferente de quando Boissieu o deixara quatro horas antes. O sóbrio testemunho do general Lalande, escrito quase imediatamente depois, e aparentemente sem nenhuma intenção de provar nada, apoia muito do que Massu afirmava.

Três questões têm provocado muito debate. A primeira é a insistência de De Gaulle em informar o governo alemão de sua presença em Baden. Será que isso sugere que ele pretendia ficar? Mais provavelmente, deveria ser interpretado como uma formalidade que o presidente queria respeitar, por mais curta que fosse a sua estada.[73] A segunda é a questão da bagagem. Massu informa que várias viagens foram necessárias para deixar as malas em sua residência. Já Philippe de Gaulle sugere, com grande plausibilidade, que pode ter havido uma confusão na cabeça de Massu entre as seis malas da mulher e dos quatro filhos de Philippe – que pretendiam permanecer algum tempo no exterior – e a bagagem levada por De Gaulle. Flohic, que estava acostumado a viajar com De Gaulle para Colombey, afirma que havia mais bagagem do que numa viagem normal (mas não tanta bagagem quanto alega Massu), e a empregada Jeanne disse a mesma coisa ao cunhado de De Gaulle naquela manhã. Levando em conta que possivelmente era intenção de De Gaulle passar a noite em Estrasburgo ou em Metz, isso não quer dizer que houvesse um plano para sair do país.

O terceiro mistério é a carta para Pompidou. Na versão dos acontecimentos escrita por Boissieu para Pompidou em 6 de junho, ele disse que tinha ficado com essa carta; no relato que fez para Foccart por telefone em outubro, alegou tê-la devolvido para De Gaulle. Já Lalande dá a entender que De Gaulle ainda tinha uma carta para Pompidou. Se for verdade, durante todo o dia o general segurou sua carta de renúncia.

A verdade provavelmente é aquilo que o próprio De Gaulle disse em seu discurso do dia seguinte: "Nas últimas 24 horas, pensei em todas as possibilidades, sem exceção."⁷⁴ Ele provavelmente partiu para Baden com a intenção de testar a lealdade do Exército, e talvez tenha chegado lá decidido a desistir. Mas acima de tudo o que queria mesmo era escapar do Eliseu, libertar-se do primeiro-ministro e tornar-se um ator central depois de vários dias marginalizado por ele – mesmo que continuasse não sabendo direito o que pretendia fazer.

De Gaulle retorna, 30 de maio

Na manhã de 30 de maio, De Gaulle estava de volta ao Eliseu. Foccart correu para vê-lo e o encontrou totalmente diferente de dois dias antes. O presidente disse que falaria ao povo francês naquela noite. Concordou com a sugestão de que o discurso fosse feito à tarde, antes da manifestação gaullista planejada por Foccart. Depois disso, esteve com Pompidou, que também ficou impressionado com a nova objetividade de De Gaulle. O primeiro-ministro decidiu não entregar sua carta de renúncia por ora. De Gaulle leu para Pompidou o discurso que pretendia fazer, e este insistiu numa correção: que De Gaulle anunciasse que estava dissolvendo o Parlamento e convocando novas eleições. De Gaulle ficou em dúvida, mas, diante da ameaça de Pompidou de renunciar, concordou.

O discurso foi pronunciado às 16h30. De Gaulle preferiu falar pelo rádio, e não pela televisão. Sua intenção era recordar, subliminarmente, o De Gaulle da guerra, não o velho cansado que os espectadores tinham visto na televisão uma semana antes. O discurso durou apenas quatro minutos, e o tom imperial de De Gaulle não poderia ser mais diferente das desconexas conjecturas de 24 de maio. Anunciou que o referendo seria adiado e o Parlamento, dissolvido. Caso houvesse qualquer tentativa de impedir a realização das eleições, ele ameaçou empregar todas as medidas que a Constituição permitisse (ameaça velada de colocar em vigor o Artigo 16). Denunciou "a intimidação, a intoxicação e a tirania" exercidas por um partido "que é um empreendimento totalitário". Era uma referência aos comunistas, que ele sabia perfeitamente bem que não tinham nem o desejo nem a capacidade de fazer uma revolução. Mas De Gaulle nunca era mais eficiente do que quando identificava um inimigo.

Um comentário feito por De Gaulle durante a crise foi que a situação era *insaisissable*, impossível de compreender, escorregando por entre seus dedos como areia. O poder parecia desintegrar-se, mas não havia um inimigo identificável. Depois que voltou da Romênia, De Gaulle recebeu uma nota de um dos seus auxiliares informando que, apesar de alguns estudantes começarem a gritar "Para o Eliseu" depois da noite das barricadas, o slogan não pegou: "A ideia expressa com mais frequência é que o Eliseu é apenas um museu que nada tem a ver com estudantes e que os deixa indiferentes."[75] De Gaulle tinha dito a Boissieu que ninguém atacaria um palácio deserto, mas ninguém mostrara grande interesse também por um palácio habitado. Quando os políticos entraram na briga em 27 de maio, e os comunistas convocaram uma manifestação para 29 de maio, De Gaulle finalmente tinha um alvo. O momento escolhido para fazer o discurso foi perfeito. A opinião pública já se voltara contra os estudantes; Pompidou tinha mantido a calma e a determinação, encontrando uma maneira de negociar uma solução; os sindicatos estavam ansiosos para fazer um acordo; planos para uma manifestação gaullista em 30 de maio estavam em andamento. O elemento novo foi a ideia de dissolução, vinda de Pompidou, que dava aos conservadores, traumatizados pela desordem, a oportunidade de manifestar-se nas urnas. Por todas essas razões, a solução para a crise parecia próxima. A fuga de De Gaulle para Baden foi importante porque o recolocou no centro do palco, e deu um toque dramático a uma crise que já perdia força.

A multidão já se reunia na place de la Concorde antes de De Gaulle falar. Suas palavras foram eletrizantes, mas é de supor que, entre os milhares que participaram da manifestação nas duas horas seguintes, muitos já estavam a caminho antes de ele falar. No seu clímax, a manifestação cobriu toda a Champs-Elysées, da Etoile à place de la Concorde. Apesar de comumente falar-se em 1 milhão, o número de participantes provavelmente estava mais perto de 400 mil. Ainda assim, era mais gente do que em qualquer outra manifestação durante os acontecimentos de maio. Escolher a Champs-Elysées era uma forma subliminar de recordar o desfile da Libertação de 26 de agosto de 1944, mas era também um ritual de purificação e de reintegração de posse. Em 7 de maio, os estudantes tinham marchado pela Champs-Elysées e, segundo consta, alguns manifestantes tinham profanado (urinando) a chama da lembrança que arde sob o Arco do Triunfo.

Na "comissão de frente" da manifestação iam os notáveis do gaullismo: Debré, Malraux, Joxe, Peyrefitte – além do frágil e debilitado François Mauriac. Mas no meio da multidão havia mais slogans anticomunistas do que slogans estritamente gaullistas; havia também antigos apoiadores da *Algérie française* dispostos a esquecer velhos rancores, pelo menos por um dia, em nome da causa maior da ordem.[76] O êxito da manifestação poupou a França da visita do presidente Bokassa, que tinha feito uma proclamação naquela manhã anunciando que para "salvar a humanidade e restaurar a paz no mundo" estava tomando o avião para ir à França e oferecer a De Gaulle o seu apoio. Estava prestes a partir rumo a Paris quando a notícia do sucesso da manifestação o fez desistir da viagem.[77]

Embora De Gaulle tivesse cedido à insistência de Pompidou para realizar eleições parlamentares, no dia seguinte o primeiro-ministro foi obrigado a aceitar um grande rearranjo do seu governo. Nenhuma nomeação poderia ter sido mais difícil de engolir do que a escolha do seu arqui-inimigo René Capitant, o apóstolo da participação, para a pasta da Justiça. Como muitos outros gaullistas de esquerda, Capitant tinha sido desestabilizado pelos acontecimentos de maio. Quando a oposição apresentou uma moção de censura contra o governo Pompidou, em 19 de maio, ele anunciou que, como gaullista, teria de votar com a oposição. Acabou recuando, mas saiu do grupo parlamentar gaullista. Alguns jovens gaullistas de esquerda tinham até aderido às barricadas, e durante a manifestação de 30 de maio um minúsculo grupo desses jovens marchou na direção oposta à da grande massa de manifestantes, para proclamar sua lealdade a De Gaulle, o "revolucionário".[78] Trazer Capitant para o governo foi a forma encontrada por De Gaulle para sinalizar que o retorno à ordem não seria necessariamente o retorno ao *status quo*. Os sinais que emitiu para a direita foram ainda mais espetaculares. Na data simbolicamente importante de 18 de junho, que por acaso era uma semana antes das eleições, foi anunciado que todos os oficiais da OAS ainda presos seriam anistiados. Como comentou um jornal: "Se Paris vale uma missa, e o poder político vale Salan, Salan vale algumas centenas de milhares de votos."[79]

Embora as consequências dos acontecimentos de maio de 1968 tenham reverberado na vida política francesa durante anos – na verdade décadas –, o retorno a uma aparência de normalidade foi notavelmente rápido. O processo foi acompanhado por explosões esporádicas de violência mais sérias do que qualquer coisa ocorrida no próprio mês de maio. Em 31 de maio, o governo retirou piquetes à força dos entrepostos de gasolina. Esta voltou a ser fácil de encontrar, e no fim de semana de Pentecostes, 1º de junho, houve engarrafamentos quando a população de Paris saiu para o feriado. No fim da primeira semana de junho, o sistema de transporte público de Paris tinha voltado ao normal. Violentas batalhas entre policiais e grevistas nos arredores de Paris causaram três mortes em 10 e 11 de junho. Em resposta, a capital assistiu à terceira e última noite das barricadas. Isso apavorava Foccart, que queria mobilizar os Comitês Republicanos de Defesa, mas De Gaulle tinha certeza, e com razão, de que aquilo era um indício de que os acontecimentos de maio estavam agonizando, e não um sinal para novas explosões. Disse a Foccart que o assunto agora deveria ser deixado nas mãos da polícia. Os estudantes que ocupavam a Sorbonne saíram em 13 de junho, e no dia seguinte a polícia desalojou os últimos ocupantes do Teatro Odéon.

A curta campanha eleitoral foi tranquila. O anticomunismo desempenhou papel importante. De Gaulle parecia novamente em boa forma quando concedeu uma nova entrevista a Michel Droit, em 7 de junho. Houve dois grandes temas. Primeiro, ele voltou repetidas vezes à ameaça – tema do seu discurso de 30 de maio – de um "empreendimento totalitário", representada pelos comunistas. Ele sabia muito bem que isso era inteiramente imaginário, mas era seu meio de atrair os conservadores traumatizados com o colapso da ordem no mês anterior. O segundo tema era o seu já conhecido argumento da ameaça que a civilização tecnocrática moderna representava para a humanidade e da necessidade de enfrentá-la através da "participação". Com isso, De Gaulle esperava não ficar acuado pelos acontecimentos de maio numa posição de conservadorismo puramente reacionário: "Se uma revolução consiste em mudar fundamentalmente o que existe, e notavelmente a dignidade e as condições da classe operária ... não me sinto de maneira nenhuma ofendido quando me chamam, nesse sentido, de revolucionário." E por precaução fez uma lista de todas as ações revolucionárias de sua carreira, do combate a Vichy ao "começo da Libertação dos franceses do Canadá".[80]

Como sempre, De Gaulle manteve um olho vigilante na seleção de cada candidato parlamentar e na administração da campanha. Indagava-se se Malraux, em geral um orador emocionante, deveria ser usado durante a campanha, dizendo a Foccart: "Ele parece muito cansado nestes últimos dias, e às vezes tenho a impressão de que está usando drogas" (impressão inteiramente correta).[81] Como sinal de estima, convidou Foccart para ir com ele no carro que o conduziu à cerimônia do 18 de Junho em Mont-Valérien. Durante a

Revolução, 1968

viagem, fez a Foccart sua previsão do resultado, mostrando que sua antena política (bem como seus ataques irracionais de desconfiança) continuava apurada como sempre:

> Certamente vamos conquistar cadeiras; a oposição será devorada pelos outros; os comunistas sofrerão perdas, mas vão se manter. Quanto aos centristas, Deus sabe o que hão de fazer. Dispõem de recursos que vêm, em primeira instância, dos empregadores e dos nossos inimigos tradicionais, como é normal, mas também dos judeus, e, tenho certeza, dos americanos.[82]

A vitória acabou sendo até mais esmagadora do que De Gaulle, ou qualquer um, sonhava. Grandes figuras, como Mendès France e Mitterrand, foram castigadas por sua atitude na crise de maio e perderam as cadeiras. Depois do segundo turno, o partido gaullista, que se rebatizara como Union pour la Défense de la République (UDR), conquistou 293 cadeiras, o que lhe dava uma maioria substancial sobre todos os oponentes, coisa jamais alcançada por nenhum partido sozinho na história da democracia francesa. Mas de quem era essa vitória?

29. O fim, junho de 1968-novembro de 1970

Vitória ambígua

Em seu amargo relato sobre maio de 68, Pompidou lembrou que após o primeiro turno das eleições De Gaulle lhe disse: "Pompidou, como se explica que depois de uma vitória como esta ambos nos sintamos tão desiludidos?"[1] A explicação não é difícil. Da parte de De Gaulle, havia a consciência de que a vitória parlamentar era mais de Pompidou do que dele; da parte de Pompidou, a consciência de que De Gaulle sabia disso e estava ressentido.

Pompidou, exaurido pelos acontecimentos de maio, não desejava continuar como primeiro-ministro. Tinha muitas razões para querer desistir. Uma delas era a contínua obsessão de De Gaulle pela ideia de participação, confirmada nos acontecimentos de maio. Dois dias depois das eleições, De Gaulle ponderou longamente com o cético Foccart sobre seu desejo de implementar a participação: "Temos que fazer isto agora, é a última grande coisa que preciso realizar, e o maior serviço que posso prestar ao país."[2] Mais tarde, ainda naquela noite, perguntou a Pompidou, à queima-roupa, se ele estava preparado para pôr em prática uma política de participação. Pompidou disse: "Eu responderia, se soubesse o que é participação."[3] A possibilidade de travar uma contínua guerra de guerrilha nessa questão não era nada sedutora.

Pompidou também queria afastar-se um pouco e se preparar nos bastidores para suceder De Gaulle, tirando proveito da reputação que tinha construído durante os acontecimentos de maio. Era uma estratégia plausível – desde que De Gaulle não se demorasse demais. Em tese, o mandato de De Gaulle ia até 1972, mas muitos gaullistas esperavam que ele decidisse sair antes. Certamente, era o que Yvonne de Gaulle mais queria. Logo depois dos acontecimentos de maio, ela fez um dos seus apelos patéticos a Foccart para que De Gaulle saísse logo:

O general está realmente muito cansado. Mesmo para você, M. Foccart, ele aparece no palco. Mas eu o vejo nos bastidores, onde não há mais ninguém que o veja ... Além de mim e de nossos filhos, todos os outros o veem no palco, inclusive o cunhado e a nora, ou mesmo os netos. Mas até os netos de vez em quando veem como ele está cansado. Isto não pode continuar assim por muito mais tempo.[4]

Na semana seguinte às eleições, Pompidou esteve com De Gaulle três vezes e deixou claro que achava que já tinha servido tempo suficiente. Pompidou saía dessas conversas sem saber o que De Gaulle queria. Apesar de não o pressionar para ficar, De Gaulle também não queria dizer que desejava que ele fosse embora. Na realidade, De Gaulle fervilhava de rancor contra Pompidou. Certa noite, durante as eleições, tinha dito a Foccart num momento de fúria: "Pompidou falou na televisão e nem sequer mencionou meu nome. Como se eu não existisse"[5] – apesar de ele mesmo, em sua longa entrevista televisiva com Michel Droit em 7 de junho, ter conseguido discorrer sobre maio de 1968 sem mencionar uma única vez o nome de Pompidou. Em seus encontros noturnos com o general na semana seguinte às eleições, Foccart ficou com a impressão de que De Gaulle gostaria de substituir o primeiro-ministro, mas queria que Pompidou tomasse a iniciativa, renunciando formalmente. De outro lado, no entourage de Pompidou, muitos, incluindo Foccart, insistiam para que ele ficasse.

Na sexta-feira (5 de julho), Pompidou passou a noite sem dormir e resolveu ficar. Tarde demais. Naquela mesma noite, De Gaulle tinha convocado Couve de Murville ao Eliseu em total sigilo para lhe oferecer o cargo de primeiro-ministro. Quando no domingo de manhã Pompidou ligou para o Eliseu a fim de comunicar que resolvera ficar, foi informado de que Couve aceitara o cargo. Naquele mesmo dia Pompidou desabafou toda a sua raiva com Foccart, dizendo que tinha sido enganado por De Gaulle e apunhalado pelas costas por Couve. Tricot descreveu a relação entre os dois homens como uma comédia de amor desiludido, como numa peça de Marivaux.[6] Restava ainda decidir como a saída de Pompidou seria apresentada. De Gaulle queria uma carta formal de Pompidou declarando que decidira renunciar; em troca, De Gaulle escreveria uma carta cerimoniosa, agradecendo-lhe pelos serviços prestados e prevendo um grande futuro para ele. Pompidou não gostava nada da ideia de bancar a vítima sacrificial. Comentou, amargamente, que Debré tinha recebido uma carta prometendo que "importantes tarefas o aguardam" – e depois passara quatro anos no deserto político. Foccart achava que De Gaulle desconfiava dos motivos de Pompidou:

> "Fico pensando se é mesmo fadiga da parte de Pompidou ou se ele está representando alguma comédia e se isso não é só uma tática pensando no futuro ... para se preparar melhor para o futuro, para ficar numa posição mais confortável. Porque isso eu não poderia permitir. Táticas existem, a gente precisa praticá-las, mas isso quem faz sou eu, não é ele quem escolhe. E é isto que acho que está acontecendo." O general me olhou desconfiado, como se eu, de alguma forma, estivesse envolvido nas táticas que ele condenava.[7]

Pompidou acabou submetendo sua renúncia e De Gaulle escreveu uma carta que satisfez o *amour-propre* de Pompidou: "Espero que continue pronto para realizar qualquer missão e assumir qualquer mandato que a nação um dia lhe venha a atribuir." A honra foi satisfeita dos dois lados, no entanto o mais leve incidente poderia despertar em Pompidou a sensação de que De Gaulle o tratara com suprema ingratidão.

De Gaulle não errou ao suspeitar dos motivos de Pompidou. Uma das razões para sair, como Pompidou confessou francamente a Foccart, era que o custo de subornar os sindicatos no fim de maio teria sérias consequências econômicas. Apesar do esplêndido sucesso eleitoral, os meses seguintes não seriam fáceis para o governo. Fazia sentido para Pompidou esperar um pouco e evitar qualquer associação com o que ameaçava ser um período acidentado. Na realidade, o primeiro desafio sério para o novo governo teve a ver não com a economia, mas com um dos pilares da política externa de De Gaulle: a reaproximação com a Rússia.

Decepções na política externa

Apesar de todas as decepções de suas visitas à Polônia e à Romênia, De Gaulle continuava otimista a respeito da solidez de longo prazo de sua política de *détente*. Certa ocasião, disse a Flohic: "O incômodo que minhas políticas estão causando não me preocupa de forma alguma. A Petite Entente está renascendo. Isso não deixa os russos muito felizes. Mas como eles decidiram bancar os bons-moços [*gracieux*] não há nada que possam fazer."⁸ Petite Entente foi o nome dado nos anos do entreguerras à aliança entre Iugoslávia, Romênia e Tchecoslováquia, que o governo francês estimulava como um baluarte contra a Alemanha e como uma forma de isolar a União Soviética. Desde os anos 1950, a Iugoslávia tinha afirmado o seu distanciamento do bloco soviético; e, nos anos 1960, a Romênia tinha dado sinais de querer buscar uma política externa mais independente. Mas, em 1968, a verdadeira ameaça à influência soviética vinha da Tchecoslováquia. E a resposta dos soviéticos mostrou que eles não estavam necessariamente dispostos a bancar os "bons-moços", se seus interesses fossem ameaçados.

Enquanto a França mergulhava em sua estranha revolução quimérica, do outro lado da Cortina de Ferro a Tchecoslováquia vivia sua própria primavera revolucionária. Em janeiro, uma crise interna no Partido Comunista Tcheco levou à nomeação do reformista Alexander Dubček para o cargo de secretário-geral. Dubček tomou uma série de medidas liberalizantes e, quando a Primavera de Praga ganhou impulso próprio, os líderes soviéticos começaram a temer o perigo de contágio no resto do bloco oriental. Os acontecimentos provocaram grande entusiasmo no Ocidente. O jornalista Jean-Marie Domenach esteve em Praga para testemunhá-los em primeira mão. Ao voltar, tentou ver De Gaulle, mas consta que teria recebido apenas uma mensagem: "Eles estão indo depressa demais e longe demais. Os russos vão intervir. Então, como sempre, os tchecos decidirão não lutar, e a noite voltará a cair sobre Praga. Haverá apenas alguns estudantes prontos a cometer suicídio."⁹ Se De Gaulle realmente pronunciou essas palavras, foi um daqueles clarões de cinismo profético a que era propenso. Mas ele mesmo ficou tão surpreso quanto qualquer um quando, na noite de 20 para 21 de agosto, os tanques soviéticos invadiram Praga.

De Colombey, Couve de Murville e Debré, que tinha substituído Couve como ministro do Exterior no novo governo, prepararam um comunicado com De Gaulle condenando a invasão. Dois dias depois, em resposta a uma comunicação oral do embaixador soviético em Paris, De Gaulle redigiu outra declaração condenando "uma ação que infringe os princípios da independência dos Estados e da não intervenção em sua política interna". Ainda tinha esperança numa "política de *détente*, entente e cooperação europeia", mas só quando as tropas soviéticas se retirassem.[10] Hervé Alphand comentou, três dias depois da invasão: "É talvez o fim de um grande esforço para reunir os dois mundos por cima e além da ideologia. A imprensa inglesa zomba do grande projeto de De Gaulle, que agora está comprometido. Mas qual é a alternativa, além da Guerra Fria?"[11] Em sua entrevista coletiva de setembro, duas semanas depois da invasão, De Gaulle não teve escolha senão pensar nas consequências futuras: "O que aconteceu na Tchecoslováquia, quero dizer, o impulso [*élan*] do seu povo para alcançar os começos da libertação ... demonstra que nossa política, momentaneamente entravada, corresponde às profundas realidades da Europa. ... Levando em conta a aspiração geral ao progresso e à paz, é tarde demais para ter êxito na tentativa de dividir a Europa em dois blocos opostos." Ele reafirmou que a França não abandonaria sua política de trabalhar pela "independência dos povos e pela liberdade do homem ... pela *détente*, pela entente e pela cooperação, quer dizer, pela paz".[12] Foram suas últimas palavras naquela que, embora ele não soubesse, seria a última entrevista coletiva de De Gaulle.

Apesar desse show de fanfarronice, De Gaulle ficou profundamente pessimista depois da invasão soviética de Praga. Em encontros com dois diferentes interlocutores americanos no fim de setembro, ele propôs que a ocupação soviética de Praga fosse vista no contexto mais amplo das inseguranças dos soviéticos sobre sua situação geopolítica. Sua opinião era que, cada vez mais temerosos de um futuro conflito com a China, os soviéticos tentavam garantir a segurança do seu flanco ocidental: "Pois, se um dia entrarem em guerra com a China, temem que os alemães possam atacá-los; o que provavelmente é verdade." A seu ver, a operação contra a Tchecoslováquia podia ser o prelúdio de uma operação contra a Alemanha: "Os senhores talvez quisessem ouvir palavras consoladoras e agradáveis; mas nosso mundo é duro e difícil."[13]

Num encontro com o chanceler alemão Kiesinger em setembro, De Gaulle expressou a mesma ideia, mas além disso parece ter responsabilizado os alemães por infundirem medo nos soviéticos: "Tudo isso aconteceu porque a cooperação franco-alemã não funcionou e porque a Alemanha queria seguir sua própria política. Está claro que o que acontece hoje na verdade diz respeito à Rússia e à República Federal. A ação russa é muito natural, pois querem manter o controle sobre seu Império." O que De Gaulle parece ter desejado dizer com isso é que os alemães tinham provocado queixas legítimas na União Soviética, não aceitando as fronteiras da linha Oder-Neisse pós-1945 e alimentando ainda ambições nucleares (ou pelo menos ele estava convencido disso). Culpar a Alemanha pelo que tinha acontecido em Praga era o seu jeito de explicar o fracasso da *détente* que tinha sido o pivô da sua política externa nos últimos três anos. E revela mais sobre suas flutuantes opiniões sobre a Alemanha do que sobre as razões verdadeiras da ação soviética. Nada nos arquivos soviéticos confirma essa conjectura de que Moscou foi motivada por alguma desconfiança acerca da Alemanha.[14]

Um resultado da ação soviética em Praga foi o que a embaixada dos Estados Unidos em Paris descreveu como uma "atmosfera [sensivelmente] melhor" nas relações com a França: "Essa atitude não se deve a qualquer mudança de opinião, mas, acreditamos, ao seu [de De Gaulle] reconhecimento de que com os soviéticos em pé de guerra não é hora de criar caso com os Estados Unidos."[15] Se De Gaulle pensou na possibilidade de retirar a França totalmente da Aliança Atlântica em 1969, isso não estava mais em seus planos. Havia sinais também de que ele buscava melhorar as relações com os britânicos, até que essa política deu espetacularmente errado no chamado "Caso Soames", que estourou em março.

A origem do Caso Soames foi um pedido feito pelo recém-nomeado embaixador britânico, Christopher Soames (genro de Churchill), de um encontro privado com De Gaulle para explorar maneiras de melhorar as relações entre os dois países. De Gaulle foi estimulado por seu novo ministro do Exterior, Debré, a atender ao pedido. Instintivamente mais anglófilo do que seu antecessor, Debré era a favor da entrada britânica na CEE – entre outras razões por achar que a Grã-Bretanha seria um aliado na oposição ao supranacionalismo. Os franceses também estavam preocupados com a constante pressão que os britânicos agora exerciam sobre os outros cinco membros da comunidade para contornar o veto francês à entrada britânica.[16] Um encontro com Soames era um jeito de enfraquecer essa estratégia.

Soames e De Gaulle tiveram um almoço privado e extraoficial no Eliseu em 4 de fevereiro de 1969. De Gaulle falou de improviso e não há registro oficial francês da conversa. Ele conjecturou que talvez fosse possível um dia emendar o Tratado de Roma para fazer dele uma organização menos supranacional, na qual seria mais fácil os britânicos ingressarem. Também sugeriu que a cooperação em questões políticas e de defesa – naquele momento fora das atribuições da comunidade – fosse discutida em encontros regulares entre as quatro grandes potências europeias. Quando Soames perguntou como compatibilizar isso com a Otan, De Gaulle disse que um dia a Europa teria que cuidar da sua própria defesa. A segunda dessas ideias não chegava a ser novidade em se tratando de De Gaulle; e a primeira era bastante nebulosa. De Gaulle sugeriu mais encontros para explorá-las.

O que transformou esse encontro inofensivo num incidente diplomático foram as reações do Ministério das Relações Exteriores e as interpretações divergentes do que havia sido dito. O recém-nomeado secretário britânico das Relações Exteriores, Michael Stewart, era menos pró-europeu do que seu antecessor, George Brown. Como boa parte do ministério, ele tinha uma desconfiança quase patológica de De Gaulle – e não injustificadamente, levando em conta o histórico dos últimos anos. Ele desconfiava que o general estivesse preparando uma armadilha. Independentemente disso, era natural que os britânicos não vissem muito sentido em iniciar negociações bilaterais com um líder que nunca demonstrara boa vontade em relação a eles – e que não permaneceria muito mais tempo no poder –, e pelas costas de outros líderes europeus que sempre haviam sido mais simpáticos à posição britânica.

Harold Wilson teria um encontro com Kiesinger em 10 de fevereiro e precisava decidir se o colocaria ou não a par dessa conversa. Como em sua candidatura à comunidade os britânicos tinham dito aos outros países que estavam dispostos a aceitar todas as regras, havia o perigo de os franceses vazarem a conversa com Soames primeiro e outros países acharem que os britânicos estavam fazendo jogo duplo. Essa era a armadilha em que os britânicos tinham medo de cair. Wilson acabou, portanto, decidindo contar a Kiesinger sobre a conversa. Isso por si só já deixou os franceses irritados, mas o que transformou a questão numa crise foi que em 21 de fevereiro o Ministério das Relações Exteriores tomou a extraordinária providência de vazar todo o conteúdo da conversa para o jornal *The Times*, com um comentário que lhe dava um viés mais antiamericano e antieuropeu do que ela de fato tinha. O governo francês ficou indignado com essa atitude, e as relações franco-britânicas atingiram novamente o fundo do poço.

Os franceses tinham uma queixa genuína. Um diplomata britânico que trabalhava na embaixada nessa época escreve que era "sem precedentes na história britânica" um governo vazar para a imprensa o conteúdo de uma conversa secreta e extraoficial. Mas De Gaulle não tinha sido tão inocente – ou pelo menos tinha sido menos cauteloso – do que os protestos franceses davam a entender. Essa era a opinião de Couve de Murville, que posteriormente recordaria: "Ele me telefonou imediatamente depois do encontro com Soames. Coisa que não fazia desde 1959! Parecia um tanto constrangido."[17]

Mal-estar político

A liberdade de ação de De Gaulle em política externa ficou restringida pelo enfraquecimento da posição econômica da França desde maio. O aumento dos salários e dos gastos do governo levou à especulação contra o franco nos mercados financeiros. O governo alemão se recusou a aceitar uma revalorização do marco que teria ajudado os franceses. Com a corrida contra o franco se intensificando, o governo francês se viu diante de duas respostas possíveis: uma desvalorização modesta de 10%, acompanhada de cortes nos gastos do governo, ou uma desvalorização mais importante, para estancar a especulação de uma vez por todas. O problema com a primeira medida, que Couve defendia, era que podia não bastar para conter a especulação; o problema com a segunda, defendida por Debré, era o choque que infligiria no sistema monetário internacional.

Depois de uma reunião do Conselho de Ministros em 13 de novembro, o governo divulgou um comunicado informando que De Gaulle tinha declarado a desvalorização um "absurdo". O desmentido mostrava que o assunto tinha sido discutido e serviu apenas para estimular mais especulação. Na semana seguinte, a crise atingiu o paroxismo. De Gaulle, criticando severamente em conversas privadas os especuladores alemães, disse a Foccart que a desvalorização era inevitável. O governo se reuniu durante quatro horas na tarde de sábado, 23 de novembro, para discutir a crise do franco. *Le Monde* anunciou com segurança que uma desvalorização de 10% seria implementada antes do fim do dia. Quando a reunião terminou, nenhum dos ministros presentes tinha a menor ideia do que De Gaulle havia decidido.

Enquanto o mundo esperava para ouvir o índice de desvalorização, o Eliseu divulgou um conciso comunicado anunciando: "A paridade atual do franco será mantida." Ao tomar essa decisão, De Gaulle tinha sido incentivado pelo economista Jean-Marcel Jeanneney, ministro de Assuntos Sociais. Jeanneney trouxe para a discussão o economista francês Raymond Barre, vice-presidente da Comissão Europeia, que garantiu a De Gaulle que um planejado empréstimo internacional, vital para o apoio do franco, ainda estaria disponível se a França decidisse não desvalorizar a moeda. Como grande parte desse pacote de crédito era de responsabilidade dos Estados Unidos, sempre interessados em evitar qualquer perturbação no sistema monetário internacional, era irônico que o desafio de De Gaulle aos mercados só fosse possível por causa da ajuda americana – outro motivo, talvez, para ele abaixar o tom de sua retórica antiamericana nessa época.[18]

O discurso de De Gaulle pela televisão anunciando a decisão de manter a paridade do franco terminou com uma nota característica: "O que está acontecendo com a nossa moeda prova, mais uma vez, que a vida é combate, que o êxito requer esforço e que a salvação requer vitória."[19] Os argumentos pela desvalorização eram técnicos – e tratava-se sem dúvida de uma medida necessária impossível de ser adiada indefinidamente –, mas De Gaulle transformara o assunto num teste de liderança.[20] Foi uma reação típica da sua parte, mas também uma tentativa de dissipar um mal-estar que se infiltrava na política francesa desde a colossal vitória gaullista de junho.

As eleições tinham ocorrido num estado de pânico social e reação conservadora. Muitos dos recém-eleitos *députés* gaullistas viam Pompidou como o homem que salvara a situação. Embora De Gaulle constantemente retornasse, em conversas particulares, à ideia de que Pompidou tinha sido muito "mole" em 1968, ele divergia de Pompidou no fato de levar maio de 1968 a sério – ou pelo menos de acreditar que justificara o que ele vinha dizendo havia muito tempo sobre a necessidade de reformas sociais. Depois das eleições, ele comentou: "É um Parlamento PSF [referência à liga direitista dos anos 1930] que farei adotar uma política PSU [o PSU era um pequeno partido socialista independente que encarnava muitas das ideias de 1968]."[21] A análise continha alguma verdade. Havia muito murmúrio no Parlamento contra as reformas propostas pelo novo ministro da Educação, Edgar Faure, de dar mais autonomia e autogoverno às universidades. O próprio De Gaulle se sentia pouco à vontade com o radicalismo das propostas de Faure, que a seu ver enfraqueciam o princípio da autoridade na universidade.[22] Mas não atrapalhava Faure. Havia descontentamento também no Parlamento com a intensificação da política anti-israelense de De Gaulle. No Natal, em retaliação a incursões guerrilheiras feitas a partir de território libanês, os israelenses tinham lançado um ataque contra o aeroporto de Beirute. De Gaulle anunciou um embargo total à venda de aeronaves militares para Israel. Isso chocou até gaullistas fiéis como Debré.

Couve de Murville, caricatura do funcionário público apagado, não tinha habilidade política para acalmar a *fronde* das fileiras gaullistas no Parlamento. Seu rei no exílio era Pompidou, que foi ruidosamente aplaudido quando fez sua primeira aparição na Câmara em junho. Os acontecimentos de maio tinham não só aprofundado a distância entre De Gaulle e Pompidou, mas também cristalizado o surgimento de um "pompidolismo" como uma sensibilidade política distinta. Isso se refletia numa divergência entre o próprio apelo eleitoral de De Gaulle e o do partido gaullista. Nas eleições presidenciais de 1965, De Gaulle se saíra bem entre eleitores conservadores tradicionais, como as mulheres e os idosos, mas conseguira apoio significativo também na classe operária; não se saíra tão bem entre os camponeses e os profissionais liberais. Nas eleições parlamentares de 1967, o apoio gaullista foi socialmente mais estreito do que o apoio a De Gaulle dois anos antes: mais bem-sucedido com os profissionais liberais e empresários, menos bem-sucedido com os operários. A esmagadora vitória gaullista de 1968 foi alcançada com um voto que divergia ainda mais significativamente da composição social do próprio eleitorado de De Gaulle em 1965.

O ruidoso psicodrama entre Pompidou e De Gaulle deu uma estranha guinada no outono de 1968. Em 1º de outubro, o corpo de Stevan Marković, antigo guarda-costas do ator de cinema Alain Delon, foi encontrado num depósito de lixo nos arredores de Paris. O assassino nunca foi identificado, mas a investigação policial revelou que Marković tinha o hábito de tirar fotografias escondido das festas oferecidas por Delon, possivelmente com a intenção de chantagear as pessoas fotografadas. Uma das celebridades que teriam frequentado essas festas, segundo rumores, era Claude, mulher de Pompidou. Logo que soube disso, De Gaulle instruiu Couve a contar a Pompidou. Couve fez corpo mole, e Pompidou acabou sabendo por outras fontes. Ficou arrasado, porque membros do governo tinham ouvido esses boatos caluniosos dias antes e não lhe contaram nada. Ninguém se incomodou mais com a situação do que Foccart, que tentava continuar amigo íntimo tanto de De Gaulle como de Pompidou. Pelo relato de Foccart, parece que Couve gostou de ver seu antecessor (e possível futuro rival) em apuros.

A opinião de De Gaulle era que os Pompidous, apesar de não serem culpados de má conduta, haviam sido imprudentes. Eles adoravam se misturar com figuras da elite social parisiense – a mundos de distância do austero estilo de vida dos De Gaulles. De Gaulle comentou com Foccart:

> Ela [Claude Pompidou] é uma pateta [*bécasse*]. Perde a cabeça por artistas que vê, mas não faz ideia da vida que levam. Essa gente é sempre perigosa porque há uma corte de tipos duvidosos à sua volta. É fácil ser atraído para um mundo de recepções oferecidas por artistas. E então coisas pouco respeitáveis acontecem, pessoas tiram fotos.[23]

De Gaulle concordou em ver Pompidou, que saiu do encontro mais ou menos tranquilo quanto à atitude do presidente – apesar de escrever depois que, "ao se despedir de mim, o general não parecia muito satisfeito com o próprio comportamento".[24] Em outro encontro poucas semanas depois, Pompidou chegou com uma pasta de documentos para desmentir as alegações contra ele. De Gaulle o consolou dizendo que o destino do estadista era ser aviltado; Pompidou disse que isso estava acontecendo com sua mulher, não com ele.

Com o passar das semanas, Pompidou ficou mais obcecado pelo Caso Marković. Foccart, buscando atuar como mediador, constatava, assustado, que suas tentativas de reaproximação pareciam piorar as coisas. Quando decidia quem convidar para as caçadas de dezembro em Rambouillet, De Gaulle apagou o nome de Pompidou de sua lista: "Ele já foi uma vez. É suficiente." Foccart anotou: "Digo que isto me doeu e me deixou preocupado com o futuro."[25] Dizia-se que Pompidou mantinha um pequeno caderno com os nomes daqueles que o haviam traído.

O afastamento psicológico causado pelo Caso Marković tornou Pompidou mais arrojado politicamente. Durante uma visita a Roma em 17 de janeiro de 1969, ele fez um comentário extemporâneo a um jornalista confirmando que seria candidato numa futura eleição presidencial. Embora Pompidou tentasse fingir que tinha sido apanhado de surpresa, De Gaulle ficou furioso. E deu vazão à sua raiva com Foccart:

Ele cometeu uma gafe. ... Deveria ter respondido que o assunto não estava em discussão ... Se o entrevistador insistisse, diria então: "Ninguém sucede ao general De Gaulle. Claro que depois de De Gaulle haverá eleições para a Presidência da República, mas ninguém sucede a De Gaulle: alguém será eleito presidente da República depois de De Gaulle."[26]

De Gaulle foi um pouco além, fazendo o Conselho de Ministros divulgar um comunicado para dizer que ele, De Gaulle, pretendia cumprir o mandato até o fim. Isso estimulou Pompidou a repetir o ato de *lèse-majesté* mais solenemente durante uma visita a Genebra em 13 de fevereiro de 1969, quando disse que um dia esperava ter um "destino nacional". O gaullismo parecia desintegrar-se numa guerra de baronatos feudais. Não era o clima ideal para De Gaulle lançar o seu esperado referendo: os gaullistas que se sentissem tentados a votar "não" poderiam fazê-lo na certeza de que havia um candidato gaullista aguardando nos bastidores.

Referendo

Depois que De Gaulle perdeu o referendo e deixou o cargo, Malraux lhe perguntou: "Por que o senhor renunciou a propósito de uma questão tão pouco importante como reforma regional?" "Pelo absurdo disso", foi a resposta de De Gaulle. Não há como saber se ele realmente o disse, levando em conta as relações especiais de Malraux com a verdade histórica. Mas isso reforça a ideia comum de que De Gaulle aproveitou o referendo como um elegante pretexto para deixar o poder. Nada poderia estar mais longe da verdade. De início, o general acreditava no referendo e esperava ganhar. A seus olhos, o objetivo do referendo era em parte psicológico. Ele precisava, como disse a Fouchet, "sentir que a nação estava comigo".[27] Mas seria um equívoco achar que o referendo era só um pretexto para recriar o vínculo místico entre o líder e seu povo. De Gaulle estava genuinamente convencido de que era sua missão introduzir a participação na sociedade francesa, embora sua maneira de exercer a autoridade fosse a antítese da participação.

O problema da participação era que, como a grandeza, seu conteúdo era vago. Mais uma atitude do que uma política, ela era essencialmente o que

De Gaulle queria que fosse a qualquer momento. Na entrevista concedida a Michel Droit durante a campanha eleitoral ele tinha voltado, repetidamente, ao seu tema favorito da civilização industrial, e da necessidade de os operários "participarem". Mas as relações industriais não estavam no rol dos assuntos que pudessem, de acordo com a Constituição, ser cobertos por referendos. De Gaulle, portanto, propôs duas outras reformas que o preocupavam. A primeira era a reestruturação do Senado, sobre a qual falara pela primeira vez no discurso de Bayeux em 1946. A ideia era que, em vez de ser uma segunda câmara legislativa, essencialmente formada por notáveis e distintos ex-parlamentares, o Senado se tornasse um órgão consultivo representativo de forças econômicas e sociais. Essa ideia tinha suas raízes no pensamento corporativista muito em voga na Europa do entreguerras. Mas estava também em sintonia com o pensamento de sociólogos e economistas progressistas dos anos 1960, que desejavam que as decisões sobre política econômica fossem tomadas de forma mais consensual e menos estatista – segundo o modelo do "planejamento indicativo" do Comissariado de Planejamento da França.

De Gaulle tinha pretendido introduzir uma reforma desse tipo na Constituição de 1958, mas fora dissuadido por Debré e outros. Em várias ocasiões depois da eleição de 1965, quando tentava revigorar suas políticas internas, tinha aventado a possibilidade de um referendo sobre o assunto.[28] De Gaulle também chegou a pensar, por algum tempo, em reforma regional. Num discurso de março de 1968 – antes dos acontecimentos de maio –, tinha declarado que "o esforço multissecular de centralização de há muito necessário para que a França realize e mantenha sua unidade ... deixou de ser uma necessidade".[29] Durante os acontecimentos de maio de 1968, seus conselheiros do Eliseu propuseram que esses dois conjuntos de reformas fossem reunidos e empacotados sob a rubrica geral de participação.[30] Mas isso criou um projeto de lei incoerente e confuso, que não satisfez ninguém – e que tinha pouco a ver com participação como De Gaulle a definira. E a verdade era que, embora a reforma proposta previsse a criação de assembleias regionais com poderes de investimento econômico e infraestrutura, isso não aliviava o controle do Estado sobre as fontes financeiras regionais. Essa reforma era insuficiente para aqueles que queriam uma regionalização genuína, e a reforma do Senado era excessiva para os interesses constituídos dos senadores.

Em 18 de fevereiro de 1969, o governo anunciou que o referendo seria realizado em 24 de abril. Quase de imediato, De Gaulle teve – ou alegava ter tido – dúvidas sobre se tomara a decisão correta. Ele disse a Foccart dois dias depois: "Os franceses só agem quando estão com medo; ou só ficam animados quando precisam defender alguma coisa. Mas a regionalização não significa nada para eles; quanto ao Senado, não poderiam estar menos interessados."[31] Três dias depois, ele queria que o referendo fosse adiado. Foccart, que nunca tivera grande entusiasmo pela ideia, achava tarde demais para recuar:

De G: É uma armadilha e não devo cair nela.

Foccart: General, teria sido melhor não preparar a armadilha, mas agora ela está preparada ...

De G: Isso não é razão para pular dentro dela e ser apanhado.[32]

"Barões" gaullistas reunidos para um almoço em 26 de fevereiro ficaram horrorizados com a ideia de recuar, ainda que nenhum deles acreditasse no referendo. Chaban-Delmas, ex-jogador da seleção de rúgbi, fez uma analogia:

Se recuarmos, será o fim do gaullismo. O gaullismo significa ser firme nas posições tomadas. O velho pai De Gaulle quis essa "coisa" e agora não pode desistir... Seria como uma partida de rúgbi em que os espectadores (os eleitores) já estivessem nas arquibancadas; entramos em campo com a bola debaixo do braço, e de repente nos perguntam: "Afinal, vamos jogar mesmo?"[33]

Com De Gaulle, não dá para saber se as dúvidas que manifestou apenas dois dias depois de escolher a data do referendo eram genuínas ou só um dos truques que ele gostava de usar para pôr à prova seus assessores. Fosse qual fosse a verdade, depois de uma semana ele reconheceu que não poderia haver recuo: pularia dentro da armadilha. Logo as pesquisas de opinião começaram a indicar uma séria possibilidade de que De Gaulle perdesse. No começo de abril, ele já se resignara a essa eventualidade, e decidira usar a oportunidade como uma saída elegante. Com o relógio andando, ele cumpriu as rotinas de presidente por mais um mês.

Contagem regressiva

Nos dias 1º e 2 de março, De Gaulle recebeu Richard Nixon, recém-eleito presidente dos Estados Unidos. Esse encontro dificilmente poderia ter sido mais cordial, e foi ajudado pela melhora das relações franco-americanas depois da invasão soviética de Praga, mas Nixon sempre fora admirador de De Gaulle como supremo expoente da *Realpolitik*. Ele assimilava os conselhos de De Gaulle quase como o discípulo recebendo a sabedoria do mestre. A análise do presidente francês sobre a situação mundial era familiar, mas proferida num tom de despedida:

> Em Londres, Bruxelas, Bonn, Berlim e Roma o senhor verá que não existe Europa. Talvez venha a existir um dia, mas não existe hoje. Há países europeus, mais ou menos destruídos pela guerra, dois dos quais foram derrotados e dois foram vitoriosos com os senhores, mas sofrendo muita perda e destruição: a Grã-Bretanha e a França. Há também países pequenos como a Bélgica e a Holanda, que são respeitáveis, mas que não têm muito peso. Quanto a Inglaterra, França, Alemanha e Itália, são países bem diferentes; sempre foram diferentes, e hoje mais que nunca – pela língua, pelas tradições seculares. O Reino Unido é feito para o negócio e se abre para o oceano; a França e a Alemanha são países continentais, também abertos para o mar, mas não de forma tão orgânica como a Grã-Bretanha. ... A situação da Alemanha é muito especial: está dividida em duas e é observada com desconfiança pela Rússia e seus satélites, especialmente a Polônia. Ficou enfraquecida, não no âmbito econômico, mas político. Não é mais um país independente. Na realidade, quer viver sob a proteção dos senhores, sem a qual não poderia sobreviver ... A Inglaterra poderia ter passado sem a proteção dos senhores, mas no domínio político, monetário e econômico, desde Churchill, tem preferido seguir a política dos senhores, da qual espera colher benefícios. Escolheu, deliberadamente, colocar-se sob a direção geral dos senhores.

A respeito do Vietnã, ele aconselhou Nixon a retirar-se o mais rápido possível:

> Se falo francamente com o senhor é porque me vi em situação parecida [na Argélia] – talvez até na mesma, porque nenhuma situação é idêntica a outra.

> Tive que tomar uma decisão extremamente cruel que acabou sendo a melhor ... Havia lá 1 milhão de franceses ... A situação dos senhores não é a mesma: não há 1 milhão de americanos no Vietnã, que não fica ali do lado [dos Estados Unidos]; estivemos na Argélia 130 anos e administrávamos diretamente o país; não é o caso dos senhores no Vietnã. E o seu país é tão forte que resolver essa situação local não lhes trará grandes problemas. ... Os senhores precisam sair de uma situação que não lhes traz nenhuma vantagem, que é terrível e para a qual não existe saída. Ter as mãos livres depois disso os deixará numa boa posição diante da União Soviética, para que vejam o que pode ser feito para melhorar as relações e a cooperação... Naturalmente, os comunistas e o sistema comunista não serão destruídos no Vietnã. Mas talvez o sistema comunista saia ganhando perante o mundo ao associar-se à defesa da independência dos povos.[34]

Em sua visita, Nixon estava acompanhado do principal assessor em política externa, Henry Kissinger, que teve sua primeira e única oportunidade de encontrar-se com o homem sobre o qual escrevera com grande perspicácia quando ainda era estudante:

> Um tanto deslumbrado, aproximei-me da imponente figura. Quando me viu, ele despachou o grupo que o cercava e, sem uma palavra de saudação ... me recebeu com esta indagação: "Por que não saem do Vietnã?" Respondi com alguma timidez que uma retirada unilateral prejudicaria a credibilidade americana. De Gaulle não se convenceu, e perguntou onde essa perda de credibilidade ocorreria. Quando mencionei o Oriente Médio, seu distanciamento transformou-se em melancolia e ele comentou: "Que estranho. Achei que fosse exatamente no Oriente Médio que seus inimigos tivessem o problema de credibilidade."

No dia seguinte, depois que De Gaulle resumiu sua visão da Europa para Nixon, Kissinger perguntou como ele impediria que a Alemanha dominasse a Europa que acabara de descrever. Sua resposta foi: *"Par la guerre."*[35]

Em 13 de março, De Gaulle recebeu o chanceler alemão Kiesinger. Essa conversa foi mais amistosa do que o irascível encontro anterior. Os dois homens discutiram o importante projeto aeronáutico conjunto para produzir o Airbus, em gestação desde 1960 entre os britânicos e os franceses, e ao qual se juntaram os alemães em 1967. Devido aos custos cada vez mais altos, os britânicos saíram em 1968, mas os franceses e os alemães resolveram continuar. Esse encontro permitiu a De Gaulle fazer certos comentários sobre a perfídia dos britânicos; e ambos concordaram que a Europa não deveria ser "um prato único no qual se misturam todos os ingredientes".[36]

Como sempre, as questões africanas tomaram grande parte do tempo de De Gaulle nas semanas anteriores ao referendo. Houve problemas com o presidente Bokassa, cujo comportamento era cada vez mais errático; além disso, a França tinha sido obrigada a enviar tropas ao Chade para escorar o governo do presidente Tombalbaye. Os secessionistas biafrenses estavam ficando cercados, mas Foccart e De Gaulle consolavam-se com a ideia de que a vitória poderia demorar dez anos. Eles achavam que os britânicos eram o verdadeiro problema. De Gaulle comentou: "É sempre assim com eles. Tem sido assim há mil anos."[37] O último chefe de Estado a ser recebido por De Gaulle foi o presidente Mobutu, em 27 de março. De Gaulle tinha alimentado esperanças para a França no Congo Belga, mas essas esperanças já não pareciam viáveis. Ele ficou impressionado com Mobutu, mas disse a Foccart não ter ficado convencido quando Mobutu negou que estivesse "sob controle total dos americanos".[38]

Em 17 de março houve uma última e pouco convincente tentativa de reconciliar-se com Pompidou, que foi convidado para um jantar privado no Eliseu. Mas Foccart, que deveria estar presente, teve uma gripe e não foi; Debré, também gripado, compareceu. De Gaulle informou a Foccart depois: "Madame Pompidou parece muito doente. Foi muito afetada por essas histórias sórdidas. Ele estava em boa forma, mas tenso ... Não foi muito bom." Da sua parte, Pompidou relata que a noite foi "pesada", sem uma "palavra dita de coração"; Debré achou a ocasião "sinistra", pontuada por longos silêncios e uma morna tentativa de De Gaulle de convencer Pompidou a voltar a fazer declarações públicas dizendo-se pronto para apresentar-se como futuro candidato gaullista.[39]

De Gaulle submeteu-se, sem grande entusiasmo, ao ritual de defender o referendo numa última entrevista televisiva com Michel Droit em 10 de abril. Acabou sendo explícito sobre sua intenção de deixar o cargo se o resultado fosse negativo. Mas, como já foi dito, o argumento "eu ou o caos" era menos convincente com Pompidou já se preparando nos bastidores. Pompidou também se submeteu ao ritual de defender publicamente o referendo para se proteger de acusações de ter sabotado as chances de De Gaulle. Em 14 de abril, Giscard d'Estaing anunciou que votaria "não".

De Gaulle já planejava suas ações para imediatamente depois do referendo. Ouviria os resultados em Colombey, na noite de domingo, e, se o resultado fosse o esperado, sua intenção era não voltar a pôr os pés no Eliseu. Ele disse a Foccart: "Não é um jeito ruim de sair. Se os franceses não querem me ouvir, tudo bem, eu saio, e depois as pessoas verão que eu estava certo."[40] Ninguém aguardava com mais fervor a saída de De Gaulle do que Yvonne – e não pela razão geral de que havia tempos sonhava em ser libertada do Eliseu, mas pela razão muito particular de não ter que receber Gaston Palewski, o presidente do Conselho Constitucional, em companhia de sua nova mulher. Na carreira de Palewski, na qual o esnobismo social combinava-se com a promiscuidade sexual, o primeiro elemento finalmente vencera quando, em março de 1969, aos 68 anos, ele se casou com Violette de Talleyrand-Périgord, duquesa de Sagan. Yvonne de Gaulle, que sempre reprovara a carreira de Palewski como *coureur de femmes,* não estava nada satisfeita por ser obrigada a dar sua bênção a uma união que ela e o marido consideravam absurda.[41] Uma semana antes do referendo, De Gaulle ordenou à sua equipe no Eliseu que começasse a preparar a retirada dos seus arquivos. Foccart tinha pavor de que isso chegasse ao conhecimento público, porque seria um golpe derradeiro em qualquer perspectiva de vitória. Na sexta-feira, 25 de abril, De Gaulle fez seu último discurso pela televisão, reiterando que deixaria o cargo se a maioria votasse "não". Naquela noite, partiu para Colombey na certeza de que jamais voltaria.

Na manhã de domingo, 27 de abril, De Gaulle mandou rezar a missa no salão de La Boisserie, para evitar as multidões de curiosos na igreja. Saiu para votar à tarde. No fim da noite já se sabia que o "não" obtivera 52,4%. À meia-noite, o Eliseu divulgou um comunicado que De Gaulle redigira dias antes: "Estou deixando de exercer as funções de presidente da República. Esta decisão entra em vigor à meia-noite." Foi sua última declaração pública.

Polir a lenda

A primeira pessoa a visitar La Boisserie na manhã seguinte foi o cunhado de De Gaulle, Jacques Vendroux. Encontrou-o sentado à mesa, jogando paciência, enquanto madame De Gaulle tricotava ao seu lado. Pela primeira vez na vida, De Gaulle abraçou Vendroux; e Vendroux, pela primeira vez em cinquenta anos, abraçou a irmã. "Somos uma família que não abraça", disse ele a Foccart dois dias depois.[42] Pompidou, que anunciou sua candidatura imediatamente, enviou a De Gaulle uma carta cuidadosa pedindo sua bênção. De Gaulle deu essa bênção numa resposta de 28 de abril: "É completamente natural, e normal, que você se candidate." Mas havia também uma censura e uma ameaça: "Teria sido melhor que você não tivesse anunciado várias semanas antes, o que custou votos para o 'sim', e lhe custará alguns votos, e, principalmente, poderá lhe trazer problemas se for eleito." Ele desejava que a troca de cartas continuasse secreta, e terminou afirmando que "nem é preciso dizer" que não tomaria parte na campanha.[43] Era o melhor que Pompidou poderia esperar; certamente poderia ter sido pior.

De Gaulle levou ao extremo sua promessa de não interferir, deixando a França e só voltando depois da campanha. No mais absoluto sigilo, em 10 de maio ele e a mulher tomaram um avião para a Irlanda, onde nunca tinham estado.[44] Ele vinha planejando essa viagem desde bem antes do referendo. Por que a Irlanda? Talvez houvesse um elemento de curiosidade sobre a família, pois De Gaulle tinha antepassados irlandeses por parte de sua bisavó. Talvez fosse a atração de visitar esse histórico inimigo da Grã-Bretanha. Mas o que ele procurava acima de tudo era isolamento e distância. Um dos seus assessores, despachado para encontrar um lugar conveniente, disse ao embaixador da França em Dublin que De Gaulle queria um local "ermo e longe de moradias, com acesso tão fácil a uma praia deserta quanto possível. Melhor ainda se ficasse perto de uma floresta onde se possam fazer caminhadas."[45] A localidade escolhida, em Kenmare, na costa oeste da Irlanda, atendia perfeitamente às especificações. O casal instalou-se no modesto hotel de Heron's Cove, perto da aldeia de Sneem. Foi impossível guardar segredo sobre a presença de De Gaulle, e em várias ocasiões fotógrafos conseguiram driblar a vigilância da polícia, que tentava protegê-lo de olhares curiosos. Na ventosa praia de Derrynane, fotógrafos tiraram fotos que ficaram famosas de De Gaulle em seu imenso sobretudo, andando a passos largos acompanhado apenas da mulher, do ajudante Flohic e do chofer. O general lamentou a intrusão, mas essas célebres fotos acrescentaram mais um toque ao mito – oferecendo ao mundo a imagem de De Gaulle como uma espécie de Lear exilado pela ingratidão do seu reino.

O embaixador francês na Irlanda, Emmanuel d'Harcourt, era um veterano da França Livre. Anteriormente não tivera contato muito estreito com De Gaulle, mas esteve com ele várias vezes durante a visita. As notas que escrevia depois de cada encontro dão ideia dos humores caracteristicamente oscilantes do general. Ao receber De Gaulle na chegada, Harcourt o achou deprimido e amargo, ruminando interminavelmente sobre a derrota no referendo. Nas duas semanas que passaram no Heron's Cove, os De Gaulles visitaram a Derrynane House, onde Daniel O'Connell nascera e onde De Gaulle deixou todo mundo boquiaberto com os seus conhecimentos sobre a vida do líder nacionalista irlandês. Sua avó materna tinha escrito uma biografia sobre ele, e De Gaulle rabiscara num caderno em 1920 que "esse homem foi, em si, todo um povo".[46] De Gaulle e a mulher assistiam à missa na igreja de Sneem e faziam passeios de carro, mas quase sempre ficavam no vasto terreno do hotel. De Gaulle tinha levado exemplares das *Memoires d'outre-tombe*, de Chateaubriand, e do *Le mémorial de Sainte-Hélène*, de Las Cases, como inspiração para escrever seu novo volume de memórias, no qual começou a trabalhar imediatamente.

O efeito tonificante do clima, o cenário ermo e acima de tudo o fato de que voltava a ser um homem ativo escrevendo suas *Memórias* foram revigorantes. A melancolia de De Gaulle começou a dissipar-se. Quando Harcourt voltou a vê-lo, em 23 de maio, depois que ele se mudou para outra localidade na costa oeste, Cashel Bay, em Connemara, achou-o "muito melhor" do que no primeiro encontro, "relaxado, menos triste, menos obcecado". De Gaulle estava de humor expansivo, monologando como sempre gostara de fazer: "O arrependimento da minha vida é não ter construído uma Monarquia, é não ter havido membro da casa real para isso. Na realidade, fui um monarca durante dez anos." Confiante, ele sugeriu que o Mercado Comum não era a maneira adequada de construir uma Europa real: "Para fazer a Europa precisa-se de um federalista, como Carlos Magno, ou como Napoleão e Hitler tentaram ser. E depois disso precisa-se, provavelmente, de uma guerra contra alguém para forjar os diferentes elementos. Se a França tivesse tido 100 milhões de habitantes, talvez pudesse ter desempenhado essa função." Essa conjectura alarmante foi seguida por algumas farpas contra o "fantasista [*fumiste*]" Monnet e o "boche" Robert Schuman, cuja abordagem da Europa ele lamentava. Harcourt, que não estava acostumado com as provocações de De Gaulle, não sabia bem como interpretar tudo aquilo: "Afável, supremamente à vontade. ... Cortesia de outras eras, ao mesmo tempo que recorre a palavras rudes. O homem é impenetrável."[47] Finalmente, os De Gaulles se mudaram uma terceira vez, para uma propriedade particular no condado de Kerry. Harcourt achava o estado de espírito de De Gaulle cada vez melhor, com muitos gracejos contra os ingleses: "Desde Luís XV nós somos contra eles no mundo inteiro. ... Se eu tivesse permanecido no cargo, ajudaria os valões, os jurassianos, os genebrinos, os valdenses."[48] Harcourt fez De Gaulle falar mais genericamente sobre a história francesa. Certa ocasião, tiveram uma conversa sobre Luís XIV, cujos métodos de governo Harcourt se atreveu a criticar. De Gaulle discordou: "Foi com esses métodos de governo que ele lançou os alicerces da França moderna, conquistou o respeito do resto do mundo, uma forte estrutura interna, grandeza." Harcourt insistiu, lembrando que no fim Luís tinha criado um vazio em torno de si. De Gaulle respondeu: "A sucessão era problema de Luís XV, não dele."[49] Nisso havia, sem dúvida alguma, um subtexto contemporâneo.

Em 15 de junho, Pompidou foi eleito presidente da República. De Gaulle deu-lhe parabéns num bilhete de uma linha, mas em particular manifestou a opinião de que a França tinha escolhido a rota da "mediocridade". Qualquer opção que não fosse De Gaulle era por definição uma opção pela mediocridade. Como escreveu para a irmã: "Os franceses de hoje ainda não se tornaram um povo suficientemente grande, em sua maioria, para ser capaz de sustentar a afirmação da França que pratiquei em nome deles por trinta anos."[50]

Antes de voltar para a França, De Gaulle visitou Dublin na etapa oficial de sua viagem irlandesa. Foi recebido pelo presidente Eamon de Valera, de 85 anos e praticamente cego. De Gaulle começou dizendo algumas palavras em inglês, e em seguida deixou seu interlocutor desconcertado ao perguntar: "E agora, M. le Président, eu gostaria que o senhor me explicasse a Irlanda."[51] No dia seguinte – a simbólica data de 18 de junho –, depois que De Gaulle recebeu membros do seu clã ancestral MacCartan, Harcourt lhe ofereceu um almoço na embaixada francesa. Antes de sair, De Gaulle assinou o livro de visitas com três máximas. A primeira era um verso de *A canção de Rolando*: "*Moult a appris qui bien conut ahan* [Quem muito sofre muito aprende]." A segunda era de Nietzsche: "Nada tem valor, nada acontece, e no entanto tudo acontece, mas isso me é indiferente." A terceira era de santo Agostinho: "Você, que me conheceu neste livro, reze por mim." No dia seguinte, De Gaulle participou de um almoço em sua homenagem oferecido pelo primeiro-ministro irlandês, Jack Lynch. Ao fazer o brinde no fim, o general ergueu a taça à "Irlanda inteira [*Irlande tout entière*]". Não era tão provocador quanto brindar à "Irlanda unida", mas o suficiente para que as palavras fossem apagadas do registro do acontecimento.

Se De Gaulle deixou para sair da Irlanda alguns dias depois da eleição de Pompidou, foi para não estar na França no 18 de Junho. Tendo jurado nunca mais se achar em solo francês nesse aniversário, suas ações foram finamente calculadas para polir sua lenda e causar o máximo desconforto a seus sucessores. Ele seria o fantasma ausente – mais desconcertantemente presente com sua ausência do que com sua presença. Isso causou alguns problemas de protocolo, uma vez que as cerimônias em Mont-Valérien eram oficialmente organizadas pela Ordem da Libertação, da qual De Gaulle era o primeiro e único grão-mestre. A cada ano, só ele tinha entrado na cripta. O chanceler da Ordem da Libertação – a posição número dois – era Hettier de Boislambert, um dos primeiros a se juntar a De Gaulle em 1940. De Gaulle disse a ele que a cerimônia deveria ser realizada apesar da sua ausência. A situação em 1969 era complicada, porque Pompidou era apenas presidente eleito e, portanto, ainda um cidadão comum. O presidente interino *ex officio* era Alain Poher, presidente do Senado. De Gaulle deixou claro que não queria que Poher estivesse presente. Boislambert temia que ele tentasse fazê-lo, e colocou a polícia a postos para dar informações falsas caso o carro presidencial fosse localizado na estrada.

Em 18 de junho do ano seguinte, Pompidou estava no poder, criando difíceis questões de protocolo com relação ao papel que deveria desempenhar na cerimônia. Mas o presidente acabou optando por uma presença tão discreta quanto possível. Foi a Mont-Valérien, mas não entrou na cripta com Boislambert, dizendo-lhe: "De Gaulle é o único grão-mestre da Ordem. Eu sou apenas M. Pompidou."[52] Para esse segundo 18 de Junho após a renúncia, De Gaulle tinha preferido visitar a Espanha, onde queria encontrar-se com o general Franco. A visita começou em 3 de junho, na Galícia, porque sua mulher queria ir a Compostela. Em 8 de junho, eles foram a Madri, onde um Franco já meio senil recebeu De Gaulle por uma hora em sua residência particular. À tarde houve uma visita ao Prado, que De Gaulle resolveu em meia hora: "Só os Goyas e os Velázquez", determinou. "Isso bastará." Os De Gaulles passaram o resto das férias em dois albergues da Andaluzia, onde, além de visitar algumas atrações locais, De Gaulle passou a maior parte do tempo trabalhando nas *Memórias*. Sua decisão de apresentar saudações a Franco chocou Mauriac e Malraux, que haviam se dedicado à defesa da República espanhola nos anos 1930. Isso mostrava como, em certa medida, eles tinham pouca compreensão de De Gaulle. Sempre inteiramente agnóstico quanto à natureza do regime político de um país, ele jamais se interessara, de uma forma ou de outra, pelo destino da República espanhola, a não ser naquilo em que ele poderia afetar a França. O que ele dissera a Ceauşescu sobre sua indiferença quanto à natureza do regime romeno em 1968 aplicava-se da mesma forma à Espanha de Franco – bem como à China de Mao, que ele planejava visitar em junho de 1971. Mao foi um dos poucos titãs do século XX com quem nunca se encontrou.

Afora essas viagens ao exterior, De Gaulle passava todo o tempo em Colombey. Ele e a mulher levavam uma vida igual à de qualquer casal aposentado. De Gaulle costumava ver televisão à noite, com predileção por filmes de ficção científica. Também gostava de assistir a competições esportivas que envolvessem qualquer time francês, mas Yvonne de Gaulle só o chamava para ver quando a França estava vencendo, pois do contrário temia os efeitos sobre a saúde do marido. Eles fizeram algumas viagens inteiramente privadas – uma visita ao túmulo dos pais dele perto de Le Havre, outra aos sítios das batalhas de Verdun em 11 de novembro. Mas De Gaulle sempre fazia questão de ficar longe dos olhares públicos. Durante a visita a Verdun, evitaram comer num restaurante, preferindo um piquenique à beira da estrada, como costumavam fazer anos antes, na época do RPF. De Gaulle nunca mais voltou a pôr os pés em Paris, à exceção de uma visita que fez, incógnito, para a primeira comunhão da neta Anne.

A família era o centro da vida de De Gaulle em Colombey. Seu livresco neto Yves (nascido em 1951) lembrou-se de longas discussões sobre literatura durante as férias de verão de 1970. Essas conversas revelavam o alcance – e o surpreendente ecletismo – da cultura literária de De Gaulle. Embora não fosse nenhum fã de Zola, ele recomendou a Yves que lesse alguns dos seus romances menos conhecidos – *L'argent*, *L'oeuvre*, *O crime do padre Mouret* –, e também uma obra menos famosa de Hugo, *Os trabalhadores do mar*. Os dois escritores hoje tidos como os maiores romancistas do século XX, Proust e Céline, jamais apareceram nas conversas. Proust, como já vimos, não era um autor que interessasse a De Gaulle (se é que o leu); Céline não era mencionado talvez mais por causa do estilo do que por seu envolvimento com a colaboração durante a guerra, uma vez que De Gaulle manifestou ao neto sua admiração pelos escritos de Robert Brasillach, cuja condenação à morte ele se recusara a comutar em 1945, e de Paul Morand, célebre escritor dos anos do entreguerras que aderira a Vichy e se tornara visceral antigaullista depois de 1945. Entre os escritores não franceses, De Gaulle entoava loas a Joseph Roth, Stefan Zweig, Arthur Schnitzler e Ernst Jünger. Elogiava *O mestre e Margarida*, de Bulgákov, e o romance *Petersburgo*, de Andrei Bely, lançado em 1931, sobre o qual dizia ser um livro a respeito de uma cidade tão bom quanto *Ulisses* de Joyce e *Manhattan Transfer*, de Dos Passos. Uma conversa sobre *A montanha mágica*, de Thomas Mann, fez De Gaulle recordar um episódio que ficara reveladoramente gravado em sua memória: "Hans Castorp está desfrutando, deliciado, o silêncio da montanha quando é surpreendido por uma tempestade inesperada. Quase perde o fôlego, e suas certezas, o próprio sentido da sua existência, desaparecem. O tempo parece suspenso e dilatado – tudo isso descrito com um lirismo extraordinário –, e então ele se recupera, se mexe e escapa da morte."[53]

Além da família, De Gaulle recebia poucos visitantes – Couve de Murville, Tricot, Jeanneney, Messmer –, mas ninguém que tivesse cargo oficial sob Pompidou. Isso excluía visitas de ultragaullistas como Debré e Foccart, que continuaram servindo ao seu sucessor. O mantra constante de De Gaulle nessa época era que "nada do que *eles* [o governo Pompidou] *fazem* tem qualquer coisa a ver comigo". Das poucas visitas que recebeu, nenhuma deixou traço mais importante do que a de Malraux em 11 de dezembro de 1969, porque ela deu origem, depois da morte do general, à publicação de *Quando os robles se abatem*, pequena obra-prima de evocação de Malraux. Nesse livro – cujo título é uma alusão aos versos de Hugo sobre os robles, ou carvalhos, derrubados para a pira funerária de Hércules –, Malraux se propõe a fazer um relato de sua última conversa com De Gaulle. Apresenta-a como uma conversa entre o Príncipe e o Poeta – o que Voltaire poderia ter legado à posteridade se tivesse escrito sobre suas conversas com Frederico, o Grande, ou Diderot sobre suas conversas com Catarina, a Grande. *Quando os robles se abatem* parece um pastiche de Malraux escrito por Malraux. Os dois homens fazem reflexões elípticas e melancólicas sobre a História, a França e o Mundo, mas quase sempre é impossível descobrir quem está falando. As palavras que Malraux coloca na boca de De Gaulle às vezes soam como o próprio Malraux falando, e vice-versa. Se há "verdade" no registro, é apenas num sentido poético. Sua conversa de quarenta minutos não poderia ser longa o suficiente para preencher as 250 páginas do relato. A certa altura, Malraux faz De Gaulle olhar para as estrelas e refletir sobre a "insignificância das coisas" (frase usada nas *Memórias de guerra*), mas como Malraux saiu de Colombey mais ou menos às três da tarde, é improvável que qualquer dos dois tenha visto alguma estrela.

Apesar disso, o tom elegíaco do livro e seu meditativo senso de melancolia soam verdadeiros e encontram eco em outros relatos de encontros com De Gaulle depois da renúncia. Dia após dia ele saboreava o que Vendroux chama de "os amargos prazeres da ingratidão".[54] Começou sua conversa com Malraux dizendo: "Eu tinha um contrato com a França... esse contrato foi rompido. ... Os franceses já não têm qualquer ambição nacional. ... Eu os entretive com bandeiras." Depois, declarou: "Sou o herói de *O velho e o mar*; trouxe apenas um esqueleto."[55] Ruminações como essas se encontram em muitos outros momentos da carreira de De Gaulle – com a diferença de que neste caso o fim definitivamente chegara. Como ele havia se identificado tão totalmente com a França, rejeitar De Gaulle era rejeitar a França; e como a França era aquilo em que De Gaulle acreditava mais fundamentalmente, essa rejeição o lançou em desespero. Como disse sua mulher no dia em que ele morreu: "Vocês sabem que ele sofreu demais por dois anos."

O que impediu De Gaulle de sucumbir a uma depressão paralisante foi sua convicção de que ainda lhe faltava cumprir uma última missão: escrever o segundo conjunto de memórias cobrindo os anos da sua presidência. Ele via nisso o seu testamento político – como o de Richelieu –, que serviria de inspiração para futuras gerações. Disse a Michel Droit, que o visitou para conversar sobre questões de publicação: "Serei mais para a França do que se tivesse saído pela razão banal de meu período no cargo ter expirado."[56] A rapidez com que agora se dedicava à redação das *Memórias* e o fervor com que se desincumbia da tarefa eram os de um homem possuído.

De Gaulle tinha começado a escrever na Irlanda. Rapidamente decidiu sobre a arquitetura de toda a obra, cujo título deveria ser *Memórias de esperança*. Como tinha preferência pela divisão ternária clássica, haveria, como no caso das *Memórias de guerra*, três volumes. O primeiro, *Renovação* (maio de 1958-junho de 1962), o segundo, *O esforço* (julho de 1962-dezembro de 1965), e o terceiro, *O fim* (janeiro de 1966-abril de 1969). Sua esperança original era escrever um volume por ano, com o primeiro saindo no outono de 1970. Em carta para um sobrinho em janeiro de 1970, De Gaulle parecia visualizar um ritmo ligeiramente mais lento: "Deus precisa me conceder cinco anos para ir até o fim."[57] Ao mesmo tempo, ele trabalhava também numa edição em cinco volumes de seus discursos, que foi publicada com intervalos de um mês entre abril e setembro de 1970. Corrigindo as provas na primavera de 1970, ele exibia sua costumeira obsessão por detalhes. Tinha opiniões especialmente fortes sobre a posição da vírgula, sistematicamente recolocando no texto vírgulas que tinham sido corrigidas pelo revisor. Isso lhe roubava um precioso tempo que poderia ser dedicado à redação das *Memórias*.[58]

De Gaulle costumava escrever cinco horas por dia, das nove da manhã ao meio-dia e das quatro às seis da tarde.[59] Apesar da memória, que continuava extraordinária, ele recorria a um pequeno grupo de antigos assessores para obter a documentação necessária. O mais envolvido foi o diplomata Pierre-Louis Blanc, seu último assessor de imprensa no Eliseu e visitante regular em Colombey durante os últimos dezoito meses da vida de De Gaulle. Além dos já mencionados, a maioria dos hóspedes que De Gaulle aceitava receber estava ligada à redação das *Memórias*. Os demais, afora sua amada família, eram uma distração indesejável na sua corrida contra o tempo. O primeiro volume ficou pronto em maio de 1970. Na Espanha, De Gaulle já estava corrigindo as provas. Na véspera da publicação, Blanc passou o dia em Colombey, enquanto De Gaulle assinava trezentos exemplares. Cada dedicatória era cuidadosamente calibrada, para registrar pequenas nuances de estima ou reprovação – do mais caloroso "Como testemunho da minha amizade fiel", para os que jamais vacilaram em sua lealdade, ao mais curto "*En souvenir*", para aqueles que desistiram ao longo do caminho, como Mendès France.

De Gaulle, o organizador de espetáculos, tinha uma última carta na manga. Foi anunciado que o primeiro volume das *Memórias* sairia no fim de novembro, mas a verdadeira data era 7 de outubro. Essa fraude foi planejada como uma operação militar, com centenas de milhares de exemplares despachados em segredo para toda a França, a fim de que estivessem nas livrarias na manhã da publicação. O livro foi um imenso sucesso de público, mas a recepção crítica não foi tão entusiástica como a das *Memórias de guerra*.

Parte do problema era que os acontecimentos que De Gaulle relatava não tinham a mesma qualidade épica dos acontecimentos da guerra. Macmillan, Eisenhower e Khrushchev não despertavam a imaginação como Churchill, Roosevelt e Stálin. Mas a Guerra da Argélia não deixava de ter drama, e se o relato de De Gaulle sofre de certa insipidez, em comparação com os volumes anteriores, é porque ele conscientemente decidiu atenuar as reviravoltas – o golpe é descrito apenas como uma "melancólica conspiração" – para contar a história exemplar de uma França perspicaz e benevolente concedendo a independência em nome dos valores eternos que sempre inspiraram sua história.[60] Malraux se referiu à "simplificação romana dos acontecimentos" por De Gaulle – mas isso à custa de um afrouxamento da tensão dramática. Não sabemos como De Gaulle teria tratado os acontecimentos posteriores a 1962, porque ele completou apenas mais dois capítulos do segundo volume, que, tentadoramente, deveria terminar com um diálogo entre De Gaulle e figuras importantes da história francesa, de Joana d'Arc a Napoleão – mas não existe rascunho disso.

Embora a recepção crítica do primeiro volume tenha sido morna, De Gaulle, que sempre fingia desprezar a coalizão de "convenções de partido e escrevinhadores" que, na sua opinião, sempre haviam feito oposição a ele, dava mais importância ao fato de que, como as imensas vendas demonstravam, ele não tinha sido esquecido. Dois dias depois da publicação, quando Blanc chegou a Colombey para trabalhar no próximo volume, ouviu um som que de início não conseguiu identificar, porque nunca o tinha ouvido: De Gaulle assobiando baixinho, de satisfação.[61]

A vida em Colombey continuava em sua trajetória de tranquilidade. De Gaulle, como muita gente da sua idade, vivia cercado tanto pelos mortos como pelos vivos. Em dezembro de 1969, Georges Catroux, que De Gaulle tinha conhecido quando ambos eram prisioneiros de guerra e que fora membro importante da França Livre, cujo estilo complementava o do próprio De Gaulle, morreu, aos 92 anos. Um choque ainda maior foi a morte, em setembro de 1970, de François Mauriac, o escritor francês do século XX que De Gaulle mais admirava. Embora Mauriac fosse ridicularizado por sua devoção quase religiosa a De Gaulle depois de 1958, as relações entre eles tinham sido mais desiguais do que as relações entre De Gaulle e Malraux. Mauriac se opusera ao RPF, e, embora De Gaulle em geral não se ressentisse disso, no caso de Mauriac isso significava uma independência de espírito que lhe mostrava que não podia contar 100% com ele. Mauriac jamais foi convidado para ir a Colombey, e costumava dizer, ironicamente, que só era convidado ao Eliseu para recepções com arcebispos e cardeais. Nenhuma das reticências da parte de De Gaulle era visível na nobre carta que redigiu para a viúva de Mauriac. Se ele ao menos tivesse dito aquelas palavras sobre Mauriac quando o escritor ainda vivia, lamentou Jean, seu filho apaixonadamente gaullista.[62] O mês de novembro costumava ser psicologicamente difícil para De Gaulle. Ao longo dos anos, seus assessores observavam uma queda de humor do general durante esse mês. Talvez fosse a lembrança involuntária daquele triste novembro de 1918, quando retornara do cativeiro, como um "fantasma vivo", sem ter podido desempenhar plenamente sua parte na vitória da França. Talvez fosse porque seu aniversário, em 22 de novembro, fosse um lembrete da passagem do tempo.

Novembro de 1970 começou sem incidentes. No dia 2, Dia de Finados, De Gaulle e a mulher saíram para prestar tributo no túmulo da filha Anne. Ao deixar o pequeno cemitério, De Gaulle resmungou: "O portão é estreito demais. Como haverá talvez alguns visitantes quando eu estiver aqui, vai ser preciso abrir um buraco no muro e fazer outro."[63] Em 6 de novembro, ele escreveu para a irmã: "Como você, esta semana voltei meu pensamento e minhas orações para aqueles que nos deixaram ... Está tudo muito calmo aqui. Continuo minha grande labuta." Para a cunhada, escreveu no mesmo dia: "Por favor, faça votos e orações pela grande tarefa em que me lancei e que é destinada tanto aos nossos contemporâneos como às gerações futuras."[64]

Na segunda-feira, 9 de novembro, De Gaulle trabalhou o dia inteiro, parando como sempre para fazer duas longas caminhadas pelo terreno de La Boisserie. De tarde conversou com um jovem agricultor dono de um pedaço de terra vizinho. De Gaulle queria discutir com ele seu planos para plantar árvores numa nova faixa de terra que tinha adquirido. Tomou chá com a mulher às dezessete horas e os dois retornaram a suas atividades. De Gaulle escreveu algumas cartas para a família e rabiscou um bilhete para si mesmo: "Qual é a sequência de ministros da Educação entre 1958 e Fouchet? Por quanto tempo ele foi ministro?" Então começou uma partida de paciência. De repente, pouco antes das dezenove horas, gritou de dor e caiu debruçado sobre a mesa. Yvonne chamou o médico e o padre. Quando o médico chegou, era tarde demais. De Gaulle recebeu a unção dos enfermos do padre, e poucos minutos depois, às 19h25, estava morto. Faleceu devido à ruptura de um aneurisma, exatamente como o irmão Pierre e o pai, Henri.

Yvonne mandou deitar o corpo do marido no centro do quarto, vestiu-lhe o uniforme e o cobriu com uma bandeira tricolor. Na mesa ao lado havia duas velas, um crucifixo e um copo de água benta. Nas mãos, Yvonne colocou o rosário que o papa João XXIII lhe dera de presente. Ao longo da noite, permaneceu sentada, sozinha, velando silenciosamente o corpo. Nas primeiras horas da manhã, membros da família começaram a chegar. Pouco depois das nove horas da manhã de 10 de novembro de 1970, o povo da França acordou para ouvir a notícia de que Charles de Gaulle estava morto.

30. Mito, legado e realizações

"Dentro de trinta anos..."

De Gaulle nunca deixava nada ao acaso. Em 1952, tinha redigido instruções minuciosas para o seu funeral. Esse documento foi confiado ao filho Philippe e a Georges Pompidou – sinal de quanto os dois homens eram íntimos naquela época. De Gaulle declarou que queria ser sepultado em Colombey "sem qualquer vestígio de cerimônia pública": "Minha sepultura será aquela onde jaz minha filha e onde um dia minha mulher também jazerá. Inscrição: 'Charles de Gaulle, 1890-...'. Nada mais." Fazia questão de que não houvesse cerimônia pública: nada de discursos na igreja ou em qualquer outro lugar. As únicas pessoas autorizadas a assistir ao enterro eram a família, Companheiros da Libertação e membros da Câmara de Vereadores de Colombey. O povo da França poderia acompanhar o corpo até "seu último lugar de descanso" – mas em silêncio. Não lhe deveria ser concedida nenhuma honraria póstuma de espécie alguma, e qualquer violação dessa determinação seria "uma violação dos meus últimos desejos".

Quando De Gaulle redigiu esse documento, a perspectiva de uma volta ao poder parecia remota. O objetivo era evitar que sua lenda fosse anexada pela Quarta República. Ele tinha preparado seu testamento um dia depois do funeral oficial de Lattre de Tassigny nos Invalides, em janeiro de 1952, no qual todos os dignitários da República tinham estado em evidência para desfrutar os reflexos da glória. Embora esse perigo de anexação tenha passado depois da volta de De Gaulle ao poder em 1958, em várias ocasiões ele confirmou ao filho que seus desejos não tinham mudado. No fim dos anos 1960, o novo perigo era uma apropriação da memória de De Gaulle por Pompidou. Houve uma contenda indecorosa entre a família de De Gaulle e o Eliseu no dia seguinte à morte de De Gaulle. Philippe De Gaulle estava em Brest, estacionado na base naval, quando recebeu um telefonema à noite com a notícia da morte do pai. De passagem por Paris a caminho de Colombey, ele ligou para o Eliseu às nove horas da manhã de 10 de novembro, mas não conseguiu falar com o presidente. Mais tarde, ainda naquele dia, o fiel assessor de De Gaulle Pierre Lefranc ligou para o Eliseu em nome de Philippe para reiterar que cabia à família publicar seu testamento. Pediram-lhe que dissesse à família para esperar que Pompidou o lesse para o Conselho de Ministros. A família recusou qualquer postergação, e o documento foi publicado quase exatamente no mesmo momento pelo Eliseu e pela família, para indignação desta, que achava que Pompidou estava usando a ocasião para mostrar ao mundo que era o legítimo herdeiro de De Gaulle.

A clássica austeridade das instruções de De Gaulle era sua maneira de sinalizar que não pertencia a nenhuma facção ou a nenhum partido – mas a toda a França e à história. Seus desejos não foram totalmente respeitados, porque o governo organizou uma missa fúnebre na Notre-Dame na manhã de 12 de novembro, assistida por milhares de dignitários e mais de oitenta chefes de Estado estrangeiros. Mas o corpo de De Gaulle não estava lá, e o verdadeiro funeral ocorreu em Colombey naquela mesma tarde na pequena igreja.

A morte de De Gaulle foi um dos momentos de emoção coletiva mais intensos da história da França moderna. Uma famosa charge de *Le Figaro* mostrava um imenso carvalho arrancado pela raiz com uma Marianne em prantos ao seu lado.

Centenas de milhares de cartas foram despejadas em Colombey. Na noite do funeral, dezenas de milhares de parisienses caminharam pela Champs-Elysées debaixo de uma chuva torrencial para depositar flores no Arco do Triunfo. Entre os milhares de testemunhos citemos o de Claude Lanzmann, recordando anos depois seus sentimentos ao saber da morte de De Gaulle: "O desaparecimento de De Gaulle foi um golpe muito mais duro do que jamais imaginei, como se toda uma parede da minha vida tivesse sido engolida com ele. ... De Gaulle era da mesma substância que nós; agora que ele se fora, nossa vida foi afetada por um vazio histórico e existencial."[1] O que dá a esse depoimento uma pungência especial é que ele não vem de um gaullista, mas de um inimigo – um amigo íntimo de Jean-Paul Sartre e de Simone de Beauvoir, editor da revista *Le Temps modernes*, fundada pelo casal e que se opôs feroz e intransigentemente a De Gaulle desde sua fundação, em 1945. Mas, fosse admirador ou inimigo, o fato é que De Gaulle tinha vivido na imaginação do povo francês por trinta anos, e

10 novembro 1970

os franceses envelheceram com ele. Como anotou em seu diário um dos que caminharam pela Champs-Elysées naquela noite: "Apesar de tudo a que eu me opunha no regime que ele estabeleceu (alguma vez votei 'sim' num dos seus referendos?), em algum ponto nas profundezas do meu ser redescobri a emoção que senti, a profunda admiração que experimentei como adolescente ao ler *O Apelo* [o primeiro volume de suas *Memórias*], quando acabava de sair da adolescência. O homem nos tornou a todos maiores."[2]

Houve poucas vozes discordantes nessa efusão de luto nacional, salvo na extrema direita. Do outro lado do espectro político, a revista satírica ultraesquerdista *Hari-Kiri* publicou na capa a manchete: "Baile trágico em Colombey: um morto" (numa referência a um incêndio num salão de baile no mesmo mês, no qual 146 pessoas morreram). Por essa impertinência, o governo fechou a revista, que imediatamente reapareceu com o nome *Charlie Hebdo*.

Após a efusão de dor, a vida voltou ao normal. Poucos dias depois da decisão, tomada na emoção do momento, de dar à place de l'Etoile o nome de Charles de Gaulle, muitos vereadores retiraram seu voto. Quando o novo nome da praça foi inaugurado, em dezembro, houve manifestações antigaullistas e a placa teve de ser protegida pela polícia para impedir que fosse destruída.[3] Os fiés imediatamente começaram a trabalhar para manter acesa a chama da memória de De Gaulle. *Quando os robles se abatem*, de Malraux, apareceu poucos meses depois da morte do ex-presidente; uma Associação

12 novembre 1970

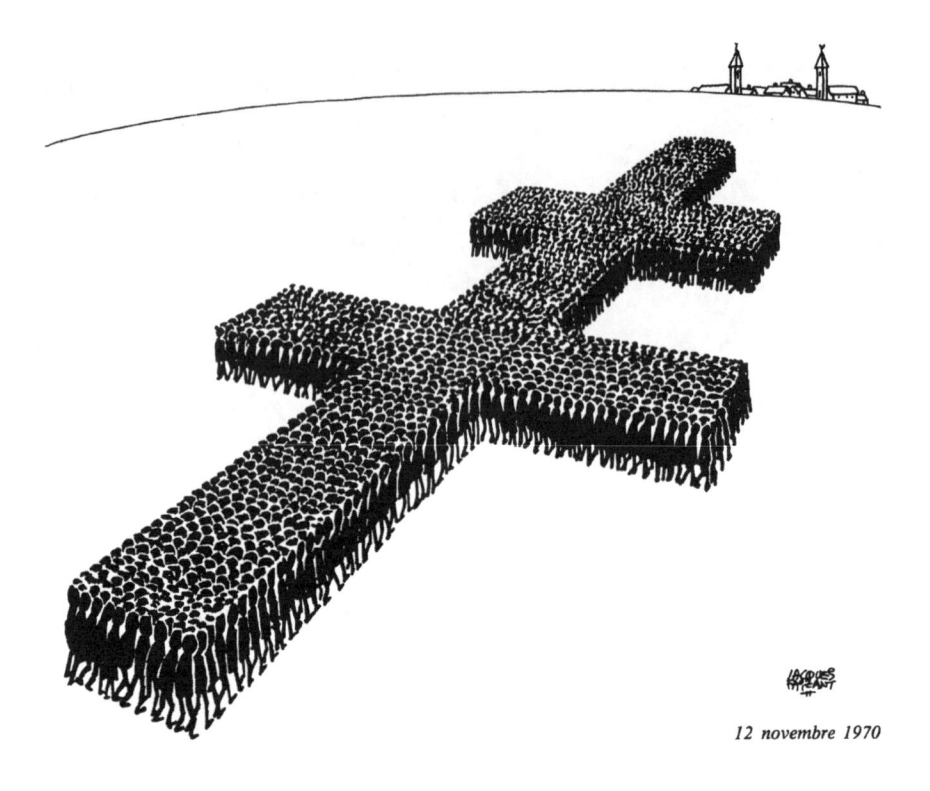

Nacional de Fidelidade à Memória do General De Gaulle foi criada por Pierre Lefranc em 1971. Nesse ano também uma "peregrinação" a Colombey foi organizada pela Ordem da Libertação. Uma campanha de subscrição pública foi lançada para construir uma imensa Cruz de Lorena no topo de um morro a oeste de Colombey. Esse monumento foi inaugurado em 18 de junho de 1972 por Pompidou, apesar das reservas dos gaullistas que não conseguiam perdoar a "traição" de 1969. A imprensa deu muita importância à recepção supostamente gélida de Yvonne de Gaulle a Pompidou durante o evento.

Apesar de ter comparecido à cerimônia, Yvonne de Gaulle era muito vigilante em seus esforços para impedir que algum tipo de culto religioso surgisse em torno da memória do marido. Imediatamente depois da morte do general, ela queimou quase todos os seus objetos pessoais, incluindo roupas e colchão, e recusou-se a permitir que fosse tirado um molde do rosto e das mãos de De Gaulle. O filho a convenceu a guardar apenas dois quepes e duas fardas – símbolos da função oficial, não da pessoa. O mantra de Yvonne de

Gaulle era "nada de relíquias". A cerimônia em 18 de junho de 1972 foi uma das três únicas ocasiões em que ela apareceu publicamente em qualquer função oficial durante os nove anos entre o funeral de De Gaulle e sua própria morte. Ela esteve discretamente presente em 1975, quando o genro, Alain de Boissieu, recebeu a Grã-Cruz da Legião de Honra, e não menos discretamente teve um encontro com o chefe da Bibliothèque Nationale para lhe entregar os originais das *Memórias de guerra*. Fora isso, levou uma vida de completa reclusão em Colombey até setembro de 1978, quando foi morar no convento das Irmãs da Imaculada Conceição de Nossa Senhora de Lourdes em Paris. Ali morreu, de câncer, em 7 de novembro de 1979, quase despercebida e praticamente esquecida.[4]

O oposto pode ser dito da reputação do general. As autoridades esperavam 40 mil pessoas na inauguração da Cruz de Lorena, em 1972; o número real esteve mais perto de 25 mil. Isso parecia confirmar a tristonha previsão de De Gaulle em sua famosa última conversa com Malraux: "Vão colocar uma imensa Cruz de Lorena num morro mais alto do que os outros. Todos poderão vê-la. Mas, como não haverá ninguém lá, ninguém a verá. Isso incitará os coelhos à resistência." Se foram realmente ditas por De Gaulle, essas palavras estavam inteiramente de acordo com sua melancolia na época. O que ele provavelmente pensava de fato era o que disse a um ministro do governo na véspera da sua renúncia: "Os franceses não querem mais De Gaulle. Mas o mito, você verá o mito crescer ... dentro de trinta anos."[5]

É particularmente notável a rapidez com que a esquerda começou a invocar a memória de De Gaulle. Isso também ele havia previsto numa conversa com o gaullista de esquerda David Rousset em abril de 1968: "A esquerda não me perdoa por ter posto em prática a política que ela deveria ter adotado e não conseguiu. ... Só me perdoará depois da minha morte. Depois da minha morte, ela me reivindicará. Dirá que está seguindo minhas políticas. Mas só depois da minha morte."[6] Ele estava certo. Os primeiros sinais vieram do Partido Comunista, cuja implacável oposição a De Gaulle nos anos 1960 sempre fora temperada por uma relutante aprovação a aspectos de sua política externa. Nos anos 1970, quando sucessores de De Gaulle – primeiro Pompidou e depois, mais ainda, Giscard d'Estaing – adotaram uma política mais atlanticista e pró-europeia, os comunistas começaram a ver mais coisas boas em De Gaulle e passaram por cima dos aspectos da sua política interna a que se opunham.⁷ Pode-se mapear facilmente essa reavaliação examinando o tratamento dado pelos comunistas ao que aconteceu em 1940 – um período constrangedor em sua história. Tanto gaullistas como comunistas construíram a sua legitimidade política evocando o papel que desempenharam na Resistência, e competiam entre si pelo seu legado. Os comunistas, portanto, sempre ignoraram o aniversário do 18 de Junho de 1940, insistindo em comemorar o 10 de julho de 1940, quando o Partido Comunista teria supostamente feito a sua própria convocação à resistência. Era um episódio praticamente fictício, mas necessário para os comunistas lidarem com o fato constrangedor de não estarem ainda na Resistência em 1940, por causa do Pacto Nazi-Soviético. Em 1976, pela primeira vez, o jornal comunista *L'Humanité* publicou um artigo relembrando o 18 de Junho (bem como o 10 de Julho): "Pelo papel que desempenhou, o general De Gaulle é parte do patrimônio da nação francesa." Houve muitos outros zigue-zagues na trajetória – e o partido demorou a desistir inteiramente do 10 de Julho –, mas em 1990, quando a França mergulhou numa espécie de histeria cerimonial pelo quinquagésimo aniversário do 18 de Junho, os jornais do Partido Comunista dedicaram quinze páginas a "De Gaulle e nós". Dez anos depois, tinham esquecido inteiramente 10 de julho.⁸

A aproximação da esquerda não comunista veio um pouco depois. Em 1981, François Mitterrand foi eleito para a Presidência. O ódio contra De Gaulle foi a única nota consistente em sua desonesta trajetória política. A primeira providência que ele tomou como presidente foi organizar uma cerimônia pública no Panteão, onde depositou uma rosa nos três túmulos, incluindo o de Jean Moulin. Era uma clara tentativa de apropriar-se novamente de Moulin pela esquerda, a resposta de Mitterrand à consagração de Moulin por De Gaulle dezessete anos antes. Fora isso, Mitterrand desempenhava seus deveres "gaullistas" como presidente comparecendo a Mont-Valérien. Mas na hora de comemorar o quadragésimo aniversário dos desembarques do Dia D ele conseguiu a façanha de evitar qualquer menção ao nome de De Gaulle – uma forma não muito sutil de antigaullismo por omissão.⁹

As atitudes entre os socialistas franceses mudaram em meados dos anos 1980, quando a oposição gaullista, encabeçada por Jacques Chirac, parecia destinada a vencer as eleições parlamentares com um programa de liberalismo econômico inspirado em Ronald Reagan e Margaret Thatcher. Os socialistas franceses ressuscitaram De Gaulle, contrastando sua ambição de unir os franceses com as políticas socialmente divisoras de seus supostos sucessores. A publicação da biografia de De Gaulle em três volumes por Jean Lacouture entre 1984 e 1986 foi um marco crucial nessa redescoberta de De Gaulle pela esquerda.

O estágio final na jornada da esquerda rumo a De Gaulle veio poucos anos depois – dessa vez como uma forma não de defender Mitterrand contra Chirac, mas de manifestar desgosto com os fracassos e a corrupção da presidência de Mitterrand. O exemplo mais notável disso foi a trajetória do intelectual de esquerda Régis Debray. Debray não tinha desempenhado nenhum papel nos acontecimentos de 1968 porque apodrecia numa prisão boliviana por ter ido lutar ao lado de Che Guevara. Quando Mitterrand venceu a eleição em 1981, Debray se tornou um dos seus conselheiros de política externa. Dez anos depois, ele se desiludiu completamente com Mitterrand, e seu livro *À demain De Gaulle* [Até amanhã, De Gaulle] foi uma espécie de acerto de contas. Ele não se conteve: "Em meus sonhos estou em termos de tranquila familiaridade com Luís XI, com Lênin, com Edison e Lincoln. Mas perco o ânimo diante de De Gaulle. Ele é o Grande Outro, o inacessível absoluto. ... Napoleão foi o grande mito político do século XIX; De Gaulle, o do século XX. Parece que o sublime surge na França apenas uma vez em cada século." Mitterrand tinha chamado De Gaulle "o último dos grandes homens do século XIX", ao estilo de Metternich e Bismarck, mas Debray proclamou que, pelo contrário, Mitterrand pertencia ao século XIX, enquanto De Gaulle "era na verdade o primeiro grande homem do século XXI". Em contraste com o odor de corrupção na corte de Mitterrand, Debray celebrou a austeridade romana de De Gaulle: "É tão consolador pensar que ele viveu entre nós. Por muito tempo seu nome servirá como uma gigantesca borracha para apagar a mediocridade."[10] Um ex-maoísta escreveu em 1990: "Hoje em dia, já não se discute De Gaulle, hoje se contempla sua lenda como um continente perdido, quero dizer, quando não se está sonhando com ela." Quando, logo após a morte de De Gaulle, Claude Mauriac comentou com Malraux que parecia ser entre antigos antigaullistas que a grandeza de De Gaulle era mais amplamente reconhecida, Malraux respondeu: "Não foram os monarquistas, mas os republicanos, que criaram Joana d'Arc."[11]

A partir desse momento, o mito De Gaulle assumiu proporções ilimitadas. Em 1990, o vigésimo aniversário da morte do general, o quinquagésimo aniversário do seu *Appel* e o centésimo aniversário do seu nascimento ofereceram a oportunidade de uma comemoração tripla. Naquele ano, a Fondation Charles de Gaulle organizou uma conferência sobre o centenário cujos sete volumes publicados alcançaram um total de 4 mil páginas. Vinte anos depois, em 18 de junho de 2010, três canais de televisão cobriram as comemorações de aniversário durante horas. No fim daquele ano, houve outro acesso de gaullemania pelo aniversário da morte de De Gaulle, com peregrinações ao seu túmulo em Colombey por muitos políticos, incluindo o presidente Sarkozy. O jornal *Le Monde* publicou um editorial em novembro de 2010 declarando que os franceses ainda eram "órfãos de De Gaulle".

Gaullianos e gaullistas

Ironicamente, ao mesmo tempo que o mito de De Gaulle decolava, sua narrativa da história francesa – e seu papel nessa história – ia se desmanchando. Isso aconteceu primeiro em relação à lenda que De Gaulle tinha construído em torno da guerra. Depois de 1945, ele criara o mito necessário de que a França fora uma nação unida na resistência – e unida em torno dele –, com os colaboradores sendo (em suas palavras) apenas um "punhado de *misérables*". Depois de 1968, esse mito foi contestado por uma geração mais jovem. Exemplo notável é o famoso documentário *A tristeza e a piedade*, de Marcel Ophuls, lançado em 1969. Embora não seja bem verdade, como se costuma alegar, que o filme de repente trocou a imagem da França como uma nação de resistentes pela da França como uma nação de colaboracionistas, ele apresentou uma imagem sombria e inédita da Ocupação, na qual houve poucos heróis, alguns vilões e muitos *attentistes* covardes. Nas quatro horas do documentário, De Gaulle quase não era mencionado. O filme era iconoclasta o suficiente para que o governo tenha negado permissão para que fosse exibido na televisão.

Na esteira de *A tristeza e a piedade*, a memória popular da guerra passou a concentrar-se na cumplicidade do governo de Vichy com a Solução Final. Ativistas judeus insistiram para que o governo francês fizesse um pedido oficial de desculpas. A demanda tornou-se clamorosa durante a segunda presidência de Mitterrand (1988-94). Mas ele se recusou a pedir desculpas, argumentando que Vichy não tinha sido um governo legítimo, e portanto não representava a França. Havia ironia no fato de que Mitterrand, antigaullista histórico, subscrevesse implicitamente a doutrina oficial gaullista de que a verdadeira "França" durante a guerra estava em Londres. Esse tabu foi finalmente quebrado por Jacques Chirac, o primeiro presidente da Quinta República jovem demais para ter tomado parte na guerra. Numa declaração solene em 1995, Chirac aceitou a responsabilidade da "França" pelo destino dos judeus. Dessa forma, foi preciso um presidente nominalmente gaullista – embora da "escola" de Pompidou – para minar os alicerces da interpretação gaullista da história da França durante a guerra.

Ao mesmo tempo, outro mito gaullista começava a parecer pouco convincente. Uma das façanhas de De Gaulle tinha sido transformar a derrota da França na Argélia numa espécie de vitória. À exceção dos *pieds-noirs*, os franceses pareciam aceitar isso com satisfação. A narrativa de De Gaulle era que a França, apesar de militarmente vitoriosa, concedera a independência da Argélia em conformidade com sua histórica dedicação aos direitos humanos. Ele colocava o passado colonial à parte e oferecia aos franceses um futuro moderno e resplandecente. Isso funcionou por duas décadas, até que as lembranças da Guerra da Argélia começaram a vir à tona de forma imprevista. À esquerda, o massacre de argelinos em Paris em outubro de 1961 passou a ser visto como um dos mais terríveis crimes de Estado da França no pós-guerra. O destino dos harkis voltou a despertar atenção, e em setembro de 2016 o presidente Hollande oficialmente reconheceu a "responsabilidade do governo francês [do governo de De Gaulle] pelo abandono dos harkis".[12]

Do outro lado do espectro político, a obsessão francesa pelas consequências da imigração, e pela presença de grandes comunidades muçulmanas, legitimou formas de pensar sobre o conflito argelino inteiramente em desacordo com a narrativa de De Gaulle. Em 2015, o recém-eleito prefeito de extrema direita de Béziers, Robert Ménard, desbatizou a rue du 19 Mai 1962, que recebera esse nome por causa da data dos Acordos de Evian, e deu-lhe o nome de rue du Commandant Hélie Denoix de Saint-Marc, em homenagem a um dos soldados que tinham participado do golpe de 1961 contra De Gaulle. Foi um gesto explicitamente antigaullista, mas outros, proclamando sua lealdade a De Gaulle, também reinterpretaram a Guerra da Argélia à sua maneira. Um gaullista escreveu em meados dos anos 1980 que uma das conquistas de De Gaulle foi prever, corretamente, que a *Algérie française* provocaria a "invasão progressiva do continente por uma população não europeia, berbere-árabe e muçulmana".[13] Em 2015, uma política de direita alegou estar citando De Gaulle ao afirmar que a França era historicamente um "país branco e cristão".[14] Dessa maneira, para alguns conservadores, a conquista de De Gaulle na Argélia converteu-se de nobre ato de descolonização em profética – para não dizer racista – previsão dos perigos do multiculturalismo. Neste caso, pelo menos, o novo viés talvez esteja mais próximo do que De Gaulle realmente pensava do que aquilo que ele proclamava publicamente.

À medida que se tornavam mais "gaullianos", os franceses aparentemente ficavam menos "gaullistas". Mas se o mito de De Gaulle não foi afetado pelo desmantelamento da "história" gaullista é porque o mito transcende a pessoa do próprio De Gaulle, e está vagamente ligado a uma nostalgia do desaparecido *Trente Glorieuses* – aquela idade de ouro antes que a economia francesa começasse a despencar ladeira abaixo num declínio aparentemente inexorável. Os anos 1960 foram uma década em que a França foi bem-sucedida – na verdade "grande", para usar uma palavra de De Gaulle – não apenas no âmbito econômico, mas também no cultural.[15] Intelectuais e artistas falavam de fato para o mundo, e a imagem de De Gaulle se banha no brilho dessa lembrança. "A França de De Gaulle" é a França do Caravelle e do Citroën DS, de Jean-Paul Sartre e Claude Lévi-Strauss, de Brigitte Bardot e Jean-Luc Godard. Em 2016 um jornalista de direita, Eric Zemmour, escreveu um best-seller intitulado, apocalipticamente, *Le suicide français* [O suicídio francês], que começava simbolicamente com o funeral de De Gaulle em 12 de novembro de 1970. Na perversa narrativa de Zemmour, a morte de De Gaulle abriu as comportas de todos os males (do seu ponto de vista) da França contemporânea – o declínio nacional, o feminismo, o homossexualismo, a imigração em massa.

O último grande francês

Enquanto a França encolhe, De Gaulle parece espichar. Se ele agora é visto como "o último grande francês", onde está sua grandeza? Seria ele, como muitos afirmam, um grande visionário? François Furet, um dos muitos intelectuais de esquerda visceralmente hostis a De Gaulle, escreveu em 1963: "O que caracteriza De Gaulle não é sua aptidão para prever o futuro, é sua extraordinária capacidade de ser enganado pela história e ainda assim a ela se adaptar. O que faz dele um grande político não é sua estratégia, é sua tática."[16] Uma linha semelhante foi adotada por Jean-François Revel, outro crítico liberal de De Gaulle, que escreveu um panfleto corrosivo em 1959 desacreditando o triunfalismo gaullista mediante uma sarcástica dissecação das afetações retóricas de De Gaulle. Trinta anos depois (1989), com De Gaulle morto havia muito tempo, Revel relançou o panfleto com uma introdução que era apenas parcialmente arrependida. Ele agora estava disposto a aceitar que, como homem de ação, De Gaulle era um indivíduo de uma estatura que a França raras vezes conhecera em sua história (de maneira implícita ele o comparava ao moroso Mitterrand). Mas, diferentemente da hagiografia em voga, ele ainda sustentava a ideia de que De Gaulle "não compreendeu particularmente os grandes problemas da sua época, apesar da reputação de estar à frente do seu tempo". Revel o via como um homem do fim do século XIX, obcecado pelo Estado-nação, que subestimava a importância da ideologia e em particular o poder do comunismo totalitário.[17] Esse comentário hoje parece ironicamente problemático, uma vez que, um ano depois, o bloco soviético estava totalmente desintegrado, e a Guerra Fria era coisa do passado. De Gaulle parece ter feito essa conexão particular com mais êxito do que Revel.

Isso torna De Gaulle um visionário? Um comentário às vezes feito sobre ele é o de que nunca ficou inteiramente claro se ele era o homem de anteontem ou o homem de depois de amanhã.[18] O livro de Debray, em 1990, não tinha dúvida de que se tratava da segunda hipótese. De fato, é espantosa a frequência com que De Gaulle acertava. Nos anos 1930, sua previsão sobre o futuro da Batalha da França foi mais precisa do que a do alto-comando francês. Tudo que ele fez depois de junho de 1940 foi feito com base na sua percepção correta de que a Batalha da França era apenas o começo de uma guerra mundial, na qual as potências do Eixo seriam derrotadas. Nos anos 1960, comentaristas zombavam quando ele previa o colapso do sistema de Bretton Woods, mas poucos anos depois foi o que aconteceu. Apesar da inépcia dos seus comentários sobre Israel, sua previsão sobre as desgastantes consequências para Israel da ocupação dos territórios palestinos parece profética. Ficou provado que ele estava certo sobre a Guerra do Vietnã – sobre a incapacidade americana de vencê-la, sobre as diferentes futuras variedades de "comunismo" asiático, sobre o conflito final entre China e Vietnã.

É possível citar outros exemplos da lucidez quase sempre surpreendente de De Gaulle em relação ao futuro. Ele previu, numa conversa com Peyrefitte em 1964, que a Iugoslávia não duraria muito: "Seria preciso haver uma nação iugoslava. Não há. O que existe são apenas lascas de lenha enfeixadas por um pedaço de barbante. Esse pedaço de barbante é Tito. Quando ele desaparecer, as lascas se separam."[19] Em outra conversa no mesmo ano ele foi igualmente profético sobre o futuro do Iraque: "Os sunitas com os xiitas e os curdos. São países destinados à divisão, porque contêm povos totalmente diferentes, que não têm a mesma religião, o mesmo passado."[20] Pode-se mencionar também a sua previsão estranhamente precisa depois do assassinato de Kennedy de que a viúva Jacqueline acabaria se casando com um armador grego. Quando Malraux o lembrou disso em sua última "conversa", De Gaulle comentou, pelo menos segundo Malraux: "Você jura que eu disse isso? Eu preferiria ter achado que ela talvez se casasse com Sartre. Ou com você."[21]

Mas em muita coisa De Gaulle errou. Suas ideias sociais sobre reconciliação de classes e o desafio da civilização industrial – ainda celebradas por alguns gaullistas "de esquerda" como um dos seus mais importantes legados – eram tão irrealistas quanto generosas: ele oscilava entre os dois conceitos igualmente nebulosos de "associação" nos anos 1940 e "participação" nos anos 1960. Seu pensamento nessas questões estava dentro do espírito de muitos católicos sociais de sua geração e de alguns intelectuais dos anos 1930. Mas não há sinal de que ele tivesse alguma compreensão das extraordinárias mudanças estruturais que afetavam a economia francesa nos anos 1960. Quanto às suas previsões sobre relações internacionais, quase sempre estavam erradas. Em 1946-47, ele estava sempre prevendo uma iminente guerra mundial; também demorou a ver o potencial para a reconciliação franco-alemã, e sua visão do futuro da Alemanha em 1945-48 estava presa ao passado (embora não tanto quanto se afirma); ele não previu o fim do Império, e até 1950 ainda acreditava que os franceses poderiam vencer a guerra na Indochina. Mas, tendo aprendido com seus erros, De Gaulle demonstrava uma capacidade pragmática de adaptar-se. Recusava-se a sustentar posições impossíveis. A respeito da Argélia, o mais notável não é que tenha previsto em 1958 o que aconteceria em 1962, mas a intolerante implacabilidade com que perseguiu seus objetivos quando resolveu agir.

É a capacidade de adaptação de De Gaulle às circunstâncias que deve determinar nosso julgamento sobre se suas ambições para a França no mundo foram absurdamente excessivas. Muitos comentaristas compartilham o veredicto de lorde Gladwyn: "Sem dúvida o principal fracasso do general – no longo prazo lamentável – foi projetar para o seu país um papel que estava além dos seus poderes."[22] Eram as ambições de De Gaulle para o seu país ilusões de grandeza inadequadas para a França no século XX? Acusações de "loucura" foram, como vimos, comuns durante toda a sua carreira. E em se tratando de alguém capaz de referir a si mesmo, regularmente, na terceira pessoa, ou de afirmar (talvez um pouco de brincadeira) "Venho dizendo isso há mil anos", somos tentados a adaptar para De Gaulle o gracejo de Jean Cocteau sobre Victor Hugo, de que se tratava de "um louco que achava que era Victor Hugo". Mas De Gaulle geralmente estava um passo adiante dos seus críticos, e qualquer coisa que dissessem sobre a impossibilidade de suas ambições ele mesmo já tinha dito. Uma de suas frases favoritas era "Sempre agi como se..." – como se a França ainda estivesse em guerra depois de junho de 1940, como se a França pudesse desempenhar um papel mundial nos anos 1960.

Nos anos 1960, De Gaulle exortou os franceses a acreditar em si mesmos, como uma "grande" nação – porém *grandeur* era uma atitude, mais que um objetivo concreto. Como ele disse numa frase célebre de suas *Memórias de guerra*: "Por mais difícil que seja a realidade, talvez eu seja capaz de dominá-la, para citar a frase de Chateubriand, 'conduzindo os franceses até lá através dos sonhos'."[23] De Gaulle tinha poucas ilusões sobre o declínio do poder material da França. Como disse a Malraux: "Claro que os espanhóis me admiram. Gostam de Dom Quixote!" Ou, quando Malraux lhe perguntou que personagem histórico ele compararia consigo mesmo – Joana d'Arc, Napoleão, Luís XIV –, De Gaulle respondeu: "Meu único rival é Tintin! Somos os pequenos que se recusam a ser enganados pelos grandes. O problema é que ninguém percebe a semelhança, por causa do meu tamanho."[24] (Poucos anos depois ele poderia ter escolhido Astérix, que tinha a vantagem adicional de ser francês e não belga.) Certa ocasião, De Gaulle descreveu sua política durante a guerra como um blefe, jogando areia nos olhos dos Aliados para que eles, cegos, achassem que a França era grande. Isso não quer dizer que grandeza fosse só pose: era simplesmente uma questão de usar a própria inteligência, como Tintin, e jogar da melhor maneira possível com as cartas que se tem. Provavelmente foi bom para o mundo que De Gaulle não tivesse à sua disposição os recursos de Napoleão.

A tensão entre contenção e arrogância, razão e sentimento, classicismo e romantismo, calculismo e provocação, astúcia e exibicionismo, *politique* e *mystique* (para usar a terminologia de Péguy), Corneille e Chateaubriand, Descartes e Bergson, é uma característica constante da carreira de De Gaulle. Ou, como certa vez disse Henry Kissinger: "O nacionalismo de De Gaulle pertence à tradição de Mazzini. ... Sua diplomacia é no estilo de Bismarck."[25] Seus acessos de melancolia pessimista eram reflexo destes dois elementos em conflito de sua personalidade: o id romântico controlado pelo superego clássico, o pessimismo do intelecto e o otimismo da vontade. Apesar de suas provações – da ocupação de São Pedro e Miquelon em 1941 ao discurso *"Vive le Québec libre"* em 1967 –, De Gaulle geralmente sabia quando recuar da beira do abismo, fosse rompendo com os britânicos durante a guerra ou deixando a Aliança Atlântica no fim dos anos 1960. Ele denunciou o supranacionalismo europeu, mas soube usá-lo muito bem em defesa dos interesses econômicos da França. Havia qualquer coisa na observação de Aron: "Minha opinião é que De Gaulle não leva a sério metade dos argumentos que usa, e sente um prazer solitário no espetáculo das polêmicas que provoca."[26]

Mas seria um erro reduzir as intervenções de De Gaulle a puro espetáculo. Ele não teve êxito em acabar com a Guerra Fria, ou em rearranjar a ordem mundial, ou em criar uma "Europa política", mas muitos dos assuntos que formulou e das questões que tentou resolver – como criar a "Europa", o problema da defesa europeia, como planejar uma ordem pós-Guerra Fria – eram genuínos. É verdade que sua visão do futuro da Europa era mais parecida com a Europa de 1914 do que com a Europa em que vivemos hoje – mas sua intuição de que um projeto europeu construído por tecnocratas teria dificuldade para criar um senso duradouro de destino comum e de identidade coletiva parece mais imperativa hoje do que trinta anos atrás.

É provável que De Gaulle tenha superestimado o papel que a França poderia realisticamente desempenhar no mundo, mas sua resposta a isso teria sido que era melhor errar por excesso do que por omissão. "Criar acontecimentos" era parte da questão; a ambição era o que importava. E, apesar do comentário de Gladwyn, De Gaulle *foi* uma presença extraordinária no cenário mundial nos anos 1960. Essa era a opinião do eminente diplomata britânico Nicholas Henderson, olhando para trás trinta anos depois:

É difícil exagerar quanto era poderosa para a Europa Ocidental em geral, e para o Reino Unido em particular, a presença ameaçadora de De Gaulle nessa época. ... Bastava que ele sussurrasse qualquer coisa sobre preços de grãos para que a Alemanha tremesse, sobre a MLF para que a Atlântica recuasse ... Ele os fazia dançar conforme sua música com uma simples ameaça. E não parecia que ninguém mais no Ocidente fosse capaz de confrontá-lo.[27]

Claro que até certo ponto foi uma proeza efêmera, ainda que algumas políticas de De Gaulle, contestadas na época, sejam agora universalmente aceitas no país – por exemplo, a capacidade nuclear independente francesa. Desde 2009, a França está de volta à Otan, mas a lembrança da "ambição" gaullista deixou suas marcas, como por exemplo no famoso discurso do ministro do Exterior francês Dominique de Villepin na ONU, em 2003, recusando qualquer participação francesa na Guerra do Iraque. De Gaulle parecia estar falando do túmulo.

Mas a realização mais duradoura de De Gaulle não foi tanto no campo da política externa como no estabelecimento da Constituição da Quinta República em 1958. A Constituição foi emendada várias vezes e funciona, em muitos sentidos, diferentemente das intenções do general – mas ainda é, em essência, o regime que ele criou com sua forma de exercer o poder entre 1958 e 1969. A Constituição certamente tem muitas características inadequadas, e a concentração de poder nas mãos do presidente pode ter efeitos tão deletérios quanto a instabilidade da Quarta República. Mas nenhum sistema político é perfeito, e a proeza de De Gaulle não foi tanto produzir a Constituição perfeita, mas ter criado um consenso, pela primeira vez em 150 anos, sobre a natureza das instituições políticas da França – apesar da conversa costumeira sobre a necessidade de criação de uma Sexta República.[28] Numa pesquisa de opinião realizada em 1990, nenhuma ação de De Gaulle obteve índice mais alto de aprovação – 88% – do que a instituição da eleição para presidente pelo voto universal.[29] O gaullismo conseguiu tornar-se a síntese das tradições políticas francesas, ou, como disse De Gaulle, reconciliar a esquerda com o Estado e a direita com a nação, a esquerda com a autoridade e a direita com a democracia. O velho argumento sobre se De Gaulle era bonapartista tem qualquer coisa de bolorento. De Gaulle não era um ditador, e, apesar do estilo autoritário de seu governo, ele voluntariamente abandonou o poder em 1969.

Mas era "bonapartista" no sentido de que buscava o que o bonapartismo buscou sem sucesso – reconciliar a Revolução com a Monarquia, que De Gaulle identificara como sua ambição em conversa com Macmillan em 1943.

O que permitiu que ele conseguisse isso foi a "legitimidade" – para usar sua palavra favorita – que adquiriu na guerra. Seu papel entre 1940 e 1944 o fez transcender as categorias normais de esquerda e direita. De Gaulle foi sempre o "homem do 18 de Junho". Numa pesquisa de opinião realizada em 2010, que mostrou que ele era a figura histórica mais admirada pelos franceses, o De Gaulle da guerra foi o mais lembrado: 44% o associavam ao *Appel* de 18 de junho, 20% à fundação da Quinta República e apenas 4% à descolonização.

Dois momentos se apresentam à imaginação coletiva da França em relação ao papel de De Gaulle na guerra: o primeiro – junho de 1940 – é a imagem da figura solitária, o olhar fixo no microfone da BBC como se fosse a França; o segundo – agosto de 1944 – é a imagem do Libertador caminhando pela Champs-Elysées, observado possivelmente por 1 milhão de pessoas. No que diz respeito à primeira imagem, De Gaulle era muito mais do que apenas uma voz no rádio. O próprio De Gaulle ficaria exasperado se fosse reduzido apenas ao discurso de 18 de junho. Logo após sua renúncia em 1946, ele exclamou para Pleven, durante um almoço:

> Eles me fazem rir com seu *Appel* de 18 de junho ... O que todos parecem ignorar é a incrível mistura de paciência, de lento desenvolvimento, de criatividade obstinada, de perguntas capciosas, a estonteante sucessão de cálculos, de negociações, de conflitos, de viagens que tivemos de fazer para concretizar nossa iniciativa. Tomemos o exemplo de Leclerc: eles parecem achar muito natural que ele tenha desembarcado na Normandia, libertado Estrasburgo e Paris. Parece que ninguém pergunta: "Onde ele achou soldados e material bélico? Como é que estava no momento certo nos portões de Paris e em seguida pôde cair sobre a Alsácia?"[30]

A exasperação de De Gaulle é compreensível. Suas realizações entre 1940 e 1944 consistem não apenas nos discursos de Londres, mas na guerra diária de desgaste que travava contra os Aliados para não ser tragado por eles. Suas intervenções mais extremas provavelmente não o beneficiaram no curto prazo, mas de modo geral serviram ao objetivo estratégico: com astúcia, habilidade tática e visão estratégica, ele potencializou seus minúsculos recursos para assegurar à França um lugar entre as potências vitoriosas.

Isso nos leva à segunda imagem: De Gaulle na Champs-Elysées em agosto de 1944. Um dos argumentos dos antigaullistas defensores de Vichy – e de outros – é que nada do que De Gaulle fez alterou a história da guerra: que sem De Gaulle a França teria sido libertada em 1944 pelos Aliados e que, na verdade, Vichy serviu melhor à causa aliada do que De Gaulle, mantendo o norte da África fora do alcance dos alemães, e portanto possibilitando os desembarques americanos de 1942. Sem levar em conta que isso foi um resultado inteiramente involuntário da política de Vichy, o argumento ignora que o objetivo de De Gaulle não era ajudar os Aliados a ganhar a guerra – coisa que seus exíguos recursos jamais lhe permitiriam –, mas assegurar que a "França" fosse parceira reconhecida dessa vitória, adquirindo até uma zona de ocupação na Alemanha e um assento permanente no Conselho de Segurança da ONU.

Claro que ainda que De Gaulle não tivesse existido, é provável que os britânicos, por motivos estratégicos próprios, insistissem para que a França tivesse assento permanente no Conselho de Segurança e uma zona de ocupação na Alemanha. A França não teve defensor mais fervoroso em Ialta do que Winston Churchill. Mas a avaliação das realizações de De Gaulle não pode ser reduzida a um balancete desse tipo: existe também a dimensão moral. Esse foi o tema de uma disputa ocorrida durante a guerra entre os dois mais famosos exilados franceses nos Estados Unidos, ambos com suas restrições a De Gaulle: Antoine de Saint-Exupéry e Jacques Maritain. Saint-Exupéry, hoje lembrado sobretudo como o autor da fábula alegórica *O Pequeno Príncipe*, era o escritor francês mais conhecido nos Estados Unidos. Piloto de caça em 1940, ele ficara desesperado com a derrota francesa. Sua oposição a De Gaulle resultava da aversão à atitude dos franceses em 1940 e da recusa a aceitar o mito que De Gaulle tentava criar desde o começo. Como ele afirmou, concisamente, em outra ocasião: "Diga a verdade, general, perdemos a guerra. Nossos aliados vão ganhá-la."[31]

Os desembarques americanos no norte da África em novembro de 1942 acabaram com a crise de confiança de Saint-Exupéry, e o que o dever determinava ficou claro para ele. Naquele mesmo mês, quando Darlan ainda estava no cargo no norte da África, ele publicou no *New York Times* uma "Carta aberta aos franceses em toda parte". Seu tema era que o dever dos franceses agora consistia em deixar de lado as disputas partidárias, obedecer a seus líderes militares Darlan e Giraud e se unirem pela vitória. Essa interpretação apolítica da situação da França provocou uma longa resposta de Maritain, intitulada "Às vezes é preciso julgar". Maritain, como vimos, fazia reservas a De Gaulle entre 1940 e 1942, e jamais foi um gaullista de carteirinha. Mas em novembro de 1942 não tinha dúvida sobre o dever e sobre a necessidade de escolher De Gaulle em vez de Darlan ou Giraud:

> Há homens que desde a época do armistício padeceram as maiores provações para dar continuidade a essa guerra do lado dos Aliados – estou falando dos soldados das Forças Francesas Livres. ... Seu líder disse "não" ao inimigo desde o primeiro dia; um ato desse tipo não pode ser apagado. Uma espécie de heroica nobreza medieval devolveu a esperança aos franceses.[32]

Agora que os rançosos argumentos dos defensores de Vichy ficaram para trás, não pode haver cidadão francês que não reconheça a verdade da declaração de Maritain, e que não se sinta justamente orgulhoso do seu país graças ao que De Gaulle realizou entre 1940 e 1944. Ele salvou a honra da França.

Nota bibliográfica

Todos os detalhes sobre fontes podem ser encontrados nas Notas. A presente seção oferece um sumário das fontes mais importantes usadas e um guia para leituras complementares.

O ponto de partida para qualquer biografia de De Gaulle agora são os arquivos de De Gaulle nos Archives Nationales (AN). Foram abertos recentemente para pesquisadores (embora muitos documentos para os arquivos da Quinta República exijam uma *dérogation*). O primeiro conjunto de arquivos (Inventário: *Archives du général de Gaulle 1940-1958*, Centre Historique des Archives Nationales, 2003) cobre o período de 1940-58, mas a maior parte do material é relativa ao período da França Livre. O segundo conjunto (Inventário: *Archives de la Présidence de la République. Général de Gaulle 1959-1969*, Archives Nationales, 2012) cobre o período da presidência, mas além disso contém duzentas caixas de correspondência pessoal relativa ao período 1945-69.

Para o período da guerra, outro tesouro quase inesgotável são os documentos coligidos pelo Comité de la Deuxième Guerre Mondiale, que podem ser acessados nos Archives Nationales sob *cote 72AJ*. Especialmente úteis são as muitas entrevistas realizadas (várias com membros da França Livre) durante os anos 1940 e 1950.

Muitos – mas não todos, longe disso – dos documentos mais interessantes nos arquivos de De Gaulle já foram publicados em treze volumes entre 1980 e 1997 por seu filho Philippe na coleção *Lettres, notes et carnets*. Foram reeditados em 2000 em três volumes com alguns acréscimos. As *Lettres, notes et carnets* também contêm cartas de De Gaulle para a família que não estão nos arquivos de De Gaulle; mais cartas como essas provavelmente continuam em poder da família. Outras cartas de De Gaulle costumam aparecer regularmente em leilões, no eBay e provenientes de antiquários (cito essas cartas nos Capítulos 3, 6 e 30). Mas provavelmente há também cartas forjadas circulando.

A outra fonte essencial publicada são as *Memórias* de De Gaulle, cujas variantes do manuscrito integram a edição definitiva da Pléiade. As publicações originais dos três volumes de *Memórias de guerra* também contêm grande número de documentos dos arquivos que não foram reproduzidos na edição da Pléiade. Além disso, há os cinco volumes de discursos de De Gaulle *Discours et messages* (Plon Poche,

1970) e a quantidade considerável de escritos do entreguerras, a maioria dos quais convenientemente reunida em *Le fil de l'épée et autres écrits* (Omnibus Plon, 1990).

Três ferramentas valiosas quando se estuda De Gaulle são: Claire Andrieu, Philippe Braud e Guillaume Piketty (orgs.), *Dictionnaire Charles de Gaulle* (Robert Laffont, 2006); Alain Larcan, *De Gaulle inventaire. La culture, l'esprit, la foi* (Bartillat, edição de 2010), exaustivo inventário (com comentários) de todo o conhecimento literário de De Gaulle; e os sete volumes da imensa conferência internacional realizada em Paris no vigésimo aniversário da morte de De Gaulle: *De Gaulle en son siècle. Actes des journées internationales tenues à Unesco Paris* (Documentation Française, 1991-92). A qualidade dos *papers* varia.

A revista da Fondation Charles de Gaulle, *Espoir*, também oferece muitas informações.

Os *Documents diplomatiques français* são essenciais especialmente para o período da presidência de De Gaulle. Os do período de 1944-54 foram editados por Georges-Henri Soutou, e os do período a partir de 1954 por Maurice Vaïsse. Para uma visão geral, ver Maurice Vaïsse, 'Les documents diplomatiques français: outil pour la recherche?', *La Revue pour l'histoire du CNRS* 14 (2006) em http://journals. openedition.org/histoire-cnrs/1836.

Diários

O diário do diplomata Hervé Alphand, *L'étonnement d'être. Journal 1939-1973* (Fayard, 1977) é muito útil, por ser o único que cobre (embora intermitentemente) todo o período de 1941 ao fim da vida de De Gaulle. Claude Bouchinet-Serreulles, *Nous étions faits pour être libres. La Résistance avec de Gaulle et Jean Moulin* (Grasset, 2000), é excelente para o período inicial da França Livre; para o período argelino, ver Henri Queuille, *Journal de Guerre Londres-Alger avril 1943-juillet 1944* (Plon, 1995). Claude Mauriac, *Un autre de Gaulle* (Hachette, 1970), é ótimo para o imediato pós-guerra e o período inicial do RPF, e Claude Guy, *En écoutant de Gaulle. Journal 1946-1949* (Grasset, 1996) para os primeiros anos do RPF. Outros diários de interesse são Louis Terrenoire, *Pourquoi l'échec. Du RPF à la traversée du désert* (Plon, 1981), e Pierre-Henri Rix, *Par le portillon de la Boisserie* (Nouvelles Editions Latines, 1974), que registra conversas posteriores a 1947 sobre literatura e história. Georges Pompidou, *Pour rétablir une vérité* (Flammarion, 1982), contém interessantes trechos de diário e pode ser complementado com outro material de Pompidou, *Lettres, notes et portraits 1928-1974* (Robert Laffont, 2012).

Para o período da presidência, os dois diários mais importantes como fonte são Alain Peyrefitte, *C'était de Gaulle* (Gallimard, 2000), e Jacques Foccart, *Foccart Parle. Entretiens avec Philippe Gaillard* (Fayard Jeune Afrique, 1995). Há algum material útil também em Robert Buron, *Carnets politiques de la guerre d'Algérie* (Plon, 1965, edição de 2002).

Biografias

Três importantes biografias são a obra em três volumes de Jean Lacouture, *De Gaulle* (Seuil, 1984-86); Paul-Marie de la Gorce, *De Gaulle* (Perrin, 1999); e Eric Roussel, *De Gaulle* (Gallimard, 2002). A contribuição dada por essas obras é discutida na Introdução do presente livro. Só a de Lacouture está disponível em inglês, numa tradução bem condensada. Biografias de De Gaulle aparecem na França quase todos os anos. Uma das mais recentes e compactas é Chantal Morelle, *De Gaulle. La passion de la France* (Armand Colin, 2015). Não é de surpreender que haja também muitas biografias de De Gaulle de autoria de escritores britânicos e americanos. Entre as de biógrafos britânicos, uma das mais incisivas foi publicada no meio da presidência de De Gaulle, pelo veterano jornalista de esquerda Alexander Werth, que cobriu a política francesa para o *Manchester Guardian* por décadas: *De Gaulle* (Penguin, 1965). A biografia escrita por Bernard Ledwidge, *De Gaulle* (Weidenfeld & Nicolson, 1982), tem alguns insights que vêm do período do autor como funcionário da embaixada britânica em Paris durante a presidência de De Gaulle. A biografia em dois volumes de autoria do jornalista australiano Brian Crozier, *De Gaulle* (Scribner, 1973), foi prejudicada pelas extremas posições do autor na Guerra Fria: ele via o De Gaulle dos anos 1960 quase como um comunista, e lamentavelmente diferente de Franco, a quem Crozier dedicou uma biografia cheia de admiração. A mais recente biografia inglesa é Jonathan Fenby, *The General: Charles de Gaulle and the France He Saved* (Simon & Schuster, 2010), de leitura extremamente boa. Das biografias americanas, a do jornalista David Schoenbrun, *Les trois vies de Charles de Gaulle* (Julliard, 1965), apesar de ter saído no meio da presidência de De Gaulle, beneficiou-se das entrevistas do próprio autor com De Gaulle. Há também uma biografia americana bastante equilibrada escrita por Don Cook, por anos correspondente do *Los Angeles Times* em Paris: *Charles de Gaulle: A Biography* (Putman, 1984).

Vida pessoal

Sobre o "De Gaulle privado", um bom lugar para começar são os dois volumes de memórias de seu filho Philippe de Gaulle, *Mémoires accessoires* (Plon 1997, 2000) e seus dois volumes de entrevistas *De Gaulle, mon père. Entretiens avec Michel Tauriac* (Plon, 2003, 2004). As entrevistas precisam ser tratadas com cautela em relação ao De Gaulle "público", uma vez que são usadas para acertos de contas e se recusam a contemplar a ideia de que De Gaulle pudesse algum dia estar errado: ver 'Qui était Charles de Gaulle?', *Le Débat* 134 (março/abril de 2005). Mas os volumes de entrevistas também contêm informações fascinantes sobre a família De Gaulle que não se encontram em nenhuma outra parte. A obra de Frédérique Neau-Dufour *Yvonne de Gaulle* (Fayard, 2010) é até agora o melhor estudo sobre a mulher de De Gaulle.

Gaullismo

Para compreender o "gaullismo," o pioneiro livro de Jean Touchard *Le gaullisme* (Seuil, 1978) continua perspicaz. Touchard era um conferencista da FNSP e seus livros são quase todos coletâneas das palestras que deu ali. Quando jovem, trabalhou no *cabinet* de De Gaulle, em 1945. Anthony Hartley, *Gaullism: The Rise and Fall of a Political Movement* (Dutton, 1972) é outro livro antigo que ainda vale a pena consultar. A mais recente visão geral do gaullismo é o trabalho de Serge Berstein *Histoire du gaullisme* (Perrin, 2001). Numa categoria à parte, estão os artigos de Odile Rudelle reunidos em *République d'une jour, République de toujours* (Riveneuve, 2016). Rudelle praticamente transformou em uma missão de vida situar De Gaulle na tradição liberal católica: mesmo insistindo mais em sua argumentação do que as provas permitem, seu trabalho funciona como valioso corretivo para a visão tradicional de De Gaulle como alguém que começou como nacionalista maurrasiano. A obra de Nicolas Roussellier *La force de gouverner. Le pouvoir exécutif en France, XIXe-XXIe siècles* (Gallimard, 2015) é um estudo ambicioso da ideia e da realidade do Poder Executivo na França desde a Revolução e em sua argumentação tem muito a dizer sobre o gaullismo. O senador e cientista político italiano Gaetano Quagliariello, em *La religion gaulliste* (Perrin, 2006), oferece um interessante estudo da tensão entre partido e carisma na história do gaullismo. Ninguém superou os insights do cientista político franco-americano Stanley Hoffmann, cujos numerosos ensaios sobre De Gaulle e o gaullismo estão reunidos em *Decline or Renewal? France since the 1930s* (Viking, Nova York, 1974).

Antes de 18 de junho de 1940

As atas de dois colóquios da Fondation Charles de Gaulle, *Charles de Gaulle. La jeunesse et la guerre 1890-1920* (Plon, 2001) e *Charles de Gaulle. Du militaire au politique 1920-1940* (Plon, 2004), contêm muitas contribuições valiosas.

Sobre a Grande Guerra, ver Historial de la Grande Guerre, *De Gaulle soldat, 1914-1918* (Martelle Editions, 1999) e Frédérique Neau-Dufour, *La première guerre mondiale de Charles de Gaulle 1914-1918* (Tallandier, 2013).

Jacques Schapira e Henri Lerner, *Emile Mayer. Un prophète baillonné* (Editions Michalon, 1995) e Vincent Duclert (org.), *Le Colonel Mayer de l'Affaire Dreyfus à de Gaulle. Un visionnaire en République* (Armand Colin, 2008) são estudos excelentes sobre o coronel Mayer, tão importante para De Gaulle nos anos do entreguerras.

Sobre as relações com Pétain, continua sendo essencial Jean-Raymond Tournoux, *Pétain et de Gaulle* (Plon, 1964). A melhor biografia de Pétain é agora de Bénédicte Vergez-Chaignon, *Pétain* (Perrin, 2014), mas tem pouca coisa sobre De Gaulle. Alain Larcan e Pierre Messmer, *Les écrits militaires de Charles de Gaulle* (PUF, 1985) apresenta uma visão geral do pensamento militar de De Gaulle.

1940-44

Sobre a França Livre, a obra de referência é Jean-Louis Crémieux-Brilhac, *La France libre. De l'Appel du 18 juin à la libération* (Gallimard, 1996). Apesar de Crémieux-Brilhac ter pertencido à França Livre quando jovem, e da paixão subjacente ao seu estudo, o livro é um modelo de pesquisa científica. Pode ser complementado com os artigos na FDG, *De Gaulle chef de guerre. De l'Appel de Londres à la libération de Paris 1940-1944* (Plon, 2008). Ver também François Broche e Jean-François Muracciole, *Dictionnaire de la France libre* (Robert Laffont, 2010).

Sobre o BCRA, o estudo definitivo é agora Sébastien Albertelli, *Les services secrets du Général de Gaulle. Le BCRA 1940-1944* (Perrin, 2009). Jean-Luc Barré, *Devenir de Gaulle 1939-1943* (Perrin, 2009) foi o primeiro livro a usar os documentos de De Gaulle relativos ao período. Os imensos três volumes de Daniel Cordier sobre Jean Moulin, *Jean Moulin. L'inconnu du Panthéon* (J.-C. Lattès, 1989-93), vão muito além do próprio Moulin e contêm abundante documentação. O material é apresentado de maneira mais acessível em Cordier, *La République des catacombes* (Gallimard, 1999).

Eric Jennings, *La France libre fut africaine* (Perrin, 2014) nos relembra a importância da África para a França Livre. Ver também Martin Thomas, *The French Empire at War 1940-1945* (Manchester University Press, 1998).

Guillaume Piketty, *Français en Résistance. Carnets de guerre, correspondance, journaux personnels* (Robert Laffont, 2009) é uma inestimável coleção de várias cartas e diários pessoais de algumas figuras-chave da França Livre (Brosset, Pleven, Leclerc etc.). Jean François Murracciole, *Les Français libres. L'autre résistance* (Tallandier, 2010) é exaustivo no que diz respeito aos antecedentes pessoais dos membros da França Livre. Nicholas Atkin, *The Forgotten French* (Manchester University Press, 2003) é o melhor livro sobre a vida dos franceses (não apenas da França Livre) em Londres durante a guerra. Olivier Wieviorka, *Une histoire de la Résistance en Europe occidentale* (Perrin, 2017) permite uma comparação entre a França Livre e outros governos exilados em Londres.

O período do CFLN em Argel é bem coberto por Crémieux-Brilhac, *La France libre*, mas há material proveitoso também em Arthur Layton Funk, *Charles de Gaulle: The Crucial Years 1943-44* (University of Oklahoma Press, 1959) e Yves Maxime Danan, *La vie politique à Alger de 1940 à 1944* (Paris, 1963). Chantal Morelle, *Louise Joxe. Diplomate dans l'âme* (André Versaille, 2008) é um importante estudo sobre um dos principais colaboradores de De Gaulle em Argel – e, na verdade, durante todo o resto de sua carreira.

Entre outras biografias de figuras envolvidas de diferentes maneiras com a França Livre estão Jean-Christophe Notin, *Leclerc* (Perrin, 2005); Guillaume Piketty, *Pierre Brossolette. Un héros de la Résistance* (Odile Jacob, 1998); Henri Lerner, *Catroux* (Albin Michel, 1990); Sophie Davieau-Pousset, "Maurice Dejean, diplomate atypique (1899-1982)" (tese de doutorado inédita, Ecole des Sciences

Politiques, 2013); Philippe Oulmont, *Pierre Denis. Français libre et citoyen du monde* (Nouveau Monde, 2012); Jean-Louis Crémieux-Brilhac, *Georges Boris, Trente ans d'influence. Blum, de Gaulle, Mendès France* (Gallimard, 2010); e Raphaële Ulrich-Pier, *René Massigli (1888-1988). Une vie de diplomate* (Peter Lang, Bruxelas, 2006).

Sobre as relações entre Churchill e De Gaulle nada supera François Kersaudy, *Churchill and de Gaulle* (Fontana Press, 1990). A.B. Gaunson, *The Anglo-French Clash in Lebanon and Syria 1940-1945* (Macmillan, 1986) e Aviel Roshwald, *Estranged Bedfellows: Britain and France in the Middle East during the Second World War* (Oxford University Press, 1990) cobrem os conflitos entre De Gaulle e os britânicos no Levante.

Sobre as relações com Roosevelt, ver François Kersaudy, *De Gaulle et Roosevelt. Le duel au sommet* (Perrin, 2004) que pode ser complementado com dois relatos excelentes, mais genéricos: Julian Hurstfield, *America and the French Nation 1938-1945* (University of North Carolina Press, 1986) e G.E. Maguire, *Anglo-American Policy towards the Free French* (Macmillan, 1995). Raoul Aglion, *Roosevelt and de Gaulle, Allies in Conflict: A Personal Memoir* (Free Press, 1988) é um *memoir* de um dos representantes de De Gaulle nos Estados Unidos. Kim Munholland, *Rock of Contention: Free French and Americans at War in New Caledonia 1940-1945* (Berghahn, 2005) é um estudo minucioso sobre um importante conflito entre a França Livre e os Estados Unidos.

Sobre a França Livre e a União Soviética, François Lévêque, "Les relations franco-soviétiques pendant la deuxième guerre mondiale" (tese de doutorado inédita, Paris 1, 1988) é exaustivo. Há vários artigos interessantes relativos à França Livre no resto do mundo em Sylvain Cornil-Frerrot e Philippe Oulmont, *Les Français libres et le monde* (Nouveau Monde, 2015).

Poucos foram os principais participantes da França Livre que não deixaram memórias. Entre as mais interessantes estão Amiral Thierry d'Argenlieu, *Souvenirs de guerre. Juin 1940-janvier 1941* (Plon, 1973); Antoine Béthouart, *Cinq années d'espérance. Mémoires de guerre 1939-1945* (Plon, 1968); François Coulet, *Vertu des temps difficiles* (Plon, 1967); Claude Hettier de Boislambert, *Les feux de l'espoir* (Plon, 1978); Pierre Billotte, *Le temps des armes* (Plon, 1972); Georges Catroux, *Dans la bataille de la méditerranée 1940-1944* (Julliard, 1949); Pierre Denis (Rauzan), *Souvenirs de la France Libre* (Berger-Levrault, 1946); Coronel Passy, *Mémoires du chef des services secrets de la France libre* (Odile Jacob, 2001); Jacques Soustelle, *Envers et contre tout*, vol. I: *De Londres à Alger (1940-1942)* (Laffont, 1947); André Weil-Curiel, *Le temps de la honte* (Editions du Myrte, 1945).

1944-58

Sobre o período imediatamente antes da Libertação e os primeiros dias do governo provisório de De Gaulle, ver a importante coleção de artigos em FDG,

Le rétablissement de la légalité républicaine (Complexe, Bruxelas, 1996). A política externa do governo provisório é coberta por Pierre Gerbet e Jean Laloy, *Le relèvement: 1944-1949* (Imprimerie Nationale, 1991) e A.W. Deporte, *De Gaulle's Foreign Policy 1944-1946* (Oxford University Press, 1968).

Sobre o desenvolvimento das ideias constitucionais de De Gaulle, ver F. Decaumont (org.), *Le discours de Bayeux. Hier et aujourd'hui* (Economica, 1990) e Jérôme Perrier, *Entre administration et politique. Michel Debré (1912-1948)* (Institut Université Varenne, 2013). Jean Charlot, *Le gaullisme d'opposition 1946-1958* (Fayard, 1983) continua insubstituível no tratamento do período do RPP mas agora precisa ser complementado com FDG, *De Gaulle et le Rassemblement du peuple français* (Armand Colin, 1998). *Gaullisme et Gaullistes dans la France de l'est sous la IVe République* (Presses Universitaires de Rennes, 2009) é menos limitado do que o título sugere. Há interessantes entrevistas com membros do RPF em FDG, *Témoignages. 'Le temps du Rassemblement' (1946-1958)* (Nouveau Monde, 2005).

Sobre o RPF e o Império, Frédéric Turpin, *De Gaulle, les gaullistes et l'Indochine* (Indes Savantes, 2005).

Para uma análise do pensamento social de De Gaulle nesse período, ver Marc Sadoun, Jean-François Sirinelli e Robert Vandenbussche (orgs.), *La politique sociale du général de Gaulle* (Centre d'Histoire de la Région du Nord et de l'Europe du Nord-Ouest, Villeneuve d'Ascq, 1990) e Patrick Guiol, *L'impasse sociale du gaullisme. Le RPF et l'action sociale* (FNSP, 1985).

Jacques Soustelle, *Vingt-huit ans de Gaullisme* (Table Ronde, 1968) é ressentido e injusto, mas não sem interesse no tocante aos anos do RPF. Olivier Guichard, *Mon général* (Grasset, 1990) é difícil de classificar; parte memórias, parte biografia, é um retrato sutil de De Gaulle traçado por um dos seus colaboradores mais próximos nesse período.

1958

Sobre a crise de maio de 1958, Odile Rudelle *Mai 1958: De Gaulle et la République* (Plon, 1988) é o ponto de partida essencial. Ainda que não se aceitem todos os aspectos de sua interpretação, a apresentação do material é meticulosa. Rudelle realizou numerosas entrevistas em profundidade com todos os principais atores da crise, cujas transcrições podem ser consultadas na Fondation National des Sciences Politiques. Ver também Christophe Nick, *Résurrection. Naissance de la Vème République, un coup d'état démocratique* (Fayard, 1998). Há também material importante em Jean-Paul Thomas, Gilles Le Béguec e Bernard Lachaise, *Mai 1958. Le retour du général de Gaulle* (Presses Universitaires de Rennes, 2010), que publica os resultados de um importante colóquio sobre Maio de 1958, e em Georgette Elgey, *Histoire de la IVe République. La fin. La République des tourmentes 1954-1959*, vol. III (Fayard, 2008). Este é o penúltimo volume da história da Quarta República de autoria de Elgey e, como todos os demais volumes, contém uma enorme quantidade de informações provenientes do amplo círculo de contatos pessoais dessa jornalista-historiadora. Michel Poniatowski (ele fez parte do gabinete de Pflimlin), *Mémoires* (Plon, Le Rocher, 1997) também é útil.

Sobre os seis meses de De Gaulle como último primeiro-ministro da Quarta República, Georgette Elgey *Histoire de la 4ᵉ République*, vol. VI: *De Gaulle à Matignon* (Fayard, 2012), último volume de sua história da Quarta República, é sempre uma mina de informações. Há muitos artigos úteis em FDG, *L'avènement de la Vème République. Entre nouveauté et tradition* (Armand Colin, 1999). Bernard Lachaise, Gilles Le Béguec e Frédéric Turpin (orgs.), *Georges Pompidou, directeur de cabinet du général de Gaulle. Juin 1958-janvier 1959* (Peter Lang, Bruxelas, 2006) cobre os seis meses em que, para todos os efeitos, Pompidou foi primeiro-ministro da França.

Sobre a redação da Constituição dois conjuntos de documentos são essenciais: *Documents pour servir à l'histoire de l'élaboration de la Constitution du 4 octobre 1958*, vol. I (Documentation Française, 1987) e Didier Maus e Olivier Passelecq, *Témoignages sur l'écriture de la Constitution de 1958* (Documentation Française, 1997). Para comentários sobre a Constituição, ver Didier Maus, Louis Favoreu e Jean-Luc Parodi, *L'écriture de la Constitution de 1958* (Economica, 1992). Brigitte Gaïti, *De Gaulle, prophète de la cinquième République (1946-1962)* (FNSP, 1998) é um revigorante argumento contra a ideia de que o novo regime foi uma simples aplicação das ideias do discurso de Bayeux.

Sobre o plano de estabilização de Rueff-Pinay, ver Institut Charles de Gaulle, *1958. La faillite ou le miracle. Le plan de Gaulle-Rueff* (Economica, 1986).

Quinta República

Política e governo

Os dois volumes de Pierre Viansson-Ponte, *Histoire de la République gaullienne* (Fayard, 1970-71) ainda são uma excelente narrativa introdutória escrita por um jornalista que cobriu a política do período para o *Le Monde*.

Eric Chiaradia, *L'entourage du Général de Gaulle juin 1958-avril 1969* (Publibook, 2011) oferece um exaustivo estudo prosopográfico dos assessores de De Gaulle. Ver também Gilbert Pilleul, *'L'entourage' et de Gaulle* (Plon, 1979) e Serge Berstein, Pierre Birnbaum e Jean-Pierre Rioux (orgs.), *De Gaulle et les élites* (La Découverte, 2008).

Sobre os vários movimentos políticos gaullistas, Jean Charlot, *L'UNR. Etude du pouvoir au sein d'un parti politique* (Armand Colin, 1967) e *Le phénomène gaulliste* (Fayard, 1970) são estudos pioneiros. Agora precisam ser complementados com François Audigier, Bernard Lachaise e Sébastien Laurent, *Les gaullistes. Hommes et réseaux* (Nouveau Monde, 2013) e Jérôme Pozzi, *Les mouvements gaullistes. Partis associations et réseaux 1958-1976* (Presses Universitaires de Rennes, 2011).

Dos três secretários-gerais do Eliseu na época de De Gaulle, dois deixaram memórias: Etienne Burin des Roziers, *Retour aux sources. 1962. L'année décisive* (Plon, 1986) e Bernard Tricot, *Les sentiers de la paix. Algérie 1958-1962* (Plon, 1972). Sobre os primeiros-ministros de De Gaulle, Serge Berstein e Jean-François Sirinelli (orgs.), *Michel Debré, Premier Ministre (1959-1962)* (PUF, 2005) oferece uma mina de informações sobre Debré e pode ser complementado com Michel Debré, *Entretiens avec le Général de Gaulle 1961-1969* (Albin Michel, 1993) e com os cinco volumes de memórias de Debré *Trois républiques pour une France* (Albin Michel, 1984-94). Sobre Pompidou há uma biografia de Eric Roussel, *Georges Pompidou* (J.-C. Lattès, 1984), e vários colóquios lhe foram dedicados: Gilles Le Béguec e Frédéric Turpin, *Georges Pompidou et les institutions de la Ve République* (Peter Lang, Bruxelas/Oxford, 2016) e Jean-Paul Cointet (org.), *Un politique, Georges Pompidou* (PUF, 2001).

As relações de De Gaulle com Malraux desovaram uma literatura considerável, de qualidade variável. Há uma excelente biografia desmistificadora de Olivier Todd, *André Malraux. Une vie* (Gallimard, 2001). Janine Mossuz, *André Malraux et la Gaullisme* (Armand Colin, 1970) é um estudo sobre Malraux e o gaullismo, e Alexandre Duval-Stalla, *André Malraux-Charles de Gaulle, une histoire, deux légendes. Biographie croisée* (Gallimard, 2008) cobre a relações entre os dois homens de uma forma não muito idealista.

O uso da propaganda, especialmente a televisão, pelo regime deu origem a considerável literatura. Os melhores estudos são Jérôme Bourdon, *Histoire de la télévision sous de Gaulle* (Anthropos/INA, 1990); Aude Vassallo, *La télévision sous de Gaulle. Le contrôle gouvernementale de l'information (1958/1969)* (De Boeck, Bruxelas, 2005); e Riccardo Brizzi, *De Gaulle et les médias. L'homme du petit écran* (Presses Universitaires de Rennes, 2014).

Sobre a oposição política a De Gaulle, ver Olivier Duhamel, *La gauche et la Ve République* (PUF, 1980) e Marc Lazar e Stéphane Courtois (orgs.), *Cinquante ans d'une passion française. De Gaulle et les communistes* (Balland, 1991), que cobre as relações entre De Gaulle e os comunistas em todo o período a partir de 1940.

Uma das formas mais esclarecedoras de estudar De Gaulle na Quinta República é através dos escritos de três personalidades fascinadas por ele, cada uma à sua maneira. Em primeiro lugar, as *Mémoires* de Raymond Aron (Julliard, 1984) são quase tanto sobre De Gaulle como sobre Aron, e devem ser complementadas com a coleção em três volumes dos artigos de Aron para *Le Figaro: Les articles de la politique internationale du Figaro de 1947 à 1977* (Fallois, 1990-97), com um valioso comentário de Georges-Henri Soutou. Em segundo lugar, os cinco volumes de *Bloc-notes*, de François Mauriac (Seuil, 1993), reeditados com notas oportunas de Jean Touzot e introdução de Jean Lacouture, são uma espécie de comentário em tempo real sobre De Gaulle feito pelo mais célebre escritor-jornalista da época. Em terceiro lugar, Hubert Beuve-Méry, *Onze ans de règne 1958-1969* (Flammarion, 1974) é uma coleção de muitos editoriais do editor do *Le Monde*.

Política externa

Sobre este vasto assunto, a obra-padrão é Maurice Vaïsse, *La grandeur. Politique étrangère du général de Gaulle* (CRNS Editions, 2013). Ele foi a primeira pessoa a ter acesso aos arquivos do Quai. Depois disso, como editor dos *Documents Diplomatiques Français* (dois volumes para cada ano), Vaïsse supervisionou a publicação dos mais importantes documentos que ele foi o primeiro historiador a consultar. Trata-se de fontes cruciais para o estudo da política externa gaullista. Para uma opinião bem menos favorável sobre a política externa de De Gaulle, ver Georges-Henri Soutou, *L'alliance incertaine. Les rapports politico-stratégiques franco-allemands 1954-1996* (Fayard, 1996). As memórias do pai, o diplomata Jean-Marie Soutou, *Un diplomate engagé. Mémoires 1930-1979* (Fallois, 2011), oferecem um ponto de vista crítico, mas perspicaz, da política externa de De Gaulle. Philip G. Cerny, *The Politics of Grandeur: Ideological Aspects of de Gaulle's Foreign Policy* (Cambridge University Press, 1980) está um pouco ultrapassado, mas apresenta uma interpretação estimulante. Ver também Christian Nuenlist, Anna Locher e Garret Martin (orgs.), *Globalizing de Gaulle: International Perspectives on French Foreign Policies 1958-1969* (Lexington Books, Plymouth, 2010) e Jeffrey Glen Giauque, *Grand Designs and Visions of Unity: The Atlantic Powers and the Reorganization of Western Europe 1955-1963* (University of North Carolina Press, 2002).

As relações de De Gaulle com os Estados Unidos têm atraído, inevitavelmente, muita atenção. Ver Frédéric Bozo, *Deux stratégies pour l'Europe. De Gaulle, les Etats-Unis et l'Alliance Atlantique 1958-1969* (Plon, 1996); James Ellison, *The United States, Britain and the Transatlantic Crisis: Rising to the Gaullist Challenge* (Palgrave, 2007); Erin Mahan, *Kennedy, de Gaulle and Western Europe* (Palgrave, Basingstoke, 2002); Garret Joseph Martin, *General de Gaulle's Cold War: Challenging American Hegemony 1963-1968* (Berghahn, 2013); e Sebastien Reyn, "Atlantis Lost: The American Experience with De Gaulle 1958-1969" (tese de doutorado inédita, Leyden University, 2007, publicada com o mesmo título pela University of Chicago Press, 2010).

Sobre a União Soviética (e não apenas com relação ao período da Quinta República), ver Maurice Vaïsse (org.), *De Gaulle et la Russie* (CNRS, 2006).

Sobre De Gaulle e a Grã-Bretanha, ver Peter Mangold, *The Almost Impossible Ally: Harold Macmillan and Charles de Gaulle* (I.B. Tauris, 1996), que também cobre as relações entre os dois homens durante a guerra. Piers Ludlow, *Dealing with Britain: The Six and the First UK Application to the EEC* (Cambridge University Press, 1997) é o relato definitivo da primeira tentativa britânica de entrar no Mercado Comum.

Sobre outros aspectos específicos da política externa de De Gaulle, ver Pierre Journoud, *De Gaulle et le Vietnam 1945-1969. La réconciliation* (Tallandier, 2011); Maurice Vaïsse (org.), *De Gaulle et l'Amérique latine* (Presses Universitaires de Rennes, 2014); e Samy Cohen, *De Gaulle, les gaullistes et Israël* (Alain Moreau, 1974).

Argélia

A coleção mais atualizada de ensaios é Maurice Vaïsse, *De Gaulle et l'Algérie 1943-1969* (Armand Colin, 2006) e a mais recente síntese é Benjamin Stora, *De Gaulle et l'Algérie* (Fayard, 2010). Matthew Connelly, *A Diplomatic Revolution: Algeria's Fight for Independence and the Origins of the Post-Cold War Era* (Oxford University Press, 2002) é um salutar lembrete do contexto internacional. Irwin Wall apresenta argumentos parecidos em *France, the United States and the Algerian War* (University of California Press, 2001), mas exagera na defesa do seu ponto de vista. Outros livros úteis que cobrem De Gaulle e a Argélia são Maurice Vaïsse, *Vers la paix en Algérie. Les négociations d'Evian dans les archives diplomatiques françaises. 15 janvier 1961-29 juin 1962* (Bruylant, Bruxelas, 2003); Chantal Morelle, *Comment de Gaulle et la FLN ont mis fin à la guerre d'Algérie* (André Versaille, 2012); e Maurice Vaïsse, *Comment de Gaulle fit échouer le putsch d'Alger* (André Versaille, 2011). Grey Anderson, "The Civil War in France, 1958 1962" (tese de doutorado inédita, Yale University, 2016) é um excelente estudo sobre o Exército. Sobre a posição de Debré, ver Association des Amis de Michel Debré, *Michel Debré et l'Algérie* (Champs Elysées, 2007).

Alain Dewerpe, *Charonne, 8 février 1962. Anthropologie historique d'un massacre d'état* (Gallimard, 2006) é um notável estudo antropológico do massacre de Charonne, escrito pelo filho de um dos mortos.

Império

Sobre Foccart, há dois estudos excelentes: Frédéric Turpin, *Jacques Foccart. Dans l'ombre du pouvoir* (CRNS, 2015) e Jean-Pierre Bat, *Le Syndrome Foccart. La politique française en Afrique de 1959 à nos jours* (Gallimard, 2012). Ver também Frédéric Turpin, *De Gaulle, Pompidou et Afrique (1958-1974). Coloniser et coopérer* (Indes Savantes, 2010); Pierre-Michel Durand, *L'Afrique et les relations franco-américaines des années soixante. Aux origines de l'obsession américaine* (L'Harmattan, 2007); e Philippe Oulmont e Maurice Vaïsse (orgs.), *De Gaulle et la décolonisation de l'Afrique subsaharienne* (Karthala, 2014).

1968 e depois

Não existem estudos sobre De Gaulle em 1968, o que se explica parcialmente pelo fato de que ele ficou, em certo sentido, inteiramente à margem dos acontecimentos. Bernard Lachaise e Sabina Tricaud (orgs.), *Georges Pompidou et Mai 1968* (Peter Lang, Bruxelas, 2009) cobre Pompidou lidando com a crise. Ludivine Bantigny, *1968. De grands soirs en petits matins* (Seuil, 2018) traz muita coisa sobre a maneira como o regime e sua polícia lidaram com a crise.

Sobre De Gaulle após sua renúncia em 1969, ver François Flohic, *Souvenirs d'outre de Gaulle* (Plon, 1979); Pierre-Louis Blanc, *De Gaulle au soir de sa vie* (Fayard, 1990); e Jean Mauriac, *Mort du Général de Gaulle* (Grasset, 1972).

Memória e legado

O texto de onde se originou a mitologia gaullista é André Malraux, *Les chênes qu'on abat* (Gallimard, 1971). Sudhir Hazareesingh, *Le mythe gaullien* (Gallimard, 2010) é um estudo magnífico da criação progressiva do mito gaullista. Maurice Agulhon, *De Gaulle. Histoire, symbole, mythe* (Plon, 2000) é brilhante, ainda que não se tenha certeza, ao lê-lo, se é uma desconstrução ou uma validação do mito. Philippe Oulmont (org.), *Les 18 juin: combats et commémorations* (André Versaille, 2011) cobre a forma como o 18 de Junho foi comemorado desde suas origens até hoje. Patrice Gueniffey, *Napoléon et de Gaulle. Deux héros français* (Perrin, 2017) traz reflexões do principal historiador de Napoleão sobre os dois mitos. Para saber o que aconteceu com o gaullismo depois de 1970 – que cada vez tem menos a ver com o próprio De Gaulle –, ver Andrew Knapp, *Gaullism since de Gaulle* (Aldershot, 1994) e Jean Mauriac, *L'après de Gaulle. Notes confidentielles 1969-1989* (Fayard, 2006).

Biografias

O asterisco indica que se trata de um dos 1061 Companheiros da Ordem da Libertação e é seguido pela data em que a honraria foi concedida.

Adenauer, Konrad (1876-1967). Primeiro chanceler da Alemanha Ocidental, a partir de 1949. Desempenhou papel crucial na reinserção da Alemanha Ocidental na comunidade das nações, estreitando relações com políticos da Quarta República. De início desconfiou de De Gaulle, em maio de 1958, mas rapidamente estabeleceu com ele estreitas ligações pessoais após ter sido convidado a passar uma noite em Colombey em setembro de 1958 – único líder estrangeiro que teve esse privilégio. Os dois homens se encontraram quinze vezes e trocaram quarenta cartas. As relações entre eles culminaram com a assinatura do Tratado Franco-Alemão (janeiro de 1963), pouco antes de Adenauer aposentar-se. De Gaulle não desenvolveu com nenhum outro líder estrangeiro uma ligação tão forte, e essas relações deram à reconciliação franco-alemã uma força que ela não tinha.

Alphand, Hervé (1907-1994). Filho de embaixador. Conselheiro financeiro da embaixada francesa em Washington em 1940-41. Chegou a Londres em setembro de 1941, foi incumbido das questões econômicas do Comitê Nacional Francês e depois do CGLN. Teve importante carreira diplomática depois de 1945, representando a França no Conselho Permanente da Otan em 1952-54. Embaixador da França nos Estados Unidos quando De Gaulle voltou ao poder e mantido no posto até 1965, num momento difícil das relações franco-americanas. Chefe do Quai d'Orsay em 1965-72. Figura culta e sofisticada, cujas suntuosas recepções ajudaram a atenuar as asperezas da política que punha em vigor. Conseguiu a façanha de admirar igualmente De Gaulle e Monnet.

Antoine, Jules Aristide (1891-1969). Aluno da Ecole Polytechnique que se tornou administrador de empresas. Juntou-se a De Gaulle em 20 de junho de 1940 e foi nomeado chefe do seu *cabinet*. Quando De Gaulle se ausentou entre setembro e dezembro de 1940, durante uma viagem à África, foi uma das três figuras incumbidas de dirigir a França Livre. Mas sua falta de tato, suas opiniões de direita e seu estilo autoritário o tornaram impopular. Rapidamente posto à margem de qualquer função significativa na França Livre.

Argenlieu, Georges Thierry d' (1889-1964) (*29/1/1941). Nascido em Brest, numa família ligada à Marinha. Combateu na Marinha durante a Primeira Guerra. Em 1920, entrou na Ordem dos Frades Carmelitas. Convocado em 1938, foi feito prisioneiro e fugiu para juntar-se a De Gaulle em Londres em junho de 1940. Gravemente ferido durante a expedição de Dakar. Nomeado alto-comissário para o Pacífico com a missão de proteger a soberania francesa na região contra ingerências americanas. No grupo que acompanhou De Gaulle a Anfa em janeiro de 1943, a Bayeux em 14 de junho de 1944 e a Paris em 25 de agosto de 1944. Nomeado por De Gaulle alto-comissário na Indochina para restaurar a soberania francesa. Sua prepotência com os nacionalistas contribuiu para destruir qualquer possibilidade de acordo. De Gaulle insistiu para que não renunciasse, e ele acabou sendo demitido em março de 1947. Dedicado aos seus deveres de grão-chanceler da Ordem da Libertação até que problemas de saúde o obrigaram a retornar ao seu mosteiro em 1958. Gaullista de *première heure* que era, com frequência, mais gaullista do que De Gaulle.

Aron, Raymond (1905-1983). Colega de escola (e durante certa época amigo íntimo) de Jean-Paul Sartre na ENS, onde Aron foi um dos primeiros da sua turma na *agrégation* de filosofia. Em Londres durante a guerra, foi o principal colaborador da revista *La France libre*. Embora não fosse tão antigaullista como alguns colaboradores, escreveu um artigo em agosto de 1943 sobre a "Sombra de Bonaparte". Depois da guerra, combinou brilhante carreira universitária com prolífica produção jornalística defendendo ideias liberais e atlanticistas fora de moda. Ingressou no RPF movido pelo anticomunismo. Em 1953, publicou *O ópio dos intelectuais*, atacando a simpatia de intelectuais franceses pelo comunismo. Apesar de ser o principal comentarista conservador liberal da França, defendeu a independência argelina a partir de 1956, numa época em que nem mesmo a maioria da esquerda o fazia. Apoiou a volta de De Gaulle ao poder em 1958, mas logo passando a criticar o seu antiamericanismo. Escreveu ferozes ataques contra os manifestantes de 1968. Mais tarde observou, ironicamente, que tinha sido antigaullista quando deveria ser gaullista, e gaullista quando deveria ser antigaullista.

Astier de la Vigerie, Emmanuel d' (1900-1969) (*23/3/1943). Um dos oito filhos de uma família aristocrática. Depois de começar uma carreira na Marinha tornou-se *littérateur*, jornalista e consumidor de ópio nos anos 1930. Fundador do Libération-Sud, um dos movimentos de resistência mais importantes da região sul. O primeiro líder da Resistência dessa zona a chegar a Londres (maio de 1942), onde foi recebido por De Gaulle (a quem sempre se referia, com respeitosa irreverência, como "o Símbolo"). Seguiram-se mais duas visitas a Londres. Nomeado comissário do Interior no CFLN em novembro de 1943. Num encontro com Churchill em Marrakesh em janeiro de 1944, convenceu o primeiro-ministro britânico a armar a Resistência. Fez carreira política depois da guerra como companheiro de viagem dos comunistas até o começo dos anos 1960. Apoiou De Gaulle na eleição presidencial de 1965. Celebrizou-se como jornalista de televisão. Uma daquelas figuras extravagantes por quem De Gaulle tinha certa fraqueza, e com quem talvez sentisse certa afinidade social.

Auriol, Vincent (1884-1966). Político socialista do entreguerras próximo de Léon Blum, de quem foi ministro das Finanças em 1936. Depois de um período na clandestinidade, chegou a Londres no outono de 1943. Como presidente da República (1946-53), passou a ver De Gaulle com desconfiança, e trabalhou nos bastidores para mantê-lo longe do poder. Mas em 1958 sua convicção de que só De Gaulle se interpunha entre a República e um golpe militar desempenhou papel importante no esforço para convencer o Partido Socialista a apoiá-lo. Rapidamente voltou a fazer oposição a De Gaulle, e como membro *ex officio* do Conselho Constitucional causou um pequeno rebuliço recusando-se a votar – mas já não era levado em conta.

Bainville, Jacques (1879-1936). Jornalista brilhante e historiador monarquista da escola da Action Française, escritor best-seller. É famosa sua descrição do Tratado de Versalhes como "severo demais em suas partes moderadas, moderado demais em seus aspectos severos". Como Maurras, opunha-se ao romantismo, ao liberalismo, à democracia, ao internacionalismo e à Revolução Francesa, e suspeitava da Alemanha, mas parece ter sido isento do antissemitismo de Maurras. Se é lícito falar em afinidades de De Gaulle com a Action Française, era mais como bainvilliano do que como maurrasiano.

Barrès, Maurice (1862-1923). Romancista francês cujos escitos seduziram gerações de leitores franceses, incluindo De Gaulle, a partir dos anos 1880. Importante inspiração intelectual do nacionalismo francês *fin de siècle*, e convicto antidreyfusard. Sua visão sincrética e inclusiva da história francesa encontrava ecos mais profundos em De Gaulle do que o nacionalismo monarquista mais estreito de Maurras. Nada mais adequado do que a primeira biografia de propaganda de De Gaulle (publicada em Montreal em 1941) ter sido escrita por Philippe, filho jornalista de Barrès.

Beuve-Méry, Hubert (1902-1989). Católico de direita que foi um dos correspondentes em Praga, nos anos 1930, do respeitado jornal *Le Temps*. Demitiu-se depois do Acordo de Munique. Em 1945 tornou-se editor do recém-fundado *Le Monde* (depois que *Le Temps* arruinou sua reputação durante a Ocupação). Embora não fosse gaullista, apoiava uma posição neutralista em política externa nos anos 1950, não muito distante das opiniões do próprio De Gaulle. Deu um "sim condicional e provisório" à volta de De Gaulle ao poder em 1958 e o apoiou, cada vez com menos entusiasmo, até a independência argelina. Então se tornou adversário implacável das políticas interna e externa de De Gaulle. Figura austeramente incorruptível, cujos editoriais em resposta às intervenções de De Gaulle na televisão, regularmente publicados, eram aguardados com interesse quase igual ao que cercava as apresentações do próprio De Gaulle. Deixou de ser diretor de Le Monde depois da renúncia de De Gaulle – como se tivesse perdido seu *alter ego*.

Bidault, Georges (1899-1983) (*27/8/1944). Um dos primeiros na *agrégation* de história de 1925. Lecionou história antes de tornar-se católico de esquerda e jornalista contrário ao apaziguamento nos anos 1930. Um dos líderes da Resistência que cooperaram mais estreitamente com Jean Moulin e escolhido pelos movimentos da Resistência para sucedê-lo como presidente do CNR. Surpreendentemente nomeado ministro do Exterior no governo de De Gaulle em 1944-46. Como membro destacado do MRP esteve na maioria dos governos da Terceira Força de 1947 a 1953, geralmente como ministro do Exterior, condição em que desempenhou papel crucial na reconciliação franco-alemã. Sua dedicação cada vez mais linha-dura ao Império francês o colocou à margem do seu partido, e ele não ocupou mais nenhum cargo depois de 1953. Foi um dos primeiros políticos a se juntarem a De Gaulle em 1958, achando que ele salvaria a *Algérie française*. Depois do discurso de De Gaulle em setembro de 1959 oferecendo autodeterminação à Argélia, rompeu com ele, e tornou-se oponente clamoroso. Em março de 1962, foi para o exílio como chefe de um novo e farsesco Conselho Nacional da Resistência (CNR) – dessa vez resistindo ao "abandono" da Argélia. Anistiado juntamente com outros radicais da *Algérie française* em maio de 1968, retornou à França.

Billotte, Pierre (1906-1992) (*8/11/1944). Filho de um general morto na Batalha da França. Um dos 185 prisioneiros de guerra fugidos que chegaram a Londres em setembro de 1941. Ingressou no *cabinet* militar de De Gaulle e foi seu chefe a partir de maio de 1942. Um dos seus assessores mais antiamericanos. Lutou na 2ª Divisão Blindada de Leclerc na Normandia em 1944. Em 1946-50 chefiou a delegação militar francesa nas Nações Unidas, mas renunciou para ingressar no RPF em 1950, porque se opunha ao atlanticismo do governo. Eleito deputado pelo RPF em 1952, mas foi um dos rebeldes que apoiaram Pinay em 1952. Apesar de perdoado por "essa traição" por De Gaulle depois de 1958, e de eleito deputado da UDT-UNR em 1962, jamais ocupou cargo ministerial importante.

Bingen, Jacques (1908-1944) (*31/3/1944). Engenheiro civil de abastada família judaica (era cunhado de André Citroën). Chegou a Londres em julho de 1940. Apesar das restrições iniciais a De Gaulle, trabalhou para a Marinha Mercante da França Livre. Ansioso para assumir papel mais ativo, ingressou no BCRAM.

Enviado à França para dar apoio a Moulin em agosto de 1943, viu-se, em vez disso, tendo que atuar como delegado interino de De Gaulle no lugar de Moulin. Preso em maio de 1944, engoliu cianeto para não ter que falar sob tortura. Seus restos jamais foram encontrados.

Bogomolov, Alexander (1900-1968). Diplomata soviético. Representante oficial do governo soviético na França Livre e depois no CFLN. Não tinha nem um pouco do charme do embaixador soviético em Londres, Maisky.

Boissieu, Alain de (1914-2006) (*18/1/1946). Militar de carreira e especialista em tanques nos anos 1930. Um dos 185 prisioneiros de guerra fugidos que chegaram a Londres em setembro de 1941. Com as Forças Francesas Livres na Tunísia, na Normandia e na Alsácia. Casou-se com Elisabeth, a filha de De Gaulle, em janeiro de 1946, tornando-se parte do grupo mais íntimo do general. Nomeado general-brigadeiro em 1962. Estava no Citroën DS com De Gaulle durante o ataque da OAS em Petit Clamart em agosto de 1962. Como comandante militar das tropas francesas em Mulhouse foi convocado por De Gaulle para um encontro na manhã de 29 de maio de 1968. Designado chanceler da Legião de Honra em 1975, mas renunciou em 1981 para não ter que conceder a grã-cruz ao recém-eleito presidente François Mitterrand.

Bonneval, Gaston de (1911-1998). Militar de carreira de uma família aristocrática empobrecida com profundas convicções católicas. Deportado para Mauthausen por atividades na Resistência. Mais morto do que vivo, designado ajudante de ordens de De Gaulle em outubro de 1945 – e continuou na função por vinte anos. Em maio de 1958 desempenhou papel de intermediário entre o Eliseu e De Gaulle. Presença discretamente constante ao lado de De Gaulle até se aposentar, em 1965. De acordo com uma história (possivelmente apócrifa), numa recepção no Eliseu Bonneval, ao lado de De Gaulle para informá-lo sobre quem eram os convidados, sussurrou-lhe, quando o cineasta Jacques Tati apareceu, que o último filme de Tati era *Meu tio*. O general agradeceu a Tati por sua contribuição para a cultura francesa, acrescentando que era um prazer conhecer o tio de Bonneval. Praticamente único entre os colaboradores de De Gaulle por não publicar um livro de memórias.

Boris, Georges (1888-1960). Jornalista e economista de esquerda nos anos 1930. Aconselhou seu amigo Léon Blum em economia. Achando-se em Londres em 18 de junho de 1940, foi um dos primeiros a se juntarem a De Gaulle. Inicialmente discreto por causa da condição de judeu e das opiniões de esquerda. A partir de 1942 tornou-se cada vez mais importante como organizador da propaganda da França Livre. Ajudou a atrair Blum para De Gaulle. Na Libertação tentou, sem êxito, dar às ideias econômicas de De Gaulle um cunho mais socialista. Tornou-se conselheiro importante de Pierre Mendès France nos anos 1950. Apesar de opor-se ao retorno do general ao poder em 1958, nunca perdeu sua admiração pelo De Gaulle de 1940.

Bouchinet-Serreulles, Claude (1912-2000) (*30/3/1944). Filho de um industrial, quando chegou a Londres, em julho de 1940, Bouchinet (Serreulles na Resistência) foi apresentado a De Gaulle por seu amigo de escola De Courcel. Serviu como oficial de artilharia e factótum de julho de 1940 ao fim de 1942. Enviado à França em junho de 1943 para apoiar o assediado Moulin, acabou atuando (com Bingen) como substituto interino e trabalhou eficazmente para manter a autoridade do CFLN dentro da Resistência, que tentava recuperar sua autonomia. Foi convocado de volta a Londres em março de 1944, injustamente acusado por rivais no BRCA de falha na segurança. Depois de 1945, seguiu carreira diplomática e, mais tarde, empresarial. Apesar de não estar mais envolvido com o gaullismo, foi um discreto gaullista "de esquerda" pelo resto da vida.

Brosset, Diego (1898-1944). (*20/11/1944). Militar de carreira que telegrafou da América do Sul para dar apoio a De Gaulle após ouvir sua transmissão de 26 de junho de 1940. Chegou a Londres em janeiro de 1941. Após seis meses no estado-maior de De Gaulle ficou baseado na Síria com tropas das Forças Francesas Livres. Comandou a 2ª Divisão das Forças Francesas Livres (DFL) na Tunísia em 1943. Entrou na Força Expedicionária Francesa na Itália em abril de 1944, e em agosto de 1944 chefiou a 1ª Divisão das Forças Francesas Livres (DFL) na Operação Bigorna (os desembarques no sul da França). Morreu num acidente de jipe em 20 de novembro de 1944. Um dos heróis militares das Forças Francesas Livres, cujos diários recém-publicados mostram que era tão ciente dos defeitos de De Gaulle como admirador de suas virtudes.

Brossolette, Pierre (1903-1944) (*17/10/1942). *Agrégé d'histoire* e formado pela Ecole Normale Supérieure. Militante socialista e jornalista nos anos 1930. Opôs-se ao Acordo de Munique. Envolvido em várias organizações da Resistência na zona de ocupação a partir de março de 1941. Em Londres, em abril-maio de 1942. Foi a favor de trazer figuras políticas de todas as tendências a Londres para fortalecer a legitimidade de De Gaulle. Em missão na França de junho a setembro de 1942, organizou a chegada a Londres do socialista Philip e do direitista Charles Vallin. Um artigo em setembro de 1942 propondo que políticos de todas as crenças políticas sepultassem suas diferenças em apoio a De Gaulle foi visto por alguns socialistas como uma defesa do fascismo e tem sido visto por outros como o esboço de visão política de um futuro Partido Gaullista. Não era, provavelmente, uma coisa nem outra. Tornou-se uma das figuras mais poderosas do BCRA. Em missão à França com Passy em março de 1943 para coordenar o movimento da Resistência na zona norte entrou em conflito com Moulin. Em outra missão à França em fevereiro-março de 1944 foi preso, e preferiu cometer suicídio a ter que revelar segredos sob tortura. Uma das personalidades mais vigorosas e controvertidas da França Livre, que não tinha a menor paciência com pessoas estúpidas.

Burin des Roziers, Etienne (1913-2012). De nobre família de Auvergne. Entrou no serviço público nos anos 1930. Funcionário da embaixada da França em Washington, juntou-se à França Livre em abril de 1942. Tornou-se oficial de artilharia de De Gaulle em 1943 e depois seu conselheiro em relações exteriores. Seguiu a carreira diplomática depois de 1946. Embaixador em Praga quando De Gaulle voltou ao poder, foi nomeado secretário-geral do Eliseu em 1962-67. Embaixador em Roma em 1967. Apesar de não pertencer ao grupo original em torno de De Gaulle, nem mesmo no RPF, seu discernimento, sua eficiência, sual lealdade e sua dedicação ao serviço público fizeram dele uma das pessoas em quem De Gaulle mais confiava.

Capitant, René (1901-1970). Seguindo os passos do pai, tornou-se um eminente jurista. Envolvido com o movimento Combat, da Resistência, em 1941, cujo líder, Frenay, era um ex-aluno. Transferido temporariamente para a Universidade de Argel em 1941, ali organizou uma pequena célula do Combat, praticamente a única presença da Resistência no norte da África. Depois dos desembarques americanos trabalhou para atrair a opinião pública pétainista da Argélia para De Gaulle. Encarregado da educação no CFLN. Influenciou o desenvolvimento das ideias constitucionais de De Gaulle em 1945-46. Forte defensor do referendo e da democracia direta. Eleito para o Parlamento em 1946, onde tentou organizar uma "Union Gaulliste". No RPF foi um dos chamados gaullistas de esquerda que apoiavam a política de "associação". Quando De Gaulle retornou ao poder lecionava em Tóquio. Voltando para a França em 1960, tornou-se um dos principais gaullistas de esquerda contrários a Pompidou. Eleito para o Parlamento em 1962. Em maio de 1968 renunciou para não ter que dar um voto de confiança ao governo Pompidou. Depois dos acontecimentos de maio, foi trazido por De Gaulle para dar um verniz de esquerda ao seu governo. De Gaulle tolerava-o de bom humor, embora raramente lhe desse ouvidos.

Cassin, René (1880-1976) (*1/8/1941). Respeitado jurista, gravemente ferido na Primeira Guerra. Delegado da Liga das Nações e presidente de importante organização esquerdista de veteranos de guerra. Embarcou de Saint-Jean-de-Luz para Plymouth em 24 de junho, tornando-se um dos primeiros a apoiar De Gaulle. Negociou os detalhes técnicos do acordo entre De Gaulle e os britânicos em 7 de agosto de 1940. Sempre tentando empurrar De Gaulle numa direção mais democrática e republicana. Membro do Comitê de Defesa do Império e depois do Conseil National. Desempenhou papel importante no CFLN, preparando o restabelecimento da legalidade republicana na França depois da Libertação. Ajudou a redigir a Declaração Universal dos Direitos da ONU, em 1948. Apesar de alguns escrúpulos, apoiou a volta de De Gaulle ao poder em 1958, mas como judeu se opôs à atitude do general para com Israel em 1967. Agraciado com o Prêmio Nobel da Paz em 1968; sepultado no Panteão em 1987.

Catroux, Georges (1877-1969) (*23/6/1941). Nascido em Limoges numa família de militares de convicções republicanas. Seguiu carreira militar basicamente nas colônias. Demitido por Vichy do cargo de governador-geral da Indochina; chegou a Londres em setembro de 1940. Como o oficial mais graduado a juntar-se a De Gaulle (cinco estrelas contra duas de De Gaulle), sua decisão de aceitar a autoridade de De Gaulle foi importante simbolicamente. Em 1941-42 ajudou De Gaulle e Girard a chegar a um acordo. Entrou no RPF mas renunciou em 1962, por julgar suas opiniões sobre o Império conservadoras demais. Sociável, sofisticado e encantador, foi figura-chave da França Livre. De Gaulle lamentava sua tendência a fazer concessões, enquanto Catroux lamentava a tendência de De Gaulle a arranjar briga. A divergência era atiçada pela ambiciosa mulher de Catroux.

Chaban-Delmas, Jacques (1915-2000) (*7/8/1945). Formado pela Ecole des Sciences Politiques. Não tendo conseguido chegar a Londres depois da derrota, fez contato em dezembro de 1940 com a rede da Resistência no norte da França e com o BCRAM. Ingressou na administração francesa para colher informações para a Resistência. Como delegado militar do CFLN em Paris (sob o pseudônimo Chaban) no verão de 1944, desempenhou papel crucial na mediação entre a impaciência da Resistência em Paris e a cautela de Londres e Argel. Ingressou no RPF e elegeu-se prefeito de Bordeaux em outubro de 1947. Serviu em vários governos da Quarta República. Como ministro da Defesa do governo Gaillard, trabalhou em favor de De Gaulle nos bastidores. Com De Gaulle de volta ao poder em 1958, elegeu-se presidente da Câmara Baixa contra o candidato do próprio general, mas serviu lealmente aos interesses de De Gaulle no Parlamento durante dez anos. Designado primeiro-ministro por Pompidou em 1969, mas suas opiniões progressistas o levaram a ser substituído em 1972. Sua candidatura em 1974 como candidato gaullista na eleição presidencial depois da morte de Georges Pompidou fracassou desastrosamente. Esse belo menino-prodígio do gaullismo – Alain Delon fez seu personagem em *Paris está em chamas?* –, que era também jogador de tênis de nível internacional, jamais superou as suspeitas de que não tinha peso político.

Challe, Maurice (1905-1979). Formado em Saint-Cyr, ingressou na força aérea em 1925. Entrou na Resistência em novembro de 1942. Nomeado por De Gaulle para substituir Salan como comandante do Exército na Argélia em dezembro de 1958. Depois da Semana das Barricadas, quando De Gaulle achou que não tinha demonstrado firmeza, foi dispensado com uma promoção a comandante das forças da Otan na Europa Central. Cada vez mais insatisfeito com a política argelina de De Gaulle, e com seu antiatlanticismo, deu baixa antecipadamente em janeiro de 1961. Aceitou com relutância encabeçar o golpe de abril de 1961 contra De Gaulle. Entregou-se e foi condenado a quinze anos de prisão em maio de 1961. Solto em dezembro de 1966; anistiado em 1968.

Chauvel, Jean (1897-1979). Diplomata de carreira que se juntou a De Gaulle em Argel em março de 1944. Designado secretário-geral (chefe) do Quai d'Orsay em 1946. Quando De Gaulle retornou ao poder em 1958, era embaixador em Londres, onde permaneceu até 1962. Embora sua carreira tenha sido pouco afetada pela demora do seu apoio a De Gaulle, ele se sentia pouco reconhecido, e achava inaceitável seu estilo (não) diplomático e sua hostilidade contra os britânicos. Como diplomata profissional que serviu a De Gaulle ao mesmo tempo que desconfiava dele, vingou-se em suas memórias.

Cooper, Alfred Duff (1890-1954). Diplomata britânico que saiu do governo de Chamberlain em protesto contra Munique. Como ministro da Informação, era um dos apoiadores de De Gaulle em Westminster. Enviado por Churchill em dezembro de 1943 para representar o governo britânico no CFLN, onde, nas palavras de De Gaulle, "colocado entre mim e Churchill, tinha a tarefa de absorver os choques". Seu êxito nessa frustrante tarefa resultou em sua nomeação como embaixador na França em 1945. Era um francófilo que tinha publicado uma biografia de Talleyrand, e De Gaulle respeitava e apreciava seu charme e sua cultura, tanto quanto era capaz de respeitar e apreciar as qualidades de qualquer inglês.

Cot, Pierre (1895-1972). Esquerdista do Partido Radical nos anos do entreguerras. Controverso ministro da Aviação em governos da Frente Popular, quando sua nacionalização das indústrias aeronáuticas alienou a direita. Por essa razão, De Gaulle recusou seus serviços em 1940 e o despachou aos Estados Unidos para dar apoio à França Livre. Cada vez mais desconfiado do que considerava tendências fascistas de De Gaulle. Parlamentar durante toda a Quarta República como companheiro de viagem dos comunistas. Perdeu a vaga em 1958, quando De Gaulle voltou ao poder. Numa visita a Moscou em 1961 declarou que a França vivia sob uma "ditadura semimilitar". Personificação de uma tradição de esquerda que considera De Gaulle fascista apesar de todas as provas em contrário.

Coty, René (1882-1962). Advogado e político moderado de centro-esquerda. Eleito para o Parlamento por Le Havre em 1923. Apesar de votar em Pétain em 1940, recusou qualquer envolvimento com o regime de Vichy. Depois de treze turnos de votação, foi eleito presidente da Quarta República em 1953. Preocupado com a instabilidade da Quarta República, já esperava conseguir a volta legal de De Gaulle ao poder antes de 1958. Sua mensagem ao Parlamento em 29 de maio de 1958 foi a chave que abriu a crise e tornou possível o retorno legal de De Gaulle. Continuou a atuar formalmente como presidente, tendo De Gaulle como seu primeiro-ministro, até a entrada em vigor da nova República, em janeiro de 1959. Não apoiou a reforma constitucional de De Gaulle em 1962; morreu poucas semanas depois da sua aprovação.

Coulet, François (1906-1984). Protestante de Montpellier que ingressou no serviço diplomático em 1936. Removido para o Oriente Médio, juntou-se imediatamente a De Gaulle e passou a integrar seu *cabinet* em 1941. Incumbido por De Gaulle de missões cruciais: enviado à Córsega em setembro de 1943 para assegurar a autoridade da CFLN; acompanhou De Gaulle a Bayeux em 16 de junho de 1944 e foi deixado como *Commissaire de la République* em exercício. Seguiu a carreira diplomática depois de 1945 (embaixador em Teerã e Belgrado). Em 1960, foi enviado por De Gaulle para observar Paul Delouvrier, em quem De Gaulle começava a perder confiança depois da Semana das Barricadas. Descrevia-se orgulhosamente como gaullista "fanático".

Courcel, Geoffroy Chodron de (1912-1992) (*18/7/1943). Filho de oficial e neto de diplomata. Ingressou no serviço diplomático. Estudou no elitista Lycée Stanislas. Em 1937-38 serviu na embaixada francesa em Varsóvia. Nomeado para o *cabinet* de De Gaulle em 7 de junho de 1940, foi a única pessoa a acompanhar o general a Londres dez dias depois. Auxiliar de confiança de De Gaulle em Londres até ir lutar com as Forças Francesas Livres no norte da África em dezembro de 1941. A partir de julho de 1943, *directeur adjoint* do *cabinet* de De Gaulle em Argel. Retornou ao serviço diplomático depois de 1945 e não se juntou ao RPF. Em 1959-62, serviu como primeiro secretário-geral do Eliseu sob De Gaulle. Em 1962-72 foi embaixador francês em Londres. Em certo sentido, o primeiro "gaullista", mas sempre discreto: tão afável quanto impassível.

Couve de Murville, Maurice (1909-1999). Apesar do "de Murville" acrescentado nos anos 1920, proveniente de uma família protestante de classe média. Passou sem dificuldade pelas instituições de ensino de elite da França, formando-se como primeiro da turma no Inspection des Finances em 1930. Em 1940-42 foi alto funcionário do Ministério das Finanças sob Vichy. Desertou e foi para Argel depois dos desembarques americanos no norte da África. De início pretendia servir a Giraud, mas logo aderiu a De Gaulle, tornando-se comissário das Finanças do CFLN. Fez carreira diplomática depois de 1945 (embaixador no Cairo, em Washington e em Bonn). Tirado da embaixada em Bonn por De Gaulle em 1958 e nomeado ministro do Exterior, cargo que desempenhou por dez anos, tornando-se o ministro do Exterior que serviu mais tempo desde o século XVIII. Em junho de 1968, foi nomeado primeiro-ministro para substituir Pompidou. Após a renúncia de De Gaulle em abril de 1969, nunca mais esteve num cargo ministerial. Estimado por De Gaulle pela lealdade, pela inteligência fria e determinada, pelo domínio dos detalhes técnicos e pela habilidade para negociar nos tribunais. Raramente deixava cair a máscara protestante para revelar suas opiniões pessoais sobre as iniciativas mais extravagantes de De Gaulle. Suas memórias, nada reveladoras, mantiveram a máscara intacta.

Darlan, François (1881-1942). Chefe da Marinha francesa em 1940. Aceitou o armistício quando teve certeza de que a frota não seria entregue à Alemanha.

Tornou-se cada vez mais anglófilo depois do ataque britânico em Mers-el-Kébir. Apesar de não estar associado, previamente, a políticas de direita, convenceu-se, pragmaticamente, da necessidade de colaboração. Atuou como vice de Pétain de fevereiro de 1941 a abril de 1942. Esteve com Hitler em Berchtesgaden em 11 de maio de 1941 para elevar a colaboração a um novo nível. Presente em Argel em novembro de 1942, mudou de lado, assinou um armistício com os americanos e foi por eles instalado como líder francês no norte da África. Assassinado em 24 de dezembro de 1942. Uma vez que seu assassinato era bom para todo mundo, é impossível saber quem esteve por trás. Oportunista, menos esperto do que supunha, via o mundo inteiramente através das lentes distorcidas da Marinha francesa.

Debré, Michel (1912-1997). De uma distinta família conservadora judaica (apesar de ter se convertido ao catolicismo). Depois de estudar na Ecole des Sciences Politiques, entrou no Conseil d'Etat em 1934. Ingressou no gabinete de Paul Reynaud em 1938. Seu conhecimento das fraquezas da Terceira República fez dele um defensor apaixonado da reforma do Estado. Na Resistência, desempenhou papel crucial na seleção do pessoal que assumiria em nome do CFLN na Libertação. Levado para o *cabinet* de De Gaulle em abril de 1945, foi o criador da Ecole Nationale d'Administration para treinar os futuros funcionários públicos da França. Ingressou no RPF, onde sua violenta hostilidade ao supranacionalismo europeu e oposição à Quarta República o levaram ao grupo mais íntimo de De Gaulle. Depois da volta deste ao poder, desempenhou papel fundamental na redação da nova Constituição. De janeiro de 1958 a março de 1962 serviu como primeiro-ministro, apesar de ser obrigado a seguir uma política argelina da qual discordava. Depois de um período sem ocupar cargo algum, retornou ao poder como ministro das Finanças em 1966 e foi ministro do Exterior em 1968-69. Após o fracasso da candidatura gaullista de Chaban-Delmas em 1974 assumiu o manto de Cassandra gaullista. Como ocorria com Cassandra, ninguém lhe dava ouvidos, e na eleição presidencial de 1981 obteve apenas 1,6% dos votos. Grande servidor público vivendo num estado de perpétua indignação que até mesmo o perpetuamente indignado De Gaulle achava cansativo, embora explorasse implacavelmente sua lealdade.

Dejean, Maurice (1899-1982). Serviu no setor de imprensa da embaixada da França em Berlim nos anos 1930. Um dos primeiros diplomatas a se juntarem a De Gaulle em Londres, onde chegou em janeiro de 1941. Ligeiramente desconfiado da política de De Gaulle, mas evitou envolver-se no complô de Muselier contra ele. Designado comissário de Assuntos Estrangeiros em setembro de 1941, mas demitido em setembro de 1942 por não apoiar a linha antibritânica de De Gaulle na Síria. Apesar de brevemente tentado pelo giraudismo, voltou ao entourage de De Gaulle em Argel, onde fazia parte do grupo pró-soviético. Seguiu a carreira diplomática depois de 1945 e era embaixador em Moscou quando De Gaulle retornou ao poder. Ficou no posto até cair num irresistível estratagema de chantagem da KGB. Ao ser chamado de volta a Paris em janeiro de 1964, De Gaulle o teria recebido com as palavras: "Quer dizer, Dejean, que o negócio é ir para a cama?"

De Lattre de Tassigny, Jean (1889-1952) (*20/11/1944). Um ano à frente de De Gaulle (e Juin) em Saint-Cyr. Aceitou o armistício, mas, depois de tentar impedir que os alemães atravessassem a linha de demarcação em 11 de novembro de 1942, foi preso pelo regime de Vichy. Fugiu e foi para Argel colocar-se à disposição de De Gaulle. Comandou os desembarques do Primeiro Exército Francês na Provença em agosto de 1944 e em seguida a campanha rumo à Alemanha em 1945. Dele se ressentiam oficiais como Larminat e Koenig, que estiveram com De Gaulle desde o início. Enviado por De Gaulle para receber a capitulação alemã em Berlim em 8 de maio de 1945. Extravagante e vaidoso, foi apelidado de "le Roi Jean" – aborreceu-se por não ter sido nomeado por De Gaulle comandante das tropas de ocupação na Alemanha. Depois de 1945, fez carreira militar, que culminou na sua designação para chefiar o Exército francês na Indochina, onde teve êxito considerável. Profundamente afetado pela morte do filho oficial na Indochina em maio de 1951, logo depois morreu de câncer. De Gaulle escreveu para Juin, contemporâneo de ambos, em 1952: "De Lattre está morrendo. Como francês, como soldado, isso me causa grande tristeza. Ambos conhecemos muito bem seus defeitos. Mas no geral sua atuação pesou consideravelmente a favor da França." Promovido a marechal no dia do seu funeral.

Delbecque, Léon (1919-1991). Nascido numa família operária em Tourcoing. Começou a trabalhar numa fábrica de tecidos aos quinze anos. Durante a Ocupação realizou missões de sabotagem e inteligência para a rede Buckmaster da Executiva de Operações Especiais. Tornou-se administrador regional do RPF no norte. Enviado em 1957 pelo ministro gaullista da Defesa, Chaban-Delmas, numa missão extraoficial para tornar as opiniões favoráveis a De Gaulle. Durante a crise de maio de 1958, ajudou a canalizar a sublevação das ruas na direção de De Gaulle. Eleito *député* pela UNR em 1958. Ardente apoiador da Argélia Francesa, rapidamente se desiludiu com as políticas argelinas de De Gaulle. Desertou da UNR e perdeu a vaga nas eleições de 1962. Foi testemunha de defesa no julgamento de Salan em 1962. Abandonou a política para seguir uma carreira empresarial, mas continuou ligado a Jacques Soustelle e mais tarde fundou um jornal que defendia o apartheid.

Delestraint, Charles (1879-1945) (*17/11/1945). Militar de carreira que se especializou em guerras com tanques. Promovido a general-brigadeiro em 1936. Como comandante da 3ª Brigada de Tanques foi superior de De Gaulle em Metz em 1937-39. Compartilhava suas ideias a respeito de tanques e teve com ele muitas conversas sobre o assunto. Na reserva depois de 1940, fez contato com organizações da Resistência, embora sem desempenhar papel ativo. Foi escolhido por De Gaulle e Moulin para chefiar o Exército Secreto da Resistência no verão de 1942. Em Londres com Moulin, em fevereiro de 1943. Preso em Paris em 9 de junho de 1943 doze dias antes de Moulin. Executado em Dachau em 19 de abril de 1945, dez dias antes da chegada das tropas americanas.

Delouvrier, Paul (1914-1995). Influente guia daquela geração de economistas funcionários públicos movidos pelo desejo de modernizar a França depois do trauma da derrota. Trabalhou em estreita colaboração com Monnet para desenvolver o planejamento econômico depois de 1946. Apesar da falta de experiência política foi, surpreendentemente, nomeado por De Gaulle seu representante civil em Argel. Demitiu-se em novembro de 1960, depois do discurso de De Gaulle sobre a "República Argelina" – não por discordar, mas por ressentir-se de não ter sido informado antecipadamente. A partir de 1961, foi o principal planejador do governo para a região de Paris e supervisionou um programa de gigantesca renovação regional (novas cidades-satélites para centenas de milhares de pessoas). Foi como modernizador que a trajetória de Delouvrier se cruzou com a de De Gaulle, ainda que seu herói fosse Monnet.

Diethelm, André (1896-1954). Inspetor de Finanças no *cabinet* de Georges Mandel em 1940. Conheceu De Gaulle em 13 de junho de 1940 numa reunião na qual Mandel convenceu De Gaulle a não renunciar, apesar de sua crescente indignação com o derrotismo do governo de Reynaud. Chegou em agosto de 1941 a Londres, onde suas excepcionais qualidades de administrador foram inestimáveis, primeiro para o Comitê Nacional Francês (comissário do Interior) e depois para o CFLN (sucessivamente comissário de Finanças e comissário da Guerra), ainda que suas habilidades políticas fossem menos evidentes. Tornou-se figura de destaque do RPF e certamente teria desempenhado função importante na Quinta República se não tivesse morrido prematuramente. O fato de De Gaulle emergir do "deserto" fardado para saudar seu caixão é sinal da estima que tinha por ele.

Dixon, Pierson (1904-1965). Diplomata britânico que foi embaixador da Grã-Bretanha em Paris em 1960-64, tendo, ao mesmo tempo, a responsabilidade de negociar a entrada britânica na Comunidade Europeia em Bruxelas em 1961-63 – fardo duplo pesado demais para um só homem. Fascinado e exasperado por De Gaulle. Escrevia romances históricos nas horas vagas, e publicou uma biografia de Pauline Bonaparte em 1964.

Domenach, Jean-Marie (1922-1997). Um dos principais colaboradores e, a partir de 1957, editor da influente revista católica de esquerda *Esprit*. Um daqueles intelectuais de esquerda divididos entre a nostalgia do De Gaulle da Resistência, a oposição ao De Gaulle da Quinta República e o fascínio por sua política externa o tempo todo. O fascínio acabou vencendo a desconfiança, e ele foi um dos 29 signatários de um manifesto de personalidades de esquerda apoiando a política externa de De Gaulle em 1966.

Eboué, Félix (1884-1944) (*29/1/1941). De origem guianense, foi designado pela Frente Popular governador de Guadalupe, o primeiro governador negro de um território francês. Em julho de 1940, como governador do Chade, foi o único procônsul imperial a anunciar a disposição de apoiar De Gaulle. O Chade deu seu apoio em 26 de agosto de 1940. Membro do Conselho de Defesa do Império da França Livre, desempenhou um papel importante na preparação da Conferência de Brazzaville em 1944, que não foi tão longe quanto ele gostaria. Gaullista histórico, entre os primeiros a se tornarem Companheiros da Libertação.

Erhard, Ludwig (1897-1977). Sucessor de Adenauer na República Federal da Alemanha em 1963-66. Partidário da economia liberal e do estreitamento de laços com os Estados Unidos, suas relações com De Gaulle iam de mornas a execráveis.

Foccart, Jacques (1913-1997). O pai dirigia um negócio de bananas e ele teve pouca instrução formal. Fundou sua própria empresa de importação-exportação antes da guerra. Na Resistência, dirigia uma rede ligada ao BCRA. Conheceu De Gaulle em 1944. Desempenhou papel cada vez mais importante no RPF como organizador de suas filiais ultramarinas e depois como secretário-geral a partir de 1954, mantendo a chama acesa no "deserto". Uma das figuras-chave do entourage gaullista desse período até a morte de De Gaulle. A partir de 1961, como secretário-geral para Assuntos Africanos, via De Gaulle quase todas as noites. Encarregado também de questões eleitorais gaullistas, criou para isso a notória SAC, vista por oponentes como uma espécie de operação jogo sujo. Por isso, e por sua reputação de inventor da neocolonialista France-Afrique, era alvo de boatos e muita hostilidade da imprensa. Continuou exercendo seu papel africano sob Pompidou; demitido por Giscard, sucessor de Pompidou; em 1995, o presidente Chirac o tirou da aposentadoria para ser um consultor especial – mas os métodos de Foccart na África estavam ultrapassados. Em seu ponto alto, porém, De Gaulle confiava nele mais que em qualquer outro, e sua reputação de quebrador de galho sempre na sombra não era nem um pouco exagerada.

Frenay, Henri (1903-1988) (*24/3/1943). Oficial do Exército cujo movimento da Resistência, o Combat, era o mais importante da zona meridional. Relutantemente aceitou a autoridade simbólica de De Gaulle sobre a Resistência a partir de meados de 1942, mas lutava para ter autonomia. Acabou sendo neutralizado quando De Gaulle o levou para o CFLN em novembro de 1943. Tornou-se apaixonado federalista europeu depois de 1945, o que dava mais munição à sua desconfiança de De Gaulle. Apoiou De Gaulle em 1958, mas pediu que votassem contra ele na eleição de 1965. Corajoso, rude e um tanto sem charme, nunca se deu muito bem com De Gaulle e personificava as suspeitas que muitos líderes da Resistência tinham dele.

Giraud, Henri (1879-1949). Formado em Saint-Cyr em 1900. Promovido a general em 1930. Como governador de Metz e comandante do Terceiro Exército, encontrou De Gaulle pela primeira vez (e não gostou dele) em 1938, quando era seu superior. Comandante do Sétimo Exército em 1940. Feito prisioneiro em 18 de maio de 1940, mas fugiu em abril de 1942. Isso o transformou num herói patriótico que, como partidário das políticas conservadoras do regime de Vichy, oferecia um ponto de convergência alternativo para De Gaulle. Instalado no poder no norte da África pelos americanos depois da morte de Darlan. Concordou, com relutância, em partilhar a Presidência do CFLN com De Gaulle a partir de 30 de maio de 1943, mas foi obrigado a sair do comitê em novembro de 1943. Permaneceu como comandante titular do Exército francês no norte da África até perder também esse cargo, em abril de 1944. Soldado corajoso e reacionário, mas inábil como líder político, era igualmente pouco criativo em seu pensamento militar.

Giscard d'Estaing, Valéry (1926-). Rebento de uma importante família liberal-conservadora. Formado na ENA, tornou-se inspetor de Finanças. Entrou no Parlamento como membro do grupo de centro-direita de Pinay. Secretário de Estado das Finanças no governo de Debré em 1959-61 e em seguida ministro das Finanças em 1962-66, nomeado com a idade excepcionalmente precoce de 36 anos. Apoiou a *Algérie française* até o fim. Fundou seu próprio grupo parlamentar, os Republicanos Independentes, que fazia parte, como parceiro menor, da "maioria presidencial", distinguindo-se, no entanto, dos gaullistas. Deixou o governo em 1966 e distanciou-se de De Gaulle. Em 17 de agosto denunciou o "solitário exercício do poder" depois do discurso de De Gaulle sobre Quebec. Em 1969, recusou-se a apoiar o referendo de De Gaulle. Ministro da Economia novamente sob o presidente Pompidou em 1967-74 e em seguida eleito presidente em 1974. De Gaulle por um tempo se deixou seduzir por seu brilhantismo e por sua eloquência, antes de passar a desconfiar de sua ambição.

Gouin, Félix (1884-1977). Um dos parlamentares socialistas que se recusaram a votar pela concessão de plenos poderes a Pétain em 1940. Foi advogado de defesa de Blum no julgamento de Riom. Chegou a Londres em agosto de 1942. Apesar de desconfiar um pouco de De Gaulle, rejeitou o antigaullismo de outros socialistas franceses em Londres. Eleito presidente da Assembleia Consultiva em Argel, onde suas habilidades parlamentares foram úteis. Sucessor de De Gaulle como chefe do governo provisório em janeiro-junho de 1946. Serviu em vários governos da Quarta República. Opôs-se sem êxito ao retorno de De Gaulle ao poder e deixou a política em 1958.

Guichard, Olivier (1920-2003). Filho de um oficial de Marinha no *cabinet* do almirante Darlan. Estudante em Paris durante a guerra, ingressou na Resistência em 1943 e lutou nas FFI na Libertação. Conheceu De Gaulle em 1947 e tornou-se organizador regional do RPF no sudoeste. Sucedeu a Pompidou como chefe do *cabinet* de De Gaulle em 1951. Na fase do "deserto" era (com Foccart) a pessoa que via De Gaulle com mais frequência, e o mantinha informado sobre o mundo político. Desempenhou um papel relevante nos bastidores na crise de maio de 1958. Surpreendentemente, não lhe foi dada uma função política importante quando De Gaulle se tornou presidente. Em 1963-67 chefiou uma *quango* [organização não governamental semiautônoma] (Datar) para supervisionar o desenvolvimento regional, o planejamento urbano e a "modernização" econômica. Retornou a uma função mais política depois da eleição para o Parlamento em 1967: ministro da Indústria em 1976-78. Ministro em todos os governos de Pompidou e quase sempre tido como provável primeiro-ministro. Desiludiu-se com as flutuações posteriores dos movimentos gaullistas. Um dos "barões" históricos do gaullismo do pós-guerra (o termo provavelmente vem do fato de ele ser descendente de um barão do Império).

Guy, Claude (1915-1992). Filho de mãe americana. Estudante de direito em Paris quando a guerra começou. Feito prisioneiro em 1940. Depois de fugir, conseguiu chegar a Londres pelos Estados Unidos. Voou com a força aérea da França Livre até ser gravemente ferido. Tornou-se ajudante de ordens de De Gaulle em junho de 1944. Muito próximo dele nos primeiros anos do RPF, mas deixou de trabalhar para De Gaulle em 1949 por ter cometido uma indiscrição e passou quase todo o resto da carreira no Quai d'Orsay. Sua dedicação a De Gaulle era total, e seu diário do período 1944-49 é o documento mais valioso de que dispomos sobre a vida em Colombey naquele período.

Harvey, Oliver (1893-1968). Diplomata britânico. Apesar de ter sido descrito por Spears como "pálido, correto, obviamente incubado na Chancelaria", como secretário particular de Anthony Eden ele foi, na realidade, um dos mais apaixonados partidários (apesar de relativamente subalterno) no Ministério das Relações Exteriores durante a guerra. Embaixador britânico em Paris em 1948-54.

Hauck, Henry (1902-1967). Professor de história e militante socialista antes de 1940. Funcionário da embaixada francesa (sua mulher era galesa) em Londres em junho de 1940, foi um dos poucos na embaixada a apoiar De Gaulle. Trabalhou em Carlton Gardens como assessor para assuntos sindicais. Apesar de às vezes sentir-se um refém de esquerda na França Livre, manteve-se distante dos socialistas antigaullistas em Londres. Ajudou a empurrar De Gaulle para a esquerda em 1942. Trabalhou para a Organização Internacional do Trabalho depois da guerra.

Isorni, Jacques (1911-1995). Licença para advogar em 1931. Apesar de ser admirador de Maurras, não se envolveu na política antes de 1946 e até defendeu comunistas e resistentes presos por Vichy. Ganhou fama como advogado de defesa de Brasillach em 1945, e depois como um dos advogados da equipe que defendeu Pétain. Essas experiências fizeram dele um antigaullista visceral. Eleito para o Parlamento em 1951. Votou contra o retorno de De Gaulle ao poder em 1958 argumentando que o "defensor de Luís XVI não pode votar em Robespierre". Partidário da *Algérie française*, defendeu Bastien-Thiry, o cabeça do atentado contra De Gaulle em 1962. Admirador de Salazar. Pediu voto para Mitterrand em 1965: qualquer um era preferível a De Gaulle.

Jebb, Gladwyn (1900-1996). Diplomata britânico que conheceu De Gaulle em junho de 1940, quando, relativamente subalterno, teve que lhe dar a notícia de que o governo queria que uma das suas transmissões fosse suavizada. Embaixador britânico em Paris em 1954-60. Tornou-se lorde Gladwyn em 1960 e como liberal da Câmara dos Lordes foi um ardente federalista pró-europeu. Por essa e outras razões criticava De Gaulle ao mesmo tempo que o admirava imensamente. Um dos notáveis do Foreign Office por quem De Gaulle tinha grande estima. Quase todas as suas previsões sobre De Gaulle estavam erradas – a começar pela de que ele não tinha o menor desejo de retornar ao poder em 1958.

Joxe, Louis (1901-1991). *Agrégé d'histoire* e professor do liceu em Argel a partir de outubro de 1940. Fazia parte de um pequeno grupo de partidários de De Gaulle em Argel. Por seu conhecimento do ambiente social de Argel, De Gaulle o nomeou secretário-geral do CFLN em junho de 1943. Ocupou o mesmo cargo no governo provisório de De Gaulle em Paris a partir de agosto de 1944. Não ingressou no RPF. De 1947 a 1958 seguiu uma destacada carreira diplomática (embaixador em Moscou e Bonn, e, em seguida, secretário-geral do Quai d'Orsay). De 1959 a 1969 sempre ministro no governo de De Gaulle. Desempenhou papel crucial nas negociações com a FLN sobre a independência argelina. Durante os acontecimentos de 1968, atuou como primeiro-ministro interino de 4 a 10 de junho, quando Pompidou se ausentou para ir ao Irã. A personificação do mandarim gaullista.

Juin, Alphonse (1888-1967). Filho de um gendarme de Bone (Argélia). Formou-se entre os primeiros de sua turma em Saint-Cyr no mesmo ano em que De Gaulle (1910). Promovido a general em 1938. Uma das estrelas em ascensão do Exército francês. Serviu lealmente a Vichy e levou poucos dias para juntar-se aos americanos depois da Operação Tocha. Porque provavelmente conquistaria o respeito dos soldados comuns anteriormente leais a Vichy, De Gaulle o nomeou comandante da Força Expedicionária (CEF) na Itália em agosto de 1943. Venceu a Batalha de Garigliano. Em 1944-47 serviu como chefe do estado-maior. Sua oposição pública à política argelina de De Gaulle resultou em sua aposentadoria forçada em abril de 1962. Marechal da França em 1952, mas não *Compagnon de la Libération*. Como contemporâneo de De Gaulle, uma das poucas pessoas que podiam tuteá-lo. Jamais um "gaullista" de carteirinha, mas teve funeral de Estado concedido por De Gaulle em 1967.

Kérillis, Henri de (1889-1958). Parlamentar e jornalista conservador que apoiou as ideias de De Gaulle sobre tanques nos anos 1930. Único político conservador a votar contra o Acordo de Munique em setembro de 1938. Chegou a Londres esperando servir na força aérea da França Livre, mas acabou indo para os Estados Unidos. A partir de janeiro de 1942, foi um dos principais jornalistas do *Pour la Victoire*, jornal pró-De Gaulle baseado nos Estados Unidos. Aos poucos passou a fazer oposição ao general durante o conflito de De Gaulle com Roosevelt, depois de novembro de 1942. Rompeu com ele publicamente em março de 1943, e adotou um antigaullismo cada vez mais radical, culminando em seu panfleto meio insano *De Gaulle dictateur*.

Koenig, Pierre (1898-1970) (*25/6/1942). Militar de carreira. Combateu na Noruega em 1940 e foi repatriado para Londres, onde se juntou a De Gaulle. Participou da expedição de Dakar. Promovido a general-brigadeiro em julho de 1941. A Batalha de Bir-Hakeim, onde sua 1ª Brigada das Forças Francesas Livres reteve Rommel durante dias em junho de 1942, foi a mais célebre façanha militar da França Livre até então. Na primavera de 1944 designado representante militar do CFLN em Londres e comandante das FFI. Eleito *député* pelo RPF em 1951. Não foi um dos desertores que trocaram o RPF por Pinay, mas serviu em dois governos da Quarta República (incluindo o de Mendès France). Renunciou a todos por ortodoxia gaullista, mas acabou sem que ninguém confiasse inteiramente nele, e depois de 1958 não ocupou mais nenhum cargo importante.

Labarthe, André (1902-1970). Tinha formação científica. Militante antifascista envolvido com a Front Populaire e ligado a Pierre Cot. Em julho de 1940 foi incumbido dos armamentos da França Livre e recebeu a missão de atrair cientistas e engenheiros. Substituído depois de dois meses por ter brigado com outros membros da equipe de De Gaulle. Em novembro de 1940 fundou a revista *France Libre*. Adotou um antigaullismo mais ruidoso – primeiro colocando-se ao lado de Muselier em 1941-42 e depois ao lado de Giraud em 1943. Foi para os Estados Unidos em julho de 1943, de onde continuou a atacar De Gaulle até o fim da guerra. Depois de 1945 tornou-se jornalista e divulgador científico. Nervoso, brilhante e pouco confiável maquinador que pode muito bem ter sido agente soviético.

Larminat, Edgard de (1895-1962) (*1/8/1941). Oficial de carreira servindo no Oriente Médio como tenente-coronel em junho de 1940. Preso depois de tentar convencer um grupo de soldados a rejeitar o armistício. Fugiu em 30 de junho e juntou-se à França Livre na Palestina. Desempenhou papel crucial na conquista de Congo-Brazzaville para De Gaulle. Nomeado por De Gaulle para comandar tropas francesas na África Equatorial. Promovido a general em julho de 1941. Participou em boa parte dos combates no Deserto Ocidental e na Tunísia. Tendo começado com convicções de extrema direita, acabou abraçando a retórica revolucionária do gaullismo da época de guerra. Ardente defensor do expurgo de giraudistas do Exército em 1943. Irritante e perpetuamente fervendo de raiva – suas memórias trazem o título de *Crônicas irreverentes* –, era um daqueles gaullistas lealíssimos prontos para enfrentar seu ídolo. Ocupou vários cargos militares depois de 1945. Único entre os gaullistas a apoiar a Comunidade Europeia de Defesa em 1952. Em 1958 recusou-se a assinar um apelo pedindo o retorno de De Gaulle ao poder. Designado para presidir o Tribunal de Justiça Militar que julgaria os oficiais franceses golpistas, cometeu suicídio em 1º de julho de 1962.

Leahy, William (1875-1959). Comandante reacionário da Marinha americana que Roosevelt nomeou embaixador no governo francês em Vichy em janeiro de 1941-maio de 1942. Nessa função alimentou os preconceitos antigaullistas de Roosevelt, superestimando, ao mesmo tempo, a disposição do regime de distanciar-se da Alemanha. Tinha tido mais êxito em sua função anterior de governador de Porto Rico de setembro de 1939 a novembro de 1940.

Leclerc, Philippe (1902-1947) (*6/3/1941). Escondido atrás deste pseudônimo para proteger a família na França, Philippe de Hauteclocque era de uma antiga família aristocrática. O mais célebre soldado da França Livre. Formado em Saint-Cyr em 1924. Ferido e feito prisioneiro em 1940, mas fugiu e chegou a Londres em julho. Em agosto de 1940 foi enviado por De Gaulle para conquistar a adesão dos Camarões. Em março de 1941 capturou o forte italiano de Kufra, na Líbia. Em 1942-43 combateu no deserto de Fezã e na Tunísia. Comandante da 2ª Divisão Blindada, participando da Libertação de Paris em agosto de 1944. Em novembro de 1944, libertou Estrasburgo. Em agosto de 1945 foi enviado para restabelecer a autoridade francesa na Indochina. Morto num desastre aéreo em 28 de novembro de 1947. Junto com Moulin, a figura sobre a qual De Gaulle escreveu mais calorosamente em suas *Memórias*. Começou a guerra como capitão e terminou como general. Postumamente, marechal da França.

Lefranc, Pierre (1922-2012). Preso por seu papel na manifestação estudantil contra a Alemanha no Dia do Armistício em 1940. Solto depois de seis meses na prisão, juntou-se ao grupo Liberté, da Resistência. Chegou ao norte da África pela Espanha, onde passou um período numa prisão franquista. Conheceu De Gaulle na Argélia em 30 de maio de 1943. Tornou-se gaullista pelo resto da vida. Ingressou no RPF e estava no grupo dos gaullistas mais leais durante o período do "deserto". Fundou em maio de 1958 a "Associação para apoiar as ações do general De Gaulle".

No *cabinet* de De Gaulle no Hôtel Matignon em maio-dezembro de 1958. Ajudou a criar em 1968 o Comitê de Defesa da República para apoiar De Gaulle durante os "acontecimentos" de 1968. Após a morte de De Gaulle, fundou em 1971 o Institut (depois Fondation) Charles de Gaulle, para manter viva a memória do general. Ultragaullista que na velhice ficou até notavelmente parecido com seu herói.

Leger, Alexis (1887-1975). Chefe do Quai d'Orsay em 1940. Passou por Londres em junho de 1940, mas se recusou a apoiar De Gaulle, de cujas ambições políticas desconfiava. Em Washington foi um dos exilados franceses que reforçavam a desconfiança americana em De Gaulle, e que se recusaram a encontrar-se com ele durante sua visita aos Estados Unidos em julho de 1944. Permaneceu nos Estados Unidos depois da guerra (com longas visitas à França), onde seguiu sua outra carreira, a de poeta, sob o nome Saint-John Perse. De Gaulle não escreveu para cumprimentá-lo quando foi agraciado com o Prêmio Nobel de Literatura em 1960. Quando ele comentou com Alphand que a poesia de Perse era incompreensível, Alphand respondeu maldosamente que a entendia porque lera as traduções inglesas.

Malraux, André (1901-1976) (*17/11/1945). Internacionalmente célebre romancista e aventureiro, que nos anos 1930 foi um dos intelectuais mais engajados na política antifascista, o que o aproximou do Partido Comunista. Retirou-se para a vida privada durante a Ocupação, até juntar-se à Resistência, em 1943. Apesar de não ter demonstrado previamente qualquer afinidade gaullista, conheceu De Gaulle em agosto de 1945 e tornou-se seguidor incondicional. A admiração era recíproca. Uma das figuras-chave do RPF, responsável pela propaganda. Ministro da Informação de De Gaulle por um breve período em 1958. Depois, durante dez anos, ocupou o cargo recém-criado de ministro da Cultura. Apesar de ser um ministro eficiente, sua influência na política mais ampla era limitada. Era um adorno do gaullismo e seu coreógrafo. O fascínio recíproco entre ele e De Gaulle é difícil de analisar – alguns achavam que era metafísico –, mas, quer se acredite que era uma fraude ou um gênio, ou as duas coisas, o livro que ele publicou logo após a morte de De Gaulle é um dos píncaros da mitologia gaullista. Pode ser que nenhuma palavra ali seja verdadeira, mas a obra tem o selo da autenticidade poética. Madame De Gaulle não gostava nada de sua turbulenta vida privada (heterossexual).

Mandel, Georges (1885-1944). Braço direito de Clemenceau na Grande Guerra. Político conservador nos anos do entreguerras. Como ministro do Interior no governo de Reynaud, foi um dos adversários mais veementes do armistício. Juntou-se ao *Massilia* para continuar a luta no Marrocos e foi preso pelo governo de Vichy. Na prisão escreveu uma preciosa carta de apoio a De Gaulle em 20 de agosto de 1942. Assassinado pela milícia de Vichy em 7 de julho de 1944. Como judeu implacavelmente antialemão, representava tudo que os ultracolaboradores mais odiavam.

Margerie, Roland de (1899-1990). Filho de embaixador e sobrinho do teatrólogo Edmond Rostand. Ingressou no Quai d'Orsay e serviu em Berlim (1922-33) e Londres (1933-39). Contrário ao apaziguamento. No *cabinet* de Reynaud em 1940 pertencia ao grupo antiarmistício, o que o aproximou de De Gaulle. Vichy, querendo marginalizá-lo, designou-o cônsul em Xangai. Passando por Londres durante a viagem, ele resolveu, por senso de dever, aceitar o posto. Ignorou um apelo direto de De Gaulle em 1942, mas não se comprometeu e sua carreira não foi afetada pela Libertação. Quando De Gaulle voltou ao poder foi embaixador na Santa Sé. De Gaulle ofereceu absolvição nomeando-o para o posto essencial de Bonn em 1962-65. Jamais superou o fato de ter feito a escolha "errada" em 1940.

Massigli, René (1888-1988). Importante diplomata francês. Vice-diretor político no Quai d'Orsay em 1933. Sua oposição ao apaziguamento acabou por marginalizá-lo. Demitido por Vichy em agosto de 1940. Em contato com a Resistência, mas desanimado com a intransigência do ataque de De Gaulle a Vichy, finalmente deu o pulo e foi para Londres em janeiro de 1943. Designado comissário de Assuntos Estrangeiros por De Gaulle, posto que ocupou até a Libertação. Como anglófilo, e cheio de dúvidas sobre a União Soviética, foi alvo da desconfiança dos ultragaullistas. Em setembro de 1944 foi nomeado embaixador em Londres, onde serviu até janeiro de 1955. Sua adesão a De Gaulle foi um grande golpe. De Gaulle apreciava sua expertise e seu profissionalismo, mas desconfiava dele como a encarnação de tudo que lamentava nos diplomatas de carreira.

Massu, Jacques (1908-2002) (*14/7/1941). Militar de carreira servindo na África quando o armistício foi assinado. Juntou-se imediatamente à França Livre e lutou na África, na Normandia e na Alemanha. Depois de 1945 serviu na Indochina e participou da operação em Suez. Enviado à Argélia no comando da 10ª Divisão de Paraquedistas em janeiro de 1957. Usando sistematicamente a tortura, derrotou a FLN na "Batalha de Argel". Como chefe do Comitê de Salvação Pública de Argel, desempenhou papel fundamental em canalizar para De Gaulle a rebelião dos *pieds-noirs* de maio de 1958. Uma entrevista concedida a um jornal em janeiro de 1960 criticando o anúncio por De Gaulle da autodeterminação da Argélia provocou a sua demissão. Mas nunca participou de complôs antigaullistas, foi perdoado por De Gaulle e designado comandante das forças francesas na Alemanha em 1965. Em 29 de maio de 1968, no clímax dos acontecimentos de 1968, De Gaulle tomou um avião para o quartel-general de Massu em Baden-Baden. Massu ficou achando pelo resto da vida que tinha convencido De Gaulle a não renunciar. Clássico *grognard* da França Livre cuja devoção a De Gaulle sempre triunfava sobre suas desavenças com ele.

Mauriac, Claude (1914-1996). Como filho de François, foi apresentado aos meios literários de Paris ainda muito novo. Casado com a sobrinha de Marcel Proust.

Desenvolveu identidade literária própria como jornalista, romancista, crítico de cinema. Através de sua amizade com Guy foi trabalhar com De Gaulle em 1944, cuidando da sua correspondência. Apesar de suas dúvidas sobre o RPF foi editor do jornal *Liberté de l'Esprit*, que tentava atrair intelectuais. Apoiou a volta de De Gaulle ao poder em 1958, mas foi empurrado para a esquerda pelos acontecimentos de maio de 1968 e envolveu-se em muitas causas *gauchistes* nos anos 1970. Apoiou Mitterrand em 1981. Ser filho de François era ao mesmo tempo uma bênção e uma maldição, e o tornava faminto por heróis, que incluíam, em diferentes épocas, o próprio pai, Proust (que não conheceu), Malraux, Genet, Foucault, Sartre – e De Gaulle. Sua maior realização literária são os dez volumes dos seus diários, um dos quais dedicado ao período em que viveu perto de De Gaulle, entre 1944 e 1948.

Mauriac, François (1885-1970). O mais famoso romancista "católico" da França. Rompeu com seu meio social conservador para se opor ao lado nacionalista da Guerra Civil Espanhola. Na Ocupação, foi um dos mais importantes intelectuais envolvidos com a Resistência. Depois de 1945, fez carreira como brilhante polemista, atacando os abusos do colonialismo e encarnando a consciência da esquerda católica. Partidário de De Gaulle na Libertação, não apoiou o RPF, mas seguiu De Gaulle depois de 1958 e tornou-se admirador fervoroso, provocando grosseiras zombarias de seus antigos devotos de esquerda. Mas nunca foi íntimo como Malraux.

Mauriac, Jean (1924-). Filho mais novo de François. Passou sua carreira de jornalista na AFP. Dedicado a De Gaulle, conquistou uma espécie de status jornalístico por ser credenciado para viajar com ele em suas turnês. Diferentemente do pai e do irmão, nada turvou sua completa devoção ao general.

Maurras, Charles (1868-1952). Ideólogo ultraconservador surdo como uma porta. Nascido em Martigues (Provença), sua defesa da França como herdeira da civilização clássica mediterrânea era a chave do seu pensamento. Destacou-se durante o Caso Dreyfus argumentando que o capitão que tinha forjado os documentos para incriminar Dreyfus agira por patriotismo. Seu movimento político Action Française, e seu jornal de mesmo nome, imensamente influentes, atacavam sem misericórdia a democracia republicana, defendendo o retorno à Monarquia e denunciando a influência dos judeus na França. Apesar de germanófobo a vida inteira, sua oposição à democracia e ao socialismo o levaram a apoiar Vichy. Descreveu a chegada de Pétain ao poder como uma "divina surpresa". Em 1945, foi condenado à prisão perpétua, decisão que chamou de "a vingança de Dreyfus".

Mayer, Émile (1851-1938). Nascido numa família de judeus assimilados de Nancy. Combinou uma promissora carreira militar com a de jornalista especializado em questões militares. Marginalizou-se nos anos 1890 com artigos que contestavam a crença dominante na guerra ofensiva. Teve sua carreira militar interrompida quando da publicação de três artigos (anônimos) em que defendia a inocência de Dreyfus. Reintegrado ao Exército quando Dreyfus foi reabilitado, mas dispensado novamente em 1916, quando censores apreenderam uma carta sua expressando opiniões heterodoxas sobre a guerra. Nos anos do entreguerras, patrocinou reuniões literárias para intelectuais, políticos e jornalistas. De Gaulle tornou-se *habitué*. Essas reuniões o puseram em contato com jovens intelectuais e políticos não conformistas. Os dois homens nem sempre estavam de acordo, mas Mayer foi o mais próximo de um guru e mentor que De Gaulle teve na vida.

Mendès France, Pierre (1907-1982). Eleito o mais jovem *député* da França em 1932. Na ala esquerda do Partido Radical, de centro. Recusando o armistício, juntou-se ao *Massilia* em junho de 1940. Preso pelas autoridades de Vichy no Marrocos como desertor. Como político judeu de esquerda, representava tudo que Vichy mais odiava. Fugiu da prisão em junho de 1941; chegou a Londres em fevereiro de 1942. Combateu na força aérea das Forças Francesas Livres e em seguida se tornou comissário de Finanças do CFLN em novembro de 1943. Saiu do governo de De Gaulle em janeiro de 1945 porque suas ideias sobre política monetária foram rejeitadas pelo general. Na Quarta República, criticava cada vez com mais veemência o desperdício econômico da guerra na Indochina. Depois de Dien Bien Phu tornou-se primeiro-ministro e negociou o fim da guerra. Figura dominante demais para os políticos da Quarta República, seu governo caiu nove meses depois. Em 1958, opôs-se ao retorno de De Gaulle ao poder e rejeitou a personalização do poder representada pela nova República. Continuou a ser um herói para muitos da esquerda, mas sua intransigência o impediu de exercer mais influência política. Seu slogan "Governar é escolher" não poderia ter sido mais gaullista – mas lhe faltava o cinismo oportunista necessário para ser um político eficiente, e no fim tudo que lhe sobrou foram os consolos vazios da virtude política.

Michelet, Edmond (1899-1970). Ativo nos círculos democrata-cristãos antes da guerra. Divulgou um folheto conclamando à resistência em 17 de junho de 1940, citando o nome de Péguy. Organizador regional do movimento Combat, da Resistência, em 1941. Preso e deportado para Dachau. Fundador do MRP, que trocou pelo RPF em 1947. Conciliador por temperamento que tentava melhorar as relações entre seus antigos colegas democrata-cristãos e De Gaulle. Como ministro da Justiça de De Gaulle a partir de janeiro de 1959, entrou em choque com o mais intransigente Debré sobre como lidar com a oposição das ruas às políticas de De Gaulle. Para apaziguar Debré, De Gaulle o exonerou em agosto de 1961. Serviu novamente como ministro em 1967-68. Vivia seu gaullismo como uma espécie de crença religiosa, acreditando compartilhar com ele a mesma herança social-cristã.

Mitterrand, François (1916-1996). De família burguesa conservadora muito ativa na política de extrema direita nos anos 1930. De início trabalhou para o regime de Vichy (que o condecorou), antes de ir para a Resistência. Seus três encontros com De Gaulle entre 1943 e 1945 foram todos gélidos. Fez carreira como político de centro durante a Quarta República. Opôs-se à volta de De Gaulle ao poder em 1958 e redigiu um ataque radical ao *"permanent coup d'état"* de De Gaulle em 1964. Concorreu contra De Gaulle nas eleições presidenciais de 1965 e o obrigou a ir para o segundo turno. No auge dos acontecimentos de maio de 1968, propôs estabelecer um governo provisório para substituir De Gaulle. Isso atrapalhou temporariamente sua carreira política, mas ele voltou para assumir o Partido Socialista em 1971 e foi eleito presidente em 1981. *Condottiere* político brilhantemente inescrupuloso, cuja carreira política teve apenas um princípio orientador: o ódio ao gaullismo.

Mollet, Guy (1905-1975). Professor e sindicalista. No movimento OCM da Resistência. Eleito prefeito socialista de Arras em 1945. Secretário-geral do Partido Socialista em 1945-69. Figura-chave nas coalizões da Terceira Força que mantiveram De Gaulle fora do poder na Quarta República. Como primeiro-ministro em 1956-57 aceitou a tortura na Argélia, provocando o ódio de muitos socialistas. Desempenhou papel importante em convencer o Partido Socialista a apoiar a volta de De Gaulle em 1958. Tinha imaginado, erroneamente, que o retorno de De Gaulle seria um parêntese. Opôs-se à reforma constitucional de De Gaulle em 1962 e começou a empurrar o Partido Socialista de volta para uma aliança com os comunistas. Deixou a liderança do quase moribundo PS em 1969, mas continuou como prefeito de Arras até morrer – provavelmente a posição à qual dava mais importância e aquela em que foi menos bem-sucedido.

Monnet, Jean (1888-1976). Filho de um vendedor de conhaque de Charente. Nos anos do entreguerras tornou-se banqueiro e consultor financeiro de muitos governos. Em outubro de 1938, negociou a compra de quinhentas aeronaves americanas para a força aérea francesa. Em 1939-40 ajudou a coordenar compras franco-britânicas dos Estados Unidos. Um dos inventores, em junho de 1940, da proposta da União Franco-Britânica. Desconfiava das ambições de De Gaulle, preferindo ajudar o esforço de guerra aliado a partir dos Estados Unidos. Tornou-se íntimo de muitos integrantes do governo Roosevelt. Enviado por Roosevelt em 1943 para fortalecer a posição de Giraud contra os gaullistas. Aceitando a inevitabilidade de De Gaulle, foi enviado por ele a Washington para conseguir empréstimos americanos para o CFLN de setembro de 1943 a 1944. Convenceu De Gaulle a estabelecer um Comissariado de Planejamento em janeiro de 1946. Fundador do planejamento francês, tornou-se arquiteto e inspiração das primeiras instituições supranacionais europeias. Como federalista europeu convicto, sua visão da Europa não poderia ter sido mais diferente da de De Gaulle. Certa ocasião, quando Eisenhower entoava loas a Monnet, De Gaulle lhe respondeu: "Faz bom conhaque. Infelizmente, acha que isso não basta para mantê-lo ocupado!"

Morton, Desmond (1891-1971). Em 1920 trabalhou no Serviço Secreto de Inteligência lidando com o contrabolchevismo. Nos anos 1930, como oponente do apaziguamento, vazou informações de inteligência sobre a Alemanha para Churchill (morava a menos de dois quilômetros de Chartwell). Foi nomeado assistente pessoal de Churchill em Downing Street, número 10, em 1940. Sua ligação pessoal com Churchill causava irritação em Whitehall e sua influência diminuiu quando procedimentos burocráticos mais normais substituíram a predileção de Churchill por trabalhar com sua própria panelinha. Mas Morton continuou a trabalhar com governos estrangeiros no exílio e nessa função teve muitos negócios com De Gaulle (apesar de não representar tecnicamente nenhum governo). Tendia a atiçar as desconfianças de Churchill sobre De Gaulle.

Moulin, Jean (1899-1943) (*17/10/1942). De família intensamente republicana, subiu rápido na administração, tornando-se o administrador regional mais jovem da França. Durante a Frente Popular, fazendo parte do *cabinet* de Pierre Cot, desempenhou papel importante no contrabando de armas para a Espanha. Administrador regional de Chartres em junho de 1940, rejeitou a demanda alemã para assinar um documento desonrando tropas francesas negras e tentou o suicídio. Demitido do cargo por Vichy em dezembro de 1940. Chegou a Londres em outubro de 1941, com informações sobre a Resistência. Enviado de volta à França como delegado de De Gaulle na Resistência de 2 de janeiro de 1942 a 14 de fevereiro de 1943, convencendo a Resistência a coordenar suas atividades e a aceitar a autoridade de De Gaulle. De volta a Londres por cinco semanas, retornou à França em 20 de março como delegado de De Gaulle nas duas zonas com instruções para estabelecer um Conselho Nacional da Resistência (CNR), incluindo partidos políticos. O CNR realizou sua primeira reunião sob a presidência de Moulin em 27 de maio de 1943. Em 21 de junho Moulin foi preso, morrendo dos efeitos da tortura no começo de julho.

Muselier, Emile (1882-1965) (*1/8/1941). Vice-almirante francês forçado a aposentar-se em 1939 depois de uma disputa com Darlan. Chegou a Londres no fim de junho de 1940, sendo o oficial de mais alta patente a juntar-se a De Gaulle. Achando que não lhe era concedido status compatível com sua patente – superior à de De Gaule –, encabeçou dois complôs contra De Gaulle, o primeiro em setembro de 1941 e o segundo em março de 1942, o que determinou sua exclusão da França Livre. Sua personalidade instável, ambição e predileção por maquinações não deveriam ofuscar seu importante papel no desenvolvimento da Marinha da França Livre a partir do zero.

Noël, Léon (1888-1987). Jurista e diplomata de origens burguesas. Embaixador em Varsóvia em 1935-40. Um dos enviados por Pétain para negociar o armistício com a Alemanha e em seguida designado pelo regime de Vichy para representar seus interesses na zona ocupada. Renunciou em agosto de 1940, mas seu breve flerte com Vichy pesou no resto da sua carreira. Recebeu absolvição ao ser levado por De Gaulle para a panelinha do RPF, apesar da oposição de outros gaullistas. Nomeado primeiro presidente do recém-criado Conselho Constitucional em 1959, teve que superar uma crise de confiança relativa à constitucionalidade do referendo realizado por De Gaulle em 1962. Homem de infinita pretensão e de opiniões conservadoras, satisfazia o lado mais convencional da personalidade de De Gaulle.

Noguès, Charles (1876-1971). Comandante das forças francesas no norte da África em junho de 1940. Embora de início parecesse contrário à assinatura do armistício, continuou leal a Pétain e recusou um apelo direto de De Gaulle. Deu ordem para que tropas francesas abrissem fogo contra invasores americanos em novembro de 1942. Buscou refúgio em Portugal em 1943. Em 1947, foi condenado à revelia a vinte anos de trabalhos forçados e à perda de direitos civis.

Palewski, Gaston (1901-1984) (*17/1/1946). De família burguesa polonesa estabelecida na França desde o século XIX. Estudou na Sorbonne e, por um ano, em Oxford. Em 1928-39, foi auxiliar de Paul Reynaud, e nessa qualidade conheceu De Gaulle em 1934. Em agosto de 1940 chegou a Londres. Entre fevereiro de 1941-setembro de 1942 lutou com as Forças Francesas Livres na África. Em setembro de 1942 foi chamado de volta a Londres para atuar como *directeur* do *cabinet* civil de De Gaulle. Um dos assessores mais próximos de De Gaulle. Desempenhou papel de destaque no RPF. Em 1951-56 foi *député* pelo RPF e em 1957-59, embaixador em Roma. Em 1962-65 foi incumbido da pesquisa científica no governo Pompidou. Designado presidente do Conselho Constitucional em 1965. Sua *mundanité* e suas numerosas ligações amorosas – incluindo um caso com Nancy Mitford – não impediam que fosse um gaullista apaixonadamente dedicado.

Parodi, Alexandre (1901-1979) (*27/8/1944). Servidor público tirado do seu cargo no Ministério do Trabalho em setembro de 1940. Ingressou na Resistência, assim como seu irmão mais jovem, cuja filiação ao movimento Libération-Nord lhe custou a vida. Designado em março de 1944 delegado de De Gaulle na Resistência – o cargo antes ocupado por Moulin –, o que fez dele figura-chave durante a Libertação de Paris. Como alto funcionário do Ministério do Trabalho na Libertação, foi um dos arquitetos do sistema de previdência social do pós-guerra. Seguiu carreira diplomática depois de 1947.

Passy (1911-1998) (*20/5/1943). Pseudônimo de André Dewavrin. Capitão em 1940 evacuado para Londres depois da expedição a Narvik. Decidiu juntar-se a De Gaulle e foi encarregado de administrar seu serviço de inteligência apesar de não ter nenhuma expertise nessa área. Excepcional organizador, fez do serviço – que viria a chamar-se BCRA – um dos mais importantes organismos da França Livre, controlando uma rede de agentes na França. Os infundados rumores de que pertencera à organização terrorista de extrema direita La Cagoule antes da guerra surgiram porque sua poderosa posição fazia dele alvo dos que queriam atacar De Gaulle. Em agosto de 1944 pulou de paraquedas na França para combater com a Resistência bretã. Preso em 1946 por confiscar fundos do antigo BCRA para serem usados em benefício de De Gaulle no caso de um levante comunista. Nada ficou provado e ele foi solto depois de alguns meses. Mas sua carreira estava acabada, e ele passou a dedicar-se a atividades empresariais. Ressentia-se do fato de De Gaulle nada ter feito para ajudá-lo durante esse caso obscuro.

Peyrefitte, Alain (1925-1999). Formado na Ecole Normale Supérieure, começou uma carreira no Ministério do Exterior, mas entrou na política e foi eleito *député* gaullista da UNR no Parlamento em novembro de 1958. Chamou a atenção de De Gaulle por ser um dos jovens gaullistas mais inteligentes. Foi usado por De Gaulle em 1962 para aventar a ideia da partição da Argélia, que ele provavelmente nunca teve a menor intenção de pôr em prática. Como ministro da Informação em 1962-66 foi apelidado por um diplomata britânico o "Goebbels do regime" – injustamente, uma vez que tentou infundir em De Gaulle uma visão menos *dirigiste* da comunicação. Como ministro da Educação em 1968, esteve na linha de frente dos acontecimentos antes de ser inteiramente posto de lado por Pompidou. Os três volumes das conversas e os monólogos de De Gaulle que publicou nos anos 1990 são fonte importante para qualquer estudo da Quinta República.

Pflimlin, Pierre (1907-2000). Advogado eleito *député* do MRP (democrata-cristão) no Parlamento em 1945. Participou de vários governos da Quarta República a partir de 1947. Desenvolveu opiniões liberais sobre a Argélia. Sua tentativa de formar um governo em maio de 1958 provocou o levante em Argel que levou De Gaulle de volta ao poder. Renunciou para dar lugar a De Gaulle em 26 de maio. Serviu em todos os seus governos, até renunciar em maio de 1962, depois da entrevista coletiva de De Gaulle atacando o supranacionalismo europeu. Dedicou-se às suas atividades de prefeito de Estrasburgo. Escreveu em suas memórias: "A partir de 1958 todas as minhas decisões importantes foram tomadas em relação ao general De Gaulle, o único grande estadista que conheci em minha vida política. Lamento profundamente que ... divergências sobre problemas essenciais tenham me obrigado a afastar-me dele."

Philip, André (1902-1970). Economista socialista. Eleito para o Parlamento em 1936. Um dos oitenta parlamentares que votaram contra plenos poderes para Pétain em julho de 1940. Juntou-se a círculos socialistas da Resistência. Chegou a Londres em julho de 1942 numa época em que muitos socialistas aderiam a De Gaulle. Sua chegada deu considerável impulso ao prestígio de De Gaulle.

Designado chefe da Comissão do Interior. Em novembro de 1942, foi enviado em fracassada missão a Roosevelt. Continuou servindo a De Gaulle até a Libertação, mas não foi aproveitado no governo provisório porque sua inteligência não compensava a lendária ineficiência. Opôs-se ao RPF porque rejeitava as ideias constitucionais de De Gaulle e apoiava a integração europeia. Contrário à volta de De Gaulle ao poder em 1958. Aos poucos se reaproximou do gaullismo apoiando a descolonização e sua política externa. Uma das 29 personalidades de esquerda que assinaram uma petição a favor de De Gaulle em 1966. Sua carreira deu a volta completa.

Pinay, Antoine (1891-1994). Filho de um chapeleiro. Começou a carreira administrando pequenos curtumes. Eleito prefeito de Saint-Chamond (Loire) em 1929. Apesar de seu discreto apoio a Vichy rapidamente retomou a carreira política depois de 1945. Tornou-se conservador Président du Conseil em março de 1952, graças à deserção de 27 deputados do RPF – levando De Gaulle a comentar cruelmente: "Não salvei a França para entregá-la a M. Pinay." Durante seus nove meses no poder tornou-se célebre como defensor dos rentistas. Aderiu a De Gaulle na crise de 1958, depois de visitá-lo em Colombey (22 de maio). Sua popularidade entre os conservadores era proveitosa para De Gaulle, que o nomeou ministro das Finanças do seu primeiro governo, embora o famoso plano de estabilização que levava seu nome fosse realmente de Jacques Rueff. Cada vez mais desgostoso com o estilo da nova República e com o antiatlanticismo de De Gaulle, foi demitido em janeiro de 1960. Nunca mais voltou a desempenhar função política nacional, mas continuou prefeito de Saint-Chamond até 1977 e fez o papel do sábio conservador até depois dos noventa anos.

Pineau, Christian (1904-1995) (*16/10/1945). Genro do teatrólogo Jean Giraudoux. Envolveu-se na atividade sindicalista enquanto trabalhava para o Banco da França nos anos 1930. Por intermédio desses contatos, fundou um dos mais importantes movimentos nortistas da Resistência em novembro de 1940. Primeiro líder importante da Resistência a visitar Londres em março de 1942, de onde voltou com a importante Declaração à Resistência (junho de 1942). Preso e deportado para Buchenwald em maio de 1943. Ao voltar para a França foi nomeado ministro do governo provisório de De Gaulle. Ministro de vários governos da Quarta República, era o ministro do Exterior durante a crise de Suez. Não aceitava a Quinta República e depois de 1958 teve apenas uma carreira política local.

Pleven, René (1901-1993) (*20/5/1943). De uma família republicana na conservadora Bretanha. Fez carreira empresarial nos anos 1930 ma Companhia Telefônica Anglo-Canadense. Íntimo de Jean Monnet, que em 1939 o recrutou para o comitê de compras franco-britânica sediada em Londres. Diferentemente de Monnet, resolveu ficar em Londres com De Gaulle. Sua competência administrativa, seus bons contatos e seu inglês perfeito o tornaram indispensável para De Gaulle. Enviado para convencer o Chade a aderir a De Gaulle em agosto de 1940. Em junho-outubro de 1941 foi despachado em importante missão para melhorar as relações com os Estados Unidos. A partir do outono de 1941, foi encarregado da pasta de Economia da França Livre e depois das colônias. Um dos arquitetos da Conferência de Brazzaville em 1944. Como ministro da Economia Nacional no governo provisório de De Gaulle entrou em choque com Pierre Mendès France, rejeitando a reforma monetária deste. Recusou-se a seguir De Gaulle para o RPF e durante a Quarta República (como membro da centrista UDSR), foi muitas vezes ministro e uma vez primeiro-ministro, quando apoiou e patrocinou a Comunidade Europeia de Defesa. O retorno de De Gaulle ao poder pôs fim à sua carreira ministerial. Depois da aposentadoria de De Gaulle voltou por algum tempo como ministro da Justiça em 1972. Embora suas trajetórias divergissem depois de 1945, não houve antigo "companheiro" cujo afastamento tenha magoado tanto De Gaulle.

Pompidou, Georges (1911-1974). Filho de professores de escola primária que atingiu os pináculos do sistema educacional francês, a Ecole Normale Supérieure. Passou a Ocupação lecionando e preparando sua antologia de poesia francesa. Apesar de não ter qualquer papel na Resistência, foi recrutado para o *cabinet* de De Gaulle em setembro de 1944 e deixou sua marca graças a uma inteligência extraordinariamente ágil. A partir de 1948, tornou-se o colaborador em quem De Gaulle mais confiava e chefe do seu *cabinet*. Depois da dissolução formal do RPF, começou uma bem-sucedida carreira de banqueiro com Rothschild ao mesmo tempo que se mantinha em contato com De Gaulle. Como chefe do *cabinet* de De Gaulle durante seus seis meses como Président du Conseil entre maio e dezembro de 1958, Pompidou, para todos os efeitos, comandava o governo. Apesar de ter voltado à sua carreira no banco, De Gaulle continuou a usá-lo para missões confidenciais, como iniciar negociações com a FLN. Embora nunca tivesse exercido cargo eletivo, foi designado primeiro-ministro em abril de 1962. Nessa função pelos próximos seis anos começou a desenvolver identidade política própria e a atrair seus próprios seguidores – fonte inevitável de tensão com De Gaulle. O papel crucial que desempenhou para evitar que o governo afundasse durante os acontecimentos de maio de 1968 não o tornou mais amado pelo general. Depois de ser demitido em junho de 1968, os sinais cada vez mais numerosos de que se via como sucessor de De Gaulle consumaram o afastamento. Eleito segundo presidente da Quinta República em junho de 1969. Apesar dos períodos em que ninguém era mais confiável para De Gaulle, seu "gaullismo" – um conservadorismo não ideológico, progressista e modernizador – era mais estreito do que o de De Gaulle, levando um dos mais destacados gaullistas a apelidá-lo de o "Anti-De Gaulle".

Queuille, Henri (1884-1970). Médico de província. Treze vezes ministro da Agricultura antes de 1940. Chegou a Londres em abril de 1943. Foi incumbido de responsabilidades cruciais no CFLN, apesar de sua admiração por De Gaulle ser temperada por uma desconfiança sobre a autenticidade de suas convicções democráticas. Depois de 1946, retomou sua carreira política e tornou-se figura de destaque da coalizão da Terceira Força que ajudava a barrar De Gaulle, incluindo um período como primeiro-ministro por treze meses entre 1948 e 1949, quando adotou o princípio de que "não há problema cuja ausência de solução não possa finalmente ser superada". Votou em De Gaulle em 1958 e em seguida retirou-se da política.

Rémy (pseudônimo de Gilbert Renault na Resistência) (1904-1984) (*13/3/1942). Simpatizante da Action Française que formou uma das mais eficientes redes da Resistência, a Confrérie Notre-Dame. Uma propensão a tomar suas próprias iniciativas políticas acabou exasperando o BCRA, e ele foi proibido de voltar à França depois de retornar a Londres com o líder comunista Fernand Grenier em janeiro de 1943. Depois da guerra suas memórias, campeãs de venda, fizeram dele a encarnação do agente secreto arrojado (ele contou que numa ocasião retornou a Londres com uma azálea para a mulher de De Gaulle). Figura-chave no RPF, manchou seu histórico com um artigo em abril de 1950 defendendo a ideia de que Pétain, "o escudo", tinha sido tão importante para a França quanto De Gaulle, "a espada". Retrocedeu a opiniões cada vez mais direitistas e De Gaulle não voltou a ter contato com ele depois de 1958.

Reynaud, Paul (1878-1966). Destacado político conservador. Conheceu De Gaulle em dezembro de 1934 e assumiu suas ideias sobre reforma de tanques. Contrário a Munique. Em março de 1940 tornou-se primeiro-ministro, empenhado em travar a guerra com mais vigor do que seu antecessor, Daladier. Em 5 de junho de 1940, nomeou De Gaulle subsecretário de Estado de Defesa. Mesmo se opondo à assinatura do armistício em junho, resignou-se a ceder a vez a Pétain, em vez de transferir o governo para o exterior. Tendo dessa forma deixado de ser o Clemenceau de 1940, perdeu a chance de ser De Gaulle. Confinado durante a Ocupação, retomou a carreira política depois de 1945 na Quarta República, mas apoiou a volta de De Gaulle ao poder em 1958 e presidiu o comitê consultivo para revisar a redação da nova Constituição. Parlamentarista, chefiou a oposição ao referendo constitucional de De Gaulle em 1962 e perdeu sua vaga nas eleições. Escreveu livros atacando a política externa antiamericana de De Gaulle e apoiou Lecanuet na eleição presidencial de 1965. A uma carta que escreveu a De Gaulle opondo-se ao veto à entrada britânica na CEE, De Gaulle respondeu enviando um envelope vazio para Reynaud, no qual escreveu: "Caso não seja encontrado, encaminhar para Waterloo, Bélgica."

Rueff, Jacques (1896-1978). Servidor público e economista que perdeu o cargo sob Vichy. Defensor ardoroso da economia liberal – escreveu um famoso artigo em 1931 denunciando o salário-desemprego como uma causa do desemprego. Seu medo da inflação o levou a discutir com Keynes nos anos 1930. Denunciou o Acordo de Bretton Woods e passou a vida defendendo o padrão-ouro. Suas ideias jamais mudavam. Em 1958, foi a principal inspiração por trás do plano de estabilização financeira apresentado no fim do ano. Nunca tinha tido qualquer contato com De Gaulle, mas os dois partilhavam o mesmo medo obsessivo da instabilidade financeira. Rueff esteve por trás também da famosa entrevista coletiva em 1965 pedindo a volta do padrão-ouro. Mas como De Gaulle também usou toda a sua influência em defesa do planejamento, não adotou todas as ideias de Rueff.

Salan, Raoul (1899-1984). O soldado mais condecorado do Exército francês. Leal a Vichy de início, terminou a guerra lutando com Lattre no sul da França. Comandante em chefe das tropas francesas na Indochina e depois na Argélia, a partir de 1956. Homem misterioso e taciturno, que não confiava em ninguém. Apesar de ter sido alvo de uma tentativa de assassinato em janeiro de 1957 por extremistas de direita que duvidavam do seu compromisso com a *Algérie française*, desempenhou papel crucial na adesão do Exército a De Gaulle em maio de 1958. Removido do comando argelino por De Gaulle no fim de 1958. Em junho de 1960, voltou para a Argélia, aposentado, e em oposição cada vez mais clamorosa a De Gaulle. Um dos líderes do golpe de abril de 1961 contra ele. Condenado à prisão perpétua por traição em abril de 1962. Solto em junho de 1968.

Schumann, Maurice (1911-1998) (*13/7/1945). Judeu convertido ao catolicismo envolvido no jornalismo católico de esquerda nos anos 1930. Opôs-se ao Acordo de Munique. Uma das poucas pessoas que escutaram o discurso de 18 de junho e aderiram imediatamente a De Gaulle. Seus talentos radiofônicos fizeram dele a voz mais conhecida da França Livre na BBC. Um dos fundadores do MRP depois de 1945, apesar de aguda crise de consciência resolveu não se juntar a De Gaulle no RPF. Apoiou a volta do general ao poder em 1958, mas saiu do governo em maio de 1962 após apenas três meses, porque discordava dos escárnios de De Gaulle contra a Europa. Mas votou "sim" no referendo de De Gaulle em novembro de 1962 e voltou a ser ministro em 1967. Constantemente dividido entre suas convicções europeias e sua fidelidade a De Gaulle, parecia sempre, nas palavras de um comentarista, "estar pessoalmente carregando um pedaço da verdadeira Cruz – a Cruz de Lorena". Mas foi preciso que De Gaulle renunciasse e o mais pró-europeu Pompidou fosse eleito em 1969 para que recebesse o cobiçado prêmio do Quai d'Orsay.

Soustelle, Jacques (1912-1990). De família protestante de Montpellier. Em 1929 formou-se entre os primeiros da turma na Ecole Normale Supérieure. Em 1934 tornou-se vice-diretor do Musée de l'Homme. Organizador de intelectuais antifascistas nos anos 1930. Em julho de 1940 juntou-se a De Gaulle vindo do México, onde trabalhava como antropólogo. Em 1940-42 organizou comitês da França Livre na América Central e na América Latina. Em maio de 1942 assumiu a propaganda da França Livre em Londres, e em novembro de 1943 foi encarregado da fusão de serviços de inteligência gaullistas e giraudistas em Argel. A partir de 1947 interrompeu a carreira acadêmica de antropólogo para se tornar secretário-geral do RPF. Em 1951-58 foi *député* do RPF pelo Ródano. Em 1955, designado governador-geral da Argélia, se tornou partidário apaixonado da *Algérie française*. Em 1958 foi ministro no governo Debré, até ser demitido em fevereiro de 1960 por sua oposição à política argelina de De Gaulle. Exilou-se em abril de 1961, depois do fracassado golpe contra De Gaulle. Anistiado em 1968, retornou à França. Em 1983 foi eleito para a Académie Française depois de uma primeira tentativa malsucedida barrada pelos gaullistas. Gaullista apaixonado em 1940, tornou-se antigaullista não menos apaixonado a partir de 1960. Seu ódio nunca mais arrefeceu.

Spears, Edward Louis (1886-1974). Nascido de pais britânicos em Paris. Trocou o nome Spiers por Spears, que soava mais inglês, em 1918, embora tenha negado sempre, falsamente, suas origens judaicas. Ingressou no Exército em 1906. Em 1914-18, atuou como oficial de ligação, primeiro entre os exércitos francês e britânico e depois entre o Gabinete de Guerra britânico e o francês. Conheceu muitos políticos e generais franceses importantes, incluindo Pétain. Em 1919, pediu baixa e entrou nos negócios e na política. Em 1931 elegeu-se membro conservador do Parlamento por Carlisle. Tornou-se amigo de Churchill e veemente adversário do apaziguamento. Entre 22 de maio e 17 de junho de 1940, foi o contato de Churchill com o governo francês. Voltou a Londres com De Gaulle em 17 de junho. Começou como o partidário mais entusiástico de De Gaulle em Londres nos primeiros tempos da França Livre. Desentendeu-se com ele em julho de 1941 por causa do Oriente Médio e tornou-se seu maior inimigo em Londres. De janeiro de 1942 a 1944, como ministro britânico para o Líbano e a Síria, entrou em choque com a França Livre e apoiou os nacionalistas árabes. Derrotado na eleição de 1945, dedicou-se a negócios na África. Escreveu brilhantes relatos biográficos das duas guerras. Individualista que nunca mereceu a confiança absoluta nem dos franceses nem dos britânicos. O antissemitismo provavelmente teve algo a ver com essa desconfiança, em ambos os casos.

Tardieu, André (1876-1945). Brilhante político conservador do período do entreguerras, nos anos 1930 desenvolveu ideias sobre reforma constitucional (referendo, maior poder para a Presidência) que foram rejeitadas na época, mas depois viriam a influenciar De Gaulle.

Terrenoire, Louis (1908-1992). Jornalista católico antes de 1940, atuou na Resistência até ser preso e deportado para Dachau. Membro fundador do MRP, foi um daqueles que, obrigados a escolher entre o MRP e o RPF, preferiram o RPF. Tornou-se seu secretário-geral em 1951. Ministro da Informação em 1960, desempenhou papel crucial na UNR.

Thorez, Maurice (1900-1964). Líder do Partido Comunista Francês em 1930-64. Desertou do Exército francês em 1940 e passou a guerra na União Soviética. Em novembro de 1944, De Gaulle permitiu que ele voltasse à França, onde desempenhou papel crucial na aplicação da política stalinista segundo a qual o Partido Comunista deveria, no futuro imediato, trabalhar com De Gaulle. Ministro de Estado no governo de De Gaulle de 21 de novembro de 1944 a 20 de janeiro de 1945. Sobre ele, De Gaulle escreveria que serviu ao interesse público: "Terá feito isso por tática política? Não cabe a mim dizer. Para mim era suficiente que a França fosse servida."

Tixier, Adrien (1893-1946). Professor de escola primária de Limousin. Perdeu um braço na Grande Guerra. Representante francês na Organização Internacional do Trabalho em Genebra e Washington. Apesar de socialista por convicção, concordou em ser líder da delegação da França Livre em Washington. Homem de índole furiosa exacerbada pela dor do ferimento de guerra, não era o diplomata ideal. Serviu no CFLN como ministro do Trabalho e no governo provisório de De Gaulle como ministro do Interior (era o homem encarregado da pasta na época do massacre de Sétif). Eleito para o Parlamento em novembro de 1945 como socialista, morreu dois meses depois.

Tricot, Bernard (1920-2000). Filho de dentista. Antes de 1958, não era gaullista, mas funcionário público de carreira. Trabalhando como consultor do governo de Mendès France sobre a Tunísia, convenceu-se da necessidade de descolonização. Levado para o Eliseu em 1959 como consultor de assuntos argelinos, não fazia segredo de suas opiniões progressistas. Desempenhou papel cada vez mais importante, ainda que discreto, no amadurecimento da política argelina de De Gaulle. Desempenhou papel crucial no caso Si Salah. Em 1967, tornou-se o terceiro e último secretário-geral do Eliseu e atravessou a crise de 1968 ao lado de De Gaulle. Após a renúncia deste, sua carreira sofreu um eclipse, porque Pompidou achava que ele não o apoiara no Caso Marković. Personificação do funcionário público francês discretamente firme, que deixou de ser gaullista *de raison* para se tornar gaullista *de coeur*.

Vallon, Louis (1908-1981). Filho de professor socialista de escola primária. *Polytechnicien*. Especialista em economia socialista nos anos 1930. Em 1941, ingressou no movimento esquerdista Libération-Nord, da Resistência. Chegou a Londres em julho de 1942. Trabalhou para o BCRA. Serviu no *cabinet* de De Gaulle em 1945-46. Ingressou no RPF, onde defendeu com vigor a política de "associação". Depois de 1958, um dos principais gaullistas de esquerda. Eleito para o Parlamento em 1962. Opôs-se violentamente a Pompidou, que em sua opinião traía as políticas socialistas do gaullismo. Gaullista dissidente, que De Gaulle tratava com cansada tolerância.

Viénot, Pierre (1897-1944) (*23/10/1944). Filho de um advogado de província. Trabalhou pela reconciliação franco-alemã e pela união europeia nos anos 1920. Casou-se em 1929 com a filha do industrial luxemburguês e proponente da união europeia Emile Mayrisch. Eleito para o Parlamento como socialista independente em 1932. Em 1936-37, foi subsecretário de Estado para Assuntos Estrangeiros no governo de Léon Blum. Juntou-se à resistência socialista durante a Ocupação. Preso duas vezes. Chegou a Londres em abril de 1943. Quando De Gaulle partiu para a Argélia com Massigli, tornou-se o representante em Londres do CFLN, sediado em Argel, junto ao governo britânico. Durante a furiosa discussão entre De Gaulle e Churchill antes do Dia D, correu de um lado para outro entre os dois, sendo repreendido aos berros por ambos. A tensão piorou sua saúde frágil, e ele morreu de ataque cardíaco em 20 de julho de 1944. Companheiro da Libertação, postumamente. De Gaulle observou a respeito dele nos anos 1960: "Foi um dos meus melhores 'companheiros' … Socialista um pouco ingênuo, um pouco pateta … que acreditava nas grandes ideias do século XIX, Humanidade com H maiúsculo, Progresso com P maiúsculo, Trabalho com T maiúsculo."

Weygand, Maxime (1867-1965). Brilhante oficial de cavalaria de linhagem incerta. Chefe do estado-maior de Foch na Grande Guerra. Chefe do estado-maior em 1931-35. Nomeado comandante em chefe por Reynaud no último minuto em 17 de maio de 1940, para salvar a situação, logo concluiu que um armistício era necessário. Com ideias políticas profundamente reacionárias, apoiava plenamente a política interna do regime de Vichy, mas queria limitar a colaboração à observação rigorosa dos termos do armistício. Foi nomeado representante de Vichy no norte da África, onde britânicos e americanos alimentavam continuamente a esperança de que ele mudasse de lado e trouxesse consigo o Exército. Apesar de nunca ter feito isso, os alemães insistiram para que fosse chamado de volta à França em novembro de 1941. Em novembro de 1942, foi detido e preso na Alemanha. Mas De Gaulle, que jamais perdoou sua responsabilidade no armistício, recusou-se a permitir que fosse sepultado com honras de chefe de Estado nos Invalides em 1965 – ato de vingança que chocou até algumas figuras de esquerda.

Notas

Abreviaturas

AN 3AG1: *Archives de Gaulle 1940-1944* (Archives Nationales)
AN 3AG4: *Archives Gouvernment Provisoire de la République française 1944-1946* (Archives Nationales)
AN 5AG1: *Archives de Gaulle (Présidence de la Cinquième République)* (Archives Nationales)
AN 72AJ: Arquivos do Comité de la deuxième guerre mondiale
AN AP: Archives Nationales, Archives Privées
AP: Alain Peyrefitte, *C'était de Gaulle* (Gallimard, 2000)
CCC: Churchill College, Cambridge
DDF: *Documents diplomatiques français*. As referências dão o ano seguido do volume em cada ano, entre colchetes, e finalmente o número do documento
De Gaulle, *Fil: Le fil de l'épée et autres écrits* (Omnibus Plon, 1990) (Esse volume contém em ordem cronológica os quatro livros escritos por De Gaulle antes de 1940, bem como outros escritos de antes da guerra: DE = *Discorde chez l'ennemi*; FE = *Fil de l'épée*; AM = *Vers l'armée de métier*; FA = *France et son armée*)
DGESS: *De Gaulle en son siécle. Actes des journées internationales tenues à Unesco Paris*, 7 vols. (Documentation française, 1991-92)
DGM: Charles de Gaulle, *Mémoires* (Gallimard, 2000)
DMI: Charles de Gaulle, *Discours et messages. Pendant la Guerre (1940-1946)* (Plon Poche, 1970)
DMII: Charles de Gaulle, *Discours et messages. Dans l'attente (1946-1958)* (Plon Poche, 1970)
DMIII: Charles de Gaulle, *Discours et messages. Avec le renouveau (1958-1962)* (Plon Poche, 1970)
DMIV: Charles de Gaulle, *Discours et messages. Pour l'effort (1962-1965)* (Plon Poche, 1970)
DMV: Charles de Gaulle, *Discours et messages. Vers le terme (1966-1969)* (Plon Poche, 1970)
FI: Jacques Foccart, *Tous les soirs avec de Gaulle. Journal de l'Elysée I (1965-1967)* (Fayard/Jeune Afrique, 1997)
FII: Jacques Foccart, *Le Général en mai. Journal de l'Elysée II (1968-1969)* (Fayard/Jeune Afrique, 1998)
FDG: Fondation Charles de Gaulle
FNSP: Fondation Nationale des Sciences Politiques

FRUS: *Foreign Relations of the United States*
LNCI: Charles de Gaulle, *Lettres, notes et carnets 1901-1941* (Robert Laffont, 2010)
LNCII: Charles de Gaulle, *Lettres, notes et carnets 1941-1958* (Robert Laffont, 2010)
LNCIII: Charles de Gaulle, *Lettres, notes et carnets 1958-1970* (Robert Laffont, 2010)
MAE: Ministère des Affaires étrangères
MGD: Charles de Gaulle, *Mémoires de Guerre. Documents*, 3 vols. (Plon, 1970)
RHA: *Revue historique des armées*
TNA: The National Archives

Introdução (p.27-40)

1. Philippe Oulmont, "Les voies 'de Gaulle' en France. Le Général dans l'espace et la mémoire des communes", *Cahiers de la Fondation Charles de Gaulle* 17 (2009). **2.** TNS Soffres (https://www.tns-sofres.com/publications/de-gaulle-40-ans-apres-sa-mort): 'De Gaulle, 40 ans après sa mort', 10/10. **3.** Bernard Fauconnier, *L'être et le géant* (Régine Deforges, 1989); Benoît Duteurtre, *Le retour du Général* (Fayard, 2010); Jean-Yves Ferri, *De Gaulle à la plage* (Dargaud, 2007); Michel Tauriac, *Dictionnaire amoureux de De Gaulle* (Plon, 2010). **4.** André Rossfelder, *Le onzième commandement* (Gallimard, 2000), 617, 621. **5.** Gaston Palewski, "De Gaulle et Malraux", *Revue des deux mondes* (12/74), 514. **6.** DMII (10/3/52), 536. **7.** Jean-Denis Bredin, *La Nef* 24-5 (10-12/65), 200. **8.** Alain Decaux e Alain Peyrefitte, *1940-1945. De Gaulle. Celui qui a dit non* (TF1/Perrin, 1999), 12. **9.** Pierre Nora, "Gaullistes et Communistes", in Nora (org.), *Les Lieux de mémoire*, vol. III: *Les France*, 1: *Conflits et partages* (Gallimard, 1992), 348-93 (357). **10.** André Passeron, DGESS-V 89. **11.** Philippe de Gaulle, *De Gaulle mon père. Entretiens avec Michel Tauriac*, vol. I (Plon, 2003), 492-3. **12.** Jean Lacouture, De Gaulle (Seuil, 1965); DGESS-I 509. **13.** Jean Lacouture, *De Gaulle*, vol. I: *Le rebelle* (Seuil, 1984), 122, 123. **14.** DGESS-I 532. **15.** Lacouture, *Rebelle*, 364. **16.** Ibid., 833. **17.** Paul-Marie de La Gorce, "Un journaliste 'engagé et libre'", *Espoir* 142 (3/05) (o número inteiro é dedicado a De La Gorce). **18.** Paul-Marie de La Gorce, *De Gaulle* (Perrin, 1999). **19.** DGESS-VI 11. Ou ver De La Gorce, *De Gaulle*, 1146, descrevendo os arranjos estabelecidos entre a França de De Gaulle e a Argélia independente como "um modelo para outros países que tinham resolvido transformar suas economias nacionais e tirá-las do subdesenvolvimento". **20.** Louis Vallon, *L'anti-De Gaulle* (Seuil, 1969). **21.** Eric Roussel, *De Gaulle* (Gallimard, 2002), 528-9. **22.** Ibid., 84-5. **23.** Ver a crítica a Lacouture de autoria de Brigitte Gaïti, "Jean Lacouture biografe", *Politix* 27 (1994), 76-93. **24.** Odile Rudelle, *Mai 1958: De Gaulle et la République* (Plon, 1988). Os muitos artigos de Rudelle que desenvolvem o mesmo tema estão colecionados em Rudelle, *République d'une jour, République de toujours* (Riveneuve, 2016), 354-637. **25.** Stanley Hoffmann, "De Gaulle as Political Artist: The Will to Grandeur", em Hoffmann, *Decline or Renewal? France Since the 1930s* (Viking, Nova York, 1974), 216. **26.** Archives Groupe Jean Jaurès, Office Universitaire de Recherche Socialiste (OURS), 94PO3 (Henry Hauck, 16/6/42).

27. Jean-Marie Domenach, *Beaucoup de gueule et peu de pouvoir. Journal d'un réfractaire 1944-1977* (Seuil, 2001), 157. **28.** Bernard Bruneteau, *Les paysans dans l'état. Le Gaullisme et le syndicalisme agricole sous la V*ème *République* (L'Harmattan, 1994), 43. **29.** Para essa abordagem aplicada às origens da Quinta República, ver Brigitte Gaïti, *De Gaulle, prophète de la cinquième République (1946-1962)* (FNSP, 1998); e para essa abordagem aplicada a De Gaulle e o Exército depois de 1958, ver Grey Anderson, "The Civil War in France, 1958-1962" (tese de doutorado inédita, Yale University, 2016).

1. Primórdios, 1890-1908 (p.43-71)

1. DMI 3-4 (18/6/40). **2.** Claude Guiblin, *La passion d'agir* (Pensée universelle, 1993), 36. **3.** Léon Werth, *Déposition* (V. Hamy, 1992), 688. **4.** *Le Monde*, 20/6/1980. **5.** Roger Langeron, *Paris, juin 1940* (Flammarion, 1946), 72. **6.** Agnès Humbert, *Notre guerre* (Tallandier, 2004), 7-8. **7.** Ibid., 20-1. **8.** Werth, *Déposition*, 356. **9.** Claude Mauriac, *Un autre de Gaulle* (Hachette, 1970), 9. **10.** Pierre Lefranc, que se manifestou contra a Ocupação em 11 de novembro de 1940, achava que o nome só podia ser pseudônimo (entrevista, 11/10). **11.** Romain Gary, *La promesse de l'aube* (Gallimard, 1960), 31-2. **12.** Sudhir Hazereesingh, *Le mythe gaullien* (Gallimard, 2010), 35-6. **13.** Maurice Garçon, *Journal 1939-1945* (Les Belles Lettres, 2015), 129. No diário escrito por Diego Brosset, um dos primeiros oficiais a se juntarem a De Gaulle, o nome de início é soletrado regularmente errado: Guillaume Piketty, *Français en Résistance. Carnets de guerre, correspondance, journaux personnels* (Robert Laffont, 2009), 142 (29/6/40). **14.** LNCIII 649 (2/6/64). **15.** Philippe de Gaulle, *Mémoires accessoires*, vol. I: *1921-1946* (Plon, 1997), 9-42, tem detalhes sobre a história da família. **16.** Jean-Raymond Tournoux, *Jamais dit* (Plon, 1971), 384-401. **17.** LNCII 911 (12/3/49). **18.** TNA CAB 66/26/25 ("Views of General de Gaulle"). **19.** AP 163 (19/5/62). **20.** Claude Guy, *En écoutant de Gaulle. Journal 1946-1949* (Grasset, 1996), 213; ver também Edward Spears, *Two Men Who Saved France: Pétain and de Gaulle* (Eyre & Spottiswoode, 1966), 186, recordando que De Gaulle lhe disse em setembro de 1940 que sua família era a "segunda mais antiga em Paris". **21.** LNCIII 1171 (9/11/70). **22.** Michel Marcq, "La famille", em FDG, *Charles de Gaulle. La jeunesse et la guerre 1890-1920* (Plon, 2001), 21-8. **23.** LNCI 53 (3/1/09). **24.** Pierre Pierrard, "Le Nord et Lille dans la vie de Charles de Gaulle", em FDG, *De Gaulle. Jeunesse*, 18. **25.** LNCI 100 (3/10/14). **26.** Jean-Claude Bonnal, *Charles de Gaulle en Périgord* (Editions du Roc de Burzac, Bayac, 1990). **27.** Jacques Vendroux, *Ces grandes années que j'ai vécues 1958-1970* (Plon, 1975), 98. **28.** Depois moraram na Avenue Duquesne nº24, de 1892 a 1908, e na Place Saint-François-Xavier nº3 (hoje Place André Tardieu-Président Mithouard), após 1908. **29.** "Le Maréchal Foch", em LNCI 712-3. **30.** DGM 5. **31.** Guy, *En écoutant*, 70. **32.** François Coulet, *Vertu des temps difficiles* (Plon, 1967), 165-6. **33.** Guy, *En écoutant*, 168. **34.** LNCIII 1150 (7/7/70). **35.** Ele contou isso a Paul Reynaud quando ambos eram prisioneiros na Alemanha durante a guerra. Paul Reynaud, *Carnets de captivité 1941-1945* (Fayard, 1997), 367. **36.** Ver Rudelle, *République d'une jour, République de toujours*, 354-637.

37. Jean-Marie Mayeur, "Charles de Gaulle et le catholicisme social", em Mayeur, *Catholicisme social et démocratie chrétienne* (Cerf, 1986), 255-6. 38. Jean Pouget, *Un certain capitaine de Gaulle* (Fayard, 1973), 28; Gérard Bardy, *Charles le Catholique. De Gaulle et l'Eglise* (Plon, 2011), 37. 39. Duclert em FDG, *De Gaulle. Jeunesse*, 107-18; Marcel Thomas, "Une certaine idée de 'l'Affaire'..." em ibid., 148-66. 40. De Gaulle, *Fil* (FA), 461-2. 41. Tournoux, *Jamais dit*, 394. 42. Carta inédita de Jacques de Gaulle para a mãe, 8/4/17, que me foi comunicada por Claude Marmot, da FDG. 43. Marie-Agnès Cailliau de Gaulle, *Souvenirs personnels* (Paroles et Silence, 2006), 23-5. 44. De Gaulle, *Fil* (FE), 185. 45. Emmanuel d'Astier de la Vigerie, *Sept fois sept jours* (Gallimard, 1961), 137. 46. LNCI 15 (30/11/17). 47. Charles Péguy, *Oeuvres en prose complètes*, vol. II (Gallimard, 1988), 59; Eric Thiers, "La révélation du 6 juin 1905", *Mil neuf cent 19* (2001), 43-52. 48. LNCI 13. 49. Introdução de Jean-Jacques Becker a Henri Massis e Alfred de Tarde (Agathon), *Les jeunes gens d'aujourd'hui* (Imprimerie nationale, 1995), 38; Becker, "1905. Un Tournant", em Stéphane Audoin-Rouzeau e Becker (orgs.), *Encyclopédie de la grande guerre 1914-1918* (Fayard, 2004), 151-6. 50. LNCI 826 (9/12/36), 918 (11/2/40); sobre Psichari ver Frédérique Neau-Dufour, Ernest Psichari. *L'ordre et l'errance* (Cerf, 2001). 51. AP 784 (9/9/84). Ver também Alain Larcan, *De Gaulle inventaire. La culture, l'esprit, la foi* (Bartillat, ed. de 2010), 368-94; Jean Bastaire, "Péguy et de Gaulle", *Cahiers de l'Herne* (1973), 246-51. 52. Charles Péguy, *Oeuvres en prose complètes*, vol. III (Gallimard, 1992), 935. 53. Ibid., 929. 54. Ibid., II, 142. 55. De Gaulle, *Fil* (FA), 469-70. 56. Ibid., 470. 57. Isso foi assinalado pela primeira vez por Alain Peyrefitte: AP 289 (n.1). Veio de Barrès, *Cahier of 1920*: "*donner de la France une certaine idée, c'est nous permettre de jouer un certain rôle*". Sobre Barrès e De Gaulle, ver Pierre Bernard, "Un de Gaulle barrèsien ou un Barrès gaullien?", *Espoir* 72 (9/90), 5-8. 58. LNCII 1173 (23/12/54). 59. Lucy Shepard Crawford, *The Philosophy of Emile Boutroux* (Longmans, Nova York, 1924). 60. LNCI 279-80. 61. Cyrus Sulzberger, *The Last of the Giants* (Macmillan, 1970), 85-6. 62. LNCI 14 (31/8/07). 63. LNCI 44 (23/6/08). 64. O melhor tratamento de De Gaulle e religião, em FDG, *Charles de Gaulle. Chrétien, homme d'état* (Cerf, 2011). Ver também: Jean-Marie Mayeur, "De Gaulle et l'Eglise catholique", DGESS-I 436-41; Michel Brisacier, *La foi du général* (Nouvelle Cité, Montrouge, 1998); Laurent de Gaulle, *Une vie sous le regard de Dieu. La foi du général de Gaulle* (Toucan, 2009). 65. Jean Mauriac, *Le Général et le journaliste* (Fayard, 2008), 132 ("*toujours un peu absent: visage impassible*"); Mauriac, *Un autre de Gaulle*, 3/9/44 ("*correction un peu ennuyé*"); Jean d'Escrienne, *Le Général m'a dit 1966-1970* (Plon, 1973), 26. 66. O assunto foi discutido por Palewski, Malraux e Pompidou em 1951 sem que nenhum deles tivesse certeza sobre o que De Gaulle acreditava: Georges Pompidou, *Lettres, notes et portraits 1928-1974* (Robert Laffont, 2012), 225. 67. Jacques Prévotat, "De Gaulle croyant et pratiquant", em FDG, *Charles de Gaulle. Chrétien*, 40-64. 68. Jean-Marie Mayeur, "De Gaulle as Politician and Christian", em Hugh Gough e John Horne (orgs.), *De Gaulle and Twentieth-Century France* (Edward Arnold, 1994), 99. 69. Guy, *En écoutant*, 166-7. 70. LNCI 710. 71. Pierre Lance, *Charles de Gaulle, ce chrétien nietzschéen* (Septième aurore, 1965). 72. DMI 332 (14/7/43). 73. David Schoenbrun, *The Three Lives of Charles de Gaulle* (Hamish Hamilton, 1966); Bardy, *Charles le Catholique*, 9.

74. DMII (3/11/43). 75. Maurice Agulhon, *De Gaulle. Histoire, symbole, mythe* (Plon, 2000), 30-4. 76. De Gaulle, *Fil* (FA), 165. 77. Larcan, *De Gaulle inventaire*, 196. 78. DMII 360 (11/2/50). 79. DMI 327 (27/6/43). 80. DGM 88. 81. LNCI 51; LNCIII 1185.

2. "Um remorso que nunca me abandonará", 1908-18 (p.72-94)

1. Sobre De Gaulle e a Alemanha nesses anos, Pierre Maillard, *De Gaulle et l'Allemagne. Le rêve inachevé* (Plon, 1990), 17-24; Jean-Paul Bled, "L'image de l'Allemagne chez Charles de Gaulle avant juin 1940", *Etudes gaulliennes* 17 (1977). 2. LNCI 45 (23/6/08). 3. Coulet, *Vertu*, 108. 4. Louis Joxe, *Victoires sur la nuit. Mémoires* (Flammarion, 1981), 144. 5. DGM 573. 6. Claude Roy, *Nous* (Gallimard, 1972), 65. 7. Jules Maurin, "De Gaulle saint cyrien", em FDG, *De Gaulle. Jeunesse*, 187-92. 8. DGM 6. 9. LNCI 522. 10. "Du patriotisme", LNCI 70-77. 11. DGM 6. 12. "Notes d'un carnet personnel", LNCI 79. 13. Ibid. 14. Sobre a guerra de De Gaulle, ver especialmente FDG e Historial de la Grande Guerre, *De Gaulle soldat 1914-1918* (Martelle éditions, 1999); Frédérique Neau-Dufour, *La première guerre de Charles de Gaulle 1914-1918* (Tallandier, 2013); e também Charles de Gaulle, Jacques Vendroux e Gérard Boud'hors, *La génération du feu* (Plon, 1983); Jean d'Escrienne, *Charles de Gaulle, officier* (Addim, 1991). 15. LNCI 83-7. 16. "Le Baptême", LNCI 93-100. 17. De Gaulle, *Fil* (FA), 481. 18. "Aux nouvelles recrues", LNCI 68. 19. Carta inédita de Jacques de Gaulle para a mãe, 23/10/14 (comunicado por Claude Marmot). 20. "Notes", LNCI 118 (11/12/14). 21. LNCI 115 (7/12/14). 22. "Consignes", LNCI (17/1/15). 23. Neau-Dufour, *Première guerre*, 113. 24. "Au 33 régiment", LNCI 153 (20/2/15). 25. "Dc la gucrrc", LNCI 341-2. 26. LNCI 231 (23/12/15). 27. LNCI 116 (7/12/14). 28. LNCI 203 (23/11/15). 29. LNCI 231 (23/12/15). Em 31/12/15 ele condena a "irremediável inferioridade do nosso regime parlamentar republicano", LNCI 237. 30. LNCI 199 (18/11/15). 31. LNCI 247 (15/1/16). 32. LNCI 158 (2/5/15). 33. LNCI 258 (14/2/16). 34. LNCI 442 (8/12/18). 35. Gérard Boud'hors, "Le Capitaine de Gaulle et le 33 R.I. à Douaumont (fin février-début mars 1916)", RHA 179 (1990), 6-15. 36. Frédérique Neau-Dufour, *Geneviève de Gaulle-Anthonioz* (Cerf, 2004), 118. 37. LNCI 374. 38. LNCI 345. 39. Cédric Marty, "Le corps au corps au prisme des identités sociales", em François Bouloc, Rémy Cazals e André Loez (orgs.), *Identités troublées 1914-1918* (Privat, 2011), 73-6. 40. Em geral, ver François Cochet, "Le capitaine de Gaulle et l'expérience de la captivité", em FDG, *De Gaulle. Jeunesse*, 222-38. 41. LNCI 327 (21/3/17). 42. LNCI 329 (22/4/17). 43. LNCI 327 (21/3/17). 44. Fernand Plessy, "J'ai connu de Gaulle captif", em *De Gaulle soldat*, 187. 45. LNCI 279. 46. LNCI 328 (8/4/17). 47. LNCI 337 (19/12/17). 48. Citado em *En ce temps là. De Gaulle* 15 (n.d.) (BNF ref.: 16-LN27-99335). 49. Parte disso é reproduzida no catálogo, Musée de l'Armée, *Churchill/De Gaulle* (Editions de la Matinière, 2015), 88-9. 50. LNCI 266. 51. LNCI 279. 52. LNCI 334 (8/9/17). 53. LNCI 325. 54. LNCI 400-1. 55. LNCI 384. 56. LNCI 422 (1/9/18). 57. LNCI 418 (1/8/18). 58. LNCI 424 (4/10/18). 59. De Gaulle, *Fil* (DE), 137. 60. Lacouture, *Rebelle*, 97, o coloca trabalhando por um breve período na fábrica de produtos químicos Anilinfabrik,

em Ludwigshafen, mas não cita fonte. Como prisioneiros de guerra estavam isentos da obrigação de trabalhar em território inimigo, isso parece improvável; ver Neau-Dufour, *Première guerre*, 295. **61.** LNCI 437 (1/12/18). **62.** Lacouture, *Rebelle*, 97. **63.** Bruno Cabanès, *La victoire endeuillée. La sortie de guerre des soldats français (1918-1920)* (Seuil, 2004). **64.** LNCI 673-85 (31/1/27). **65.** LNCI 427 (8/12/18).

3. Reconstruir uma carreira, 1919-32 (p.95-123)

1. LNCI 421 (1/9/18). **2.** LNCI 447 (25/1/19). **3.** LNCI 449 (29/1/19). **4.** LNCI 455 (26/4/19). **5.** "L'alliance franco-polonaise", LNCI 487. **6.** LNCI 456 (26/4/19). **7.** LNCI 462-3 (25/6/19). **8.** LNCI 460 (7/6/20). **9.** LNCI 467 (5/8/1919). **10.** LNCI 479. **11.** *En ce temps là. De Gaulle* 22 (s.d.), 89. Sobre De Gaulle na Polônia, ver Yves Faury, "Le Capitaine de Gaulle en mission en Pologne 1919-1920", RHA 179 (1990), 16-25; Frédéric Guelton, "Le Capitaine de Gaulle et la Pologne (1919-21)", em FDG, *De Gaulle. Jeunesse*, 242-60. **12.** LNCI 472 (18/11/19). **13.** Isto vem do relato anônimo de De Gaulle "La Bataille de la Vistule", publicado na *Revue de Paris* em 1920 e reproduzido em De Gaulle, *Fil*, 568-83 (570). **14.** "Rapport sur l'organisation", LNCI 502-8. **15.** LNCI 500 (24/8/20). **16.** LNCI 597 (16/1/597). **17.** AP 1503 (6/9/67). **18.** LNCI 499 (3/7/19). **19.** LNCI 464 (17/7/19). **20.** Guy, *En écoutant*, 224. **21.** LNCI 276. **22.** De La Gorce, *De Gaulle*, 50. **23.** Guy, *En écoutant*, 95. **24.** LNCII 42-3 (9/3/42). **25.** LNCI 326 (18/3/17). Neau-Dufour, *Première guerre*, 241, 296 sugere que "M-L" era Marie-Lucie, a filha mais velha do seu tio materno Jules Maillot. Mas ela tinha morrido de meningite na Lille ocupada, ao passo que ele tinha outra prima, Anne-Marie, que morreu como resultado de um bombardeio em 17 de novembro de 1917. **26.** Em geral, ver Frédérique Dufour, "L'officier dans sa vie privée", em FDG, *Charles de Gaulle. Du militaire au politique 1920-1940* (Plon, 2004), 252-85. **27.** LNCI 464-5 (17/7/19). **28.** LNCI 492 (27/1/20). **29.** Philippe de Gaulle, *Mémoires* I, 78. **30.** Philippe de Gaulle, *De Gaulle mon père* I, 318-9. **31.** Para esse parágrafo, ver Frédérique Neau-Dufour, *Yvonne de Gaulle* (Fayard, 2010), 99-105. **32.** Ibid., 105. **33.** As ideias tiveram seguimento em "La fatale querelle d'un chancelier et un militaire", *Revue militaire générale* 15/5/23, 15/6/23; "L'envers d'un décor", *Revue militaire générale* 15/11/23, 15/12/23. **34.** De Gaulle, *Fil* (DCE), 12-13. **35.** Ibid., 126. **36.** Ibid. **37.** Ibid. **38.** De Gaulle, "La défaite, question morale", em ibid., 645. **39.** Georges Loustaunau-Lacau, *Mémoires d'un Français rebelle (1914-1948)* (J. et D. Editions, Biarritz, 1994 edn), 60-1. **40.** Jean-Raymond Tournoux, *Pétain et de Gaulle* (Plon, 1964), 382-91, reproduz todos os boletins de De Gaulle na Ecole. **41.** LNCI 604 (13/9/24). **42.** "Doctrine a priori ou doctrine des circonstances", *Revue militaire française* 45 (1/3/1925), 306-28. Mencionado em *Le Temps* de 31/3/25, em artigo intitulado "Le dogmatisme dans l'armée". Os originais, recebidos pela *Revue militaire française* em 7/11/24, foram analisados pelo coronel Laure, do *cabinet* de Pétain, e Pétain comentou sobre o artigo que era um "tres bonne étude", *En ce temps là. De Gaulle* 27 (s.d.), 110. O pensamento de De Gaulle sobre o assunto foi influenciado pela leitura do teórico militar do *ancien régime* Comte de Guibert, admirador de Frederico, o Grande, e proponente de *"la doctrine du réel"*. **43.** LNCI 686 (3/3/27); notar o ceticismo de Claude Carré, "Charles de Gaulle, professeur et conférencier", em FDG, *Du militaire*, 203-16. **44.** Jean-Raymond Tournoux, *Le tourment et la fatalité* (Plon, 1974), 21. **45.** Jacques Schapira e Henri Lerner, Emile Mayer. *Un prophète baillonné* (Editions Michalon, 1995); Vincent Duclert (org.), *Le Colonel Mayer de l'Affaire Dreyfus à de Gaulle. Un visionnaire en République* (Armand Colin, 2008). **46.** Jean Auburtin, *Le Colonel de Gaulle* (Plon, 1965), 9. **47.** LNCI 779 (De Gaulle para Halévy, 5/6/35). **48.** LNCI 702 (16/1/28). Paul Bourget foi um romancista extremamente bem-sucedido desse período. **49.** LNCI 704 (23/1/28). **50.** Toda a correspondência de Pétain sobre o manuscrito está reproduzida em "La Correspondance de Gaulle-Pétain 1925-1938", *En ce temps là. De Gaulle* 15 (s.d.) (encarte de quinze páginas). **51.** LNCI 708 (20/6/29). **52.** "Allocutions", LNCI 722. **53.** LNCI 690 (24/12/27). **54.** Joël Coignard, "Le commandment du 19ᵉ BCP", em FDG, *Du militaire*, 33-42. **55.** Jacques Vendroux, *Cette chance que j'ai eu 1920-1957* (Plon, 1974), 48-52. **56.** Neau-Dufour, *Yvonne*, 113-29. **57.** LNCI 703 (18/1/28). **58.** Lacouture, *Rebelle*, 181-2. **59.** Chanoine Bourgeon em *En ce temps là. De Gaulle* 13 (s.d.), 31. **60.** LNCI 837 (10/2/48). **61.** Philippe de Gaulle, *Mémoires* I, 89. **62.** Neau-Dufour, *Yvonne*, 166. **63.** Ibid., 168. **64.** Philippe de Gaulle, *De Gaulle mon père* I, 510. **65.** LNCI 265 (6/9/16). **66.** LNCI 492 (27/1/20). **67.** LNCI 725 (26/11/29). **68.** J.-M. Marill, "Le chef du bataillon de Gaulle au Levant (1929-1931)", RHA 179 (junho de 1990), 38-43; Pierre Fournié, "Le séjour du commandant de Gaulle dans les Etats du Levant 1929-1931", em FDG, *Du militaire*, 42-59; Alexandre Najjar, *De Gaulle et le Liban. Vers l'orient compliqué*, vol. I: *1929-1931* (Ed. Terres du Liban, 2002); Isabelle Dasque, "Le Commandant de Gaulle au Levant", em Clotilde de Fouchécour e Karim Emile Bitar (orgs.), *Le cèdre et le chêne. De Gaulle et le Liban. Les Libanais et de Gaulle* (Guethner, 2015), 65-88. **69.** LNCI 727 (24/4/30). **70.** LNCI 726 (11/12/29). **71.** LNCI 725 (11/12/29). **72.** LNCI 732 (2/1/31). **73.** LNCI 730 (7/7/30). **74.** LNCI 726 (11/12/29). **75.** LNCI 728 (30/6/30). **76.** De Gaulle, *Fil* (FE), 154, 184-5. **77.** LNCI (2/11/29). **78.** LNCI 374. **79.** LNCI 432. **80.** LNCI 706 (21/12/28). **81.** Philippe de Gaulle, *De Gaulle mon père* I, 54. **82.** De Gaulle, *Fil* (FE), 146. **83.** LNCI 708 (20/6/29). **84.** Carta inédita, 16/5/32.

4. Deixar uma marca, 1932-39 (p.124-55)

1. LNCI 672 (21/1/27). **2.** LNCI 731 (7/9/30). **3.** Pétain para De Gaulle, 5/3/31, 12/3/31, em "'La Correspondance de Gaulle-Pétain 1925-1938". **4.** Frédéric Guelton, "Charles de Gaulle au Secrétariat général du conseil supérieur de la défense nationale 1931-1937", em FDG, *Du militaire*, 62-71. **5.** DGM 7. **6.** Sobre rascunhos do projeto, ver AN 3AG1/299 (7-10). **7.** "Projet de Loi d'Organisation de la nation pour le temps de guerre", LNCI 817. **8.** Cpt. Gilbert Bodinier, "De Gaulle, rédacteur au SGDN, commenté et corrigé par ses chefs hiérarchiques", RHA 1 (1980), 239-54; 2 (1981), 167-80. **9.** LNCI 743 (24/11/32). **10.** LNCI 747 (29/12/33). **11.** Alain Larcan e Pierre Messmer, *Les écrits militaires de Charles de Gaulle* (PUF, 1985) para uma visão geral do pensamento militar de De Gaulle. **12.** LNCI 773 (17/4/35); 826 (9/12/36). **13.** Ver também LNCI 734 (1/10/31). **14.** "Vers l'armée du métier", *Revue politique et parlementaire* 10/4/33, 10/5/33; *Etudes* (12/33); "Forgeons une armée de métier", *Revue des vivants* 13/1/34. Ver dossiê de recortes de jornal em AN 3AG1/299 Dr. 4. **15.** Jean-Nicolas Pasquay, "Vers l'armée de métier et l'armée allemande avant la seconde guerre mondiale", em FCG, *Du militaire*, 144-70. **16.** Christopher S. Thompson, "Prologue to Conflict: De Gaulle and the United States, from First Impressions through 1940", em Robert Paxton e Nicholas Wahl (orgs.), *De Gaulle and the United States* (Berg, Oxford, 1994), 14-24. **17.** LNCI 774 (17/4/35). Em suas *Memórias*, DGM 15, ele reconhece a influência de Liddell Hart, *Fuller and Seeckt*. **18.** De Gaulle, "Rôle historique des places françaises", reproduzido em De Gaulle, *Trois études* (Plon, 1973), 3-120. **19.** De Gaulle, "Forgeons une armée de métier" (13/1/34), reproduzido em *Articles et écrits* (Plon, 1975), 309. **20.** Esses comentários vêm na verdade de seu artigo de 1929 "Philosophie du recrutement", reproduzido em *Fil*, 647-58, mas são no espírito de *Vers l'armée de métier*. **21.** De Gaulle, *Fil* (AM), 325-6. **22.** LNCI 781 (28/6/35). **23.** LNCI 806 (27/10/36). **24.** Jean-Michel Royer, "Le style, c'est l'homme", em *En ce temps là. De Gaulle* 16 (s.d.), 279-83. Esse número também traz um fac-símile das correções. **25.** Stéphane Giocanti, Maurras. *Le chaos et l'ordre* (Flammarion, 2006), 370. **26.** François-Georges Dreyfus, "Aux sources de la pensée du Général", *Espoir* 56 (9/86), 6-19. **27.** Robert Aron, *Charles de Gaulle* (Librairie académique Perrin, 1965), 40-1. O encontro ocorreu nas reuniões sociais de Daniel Halévy. **28.** LNCI 884 (10/9/35). **29.** LNCI 760 (8/6/34). **30.** LNCI 319, 323. **31.** Nicolas Roussellier, *La force de gouverner* (Gallimard, 2015), 414-29. **32.** De Gaulle, *Fil* (AM), 326. Em *Le fil de l'épée* De Gaulle invoca o século do "système Taylor", *Fil* (FE), 188; ou ver sua referência à "taylorização" num artigo de 1933 para "Métier militaire" em *Fil*, 788. **33.** LNCI 449 (11/2/19). **34.** De Gaulle, *Fil* (AM), 363. **35.** De Gaulle, *Fil* (FE), 188. **36.** Jean-Pierre Guichard, "Charles de Gaulle et Gustave le Bon", *Espoir* 113 (12/97), 31-41; Jean-Baptiste Decherf, "De Gaulle et le jeu divin du héros. Une théorie de l'action", *Raisons politiques* 26 (5/2007), 217-34. **37.** LNCI 279. **38.** De Gaulle, *Fil* (FE), 146, 180, 181, 185. **39.** LNCI 665. **40.** DGM 17. **41.** Loustaunau-Lacau, *Mémoires*, 118. **42.** *Journal Officiel* 1935, 1040-42. **43.** Ibid., 1037; 1025. **44.** LNCI 779 (31/5/35). **45.** LNCI 775 (6/5/35). **46.** LNCI 800 (5/8/36). **47.** LNCI 795 (25/6/36). **48.** LNCI 802 (22/9/36). **49.** LNCI 863 (11/9/38). **50.** DGM 25. **51.** LNCI 836 (27/8/37). **52.** LNCI 828 (20/12/36). **53.** "L'alliance franco-polonaise", LNCI 491. **54.** LNCI 866 (1/10/38). **55.** LNCI 866 (6/10/38). **56.** LNCI 850 (24/3/38). **57.** Vendroux, *Cette chance*, 357. **58.** LNCI 846 (12/1/38). Ver também as cartas para o filho, LNCI 852 (30/4/38). **59.** LNCI 608 (5/25). **60.** LNCI 786 (16/12/35); Roussel, *De Gaulle*, 66. **61.** LNCI 827 (14/12/36). **62.** Francois Cochet, "La société militaire en France: réalité et perception par Charles de Gaulle (1919-1940)", em FDG, *Du militaire*, 18-31. **63.** LNCI 739 (23/5/32). **64.** LNCI 799 (5/8/36). **65.** LNCI 858-9 (18/8/38). **66.** LNCI 868 (7/10/38). **67.** Ver a excelente análise de Philippe Ratte, "De Gaulle historien", em FDG, *Du militaire*, 222-37. **68.** Todas as citações nos dois últimos parágrafos vêm de De Gaulle, *Fil* (FA), 331, 342-3, 384, 359, 421, 412, 422, 497-8. **69.** Joël Chambre, "Le Colonel de Gaulle et son régiment. De la théorie à la pratique", *Cahiers de la FCDG* 11 (2002).

70. AN 3AG1/2792 (21) (Dossiers Militaires). 71. Neau-Dufour, *Yvonne*, 166. 72. LNCI 840 (13/11/37). 73. LNCI 866 (1/10/38), 874 (26/12/38). 74. LNCI 838 (15/10/38). 75. Chambre, "Le Colonel de Gaulle", 162-3, 211-2. 76. LNCI 772 (29/3/35). 77. LNCI 849 (17/3/38). 78. LNCI 690 (24/12/27). 79. LNCI 872 (24/11/38).

5. A Batalha da França, setembro de 1939-junho de 1940 (p.156-86)

1. LNCI 864 (s.d.). 2. LNCI 897 (12/10/39). 3. Paul Gaujac, "Le Colonel de Gaulle, commandant des chars de la Vème armée (septembre-mai 1940)", RHA 179 (junho de 1990), 57-71. 4. LNCI 899 (22/10/39). 5. LNCI 918 (11/2/40). 6. LNCI 896 (8/9/39). 7. Além de Gaujuac, "Le Colonel", ver Bruno Chaix, "Charles de Gaulle et le débat doctrinal du début des années trente", em FDG, *Du militaire*, 91-101; as notas de De Gaulle estão em LNCI 893-6, 901-8. 8. Gaujac, "Le Colonel", 64. 9. "Note au sujet de l'emploi et de la constitution des unités des chars" (17/12/39), AN 3AG1/299 (2). 10. De Gaulle, *Trois études*, 58-60. 11. "Note"', LNCI 911-13 (12/1/40). 12. LNCI 923 (21/2/40). 13. AN 5AG1/1153 (carta de Rops, 11/9/44, lembrando isso a De Gaulle). 14. LNCI 925 (14/4/39). 15. Carta de 7/4/40 publicada em janeiro de 2018 em catálogo de Autographe des Siècles, Lyons (une page ½ in-4°). 16. Roland de Margerie, *Journal 1939-1940* (Grasset, 2010), 163; Paul de Villelume, *Journal d'un défaite* (Fayard, 1976), 305-6. 17. LNCI 927 (3/5/40). 18. TNA CAB 21/1323. 19. François Bédarida, *La stratégie secrète du "Drôle de guerre": le conseil suprême interallié* (FNSP, 1980), 482. 20. LNCI 928 (8/5/40). 21. Para uma visão geral de De Gaulle como comandante da DCR, Gérard Saint-Martin, "Les combats de la 4e division cuirassée", em FDG, *Du militaire*, 181-97. 22. LNCI 930 (15/5/40). 23. LNCI 929 (15/5/40). 24. DGM 36-7. 25. Paul Huard, *Le Colonel de Gaulle et ses blindés. Laôn 15-20 mai 1940* (Plon, 1990). 26. LNCI 930 (21/5/40). 27. LNCI 932 (24/5/40). 28. LNCI 932-3 (27/5/40). 29. Sobre Abbeville, Henri de Wailly, *De Gaulle sous le casque. Abbeville 1940* (Perrin, 1990). 30. LNCI 935 (2/6/40). 31. Roussel, *De Gaulle*, 80. 32. Ibid., 83. 33. Huard, *Le Colonel de Gaulle*, 296-8. 34. Jean-Pierre Guichard, *Paul Reynaud. Un homme d'état dans la tourmente. Septembre 1939-juin 1940* (L'Harmattan, 2008). 35. LNCI 936 (2/6/40). 36. LNCI 938 (3/6/40). 37. LNCI 939 (5/5/40). 38. E.L. Spears, *Assignment to Catastrophe*, vol. II (Heinemann, 1954), 195. 39. *The Times*, 7/6/40; *Le Populaire* 8/6/40; *Action Française*, 10/6/40. 40. Villelume, *Journal*, 393. 41. *The Private Diaries of Paul Baudouin* (Eyre & Spottiswoode, 1948), 130; Spears, *Assignment* II, 85. 42. LNCI 939-40 (7/6/40). 43. Villelume, *Journal*, 399. 44. Martin Gilbert, *Finest Hour. Winston Churchill 1939-1941* (Heinemann, 1983), 486-7; Spears, *Assignment* II, 120, ouviu a mesma coisa; a versão francesa não relata isso: DDF 1940(1) 388 (Visite du Général de Gaulle à Londres). 45. Gilbert, *Finest Hour*, 487; a boa opinião de Churchill sobre De Gaulle também lhe foi comunicada pelo adido militar francês Lelong: AN 3AG1/329 (Lelong dossier, 11/6/40). 46. DGM 54. 47. DGM 55-6; Bernard Destremau, *Weygand* (Perrin, 1989), 503-4. 48. Spears, *Assignment* II, 139, 145. 49. Gilbert, *Finest Hour*, 499-512. 50. Conde de Avon, *The Eden Memoirs. The Reckoning* (Cassell, 1965), 116. 51. Baudouin, *Diaries*, 152. 52. Guy, *En écoutant*, 488-9. 53. Jules Jeanneney, *Journal politique* (Armand

Colin, 1972), 67. **54.** *The Diplomatic Diaries of Oliver Harvey 1937-1940* (Collins, 1970), 387. **55.** Guy, *En écoutant*, 88. **56.** DDF 1940(1), *Les Armistices de juin*, 6. **57.** LNCI 941 (14/6/40). Como a carta é datada de 14 de junho, provavelmente ela foi redigida de madrugada. **58.** DGM 64. **59.** Philippe de Gaulle, *De Gaulle mon père* I, 182. **60.** Winston Churchill, *The Second World War*, vol. II: *Their Finest Hour* (Cassell, 1949), 184. **61.** John Colville, *The Fringes of Power: Downing Street Diaries 1939-1945* (Hodder, 1985), 160. **62.** DGM 69. **63.** DGM 71. Na mesma veia, ele escreveu para Robert Aron que a partida foi "sem mistério… até mesmo sem risco", LNCIII 624 (9/2/64). **64.** Spears, *Assignment* II, 311-22. **65.** CCC SPRS 8/13 (diário de Spears). **66.** CCC SPRS 8/20 (carta para Churchill, 24/11/48). **67.** AN 3AG1/320; CCC SPRS 8/13 (diário de Spears). **68.** Spears, *Assignment* II, 323. **69.** DGM 71, 73. **70.** LNCI 304. **71.** Jacques Soustelle, *Envers et contre tout*, vol. I: *De Londres à Alger (1940-1942)* (Laffont, 1947), 19-20. **72.** Jean-Michel Royer, "Le style, c'est l'homme". **73.** TNA CAB 65/7/66 (Peake, 14/7/42); ele disse a mesma coisa a Spears em abril de 1941: St. Antony's College, Oxford, Spears Papers, Box 1, File 5 (23/4/41). **74.** Philippe de Gaulle, *De Gaulle mon père* I, 182-3. **75.** DGM 69-70; e LNCII 349 (17/5/43). **76.** De Gaulle, *Fil* (FE), 158. **77.** Ibid., 171-2. **78.** Ibid., 170. **79.** LNCI 376.

6. Rebelião, 1940 (p.189-230)

1. DGM 73. **2.** Gille Ragache, *Les Appels du 18 juin* (Larousse, 2010); François Delpla, *L'Appel du 18 juin 1940* (Grasset, 2000); Jean-Louis Crémieux-Brilhac, *L'Appel du 18 juin* (Armand Colin, 2010). **3.** AN 5AG1/1556. **4.** AN 3AG1/251 (110) (De Gaulle a Corbin, 17/6/40); LNCI 942 (De Gaulle a Colson, 17/6/40). **5.** Jean Monnet, *Mémoires* (Fayard, 1976), 22. **6.** Colville, *Fringes*, 164. **7.** Ibid., 165. **8.** Até hoje persiste alguma incerteza sobre os pormenores exatos que cercaram o discurso. Já se sugeriu que, como não existe registro, e como De Gaulle afirma ter chegado para falar às dezoito horas e o discurso só foi ao ar às 22 horas, deve-se supor que foi gravado. Se nenhum registro sobrevive, pode ser porque ninguém na BBC, na época, o achou suficientemente importante para guardar o disco. **9.** Existe o que parece ser uma primeira versão em CCC SPRS 1/134 (telegramas junho-julho de 1940). **10.** Em suas memórias, Philippe de Gaulle sustenta, contra todos os indícios, que De Gaulle falou pelo rádio naquele dia e até diz que se lembra dele voltando da BBC à noite (*Mémoires* I, 139), mas como ele próprio na verdade admite que chegou a Londres no dia seguinte (*Mémoires* I, 180), isso era impossível. O discurso que De Gaulle teria feito é provavelmente um datado de 2 de julho de 1940 em TNA FO 371/24349 (*"Aussi longtemps que le gouvernement français combattra… le devoir consiste à combattre avec lui"*). Aqui ele diz que *"demain jeudi"* voltará a falar: 19/6/40 foi uma quarta-feira. **11.** Alexander Cadogan, *The Diaries of Sir Alexander Cadogan* (Cassel, 1971), 304-5. **12.** TNA FO 371/24349 (Strang minute, 19/6/40). **13.** CCC SPRS 1/136/2; SPRS 1/131/1 (memorando para Churchill, 20/6/40). **14.** *Cadogan Diaries*, 305. **15.** AN 3AG1/251 (114) (20/4/40, uma da tarde, para Lelong); AN 3AG1/251 (116); Delpla, *Appel*, 238-9; Destremau, *Weygand*, 581, citando um relato de Lelong no arquivo de defesa do Service Historique des Armées (SHAT). **16.** André Weil-Curiel, *Le temps de la honte* (Editions du Myrte, 1945), 225-8. **17.** Philippe de Gaulle, *De Gaulle mon père* I, 181-90. **18.** CCC SPRS 1/134/1 (memorando para Churchill, 20/6/40). **19.** LNCI 943 (23/6/40). **20.** TNA FO 371/24349. **21.** Cadogan, *Diaries*, 306. **22.** AN 3AG1/257 (101); TNA PREM 3/174/2. **23.** CCC SPRS 1/134 (Churchill para Ismay, 24/6/40). **24.** Llewellyn Woodward, *British Foreign Policy in the Second World War*, vol. I (HMSO, 1970), 325-6. **25.** DGM 271-2; LNCI 944-5 (24/6/40). **26.** Cadogan, *Diaries*, 307 (25/6/40). **27.** Lorde Gladwyn, *The Memoirs of Lord Gladwyn* (Weidenfeld & Nicolson, 1972), 99-100. **28.** DGM 273-4; AN 3AG1/257(106). **29.** LNCI 947-8 (27/6/40). **30.** René Cassin, *Les hommes partis de rien. Le reveil de la France abattue (1940-1941)* (Plon, 1975), 76. **31.** DDF 1940(1) 428 (Cambon para Baudouin, 29/6/40). **32.** MGDI 277-83. **33.** Bernard Ledwidge, *De Gaulle* (Weidenfeld & Nicolson, 1982), 76. **34.** DGM 83. **35.** Nicholas Atkin, *The Forgotten French* (Manchester University Press, 2003). **36.** Edward Spears, *Two Men Who Saved France: Pétain and de Gaulle* (Eyre & Spottiswoode, 1966), 165. Ver também Max Egremont, *Under Two Flags: The Life of Major-General Sir Edward Spears* (Weidenfeld & Nicolson, 1997), 198; CCC SPRS 1/135/1 (Spears para Churchill, 5/7/40). **37.** AP 160 (19/5/62). **38.** CCC SPRS 1/135. **39.** Spears, *Two Men*, 158-9. **40.** Daniel Cordier, *Alias Caracalla* (Gallimard, 2009), 107-8. **41.** CCC SPRS 1/134 (Oswald Hotz para Churchill, julho de 1940). **42.** Coronel Passy, *Mémoires du chef des services secrets de la France libre* (Odile Jacob, 2001), 61-2. A edição original foi publicada em dois volumes em 1947-48. Essa nova edição tinham uma introdução de Jean-Louis Crémieux-Brilhac. **43.** AN 72AJ/220 (8) (Maurice Schumann Témoignage). **44.** Georges Boris, *Servir la République* (René Julliard, 1963), 295-6. **45.** Robert Mengin, *De Gaulle à Londres vu par un Français libre* (Table Ronde, 1965), 61. **46.** *Pierre Bourdan vous parle* (Editions Magnard, 1990), 29-30; ver também Emile Delavenay, *Témoignage 1905-1991* (Edisud, 1992), 179. **47.** CCC SPRS 134/2 (Colin Coote, 1/7/40). **48.** Paul-Louis Bret, *Au feu des événements. Mémoires d'un journaliste*. Londres, Alger 1929-1944 (Plon, 1959), 147. **49.** Jean-François Muracciole, *Les Français libres. L'autre résistance* (Tallandier, 2010). **50.** Claude Hettier de Boislambert, *Les feux de l'espoir* (Plon, 1978), 178. **51.** Margerie, *Journal 1939-1940*, 375-94. **52.** MGDI 270-71 (23/6/40); LNCI 946 (24/6/40). **53.** Guillaume Piketty (org.), *Français en Résistance. Carnets de guerre, correspondance, journaux personnels* (Robert Laffont, 2009), 934 7. **54.** Cassin, *Hommes partis*, 88 116. **55.** AN 3AG1/330 (dossiê Muselier) (Spears para De Gaulle, 4/8/40); TNA FO 371/24349 (Committee on French Resistance, 8/7/40); Jean-Luc Barré, *Devenir de Gaulle 1939-1943* (Perrin, 2009), 166-72, tem informações dos registros navais de Muselier. **56.** Hugh Dalton, *The Second World War Diary of Hugh Dalton 1940-1945* (Cape, 1986), 60. **57.** CCC SPRS 1/134/1. **58.** TNA FO 371/24340 (C8391/7328/17). **59.** Charlotte Faucher, "The 'French Intellectual Consulate to Great Britain'?" The Institut Français du Royaume-Uni, 1910-1959 (tese de doutorado inédita, Queen Mary University of London, 2016) é o estudo definitivo do Instituto Francês nesse período. Ver também Martyn Cornick, "The First Bastion of the Resistance: The Free French in London, 1940-1", em Debra Kelly e Martyn Cornick (orgs.), *A History of the French in London: Liberty, Equality,*

Opportunity (Institute of Historical Research, 2013), 343-72. **60.** DGM 100-102. **61.** LNCI 1006 (19/8/40). **62.** Ver o relatório em AN 3AG1251 (112), reproduzido em parte por Barré, *Devenir*, 132-4, que o atribui a Boislambert, mas Patrick Girard, *De Gaulle, le mystère de Dakar* (Calmann-Lévy, 2010), 92-4, está provavelmente certo quando diz que foi redigido por um oficial britânico. **63.** Ver Arthur Marder, *Operation "Menace" and the Dudley North Affair* (Oxford University Press, 1976). Para um vívido relato do oficial britânico que atuava como ligação de De Gaulle nessa viagem, ver Duncan Grinnell-Milne, *The Triumph of Integrity: A Portrait of Charles de Gaulle* (Bodley Head, 1961). **64.** CCC SPRS 5/36 ("Dakar Diary", 11/9/40). **65.** Spears, *Two Men*, 189. **66.** CCC SPRS 5/36 ("Dakar Diary", 19/9/40). **67.** Gilbert, *Finest Hour*, 790. **68.** AN 3AG1/251 (128) (notas de Courcel). **69.** "Carnets de route du Capitaine Desjardins (Michel Bréal) 1896-1977: Avec de Gaulle devant Dakar", *Espoir* 49 (12/84), 7-15; 51 (3/85), 14-27. **70.** Marder, *Operation*, 137. **71.** Michel Tauriac, *Vivre avec de Gaulle. Les derniers témoins racontent l'homme* (Plon, 2008), 138. **72.** Amiral Thierry d'Argenlieu, *Souvenirs de guerre. Juin 1940-janvier 1941* (Plon, 1973), 182. **73.** CCC SPRS 5/36 ("Dakar Diary", 24/9/40). **74.** LNCI 1045-6 (28/9/40). **75.** LNCI 1049-50 (1/10/40). **76.** Martin Thomas, *The French Empire at War 1940-1945* (Manchester University Press, 1998); Eric Jennings, *La France libre fut africaine* (Perrin, 2014); sobre a Índia, ver Akhila Yechury, "'La République Continue, Comme par le Passé': The Myths and Realities of the Resistance in French India", *Outre-Mers, Revue d'Histoire*, 103/388-9 (2015), 97-116. **77.** LNCI 1044 (27/9/40), 1054 (9/10/40). **78.** AN 3AG1 (162). **79.** Coulet, *Vertu*, 88. **80.** Lacouture, *Rebelle*, 447. **81.** LNCI 1004 (17/8/40). **82.** Colville, *Fringes*, 244; Cadogan, *Diaries*, 327 (17/9/40). Ver também CCC SPRS 1/134/3 (Spears para Morton, 23/8/40, sobre como lidar com Catroux). **83.** Cassin, *Hommes partis*, 173-6. **84.** LNCI 1022 (29/8/40), 1035 (18/9/40). **85.** CCC SPRS 5/36 ("Dakar Diary", 19/9/40); LNCI 1039-40 (22/9/40). **86.** Henri Lerner, *Catroux* (Albin Michel, 1990), 153-8. **87.** Catroux, DGM 116. AP 331: *"Catroux s'est incliné devant mes deux étoiles, lui qui en avait cinq"*. **88.** TNA PREM 11/4230. **89.** MGDI 297-300. **90.** LNCI 1065 (25/10/40). **91.** TNA FO 371/24335 (Strang, 27/10/40). **92.** Cadogan, *Diaries*, 335 (8/11/40). **93.** Parece ter sido Muselier quem teve a ideia de adotar a Cruz de Lorena como o símbolo da França Livre. Para a história da Ordem da Libertação, ver *Cinquantenaire de l'Ordre de la Libération* (Musée de l'Ordre de la Libération, Paris, 1990). **94.** AN 3AG1/251 (61). **95.** MGDI 309-10 (2/11/40). **96.** AN 3AG1/257 (197); Gilbert, *Finest Hour*, 865-7. **97.** Schoenbrun, *The Three Lives of Charles de Gaulle*, 94-5. **98.** LNCI 1063 (22/10/40). **99.** LNCI 1062 (21/10/40). **100.** Aurélie Luneau, *Je vous écris de France* (L'Iconoclaste, 2014); AN 3AG1/320 (1-42). **101.** Robert Gildea, *Fighters in the Shadows: A New History of the French Resistance* (Faber & Faber, 2015), 63. **102.** Alain Monchablon, "La manifestation étudiante à l'Etoile du 11 novembre 1940", *Vingtième siècle* 110 (4-6/11), 67-81. **103.** Christian Delporte, *La France dans les yeux. Une histoire de la communication politique de 1930 à nos jours* (Fayard, 2007). **104.** Garçon, *Journal*, 564. **105.** Philippe Foro, *L'antigaullisme. Réalités et représentations* (Honoré Champion, 2003), 158-61. **106.** Aurélie Luneau, *Radio Londres 1940-1944. Les voix de la liberté* (Perrin, 2005), 90-4.

7. Sobrevivência, 1941 (p.231-61)

1. Claude Bouchinet-Serreulles, *Nous étions faits pour être libres. La Résistance avec de Gaulle et Jean Moulin* (Grasset, 2000), 123. **2.** AN 3AG1/330 (dossiê Passy, 24/10/40); AN 3AG1/251 (48) (61). **3.** LNCI 1060 (20/10/40); Passy, *Mémoires*, 93-8. **4.** Colville, *Fringes*, 326 (27/10/40); AN 3AG1/257 (182) (Somerville-Smith para Spears). **5.** Gaston Palewski, *Mémoires d'action 1924-1974* (Plon, 1988), 137-78. **6.** TNA FO 371/24344 (conversa com Palewski, 12/11/40). **7.** AN 72AJ/220 (entrevista com Legentilhomme, 4/2/49). **8.** Hervé Alphand, *L'étonnement d'être. Journal 1939-1973* (Fayard, 1977), 89. **9.** Coulet, *Vertu*, 111; AN 72AJ/2320 (Bouchinet para Pleven, 21/8/41): "De quelle carence d'individus nous souffrons". **10.** Soustelle, *Envers et contre tout* I, 204. **11.** De Gaulle, *Fil* (FE), 184. **12.** Boislambert, *Les feux*, 186; Bouchinet-Serreulles, *Nous étions*, 165. **13.** Passy, *Mémoires*, 352. **14.** Joseph Zimet, "Jacques Bingen, un condottiere pour la France libre?", em FDG, *De Gaulle chef de guerre. De l'Appel de Londres à la libération de Paris 1940-1944* (Plon, 2008), 276-99. **15.** Sébastien Albertelli, *Les services secrets du Général de Gaulle. Le BCRA 1940-1944* (Perrin, 2009), 50. **16.** Ibid., 32-5. **17.** AN 3AG1/329 (dossiê Larminat, 14/2/41). **18.** AN 3AG1/327 (dossiê Catroux, 23/2/41). **19.** LNCI 1152 (17/2/41). **20.** Neau-Dufour, *Yvonne*, 209. **21.** Colville, *Fringes*, 388; Albertelli, *Services secrets*, 35-8. **22.** Albertelli, *Service secrets*, 72, 209-17. **23.** AN 3AG1/258 (609). **24.** Jules Moch, *Rencontres avec... de Gaulle* (Plon, 1971), 65. **25.** Boislambert, *Les feux*, 186. **26.** O comentário sobre De Gaulle "rígido" é citado por Susan Raven num artigo bem documentado sobre De Gaulle em Londres, "Our Guest and One-Time Friend", *Sunday Times Magazine*, 5/5/68. Sobre a sociabilidade da França Livre em Londres, ver Debra Kelly, "Mapping Free French London: Spaces, Places, Traces", em Kelly e Cornick (orgs.), *A History*, 303-41, e André Gillois, *Histoire secrète des Français à Londres de 1940 à 1944* (Hachette, 1973). Gillois era pseudônimo de Maurice Diamant Berger, que trabalhou na rádio França Livre durante a guerra. **27.** Leo Amery, The *Empire at Bay: The Leo Amery Diaries 1929-1945* (Hutchinson, 1988), 672 (16/1/41), 674 (13/2/41). **28.** James Stourton, *Kenneth Clark: Life, Art and Civilisation* (William Collins, 2016), 173. **29.** *The Second World War Diary of Hugh Dalton 1940-1945* (Cape, 1986), 59, 121, 342. **30.** Harold Nicolson, *Diaries and Letters 1939-1945* (Collins, 1967), 138, 147. **31.** Colville, *Fringes*, 159 (16/6/40). Sobre Morton, Gill Bennett, *Churchill's Man of Mystery: Desmond Morton and the World of Intelligence* (Routledge, 2007). **32.** LNCI 1142-4 (3/2/41). **33.** AN 3AG1/275 (229). **34.** TNA FO 371/28419 (12/2/41). **35.** MGDI 344-8. **36.** MGDI 371-2 (301/41). **37.** Paul Reynaud, *La France a sauvé l'Europe* (Flammarion, 1947), vol. II, 458-9; TNA FO 371/24336 (Catroux para Noguès e Weygand, 2/11 e 8/11/40). **38.** MGDI 375; TNA PREM 3/120/10a (Colville para Hopkinson, 1/3/42); TNA FO 371/24336. **39.** Cassin, *Hommes partis*, 246. **40.** Jean-Louis Crémieux-Brilhac, *La France libre. De l'appel du 18 juin à la libération* (Gallimard, 1996), 181-4. **41.** LNCI 1100 (nota, 11/12/41). **42.** Sophie Davieau-Pousset, "Maurice Dejean, diplomate atypique (1899-1982)" (tese de doutorado inédita, Ecole des Sciences Politiques, 2013); Albertelli, *Services secrets*, 93-6. **43.** AN 72AJ/220/III (entrevista com Bouchinet); Bouchinet-Serreulles, *Nous étions*, 242-3. **44.** LNCI 1083 (17/11/40). Sobre a reação britânica, TNA FO 371/24336 (13/11/40). **45.** Jean-Christophe Notin, *Leclerc* (Perrin, 2005), 130-1. **46.** LNCI 1194 (29/4/41). **47.** Os dois livros indispensáveis são: A.B. Gaunson, *The Anglo-French Clash in Lebanon and Syria 1940-1945* (Macmillan, 1986) e Aviel Roshwald, *Estranged Bedfellows: Britain and France in the Middle East during the Second World War* (Oxford University Press, 1990). **48.** MAE, *Guerre 1939-1945*, 36 (Services Politiques para Catroux, 24/3/41); Gaunson, *Anglo-French Clash*, 16-9. **49.** AN 3AG1/263 (135) (31/3/41). **50.** DGM 149. **51.** AN 3AG1/263 (147) (25/4/41). **52.** St Antony's College, Oxford, Killearn Papers, Box 4 (14/4/41). **53.** LNCI 1201 (10/5/41). **54.** Edward Spears, *The Fulfilment of a Mission: The Spears Mission to Syria and the Levant 1941-1944* (Cooper, 1977), 49-50. **55.** TNA FO 954/8a/165 (14/5/41). **56.** MGDI 408. **57.** AN 3AG1/266 (199) (24/5/41). **58.** MAE, *Guerre 1939-1945*, 36 (Catroux para De Gaulle, 4/4/41). **59.** DGM 160. **60.** DGM 161; LNCI 1201 (10/5/41). **61.** Gaunson, *Anglo-French Clash*, 44. **62.** DGM 165. **63.** Georges Catroux, *Dans la bataille de la méditerranée 1940-1944* (Julliard, 1949), 150-4. **64.** DGM 165. **65.** Catroux, *Dans la bataille*, 164. **66.** TNA PREM 3/422/6 (nota, 15/7/41). **67.** MGDI 442 (15/7/40). **68.** MGDI 442-4. **69.** Spears, *Fulfilment*, 127. **70.** DGM 166-9; MGDI 447 (21/7/41). **71.** Oliver Lyttelton *The Memoirs of Lord Chandos* (Bodley Head, 1962), 247-8; St Antony's College, Spears Papers, Box 1, File 5 (21/7/41); Spears, *Fulfilment*, 133-6. **72.** St Antony's College, Spears Papers, Box 1, File 5 (21/7/41); St Antony's College, Killearn Papers, Box 4 (21/7/41); TNA PREM 3/422/6. **73.** Gaunson, *Anglo-French Clash*, 61. **74.** DGMI 453 (24/7/41). **75.** Gaunson, *Anglo-French Clash*, 72. **76.** DGM 159, 176-7. **77.** Gaunson, *Anglo-French Clash*, 54; Roshwald, *Estranged Bedfellows*, 78-9. **78.** MGDI 468 (12/8/41). **79.** AN 72AJ/220 (entrevista com Legentilhomme, 4/2/49). **80.** Piketty, *Français en résistance*, 213. **81.** St Antony's College, Spears Papers, Box 2, File 6 (Somerville-Smith, 23/5/41). **82.** Spears, *Fulfilment*, 121. **83.** St Antony's College, Killearn Papers, Box 4 (23/7/41). **84.** MGDI 454-5 (25/7/41), 467 (10/8/41). **85.** MGDI 468-9 (13/8/41). **86.** TNA HS 6/311 (29/8/41). **87.** St Antony's College, Spears Papers, Box 2a, File 1 (Somerville-Smith para Spears, 11/8/41). **88.** AN 72AJ/2321 (28/8/41). **89.** Bouchinet-Serreulles, *Nous étions*, 159. **90.** TNA PREM 3/120/10b (31/8/41). **91.** TNA FO 371/28584 (2/9/41). **92.** TNA FO 371/28545 L7769 (3/9/40). **93.** Jean-Louis Crémieux-Brilhac, *Prisonniers de la liberté. L'odysée des 218 évadés par l'URSS* (Gallimard, 2004). **94.** Alphand, *Etonnement*, 88. **95.** TNA FO 371/2858 (Somerville-Smith, 24/89/41). **96.** John Colville, *Footprints in Time* (Collins, 1976), 114-5. É preciso que se diga que nada disso está no diário de Colville da mesma época do acontecimento, portanto deve-se supor que houve certa licença poética. **97.** TNA FO 371/29545 (19/9/410); AN 3AG1/257 (266-8). Para a ata britânica, TNA CAB 66/18/44; para a francesa, LNCI 1290-93. **98.** TNA FO 371/28214 (Mack para Law, 17/9/41). **99.** François Kersaudy, *Churchill and de Gaulle* (Fontana Press, 1990), 163-9, é o melhor relato da crise. **100.** TNA FO 371/28545. **101.** LNCI 1299-1307. **102.** TNA FO 371/28584; Oliver Harvey, *The War Diaries of Oliver Harvey* (Collins, 1978), 46 (25/9/41). **103.** Kersaudy, *Churchill and de Gaulle*, 166.

8. A invenção do gaullismo (p.262-79)

1. AN AP382/31 (Cassin Papers, 14/7/41). **2.** AN 72AJ/2321 (Bingen Journal, 13/7/41). **3.** LNCI 993. **4.** LNCI 1169-70. **5.** DGM 86. **6.** AN AP382/31 (Cassin Papers, Cassin para Pleven, 9/7/41); Maritain escreveu a mesma coisa para Pleven, AN AP560/25 Dr. 2(a) (Pleven Papers, 26/8/41). **7.** Jay Winter e Antoine Prost, *René Cassin* (Fayard, 2011), 153. **8.** Weil-Curiel, *Le temps*, 318. **9.** Philippe Oulmont, "Le haut-commissaire de l'Afrique française libre (1940-1941)", em Philippe Oulmont (org.), *Larminat. Un fidèle hors série* (Editions LBM, 2008), 102. **10.** LNCI 459 (27/5/19). **11.** Para não deixar nada de fora, é preciso mencionar também um bilhete endereçado ao chefe do *cabinet militar* em 1942: "Temos que conter imediatamente a onda de israelenses que estão chegando de Lisboa. Telefone para Lisboa e diga que examinaremos cada caso individualmente e nesse meio-tempo recusaremos os que não tiverem minha autorização pessoal." Nada sabemos sobre o contexto desse bilhete, citado por Eric Roussel, *Pierre Mendès France* (Gallimard, 2007), 141 (fonte AN 3AG1/372 Dr. 6), que pode ter sido provocado por queixas de que um número excessivo de judeus estava aderindo à França Livre. **12.** "Bataille de la Vistule", reproduzido em De Gaulle, *Fil*, 568. **13.** Winter e Prost, *René Cassin*, 153; ver também uma nota não assinada, "Antisémitisme au Quartier Général" (30/12/41), AN AP382/30 (Cassin Papers). **14.** Weil-Curiel, *Le temps*, 331. **15.** AN 72AJ/2321 (13/7/41). **16.** Coulet, *Vertu*, 80. **17.** Albertelli, *Services secrets*, 91; Daniel Cordier, Jean Moulin. *L'inconnu du Panthéon*, vol. III (J.-C. Lattès, 1993), 671-2, dá outros exemplos das opiniões de Rémy. **18.** Jean-Louis Crémieux-Brilhac, *Georges Boris. Trente ans d'influence. Blum, de Gaulle, Mendès France* (Gallimard, 2010), 140. **19.** AN 3AG1/251 (53), "Note sur les conditions nécessaires à la formation d'un gouvernement de la France Libre susceptible d'être reconnu par les gouvernements britanniques et américains" (22/10/40). **20.** TNA FO 371/24344 (27/10/40). **21.** AN 3AG1/278 (224). **22.** Albertelli, *Services secrets*, 98. **23.** LNCI 1161 (2/3/41). **24.** LNCI 1248 (8/7/41). **25.** Colville, *Fringes*, 370 (13/12/40). **26.** DMI 77. **27.** TNA FO 371/28214. **28.** AN AP560/16 (Pleven Papers, bilhete, 18/9/41; carta para Pleven, 13/9/41). **29.** DMI 144-7. **30.** DMI 153 (25/11/41). **31.** AN 72AJ/2321 Bingen (8/5/41). **32.** LNCI 979 (25/7/40); Raoul Aglion, *Roosevelt and de Gaulle: Allies in Conflict: A Personal Memoir* (Free Press, Nova York, 1988), 26. **33.** AN AJ72/220 (8) (entrevista com Schumann). **34.** DMI 131. **35.** AN 3AG1/266 (132) (4/9/41). **36.** Cartas de Maritain em *Cahiers Jacques Maritain* 16-17 (4/88), 62-3 (21/11/41), 68-9 (21/3/42); respostas de De Gaulle, LNCII 3-4 (7/1/42), 62 (24/4/42). **37.** Bouchinet-Serreulles, *Nous étions*, 194. **38.** AN 72AJ/520 (12/3/42). **39.** Alphand, *Etonnement*, 111. **40.** TNA HS 6/311; AN 3AG1/257 (492). **41.** O relatório está publicado na íntegra em Cordier, *L'inconnu du Panthéon* III, 1218-26. **42.** Tournoux, *Jamais dit*, 98; Gilberte Brossolette, *Il s'appelait Pierre Brossolette* (Albin Michel, 1976), 144. Para conhecimento dos fatos, Jacques Baynac, *Présumé Jean Moulin (1940-1943)* (Grasset, 2007) tem dúvidas sobre a "conversão" gaullista de Moulin, mas seu relato precisa ser tratado com muita cautela. **43.** Cordier, *L'inconnu du Panthéon* III, 1267-9. **44.** TNA PREM 3/184/9 (30/10/41). **45.** Cordier, *L'inconnu du Panthéon* III, 1268.

46. Ibid., 859-61. 47. Christian Pineau, *La simple vérité* (Julliard, 1961), 157-9. 48. Ibid., 185-9. 49. DMI 189-90. 50. Crémieux-Brilhac, *Georges Boris*, 138; Oulmont, "Le haut-commissaire", 105-6. 51. LNCI 89 (6/6/42). 52. AN 3AG1/329 (dossiê Larminat, 3/10/41). 53. Oulmont, "Le haut-commissaire", 105-6.

9. No palco do mundo, setembro de 1941-junho de 1942 (p.280-307)

1. MGDI 543-4 (2/8/41). 2. François Lévêque, "Les relations franco-soviétiques pendant la seconde guerre mondiale" (tese de doutorado inédita, University of Paris-I, 1992), 594. 3. Ibid., 597. 4. DGM 194. 5. Lévêque, "Relations franco-soviétiques", 593. 6. DGM 196-7, 252-5; MGDI 620-25, 638, 639; AN 3AG1/3 (328) (dossiê Ismay). 7. AN 3AG1/328 (dossiê Ismay; DGM 254-5; LNCI 1363 (31/12/41). 8. TNA FO 371/32001 (Peake para Mack, 26/3/42). 9. Passy, *Mémoires*, 196. 10. Pierre Billotte, *Le temps des armes* (Plon, 1972), 189. 11. LNCI 1359 (24/12/41). 12. LNCI 960 (11/7/40), 978-80 (25/7/40), 996-8 (12/8/40). 13. LNCI 1066-8 (26/10/40). 14. St Antony's College, Spears Papers, Box 2, File 1 (Parr para Eden, 26/7/41). 15. FRUS 1941 II 130 (18/3/41). 16. AN 3AG1/329 (dossiê Kérillis, 17/6/41). 17. LNCI 1217 (28/5/41). 18. LNCI 1335-56 (28/11/41). 19. MGDI 501-3 (27/12/41). 20. Richard Sinding, "Le ralliement de Saint-Pierre-et-Miquelon à la France libre en 1941", *Guerres mondiales et conflits contemporains* 194 (1999), 162-72. 21. TNA FO 371/31873 ("St Pierre et Miquelon, a Diary of Events"). 22. LNCI 1360 (24/12/41). 23. Mauriac, *Un autre de Gaulle*, 112. 24. MGDI 523 (29/1/42). 25. TNA FO 371/38173 (Z766); há também uma ata dessa reunião em AN 3AG1/341 que diverge da ata britânica e da versão que De Gaulle mandou para Muselier (LNCII 15-7). 26. TNA FO371/31873 (6/1/42). 27. TNA FO 371/31873 Z643. 28. TNA FO 371/31959 (esta pasta cobre toda a questão). 29. MGDI 659 (18/3/42). 30. LNCII 51 (19/3/42). 31. Bouchinet-Serreulles, *Nous étions*, 190. 32. TNA FO 892/133 (Peake para Eden, 23/3/42). 33. TNA FO 371/32001/Z1743 (Peake para Mack, 27/3/42). 34. TNA FO 371/31948; TNA PREM 3/120/10A. 35. TNA ADM 199/616A (Peake para FO, 30/5/42). 36. Peter Mangold, *Britain and the Defeated French: From Occupation to Liberation 1940-1944* (I.B. Tauris, 2012), 160. 37. Martin Gilbert, *Road to Victory: Winston S. Churchill 1941-1945* (Guild Publishing, 1986), 248-9. 38. Charles Robet, *Souvenirs d'un médecin de la France libre* (Sides, 1994), 85-7. 39. Sobre a crise, ver: Kim Munholland, "The Trials of the Free French in New Caledonia, 1940-1942", *French Historical Studies* 14/4 (1986), 547-79; Kim Munholland, *Rock of Contention: Free French and Americans at War in New Caledonia 1940-1945* (Berghahn, Oxford/Nova York, 2005); Thomas Vaisset, "Maintenir et défendre la France libre aux Antipodes", em Sylvain Cornil-Frerrot e Philippe Oulmont (orgs.), *Les Français libres et le monde* (Nouveau Monde, 2015), 74-88. 40. AN 3AG1/295 (De Gaulle para Tixier, 1/2/42). 41. AN 3AG1/298 (De Gaulle para D'Argenlieu, 7/3/42). 42. Roussy de Sales, *L'Amérique en guerre (Journal d'un Français aux Etats-Unis)* (La Jeune Parque, 1948), 269. 43. Roussel, *De Gaulle*, 299-302. 44. Martin Thomas, "Imperial Backwater or Strategic Outpost? The British Takeover of Vichy Madagascar, 1942", *Historical Journal* 394 (12/96), 1049-74. 45. AN

3AG1/328 (dossiê Churchill, 16/12/41, 19/2/42); LNCII 25 (11/2/42). **46.** Bouchinet-Serreulles, *Nous étions*, 204; Pleven em Piketty, *Français en résistance*, 1023 ("*Jamais l'avenir ne m'est apparu plus obscur*"). **47.** MGDI 595-7. **48.** Crémieux-Brilhac, *France libre*, 305-6. **49.** Harvey, *War Diaries*, 125, 133 (18/6/42). **50.** TNA PREM 3/1/120/7. **51.** LNCII 78-9 (16/5/42). **52.** Lévêque, "Relations franco-soviétiques", 626-7. **53.** Ibid., 645-6. **54.** MGDI 602-3. **55.** TNA PREM 3/120/10B (27/4/42). **56.** TNA PREM 3/120/10B (23/4/42). **57.** TNA FO 371/32009 5/6 (Peake para Eden). **58.** TNA PREM 3/120/10a (Cairo para FO, 10/6/42). **59.** TNA FO 371/32009. **60.** Bouchinet-Serreulles, *Nous étions*, 192, 240. **61.** TNA FO 371/32001 (Mack 22/1/42). **62.** AN 72AJ/220 (entrevista com Schumann). **63.** Amery, *The Empire*, 748. **64.** Neau-Dufour, *Yvonne*, 196-222; ver http://www.itnsource.com/shotlist/BHC-RTV/1941/01/01/BGX408060358/?v=0&a=1. **65.** AN 72AJ 220/13. **66.** Annette Pleven (12/7/42) em Piketty, *Français en résistance*, 1026-7. **67.** Bouchinet-Serreulles, *Nous étions*, 183. **68.** Guillaume Piketty, *Pierre Brossolette. Un héros de la Résistance* (Odile Jacob, 1998), 218-19. **69.** Pineau, *Simple vérité*, 159. **70.** Pierre-Henri Teitgen, "*Faites entrer le témoin suivant*". *1945-1958. De la Résistance à la Ve République* (Ouest-France, Rennes, 1988), 159. **71.** Alphand, *Etonnement*, 114. **72.** Piketty, *Français en résistance*, 1026. **73.** TNA ADM 199/616A (Peake, 20/3/42). **74.** Nicolson, *Diaries*, 269. **75.** Coulet, *Vertu*, 107-13. **76.** AN 72AJ 220 (34) (entrevista com Madeleine Gex Le Verrier). **77.** Bouchinet-Serreulles, *Nous étions*, 253. **78.** Passy, *Mémoires*, 122. **79.** TNA FO 371/36064 (27/10/42). **80.** TNA FO 371/36013 (2/3/43). **81.** TNA FO 371/3207 (25/7/42). **82.** Mary Borden, *Journey Down a Dark Alley* (Hutchinson, 1946), 113-5. **83.** TNA PREM 3/182/6 (memorando de Macmillan, 3/1/44). **84.** Philippe Oulmont, "Les Free French et Albion", em Cornil-Frerrot e Oulmont, *Français libres*, 19-38. **85.** AN 72AJ 2320 (Bouchinet-Serreulles para Jacques Maritain, 8/4/41). **86.** AN 5AG1/1293 (André Weil-Curiel para De Gaulle, 27/12/47). **87.** FDG Papiers Barberot F26/46 ("Mes interminables ruminations sur de Gaulle"). **88.** Jean-Louis Crémieux-Brilhac, "Pour Combattre avec de Gaulle", *La Marseillaise*, 31/1/43. **89.** AN 3AG1/328 (14/9/41). **90.** Coulet, *Vertu*, 194. **91.** Piketty, *Français en résistance*, 1031 (29/8/42).

10. Em luta contra a França, julho-outubro de 1942 (p.308-30)

1. AN 72AJ2320 (Bouchinet-Serreulles para Garreau, 28/7/42). **2.** AN AP560/25 Dr. 2 (B) (Rauzan para Pleven, 10/9/41). **3.** Pineau, *Simple vérité*, 156-7. **4.** Maurice Chevance-Bertin, *Vingt mille heures d'angoisse* (Robert Laffont, 1990), 71-2; Jean-Pierre Lévy, *Mémoires d'un franc-tireur. Itinéraire d'un résistant* (Complexe, Bruxelas, 1998), 75. **5.** Madeleine Gex Le Verrier citada em Julien Blanc, *Au commencement de La Résistance. Du côté du Musée de l'Homme 1940-1941* (Seuil, 2010), 366. Para o relato completo de Gex Le Verrier, ver seu *Une Française dans la tourmente* (Editions Emile-Paul Frères, 1945). **6.** Johanna Barasz, "Un Vichyiste en Résistance, le Général de La Laurencie", *Vingtième siècle* 94 (4/6/2007), 167-81; Daniel Cordier, *La République des catacombes* (Gallimard, 1999), 162-3 cita o único documento contemporâneo da reunião. **7.** Albertelli, *Services secrets*, 194. **8.** AN 3AG1/327 (dossiê Giraud, 14/8/42). **9.** Piketty, Pierre Brossolette, 183-90; seu relatório de 8 de maio está reproduzido em Passy, *Mémoires*, 246-7. **10.** D'Astier de la Vigerie, *Sept fois sept jours*, 83, 86. **11.** TNA PREM 3/184/9 ("Report on Opinion in France", 9/6/42). **12.** TNA PREM 3/184/9 (15/6/42). **13.** LNCII 107 (30/6/42). **14.** AN 3AG1/329 (dossiê Mandel, 20/8/42). **15.** *L'oeuvre de Léon Blum (1940-1945)* (Albin Michel, 1955), 357-61 (5/4/42, 15/8/42). **16.** AN 72AJ220 (3c) (22/6/42). Reimpresso em Boris, *Servir*, 298-303. **17.** *Cahiers Jacques Maritain*, 16-17 (4/88), 87-8. **18.** Thomas Rabino, *Le Réseau Carte. Histoire d'un réseau de la résistance antiallemand, antigaulliste, anticommuniste et anticollaborationiste* (Perrin, 2008). **19.** TNA HS 6/311 (10/7/42). Carta de De Gaulle para Eden, MGDII 341-2, TNA HS 6/311; Albertelli, *Services secrets*, 216, 222. **20.** TNA CAB 66/26 WP(42)285; CAB 66/27/29 WP(42)349. **21.** Harvey, *War Diaries*, 137-8 (4/7/42). **22.** Ibid., 166 (2/10/42). **23.** TNA FO 371/32027/Z5974 (reproduzido em Cornil-Frerrot e Oulmont, *Français libres*, chapas II-IV). **24.** Aglion, *Roosevelt and de Gaulle*, 116. **25.** Robert W. Hamblin, "The Curious Case of Faulkner's 'The De Gaulle Story'", *Faulkner Journal* 16/1 e 2 (outono 2000/primavera 2001), 79-86; para a conjuntura completa, ver Louis Daniel Brodsky e Robert W. Hamblin, *De Gaulle. Scénario William Faulkner* (Gallimard, 1989). **26.** TNA FO 954/8a/256; CAB 66/26 WP(42)285. **27.** MGDII 340-1. **28.** MGDII 343-5; Mark Clark, *Calculated Risk* (Harrap, 1951), 44-5; Ed Cray, *General of the Army: George C. Marshall, Soldier and Statesman* (Norton, New York, 1990), 334-5. **29.** Os dois assessores presentes eram Coulet (ver FDG FAA20, Fonds Coulet) e Billotte (ver Guillaume Piketty, "Les voies douloureuses de la reconquête", em Cornil-Frerrot e Oulmont, *Français libres*, 63). **30.** MGDII 347 (De Gaulle para Tixier, 31/742). **31.** TNA FO 371/3207 (Peake para Mack, 25/7/42). **32.** TNA PREM 3/120/7 (Eden para Peake, 28/7/42); FO 954/8a/2828; LNCII 128-9 tem atas dessa reunião. **33.** Averell Harriman, *Special Envoy to Churchill and Stalin 1941-1946* (Random House, 1975), 149-50; DGM 277. **34.** Meir Zamir, "An Intimate Alliance: The Joint Struggle of General Edward Spears and Riad al-Sulh to Oust France from the Lebanon", *Middle East Studies* 41/6 (2005), 811-32. **35.** Gaunson, *Anglo-French Clash*, 147. **36.** LNCII 64 (4/5/42). **37.** AN 3AG1/263 (16); Lord Casey, *Personal Experience 1939-1946* (Constable, 1962). **38.** Diário de Brosset em Piketty, *Français en résistance*, 237-8. **39.** Roshwald, *Estranged Bedfellows*, 111-17; Gaunson, *Anglo-French Clash*, 97-9; AN 3AG1/263 (17) (encontro De Gaulle-Wilkie, 10/9/42). **40.** Bouchinet-Serreulles, *Nous étions*, 228. **41.** MGDII 525 (5/2/42); LNCII 143 (28/8/43), 146-7 (1/9/42). **42.** Bouchinet-Serreulles, *Nous étions*, 232-3. **43.** LNCII 154-5 (5/9/42). **44.** MGDII 360-61 (27/8/42). **45.** LNCII 174 (19/9/42). **46.** DGM 296. **47.** Harvey, *War Diaries*, 156 (14/9/42). **48.** LNCII 182-8; TNA PREM 3/120/6. **49.** TNA FO 371/31950 (6/10/42). **50.** Harvey, *War Diaries*, 164 (1/10/42). **51.** TNA PREM 3/120/6 (Peake para Strang, 10/10/42). **52.** AN 74AJ429 (De Gaulle para Catroux, 5/10/42). **53.** "Renouveau politique en France", *La Marseillaise*, 27/9/42. **54.** Arquivos do Groupe Jean Jaurès, Office Universitaire de Recherches Socialistes (OURS), 94APO3 (reuniões de 26/9/42, 3/10/42). Sobre a defesa da posição de Vallin, ver seu artigo "La dissidence est à Vichy", *La Marseillaise*, 4/10/42. **55.** LNCII 131 (29/7/42). **56.** AN 3AG1/269 (194) (De Gaulle para Guerin, 7/10/42). **57.** Alphand, *Etonnement*, 124. **58.** LNCII 189-94 (6/10/42); FRUS 1942 II (Europe) 541-8. **59.** FRUS 1942 II (Europe) 544 (26/10/42).

11. Lutas pelo poder, novembro de 1942-novembro de 1943 (p.331-71)

1. DMI 207-15. **2.** Billotte, *Le temps*, 239. **3.** TNA FO 371/31950. **4.** MGDII 392. **5.** Gilbert, *Road to Victory*, 252. **6.** Soustelle, *Envers et contre tout* I, 454; Bouchinet-Serreulles, *Nous étions*, 251. **7.** TNA FO 371/31951 (Peake, 15/11/42). **8.** Bouchinet-Serreulles, *Nous étions*, 255; LNCII 210-1 (14/11/42). **9.** William I. Hitchcock, "Pierre Boisson, French West Africa, and the Postwar Epuration: A Case from the Aix Files", *French Historical Studies* 24/2 (primavera de 2001), 305-41. **10.** Jean-Christophe Notin, *Leclerc* (Perrin, 2005), 233. **11.** Harvey, *War Diaries*, 191 (22/11). **12.** MGDII 403-5; LNCII 216-7. **13.** MGDII 412-3 (De Gaulle para Tixier, 21/11/42). **14.** Warren F. Kimball (org.), *Churchill and Roosevelt: The Complete Correspondence*, vol. II: *Alliance Forged, November 1942-February 1944* (Princeton University Press, 1984), 7 (19/11/42). Gilbert, *Road to Victory*, 277. **15.** FRUS 1942 II (Memorando de conversação de autoria do subsecretário de Estado 20/11/42), 546-7; a primeira frase foi, na verdade, eliminada do registro oficial: ver G.E. Maguire, *Anglo-American Policy towards the Free French* (Macmillan, Basingstoke, 1995), 164; MGDII 408-12. **16.** Robert Sherwood, *The White House Papers of Harry L. Hopkins*, vol. II (Eyre & Spottiswoode, 1949), 647. **17.** TNA FO 954/8A/2885. **18.** AN 3AG1/263 (27); Roussel, *De Gaulle*, 326. **19.** Kimball, *Churchill and Roosevelt* II, 22. Stalin disse a Roosevelt que aprovava completamente: *My Dear Mr Stalin: The Complete Correspondence between Franklin D. Roosevelt and Joseph V. Stalin* (Yale University Press, New Haven/Londres, 2005), 103-4 (14/12/42). **20.** LNCII (14/12/42). **21.** Christine Levisse-Touzé, *L'Afrique du Nord dans la guerre 1939-1945* (Albin Michel, 1998), 276-7; AN 72AJ/210/2 (entrevista com François d'Astier de la Vigerie). **22.** TNA FO 371/36047 (26/11/42). **23.** TNA FO 317/31954 (Peake para Eden, 21/12/42). **24.** Cadogan, *Diaries*, 498-9 (8/12/42). **25.** Albertelli, *Services secrets*, 247-8. **26.** Barré, *Devenir de Gaulle*, 373-83, conjetura sobre essa possibilidade. **27.** Cadogan, *Diaries*, 500 (27/12/42). **28.** Alphand, *Etonnement*, 133. **29.** LNCII 257-8 (11/1/43). **30.** Cadogan, *Diaries*, 504. **31.** Ibid., 505 (19/1/43). **32.** Harold Macmillan, *War Diaries: Politics and War in the Mediterranean, January 1943 to May 1945* (Macmillan, 1984), 8-9; Robert Murphy, *Diplomat among Warriors* (Doubleday, 1966) 165-6. **33.** FRUS *The Conferences at Washington and Casablanca, 1941-1942* (presidente para secretário de Estado 18/1/43) 816. **34.** Sobre a conferência, ver DGMI 338-48; AN 72AJ/429 (memorando redigido por Palewski, 29/1/43); Boislambert, *Les feux*, 379-86. **35.** Sherwood, *Harry L. Hopkins*, 682-3. **36.** FRUS *The Conferences at Washington and Casablanca, 1941-1942* (conversa Roosevelt-De Gaulle) 694-5. **37.** MGDII 441 (28/1/43); Boislambert, *Les feux*, 383, relata De Gaulle dizendo que conheceu um *"homme d'Etat"* e foi por ele estimado. **38.** Gilbert, *Road to Victory*, 305. **39.** LNCII 266-8; ver também a carta que ele deixou com Pleven antes de partir, LNCII 264 (22/1/43). **40.** Harvey, *War Diaries*, 210. **41.** Lord Moran, *Winston Churchill: The Struggle for Survival* (Constable, 1966), 82. **42.** MGDII 440 (26/1/43), AN 3AG1/251 (388). **43.** Moran, *Winston Churchill*, 81-2. **44.** Arthur Funk, "The Anfa Memorandum: An Incident of the Anfa Conference", *Journal of Modern History* 26/3 (9/54), 246-54. **45.** AN 3AG1/327 (dossiê Capitant, 9/2/43). **46.** LNCII 267 (23/1/43). **47.** AN 3AG/251 (600).

48. AN 72AJ/220 (entrevista com Billotte). **49.** AN 3AG1/251 (601); na mesma veia, Bingen AN 3AG1/251 (603). **50.** Raphaël Ulrich-Pier, *René Massigli (1888-1988). Une vie de diplomate* (Peter Lang, Bruxelas, 2006), vol. I, 731. **51.** Henri Queuille, *Journal de Guerre, Londres-Alger, avril 1943-juillet 1944* (Plon, 1995), 14, 19. **52.** Pierre Laroque, *Au service de l'homme et du droit. Souvenirs et reflexions* (Association pour l'étude de l'histoire de la securité sociale, 1993), 136-9. **53.** Jacques Beauce, "Le 8 juin n'est pas une date complaisante", *La Marseillaise*, 13/6/43. **54.** René Vérard, Jean Pierre-Bloch. *Un Français du monde entier* (Corsaire éditions, 1997), 154-5. **55.** Reproduzido em Raymond Aron, *Chroniques de guerre* (Gallimard, 1990), 763-6. **56.** Cordier, *République*, 243-54. **57.** AN 72AJ/520 Documentos de Gouin, "Rapport de Bremond [Boyer]" (21/1/43). **58.** LNCII 273 (10/2/43). **59.** Cordier, *République*, 286-313. **60.** Passy, *Mémoires*, 363. O encontro é descrito também por Frenay. Não há certeza sobre a data: Cordier, *République*, 211, data-o de 16/11 (*"la veille de son départ"*) enquanto Passy afirma que ocorreu logo após ele ter chegado. **61.** LNCII 288-9 (10/3/43); AN 3AG1/329 (dossiê Churchill). **62.** AN 3AG1/279 (18) ("Bernard" e "Lenoir" para De Gaulle, 19/5/43); em geral, ver Robert Belot, *La Résistance sans de Gaulle. Politique et gaullisme de guerre* (Fayard, 2006), 329-52. **63.** Francis-Louis Closon, *Le temps des passions. De Jean Moulin à la Libération 1943-1944* (Félin, 1998), 72-96, reproduz todo o relatório. **64.** AN 72AJ/2321 ("Cléante" para Philip, 5/2/44). A questão é discutida por Cordier, *République*, 411-5, que também cita uma carta semelhante escrita por Bingen para Philip em 4 de maio de 1943. Ver AN 3AG1/279 (17) (nota de Philip, 5/5/43), que mostra que ele a tomou a bordo. **65.** Cordier, *République*, 413. **66.** MGDII 477-9; ver François-Yves Guillin, *Le Général Delestraint. Premier chef de l'armée secrète* (Plon, 1995), 200. **67.** Catroux, *Dans la bataille*, 343-9. **68.** TNA FO 954/8B/369 (conversa entre Catroux e Eden, 29/1/43). **69.** TNA FO 371/36047 (24/2/43). **70.** Macmillan, *War Diaries*, 113. Peter Mangold, *The Almost Impossible Ally: Harold Macmillan and Charles de Gaulle* (I.B. Tauris, 1996) é um bom panorama das relações entre os dois homens. **71.** André Kaspi, *La mission de Jean Monnet à Alger* (Sorbonne, 1971). **72.** Henri Giraud, *Un seul but, la victoire. Alger 1942-1944* (Julliard, 1949), 121-2. **73.** AN 72AJ/429 (Catroux para De Gaulle, 19/3/43; de Gaulle para Catroux, 20/3/43). **74.** LNCII 297-8 (19/3/43). **75.** AN 3AG1/251 (691) (Marchal para De Gaulle, 29/3/43); MAE, *Guerre 1939-1945*, 1456 (23/3/43). **76.** TNA FO 371/36047. **77.** LNCII 314-19 (2/4/43). **78.** Girard de la Charbonnières, *Le duel Giraud-de Gaulle* (Plon, 1984) (Charbonnières estava na equipe de Catroux); Macmillan, *War Diaries*, 57-8. **79.** Charbonnières, *Le duel*, 100-1, 122-6. **80.** TNA FO 954/8B/2950 (13/4/43). **81.** René Bouscat, *De Gaulle-Giraud. Dossier d'une mission* (Argus, 1967), 93 (20/4/43). **82.** Ibid., 116 (27/4/43). **83.** LNCII 334 (26/4/43); Albertelli, *Services secrets*, 252; AN 3AG1/327 (dossiê Capitant, 17/5/43). **84.** MAE, *Guerre 1939-1945*, 1457 (Catroux para De Gaulle, 11/5/43); Eric Roussel, Jean Monnet (Fayard, 1996), 338. **85.** TNA FO 371/36174; o boato também foi relatado por Boislambert para Pleven, AN AP560/26. **86.** Macmillan, *War Diaries*, 74. **87.** Ibid., 68. **88.** "Extraits des notes du journal personnel de Léon Teyssot", em *Espoir* 59 (6/87), 34. **89.** Macmillan, *War Diaries*, 84. **90.** Ulrich-Pier, *René Massigli*, 768-9; AN 3AG1/329 (dossiê Massigli, 4/5/43). **91.** DMI 304-5 (4/5/43). **92.** Soustelle, *Envers* *et contre tout*, vol. II: *D'Alger à Paris (1942-1944)* (Robert Laffont, 1950), 241. **93.** AN 72AJ/429 (12/5/43). **94.** Roussel, *Monnet*, 334-5. **95.** MGDII 471-3 (6/5/43). **96.** TNA FO 371/36039 (nota, 18/1/43). Depois da guerra a França manteve o controle sobre Fezã até a Líbia tornar-se independente, em 1951. **97.** TNA PREM 3/442/19; Charbonnières, *Le duel*, 178-9. **98.** Roussel, *De Gaulle*, 360. **99.** TNA PREM 3/184/9 (21/5/43). **100.** TNA FO 371/36047 (23/5/43). **101.** Claude Paillat, *L'echiquier d'Alger*, vol. II: *De Gaulle joue et gagne* (Robert Laffont, 1967), 251. A fonte desse diálogo é o geralmente bem-informado jornalista Claude Paillat, embora as palavras exatas não possam, claro, ser estabelecidas. **102.** DGM 366. **103.** TNA FO 371/36178. **104.** Macmillan, *War Diaries*, 97. **105.** Ibid., 97-101; Catroux, *Dans la bataille*, 365-6. **106.** Macmillan, *War Diaries*, 1001. **107.** AN 3AG1/252 (3); MGDII 488-9. **108.** LNCII 355-6 (2/6/43); Charbonnières, *Le duel*, 212-3. **109.** Macmillan, *War Diaries*, 107; Catroux, *Dans la bataille*, 369. **110.** Kimball, *Churchill and Roosevelt* II, 231 (6/6/43). **111.** LNCII 361 (9/6/43). **112.** TNA FO 660/50 (11/6/43). **113.** Macmillan, *War Diaries*, 122; TNA FO 371/36178 (14/6/43). **114.** LNCII 364 (14/6/43). **115.** Harvey, *War Diaries*, 268; Kimball, *Churchill and Roosevelt* II, 255-7 (17/6/43). **116.** Macmillan, *War Diaries*, 128; AN 3AG1/263 (33); 3AG1/275 (190) (Eisenhower para De Gaulle). **117.** TNA PREM 3/184/6 (24/6/43). **118.** LNCII 368-70 (3/7/43); MGDII 505-6. **119.** LNCII 367 (24/6/43). **120.** André Gide, *Journal*, vol. II: *1926-1950* (Gallimard, 1997), 965. **121.** Charbonnières, *Le duel*, 204. **122.** De Gaulle, *Fil* (FE), 183. **123.** Macmillan, *War Diaries*, 136. **124.** Roussel, *De Gaulle*, 370. **125.** Ibid., 380. **126.** DMI 330-31. **127.** LNCI 380 (3/8/40). **128.** FRUS 1943 II 179-81 (31/7/43). **129.** AN 3AG1/279 (340) (Coulet para De Gaulle, 22/9/43). **130.** Queuille, *Journal*, dá uma votação de 7:6; Crémieux-Brilhac, *La France libre*, 578-9, baseando-se no *carnet* inédito de Georges, dá 6:3; General Legentilhomme dá a entender numa carta para De Gaulle no dia seguinte que De Gaulle teve apenas cinco votos, AN 3AG1/251 (122). **131.** DGM 409. **132.** Macmillan, *War Diaries*, 230. **133.** AN 3AG1/251 (130). **134.** AN 3AG1/252 (9/11/43). **135.** Queuille, *Journal*, 105-6; AN 3AG1/251 (158-6); Macmillan, *War Diaries*, 288-9. **136.** TNA PREM 3/182/6 (memorando sobre reconhecimento, 3/1/44). **137.** Alphand, *Etonnement*, 156.

12. A construção de um Estado no exílio, julho de 1943-maio de 1944 (p.372-408)

1. Kimball, *Churchill and Roosevelt* II, 334-5. **2.** Cordell Hull, *The Memoirs of Cordell Hull*, vol. II (Hodder & Stoughton, 1948), 1241. **3.** FRUS 1943 II 173 (WSC para FDR, 21/7/43). **4.** Arthur Layton Funk, *Charles de Gaulle: The Crucial Years 1943-44* (University of Oklahoma Press, 1959), 148-76. **5.** Macmillan, *War Diaries*, 211. **6.** DGM 402. **7.** Soustelle, *Envers et contre tout* II, 265-6; Joxe, *Victoires*, 123-4. **8.** Philippe de Gaulle, *De Gaulle mon père* II, 530. **9.** John Julius Norwich (org.), *The Duff Cooper Diaries* (Weidenfeld & Nicolson, 2005), 292. **10.** Neau-Dufour, *Yvonne*, 222-6; René Cerf-Ferrière, *Assemblée Consultative vue de mon banc* (Editions réunies, 1974), 189-90. **11.** Philippe de Gaulle, *De Gaulle mon père* I, 292. **12.** Pierre Guillain de Bénouville, *Avant que la nuit ne vienne*

(Le Grand Livre du Mois, 2002), 207. **13.** Chantal Morelle, *Louise Joxe. Diplomate dans l'âme* (André Versaille, 2008). **14.** Joxe, *Victoires*, 117; Armand Bérard, *Un ambassadeur se souvient. Au temps du danger allemand* (Plon, 1976), 491. **15.** Colette Barbier, *Henri Hoppenot (25 octobre 1891-10 août 1977), diplomate* (Ministère des affaires étrangères, 1999). **16.** Soustelle, *Envers et contre tout* II, 273-4; Ulrich-Pier, *René Massigli*, 865-71; MAE, *Guerre 1939-1945*, 1480 (Massigli para Vienot, 7/8/43). **17.** AN 72AJ/220 (3) (entrevista com Boris). **18.** Joxe, *Victoires*, 152. **19.** Jean Chauvel, *Commentaire. D'Alger à Berne (1944-1952)* (Fayard, 1972), 13-14. **20.** General de Monsabert, *Notes de Guerre* (Editions Jean Curutchet, 1999), 134, 174. **21.** AN 3AG1/328 (dossiê Juin, 3/6/43). **22.** Yves Maxin Danan, *La vie politique à Alger de 1940-1944* (Paris, 1963), 264-5; Cerf-Ferrière, *Assemblée*, 183-4. **23.** Christian Girard, *Journal de guerre 1939-1945. Témoignage de l'aide de camp du général Leclerc de Hauteclocque* (L'Harmattan, 2000), 79, 112. **24.** TNA PREM 3/120/10A (28/7/43). **25.** Christian Chevandier e Gilles Morin (orgs.), *André Philip* (IGPDE, 2005), 437-48. **26.** Queuille, *Journal*, 86. **27.** LNCII 421. **28.** MGDII 600; Ulrich-Pier, *René Massigli*, 814. **29.** Raphaëlle Ulrich-Pier, *Correspondance Pierre Viénot-René Massigli. Londres-Alger, 1943-1944* (Armand Colin, 2012), 98 (16/11/44). **30.** TNA FO 660/37; Ulrich-Pier, *Correspondance*, 99-102. **31.** Queuille, *Journal*, 94, 108, 115, 130. **32.** Passy, *Mémoires*, 677. **33.** Charbonnières, *Le duel*, 277-9. **34.** TNA PREM 3/120/10A (16/10/43). **35.** Loïc Philip, *André Philip* (Beauchesne, 1988), 170-3. **36.** Chauvel, *Commentaire*, 21-2. **37.** AN 3AG1/279 (42) (O autor era "Sermoy", pseudônimo de Jacques-Henri Simon, da OCM.) **38.** Piketty, *Français en résistance*, 325-7. **39.** AN 72AJ/520 Dossier 2 (6/43); LNCII 364 (15/5/43). **40.** DMI 327-31. **41.** AN 72AJ/220 (3) (entrevista com Boris). **42.** DMI 355-6, 411. **43.** Macmillan, *War Memoirs*, 281-2. Notar também referências favoráveis a Beveridge em *La Marseillaise*: Alain Chambery, "Réforme sociale et production", 9/8/42 e "Affranchir l'homme du besoin", 22/11/42. **44.** LNCII 381-2. **45.** Kimball, *Churchill and Roosevelt* II, 625-6. **46.** Roussel, *De Gaulle*, 411. **47.** AN 3AG1/279 (84) (Rapport mensuel Cléante, 4/44); AN 3AG1/279 (32). **48.** Laurent Ducerf, "François de Menthon au Service du Général", em FDG, *De Gaulle chef de guerre*, 98-115. **49.** TNA FO 371/36178 (7/6/43). **50.** Philippe Buton, "Les discussions entre de Gaulle et le Parti communiste français à l'automne 1943", em FDG, *De Gaulle chef de guerre*, 216-24. **51.** Robert Belot, *Aux frontières de la liberté* (Fayard, 1998), 232. **52.** Charles-Louis Foulon, *Le pouvoir en province. Les commissaires de la République* (Armand Colin, 1975), 57-8. **53.** Closon, *Le temps des passions*, 150-2. (Seus relatórios mensais estão em AN 72AJ/1970.) **54.** Jean-Louis Crémieux-Brilhac, "De Gaulle et la mort de Moulin", em J.-P. Azéma, *Jean Moulin face à l'histoire* (Flammarion, 2004), 195-207. **55.** Cordier, *République*, 562. **56.** Ibid., 497; Piketty, *Français en résistance*, 448-52. **57.** AN 3AG1/279 (21, 27, 28). **58.** LNCII 403 (1/10/43). **59.** AN 3AG1/279 (340). **60.** AN 3AG1/279 (68) (relatório Luizet, 23/10/43). **61.** MGDII 591-2. **62.** FRUS 1943 *Conferences at Cairo and Tehran* #238 (Ata da Reunião, 19/11/43). **63.** Christian Valensi, *Un témoin sur l'autre rive. Washington 1943-1949* (Comité pour l'histoire économique et financière de la France, 1994), 48-57; Roussel, *Monnet*, 407-8. **64.** AN AG3/1/262 (151-2). **65.** MAE, *Guerre 1939-1945*, 1488/159 (27/12/43). **66.** Ulrich-Pier, *René Massigli*, 875. **67.** AN 3AG1/260 (444) (22/9/43). **68.** Lévêque,

"Relations franco-soviétiques", 781-803; AN 3AG1260 (450) (Dejean, 3/11/43). **69.** TNA FO 954/8B/3084 (11/10/43). **70.** Kersaudy, *Churchill and de Gaulle*, 297. **71.** Harriman, *Special Envoy*, 231. **72.** Julie Le Gac, *Vaincre sans gloire. Le corps expéditionnaire français en Italie (novembre 1942-juillet 1944)* (Les Belles-Lettres/Ministère de la Défense-DMPA, 2013). **73.** AN 3AG1/275 (205, 210) (Larminat para De Gaulle). **74.** Harry C. Butcher, *My Three Years with Eisenhower: The Personal Diary of Captain Harry C. Butcher* (Nova York, 1946), 473; MGDII 67-76; TNA FO 660/188; AN 3AG1/328 (dossiê Eisenhower, 29/12/44). **75.** Cooper, *Diaries*, 290; TNA PREM 3/181/3; Gilbert, *Road to Victory*, 644-7; Woodward, *British Foreign Policy*, vol. III (HMSO, 1971), 8-9. **76.** Gilbert, *Road to Victory*, 646. **77.** TNA FO 371/36036 Macmillan (21/10/43); Alphand, *Etonnement*, 175; TNA FO 371/41879. **78.** Queuille, *Journal*, 128 (14/2/44). **79.** NA AP450/2 (Documentos de Lecompte-Boinet, 14/11/43). **80.** AN 3AG1/266 (198) (Philip para De Gaulle, 5/10/43); (227) (Passy para De Gaulle, 9/11/43). **81.** Soustelle, *Envers et contre tout* II, 293. **82.** LNCII mission 488-9 (4/44). **83.** DMI 406. **84.** AN 3AG1/275 (215). **85.** AN 3AG/1 (217-8) (7/3/44). **86.** Claire Miot, "Sortir l'armée des ombres. Soldats de l'Empire, combattants de la Libération, armée de la Nation: la première armée française, du débarquement en Provence à la capitulation allemande (1944-1945)" (tese de doutorado inédita, ENS Cachan, 2016), 61-5. **87.** MAE, *Guerre 1939-1945*, 1464, 260-6 (Viénot para Massigli). **88.** TNA FO 371/41879 (9/5/44). **89.** Hillary Footitt e John Simmonds, *France 1943-1944* (Holmes & Meier, 1988), 19-28. **90.** AN 3AG1/258 (469); MAE, *Guerre 1939-1945*, 1480 (4/4/44); Ulrich-Pier, *Correspondance*, 156-7. **91.** AN 3AG1/258 (480); Roussel, *Monnet*, 418-19. **92.** MAE, *Guerre 1939-1945*, 1481 (10/10/43, 19/5/44). **93.** Lévêque, "Relations franco-soviétiques", 914-6. **94.** Alfred D. Chandler (org.), *The Papers of Dwight D. Eisenhower: The War Years* III (Johns Hopkins University Press, Baltimore e Londres, 1970), 1691. **95.** Kimball, *Churchill and Roosevelt* II, 145. **96.** Woodward, *British Foreign Policy* III, 49. **97.** Crémieux-Brilhac, *France libre*, 816-7. **98.** Cooper, *Diaries*, 307. **99.** Chandler, *Papers of Eisenhower* III, 1904.

13. Libertação, junho-agosto de 1944 (p.409-34)

1. MGDII 640. **2.** Avon, *Reckoning*, 453. **3.** Kimball, *Churchill and Roosevelt*, vol. III: *Alliance Declining, February 1944-April 1945* (Princeton University Press, 1984), 156 (1/6/44). **4.** DGM 487-8; para o registro britânico, Kersaudy, *Churchill and de Gaulle*, 341-2; a frase sobre o dinheiro falso está em Antoine Béthouart, *Cinq années d'espérance. Mémoires de guerre 1939-1945* (Plon, 1968), 242-3. **5.** DGM 489. **6.** Chandler, *Papers of Eisenhower* III, 1907. **7.** Cadogan, *Diaries*, 635. **8.** Harvey, *War Diaries*, 343 (9/6/44). **9.** Cadogan, *Diaries*, 635. **10.** R. Bruce Lockhart, *Comes the Reckoning* (Putnam, 1947), 303-4. **11.** DMI 431-2. **12.** Kimball, *Churchill and Roosevelt* III, 171 (7/6/44). **13.** Avon, *Reckoning*, 455-6; TNA FO 371/41879 (7/6/44). **14.** MGDII 643. **15.** Kimball, *Churchill and Roosevelt* III, 181 (12/6/44). **16.** TNA FO 954/9a/206; 954/9a/3269. **17.** MGDII 642-3. **18.** Cadogan, *Diaries*, 635. **19.** Guy, *En écoutant*, 398. **20.** Ulrich-Pier, *Correspondance*,

158-60 (16/6/44). **21.** TNA FO 954/18A/162; TNA CAB 120/867; Woodward, *British Foreign Policy* III, 61-2. **22.** Henry L. Stimson e McGeorge Bundy, *On Active Service in Peace and War* (Harper & Brothers, Nova York, 1947), 549 (14/6/44). **23.** René Hostache, "Bayeux, 14 juin 1944: étape décisive sur la voie d'Alger", em FDG, *Le rétablissement de la légalité républicaine* (Complexe, Bruxelas, 1996), 231-4. **24.** Harvey, *War Diaries*, 345 (14/6/44). **25.** Boislambert, *Les feux*, 442. **26.** Béthouart, *Cinq années*, 249. **27.** LNCII 517. **28.** Laroque, *Au service*, 184. **29.** Coulet, *Vertu*, 230. **30.** DGMI 494. **31.** O filme pode ser visto em http://www.ina.fr/video/AFE99000037. **32.** TNA CAB 867 (15/6/44). **33.** Coulet, *Vertu*, 227-51; ver cartas de Coulet para Boris e De Courcel em AN 3AG1/277 (272) e 3AG1/328 (dossiê Courcel). **34.** TNA FO 371/41880 (28/6/44). **35.** DGM 496-8. O comentário vem de Alexander Werth, *De Gaulle: A Political Biography* (Penguin, 1965), 165. **36.** Aglion, *Roosevelt and De Gaulle*, 175; Francis Biddle, *In Brief Authority* (Doubleday, Nova York, 1962), 181-2. **37.** DGM 498-504. **38.** Kimball, *Churchill and Roosevelt* III, 369. **39.** FRUS 1944 III (10/7/44), 724-5. **40.** Essa é a versão relatada por Pierre Mendès France em Crémieux-Brilhac, *France libre*, 852. **41.** Aglion, *Roosevelt and de Gaulle*, 180. **42.** Woodward, *British Foreign Policy in the Second World War* III, 72-6. **43.** Roussel, *De Gaulle*, 438-9. **44.** AN 3AG1/252 (220); ver também 3AG1/251 (214). **45.** François Rachline, *L.R. Les silences d'un résistant* (Albin Michel, 2015), 226, 259-61. **46.** Jean-Louis Crémieux-Brilhac, "Quelle stratégie militaire pour quelle libération?", em Crémieux-Brilhac, *De Gaulle, la République et la France libre 1940-1945* (Perrin, 2014), 401-4. **47.** Miot, "Sortir l'armée", 74-7. **48.** LNCII 538-9. **49.** Matthew Cobb, *Eleven Days in August: The Liberation of Paris in 1944* (Simon & Schuster, 2013), 36. **50.** AN 72AJ/1902 (17/8/44). **51.** TNA FO 954/9a/335; CCC (Arquivos Cooper) DUFC 15/1/31 (17/8/44). **52.** DGM 559. **53.** MGDII 703-5. **54.** DGM 568. **55.** DMI 467. **56.** AN AP450 (25/8/44). **57.** Charles Rist, *Une saison gâtée. Journal de guerre et de l'occupation* (Fayard, 1984), 432. **58.** Cobb, *Eleven Days*, 318-26. **59.** Berthe Auroy, *Jours de guerre* (Bayard, Montrouge, 2008), 335. **60.** DGM 573. **61.** LNCII 554 (27/8/44). **62.** René Courtin, *De la clandestinité au pouvoir. Journal de la Libération de Paris* (Editions de Paris, 1994), 48-9. **63.** Pasteur Vallery-Radot, *Mémoires d'un non-conformiste 1886-1966* (Grasset, 1966), 291. **64.** AN AP450/2 (27/8/44). **65.** Pierre Villon, *Résistant de la première heure* (Editions sociales, 1983), 116; também Maurice Kriegel-Valrimont, *La Libération. Les archives du COMAC* (Editions du Minuit, 1964), 228-9. **66.** AN AP450/2 (Documentos de Lecompte-Boinet, 1/9/44).

14. No poder, agosto de 1944-maio de 1945 (p.437-74)

1. Teitgen, "Faites entrer", 162. **2.** Laurent Douzou e Dominique Veillon, "Les déplacements du General de Gaulle à travers la France", em FDG, *Rétablissement*, 656-7. **3.** Pierre Bertaux, *La libération de Toulouse et de sa région* (Hachette, 1973), 87-93. **4.** Serge Ravanel, *L'esprit de résistance* (Seuil, 1995). Ver também Ravanel, *Les valeurs de la résistance. Entretien avec Serge Ravanel* (Privat, Toulouse, 2004), 88-9. **5.** Lacouture, *De Gaulle*, vol. II: *Le politique* (Seuil, 1985), 49. **6.** Gildea, *Fighters in the Shadows*, 411-2. **7.**

DGM 597, 600, 602. **8.** Teitgen, "Faites entrer", 170. **9.** Mauriac, *Un autre de Gaulle*, 45. **10.** Bernard Lachaise, "L'entourage de Charles de Gaulle, président du GPRF à Paris (25 août 1944-21 janvier 1946", *Histoire@Politique* 8 (2009/2). **11.** Mauriac, *Un autre de Gaulle*, 60. **12.** Indomitus, *Nous sommes les rebelles* (Collection Défense de la France, 1945); Pierre Hervé, *La Libération trahie* (Grasset, 1945). **13.** Franc-Tireur 24/9/44. **14.** LNCII 363; DGM 690-1. **15.** DGM 692-3. **16.** Mauriac, *Un autre de Gaulle*, 52. **17.** Jean-Luc Barré, *François Mauriac. Biographie intime*, vol. II: *1940-1970* (Fayard, 2010), 81-2. **18.** François Mauriac, *De Gaulle* (Grasset, 1964), 17-8. **19.** Lacouture, *De Gaulle* II, 19. **20.** Mauriac, *Un autre de Gaulle*, 77-8. **21.** Ibid., 97-9. **22.** Jacques Isorni, *Mémoires*, vol. I: *1911-1945* (Robert Laffont, 1984), 314-5. **23.** Mauriac, *Un autre de Gaulle*, 75. **24.** O relato mais completo é o de Alice Kaplan, *The Collaborator: The Trial and Execution of Robert Brasillach* (University of Chicago Press, 2000), que consultou o arquivo do perdão mas escreveu antes da abertura dos arquivos de De Gaulle. Segundo o inventário desses arquivos, há um dossiê de "Notes sur l'affaire Brasillach", AN 3AG4/49 Dr. 13 – mas esse dossiê desapareceu. **25.** DGM 1325. **26.** Mauriac, *Un autre de Gaulle*, 51. **27.** Apesar de altamente crítica, a melhor visão geral da política externa de De Gaulle em 1944-46 é Pierre Gerbet e Jean Laloy, *Le relèvement: 1944-1949* (Imprimerie Nationale, 1991). **28.** Alphand, *Etonnement*, 168-9; também uma nota sua em AN 3AG1/262 (307); Roussel, *Monnet*, 3946. **29.** DMI 410 (18/3/44); nota de Alphand sobre o bloco ocidental, AN 3AG1/262 (316). **30.** LNCII 546 (10/8/44). **31.** DMI 410 (18/3/44). **32.** Raymond Poidevin, "La politique allemande de la France en 1945", em Maurice Vaïsse (org.), *8 mai 1945. La victoire en Europe* (Complexe, Bruxelas, 1985), 221-38. **33.** Ulrich-Pier, *René Massigli*, 894; AN 3AG1/254 (424). **34.** Jean-Rémy Bézias, *Georges Bidault et la politique étrangère de la France (1944-1948)* (L'Harmattan, 2006), 179. **35.** Roshwald, *Estranged Bedfellows*, 199. **36.** CCC DUFC 4/5 (21/5/45). **37.** Cooper, *Diaries*, 330. **38.** DGM 637. **39.** DGM 6389. Para o registro oficial das conversas CCC DUFC 4/14. **40.** MGDIII 643-66; Lévêque, "Relations franco-soviétiques", 1008-53; Georges Soutou, "Le Général de Gaulle et l'URSS, 1943-1945: idéologie ou équilibre européen", *Revue d'histoire diplomatique* 4 (1994), 303-55; Jean Laloy, "A Moscou: entre Staline et de Gaulle. Decembre 1944", *Revue des études slaves* 54/1-2 (1982), 137-52; ver também o "Dossier: comment a-t-on perçu le Traité franco-soviétique de décembre 1944?", em Maurice Vaïsse (org.), *De Gaulle et la Russie* (CNRS Editions, 2006), 83-96; Roussel, *De Gaulle*, 465-78. **41.** Philippe Buton, "L'entretien entre Maurice Thorez et Joseph Stalin du 19 novembre 1944", *Communisme* 45/46 (1996), 7-29. **42.** DGM, 650. **43.** Harvey, *War Diaries*, 368. **44.** AN AP549 (Documentos de Jouve, rascunhos para memórias). **45.** Harriman, *Special Envoy*, 377. O diplomata britânico, também presente, lembrava-se de De Gaulle ter comentado em voz alta: "Acha que seremos capazes de conviver com essas pessoas depois da guerra?" O diplomata respondeu diplomaticamente, mas De Gaule, olhando firmemente para Malenkov, membro do Politburo com quem tinha conversado antes, acrescentou: "Quando vejo a cara desses futuros líderes da Rússia que convidei para virem aqui se encontrarem comigo esta noite eu duvido muito." Testemunho pessoal de Balfour ao diplomata britânico Bernard Ledwige, em

Ledwidge, *De Gaulle* 191. **46.** Soutou, "Le Général de Gaulle", 338-40, compara os documentos reproduzidos por De Gaulle com outros documentos franceses; e Lévêque, "Relations franco-soviétiques", 1048-9, os compara com os soviéticos. **47.** Jean Laloy, *Yalta: Yesterday, Today, Tomorrow* (Harper & Row, Nova York, 1988), 57. **48.** Guy, *En écoutant*, 141. **49.** Ibid. **50.** DGM 647. **51.** DGM 674. **52.** LNCII 644 (25/4/45). **53.** DGM 614; ver também 725. **54.** MGDII 710-1. **55.** Piketty, *Français en résistance*, 693-5 (4/12/44, 10/1/45). **56.** Frank Gurley, "Politique contre stratégie: la défense de Strasbourg en décembre 1944", *Guerres mondiales et conflits contemporains*, 166 (1992), 89-114. **57.** AN 3AG4/74 (Dossiê Operation I Armée Française 1/45-4/5). **58.** DGM 73266. **59.** Lorde Alanbrooke, *War Diaries 1939-1945* (Weidenfeld & Nicolson, 2001), 642. **60.** CCC DUFC 15/1/34. **61.** Kersaudy, *Churchill and de Gaulle*, 390-1. **62.** Guy, *En écoutant*, 217. **63.** FRUS 1945 IV #669. **64.** Miot, "Sortir l'armée", 606-10. **65.** FRUS 1945 IV #698. **66.** LNCII 675 (2/6/45). **67.** FRUS 1945 IV #699. **68.** FRUS 1945 IV #702. **69.** DGM 767-8. **70.** LNCII 581-4 (nota de 12/10/44 preparada por Bidault mas apontada por De Gaulle). **71.** LNCII 586 (19/10/44). **72.** François Kersaudy, "Levant", em Institut du Temps Présent, *De Gaulle et la nation face aux problèmes de la défense (1945-1946)* (Plon, 1983), 251-2; também Kersaudy, *Churchill and de Gaulle*, 397-405. **73.** Cooper, *Diaries*, 371. **74.** DGM 780. **75.** DGM 1342. **76.** Kersaudy, "Levant", 258. **77.** AN 3AG1/279 (540). **78.** Institut Charles de Gaulle, *Brazzaville. Janvier-février 1944* (Plon, 1988) foi o primeiro estudo, mas precisou ser corrigido por Martin Shipway, "Brazzaville, entre mythe et non-dit", em FDG, *De Gaulle chef de guerre*, 392-404; Shipway, "Les Français libres, la politique dite de 'Brazzaville' et les perspectives d'avenir de l'union française vue de 1944-1946", em Cornil-Frerrot e Oulmont, *Français libres*, 231-45; e o primeiro capítulo de Shipway, *The Road to War: France and Vietnam 1944-1947* (Berghahn, Oxford, 1996). **79.** DMI 492 (25/10/44). **80.** Crémieux-Brilhac, *France libre*, 660-73. **81.** Jean-Pierre Peyroulou, "La politique algérienne du Général de Gaulle 1943-1946", em Maurice Vaïsse (org.), *De Gaulle et l'Algérie 1943-1969* (Armand Colin, 2006), 28-37; e Roger Benmebarek, "Le Général de Gaulle et les événements de mai 1945 dans le Constantinois", em ibid., 38-47. **82.** Mauriac, *Un autre de Gaulle*, 112. **83.** LNCII 656 (1/5/45). **84.** Frédéric Turpin, *De Gaulle, les Gaullistes et l'Indochine* (Indes Savantes, 2005), 107; Shipway, *The Road to War*, 76-7. Esses dois estudos suplantam Institut Charles de Gaulle, *De Gaulle et l'Indochine* (Plon, 1982), que tenta, sem convencer, apresentar uma defesa liberal para a política de De Gaulle para a Indochina. **85.** Turpin, *De Gaulle*, 125-8. **86.** LNCII 712-3 (16/9/45). **87.** LNCII 729 (27/10/45). **88.** LNCII 29/9/45. **89.** Turpin, *De Gaulle*, 190 n.97. **90.** DGM 762-3. **91.** Maurice Vaïsse, "Remarques sur la capitulation à Reims (7 mai 1945)", em Vaïsse, *8 Mai 1945*, 43-65. **92.** LNCII 691 (2/8/45). **93.** Roussel, *De Gaulle*, 511. **94.** Esta nota é publicada por Rainer Hudemann em Henri Ménudier (org.), *L'Allemagne occupée 1945-1949* (Institut d'Allemande, 1989), 169-75. Ver também Hudemann, "Revanche ou partenariat? A propos des nouvelles orientations de la recherche sur la politique française à l'égard de l'Allemagne après 1945", em Gilbert Krebs e Gérard Schneilin (orgs.), *L'Allemagne 1945-1955. De la capitulation à la division* (Institut d'Allemand, 1996), 127-52. **95.** LNCII 719-24. **96.** Rainer Hudemann,

"Le Général de Gaulle et la politique de reconstruction en zone française d'occupation en Allemagne après 1945", em DGESS-V 313-24. **97.** Harvey, *War Diaries*, 383. **98.** DDF 1945(2) 59. **99.** DDF 1945(2) 23. **100.** Chauvel, *Commentaire*, 113-4. **101.** De Gaulle, *Fil* (FA), 399. **102.** René Girault, "La France est-elle une grande puissance en 1945?", em Vaïsse, *8 mai 1945*, 195-218; Robert Frank, *La hantise du déclin. La France de 1914 à 2014* (Belin, 2014), 96-104. **103.** DGM 782-3.

15. De libertador a salvador, maio de 1945-dezembro de 1946 (p.475-504)

1. LNCII 3 (7/1/42). **2.** LNCII 23 (4/2/42). **3.** LNCII 588 (anotação de uma nota de Pompidou, 23/10/44). **4.** Philippe Viannay, *Du bon usage de la France. Résistance, journalism, Glénans* (Ramsay, 1988), 152. **5.** AN 3AG1/276 (56). **6.** AN 3AG1/276 (48) ("Rapport sur l'élaboration d'un programme du Comité de Libération Nationale"). **7.** Roussel, *Mendès France*, 141-55. **8.** Pierre Mendès France, *Oeuvres complètes*, vol. II: *Une politique de l'économie 1943-1954* (Gallimard, 1985), 33-4; DMII 406-7 (18/3/44). **9.** Mendès France, *Oeuvres* II, 48-9; AN 3AG1/268 (54). **10.** AN 3AG4/1 Dossier 5 (3/3/45). **11.** Crémieux-Brilhac, *Georges Boris*, 308-35. **12.** Philippe Mioche, *Le Plan Monnet. Genèse et élaboration 1941-1947* (Publications de la Sorbonne, 1987), 82-4. Sobre a habilidade de Monnet para conseguir o apoio de De Gaulle, ver Luc-André Brunet, *Forging Europe: Industrial Organisation in France 1940-1952* (Palgrave, 2017), 189-97. **13.** AN 4AG/1 Dossier 5 (notas de Vallon, 10/12/45, 19/12/45). **14.** Macmillan, *War Diaries*, 289. **15.** Roussellier, *La force de gouverner*, 26-68. **16.** Ibid., 494. **17.** Joxe, *Victoires*, 126. **18.** DMIII 158 (17/11/59). **19.** DGM 609. **20.** FRUS 1943 II #148. **21.** Michel Debré, *Mémoires. Trois républiques pour une France*, vol. I: *Combattre* (Albin Michel, 1984), 340-1. **22.** Ibid., 314. **23.** DGM 861 **24.** AN 3AG4/2. **25.** Roussel, *De Gaulle*, 518. **26.** O exemplo clássico é seu discurso de setembro de 1959 sobre a Argélia (ver adiante, p.518). **27.** Roussel, *De Gaulle*, 518. **28.** Mauriac, *Un autre de Gaulle*, 130. **29.** Jérôme Perrier, *Entre administration et politique. Michel Debré (1912-1948)* (Institut Université Varenne, 2013), 669-80; Debré, *Mémoires* I, 392-403. **30.** Cooper, *Diaries*, 393. **31.** DGM 859. **32.** Cooper, *Diaries*, 395. **33.** Roussel, *De Gaulle*, 522. **34.** Perrier, *Entre administration et politique*, 687-8. **35.** LNCII 771. **36.** Guy, *En écoutant*, 57. **37.** Moch, *Rencontres*, 124-6. **38.** LNCII 778 (15/1/46), 783 (18/1/46). Ele disse exatamente a mesma coisa numa reunião de comitê que presidiu sobre a Alemanha em 18 de janeiro: ver Moch, *Rencontres*, 116-8. **39.** Moch, *Rencontres*, 110-2. **40.** Georgette Elgey, *La République des illusions 1945-1951* (Fayard, 1965), 85-6. **41.** CCC DUFC 4/6 9 (carta para Eden, 2/2/46). **42.** O relato mais confiável é o que foi dado poucas horas depois por Teitgen, como informado em Jean Charlot, *Le Gaullisme d'opposition 1946-1958* (Fayard, 1983), 18-27. **43.** LNCII 779-80 (16/1/46). **44.** LNCII 784 (21/1/46). **45.** TNA FO 371/59956 (21/1/46). **46.** LNCII 783 (21/1/45); Guy, *En écoutant*, 35. **47.** AN 3AG4/1 Dr. 7 (20/1/46). **48.** Guy, *En écoutant*, 42. **49.** AN 3AG4/1 Dr. 7 (20/1/46). **50.** Arquivos do Ministério do Interior, AN F1a/3201. **51.** Marcel Cachin, *Carnets 1906-1947*, vol.IV: *1935-1947* (CRNS Editions, 1997), 894. **52.** AN 3AG4/98 (11/4/46); Guy, *En écoutant*, 55.

53. Mauriac, *Un autre de Gaulle*, 164. 54. Guy, *En écoutant*, 36. 55. Ibid., 38-9. 56. Alphand, *Etonnement*, 193-4. 57. Mauriac, *Un autre de Gaulle*, 167. 58. LNCII 791 (14/3/46). 59. DMII 10 (16/6/46). 60. Lacouture, *Politique*, 269. 61. Para uma crítica dessa ideia, ver Gaïti, *De Gaulle, prophète de la cinquième République*, passim. 62. Guy, *En écoutant*, 79. 63. Gérard Conac, "René Capitant et le référendum", em FDG, *Le discours d'Epinal*. "Rebâtir la République" (Economica, 1997), 203-16. 64. Cassin, *Hommes partis*, 132-3; LNCII 854 (14/5/48). 65. Guy, *En écoutant*, 136. 66. F. Decaumont (org.), *Le discours de Bayeux. Hier et aujourd'hui* (Economica, 1990). 67. AN 5AG1/1267 (Schumann, 12/6/46). 68. Odile Rudelle, "L'accueil du discours dans l'opinion", em Decaumont, *Discours*, 65-86. 69. Guy, *En écoutant*, 146. 70. LNCII 800 (8/7/46); AN 5AG1/1247 (Pleven, 2/8/46, 8/10/46). 71. Bernard Lachaise, "L'Union gaulliste en 1946", em Gilles Richard e Jacqueline Sainclivier, *La recomposition des droites* (Presses Universitaires de Rennes, 2004); sobre a visita de Capitant, Guy, *En écoutant*, 137-41. 72. AN 5AG1/1267 (dossiê Schumann, 26/8/46). 73. Mauriac, *Un autre de Gaulle*, 237. 74. Guy, *En écoutant*, 186-7. 75. Ibid., 186. 76. Ibid., 201. 77. Ibid., 143, 195. 78. Ibid., 241-2.

16. O novo messias, 1947-1955 (p.505-45)

1. Guy, *En écoutant*, 242-8. 2. Mauriac, *Un autre de Gaulle*, 266. 3. Guy, *En écoutant*, 117. 4. DMII 48 (30/3/47). 5. Mauriac, *Un autre de Gaulle*, 272. 6. Vendroux, *Cette chance*, 208; Vincent Auriol, *Journal du Septennat 1947-1954*, vol.I: *1947* (Armand Colin, 1970), 178; Jean-Raymond Tournoux, *La tragédie du Général* (Plon, 1967), 38. 7. Guy, *En écoutant*, 156-7; Philippe de Gaulle, *De Gaulle mon père* I, 458, também se lembrava da conversa. 8. Guy, *En écoutant*, 115. 9. Ibid., 259-62. 10. LNCI 840 (13/11/37). 11. Larcan, *Inventaire*, 487-91; Jean Serroy, *De Gaulle et les écrivains* (Presses Universitaires de Grenoble, 1991), 69-97; Philippe Barthelet, "Bernanos et de Gaulle", *Espoir*, 72 (9/90), 19-21; Georges Bernanos, *Français, si vous saviez (1945-1948)* (Gallimard, 1950). 12. Patrick Guiol, *L'impasse sociale du gaullisme. Le RPF et l'action sociale* (FNSP, 1985); Jean-François Sirinelli, Marc Sadoun e Robert Vandenbussche, *La politique sociale du Général de Gaulle* (University Charles de Gaulle, Villeneuve d'Ascq, 1990). 13. DGM 681. 14. LNCII 877 (31/8/48). 15. Louis Vallon, *L'histoire s'avance masquée* (René Julliard, 1957). 16. Guy, *En écoutant*, 345. 17. Irwin Wall, *The United States and the Making of Postwar France 1944-1954* (Cambridge University Press, 1991), 80-4. 18. Guy, *En écoutant*, 329, 337. 19. DMII 143-5 (27/10/47). 20. DMII 147 (12/11/47). 21. Guy, *En écoutant*, 355. 22. Auriol, *Journal* I, 29; LNCII 810 (1/47). 23. Mauriac, *Un autre de Gaulle*, 252. 24. Vincent Auriol, *Journal du Septennat 1947-1954*, vol.II: *1948* (Armand Colin, 1974), 369. 25. Olivier Duhamel, "'La Trace et le sillon': l'UDSR et le RPF", em FDG, *De Gaulle et le Rassemblement du peuple français* (Armand Colin, 1998), 633-52. 26. AN 5AG1/1247 (dossiê Pleven); AN AP560/16 (Pleven para De Gaulle, 21/3/48); Yves Beauvois, *Léon Noël. De Laval à de Gaulle via Pétain (1888-1987)* (Presses Universitaires du Septentrion, 2001), 276. 27. AN 5AG1/1267 (Maurice Schumann, 19/8/48). 28. Claude Michelet, *Mon père Edmond Michelet* (Presses de la Cité,

1971), 186. **29.** Louis Terrenoire, *De Gaulle 1947-1954. Pourquoi l'échec. Du RPF à la traversée du desert* (Plon, 1981), 65-8; Michelet, *Mon père*, 189-90. **30.** FRUS 1948 III 374 (14/1/48), 392 (17/3/48), 397 (8/5/48). **31.** FRUS 1948 III 419 (12/10/48). **32.** Terrenoire, *Pourquoi*, 84-5; Michelet, *Mon père*, 208-9. **33.** LNCII 856 (15/5/48). **34.** André Malraux, *Antimémoires* (Gallimard, 1967), 125-33. Em geral, ver Janine Mossuz, *André Malraux et la Gaullisme* (Armand Colin, 1970); Alexandre Duval-Stalla, *André Malraux-Charles de Gaulle, une histoire, deux légendes. Biographie croisée* (Gallimard, 2008). **35.** O diagnóstico é feito por Olivier Todd, *André Malraux. Une vie* (Gallimard, 2001). **36.** O comentário foi feito para Todd, ibid., 17. **37.** Ver a edição de outubro de 1948 de *Esprit* intitulada "Interrogation à Malraux". **38.** Georges Pompidou, *Pour rétablir une vérité* (Flammarion, 1982), 86. **39.** Ibid., 51. **40.** Charlot, *Gaullisme*, 153. **41.** AN 5AG1/1235 (Noël para De Gaulle, 8/7/48). **42.** Guy, *En écoutant*, 318. **43.** Pompidou, *Pour rétablir*, 88. **44.** Ibid., 102-3 (a carta foi eliminada de edições subsequentes). **45.** Pompidou, *Pour rétablir*, 69. **46.** Claude Mauriac, *Le temps immobile*, vol.II: *Les espaces imaginaires* (Grasset, 1975), 251 (5/6/52). Ou ver o comentário de Pompidou: "Estou meio cansado da excessiva severidade de Charles. Como achar um jeito de dizer-lhe que ao ser tão duro com os outros a gente acaba se empobrecendo?", em Pompidou, *Lettres*, 214 (2/7/50). **47.** LNCII 826 (10/11/47). Ou, como ele disse anos depois, "Um Programa? Nem pensar. Política é sobre realidades. Realidades estão sempre mudando. O que se precisa é de princípios e objetivos, e não de programa": AP 446. **48.** Turpin, *De Gaulle*, 417. **49.** DMII 356 (11/2/50). **50.** DMII 521 (23/252), 616 (7/6/53). **51.** DMII 324 (25/9/49); 366 (6/3/50); 424 (7/1/51); 367 (16/3/51). **52.** Pompidou, *Pour rétablir*, 77. **53.** Christian Delporte, "Les grands rassemblements", em FDG, *De Gaulle et le Rassemblement*, 146-63. **54.** Jean Garrigues, *Les hommes providentiels. Histoire d'un fascination française* (Seuil, 2012), 163-4. **55.** Delporte, "Les grands rassemblements", 157. **56.** Vincent Auriol, *Journal du Septennat 1947-1954*, vol.VI: *1952* (Armand Colin, 1978), 46. **57.** Jean Galtier-Boissière, *Mon journal dans la grande pagaïe* (La Jeune Parque, 1950), 258. **58.** Pierre Debray, "Bonapartisme, boulangisme et néo-gaullisme", *Esprit* (11/47), 889-97. **59.** Mauriac, *Un autre de Gaulle*, 196. **60.** Esta é a carta de 5/12/48 mencionada na nota 40. Ver Perrier, *Entre administration et politique*, 756-60. **61.** Mauriac, *Un autre de Gaulle*, 271. **62.** François Audigier, "L'héritage de la Résistance pour les cadets gaullistes de la IVᵉ République", em Bernard Lachaise (org.), *Résistance et politique sous la IVᵉ République* (Presses Universitaires de Bordeaux, 2004), 59-75. **63.** Bernard Marin, *De Gaulle de ma jeunesse* (Cercle d'Or, Sables d'Olonne, 1984), 20; Guiblin, *Passion d'agir*, 15, 36; Jacques Dauer, *Le hussard du Général* (Table Ronde, 1994), 155. **64.** Jacques Baumel, *De Gaulle. L'exil intérieur* (Albin Michel, 2001), 182-3; Colonel F. Soulet, "Témoignage", *Espoir* 18 (3/77), 50-2 traz a história de um piquenique sob uma árvore em 1952. **65.** Charlot, *Gaullisme*, 179. **66.** Guy, *En écoutant*, 256. **67.** Ibid., 76. **68.** Neau-Dufour, *Yvonne*, 260-2. **69.** Baumel, *Exil*, 93. **70.** Mauriac, *Un autre de Gaulle*, 201; ver também carta para Paul Guth, LNCIII 1003 (18/11/68): "On comprend que la France est une terrible contrée. Mais à tout prendre, n'est-ce pas satisfaisant?". **71.** Guy, *En écoutant*, 207 (16/1/47). **72.** Terrenoire, *Pourquoi*, 126. **73.** André Astoux, *L'oubli* (J.C. Lattès, 1974), 388. **74.** Jacques Soustelle, *Vingt-huit ans de*

Gaullisme (Table Ronde, 1968), 45-6. **75.** Terrenoire, *Pourquoi*, 163, 214. **76.** Frédérique Dufour, "Colombey et la gaullisme sous la IVᵉ République", em François Audigier e Frédéric Schwindt (orgs.), *Gaullisme et Gaullistes dans la France de l'est sous la IVᵉ République* (Presses Universitaires de Rennes, 2009), 353-71. **77.** DGM 873. **78.** Guy, *En écoutant*, 249-50. **79.** Neau-Dufour, *Yvonne*, 310-4. **80.** LNCII 837 (10/2/48). **81.** Guy, *En écoutant*, 392. **82.** LNCII, 855-6 (15/5/48). **83.** Pompidou, *Pour rétablir*, 132. **84.** DMII 293-4 (29/3/49), 372 (29/3/50). **85.** Sudhir Hazareesingh, *Le mythe gaullien* (Gallimard, 2010), 96. **86.** Rémy, *De Gaulle cet inconnu* (Raoul Solar, 1947), 30; Guy, *En écoutant*, 359. Rémy, *Dix ans avec de Gaulle* (1940-1950) (Editions France-Empire, 1971) traz seu relato. **87.** Exceto por Domenach em *Esprit* (8/48), 224-7. **88.** Pompidou, *Lettres*, 211-2. **89.** Ibid., 221-2. **90.** LNCII 1106 (26/1/53); Pompidou, *Pour rétablir*, 135. **91.** Charlot, *Gaullisme*, 207-17. **92.** Soustelle, *Vingt ans*, 68. **93.** DMII 447. **94.** Astoux, *L'Oubli*, 277-8. **95.** Pompidou, *Pour rétablir*, 128. **96.** Auriol, *Journal* VI, 17 (7/1/52). Ele disse a mesma coisa poucos meses antes: Auriol, *Journal du Septennat 1947-1954*, vol.V: 1951 (Armand Colin, 1975), 476 (25/9/51). **97.** Auriol, *Journal* VI, 49-50. **98.** Charlot, *Gaullisme*, 259; Pompidou, *Lettres*, 230-2. **99.** Auriol, *Journal* VI, 160-1. **100.** Terrenoire, *Pourquoi*, 163-6. **101.** DMII 537. **102.** Pompidou, *Lettres*, 234-5. **103.** LNCII 1075-9 (6/7/52). **104.** Pompidou, *Lettres*, 235-6 (1/9/52). **105.** AN 5AG1/1272 (Soustelle para De Gaulle, 11/5/52, 30/9/52). **106.** Terrenoire, *Pourquoi*, 185-6; Frédéric Turpin, *Jacques Foccart. Dans l'ombre du pouvoir* (CRNS Editions, 2015), 81. **107.** Pompidou, *Pour rétablir*, 137. **108.** AN 5AG1/1131 (Bozel para De Gaulle, 12/11/51). Bozel, cujo nome verdadeiro era Jean Richemond, é uma figura bastante esquecida do gaullismo. Há algumas lembranças dele em Jean-Louis Crémieux-Brilhac, *L'étrange victoire. De la défense de la République à la libération de la France* (Gallimard, 2016), 108-15. **109.** AN 5AG1/1161 (Dronne para De Gaulle, 5/6/52, 10/6/52). **110.** Pompidou, *Pour rétablir*, 137 (9/5/53). **111.** DMII 609. **112.** LNCII 1116-22 (13/6/53).

17. No "deserto", 1955-58 " (p.546-75)

1. Terrenoire, *Pourquoi*, 201. **2.** *Foccart parle. Entretiens avec Philippe Gaillard,* vol.I (Fayard Jeune Afrique, 1995), 103. **3.** Terrenoire, *Pourquoi*, 234-5. **4.** Philippe Buton, "La CED, l'Affaire Dreyfus de la Quatrième République?", *Vingtième siècle* 84/4 (2004), 43-59. **5.** Terrenoire, *Pourquoi*, 219, 229. **6.** DMII 622-3 (12/11/53). **7.** LNCII 1156 (30/4/54). **8.** Terrenoire, *Pourquoi*, 269. **9.** Georgette Elgey e Jean-Marie Colombani, *La Cinquième ou la République des phratries* (Fayard, 1999), 29-30. **10.** Frédéric Turpin, "Printemps 1954. Echec à de Gaulle: un retour au pouvoir manqué", *Revue historique* 303/4 (10-12/01), 913-27; Terrenoire, *Pourquoi*, 270-1. **11.** Astoux, *L'oubli*, 384. **12.** DMII 647. **13.** Terrenoire, *Pourquoi*, 284. **14.** Ibid., 300-2; Tournoux, *Tragédie*, 178-9, foi o primeiro a publicar um relato da reunião; Mendès France jamais comentou a respeito, mas numa nota particular de 1966 sugere que não concordava com a versão de De Gaulle do que foi dito: Roussel, *Mendès France*, 339. **15.** Odile Rudelle, *Mai*, 76. **16.** Garrigues,

Hommes providentiels, 284-97. **17.** DMII 662. **18.** Cooper, *Diaries*, 292. **19.** Pompidou, *Lettres*, 226. **20.** Adrien Le Bihan, *De Gaulle écrivain* (Pluriel, 2010); Alan Pedley, *As Mighty as the Sword: A Study of the Writings of Charles de Gaulle* (Elm Bank, Exeter, 1996); Marius-François Guyard, "Un écrivain nommé Charles de Gaulle", em DGM, lxv-xcii. **21.** Terrenoire, *Pourquoi*, 198; Sulzberger, *Last of Giants*, 8. **22.** DGM 479-83; Crémieux-Brilhac, *France libre*, 730-3 dá o contexto do caso. **23.** DGM 790. **24.** DGM 502. **25.** DGM 504. **26.** DGM 759-60. **27.** DGM 875. **28.** DGM 583. **29.** DGM 152. **30.** LNCII 975 (27/6/50). **31.** DGM 262. **32.** DGM 573. **33.** DGM 875. **34.** Hazareesingh, *Mythe*, 53-76. **35.** LNCII 929 (6/8/49). **36.** Guy, *En écoutant*, 335. **37.** Bernard Tricot, *Mémoires* (Quai Voltaire, 1994), 366. **38.** Guy, *En écoutant*, 335; Mauriac, *Un autre de Gaulle*, 253; Larcan, *Inventaire*, 234-53. **39.** DGM 874. **40.** LNCII 1166 (12/10/54). **41.** Garrigues, *Hommes providentiels*, 170. **42.** AN AP449 (diário inédito de Terrenoire, 9/1/55). **43.** Maxime Weygand, *En lisant les mémoires du Général de Gaulle* (Flammarion, 1955). **44.** Frenay, "De Gaulle et la Résistance", *Preuves* 70 (12/56), 78-84. **45.** AN AP449 (diário inédito de Terrenoire, 18/10/55). **46.** Jean Mauriac, *Le Général et le journaliste* (Fayard, 2008), 129. **47.** Olivier Guichard, *Mon Général* (Grasset, 1990), 313. **48.** David Valence, "Les cabinets des ministres Républicains sociaux (1953-1958)", *Espoir* 153 (12/2007), 119-27. **49.** Olivier Guichard, *Vingt ans en 1940* (Fayard, 1999), 11. **50.** Ver Turpin, *Jacques Foccart*. **51.** Philippe de Gaulle, *Mémoires accessoires*, vol. II: *1947-1979* (Plon, 2000). **52.** Podem-se mencionar também seus animais de estimação. Havia um gato, Poussy, ao qual madame De Gaulle era dedicada, mas eles tiveram menos sorte com seu cachorro. Era um alsaciano, dado de presente a De Gaulle ao ser encontrado, ainda filhote, por um dos soldados das Forças Francesas Livres que ocuparam o retiro de Hitler em Berchtesgaden em 1945. Mas o cãozinho de Hitler, que os De Gaulles chamavam Vincam, tornou-se incontrolavelmente selvagem, e eles precisaram livrar-se dele. Guy, *En écoutant*, 328. **53.** Ibid., 118. **54.** Ibid., 17. **55.** DGM 892. **56.** Mauriac, *Le Général*, 120. **57.** Georgette Elgey, *Histoire de la IVe République. La République des tourmentes 1954-1959*, vol. III: *La fin* (Fayard, 2008), 602; Robert Aron, *De Gaulle*, 44. Esses dois visitaram juntos. **58.** Bernard Lachaise, "Les visiteurs du Général de Gaulle au 5 rue de Solférino au temps de la 'traversée du désert', septembre 1955-mai 1958", *Espoir* 131 (6/2002), 25-30. **59.** Robert Buron, *Carnets politiques de la guerre d'Algérie* (Plon, 1965, reimpressão 2002), 70. **60.** Domenach, *Beaucoup de gueule*, 101. **61.** Aron, *De Gaulle*, 46-7. **62.** Alphand, *Etonnement*, 281-3. **63.** O destinatário desse ataque verbal foi Louis Terrenoire, Roussel, *De Gaulle*, 572, mas outros também ouviram a mesma coisa: ver Tournoux, *Tragédie*, 209, 326. **64.** Comte de Paris e Général de Gaulle, *Dialogue sur la France. Correspondance et entretiens 1953-1970* (Fayard, 1994), 51, 55-6, 69. **65.** Pierre-Henry Rix, *Par le portillon de La Boisserie* (Nouvelles Editions Latines, 1974), 101-2. **66.** LNCII 1180. **67.** AN AP449 (diário inédito de Terrenoire, 15/10/55) **68.** LNCII 1183. **69.** Alain Larcan (org.), *De Gaulle et la médecine* (Plon, 1995), 235-49. **70.** DMII 609-10. **71.** Terrenoire, *Pourquoi*, 202. **72.** LNCII 1206 (16/3/56). **73.** AN AP449 (diário inédito de Terrenoire, 18/10/56). **74.** LNCII 1231 (18/10/56). **75.** Paul Ely, *Mémoires*, vol. II: *Suez... le 13 mai* (Plon, 1968), 307-13, dá uma ideia da complexidade das atitudes do

Exército para com De Gaulle. **76.** LNCII 1200 (12/1/56). **77.** LNCII 1238 (9/1/57). **78.** AN AP449 (diário inédito de Terrenoire, 19/6/57). **79.** DMII 682 (12/9/57). **80.** LNCII 1209 (5/5/56), 1252 (9/7/57). **81.** FDG, Documentos de Baberot F26/46 (dossiê Bollardière). **82.** Pierre Bas, *Secrets, manoeuvres, chocs et volte-face de Charles de Gaulle à Nicolas Sarkozy* (Editions Alexandre de Saint-Prix, 2012), 50. **83.** Garrigues, *Hommes providentiels*, 113. **84.** AN AP449 (diário inédito de Terrenoire, 19/1/56); Elgey, *La fin*, 615-7. **85.** Bernard Lachaise, "L'état d'esprit des gaullistes de 1955 à 1958", em Jean-Paul Thomas, Gilles Le Béguec e Bernard Lachaise (orgs.), *Mai 1958. Le retour du géneral de Gaulle* (Presses Universitaires de Rennes, 2010), 91-9 (98). **86.** LNCII 1266 (1/1/58). **87.** LNCII 1270 (10/2/58). **88.** Vendroux, *Ces grandes années*, 14.

18. O 18 Brumário de Charles de Gaulle, fevereiro-junho de 1958 (p.576-603)

1. Patrice Gueniffey, *Le dix-huit Brumaire. L'épilogue de la Révolution française* (Gallimard, 2008). **2.** Guy, *En écoutant*, 46. **3.** LNCII 1116-7. **4.** LNCI 806 (27/10/36). **5.** George Suffert, "L'exil", *Esprit* (12/57), 625-38, 877. **6.** Roussel, *De Gaulle*, 581-2. **7.** Maurice Vaïsse, "Jacques Chaban-Delmas, ministre de la Défense nationale (novembre 1957-mai 1958)", em Bernard Lachaise, Gilles Le Béguec e Jean-François Sirinelli (orgs.), *Jacques Chaban-Delmas en politique* (PUF, 2007). **8.** Arquivos da Fondation Nationale Sciences Politiques (FNSP), entrevista com Delbecque. É uma de toda uma série de entrevistas feitas por Rudelle para seu importante livro sobre Maio de 1958. São uma importante fonte sobre os acontecimentos daquele mês e depois. Ver também Rudelle, *Mai 1958*, 107-9. **9.** Albert Camus, *Carnets*, vol.III: *Mars 1951-décembre 1959* (Gallimard, 1989), 216. De acordo com outro relato do encontro, feito oralmente por Camus, quando o escritor sugeriu que o voto fosse concedido a todos os argelinos, De Gaulle respondeu, "mas isso levaria 50 *bougnoles* [termo pejorativo para os argelinos nativos] ao Parlamento". Ver Thierry Jacques Laurent, *Camus et de Gaulle* (L'Harmattan, 2012), 64-6. **10.** Elgey, *La fin*, 732 (Elgey entrevistou Petit poucos meses depois desse encontro). **11.** Raymond Triboulet, *Un Gaulliste de la IVe* (Plon, 1985), 300-1. **12.** TNA PREM 11/2339. **13.** Elgey, *La fin*, 732-3. **14.** FDG, documentos de Barberot F26/6 (Jean Fournier, 26/3/58). **15.** Rudelle, *Mai*, 141. **16.** AN 5AG1/1156 (Delbecque para De Gaulle, 4/5/58). **17.** AN 3AG4/98 Dossier 1; *Foccart parle* I, 135; Olivier Guichard, *Un chemin tranquille* (Flammarion, 1975), 32-3. **18.** Anderson, "Civil War in France", 124 n° 63. **19.** Christophe Nick, *Résurrection. Naissance de la Vème République, un coup d'état démocratique* (Fayard, 1998), 362-3. **20.** Ibid., 439, 452-4. **21.** Delbecque, FNSP entrevista 4, 11-15; Rudelle, *Mai*, 185-6. **22.** Rudelle, *Mai*, 170. **23.** DMIII 3-4. **24.** Michel Poniatowski, *Mémoires* (Plon, Le Rocher, 1997), 308. **25.** AN 5AG1/1281 (dossiê Triboulet: carta para De Gaulle, 15/5/58). **26.** Delbecque, FNSP entrevista 4, 17-9. **27.** DMIII 4-11. **28.** TNA PREM 11/2339 (19/5/58). **29.** Nick, *Résurrection*, 756-810, publica na íntegra o relatório de Vitasse sobre a missão. **30.** Ibid., relatório de Vitasse 7. **31.** Poniatowski, *Mémoires*, 325. **32.** Elgey, *La fin*, 800. **33.** Crémieux-Brilhac, *Georges Boris*, 416-9. **34.** LNCII 1278 (23/5/58). **35.** Elgey, *La fin*,

808. **36.** LNCII 1279 (26/5/58). **37.** Pflimlin faz um relato a Poniatowski imediatamente depois, *Mémoires*, 344-5; ver também Pierre Pflimlin, *Mémoires d'un européen de la IVᵉ à la Vᵉ République* (Fayard, 1991), 132-3. **38.** Para a melhor análise, ver Jean-Paul Thomas, "De Léon Delbecque, acteur et témoin, au général Dulac: les 'les feux verts' en question", em Thomas, *Le Béguec et Lachaise, Mai 1958. Le retour*, 121-42. **39.** Roger Miquel, *Opération Résurrection (le 13 mai en métropole)* (Editions France-Empire, 1975), 113-4. **40.** LNCII 1281 (28/5/58). **41.** Domenach, *Beaucoup de gueule*, 145-62, faz um bom relato do estado de espírito, e em seu "Journal d'un debacle", *Esprit* (6/58), 126-9. **42.** Francis de Baecque, *René Coty, tel qu'en lui-même* (Editions STH, Nancy, 1990), 258-9. **43.** Nick, *Résurrection*, 723-9; testemunho de Nicot em Edmond Jouhaud, *Serons nous enfin compris?* (Albin Michel, 1983), 60-1; Lefranc refutou essa acusação em *Le Monde*, 18/6/84; *Foccart parle* I, 148-9; General Rancourt, citado por Roussel, *De Gaulle*, 599, também confirma o que Nicot disse. **44.** Raoul Salan, *Mémoires*, vol.III: *Fin d'un empire. Algérie française* (Presses de la Cité, 1972), 354; Nick, *Résurrection*, 724-5. **45.** LMCII 1282 (29/5/58). **46.** François Pernot, "Mai 1958: l'armée de l'Air et l'opération Résurrection", RHA 2 (1998), 109-22. **47.** Nick, *Résurrection*, 722; Jacques Massu, *Le Torrent et la digue* (Plon, 1972), 143. **48.** Ver p.32 do relatório de Vitasse no Anexo a Nick, *Résurrection*, e também Nick, 723, n.1. **49.** Relatório de Vitasse em Nick, *Résurrection*, 36 (Vitasse parece ter datado errado este telegrama em seu relatório). **50.** Elgey, *De Gaulle*, 29. (Essa informação vem do diário de Gaston de Bonneval, ao qual Elgey teve acesso.) **51.** Georgette Elgey, *Histoire de la 4ᵉ République. La République des tourmentes 1954-1959*, vol.IV: *De Gaulle à Matignon* (Fayard, 2012), 45. **52.** Pierre Mendès France, *Oeuvres complètes*, vol.IV: *Pour une république moderne* (Gallimard, 1987), 424. **53.** Ou, como disse Bidault: "hoje música de câmara, amanhã marcha militar": Edgar Faure, *Mémoires*, vol.II: *Si tel doit être mon destin ce soir* (Plon, 1984), 687. **54.** Alexander Werth, The De Gaulle Revolution (Robert Hale, 1960), 173. **55.** FNSP (entrevista com Delbecque, 27/6/86). **56.** Olivier Duhamel, *La gauche et la Vᵉ République* (PUF, 1980), 44. **57.** TNA PREM 11/2339 (28/5/58). **58.** Moch, *Rencontres*, 287. **59.** Crémieux-Brilhac, *Georges Boris*, 416-21. **60.** FNSP (entrevista com Delbecque, 28/5/78). **61.** Poniatowski, *Mémoires*, 306. **62.** *Foccart parle* I, 140-1. **63.** Nick, *Résurrection*, 592. **64.** Ibid., 516-7. **65.** DMIII 450. **66.** AP 198-200 (8/6/62).

19. Président du Conseil, junho-dezembro de 1958 (p.604-38)

1. DMIII 21-3. **2.** Sobre esses precedentes, Didier Maus, "De la IVᵉ à la Vᵉ République, ruptures et continuités", em Maus, *Etudes sur la constitution de la Vᵉ République* (Editions STH, 1990), 16-54. **3.** Wall, *The United States*, 133, 193. **4.** Keith Kyle, *Sucz* (I.B. Tauris, 2001 edn), 466-7. **5.** Colette Barbier, "The French Decision to Develop a Military Nuclear Programme in the 1950s", *Diplomacy and Statecraft* 4/1 (1993), 105-13; Bertrand Goldschmidt, "La genèse et l'héritage", em Institut Charles de Gaulle, *L'aventure de la Bombe. De Gaulle et la dissuasion nucléaire (1958-1969)* (Plon, 1985), 24-37.

6. Georges-Henri Soutou, "Les accords de 1957 et 1958: vers une communauté stratégique nucléaire entre la France, l'Allemagne et l'Italie", *Matériaux pour l'histoire de notre temps* 31/1 (1993), 1-12. **7.** Maurice Vaïsse, Conclusão para Vaïsse (org.), *La France et l'opération de Suez de 1956* (Addim, 1997), 331-2. **8.** Sebastien Reyn, "Atlantis Lost. The American Experience with De Gaulle 1958-1969" (tese de doutorado inédita, Leyden University, 2008), 199. **9.** Harold Macmillan, *The Macmillan Diaries: Prime Minister and After 1957-1966* (Macmillan, 2011), 74 (1/12/58). **10.** TNA PREM 11/2339 (Selwyn Lloyd para Jebb, 11/6/58). **11.** Bastien François, *Naissance d'une constitution. La cinquième république 1958-1962* (Presses de Sciences Po, 1996), 28-9. Janot deu outra versão em Didier Maus e Olivier Passelecq, *Témoignages sur l'écriture de la constitution de 1958* (Documentation Française, 1997), 11-2. **12.** Pierre Lefranc, *Avec qui vous savez. Vingt-cinq ans avec de Gaulle* (Plon, 1979), 125. **13.** Bernard Lachaise, Gilles Le Béguec e Frédéric Turpin (orgs.), *Georges Pompidou, directeur de cabinet du général de Gaulle. Juin 1958-Janvier 1959* (Peter Lang, Bruxelas, 2006). **14.** Jean-Yves Perrot, "L'entourage du général de Gaulle: Une figure exemplaire: René Brouillet", em Isabelle Chave e Nicole Even (orgs.), *Charles de Gaulle. Archives et histoire* (Publications des Archives Nationales, 2016), 1-16. **15.** Elgey, *De Gaulle*, 104-5. **16.** FNSP, entrevista de Rudelle com o *préfet* Jean Lenoir (15/5/81). **17.** Jean El Mouhoub Amrouche, *Journal 1928-1962* (Non Lieu, 2009), 316-9. **18.** Michael Kettle, *De Gaulle and Algeria 1940-1960* (Quartet Books, 1993), 239. **19.** Elgey, *De Gaulle*, 171-3. **20.** AP 1032. **21.** Pierre Viansson-Ponté, *Lettre ouverte aux hommes politiques* (Albin Michel, 1976), 18. **22.** LNCIII 7 (6/6/58), 9 (11/6/58), 13 (19/6/58), 16 (21/6/58), 28 (22/7/58), 50 (13/9/58). **23.** LNCIII 42 (11/8/58). **24.** Pflimlin, *Mémoires*, 147. **25.** *Documents pour servir à l'histoire de l'élaboration de la constitution du 4 octobre 1958* (Documentation Française, 1987), I, 245-9. **26.** Roger Belin, *Lorsqu'une république chasse l'autre (1958-1962)* (Michalon, 1999), 59. **27.** Pflimlin, *Mémoires*, 149; ver também *Documents pour servir* II, 301 (Comité Consultative Constitutionnel Séance du 8 août). **28.** Jérôme Perrier, *Michel Debré* (Ellipses, 2010), 211. **29.** Didier Maus, "Guy Mollet et l'élaboration de la constitution 1958", em Bernard Ménager et al. (orgs.), *Guy Mollet. Un camarade en république* (Presses Universitaires de Lille, 1987), 359-65; Janot, "Note pour le Général de Gaulle, 16 June 1958", em *Documents pour servir* I, 257-8. Sobre arbitragem ver Didier Maus, "L'institution présidentielle dans l'écriture de la constitution de 1958", em Maus, Louis Favoreu e Jean-Luc Parodi, *L'écriture de la constitution de 1958* (Economica, 1992), 262-76. **30.** Gaetano Quagliariello, *La religion gaulliste* (Perrin, 2006), 345. **31.** Elgey, *De Gaulle*, 104. **32.** Prefácio a Léo Hamon, *De Gaulle dans la République* (Plon, 1958), xl. **33.** *Documents pour servir* I, 449. **34.** Belin, *Lorsqu'une république*, 64-5. **35.** François, *Naissance*, 19. **36.** Raymond Aron, "La Vème République, ou l'Empire parlementaire", *Preuves* 93 (10/58), 3-11. **37.** DMIII 56 (23/10/58). **38.** Bernard Lachaise, Gilles Le Béguec e Frédéric Turpin (orgs.), *Les élections législatives de novembre 1958: une rupture?* (Presses Universitaires de Bordeaux, 2011), 15. Esse é o estudo mais recente das eleições, que a rigor minimiza a ideia de que elas representaram uma grande ruptura. **39.** Raymond Aron, "Charles de Gaulle et la chambre introuvable", *Preuves* 95 (1/59), 3-12; ver Mauriac sobre o perigo dessa *chambre introuvable* tentar ser "mais gaullista do que De Gaulle": François Mauriac, *Bloc-notes*, vol.II: *1958-1960* (Seuil, 1993), 168-72 (24/11, 30/11/58). **40.** Para a melhor visão geral ver Maurice Vaïsse, "'Hisser les couleurs': rupture et continuité dans la politique étrangère de la France en 1958", em FDG, *L'avènement de la Vème république. Entre nouveauté et tradition* (Armand Colin, 1999). Para as reações dos britânicos e americanos, ver no mesmo volume Charles Cogan, 222-35, e Anne Deighton, 265-76. **41.** Kettle, *De Gaulle*, 254. **42.** FRUS 1958-60 VII 145. **43.** DDF 1958(1) 459. **44.** DDF 1958(2) 16 (5/7/58); FRUS 1958-60 VII (Pt 2) 58. **45.** Raymond Poidevin, "De Gaulle et Europe en 1958", em DGESS-V 79-87. **46.** Kettle, *De Gaulle*, 256-7. **47.** LNCIII 53-4. **48.** FRUS 1958 VII #177 (18/12/58). **49.** Klaus-Jürgen Müller, *Adenauer and de Gaulle* (Oxford, 1992). (Tagesbruche: 20/5/58: 87-9.) **50.** Hans-Peter Schwarz, "La République fédérale allemande et la crise de mai à septembre 1958 en France", em FDG, *Avènement*, 245-64. **51.** LNCIII 57 (17/9/58). **52.** Vendroux, *Ces grandes années*, 26. **53.** Há um curto sumário da conversa em DDF 1958(2) 155; Roussel, *De Gaulle*, 616-8, publica um relato escrito por Adenauer imediatamente depois; Hans-Peter Schwarz, *Konrad Adenauer: A German Politician and Statesman in a Period of War, Revolution and Reconstruction*, vol.II: *The Statesman 1952-1967* (Berghahn, Oxford, 1991), traz trechos do relatório de Adenauer para o presidente, 365-6. **54.** Macmillan, *Diaries*, 164. **55.** Schwarz, *Konrad Adenauer*, 369. **56.** DDF 1958(2) 370 (26/11/58). **57.** Gladwyn, *Memoirs*, 316. **58.** Institut Charles de Gaulle, 1958. *La faillite ou le miracle. Le plan de Gaulle-Rueff* (Economica, 1986); Elgey, *De Gaulle*, 327-44. **59.** Elgey, *De Gaulle*, 337. **60.** Jacques Rueff, *Combats pour un ordre financier* (Plon, 1972), 153-4. **61.** Jean Méo, "Témoignage sur les questions économiques et financières", em Lachaise, Le Béguec e Turpin, *Georges Pompidou*, 115. **62.** Jacques Rueff, *De l'aube au crépuscule. Autobiographie* (Plon, 1977), 234. **63.** *Entretiens avec Roger Goetze, haut fonctionnaire des finances. Rivoli, Alger, Rivoli. 1937-1958* (Comité pour l'Histoire Économique et Financière de la France, 1997), 342. **64.** Ibid., 351. **65.** Jean Aubry, "Témoignage sur les questions économiques et sociales", em Lachaise, Le Béguec e Turpin, *Georges Pompidou*, 125. **66.** Gilbert Meynier, *Histoire intérieure du FLN 1954-1962* (Fayard, 2002), 616-8. Sobre essas negociações, Elgey, *De Gaulle*, 184-7, 212-5; o escritor argelino Jean Amrouche, que esteve envolvido, deixou uma "Note sur les contacts de Gaulle-FLN", Amrouche, *Journal*, 381-9. **67.** AN 5AG1/1712 (19/9/58). **68.** Herrick Chapman, *France's Long Reconstruction: In Search of the Modern Republic* (Harvard University Press, 2018), 278-88. **69.** Matthew Connelly, *A Diplomatic Revolution: Algeria's Fight for Independence and the Origins of the Post-Cold War Era* (Oxford University Press, 2002), 182. **70.** LNCIII 78 (24/10/58). **71.** LNCIII 58 (De Gaulle para Salan, 18/9/58). **72.** LNCIII 67 (De Gaulle para Salan, 9/10/58). **73.** LNCIII 66-7 (9/10/58). **74.** LNCIII 92. **75.** AN 5AG1/1713 ("Reflexions sur l'Algérie", 13/12/58).

20. "Esta questão que nos absorve e paralisa", 1959-62 (p.641-84)

1. INA FO 371/153916/WF1052/35G (18/11/1960). **2.** TNA PREM 11/3338 (Shuckburgh). **3.** LNCIII 319 (22/1/61). **4.** Buron, *Carnets politiques*, 100 (22/6/58), 119 (10/3/60), 129

(10/2/61). **5.** DGM 917-9. **6.** O único historiador que argumenta o contrário, sem convencer, é Irwin Wall, *France, the United States and the Algerian War* (University of California Press, 2001). **7.** Stephen Tyre, "From *Algérie française* to *France musulmane*: Jacques Soustelle and the Realities and Myths of 'Integration', 1955-1962", *French History* 20/3 (9/06), 276-96. **8.** Jacques Soustelle, *L'espérance trahie (1958-1961)* (Paris, 1962), 31-2. Nas duas ocasiões em que se encontrou com De Gaulle em 1958, Sérigny não conseguiu arrancar dele uma palavra de apoio à integração: ver Alain de Sérigny, *Echos d'Alger* II (Presse de la Cité, 1974), 298-9, 331-3. **9.** Alain de Sérigny, *La révolution du 13 mai* (Plon, 1958), 9. **10.** Raymond Dronne, *La révolution d'Alger* (Editions France-Empire, 1958), 229. Para uma análise mais fria desse acontecimento ver Malika Rahal, "Les manifestations de mai 1958 en Algérie", em Thomas, Le Béguec e Lachaise, *Mai 1958*, 39-58. **11.** AN 5AG1/1272 (Soustelle para De Gaulle, 17/5/58). **12.** AP 65-6. A mesma ideia foi expressa mais cruamente no comentário de De Gaulle ao *député* gaullista Dronne: "Voulez-vous etre bougnoulisés", Tournoux, *Tragédie*, 307-8. Tournoux nunca revela suas fontes, mas costuma ser bem-informado. **13.** Soustelle, *L'espérance*, 22-3. **14.** Patrick Weil, *Qu'est-ce qu'un Français? Histoire de la nationalité française depuis la Révolution* (Gallimard, 2004), 220-1. **15.** AN 5AG1/1700. **16.** AN 5AG1/1272 (Soustelle para De Gaulle, 16/10/58). **17.** Jacques Frémeaux, "De Gaulle, l'Algérie et les élites impossibles", em Serge Berstein, Pierre Birnbaum e Jean-Pierre Rioux (orgs.), *De Gaulle et les élites* (La Découverte, 2008), 145-69. **18.** FNSP, entrevista (26/6/80). **19.** AN 5AG1/1157, arquivo de Delouvrier (22/12/58). **20.** LNCIII 101 (18/12/58). **21.** FNSP, entrevista (21/1/81). **22.** Sobre a posição de Debré, Chantal Morelle, "Michel Debré et l'Algérie. Quelle Algérie française?", em Serge Berstein e Jean-François Sirinelli (orgs.), *Michel Debré, Premier Ministre (1959-1962)* (PUF, 2005), 449-67. **23.** FNSP, entrevista (26/6/80). **24.** Bernard Tricot, *Les sentiers de la paix. Algérie 1958-1962* (Plon, 1972), 29-32. **25.** FNSP, entrevista (sem data). **26.** LNCIII 120 (17/1/59). **27.** Roussel, *De Gaulle*, 625. **28.** Belin, *Lorsqu'une république*, 84. **29.** LNCIII 142 (24/4/59); também LNCIII (1/7/59). **30.** Tricot, *Sentiers*, 104-6. **31.** Michel Debré, *Entretiens avec le Général de Gaulle. 1961-1969* (Albin Michel, 1993), 18-9. **32.** Belin, *Lorsqu'une république*, 85-6. **33.** Maurice Vaïsse, *Comment de Gaulle fit échouer le putsch d'Alger* (André Versaille, 2011), 134. **34.** FNSP, Arquivos Debré 2DE/12 ("Crise dans l'armée", 26/9/59). **35.** Samy Cohen, *La défaite des généraux. Le pouvoir politique et l'armée sous la Vᵉ République* (Fayard, 1994), 84. Para a melhor discussão da posição do Exército, ver Anderson, "Civil War in France", 40-109. **36.** André Bach, "Une armée en fronde", em FDG, *Avènement*, 105-18. **37.** Para uma excelente análise do contexto internacional, ver Connelly, *Diplomatic Revolution*. **38.** DDF 1959(2) 79 (21/8/59). **39.** DDF 1959(2) 108 (2/9/59). **40.** DMIII 128-34. **41.** Mais recentemente, Benjamin Stora, *De Gaulle et l'Algérie* (Fayard, 2010). **42.** Jean-Marie Domenach, "Une barrière a sauté", *Esprit* (10/59), 392-4; Claude Bourdet, "Le bon engrenage", *France observateur*, 24/9/59. **43.** Raymond Aron, "De la politique de grandeur", *Preuves*, 105 (11/59), 3-12. **44.** LNCIII 184-5 (26/10/59). **45.** Vendroux, *Ces grandes années*, 59. **46.** LNCIII 171-2 (30/9/59). **47.** Roselyne Chenu, *Paul Delouvrier ou la passion d'agir. Entretiens* (Seuil, 1994), 208-9. **48.** FNSP, Documentos de Delouvrier F2DV3 DR

1 sdr a (Synthèse hebdomadaire de renseignements). **49.** Belin, *Lorsqu'une république*, 88-91; Soustelle, *L'espérance*, 142; LNCIII 212 (25/1/60). **50.** Michel Debré, *Mémoires. Trois républiques pour une France*, vol.III: *Gouverner* (Albin Michel, 1988), 235. **51.** Merry e Serge Bromberger, Georgette Elgey e Jean-François Chauvel, *Barricades et colonels, 24 janvier 1960* (Fayard, 1960), 360-8. **52.** FNSP, Arquivos de Debré 2DE29 Dr. 2 (nota, 28/1/60). **53.** General Ely, "Journal de Marche" inédito, 28/1/60 (comunicado a mim por Maurice Vaïsse). **54.** Riccardo Brizzi, *De Gaulle et les médias. L'homme du petite écran* (Presses Universitaires de Rennes, 2014), 154-7. Cerca de 75% do conteúdo usa a primeira pessoa. **55.** DMIII 176-80. **56.** LNCIII 218-9 (14/2/60). **57.** Raymond Aron, "Un seul homme, un homme seul", *Preuves* 109 (3/60), 3-12. **58.** Soustelle, *L'espérance*, 160. **59.** *Paroles d'officiers, 1950-1990. Des Saint-Cyriens témoignent* (Promotion Extrême-Orient, 1991); Vaïsse, *Comment de Gaulle fit échouer le putsch*, 127-8, publica notas do adido de imprensa para o ministro do Exército. **60.** Louis Terrenoire, *De Gaulle et l'Algérie* (Fayard, 1964), 178-9; Tricot, *Sentiers*, 159-63. **61.** LNCIII 222-3 (7/3/60). **62.** Tricot, *Sentiers*, 174-7. **63.** FNSP, Arquivos de Debré 2DE ("Discussion avec l'émissaire (MB) des dirigeants de l'organisation extérieure de la rébellion", 25/6/60). **64.** Essa era a opinião de Pierre Racine em sua nota "Le Malentendu de Melun", reproduzida em Rheda Malek, *L'Algérie à Evian. Histoire des négociations secrètes 1956-1962* (Seuil, 1995), 387-93. **65.** Debré, *Entretiens*, 19-20. **66.** Roussel, *De Gaulle*, 665. **67.** Para uma visão geral, ver Guy Pervillé, "L'Affaire Si Salah (1960): histoire et mémoire", em Vaïsse, *De Gaulle et l'Algérie*, 146-62. **68.** Mauriac, *Le Journaliste*, 161. **69.** Paul Isoart, "Le conseil exécutif de la Communauté", em Charles-Robert Ageron e Marc Michel (orgs.), *L'Afrique noire française. L'heure des indépendances* (CNRS Editions, 2010), 237-68. **70.** Frédéric Turpin, *De Gaulle, Pompidou et Afrique (1958-1974). Coloniser et coopérer* (Indes Savantes, 2010), 42. **71.** Ibid., 49. **72.** Alphand, *Etonnement*, 308. **73.** FNSP, Arquivos de Debré 2DE29 (26/9/59). **74.** AN 5AG1/1731 (nota para De Gaulle, 14/9/60). Sobre o trabalho dessas comissões, ver 5AG1/1731-2. **75.** AN 5AG1/1781 (nota, 25/8/60). **76.** DMIII 256-8 (5/9/60). **77.** LNCIII 269 (14/10/60). **78.** Raymond Aron, "La Presomption", *Preuves* 117 (11/60), 3-10. **79.** *Le Monde*, 29/9/60: "Ce règne avait deux ans". Ver também Jean-Jacques Servan-Schreiber, "Sérénité", e Pierre Mendès France, "De Gaulle Immobile", ambos em *Express* 8/9/60; Domenach, "La nature des choses", *Esprit* (10/60). **80.** Domenach, "Prisonnier sur parole", *Express* 27/10/60; Jean Michel Bloch, "Le moral de la nation", *Esprit* (8/60). **81.** Citado em Dominique Borne, "Michel Debré et la Justice", em Association des Amis de Michel Debré (org.), *Michel Debré et l'Algérie* (Editions Champs Elysées, 2007), 222. **82.** FNSP, Arquivos de Debré 2DE/29 (26/9/60). **83.** Pompidou, *Lettres*, 308-12. **84.** FNSP, Arquivos de Debré 2DE29 (26/9/60). **85.** DMIII 277-8. **86.** FNSP, Arquivos de Debré 2DE29 (20/11/60). **87.** LNCIII 276. **88.** FNSP, entrevista de Racine com Rudelle 11/77. **89.** LNCIII 279-81 (5/12/60). **90.** LNCIII 333 (18/2/61). **91.** Pompidou, *Lettres*, 319-38, 341-2. **92.** DMII 309. **93.** Jules Roy, *Les années de déchirement. Journal 1925-1965* (Albin Michel, 1998), 385, 388. **94.** Maurice Vaïsse, *Comment de Gaulle fit échouer le putsch* é o relato mais atualizado. **95.** Belin, *Lorsqu'une république*, 110. **96.** Morelle, *Joxe*, 620-5. **97.** Constantin Melnik, *De Gaulle, les services*

secrets et l'Algérie (Nouveau Monde, 2010), 75-7. **98.** Pierre Viansson-Ponté, *Histoire de la République gaullienne*, vol.I: *La fin d'une époque* (Fayard, 1970), 356. **99.** *Foccart parle* I, 352. **100.** Buron, *Carnets*, 159. **101.** Léon Noël, *De Gaulle et les débuts de la Ve République* (Plon, 1976), 143. **102.** DMIII 392-6. **103.** Vaïsse, *Comment de Gaulle fit échouer le putsch*, 296. **104.** LNCIII, 357 (27/4/61). **105.** Sobre Evian, ver Maurice Vaïsse, *Vers la paix en Algérie. Les négociations d'Evian dans les archives diplomatiques françaises. 15 janvier 1961-29 juin 1962* (Bruylant, Bruxelas, 2003); Chantal Morelle, *Comment de Gaulle et la FLN ont mis fin à la guerre d'Algérie* (André Versaille, 2012), 123-49. **106.** Morelle, *Comment de Gaulle*, 123. **107.** Jean Morin, *De Gaulle et l'Algérie. Mon témoignage, 1960-1962* (Albin Michel, 1999), 179-86. **108.** AP 92. **109.** FNSP, Arquivos de Debré 2DE30 Dr. 2 (2/8/61, 21/8/61). **110.** Belin, *Lorsqu'une république*, 125; Terrenoire, relatado em Roussel, *De Gaulle*, 693, registrou os comentários com uma leve variação. **111.** DMIII 365 (5/9/61). **112.** Debré, *Mémoires* III, 297. **113.** FNSP, Arquivos de Debré 2DE20 (11-16/9/61). **114.** François Mauriac, *Bloc-notes*, vol.III: *1961-1964* (Seuil, 1993), 83 (18/11/61); Debré escreveu uma furiosa carta de protesto a De Gaulle sobre o assunto: FNSP, Arquivos de Debré 2DE30 (27/11/61). **115.** LNCIII 423 (3/11/61). **116.** AP 99-103 (8/1/2/61). **117.** "Appel à la nation", *Esprit* (11/61), 607-10. **118.** Belin, *Lorsqu'une république*, 129; Debré não foi mais sentimental: ver seu bilhete para De Gaulle em 3/11/61, FNSP, Arquivos de Debré 2DE30. **119.** Roussel, *De Gaulle*, 697. **120.** O melhor relato é Alain Dewerpe, *Charonne 8 février 1962. Anthropologie historique d'un massacre d'état* (Gallimard, 2006). **121.** Belin, *Lorsqu'une république*, 37; Roussel, *De Gaulle*, 703. **122.** LNCIII 457 (13/2/62). **123.** Dewerpe, *Charonne*, 260-1. **124.** Ibid., 280-1. **125.** DMIII 409. **126.** Buron, *Carnets*, 187. **127.** Ibid., 228-9. **128.** AN 5AG1/1795. **129.** LNCIII 461-2 (18/2/62). **130.** AN 5AG1/1795. **131.** Bernard Lefort, *Souvenirs et secrets des années gaulliennes* (Albin Michel, 1999), 69. **132.** Belin, *Lorsqu'une république*, 139-40; Buron, *Carnets*, 244-5. **133.** Roussel, *De Gaulle*, 705. **134.** AP 141; Pflimlin, *Mémoires*, 204-5, traz o mesmo, mas datado de 24 de abril. **135.** AP 268 (23/11/62). **136.** Gilbert Pilleul (org.), *"L'entourage" et de Gaulle* (Plon, 1979), 309. **137.** Vaïsse, *Comment de Gaulle fit échouer le putsch*, 258. **138.** AP 209 (25/7/62). **139.** AN 5AG1/511 (26/7/62). **140.** AP 1035 (7/5/63). **141.** LNCIII 221. **142.** Tournoux, *Tragédie*, 402.

21. Momento decisivo, 1962 (p.685-705)

1. TNA FO 371/163845. **2.** Guy Mollet, *13 mai 1958-13 mai 1962* (Plon, 1962). **3.** Pflimlin, *Mémoires*, 220. **4.** AP 116. **5.** LNCI III 236 (13/5/60); FNSP, Arquivos de Debré 2DE29 (20/10/59). **6.** FNSP, Arquivos de Debré 2DE29 (3/8/59); 2DE29 (7/5/60). **7.** FNSP, Arquivos de Debré 2DE30 (13/8/61). **8.** FNSP, Arquivos de Debré 2DE30 (30/9/61). **9.** Jean Charlot, *L'Union pour la nouvelle république* (Armand Colin, 1967), 85-91. **10.** DMIII 264 (5/9/60). **11.** Anderson, "Civil War in France", 322 n.158. **12.** FNSP, Arquivos de Debré 2DE30 (30/9/61). **13.** Debré, *Entretiens*, 48-61 (9/1/62). **14.** Pompidou, *Lettres*, 302-3 (16/1/60). **15.** Em beral, ver J.-P. Cointet et al. (orgs.), *Une politique. Georges Pompidou* (PUF, 2001). **16.** Roussel, *De Gaulle*, 713. **17.** AP 117. **18.** AP 131-3. **19.** DMIV 435-7.

20. Pflimlin, *Mémoires*, 213-4. 21. AP 188. 22. AP 716. 23. *Le procès de Raoul Salan. Compte rendu sténographique* (Editions Albin Michel, 1962), 189. 24. LNCIII 78 (24/10/58). 25. *Procès*, 224. 26. Ibid., 179. 27. Ibid., 286. 28. Ibid., 230-3. 29. Pflimlin, *Mémoires*, 189-93. 30. Jacques Isorni, *Lui qui les juge* (Flammarion, 1961). 31. *Procès*, 184. 32. Anne-Marie Duranton-Crabol, *L'OAS. La peur et la violence* (André Versaille, 2012), 80; P. Heduy, "Nous avons choisi la Résistance", *Esprit publique* (1/62). 33. Vaïsse, *Comment de Gaulle fit échouer le putsch*, 310-2 34. Pompidou, *Lettres*, 355. 35. Ibid., 476-7. 36. Ibid., 356-7. 37. AP 185. 38. AN 5AG1/1120 (20/12/62). 39. Jean Foyer, "La justice face aux activistes de l'OAS", em Alain Larcan (org.), *Charles de Gaulle et la justice* (Editions Cujas, 2003), 230. 40. Pompidou, *Lettres*, 476-7. 41. AN 5AG1/1204 (Larminat to de Gaulle, 30/6/62). 42. Alain Larcan, "Interrogations sur un suicide. Essai de patho-biographie", em Oulmont (org.), *Larminat. Un fidèle*, 292-308. 43. AN 98AJ/4 (non coté). 44. Sobre Petit-Clamart, Jean-Noël Jeanneney, *Un attentat. Petit-Clamart, 22 août 1962* (Seuil, 2016). 45. AP 225. 46. Pflimlin, Mémoires, 188; DMIII 323-4; ver também LNCIII 371 (4/6/61). 47. DMIII 445-6. 48. AN 5AG1/1686 49. Noël, *De Gaulle et les débuts*, 206-7. 50. Yves Beauvois, *Léon Noël. De Laval à de Gaulle via Pétain (1888-1987)* (Presses Universitaires du Septentrion, 2001), 396. 51. Ibid., 339. 52. Ibid., 402-3. 53. Todd Shepard, *The Invention of Decolonization: The Algerian War and the Remaking of France* (Cornell University Press, Ithaca, 2006), 112. 54. Viansson-Ponté, *République gaullienne* I, 71. 55. DMIV 40. 56. LNCIII 680. 57. DMIV 172. 58. Pierre Viansson-Ponté, *Histoire de la République gaullienne*, vol.II: *Les temps des orphelins* (Fayard, 1971), 115-6. 59. François Mitterrand, *Le coup d'état permanent* (Plon, 1964), 86, 122. 60. DMIV 43-6 (7/11/62). 61. AP 277-8. 62. TNA FO 371/169107.

22. A busca da grandeza, 1959-63 (p.706-45)

1. FRUS 1958-60 VII (Parte 2) #160 (14/3/60). 2. Ver antes, p.75. 3. AP 296 (23/4/63). 4. AP 306 (10/9/62). 5. DDF 1966(2) 364 (31/12/65). 6. DMIII 238 (31/5/60). 7. LNCIII 1005 (29/11/68). Sobre lei das espécies DMIII 140 (31/5/60), 233 (3/11/59). 8. AP 496 (23/5/62). 9. DMIII 233-7 (31/3/60). 10. DMIII 262 (5/9/60). 11. DMIII 106 (18/6/59). 12. DMV 274 (31/12/67). 13. AP 293 (13/2/63). 14. AP 683 (22/3/64). 15. AP 300 (9/5/62). 16. O ponto de partida essencial é Maurice Vaïsse, *La grandeur. Politique étrangère du général de Gaulle* (CRNS Editions, 2013). 17. Carolyne Davidson, "Dealing with de Gaulle: The United States and France", em Christian Nuenlist, Anna Locher e Garret Martin (orgs.), *Globalizing de Gaulle. International Perspectives on French Foreign Policies 1958-1969* (Lexington Books, Plymouth, 2010), 115; LNCIII 43 (13/8/58); DDF 1958(2) 5, 56. 18. Georges-Henri Soutou, *L'alliance incertaine. Les rapports politico-stratégiques franco-allemands 1954-1996* (Fayard, 1996), 126-30. 19. AP 173 (22/8/62). 20. DDF 1967(1) 347. 21. AP 375 (23/1/63). 22. Pompidou, *Pour rétablir*, 63. 23. AP 292 (24/1/63). 24. Henri Froment-Meurice, *Vu du Quai. Mémoires 1945-1983* (Fayard, 1998), 290. 25. Eram Soutou, Froment-Meurice e Jean Laloy. 26. Alphand, *Etonnement*, 328. 27. Jean-Marie Soutou, *Un*

diplomate engagé. Mémoires 1930-1979 (Fallois, 2011), 217-8. **28.** Etienne Burin des Roziers, *Retour aux sources. 1962. L'année décisive* (Plon, 1986), 140-1. **29.** Roland de Margerie, *Mémoires inédites. Tous mes adieux sont faits*, vol.V (McNally Jackson, Nova York, 2013), 47-9. **30.** DGM 1064-5. **31.** Macmillan tem a descrição de um tiro em seus diários inéditos (Bodleian Library), 15/12/62; há outros em FII 391; Vendroux, *Ces grandes années*, 81. **32.** Karine McGrath, *Un président chez le roi. De Gaulle à Trianon* (Gallimard/Château de Versailles, 2016). **33.** Vaïsse, *Grandeur*, 304. **34.** TNA PREM 11/4811 (19/12/62). **35.** TNA FO 371/177875/RF1051/34 (19/10/64). **36.** Reyn, "Atlantis Lost", 18 n.4. **37.** Mangold, *Almost Impossible Ally*, 89. **38.** Frédéric Bozo, *Deux stratégies pour l'Europe. De Gaulle, les Etats-Unis et l'Alliance Atlantique 1958-1969* (Plon, 1996), 37-40. **39.** FRUS 1958-60 VII(2) #79 (12/12/58). **40.** Alphand, *Etonnement*, 316. **41.** LNCIII 148-50 (25/5/59), 173 (6/10/59). **42.** FRUS 1958-60 VII(2) #111 (5/5/59). **43.** LNCIII 259-60 (9/8/60). **44.** FRUS 1958-60 VII(2) # 200 (27/9/60). **45.** FRUS 1958-1960 VII(2) #27 (26/6/58). **46.** Vernon A. Walters, *Silent Missions* (Doubleday, 1978), 490. **47.** Piers Ludlow, "From Words to Actions", em Nuenlist, Locher e Martin, *Globalizing de Gaulle*, 68-9. **48.** Vaïsse, *Grandeur*, 176-8; DDF 1959(1) 174, 371. **49.** LNCIII 134-5 (11/3/59), 143 (25/4/59), 418-9 (21/10/61). **50.** FRUS 1958-60 VII(2) #131 (2/9/59), 255, ver também DDF 1959(2) 108. **51.** François Seydoux, *Mémoires d'outre-Rhin* (Grasset, 1975), 225. **52.** Marc Trachtenberg, *A Constructed Peace: The Making of the European Settlement 1945-1963* (Princeton University Press, 1999), 336-7, afirma que pelo menos no período de 1959-61 ele o fez; Vaïsse, *Grandeur*, 238-9, é cético, bem como Maillard, *De Gaulle et l'Allemagne*, 192. **53.** LNCIII 255-6 (30/7/60). **54.** DMIII 236-7 (31/5/60). **55.** LNCIII 256-7 (1/8/60). **56.** Schwarz, *Adenauer*, 466-70. **57.** Soutou, *Alliance*, 209-24. **58.** LNCIII 267 (30/9/60). **59.** LNCIII 265 (29/9/60). **60.** DDF 1961(1) 59 (Conversa De Gaulle-Adenauer, 9/2/61). **61.** LNCIII 358 (27/4/61), 381 (17/7/61). **62.** Vaïsse, *Grandeur*, 184. **63.** Soutou, *Alliance*, 192. **64.** Soutou, *Un diplomate*, 228. Em geral, ver Jeffrey Glen Giauque, *Grand Designs and Visions of Unity: The Atlantic Powers and the Reorganization of Western Europe 1955-1963* (University of North Carolina Press, Chapel Hill, 2002), 127-57; Jean-Marie Soutou, "Le Général de Gaulle et le Plan Fouchet d'union politique européenne: un projet stratégique", em Anne Deighton e Alan S. Milward (orgs.), *Widening, Deepening and Acceleration: The European Economic Community 1957-1963* (Bruylant, Bruxelas, 1999), 55-7. **65.** LNCIII 457-8 (16/2/62). **66.** LNCIII 493 (26/7/62). **67.** Henry Kissinger, *Diplomacy* (Simon & Schuster, Nova York, 1994), 602. Kissinger apresentou esse argumento na época em "The Illusionist: Why We Misread de Gaulle", *Harper's Magazine* 230/1378 (3/65), 69-77. **68.** LNCIII 321-5 (1/61). **69.** Reyn, "Atlantis Lost", 162-3, 236. **70.** Frank Costigliola, "Kennedy, de Gaulle and the Challenge of Consultation", em Paxton and Wahl, *De Gaulle*, 170. **71.** George W. Ball, *The Past Has Another Pattern: Memoirs* (Norton, Nova York, 1982), 96. **72.** DDF 1961(1) 59 (Conversa Adenauer-De Gaulle, 9/2/61). **73.** TNA PREM 11/3319 (28/4/61). **74.** DGM 1103-4. **75.** FRUS 1961-3 XIII #107 (1/6/61). **76.** AN 5AG1/723 (2/1/62). **77.** LNCIII 445-56 (11/1/62). **78.** LNCIII 256 (1/8/60); ver também carta para Adenauer, 341 (9/3/61). **79.** Vaïsse, *Grandeur*, 252. **80.** LNCIII 498-9 (10/9/62). **81.** Schwarz, *Adenauer*, 625. **82.** FNSP, Arquivos de Couve de Murville MCM7 (nota sobre conversa com Charles Hargroves, 10/9/62). **83.** FRUS 1958-60 VII(2) #194. **84.** Macmillan, *Diaries*, 277-9. **85.** Walters, *Silent Missions*, 83. **86.** Mangold, *Impossible Ally*, 93. **87.** DMIV 195 (7/4/60). **88.** DGM 1093, 1391. **89.** AN 5AG1/1273 Spears dr. **90.** DGM 1087. **91.** AP 377-8. **92.** Sobre o suposto acordo nuclear Vaïsse, "De Gaulle et l'élargissement du marché commun, 1961-1963", em Deighton e Milward, *Widening, Deepening and Acceleration*, 199-209. **93.** Peter Hennessy, *Having it So Good: Britain in the Fifties* (Penguin, 2007), 607, de TNA PREM 11/2998 ("Points discussed with General de Gaulle"). **94.** DDF 1961(1) 109, que registra que essa foi "uma conversa estritamente privada" e de forma alguma uma "negociação". **95.** DDF 1961(1) 42; TNA PREM 11/3325. **96.** Macmillan, diários inéditos, 29/1/61. **97.** TNA PREM 11/3338; DDF 1961(2) 192. **98.** Macmillan, diários inéditos, 29/11/61. **99.** DDF 1961(2) 211 (9/12/61). **100.** LNCIII 433 (12/12/61). **101.** DDF 1962(1) 172 (2/6/62); TNA PREM 11/3775. **102.** DDF 1962(1) 168 (nota, 1/6/62). **103.** Harold Macmillan, *At the End of the Day 1961-1963* (Macmillan, 1973), 120. **104.** AN 5AG1/647. **105.** Piers Ludlow, *Dealing with Britain: The Six and the First UK Application to the EEC* (Cambridge University Press, 1997). **106.** Douglas Brinkley, *Dean Acheson: The Cold War Years 1953-71* (Yale University Press, New Haven/Londres, 1992), 164-8. Em geral, Maurice Vaïsse, "Une hirondelle ne fait pas le printemps", em Vaïsse, *L'Europe et la crise de Cuba* (Armand Colin, 1998), 89-109; DDF 1962(2) 112. **107.** LNCIII 505 (26/10/62). **108.** DDF 1962(2) 201; TNA PREM 11/4230. **109.** Macmillan, *Diaries*, 526. **110.** AP 342-4 (19/12/62). **111.** Macmillan, *Diaries*, 521. **112.** Respectivamente Trachtenberg, *A Constructed Peace*, 360-9; Soutou, *Alliance*, 236-7; Vaïsse, *Grandeur*, 154-7. Trachtenberg acha que os historiadores deram crédito excessivo aos comentários de De Gaulle a Peyrefitte e não deram crédito suficiente para os documentos diplomáticos. Entretanto, os comentários informados por Peyrefitte sobre essa questão não eram *boutades* improvisadas, mas relatórios do que De Gaulle dizia no Conselho de Ministros, e certamente não têm menos validade do que as falsas pistas que ele permitia a seus diplomatas deixarem. **113.** Macmillan, *Diaries*, 527. **114.** AP 348-9 (3/1/63). **115.** TNA FO 371/177864 (12/3/64). **116.** Edgard Pisani, *Le général indivis* (Albin Michel, 1974), 99-110. **117.** DMIV 70 (14/1/63). **118.** AP 360. **119.** DDF 1962(2) 201 (encontro no Quai d'Orsay, 16-17/12/62). **120.** James Ellison, *The United States, Britain and the Transatlantic Crisis: Rising to the Gaullist Challenge* (Palgrave, 2007), 13. **121.** DDF 1963(1) 41. **122.** Vaïsse, *Grandeur*, 255-61. **123.** Frank Costigliola, "Kennedy, de Gaulle", 186. **124.** Dean Rusk, *As I Saw It: A Secretary of State's Memoirs* (I.B. Tauris, 1991), 240. **125.** Costigliola, "Kennedy, de Gaulle", 191. **126.** C.L. Sulzberger, *An Age of Mediocrity: Memoirs and Diaries 1963-1972* (Macmillan, Nova York, 1973), 301-8.

23. Tornar-se global, 1963-64 (p.746-68)

1. Macmillan, diários inéditos, 4/2/63. **2.** Ellison, *The United States*, 13. **3.** TNA PREM 11/4811 (Dixon para casa, 17/7/63). **4.** TNA PREM 11/4811 (Pierson Dixon para FO, 19/9/63). **5.** TNA FO 371/169108/CF1012/2 (1/2/63). **6.** James Ellison, "Britain, de Gaulle's

NATO Polices, and Anglo-French Rivalry, 1963-1967", em Nuenlist, Locher e Martin, *Globalizing de Gaulle*, 138 (12/5/64). **7.** Ellison, *The United States*, 14. **8.** Memorando para o presidente, 29 de janeiro de 1963, JFK Library, Documentos do Presidente Kennedy, President's Office Files, Countries, Box 116A (Agradeço a James Ellison por me fornecer esse documento). **9.** FRUS 1964-8 XII #27 (3/64). **10.** Reyn, "Atlantis Lost", 69. **11.** FNSP, Arquivos de Couve de Murville MCM8 (17/12/65). **12.** AP 674-9. **13.** Raymond Aron, *La Coexistence (mars 1955-février 1965)* (Fallois, 1993), 1036-9 ("Le Grand Débat", 27/5/62). **14.** AP 1353-9. **15.** Para uma visão geral, ver Bruno Tertrais, "'Destruction assuré': The Origins and Development of French Nuclear Strategy 1945-1981", em Henry Sokolski (org.), *Getting MAD: Nuclear Mutual Assured Destruction, its Origins and Practice* (Strategic Studies Institute, Carlisle, PA, 2004), 51-122. **16.** Pierre Gallois, *Le sablier du siècle* (L'Age d'Homme, 1999), 372-3. **17.** LNCIII 444 (11/1/62). **18.** DMIII 139 (3/11/59). **19.** LNCIII 604 (9/12/63). **20.** LNCIII 603 (9/12/63). **21.** Jean Lacouture, *De Gaulle*, vol.III: *Le souverain* (Seuil, 1986), 452. **22.** FRUS 1961-3 VIII #125 (22/1/63). **23.** LNCIII 589 (27/10/63). **24.** AP 342. **25.** Soutou, *Alliance*, 272-5, e Vaïsse, *Grandeur*, 573-4, interpretam esse caso diferentemente. **26.** LNCIII 657 (13/7/64). **27.** AP 622 (21/8/63). **28.** DMIV 159 (31/12/63). **29.** DMIV 183-7 (31/1/64). **30.** AP 323 (6/6/62). **31.** *Cahiers de la Fondation Charles de Gaulle* (1995), "L'établissement de relations diplomatiques entre la France et la Chine populaire". **32.** AP 1088 (8/1/64). **33.** DDF 1964(1) 26 (15/1/64), 35 (18/1/64). **34.** Alphand, *Etonnement*, 422 (3/2/64). **35.** DGM 1105. O registro americano é menos explícito do que este: "Ele considerou o Sudeste da Ásia um terreno ruim militar, política e psicologicamente para travar uma guerra", FRUS 1961-3 XIII #230. Ver também DDF 1961(1) 265. **36.** AP 1075 (29/8/63), 1993 (22/1/64). **37.** Pierre Journoud, *De Gaulle et le Vietnam 1945-1969. La réconciliation* (Taillandier, 2011). **38.** FRUS 1964-8(1) #202 (6/6/64). **39.** DDF 1966(2) 363 (31/12/65). **40.** AP 1104 (28/4/65). **41.** Em geral, ver Maurice Vaïsse (org.), *De Gaulle et l'Amérique latine* (Presses Universitaires de Rennes, 2014). **42.** LNCIII 665 (18/9/64). **43.** AP 1/63. **44.** TNA FO 371/177874 (23/10/64). **45.** Matthieu Trouvé, "L'ambition et les contraentes", em Vaïsse, *De Gaulle et l'Amérique latine*, 115-29. **46.** Roussel, *De Gaulle*, 766. **47.** Luc Capdevila, "Les aléas d'une captation d'image", em Vaïsse, De Gaulle et l'Amérique latine, 129-45. **48.** Soutou, *Un diplomate*, 400. **49.** Turpin, *De Gaulle, Pompidou*, 62. **50.** FNSP, Arquivos de Debré 2DE30 (13/8/61). **51.** *Foccart parle* I, 479 (bilhete, 5/7/61). Também bilhete para Alphand, LNCIII 323-4. **52.** LNCIII 216 (2/2/60). **53.** Pierre-Michel Durand, *L'Afrique et les relations franco-américaines des années soixante. Aux origines de l'obsession américaine* (L'Harmattan, 2007), 113-31. **54.** DMIII 283 (20/12/60). **55.** DMIII 424 (26/3/62); AP 405 (30/1/63). **56.** Anne Liskenne, *L'Algérie indépendante. L'ambassade de Jean Marcel Jeanneney (juillet 1962-janvier 1963)* (Armand Colin, 2015), 50-1. **57.** Jeffrey Byrne, "'Je ne vous ai pas compris': De Gaulle's Decade of Negotiation with the Algerian FLN, 1958-1969", em Nuenlist, Locher e Martin, *Globalizing de Gaulle*, 225-49 (226); Byrne, "Négociation perpetuelle", em Vaïsse, *De Gaulle et l'Algérie*, 299-312. **58.** Charles-Robert Ageron, "La politique française de coopération avec l'Algérie", em DGESS-VI 216 n.4. **59.** AP 1306 (29/5/63). Isso foi dito quando Boumédienne se tornou o número dois do regime, em maio de

1963. Dois anos depois ele assumiu plenos poderes. **60.** Jean-Pierre Bat, *Le syndrome Foccart. La politique française en Afrique de 1959 à nos jours* (Gallimard, 2012), 162-4. **61.** LNCIII 471 (2/4/62); FI 552 (10/2/67). Em geral, ver André Lewin, "La decolonisation de la Guinée, un échec", em Philippe Oulmont e Maurice Vaïsse (orgs.), *De Gaulle et la décolonisation de l'Afrique subsaharienne* (Karthala, 2014), 119-53. **62.** FI 552 (10/2/67). **63.** FI 359 (11/2/66). **64.** Em geral, ver Bat, *Syndrome Foccart*, 83-150. **65.** LNCIII 626 (18/2/64). **66.** Bat, *Syndrome Foccart*, 244. **67.** FII 231. **68.** *Foccart parle* I, 276-7. **69.** FI 727 (3/10/67). **70.** FI 425 (26/5/66). **71.** FI 90 (4/3/65). **72.** Durand, *Afrique*, 229-62; Charles e Alice Darlington, *African Betrayal* (David McKay, Nova York, 1968). **73.** AP 1071; *Foccart parle* I, 213. **74.** FI 105 (25/3/65). **75.** *Foccart parle* I, 214; FI 106. **76.** FI 106 (26/3/65). **77.** FI 48 (18/1/65). **78.** Omar Bongo, *Blanc comme nègre* (Grasset, 2001), 67. **79.** FI 221 (21/9/65). **80.** FI 105 (26/3/65). **81.** Bodleian Library, Documentos de Reilly MS.Eng. c6925 (rascunho de memórias), 138-40 (meu muito obrigado a James Ellison por me passar essa fonte). **82.** Jean-Pierre Bat, *La fabrique des "Barbouzes". Histoire des réseaux Foccart en Afrique* (Nouveau Monde, 2015), 342-50. **83.** Soutou, *Un diplomate*, 341-9. **84.** AP 1056 (23/7/62). **85.** Durand, *Afrique*, 443-4.

24. Monarca modernizador, 1959-64 (p.769-802)

1. Nicolas Mariot, *Bains de foule. Les voyages présidentiels en province, 1888-2002* (Belin, 2006), 42-3. **2.** AP 155-6 (19/5/62). **3.** André Passeron, *De Gaulle parle* (Plon, 1962), 550-8; AP 510-5. **4.** Pierre Viansson-Ponté, *The King and his Court* (Hougton Mifflin, 1965), 38. **5.** Hazareesingh, *Mythe*, 127. **6.** AN 5AC1/177. **7.** Jean Paul Ollivier, *Le Tour de France du Général* (Julliard, 1985), 141. **8.** Pisani, *Le général indivis*, 117. **9.** AP 513. **10.** Comte de Paris e De Gaulle, *Dialogue sur la France*, 137-8, 200-1. **11.** AP 202, 1137. **12.** LNCIII 371 (4/6/61). **13.** AP 1137. **14.** Um detalhe revelador: todos os presidentes da República recém-eleitos desde 1879 mandaram fazer uma medalha comemorativa com seu retrato de um lado e a efígie da República do outro. De Gaulle, porém, preferiu ter no anverso uma Cruz de Lorena. **15.** Gérard Namer, *Batailles pour mémoire. La commémoration en France de 1945 à nos jours* (Papyrus, 1983); Danielle Tartakowsky, "Des 18 juin de souveraineté quand même 1945-1957", em Philippe Oulmont (org.), *Les 18 juin, Combats et commémorations* (André Versaille, 2011), 156-74. **16.** Sudhir Hazareesingh, "Les 18 juin sous la Vème République", em Oulmont, *Les 18 juin*, 183-207. **17.** DGM 1119. **18.** Henry Rousso, *Le syndrome de Vichy* (Seuil, 1987), 95-110. **19.** Ver Jérôme Bourdon, *Histoire de la télévision sous de Gaulle* (Anthropos/INA, 1990); Aude Vassallo, *La télévision sous de Gaulle. Le contrôle gouvernemental de l'information (1958/1969)* (De Boeck, Bruxelas, 2005); Brizzi, *De Gaulle et les médias*. Para o leal relato gaullista do funcionamento do sistema pelo diretor de informação do ORTF, ver Edouard Sablier, *La télé du Général* (Editions du Rocher, 2001). **20.** Christian Delporte, *La France dans les yeux. Une histoire de la communication politique de 1930 à nos jours* (Fayard, 2007), 86-7. **21.** Marcel Bleustein-Blanchet, *Mémoires d'un lion* (Perrin, 1988), 218-9. Ele na verdade exagera a realidade em suas memórias, afirmando, erroneamente, que De Gaulle estava de uniforme e usando quepe. **22.** Brizzi, *De Gaulle*, 125-6. **23.** DMIII 295-6. **24.** AN 5AG1/1555. **25.** AP 510 (5/62). **26.** Jean-François Revel, *Le style du Général. Essai sur Charles de Gaulle (mai 1958-juin 1959)* (Julliard, 1959). **27.** DMIII (13/6/58). **28.** DGM 1133. **29.** AP 223, 518, 573. **30.** Delporte, *La France dans les yeux*, 102. **31.** DGM 1134. **32.** Vassallo, *La télévision*, 263-7. **33.** AP 501; também 496-501, 768-78. **34.** LNCIII 539 (18/2/63), 541 (3/3/63), 546 (3/4/63), 579 (2/9/63). **35.** LNCIII 649 (29/5/64). **36.** Guy, *En écoutant*, 354-5. **37.** Brizzi, *De Gaulle*, 128-31. **38.** Fauvet, "Pour un régime d'opinion", *Le Monde*, 24/2/66. **39.** Raymond Aron, "Le secret du general" (25/1/63), em Aron, *La Coexistence*, 1135. **40.** Ibid. **41.** AP 131-3 (18/4/62); também 472 (14/4/63). **42.** Mauriac, *Un autre de Gaulle*, 201. **43.** "De Gaulle 44, de Gaulle 59", *L'Express*, 26/3/59; "Charles de Gaulle", *L'Express*, 29/10/59; "Notre haute cour", *L'Express* 2/6/60; "Technique du coup d'état'", *L'Express*, 27/9/62. **44.** Michel Winock, *Journal politique. La république gaullienne 1958-1981* (Thierry Marchaisse, 2015), 103. **45.** Georges Vedel (org.), *La dépolitisation. Mythe ou réalité* (Armand Colin, 1962). **46.** Ibid., 29, 51. **47.** Por exemplo, o artigo de Philippe Ariès "Une ville 'ennemie'" (10/5/61), reproduzido em Ariès, *Le présent quotidien 1955-1966* (Seuil, 1997), 222-3. **48.** AP 320. **49.** AP 85; *Foccart parle* I, 411. **50.** Ver os artigos "Elysée" e "Vie quotidienne à l'Elysée" em Claire Andrieu, Philippe Braude e Guillaume Piketty (orgs.), *Dictionnaire Charles de Gaulle* (Robert Laffont, 2006), 427-9, 1156-7. **51.** AN AP569/53 (Documentos de Lefranc), "Notes aux membres du cabinet". **52.** Neau-Dufour, *Yvonne*, 361-2. **53.** Pierre-Louis Blanc, *De Gaulle au soir de sovie* (Fayard, 1990), 155. **54.** Vaïsse, *Grandeur*, 290. **55.** Jean Méo, *Une fidélité gaulliste à l'épreuve du pouvoir. De Chirac à de Gaulle* (Lavauzelle, 2008), 149. **56.** FDG, *De Gaulle et le service de l'état. Des collaborateurs du général témoignent* (Plon, 1977), 95. **57.** DGM 1139. **58.** Méo, *Une fidélité*, 115-6. **59.** FDG, *De Gaulle et le service*, 112-3; Jacques Narbonne, conselheiro de educação de De Gaulle, foi repreendido pelo mesmo motivo: Narbonne, *De Gaulle et l'éducation nationale. Un rencontre manqué* (Denoël, 1994), 128. **60.** AP 345-6 (20/12/62). **61.** Pompidou, *Lettres*, 377-8 (17/5/65). **62.** AP 1488 (13/4/66). **63.** Kettle, *De Gaulle and Algeria*, 307. **64.** *Archives Constitutionnelles de la Ve république*, vol.V: *Témoignages 1958-1995* (Documentation Française, 2011), 124-5. **65.** Jean-Maxime Lévêque, *En première ligne* (Albin Michel, 1986), 72. **66.** Bernard Tricot, *Mémoires* (Quai Voltaire, 1994), 216. **67.** AN 5AG1/2366. **68.** AN 5AG1/2394. **69.** As atas estão em AN 5AG1/2346. **70.** LNCIII 591 (5/11/63). Ou ver LNCIII (30/10/63). **71.** AP 521 (28/8/62), 529 (9/1/63), 538 (28/2/63). **72.** AN 5AG1/2346 (7/12/63). **73.** Esse é o tema de Narbonne, *De Gaulle et l'éducation*. **74.** LNCIII 546 (26/3/63, 6/4/63), 818 (4/5/66), 731 (24/7/65), 776 (31/1/66). **75.** AP 527. **76.** AP 932. **77.** AN 5AG1/2359. **78.** Lévêque, *En première ligne*, 87. **79.** AP 528-31. **80.** Guy, *En écoutant*, 161. **81.** Sobre essa geração, ver Gaïti, *De Gaulle prophète*, 263-309; Delphine Dulong, *Moderniser la politique. Aux origines de la Vème République* (L'Harmattan,1997). **82.** Pierre Grémion, *Modernisation et progressisme. Fin d'une époque 1968-1981* (Editions Esprit, 2005), 239. **83.** David Valence, "'Une prise en main rigoureuse de l'appareil d'état?' Le pouvoir gaulliste face aux hauts fonctionnaires (1958-1962)", *Histoire@ Politique* 12 (2010/3); Luc Rouban, "Le Gaullisme des haut fonctionnaires (1958-1974)",

Vingtième siécle, 116 (10-12/12). **84.** Sobre as complexas relações entre os proponentes dessas ideias e o Ministério das Finanças, ver Laure Quennouëlle-Corre, *La direction du Trésor 1947-1967. L'état-banquier et la croissance* (Comité pour l'histoire économique et financière de la France, 2000). **85.** Marc Olivier Baruch, "Les élites d'état dans la modernisation", em Berstein, Birnbaum e Rioux, *De Gaulle et les élites*, 102-3. **86.** Méo, *Une fidelité gaulliste*, 158. **87.** Anderson, "Civil War in France", 40-109. **88.** Ibid., 46. **89.** DMIII 242 (14/6/60); também um pouco diferentemente LNCIII 220-1 (2/60). **90.** Brigitte Gaïti, "'Syndicat des anciens' contre 'forces vives' de la nation. Le renouvellement politique de 1958", em Michel Offerlé, *La profession politique XIX-XXᵉ siècles* (Belin, 1999), 279-306. **91.** LNCIII 225-6 (18/3/60). **92.** AP 954 (27/3/63). **93.** LNCIII 623 (6/2/64); 665 (19/9/64). **94.** AN 5AG1/2424 (Nota de Méo, 3/60). **95.** Bruneteau, *Les paysans*, 43. **96.** Gordon Wright, *Rural Revolution in France: The Peasantry in the Twentieth Century* (Stanford University Press, 1964), 162. **97.** LNCIII 234 (30/4/60). **98.** DGM 1016-7. **99.** DMIII 241-6 (14/6/60).

25. Intervalo para descanso, 1965 (p.803-29)

1. Serge Mallet, *Gaullisme et la gauche* (Seuil, 1965). **2.** "Résistance", *14 juillet* 1 (1958). **3.** Foi uma edição especial de uma página "avant le n.2". **4.** Gilbert Comte, "De Gaulle et la République", *Le Monde*, 2-3/12/62. **5.** Georges Vedel, "Haute et basse politique dans la Constitution de 1958", *Preuves* 107 (1/60), 17-22; "De l'arbitrage à la mystique", *Preuves* 112 (6/60), 16-24. **6.** "Un homme a remplacé l'état", *Le Nef* (5/59). **7.** François Fontaine, "Le vide politique et le mythe du vieux chef", *Preuves* 97 (5/59), 49 53. **8.** "La constitution du mépris", *L'Express*, 11/9/58, reproduzido em Jean-Paul Sartre, *Situations*, vol.V (Gallimard, 1965), 113-4. **9.** Jean-Noël Jeanneney e Jacques Julliard, *Le monde de Beuve-Méry ou le métier d'Alceste* (Seuil, 1979). **10.** Beuve-Méry, *Onze ans de règne 1958-1969* (Flammarion, 1974), 71-3 (26/10/62). **11.** Ibid., 111-3 (18/12/65). **12.** François Mauriac, *Bloc-notes*, vol.II: *1958-1960* (Seuil, 1993), 378 (30/1/60). **13.** Michel Winock, "Mauriac politique", *Esprit* (12/67), 1004-4. **14.** Daniel, "Le mythe gaulliste dans le tiers monde", *Le Monde*, 5/2/64. **15.** Jean-Marie Domenach, "C'est toujours Munich", *Témoignage chrétien* 1/6/62; Domenach, "Donnons congé aux fantômes", *Témoignage chrétien* 3/10/63. **16.** Claire Andrieu, *Pour l'amour de la république. Le Club Jean Moulin 1958-1970* (Fayard, 2002). **17.** Dulong, *Moderniser*, 229. **18.** Georges Suffert, *Mémoires d'un ours* (Ed. de Fallois, 1995), 129. **19.** Alain Slama em Robert Frank e Eric Roussel, *Deux passions françaises. Pierre Mendès France et Charles de Gaulle* (CRNS Editions, 2014), 33. **20.** De Gaulle preferiu não incluir isso na versão publicada dos seus discursos, mas pode ser ouvido na gravação da entrevista coletiva: http://www.ina.fr/video/I00012523. **21.** DDF 1965(1) 35 (21/1/65). **22.** TNA FO 371/182932 (1/1/65); FO 371/182937 (5/2/65). **23.** TNA FO 371/182949 (29/1/65). **24.** LNCIII 689-90 (6/1/65). **25.** Alphand, *Etonnement*, 447; DDF 1965(1) 185 (22/4/65). **26.** Ibid., 451. **27.** FI 63 (5/2/65). **28.** DMIV 355. **29.** DMIV 363 (23/3/6). **30.** LNCIII 723. **31.** DDF 1965(1) 275 (Conversa De Gaulle-Adenauer). **32.** Durand, *L'Afrique*, 266-331; Bat,

Syndrome Foccart, 281-9. **33.** FI 159 (28/5/58). **34.** FI 159-61 (28/5/58). **35.** *Foccart parle* I, 311. **36.** Mauriac, *Un autre de Gaulle*, 310. Exemplos em LNCII 1001 (1/2/51), 1011 (25/4/51). **37.** FI 85 (26/65). **38.** FI 96 (16/3/65). **39.** AP 1162-3 (12/1164). **40.** Neau-Dufour, *Yvonne*, 358. **41.** François Bloch-Lainé, *Ce que je crois* (Grasset, 1995), 113. **42.** Neau-Dufour, *Yvonne*, 358-9. **43.** Ibid., 364-73. **44.** Ibid., 399. **45.** Mangold, *Impossible Ally*, 163. **46.** DGM 873. **47.** Neau-Dufour, *Geneviève de Gaulle*, 114-9. **48.** FI 116-7 (3/4/64). **49.** AP 1155-6 (13/6/64). **50.** AP 742 (17/6/64), 1146 (8/2/64), 1167 (11/2/65). **51.** Vaïsse, *Grandeur*, 552. **52.** AP 863 (28/10/64). **53.** Andrew Moravcsik, "De Gaulle between Grain and Grandeur: The Political Economy of French EC Policy, 1958-1970", *Journal of Cold War Studies 2/2* (primavera de 2000), 3-43, e 2/3 (outono de 2000), 4-68. **54.** Vaïsse, *Grandeur*, 555. **55.** AP 889 (13/7/65), 891 (21/7/65). **56.** Ludlow, "From Words to Actions", 93. O melhor relato da crise é Piers Ludlow, *The European Community and the Crises of the 1960s: Negotiating the Gaullist Challenge* (Routledge, 2006). **57.** François Mitterrand, *Ma part de vérité. De la rupture à l'unité* (Fayard, 1969), 22. **58.** AN 5AG1/1174 (Ganeval), Relato de encontro entre Ganeval e Foccart. **59.** François Mitterrand, *La paille et le grain* (Flammarion, 1975), 26. **60.** AP 1181 (13/10/65). **61.** AP 1184 (20/10/65). **62.** AP 1166 (14/11/64). **63.** François Audigier, "De Gaulle victime puis acteur de la modernisation de la communication politique", *Espoir* 150 (3/07), 25-51; Delporte, *La France dans les yeux*, 121-61. **64.** AP 1205 (5/12/65). **65.** Vendroux, *Ces grandes années*, 242. **66.** AP 1208 (8/12/65). **67.** DMIV 446 (14/12/65). **68.** Lefort, *Souvenirs*, 135. **69.** Todos os artigos de *Le Monde*: Astier de la Vigerie, "Pour de Gaulle", 2/12/65; André Chamson, "Pour défendre la république", 19-20/12/65; Jean Guehénno, "Une certaine idée de la France", 19-20/12/65; Jean Cassou, "Contre le Bonapartisme", 18/12/65; Jean Cau, "Le seul choix d'avenir", 9/12/65; Pierre Boutang, "Par curiosité", 17/12/65; Pierre Uri, "Eclaircissements", 17/12/65; Edgard Morin, "La contradiction", 19-20/12/65. **70.** LNCIII 760 (29/12/65). **71.** Mitterrand, *Coup d'état*, 36. **72.** Garrigues, *Les hommes providentiels*.

26. Desequilibrar o jogo, 1966-67 (p.833-59)

1. LNCIII 404 (19/9/61). **2.** LNCIII 1184. **3.** FI 424 (25/5/66). **4.** Garrett Martin, *General de Gaulle's Cold War: Challenging American Hegemony 1963-1968* (Berghahn, Nova York/Oxford, 2013), 117. **5.** FRUS 1964-68 XII #53. **6.** AP 360 (14/1/63). **7.** Soutou, *Alliance*, 129-30, acha que era verdade. **8.** Alphand, *Etonnement*, 452; LNCIII 697 contém uma nota (23/2/65) sobre a redação de um tratado bilateral com os Estados Unidos para substituir a Otan. **9.** DDF 1966(1) 49 (21/1/66), 58 (25/2/66), 60 (26/1/66). **10.** FRUS 1964-68 XIII (7/3/66). **11.** Frédéric Bozo, "Chronique d'une décision annoncée: le retrait de l'organisation militaire (1965-1967)", em Maurice Vaïsse, Pierre Mélandri e Frédéric Bozo (orgs.), *La France et l'OTAN 1949-1996* (Complexe, Bruxelas, 1996), 331-58 (338). **12.** DMV 21. **13.** Soutou, *Alliance*, 291-2. **14.** Mikhail Narinsky, "Le retrait de la France de l'organisation militaire de l'OTAN, vu de Moscou", em Vaïsse, *De Gaulle et la Russie*, 163-70 (166). **15.** DDF 1959(2) 295 (VIII 21/12/59). **16.** Roussel, *De Gaulle*, 663.

17. DMIV 113 (28/10/66). **18.** LNCIII 575 (23/8/63). **19.** Alphand, *Etonnement*, 445. **20.** AP 983-5; Olivier Chantiaux, *De Gaulle et la diplomatie par l'image* (INA Editions, Bry-sur-Marne, 2010). **21.** DDF 1966(1) 279 (29/4/66). **22.** AP 912. **23.** DDF 1965(2) 117 (De Gaulle para Ball, 1/8/65); LNCIII 657 (13/7/64). **24.** AP 1356. **25.** LNCIII 778-9 (4/2/66). **26.** LNCIII 842 (18/11/66). **27.** Alphand, *Etonnement*, 445. **28.** DDF 1968(1) 390 (19/11/68). **29.** AP 1416 (5/12/66). DDF 1967(1) 47 (27/1/67) ("*Ce sera un rapprochement, une conjonction, peut- être un jour une confederation*"). **30.** AP 1405 (15/6/66). **31.** Lefort, *Souvenirs*, 152. **32.** Roussel, *De Gaulle*, 801. **33.** AP 1407. **34.** DMV 81-2. **35.** Journoud, *De Gaulle et le Vietnam*, 246-60. **36.** Narinsky, "Le retrait", 170. **37.** AP 1416 (5/12/66). **38.** DDF 1967(1) 19 (13/1/67). **39.** McGrath, *De Gaulle à Trianon*, 78-9. **40.** Ellison, *The United States*, 165. **41.** Helen Parr, "Saving the Community: The French Response to Britain's Second EEC Application in 1967", *Cold War History* 6/4 (2006), 425-54. **42.** AP 1407. **43.** Guy, *En écoutant*, 254. **44.** Vaïsse, *Grandeur*, 619, nota que as atas francesas a rigor não trazem essas palavras, que são citadas por um dos biógrafos de Ben-Gurion. **45.** O relato mais completo é Samy Cohen, *De Gaulle, les Gaullistes et Israël* (Alain Moreau, 1974); o mais atualizado é Vaïsse, *Grandeur*, 615-47. **46.** LNCIII (31/7/59); AN 5AG1/511 (nota, 24/5/63). **47.** DDF 1959(1) 106. **48.** AN 5AG1/788 (nota de Debré, 15/6/60). **49.** DGM 1114. **50.** Barnavi, DGESS-VI, 417-29; Cohen, *De Gaulle, les Gaullistes et Israel*, 86-7, faz citações do diário de Peres. **51.** LNCIII 557 (11/6/63); LNCIII 716 (14/5/65). **52.** DDF 1965(1) 274 (12/6/65). **53.** Para uma visão geral, ver Jean-Pierre Filiu, "France and the June 1967 War", em Roger Louis e Avi Shlaim, *The 1967 Arab-Israeli War: Origins and Consequences* (Cambridge University Press, 2012), 247-63. **54.** AP 1489 (24/5/67); LNCII 896 (4/6/67). **55.** Abba Eban, *An Autobiography* (Weidenfeld & Nicolson, 1977), 341-4. **56.** DDF 1967(1) 238 (1/6/67). **57.** DDF 1967(1) 243 (2/6/67). **58.** FI 649 (5/6/67). **59.** DDF 1967(1) 275 (8/6/67). **60.** DDF 1967(1) 312 (16/6/67). **61.** TNA FCO 17/28 (18/6/67). **62.** LNCIII 910 (7/8/67); 661 (18/6/67). **63.** DDF 1967(2) 27 (12/7/67). **64.** Avi Shlaim, *The Iron Wall: Israel and the Arab World* (Allen Lane, 2000), 236-4; Avi Shlaim, "Israel: Poor Little Samson", em Roger Louis e Avi Shlaim, *The 1967 Arab-Israeli War: Origins and Consequences* (Cambridge University Press, 2012), reitera essa posição. Para a análise mais recente, mais desfavorável a Israel, ver Guy Laron, *The Six Day War: The Breaking of the Middle East* (Yale University Press, New Haven/Londres, 2017). **65.** DDF 1967(1) 258 (5/6/67), 267 (6/6/67). **66.** DDF 1967(1) 334, 335 (Lucet para Couve, 26/6/67). Ver Maurice Vaïsse, "Les crises de Cuba et du Prochain Orient", em Vaïsse, *De Gaulle et la Russie*, 151-63. **67.** Eban, *Autobiography*, 437-8. **68.** Sulzberger, *Age of Mediocrity*, 344-5. **69.** FNSP, Arquivos de Debré 2DE29. **70.** Vendroux, *Ces grandes années*, 93. **71.** LNCIII 318 (21/1/61). **72.** LNCIII 579 (4/9/63). **73.** LNCIII 845 (9/12/66). **74.** AP 1518 (24/4/63). **75.** AP 1521, 1528. **76.** AP 1530. **77.** DMV 202-4. **78.** AP 1543. **79.** AP 1551. **80.** LNCIII 908 (28/7/67). **81.** AP 1552-3. **82.** AP 1568. **83.** FI 686 84. Alphand, *Etonnement*, 494. **85.** DDF 1967(1) 53 (31/167). **86.** DDF 1967(1) 47 (27/1/67). **87.** DDF 1967(2) 111 (11/9/67). **88.** AP 60-1. **89.** AP 1510. **90.** AP 61. **91.** Martin, *General de Gaulle's Cold War*, 159-67; Ellison, *The United States*, 174-83. **92.** FI 304 (13/12/65), 547 (27/1/67). **93.** FII 427 (8/11/68). **94.** FI 502 (4/11/66). **95.** FI 314 (1/1/66). **96.** FI 323 (10/1/66). **97.** FII 14 (5/1/68). **98.** FI

765-6 (10/11/67). **99.** FI 790-1 (19/12/67). **100.** FII 67-8 (18/4/68). **101.** Vaïsse, *Grandeur*, 496-500. **102.** FI 694 (28/8/67); também 664 (20/6/67). **103.** FI 787 (14/12/67). **104.** FII 25 (23/1/68), 53 (2/4/68). **105.** Vaïsse, "L'ONU, une tribune pour la politique gaullienne?", em *8ᵉ Conférence internationale des éditeurs de documents diplomatiques* (Ministère des Affaires étrangères, 2008), 169-75; Joanna Warson, "A Transnational Decolonisation: Britain, France and the Rhodesian Problem", em Tony Chafer e Alexander Keese (orgs.), *Francophone Africa at Fifty* (Manchester University Press, 2013), 171-85. **106.** FII 92 (6/5/68). **107.** Sulzberger, *Age of Mediocrity*, 404 (23/1/68). **108.** FRUS 1964-68 XII 74 (27/7/67). **109.** Alphand, *Etonnement*, 493. **110.** AP 1538 (10/11/65), 1562 (31/8/67).

27. Rendimentos decrescentes (p.860-77)

1. DMIV 246. **2.** Jean Charlot, *Les Français et de Gaulle* (Plon, 1971), 45-6. **3.** Citado em *Le Monde*, 19/4/66. **4.** Maurice Duverger, "La gauche et l'OTAN", *Le Monde*, 31/3/66. **5.** *Le Monde*, 11/5/66; Domenach, "A propos d'un manifeste sur la politique éxtérieure", *Esprit* (5/66), 1234-7. **6.** TNA FO 371/189100 (17/1/66). **7.** Eric Chiaradia, *L'entourage du Général de Gaulle, juin 1958-avril 1969* (Publibook, 2011), 449. **8.** Lefort, *Souvenirs*, 209. **9.** *L'Express* 23/4/59. **10.** Jacques Dauer e Michel Rodet, *Les orphelins du gaullisme* (Julliard, 1962), 202-3. **11.** AP 524 (11/7/62). **12.** AP 446 (12/12/62). **13.** AP 448 (13/12/62). **14.** AP 1000 (30/4/63). **15.** AP 1002 (20/8/63). **16.** Jean-Claude Casanova, "L'amendement Vallon", *Revue française de science politique* 17/1 (1967), 97-109. **17.** LNCIII 809 (11/4/66). **18.** AP 1291-4. **19.** AP 1300-2 (10/9/66). **20.** AP 1307 (19/2/67). **21.** DMIV 126 (28/10/66). **22.** DMIV 153 (9/2/67), 159 (4/3/67); LNCIII 869-70 (12/2/67). **23.** Jean-Paul Cointet, Bernard Lachaise e Sabrina Tricaud, *Georges Pompidou et les élections (1962-1974)* (PIE Peter Lang, Bruxelas, 2008), 65-117. **24.** FI 511 (16/11/66). **25.** AP 1434. **26.** AN 5AG1/2760. **27.** LNCIII 893 (13/5/67). **28.** FI 734-40 (13/10/67). **29.** FI (9/11/67). **30.** "Nous n'irons pas à Lille", *Notre République*, 10/11/67. **31.** *Le Monde*, 28/11/67. **32.** DMV 252-4 (27/11/67). **33.** Roussel, *De Gaulle*, 847. **34.** Jean d'Escrienne, *Le general m'a dit 1966-1970* (Plon, 1973), 148. **35.** LNCIII 942-5 (30/12/67); Daniel Amson, *De Gaulle et Israel* (PUF, 1991), 111-3; Tournoux, *Le Tourment*, 205-9. Ver também seu diálogo com o gaullista Louis Hamon em AN 5AG1/1185. **36.** TNA FO 371/189100. **37.** FI 636 (16/5/67), 746-7 (20/10/67), 778 (27/11/67). **38.** Tricot, *Mémoires*, 253. **39.** Bodleian Library, Documentos de Reilly MS.Eng.c6926, "Unpublished memoirs", 165-6. **40.** FI 690 (23/8/67). **41.** Bibliothèque de Documentation Internationale Contemporaine (BDIC), Fonds Rousset, Delta 1880/112/5 (25/4/68). **42.** Domenach, *Beaucoup de gueule*, 266. **43.** François Flohic, *Souvenirs d'Outre-Gaulle* (Plon, 1979), 172 (28/4/68); comentário semelhante em Lefort, *Souvenirs*, 234.

28. Revolução, 1968 (p.878-911)

1. Tricot, *Mémoires*, 227. **2.** AP 1458 (6/9/62). **3.** Guy, *En écoutant*, 364-5. **4.** AP 7994-6 (5/6/63). **5.** AP 1198-9 (24/11/65). **6.** AP 1458 (6/9/67) **7.** LNCIII 602 (9/12/63). **8.** Margerie,

Mémoires inédites V, 179. **9.** Philippe de Gaulle, *De Gaulle mon père* I, 363. **10.** AP 514. **11.** LNCIII 1177. **12.** Rix, *Par le portillon*, 145. **13.** Informação dada por Yvonne de Gaulle (entrevista em 16/12/15). **14.** LNCIII 908 (18/7/67). **15.** LNCIII 939 (17/12/67). **16.** Ludivine Bantigny, *1968. De grands soirs en petits matins* (Seuil, 2018), 38. Este é o mais recente, e agora o melhor, livro sobre 1968. **17.** DDF 1966(2) 157. **18.** DMIV 455 (14/12/65). **19.** Didier Fischer, "De Gaulle et la jeunesse étudiante de l'UNEF dans les années soixante", em FDG, *Charles de Gaulle et la jeunesse* (Plon, 2005), 324-42. **20.** AP 15966 (20/11/63). **21.** LNCIII 630 (3/3/64). **22.** LNCIII 649 (5/6/64). **23.** Sabrina Tricaud, "L'éducation, un 'domaine réservé' pour Georges Pompidou 1962-1968", em Bruno Poucet e David Valence (orgs.), *La Loi Edgar Faure. Réformer l'université après 1968* (Presses Universitaires de Rennes, 2016), 51-8. **24.** AP 1604 (21/4/67). **25.** Hervé Hamon e Patrick Rotman, *Génération*, vol.I: *Les années de rêve* (Seuil, 1987), 40. Sobre Missoffe, Laurent Besse, "Un ministre et les jeunes: François Missoffe, 1966-1968", *Histoire@Politique* 4 (2008/1), 11-11. **26.** Philippe Nivet, "Maurice Grimaud et Mai 1968", *Histoire@Politique* 27 (2015/3), 18-32. **27.** Bantigny, *1968*, 153-79. **28.** AP 1707 (9/5/68). **29.** Mathias Bernard, "L'état en mai 68", em Xavier Vigna e Jean Vigreux (orgs.), *Mai-juin 1968. Huit semaines qui ébranlèrent la France* (Editions Universitaires de Dijon, Dijon, 2010), 131-44. **30.** AP 1680-82 (5/5/68). **31.** AP 1693 (8/5/68). **32.** AP 1711 (11/5/68). **33.** Ibid. **34.** Jean Mauriac, *L'après de Gaulle. Notes confidentielles 1968-1989* (Fayard, 2006), 384; em outra versão da conversa, ele teria dito, segundo Joxe, "O general não existe mais, De Gaulle está morto", citado em Roussel, *De Gaulle*, 863. **35.** AP 1719 (11/5/68). **36.** Pompidou, *Pour rétablir*, 180. **37.** Christian Fouchet, *Mémoires d'hier et de demain*, vol. II: *Les lauriers sont coupés* (Plon, 1973), 44. **38.** AP 1783 (2/6/68). **39.** FII 106. **40.** Em geral, ver Bernard Lachaise e Sabrina Tricaud (orgs.), *Georges Pompidou et Mai 1968* (Peter Lang, Bruxelas, 2009). **41.** Xavier Vigna, *L'insubordination ouvrière dans les années 68. Essai d'histoire politique des usines* (Presses Universitaires de Rennes, 2011). **42.** Bernard Ducamin citado em Bantigny, *1968*, 181-2. **43.** Emmanuel Laurentin, "Le transistor", em Michelle Zancarini-Fournel e Philippe Artières (orgs.), *68. Une histoire collective (1962-1981)* (La Découverte, 2008), 285-90. **44.** DDF 1968(1) 295, 330. **45.** Michel Droit, *Les feux du crépuscule. Journal 1968-1970* (Plon, 1977), 27. **46.** Maurice Grimaud, *En mai fais ce qu'il te plaît* (Stock, 1977), 210. **47.** LNCIII 977. **48.** FII 130-2. **49.** AN 5AG1/2227 ("Documents de réflexion pour M. Tricot pour son retour de Roumanie. 18/5/68 au soir"). **50.** AP 1743-51; Jean-Raymond Tournoux, *Le mois du mai du général* (Plon, 1969), 117-37. **51.** Edouard Balladur, *L'arbre de mai* (Marcel Jullian, 1979), 224. **52.** FII 131. **53.** Balladur, *Arbre*, 291. **54.** AP 1756-61 (27/5/68). **55.** Vendroux, *Ces grandes années*, 316-7. **56.** FII 134-5. **57.** Droit, *Les feux*, 33-8. **58.** Lalande citado em Roussel, *De Gaulle*, 870-1; FII 141-4. **59.** Lacouture, *Souverain*, 696. **60.** Droit, *Les feux*, 40-1; Pompidou, *Pour rétablir*, 186-7; Fouchet, *Lauriers*, 19-27. **61.** Flohic, *Souvenirs*, 176. **62.** Boissieu deu muitas versões. Alain de Boissieu, *Pour servir le Général 1946-1970* (Plon, 1982), 176-94; para Foccart em FPII 173-7, 397-401 (5/6/68, 22/10/68); num memorando para Pompidou (6/6/68), reproduzido em *Espoir* 115 (4/98), 73-85; e numa entrevista no mesmo número de *Espoir*, 69-72; uma carta para Pompidou (23/7/68). **63.** Pompidou, *Pour rétablir*, 189;

Claude Mauriac, *Les espaces imaginaires* (Grasset, 1973), 262-3. **64.** Flohic, *Souvenirs*, 176. **65.** Ibid., 177-8. **66.** Roussel, *De Gaulle*, 875. **67.** Jacques Massu, *Baden* 68. *Souvenirs d'une fidelité gaulliste* (Plon, 1983). **68.** Roussel, *De Gaulle*, 876. **69.** Ibid. **70.** Flohic, *Souvenirs*, 181. **71.** Massu, *Baden*, 89; Flohic, *Souvenirs*, 181. **72.** Flohic, *Souvenirs*, 182. **73.** A última é a opinião de François Goguel, "Charles de Gaulle du 24 au 29 mai 1968", *Espoir* 115 (4/98), 87-105, que argumenta, vigorosamente, pela linha de Boissieu. **74.** DMV 319. **75.** AN 5AG1/2101 (18/5/68). **76.** Jacques Belle, *Le 30 mai 1968. La guerre civile n'aura pas lieu* (Economica, 2012), 45-64; Frank Georgi, "'Le pouvoir est dans la rue'. 30 mai. La 'manifestation gaulliste' des Champs Elysées", *Vingtième siècle* 48 (1995), 46-60. **77.** DDF 1968(2) 320, 322. **78.** François Audigier, "Les gaullistes de gauche en mai-juin 1968: la fin d'une certaine ambiguïté?", em Bruno Benoit et al., *A chacun son mai? Le tour de France de mai-juin 1968* (Presses Universitaires de Rennes, 2011), 327-41; Audigier, "Le malaise des jeunes gaullistes en mai 1968", *Vingtième siècle* 70 (2001), 71-88; para as memórias de um gaullista de esquerda em 1968, Olivier Germain-Thomas, *Les rats capitaines* (Hallier, 1978). **79.** Anderson, "Civil War in France", 8. **80.** DMV 324-36. **81.** FII 205 (18/6/68). **82.** FII 207 (18/6/68).

29. O fim, junho de 1968-novembro de 1970 (p.912-40)

1. Pompidou, *Pour rétablir*, 199. **2.** FII 250. **3.** Pompidou, *Pour rétablir*, 200. **4.** FII 263. **5.** FII 169 (4/6/68). **6.** Lachaise e Tricaud, *Pompidou et Mai 1968*, 184-6; Pompidou, *Pour rétablir*, 199-204; FII 245-95. **7.** FII 275. **8.** Flohic, *Souvenirs*, 146 **9.** Lacouture, *Souverain*, 547. **10.** LNCIII 991 (24/8/68). **11.** Alphand, *Etonnement*, 513. **12.** DMV 364-5 (9/9/68). **13.** DDF 1968(2) 230 (20/9/68); também DDF 1968(2) 236 (23/9/68). **14.** MAE, "Secrétariat général Entretiens et Messages", 1956-71, 231QO/34. Devo o comentário sobre os arquivos soviéticos ao professor Robert Service. **15.** FRUS 1964-6 XII 83 (10/10/68). **16.** DDF 1969(1) 97 (3/3/69). **17.** Couve de Murville citado em Roussel, *De Gaulle*, 904; comentário semelhante de Couve é citado em Vaïsse, *Grandeur*, 612, que faz um relato equilibrado da crise, 607-12; Ledwidge, *De Gaulle*, 363-7, é interessante porque ele estava na embaixada na época. **18.** Reyn, "Atlantic Lost", 653-60. **19.** DMV 387 (24/11/68). **20.** Brigitte Gaïti, "La décision à l'épreuve du pouvoir. Le Général de Gaulle entre mai 1968 et avril 1969", *Politix* 82 (2008), 39-67. **21.** F. Bon, "Le référendum du 27 avril: suicide politique ou nécessité stratégique?", *Revue française de science politique* 20/2 (1970), 209. **22.** FII 358; em geral, ver Poucet e Valence, *La Loi Edgar Faure*. **23.** FII 414. **24.** Pompidou, *Pour rétablir*, 256. **25.** FII 466. **26.** FII 555-6. **27.** Fouchet, *Lauriers*, 48. **28.** DMV 33 (23/4/66). **29.** DMV 294 (24/3/68). **30.** AN 5AG1/1691 (15/5/68). **31.** FII 610. **32.** FII 617. **33.** FII 621. **34.** DDF 1969(1) 181-4. **35.** Kissinger, *Diplomacy*, 604. **36.** AN 5AG1/164 (13-14/3/69). **37.** FII 674. **38.** FII 664. **39.** FII 650; Pompidou, *Pour rétablir*, 268; Debré, *Entretiens*, 181. **40.** FII 679. **41.** FII 685, 715. **42.** Vendroux, *Ces grandes années*, 344; FII 755. **43.** Pompidou, *Pour rétablir*, 282-3. **44.** O relato mais completo é Flohic,

"With de Gaulle in Ireland", em Pierre Joannon (org.), *De Gaulle and Ireland* (Institute of Public Administration, Dublin, 1991), 98-117. **45.** Harcourt citado em Roussel, *De Gaulle*, 910. **46.** LNCI 497. **47.** Roussel, *De Gaullle*, 915. **48.** Ibid., 916. **49.** Jean Mauriac, *Mort du Général de Gaulle* (Grasset, 1972), 63-4. **50.** LNCIII 1060. **51.** Roussel, *De Gaulle*, 916. **52.** Mauriac, *Après de Gaulle*, 55. **53.** Yves de Gaulle, *Un autre regard sur mon grand-père, Charles de Gaulle* (Plon, 2016); conversa com Yves de Gaulle (16/12/15). A propósito, há uma menção a Céline, feita por De Gaulle, numa carta inédita (27/9/39) a um correspondente desconhecido, a quem ele se refere apenas pelo primeiro nome, "Antoine", lamentando o fato de que um debate no Club du Faubourg, agremiação literária, sobre escritos antissemíticos de Céline tenha se concentrado no estilo do escritor, e não em sua ideologia (em catálogo da livraria de Lyons Autographes des Siècles, agosto de 2015). Note-se também que a admiração de De Gaulle pela prosa de Morand não impediu que ele bloqueasse sua entrada na Académie Française em 1968, e depois, quando Morand foi eleito em 1968, rompesse com a tradição segundo a qual acadêmicos recém-eleitos eram recebidos pelo presidente. Para Peyrefitte em 1963 ele descreveu a conduta de Morand durante a guerra como "imperdoável": AP 779. **54.** Vendroux, *Ces grandes années*, 20. **55.** André Malraux, *Les chênes qu'on abat* (Gallimard, 1971), 79. **56.** Droit, *Les feux*, 127. **57.** LNCIII 1115 (9/1/70). **58.** Pierre-Louis Blanc, *De Gaulle au soir de sa vie* (Fayard, 1990), 265-6. **59.** Droit, *Les feux*, 188. **60.** "Stanley Hoffmann, Last Strains and Last Will: De Gaulle's Memoirs of Hope", em Hoffmann, *Decline or Renewal?*, 254-80. **61.** Blanc, *De Gaulle au soir*, 309. **62.** LNCIII 1157 (1/9/70). **63.** Mauriac, *Mort du Général*, 144. **64.** LNCIII 1170.

30. Mito, legado e realizações (p.941-58)

1. *Temps modernes* 661 (11-12/2010). **2.** Winock, *Journal politique*, 240-1. **3.** Hazareesingh, *Mythe*, 152-3. **4.** Neau-Dufour, *Yvonne*, 440-507. **5.** Para Jean de Lipowski, citado por Lacouture, *Souverain*, 755. **6.** BDIC, Fonds Rousset, Delta 1880/112/5. **7.** François Hincker, "Le courant gaulliste dans la nation française", *Cahiers du Communisme* 12 (12/74), 60-9. **8.** Stéphane Courtois e Marc Lazar (orgs.), *50 ans d'un passion française* (Balland, 1991). **9.** Julian Jackson, "Les 18 juin de Pompidou à Sarkozy", em Oulmont, *Les 18 juin*, 208-31. **10.** Régis Debray, *Charles de Gaulle, Futurist of the Nation* (Verso, 1994), 4, 13, 52, 87. **11.** Claude Mauriac, *Et comme l'espérance est violente* (Grasset, 1976). **12.** *Le Monde* 27/9/2016. **13.** Guiblin, *Passion d'agir*, 181. **14.** Nadine Morano, http://www.lemonde.fr/les-decodeurs/article/2015/10/01/les-races-morano-et-de-gaulle-pour-clore-la-polemique_4780347_4355770.html. **15.** Marcel Gauchet, *Comprendre le malheur français* (Stock, 2016), 65-99. **16.** François Furet, "Le 'cinéma' du Général" (21/2/63) em *Penser le XXe siècle* (Bouquins, 2007), 50-3. Sobre o antigaullismo de Furet, ver Christophe Prochasson, *Les chemins de la mélancolie. François Furet* (Stock, 2013), 370-87. **17.** Jean-François Revel, *Le style du Général* (Complexe, Bruxelas 1988), 54-6. **18.** Parece impossível estabelecer quem inventou essa frase, geralmente citada com variantes – por exemplo http://www.jeuneafrique.com/58398/archives-thematique/de-gaulle-le-visionnaire. Um biógrafo, Jonathan Fenby, *The General: Charles de Gaulle and the France He Saved* (Simon & Schuster, 2010), 3, a atribui a Malraux, mas não encontrei o comentário em parte alguma dos escritos de Malraux, mesmo que ele a tenha dito. **19.** AP 805 (1/7/64). **20.** AP 411-2. **21.** Malraux, *Chênes*, 119. **22.** Citado em *Espoir* (6/83), 18. **23.** DGM 120. É uma citação ligeiramente errada de Chateaubriand, que na verdade escreveu: *"Je voulais moi, occuper les Français à la gloire, les attacher en haut, essayer de les mener à la realité par des songes."* **24.** Malraux, *Chênes*, 36. **25.** Kissinger, "The Illusionist", 73. **26.** Aron, "Le secret du general", em Aron, *La Coexistence*, 1136. **27.** Nicholas Henderson, *The Private Office* (Weidenfeld & Nicholson, 1987), 94-5. **28.** Bastien François, *La 6ème République. Pourquoi, comment?* (Les Petits Matins, 2015). **29.** DGESS-VIII, 73. **30.** Guy, *En écoutant*, 85-6 (26/6/46). **31.** Antoine de Saint-Exupéry, *Ecrits de guerre 1939-1944* (Gallimard, 1982), 259. **32.** A resposta de Maritain publicada no jornal *Pour la victoire*, 12/12/42, está reproduzida em ibid., 275-81.

Agradecimentos

A pesquisa e boa parte da redação deste livro tornaram-se possíveis graças à concessão de uma Leverhulme Major Research Fellowship de três anos, bolsa pela qual sou imensamente agradecido. A generosidade do Leverhulme Trust para com professores e estudiosos em todos os estágios de carreira é uma das grandes virtudes da vida acadêmica britânica. Um ano sabático da Queen Mary me permitiu concluir o manuscrito.

Nos Archives Nationales, em Paris, tenho uma dívida para com Nicole Even, que catalogou os arquivos de De Gaulle do período de sua presidência. Lá me beneficiei também da ajuda e da amizade de Caroline Piketty. Mais de quinze anos atrás, Philippe Oulmont me recebeu de braços abertos na Fondation Charles de Gaulle, oferecendo-me assistência e orientação – como continua a fazer depois que se aposentou da Fondation. Claude Marmot, da mesma instituição, compartilhou comigo seu conhecimento inigualável da história da família De Gaulle, e me deixou consultar as cartas inéditas que Jacques, irmão de De Gaulle, escreveu para os pais durante a Grande Guerra.

Entre amigos e colegas que ajudaram na elaboração deste livro, dois merecem agradecimentos especiais. Na Queen Mary, James Ellison compartilhou comigo cópias dos muitos documentos dos National Archives e de arquivos americanos, que tinha usado em sua própria obra. Esse ato de característica generosidade me poupou semanas de trabalho. Ellison fez também a gentileza de ler os capítulos sobre política externa gaullista, assunto sobre o qual escreveu com grande autoridade. Em Paris, quero agradecer acima de tudo a Maurice Vaïsse, cujo abnegado trabalho de edição dos documentos diplomáticos franceses é uma fonte importante para todos os historiadores desse período. Além disso, sua amabilidade e ajuda foram inestimáveis.

Robert Gildea, que leu todo o manuscrito para a Penguin, também apresentou muitas sugestões úteis.

Entre outros que na Inglaterra, na França, nos Estados Unidos e em outros países responderam a indagações ou contribuíram de outras formas para a elaboração deste livro (mesmo que não se lembrem de que o fizeram), quero agradecer em particular a Grey Anderson, Claire Andrieu, Peter Catterall, Laurent Douzou, Yves de Gaulle, Charlotte Faucher, Martyn Frampton, Gabriel Gorodetsky, Sudhir Hazareesingh, Peter Hennessy, Patrick Higgins, ao falecido Stanley Hoffmann, a Colin Jones, Rod Kedward, Andy Knapp, Chantal Morelle, Michael Moriarty, Robert Paxton, Guillaume Piketty, Dominique Parcollet, Robert Service, Todd Shepard, Iain Stewart, Renée Poznanski, Edward Stourton, Robert Tombs, David Valence, Olivier Wieviorka.

Meu agente, Andrew Gordon, tem sido um arrimo contínuo. Teve a bondade de ler um rascunho inteiro do livro e fez muitos comentários sagazes. O pessoal da Penguin fez jus à sua reputação. Peter James foi um copidesque de olhar ferozmente aquilino que me livrou de muitos solecismos, e Cecilia Mackay uma pesquisadora de imagens brilhante e cheia de recursos. Richard Duguid, Rebecca Lee e Ben Sinyor cuidaram da publicação do livro com grande profissionalismo. Stuart Proffitt correspondeu à lendária fama que tem: nenhum editor com quem trabalhei tratou um manuscrito com mais cuidado.

Por fim, meu mais profundo agradecimento, como sempre, é para Douglas, que aguentou De Gaulle invadindo nossa vida e esparramando-se sobre todas as superfícies. Não é fácil para um designer de interiores todo certinho viver com um intelectual bagunçado. Eu gostaria que fosse possível prometer-lhe que agora estamos livres de De Gaulle.

JULIAN JACKSON
Fevereiro de 2018

Índice remissivo

† indica uma entrada na seção Biografias

Abbas, Ferhat, 467, 635
Abbeville, 166, 174
Abetz, Otto, 426
Abidjan, Costa do Marfim, 620
Académie Française, 108, 111, 367, 445-46
Acheson, Dean, 738
Acordo de Bretton Woods (1944), 810-11
Acordo de Munique, 144-45, 146, 154-55, 156
Action Française (movimento político), 55, 132, 134, 136, 145, 150, 710
†Adenauer, Konrad, 607, 628-31, 721-25, 729-30, 736, 742-3, 748, 751, 813, 878
África, norte da: bombardeio da frota francesa em Mers-el-Kébir, 203; Conferência de Anfa (1943), 338-45; invasão dos Aliados (1942), 326, 330, 332-38; o *Massalia* viaja para (1940), 198; planos de transferir o governo francês para (1940), 169, 176, 178, 180, 185, 193-94; *ver também* Argel/Argélia
África do Sul, 858
África Equatorial, 214-17
"Agathon", *The Young of Today* (1913), 62-64, 74
Ahidjo, Ahmadou, presidente dos Camarões, 766
Ailleret, general Charles, 750
Albert Hall, Londres, 269, 331-32
Alemanha: *Anschluss* com a Áustria (1938), 144; arma rebeldes iraquianos, 247; assina armistício com a França, 195-96; campanha de bombardeio contra Londres, 195-96; crise marroquina (1905), 61; deixa a Conferência de Desarmamento Mundial (1933), 130; e a Primeira Guerra Mundial, 75, 79, 84-85; invade a França (1940), 43, 164-65; invade a Noruega e a Dinamarca (1940), 162; invade a Polônia (1939), 157-58; invade a União Soviética (1941), 256, 280; invade Bélgica, Holanda e Luxemburgo (1940), 163; manda tropas para a Renânia (1936), 142; manda tropas para Praga (1939), 156; muro de Berlim, 729; na Europa depois da guerra, 606-7, 628-31, 836-43; pacto de não agressão com a Rússia (1939), 156-57; rende-se aos Aliados, 470-71; *ver também* Adenauer, Konrad
Alessandri, Jorge, presidente do Chile, 756
Alexander, A.V. (depois 1º conde Alexander of Hillsborough), 191
Aliança Atlântica, 527, 609, 641, 651, 710, 718, 722, 724, 725, 835, 917
Alléhaut, Émile, *Motorisation et armées de demain* (1929), 128
†Alphand, Hervé: embaixador francês em Washington, 565-66, 713, 719, 743, 753, 812; ministro das Relações Exteriores, 838, 853; na França Livre, 233, 257, 272, 301, 329, 339-40, 371, 400
Alsácia-Lorena, 62, 96, 461
Altmayer, general Robert, 178
América do Sul, 755-58
América Latina, 755-57
Amery, Leo, 237, 299
ancien régime, 55, 137-38, 151
Annet, governador Armand, 295
antigaullismo, 805, 806, 807, 822, 946, 949
antissemitismo, 263-66, 339, 873-74
†Antoine, Jules, 211, 231-32
Apithy, Sourou-Migan, presidente do Benin, 766
Aragon, Louis, 65
Arbus, André, 786
Argel/Argélia: administração giraudista, 338-41, 353-61; caso Darlan, 333, 334-38;

CDG se estabelece em, 361-71, 372-73, 392-93, 419; CFLN instalado em, 374-89; invasão dos Aliados (1942), 332
†Argenlieu, Georges Thierry d', 209, 217-19, 293-94, 469, 508
Argentina, 757
Argoud, Antoine, 862
Armistício de Acre, 250-54
†Aron, Raymond: compara CDG a Maurras, 804; e o RPF, 525, 528; em Londres durante a Segunda Guerra Mundial, 184, 232, 348; sobre a Guerra da Argélia, 645, 652, 656, 662; sobre a nova Constituição de CDG, 621-22; sobre as entrevistas coletivas de CDG, 782, 783; sobre CDG e Israel, 873; sobre Malraux, 523; sobre o uso da polêmica por CDG, 954; sobre um sistema nuclear independente, 749
Aron, Robert, 135, 565
Arras, 73
Associação Nacional de Fidelidade à Memória do General De Gaulle, 943-44
Astier, François d', 338
Astier de la Vigerie, barão d', 100
†Astier de la Vigerie, Emmanuel d', 60, 310, 313-14, 319, 351-52, 393, 827
Auburtin, Jean, 109-10, 139, 153, 509
Audet, coronel (depois general) Sylvestre-Gérard, 110-11
†Auriol, Vincent, 441, 494, 515-16, 529, 541-42, 543-45, 593, 605, 786
Áustria, 144

†Brosset, Diego, 253, 324, 385, 398
†Brossolette, Pierre, 312-13, 317-18, 335, 348, 351-52, 391-92, 393; e o "caso Vallin", 328-29
†Burin des Roziers, Etienne, 441, 472, 529, 787, 789, 826, 850-51
Baden-Baden, Alemanha, 901, 903-5
Badoglio, general Pietro, 372-73
Baecque, Francis de, 593-94
†Bainville, Jacques, 150
Ball, George, 727-28, 740, 743
Barberot, Roger, 305, 581
Barbie, Klaus, 391
Bardot, Brigitte, 878-79, 950
Barre, Raymond, 920
†Barrès, Maurice, 64-66

Barrès, Philippe, 475
Barthes, Roland, 881
Bastide, Augustine, 563
Bastien-Thiry, Jean-Marc, 694, 698
Batalha da França, 163-83
Batalha da Grã-Bretanha, 219-20
Batalha de Dakar, 215-20
Baudouin, Paul, 161, 170, 173, 178, 179
Baumgartner, Wilfred, 632-33, 797
Bayeux, Normandy, 414-18
BBC: equipe francesa, 232; *Le Français parlent aux Français*, 227; transmissões de CDG durante a guerra, 189-93, 196, 412
BCRAM (Bureau Central de Renseignements et d'Action Militaire depois BCRA), 242-43, 276, 312-13, 317, 338, 352, 374, 402, 422-23
Beaufort, general Guy Grout de, 647-48
Beaufre, general André, 750
Beauvoir, Simone de, 447, 943
Bedell Smith, general Walter, 398, 410
Beirute, Líbano, 116-18, 252, 324, 921
Bélgica, 76-8, 163-4, 174, 451
Bellanger, Alfred-Etienne, 235
Ben Barka, Mehdi, 861-63
Ben Bella, Ahmed, 658, 760
Ben-Gurion, David, 844-46, 849, 874
Benin, África, 764, 766, 857
Benoist, Charles, 136
Benoit, Pierre, *Mal de amor: a castelã do Líbano*, 119-20
Bénouville, Guillain de, 587, 693, 697
Béraud, Henri, 445, 446
Bergson, Henri, 64, 66-67, 90, 138-39, 710
Berkhamsted, Hertfordshire, 299-300
Berlim, Alemanha, 459, 470-71, 631, 729
Bernanos, Georges, 510-11, 882
Bernhardi, Friedrich von, 89
Bertaux, Pierre, 439-40
Bessborough, lorde, 259-60
Béthouart, general Antoine, 204, 416
†Beuve-Méry, Hubert, 663, 805-6
Bevin, Ernest, 409
Biafra, crise de, 857-58
†Bidault, Georges: e a Guerra da Argélia, 695; e a Libertação de Paris, 428-29, 430, 433; e a Resistência, 392; no governo provisório de CDG, 437-38, 452-53, 455, 457, 459-60, 464-65, 471, 492, 501; nos governos da Quarta República, 516, 518-19, 520

†Billotte, general Pierre, 159, 256-57, 282, 299, 346, 361
Billoux, François, 422, 437
†Bingen, Jacques, 234, 255, 262-63, 265, 303, 346
Bir Hakeim, batalha de, 308-9
Blanc, Pierre-Louis, 937-38
Blanchot, Maurice, 803
Bleustein-Blanchet, Marcel, 777
Bloch-Lainé, François, 797
Blum, Léon, 109, 131, 133, 140, 142-43, 145, 160, 315, 348, 500, 503
Boegner, Etienne, 285, 294
†Bogomolov, Aleksandr, 297-98, 328, 406, 454
Bohlen, Charles, 747, 858
Boislambert, Claude Hettier de, 208, 214, 234, 237, 416, 933
†Boissieu, Alain de, 698, 900, 902-6, 945
Boisson, general Pierre, 216, 217, 334-35, 345, 353, 355, 387
Bokassa, general Jean-Bédel, presidente da República Central Africana, 763, 856-57, 909, 928
Bollaert, Emile, 392
Bongo, Albert, presidente do Gabão, 766
Bongrand, Michel, 824
Bonnet, Georges, 598
†Bonneval, Gaston de, 441, 495, 525, 567, 579, 582-83, 595, 602, 610-11, 786
Bonnier de la Chapelle, Fernand, 338
Bordeaux: e o RPF, 507, 514; governo francês em, 180, 181, 190, 191, 193, 194, 197-98, 201, 202; visitas de CDG após Libertação, 440
Borden, Mary, 304-5
†Boris, Georges: assessor econômico no governo provisório de CDG, 477-80; e a volta de CDG ao poder, 589-90, 601; e o caso Vallin, 329; na França Livre, 206, 264-65, 378, 402; sobre CDG, 315-16, 386
†Bouchinet-Serreulles, Claude, 242, 243, 256, 272, 290, 299, 300, 303, 305, 324, 325, 391
Boulanger, general Georges, 219, 232, 829
"boulangismo", 494, 506, 531
Boumédiène, Houari, 760
Bourdet, Claude, 577
Bourgès-Maunoury, Maurice, 570, 577-78
Bouscat, general René, 357
Boutang, Pierre, 827

Boutroux, Emile, 64, 66, 90
Bozel, Alain, 544
Brandt, Willy, 842
Brasillach, Robert, 446-48, 935
Brazzaville, Congo Francês, 215, 221, 224-25, 246, 249-50, 620
Breton, André, 803
Brejnev, Leonid, 840
Briand, Aristide, 121
Briare, Loiret, 176
Broglie, Jean de, 677, 679, 760
Brosio, Manlio, 835
Brouillet, René, 611
Brown, George, 843, 918
Bruneval, Normandia, 505-6
Bulganin, Nikolay, 456-7
Buron, Robert, 642, 669, 677, 678-79

Cachin, Marcel, 495
Cadogan, sir Alexander, 179, 193, 194, 197, 198-99, 211, 222, 224, 256, 338-39, 341, 400, 405, 411, 414
Caen, Normandia, 414
Caffery, Jefferson, 463, 516, 519
Cagoule (organização de direita), 265
Caillau, Alfred, 147
Cailliau, Michel, 821
Camarões, 214-15, 220, 221, 766
Camboja, 468, 841
Cambon, Paul, 314
Cambon, Roger, 232
Campbell, Ronald, 182
Camus, Albert, 445, 447, 579
Canadá, 850-53
†Capitant, René, 337, 345, 362, 498, 501, 547, 618, 865, 870, 872, 909
Carantec, Bretanha, 180
Carnot, Lazare, 91, 150
Carte (grupo da Resistência), 318-19
Casablanca, 198-200; ver também Conferência de Anfa (1943)
Casey, Lord, 323-24
Caso Dreyfus, 56-58, 59, 61-62, 64, 73, 74
Caso Dufour, 552
†Cassin, René, 211, 241, 260, 262, 263, 264-65, 266, 267, 873
Cassou, Jean, 827
catolicismo social, 56, 511-12
catolicismo/Igreja católica, 56, 58-59, 879; ver também Pio XII, papa; catolicismo social

†Catroux, general Georges: em Argel, 341-42, 346, 353-54, 356-64; governador-geral na Argélia, 570; jura lealdade a CDG, 221-23]; morte, 938; na Primeira Guerra Mundial, 93-94; na Síria e no Líbano, 116, 119, 248-53, 323, 328, 381-82; no governo provisório de CDG, 437-38, 469; regime de Vichy e, 240-41, 245-46; restrições a CDG, 233, 235, 298
Catroux, Marguerite, 223, 253, 300, 375
Cattaui, Georges, 882
Cau, Jean, 827
CDLs (Comitês Departamentais de Libertação), 392, 403-4
Ceauşescu, Nicolae, 934
CFLN (Comitê Francês de Libertação Nacional): e a Comissão de Expurgo, 386-87, 444; e a visita de CDG à Normandia, 418; e o Dia D, 422-23; estabelece administração em Argel, 374-77, 380-85; formado, 362-63; Giraud removido do, 369-70, 383-84; planos para a França pós-Libertação, 390, 393-98, 401-5, 413-14; pós-Libertação, 483; proclama-se "Governo Provisório da República Francesa", 407; reconhecido internacionalmente, 377; reconhecido pelas potências aliadas, 372; sobre a Europa do pós-guerra, 450-51
CGT (Confédération Générale du Travail), 897, 898-99, 904
†Chaban-Delmas, Jacques, 425, 428, 514, 573, 578, 622, 687-88, 903, 925
Chack, Paul, 444, 448
Chade, 214-15, 220, 221, 766, 928
†Challe, general Maurice, 646, 649, 650, 653-55, 657, 667, 669-70, 692
Chamberlain, Neville, 160, 163, 191
Chambord, comte du, 54, 482
Chamfort, Nicolas, 331
Chamson, André, 827
Chaplin, Charlie, *Tempos modernos* (filme, 1936), 510
Charbonnel, Jean, 768
Charleroi, Bélgica, 78
Charlie Hebdo (revista, anteriormente *Hari-Kiri*), 943
Chateaubriand, René de, 69, 552, 556-57
Chautemps, Camille, 141, 284

†Chauvel, Jean, 378, 384, 642, 713, 732
Chicago Daily News, 255, 283
Chile, 756-57
China, República Popular da, 753-55, 853
Chirac, Jacques, 946-47, 949
Chissay, Château de, 176, 178
Churchill, (sir) Winston: apoia operação escandinava (1940), 162; apoio a CDG, 224, 225, 286-88, 332-33, 364; CDG sobre, 553; CDG visita (1960), 733-34; dá permissão para as transmissões de CDG pela BBC, 189-90; discute possível União Franco-Britânica (1940), 180-81; e a Batalha de Dakar, 217; e a crise de Estrasburgo, 462-63; e a Libertação da França, 407, 409-13; e a política do pós-guerra, 373; e a visita de CDG à Normandia, 415; e o norte da África, 340-44, 354, 355-56, 364; e Síria e Líbano, 247-48, 253, 465; fala pelo rádio para a França atacando Pétain, 196; funeral, 810; na Conferência de Ialta, 457-59, 957; primeiras impressões de CDG, 33, 175; raiva contra a internação de pétainistas, 387; recebe o general Catroux em Londres, 222; reconhece CDG como líder da França Livre, 200-2; reconhece CFLN, 372; reconhece o "Comitê Provisório Nacional" de CDG, 197-98; relações com CDG, 257-61, 267, 287-88, 296, 327-28, 343-45, 399, 405-6; restrições a CDG, 254-56, 292, 297-98, 321, 335-36, 338, 360-61, 362, 366-67, 368, 411, 421; reuniões com o governo francês antes do armistício (1940), 176-78, 179; visita a França no Dia do Armistício, 453-54; visita CDG em Paris depois da Libertação, 488
Clair, René, *A nós a liberdade* (filme, 1931), 510
Clark, general Mark, 321
Clark, Kenneth (depois barão Clark), 238
Claudel, Paul, 445, 447
Clavel, Maurice, 863
Clemenceau, Georges, 115, 138-39, 151, 451, 829
Closon, Francis-Louis, 392
Club Jean Moulin, 807
CNI (Comissão Nacional do Interior), 276, 317
CNJA (Centre National des Jeunes Agriculteurs), 799-800

CNR (Conseil National de la Résistance), 349, 360-61, 388, 392, 403, 423-24, 425, 428-30, 432-34, 437, 442, 476; *ver também* Resistência francesa
Cochet, general Gabriel, 402
Cocteau, Jean, 953
Cohn-Bendit, Daniel, 886, 897
colaboracionistas, 386; expurgo de, 442-50
Colette (escritora), 447
Colombey-les-deux-Églises, 147-48, 153, 159, 163, 164, 495, 497, 502-3, 506-7, 533-37, 542, 562-63, 575, 576, 600-1, 816-17, 905, 934
Colômbia, 756
Colville, (sir) Jock, 181, 191, 222, 257-58
Comac (Comité d'Action Militaire), 403, 430, 433
Combat (movimento da Resistência), 310, 313, 337-38, 362, 376
Comissão Consultiva Europeia, 373, 453
Comissão de Controle Interaliados, Berlim, 459
Comissão Europeia, 721, 818-19
Comitê Nacional da França Livre, 258-60, 271, 286, 289, 290, 295, 297, 300, 317-18, 320, 325-26, 360-61, 373
Companheiros da Libertação, 522, 581, 941
Compiègne, 196
Comte, Gilbert, 804
Comuna de Paris (1871), 58
Comunidade Econômica Europeia (CEE), 607, 626, 810, 818-21; candidatura da Grã-Bretanha, 725-37, 842-43, 855-56, 917-18
Comunidade Europeia de Defesa (CED), 546-47, 551, 607, 609, 708
Comunidade Europeia do Carvão e do Aço (Ceca), 607
comunismo, 143, 157, 266, 513-14, 517-18; *ver também* Partido Comunista Francês
Condé, Louis II, príncipe de, 151
Conferência de Anfa (1943), 338-45
Conferência de Brazzaville (1943), 466-67
Conferência de Ialta (1945), 457-59
Conferência de Potsdam (1945), 460, 469, 471, 631
conflito polaco-soviético (1920), 98-99
Congo, 214-15, 221, 758-59, 763, 813
Conseil Supérieur de la Défense National (CSDN), 124
Conselho de Defesa do Império, 224, 240, 283

Cooper, Lady Diana, 375
†Cooper, (sir) Alfred Duff (depois 1º visconde Norwich), 198, 200, 375, 376, 388, 399, 407-8, 413, 421, 452-53, 462, 465, 488-89, 494, 551
Corbie, Gustave de, 51
Corbie, Henri de, 93
Corbie, Jean de, 59
Corbie, Noémie de (*née* Maillot), 51
Corbin, Charles, 180-81, 197, 200
Cordier, Daniel, 205, 807
Corneille, Pierre, 60, 219, 334
Correspondant, Le (jornal), 56
Córsega, 369, 394, 590-91
†Cot, Pierre, 263, 268, 274
†Coty, René, 573, 580, 582-83, 584-85, 593, 594, 595-96, 600, 605, 612, 638
†Coulet, François, 73, 302-3, 306, 369, 394, 416-18, 422, 682
†Courcel, Geoffroy de, 173-74, 175, 182-83, 216, 241, 564, 787
Courrier de la Colère, Le (jornal), 573
Courtin, René, 432
†Couve de Murville, Maurice, 364, 379-80, 611-12, 628, 714, 715, 723, 724, 730, 736, 790, 819, 820, 871; como primeiro-ministro, 913-14, 915, 918-19, 921-22
CPL (Comitê Parisiense de Libertação), 424, 425
Crécy-sur-Serre, Aisne, 165
Crémieux-Brilhac, Jean-Louis, 306
Crépin, General, 662
crise dos mísseis cubanos, 703, 738, 837
Croix de Feu (liga política), 132, 328
Cunningham, almirante Andrew, 215-16, 217-18
Cusin, Gaston, 440

Daladier, Edouard, 132, 141, 153, 154, 160-62, 163, 173, 198
Dalton, Hugh (depois barão Dalton), 238, 273
Dandieu, Arnaud, 135
Daniel, Jean, 807
Daniel-Rops (Henri Pétiot), 135, 148, 160
Danton, Georges, 184
†Darlan, almirante François, 191, 193, 247-48, 285, 311, 333, 334-40
Darlington, Charles, 765
Dauer, Jacques, 532, 560, 573, 581-82

de Gaulle, Anne, 113-15, 117, 147, 235, 375, 503, 533, 536-37
de Gaulle, Charles (tio de CDG), 48
de Gaulle, Charles: agraciado com a Legião de Honra, 97; ajuda de Paul Reynaud, 139-41, 145-46, 149, 154-55, 160-61; antecedentes familiares, 47-61; Apelo de 18 de Junho, 189-93; apoia a transferência do governo francês para a Bretanha, 174, 176, 177-78; aposentadoria em Colombey, 934-39; apresentado ao público britânico, 211-12; ataca o sistema monetário internacional, 810-11; biografias de, 31-36; chega a Paris, 427-34; comanda a 4ª Divisão de tanques da DCR na Batalha da França, 163-69; comanda tanques do Quinto Exército, 158; como protegido de Pétain, 106, 107-11, 124; condenado à morte e destituído de sua nacionalidade pelo regime de Vichy, 228; convidado para formar um governo (1958), 596-99; convoca um referendo sobre reforma regional, 923-25; crescente apoio francês a, 314-17, 318-20; cria o Conselho de Defesa do Império, 224; crises com a Grã-Bretanha e os Estados Unidos, 292-98; decisão para que a França deixe a Otan, 833-36; deixa a França e vai para a Grã-Bretanha (1940), 181-86; discurso de Bayeux (1946), 497-500; discurso durante a guerra, 30, 43-46, 70-71, 189-93, 196-97, 198-202, 227-28, 261, 269, 299-300, 331-33, 334-35, 385-86, 411-13, 428-30; discursos pela televisão, 776-81; e a "Comunidade" francesa pós-imperial, 619-20, 660-61; e a administração da França Livre em Londres, 203-4, 241-42, 258-61; e a África pós-colonial, 856-59, 928; e a Alemanha do pós-guerra, 836-43; e a antiga África francesa, 758-68, 813; e a Argélia, 612-16, 635-37, 641-84, 688, 759-60; e a Ásia, 752-55; e a Batalha de Dakar, 213-20; e a doutrina da "associação", 508-13; e a economia francesa, 792, 794-99; e a eleição presidencial de 1965, 809, 814-15, 821-29; e a Europa oriental, 853-56; e a Europa, 720-25, 810, 818-21, 954; e a Resistência, 272-76, 309-14, 348-53, 390-94, 400-1, 403-4, 428-34, 438-39, 441-43, 476-77, 555; e a União Soviética, 836-42, 853-55; e as operações da França Livre na África, 243-44; e Georges Pompidou, 913-14, 920-23, 928; e Israel, 844-49, 873; e Israel, 921; e o Apelo de 18 de Junho, 956; e o caso Soames, 917-19; e o Dia D, 409-14, 421-22; e os acontecimentos de maio de 1968, 887-911; e os países árabes, 845-49; e planos para a Libertação, 401-8; e Quebec, 850-53; e Síria e Líbano, 244-55, 323-29, 464-65, 474; eleito presidente da República (1958), 638; em Argel (1943), 374-408; encontra-se com Churchill para sugerir a União Franco-Britânica (1940), 180-81; encontra-se com Richard Nixon, 926-27; encontra-se com Roosevelt nos Estados Unidos (1945), 420-22; encontra-se com Stálin em Moscou (1944), 455-59; entrevistas coletivas, 780-83; enviado para a Renânia, 111-12; enviado para o Líbano, 116-20; enviado para o Regimento de Tanques em Metz, 152-55; escreve e publica as *Memórias de guerra*, 551-58; estilo de diplomacia, 713-18; estudos na École de Guerre, 105-6; expurga de colaboracionistas, 442-50; forma governo provisório, 437-38; função de consultoria no Exército polonês, 95-100; funeral, 941-43; infância e educação, 58-61; ingressa na secretaria do CSDN, 124-25; lança Rassemblement du Peuple Français, 505-8; legado, 950-58; luta pelo poder com Giraud no norte da África, 332-71; memorando para Eisenhower e Macmillan, 627, 630, 710, 719, 726-27; "mito" criado em torno de, 226-30, 313, 317; mito de, 945-50; morte da filha Anne, 536-37; morte, 939-40, 942-45; na África Equatorial, 220-25; nascimento, 51; no "deserto", 560-68; no Palácio do Eliseu, 785-93; noivado e casamento, 100-3; nomeado subsecretário de Estado da Defesa, 172-73; opiniões políticas durante a Segunda Guerra Mundial, 262-72; palestra na École de Guerre, 108; política de associação, 653-54, 865-67, 952; política de *détente*, 842, 855, 914-17; política de participação, 912, 923-24, 952; política externa no pós-guerra, 472-74; política externa, 624-35, 710-12, 858, 860, 874,

914-19; prisioneiro de guerra (1916-18), 86-94; problemas de saúde, 756; promoções na carreira, 146-47, 165-66; reconhecido por Churchill como líder da França Livre, 200-2; recusa a Médaille Militaire, 515; redige a Constituição da Quinta República, 612, 616-19, 955; reforma constitucional, 699-704; relações com a Grã-Bretanha e os Estados Unidos, 725-45, 748-52, 753; relações com a União Soviética, 297-98, 396-97, 406; relações com Churchill, 257-61, 267, 287-88, 296, 327-28, 343-45, 399, 405-6; renuncia como chefe de governo (1946), 488-97; renuncia como presidente da República, 929; reorganização do Exército, 378; retorna à França, 426; serve como último primeiro-ministro da Quarta República, 604-38; serve na Primeira Guerra Mundial, 75-86; sobre a reabilitação alemã, 809-10, 812-13; tentativa de substituir, 291-92; tentativas de assassinato, 665, 674, 697-98; treinamento militar, 72-73; triunfos na eleição de 1962, 705; viagem pela América do Sul, 755-58; viaja pelas colônias francesas, 558-60; vida em Londres, 299-307; visita à Espanha, 933-34; visita à Irlanda, 929-33; visita à Itália (junho de 1945), 419-20; visita à Normandia na Libertação, 414-18; visita Churchill em Londres, 175; visitas regionais como presidente, 769-71, 779-80
Características pessoais: altura, 73; aparência física, 73; arrogância, 305; austeridade, 375; autoconfiança, 105-6, 110, 206; autoritarismo, 168, 277, 300, 387; aversão ao sentimentalismo, 676; desprezo pela natureza humana, 401; elitismo, 677, 783; estilo de liderança, 380-81, 382; frieza, 152, 205-6, 207; hábito do cigarro, 167, 177; imprudência, 253, 287; incapacidade de reconhecer os próprios erros, 301, 764; independência, 216; indiferença ao perigo físico, 78, 167; intransigência, 316, 472, 717; isolamento, 167, 401; jeito de conversar, 301-3, 400; mãos afeminadas, 238, 313; memória, 790-91; mudanças de humor, 95, 299; pessimismo, 476, 503, 954; pragmatismo, 472; presunção, 883; racismo, 644, 682-83; raivas, 304; reserva, 88, 98, 207; retórica, 385, 777-78; táticas de negociação, 414; transparência, 31-32, 718
Escritos: *A dividida casa do inimigo* (1924), 103-5, 483; *A França e seu Exército* (1938), 64, 146-51, 184-85, 386, 554; discursos, 31, 936-37; elogio fúnebre do marechal Foch, 52-53, 68; *Memórias de esperança*, 936-38; *Memórias de guerra*, 53, 58, 60, 64, 65-66, 70, 73, 74, 119, 164, 182, 183-84, 202, 223, 226, 248-51, 252, 326, 360, 369, 417, 419, 428, 430, 454, 457, 464, 465, 502, 535, 546, 562, 563, 572, 626, 708, 716; *Memórias de guerra*: redação e publicação de, 551-58, 650, 706; *O fio da espada* (1932), 120-23, 126, 138, 185-86, 234, 367, 509, 642; *Por um Exército profissional*, 126-31, 212, 509
Ideias e opiniões: gostos literários, 881-83, 934-35; sobre a "grandeza" da França, 708-10, 953; sobre a Alemanha do pós-guerra, 471-72; sobre a Alemanha, 528; sobre a Argélia, 39, 642-46; sobre a Constituição francesa, 482-88, 498-504; sobre a crise política dos anos 1930, 133-36; sobre a Grã-Bretanha e os britânicos, 119, 145-46, 253, 254, 255, 280-81, 290, 306, 325, 329-30, 406-7, 731-35, 749; sobre a guerra de mentira, 158; sobre a Polônia, 99; sobre a Rússia, 281-82; sobre a União Soviética, 840-41; sobre apaziguamento, 143, 156; sobre as mulheres, 817, 880; sobre bolchevismo, 144; sobre Churchill, 163; sobre conflito, 707; sobre descolonização, 768; sobre ditadura, 576-77; sobre estratégia militar, 159-60; sobre história francesa, 69, 91, 313, 475-76, 481-86, 499, 553; sobre Hitler, 142; sobre Jean Moulin, 391; sobre liderança, 31, 60, 66-67, 88, 90-91, 120, 137-39, 167-68, 185-86, 234, 472-73, 677, 783; sobre Monarquia, 55-56; sobre Napoleão, 59, 91-92, 106, 151, 473, 709; sobre o amor, 100; sobre o *ancien régime*, 151, 473; sobre o catolicismo, 67-70; sobre o Líbano, 118-19; sobre o moral, 99, 104-5; sobre o nacionalismo, 706-8; sobre o nazismo, 142, 509; sobre o pai, 53, 122-23, 745; sobre o papa Pio XII, 419-20; sobre o Vaticano II, 880; sobre os Estados Unidos, 294; sobre os Estados Unidos, 329-30,

711-12, 765, 811-12; sobre os judeus, 263-64, 456, 873-74; sobre pacifismo, 121-22; sobre patriotismo, 75; sobre Pétain, 107-8; sobre política externa, 527; sobre política, 136-39, 141, 330; sobre questões sociais, 508-13; sobre seus próprios valores de família, 48-49; sobre Stálin, 458-59

de Gaulle, Elisabeth, 112, 503, 817

de Gaulle, François, 47, 817

de Gaulle, Geneviève, 68, 86, 817

de Gaulle, Henri, 48, 52-53, 55, 57-59, 123, 173

de Gaulle, Jacques, 58, 59, 67, 113, 495

de Gaulle, Jeanne (*née* Maillot), 50, 53

de Gaulle, Joséphine (*née* Maillot), 48, 50, 54

de Gaulle, Julien, 47-48, 50

de Gaulle, Marie-Agnès, 78, 115, 817, 828

de Gaulle, Philippe (filho de CDG), 108, 112,114, 115, 503, 507, 817, 941; e os acontecimentos de maio de 1968, 901, 904, 906; sobre a chegada da família De Gaulle a Londres, 195; sobre a vida doméstica de De Gaulle em Argel, 375-76; sobre Yvonne de Gaulle, 102

de Gaulle, Pierre, 115, 490-91, 514, 833

de Gaulle, Xavier, 100, 108, 113, 115, 122

de Gaulle, Yves, 934

de Gaulle, Yvonne (*née* Vendroux), 102-3, 112-14, 117, 147, 166, 195, 235-36, 299-300, 374-75, 400, 441, 490, 534-37, 559, 601; antipatia pela vida no Palácio do Eliseu, 815-16; depois da morte de CDG, 944-45; descrença das ambições políticas de CDG, 505, 506-7, 513-14, 563; desejo de que CDG renuncie, 912-13, 929; e a morte de CDG, 939-40; e os acontecimentos de maio de 1968, 900, 903-4; estabelece a Fondation Anne de Gaulle, 557; reação à tentativa de assassinato, 698; valores conservadores de, 878-80

†de Lattre de Tassigny, general Jean, 146, 424, 461-62, 471, 941

de Valera, Eamon, 932

Debatisse, Michel, 799-800

Debray, Régis, 947, 951

†Debré, Michel: continua a servir sob Pompidou, 935; e a Constituição da Quarta República, 487, 490, 498, 499; e a despolitização da França sob CDG, 784; e Argélia, 602, 647, 650, 654-57, 661-65, 668-69, 672-74, 675, 678, 680-81, 694; e o RPF, 505, 524-25, 527, 531, 542; e os acontecimentos de maio de 1968, 887-88, 897; estabelece a ENA, 485; funda *Le Courrier de la Colère* (jornal), 573; ministro das Finanças, 863; ministro do Exterior, 915, 917, 919; no primeiro governo de CDG, 611; opõem-se à Comunidade Europeia de Defesa, 561-62; primeiro-ministro da Quinta República, 641, 704, 722, 723, 736, 758; redige a nova Constituição de CDG, 616, 617-18; renúncia como primeiro-ministro, 686-89; sobre CDG e Pompidou, 928

Decoux, almirante Jean, 468

Defferre, Gaston, 621, 808, 821

†Dejean, Maurice, 242, 259, 260, 265, 273, 280, 291, 325, 328, 396, 457

†Delbecque, Léon, 578-79, 582, 583-86, 587, 590, 595, 598, 601, 602, 614, 693

Delcassé, Théophile, 61

Delegação da França Livre em Washington, 285

†Delestraint, general Charles, 153, 350, 390-91

Delon, Alain, 921

†Delouvrier, Paul, 646-48, 653-57, 665, 791, 798

democracia cristã, 146

Dentz, general Henri, 245, 248, 249-50, 448

Déroulède, Paul, 62, 75

Deschanel, Paul, 115

Dewavrin, André (pseudônimo Passy) *ver* Passy

Dia D, 409-14, 422-23

Dien Bien Phu, 548-49

†Diethelm, André, 257, 260, 273, 364

Dinamarca, 162

Dinant, Bélgica, 76-78

†Dixon, Sir Pierson, 641, 685, 705, 713, 716-18, 741, 746, 756, 809

Djibouti, leste da África, 244

†Domenach, Jean-Marie, 564, 807, 861, 877, 915

Doriot, Jacques, 448

Douglas-Home, Sir Alec (depois barão Home of the Hirsel), 746

Doumergue, Gaston, 143

Doyen, general Paul-André, 464

Dreyfus, Alfred, 56-57

Drieu la Rochelle, Pierre, 65

Droit, Michel, 826, 899, 900, 910, 913, 928, 939
Dronne, Raymond, 544-45
Duala, Camarões, 214, 221, 225-26
Dubček, Alexander, 915
Duffieux, general Julien, 159
Duhamel, Georges, 445
Dulac, general André, 592-93, 595, 601
Dulles, John Foster, 625, 706, 719
Dumouriez, general Charles-François, 134, 151
Dunquerque, evacuação de, 174
Duras, Marguerite, 803
Durfort, condessa de, 556
Duverger, Maurice, 624, 804-5, 860-61

Eban, Abba, 846, 849
†Eboué, Félix, 214, 240-41, 306
École des Sciences Politiques, 892
École Nationale d'Administration (ENA), 485, 788, 796
École Normale Supérieure, 884
Eden, (sir) Anthony (depois 1º conde de Avon), 273, 292, 314, 322, 323, 332, 356-57, 396-97; apoio a CDG, 217, 260-61, 296, 297-98, 319; e o Dia D, 409, 411-13; sobre CDG, 177, 256, 257, 288, 327-28; sobre o armistício de Acre, 250
Egito, 846
Eisenhower, Dwight D.: como presidente, 609, 625, 627, 719-20; e a crise de Estrasburgo, 461-63; e a Guerra da Argélia, 651-52; e a Libertação de Paris, 426-27, 437; e a televisão, 781; e o Dia D, 410-11, 413; no norte da África, 338, 356, 366; relações com CDG, 398-99, 404-8; sobre CDG, 727
Elisabeth II, rainha, 733, 776
Ellesmere, Shropshire, 235-36
Ely, general Paul, 548, 583, 600, 648, 655
†Erhard, Ludwig, 751, 809, 813, 819, 842, 878
Eritreia, 244
Esprit (revista), 663, 807
Estados Unidos da América: atitude com CDG, 270, 284, 330; e a capacidade nuclear francesa, 725-30; e a Guerra da Argélia, 651-52; e a Guerra Fria, 528; e o arquipélago da Nova Caledônia, 293-94; e o regime de Vichy, 333; entra na guerra (1941), 280; exilados franceses nos, 284; Lei McMahon (Lei sobre a Energia Atômica dos Estados Unidos, 1946), 608, 720; política sobre a França durante a Segunda Guerra Mundial, 346; reconhecem a França Livre, 320; relações com CDG como presidente, 719
Estrasburgo: Libertação de, 461-62; RPF e, 506, 514
Executiva de Operações Especiais (SOE), 236-37, 273, 318-19, 366
Exército do Armistício, 310, 402
Exército francês:
  33º Regimento de Infantaria (RI), 73-77, 81, 84, 85; 4ª divisão de tanques da DCR, 164; 507º Regimento de Tanques, 152; e o Caso Dreyfus, 56-58, 72-73, 74; na Primeira Guerra Mundial, 74, 78-81; Primeiro Exército, 424; rearmamento (1936), 143; recomendações de CDG para reforma, 128-31; reorganização por CDG (1943), 378-79; resposta à ameaça do comunismo, 133; Sétimo Exército, 163; Sexto Exército, 164
Exército polonês, 96-97, 157
Exército Secreto (da Resistência), 350, 391, 402
Express, L' (revista), 796, 806-7, 808, 865-66
Eyadéma, Gnassingbé, presidente do Togo, 857

Fashoda, incidente de, 381
Faisal, rei, 847
Falkenhayn, general Erich von, 84
Fanfani, Amintore, 724-25
Farès, Abderrahmane, 635
Faulkner, William, 320-21
Faure, Edgar, 606, 753, 920
Faure, Félix, 785
Fauvet, Jacques, 782
Fayol, Henri, 136-37
FFI (Forces Françaises de l'Intérieur), 402, 424, 433, 439, 440, 442, 446, 460
Figaro, Le (jornal), 804, 806, 942
Figon, Georges, 862
Figueras, André, 28
Flandin, Pierre-Etienne, 247, 387
Flaubert, Gustave, 89
FLN (Frente de Libertação Nacional), 568-70, 583, 635, 636, 646, 649-50, 651, 652, 657-60, 666
Flohic, Almirante François, 877, 900, 902, 903-6, 914, 930
FNSEA (Fédération Nationale des Syndicats d'Exploitants Agricoles), 799-800

†Foccart, Jacques, 33, 560, 561, 573, 586, 594, 598, 601-2, 610-11, 669, 761-68, 787, 812, 813-14, 815, 817, 823, 824, 856-58, 862, 870, 872, 875, 876, 912-14, 922, 928, 929, 935 e os acontecimentos de maio de 1968, 888-90, 896-97, 899-900, 906, 907, 910-11
Foch, Marechal Ferdinand, 52, 107, 111, 151
fonctionnaires, 795-96
Fondation Anne de Gaulle, 557
Fondation Charles de Gaulle, 34, 948
Força Expedicionária Britânica, 163
Força Expedicionária Francesa (CEF), 379, 398
Força Nuclear Multilateral (MLF), 726-28, 740, 743, 750-52
Forces Françaises des l'Interieur (FFI), 402
Fort-Lamy, Chade, 221-22
Foucault, Michel, 881
Fouchet, Christian, 724-25, 729, 887-90, 891, 894, 900
Fourastié, Jean, 604, 796
Fourier, Joseph, 512
Foyer, Jean, 695-97, 700
França: acontecimentos de maio de 1968, 883-911; assina armistício com Hitler, 195-96; Batalha da França, 163-83; condições no pós-guerra, 473; crise marroquina (1905), 61; crise política dos anos 1930, 131-36; declara guerra à Alemanha (1939), 157; deixa a Otan, 713; e a capacidade nuclear, 606-9, 641, 651, 719-20, 748-52, 955; e a Comunidade Europeia, 818-20; e a imigração, 949-50; e a Indochina, 468-70, 548-50; e a Monarquia, 54; economia, 794-99, 919-20; história da, 69, 481-84; na Primeira Guerra Mundial, 75-76, 482; no Levante, 116, 118-20; participação na guerra pós-Libertação, 460-64; política agrícola, 799-802; política no pós-guerra, 486-90, 513-20, 540-45; Quarta República (1946-58), 502-3, 577, 604-9; Quinta República (estabelecida em 1958), 498, 528, 617, 641, 703; relações com a Grã-Bretanha, 61, 119-20; Segunda República (1848-51), 481; Terceira República (1870-1940), 54, 121, 141, 173, 265, 266, 482, 486; *ver também* França Livre; Resistência francesa; Vichy, regime de
França Combatente, 309, 318, 319, 320, 331

França Livre: adota a cruz de Lorena como símbolo, 224-25; declara o regime de Vichy ilegal, 265-66; disputas internas, 231-35, 259, 288-91, 376-77; e os britânicos, 237; em Londres, 200, 203, 241; na África, 215-25, 243-45, 281, 308-9, 358-59; na Síria e no Líbano, 247-48, 250, 251, 252; primeiros recrutas, 208-11; transmissões da BBC, 226-28
France (jornal), 232
France for Ever (jornal), 284
France libre, La (jornal), 232, 348
Franco, general Francisco, 878, 933-34
François-Poncet, André, 539
Francs-Tireurs et Partisans (FTP), 402
Freetown, Serra Leoa, 217
†Frenay, Henri, 310-14, 350, 351, 352, 391, 393, 437, 555, 558
Frente Popular, 133, 141-42, 143, 154
Frey, Roger, 669, 675
Freycinet, Charles de, 91
frota francesa, 190, 191, 345; bombardeio britânico em Mers-el-Kébir, 203
Fuller, J.F.C., *On Future Warfare* (1933), 128
Furet, François, 950

Gabão, África, 214, 225, 243-44, 763, 765, 766
Gabinete de Guerra britânico, 181, 191, 290
Gaillard, Félix, 571, 578, 605, 608-9
Gallois, general Pierre, 749
Gambetta, Léon, 91, 150
Gamelin, general Maurice, 130, 141, 142, 152, 157, 159, 161, 163-64, 169
Ganeval, general Jean, 582
Garçon, Maurice, 47, 227
Gary, Romain, 46-47
gaullismo, 27-29, 36, 37-38, 228, 271-72, 276-79, 306, 328-29, 345-48, 373, 477, 502, 560-61, 611, 634, 664-65, 750, 795, 798-99, 803-4, 806-7, 827-28, 862-63, 872, 925, 955; "gaullismo de esquerda", 865-67
Georges, general Alphonse Joseph, 361-63, 366, 370
Guéhenno, Jean, 827
Gibraltar, 203, 323
Gide, André, 367, 446-47, 882
Girard, André, 318-19
†Giraud, general Henri: chefia o Sétimo Exército na Bélgica (1940), 163-64; conflito

com CDG no norte da África, 291-92, 311-12, 332-33, 338-45, 352, 353-71, 379-80, 398, 404; oficial comandante de CDG em Metz, 153
"giraudistas", 339, 360, 362, 376, 401-2
†Giscard d'Estaing, Valéry, 45, 786, 792, 863, 874, 929, 945
Gladwyn, lorde, 953, 954
Godard, Jean-Luc, 950
Goetze, Roger, 633-34
Goldberg, Arthur, 755
Gombault, Charles, 232, 329
Göring, Hermann, 441
Gorse, Georges, 894
†Gouin, Félix, 385, 448, 493-94
Governo Militar Aliado nos Territórios Ocupados (AMGOT), 395
Governo Provisório da República Francesa, 407
GPRA (Gouvernement Provisoire de la République Algérienne), 635-36, 651, 653, 658-59
GPRF (Gouvernement Provisoire de la République Française) ver Governo Provisório da República Francesa
Grã-Bretanha: bombardeia a frota francesa em Mers-el-Kébir, 203-4; candidatura ao Mercado Comum, 730-31, 735-37, 742, 917-18; crise de Suez, 566, 570; declara guerra à Alemanha (1939), 157-58; e a invasão do Norte da África pelos Aliados, 321, 358-59; e os desembarques na Normandia, 405-6, 409-14; no Oriente Médio, 322-23, 326-28, 381
Grécia, 245
Grenier, Fernand, 340, 388
Grimaud, Maurice, 887, 888, 889, 894, 898
Gromiko, Andrei, 813
Grupo Jean Jaurès, 269, 329
Guadalupe, 283
Gubbins, major-general (sir) Colin, 237
Guderian, general Heinz, 127
Guerra Civil Espanhola, 133
Guerra da Argélia: Acordos de Evian, 671-74, 681, 701, 759-60; assassinatos de Charonne, 676-77, 886, 887; bombardeio de Sakhiet (1958), 574; CDG decide pela independência, 664-67; CDG oferece referendo sobre autodeterminação, 649-53; críticas e protestos sobre, 661-64; e a "Operação Ressurreição", 588-96; e a instabilidade política, 577; e a volta de CDG ao poder, 578-80, 581-88, 599-601; e os harkis, 683, 949; FLN forma governo provisório, 635; golpe dos generais, 667-71, 692-97; independência concedida, 681-84; julgamentos, 692-99; legado, 949-50; massacre de Sétif (1945), 467-68; negociações com a FLN, 657-60; negociações, 677-81; OAS (Organisation d'Action Secrète), 674-77, 682, 692, 696-97; pieds-noirs, 569-70, 583-84, 613, 643, 654, 665-66, 671, 681-83, 693; Plano Constantine, 635-36; políticas de CDG sobre, 642-49; "Semana das Barricadas", 653-57; violência da FLN (1955-57), 568-71
Guerra da Coreia (1950-53), 546
Guerra da Indochina, 468-70, 548-51, 606
Guerra do Vietnã, 753-54, 841-42, 883, 926-27
Guerra Franco-Prussiana (1870-71), 54, 150
Guerra Fria, 508, 513-14, 518, 546-47, 607-8, 754, 836-42
Guiblin, Claude, 532
†Guichard, Olivier, 560-61, 564, 580, 583, 584, 586, 590, 591, 592, 593, 594-95, 601, 602-3, 610-11, 622, 787
Guilherme II, cáiser, 61
Guillain de Bénouville, Pierre, 376
Guillaumat, Pierre, 611
Guiné, África Ocidental, 620-21, 660, 760-61
†Guy, Claude, 100, 187, 441, 446, 448, 458, 491, 494, 495, 498, 502-3, 514, 563, 879; o RPF, 505, 514-15, 525; sobre a vida em Colombey, 533, 535-36

Hadj, Messali, 468
Halévy, Daniel, 110
Halifax, Edward Wood, 1º conde de, 192, 193, 197-98
Hallstein, Walter, 819
Hamon, Léo, 874
Hampstead, Londres, 299, 353-54
Harcourt, Emmanuel d', 931-32
Harmel, Pierre, 855-56
Harriman, Averell, 322-23, 397, 457
†Harvey, Oliver, 178, 296, 320, 332, 335, 343, 411, 416, 456, 472
†Hauck, Henry, 266, 271-72, 277, 301
Hauriou, André, 385

Hauteclocque, Philippe de *ver* Leclerc, general
Heath, Edward, 740
Helleu, Jean, 381
Henderson, (sir) Nicholas, 954
Hermant, Abel, 447
Herriot, Edouard, 315, 426-27, 493
Hessel, Stéphane, 807-8
Hettier de Boislambert, Claude, 472
Hindenburg, general (depois marechal-de-campo) Paul von, 92, 104
Hitler, Adolf, 29; assina armistício com Pétain, 195-96; CDG sobre, 553; e o regime de Vichy, 223, 247; leu *Por um Exército profissional*, de De Gaulle, 127; manda tropas para Praga (1939), 156-57; nomeado chanceler alemão (1933), 130
Ho Chi Minh, 469, 508, 755, 841
Hoche, general Lazare, 133-34, 151
Holanda invadida pela Alemanha (1940), 163-64
Hollande, François, 27
Hopkins, Harry L., 342, 459
Hoppenot, Henri, 377, 396, 406
Hull, Cordell, 286-88, 372, 395, 420
Humbert, Agnès, 45-46
Huntziger, general Charles, 175-76, 196
Hussein, rei da Jordânia, 845

Iaundé, Camarões, 221
Império francês, 196, 213-15, 466-70, 507-8
Índia, possessões francesas na, 216
Indochina Francesa, 468-70, 508
Iraque, 247-48, 952
Irlanda, visita de CDG (1969), 929-33
Ironside, general Edmund, 159
Irwin, general Noel, 216, 217
Ismay, general Sir Hastings (depois 1° barão Ismay), 281
†Isorni, Jacques, 447-49, 597, 694
Israel, Guerra dos Seis Dias (1967), 847-50
Itália, 245, 369, 372-73, 404, 419; Val d'Aosta, 464
Iugoslávia, 129, 952

Jacquinot, Louis, 833
Janot, Raymond, 610, 618
Japão: ataque a Pearl Harbor (1941), 280, 282; ocupação da Indochina, 468-69
Jaurès, Jean, 109

JCR (Jeunesse Communiste Révolutionnaire), 883
Jeanneney, Jean-Marcel, 920
Jeanneney, Jules, 178, 315, 443, 759-60
†Jebb, Gladwyn (depois 1° barão Gladwyn), 199, 580-81, 600, 625, 631, 718
Jellicoe, John, 1° conde Jellicoe, 186
João XXIII, papa, 880, 940
Jobert, Michel, 889
Joffre, general Joseph, 80, 90
Johnson, Lyndon B., 747-48, 753, 754, 757, 787, 834, 841, 849
Jouhaud, general Edmond, 651, 669, 692
Jouve, Gérard, 280, 281
Jouve, Pierre Jean, 882
Jouvenel, Robert de, 136
†Joxe, Louis, 376-77, 378, 438, 441, 483-84, 534, 665, 666, 667-68, 671, 672, 677, 679-80, 826, 875-76; e os acontecimentos de maio de 1968, 887-89
†Juin, general Alphonse, 74, 146, 379, 398, 419, 461-62, 464, 555, 572, 662

Kaplan, Jacob, 874
Kennedy, Jacqueline, 728, 952
Kennedy, John F., 726-29, 734, 738, 740-41, 744, 746, 747-48, 751, 878
†Kérillis, Henri de, 28, 284
Kersaudy, François, 260
Keynes, John Maynard, 477-78, 632
Khrushchev, Nikita, 631, 641, 658, 721, 836-37, 878
Kiesinger, chanceler Kurt, 842, 916, 918, 927
Kissinger, Henry, 30, 725, 849, 927
Kitchener, general Herbert (depois 1° conde Kitchener), 119
†Koenig, general Pierre, 308-9, 403, 405, 406, 430, 492, 549
Kolb, Thérèse, 101
Kolb-Bernard, Charles, 50
Kossiguin, Alexei, 711, 838, 840, 842, 848, 849, 878
Koubesserian, Charles, 777
Kriegel-Valrimont, Maurice, 430

L'Action française (jornal), 55, 134, 173
La Chevalerie, Xavier de, 901
La Guardia, Fiorello H., prefeito de Nova York, 420

†Labarthe, André, 231, 232, 234, 259, 265, 274, 363
Lacan, Jacques, 881, 882
Lacoste, Robert, 570, 582, 583
Lacouture, Jean, 34-37, 39, 221, 440, 472, 498, 668, 750, 947
Lagaillarde, Pierre, 584, 656
La Gorce, Paul-Marie de, 36-37
Lagos, Nigéria, 220
Lalande, general André, 899, 901, 903-4, 905, 906
Laloy, Jean, 455
Lamouliatte, Jean-Marie, 587, 588
Lampson, Miles, 246, 251, 254
Lang, Fritz, *Metrópolis* (filme, 1927), 510
Langeron, Roger, 45
Lanzmann, Claude, 943
Laos, 468
†Larminat, coronel Edgard de, 214-15, 235, 243-44, 265, 266, 306, 378-79, 697
Laroque, Pierre, 347
Laurencie, general Benoît-Léon Fornel de La, 310
Laurent, Jean, 182
Laurentie, Henri, 466-67, 469
Laval, Pierre, 202-3, 247, 311, 426-27, 448-49, 460
Lawrence, T.E., 119-20
Le Bon, Gustave, 138, 473
Le Clézio, Jean-Marie, 881
Le Pen, Jean-Marie, 27, 825
Le Play, Frédéric, 512
Le Troquer, André, 594, 701
†Leahy, almirante William, 283, 420
Leão XII, papa, 511-12
Lebrun, Albert, 159, 161, 181-82, 484, 617
Lecanuet, Jean, 823, 824, 826, 826
†Leclerc, general (Philippe de Hauteclocque): atravessa o deserto líbio, 359; chega a Londres para se juntar a CDG, 208-9; e a Libertação de Estrasburgo, 460-61; e a Libertação de Paris, 424, 426, 427-28, 430; e o caso Darlan, 335; na África Equatorial, 214, 220, 225, 244; na Indochina, 469-70; nas *Memórias* de CDG, 555; no Conselho de Defesa do Império, 240-41; política conservadora de, 265, 278-79
Lecompte-Boinet, Jacques, 400, 429-30, 433
†Lefranc, Pierre, 594, 610, 787, 942, 944

Legentilhomme, general Paul, 248-49, 253
†Leger, Alexis, 197-98, 284, 291, 294, 314, 347, 360, 367-68, 420
Legião Estrangeira, 208
Lei McMahon (Lei de Energia Atômica dos Estados Unidos, 1946), 608, 720, 734
Leleu, Jules, 786
Lesage, Jean, 850
Lévêque, Maxime, 792
Lévi-Strauss, Claude, 950
Lévy, Jean-Pierre, 351-52
Líbano, 116-20, 244-45, 248-52, 323-24, 381
Libération-Nord (grupo da Resistência), 276
Libération-Sud (grupo da Resistência), 310, 311, 313, 316
Líbia, 244, 281, 308, 359
Liddell Hart, Basil, 80; *The Future of Infantry* (1933), 128
Lille, 50, 51-52; e o RPF, 507, 514
Linha Maginot, 128-29, 153, 158
Linha Siegfried, 162
Lloyd, George, 1º barão, 191-92, 193
Lloyd, Selwyn (depois barão Selwyn-Lloyd), 628
Loichot, Marcel, 868, 871
Londres: Blitz, 219, 235; CDG em, 299-307; restaurantes franceses em, 237
Lourdes, 67, 113
Loustaunau-Lacau, Georges, 105, 140
Louvois, marquês de, 137-38, 151
Lucet, Charles, 748, 834, 835
Ludendorff, general Erich, 92, 104, 169
Luizet, Charles, 428
Luxemburgo, 163
Lyautey, marechal Hubert, 107, 512
Lynch, Jack, 933
Lyon, comício do RPF em, 507
Lyttelton, Oliver (depois 1º visconde Chandos), 251-52, 253

MacCartan, Andronic, 49
MacMahon, marechal Patrice, 482
Macmillan, Harold (depois 1º conde de Stockton), 360, 364, 382, 609, 625-27, 716, 878; e a Otan, 740; e o ingresso da Grã-Bretanha no Mercado Comum, 726-27, 731-32, 734-37; sobre África, 661; sobre Catroux, 357; sobre CDG, 304-5, 358, 363, 365-66, 372-73, 386-87, 400, 481, 706, 746; sobre Giraud, 354, 367, 370; visita Moscou (1959), 721

Macmillan, lady Dorothy, 816
Macron, Emmanuel, 27
Madagascar, 294-96, 325, 620, 661
Maeterlinck, Maurice, 510
Maillaud, Pierre, 206-7, 208, 227
Maillot, Joséphine *ver* de Gaulle, Joséphine (*née* Maillot)
Maillot, Jules-Émile, 50, 51
Maillot, Julie Marie, 49, 51
Maisky, Ivan, 280-81, 282, 297, 328, 337
Malaparte, Curzio, 576
†Malraux, André, 29, 38, 65, 68, 494, 560, 669, 790, 910, 923, 934, 938, 952, 953; *Antimémoires*, 851, 882-83; e a Argélia, 650, 681; e o gaullismo, 523-24; e o referendo sobre a nova Constituição, 620-21; e o RPF, 522, 525, 529-30, 543; ministro da Cultura, 774-76; nas *Memórias* de CDG, 556; no primeiro governo de CDG, 611; *Quando os robles se abatem*, 935-36, 943; tentativa de assassinato, 676
Mamert, Jean, 791
†Mandel, Georges, 179, 182, 198, 257, 314-15, 348
Manifesto de Brazzaville (1940), 265
Mao Tsé-Tung, 934
maquisards (Resistência), 350-51
Maranne, Georges, 428
†Margerie, Roland de, 161, 173, 175, 179, 209, 714-15, 881
Marin, Bernard, 531
Maritain, Jacques, 271-72, 285, 291, 305, 316, 385, 475, 957-58
Marković, Stevan, 921
Marrocos, 61, 107, 345, 606, 861-62
Marseillaise, La (jornal), 318, 328, 335, 347, 385, 511
Marselha, e o RPF, 514
Marshall, general George, 321
Martel, Robert, 584
Martin du Gard, Roger, *Jean Barois*, 63
Martinica, 283
†Massigli, René: junta-se a CDG em Londres (1940), 346-47; na França Livre, 355, 358, 360-63, 373, 374, 377, 378, 381-82, 383, 396-97, 399, 406, 407, 413, 451; no governo provisório de CDG, 452-53, 466
Massis, Henri, 62

†Massu, general Jacques, 571, 584-85, 615-16, 650, 654; e os acontecimentos de maio de 1968, 901-2, 903-6
Mateos, Adolfo López, presidente do México, 756
Maurer, Ion, 837
†Mauriac, Claude, 450, 487, 530, 948; diários de, 495-96; e o RPF, 506, 531; junta-se à equipe de CDG depois da Libertação, 446; sobre Colombey, 534
†Mauriac, François, 65, 673, 863, 882, 908, 934; crítica do uso da tortura na Argélia, 577; e os acontecimentos de maio de 1968, 888; e os julgamentos de colaboracionistas, 444-47, 448; morte, 938-39; sobre a independência argelina, 806-7; sobre as *Memórias* de CDG, 558; sobre CDG, 496
†Mauriac, Jean, 559, 660, 939
Maurois, André, 196-97, 198, 284, 367, 495-96
†Maurras, Charles, 35, 55, 57, 64, 68, 134, 138, 145, 443, 804
Mayer, Daniel, 349
Mayer, Émile, 109-10, 118, 134-35, 137, 152, 511
†Mayer, René, 544
Mba, Léon, presidente do Gabão, 763-65, 766
Ménard, Robert, 949
†Mendès France, Pierre, 477-79, 549-51, 569, 577, 589, 590, 593, 597, 606, 621, 753-54, 796, 808, 829, 873; e os acontecimentos de maio de 1968, 898-99, 911
Mengin, Robert, 206-7
Menthon, François, 388
Méo, Jean, 798
Mercado Comum, *ver* Comunidade Econômica Europeia (CEE)
"Marianne", estátuas de, 54
Mers-el-Kébir, 203-4
Mesnil-lès-Hurlus, 80
Messmer, Pierre, 688, 889, 898
Metz, 152-53
México, 755
†Michelet, Edmond, 507, 518, 519, 650, 663, 675
Michelet, Jules, 709
Milícia Patriótica, 442, 443
Miquel, general André, 588, 593, 595, 693
Miribel, Elisabeth de, 191
Missoffe, François, 886
Mitford, Nancy, 318

†Mitterrand, François, 569, 600, 694, 704, 821-23, 825, 826, 827, 828-29, 860, 869-70, 911; e os acontecimentos de maio de 1968, 898; presidência de, 946-47, 948-49
Mobutu, general Sese Seko (depois presidente), 814, 928
Moch, Jules, 491-92, 519
†Mollet, Guy, 516, 570, 577, 585, 586-87, 588, 590, 591, 596, 599-600, 606, 607, 611, 702; e a nova Constituição, 617-18, 624; e o Plano Rueff, 634; opõe-se a CDG, 686, 704-5
Molotov, Vyacheslav, 297, 452, 455, 457
monarquistas, 54-56
Monde, Le (jornal), 621, 662-63, 780, 804, 805, 827
Monnerville, Gaston, 594, 703, 809
†Monnet, Jean, 180-81, 190-91, 193, 197, 209-10, 284, 354-55, 356, 357, 358, 361-63, 364, 366, 380, 396, 406, 450-51, 479-80, 547, 607, 713, 742, 743
Monsabert, general Joseph de Goislard de, 378-79
Montcornet, Aisne, 165
Montgomery, general (depois marechal-de-campo) Bernard (depois 1º visconde Montgomery of Alamein), 415, 416, 418
Montoire, encontro entre Pétain e Hitler, 223-24, 247
Monumento Mont-Valérien, 773-74, 933, 946
Morgenthau, Henry, 405
Morin, Edgar, 828
†Morton, Desmond, 191, 239, 256, 258, 259-60, 262, 275, 314, 320, 379, 411
†Moulin, Jean, 273-76, 309, 310-11, 349-53, 360, 361, 388-89, 390-92; cinzas enterradas no Panteão, 774-76
Mounier, Emmanuel, 135
Movimento de Libertação Nacional (MLN), 523
Moyrand, coronel Auguste-Edouard-Maurice, 105
MRP (Partido Democrata-Cristão), 488, 491, 497, 500-1, 507, 516, 517-19, 623
Muguet, Château de, 176
Mulhouse, Libertação de, 461
Murphy, Robert, 354, 366, 369, 372, 574, 578, 582
†Muselier, almirante Emile, 211, 222, 231-32, 236, 240, 241, 259-60, 286-87, 288-91, 363
Mussolini, Benito, 245, 369, 372

Nachin, Lucien, 110, 111, 113, 122, 161
Nações Unidas, 459, 571, 651, 662, 759, 848
Napoleão Bonaparte, 59, 91-92, 106, 151, 599
Napoleão III, 481
Napoleão, príncipe Luís, 567
Narbonne, Jacques, 793, 885
Neuwirth, Lucien, 582, 587, 601
Nicolson, (sir) Harold, 238, 302
Nicot, Jean-Louis, 594
Nietzsche, Friedrich, 68
Nigéria, 857-58
Nixon, Richard M., 848, 926-27
†Noël, Léon, 526, 700-1
†Noguès, general Charles, 194, 198, 200, 213, 241, 335, 339, 353
Nora, Pierre, 31
Nordling, Raoul, 427
Normandia, França, 414-18, 419, 422
Norstad, general Lauris, 727
Noruega, 162
Nouvel Observateur, Le (revista), 807
Nova Caledônia, arquipélago, 293-94
Novas Hébridas, ilhas, 214

O'Connell, Daniel, 931
ofensiva das Ardenas, 461
Olié, general Jean, 667
Olivaint, padre Pierre, 58
Oliva-Roget, general Fernand, 465
"Operação Ressurreição", 588-96
Ophuls, Marcel, *A tristeza e a piedade*, 948
ORA (Organisation de Résistance de l'Armée), 402
Ordem da Libertação, 224, 231, 439, 773-74, 933, 944
Ordre nouveau (revista), 135
ORTF (serviço público francês de rádio e televisão), 893, 895
Ortiz, Joseph, 654, 656
Otan, 527-28, 606, 609, 625, 627-28, 713, 718-19, 724, 833-36
Oufkir, Mohammed, 861-62

pacifismo, entre as guerras, 121
Pacto Franco Soviético (1936), 156-57, 281
Pacto Germano-Soviético (1939), 156-57, 340, 389
Pacto Nazi-Soviético *ver* Pacto Germano-Soviético (1939)

Pacto Ribbentrop-Molotov *ver* Pacto Germano-Soviético (1939)
Paget, general Bernard, 465
Palácio de Versalhes, 716
†Palewski, Gaston, 233, 273, 282, 302, 306, 318, 341, 356, 361, 376, 485, 509, 560, 929; no governo de CDG depois da Libertação, 441, 452, 462; RPF e, 505, 524-25, 542
Papon, Maurice, 440, 600, 611, 675, 676
Paraguai, 757
Paris: casa da família De Gaulle, 51-53; Libertação (1945), 422-31, 438; repressão durante a Guerra da Argélia, 674-77
Paris, conde de, 566, 771
Pâris de la Bollardière, general Jacques, 572
†Parodi, Alexandre, 404, 425, 429-30, 430
Parr, Robert, 246
Partido Comunista Francês, 133, 270, 296, 340, 387-89, 394, 422-24, 488, 489-90, 500, 508, 509, 513, 529, 569, 605, 621-23, 704-5, 784, 803, 899, 945-46
Partido Radical, 516
Partido Socialista Autônomo (PSA), 621
†Passy (pseudônimo de André Dewavrin), 205, 211, 231-32, 234-35, 236-37, 241, 282, 299, 304, 306, 317, 319, 350, 402; acusado de pertencer ao Cagoule, 265-66; e o BCRAM, 242-43, 265, 271, 272-73, 351-52, 393; e o "Caso Dufour", 552
Patch, general Alexander, 293-94
Patin, Maurice, 448
Paul-Boncour, Joseph, 146
Peake, Charles, 289-91, 302, 304, 319, 322, 327-28, 332, 334, 338, 353, 411
Pearl Harbor, 282
Pearson, Lester, 851
Péguy, Charles, 61-64, 70, 78, 134, 271
Peladon, André, 357
Peres, Simon, 845
Pérol, Gilbert, 875
Perón, Juan, 757
Perré, Jean-Paul, 152
Pershing, general John J., 420
Pétain, Eugénie, 109
Pétain, marechal Philippe: anuncia intenção de buscar armistício com a Alemanha, 189; apoia Weygand sobre o armistício, 178; CDG sobre, 151, 538-39; convidado para formar um governo, 181-82; convidado para o governo (1940), 169; demite Laval, 247; encontro com Hitler em Montoire, 223; fala pelo rádio em defesa do armistício, 199; julgamento de, 448-49; na Primeira Guerra Mundial, 73, 84, 107; nomeia CDG pra seu *cabinet*, 107-11; perda do poder, 311; prisão e morte, 537-39; proclama-se chefe de Estado, 202; relações com CDG, 100-1, 108-9, 110, 124, 130, 148-49, 173, 180, 184-85; respeito dos franceses por, 207-8, 310, 311, 415
Petit, general Ernest, 579-80, 602
Petts Wood, Londres, 235
†Peyrefitte, Alain: e a Argélia, 672, 673-74, 682; e os acontecimentos de maio de 1968, 887-88, 889-91; ministro da Educação, 885; ministro da Informação, 603, 644, 686, 690, 734, 739, 749, 765, 771, 778-80, 820, 823, 825, 826, 851, 852-53, 869
Peyrouton, Marcel, 335, 339, 353, 355, 363
†Pflimlin, Pierre, 582-85, 586, 589, 605, 702; no governo de CDG, 611, 613-15, 616, 686; renuncia ao cargo no governo de CDG, 691-92; renuncia como primeiro-ministro (1958), 591-92
†Philip, André, 477, 593, 645, 797; apoia a política externa de CDG, 861; na França Livre, 316-17, 329, 336-37, 361, 362, 380, 382-83, 384, 402, 407
Phnom Penh, Camboja, 841-42
Picasso, Pablo, 447
Piłsudski, general Józef, 98-99
†Pinay, Antoine, 542-44, 611, 632-34, 685, 790, 796
†Pineau, Christian, 276-78, 301, 309, 312, 474
Pio XII, papa, 419
Pisani, Edgard, 741, 800-1
Plano Marshall, 519, 605, 607
Plano Rueff, 632-35, 792
Pleven, Annette, 299-300, 301
†Pleven, René: na França Livre, 210-11, 214, 234, 241, 260, 265, 268, 282, 284-85, 289-90, 299-300, 305, 306, 364, 407; no governo provisório de CDG, 438, 479; sobre a França sair da Otan, 713, 834; trabalha a favor de CDG fora do poder, 516-17, 520
Plon (editores), 557
Poher, Alain, 933
Poincaré, Raymond, 120, 138-39, 151, 829

Política Agrícola Comum, 720-21, 724, 736, 818-20
Polônia, 129, 157-58; Comitê de Lublin, 455-60; comunista, 853-55
Pompidou, Claude, 921-22, 928
†Pompidou, Georges: ambições presidenciais, 921, 922-23; anuncia sua candidatura à Presidência, 928-30; como primeiro-ministro da Quinta República, 689-92, 695-97, 700, 701, 702, 789-90; e a crise argelina, 635, 663-64, 666, 673; e a educação, 793, 885; e a eleição presidencial de 1965, 815, 823, 826; e a tentativa de CDG de chegar ao poder, 564, 590, 594, 610, 611, 632, 635, 638; e o caso Marković, 921-22; e o referendo sobre a Constituição, 702, 705; e o RPF, 525-27, 539-40, 542-43; e o testamento de CDG, 941; e os acontecimentos de maio de 1968, 889-91, 896-98, 900, 902-5, 907-9; e Quebec, 850; eleito presidente da República, 932, 945; inaugura monumento em Colombey, 943-44; relações com CDG, 863-65, 867-72, 873, 928; renuncia como primeiro-ministro (1968), 912-14; sobre CDG fora do poder, 551; sobre Colombey, 535; sobre o ingresso britânico na CEE, 737; trabalha para os Rothschilds, 560
Populaire, Le (jornal), 173
Portes, Hélène de, 170, 178, 179, 233
Potel, Mile, 147
Pouilly, general Henri de, 667, 693
Pound, almirante da Frota Sir Dudley, 191, 193
Pourtalès, Guy de, 159
Primeira Guerra Mundial (1914-18), 75-94
Programa Lend Lease, 285, 354, 480
Proudhon, Pierre-Joseph, 512
Proust, Marcel, 66
Psichari, Ernest, 63, 78, 159
Pucheu, Pierre, 387-88

Quebec, Canadá, 850,53
†Queuille, Henri, 347, 382, 385, 400, 516, 518-20
Quinta República (estabelecida em 1958), 528, 617, 641, 703, 801, 804, 805, 822, 828-299, 55

Rachline, Lazare, 422-23
Racine, Pierre, 647, 665, 683
Ramadier, Paul, 503, 506, 508, 596
Rapacki, Adam, 583-84
Rassemblement du Peuple Français, 506-45, 546-47, 550-51, 561-62
Ravanel, Serge, 439-40
Reilly, Sir Patrick, 875-76
Reims, França, 470-71
Relatório Beveridge, 386
†Rémy, coronel (pseudônimo de Gilbert Renault), 265, 538-39
Renan, Ernest, 63, 709
Renault, Gilbert (pseudônimo Rémy) *ver* Rémy, coronel
Rennes, comício do RPF em, 507, 508
Renoir, Jean, 284
República Centro-Africana, 763
Resistência francesa: e a França do pós-guerra, 476-77; e a Libertação de Paris, 422-34; e CDG, 227-28, 309-14, 348-53, 366, 383-85, 390-94; e Jean Moulin, 273-76; e o BCRAM, 243; e os britânicos, 318-19; e os comunistas, 270, 389, 422-23; forças militares da, 401-3; Milícia Patriótica, 441-42; no norte da África, 337-38; sensação de ter sido traída por CDG, 438-39, 442-43
Revel, Jean-François, 951
†Reynaud, Paul, 139-41, 143, 146, 149, 154-55, 158-59, 160, 233, 314, 484-85, 598, 618, 702; como primeiro-ministro durante a guerra, 161-63, 169-82
Rochet, Waldeck, 899
Rodésia, 858
Rol-Tanguy, Henri, 424, 428
Romênia, CDG visita a (1968), 890-95
Rommel, general (depois marechal-de-campo) Erwin, 308
Roosevelt, Franklin Delano, 175, 177, 179, 282, 315, 410, 450, 454; antigaullismo, 330, 360, 395-96, 415; atitude com a França, 283-84, 285-86, 372, 387, 395, 405-6, 407; CDG o visita nos Estados Unidos, 419-20; CDG sobre, 553; e a política do pós-guerra, 421-22, 368; e o norte da África, 333-34, 336-37, 341-44, 346, 354, 364, 366; morte, 463
Rossfelder, André, 28-29
Rostand, Edmond de, 59, 881
Rougier, Louis, 223

Roure, Rémy, 93
Roussel, Eric, 37-38, 471
Rousset, David, 861, 876-77, 945
Roussy de Sales, Raoul de, 285
Roy, Jules, 667
RPF (Rassemblement du Peuple Français), 69
†Rueff, Jacques, 632-35, 792, 793, 796, 799, 811
Rusk, Dean, 744, 834
Rússia: conflito com a Polônia (1920), 97-99; ver também União Soviética

Saint-Avertin, Château de Cangé, 178
Saint-Cyr, academia militar de, 61, 72-73, 103
Saint-Exupéry, Antoine de, 284, 957
Sakhiet, crise de (1958), 578, 580, 582, 608
†Salan, general Raoul, 571, 583, 585-86, 587, 590, 591, 594-95, 596, 601-2, 613, 615-16, 636, 646, 662, 667, 669; julgamento de, 692-97
Salazar, António de Oliveira, 878
Salignac-Fénelon (née Viellard), vicomtesse, 100
Sanguinetti, Alexandre, 581, 894
São Pedro e Miquelon, 283, 286-88, 834, 851, 954
Sargent, (sir) Orme, 233
Sarkozy, Nicolas, 27, 948
Sartre, Jean-Paul, 28, 447, 645, 663, 805, 882, 943, 950
Saurat, Denis, 213, 239
Sautot, Henri, 214, 293-94
Schlessinger, Jr, Arthur M., 746-47
Schuman, Robert, 516, 517, 518, 520, 607
†Schumann, Maurice, 206, 211, 228, 265, 270, 291, 299, 418, 488, 497, 500, 501, 517-18, 520
Segunda Guerra Mundial (1939-45): armistício de Acre, 250-54; Batalha da França, 163-83; Batalha da Grã-Bretanha, 219-20; bombardeio de Pearl Harbor (1941), 280, 282; campanha no norte da África, 321-22, 326, 330-45; Conferência de Anfa (1943), 341-45; Dia D, 409-14; e a África francesa, 213-25; França assina armistício com a Alemanha, 195-96; Grã-Bretanha e França declaram guerra à Alemanha, 157; invasão da Tchecoslováquia e da Polônia, 156-57; invasão da União Soviética (1941), 280; Libertação de Paris, 422-31; no Oriente Médio, 244-55; Pacto Nazi-Soviético, 156-58; ver também França Livre; Resistência francesa; Vichy, regime de

Séguy, Georges, 897
Sékou Touré, Ahmed, 620, 660, 760-61, 765
Selborne, Roundell Palmer, 3º conde de, 366
Senegal, 661
Sérigny, Alain de, 583, 643, 694
Servan-Schreiber, Jean-Jacques, 783-84, 806, 808
serviços secretos britânicos, 236-37, 306
Sétif, massacre de, 467-68
Sevez, general François, 470
Seydoux, François, 722
Shlaim, Avi, 849
Si Salah, 658, 660
Sicília, 372
Sieyès, Jacques de, 270, 283, 284-85
Sigmaringen, Alemanha, 427, 448
Sikorski, Władysław, Przyszła wojna [A guerra moderna] (1935), 128
Síria, 244-53, 323, 381-82, 464-65
Slim, general (sir) William (depois 1º visconde Slim), 249
Smuts, marechal de campo Jan, 409, 422
Soames, (sir) Christopher (depois barão Soames), 917-19
socialistas franceses, 39, 133, 143, 269, 318, 348-49, 473-74, 488, 516, 570, 593, 596, 621, 623-24, 685, 704-5, 946-47
Soglo, Nicéphore, presidente do Benin, 764, 857
Sorbonne, Paris, 888-90, 892, 910
†Soustelle, Jacques: e a Argélia, 569, 584, 587, 590, 613-15, 635, 643-46, 650, 654; e o RPF, 505, 522-24, 534-35, 541-42, 543-44; e UNR, 622; na França Livre, 317-18, 348, 350, 358, 377, 403
Soutou, Jean-Marie, 757-58, 766
†Spears, Sir (Edward) Louis: acompanha CDG à África, 244, 245-46; apoia CDG em Londres, 191, 194, 196, 204, 208, 212, 222, 239; coopera com o governo francês, 170, 179; e a Batalha de Dakar, 216-20; "missão", 239; no Oriente Médio, 323-24, 326-27, 381; relações com CDG se deterioram, 239-40, 251-52, 253; rompimento com CDG, 254, 733; sobre CDG, 172-73, 177; volta para Londres com CDG, 182-83, 189
Stálin, Joseph, 33, 68, 296, 322, 460; CDG encontra-se com, em Moscou, 455-59; e

a política do pós-guerra, 373; e o Pacto Germano-Soviético (1939), 156-57; na Conferência de Ialta, 458-59; relações com CDG, 396
Stalingrado, 395
Stark, almirante Harold R., 320, 321
Starr, George, 440
Stavisky, Alexandre, 132
Stendhal, 89
Stewart, Michael, 918
Stimson, Henry L., 415
Strang, William, 193, 201
Stroessner, general Alfredo, 757
Stuttgart, Alemanha, 463-64
Suarez, Georges, 444
Sudão, 661
Sudreau, Pierre, 700
Suez, crise de, 566, 570, 607
Suffert, Georges, 808
Sulzberger, Cyrus, 744-45

Taiti, 216
Talleyrand-Périgord, Violette de, 929
Tarde, Alfred de, 62
†Tardieu, André, 121, 132, 482-83, 498
Taylor, F.W., 136-37
Tchecoslováquia, 129, 144; golpe comunista (1948), 517; Primavera de Praga, 915-16
Teitgen, Pierre-Henri, 438, 448
Télégramme de Paris (jornal), 560
televisão: CDG explora a, 776-81; eleição presidencial de 1965 e a, 821-29
Temple, Richmond, *De Gaulle's France and the Key to the Coming Invasion of Germany*, 212
Temps modernes (revista), 663, 805, 943
Temps Présent (jornal), 146
†Terrenoire, Louis, 507, 535, 542, 546, 558, 561-62, 571, 578, 659, 675
†Thorez, Maurice, 140-41, 389, 433, 455, 489-90, 803
Tillon, Charles, 437, 492
Tissier, Pierre, 265
†Tixier, Adrien, 285, 287, 291, 295, 321, 336-37, 364, 438, 452
Tixier-Vignancour, Jean-Louis, 597, 694, 823, 825, 826
Tocqueville, Alexis de, 184
Tollet, André, 424

Tombalbaye, François, presidente do Chade, 766, 928
tortura durante a Guerra da Argélia, 675
Toulon, França, 345
Toulouse, França, 438-39
Tournoux, Jean-Raymond, 33
Tours, França, 179
Tratado de Roma, 607, 624, 626, 631, 632, 720, 819, 820, 917
Tratado de Versalhes, 96, 120-21
Tratado Franco-Alemão (1963), 742-43, 751-52
Triboulet, Raymond, 580
†Tricot, Bernard, 647-48, 650, 657, 658, 672, 787, 792, 864, 879, 913; e os acontecimentos de maio de 1968, 888-90, 903, 905
Trier, Rhineland, 111-12, 113
Triffin, Robert, 811
Truman, Harry S., 463, 464, 480
Tshombe, Moïse, 759, 813-14
Tunísia, 334, 550, 574, 606

UDR (Union pour la Défense de la République), 911
UDSR (Union Démocratique et Socialiste de la Résistance), 516
UDT (Union Démocratique du Travail), 865-66
União Gaullista, 501, 502
União Soviética: e a França Livre, 280, 297-98; e a Guerra Fria, 836-42; entra na guerra (1941), 280; invasão de Praga, 915-17; relações com CDG e a França Livre, 372, 396-97; *ver também* Rússia
Union pour la Nouvelle République (UNR), 622-24, 685, 704, 814
Uri, Pierre, 828

Valence, M. de, 237
Valencia, Guillermo, 756
Valéry, Paul, 445, 447
Vallin, Charles, 328-29
†Vallon, Louis, 480, 512-13, 529, 865, 867-68, 872
Vanier, Georges, 421
Vansittart, Robert (depois 1º barão Vansittart), 191, 194, 199
Varsóvia, Polônia, 424
Vedel, Georges, 804

Vendroux, família, 102-3, 112-13, 114
Vendroux, Jacques, 490-91, 562, 574-75, 817, 899, 929-30, 936
Verdilhac, general Joseph de, 252
Verdun, Batalha de, 84-85, 107
Viannay, Philippe, 476
Vichy, regime de: colapso do, 427; cumplicidade na Solução Final, 948; declarado ilegal pela França Livre, 265; declínio do, 345; e a Resistência, 310-11; e Léon Blum, 315; e o almirante Darlan, 247; e o antissemitismo, 339; e o general Giraud, 291-92; e o norte da África, 216, 223-24, 333, 334, 339; e o STO (Service du Travail Obligatoire), 350; em Bayeux, Normandia, 416; perda de apoio, 311; Pétain no poder, 202; propaganda antigaullista, 228-29; relações com a França Livre, 240; relações com os Estados Unidos, 283-84, 285
†Viénot, Pierre, 374, 381, 396, 405, 411, 413-14, 416
Vietnã, 468-70
Villelume, Paul de, 161, 170, 173, 174
Villepin, Dominique de, 955
Villon, Pierre, 433, 437
Vincennes, comício do RPF em, 507
Vinogradov, Sergey, 813
Viollet, Paul, 57
Vitasse, Robert, 587, 588, 592, 594, 595, 602
Voltaire, 69, 523

Walker, Patrick Gordon (depois barão Gordon-Walker), 717
Wangenbourg, Alsácia, 158
Warner Brothers, 320
Wavell, general Archibald (depois 1º conde Wavell), 244-46, 247, 248
Weil-Curiel, André, 194-95, 264, 265
Werth, Léon, 44, 45, 46
†Weygand, general Maxime, 98-99, 129, 130, 149, 169, 170, 171, 174-78, 182, 194, 196, 203, 224, 240, 241, 285, 558
Williams, Mennen, 758
Willkie, Wendell, 324
Wilson, Charles, 344
Wilson, general Sir Henry Maitland (depois 1º barão Wilson), 250, 252, 404
Wilson, Harold (depois Barão Wilson of Rievaulx), 842-43, 878, 918
Wimereux, Pas-de-Calais, 51-52
Windsor, Eduardo, duque de, 159
Winock, Michel, 784
Wissant, Pas-de-Calais, 112

Youlou, Fulbert, presidente do Congo, 763, 765, 767
Yourcenar, Marguerite, 882

Zeller, general André, 669, 692
Zemmour, Éric, Le suicide français [O suicídio francês], 950
Zola, Émile, 57, 89

Sobre o autor

Julian Jackson é professor titular da Queen Mary University of London e um dos mais destacados especialistas em história da França do século XX. Além de *Charles de Gaulle: uma biografia* – reconhecido com diversos prêmios e livro do ano de veículos como *The Times Literary Supplement* e *Financial Times* –, é autor também de *The Fall of France* (vencedor do Wolfson History Prize, o mais prestigioso prêmio em história do Reino Unido) e de *France: The Dark Years, 1940-1944* (finalista do Los Angeles Times History Book Award), entre outros livros. É membro da British Academy e Commandeur dans l'Ordre des Palmes Académiques.

1ª EDIÇÃO [2020] 1 reimpressão

ESTA OBRA FOI COMPOSTA POR MARI TABOADA EM DANTE PRO E IMPRESSA EM OFSETE PELA GEOGRÁFICA SOBRE PAPEL PÓLEN SOFT DA SUZANO S.A. PARA A EDITORA SCHWARCZ EM OUTUBRO DE 2020

A marca FSC® é a garantia de que a madeira utilizada na fabricação do papel deste livro provém de florestas que foram gerenciadas de maneira ambientalmente correta, socialmente justa e economicamente viável, além de outras fontes de origem controlada.